LA VIE

DU

BIENHEUREUX SERVITEUR DE DIEU

JEAN-BAPTISTE DE LA SALLE

INSTITUTEUR

DES FRÈRES DES ÉCOLES CHRÉTIENNES

LE B. J.-B. DE LA SALLE
Fondateur des Frères des Écoles chrétiennes.
Peint par Léger, gravé par Napier.

La VIE

DU BIENHEUREUX SERVITEUR DE DIEU

Jean-Baptiste de la Salle

INSTITUTEUR

DES FRÈRES DES ÉCOLES CHRÉTIENNES

PAR

M. l'Abbé Jean-Baptiste BLAIN

Chanoine de l'Église métropolitaine de Rouen
Supérieur de la Communauté des Sœurs d'Ernemont

Publiée pour la première fois en 1733
Rééditée conformément au vœu du Chapitre général de 1884

TROISIÈME ÉDITION

PARIS
PROCURE GÉNÉRALE, 27, RUE OUDINOT

1889

TOUS DROITS RÉSERVÉS.

APPROBATIONS

de la première édition de cet ouvrage, publiée en deux volumes in-4° (1733).

(1ᵉʳ VOLUME.)

J'AI lu par ordre de Monseigneur le Garde des Sceaux ce premier tome de la *Vie de monsieur Jean-Baptiste de la Salle, prêtre, docteur, chanoine de la cathédrale de Reims et Instituteur des Frères des Écoles chrétiennes*. La lecture de cette histoire ne peut être que très édifiante pour les fidèles, et capable d'inspirer aux Frères des Écoles chrétiennes tous les sentiments de religion de leur pieux Instituteur. Elle ne contient rien de contraire aux bonnes mœurs et à la foi de l'Église catholique, apostolique et romaine. En Sorbonne, ce 18 novembre 1732.

Signé : DE MARCILLY.

(2ᵉ VOLUME.)

J'AI lu par ordre de Monseigneur le Garde des Sceaux le second tome de la *Vie de monsieur de la Salle, Instituteur des Frères des Écoles chrétiennes ;* il contient de nouveaux exemples de vertu et de religion qu'a pratiquées ce saint Instituteur, jusqu'à la fin de ses jours ; et la lecture de ce second tome doit procurer au public les mêmes avantages que le premier, et aux Frères des Écoles chrétiennes la même édification. En Sorbonne, ce 11 décembre 1732.

Signé : DE MARCILLY.

DÉCLARATION

au sujet de la nouvelle édition de 1887.

POUR nous conformer aux très sages prescriptions du Saint-Siège apostolique, nous déclarons que nous ne prétendons prévenir en rien son jugement dans tout ce qui fait l'objet de cet ouvrage. Si, dans certains récits, on rencontre le mot miracle, *c'est dans le sens de fait extraordinaire ; quand nous employons le qualificatif de* saint, *en appelant le Vénérable de la Salle* le saint prêtre *ou* le saint Fondateur, *nous ne donnons à ce titre que la valeur qu'il a lorsqu'on l'applique aux serviteurs de Dieu dont la vie a été sanctifiée par d'héroïques vertus. Nous désavouons et réprouvons tout ce qui pourrait s'écarter tant soit peu de la sainte doctrine de l'Église.*

A. C.

INTRODUCTION.

I.

LE vœu exprimé par toute la chrétienté, avec un éclat et une unanimité inouïs, à l'ocasion du second centenaire de la fondation des écoles chrétiennes, est enfin exaucé : l'Église, par l'organe infaillible de notre Saint-Père le pape Léon XIII, a élevé solennellement au rang des Bienheureux Jean-Baptiste de la Salle.

C'est un motif pour toutes les âmes pieuses, et surtout pour ses disciples, de désirer, plus ardemment que jamais, de s'édifier par la lecture de la vie du Fondateur de l'institut des écoles chrétiennes. Rien de plus conforme à l'esprit de l'Église, qui a établi la coutume de faire distribuer avec abondance la biographie des Bienheureux pendant les fêtes de leur exaltation.

La première vie du Bienheureux de la Salle, qui est sans contredit la meilleure et la plus complète, publiée à Rouen, en 1733, n'avait jamais été réimprimée : elle était devenue tellement rare que, même pour la plupart des maisons des Frères, c'était comme si elle n'existait pas. Il importait donc à double titre, de la reproduire, comme nous l'avons fait en 1887 ; cette première édition étant épuisée depuis longtemps, nous la faisons réimprimer aujourd'hui avec l'introduction qui la précédait.

Les difficultés inouïes que l'heure présente apporte à l'éducation chrétienne de la jeunesse, et spécialement à l'enseignement primaire, déconcertent les esprits les plus fermes, et font entrevoir l'avenir avec épouvante. Quoi de plus propre à raffermir les courages, et à montrer la vraie manière de déjouer et de confondre les efforts de l'esprit du mal, que l'exemple de la fermeté indomptable du Bienheureux de la Salle, pendant cette lutte de sa vie entière, contre les obstacles toujours renaissants que l'enfer n'a cessé de lui opposer, mais qu'il a toujours surmontés, par son grand esprit de foi et de prière.

C'est en marchant fidèlement sur les traces de ce héros de l'humilité, prévenu des dons de la grâce et comblé des lumières nécessaires pour fonder son œuvre admirable, qu'on peut espérer de la maintenir et de la faire prospérer. Pour mieux dire, c'est en se conformant à son esprit, que ses disciples seront les instruments dociles à l'aide desquels se continuera, en se développant sans cesse, l'action vivifiante du saint Instituteur. Comme cette pensée est le principal motif qui a fait entreprendre cette réimpression de la vie du Bienheureux de la Salle, il importe de l'exposer ici, avec les développements convenables, pour en faire bien saisir la portée et en montrer la justesse.

II. — Importance et perpétuité de l'action du Fondateur.

SELON les besoins du temps, JÉSUS-CHRIST suscite dans son Église des âmes privilégiées qu'il fait participer à son zèle pour la gloire de son Père ; il les comble de dons extraordinaires, il les revêt de lumière et de force, pour les rendre capables de devenir les pères et les modèles de familles religieuses, vouées à la pratique des conseils évangéliques : ce sont les fondateurs des ordres religieux.

Choisi comme chef d'une postérité spirituelle animée d'un esprit spécial, pour combattre les erreurs ou les vices qui, dans le cours des siècles, compromettent plus particulièrement le salut des hommes, chaque Fondateur reçoit abondamment l'intelligence des moyens les plus propres à assurer, pendant toute la durée de son institut, le fruit des travaux de ses enfants.

De même que le Créateur a mis en substance, dans la graine des arbres, le principe de tous les développements qu'ils doivent acquérir un jour, ainsi le Fondateur a reçu, pour la répandre dans sa famille religieuse, la sève propre qui seule doit former tous ses rameaux, les faire croître et fructifier.

Notre-Seigneur s'est servi de cette comparaison pour exprimer l'action vivifiante de son esprit dans tous les membres de son corps mystique : « Je suis la vigne, « dit-il à ses disciples, et vous êtes les sarments. Comme « le sarment ne peut porter du fruit par lui-même, s'il « ne demeure uni à la vigne, ainsi vous non plus, si « vous ne demeurez en moi. Celui qui demeure en moi, « et moi en lui, portera beaucoup de fruit ; mais sans « moi vous ne pouvez rien faire. Si quelqu'un ne de- « meure pas en moi, il séchera comme le sarment déta- « ché de la vigne. » (Saint Jean, xv, 1 et suivants.)

Or, pour les rendre capables de la mission spéciale qu'il leur confie, Notre-Seigneur communique aux fondateurs des ordres religieux, dans une certaine mesure, cet esprit de vie qui réside en lui dans toute sa plénitude. C'est pour cela que le Fondateur demeure constamment le type sur lequel tous ses enfants doivent chercher à se modeler, comme sa Règle est la source vivifiante de la sève particulière, qui peut seule féconder leurs travaux.

Il faut bien remarquer que la divine Providence, en multipliant et en diversifiant les Ordres religieux, leur impose à chacun des devoirs particuliers et des moyens différents pour s'acquitter de leur mission. Sans doute, la fin générale et suprême est la même pour tous les religieux : tous ont pour but final de glorifier Dieu par la pratique des conseils évangéliques ; mais les moyens de correspondre à cette commune vocation sont différents pour chaque ordre.

Il ne suffit pas, pour être un bon et fervent religieux, d'observer strictement les trois vœux d'obéissance, de chasteté et de pauvreté ; il faut encore suivre fidèlement la Règle particulière de son Institut, se pénétrer de son esprit et s'y conformer de la façon la plus parfaite possible, dans tout le détail de la vie, dans les moindres actions, aussi bien que dans les plus grandes.

Comme le dit fort bien un pieux auteur, très éclairé sur ces matières : « On s'égarerait dans la voie de la perfection, si après s'être voué à une Règle, on en prenait une autre. Un enfant de Saint-Bruno, par exemple, se flatterait en vain d'arriver à la perfection de son état, si, dédaignant ses propres Règles, il pratiquait celles de Saint-Dominique, ou de Saint-François, ou de Saint-Ignace, quelque saintes qu'elles soient ; car ces Règles, inspirées pour un genre de vie différent, ne peuvent lui offrir, comme la sienne, les moyens propres, les prescriptions adaptées à la voie qu'il a choisie pour arriver à la perfection chrétienne. Nous en disons autant des enfants de Saint-Dominique, de Saint-François, de Saint-Ignace, qui voudraient suivre les Règles, d'ailleurs si admirables, de Saint-Benoît ou de Saint-Bruno. » *(Ribadeneyra.)*

Notre-Seigneur JÉSUS-CHRIST n'a pas réalisé, dans le court espace de sa vie mortelle, tout ce que lui inspirait son zèle pour la gloire de son Père ; mais il a prévu et disposé, dans sa sagesse, le développement de son action sur la terre par l'entremise de ses disciples. Il a déterminé les temps et les moyens pour manifester, dans leurs personnes, la fécondité inépuisable de son esprit, les inventions merveilleuses de son amour pour les hommes, et son ardent désir d'embraser leurs cœurs de ce feu divin de la charité, qu'il est venu répandre sur la terre. C'est pour cela qu'il a choisi ses apôtres et qu'il les a comblés des dons de l'Esprit-Saint, leur prédisant qu'il les rendrait capables de faire des miracles plus grands que ceux qu'il avait opérés lui-même. (Év. saint Jean, XIV, 12.)

Cette promesse, il l'a faite, non seulement aux apôtres, mais à ceux qui croiraient en lui par le don d'une foi vive et inébranlable. Toutefois, ces prodiges de sainteté et ces œuvres merveilleuses, qui doivent jusqu'à la fin des temps attester l'action constante de l'Esprit-Saint dans l'Église, ne sont que des manifestations de la charité de JÉSUS-CHRIST : c'est lui qui vit et opère dans ses saints, comme l'atteste cette parole de l'Évangile : « Sans moi, vous ne pouvez rien faire » (S. Jean, xv, 5.) et le témoignage de saint Paul, s'écriant : « Je « vis ; ce n'est plus moi qui vis, c'est Jésus-Christ qui « vit en moi. » (Gal., ii, 20.)

Ce que Jésus-Christ fit pour les apôtres, il continue donc de le faire en communiquant son esprit et sa vie aux âmes prédestinées pour entretenir et développer dans l'Église le feu de la charité ; c'est-à-dire le zèle pour le salut des âmes et la gloire de Dieu.

Parmi ces élus du Seigneur, dans lesquels Jésus-Christ vit et opère, les fondateurs des ordres religieux tiennent le premier rang, en ce sens qu'ils reçoivent la vertu de transmettre, à une postérité innombrable, l'esprit qui les anime. Ils acquièrent, par leurs enfants, une sorte d'immortalité et d'ubiquité, et leur action s'étend et se prolonge ainsi sans limites de temps ni de lieu. Partout où pénètrent ses disciples, comme ils n'agissent que par sa vie et son esprit, c'est en réalité le Fondateur qui agit. Ce qui a fait dire à un pieux auteur (1) : « Saint Dominique, saint François sont « allés partout dans le monde, quoiqu'ils ne bougeassent « pas de leur place, leur esprit répandu dans les reli- « gieux, allant prêcher dans tous les lieux à la fois. »

Selon l'esprit de la comparaison employée par Notre-Seigneur, les fondateurs d'ordres religieux sont comme ces maîtresses branches qui tirent leur sève du tronc, et leurs disciples sont comme ces mille rameaux secondaires, auxquels la branche maîtresse communique la vie.

La perfection du religieux, la condition première de la fécondité de son apostolat, c'est donc de pouvoir se rendre ce témoignage : « Ce n'est plus moi qui vis, c'est mon Fondateur qui vit en moi. »

C'est pour cela que, dans tout ordre religieux, le membre le plus humble, un simple Frère servant, peut l'emporter en mérite sur les sujets les plus brillants, qui

---

1. M. Olier.

semblent, par leur éloquence ou leur science, faire la gloire de leur Institut. Si ces religieux de grand talent n'excellent pas en même temps dans la pratique des vertus propres à leur état, et dans l'observation exacte de leur Règle, ils feront peut-être plus de mal que de bien à leur ordre, et leur salut personnel est en péril.

« Le grand danger des Congrégations, disait le pieux Père Eymard (1) à ses religieux, est de manquer de fidélité à la grâce première. Il en vient qui disent : Si l'on modifiait ceci, si l'on ajoutait cela ? Ceux qui parlent ainsi peuvent avoir du talent, de l'expérience, de l'influence; mais je vous dis que ce sont des traîtres volontaires ou involontaires, parce qu'ils tendent à altérer la grâce de la fondation, la pensée du Fondateur. Cette pensée se développe avec le temps, on en tire ce qu'elle contient selon que les circonstances le demandent; mais il n'est jamais permis de la changer. Dieu ne fera prospérer que la première semence ; il n'en donnera jamais d'autre, et si l'on s'est éloigné, il faut y revenir purement et simplement. »

C'était aussi le sentiment d'un éminent supérieur des Lazaristes, dont le long et sage gouvernement a été si fructueux pour sa compagnie, le P. Étienne : « Ma pensée unique depuis mon élévation au généralat, disait-il un jour dans un entretien intime, a été de revenir à l'esprit primitif de notre institut.

« Toutes les bénédictions sont tombées sur nous, dès que nous sommes revenus sérieusement à l'esprit de saint Vincent de Paul.

« Un institut est un arbre planté de la main de Dieu ; ce n'est pas une œuvre humaine que l'on puisse modifier avec profit. Ne touchons jamais à rien de constitutif, respectons l'esprit de Dieu.

« C'est un humble ver, qui produit la soie dont nous faisons de si riches, de si brillants tissus ; mais c'est le ver que Dieu a choisi et non pas un autre. Il lui faut

---

1. Fondateur de la Congrégation des Prêtres du Très-Saint-Sacrement.

Introduction.

pour sa pâture une feuille spéciale, et l'on ne peut impunément changer sa nourriture.

« Dans un ordre religieux, un humble Frère peut produire aussi des merveilles de grâce, mais c'est le Frère tel que Dieu l'a voulu ; ce n'est pas à nous de prétendre le changer. Il lui faut sa nourriture spéciale ; il la puise dans sa Règle, dans les enseignements du Fondateur, et pas ailleurs. La bénédiction de Dieu est d'autant plus abondante qu'on suit exactement le plan qu'il a tracé. Tous les biens nous viendront avec cette fidélité.

« L'essentiel n'est pas d'avoir des établissements, des classes, des sujets quelconques ; il faut pour faire des fruits, la grâce de Dieu, et cette grâce est essentiellement liée à l'ordre providentiel, au plan divin révélé au Fondateur dans toutes ses grandes lignes.

« L'esprit du Fondateur, c'est la sève qui vivifie tout, c'est l'essentiel. Les Supérieurs sont les vicaires du Fondateur, les dépositaires de son autorité ; ils doivent faire exécuter ses volontés, et ils n'ont aucun pouvoir contre la Règle. »

Un prêtre éminent, M. Mollevaut, qui a laissé dans la savante et si pieuse société des Prêtres de Saint-Sulpice, une mémoire justement vénérée, s'exprimait à peu près dans les mêmes termes, comme nous l'apprend celui qui a écrit, avec tant d'onction et de talent, cette vie édifiante.

« Plein de vénération, dit-il, pour les diverses sociétés religieuses ou séculières qui fleurissent dans l'Église, M. Mollevaut ne laissait pas de témoigner en toute occasion l'estime qu'il faisait de celle qui l'avait reçu et dans laquelle Notre-Seigneur l'avait placé. Il admirait au-delà de toute expression M. Olier, M. Tronson et les anciens de Saint-Sulpice ; sans cesse il citait les exemples de vertus qu'ils ont donnés, et les principes de conduite qui sont dans leurs livres. Il faut, disait-il, nous pénétrer de plus en plus de la doctrine et des exemples de M. Olier, notre Fondateur ; nous en remporterons toujours plus d'attachement et plus d'estime pour notre bienheureuse vocation. — Il faut revenir sans cesse, disait-il encore, aux maximes de M. Olier : il est la source, et il a puisé lui-même à la source divine. — Si nous voulons travailler sérieusement et devenir de vrais directeurs de séminaires, ne regardons pas ce que fait tel ou tel de nos voisins, mais ce qu'ont fait les saints et en particulier ceux qui, comme notre vénéré Fondateur, ont si efficacement travaillé et coopéré à la sanctification du clergé. »

Cette doctrine sur l'importance capitale de la fidélité de chaque Congrégation religieuse à l'esprit spécial de son Fondateur, a toujours été celle des esprits solides et pieux, aux différents âges de l'Église.

Au XVIe siècle, le cardinal de Sainte-Croix, qui fut élevé sur le Saint-Siège sous le nom de Marcel II, discutait avec l'un des Pères de la Compagnie de Jésus, sur l'article de la Règle qui écarte les Jésuites des dignités ecclésiastiques. Le cardinal, ami sincère de saint Ignace, ne pouvait admettre que des sujets, si dignes par leur science et leur vertu d'occuper utilement pour l'Église les sièges épiscopaux, en fussent écartés par leur Règle : c'était, suivant lui, faire grand tort à l'Église que de la priver de ceux qui étaient les plus capables de la servir.

Voyant que tous ces raisonnements ne pouvaient convaincre le cardinal, le Père jésuite qui discutait avec lui, finit par lui opposer l'autorité de saint Ignace, que Dieu avait choisi pour fonder la nouvelle société toute dévouée au service de l'Église. Ce fut comme un rayon de lumière qui éclaira l'esprit du pieux cardinal, et lui fit reconnaître que, bien qu'il n'en comprît pas le motif, il était plus sage de suivre la pensée du Fondateur. « Je me rends à cet argument, dit-il, et me reconnais vaincu. Il n'est pas probable, en effet, que nous connaissions mieux la volonté de Dieu que celui qu'il a lui-même choisi pour fonder votre ordre, dans des temps si désastreux pour son Église. Après lui avoir donné la grâce et les lumières nécessaires pour former le plan de cet institut et apprendre à le gouverner, pourrait-on admettre qu'il l'eût laissé dans l'erreur sur les meilleurs moyens de l'employer à son service, sans danger pour lui-même ? »

L'Église, d'ailleurs, reconnaît cette autorité suprême du Fondateur, dans tout ce qui concerne l'esprit et le gouvernement de la famille religieuse dont il a plu à Dieu de le rendre le père. Elle ne procède pas à la réforme des ordres religieux de la même manière qu'à la réforme du clergé. Dans les canons et les règles promulgués pour maintenir la sainteté de l'état sacerdotal et diriger l'action des évêques et des prêtres, selon les besoins des peuples, l'Église ne se regarde pas comme enchaînée par des prescriptions antérieures. Avec la plénitude de pouvoir qu'elle a reçue de son divin Chef pour l'administration de son troupeau, elle admet, selon les circonstances graves du temps et des lieux, des modifications notables dans sa discipline ; tolérant, quand elle le juge opportun, ce qu'elle avait défendu, et interdisant ce qui avait été antérieurement permis.

Mais quand il s'agit de la réforme des ordres religieux, bien qu'ayant aussi sur eux la même autorité suprême, l'Église suit une marche différente : elle provoque le retour aux prescriptions primitives, aux règles et aux enseignements laissés par le Fondateur. La réforme d'un institut ne consiste pas dans la modification ou le changement de sa discipline et de son esprit, mais dans le rétablissement de ce qui était fait et pratiqué à l'origine, par les anciens, sous l'impulsion et la direction du Fondateur.

Sans doute, le Saint-Siège a le droit de modifier, dans les circonstances où il le jugerait opportun, une Règle religieuse : l'autorité du vicaire de Jésus-Christ s'étend sur le clergé régulier aussi bien que sur le clergé séculier et sur tous les fidèles. Mais l'histoire nous montre que, lorsqu'il s'agit d'altérer l'esprit d'un institut, l'Église trouve la suppression préférable. Aux importunités de l'ambassadeur de France, qui le pressait de modifier quelques points des constitutions de l'illustre Compagnie de Jésus, Clément XIII répondait par ces mots si connus : « *Sint ut sunt vel non sint.*— Qu'elles restent telles qu'elles sont ou qu'elles cessent d'être. »

On peut trouver une raison de cette conduite de l'Église dans l'analogie qui existe entre le miracle et la fondation d'un ordre religieux : des deux côtés, il y a une action directe de Dieu.

Le divin Sauveur a confié à l'Église le pouvoir discrétionnaire le plus absolu pour la prédication de la vérité, l'administration des sacrements, le gouvernement de la société des fidèles ; pour le choix et la consécration des prêtres et des évêques, l'élection du Souverain Pontife : en un mot, pour tout ce qui est nécessaire à la sanctification des hommes, par la perpétuité de l'enseignement qui éclaire leur esprit, et de l'administration des sacrements qui leur communiquent la vie spirituelle, l'entretiennent et la développent en eux.

Ayant ainsi établi, dans sa sagesse, la constitution et le gouvernement de son Église, Dieu la laisse agir avec la force et la grâce qu'il lui a communiquées.

Depuis bientôt dix-neuf siècles, malgré les efforts de l'enfer et la malice des hommes, elle poursuit son œuvre de salut, prêchant à toute la terre la pure doctrine de l'Évangile, prescrivant les règles pour l'administration et la réception des sacrements, déterminant, pour le prêtre comme pour le laïque, tous les rites accessoires, fixant les époques, admettant, dans tout ce qui est secondaire, les modifications qu'elle juge convenables.

Pour l'admission au sacerdoce, elle tient compte ordinairement de l'attrait et de la volonté de ses enfants : mais cependant, dans les circonstances où elle le juge nécessaire, elle peut leur imposer l'obligation, en conscience, d'accepter le sacerdoce, l'épiscopat, le Souverain Pontificat. Ce pouvoir lui est nécessaire : elle le possède, et son histoire nous montre qu'à l'occasion elle en a usé, comme elle le devait. Mais quels que fussent ses périls et ses angoisses, quelque pressants qu'aient été les besoins de la société chrétienne, jamais l'Église n'a prescrit à l'un de ses enfants ou de ses ministres de faire un miracle pour confondre les incrédules et arrêter la rage des persécuteurs.

C'est que Notre-Seigneur s'est réservé la dispensation du don des miracles. Pour cela, il n'opère point par l'entremise de son Église : il agit directement lui-même, il n'y a aucun intermédiaire entre lui et le thaumaturge.

L'Église le sait, et quand elle sent le besoin d'une intervention miraculeuse, elle l'implore par les soupirs qu'elle fait entendre à son céleste Époux ; mais elle n'oublie pas qu'à ce sujet elle n'a aucun ordre à donner à ses enfants.

Or, il en est de même pour la fondation des ordres religieux : l'Église peut en sentir le besoin, les demander à Dieu ; mais jamais elle ne commandera à l'un de ses fils de devenir le père d'une nouvelle famille religieuse et de créer un institut qui réponde aux besoins de l'époque.

Pour la fondation d'une congrégation, comme pour les miracles, l'Église se borne à prier et à attendre qu'il plaise à Dieu de susciter lui-même l'élu qu'il voudra revêtir de son esprit et de sa force, pour le rendre capable de ce prodige.

Sans doute, chaque ordre religieux reste soumis au contrôle de l'Église ; c'est elle qui juge souverainement la doctrine et les Règles du Fondateur. Mais dès qu'elle a constaté la pureté de sa vie et de son enseignement, la sagesse de ses Règles, et qu'elle y a reconnu l'esprit de Dieu, elle se borne à exhorter les sujets à se conformer aux prescriptions et aux exemples du Fondateur. Attentive à les maintenir dans l'esprit de leur institut, elle les y rappelle quand elle les voit s'en écarter ; et si elle désespère de les y ramener, elle prononce leur dissolution. Mais jamais elle n'altère l'esprit primitif d'un ordre religieux, ni ses Règles fondamentales : parce qu'elle y voit, comme dans le miracle, le doigt de Dieu.

Il est donc vrai de dire que le Fondateur est comme un autre Moïse, qui reçoit de Dieu lui-même la révélation de ses volontés, et la loi spéciale qu'il veut donner à cette race nouvelle, à ces générations de héros que sa toute-puissance va susciter dans l'Église.

Ce titre de héros n'a ici rien d'hyperbolique, il est rigoureusement juste ; car, de même que l'honneur réside dans l'accomplissement fidèle du devoir, l'héroïsme consiste à aller généreusement au-delà de ce qui est obligatoire. A tous ses enfants l'Église rappelle et impose l'observation des préceptes, c'est le devoir du chrétien ; à ses disciples, le Fondateur prescrit la pratique des conseils évangéliques, c'est l'héroïsme de la vertu. Ces conseils, d'une si haute perfection, il faut qu'il les observe lui-même d'une manière admirable, puisqu'il doit servir de modèle à toute sa postérité spirituelle.

Comme Dieu, dans sa sagesse, proportionne toujours ses faveurs, ses dons, ses grâces aux fonctions qu'il impose à ses créatures, de quels dons sublimes, de quelles grâces de choix ne comble-t-il pas ces êtres privilégiés qu'il veut rendre capables et dignes du rôle surhumain de Fondateurs d'ordres religieux ! C'est là ce que constate d'abord l'Église quand on introduit la cause de leur béatification ; avant de procéder à l'examen des miracles, elle discute, avec une rigueur extrême, l'héroïcité de leurs vertus.

Voilà, dans sa splendeur réelle, la dignité du Fondateur : c'est l'élu de Dieu choisi pour demeurer le chef et le guide d'une lignée de saints, qui trouveront tous en lui le type accompli de la perfection à laquelle ils sont appelés, comme ils liront dans sa Règle la marche à suivre pour atteindre le but spécial de leur institut, et remporter la couronne.

La perfection du religieux, comme nous l'avons déjà vu, consiste donc à s'approcher le plus possible du modèle qui lui est offert dans la personne du Fondateur, à se pénétrer de son esprit, à imiter ses vertus, à suivre ponctuellement les Règles qu'il a laissées. Celui qui s'en écarte volontairement, dans les points essentiels, se sépare par cela même de son institut. C'est en vain qu'il en porte l'habit et le nom, il n'appartient plus réellement à ce corps spirituel, pas plus qu'un membre détaché du tronc ne participe à la vie du corps physique.

Ce qui opère et maintient l'union des esprits, c'est la similitude de volonté, la conformité dans la manière de voir et d'agir. Aussi Notre-Seigneur nous fait-il dire à *Notre Père qui est dans les cieux*, que notre suprême désir est de voir *sa volonté faite sur la terre comme au ciel*. En parlant de lui-même, pour attester son union parfaite avec son Père, il déclare « qu'il ne cherche pas sa volonté, mais la volonté de Celui qui l'a envoyé. » (Jean, v. 30.) Enfin, pour montrer combien est intime l'union qui résulte de cette similitude de volonté, il s'écrie : « Quiconque fait la volonté de Dieu, celui-là est mon frère, et ma sœur, et ma mère. » (Marc, III, 35.)

Il est donc bien exact de dire que ce n'est ni l'habit, ni l'observation de quelques pratiques et coutumes extérieures qui font le religieux : la vérité de sa profession, la sincérité de son attachement à son institut, se mesurent sur l'énergie avec laquelle il s'applique à faire concorder, en tout, sa manière de voir et son action, avec les sentiments et les exemples du Fondateur : il n'est réellement de sa famille religieuse, qu'autant qu'il cherche sincèrement à faire continuellement la volonté de ce père spirituel, et non pas la sienne.

C'est par cette conformité parfaite de l'esprit des religieux avec l'esprit de leur Fondateur, que s'entretient l'action vivifiante de cet élu du Seigneur parmi les siens. Non seulement c'est sa vie et son œuvre qui se prolongent, en quelque sorte, parce que c'est lui qui parle et qui agit par la personne de chacun de ses fidèles disciples ; mais, du haut du ciel, la puissance d'intercession dont il jouit auprès de Dieu, leur obtient un secours puissant, des bénédictions abondantes pour leurs travaux.

Ce patronage constant des fondateurs est attesté par l'enseignement de l'Église : c'est la pensée qui domine dans les formules de prières des offices des fondateurs canonisés, et nous la trouvons appliquée au gouvernement général de l'Église dans la Préface des apôtres, où l'on demande au Pasteur éternel « que son troupeau ne cesse point d'être gouverné par les mêmes conducteurs qu'il lui a donnés pour le diriger dans le principe ».

Évidemment, cette protection puissante ne peut être espérée, elle ne peut être raisonnablement implorée que pour continuer et achever l'œuvre commencée par le Fondateur. Il serait absurde d'attendre son secours pour ébranler ce qu'il a établi sous l'inspiration de Dieu, et démolir l'édifice spirituel construit par lui, afin de le remplacer par un autre, bâti selon les plans de la sagesse humaine.

C'est pour persévérer dans les voies de Dieu, c'est pour marcher, à l'exemple de leur Père, sous l'étendard de la croix, qui sera toujours, comme dit l'Apôtre, *une folie aux yeux des sages* du monde, que les religieux doivent compter sur son patronage. Non seulement le Fondateur demande pour chacun d'eux, comme il l'a demandé et obtenu pour lui-même, l'esprit de mortification et cette sincère humilité qui fait aimer les humiliations et redouter les louanges; mais, éclairé, encore plus qu'il ne l'était ici-bas, sur les dangers de la prospérité et des succès éclatants, pour les communautés religieuses aussi bien que pour les individus, le Fondateur ne demande pas à Dieu d'épargner à sa famille spirituelle les contradictions et les injustices des hommes.

Un des plus célèbres et des plus pieux disciples de saint Ignace, le P. Ribadeneyra, a conservé à ce sujet un témoignage remarquable du sentiment de l'illustre fondateur de la Compagnie de Jésus. Le rencontrant un jour, au sortir d'une longue méditation, Ribadeneyra remarqua sur la figure du saint une expression de bonheur qui contrastait avec son calme habituel. Étonné de ce changement, il soupçonna qu'il s'était passé quelque chose d'extraordinaire entre Dieu et son serviteur. Profitant de la familiarité à laquelle la bonté du saint l'autorisait, il lui communiqua son impression, en le priant de lui dire si son soupçon était fondé. L'homme de Dieu ne répondit d'abord que par un sourire. Pressé par les instances de son bien-aimé disciple, il finit par lui dire : « Eh bien, Pierre, puisque vous voulez le savoir, je vous l'avouerai. Pendant que j'étais en oraison, Notre-Seigneur a daigné m'apparaître et m'assurer en personne que, conformément à ma prière, la Compagnie ne cessera jamais de jouir du précieux héritage de la Passion, au milieu des contradictions et des persécutions. »

Mieux que personne, les fondateurs savent que les véritables dangers qui menacent d'affaiblir et de détruire les ordres religieux, ne viennent pas du dehors : le relâchement est la seule cause de la ruine. Tant que la ferveur anime les sujets, le vent des persécutions n'est point à craindre. Les arbres vigoureux, aux puissantes racines, résistent aux secousses de la tempête, et puisent, dans les pluies torrentielles qui lavent leurs feuilles et humectent la terre, une nouvelle vigueur.

Il en est de même des ordres religieux profondément attachés à leur Règle ; la rage de l'enfer et de ses suppôts accroît leur ferveur, et, par conséquent leur prospérité spirituelle, si contraire aux vues humaines.

A l'appui de cette pensée, nous citerons encore un fait de la vie de saint Ignace : « Il était si jaloux de l'apanage des persécutions, dit l'un de ses biographes, qu'il se réjouissait de celles que subissait son Ordre, autant qu'il s'affligeait d'une trop grande tranquillité. On le surprit, un jour, le visage triste et abattu, ce qui parut d'autant plus étonnant que sa physionomie reflétait d'ordinaire la sérénité de son âme. « Quelle pouvait être, se demandait-on, la cause d'une tristesse si extraordinaire ? » C'est que, dans une province, la Compagnie jouissait d'une prospérité que rien ne troublait ; et il regardait cette tranquillité comme la punition de quelques fautes, pour lesquelles JÉSUS-CHRIST ne voulait pas admettre cette partie de la Compagnie, au partage de sa Passion.

Cette manière de voir si sublime, et par cela même si choquante aux yeux de ceux qui ont l'esprit du monde, est pourtant la seule vraie et juste. En effet l'essentiel dans un ordre religieux, c'est de glorifier Dieu, et de faire tendre les sujets à la perfection. Or, les persécutions, supportées en esprit de foi, sont ce qu'il y a de plus propre à maintenir dans l'humilité, tout en faisant pratiquer la mortification. Les succès des œuvres, sans ce sel de la mortification et un progrès constant dans l'humilité, peuvent écarter peu à peu les religieux des voies de la perfection, en les mettant sur la pente du relâchement, et surtout en les enflant d'orgueil. Voilà pourquoi saint Ignace s'affligeait de voir une maison de son institut exempte des croix de la persécution. Car, il est important de se le rappeler, le triple but de la vie religieuse, est d'abord et par-dessus tout la gloire de Dieu, puis la sanctification des sujets, enfin le service du prochain, soit par le secours qu'il tire des mérites et des prières des religieux, soit par les œuvres de charité auxquelles ils se livrent. Pour les esprits superficiels, ce dernier but éclipse souvent les deux premiers, qui sont pourtant l'essentiel de la vie religieuse, et sans lesquels les œuvres procèdent plutôt de la philanthropie que de la charité.

L'esprit du monde, qui pénètre partout, obscurcit tellement ces vérités, qu'il était nécessaire de les mettre dans tout leur jour, pour prouver que les contradictions auxquelles les communautés religieuses sont en butte, n'empêchent nullement de reconnaître l'action persévérante du Fondateur au-delà du tombeau, et la protection efficace qu'il accorde constamment à ses disciples, pour les aider à marcher sur ses traces.

Si, du haut du ciel, le Fondateur, par la protection qu'il accorde à ses vrais enfants spirituels, continue son œuvre sur la terre, de leur côté, les religieux, en se pénétrant de son esprit et en agissant par son inspiration, augmentent sans cesse la gloire de leur Père.

De même qu'un mauvais livre devient comme une sorte de péché originel, d'où découlent les suites incalculables des péchés qu'il fera commettre, et que les tourments de l'auteur coupable sont proportionnés au nombre des âmes que ses pages malsaines empoisonnent ; ainsi les actes de vertu et les bonnes œuvres du religieux fervent, les semences de salut qu'il répand dans les cœurs, tout le bien qu'il fait en se conformant à l'esprit de sa règle, tourne à la gloire de celui qui en est l'auteur.

Il est donc vrai de dire que le Fondateur doit à la fidélité de ses enfants une sorte d'immortalité ici-bas, qui lui permet de voir s'accroître sans cesse la somme de bien qu'il fait aux âmes et la gloire qui en est la récompense.

C'est là une manifestation spéciale de cette communion des saints qui résulte des rapports entre les élus du ciel et les prédestinés de la terre. Quoi de plus encourageant que la pensée de ces relations intimes entre le père et ses enfants ! Quel motif puissant de se pénétrer de plus en plus de son esprit, afin de penser et d'agir comme il l'eût fait lui-même ! Or, pour atteindre ce but, il n'y a point de meilleur moyen que d'étudier le modèle donné par le Seigneur, c'est-à-dire de méditer les enseignements du Fondateur et de contempler sa vie, qui en est le plus fidèle et le plus éloquent commentaire.

La Règle dit ce qu'on doit faire ; mais pour se convaincre qu'on peut toujours l'accomplir, et apprendre comment on arrive à la pratiquer d'une manière parfaite, il faut étudier la conduite du Fondateur dans la création de son œuvre et dans toutes les difficultés suscitées par les imperfections des hommes ou la malice du démon.

Heureux les ordres religieux qui possèdent une biographie de leur Fondateur, écrite avec l'exactitude, la science théologique, l'onction et la saine critique qu'exige une œuvre de cette importance !

C'est un miroir spirituel dans lequel ils peuvent, en tout temps, s'assurer qu'ils conservent fidèlement la ressemblance nécessaire, avec celui qui demeure toujours le type de la perfection à laquelle ils doivent tendre, afin d'assurer leur propre salut et le fruit de leurs travaux pour la sanctification du prochain.

L'esprit du monde cherche sans cesse le progrès dans le changement, parce que les œuvres humaines étant nécessairement imparfaites, la raison conçoit qu'elles sont toujours susceptibles d'amélioration. Mais il n'en est pas de même des œuvres de Dieu. Si, dans sa sagesse, il veut qu'elles se développent avec le temps, il ne veut pas qu'elles changent : il leur a imprimé, dès leur création, le cachet de perfection qui leur est propre. Sa science infinie a vu, en les formant, toutes les vicissitudes des temps et des circonstances qui les attendaient dans toute l'étendue de leur durée, et il les a façonnés de manière à assurer leur existence et leur utilité dans les temps et les milieux où elles devaient croître et fructifier.

Quand il a plu à Dieu de doter son Église de l'institut des Frères des Écoles chrétiennes, il a illuminé et fortifié l'âme du Bienheureux de la Salle, choisi par lui pour être le père et le modèle de cette nouvelle famille religieuse. Il lui a inspiré les Règles les plus conformes au but que sa sagesse se proposait, et il lui a accordé des grâces extraordinaires pour montrer, par la perfection de sa vie, comment il fallait mettre ces Règles en pratique. Ce serait une orgueilleuse témérité que de viser à faire mieux ou autrement : on peut, dans une certaine mesure, appliquer au Fondateur à l'égard de ses disciples ce que le divin Sauveur a dit de lui-même ; il est pour eux la *voie*, la *vérité* et la *vie*.

Notre-Seigneur a cependant prédit à ses Apôtres qu'ils feraient des miracles plus grands que ceux qu'il avait opérés ; mais c'est en son nom qu'ils les ont faits, et par la force qu'ils puisaient dans leur union avec lui. De même il pourra arriver que des disciples du Bienheureux de la Salle obtiennent des succès plus considérables, plus éclatants que les siens ; mais ce ne sera jamais que par la vertu de ses Règles et par leur fidélité à suivre son esprit et ses exemples. Toute leur préoccupation doit donc être d'avoir sans cesse les yeux fixés sur lui, et l'oreille du cœur docile à sa voix.

Grâce à Dieu, cela leur est facile, car nous possédons une biographie du Bienheureux de la Salle, écrite par un homme de Dieu, éminent en doctrine et en vertu, témoin intime de la vie du Fondateur et de ses premiers disciples, et son travail a été contrôlé et reconnu exact par les contemporains. En l'admettant comme digne de peser d'un grand poids dans l'examen de l'héroïcité des vertus du Bienheureux, l'Église a donné à cet ouvrage une nouvelle et suprême sanction.

Le Fondateur de l'institut des Écoles chrétiennes revit dans ces pages animées d'un souffle de foi et de solide piété, et empreintes d'un caractère manifeste de sincérité.

C'est là que ses vrais et pieux disciples, en contemplant sa vie, puiseront les lumières et le zèle nécessaires pour continuer son œuvre, en marchant fidèlement sur ses traces.

Pour faire apprécier le mérite de l'auteur et la valeur de son travail, nous allons redire, en peu de mots, ses titres à la confiance du lecteur comme historien et comme théologien.

III. — Ce qu'était l'auteur de cette vie du Bienheureux de la Salle. — Garanties de l'orthodoxie de sa doctrine et de la sincérité de son récit.

LE pieux auteur qui, sous le voile de l'anonyme, a publié à Rouen, en 1733, la vie du Bienheureux de la Salle, était un ecclésiastique des plus recommandables par sa science autant que par ses vertus. Il se nommait Blain, et, comme celui dont il devait être l'ami et l'historien, il avait pour patron saint Jean-Baptiste.

Né dans le diocèse de Rennes, il fut, dans sa jeunesse, le condisciple du Bienheureux Grignon de Montfort, qui le distingua entre tous, et lui voua dès lors une estime toute particulière et une amitié qui ne s'est jamais démentie.

Ces deux pieux étudiants se trouvèrent encore réunis à Paris sous la sage et forte direction des Sulpiciens, qui avaient été les maîtres du Bienheureux de la Salle, et notamment M. Baüyn, que ses vertus et ses lumières rendaient capable d'être le guide des saints dans les voies de la plus sublime perfection.

M. Blain fut ordonné prêtre à Noyon, et bientôt pourvu d'un canonicat. L'évêque de Noyon, Mgr d'Aubigné, qui avait eu occasion d'apprécier le mérite de M. Blain, ayant été promu à l'archevêché de Rouen, l'appela dans son nouveau diocèse en 1710, et lui donna une prébende canoniale dans sa métropole. Deux ans après, M. Blain prit, en Sorbonne, le grade de licencié en théologie, et il fut nommé successivement supérieur des hospitalières de Saint-François, inspecteur des séminaires, enfin curé de la paroisse Saint-Patrice. Mais, craignant de manquer aux saints canons par le cumul de plusieurs bénéfices, il se démit de cette cure, en 1716. L'archevêque lui donna bientôt un nouveau témoignage de sa confiance et de son estime, en le nommant supérieur des sœurs hospitalières d'Ernemont, qui lui doivent leur Règle. Pour la rédiger, le pieux chanoine s'inspira de l'esprit et des écrits de ses deux amis : l'instituteur des Frères des Écoles chrétiennes, et le R. P. Barré, religieux minime, Fondateur des sœurs de la Providence.

Quand le Bienheureux de la Salle quitta la maison de Saint-Yon, pour aller visiter les écoles du midi et fonder le noviciat de Marseille, ce fut M. Blain que l'archevêque nomma supérieur spirituel de la communauté. C'est en vertu de cette charge qu'il a vécu, pendant de longues années, dans l'intimité des Frères. Auxiliaire discret et affectueux, il se montra jusqu'à la dernière heure l'ami fidèle et le zélé défenseur du Bienheureux de la Salle. Comme lui, il avait toujours été l'adversaire déclaré des erreurs du jansénisme. Il fut à Rouen l'un des promoteurs de la dévotion au sacré Cœur de Jésus.

M. Blain mourut en 1751. Dans son testament, qu'on garde encore, il demandait à être inhumé, non dans la cathédrale, mais à la porte, en face de la chapelle du Sacré-Cœur, et il recommandait que ses funérailles fussent simples comme celles des pauvres.

On comprend les garanties de doctrine et de sincérité que donne un auteur si respectable. Non seulement il fut témoin des vertus du Bienheureux et confident de ses pensées ; mais c'est d'après les documents les plus authentiques, d'après les mémoires et les notes rédigés par les premiers disciples du saint Fondateur, qu'il a composé son ouvrage, ainsi qu'il nous l'apprend lui-même. « Ces témoins fidèles, dit-il, ont rapporté ce qu'ils ont vu, ce qu'ils ont vu de leurs yeux. Si leur témoignage peut être suspect, personne ne mérite créance désormais. Si cette histoire de M. de la Salle, composée sur leurs mémoires, recueillis avec soin par feu le Frère Barthélemy (1), aussitôt que le saint homme fut mort, et mis en suite en ordre par un des Frères (2), si, dis-je, une pareille histoire trouve des lecteurs incrédules, ou en défiance contre les faits qui y sont rapportés, quelle est l'histoire qui mérite autorité, et dont on ne puisse soupçonner la bonne foi et l'exactitude ? »

M. Blain consacra quatorze années à la rédaction de son ouvrage, en restant toujours l'ami des Frères après avoir été le supérieur ecclésiastique de la communauté de Saint-Yon. Un parent du Bienheureux, dom Elie Maillefer, avait achevé, dès 1723, une biographie du Fondateur des Frères des Écoles chrétiennes. Ce ma-

---

1. Le Frère Barthélemy, premier successeur du Bienheureux de la Salle, lui survécut bien peu de temps : il mourut le 8 juin 1720. Nous avons réédité, en 1876, sa biographie, publiée par M. Blain.

2. Le Frère Bernard. Il commença en 1721 ce travail, qui est resté inachevé, mais qui a servi de base à M. Blain pour composer son ouvrage.

nuscrit a été perdu : mais un second exemplaire, refait par l'auteur, après la publication du livre de M. Blain, est conservé à la bibliothèque municipale de Reims ([1]). Il a été constaté dans le procès de canonisation que ce travail, beaucoup moins développé que celui du chanoine de Rouen, n'en diffère point pour le fond ; ce qui est d'autant plus remarquable que dom Elie Maillefer était du nombre des religieux qui inclinaient vers les erreurs du jansénisme.

Contrarié de se voir devancé par l'auteur anonyme de la *Vie du Bienheureux de la Salle*, il se montra violent et injuste envers lui. Il lui reprocha son mauvais goût et son peu de discernement (c'est-à-dire son orthodoxie), et il l'accusa de l'avoir copié mot pour mot en quelques endroits. Comme tous deux écrivaient d'après des documents fournis par les Frères, cela s'explique aisément, sans que l'un ni l'autre soient coupables de plagiat. D'ailleurs la vérification est impossible, puisque le premier manuscrit de dom Elie Maillefer, antérieur à la publication de M. Blain, n'existe plus. Ce qu'il y a d'important à constater, c'est que cet ennemi, si peu disposé à épargner notre auteur, n'a pu trouver dans son ouvrage aucun passage qui lui permît d'incriminer sa bonne foi ou son exactitude.

Nous en avons une autre preuve, qui est décisive. Un savant et pieux jésuite, le P. Garreau, fut prié, quelques années après la publication du grand ouvrage de M. Blain, de rédiger une Vie du Bienheureux plus abrégée. Or voici ce que le P. Garreau écrivait dans sa préface, en 1750, dix-sept ans après la publication des deux volumes in-4° du chanoine de Rouen.

« Pour prouver la vérité de tout ce que j'avance dans ce livre, je ne puis dire autre chose que ce que l'auteur de la première vie a assuré : que les mémoires ont été fournis par les fidèles témoins des vertus héroïques de

---

1. Manuscrit in-4° de trois cent vingt-huit pages, à grandes marges, relié en veau, tranches rouges.

M. de la Salle, par des compagnons de ses travaux apostoliques, par des enfants reconnaissants, zélés pour la gloire de leur père, dont ils veulent transmettre les exemples édifiants à la postérité.

« Ce qui est certain, c'est que les Frères des écoles chrétiennes qui ont désiré qu'on travaillât à une nouvelle histoire de la vie de leur instituteur, n'ont pas accusé la première d'inexactitude dans le récit des faits ; et cependant leurs anciens n'y sont certainement pas ménagés, toutes leurs faiblesses y sont exposées. Or, quiconque connaîtra un peu la sensibilité des hommes, conviendra que c'est une preuve suffisante de l'authenticité des mémoires dont on s'est servi. »

Ainsi, c'est à la prière des Frères que le P. Garreau a écrit son *Abrégé de la vie du Bienheureux de la Salle;* et ceux-ci n'ont trouvé aucune inexactitude à lui signaler dans le récit des faits tels qu'on le lit dans l'ouvrage de M. Blain, malgré la sévérité avec laquelle cet écrivain relève les défauts des premiers disciples du saint Fondateur. C'est parce que nous comprenons toute la force de cette dernière preuve, que nous avons tenu à conserver dans cette réimpression, les témoignages nombreux de l'humilité de ces dignes enfants du Bienheureux, qui n'ont pas hésité à immortaliser le récit des faiblesses et des fautes de leurs anciens, quand il était utile de les avouer pour mettre dans tout son jour l'héroïsme des vertus de leur père bien-aimé.

La *Vie du Bienheureux de la Salle*, par M. Blain, réunit donc tous les caractères de l'authenticité, toutes les conditions requises pour la valeur du témoignage historique.

Elle a été composée :

1º Immédiatement après la mort du personnage ;

2º Par un écrivain que son caractère sacré et ses lumières rendent digne de toute confiance, et qui avait vécu dans son intimité ;

3º D'après les mémoires écrits par ses compagnons et contrôlés par eux (car il est évident que, jaloux de répondre aux désirs des Frères, M. Blain, leur supérieur spirituel, recevant de leur main tous les documents et conversant habituellement avec eux, n'a pu manquer de leur communiquer son manuscrit) ;

4° Publiée à Rouen même, quatorze ans seulement après la mort du Bienheureux, du vivant de la plupart de ceux dont les notes avaient servi à la rédaction de l'ouvrage, cette Vie a été accueillie sans aucune réclamation, sauf la lettre de dom Élie Maillefer, qui ne fait au fond qu'en constater, même par une bouche ennemie, la parfaite exactitude ;

5° Enfin, cet ouvrage vient d'acquérir un nouveau titre au respect de tout lecteur chrétien ; car, devant l'auguste congrégation des Rites, il a été jugé suffisamment revêtu du double caractère d'authenticité et d'exactitude, pour peser d'un grand poids dans la décision solennelle qui constate l'héroïcité des vertus du Bienheureux de la Salle.

On voit que l'auteur avait bien le droit de se demander avec confiance : « Si une pareille histoire trouve des « lecteurs incrédules, ou en défiance contre les faits qui « y sont rapportés, quelle est l'histoire qui mérite autorité ? »

Ajoutons, ce que M. Blain ne pouvait dire, que l'estime toute particulière dont son archevêque l'a toujours honoré et les charges importantes qu'il lui a confiées, attestent sa réputation de vertu, de science théologique, de prudence, de solidité de jugement et d'expérience dans les voies spirituelles ; on ne saurait donc, sans une injustice manifeste, suspecter sa bonne foi, ni contester sa capacité. Sans doute ce n'est pas sans un certain enthousiasme qu'il parle des vertus héroïques de son saint ami ; mais, prêtre exemplaire et éclairé, il est au-dessus de tout soupçon de fausseté dans ses récits ou d'altération des documents fournis par les Frères : il faudrait être plus que téméraire pour juger un si vénérable écrivain capable d'oublier que ce n'est point par le mensonge qu'on glorifie les serviteurs du Dieu de vérité

IV. — Méthode suivie dans la révision et la réimpression de l'édition originale. — Qualités du style de l'auteur.

CONVAINCU de la haute valeur historique de l'ouvrage de M. Blain, nous nous sommes fait un devoir d'en reproduire le texte avec la fidélité requise pour la transcription des paroles d'un témoin grave et digne de foi. Nous n'avons donc rien ajouté, rien modifié dans le sens de la pensée ; notre travail s'est borné à rendre la lecture plus facile, en remplaçant par un équivalent les expressions vieillies, et en remaniant les tours de phrases qui pourraient embarrasser ou choquer ceux qui ne sont point familiarisés avec la langue du XVIIe siècle, encore en usage au commencement du XVIIIe.

Nous le savons fort bien, les délicats seront scandalisés de cette espèce de vandalisme littéraire, si contraire au goût de l'époque qui s'indigne devant un mot ou un tour de phrase rajeunis, comme à la vue d'un bronze antique dépouillé de sa précieuse patine par une main inintelligente. Mais ce n'est pas pour les délicats que nous travaillons ; l'immense majorité des lecteurs auxquels ce livre est destiné, n'y cherchera que de saintes inspirations et des exemples édifiants. Le mérite ici consiste donc à éviter tout ce qui pourrait arrêter le lecteur, ou le distraire des pieuses réflexions, des généreux mouvements que l'exposition des actes et des pensées d'un saint doit faire naître dans des cœurs simples et bien préparés.

Quand nous avons dû rajeunir une expression ou modifier un tour de phrase, nous nous sommes astreints à choisir le synonyme le plus approchant ou l'équivalent le plus exact, de façon à ne pas altérer le sens, et à conserver même la nuance de la pensée. Ceux qui se sont exercés à quelque traduction, selon les exigences d'exactitude de la critique moderne, savent que, pour arriver à cette justesse d'expression, la peine souvent est aussi grande que pour rencontrer la rime.

Dans les rares passages où, par inadvertance, la rédaction du texte offrait un sens théologique peu exact, nous n'avons pas hésité à la modifier ; bien convaincu que c'était, non altérer, mais restituer la véritable pensée de l'auteur ; car l'ensemble de l'ouvrage atteste la solidité et l'orthodoxie de sa doctrine. Certaines erreurs de fait ont été aussi rectifiées. Nous n'avons pas cru devoir prévenir chaque fois le lecteur de ces rectifications ; ce ne sont pas des changements, mais plutôt des corrections d'auteur dans une seconde édition revue avec soin.

Nous avons supprimé quelques dissertations où il n'y a rien de spécial qui puisse s'appliquer au Bienheureux.

Il y a quelques jugements un peu durs sur le compte de certains ecclésiastiques qui ont fait de l'opposition au Bienheureux de la Salle. Nous n'avons pas cru pouvoir les effacer tous, ni les modifier, si ce n'est par des notes. D'ailleurs, presque tous les ouvrages du même genre offrent des traits analogues. Dans l'admirable déposition de sainte Chantal sur la vie de saint François de Sales, on n'a pas songé à se scandaliser de passages comme ceux-ci : « Certains religieux peu réguliers le contrarièrent et le persécutèrent dans une affaire qu'il avait fort à cœur, jusqu'à en venir à des violences et à des voies de fait insupportables à tout autre qu'à lui, etc. — Il reçut un affront public d'un religieux d'un ordre réformé, qui, en pleine chaire et sur le trône de vérité, témoigna sa passion, et la déchargeant sur le livre de *Philothée*, bafoua rudement et reprit avec aigreur le Bienheureux, etc. — Peu avant sa mort, je vis un simple ecclésiastique lui faire une rodomontade assez vive avec des reproches extravagants, qui n'avaient d'autres motifs que quelque incommodité et l'immortification de celui qui se plaignait. » (Pages 127, 128, 129.)

On ne trouvera rien de plus choquant dans certains passages de M. Blain, sur des religieux ou des prêtres qui manquèrent de convenance ou de justice envers le pieux Fondateur des Frères des Écoles chrétiennes.

Jamais il n'est entré dans les intentions de l'Église de voiler la vérité historique, pour dissimuler les fautes ou les faiblesses de ses ministres. L'Évangile ne nous enseigne pas cette fausse prudence : la chute de saint Pierre y est racontée avec toutes ses circonstances aggravantes, ainsi que le lâche abandon des autres apôtres, et l'incrédulité obstinée de saint Thomas.

Un changement dont nous ne nous sommes pas dissimulé l'importance, c'est d'avoir mis sous la plume de M. Blain ce titre de Bienheureux, qui n'a été décerné par l'Église à M. de la Salle que tout récemment. On nous pardonnera cet anachronisme : s'il blesse les lettrés, il satisfait la tendresse filiale et la dévotion des enfants spirituels de ce serviteur de Dieu, et c'est à eux, nous l'avons dit, que notre travail est destiné.

L'auteur évidemment a eu pour but principal de composer un ouvrage édifiant, particulièrement pour les Frères des Écoles chrétiennes : il ne s'est point préoccupé de la forme littéraire. Orateur distingué, à une époque où l'on ne se hasardait à parler ou à écrire qu'après s'y être préparé par de fortes études, M. Blain assurément ne manque pas de style : il a la justesse de l'expression, l'ampleur de la phrase, d'heureuses métaphores, et ces réminiscences de l'Écriture et des classiques, si pleines de charmes pour tous ceux qui ont étudié ces types parfaits de la vraie beauté littéraire [1]. Mais ce style n'est pas sans difficulté pour les lecteurs de

---

1. Un juge compétent, M. l'abbé Pauvert, dans la préface de sa remarquable biographie du Bienheureux Grignon de Montfort, apprécie comme nous la haute valeur historique et littéraire des écrits de M. Blain. En parlant du Mémoire que cet auteur a laissé sur les premières années du Bienheureux, M. Pauvert dit : « C'est M. Blain qui a le mieux connu et peint le « V. de Montfort. Amis et ennemis, le serviteur de Dieu lui-même, tout « est jugé de haut, sans partialité, sans enthousiasme, avec une vigueur « d'appréciation qui s'impose au lecteur. »

Ailleurs, comparant le Mémoire de M. Blain à l'histoire plus détaillée et plus complète composée par le R. P. Besnard, quatrième supérieur de l'ordre fondé par le Bienheureux, M. l'abbé Pauvert dit : « Sous le rap- « port du style, le R. P. Besnard ne peut être comparé au chanoine de « Rouen. Il est facile de voir que le siècle et les études littéraires avaient « baissé. »

nos jours, surtout pour ceux qui n'ont point fait leurs humanités.

Au XVIIe siècle, les écrivains français étaient sous l'inspiration des auteurs grecs et latins dont l'étude assidue avait imprimé dans leur esprit les règles du goût. Ils aimaient les longues périodes qui, soutenues par les conjonctions, donnent du mouvement et du relief à la phrase, en plaçant les mots selon l'ordre de la pensée, et non d'après la froide logique de l'analyse grammaticale. On ne s'arrêtait pas alors au scrupule puéril qui fait redouter la répétition de l'auxiliaire *avoir* ou du verbe *être* ; on ne s'effarouchait point d'une incidente un peu longue, mais tombant à sa place; jamais on n'hésitait à répéter le mot propre, au lieu de s'étudier à le remplacer par un prétendu synonyme, souvent inexact, parfois impossible.

Voltaire a mis à la mode une manière d'écrire plus légère. La langue y a gagné en clarté, surtout pour ceux qui, ignorant les langues anciennes, sont gênés par les périodes et les inversions. L'habitude de ne plus rencontrer ces difficultés dans la littérature moderne, les rend maintenant encore plus sensibles, plus pénibles pour la masse des lecteurs. C'est le motif qui nous a déterminé à les faire disparaître de notre texte ; mais avec discrétion, sans travestir notre respectable auteur par une allure trop moderne, sans hacher ses phrases en petites sentences de style de journaliste, sans remplacer la bonne simplicité de ses expressions par le pathos des métaphores prétentieuses. Nous espérons avoir réussi à offrir aux âmes chrétiennes un ouvrage d'une lecture facile, débarrassé de ses obscurités, mais gardant néanmoins ce parfum d'ancienneté qui lui donne, auprès des gens de goût, plus d'autorité et plus de charme.

V. — Heureux effets de l'onction dont le récit de l'auteur est tout imprégné.

NOUS avons parlé, tout à l'heure, d'un ouvrage qui a beaucoup de rapport avec celui que M. Blain a composé d'après les notes et les mémoires des compagnons du Bienheureux : c'est la *Déposition de sainte Chantal pour la canonisation de saint François de Sales*. Cette digne fille spirituelle d'un si admirable père, interrogée juridiquement, raconte ce qu'elle a ouï dire sur la vie du saint évêque de Genève, ce qu'elle a vu elle-même ou appris de sa bouche.

Après avoir lu cette *Déposition*, qui venait d'être reproduite dans un ouvrage récent, l'évêque d'Annecy, Mgr Rey, exprimait ainsi l'impression profonde que ces pages avaient faite sur son esprit :

« Les dépositions de sainte Chantal! Ah! voilà où l'on trouve la véritable vie de saint François de Sales ! Partout ailleurs on admire les effets prodigieux du zèle du saint apôtre, une suite de faits tous plus ou moins dignes d'édifier l'heureux lecteur qui se repaît d'un si touchant spectacle. Mais dans les dépositions de sainte Chantal, l'on voit l'intérieur tout saint, tout angélique du céleste évêque de Genève. L'on y contemple la sève même qui animait et fécondait cet arbre divin et majestueux.

« Non, l'on n'a qu'une idée imparfaite du saint, en ne connaissant que l'extérieur de sa physionomie ; mais son âme, sa belle âme, vous apparaît tout entière dans les dépositions, je dirais volontiers dans les révélations de sainte Chantal. L'on voit palpiter, pour ainsi dire, ce grand cœur où l'amour seul trouvait de la place. L'intérieur de saint François de Sales y est mis à découvert, et l'on s'écrie avec un saint Père : *Cœlum anima justi*. Oh! oui, j'ai cru apercevoir un paradis en abrégé dans l'âme de mon saint apôtre : là on voit Dieu régner en maître sur un cœur qui s'est entièrement voué à lui ; il en anime tous les mouvements, il en divinise toutes les affections, c'est le saint, le saint tout entier que l'on retrouve dans les dépositions ; et quel saint, grand Dieu ! Je ne saurais jamais rendre l'impression que m'a faite cette lecture ravissante. Le cœur vous brûle en parcourant ces lignes divinement enchantées. On se trouve quelquefois les yeux remplis de douces larmes, et le brasier d'amour que l'on contemple, semblable au soleil, éclaire, échauffe et fortifie l'âme qui se trouve en face de cette belle âme. »

Si la déposition de sainte Chantal laisse entrevoir souvent les célestes dispositions du cœur de saint François de Sales, on peut dire, sans témérité, que cette biographie rédigée d'après les notes et les mémoires des premiers Frères, témoins plus constants et plus intimes des vertus de leur père spirituel, montre encore plus à découvert l'intérieur de ce saint prêtre. Ils ont vécu constamment avec lui, ils avaient accès à toute heure dans sa chambre, ils l'ont suivi dans ses voyages et soigné dans ses maladies ; leur pieuse curiosité a surpris le secret de ses veilles prolongées dans la prière, et des rigueurs implacables de ses mortifications et de ses pénitences. Le récit de ces merveilles de piété, de charité, d'humilité, d'austérité dont ils furent les heureux témoins, et les fragments des discours ou des lettres du Bienheureux, nous font admirer, dans le cœur de ce grand serviteur de Dieu, les effets merveilleux de la grâce, et, mieux encore que la déposition de sainte Chantal, ils nous montrent « Dieu régnant en maître sur un cœur qui s'est entièrement voué à lui ». Nous ne craignons pas d'appliquer encore à cette peinture de l'intérieur du Bienheureux de la Salle, ces paroles du pieux évêque d'Annecy : « Ce brasier d'amour que l'on contemple, semblable au soleil, éclaire, échauffe et fortifie l'âme qui se trouve en face de cette belle âme. »

Les Frères des Écoles chrétiennes ne sont pas les seuls qui doivent venir réchauffer leur zèle à ce foyer de l'amour divin : tous les religieux et les ecclésiastiques peuvent en recevoir d'abondantes lumières et un accroissement de ferveur. Dans ces pages, que le zèle le plus pur de la gloire de Dieu inspire à un écrivain qui joint la piété à la science, ils trouveront, avec une doctrine ferme et exacte sur les devoirs sacrés de leur sublime vocation, ces leçons si persuasives de l'exemple, qui enflamme les cœurs généreux et entraîne les plus tièdes.

Quel admirable modèle du véritable esprit ecclésiastique ! avec quel soin édifiant ce jeune chanoine se prépare à recevoir les saints ordres ! quel dévouement à l'Église, quel esprit de sacrifice, quelle haute idée de la sainteté du sacerdoce et quel soin religieux pour en remplir dignement les fonctions !

C'est dans l'oraison que ce fidèle ministre de Dieu s'embrase de ces saintes ardeurs qui le feront paraître comme un séraphin à l'autel. Son admirable esprit de foi, le tenant sans cesse en la présence du Seigneur, lui donne une merveilleuse facilité pour réciter le saint office avec cette attention, ce sentiment de religion qui permettent au prêtre de dire, comme l'Apôtre, qu'il célèbre les louanges de Dieu avec cœur et intelligence.

En voyant le recueillement inaltérable du pieux Fondateur dans les soucis des affaires, dans les fatigues des voyages ; en le contemplant lorsque, le front découvert, il s'arrête au milieu de la route, pour savourer les beautés de ce bréviaire qu'il porte toujours avec tant de respect, comment ne pas sentir une sainte envie d'imiter cet adorateur en esprit et en vérité, assez heureux pour pouvoir s'appliquer avec confiance ces paroles des psaumes qu'il récite : « Mon cœur s'est embrasé dans la méditation ; un feu divin s'est emparé de mon âme, et les paroles se sont échappées de mes lèvres ([1]). Seigneur, avant l'aurore mes regards se sont élevés vers vous, et j'ai médité vos oracles ([2]). Que ma bouche ne s'ouvre que pour vous bénir ; qu'elle ne cesse de publier vos grandeurs ([3]). Mon âme est inondée de joie ; il faut que ma langue exprime son allégresse ([4]). Les paroles enflam-

---

[1]. Concaluit cor meum intra me, et in meditatione mea exardescet ignis. Locutus sum in lingua mea. (Ps. XXXVIII, 4, 5.)

[2]. Prævenerunt oculi mei ad te diluculo ut meditarer eloquia tua. (Ps. CXVIII. 148.)

[3]. Repleatur os meum laude, ut cantem gloriam tuam, tota die magnitudinem tuam. (Ps LXX, 8.)

[4]. Tunc repletum est gaudio os nostrum, et lingua nostra exsultatione. (Ps. CXXV, 2.)

mées qui sont sur mes lèvres sortent du fond de mon cœur (¹). »

Et pour ce ministère tout à la fois si redoutable et si consolant du saint tribunal, quel modèle accompli de douceur, de patience, de prudente fermeté ! Comme les merveilleuses conversions dont on trouvera ici le récit, montrent bien ce que peut faire, pour le salut des âmes les plus enfoncées dans le vice, un confesseur qui joint à la science et à la vertu, l'esprit d'oraison et de pénitence.

Mais c'est surtout parmi la grande famille des Frères des Écoles chrétiennes qu'on peut espérer des fruits abondants de la lecture et de la méditation de cette vie du Bienheureux de la Salle. Douée de cette fécondité spirituelle qui assure la perpétuité des ordres religieux, son âme est devenue une source intarissable de vie surnaturelle pour tous ceux qui sont appelés à être ses disciples. C'est à juste titre qu'un Fondateur est regardé comme un père dans l'ordre de la grâce ; Dieu lui accorde le don de la paternité à un degré plus sublime qu'aux pères selon la nature : Ceux-ci ne peuvent donner à leurs enfants qu'une existence précaire, dont il ne dépend pas d'eux d'assurer la durée ; à l'Instituteur d'un ordre religieux Dieu semble communiquer quelque chose de sa puissance créatrice, qui ne se borne pas à produire des êtres, mais qui les soutient par une action continue, sans laquelle ils retomberaient dans le néant. Par ses exemples comme par ses instructions et les Règles qu'il laisse à ses disciples, le père d'une communauté religieuse entretient sans cesse parmi elle le genre de vie qui lui est propre. En tenant leurs regards fixés sur un guide si sûr, les religieux trouvent une facilité merveilleuse pour s'élever à la perfection de leur état, car ses actions en offrent le type accompli, et ses leçons indiquent la voie qui y mène infailliblement.

Plus l'Institut du Bienheureux de la Salle s'accroît et

---

1. Eructavit cor meum verbum bonum. (Ps., XLIV, 2.)

prospère, plus ses succès sont éclatants et ses bienfaits appréciés par les populations reconnaissantes ; en un mot, plus son influence grandit dans l'Église et dans la société, plus il importe à tous ses membres de se maintenir dans l'esprit de leur saint Instituteur ; comme plus un édifice s'élève, plus il est nécessaire d'en préserver les fondements d'infiltrations pernicieuses, ou de toute autre cause de ruine.

La voie tracée par le Bienheureux de la Salle, et suivie avec tant de générosité par ses premiers disciples, est, il faut bien le reconnaître, une des plus rudes. Si ce livre tombe entre les mains de quelque laïque peu éclairé, nous craignons fort de le voir se scandaliser des exemples héroïques de pauvreté, de mortification et de pénitence donnés par le père, et imités par ses dignes enfants. Mais cela ne prouve qu'une chose : c'est qu'ils se sont approchés, plus que d'autres, du divin modèle qui a dit : *Heureux celui qui ne sera pas scandalisé à mon sujet.*

Si, dans Jésus-Christ lui-même, il est si aisé de trouver un sujet de scandale, qu'il appelle heureux ceux qui s'en garantissent, faut-il s'étonner qu'on se scandalise des saints, qui combattent en eux sans relâche tout ce qu'ils y remarquent de contraire à l'esprit de l'Évangile? Le chrétien tiède ne peut souffrir cette dureté envers le corps, cette soif des humiliations et des opprobres, cet amour de la pauvreté la plus absolue, qui nous montrent les saints jaloux de ressembler, le plus parfaitement possible, à leur divin Maître flagellé, traité en insensé, couvert de crachats et mourant nu sur la croix, après n'avoir pas eu, pendant ses courses apostoliques, où reposer sa tête. Comment soutenir le parallèle de nos doctrines relâchées avec celles de ces vaillants disciples de Jésus-Christ, et de notre vie douce et commode, avec les austérités de la leur ? Si la foi ne permet pas de les condamner absolument, on cherche à contester la prudence de ces actes de vertu qui nous paraissent excessifs, ou à rendre le narrateur suspect de consulter plus son imagination que les documents sérieux.

Cette supposition serait absurde pour cet ouvrage ; car, nous l'avons prouvé, il a été rédigé d'après les notes des témoins les plus dignes de foi, et pas une réclamation, pas la moindre demande de modification n'a été faite par les Frères, lorsque, dix-sept ans après la publication du travail de M. Blain, ils engagèrent le P. Garreau à en donner un abrégé.

Nous sommes certains, on le voit, de trouver dans ce livre un portrait parfait du Bienheureux, tracé par une main assez sûre pour avoir mérité l'approbation unanime de tous les anciens qui avaient vécu avec ce Père bien-aimé, ou du moins avec les disciples formés directement à son école. C'est bien l'âme de ce grand serviteur de Dieu qui se révèle dans ces pages édifiantes, c'est son intérieur qui nous est dévoilé, ce sont ses enseignements qui nous sont exactement transmis.

Quel bonheur pour les Frères des Écoles chrétiennes de posséder, avec de si précieux détails, le récit de la vie intime de leur père ! Ils ont peu de chose à envier à leurs aînés, car le Bienheureux de la Salle revit dans ces pages toutes remplies de ses actions et de ses discours.

En les méditant, en les savourant avec tout l'élan de leur piété filiale, ils se pénétreront de plus en plus de l'esprit de leur saint Fondateur, et ils se sentiront enflammés d'un zèle nouveau pour imiter de mieux en mieux ses vertus.

Auguste CARION.

ÉPITRE DÉDICATOIRE.

AU TRÈS SAINT ENFANT JÉSUS.

C'EST à vos pieds, *JÉSUS ENFANT*, que nous apportons cet ouvrage, comme un tribut qui appartient par toutes sortes de titres à votre divine Majesté. Le désir de procurer votre gloire et d'édifier les enfants de votre sainte Église, l'a fait entreprendre, et le désir que vous l'honoriez de votre protection et que vous le favorisiez de l'abondance de vos bénédictions, nous inspire la hardiesse de vous le dédier.

Puisque nul autre que vous n'a pris en main les intérêts de l'œuvre qui fait le sujet de ce livre, vous êtes le seul à qui la dédicace en puisse appartenir. Une œuvre qui n'a jamais eu que vous pour protecteur ne doit point ambitionner d'autre protection. Vous seul lui suffisez ; vous seul saurez bien la défendre contre toutes les puissances de la terre et de l'enfer, comme vous avez fait jusqu'à présent, quand les enfants, à l'exemple de leur Père, sauront avoir une pleine confiance en votre infinie bonté.

Pourquoi brigueraient-ils la faveur de quelque grand, en mettant son nom à la tête de cet ouvrage ? Ne savent-ils pas, par les lumières de la foi, que le bras de l'homme le plus accrédité et le plus puissant, n'est qu'un roseau fragile, qui ne peut soutenir et qui laisse tomber ceux qui le prennent pour appui ? Ne savent-ils pas, par l'histoire de leur Institut et de leur Instituteur, que l'œuvre qui est de Dieu ne peut être détruite par les hommes, et qu'en vain les nations frémissent de rage contre elle et méditent sa perte ? Ne savent-ils pas que maudit est celui qui prend le bras de l'homme pour son soutien et qui met sa confiance dans la créature ?

O ENFANT DE BETHLÉEM, si petit et si grand ! si petit dans l'étable et si grand dans le ciel ! que sont devant votre adorable Majesté tous les grands de la terre ? Qui pourra nuire à ceux que vous protégez, ou défendre ceux que vous abandonnez ?

Que sont en votre présence, Ô PRINCE DES ÉTERNITÉS, qui soutenez la terre et qui gouvernez l'univers, tandis que vous êtes porté entre les bras de la Vierge, votre Mère, que sont, en votre présence, les puissances du monde ? Elles ne sont que néant, qu'une goutte de rosée, que fumier, comme vous nous l'apprenez vous-même dans l'Écriture.

Puisque toute grandeur s'éclipse devant la vôtre, puisque toute puissance perd ce nom et n'est que faiblesse à vos yeux, puisque toute créature est votre ouvrage, tout notre intérêt est d'oublier ce qui n'est point vous, et de vous réserver tous nos hommages. Puisque tout être créé s'incline devant votre souveraineté, en confessant son néant et sa dépendance, ou qu'il sera obligé de le faire au dernier jour, lorsque vous viendrez, dans l'éclat de votre Majesté, pour juger tous les hommes, la sagesse nous inspire de ne penser qu'à vous plaire, et de chercher à nous assurer une place dans votre royaume.

D'ailleurs la créature a eu si peu de part à la naissance, aux progrès et à la formation de *l'Institut dont nous donnons l'histoire, que ce serait une injustice capable d'attirer votre indignation, que de lui en faire honneur. En effet, combien de fois a-t-on vu ses ennemis, animés de l'esprit d'Hérode, qui prit tant de mesures pour vous faire mourir entre les bras de la Vierge votre Mère, Ô DIVIN MESSIE, le Désiré des nations! chercher à étouffer dans son berceau cette œuvre, qui, comme un germe de grâce, commençait à éclore pour le bien de l'Église! Combien de fois, le saint Instituteur a-t-il été obligé, à votre exemple, DIVIN ENFANT, Roi du siècle à venir, de prendre la fuite dans une terre étrangère, pour se dérober à la fureur de ses persécuteurs! Combien de fois a-t-il vu son œuvre, comme une nacelle fragile, flotter au gré des vents de la persécution, prête à échouer ou à faire naufrage, sans qu'aucun autre pilote que votre Providence ait paru pour la conduire!*

Combien de fois a-t-on vu cet édifice, à peine élevé, s'ébranler sur ses fondements, et menacer ruine, sans qu'on ait vu un autre bras que celui qui ébranle les colonnes du ciel, l'appuyer et le raffermir!

O ENFANT que j'adore pour mon Dieu, dans quel coin de la France pouvait se cacher l'Architecte que vous aviez chargé d'élever cet édifice, qu'il n'y trouvât des croix?

Ce qui est étonnant, tandis que tout le monde convenait de l'excellence et de la nécessité de cet Institut, et des biens inestimables qu'il pouvait procurer à l'Église, tout le monde travaillait à le renverser. L'Institut applaudi de toutes parts, l'Instituteur était rejeté, rebuté, calomnié, persécuté, chassé, abandonné partout, au dedans et au dehors, par ses propres enfants aussi bien que par les étrangers, si universellement que, semblable en cela à Vous, son divin Maître, nul n'osait se déclarer pour lui, personne n'osait ouvrir la bouche pour prendre sa défense.

Quel est le lieu où on ne lui ait point jeté la pierre, aussi bien qu'à ses disciples ? Quelle est la ville où lui et les siens n'aient essuyé des affronts, des ignominies, des vexations, des injustices ? Partout, selon la parole de l'Apôtre, on les méprise comme la balayure du monde : omnium peripsema (I Cor., IV, 13). *Regardés comme les derniers des hommes, traités comme des méchants, ils voyaient leurs services refusés, ou on ne les payait que par des outrages, et par le refus des choses nécessaires à la vie ; de sorte qu'ils demeuraient victimes de la charité, en proie au travail, aux calamités, aux veilles, à la faim, à la soif, aux jeûnes, au froid, à la nudité.* In labore et ærumna, in vigiliis multis, in fame et siti, in jejuniis multis, in frigore et nuditate (II Cor., XI, 27). *Partout les moqueries et les insultes publiques étaient leur partage. Les coups souvent suivaient les affronts, et la populace malfaisante se faisait un plaisir malin de leur jeter de la boue et de les frapper.* Ludibria et verbera experti (Heb., XI, 36 et suiv.).

A peine pouvaient-ils paraître dans les rues, que des mains méchantes s'armaient de pierres pour les leur jeter : lapidati sunt. *De quel genre d'opprobres leur vertu n'a-t-elle pas été éprouvée dans les lieux où ils allaient présenter des ser-*

Épître dédicatoire.

vices gratuits et charitables, à la jeunesse la plus misérable et la plus abandonnée ? Tentati sunt. *Pauvres, manquant de tout,* egentes, *ils sont allés de tous côtés, ô SAUVEUR DU MONDE! enrichir des trésors de la Doctrine chrétienne des enfants qui portaient le nom de chrétiens sans presque aucune connaissance de ce nom glorieux :* multos autem locupletantes.

Jamais dans l'abondance, toujours à l'étroit, dans la tribulation, dans l'affliction, angustiati, afflicti, *on les a vus, à votre exemple et à l'exemple de vos Apôtres, semer dans les larmes leurs instructions sur des terres où il n'y avait pour eux à recueillir que des épines. Près de cent d'entre eux, soit avant, soit après leur Patriarche, sont déjà morts attachés à la Croix ; ils n'ont reçu en ce monde d'autre récompense, Ô DIVIN ENFANT, que l'honneur de vous ressembler, et de vous être associés dans les souffrances.*

Si le monde les rebutait, il ne faut pas en être étonné : il vous a rejeté vous-même lorsque vous étiez caché dans le sein de votre Mère, et il vous a obligé de faire votre première entrée en ce monde sur la paille d'une crèche : et sui eum non receperunt. *Éclatant en miracles, dans la suite de votre vie, il vous a méconnu :* mundus eum non cognovit (Joan., I, 10). *Enfin, lorsque votre charité infinie préparait le prix de son salut, il vous a condamné à la mort:* omnes clamaverunt: crucifige, crucifige ! (Marc., XV, 13).

C'est donc reconnaissance, c'est donc justice, c'est donc une nécessité, TRÈS SAINT ENFANT JÉSUS, que de vous consacrer un ouvrage qui vous montre seul l'*Auteur*, le *défenseur*, le *protecteur* de l'*Institut des Écoles chrétiennes*. Ceux qui en ont été les premiers fondements, et dont plusieurs vivent encore (1733), proclament d'une voix unanime que, la main de l'homme n'ayant contribué en rien à leur établissement, en dédier l'histoire à quelque puissance de la terre, ce serait se rendre coupable d'ingratitude et d'infidélité envers votre divine Providence.

De plus, tout nous porte à refuser à tout autre qu'à vous cette dédicace, puisque c'est sous votre sainte protection, ADORABLE ENFANT, que le Fondateur a mis son Institut, les Écoles charitables, les enfants qui y viennent et les Maîtres qui les enseignent.

Ce saint homme, inspiré par votre esprit, qui a eu pour ennemis presque tous les hommes, s'est si absolument abandonné aux soins de votre aimable Providence, qu'il n'a jamais ambitionné ni recherché la protection d'aucun grand de la terre. Bien instruit, par les lumières de la foi, qu'en vain l'homme travaille à élever l'édifice dont vous ne posez pas les fondements, qu'en vain l'homme veille à la sûreté de la place que vous ne gardez pas ; qu'au contraire le monde et l'enfer frémissent inutilement de rage et conspirent en vain contre l'œuvre que votre esprit inspire, il ne s'attacha qu'à vous avoir comme protecteur. Ainsi ce serait contredire son esprit, et dégénérer de la noblesse de ses sentiments, que de faire, à tout autre qu'à vous Ô ENFANT-DIEU, la dédicace d'un ouvrage qui, à chaque page, proclame que vous en êtes seul l'auteur, le protecteur, le défenseur.

C'est dans ce même esprit de justice et de reconnaissance, AIMABLE ENFANT notre Roi, que les Frères vous dédient leur première église avec cette inscription qui marque que vous seul l'avez fondée : FUNDAVIT EAM ALTISSIMUS.

En effet, s'il est étonnant que tant de travaux, exécutés avec tant de frais et de dépenses, commencent à rendre si florissante la maison de Saint-Yon, précédemment pauvre et humble, selon la prédiction qu'en avait faite Monsieur de la Salle à son lit de mort, sans qu'aucun grand de la terre, ni même aucune main charitable y ait contribué en rien, il serait encore plus étonnant que vous, DIVIN ENFANT JÉSUS, qui seul l'avez fondée, bâtie et élevée, n'eussiez pas tout l'honneur de sa fondation.

Je sais que plusieurs grands du monde ont agi en faveur de l'Institut, tantôt pour le délivrer de l'oppression ou de quelques vexations injustes, tantôt pour obtenir le paiement des pensions qui lui étaient dues, tantôt pour solliciter auprès du Roi très chrétien des Lettres patentes, ou, en cour de Rome, des Bulles d'approbation ; mais comment l'ont-ils fait ? Je dirais presque par l'inspiration du Ciel. Ce qui est certain, c'est qu'ils n'ont agi que par les ressorts secrets de votre Providence, ou par les mouvements de piété que vous leur aviez donnés ; qu'il n'y en a aucun qui ait voulu paraître à découvert son protecteur. L'honneur n'en est donc dû qu'à vous, ô Roi des nations, TRÈS SAINT ENFANT DE BETHLÉEM, qui avez entre vos mains les cœurs des grands, et qui savez, quand il vous plaît, vous servir de leur main ou de leur langue, de *leur piété ou de leur autorité, pour parvenir à l'exécution de vos desseins.*

C'est pour vous en faire hommage, SAINT ENFANT notre Dieu, que, prosternés à vos pieds, nous vous reconnaissons pour le seul Fondateur de l'œuvre dont nous donnons l'histoire, avec la Vie de son Instituteur, qui n'a été que votre instrument. En conséquence de cet aveu, et pour marquer que l'œuvre dont il y est parlé est votre ouvrage, nous plaçons à la tête de cette histoire cette inscription que les Frères mettent au frontispice de leur église :

FUNDAVIT EAM ALTISSIMUS.

Il ne nous reste plus, ô Majesté cachée sous les traits de l'enfance, qu'à vous supplier, avec larmes et avec un cœur contrit, de ne point avoir égard à l'indignité de la main qui a écrit cette Histoire; et, sans faire attention aux péchés de l'auteur, de répandre avec abondance vos bénédictions sur une œuvre qui est vôtre en toute manière, et qui a été arrosée par les sueurs, les larmes et le sang de celui que vous avez choisi pour en être l'Instituteur.

Nous vous conjurons, par la pauvreté de votre étable, par les prémices du sang répandu pour notre salut dans l'humiliante et cruelle opération de la circoncision, par les larmes et les cris enfantins de votre naissance, par le sacrifice de votre vie offert dans le temple, au jour de votre Présentation, par votre fuite en Égypte et votre retour à Nazareth, par la douleur, l'innocence, la sainteté, les vertus et les mérites de votre sainte Enfance, enfin par les entrailles qui vous ont porté et les mamelles virginales qui vous ont allaité, de maintenir l'Institut dans l'esprit de l'Instituteur, et ceux qui l'ont embrassé, dans la ferveur, la régularité, l'humilité, l'obéissance, la mortification, en un mot, dans la pratique des vertus dont leur Père leur a donné de si héroïques exemples. Nous vous supplions d'étendre votre protection sur toutes les écoles chrétiennes, sur les enfants qui les remplissent, et sur les Maîtres qui les gouvernent.

O ENFANT-DIEU, tendre ami des enfants, qui, pendant votre vie mortelle, les honoriez de vos sacrés embrassements, qui leur laissiez toute liberté de venir à vous, qui leur donniez des marques de l'amour le plus profond et le plus sensible, daignez leur communiquer un attrait extraordinaire pour leur instruction, une docilité parfaite pour se laisser conduire, un désir ardent pour apprendre la Doctrine chrétienne, et d'heureuses dispositions pour recevoir les semences des vertus.

Daignez inspirer à leurs parents un grand zèle pour leur éducation, un saint empressement pour les envoyer aux écoles chrétiennes et une pieuse vigilance sur leur conduite, afin qu'ils n'étouffent point par des exemples domestiques, les semences des vertus et les germes des grâces qu'ils reçoivent, dans un âge si tendre, par les travaux des Frères.

Daignez communiquer à ceux-ci ce fonds de piété, de charité, de zèle, de vigilance, de douceur, de patience, dont ils ont besoin dans un *emploi si nécessaire, mais cependant si pénible, si ennuyeux, si mortifiant, quand la grâce de l'état cesse de l'animer.*

Daignez inspirer un zèle ardent à tous les Pasteurs, pour multiplier et soutenir les Écoles charitables, aux grands du monde pour les protéger, et aux riches pour en fonder de tous côtés, puisqu'il n'y a point de moyen plus efficace pour faire connaître, adorer, aimer et servir Dieu votre Père, et tirer des portes de l'enfer une jeunesse pauvre, et abandonnée depuis si longtemps à l'ignorance, à la mauvaise éducation et au libertinage.

Enfin, ô JÉSUS ENFANT, arbitre souverain de mon sort éternel, en vous faisant la dédicace de cet ouvrage, écrit par une main si indigne, permettez-moi de vous demander une mort précieuse pour salaire. Souvenez-vous, Enfant d'une Mère vierge, toute pure et immaculée, que le nom de JÉSUS ou de SAUVEUR, que vous avez pris huit jours après votre naissance, que l'office que vous en avez fait en donnant les prémices de votre sang par la circoncision, me donne la liberté de vous conjurer d'oublier mes iniquités, et de les effacer dans le bain salutaire qui a coulé de vos veines.

C'est là l'unique grâce que je désire dans le monde. Celui qui est appelé l'ami des pécheurs, qui, pour les chercher, est descendu du ciel dans le sein d'une Vierge, et du sein d'une Vierge dans une étable ; qui, pour les racheter, est monté de la crèche sur la croix, me donne le droit de réclamer cette grâce si précieuse. Accordez-la, par votre miséricorde, par votre très grande miséricorde, par la multitude de vos miséricordes, Enfant de Marie et Fils du Père éternel, à celui qui se reconnaît pour votre vile, ingrate, impure et criminelle créature, qui vous adore comme son souverain Seigneur, vous honore comme son Créateur, vous aime comme son Dieu, vous désire comme son souverain Bien, vous craint comme son Juge, et vous demande pardon et miséricorde comme le plus grand des pécheurs.

DESSEIN DE CET OUVRAGE

Exposé par l'Auteur lui-même dans la Préface de l'édition originale.

POUR l'ordinaire, les vies des personnes mortes en odeur de sainteté sont composées en une de ces manières : ou ce sont leurs confesseurs, qui seuls ont connu à fond leur intérieur, qui les écrivent ou qui en fournissent les mémoires ; ou c'est sur des redditions de compte de leur conscience, peintures naïves de leurs dispositions les plus secrètes, demeurées entre les mains de leurs Directeurs ; ou c'est sur des papiers trouvés après leur mort, écrits de leur propre main, et devenus les dépositaires des grâces dont elles ont été favorisées, des opérations du Saint-Esprit dans leurs âmes, et des voies secrètes par lesquelles elles ont été menées à la perfection ; ou enfin, c'est sur les dépositions que font après leur mort des amis qui ont eu la confidence de leurs communications avec Dieu qu'on travaille à la relation de leur vie.

Rien de pareil n'a servi à écrire celle de Jean-Baptiste de la Salle. Ceux des Directeurs qui l'ont le mieux connu, et en qui il avait une plus parfaite confiance, étant morts avant lui, ont enseveli avec eux dans le tombeau tout ce qu'ils auraient pu révéler de l'intérieur de cet homme de grâce. Nul écrit de sa main ne nous a rendus plus savants sur ce sujet. On n'a rien trouvé après sa mort qui pût donner la moindre lumière, ni sur sa manière d'oraison, ni sur ses communications avec Dieu, ni sur les dons spirituels qu'il en recevait. S'il en tenait compte sur le papier, pour s'en ressouvenir et en rendre à Dieu ses actions de grâces, soit pour se mieux expliquer avec ses Directeurs, il a eu soin qu'aucun de ces mémoires ne pût parvenir jusqu'à nous [1].

Personne ne peut, par conséquent, rien dire de ce qui se

---

1. Cette affirmation ne doit pas s'entendre d'une manière trop absolue. Sans doute les écrits autobiographiques du Bienheureux ne sont pas nombreux, mais on ne peut pas dire qu'il n'en a laissé aucun. Signalons surtout le suivant : *Mémoire écrit de sa main pour apprendre aux Frères par quelles voies la divine Providence avait donné naissance à leur Institut.* Ce précieux manuscrit, aujourd'hui perdu, est mentionné par M. Blain qui en rapporte des fragments. (Livre I, chapitres VIII, IX et XII ; livre II, ch. XI. *Cf.*) Après la dernière citation, il ajoute : « C'est par ces paroles que M. de la Salle finit le *Mémoire* sur lequel nous avons travaillé jusqu'à présent, depuis le commencement de ce second livre. »

passait dans son intérieur ; car, à la réserve de ses Directeurs, il a été un *jardin clos* et fermé pour les hommes. On ne sache pas qu'il ait fait à ce sujet la moindre confidence à d'autres. Jamais non plus il ne lui a échappé une parole qui pût faire conjecturer ce qui se passait entre Dieu et lui. L'oubli de lui-même dans lequel il vivait, le parfait mépris qu'il faisait de soi, l'amour sincère qu'il avait pour la vie cachée, et le grand attrait qui le portait aux humiliations, ne lui ont jamais permis de rien dire qui pût, même indirectement, tourner à son avantage. Il ne parlait jamais de lui-même ou il n'en disait que du mal.

On n'a donc pu savoir de lui que ce qu'il lui était impossible d'en cacher, que ce que l'on voyait de ses yeux et que ce que l'on entendait de ses oreilles. Ce sont ces actions qui ont révélé au dehors ce qui se passait au dedans, et qui ont trahi son humilité.

La grâce peinte en tout temps sur sa figure, l'air d'un ange au saint autel, un zèle apostolique dans sa conduite, tout l'extérieur d'un saint, disaient de lui tout ce qu'il voulait cacher, tout ce qu'il n'en savait pas lui-même.

La pauvreté de ses habits, l'austérité de sa vie, la mortification de ses sens, la modestie qui brillait en sa personne, la douceur et l'humilité qui assaisonnaient ses paroles et toutes ses démarches, apprenaient, contre ses intentions, qu'il y avait encore, au commencement du XVIIIe siècle, des Saints sur la terre.

Quelle autre idée pouvaient avoir ceux qui le connaissaient, d'un homme qui avait fait tant et de si grands sacrifices à son Dieu, qui s'était condamné à une vie si pauvre, si abjecte, si méprisée, j'allais dire si misérable aux yeux de la chair ? Quelle autre idée pouvaient avoir ses disciples d'un Père qui joignait les plus grands exemples de perfection aux leçons qu'il leur en donnait ; qui se montrait à eux, en tout et partout, comme un modèle parfait de régularité, de silence, de recueillement, de patience, d'obéissance, d'humilité, de détachement de toutes choses, d'abandon à la Providence, de résignation aux ordres de Dieu, de mépris du monde, d'attrait pour les croix et les humiliations ?

C'est sur les mémoires exacts de ces témoins fidèles que cette vie est composée. Ils n'ont rapporté, pour l'ordinaire, que ce qu'ils ont vu de leurs yeux cent et cent fois. Si j'osais mettre en leur bouche les paroles que le Disciple bien-aimé écrivait de Jésus-Christ, je leur ferais dire aux lecteurs : *Nous vous annonçons ce que nous avons ouï, ce que nous avons vu de nos yeux, ce que nous avons regardé avec attention, et ce que nous avons touché de nos mains.* (I. S. Jean, I, 1.)

Vivant avec Jean-Baptiste de la Salle, ils ne pouvaient ne pas voir un homme qui se portait à l'oraison comme à son centre, et qui en faisait son élément ; qui se cachait du monde et le fuyait comme un Arsène ou un Antoine ; qui n'y paraissait avec joie que quand il fallait y recueillir des mépris ; qui montrait une tranquillité parfaite et un cœur insensible, quand il était en proie à la douleur ou aux affronts ; qui ne se souvenait de ses ennemis et de ses persécuteurs que pour prier pour eux ou faire leur éloge ; qui ne paraissait au milieu de ses disciples que comme le plus petit, le dernier et le plus méprisable ; en un mot, qui était un vrai portrait de JÉSUS *doux et humble de cœur*, conversant avec les hommes.

Ces témoins fidèles ont rapporté ce qu'ils ont vu, ce qu'ils ont vu de leurs propres yeux. Si leur témoignage peut être suspecté, personne ne mérite créance désormais. Si cette histoire de la vie de Jean-Baptiste de la Salle, composée sur leurs mémoires, que le feu Frère Barthélemy avait recueillis avec soin aussitôt que le saint homme fut mort, et mis ensuite en ordre par un des Frères ([1]) ; si, dis-je, une pareille histoire trouve des lecteurs incrédules ou en défiance contre les faits qui y sont rapportés, quel est l'historien qui mérite autorité, et dont on ne puisse soupçonner la bonne foi ou l'exactitude ?

D'ailleurs, il n'y a rien en cette Vie qui ne soit non seulement croyable, mais aisé à croire. Elle n'est grossie ni de prodiges, ni de miracles, ni de visions, ni de révélations, ni d'extases, ni de ravissements, ni de prédictions, ni de prophéties, ni de ces faits extraordinaires qui frappent le vulgaire, et qui rendent, selon lui, témoignage à la sainteté. On sait que la sainteté peut être dépouillée de tous ces dons éclatants, plus à craindre qu'à désirer ; on sait qu'on peut être saint sans en être avantagé, et en être avantagé sans être saint.

---

1. Le F. Barthélemy, n'ayant survécu qu'un peu plus d'un an au B. de la Salle, n'a pu procurer la publication de la vie du vénérable Instituteur ; cette consolation était réservée à son successeur, le F. Timothée. Le Frère qui a mis en ordre les premiers mémoires recueillis à cet effet, est le F. Bernard, chargé de la rédaction de l'ouvrage intitulé : *Conduite admirable de la divine Providence, en la personne du vénérable serviteur de Dieu, Jean-Baptiste de la Salle, prêtre, Docteur en Théologie, ancien Chanoine de l'Église cathédrale de Reims, et Instituteur des Frères des Écoles Chrétiennes ; divisé en quatre parties.* M. DCC. XXI, in-folio de v-86 pages. — Ce manuscrit se trouve aux archives de notre Institut ; malheureusement il n'a pas été terminé : il ne va que jusqu'à l'époque où le Bienheureux de la Salle s'établit à Paris, en 1688.

Ainsi, le public n'aura point à se plaindre qu'on lui débite des fables sous le nom de visions, et qu'on lui présente à lire une suite de faits merveilleux plus propres à composer des romans spirituels que des histoires fidèles, plus propres à éblouir les simples qu'à convertir les pécheurs. On ne lui offre à admirer que ce qu'il peut et doit imiter : des actions d'humilité, de douceur, de patience ; des exemples de charité, d'obéissance, de mortification et des autres vertus chrétiennes.

Voilà les actions qui font les Saints, et qui rendent témoignage à la sainteté. Cette Vie en est remplie. Il y en a d'héroïques en grand nombre, qui serviront à confondre les plus vertueux, et à les animer à la plus grande perfection. Il y en a de communes, à la portée de tout le monde, et un grand nombre que tout le monde peut imiter. Nous sommes entré dans ce détail, et nous nous sommes fait un devoir d'y entrer, persuadé que rien n'est plus touchant ni plus utile aux chrétiens que le récit simple et circonstancié des exemples de vertu. Rien n'étant plus propre à rappeler la ferveur, et à inspirer le désir de travailler à sa sanctification que la lecture des actions des Saints faciles à imiter, nous avons cru que tout ce qui peut édifier et animer à la vertu, mérite place dans une histoire comme celle-ci.

On appellera minuties, si l'on veut, ces sortes de récits, qui montrent Jean Baptiste de la Salle fidèle aux moindres choses, et attentif à faire parfaitement pour Dieu les petites aussi bien que les grandes. Comme ce n'est pas pour plaire, mais pour édifier, qu'on écrit les vies des Saints, il n'y faut rien omettre de tout ce qui peut être utiles à ceux qui les lisent. S'il se trouve des personnes délicates et pointilleuses, qui s'ennuient des détails des actions de vertu, il s'en trouve un plus grand nombre qui en sont avides et qui les lisent avec goût et avec fruit.

Hé! comment faire pour contenter tout le monde ? Cela est-il même possible ? Les critiques trouvent-ils rien à leur goût, rien qui mérite leurs éloges s'ils n'en sont pas les auteurs ? Quelle est l'histoire nouvelle de Vie de Saint qui puisse échapper à leur censure ? Ils n'y peuvent plus souffrir ni les miracles, ni rien de merveilleux. Ils traitent de chimères les visions et les révélations ; ils blasphèment ce qu'ils ignorent, et mettent au rang des délires, les opérations surnaturelles de Dieu dans les âmes et les faveurs de distinction. Quelque délicates, quelque respectables que soient les mains qui écrivent ces histoires, ils en blâment les auteurs ; et, à les entendre, leur nom ne doit point paraître à la tête de pareils ouvrages.

Dans une vie sans miracles, sans visions, sans prophéties, et sans rien de ce qui sent le merveilleux en fait de mysticité, leur présente-t-on des actions extraordinaires de pénitence, de mortification, d'humilité et des autres vertus, ils en soupçonnent le rapport, ils disent qu'il est outré, ils jugent incroyable ce qu'ils ne veulent pas imiter.

Entre-t-on dans le détail des moindres pratiques de piété, et de ces exemples journaliers de vertu qui sont à la portée de tout le monde, ce sont, à leur avis, des minuties que l'histoire doit taire, et qu'un historien qui sait écrire n'a garde de rapporter. Pour eux, ils croiraient déshonorer leur plume, s'ils lui permettaient d'écrire de si minces détails.

De quoi faut-il donc composer l'histoire des Saints, si les miracles, les visions, les révélations, les ravissements, les extases, et tout ce qui tient du merveilleux, dans l'ordre de la grâce, n'y doit point entrer ; si on en doit exclure, comme incroyables, les pénitences et les austérités extraordinaires, les oraisons continuées la nuit et le jour, et tout ce qui ressemble à la plus héroïque vertu ; si, enfin, l'on en doit bannir le récit des menues pratiques de vertu et les exemples de fidélité aux moindres choses?

Mais, dira-t-on peut-être, il n'est point d'un grand historien d'entrer dans tant de détails, ni de s'arrêter à des minuties. A cela je pourrais répondre que de grands historiens anciens, comme Denis d'Halicarnasse, et récemment, comme le P. Catrou, qui vient de mettre au jour l'*Histoire romaine*, n'ont point négligé les détails, quand ils les ont crus propres à satisfaire la curiosité du lecteur, ou à embellir leur narration. Mais nous, qui laissons à des plumes plus habiles et à des génies plus élevés, l'honneur de savoir bien écrire une histoire, il nous suffit de dire, qu'ayant seulement eu en vue de rendre celle-ci édifiante et utile, nous avons cru qu'il fallait joindre le récit des actes, des vertus communes et journalières, aux exemples extraordinaires de la vertu la plus héroïque.

Nous ne pouvions, sur ce sujet, suivre de meilleurs guides que les Évangélistes, qui, dans l'histoire de la vie de JÉSUS-CHRIST, ont joint le récit de ses actions communes et de quantité d'exemples de vertus journalières, à celui de ses miracles et de ses vertus les plus divines. Quand on veut écrire la vie des saints, peut-on se proposer de plus parfaits modèles que ceux qui ont prêté leur plume au Saint-Esprit pour faire la relation de la vie du Saint des Saints ?

Si cette histoire de la vie de Jean-Baptiste de la Salle peut servir à exciter dans les lecteurs l'horreur du vice et l'attrait de la vertu, le désir de la perfection et un grand courage pour y travailler ; si, de plus, elle réussit à inspirer un grand zèle pour multiplier les Écoles chrétiennes, et pour favoriser les Instituts qui se consacrent à une œuvre si importante, je suis parvenu au but où je voulais arriver, et j'abandonne volontiers à la critique des connaisseurs le style, la forme et le plan de cet ouvrage. Je souscris dès à présent et volontiers à leur dédain ou à leur censure. Content de n'avoir eu qu'un talent, et de l'avoir mis à profit pour le salut du prochain, je prie le lecteur d'oublier la manière dont cette histoire est écrite, pour ne faire attention qu'aux exemples de vertus qu'elle lui offre à imiter.

On avertit les Frères eux-mêmes de n'être pas surpris de voir ici plusieurs choses qu'ils ignoraient. Ceux-là seuls en ont eu connaissance qui avaient avec le saint Instituteur des rapports plus immédiats, qui entraient avec lui dans le maniement de certaines affaires et en qui il avait plus de confiance.

Il y a même quelques faits rapportés ici dont aucun des Frères n'avait connaissance, ou n'en avait qu'une connaissance confuse ; mais celui-là même qui a écrit cette histoire en ayant été témoin, il n'a pas cru devoir les omettre.

Enfin il me reste à avertir ici le lecteur, qu'en donnant souvent, dans le cours de cette histoire, le nom de *saint homme*, de *saint Prêtre* de *saint Instituteur* à M. de la Salle, nous ne le donnons que dans le sens que les Apôtres, dans leurs Lettres, le donnent aux chrétiens ; que dans le sens où il s'applique aux âmes éminentes en vertu, lors même qu'elles vivent encore sur la terre ; que dans le sens qu'on l'attribue aux personnes décédées en odeur de sainteté, sans vouloir, ni directement, ni indirectement, prévenir le jugement de l'Église romaine, à qui il appartient de juger de la sainteté des fidèles, et de déclarer *Saints* ceux dont elle a examiné, approuvé et canonisé la vie.

Personne n'est plus que nous soumis au Saint-Siège, ni plus inviolablement attaché à cette *pierre* sur laquelle est bâtie l'Église. Nous en avons toujours fait une profession déclarée, et nous sommes bien aise d'avoir occasion de la rendre publique, et de protester que nous voulons mourir, comme nous avons vécu, dans une parfaite obéissance à Notre Saint Père le Pape et à l'Église romaine, centre de l'unité, hors de laquelle il n'y a point de salut.

Vie du Bienheureux Jean-Baptiste de la SALLE.

LIVRE PREMIER.

Où le Bienheureux de la Salle est représenté aux enfants et aux jeunes gens comme un modèle des vertus de leur âge ; aux clercs, comme un miroir de l'esprit ecclésiastique ; aux prêtres, comme une image de la sainteté sacerdotale.

CHAPITRE PREMIER.

Sa naissance, son enfance et son éducation. — (1651-1662.)

I. — Sa naissance.

REIMS en Champagne, ville autrefois si féconde en saints et en grands hommes, a eu la gloire de donner naissance au Bienheureux de la Salle. Son père, d'une famille des plus distinguées, y remplissait avec lumière et probité la charge de conseiller au Présidial. Sa mère, issue de la famille de Brouillet, encore plus recommandable par sa piété que par sa noblesse, avait soin de cultiver, dans une édifiante retraite, des vertus qui craignent le grand monde et qui n'y sont jamais sans danger.

Celui dont nous écrivons la vie, fut l'aîné de sept enfants nés de ce mariage béni. Dieu en eut la meilleure part ; car de cinq garçons et deux filles, dont cette pieuse famille était composée, quatre se consacrèrent au service de Dieu. Une des filles se renferma dans le monastère de Saint-Étienne-les-Dames [1]; un des

---

1. Fondé au XIIIe siècle, dans la ville de Soissons, ce monastère de l'ordre de Saint-Augustin fut transféré, en 1617, à Reims, où il se distingua par la ferveur des religieuses qui l'habitèrent.

garçons entra chez les chanoines réguliers de Sainte-Geneviève, et devint prieur; les deux autres se dévouèrent à l'Église, et prirent rang parmi les prêtres du Seigneur et parmi les chanoines de l'illustre église métropolitaine de Reims. Un de ceux-là fut le Bienheureux de la Salle.

Il naquit le 30 avril 1651, et fut, le même jour, régénéré dans les eaux du baptême; tenu sur les fonts sacrés par monsieur Jean Moët de Brouillet, son aïeul maternel, et par madame Perrette Lespaignol, son épouse, qui lui donnèrent le nom de JEAN-BAPTISTE, par un heureux présage, qui semblait promettre que cet enfant serait, dans le dix-septième siècle, un grand modèle d'innocence et de pénitence.

II. — Ses inclinations, son enfance.

DÈS le berceau, il fut manifeste que la grâce le distinguait, et qu'elle en voulait faire un de ses chefs-d'œuvre. Rien de puéril en lui. Enfant, sans avoir les inclinations des enfants, il aimait les exercices sérieux, et il ne faisait rien paraître dans toutes ses actions, qui tînt de ce premier âge. Ses amusements, s'il en eut, furent des essais de vertu ; et la piété, qui est en nous le fruit lent et tardif de la grâce, prévint en lui la raison. Dévot sans affectation, il se plaisait à la prière et à la lecture des bons livres, et son penchant pour l'état ecclésiastique se remarquait déjà dans ses divertissements mêmes ; car son plaisir était d'élever de petites chapelles, de parer des autels, de chanter les cantiques de l'Église et d'imiter les cérémonies religieuses.

Les autres passe-temps n'étaient point de son goût ; et, quoiqu'il fût né gai et de belle humeur, son inclination ne le portait point aux amusements des enfants de son âge. Pour lui faire plaisir, il fallait lui présenter des objets de piété, qui eussent rapport à Dieu et à son Église. Il le fit bien paraître un jour que, dans la maison de son père, tout était en joie et en divertissement ; car, bien loin d'y prendre part, son cœur s'y trouva si fermé, que, pour sortir de l'ennui qui l'accablait, il alla se jeter entre les bras d'une personne de la compagnie, et la pria de lui lire la Vie des Saints, en lui témoignant le dégoût qu'il ressentait des plaisirs dont il était spectateur.

L'église était dès lors comme son centre unique . il fallait l'y mener, pour lui faire plaisir ; ses joies étaient là, et nulle part ailleurs. Ceux-là étaient ses amis, qui lui prêtaient une main charitable pour l'y conduire. Quand il en sut le chemin, et que l'âge lui permit d'y aller seul, la permission de s'y rendre était la grande grâce qu'il demandait et la seule conforme à ses inclinations, qu'on pût lui accorder. Pour le faire plus souvent, il se dérobait à ses camarades, se refusait à leurs jeux et à leurs amusements, et seul, fuyant la compagnie de tous les autres, *il allait au temple du Seigneur, adorer le Seigneur Dieu d'Israël.* (Tob., 1, 5.)

Plein de respect et de révérence pour le lieu saint, il y portait déjà cet air de recueillement et de religion qui devait le rendre lui-même, dans la suite, si digne et si respectable au pied des autels. Comme ce n'était ni la légèreté, ni la curiosité qui l'attiraient à l'église, il n'y était occupé que de Dieu et de la prière. La modestie qui animait sa jeunesse et qui donnait un nouvel éclat à sa beauté naturelle, attirait sur lui tous les yeux. Il paraissait un petit saint à ceux qui le considéraient dans ces moments, et il inspirait de la dévotion à ceux qui en avaient le moins. Les assistants, si agréablement surpris et édifiés de voir tant de piété dans une si grande jeunesse, ne pouvaient-ils pas se dire dès lors avec admiration : *Que pensez-vous que sera un jour cet enfant? car la main du Seigneur était avec lui.* (S. Luc, 1, 66.)

III. — Son attrait pour le service de Dieu.

TOUT ce qu'il voyait faire dans l'église le charmait, tout y était de son goût, tout y saisissait son esprit et son cœur. Il ne s'arrêtait pas à tout voir, il voulut tout apprendre ; il faisait sur tout des questions sensées, et il exigeait des réponses instructives. Si l'on refusait ou si l'on tardait à les lui donner, ses manières gracieuses et engageantes faisaient une si douce violence qu'on avait peine à s'en défendre.

Quoique son cœur fût charmé de tout ce que ses yeux voyaient à l'église, la célébration de la sainte messe lui offrait pourtant des attraits plus doux et plus sensibles. Cet attrait lui inspira le désir d'apprendre à la servir. Pour répondre à l'ardeur de son zèle, il fallut se hâter de lui donner des leçons qu'il ne tarda pas de mettre en pratique ; car ce n'était pas assez pour lui d'être spectateur dans l'église, il se pressait d'en être le ministre. Ses délices étaient donc de servir la sainte messe, et c'eût été pour lui une mortification sensible d'y manquer un seul jour. Pour se contenter sur ce point, il alla jusqu'à briguer les fonctions d'enfant de chœur, et il les remplit avec une grâce et une ferveur si singulières, que les assistants avaient pour ainsi dire honte de voir dans un enfant ce qu'ils n'éprouvaient pas en eux-mêmes.

IV. — Sa modestie et son respect dans l'église.

CETTE religieuse frayeur que demandent les saints mystères, cette grâce, qui est une portion de l'esprit ecclésiastique, lui fut donnée dès lors, pour le préparer à s'acquitter dans la suite du redoutable ministère auquel il était destiné, avec cet esprit de religion et de piété qu'inspire la foi en la présence d'un Dieu.

Cette respectueuse crainte le suivit toujours dans le lieu saint, et il l'imprimait à d'autres quand il y entrait. Il en paraissait surtout saisi dans le sanctuaire, où il portait un air si grave et si dévot, que l'on croyait voir un séraphin sous la figure d'un homme, lorsqu'il remplissait les fonctions du sacerdoce. Jamais il ne se familiarisa avec l'autel, quoiqu'il y montât tous les jours, depuis qu'il eut été ordonné prêtre, pour y célébrer les divins mystères. Chaque jour voyait croître sur ce point sa préparation, sa foi, sa frayeur, le sentiment de son indignité, sa ferveur et son amour.

Ces saintes dispositions ne furent point en lui le résultat lent et insensible de la lecture des saints Pères, ni de ses plus profondes réflexions sur la sainteté du sacerdoce, et sur la sublimité des mystères qui s'opèrent à l'autel. Elles furent l'effet précoce d'une grâce prévenante, qui le remplit de respect, de crainte et d'attrait pour tout ce qui est du ministère sacré, aussitôt que sa raison lui permit d'en prendre une connaissance suffisante. Servant dès lors à l'autel, il commença d'y paraître ce qu'il fut dans la suite des années, en y célébrant : un ange, un chérubin. Une beauté chaste resplendissait sur son visage, et, parce qu'il participait à la pureté des esprits célestes, il semblait en avoir tous les charmes.

V. — Son aversion pour les divertissements profanes.

COMME les pères se reproduisent et renaissent dans leurs enfants, il est ordinaire qu'ils communiquent leurs inclinations avec leur sang à ceux qu'ils mettent au monde : il est si naturel que les enfants entrent dans les penchants de leurs parents, qu'on s'étonne lorsque le contraire arrive. On eut donc sujet d'être surpris que le jeune de la Salle n'eût rien de la forte inclination de son père pour la musique. Peut-être l'eût-il ressentie, si la grâce ne l'eût prévenu, ou si elle ne l'eût étouffée dès sa naissance, en tournant ailleurs ses sentiments, et en lui inspirant du dégoût ou de la crainte pour un plaisir qui, tout innocent qu'il paraît, a ses dangers, et fait souvent des plaies dans le cœur en flattant les oreilles.

Le jeune de la Salle n'était pas d'humeur à remplir sa mémoire de tant de chants profanes, qu'il vaut mieux ignorer que de savoir, et qu'on a encore plus d'intérêt et plus de peine à oublier qu'à apprendre. Il n'était pas de caractère à exposer son âme tendre aux impressions malignes de ces airs de théâtre, qui ne sont propres qu'à amollir les cœurs de ceux qui les chantent ou qui les écoutent. Les chants de l'Église avaient pour lui des attraits plus sensibles. Puisque louer Dieu, le bénir et l'aimer, devait être son éternelle et unique occupation dans le ciel, il désira n'en avoir point d'autre sur la terre ; et, autant qu'il le put, il n'en eut point d'autre en effet ; car il se rendit dès lors assidu à l'Office divin, et, sans être chanoine, ce qui ne tarda pas à arriver, il commença à en remplir les fonctions au sortir de l'enfance.

Son père, qui avait un fond de religion, ne voyait qu'avec plaisir le bon naturel et les heureuses dispositions de son fils. Loin de les contrarier, comme font les pères mondains, il les cultivait avec soin, et, pour les nourrir et les faire croître en lui, il le menait souvent à l'église. Ravi de satisfaire à son propre devoir de religion, en contentant les inclinations de son fils, il se plaisait à assister à l'Office divin avec lui.

Sa mère, qui avait une piété encore plus tendre, s'étudiait à en jeter, à toute heure, les semences dans cette jeune âme, et elle les voyait germer au-delà de ses espérances. Ainsi le père et la mère, appliqués à former sous leurs yeux ce jeune Samuel, avaient la consolation de le voir *croître en grâce et en sagesse devant Dieu et devant les hommes*, si je puis me servir de ces paroles que l'Évangile rapporte au sujet de l'Enfant JÉSUS.

VI. — Ses premières études.

DES mains de ses parents ayant passé dans celles de maîtres propres à le former aux lettres humaines, il n'eut pas plus tôt paru dans le collège de l'Université de Reims, où il fit ses premières études, qu'il devint l'exemple des écoliers et le charme et la consolation des maîtres. Son progrès dans la science et dans la vertu alla toujours d'un pas égal ; car il se fit un devoir essentiel d'allier l'une avec l'autre, et de ne jamais séparer les exercices de la piété de ceux de l'étude. L'application aux lettres, ce qui est si fort à craindre, n'altéra point en lui les sentiments de dévotion; et l'esprit de dévotion, ce qui est si commun, ne ralentit jamais son application à l'étude.

Ainsi, Dieu et ses maîtres étant contents de lui, il l'était toujours de lui-même. Dévot sans recherche, gai sans légèreté ni dissipation, il plaisait et se rendait aimable. La sagesse, la docilité, la piété, furent comme les trois gardiennes de son innocence, et les trois caractères de sa jeunesse. Ces vertus précieuses, auxquelles il joignit un air doux et gracieux, en lui gagnant le cœur de ses maîtres, lui attirèrent l'estime et la vénération de ses camarades, qui le regardaient comme leur modèle. Voilà comment il fut l'exemple des écoliers : on va le voir devenir l'exemple des jeunes clercs.

CHAPITRE II.

Entrée du Bienheureux de la Salle dans la cléricature, puis dans l'illustre corps des chanoines de l'église métropolitaine de Reims. — (1662-1671.)

I. — Son attrait pour la cléricature.

Le jeune de la Salle, comme un autre Samuel, paraissait né pour le ministère sacré. Il était fait pour l'Église, et déjà toute son ambition le portait à s'y consacrer. Sa vocation se remarquait dans toutes ses actions : ses inclinations, ses plaisirs, ses attraits, tout en lui disait qu'il était destiné au service des autels. Ses jeux même en avaient été l'indice. Avec l'âge, cette vocation se développait de plus en plus, et les années, en se multipliant, la rendirent si forte et si vive, qu'il crut qu'il résistait à la voix de Dieu s'il tardait à demander la tonsure.

Il se promettait de la piété de ses parents de n'y point faire obstacle, et il n'en trouva point en effet ; car sa vocation, écrite sur son front, pour ainsi dire dès le berceau, et devenue si sensible dans toute sa conduite, ne pouvait être contrariée sans s'opposer aux ordres du Ciel. Si Dieu eût laissé à ses parents le choix de la victime qu'il fallait lui offrir, sans doute que ce choix serait tombé sur quelque autre de leurs enfants, et qu'ils se fussent réservé l'aîné, qui, pour l'ordinaire, est toujours le plus cher, étant le premier fruit de l'union des époux. Mais la nature ne fut point écoutée, et la grâce, entrant dans tous ses droits, voulut consacrer à Dieu celui qui en était le plus digne. Rien n'était plus juste.

Quelle fut la joie de Jean-Baptiste de la Salle, quand il se vit en liberté de suivre son attrait, qui le portait, depuis qu'il se connaissait, à se consacrer à Dieu tout entier ! Quelle fut sa consolation quand il vit qu'il pouvait entrer dans un état, qui, par profession, allait le dévouer au service de l'Église et le constituer l'homme de Dieu ! Il n'y a que des âmes semblables à la sienne, que Dieu mène dès le jeune âge comme par la main à la plus grande perfection, qui puissent le concevoir et l'exprimer.

II. — Il reçoit la tonsure.

La tonsure (¹) ne fut pas pour lui une cérémonie vaine, ni une apparence de renoncement au siècle et de consécration à Dieu, comme elle l'est pour tant d'autres. Sa bouche ne prononça que ce que le cœur lui dictait, en disant qu'il prenait Dieu pour son partage, et qu'il ne voulait point d'autre héritage. *Dieu devint le Dieu de son cœur*, selon les paroles du Prophète (Ps., LXXII, 26), le centre de ses affections et l'unique objet de ses désirs. Bientôt on va le voir exécuter sa parole à la lettre, en faisant avec le monde un divorce entier et solennel, en se dépouillant de ses biens, en se faisant pauvre, et en renonçant même à son canonicat. Mais n'anticipons point sur les événements : suivons le cours de ses années, en suivant celui de la grâce.

Jean-Baptiste de la Salle, devenu clerc, paraît un nouvel homme. La piété, la modestie, l'innocence des mœurs, brillent en lui avec plus d'éclat qu'auparavant sous le surplis et aux approches de l'autel. Au milieu des clercs, comme au milieu des écoliers, il est un grand exemple. C'est un flambeau que l'évêque vient d'allumer et qu'il met sur le chandelier, afin qu'il brille dans l'église de Reims ; et bientôt sa lumière s'étendra par toute la France.

Le jeune clerc se voyant l'homme de Dieu, ou engagé à le devenir, afin de n'en pas porter en vain le titre, fit tous ses efforts pour le mériter. Un zèle encore plus ardent pour les fonctions cléricales, un attrait plus sensible pour le service des autels, un amour plus constant pour la prière, une assiduité édifiante à l'Office divin, furent la preuve qu'il *était dépouillé du vieil homme et revêtu du nouveau, créé dans la justice et dans la sainteté*, (Éphés., IV, 22-24) et que ces paroles saintes, que le prélat lui avait adressées en lui coupant les cheveux et en le revêtant du surplis, avaient été efficaces, et s'étaient réalisées en sa personne, par l'opération du Saint-Esprit.

Son attrait pour chanter les louanges de Dieu, prenant avec ses jours de nouveaux accroissements, Dieu lui fit naître l'occasion de le suivre dans toute son étendue, et de faire par devoir ce qu'il faisait auparavant par l'instinct de la grâce.

---

1. C'est le 11 mars 1662 que le Bienheureux reçut la tonsure cléricale.

III. — Il est fait chanoine de Reims à l'âge de seize ans.

IL fut pourvu, vers l'âge de quinze ans, d'un canonicat de l'église métropolitaine, le 9 juillet 1666, par la résignation de M. Dozet, archidiacre de Champagne et chancelier de l'Université de Reims. Il en prit possession l'année suivante, le 17 janvier ([1]).

Son aïeul ([2]), homme d'une piété rare, qui s'était imposé l'obligation de réciter tous les jours le grand Office de l'Église, voulut être son maître, et il se fit un plaisir de lui apprendre à le dire.

Le voilà donc en place et rendu à lui-même, dans un âge où il n'est que trop ordinaire aux jeunes gens de tourner à la perte de leur âme le premier usage de leur liberté. L'homme, né avec un fond d'orgueil inépuisable, se porte de tout son poids à l'indépendance. Secouer le joug de ses maîtres est le vœu continuel de la jeunesse, ennemie de toute gêne et de toute contrainte. Devenir maître de soi-même, disposer de ses démarches, suivre ses vues, agir par sa propre volonté, se livrer à ses inclinations, se prêter à celles d'autrui, c'est l'attrait naturel du cœur humain.

Ceux-là même qui ont de la piété sont bien aises de la conformer à leurs lumières, de la pétrir, si je puis me servir de ce terme, avec leurs penchants naturels, quand ils sont innocents. On aime à déterminer soi-même les routes que l'on veut suivre dans le chemin du ciel, et l'on se plaît à n'y aller que par où l'on veut et de la manière qu'on le veut. La tentation est délicate ; il est aisé à un jeune homme qui commence à respirer un air de liberté, d'y succomber. En secouant le joug de l'autorité paternelle, on secoue assez ordinairement celui de la vertu et du devoir. Contre cet écueil, hélas ! vient même assez souvent échouer la dévotion naissante, ou qui n'est pas bien affermie.

Notre jeune chanoine sut s'en garantir avec soin. Les yeux ouverts sur ses confrères qui pouvaient l'édifier, lui donner des leçons de sagesse, lui servir de modèles en tout, il ne chercha qu'à se former sur leurs exemples. Recueilli en lui-même, il ne pensait qu'à Celui qu'il venait louer et glorifier ; et en faisant la fonction

---

1. Au XVIIe siècle, il était assez ordinaire de conférer une prébende canoniale à des jeunes gens, pourvu qu'ils remplissent les conditions exigées pour obtenir des bénéfices ecclésiastiques ; ils devaient notamment avoir été tonsurés. M. Pierre Dozet et M. Nicolas Roland ont été dans ce cas.

2 Jean Moët de Brouillet, grand-père maternel de Jean-Baptiste de la Salle et son parrain.

des anges, il en imitait la modestie, la révérence et la piété. Consacré par état à la prière publique, il s'attacha à la pratique des vertus qu'elle demande: la retraite, la séparation du monde, le recueillement, l'esprit intérieur.

IV. — Il s'applique avec ardeur à l'étude.

LE cours de ses études ne souffrit pourtant aucun dommage par son entrée dans ce nouvel état. Il savait qu'un canonicat, loin d'être une dispense d'étude, en fournit de puissants motifs: motifs qui prennent leur origine du rang que tiennent les chanoines dans le clergé, des intentions de l'Église et de la pratique ordinaire des plus saints évêques. Il suivit donc l'esprit et les intentions de l'Église, en poursuivant ses études avec une nouvelle ardeur. D'ailleurs, il avait besoin de science plus qu'un autre, puisque la divine Providence le destinait à être le fondateur d'une nouvelle association d'hommes destinés à l'instruction du prochain et à la propagation de la doctrine chrétienne.

Son cours de philosophie terminé, il prit, selon la coutume, le degré de maître-ès-arts ([1]). Ce premier pas qui mène au doctorat, mais qui en est encore fort éloigné, lui fit naître la pensée de l'aller chercher à la source des sciences, qui était alors l'Université de Paris. Sa résolution prise d'aller étudier en Sorbonne, d'y obtenir sa licence et d'y prendre le bonnet de docteur, il fallut faire choix du lieu où il pourrait réussir dans le double dessein qu'il avait de devenir saint et de devenir savant.

On sait assez que, quoique l'étude doive servir à l'acquisition de la piété, elle en est souvent la plus grande ennemie et le plus dangereux obstacle. L'amour-propre, qui sait faire usage de tout pour ses intérêts, ne sait que trop bien faire servir la passion pour l'étude à l'extinction de la ferveur. Où trouver donc un lieu où l'une ne nuise point à l'autre, où l'on sache allier une grande application à acquérir les sciences, avec un plus grand soin d'acquérir les vertus? Où trouver une maison qui soit tout à la fois, pour la jeunesse cléricale, une école féconde en savants et en saints, une académie florissante en piété et en doctrine? C'est ce lieu que notre jeune chanoine désire, et que ses religieux parents lui cherchent. Ils ne tardèrent pas à le trouver.

---

1. En 1669.

V. — Il entre au séminaire de Saint-Sulpice.

LE séminaire de Saint-Sulpice, si bien marqué par ces traits, ne pouvait leur être inconnu. Il y fut donc envoyé, et jamais maison ne fut autant de son goût. Là, à la source de l'esprit ecclésiastique, dans l'école de la plus pure vertu, où des directeurs d'un mérite distingué enseignent à courir sur leurs traces dans les sentiers de la perfection, encore plus par leurs exemples que par leurs discours, il se vit où il désirait être.

M. Tronson (¹), homme admirable sous tous les rapports, regardé comme un des oracles du clergé de son temps, était alors à la tête du séminaire de Saint-Sulpice. A un fonds d'érudition et de lumière rare et surprenant, il avait su unir un fonds d'humilité et de simplicité encore plus édifiant. A une manière de vivre tout ordinaire en apparence, il avait su allier la vie la plus intérieure, la plus recueillie et la plus mortifiée. Toujours élevé au-dessus de lui-même et uni à Dieu, il ne montrait rien de l'homme à tous ceux qui le consultaient en si grand nombre. Comme un ange, sans passion, sans mouvement de nature, parfaitement tranquille, il trouvait dans une sagesse céleste des solutions aux plus grandes difficultés, et des réponses si sages, qu'on pouvait les attribuer au Saint-Esprit. Tant de grands hommes dans la France, formés de la main de ce digne supérieur, ont fait son éloge par leur conduite et leur sainte vie ! Les évêques eux-mêmes et plusieurs autres arrivés aux premières places de l'Église, après avoir été ses élèves et ses enfants spirituels, se faisaient un devoir de l'honorer comme leur père, et de suivre ses avis comme des oracles.

Tel était le Directeur du séminaire de Saint-Sulpice, quand notre jeune chanoine de Reims y entra (²). Dieu le conduisait dans des routes qui lui étaient alors fort inconnues, et qui aboutissaient à l'exécution de ses desseins éternels par des moyens pleins de force et de suavité. Dans un même lieu, il lui fit trouver les plus grands maîtres dans la double science qu'il venait chercher, les plus puissants secours pour l'acquérir, et les exemples les plus frappants pour l'encourager à y travailler avec ardeur.

---

1. M. Louis Tronson, originaire de Reims, mais né à Paris, entra au séminaire de Saint-Sulpice, en 1655, y exerça longtemps la charge de premier directeur, succéda à M. de Bretonvilliers comme supérieur de la Société, en 1676, et mourut en 1700.
2. Le Bienheureux de la Salle arriva au séminaire, le 18 octobre 1670, à l'âge de dix-neuf ans et quelques mois. Il est inscrit sur le registre de l'établissement en ces termes : « Joannes-Baptista de la Salle acolythus et canonicus Rhemensis, admissus die 18 octobris 1670 ; exiit 19 aprilis 1672. »

Celui que la divine Providence lui destina pour père spirituel fut un saint de premier ordre, un séraphin dans un corps mortel, un prêtre d'un zèle apostolique, un homme qui renouvelait en sa personne les austérités des anachorètes, leurs longues oraisons, et leur union à Dieu continuelle. Quand je l'aurai nommé, ceux qui l'ont connu rendront témoignage que je ne dis rien de trop, et reconnaîtront dans ce portrait M. Bauÿn, célèbre directeur du séminaire de Saint-Sulpice. Il portait des marques si sensibles de la vertu la plus éminente que de grands prélats, qui se trouvèrent dans la maison quand il mourut, demandèrent avec un saint empressement quelques-uns des instruments de pénitence dont il avait martyrisé son corps, et les conservèrent comme des reliques. Combien cet homme de Dieu en a-t-il formé d'autres ! De combien de saints prêtres et de fervents ministres a-t-il enrichi l'Église de JÉSUS-CHRIST ! Combien d'ouvriers évangéliques, tels que les dépeint saint Paul, et que l'Église les désire, a-t-il envoyés dans la moisson du Père céleste !

VI. — Le Bienheureux de la Salle est l'exemple de la jeunesse au séminaire de Saint-Sulpice.

SOUS un tel maître, quels progrès un tel disciple ne devait-il pas faire dans la vertu ! Prévenu dès l'enfance des bénédictions du Ciel les plus précieuses, entré dans une maison où une pluie de grâces inonde l'âme de tous ceux qui y viennent avec de pures intentions et un vrai désir de se donner à Dieu dans la compagnie d'une troupe de jeunes clercs de son âge, l'élite de la France, pleins de ferveur et avides, comme lui, encore plus de la vertu que de la science, enfin l'école des ecclésiastiques les plus parfaits, quels pas ne faisait point dans la route de la sainteté celui qui était venu la chercher !

Il y parut d'abord d'un naturel fort doux. Loin de s'attirer aucun reproche, ni de mécontenter personne, il se rendit fort complaisant à toutes les personnes de la maison. Il quitta ensuite ce qui pouvait tenir des airs et des maximes du monde, dans ses habits et dans son extérieur. En un mot, il fut très édifiant et l'exemple du séminaire tout le temps qu'il y demeura.

Ses maîtres toutefois ne connurent parfaitement la vertu de leur pieux disciple que plusieurs années après son séjour dans le séminaire, lorsqu'ils le revirent plus tard à la tête des Frères des Écoles chrétiennes. Les exemples héroïques de vertu dont ils furent témoins, et surtout sa patience à supporter les mépris, les contradictions et les mauvais offices qu'on lui rendait auprès des supérieurs ecclésiastiques, leur apprirent les progrès étonnants qu'avait faits dans la vertu leur ancien séminariste.

Voilà le témoignage qu'on a rendu de lui au séminaire de Saint-Sulpice, où assurément l'on n'est pas prodigue de louanges, et où l'on ne les distribue qu'au poids du sanctuaire. Ceux qui connaissent l'esprit de cette sainte maison savent assez qu'on s'y attache plus à faire des saints qu'à les préconiser. Au reste, si ce témoignage est court, il est bien avantageux, et l'on en fera un cas singulier quand on saura que celui qui l'a donné, est le successeur de M. Tronson, M. Leschassier, homme d'une prudence extraordinaire, et dont la sagesse et la vertu éminentes ont reçu souvent de grands éloges de la bouche même de ses plus grands ennemis (¹). Ce digne supérieur parlait peu, mais il disait beaucoup, et ses paroles étaient des sentences ; tout ce qui sortait de sa bouche était limé, de grand sens et plein de l'esprit de Dieu.

Ce témoignage de M. Leschassier est conforme à celui qui a été rendu par plusieurs autres ecclésiastiques du royaume, dispersés en différentes provinces, et qui s'étaient trouvés au Séminaire avec le Bienheureux de la Salle. Lorsqu'ils rencontraient quelques-uns des Frères, ils demandaient avec une sainte curiosité des nouvelles de ce saint prêtre, dont ils ne pouvaient perdre le souvenir, et, après s'être répandus en louanges sur sa vertu, ils finissaient son éloge en disant *qu'il avait été l'exemple de tous les autres* dans le séminaire de Saint-Sulpice. Qui a connu la ferveur qui régnait alors parmi la jeunesse sulpicienne comprendra la valeur de ces deux mots. Être l'exemple des fervents, même dans un lieu de sainteté, quel éloge ! Qu'il est court, mais qu'il est grand !

Quels fruits de vertus un si bon arbre, placé dans un fonds si excellent et arrosé des eaux célestes, ne doit-il pas porter, s'il a le temps de jeter de profondes racines ! Il est à croire que la main de Dieu, qui l'y avait conduit et planté, le laissera de longues années s'y nourrir et s'y fortifier, et qu'il ne l'en fera sortir, comme tant d'autres, qu'après avoir achevé sa licence et avec le titre de docteur, consommé réellement dans la science ecclésiastique. Tel était, en effet, le désir du jeune séminariste et de ses vertueux parents. Mais, ô profondeur des jugements de

---

1. M. Leschassier, quatrième supérieur de la Société de Saint-Sulpice, a rendu au Bienheureux de la Salle d'autres témoignages non moins élogieux dans ses lettres; il en sera question plus tard.

Dieu ! le Très-Haut en avait déterminé autrement : il n'avait envoyé le jeune chanoine à Saint-Sulpice que pour lui faire connaître la vertu parfaite, lui en donner le goût, en jeter les semences dans son cœur tendre, se réservant à lui seul de les faire germer, de les former de sa main en secret, et de le conduire à l'exécution de ses décrets éternels par des voies sûres et droites, mais obscures et inconnues.

C'est assez, pour les desseins de Dieu, que le jeune de la Salle ait passé un an et demi dans le Séminaire de Saint-Sulpice ; il faut qu'il en sorte après ce terme, qu'il rentre dans le tumulte du monde, qu'il se trouve surchargé des affaires de sa famille, et qu'il devienne le tuteur et le père de ses frères et de ses sœurs, que leurs parents communs vont laisser orphelins et abandonnés à ses soins. Oh ! que les jugements de Dieu sont incompréhensibles ! C'est par cette route écartée, c'est par cette voie singulière, et éloignée en apparence du but où la divine Providence veut le conduire qu'elle l'y amène. La mort de ses parents, en le rappelant de Saint-Sulpice, le fait sortir par une porte de la voie de la sainteté, pour l'y faire rentrer par une autre, comme nous allons le voir.

CHAPITRE III.

La mort de ses parents, sa sortie du séminaire de Saint-Sulpice, ses embarras de famille, sa promotion aux ordres sacrés, son application à acquérir la perfection. — (1671-1678.)

I. — Mort de la mère du Bienheureux de la Salle.

TANDIS que Jean-Baptiste de la Salle demeurait dans le séminaire de Saint-Sulpice, il ne pensait qu'à croître en vertu, et à mettre à profit, pour sa sanctification, les exemples qu'il voyait et les instructions qu'il recevait. En cette sainte maison, l'unique nécessaire l'occupait tout entier. Appliqué à l'étude, appliqué à sa perfection, il faisait servir l'une à l'autre, et ne voulait d'érudition que pour se rendre utile à l'Église. Rendu à lui-même, dans un lieu où l'on n'entre que pour se donner tout à Dieu, il faisait dans sa retraite de sérieuses réflexions sur ses engagements et ses devoirs, sur la sainteté de son état, et sur la perfection qu'il demande. Après avoir délibéré s'il devait s'y fixer, et même s'y lier par des chaînes indissolubles, il s'y disposait, lorsqu'il apprit la mort de madame sa mère, qui arriva le 19 juillet 1671.

Ce coup, si rude pour un cœur aussi tendre que le sien, n'interrompit point le cours de ses études ; cependant il suspendit pour quelque temps ses résolutions de s'engager dès lors dans l'état ecclésiastique. Dieu le permettait sans doute pour les rendre plus solides et plus pures. Le chemin du Calvaire étant celui par lequel il devait marcher le reste de sa vie, la mort de sa mère fut le premier anneau de cette chaîne de tribulations qui se multipliaient avec ses jours, et qui ne se terminèrent qu'avec sa vie. Chaque jour presque aura sa peine particulière, et sera marqué au coin d'une nouvelle croix. S'il va rentrer dans le monde, ce ne sera que pour en sortir avec éclat, ce ne sera que pour en sentir les épines, pour en connaître le néant, en mépriser la vanité, en concevoir plus de dégoût, et faire avec lui un divorce entier, solennel et perpétuel.

II. — La mort de son père l'oblige à sortir du séminaire de Saint-Sulpice.

LA plaie que la mort de sa mère avait faite à son cœur n'était pas encore fermée, lorsque la nouvelle de la mort de son père en fit une autre plus profonde et plus douloureuse.

Il n'y eut entre ces deux morts que neuf mois d'intervalle, car le père mourut le 9 avril 1672. Il est aisé de comprendre ce qui se passa alors dans une âme si bien née, dans un homme d'un si bon naturel ; et quel fonds de résignation à la volonté de Dieu lui fut nécessaire pour soutenir cette épreuve. Il eut sans doute besoin de toute sa vertu pour accepter, avec la paix du cœur de si grandes pertes. Il eut besoin de tous les secours de la grâce, que fournit le séminaire de Saint-Sulpice, pour se consoler. Par bonheur, il était dans un lieu où l'on trouve, dans des supérieurs et dans des directeurs tendres et charitables, une charité paternelle, un fonds de bonté inépuisable. Mais son retour à Reims devint bientôt nécessaire ; et c'est ce qui accrut encore son affliction

Les affaires domestiques, le soin de sa famille, la tutelle de ses frères jeunes et orphelins, le rappelèrent, et lui firent une loi de se dérober à lui-même, pour se rendre à eux. Quand on a l'esprit ecclésiastique, et qu'on aime les sources où il se puise, on comprend aisément la peine qu'eut notre jeune clerc d'être obligé d'arrêter le cours de ses études, de sortir d'une maison qui faisait toutes ses délices, et de perdre tout à la fois et les plus grands secours, et les plus grands modèles de la perfection cléricale. Voilà toutes ses vues traversées ; mais celles de Dieu ne le sont pas. La grâce l'accompagnera partout, et saura le mener à la sainteté par d'autres routes.

Entré dans le séminaire de Saint-Sulpice avec grande joie, le 18 octobre 1670, il se vit contraint, avec une pareille tristesse, d'en sortir le 19 avril 1672 ; mais il en sortit pénétré de l'esprit ecclésiastique, plein de ferveur, et déjà un homme parfait : au moins ne tarda-t-il pas à le devenir.

On peut dire à la louange du séminaire de Saint-Sulpice, rapportent les enfants spirituels du Bienheureux de la Salle (qui tant de fois l'ont entendu ouvrir son cœur, et se répandre en éloges sur cette sainte maison), que c'est elle qui lui a donné l'esprit de Dieu ; que c'est dans son sein qu'il a puisé les vertus qui, dans tout le cours de sa vie, ont brillé en lui avec tant d'éclat. Il aimait singulièrement cette sainte pépinière d'ouvriers évangéliques, et il n'en parlait qu'avec de grands témoignages d'estime et de respect. Il le fit bien voir, lorsqu'étant de retour à Paris pour l'établissement de son œuvre, il se plaça sur la paroisse Saint-Sulpice : il voulut s'approcher, autant qu'il le put, du lieu où il avait reçu les prémices de l'esprit ecclésiastique, et avoir la facilité de consulter MM. Tronson, Bauÿn et Leschassier, dont il cherchait avec empressement la direction, et dont les avis étaient pour lui des lois.

Il n'avait que vingt et un ans, lorsqu'il se vit chargé du soin de sa maison paternelle, de l'éducation de ses jeunes frères et de l'arrangement des affaires domestiques. Le fardeau était lourd pour lui à cet âge : mais il n'était pas de caractère à l'appesantir par des inquiétudes et des soins inutiles. L'ordre de Dieu, qu'il adorait dans la conduite de sa Providence, ne servait pas peu à le lui rendre plus léger ; car la divine volonté fut toujours l'étoile qui dirigea ses démarches dans la nuit obscure des embarras du siècle, et qui, au milieu des orages et des tempêtes qui en sont les suites, tint son esprit tranquille et son cœur content.

Au reste, maître de lui-même dans le temps dont nous parlons, en possession de l'héritage paternel, et encore en pleine liberté de faire option entre le parti du monde et celui de l'autel, il fut ravi d'avoir à faire un nouveau choix, pour confirmer celui qu'il avait fait, et acquérir ainsi un nouveau mérite devant Dieu. Il ne sentit la joie d'être libre, que pour avoir celle de ratifier dans un âge mûr, par des vœux irrévocables, sa consécration à Dieu, faite au sortir de l'enfance. Comme c'était son cœur qui avait fait ce choix de si bonne heure, comme c'était la grâce qui l'avait inspiré, comme c'était une vocation bien marquée qui l'avait déterminé, rien ne fut capable de le faire changer, ni même d'ébranler une résolution que le séjour de Saint-Sulpice avait si bien cimentée.

Il ne voulut cependant pas, dans une si importante affaire, s'en rapporter à ses propres lumières et prendre conseil de lui-même ; il avait l'esprit trop sulpicien, pour écouter une autre voix que celle de l'obéissance ; il avait vu dans cette maison, que la plupart des jeunes ecclésiastiques ne vont à l'ordination qu'en tremblant, qu'en pleurant, et que tous ne s'y présentent, que quand ils en ont reçu l'ordre de la bouche de leur supérieur et de leur directeur. Il savait que c'est par celle de l'évêque, ou de ceux qui le représentent, qu'il faut entendre ces paroles : Mon ami, montez plus haut; *amice, ascende superius*. Enfin accoutumé à la pratique sulpicienne de ne rien faire sans permission, et de consacrer les moindres actions par l'obéissance, il n'avait garde de se porter de lui-même à une démarche de si grande conséquence.

III. — Il se met sous la conduite de M. Roland, chanoine et théologal de la métropole de Reims.

PLEIN de ces sentiments, n'étant plus dans le séminaire de Saint-Sulpice, il chercha un homme qui en eût l'esprit pour le conduire, et il crut le trouver dans M. Roland, chanoine et théologal de la cathédrale de Reims. Ce zélé chanoine, d'une piété solide et éclairée, était un homme de bonnes œuvres et qui ne se bornait pas à paraître dans le chœur, ni à remplir simplement le devoir de chanoine. Il avait de grands talents, et il savait en faire usage pour la gloire de Dieu et le salut du prochain. Respecté pendant sa vie à Reims, il y a laissé après sa mort une mémoire en bénédiction. Elle y est en singulière vénération, surtout dans la communauté des Sœurs qu'il a fondée, sous l'invocation de *l'Enfant Jésus*, pour tenir des écoles gratuites en faveur des filles, dans les différents quartiers de la ville, et pour donner une éducation chrétienne aux jeunes orphelines dépourvues de tout secours. Le Bienheureux de la Salle l'ayant choisi pour son ange visible, s'abandonna en aveugle à sa conduite.

Sans doute qu'en s'adressant au théologal, il ne pénétrait pas encore les desseins de la Providence : ils commençaient cependant à apparaître, et par cette démarche il était amené à ses fins. Le fils, en effet, devint bientôt l'héritier du zèle et des œuvres de son père spirituel. Bien plus, l'œuvre de M. Roland, tout excellente qu'elle était, ne fut que le prélude de celle que Dieu voulait faire par le Bienheureux de la Salle ; car le zèle de celui-ci ne devait pas être borné dans Reims : toute la France allait bientôt en ressentir les ardeurs et les effets.

Voilà ce que M. Roland ignorait lui-même. S'il eût su quel était, dans les conseils de Dieu, le jeune chanoine qu'il lui avait adressé, il eût honoré son maître dans son disciple ; il se fût regardé comme un enfant auprès de ce grand homme, *hic erit magnus coram Domino*, qui devait marcher à pas de géant dans la carrière de la perfection évangélique, et établir dans le royaume, malgré toutes les contradictions des hommes et tous les efforts de l'enfer, des écoles chrétiennes et gratuites.

Cependant, par un instinct surnaturel, M. Roland jetait les yeux sur le Bienheureux de la Salle, et le désignait dans son cœur pour son successeur dans l'œuvre qu'il avait entreprise. Le zèle de la doctrine chrétienne étant la vertu dominante du directeur, il n'épargnait rien pour l'inspirer à son disciple. Cette matière était le sujet ordinaire des entretiens fréquents qu'ils avaient ensemble. Ce fut donc sous la direction de cet excellent guide, que le Bienheureux de la Salle prit du goût pour l'instruction de la jeunesse : ce fut dans le zèle de l'ancien chanoine, que le plus jeune puisa les premières ardeurs du sien pour les écoles chrétiennes et gratuites, qu'il a si heureusement établies en tant d'endroits du royaume.

IV. — Il reçoit les ordres sacrés.

La vertu de M. Roland, ayant mérité toute la confiance du Bienheureux de la Salle, lui assura toute son obéissance. Celui-ci, sur les ordres de son directeur, ne différa plus de s'engager dans l'état ecclésiastique par des liens perpétuels ; et parce que l'ordination ne se faisait point à Reims, il fut obligé de l'aller chercher jusqu'à Cambrai ; il y reçut le sous-diaconat à la Pentecôte de l'année 1672 ([1]).

Qu'est-ce que JÉSUS-CHRIST opéra dans son cœur pendant une action si importante ? De quels trésors de grâce enrichit-il une âme si pure et si bien préparée ? C'est ce qui nous est inconnu. Les mémoires de sa vie ne nous disent rien sur un point de cette conséquence. Au reste, si l'homme de Dieu a enseveli dans un profond silence tout ce que le Saint-Esprit opéra ce jour-là dans son âme, la suite de sa vie l'a assez révélé. Elle nous a appris que cette ordination ne fut pas stérile en dons de Dieu, et que les vertus héroïques dont il a donné tant d'exemples, en furent les fruits.

Le Bienheureux de la Salle conservait toujours, et le goût du séminaire de Saint-Sulpice, et le dessein d'y retourner, pour y poursuivre le cours de ses études, et s'y perfectionner dans la science ecclésiastique. Plus il avançait en vertu, plus il sentait d'attrait pour une maison qui en fournit tant d'exemples, et tant de moyens pour la pratiquer. Mais les besoins de sa famille, qui le fixèrent à Reims, l'obligèrent enfin à faire le sacrifice d'un si pieux désir, et de chercher les moyens de se sanctifier là où la divine Providence l'arrêtait.

Pour y réussir, il fit de sa maison une maison de retraite, d'étude et d'oraison, je dirais volontiers une espèce de séminaire de Saint-Sulpice ; et il se borna à prendre, dans la faculté de théologie de Reims, les grades théologiques que la divine Providence ne lui permettait pas de prendre en Sorbonne. Homme

---

1. 11 juin. Les ordres mineurs avaient été conférés au Bienheureux de la Salle le 17 mars 1668, en l'absence du cardinal Barberini, archevêque de Reims, par Charles de Bourlon, évêque de Soissons.

d'étude et de prière, il partageait son temps entre l'une et l'autre ; et s'il leur en dérobait quelques intervalles, c'était pour les consacrer aux bonnes œuvres. Cette vie était la vie d'un fervent séminariste de Saint-Sulpice, et une préparation continuelle au diaconat qu'il reçut à Paris, par les conseils de son pieux directeur, l'an 1676. Qu'il me soit permis, sans vouloir faire entrer notre jeune diacre en parallèle avec le premier qu'ait eu l'Église, de lui appliquer, dans une certaine mesure, ces paroles que le Saint-Esprit a consacrées à la canonisation de saint Étienne : *Il était plein de grâce et du Saint-Esprit.* L'air de modestie, de calme et de grâce, que le Bienheureux de la Salle présentait à tous ceux qui l'envisageaient, leur inspirait ce glorieux jugement en sa faveur : et plus d'une fois à l'autel, dans l'oraison et ailleurs, on a cru remarquer en lui, comme en un autre Étienne, la physionomie d'un ange.

CHAPITRE IV.

Sa préparation à la prêtrise : la manière édifiante dont il célèbre la sainte Messe. — (1678.)

I. — Ses hésitations.

L A prêtrise lui restait à recevoir : pour s'y disposer, il fit de nouveaux efforts sur lui-même, et il tâcha de donner à sa ferveur des accroissements proportionnés à l'éminente dignité à laquelle il aspirait. Séparation du monde plus entière, régularité de vie plus étroite, vigilance sur lui-même plus exacte, recueillement plus profond, application nouvelle à l'étude, modestie, dévotion, assiduité dans un degré supérieur à l'office canonial ; voilà les vertus dont il crut la pratique nécessaire pendant l'espace de deux ans, pour se disposer au sacerdoce. Pouvait-il en trop faire pour s'y préparer ? Une charge redoutable aux anges mêmes, une dignité dont le poids paraît accablant aux esprits célestes, ne mérite-t-elle pas toutes sortes de préparations ? Peut-on l'envisager sans frayeur, et s'y présenter sans un saint tremblement ? Il faut être aveugle, avait coutume de dire à ses disciples un des plus saints prêtres de notre siècle, qui a été le premier directeur du petit séminaire de Saint-Sulpice (1), il faut être aveugle pour se présenter à la prêtrise ; aveugle, ou par les ténèbres du péché et des passions, ou par une obéissance simple et qui ne sait point raisonner.

L'auteur de cette maxime en avait donné lui-même un exemple éclatant ; car, après avoir, pendant de longues années, différé son ordination à la prêtrise par toutes les résistances imaginables, il n'y eut qu'une obéissance aveugle qui pût l'y faire consentir ; encore ne put-elle étouffer ses larmes, ses gémissements et ses frayeurs, ni empêcher qu'il ne s'y présentât avec une répugnance semblable à celle d'un homme qu'on traîne au supplice, si je puis me servir de ces termes.

Le Bienheureux de la Salle, élevé dans le même esprit et pénétré des mêmes sentiments, sentait les mêmes frayeurs, et, si j'ose dire, les mêmes horreurs saintes et sacrées pour une ordination, qui, en l'élevant sur le pinacle du temple, l'exposait à tous les

---

1. M. Brenier. Cet ecclésiastique avait été chargé par M. Tronson de former et de diriger l'une des quatre communautés du séminaire de Saint-Sulpice ; elle était désignée sous le nom de *petit séminaire* parce que les bâtiments en étaient plus modestes que ceux du séminaire proprement dit, et la pension plus modique.

assauts du malin esprit, et ne lui montrait, en cas de chute, que les plus horribles précipices ; mais enfin il savait obéir, et il obéit en effet à celui qui, lui tenant la place de Dieu, avait tout pouvoir sur lui.

II. — Il reçoit la prêtrise.

IL fut ordonné prêtre le 9 avril 1678, veille de Pâques, âgé alors de vingt-sept ans, par les mains de son propre archevêque, et dans l'église métropolitaine de Reims dont il était membre. Il ne mit entre son ordination et sa première messe aucun intervalle ; car toute sa vie lui avait servi de préparation éloignée à célébrer ce redoutable sacrifice ; et, de plus, depuis deux ans entiers, il s'était appliqué à s'y disposer chaque jour, avec une ferveur nouvelle. Il savait « *que tout Pontife pris entre les hommes, est établi pour les hommes, dans les choses qui regardent Dieu, afin d'offrir des présents et des sacrifices pour les péchés.* » (Héb., v, 1.)

Ordonné prêtre de la nouvelle alliance, il se hâta d'en faire l'office et d'en remplir le devoir principal, qui est de sacrifier la divine victime, et d'offrir à Dieu un Dieu immolé. Il eut toute sa vie, pour cette fonction divine, un si grand attrait et un si grand zèle, qu'il ne se dispensa de monter à l'autel pour y célébrer, que quand il ne lui fut pas possible de le faire. Loin de mettre sa religion, son respect et sa dévotion pour le plus auguste des mystères, à s'en éloigner et à ne paraître à l'autel qu'à jours marqués, il regarda la fonction d'offrir le sacrifice, comme la fonction principale et essentielle de son sacerdoce ; et il s'en fit une obligation journalière ; mais, en même temps, pour le faire avec grâce et avec fruit, il s'appliqua avec un zèle nouveau, à vivre d'une manière digne d'une si auguste fonction, et qui pût le mettre en état de la réitérer tous les jours. Et, pour ne point se faire une routine d'une action journalière, ni contracter avec l'autel aucune familiarité dangereuse, il eut soin de tenir toujours allumés sur l'autel de son cœur, le feu de la divine charité et la lumière d'une foi vive et active, par une vie de retraite, de mortification, d'oraison et de recueillement. En vivant de cette manière, il mérita d'approcher tous les jours de l'autel.

III. — Il célèbre sa première messe.

IL y monta donc pour célébrer sa première messe dès le lendemain de son ordination, dans la cathédrale, et sans aucune solennité, par le désir de se conserver dans le recueillement, dans l'union à Dieu, dans les impressions fraîches de la grâce de son ordination, et dans l'attention aux mouvements du Saint-Esprit. Voilà les raisons qui l'obligèrent de se dispenser des cérémonies d'éclat, dont l'usage dans ces occasions peut devenir un sujet de distraction, qui affaiblit la dévotion, et qui partage l'application que demande une action si sublime.

Mais de quelle manière parut-il à l'autel pour la première fois ? Comme y paraîtrait un des sept esprits bienheureux, qui sont toujours auprès du trône de Dieu, s'il descendait sur la terre pour y monter sous la figure d'un homme mortel ; c'est-à-dire avec une modestie et une dévotion qui marquaient sur sa face et dans tout son extérieur, les impressions faites sur son âme, par la grandeur des mystères qu'il allait célébrer, et qui auraient été capables d'en imprimer la foi aux hérétiques les plus obstinés.

IV. — La dévotion avec laquelle il célèbre attire le monde à sa messe.

POUR sentir la foi en la présence réelle de JÉSUS-CHRIST dans le Saint-Sacrement, et exciter en son cœur les sentiments de dévotion, il suffisait de voir le jeune sacrificateur à l'autel. On allait, en effet, à sa messe, pour être édifié par le recueillement, le profond respect et l'air de majesté qui l'accompagnaient dans ce ministère sacré. On l'attendait, au sortir de l'autel, pour profiter des grâces qu'il y avait reçues. Son action de grâces étant faite, on le saisissait, pour ainsi dire, de peur qu'il n'échappât, pour le consulter et l'obliger de faire part de ses lumières. C'était un Moïse, qui remportait du commerce qu'il avait avec Dieu, un fonds de lumières qui se répandait sur tous ceux qui l'approchaient. Sa grande jeunesse ne mettait point obstacle à la confiance que sa piété inspirait, parce qu'on le regardait déjà comme un saint.

A l'exemple du législateur de l'ancienne loi, il paraissait le plus doux des hommes au retour de ses entretiens avec Dieu. Il écoutait avec patience, il répondait avec bonté, il assaisonnait toutes ses paroles d'une grâce et d'une onction qui les portaient dans le cœur, et qui les rendaient efficaces. En tout ce qu'il disait, il semait des sentiments de piété, il marquait tout ce qu'il faisait par des traits de charité ; il levait les doutes, il dénouait les difficultés, il donnait des règles de conduite ; il s'accommodait aux caractères, il ménageait les dispositions, il souffrait les importunités, et il savait faire entrer dans les fins de la grâce les défauts même qui lui sont opposés ; il avait la clef des cœurs et l'art de les attirer à l'amour divin. Par là, il faisait voir qu'un prêtre n'est jamais jeune quand il a l'esprit de piété. Dieu parlait par sa bouche, parce qu'il parlait incessamment à Dieu, et qu'il ne redisait aux hommes que ce que Dieu lui avait appris. Un tel prêtre était bien propre à devenir l'instrument des plus grandes œuvres de Dieu, et à être l'organe de ses oracles. Le voilà donc l'homme de Dieu chargé des affaires des hommes auprès de Dieu, et des affaires de Dieu auprès des hommes ; instruit par l'Esprit-Saint lui-même, il savait tout ce qu'il devait dire aux hommes de sa part ; agréable à Dieu, il pouvait se faire écouter en faveur des hommes.

Toutefois, il arrivait assez souvent que le Bienheureux de la Salle, au retour de l'autel, et à la fin de ses conversations avec Dieu, n'était pas en état d'entrer dans celles des hommes ; parce qu'il était si occupé de celui qu'il avait reçu, qu'il ne pouvait presque s'en distraire. Quel heureux obstacle et quel désirable empêchement à la communication avec les créatures ! On le voyait alors si pénétré de JÉSUS-CHRIST habitant en lui, si concentré et si uni à ce divin hôte, présent dans sa poitrine, qu'il avait peine à faire usage de ses sens. Pendant ce temps, il paraissait sans mouvement ; et tout son être extérieur, dans une sainte inaction, laissait l'intérieur en liberté de jouir de la présence de son bien-aimé. C'est ce dont plusieurs personnes dignes de foi ont été témoins. Cette espèce d'extase tirait son origine de la captivité dans laquelle il tenait ses sens, de la rigueur avec laquelle il traitait sa chair, et du soin qu'il avait de ne voir que Dieu en toutes choses. Il s'y était accoutumé par son éloignement du monde ; car il s'interdisait avec lui toute communication, autant que les devoirs de bienséance et ses affaires le pouvaient permettre. Il aimait à être seul, et il évitait de paraître en public ; mais il n'était jamais moins seul, que dans sa solitude, parce qu'il était toujours avec Dieu. En tout temps recueilli, modeste et uni à son souverain bien, on ne le voyait jamais différent de lui-même : il était si tranquille, et si paisible dans tous les événements de la vie, qu'on eût cru que la divine Providence les eût tous arrangés à son gré et selon ses désirs.

Cette mort des sens dans laquelle il vivait, le rendait presque insensible aux attraits des créatures, et lui rendait tous les objets sensibles presque invisibles. Il vivait sur la terre comme s'il y eût été seul avec Dieu, dans un heureux oubli de tout le reste.

Je ne veux pas dire que le Bienheureux de la Salle pût fermer les yeux et les oreilles à tous les objets qui l'environnaient, ou que, vivant en sauvage, il refusât de se prêter aux devoirs de la société : non, il n'affectait rien de singulier ; à l'exemple de JÉSUS-CHRIST, il vivait au dehors comme les autres hommes, mais, sous ce dehors de vie ordinaire, il en menait une tout extraordinaire au dedans : vie surnaturelle, intérieure et céleste, qui le tenait dans une si grande abstraction des sens, dans un si grand dégagement des choses extérieures, dans une si grande élévation au-dessus de lui-même, qu'on peut dire qu'il voyait sans voir, et qu'il écoutait sans entendre ; parce que rien de ce qu'il voyait, rien de ce qu'il entendait, ne faisait impression sur son âme, et ne pouvait passer jusqu'à son cœur.

Lorsqu'il était à l'autel, se trouvait-il donc à l'abri de cette foule de distractions, dont les personnes les plus vertueuses ont tant de peine à se défendre ? Maître de son imagination, pouvait-il l'empêcher pendant les saints mystères de troubler son repos en Dieu ? Oui, il n'éprouvait ni les égarements d'un esprit distrait, ni les illusions d'une imagination dissipée ; c'est ce qui est remarqué dans les mémoires de sa vie. Ce privilège est grand, singulier et extraordinaire ; mais qu'est-ce que Dieu ne fait pas en faveur de ceux qu'il a choisis pour lui rendre d'importants services ?

Le saint prêtre avait des sentiments si élevés de son ministère, qu'il respectait tout ce qui y avait rapport. Il voulait que tout ce qui est à l'usage de l'Église, fût propre et décent. Plein de vénération pour la sainteté des sacrés mystères, il croyait que tout ce qui en approchait ne pouvait être assez riche, ni assez magnifique. Il était lui-même à cet égard saintement prodigue.

La peine que lui causait l'impuissance de dire la sainte Messe, était mesurée sur la consolation qu'il sentait à la célébrer. Il fallait que la maladie ou l'infirmité fût bien grande pour l'en empêcher ; et, quand ce cas arrivait, cette privation lui était plus sensible que la maladie. Il retrouvait même souvent alors des forces suffisantes dans son courage pour contenter sa dévotion. On l'a vu plusieurs fois se traîner lui-même, ou se faire conduire à l'autel, pour y célébrer et s'y nourrir du pain des forts.

V. — Ses ravissements fréquents lorsqu'il célébrait.

SOUVENT, après la communion, il entrait dans de grands ravissements ; et c'est dans ces élévations d'esprit en Dieu, qu'il apprenait la science du mépris du monde et l'art de fouler aux pieds ses jugements. Il en avait grand besoin, parce que l'œuvre à laquelle Dieu le destinait et qui lui était encore cachée, demandait un homme insensible aux traits de la malignité humaine. Comme il devait être en butte aux contradictions, aux rebuts, aux mépris, aux médisances, aux calomnies ; comme il était destiné à essuyer tout ce que l'envie invente de plus noir, tout ce que la langue méchante répand de venin, tout ce que le cœur humain a de plus satirique et de plus artificieux, il devait posséder le mépris du monde dans un degré éminent. Il en eut même besoin dès le commencement de son sacerdoce ; car l'idée de la sublimité de ses fonctions et de la sainteté qu'il exige de ceux qui en sont honorés, le frappait si fort, que ne pouvant voir, sans avoir le cœur déchiré, des prêtres oublier leur éminente dignité dans une vie toute mondaine, il leur en faisait des reproches qui lui attiraient quelquefois des insultes.

Son zèle à les reprendre passait pour outré dans l'esprit des mondains, qui ne forment leur jugement que sur le rapport de leurs passions. Une occasion, dans laquelle le jeune ministre du Seigneur fit éclater son zèle contre un ecclésiastique de mauvais exemple, exerça leur critique et fournit une ample matière aux récriminations de cette sorte de gens oisifs, qui font le métier de médire, et qui ne sont jamais d'humeur à se prononcer en faveur de la dévotion. Le Bienheureux de la Salle, après avoir tenté toutes les voies de douceur imaginables, pour faire rentrer en lui-même un homme égaré par une dissipation continuelle, et qui oubliait ce qu'il devait au prochain et ce qu'il se devait à lui-même, arma enfin son zèle et fit sentir au coupable les aiguillons de la charité ; mais en secret, mais en particulier, selon le commandement de Jésus-Christ, de peur de l'aigrir et de l'irriter. Cette répréhension secrète n'ayant pas été plus efficace que les premiers avis, le pieux chanoine crut qu'il fallait la rendre publique, afin d'ôter aux autres l'occasion du scandale. Il reprit l'incorrigible publiquement et avec tant de force, qu'il le contraignit de changer de ville, puisqu'il ne voulait pas changer de vie.

CHAPITRE V.

Son directeur lui inspire de permuter son canonicat avec une cure de la ville de Reims : le Bienheureux de la Salle lui obéit. Sa vertu et sa soumission aveugle en cette occasion.—(1678-1679.)

I. — Dessein de M. Roland.

MONSIEUR Roland, témoin des progrès que faisait son disciple dans la perfection, et de sa grande docilité à se laisser conduire, en voulut faire usage pour un dessein fort singulier qu'il conçut, mais qui ne lui réussit pas, parce que le Saint-Esprit, évidemment, n'en était pas l'auteur. La divine Providence en empêcha l'exécution par l'opposition de celui dont le succès dépendait, et dont on demanda inutilement l'approbation. Voici le fait qui va peindre au naturel la situation de l'âme du jeune chanoine ordonné prêtre, et montrer dans quel détachement, dans quelle indifférence à tout, dans quelle soumission et dans quel esprit de sacrifice il vivait dès lors.

Le directeur, voyant son disciple « *rempli de grâce et du Saint-Esprit* », de talents propres pour le gouvernement des âmes, de force et de courage pour les travaux les plus pénibles, crut qu'une cure lui conviendrait mieux qu'un canonicat ; et que les fonctions de pasteur le rendraient plus utile à l'Église, que celles de chanoine. En cela même, il paraissait méconnaître ou oublier l'étendue de la vocation des chanoines des églises cathédrales, qui, conseillers nés de l'évêque, doivent être ses premiers ministres, ses plus fidèles coopérateurs, appliqués à travailler sous ses yeux et par ses ordres, non dans un coin du diocèse, pour le bien d'une seule paroisse, comme le font les curés, mais pour le bien du diocèse entier, et se montrer toujours des hommes « *prêts à entreprendre toutes sortes de bonnes œuvres* ».

Monsieur Roland s'oubliait lui-même, puisque l'état de chanoine, au lieu de prescrire des bornes à son zèle, le mettait en liberté d'en suivre l'activité et ne l'empêchait ni de faire valoir ses talents pour la conversion des âmes, ni de se consacrer aux bonnes œuvres, ni même d'en entreprendre de nouvelles fort utiles à l'Église. Peut-être que, dans ce dessein, le théologal avait quelques vues particulières en faveur de son nouvel Institut, et qu'il croyait que monsieur de la Salle, curé, ferait pour son avancement, ce que monsieur de la Salle, chanoine, n'aurait pas été en état de faire.

Quoi qu'il en soit, le directeur voulait voir son disciple pasteur de Saint-Pierre de Reims. Dans cette vue, il lui inspira le dessein de permuter son canonicat avec cette cure. Il fallait qu'il fût bien convaincu de la vertu du Bienheureux de la Salle, pour lui faire une pareille proposition ; car elle ne pouvait être du goût que d'un homme mort à tout et préparé à toutes sortes de sacrifices.

On sait assez de quel œil on regarde un canonicat à Reims et dans la plupart des villes de province : c'est à cet objet que les enfants de famille qui se destinent à l'Église, et que leurs parents pour eux, portent et bornent tous leurs désirs. Suivant l'esprit du monde (à Dieu ne plaise que nous l'approuvions), proposer au Bienheureux de la Salle de devenir de chanoine curé, c'était lui proposer de descendre d'un degré et de se placer un peu plus bas pour céder à un autre la première place. Aurait-il pu entendre sans en être piqué cette proposition s'il avait encore été sensible au point d'honneur ?

II. — Difficultés de ce dessein.

QUOI qu'il en soit, de sérieuses difficultés formaient de grands obstacles au dessein du directeur. La cure de Saint-Pierre de Reims, étant d'une grande étendue, demandait un âge mûr et de l'expérience, et le Bienheureux de la Salle n'avait ni l'un ni l'autre. Le fardeau paraissait donc trop pesant pour son extrême jeunesse. De plus, il était chargé du soin de sa famille, de l'éducation de ses frères et de ses sœurs demeurés orphelins, et du détail des affaires domestiques. Fallait-il donc abandonner les devoirs naturels, légitimes et essentiels ? Fallait-il oublier ces devoirs qui l'avaient obligé de se priver d'un long séjour dans le séminaire de Saint-Sulpice, maison qui lui était si chère ; et pouvait-il allier, avec les soins de sa charge pastorale, ceux d'une tutelle difficile ? Ou monsieur Roland ne faisait pas toutes ces réflexions, ou il était inspiré d'une manière bien extraordinaire.

Au reste, il arrive souvent que l'esprit de Dieu est l'auteur de plusieurs pieux desseins, dont il ne veut pas toujours l'exécution.

David forme, par le mouvement de Dieu, le désir de lui bâtir un temple ; cependant Dieu, par la bouche de Nathan, arrête l'exécution de ce dessein au moment qu'il l'approuve et qu'il en bénit l'auteur. Saint Louis fait vœu d'aller en personne délivrer les lieux saints de la captivité des Mahométans ; et cependant il voit échouer des projets que le seul esprit de Dieu avait pu dicter.

Après tout, Dieu qui, en peu de temps, devait demander au Bienheureux de la Salle le renoncement à son canonicat et à tous ses autres biens, avait peut-être le dessein de l'y préparer par la proposition de M. Roland.

Dieu pouvait aussi avoir en vue de donner, dans le jeune chanoine, un merveilleux exemple de zèle, de détachement, de simplicité chrétienne et de docilité à se laisser conduire. Peut-être même que, dans les conseils éternels, le mérite de l'action qu'il va faire, devait lui attirer la grâce qui lui a été donnée, de tout quitter à l'exemple des apôtres pour suivre JÉSUS-CHRIST.

Quoi qu'il en soit, la proposition du directeur trouva un disciple soumis. Un homme qui ne voulait que Dieu, était indifférent à être curé ou à être chanoine. L'ordre seul de Dieu faisait son attrait : croyant le recevoir par la bouche de son père spirituel, il se détermine à permuter sa prébende avec la cure de Saint-Pierre de Reims. La proposition de M. Roland fut donc acceptée du Bienheureux de la Salle sans examen, sans raisonnement, aussitôt qu'il l'eut entendue, et afin de la mettre à exécution, il partit pour Paris, où se trouvait alors son archevêque, Mgr Charles-Maurice le Tellier. Exemple admirable de détachement et de cette enfance spirituelle, qui donne entrée dans le royaume des cieux, et que JÉSUS-CHRIST a tant recommandée à ses disciples.

III. — Mgr l'archevêque de Reims empêche la permutation.

DIEU sans doute ne demandait du jeune chanoine que ce consentement. Il voyait, dans cette préparation du cœur, une excellente disposition aux grands sacrifices qu'il devait lui inspirer un jour. Après avoir tenté cet Abraham, après avoir éprouvé son obéissance, sa fidélité, son détachement, son amour, il est content ; et, sans refuser son sacrifice, il le suspend, en inspirant à une puissance supérieure de s'y opposer : voici comment. Les parents du Bienheureux de la Salle, intéressés à ce qui le regardait et alarmés de sa résolution, après avoir admiré sa grande vertu, se mirent en devoir de l'empêcher d'en venir aux effets ; et ils y réussirent en travaillant sous main, auprès de Mgr l'archevêque, à faire échouer les mesures qu'avaient prises ensemble le maître spirituel et le disciple. Mgr le Tellier, informé de leur dessein, ne l'approuva pas et il refusa d'y consentir. De sorte que les parties qui s'étaient présentées pour obtenir son agrément, furent fort surprises de l'ordre qu'il leur donna de rester l'un et l'autre dans la vocation en laquelle Dieu les avait placés. Cet arrêt prononcé de la bouche du prélat, fut reçu de notre chanoine comme l'arrêt de Dieu même, et il se soumit à la voix de son premier supérieur, avec la docilité qui l'avait fait acquiescer à celle du subalterne. Ne voulant être curé que parce qu'il avait cru que Dieu le lui disait, par la bouche de M. Roland, il ne voulut plus l'être, dès que Mgr le Tellier lui défendit d'y penser. Il a avoué plusieurs fois depuis qu'il lui semblait qu'une voix intérieure, conforme à l'extérieure qui sortait de la bouche de son évêque, lui disait, comme lui, qu'il n'était pas appelé à être curé. Le curé de Saint-Pierre de Reims, qui désirait fort la permutation, et qui ne s'attendait pas à cette réponse du prélat, fut celui qui en parut le plus mortifié. Il l'aurait été moins, ou plutôt il ne l'aurait point été du tout, s'il avait eu des vues aussi pures que le Bienheureux de la Salle, et s'il eût été dégagé comme lui de tout intérêt propre. Au reste, la foi, la simplicité et la docilité avec laquelle le jeune chanoine s'adressait à son supérieur, en qui il ne voyait que JÉSUS-CHRIST, attira sans doute sur l'un et sur l'autre les lumières du Ciel. Si on en juge par les suites, Mgr l'archevêque de Reims fut bien inspiré en cette occasion ; car, si le prélat eût souscrit à la requête qu'on lui présentait, il est à croire que le Bienheureux de la Salle, chargé du soin d'une grosse paroisse, n'aurait jamais pensé à étendre son zèle au-delà, ni à établir son Institut.

L'archevêque, en l'arrêtant dans sa cathédrale, n'avait sans doute point d'autre vue que celle d'y conserver un prêtre d'un grand mérite et d'un grand exemple, un ouvrier laborieux propre à travailler dans sa vigne et un chanoine capable de rendre des services importants à son diocèse. Mgr de Reims sentait bien qu'en permettant au Bienheureux de la Salle de se lier à une cure, il aurait enchaîné ses talents, et qu'en les bornant dans l'enceinte d'une paroisse, il les aurait dérobés au reste de son église. A cela seul, autant qu'on en peut juger, se portaient les vues de Mgr l'archevêque de Reims ; mais celles de Dieu allaient bien plus loin. Son dessein était de tirer de dessous le boisseau, et de placer sur la montagne le flambeau qui devait porter sa lumière dans toutes les parties du royaume ; son dessein était de mettre en liberté un zèle qui ne voulait point de limites, et qui serait demeuré captif dans la ville et dans le diocèse de Reims.

IV. — Le Bienheureux de la Salle s'applique à l'étude et à l'office canonial.

LE Bienheureux de la Salle, de retour chez lui, s'appliqua de nouveau à bien remplir ses devoirs de chanoine, et à se mettre en état, par une vie d'étude, de retraite, d'oraison, de remplir sa vocation selon toute son étendue, en joignant au soin de chanter les louanges de Dieu, celui de lui gagner des âmes.

Persuadé qu'un chanoine prêtre qui a du talent, de la santé et l'agrément de son évêque doit être, dans les intentions de l'Église, un ouvrier apostolique, il ne se borna pas au seul office canonial ; il voulut travailler à la vigne du Seigneur, et remplir les fonctions qui sont attachées au caractère sacerdotal. En se considérant comme chanoine, il se faisait un devoir d'être assidu au chœur, et d'y aller, au nom de tous les fidèles du diocèse, rendre à la Majesté divine, tous les devoirs de religion qui lui sont dus : en se considérant comme prêtre, il se regardait comme ouvrier évangélique, comme dispensateur des mystères, comme ministre de l'Église, comme aide et coopérateur de l'évêque, et il ne croyait pas qu'un canonicat pût devenir un privilège pour demeurer oisif et sans action dans la vigne du Père de famille. Il trouvait dans M. Roland, son directeur, un modèle de cette conduite : car ce vertueux théologal n'enfouissait pas le talent qu'il avait reçu du Seigneur, et ne bornait pas son zèle à paraître au chœur, et dans une des stalles de la cathédrale. Partout où il voyait du bien à faire, il y courait. Il se prêtait à toutes les bonnes œuvres, et son attrait particulier était pour les écoles chrétiennes et gratuites. C'est cet attrait qu'avant de mourir il tâcha d'inspirer à son cher disciple, en se déchargeant sur lui du soin de la maison des maîtresses d'école qu'il avait heureusement élevée à Reims.

V. — M. Roland meurt et laisse son disciple chargé de son œuvre.

JE ne sais, en rapportant ici la mort de M. Roland, si elle sera placée dans son lieu et dans son temps : car les divers mémoires de la vie du Bienheureux de la Salle ne s'accordent pas sur ce point, non plus que sur l'époque du dessein de permutation dont il a été parlé, et sur plusieurs autres choses ; mais comme le plus important dans l'histoire qu'on fait de ceux qui sont morts en odeur de sainteté, est d'édifier par le récit de leurs vertus, le dérangement de quelques faits dont on n'a pu découvrir la date précise, ne pourra pas en empêcher ce fruit. Ce qui est certain, c'est que le Bienheureux de la Salle ordonné prêtre et obligé, par l'ordre de son archevêque, de demeurer chanoine, ne tarda pas à perdre son directeur (¹). Cette mort, dans les conseils de la sagesse éternelle, était la voie que la Providence prenait pour amener le Bienheureux de la Salle à son but. Le jeune chanoine, devenu le successeur du théologal dans son œuvre, devint l'héritier de tout son zèle; et, conduit par la main de la divine Providence, il passa comme à l'aveugle, sans le prévoir aucunement et sans le vouloir, à l'établissement de l'Institut des Frères. Suivons-le dans sa marche, allant, comme Abraham, dans les routes que Dieu lui marque, sans savoir où elles le conduiront.

Nous avons déjà dit que M. Roland, son directeur, chanoine et théologal de la cathédrale de Reims, était grand homme de bien et un excellent ouvrier évangélique. Il joignait à une piété solide et éclairée, un zèle ardent, laborieux et infatigable. Sa fonction de théologal lui donnait occasion de le satisfaire, et de mettre en usage, au profit des âmes, le grand talent de la parole, que le ciel lui avait confié. Un zèle si étendu ne se bornait pas aux fonctions théologales, qui lui fournissaient cependant une vaste matière; il se répandait de tous côtés et partout où on l'appelait; sa parole était efficace aussi bien que son exemple. Les fruits de cette divine semence germaient avec abondance où il allait la jeter et l'arroser de ses sueurs. Mais quoiqu'il soit vrai que la gloire de Dieu et le salut des âmes soient la fin de tous les ouvriers évangéliques, il n'est pas moins vrai que presque tous sont inspirés d'y travailler d'une certaine manière, et qu'ils se sentent déterminés par attrait à certaines œuvres. L'attrait de M. Roland était l'instruction de la jeunesse. La corruption, la mauvaise éducation et l'ignorance des pauvres faisaient l'objet de ses gémissements, et excitaient puissamment son zèle à y chercher un remède. Celui qu'il fut inspiré d'y apporter, dans le lieu où il se trouvait, fut l'établissement des Écoles chrétiennes et gratuites.

Le remède au mal était excellent, mais il n'était pas aisé: pour établir des écoles gratuites, il fallait trouver des fondations, ou des ressources propres à les soutenir. Ce n'était pas assez: il fallait chercher des maîtres et des maîtresses capables de bien instruire et de former à la piété, par leurs exemples autant que par leurs paroles, la jeunesse pauvre de l'un et de l'autre sexe: mais où les trouver? Où trouver des personnes désintéressées, zélées, pieuses, au point que le demande une œuvre de cette nature? S'attendre à

---

1. M. Roland mourut le 27 avril 1678, n'étant âgé que de trente-cinq ans et cinq mois.

en rencontrer comme descendues du ciel, bien formées, et en état de l'entreprendre avec succès et bénédiction, c'eût été se faire illusion par de pieuses chimères. Les apôtres eux-mêmes avaient eu besoin de l'école de JÉSUS-CHRIST pour y être instruits, avant que d'instruire les autres. JÉSUS-CHRIST les avait retenus trois ans entiers auprès de sa personne sacrée, pour les former lui-même de sa main, avant que de les envoyer publier sa doctrine.

Ils avaient même eu ordre de lui de ne pas l'entreprendre, sans avoir auparavant reçu les lumières et les dons du Saint-Esprit. En effet, on ne peut apprendre aux autres ce que l'on n'a pas appris soi-même. Puisque les vertus ne naissent pas avec nous, mais qu'elles sont le fruit du travail et de grands efforts, il faut du temps, un milieu et des maîtres convenables pour nous aider à les acquérir.

Il faut être disciple avant que d'être maître : il faut longtemps pratiquer, si on veut enseigner avec fruit. Il s'agissait donc d'établir des communautés qui fussent des espèces de séminaires, où des maîtres et des maîtresses d'école pussent être instruits et formés, pour devenir capables d'élever la jeunesse dans la piété, et de lui enseigner la doctrine chrétienne.

Le zèle de M. Roland portait ses vues à ces grands objets : mais la grâce pour les exécuter était réservée à un autre. Le Bienheureux de la Salle était le Salomon qui devait exécuter les saints projets du David, son père spirituel, au moins dans le principal du dessein ; car il ne se chargea jamais d'établir des écoles gratuites pour les filles. Le R. P. Barré, minime, homme d'un zèle apostolique, plein de l'esprit de Dieu et puissant en œuvre et en parole, avait déjà été inspiré de le faire, et il y avait réussi par les établissements des Sœurs de la Providence qui vont partout où on les appelle. Si cette institution a donné lieu à un grand nombre d'autres, qui se multiplient tous les jours dans les différents diocèses de France, M. Roland fut peut-être le premier qui sut en profiter, en établissant à Reims une communauté de maîtresses d'école, qui n'eut pourtant qu'après sa mort son succès entier, par les soins du Bienheureux de la Salle. Or, cet ouvrage de piété, que le théologal croyait si nécessaire aux pauvres, concentra sur la fin de ses jours tous ses vœux, ses soins et ses biens. Cette société ne faisait presque que d'éclore sous le nom des Sœurs de l'Enfant JÉSUS, lorsqu'il plut à Dieu de rappeler à lui M. Roland. Son premier soin, au lit de la mort, fut de prier le Bienheureux de la Salle de le remplacer, et de devenir le père de ces filles qu'il laissait orphelines, destinées elles-mêmes à l'éducation des pauvres orphelines.

Il parut même que le directeur, éclairé d'en haut, entrevit alors les desseins de Dieu sur son disciple; car il parut lui prédire qu'il était destiné à établir les écoles chrétiennes, qu'il avait toujours eu le désir, mais qu'il n'avait pas eu le temps d'entreprendre. Le Bienheureux de la Salle, appliqué dans ces derniers moments à recueillir les pieux sentiments de son père spirituel, et à entendre de sa bouche ses dernières volontés, se trouva, comme à son ordinaire, sans répugnance et sans inclination, et dans la disposition d'un homme qui ne veut rien, et qui est prêt à faire tout ce que Dieu demande de lui. Le père ne pouvait assez marquer à son gré sa tendresse à ce fils bien-aimé; ni le fils témoigner assez à son père en JÉSUS-CHRIST sa reconnaissance. Toujours docile à ses ordres, comme à ceux de Dieu, il se laissa charger, et de l'exécution du testament de M. Roland, et du soin de sa communauté, qui était encore, pour ainsi dire, dans son berceau, sans voir où la main de Dieu le menait.

VI. — Difficultés que rencontre le Bienheureux de la Salle à achever l'établissement commencé par M. Roland.

IL ne tarda pas à sentir le poids du fardeau dont il s'était chargé, en voyant naître sous tous les pas qu'il fit pour l'avancement du nouvel Institut, des épines, des difficultés et des obstacles sans nombre. A son grand regret, tant de nouveaux embarras, ajoutés au détail de ses affaires domestiques, partageaient son esprit et dévoraient une partie du temps précieux qu'il avait consacré à l'étude et à la prière. Il savait qu'un jeune prêtre, qui veut se rendre utile à l'Église, a un égal besoin de l'une et de l'autre, et qu'avant de se livrer au ministère, il doit se faire un grand fonds de vertu et de science. Il savait que JÉSUS-CHRIST lui-même a donné à ses ministres l'exemple de cette sage conduite, en passant les trente premières années de sa vie dans la retraite ; que saint Jean-Baptiste, inspiré du Ciel, s'était pareillement tenu trente ans entiers dans son désert, pour se préparer à exercer son office de Précurseur, et qu'il n'avait pas osé le commencer sans un ordre exprès du Ciel. Ces deux exemples le frappaient et arrêtaient son zèle. Ils sont, en effet, étonnants, et ne peuvent être assez médités des ecclésiastiques de bonne volonté. Le Saint des saints n'a donné à sa vie publique et aux courses évangéliques, que trois ans, tandis qu'il a consacré tout le reste au silence et à la retraite. Son Précurseur a donné le même exemple. Quelle instruction pour ceux qui auraient plus de zèle que de prudence ! Quel avertissement de se sanctifier longtemps dans l'éloignement du monde par l'oraison et par la pratique des vertus, avant que de se produire en public pour sanctifier les autres, avant que de respirer l'air contagieux d'un monde également corrompu et corrupteur, qui ne tarde pas de faire échouer la vertu qui n'est pas assez affermie !

Le Bienheureux de la Salle savait encore que les apôtres et les disciples du Seigneur étaient gens d'un âge mûr, et qu'avant que de tenter la conversion du monde, ils avaient attendu, dans la prière et dans la retraite, la descente du Saint-Esprit et l'effusion de ses lumières, de sa vertu, de sa force et de tous ses dons. Ces grands exemples, imités dans la suite des siècles par tous les hommes apostoliques, faisaient sur notre jeune chanoine de grandes impressions ; et en lui inspirant une sainte frayeur et une prudente timidité, ils modéraient l'activité de son zèle. Non qu'il voulût l'éteindre ou l'étouffer dans une vie de pure contemplation : instruit de ces paroles de saint Augustin : *Nous sommes chrétiens pour nous et prêtres pour vous*, il ne doutait pas qu'il ne se dût au soin du salut du prochain et au service de l'Église ; mais il n'ignorait pas non plus qu'il devait adopter ces paroles de son divin Maître : *Je me sanctifie moi-même, afin d'être en état de vous sanctifier*. Voilà ce qui faisait le fond de ses craintes prudentes et de ses pieuses perplexités. Cependant il ne tarda pas à les perdre, quand il fit la réflexion que l'ordre de Dieu lui était assez marqué, lui était même devenu sensible dans les arrangements de sa Providence et dans les pieuses intentions du défunt.

Ainsi élevé au-dessus de lui-même par une pleine confiance en Dieu, vainqueur de toutes les répugnances par un pieux effort de générosité, animé par les mouvements d'un zèle éclairé et selon la science, il se hâta de donner à la mémoire du théologal des marques de reconnaissance et d'honneur, en se livrant avec ardeur à tous les soins nécessaires pour assurer à son œuvre un parfait succès et une entière perfection. Ce ne fut pas sans de grandes peines, et sans de grands secours du ciel ; car les difficultés se multipliaient chaque jour, les contradictions des hommes devenaient plus obstinées, les obstacles se succédaient, et quand les anciens étaient levés, le démon en faisait naître de nouveaux et de plus terribles ; mais le disciple de JÉSUS-CHRIST crucifié, instruit à son école, savait que toutes ses œuvres sont marquées à ce coin, et que celles qui ne sont point traversées, qui réussissent à souhait, sans éprouver les persécutions du monde, sont des œuvres de rebut aux yeux de Dieu, qui ne font pas grand'peur au démon, et qui ne méritent pas qu'il s'y oppose. D'ailleurs JÉSUS-

CHRIST voulait élever le Bienheureux de la Salle sur le Calvaire ; et, par l'essai de ces premières croix, son dessein était de le familiariser avec elles, le préparer à de plus grandes, et lui apprendre, comme à un autre vase d'élection, « *combien il lui restait à souffrir, combien de genres de peines et de persécutions il lui réservait pour la gloire de son nom* », dans l'établissement des Écoles chrétiennes et gratuites, pour lequel il l'avait choisi.

Je me représente, dans cette occasion, notre jeune chanoine comme un jeune pilote chargé de conduire, à travers mille écueils, un vaisseau devenu le jouet des orages et des tempêtes, et menacé d'échouer à tout moment. Le crédit, l'autorité, la faveur, les secours humains lui étaient nécessaires pour soutenir une œuvre, qui était, dès son établissement, sur le penchant de sa ruine ; et il en était dépourvu. Dans cet abandon général des créatures, dans lequel, pour l'ordinaire, se trouvent les meilleures œuvres, son recours à Dieu fut sa ressource, et la prière, l'étoile qui dirigea sa course dans la nuit obscure et orageuse des difficultés et des obstacles que le monde lui opposa. A l'oraison il joignit la sollicitude, la prudence, le travail, persuadé que Dieu veut que nous agissions de notre côté, tandis qu'il veut bien agir du sien, et que nous unissions nos peines à ses secours.

VII. — Il surmonte toutes les difficultés et il assure, en obtenant des Lettres Patentes, l'établissement des Écoles chrétiennes et gratuites pour les filles.

POUR donner à l'œuvre dont il s'agit de la solidité, il fallait obtenir l'agrément de la ville, le consentement de Mgr l'archevêque et les Lettres Patentes du roi : or c'est ce qui n'était pas aisé. Les magistrats, qui voyaient leur ville surchargée par le nombre des communautés qui s'était grossi depuis plusieurs années, regardaient l'établissement de celle-ci comme un surcroît de charge, et y formaient opposition. La cour, en garde contre la multiplication des nouveaux instituts, ne paraissait pas disposée à accorder les Lettres Patentes. Il y avait lieu de douter si Mgr l'archevêque serait favorable ou contraire. Il s'agissait donc de ménager les magistrats, de gagner le prélat et de l'engager à demander des Lettres Patentes. Le Bienheureux de la Salle n'épargna rien pour cela, et il réussit.

Ses manières humbles et douces lui donnèrent de grands avantages sur le cœur de ses concitoyens. Persuadés d'ailleurs de la pureté de ses intentions, prévenus d'estime pour sa vertu, auraient-ils pu lui refuser une grâce qui tournait tout entière au bien de leur jeunesse pauvre ? En effet, il n'était pas difficile au Bienheureux de la Salle de faire sentir à Messieurs de la ville, que la nouvelle communauté, à la différence des autres, loin d'être une charge pour la ville, lui rendait un service éminent ; puisque son unique fin était le soin des pauvres orphelines et l'instruction des filles abandonnées à leur ignorance ; avantages qu'une ville chrétienne ne peut trop rechercher et qu'elle ne peut refuser qu'à son grand préjudice ; cette œuvre était aussi de la plus haute importance pour la religion, car elle doit une partie de ses succès, dès les premiers siècles, au zèle des pasteurs, qui ont tenu souvent eux-mêmes, ou qui ont multiplié de tous côtés, les Écoles chrétiennes, où les enfants des fidèles, instruits et élevés dans la piété, étaient affermis dans la foi et animés au martyre, et où les enfants des païens étaient éclairés sur la fausseté de la religion de leurs pères et encouragés à la quitter.

Le Bienheureux de la Salle pouvait encore appuyer sa demande sur la nécessité de séparer de bonne heure, dans les écoles, les deux sexes, et sur les inconvénients terribles de leur mélange dans les classes. Au défaut de maîtresses d'école capables d'élever chrétiennement et de bien instruire les enfants de leur sexe, les hommes en font le métier : mais avec quel péril des deux côtés ! La pudeur, la modestie, la bienséance y sont intéressées ; et ce sont ces mêmes vertus qui obligent d'étouffer ici dans le silence le récit des maux qui en arrivent. C'est pour les détourner, que l'Église, en tout temps, a souhaité l'établissement des Écoles chrétiennes pour l'un et pour l'autre sexe, et en a ordonné la séparation. Son esprit allait bien plus loin autrefois, puisque dans le Temple même, et sous les yeux de JÉSUS-CHRIST, elle séparait les hommes et les femmes, et qu'elle ne leur permettait ni de se mêler, ni de se confondre dans le lieu commun de la prière.

Nos princes eux-mêmes, Louis XV et son bisaïeul Louis XIV, ont été si convaincus du danger de l'instruction commune des deux sexes, qu'ils ont autorisé la défense qu'en avaient faite dans leurs diocèses de grands prélats, et l'ont confirmée par des édits, comme on le peut voir dans le second tome des nouveaux Mémoires du Clergé, au titre *des Écoles*.

Le Bienheureux de la Salle sut sans doute faire valoir ses puissantes raisons, qui le poussaient lui-même à agir, et leur donner, dans l'esprit des autres, tout le poids qu'elles avaient dans le sien. Il sut lever les difficultés, répondre aux objections, dissiper les préjugés. Les titres de compatriote, de parent, d'ami, d'héritier du zèle, aussi bien que de l'œuvre de M. Roland, joints à des supplications insinuantes, étaient des ressorts qui remuaient puissamment, et dont il était difficile de se défendre. Toutefois sa requête n'eût point eu d'effet, si Dieu ne l'eût appuyée lui-même par des inspirations secrètes, et n'eût assaisonné d'onction et de grâce les paroles de son serviteur, dont les manières pleines de distinction et de douceur disposaient à bien recevoir ce qu'il disait. On se rendit donc enfin : sa requête fut accueillie d'une manière authentique. Ce premier pas fait, il fallut en faire un second, à la vérité moins difficile ; car l'espérance de voir réussir l'affaire étant attachée à la permission de la ville, son consentement disposa Mgr Le Tellier à accorder le sien, ce qui fut un grand acheminement aux Lettres Patentes.

En effet, Mgr l'archevêque de Reims, ravi que la ville eût donné son agrément pour une œuvre qu'il devait souhaiter et procurer le premier, et qui l'intéressait plus que personne, non content d'accorder le sien, voulut se charger du soin d'obtenir les Lettres Patentes. L'affaire fut assurée dès qu'elle fut entre les mains du prélat. Son crédit à la cour ne le rendait pas timide à demander une grâce de cette nature, dans un temps où les plus grandes faveurs lui étaient prodiguées, et où elles le prévenaient sans lui donner la peine de les attendre. Un prélat moins puissant eût pu échouer dans cette rencontre, ou, pour y réussir, il eût été obligé de compter tous ses pas et de mesurer toutes ses démarches ; mais le frère d'un ministre tout-puissant auprès du prince, n'avait pas besoin de ces timides précautions ; il suffisait que le frère de M. de Louvois parût désirer une chose, pour qu'on allât au-devant de ses demandes.

Jamais Mgr l'archevêque de Reims ne fit mieux valoir, pour le bien de son diocèse, l'autorité qu'il avait à la cour et la faveur dont le prince l'honorait, que dans cette occasion. Les Lettres Patentes obtenues de Louis XIV, aussitôt que demandées, et ensuite enregistrées au Parlement, aux frais de Mgr Le Tellier, furent remises entre les mains de celui qui les avait si heureusement sollicitées ([1]).

Mgr l'archevêque fit plus : en accordant sa protection à une œuvre qu'il regardait comme la sienne, il voulut y contribuer par ses libéralités, et fournir de ses biens à l'établissement d'une maison qu'on peut appeler, à juste titre, un séminaire de maîtresses d'école. Par sa protection, par sa faveur, par ses largesses,

---

1. Ces Lettres Patentes furent expédiées de Saint-Germain-en-Laye au mois de février, et enregistrées au parlement au mois d'août 1679.

elle fut très bien cimentée, et elle parvint à un état florissant et très utile au public. Ainsi, si cette communauté doit son origine à M. Roland, elle doit ses progrès aux soins laborieux du Bienheureux de la Salle. Heureuses celles qui la composent, si elles conservent toujours l'esprit de leurs premiers pères, et si elles ne déchoient jamais de leur première ferveur ! Elles ont l'honneur d'avoir été les filles du Bienheureux de la Salle et les premiers objets de son zèle. C'est ainsi que Dieu essayait les forces de son serviteur, et le préparait, par l'établissement d'une maison de maîtresses d'écoles chrétiennes et gratuites, à fonder un ordre nouveau de Frères destinés à ce saint et noble emploi.

CHAPITRE VI.

L'ordre et la règle établis dans la maison du serviteur de Dieu. Le monde commence à le censurer, et lui à mépriser les censures du monde, et à lever l'étendard de la perfection. — (1679.)

I. — L'ordre et la règle de sa maison.

QUELQUE jeune qu'ait été le Bienheureux de la Salle, il a été un homme de règle ; la régularité a toujours été l'âme de sa conduite, sa vertu chérie, et celle qu'il mettait en usage pour diriger toutes ses actions. Il en avait vu de grands exemples dans le séminaire de Saint-Sulpice ; et il en avait lui-même le premier remporté les fruits. Témoin par son expérience et par celle des autres, à quelle pureté de mœurs, à quelle innocence de vie, à quelle solidité de vertu, conduit, dans cette aimable maison, la fidélité à la règle (la plus douce et la mieux mesurée à la faiblesse humaine), quand elle est universelle, exacte et intérieure, il se fit un devoir essentiel, dehors comme dans le séminaire, d'être un homme régulier. Chez lui tout était marqué à l'heure : le lever, la prière, l'oraison, les repas, les lectures spirituelles, les exercices de piété et les autres actions de la journée : l'office canonial y tenait le premier rang. A table même se faisaient des lectures saintes ; et, ce qui est admirable, c'est que le jeune chanoine avait su, par son exemple et par ses manières insinuantes, engager ses trois autres frères, qui demeuraient chez lui, à suivre un train de vie qui sentait plus le séminaire qu'une maison de particuliers. Une manière de vie si rangée, si retirée et si pieuse ne put être goûtée des gens du monde. Ils ne la lui pardonnèrent qu'autant de temps qu'elle demeura cachée. Quand ils en furent instruits, leurs cris, leurs railleries et leurs censures la manifestèrent à ceux qui l'ignoraient encore. Cette révolution eut différents effets. Quels effets ? Ceux-là mêmes que la vie des saints, que la publication de l'Évangile ont produits de tout temps, c'est-à-dire, l'édification et le scandale tout à la fois. Tandis que saint Paul parlait dans l'Aréopage, le grand nombre de ses auditeurs le prenait pour fou et pour un prédicateur de fables et de nouveaux démons : le petit nombre, inspiré, crut et profita de sa parole. JÉSUS-CHRIST crucifié était pour les Juifs un sujet de scandale, et pour les Gentils un objet de dérision ; mais, aux yeux de ceux que le Saint-Esprit éclairait, il était la vertu et la sagesse de Dieu.

Les saints, dans tous les siècles, semblables à leur divin Maître, ont été pour le monde un objet de mépris ; mais pour les âmes bien disposées, ils étaient des lampes ardentes et des flambeaux allumés, qui, en leur montrant les sentiers de la perfection, les animaient puissamment à y marcher sur leurs traces. Leurs vertus et leurs exemples n'étaient point stériles : plusieurs de ceux qui en devenaient les témoins entraient souvent eux-mêmes dans les voies de la sainteté.

Rien de nouveau sous le soleil ; ce qui est, est ce qui sera jusqu'à la fin des siècles. Ce que nous voyons est ce qui a été dès le commencement. La vertu persécutée dans Abel dès l'origine du monde, l'a été sans exception dans tous les justes qui l'ont suivi, et le sera dans tous les autres jusqu'à la fin. Le dirai-je ? le monde lui-même sert à faire des saints contre son intention ; car en décriant leur vertu, il l'épure, il la fortifie, il la perfectionne, il la rend digne de Dieu.

II. — Le monde censure sa conduite.

AU jugement du monde, le Bienheureux de la Salle ne vit point en chanoine. Il ne fait honneur, disait-on, ni à son chapitre, ni à sa famille. Tuteur de ses frères et de ses sœurs, il mériterait lui-même d'être mis en tutelle : il a du bien, il n'en sait pas faire usage ; il ne connaît plus les gens de sa condition, et eux-mêmes le méconnaissent. Sa maison, ouverte aux gens du peuple et à tous les misérables, ne présente plus qu'une porte fermée à ses parents et à ses amis. Puisqu'il ne veut plus de commerce avec le monde, pourquoi y reste-t-il ? S'il est devenu si sauvage, que ne fuit-il dans les déserts ? Il fait tort à la dévotion et honte à son caractère. Cesserait-il d'être bon chanoine et bon ecclésiastique, en cessant d'être si singulier ?

Ces discours et d'autres pareils étaient ceux du monde : de peur qu'il ne les ignorât, on les lui disait à lui-même. On lui faisait un crime de tout ; et tout en lui était tourné en dérision. Examiné depuis les pieds jusqu'à la tête, rien en lui qu'on ne trouvât à critiquer. On lui fit un procès sur ses habits, sur son chapeau, sur son collet et sur mille autres minuties. Le jeune chanoine sut mettre à profit tout ce qu'on disait contre lui ; tant il est vrai que, selon la parole de saint Paul, *tout se tourne en bien pour ceux qui aiment Dieu.* Il s'examina lui-même, tandis que le monde l'examinait ; et, juge plus sévère contre sa propre personne que le monde même, il ratifiait ses jugements, quand il les trouvait bien fondés. Le monde, si éclairé sur les moindres défauts des gens de piété, et qui ne sait leur rien pardonner, lui servait de lumière pour découvrir au fond de son âme les imperfections qui lui étaient cachées, et il profitait de sa sévérité pour les condamner. Ceux qui lui étaient reprochés à faux, lui ouvraient les yeux sur d'autres véritables, que le monde ne voyait pas. Ainsi le monde lui apprit-il à se connaître à fond et à se corriger ; il lui apprit aussi à porter les vertus à leur perfection, et à leur donner tout leur mérite. Depuis ce temps, il fit une profession plus déclarée du mépris du monde. Sans devenir sauvage, il devint plus solitaire ; sans cesser d'être poli et gracieux, il parut plus recueilli et plus intérieur ; et, au lieu de vouloir entrer en société avec les bêtes par une vie si retirée, comme les mondains le disaient, il se disposa à entrer en commerce avec les anges, ou à ne s'entretenir qu'avec les hommes parfaits sur la terre, selon l'avis que le saint auteur de l'*Imitation de Jésus-Christ* donne au prêtre. (Liv. IV, ch. V.) « Son entretien ne doit point être avec le commun des hommes, dans les voies vulgaires, mais avec les anges dans le ciel, et avec les hommes parfaits sur la terre. »

Sa vie devint plus austère, la mortification de ses sens plus rigoureuse, ses oraisons plus fréquentes, ses veilles plus longues, enfin l'application qu'il donna à la plus noble partie de lui-même, épuisa tous ses soins. Son étude à cultiver son intérieur, le rendit négligent sur l'extérieur. Toujours propre, mais toujours pauvre, il ne fit plus usage que des étoffes les plus viles et des habillements les plus simples. Bientôt on le verra se parer de ceux des Frères, et, aux yeux du public, aux regards de ses amis, et si je puis avancer le mot, à la honte de ses parents et de sa famille, porter un habit trop humble et trop grossier au goût du monde ; car c'est ainsi qu'on jugea d'abord, et qu'on a longtemps depuis jugé l'habit des Frères. C'était par cette voie que Dieu le disposait à en former la Société. Il en avait déjà toute la grâce ; mais il n'en avait pas encore le dessein. Ce germe caché dans son cœur demeura caché à lui-même, jusqu'à ce qu'à son grand étonnement, il le vit devenir un grand arbre, étendant ses branches de tous côtés, et surchargé de fruits qui nourrissent les pauvres, dont le monde ne fait pas plus de cas que des bêtes de la terre.

En attendant, il faut qu'il se familiarise et qu'il contracte alliance avec eux, et qu'il s'appauvrisse pour les enrichir. Dès lors donc il commença à leur rendre de fréquentes visites, et à leur porter des aumônes abondantes. Le reste du temps que l'étude, l'office canonial et ses autres exercices de piété lui laissaient libre, était consacré à leur soulagement et à leur consolation. Ou ils sont dans sa maison, ou il va dans la leur. Il leur parle de Dieu, il les instruit, il les prépare aux sacrements, il leur inspire la patience ; et, en soulageant leurs besoins par les secours charitables qu'il leur procure, il prépare leur âme à la grâce, et y laisse, en les quittant l'onction, la joie et des sentiments de piété.

Sa charité l'ayant un jour porté chez une pauvre personne malade, il ne l'eut pas plus tôt approchée, qu'elle déchargea sur lui son estomac, en vomissant d'une manière effroyable : l'accident eût pu faire honte et peine à la pauvre personne, si elle n'eût vu le Bienheureux de la Salle tranquille et montrer un air plus gai et plus gracieux. Il ne se contenta pas de n'en témoigner aucune peine, il voulut s'en retourner avec les marques de sa charité, sans ôter le surplis qui avait été souillé par les vomissements. Tout jeune qu'il était alors, il commença à regarder le sommeil comme un obstacle à la perfection. C'est pourquoi il avait ordonné à son valet de venir tous les jours l'éveiller à temps marqué, et de l'obliger par des importunités continues, à ouvrir les yeux, et à remporter sur lui-même la première victoire de la journée.

Ce premier combat contre le sommeil n'était qu'une préparation à d'autres. L'oraison même en était le champ de bataille ; et c'était alors que le Bienheureux de la Salle avait le plus à disputer contre ses attraits importuns. Lorsque le fervent chanoine faisait le plus d'efforts pour s'élever et s'unir à Dieu dans une oraison pure et tranquille, l'assoupissement venait le saisir et lui fermer les yeux. Au réveil, l'homme de Dieu, indigné de sa misère, entrait dans une sainte colère contre lui-même, et se faisait tous les reproches que l'humilité inspire à des âmes ferventes. Quel remède à ce mal doux et traître, qui captive les sens, dans les moments mêmes que l'âme veut s'en dégager pour s'appliquer à Dieu ? Celui qu'y trouva le Bienheureux de la Salle, fut de mettre sur le prie-Dieu où il faisait son oraison, un caillou pointu et propre à le réveiller, quand l'assoupissement l'accablerait, par les douleurs qu'il lui causerait. Par ce genre de mortification, il apprit à veiller contre un ennemi qui lui faisait faire pénitence de sa faute, au moment même qu'il la commettait. Il s'accoutuma même si bien à veiller dans la suite qu'il passa souvent des nuits ou à prier, ou à composer des livres, ou à vaquer aux affaires pressantes de son Institut.

Aux veilles, il ajoutait des jeûnes rigoureux, et même excessifs dans la semaine sainte : car depuis le Jeudi-Saint jusqu'au saint jour de Pâques, il ne prenait qu'un bouillon aux herbes. Mais, né délicat, il éprouva que cette abstinence était au-dessus de ses forces ; car elle lui causa une si grande faiblesse d'estomac, qu'il ne pouvait plus rien prendre sans le rejeter aussitôt : ce qui obligea son directeur de la lui défendre. Il obéit, mais son corps n'y gagna rien, car cette mortification fut remplacée par d'autres qui, sans causer à sa santé un préjudice si notable, ne lui en laissait que ce qu'il fallait pour les rendre et plus piquantes et plus longues. — C'en est assez pour le présent sur ce sujet, car, dans la relation de ses vertus, sa mortification tiendra une large place.

Le pieux chanoine n'avait encore, dans le temps dont nous parlons, ni la pensée, ni la volonté d'établir des Écoles chrétiennes. Cependant toutes ses démarches étaient des pas qui l'avançaient vers ce terme ; et la divine Providence, par des événements enchaînés avec ses desseins, le conduisait à leur exécution. Pour le suivre où elle le mène, il faut se rappeler les désordres des derniers siècles, et les secours que Dieu donna à son Église dans ces temps malheureux, en suscitant plusieurs personnages illustres en sainteté et en doctrine, et plusieurs nouveaux instituts consacrés à l'instruction des peuples. Il y en avait pour tous les états, pour la ville, pour la campagne, pour les ecclésiastiques et pour les laïques. Il n'en manquait plus qu'un qui se dévouât à l'instruction des enfants des pauvres, qui n'ont pas assez de moyens pour les faire élever dans les collèges ou dans les couvents : ces enfants, pour la plupart, demeuraient dans une funeste ignorance de la doctrine et des devoirs du christianisme. Cependant on n'expérimente que trop quel désordre cause dans le monde cette ignorance des gens du peuple : on peut la regarder comme une des plus grandes plaies de l'Église. Le R. P. Barré, minime [1], homme dont la sainteté a répandu sa bonne odeur à Paris et dans tous lieux où il a été, n'a pas sans doute été le premier à reconnaître ce mal, et à faire réflexion sur tous ceux dont il est la source ; mais il paraît avoir été le premier en France qui s'occupa d'en chercher et d'en procurer le remède. Ce remède était l'établissement des Écoles chrétiennes et gratuites. Remède efficace, universel, souverain, et même unique à opposer aux désordres qui marchent en foule à la suite de l'ignorance et de la mauvaise éducation de la jeunesse pauvre. Or, les établissements des Écoles chrétiennes supposant d'autres établissements absolument nécessaires pour la formation des maîtres et des maîtresses destinés à l'instruction et à la sanctification des enfants pauvres de l'un et de l'autre sexe, le zèle du P. Barré se porta également à ces deux objets. Pour

---

1. Le R. P. Nicolas Barré, religieux minime, né à Amiens, en 1621, fondateur de la Société des Sœurs *de la Providence*, avec l'aide de Madame Lestocq, qui en fut la première supérieure (1662).

établir des écoles de garçons et de filles séparées, il conçut le double dessein d'ériger des espèces de séminaires destinés à la formation de ceux et de celles qui se destineraient à l'instruction chrétienne et gratuite des enfants pauvres et sans instruction. Le dessein était grand, et si le P. Barré n'a pas été le seul à l'exécuter, au moins la gloire lui est due d'en avoir le premier tenté l'entreprise. Elle lui réussit en partie. Il eut grâce pour former le dessein en entier et l'inspirer à d'autres ; mais il ne l'eut pas pour l'exécuter. Le Bienheureux de la Salle, dans les desseins de Dieu, était l'homme de sa droite à qui la grâce en était réservée ; tant il est vrai, *que l'un plante, que l'autre arrose ; mais que c'est Dieu qui donne la vertu et l'accroissement* ; et que, selon son bon plaisir, *il envoie des ouvriers moissonner dans son champ ce que d'autres y ont semé.*

III. — Le R. P. Barré entreprend d'élever des espèces de séminaires pour la formation des maîtres et des maîtresses d'écoles gratuites.

LE R. P. Barré avait élevé tout à la fois des séminaires, pour former des maîtres et des maîtresses d'école ; mais si le premier Institut parut d'abord porter du fruit, ce fruit ne fut pas de longue durée. Les maîtres, ou ne prirent jamais l'esprit de leur vocation, ou ils ne tardèrent pas à le perdre. Leur ferveur parut comme une faible lumière qui éclaire quelques moments, et qui s'éteint. Les disciples du P. Barré, fort différents de leur maître, n'étaient pas d'humeur à suivre ses leçons sur l'abandon à la divine Providence, à ne se contenter que du pur nécessaire, et à ne point mêler leurs intérêts avec ceux de Dieu. Gens de prévoyance, ils pensèrent au lendemain, et ils cherchèrent à faire leur petite fortune, ou à se mettre à l'abri de l'indigence. Ainsi, par leur désertion, les écoles que le Père avait établies se détruisirent d'elles-mêmes ; et ce mauvais succès ne lui permit plus d'en faire une tentative nouvelle. Cependant, plusieurs fois depuis, on travailla à les relever, mais en vain : il fallait trouver des sujets propres à entrer dans l'esprit de l'Instituteur, qui consiste dans le dénuement total, l'abandon à la divine Providence, et on ne trouvait personne.

M. Roland, dont il a été parlé, plein du zèle du P. Barré [1], ne désespérait pas de faire réussir à Reims ce dessein avorté : au moins l'aurait-il entrepris, si la mort ne l'eût prévenu.

---

1. M. Roland, ayant eu à prêcher un carême à Rouen, fit connaissance avec le R. P. Barré, visita les écoles qu'il avait fondées et reçut de lui, avec un exemplaire des règles *de la Providence*, le conseil d'établir à Reims une association semblable.

Le zélé minime perdit en lui un fidèle coadjuteur. Pour sa consolation, son second Institut pour les écoles de filles ne fut pas sans succès. Il eut la joie, avant de mourir, de voir les bénédictions que Dieu répandait sur cette œuvre, à Rouen et à Paris, où il en établit deux maisons, qui ont été deux pépinières de maîtresses pieuses et dévouées, pour l'instruction et la sanctification des personnes de leur sexe. Cet exemple du P. Barré a été fécond : car aujourd'hui les plus grands prélats travaillent à établir dans leurs diocèses des communautés pareilles, destinées à la même fin.

Cependant le premier Institut tenté par le P. Barré et aussitôt avorté, n'était que différé aux yeux de Dieu. S'il n'avait pas encore pu réussir, c'est que l'homme que Dieu avait destiné pour l'établir n'avait pas encore paru. Tant il est vrai qu'en vain l'homme bâtit, si Dieu ne pose les fondements ; qu'en vain les sentinelles veillent à la sûreté d'une place, si Dieu ne la garde.

L'Instituteur des filles de la Providence, M. Roland, et peut-être quelques autres saints personnages, connaissaient l'importance du dessein de faire en faveur des garçons ce qu'ils avaient heureusement exécuté en faveur des filles : Dieu approuvait ce dessein, et cependant il l'arrêtait entre leurs mains ; pourquoi ? C'est qu'il en réservait l'exécution au Bienheureux de la Salle. Quoique celui-ci n'ait ni la pensée ni la volonté de l'entreprendre, il en aura l'honneur ; car Dieu l'a choisi : les premiers y pensent, le veulent, et ne négligent rien pour en venir à bout ; leur bonne volonté a son mérite devant Dieu ; mais tous leurs mouvements demeurent sans effet, parce que Dieu n'agit pas. Voilà un de ces mystères de la divine Providence, qui sont si ordinaires dans les œuvres de Dieu, et en voici le dénouement.

CHAPITRE VII.

Voie cachée par laquelle la divine Providence mène imperceptiblement le Bienheureux de la Salle à l'exécution de ses desseins au moyen d'un homme envoyé à Reims par Madame de Maillefer pour y ouvrir des écoles gratuites. Abrégé de la vie admirable de cette dame depuis sa conversion.

P UISQUE c'est Madame de Maillefer qui a donné ouverture aux desseins de la Providence sur le Bienheureux de la Salle, on doit la regarder comme le premier instrument dont il a plu à Dieu de se servir pour faire naître l'institut des Frères des écoles chrétiennes. Cette dame était digne de contribuer à une si sainte œuvre; et quoique, en envoyant M. Niel (¹) à Reims, pour y tenir des écoles gratuites, elle ne pensât pas elle-même aux suites qu'a eues sa charité, il est toujours vrai que son zèle avait en vue l'institution des Écoles chrétiennes. Par cet endroit, elle mérite d'avoir place dans l'histoire de celui qui en a été le fondateur, et à qui elle a fourni la première occasion de travailler à ce grand ouvrage.

Il est étonnant que, dans la ville de Rouen, qui peut se glorifier d'avoir un assez grand nombre d'hommes savants et d'esprit, nul ne se soit intéressé à lui faire honneur, et à édifier le public par l'histoire de la vie d'une dame qui y a donné si longtemps les exemples les plus étonnants de la vertu la plus héroïque. C'est pour ne les point laisser tous s'ensevelir dans l'oubli, que nous allons en recueillir ici quelques-uns, sur le témoignage de plusieurs personnes qui en ont été témoins avec toute la ville de Rouen. Si on ne sait qu'une très petite partie de la vie de Madame de Maillefer, on sait au moins qu'elle s'est convertie assez jeune et avant la mort de son mari ; elle n'a pas attendu que l'âge, en semant des rides sur son visage, l'avertît que le monde n'était plus pour elle, ni elle pour le monde. La grâce le lui fit entendre dans le temps qu'elle brillait le plus, et qu'elle plaisait au monde autant que le monde lui plaisait.

Née à Reims d'une famille riche (²), elle fut mariée à M. de Maillefer, maître des Comptes, à Rouen, où elle vint vivre et mourir. Tout fut grand en elle : vices et vertus ; et l'on peut dire qu'elle a porté, avant sa conversion, les uns aux plus grands

---
1. Il sera parlé plus loin de M. Niel, avec détails.
2. La famille Dubois, alliée à celle du Bienheureux de la Salle.

excès, et les autres, après sa conversion, à la plus grande perfection. Grande, belle, bien faite, elle avait un air noble, un port majestueux, une démarche qui imprimait le respect et attirait les yeux. Sa vanité était excessive.

I. — Mondanité de Madame de Maillefer.

ELLE avait la réputation d'être la femme la plus mondaine de la ville. Toujours vêtue d'habits magnifiques, marchant fastueusement et avec pompe, elle charmait sur son chemin les passants qui fixaient sur elle leurs regards, surtout lorsqu'elle allait, les jours de fêtes et de dimanches, entendre à Notre-Dame, la messe de midi, plutôt pour y briller et pour étaler ses vanités que pour y adorer Dieu. Son luxe n'avait point de bornes. Rien de trop beau, de trop précieux, de trop riche pour elle. Elle n'épargnait ni peines, ni dépenses pour étaler aux regards du public, les modes les plus nouvelles, les étoffes du plus haut prix, les habits du meilleur goût et du plus grand éclat, les coiffures les plus rares et les plus chères.

Jamais femme ne s'est montrée plus esclave de son corps, ni plus idolâtre de sa personne ; le fait suivant en est la preuve. L'amour-propre si ingénieux à se contenter, lui avait donné l'idée de se faire représenter en relief, dans une statue faite à son image et ressemblance. Cette espèce d'idole de sa taille et de sa figure servait à l'exercice de sa vanité, car c'était sur cette statue qu'elle faisait l'essai de la toilette avec laquelle elle se montrait partout et tous les jours, ou au bal, ou à la comédie, ou à l'opéra, ou à la promenade, ou dans les cercles. Ainsi, de tous côtés, la vanité promenait son esclave, et la donnait en spectacle à toute la ville.

II. — Sa mollesse.

SA mollesse n'était pas moins grande que sa vanité : onze heures du matin la trouvaient tous les jours dans le lit et elle s'en faisait honneur, en disant avec plaisanterie, qu'un si long repos conservait ses pensées saines. L'hiver, comme l'été, elle buvait à la glace. La terre, l'air, la mer, n'avaient rien d'assez exquis pour contenter sa délicatesse. Dans tous les marchés, on cherchait pour sa table les morceaux les plus friands et du meilleur goût : rien n'était trop cher, quand il était rare et bon : on l'achetait à quelque prix que ce fût.

III. — Sa dureté pour les pauvres.

SA dureté pour les pauvres, comme c'est l'ordinaire, était proportionnée à la tendresse qu'elle avait pour son corps. Le fait qui suit, et qu'on croit avoir occasionné sa conversion, en est un exemple triste et touchant.

Un pauvre passant, mendiant et languissant dans le plus pitoyable état qu'on puisse imaginer, s'étant présenté à sa maison pour y trouver le couvert et un peu de soulagement, le cocher, homme fort pieux et charitable, pénétré de compassion à la vue de la misère de ce malheureux, alla supplier sa maîtresse de lui permettre de le recevoir. Une pareille charité si nécessaire et si bien placée n'était pas du goût d'une femme qui n'aimait qu'elle-même. On le sait assez, et l'expérience l'apprend : l'amour-propre est cruel et le plus grand ennemi de la charité. Un cœur en proie à l'orgueil et à la mollesse, est un cœur dur et inaccessible à la pitié pour les pauvres. Madame de Maillefer rejeta donc avec mépris et indignation la charitable requête de son domestique, et ordonna brusquement de fermer la porte au pauvre qui cherchait un asile. Le cocher ne put se résoudre à lui obéir ; il fit entrer dans son écurie le malheureux qui sollicitait sa charité, et l'assista du mieux qu'il put. Quelle surprise ! Le lendemain le pauvre fut trouvé mort et étendu sur son lit de douleur. Le bruit de ce fâcheux accident dans la maison en porta sur-le-champ la nouvelle à la dame, qui, après avoir satisfait sa colère contre le serviteur charitable par des torrents d'injures et de reproches, le chassa à l'heure même de sa maison avec défense d'y rentrer. Pressée ensuite par les autres domestiques de les délivrer de la présence du cadavre hideux qui blessait leurs yeux, elle leur envoya un drap pour l'ensevelir. Cependant, sur le soir, elle vit ce même drap sur sa table, comme si ce pauvre, auquel elle avait refusé le couvert, eût refusé de recevoir ce présent forcé. Elle le déplia, et elle le reconnut. Alors croyant que le pauvre Lazare mort dans sa maison, y était encore, et qu'il n'était ni inhumé, ni enseveli, elle se laissa aller à son courroux, et entra dans des mouvements de colère, qui se glacèrent avec son sang, quand elle apprit que le mort avait été enseveli et enterré, et que personne n'avait mis sur la table ce drap plié. C'était là le moment de Dieu, l'heure où sa miséricorde l'attendait. Surprise, saisie, épouvantée, elle éclate en soupirs, en gémissements, en sanglots. La grâce se faisant jour dans cette âme dure, l'amollit, l'attendrit, la fait fondre comme la cire aux approches d'un grand feu. On a vu la pécheresse : voici maintenant la pénitente.

IV. Sa conversion.

TROIS vices l'avaient dominée : la vanité, la mollesse, la dureté pour les malheureux. Les trois vertus contraires, l'humilité, la mortification, la tendresse pour les pauvres, vont faire son caractère. Le luxe et la pompe des habits, l'étude et l'art des parures, l'envie de se montrer et de briller, avaient été les passions qui avaient si bien servi sa vanité ; la grâce va les combattre par un extérieur négligé, sordide et répugnant, par une affectation de manières ridicules et insensées, et par la pratique d'une vie pauvre et cachée. Son corps ne trouvait rien d'assez délicat pour contenter sa sensualité : l'esprit de Dieu, pour la purifier, va lui inspirer des genres de mortification inouïs et presque incroyables.

Enfin, pour expier sa dureté pour les pauvres, elle va se condamner à les servir, le reste de ses jours, dans les emplois les plus vils et les plus répugnants de la charité la plus héroïque. La grâce, qui prend toujours le contrepied de la nature, après avoir entamé sa conversion par l'accident qui vient d'être rapporté, la sollicita vivement de faire avec le monde un divorce prompt et éclatant, et d'expier son luxe par des humiliations publiques.

V. Son amour pour l'abjection.

LA vanité avait été sa passion favorite : l'amour de l'abjection devint son attrait dominant ; et elle se porta à ces pieux excès qu'on admire dans la vie des saints, et que l'esprit humain serait tenté de censurer, si l'esprit de Dieu n'en paraissait pas l'auteur. Comme une autre Madeleine, aussitôt convertie elle voulut faire profession du mépris du monde. Éclairée sur ses vanités, elle médita d'expier celles de sa vie passée, et d'en réparer les scandales par un trait apparent de folie, et une action propre à persuader au monde qu'en le quittant elle avait perdu l'esprit.

Elle se laissa un jour enfermer dans l'église, où elle passa la nuit sans doute en prières. Inutilement son mari la fit-il chercher : cette recherche ne fut propre qu'à publier l'aventure, et à persuader que la dévotion commençait à renverser l'esprit de Madame de Maillefer. Le monde, si porté à mal juger des personnes dévotes, eut de quoi se confirmer dans cette opinion, lorsqu'il apprit que, sans quitter ses habits dorés, elle avait pris comme pour dernier ornement un tablier de servante, qui était de toile et assez malpropre, et qu'elle avait assisté, dans cette nouvelle parure, un jour de dimanche, à la grand'messe de sa paroisse. Cette action eut tout le succès qu'elle en attendait ; elle prêta à rire au public, dont elle devint de jour en jour la fable et le jouet.

M. de Maillefer ne put pas longtemps ignorer ce qui faisait tant de bruit dans la ville ; et il y était trop intéressé pour ne pas s'opposer aux pieux excès d'humiliation auxquels il voyait son épouse disposée : en faisant donc usage de toute son autorité, il lui interdit de semblables pratiques. Son attrait dès lors dominant pour l'abjection, avait besoin de cette barrière ; car, sans cesse sollicitée par l'esprit de Dieu de mortifier sa vanité par des humiliations proportionnées aux excès qu'elle lui avait fait commettre, elle paraissait aussi avide de mépris qu'elle l'avait été d'honneur et de gloire. La charité, chaque jour croissant dans son cœur, écrasait l'amour-propre, et lui demandait plus de sacrifices pour Dieu, qu'elle n'en avait faits pour plaire au monde. Quoique nous ignorions le détail de sa vie depuis sa conversion, tandis qu'elle fut sous la puissance de son mari, cependant, en jugeant du commencement par la suite, nous savons que, comme une autre Madeleine, en cessant d'être une pécheresse, elle commença d'être une grande pénitente, et qu'au moment où elle quitta la vanité, elle entra dans la carrière de la perfection, pour y courir à pas de géant. Rien ne l'arrêta, ni le monde, ni son corps, ni ses amis. Elle brisa avec courage tous ces liens, et tous à la fois. Elle ne parut pas même faire attention au respect humain. Elle ne pensa jamais plus au monde que pour s'attirer ses mépris ; ni à son corps, que pour le crucifier ; ni à ses vanités, que pour les expier par les sacrifices les plus pénibles à l'amour-propre. On ne la vit plus ailleurs qu'à l'église ou aux pieds du crucifix. Les délicatesses furent bannies de sa table ; et toutes les dépenses superflues, retranchées, furent mises à profit en faveur des pauvres, pour lesquels elle sentit autant de tendresse qu'elle avait eu de dureté. Le luxe supprimé, et la table réformée, elle régla son sommeil et se condamna à se lever plus matin. Tout le reste, chez elle et en elle, donna des preuves de conversion. Une vie rangée, une vie de prière et de retraite ; en un mot, une vie vraiment chrétienne en fut le premier fruit.

Des habits simples, elle passa aux vêtements grossiers, puis aux sordides, enfin aux ridicules. De sorte que, par degrés, elle poursuivit l'esprit de vanité dans tous ses retranchements ; et elle s'étudia à le mortifier le reste de ses jours dans les moindres détails. En cela, il semble que l'esprit de Dieu, en imitant l'esprit du monde qui l'avait animée, prenait plaisir à la présenter à son tour en spectacle au public, presque tous les mois dans des états différents d'abjection, et avec des modes de sa façon, propres à lui attirer les huées.

Si elle ne put pas d'abord contenter à son gré cette inclination de la grâce, la mort de son mari la mit en liberté de la suivre dans toute son étendue. Maîtresse alors de sa personne, de ses actions et de ses biens, elle ne donna plus de bornes à ses charités, ni à ses humiliations, ni à ses pénitences. Comme on ne sait point précisément quand elle perdit son époux, ni combien de temps elle vécut avec lui, nous ne pouvons là-dessus rien dire de précis. Il paraît avoir été un homme de bien ; car il fonda avec elle l'école de Darnétal; soit qu'en se convertissant, elle l'ait converti, soit que, de tout temps bon chrétien, il ne fût pas autant livré au monde que l'était sa femme.

Elle n'eut qu'un fils qui se maria à Reims, et qui ne paraît pas avoir longtemps survécu à son père. La femme qu'il laissa, rivale (si je puis me servir de ce terme) de la piété de sa belle-mère, fut à Reims ce que Madame de Maillefer a été à Rouen, l'exemple de la ville ; et l'une et l'autre, après avoir servi de modèles de la plus éminente vertu, sont mortes en odeur de sainteté.

Madame de Maillefer, étant donc libre de tous les liens qui pouvaient arrêter sa course dans le chemin de la perfection, se livra sans réserve à l'impétuosité de l'esprit qui la portait si puissamment aux pratiques d'humiliation, de mortification et de charité. Passionnée pour la vie pauvre, abjecte, méprisée, cachée et inconnue, tous les jours elle en donnait de nouveaux exemples, qui, pendant quinze ans entiers, lui acquirent la réputation de folle, et ensuite celle de sainte.

Il est aisé de s'imaginer le ridicule qu'elle se donna dans la ville par un changement de conduite si peu attendu, ce qui lui procura la satisfaction de boire à longs traits le calice des humiliations du Fils de Dieu, sans pouvoir jamais éteindre sa soif des mépris. Elle voulait être méprisée, blâmée, condamnée ; elle fut satisfaite. On ne parlait plus que d'elle ; et on n'en parlait que pour en rire et pour s'en divertir ; si enfin le monde se lassa de la censurer, c'est qu'il la regarda comme une pauvre femme qui avait perdu l'esprit.

M. du Tac, son directeur, n'approuvait pourtant pas ces grandes ferveurs, et il lui donnait ordre de s'habiller d'une manière plus supportable. Alors elle obéissait, mais ce n'était pas sans grande répugnance, et cette obéissance ne durait qu'autant qu'elle demeurait dans l'oubli de ses vanités passées. Partout elle paraissait dans l'extérieur d'une pénitente qui avait le cœur contrit et humilié, qui trouvait tout lieu et tout temps propres à pleurer ses péchés.

Son air, ses gestes et tout son accoutrement négligé et sale, faisaient connaître qu'elle n'était occupée que de la honte d'avoir offensé une majesté infinie, et du zèle de venger l'honneur de son Dieu aux dépens du sien.

Lorsqu'elle avait besoin d'eau, elle allait elle-même à la fontaine la chercher, et elle y attendait son tour pour en avoir. On était toujours bien venu quand on lui adressait des paroles humiliantes ou des injures. Alors elle récitait le *Te Deum* ou le cantique sacré, *Sanctus, Sanctus, Sanctus*, avec une joie qui marquait son triomphe sur l'amour-propre. Son plaisir était d'aller au marché acheter une pièce de beurre, et de le rapporter enveloppé dans une feuille de chou sur sa main étendue, exprès pour être remarquée, et avec une bourrée de bois sous l'autre bras. En cela, son dessein était ou de se faire tourner en ridicule, ou de paraître pauvre, et de s'attirer ainsi le mépris qui marche toujours à la suite de la pauvreté : cependant cette action d'humilité n'avait pas toujours le succès qu'elle en attendait ; car, malgré elle, en la faisant, sa démarche noble et son air majestueux la distinguaient, et disaient à ceux qui ne la connaissaient pas, ce qu'elle était. Alors elle ne donnait plus de bornes, comme on le voit, à l'attrait qu'elle avait de s'humilier.

Un jour qu'elle passait dans le marché, une poissonnière qui la reconnut, dit en la montrant du doigt à sa compagne : *Voilà celle qui nous a tant fait gagner d'argent, lorsqu'elle faisait acheter pour sa table le poisson le plus délicat et le plus cher*. Touchée ensuite de compassion pour l'état pauvre et abject dans lequel elle voyait une dame autrefois si admirée pour la pompe de ses habits et de son équipage, elle se leva et alla lui donner une pièce de quatre sols, que madame de Maillefer reçut avec plaisir.

Ceux qui ne la connaissaient pas tombaient aisément dans la méprise à son égard, en la prenant pour une pauvresse qui avait besoin d'assistance, et qui l'attendait. D'où il arrivait que, dans cette pensée, on lui présentait l'aumône qu'elle acceptait comme un présent propre à mortifier son amour-propre. Ayant reçu un jour un liard en présence des autres pauvres avec lesquels elle se mêlait, à dessein de dévorer la honte de la mendicité, elle paya bien cher ce léger présent : car les misérables auxquelles elle s'associait, soit par envie, soit qu'elles crussent qu'elle venait dérober leurs aumônes, armèrent leur langue contre elle, et ajoutèrent les coups aux injures. C'était ce qu'elle venait chercher, et ce qu'elle recevait avec complaisance. Une pareille aventure était pour elle une bonne fortune. Ce n'était pas encore assez au gré du Saint-Esprit qui se plaisait à contredire en tout l'attrait de vanité qui l'avait séduite, et à l'obliger de lui en faire réparation d'honneur par les humiliations les plus sensibles. Cette généreuse pénitente, docile à l'inspiration de la grâce, paraissait souvent à genoux sur le pavé de l'église Saint-Nicaise, presque immobile, avec l'air du publicain contrit et humilié, dans un lieu de passage, où tout le monde avait la liberté de la heurter, sans pouvoir la distraire.

De quoi ne faisait-elle pas usage pour s'avilir aux yeux des hommes, et perdre leur estime ? Ce désir si saint la traînait de tous côtés pour mendier en public le mépris et les insultes. Pour cet effet, elle allait dans les rues demander à tous ceux qui la voyaient le secours de leurs prières, dans le but de se faire mépriser.

Que pensait-on ? Que pouvait-on penser d'une dame qu'on avait vue jadis si soigneuse de relever sa beauté, par les modes les plus nouvelles et les ornements les plus mondains ? Elle est folle, se disait-on, la dévotion lui a tourné la tête. Les enfants couraient après elle pour l'insulter. La vertueuse dame se trouvait alors dans son élément. Le monde lui accordait ce qu'elle demandait, elle s'en réjouissait. Quelques personnes de piété de ses amies lui faisaient un point de conscience de fournir aux langues malignes tant de sujets de mauvais propos contre la dévotion ; mais elle leur fermait la bouche par ces paroles : *Il ne faut rien faire pour plaire au monde. Toute la sagesse des hommes n'est que folie devant Dieu, et ce qui paraît folie aux hommes est sagesse devant Dieu.*

Enfin, pour achever le caractère de son humilité, elle devint aussi jalouse de la vie cachée et inconnue, qu'elle l'avait été de l'éclat et de la distinction ; ennemie irréconciliable des louanges, elle les fuyait avec horreur, elle fuyait même les personnes qui lui en avaient donné.

Cette inclination si sainte et si violente pour les mépris et l'oubli ne fut pas en elle un attrait de grâce passager. Ce fut l'attrait habituel et dominant de son cœur jusqu'à sa mort.

En vain s'empressa-t-on, dans sa dernière maladie, de tirer d'elle des marques de cette vertu éminente, qui tant de fois dans sa vie, en la trahissant, avait jeté quelques éclats au milieu de ses folies apparentes. Elle s'attacha à ne faire paraître d'elle que ce qu'elle voulait qu'on en vît : petitesse d'esprit, défauts, manque de vertu, pauvreté réelle et stupidité pour les choses de Dieu. Enfin, pour être après la mort, encore plus que pendant sa vie, oubliée et confondue dans la foule des pauvres, elle voulut être inhumée parmi eux, dans le cimetière de Saint-Nicaise, sa paroisse. Toutefois, comme la vertu, aussi bien que le feu, se fait sentir, et qu'elle éclate d'autant plus qu'on tâche de l'obscurcir, la manière dont elle mourut fut la preuve de son éminente sainteté, comme nous l'allons voir bientôt.

L'humilité ne fut pas la seule vertu chérie de son cœur, la pauvreté, la pénitence et la charité y exerçaient aussi un grand empire. Amie de la pauvreté, plus qu'elle ne l'avait été du luxe et de la magnificence, elle se dépouilla généralement de tout. Devenue plus tendre envers les pauvres, qu'elle n'avait été dure à leur égard, elle ne savait qu'elle avait du bien, que quand elle leur en faisait part. Elle n'eut rien en propre dès quelle fut veuve ; rien qui ne fût consacré aux œuvres de miséricorde.

Une mauvaise chambre lui suffisait, avec deux ou trois pots de terre, un peu de paille pour se coucher, et une mauvaise couverture pour se couvrir : le tout était si misérable que si on l'eut jeté par les fenêtres, les plus pauvres gens n'auraient pas daigné le ramasser.

Comme on l'a vu, son ambition était de prendre place parmi les mendiants, de leur paraître semblable et de le devenir. Elle y réussit, car elle eut, et le talent de paraître pauvre par une ingénieuse humilité, et celui de le devenir par ses pieuses largesses. Elle n'était pas moins savante à déguiser ses aumônes que libérale à les faire. Parfois elle portait à cuire dans une maison étrangère, où elle voulait faire la charité, la viande qu'elle avait achetée et l'y laissait, en se contentant d'une partie du bouillon pour en faire, dans une écuelle, une soupe grossière qu'elle allait manger devant la porte de la rue, pour donner lieu de croire qu'elle était réduite à la mendicité la plus honteuse.

Quand elle allait à Darnétal voir l'école qu'elle y avait établie, son zèle la menait de maison en maison, pour exhorter les pères et les mères à envoyer leurs enfants à la classe. Elle entrait dans les boutiques, où, après avoir porté les ouvriers et ceux qui étaient présents à fréquenter les sacrements, elle leur expliquait comment il fallait le faire.

La vie austère, pauvre et abjecte qu'elle menait, mettait à profit pour les pauvres tous ses revenus. A mesure que l'argent venait entre ses mains, il en sortait pour entrer dans celle des indigents. Connaissant par elle-même le détail de leurs misères, elle savait la répartition qu'elle devait faire de ses aumônes: mais la distribution que la charité lui inspirait, ne favorisant pas toujours la cupidité des mauvais pauvres, il arrivait assez souvent qu'on payait ses libéralités par des injures. Une femme entre autres, mécontente une fois de ce qu'elle ne lui avait pas accordé pour acheter de la laine tout l'argent qu'elle demandait, s'en vengea par des traits malins et satiriques d'une langue envenimée. C'était obliger trop sensiblement Madame de Maillefer pour qu'elle n'en témoignât pas sa reconnaissance. *Je vous aime plus que toutes les autres*, répondit-elle à cette insolente ; et, au même moment, elle lui donna l'argent qu'elle demandait.

De son temps on disait la sainte messe tous les mercredis du mois, dans une chapelle bâtie sur la côte Sainte-Catherine, où la dévotion attirait beaucoup de peuple. Celle de Madame de Maillefer allait plus loin, car elle faisait tous les mercredis ce pénible pèlerinage, et elle passait des heures entières, quelque mauvais temps qu'il fît, à la porte de cette chapelle, lorsqu'elle était fermée. Quand elle allait aux Carmélites, elle entendait toutes les messes qu'on y disait, et elle n'en sortait que fort tard. Elle avait coutume d'aller à matines dans sa paroisse les jours de fêtes et de dimanches; et, pendant ce temps-là, elle paraissait occupée du ressouvenir de ses péchés, et du zèle d'en faire amende honorable à Dieu : car on l'entendait répéter souvent ces paroles des psaumes: *Cor mundum crea in me Deus*, etc. *Ne projicias me a facie tua*, etc. *Averte faciem tuam a peccatis meis*, etc. *Seigneur, créez en moi un cœur pur*, etc. *Ne me rejetez pas de votre présence*, etc. *Détournez vos regards de mes péchés*, etc.

Depuis la mort de son mari, sa vie fut un long martyre de pénitence. Elle ne se chauffait presque jamais ; et elle souffrait les incommodités des saisons, comme si elle n'eût point eu de corps, ou qu'elle eût été insensible. Elle marchait pieds nus, sans qu'on pût s'en apercevoir, parce qu'elle cachait cette mortification en portant des souliers sans semelles.

Toute sa nourriture consistait dans du potage et des légumes cuits depuis plusieurs jours, où souvent les vers fourmillaient. Elle n'y prenait pas garde.

Elle n'était pas sans doute venue à ce point de mortification sans s'être fait d'étranges violences. Une femme née dans le sein de l'opulence, élevée avec délicatesse, aussi sensuelle que mondaine, idolâtre de son corps, avait eu sans doute de terribles combats à livrer à la mollesse et à la sensualité. Combien de victoires à remporter sur une nature accoutumée à ne se rien refuser, avant d'arriver à désirer non pas comme l'enfant prodigue, les restes des pourceaux, mais ceux des vers et les vers eux-mêmes ? Ne pouvait-elle pas dire avec le saint homme Job : *Ce que mon âme n'aurait pu voir sans horreur est devenu ma nourriture ?*

Au reste, Madame de Maillefer avait plus d'une raison pour vivre comme elle faisait. Toutes les vertus y trouvaient leur compte. La pauvreté, la charité pour les indigents, le silence, le recueillement et l'oraison s'accommodaient d'une manière de vie, qui n'avait besoin ni de servante, ni d'autre logement qu'une petite chambre. Seule dans ce réduit, où un mauvais escalier conduisait, il ne lui coûtait ni grande peine, ni grand temps pour apprêter sa nourriture. Sans coffre, sans armoires, sans meubles, elle couchait à terre sur de la paille. Son seul objet précieux, qui était une *Vie des Saints*, fournissait, pendant une partie de la nuit, de la matière à ses lectures et à ses oraisons, au rapport de ses voisins.

Son séjour ordinaire était, ou l'église cathédrale de Notre-Dame, ou l'hôpital de la Madeleine, où elle allait expier sa dureté passée pour les pauvres, en leur rendant les services les plus bas et les plus mortifiants.

Ce théâtre des misères et des infirmités humaines était son lieu de délices ; elle ne restait dans sa chambre que pour passer la nuit, et prier en secret. De grand matin elle en sortait, quelque temps qu'il fît, pour aller recommencer ses exercices de piété et de charité.

Son attrait était de consoler et d'exhorter les malades, surtout lorsqu'ils étaient à l'agonie : ce qu'elle faisait avec une grâce singulière. On ne pouvait l'entendre sans en être touché. Les pauvres malades, qu'elle aimait tendrement, paraissaient ravis, et croyaient entendre un ange parler, quand elle les exhortait. Si un malade lui témoignait désirer quelque chose pour son soulagement, elle tâchait aussitôt de le satisfaire, en allant chercher ce qu'il demandait, aux extrémités de la ville, s'il en était besoin ; et cela arrivait souvent. Si la multitude des malades était plus grande qu'à l'ordinaire, elle passait avec eux des journées entières ; et, pour ménager le temps en leur faveur, elle portait avec elle son pauvre dîner, et le mangeait sur les degrés de l'Hôtel-Dieu. Rien ne l'empêchait de venir rendre ses services aux malheureux infirmes. Le seul secours qu'elle se permit, pour se tirer, dans un grand hiver, des embarras des rues, que les neiges et les glaces rendaient presque impraticables, fut celui d'un manche à balai, qui donna une nouvelle matière de rire sur son compte. Cependant le public, après l'avoir traitée de folle pendant quinze ans, commença à la regarder comme une sainte, quand il vit, dans sa persévérance, les preuves de sa sainteté.

Sur la fin de ses jours, elle s'était mise proche de Notre-Dame dans une espèce de pension pour boire et pour manger, afin d'avoir plus de temps à consacrer à la prière devant l'image de la très sainte Vierge, où elle passait plusieurs heures ; et pour être plus assidue auprès des malades et des agonisants ; mais le soir elle retournait dans sa pauvre chambre, qui était sur la paroisse Saint-Nicaise.

L'année 1593, si triste par la famine et les maladies qui désolèrent la France, fut pour Madame de Maillefer une année de nouvelle ferveur dont le prix fut sa sainte mort. L'hôpital de la Madeleine, que la contagion répandue dans la ville de Rouen, aussi bien que partout ailleurs, remplissait de malades et de mourants, fournit un exercice nouveau aux actions héroïques de charité que la pieuse dame y exerçait. Distraite ou indifférente sur le péril de mort auquel elle s'exposait, uniquement attentive à soulager les malades, à assister les agonisants, à ensevelir les morts, la nuit seule mettait des bornes à son zèle. Fatiguée, épuisée, elle ne sortait souvent de la Madeleine qu'à dix heures du soir, moins pour se reposer que pour prier.

Ce fut dans l'exercice actuel de la charité auprès des moribonds et des morts qu'elle gagna leur mal. Elle se sentit si violemment attaquée, qu'elle vit bien que son heure était proche. Aussi malade que ceux mêmes qu'elle assistait, en leur disant le dernier adieu, elle leur annonça qu'elle ne les reverrait plus. Elle mourut en effet peu de jours après dans une extase d'amour, retirée dans sa pauvre chambre. Couchée à terre, les bras tendus et les yeux levés vers le ciel, elle finit sa sainte vie en prononçant ces dernières paroles : *Mon Dieu, je vais à vous.*

Madame la Supérieure de la Madeleine, qui était venue avec sa compagne l'assister, s'en retourna aussi édifiée de sa mort, qu'elle l'avait été de sa vie. M. le Paon, qui fut depuis curé de Saint-Nicaise, qui lui rendait les derniers devoirs du ministère, s'en retourna si charmé et si consolé, qu'il ne pouvait s'expliquer que par ces exclamations : O la belle mort ! ô l'heureuse mort ! Heureux ceux qui meurent de la sorte, etc.

Chacun s'empressa d'avoir quelque chose de sa dépouille ; car l'idée qu'on avait de sa sainteté, faisait regarder comme reliques ce qui avait été à son usage. Mais la piété publique ne trouva pas de quoi se contenter chez une dame qui ne laissait que de pauvres guenilles, bonnes à être jetées au fumier. On fut réduit à couper ses cheveux, qui, dispersés de tous côtés, sont gardés avec soin.

Voilà le portrait de la célèbre Madame de Maillefer, qui a tant fait parler d'elle en son temps, en mal et en bien, dans la ville de Rouen, et qui en a été l'exemple, après en avoir été le scandale. De fameuse mondaine, devenue une illustre pénitente, elle a réparé avec éclat, par de longues années passées dans des humiliations journalières, dans la pratique des mortifications les plus répugnantes à la nature, et dans l'exercice continuel des œuvres de charité les plus héroïques, les premières années de son âge livrées au luxe le plus outré, à la vie la plus molle et la plus sensuelle, et à tous les excès d'une vanité sans bornes.

Comme Madame de Maillefer était de toutes les bonnes œuvres, elle fut des premières à seconder le zèle du R. P. Barré dans l'établissement des Écoles chrétiennes. Elle en fonda une pour les filles à Darnétal, gros bourg presque aux portes de Rouen, très marchand et très peuplé à cause des manufactures qui y sont établies. C'est le succès de cette école, qui donna lieu à d'autres semblables pour les filles, et naissance à l'établissement des écoles pour les garçons. Voici la manière dont la divine Providence amena le Bienheureux de la Salle à l'exécution de ce dessein.

Madame de Maillefer, inspirée de donner à la pauvre jeunesse de son lieu natal le secours qu'elle avait fourni à celle de Darnétal, prit des mesures avec M. Roland qui entrait bien avant dans sa confiance, et avec lequel elle avait une grande liaison de piété, afin d'y établir des écoles pour les garçons : car il n'était plus question de celle des filles, puisque ce théologal, dès l'an 1674, avait formé, pour leur instruction, la communauté dont il a été parlé. Le grand bien que faisait pour les jeunes filles cette nouvelle œuvre, inspira à M. Roland et à Madame de Maillefer un grand désir d'en établir une pareille en faveur des garçons. Toutes les mesures étaient prises pour faire réussir cette entreprise, dès l'année 1673, mais elles avaient été renversées par la mort du théologal. La généreuse dame n'en fut pas déconcertée ; et, contre toute espérance, elle espéra de faire réussir un dessein qui devait donner ouverture, sans qu'elle le sût, à l'établissement de l'Institut des Frères.

M. Roland lui ayant manqué, elle fut inspirée de chercher à Reims quelqu'un qui pût le remplacer. L'affaire était délicate et difficile. Les contradictions que l'établissement pour les filles avait souffertes à Reims, ne permettaient pas de douter qu'un pareil projet pour les garçons n'essuyât de semblables orages. Il fallait donc, pour réussir, un homme zélé et adroit, souple et insinuant ; elle le trouva dans M. Adrien Niel, natif de Laon, âgé pour lors d'environ 55 ans. Il avait reçu de la nature les talents propres pour ces sortes d'œuvres. D'un caractère vif et remuant, il était toujours prêt à rompre le premier la glace, et à tenter quelque nouvelle entreprise. D'ailleurs il était préparé à l'œuvre pour laquelle Madame de Maillefer le crut propre; car il en avait fait l'essai à Rouen, où il avait commencé avec succès des écoles gratuites pour les garçons. Afin de pourvoir à sa subsistance et à celle d'un petit garçon de quatorze ans qui l'accompagnait, la pieuse dame s'était engagée à leur fournir tous les ans cent écus de pension, et elle leur en avait fait un billet.

Avec cette assurance, M. Niel partit pour Reims, en 1679, bien instruit des intentions de celle qui l'envoyait, et chargé de lettres adressées à la Supérieure des Sœurs de l'Enfant-Jésus, qui était au fait des desseins projetés du vivant de M. Roland. Cette pieuse fille qui avait été à Rouen Supérieure de la communauté de la Providence, et qui était connue de M. Niel, se trouvait alors à la tête de la nouvelle communauté de feu M. Roland, à qui le P. Barré l'avait envoyée.

La divine Providence, qui sait arranger tous les événements pour l'exécution de ses desseins, eut soin que le Bienheureux de la Salle se trouvât à la porte de la communauté des Sœurs de l'Enfant-Jésus, lorsque M. Niel et son petit compagnon y arrivèrent. Le dessein de cette divine Providence était de donner cet inconnu à notre jeune chanoine, pour lui servir d'instrument à l'ouverture des Écoles chrétiennes et gratuites pour les garçons. Le Bienheureux de la Salle n'en avait néanmoins aucune pensée, et il eût été bien surpris si on lui eût dit que l'étranger qu'il voyait, lui était envoyé de Dieu pour le faire entrer dans la voie de ses conseils éternels. D'un autre côté, M. Niel avait bien le dessein d'établir des Écoles chrétiennes et gratuites; mais ses vues n'allaient pas plus loin. Il n'avait pas le moindre soupçon qu'il allait servir au fondement d'un grand édifice, et préparer les voies à la formation d'un Ordre nouveau. Je ne sais même s'il eût consenti à travailler à cet ouvrage, si on lui en avait montré la fin ; car il n'en avait ni l'inclination, ni la grâce. Il n'était pas même propre à une œuvre de cette nature, comme la suite va le montrer. Il n'était donc l'instrument de la Providence, que pour donner ouverture à son œuvre. Quand elle sera commencée, M. Niel, qui va y introduire le Bienheureux de la Salle, en sortira, et l'y laissera seul exécuter les desseins de Dieu.

CHAPITRE VIII.

Ouverture à Reims des Écoles chrétiennes et gratuites pour les garçons. — (1679-1681.)

I. — Arrivée de M. Niel à Reims.

MONSIEUR Niel, arrivé à Reims, sonnait encore à la porte de la nouvelle communauté des maîtresses d'école, lorsque le Bienheureux de la Salle y arriva. L'un et l'autre se virent pour la première fois sans se rien dire, et avec l'indifférence de gens qui ne se connaissent point, et qui connaissent encore moins les rapports qu'ils vont avoir ensemble. M. Niel étant entré, après les premiers compliments, expose à la Supérieure le sujet de son voyage, et lui remet en mains les lettres de Madame de Maillefer. Le Bienheureux de la Salle n'était pas présent. En entrant dans la maison il avait laissé l'étranger, dont il ignorait la mission, conférer librement avec la Supérieure. Que pouvait-elle répondre ? Si M. Niel ne lui était pas inconnu, son dessein, quoique projeté du vivant de M. Roland, lui paraissait neuf, l'entreprise hardie, et le succès bien difficile ; mais ce n'était pas à elle à former des objections ni à prêter ses lumières. Celui qui devait lever toutes les difficultés, était dans la maison ; M. Niel, sans le connaître, l'avait vu entrer ; c'était à lui à paraître et à parler : la Supérieure l'en supplie, après l'avoir fait avertir et prier de venir. Entre les lettres de Madame de Maillefer, dont M. Niel était porteur, il y en avait une pour le Bienheureux de la Salle : elle était sa parente, et elle le priait d'aider de son crédit M. Niel, et de seconder son zèle, afin de faciliter à Reims l'ouverture des Écoles gratuites et chrétiennes pour les pauvres.

Les lettres de Madame de Maillefer lues, le dessein de M. Niel exposé, le Bienheureux de la Salle en comprit l'importance, la nécessité et les avantages ; il en désira le succès, mais il prévit les difficultés, et il en sentit les épines.

Les vœux de M. Roland eussent été accomplis dans toute leur étendue, s'il eût vu ce dessein exécuté ; mais la mort ne lui avait pas permis d'y mettre la main ; c'était donc, en quelque sorte, un devoir pour le Bienheureux de la Salle, de favoriser le projet exposé par M. Niel. Il devait ce service à la mémoire du pieux défunt, et la bonté de son cœur ne lui permettait pas non plus de le lui refuser. D'ailleurs, il ne s'agissait pas de l'entreprendre, encore moins de s'en charger : les choses n'en étaient pas encore à ce point. Si le Bienheureux de la Salle eût cru en venir là, il aurait fui ; il n'aurait pas voulu y mettre le doigt, tant il sentait de répugnance, non à s'occuper de l'œuvre qui lui paraissait excellente, mais à en devenir le promoteur et le chef.

Le Bienheureux de la Salle ne croyant donc s'engager à rien, s'offrit avec une tendre charité à rendre à M. Niel tous ses services. Il loua son zèle, il applaudit à ses projets ; et par un généreux renoncement aux vues humaines et aux lumières de son propre esprit, qui ne lui permettait pas d'en espérer la réussite, il s'offrit à y mettre la main le premier pour aider à triompher des difficultés du début.

La première, qui pouvait donner occasion à d'autres, était de trouver au sieur Niel une retraite convenable, et propre à favoriser l'ouverture des écoles. On ne pouvait prendre trop de précautions pour cela, car le secret était nécessaire : un dessein éventé est bientôt évanoui. On ne pouvait donc trop ensevelir celui-ci dans le silence. Le moindre soupçon qu'on en eût eu, l'eût fait échouer dans un lieu où l'on était si fort prévenu contre les nouveaux établissements, et où à peine les orages formés contre l'Institut des maîtresses d'école se trouvaient apaisés. Si on eût su à Reims que M. Niel y venait en qualité de maître d'école, et dans le dessein d'en établir de gratuites, il aurait trouvé toutes les portes fermées, ou on les aurait toutes ouvertes pour le faire sortir.

Cependant l'ordre qu'avait reçu M. Niel de Madame de Maillefer, d'aller loger chez Monsieur son frère, était une déclaration manifeste du projet. Le Bienheureux de la Salle, éclairé par sa prudence ordinaire, ou par la lumière d'en haut, le reconnut et s'y opposa. « En vain, dit-il à peu près à M. Niel, vous avez fait
« tant de pas pour venir ouvrir des Écoles chrétiennes et gra-
« tuites à Reims, si le dernier vous conduit dans la maison du
« frère de Madame de Maillefer. En y entrant, vous publiez
« votre dessein ; et, en le publiant, vous le faites échouer. Est-il
« possible que votre demeure en cette maison ne fasse pas soup-
« çonner le sujet de votre venue ? De condition, d'état et d'emploi
« différents avec votre charitable hôte, qu'est-ce qui peut vous
« attirer chez lui ? Quel peut être le motif de votre arrivée ? C'est
« ce qu'on se demandera ; c'est ce qu'on cherchera à deviner ;
« c'est ce qui deviendra le sujet des perquisitions des curieux, et
« des informations des gens oisifs. A force d'examen, on parvien-
« dra à découvrir la vérité, ou au moins à la faire soupçonner.
« Quelque ferme que vous puissiez paraître, on vous pénétrera ; et en
« suivant vos pas, on ne tardera pas à savoir où vous voulez aller :

« quand on le saura on vous bouchera toutes les voies. Le passé
« vous parle pour l'avenir. Tout récemment, un pieux chanoine,
« un théologal de réputation, accrédité et révéré dans la ville, vient
« de donner naissance à une société de maîtresses d'école,
« qui a pensé trouver son naufrage dans son berceau. Prête à
« périr, la seule autorité de Mgr le Tellier a pu la préserver de sa
« ruine. Tout son crédit a été nécessaire, et n'a rien eu de trop
« pour balancer l'autorité de Messieurs de Ville, ou plutôt pour
« les gagner, et pour obtenir leur agrément. Le donneront-ils à
« un second établissement pour les garçons ? L'intérêt des pauvres
« de la ville le demanderait : mais les intérêts de Dieu et ceux des
« pauvres ne sont-ils pas presque toujours en butte aux raisons
« de politique ? Pour faire céder celles-ci à ceux-là, tout le pou-
« voir de Mgr l'archevêque serait nécessaire ; mais voudrait-il le
« donner, l'employer, pour ne pas dire le commettre une seconde
« fois, au hasard de succomber ? »

II. — Le Bienheureux de la Salle le loge chez lui.

CES raisons étaient sensées, et faisaient toucher du doigt à
M. Niel, les inconvénients qui l'auraient suivi dans la maison où Madame de Maillefer l'avait adressé. Il se rendit : mais où aller ? que devenir ? C'était l'embarras dans lequel il allait se trouver. La charité compatissante du Bienheureux de la Salle ne lui donna pas le temps d'y entrer, ni de sentir les premières pointes de ces perplexités. Il lui fit offre de sa maison, et cette offre le mettait à couvert de tous les inconvénients. « Venez, ajouta-t-il, avec son
« air gracieux, venez loger chez moi ; comme ma maison est un
« hospice où viennent souvent des curés de la campagne et des
« ecclésiastiques de mes amis, elle est toute propre à vous loger,
« et à céler votre dessein au public. Sous les apparences de votre
« extérieur qui sent le prêtre de campagne, on croira que vous en
« êtes un. D'ailleurs en droit de loger dans ma maison qui je veux,
« je ne me soucie pas de ce qu'en peut penser le monde ; et le
« moindre de mes embarras, est de savoir ce qu'il en peut dire.
« Chez moi, en repos et inconnu, sans que personne se mette en
« peine de vous, vous pouvez passer huit jours. Ce temps four-
« nira matière à de plus grandes réflexions, et il suffira pour l'ar-
« rangement de vos desseins, aussi bien que pour concerter les
« mesures propres à le faire réussir. Vous pourrez partir ensuite
« pour Notre-Dame de Liesse, où votre piété vous appelle, et, au
« retour, tenter l'ouverture des écoles. »

L'offre était trop obligeante et trop opportune pour être rejetée. M. Niel, charmé de la charité et de la prudence du jeune chanoine, accepta avec reconnaissance sa proposition. Ni l'un ni l'autre ne savait ce qui devait arriver. Le Bienheureux de la Salle ne voyait pas qu'il commençait à travailler à son propre ouvrage, en aidant celui de M. Niel, et qu'en introduisant ce maître d'école dans sa maison, il en allait faire un séminaire pour ceux que Dieu lui destinait.

M. Niel, agréablement surpris d'avoir trouvé à son arrivée une retraite honorable, commode et si bien assortie à ses projets, un protecteur si zélé et si en état de lui rendre service, ne pensa plus qu'à en remercier Dieu, et à en informer Madame de Maillefer. Une si heureuse aventure était pour l'un et pour l'autre un présage favorable du succès de la tentative. La pieuse dame répondit à son envoyé, pour l'animer à l'entreprendre, et à ne rien négliger pour lui donner des commencements heureux. Le Bienheureux de la Salle n'avait pensé, en recevant M. Niel, qu'à offrir une hospitalité charitable à un maître d'école ; c'en était assez pour lui, mais ce n'en était pas assez pour Celui qui l'avait choisi pour en faire le patriarche d'un nouvel Institut. C'est pourquoi il le pressa, par de secrètes inspirations, de prendre à cœur les intérêts des Écoles chrétiennes et gratuites, et de n'omettre aucune des mesures nécessaires pour les faire réussir.

III. — Mesures que prend le Bienheureux de la Salle pour l'ouverture des écoles gratuites, en faveur des garçons.

PLEIN de ces pensées, le pieux chanoine consultait Dieu, et étudiait en sa présence la manière dont il fallait conduire une affaire si délicate. La crainte d'y faire des fautes l'ayant mis en défiance de ses propres lumières, lui inspira d'en chercher de plus sûres dans les avis des sages. Le premier auquel il s'en ouvrit, fut le R. P. Claude Bretagne, alors Prieur de l'abbaye Saint-Remi de Reims, et ensuite de celle de Saint-Germain, à Paris, avec lequel notre pieux chanoine était fort lié. Il ne se contenta pourtant pas de son avis. Afin de procéder avec plus de maturité, et de ne négliger aucune précaution, il voulut recueillir les conseils des ecclésiastiques les plus pieux de la ville, et les plus capables de prévoir les inconvénients qu'il fallait éviter, et de détourner les obstacles qui étaient à craindre : or, afin de les mettre en état de mieux délibérer, il les assembla avec le Père

Bretagne, et tint avec eux des conférences. Les moyens de conduire à un heureux succès le dessein projeté, furent discutés ; et, après un mûr examen, on convint que celui que le Bienheureux de la Salle proposait, était le plus sûr et le seul à prendre. «. Le « moyen, leur avait-il dit, le plus propre et peut-être l'unique, pour « donner à l'établissement des Écoles chrétiennes et gratuites « pour les garçons, un heureux commencement, c'est de les « mettre à l'abri des contradictions, sous la protection d'un curé « assez zélé pour s'en charger, assez discret pour n'en point trahir « le secret, et assez généreux pour en soutenir l'entreprise. Comme « il a le pouvoir de faire instruire ses paroissiens, et que son titre « de pasteur l'autorise à leur donner des maîtres capables de leur « enseigner la doctrine chrétienne, personne n'est en droit de « l'empêcher. » L'avis parut sage, et il fut applaudi. Le choix du curé protecteur de l'entreprise était une autre question plus difficile à décider ; car ce choix, mal fait, faisait échouer le dessein. Or il était aisé de s'y tromper : souvent on croit sage, discret, bien intentionné, tel homme qui, au fond, ne l'est pas. L'occasion montre souvent que ces qualités manquent aux gens à qui la renommée les prête sans qu'ils l'aient mérité.

La chose ayant été mise en délibération, le premier choix tomba sur les quatre curés qui avaient le plus de réputation ; mais auquel des quatre donner la préférence ? Autre doute plus embarrassant. Toutefois les lumières du Bienheureux de la Salle firent à l'instant pencher la balance en faveur du curé de Saint-Maurice, et déterminèrent les consulteurs à lui donner leur suffrage. « Le curé « de Saint-Symphorien, dit notre pieux chanoine, le premier des « quatre proposés, serait l'homme que nous cherchons, s'il était « bien avec les Supérieurs ; mais, par malheur, il n'en est pas « aimé : il ne faut donc plus penser à lui. Le second n'a pas assez « de tête. Le troisième, neveu et créature de M. l'Official, auquel « il doit tout ce qu'il est, lui est dévoué, et, à la première parole « de son bienfaiteur et de son oncle, il renverrait les maîtres « d'école : il n'est donc pas celui que nous devons choisir. » C'était pourtant celui-là qui attirait l'inclination du Père Bretagne, et celui qui aurait eu son suffrage, si l'avis du Bienheureux de la Salle eût pu souffrir contradiction. Le choix tomba donc sur M. Dorigny, curé de Saint-Maurice. Il était homme de tête, et il fallait en avoir pour parer les coups qu'on craignait de la part de M. l'Écolâtre, qui, en cette qualité, pouvait s'opposer, et qui s'opposa en effet, mais en vain, à l'ouverture de cette école. Tous ceux qui étaient consultés ayant souscrit à cet avis, il ne fut plus question que de savoir comment il fallait s'y prendre pour révéler ce mystère au curé de Saint-Maurice.

Comme, avant toutes choses, il fallait prendre avec lui des mesures, et concerter les moyens de réussir, le Bienheureux de la Salle fut chargé de cette mission, et il la remplit avec bénédiction. La grâce de l'œuvre, comme on le voit, se faisait déjà sentir en lui, et elle opérait puissamment sans qu'il s'en aperçût : car il fut le premier à prévoir toutes les difficultés, à détourner les obstacles, à prendre des mesures prudentes, et à choisir des moyens efficaces. La lumière divine lui découvrit les allures qu'il fallait donner à cette affaire, les ministres qu'il fallait employer, et celui entre les curés qui était propre à la commencer. Une seule mesure mal prise, une seule précaution omise, un seul pas trop précipité, l'eût fait avorter avant sa naissance. Notre pieux chanoine, chargé de conduire l'œuvre de Dieu, ne perd point de temps : il va voir M. Dorigny, il lui fait confidence, et du dessein, et du choix qu'on avait fait de lui pour commencer l'entreprise. Il ne pouvait pas mieux s'adresser. Le curé de Saint-Maurice était sans doute l'homme que Dieu avait choisi lui-même ; car il l'avait préparé à cette œuvre, en lui inspirant le projet de faire tenir dans sa paroisse une école gratuite par un ecclésiastique qu'il voulait engager à demeurer avec lui. Il fut donc agréablement surpris de l'offre obligeante que le Bienheureux de la Salle venait lui faire d'un établissement, dont il avait lui-même formé le dessein, et dont il tirerait tous les avantages sans en faire aucuns frais. « La seule condition qu'on vous demande pour ce « marché, ajouta le pieux chanoine, est de paraître l'auteur de « cette école, et de lui prêter votre nom. Presque tous vos parois-« siens sont pauvres, vous leur devez une instruction qu'ils ne « peuvent se procurer : vous la leur donnerez par la bouche de « M. Niel et de son petit compagnon, que nous vous présentons « pour faire l'office de maîtres d'école. Prenez-les pour vôtres, et « dans l'occasion, paraissez les avoir mis en œuvre pour l'ins-« truction de vos paroissiens. »

Une proposition si favorable fut reçue avec joie. Elle n'avait pas besoin d'examen du côté du curé, puisqu'il y trouvait tous ses intérêts. Pour en faciliter la prompte exécution, il s'offrit à loger les deux maîtres d'école. L'offre de M. Dorigny paraissait inspirée de Dieu ; car elle était toute propre au succès d'une entreprise qui dépendait de toutes les précautions imaginables. Les maîtres d'école étant sous le même toit, et même à la table du curé, il était naturel de les regarder comme ses ministres, et gens sous sa main, sans qu'il pût venir en pensée qu'ils n'étaient que prêtés, et qu'ils étaient à d'autres gages.

IV. — Ouverture des écoles gratuites pour les garçons, sur la paroisse de Saint-Maurice, à Reims, en 1679.

LE Bienheureux de la Salle ne manqua pas de saisir l'offre du curé de Saint-Maurice, et de le prier de se contenter de cent écus de pension annuelle, que Madame de Maillefer, qui n'était point nommée, devait fournir aux deux maîtres. Le marché conclu avec un contentement réciproque, les Écoles chrétiennes et gratuites furent commencées à Reims, cette année 1679. Tout avait été au gré du Bienheureux de la Salle. Il n'avait plus rien à faire, à ce qu'il pensait, qu'à remercier Dieu, et à se renfermer dans l'exercice des devoirs d'un bon prêtre et d'un bon chanoine ; mais il se trompait : une vie plus austère et plus laborieuse lui tombait en partage.

L'ouverture des écoles à Reims ayant donc réussi selon ses désirs, il crut que Dieu ne lui en demandait pas davantage, et il se retira. Cependant M. Niel venait de temps en temps lui rendre visite, pour profiter de ses lumières, et lui demander quelques services. Le charitable chanoine les lui rendait, et n'allait pas plus loin. L'un et l'autre se voyaient encore sans aucune vue sur l'avenir, et sans savoir l'usage que Dieu ferait d'eux pour ses desseins. Ces deux hommes étaient pourtant de caractère bien différent. Le Bienheureux de la Salle était calme et mesuré en toutes ses démarches. M. Niel était remuant et entreprenant. Ainsi son zèle actif était tout propre à mettre en exercice celui du Bienheureux de la Salle, plus sage et plus prudent. L'un devait servir à l'autre d'appât et d'amorce pour l'œuvre de Dieu. C'est de cette manière que la divine Providence sait, quand il lui plaît, si bien assortir les divers caractères des hommes, que, quoique opposés entre eux, ils sympathisent pour l'exécution de ses desseins. Cette main infiniment habile sait mettre en œuvre les instruments les moins propres, en apparence, à procurer le succès : jusqu'à ses ennemis même elle les fait concourir à ses fins, et arrive à son but à l'aide des entreprises dirigées contre ses œuvres. La Providence se plaît à travailler sur le néant, et à en tirer ses plus grands ouvrages. Tout sexe, tout âge, toute condition est à son service : tout homme, quel qu'il soit, infirme, ignorant, abandonné, est l'homme qu'il lui faut pour les plus étonnantes entreprises. Le choix des apôtres pour fondateurs de l'Église ; l'établissement de la foi dans toute la terre, par des hommes sans crédit, sans éloquence et sans pouvoir ; la naissance de tous les Ordres religieux, malgré toutes les oppositions de l'enfer ; les succès de toutes les plus grandes œuvres qui ont eu de si petits commencements, sont la preuve de cette vérité. Il ne faut donc pas s'étonner si M. Niel, sans y penser, a donné lieu à l'Institution des Frères des Écoles chrétiennes ; et si le Bienheureux de la Salle, sans le vouloir, s'en est trouvé le Père. Voici l'occasion que la divine Providence ménagea à cet effet.

Madame de Croyères (¹), veuve, sans enfants, et avec de grands biens, qui joignait à sa haute condition une grande piété, avait été inspirée de fonder sur la paroisse de Saint-Jacques une école pour les garçons. Le remuant M. Niel, averti du dessein de cette dame, si conforme au sien, ne manqua pas de saisir l'occasion qui se présentait pour établir une nouvelle école. Il va la voir (²), et d'un air insinuant applaudit à son pieux projet, lui fait confidence des siens, entre dans sa confiance, et la sollicite d'effectuer au plus tôt sa bonne volonté par une donation, ou par une fondation en bonne forme. Il lui fit ensuite le récit de ses entreprises à Rouen, pour l'établissement des Écoles chrétiennes et gratuites, et du succès qu'elles y avaient eu. Il ajouta que le même succès l'avait suivi à Reims ; et, afin de se donner plus de crédit, il se fit honneur de la connaissance du Bienheureux de la Salle, et le désigna comme le protecteur et le promoteur de cette dernière œuvre, en priant Madame de Croyères de se mettre en relation avec ce prêtre zélé et en lui inspirant un grand désir de le voir. Il s'offrit ensuite de se charger de la nouvelle école, si on voulait lui en abandonner la conduite, lui proposa le chanoine de la Salle comme un homme propre à exécuter ce pieux projet. La visite de M. Niel ne fut pas inutile, puisque, après avoir tiré de la bouche de la vertueuse dame l'aveu de son dessein, il lui fit concevoir un grand désir de parler au pieux chanoine.

M. Niel voyant que ses premières avances avaient si bien réussi auprès de cette dame, ne tarda pas d'en faire d'autres auprès du Bienheureux de la Salle : il le connaissait, et le passé lui répondait, pour l'avenir, des charitables dispositions de son bienfaiteur et protecteur : il ne douta pas que l'établissement d'une école gratuite sur la paroisse de Saint-Jacques, n'intéressât son zèle autant qu'avait fait l'établissement de celle de Saint-Maurice. Le

---

1. C'était Madame Lévêque, *dite de Croyères*. (Note de M. Louis de la Salle.)
2. Madame de Croyères était alors malade.

Livre I. — Chapitre VIII.

jeune chanoine, aussi circonspect que zélé, et attentif à prendre en tout l'ordre de Dieu, ne voulut ni se refuser, ni se livrer aux désirs de M. Niel. Timide en ces rencontres, il craignait de s'engager, et un fond de répugnance se joignait à cette crainte ; cependant comme il était ami de toutes les bonnes œuvres, il se crut obligé de se prêter encore à celle-ci, où il reconnaissait des traits trop marqués de la Providence divine, pour s'obstiner à les méconnaître. Il se rendit aux instances de la malade qui attendait sa visite avec une sainte impatience, et qui la reçut avec grande joie. Madame de Croyères, en ouvrant son cœur au Bienheureux de la Salle, lui déclara le dessein que Dieu lui avait inspiré de fonder une école sur sa paroisse, et elle le pria d'entreprendre cette bonne œuvre et de la commencer incessamment. Elle lui promit pour cet effet, à Pâques prochain, la somme de cinq cents livres pour deux maîtres ; et dans la suite, la somme de dix mille livres pour faire le fonds d'un revenu annuel de cinq cents livres, ou bien une terre de pareille valeur ; ou enfin tous les ans cinq cents livres, qu'elle obligerait ses héritiers de payer. L'effet suivit la promesse : les cinq cents livres furent mises entre les mains du Bienheureux de la Salle au temps de Pâques ; la mort de cette dame, qui survint six semaines après, n'empêcha pas l'entière exécution de ses desseins ; les dix mille livres sont restées entre les mains de l'exécuteur testamentaire, qui n'a point manqué de fournir tous les ans les cinq cents livres au Bienheureux de la Salle, tout le temps qu'il a demeuré à Reims, et, après son départ, au Supérieur des Frères. Les héritiers à qui Madame de Croyères avait déclaré ses intentions, se sont fait un devoir d'y satisfaire.

V. — Ouverture d'une autre école gratuite sur la paroisse de Saint-Jacques.

L'ÉCOLE sur la paroisse de Saint-Jacques s'ouvrit, par conséquent, sans aucun obstacle, dans la même année 1679, au mois de septembre. Ce fut M. Niel qui la commença lui-même, et qui eut soin, en même temps, de se pourvoir de maîtres pour l'école de Saint-Maurice. Le nombre des écoliers augmentant tous les jours dans l'école de la paroisse de Saint-Jacques, il fallut trois maîtres, qui demeuraient aussi chez le curé de Saint-Maurice ; mais celui-ci ne trouvant pas son compte à les nourrir au prix de cinquante écus, exigea deux cents livres par an pour chacun d'eux, leur entretien étant compté à part : le

Bienheureux de la Salle en resta chargé, aussi bien que du paiement de leur pension.

Le chanoine par là s'engageait insensiblement, et c'était sans y penser et sans le vouloir. Il ne prenait pourtant point d'autre part aux écoles établies que celle que la charité inspire pour tout ce qui porte le nom de bonnes œuvres. Ainsi, content du succès de celle-ci, il ne portait pas ses vues plus loin : il se reposait même du soin des maîtres sur M. Niel ; mais cet homme, quoique plein de piété, n'était pas propre à régler une communauté. Les mouvements qu'il se donnait, les entreprises dans lesquelles il entrait, les visites qu'il faisait, le jetaient trop au dehors, et ne lui permettaient pas de garder la maison, en y demeurant tranquille. A peine avait-il ouvert une école qu'il pensait à en établir une autre. Son zèle était de multiplier les établissements, sans s'attacher à leur donner leur perfection. Cette espèce de légèreté avait de grands inconvénients. Elle le tenait presque continuellement hors de la maison ; cette absence occasionnait le relâchement des maîtres, et troublait l'ordre des classes. Un autre inconvénient que M. Niel eût dû prévoir, c'est que chaque maître avait sa méthode d'enseigner, conforme à son génie et à son goût particulier. Or, ce défaut d'uniformité de conduite dans ces écoles naissantes, empêchait une partie du fruit qu'on en devait espérer. La lumière du Saint-Esprit découvrait déjà tous ces défauts au Bienheureux de la Salle, et lui inspirait le désir d'y porter remède. Dieu lui donnait grâce pour l'œuvre à laquelle il le destinait, et cette grâce s'augmentait tous les jours en lui et presque malgré lui ; car il ne prétendait nullement se charger des écoles, encore moins des maîtres : « Je m'étais figuré » dit-il dans un mémoire écrit de sa main pour apprendre aux Frères par quelles voies la divine Providence avait donné naissance à leur Institut, « je m'étais figuré que la conduite que je prenais « des écoles et des maîtres, serait seulement une conduite exté- « rieure, qui ne m'engageait à leur égard à rien autre chose qu'à « pourvoir à leur subsistance, et à avoir soin qu'ils s'acquittassent « de leur emploi avec piété et avec application. »

VI. — Le Bienheureux de la Salle prend le bonnet de docteur en théologie, en 1681. — Accident fâcheux qui lui arrive.

LE soin des écoles, qui n'était pour le Bienheureux de la Salle qu'un soin de surérogation et étranger à ses devoirs, lui laissait tout le temps de continuer ses études théologiques. Il avait pris le grade de licencié en théologie il y avait déjà quelque temps. Il avait ubi ses examens, soutenu ses thèses et passé par toutes les épreuves qui sont en usage dans la Faculté de Reims, comme dans celle de Paris ; mais il lui restait à prendre le bonnet de docteur, ce qu'il fit en 1681, âgé de trente ans.

Vers ce temps il lui arriva un accident qui pensa lui coûter la vie. Revenant de la campagne par un temps fort mauvais, il dut marcher sur une neige abondante qui couvrait la terre, dérobant aux yeux toutes les traces du chemin, en comblant les fossés. Il s'égara, et tombant dans un trou, qui était très profond, il eut tout le temps d'implorer le secours de Dieu ; car il n'en avait point à espérer des hommes. En vain les aurait-il appelés à son aide, le temps ne leur permettait pas de paraître : tout était désert aux alentours. Après avoir fait longtemps mais en vain les plus grands efforts pour sortir du fossé, il n'avait plus, ce semble, d'autre parti à prendre que de recommander à Dieu son âme et consentir à sa mort ; elle paraissait en effet prochaine et inévitable ; car plus il faisait d'efforts, plus ses forces s'épuisaient, et leur épuisement devait le laisser enseveli dans un tombeau de neige. Certainement le lever du soleil ne l'y aurait point trouvé en vie, s'il y avait passé la nuit. Fut-il secouru de Dieu d'une manière sensible ? C'est ce qu'on n'a point su et ce que son humilité ne lui permit jamais de dire. Pour le moins, la divine Providence, qui veillait à la conservation de sa vie, sans faire de miracle visible, sut le tirer de cette espèce d'abîme, en favorisant les nouveaux efforts qu'il fit pour en sortir. Il s'en retira donc enfin, mais à ses dépens, car une rupture, causée par les violents efforts qui lui avaient sauvé la vie, servit à l'avertir le reste de ses jours de se souvenir du péril extrême dont Dieu l'avait tiré, et des actions de grâces qu'il lui en devait. En effet, cet accident lui fournit matière à de profondes méditations sur la protection de Dieu à son égard, et un motif de plus pour le servir avec une nouvelle ferveur. Il en fut si touché qu'il n'en parlait jamais qu'avec de grands sentiments de reconnaissance.

CHAPITRE IX.

Malgré l'extrême répugnance que le Bienheureux de la Salle sent dans le fond de son âme pour vivre en commun avec les maîtres d'école dont il avait soin, l'amour du bien lui persuade de les rapprocher de lui, de les surveiller et ensuite de les introduire dans sa maison. — (1681.)

UNE œuvre ne porte jamais une marque plus visible d'œuvre de Dieu, que quand elle porte celle de la croix. Quand tout dans le monde s'arme pour la renverser ; quand tout l'enfer se soulève pour la détruire ; quand, ébranlée de toutes parts et toujours à deux doigts de sa ruine, elle ne tombe cependant pas ; ou si, quand elle tombe, elle se relève à l'instant, et tire de nouvelles forces de sa chute, c'est signe que la main du Très-Haut l'appuie et que c'est son ouvrage. Un homme de Dieu ne porte jamais des preuves plus sensibles de sa mission du ciel que quand il cache dans son cœur, comme le prophète Jérémie, un fonds d'antipathie pour des œuvres d'éclat ; que quand, à l'exemple de saint Jean-Baptiste, il ne s'y prête que par l'ordre de Dieu ; et que quand, pour les entreprendre, il faut qu'il agisse contre ses répugnances, et qu'il fasse le sacrifice de ses commodités et de sa réputation. A ces traits on reconnaît l'esquisse de l'histoire du Bienheureux de la Salle et de son Institut. Son œuvre, à sa naissance, n'entend gronder sur elle que le bruit des tonnerres et des tempêtes. Elle reçoit de tous côtés des secousses violentes et continuelles, et elle subsiste. Souvent, sur le penchant de sa ruine, elle ne tombe pas ; ou si elle paraît ensevelie un moment, le moment d'après la voit ressusciter de son tombeau. Le Bienheureux de la Salle en y mettant la main ignore ce qu'il fait ; en ne croyant que s'y prêter, il s'y engage ; tout en lui se révolte contre le dessein qu'il exécute à l'aveugle. Il ne s'y livre que quand il voit l'ordre de Dieu bien marqué, et cette obéissance lui coûte le dépouillement de ses biens, le renoncement aux commodités de la vie, et généralement la perte de tout ce qui flatte le cœur de l'homme.

Cependant le monde va se déchaîner en invectives et en calomnies contre son entreprise. Nulle de ses démarches dont il ne lui fasse un crime. Étudié, examiné, critiqué, rien en lui qui échappe à la langue maligne. Le public, après avoir donné à toutes ses actions une teinture ridicule, ne fera pas même grâce à ses intentions. C'est un ambitieux qui veut se faire un nom dans le monde; aux dépens de sa prébende canoniale, de son bien de patrimoine, des intérêts de sa famille, de l'honneur de ses parents, il veut acheter le titre de Fondateur. Paraître saint c'est une grande gloire, et c'est là ce qui le touche, c'est le fantôme après lequel il court avec un grand chapeau, avec des souliers plats et épais, avec un extérieur nouveau et singulier. Voilà ce que le monde va bientôt commencer à dire.

Sans attendre que le Bienheureux de la Salle donne dans la suite le démenti à ces discours malins, par les plus grands exemples de dépendance, d'humilité et de soumission par lesquels il a si souvent édifié les Frères des écoles devenus ses enfants, on en voit l'injustice dans ses dispositions présentes, et dans ses sacrifices, qui vont éclater. Ce qu'on nomme dans le monde le hasard, et dans le christianisme, la Providence, le lie avec M. Niel et avec ses compagnons. Il ignore où la main de Dieu le conduit lorsqu'elle le mène dans les Écoles. Il se trouve engagé à en prendre soin, il ne s'en aperçoit pas, et il le veut encore moins. Un engagement le fait entrer en un autre ; et lorsqu'il se trouve dans la voie où la divine Providence l'a conduit à l'aveugle, ses volontés divines lui sont déclarées par les Annanies qu'il consulte, et qu'il écoute comme les oracles du Saint-Esprit.

I. — Répugnance que ressent le Bienheureux de la Salle pour s'associer les Maîtres d'école, et la manière dont Dieu le dispose à le faire.

MAIS de peur qu'on ne pense que nous lui prêtons ces dispositions, écoutons-le lui-même parler. « Ç'a été (dit-il dans
« le mémoire allégué), par ces deux occasions, savoir : par la
« rencontre de M. Niel, et par la proposition que me fit cette
« dame (1), que j'ai commencé à prendre soin des écoles des gar-
« çons. Je n'y pensais nullement auparavant : ce n'est pas qu'on
« ne m'en eût proposé le dessein. Plusieurs des amis de M. Roland
« avaient tâché de me l'inspirer ; mais il n'avait pu entrer dans
« mon esprit ; et je n'avais jamais eu la pensée de l'exécuter : si
« même j'avais cru que le soin de pure charité que je prenais des
« maîtres d'école, eût dû jamais me faire un devoir de demeurer
« avec eux, je l'aurais abandonné ; car, comme naturellement je
« mettais au-dessus de mon valet ceux que j'étais obligé, dans les
« premiers temps, d'employer aux écoles, la seule pensée qu'il

---

1. Madame de Croyères.

« aurait fallu vivre avec eux, m'eût été insupportable. Je sentis,
« en effet, une grande peine dans le commencement que je les fis
« venir chez moi ; ce qui dura deux ans. Ce fut apparemment
« pour cette raison que Dieu, qui conduit toutes choses avec
« sagesse et avec douceur, et qui n'a point coutume de forcer
« l'inclination des hommes, voulant m'engager à prendre entière-
« ment le soin des écoles, le fit d'une manière fort imperceptible,
« et en beaucoup de temps ; de sorte qu'un engagement me con-
« duisit dans un autre, sans l'avoir prévu dans le commence-
« ment. »

C'était donc bien à tort qu'on l'accusait d'ambition, et qu'on le taxait de se ménager, dans un état abject, dans une vie pauvre et austère, des degrés d'élévation et des moyens de se faire honneur.

Cependant le zèle pour le progrès des écoles établies croissait dans le Bienheureux de la Salle avec le soin qu'il en prenait. La grâce de Supérieur qu'il avait déjà, sans le savoir, lui fournissait de grandes lumières pour les conduire ; et l'esprit de Dieu, en lui montrant de grands défauts dans les établissements déjà faits, lui enseignait les moyens de les corriger. On l'a dit, la source du mal venait de celui-là même qui était le promoteur de ce bien. M. Niel, propre à conduire des écoles, ne l'était pas à conduire les maîtres ; il n'était ni assez assidu à la maison, ni assez attentif à y observer un règlement, ni assez exact pour donner aux autres en sa personne, un exemple domestique, familier et parlant de la régularité nécessaire.

C'était là la première origine du mal ; le Bienheureux de la Salle ne pouvait le guérir à moins qu'il ne fût plus voisin des maîtres. Ce fut donc une nécessité ou de se rapprocher d'eux, ou de les rapprocher de lui. Il fallait les réunir sous un même toit et sous ses yeux, pour pourvoir à leur conduite, et établir parmi eux une manière de vie uniforme et régulière ; c'est ce qui lui inspira le dessein de leur louer une maison proche de la sienne, afin d'être à portée de les voir plus fréquemment, de faire apprêter chez lui leur nourriture à moins de frais et de les faire entrer dans un train de vie plus réglé. Tout cela fut fait. Les maîtres vinrent habiter la maison voisine de celle du Bienheureux de la Salle, à Noël de l'année 1679. Le pieux chanoine les engagea à vivre avec ordre, et les soumit à quelques règlements.

M. Niel qui n'avait pas les talents propres pour conduire une communauté, était cependant ami du bien ; il en voyait avec joie la pratique et la favorisait de ses exemples. Il souscrivit donc avec plaisir aux règlements nouveaux, et fut le premier à s'y ranger. Ses vues et celles du Bienheureux de la Salle, fort différentes dans leurs objets, s'accordaient cependant ensemble sur les moyens de les faire réussir. Le Bienheureux de la Salle voulait de l'ordre dans la maison des maîtres : M. Niel ne respirait qu'établissement de nouvelles écoles. Le premier, en approchant de sa maison celle des maîtres, éclairait leur conduite et se trouvait plus à portée de veiller sur eux. Le second, à demi déchargé d'une vigilance qui gênait son zèle, se trouvait plus en liberté de le suivre. Aussi n'y manqua-t-il pas; car, à peine la transmigration dans la nouvelle maison fut-elle faite, qu'il engagea le Bienheureux de la Salle à consentir d'y faire l'ouverture d'une troisième école, qui ne tarda pas à devenir plus réglée et plus nombreuse que les deux autres.

II. — Il commence à introduire de la règle parmi les maîtres d'école.

CES premiers essais de règle ne servirent qu'à faire sentir au pieux chanoine le grand besoin que les maîtres d'école en avaient, et combien ils en étaient encore éloignés. Leur règlement, en certains points, rendait plus sensible leur dérèglement dans tout le reste. L'heure du lever et du coucher, de l'oraison, de la sainte messe, des repas, était marquée : les maîtres s'y rangeaient; mais pour le reste ils avaient le champ libre; maîtres de leurs actions, comme de leurs personnes, en l'absence de M. Niel, ils ne prenaient ordre que de leur propre volonté : la dévotion, ou plutôt la fantaisie de chacun réglait les communions. Elle les conduisait aussi à la promenade tous les matins des dimanches et des fêtes, chacun selon son goût. Au dedans, comme au dehors de la maison, il n'y avait ni obéissance, ni silence, ni aucune conduite de communauté. La dévotion de M. Niel, qui aurait dû se faire de tous ces points les objets principaux de son zèle, était occupée ailleurs. Il se faisait un devoir principal d'être assidu à son école, de mener les dimanches ses écoliers à la grand'messe, de faire de nouvelles connaissances, et d'entretenir les anciennes dans le dessein de les rendre favorables à ses projets de nouveaux établissements. Ainsi M. Niel n'était presque jamais où il aurait dû être toujours, pour introduire par sa présence l'esprit de communauté, qui est un esprit d'ordre, de silence, de régularité et d'obéissance. Malgré les soins du vigilant chanoine, le désordre régnait encore dans la maison des maîtres d'école.

Le Bienheureux de la Salle le voyait et en gémissait ; mais quel remède y apporter ? M. Niel n'était pas d'humeur à faire vœu de stabilité dans un même lieu ; je ne sais même si elle lui était possible, tant il était remuant. Si le saint prêtre eût pu remplacer M. Niel, et suppléer à son absence, tout eût été mieux ; mais quelle apparence qu'un chanoine cessât de l'être, en cessant d'en faire l'office, pour faire celui de Supérieur des maîtres d'école ; et qu'un homme chargé de tant d'autres occupations, les quittât pour diriger six hommes !

Au reste, il avait du temps pour faire ses réflexions, car ayant loué la maison voisine de la sienne pour un an et demi, il avait le loisir d'aviser aux moyens d'établir dans la suite plus d'ordre et plus de règle parmi les maîtres. Cependant ni le temps ni les réflexions ne lui découvrant aucun remède efficace au mal, il restait dans l'indétermination. Il ne voyait que deux partis à prendre : ou de loger les maîtres dans sa maison, ou de continuer le bail qu'il avait passé pour celle qui lui était voisine. De ces deux partis il ne savait lequel choisir, et cette incertitude le livrait à une grande perplexité ; laisser ces maîtres vivre au gré de leur volonté, sans ordre, sans conduite, et, par conséquent, sans une vraie piété, c'est ce qu'il ne pouvait souffrir ; il en aurait plutôt abandonné le soin. Homme de règle lui-même, il la portait partout où il était ; comme il ne pouvait vivre sans elle, il ne pouvait permettre à ceux dont il prenait soin, de ne pas faire présider la régularité à leur conduite. Appeler ces maîtres dans sa maison, les loger avec lui sous le même toit, les associer à sa compagnie, et donner commencement à une vie commune avec eux, c'était un projet qui souffrait des difficultés considérables, pour lequel la nature alarmée sentait en lui de grandes répugnances, contre lequel toute sa raison humaine et ses goûts naturels se révoltaient, contre lequel aussi, s'il l'entreprenait, il ne doutait pas de voir se soulever le Chapitre, ses parents et ses amis.

Plus il y pensait, moins il pouvait se déterminer ; ce fut donc une nécessité de chercher la décision de ses doutes à l'aide des avis de quelque personne habile dans les voies de Dieu. Docile, humble, toujours en garde contre son propre sens, il aimait à agir par les impressions d'autrui. Mais qui consulter sur un cas si délicat ? Y avait-il à Reims un homme assez éclairé, ou assez courageux pour lui conseiller le plus parfait, aux dépens de sa propre réputation, et aux risques de recevoir mille reproches de la part d'une famille irritée et d'une ville entière en murmure ?

III. — Il consulte le R. P. Barré, minime, dans le doute qu'il a s'il doit vivre avec les maîtres d'école.

LE P. Barré était l'homme du monde qui paraissait le plus propre en cette occasion, pour donner au Bienheureux de la Salle un conseil conforme aux desseins de Dieu. Puissant en paroles et en œuvres, savant dans les voies intérieures, au fait des Écoles chrétiennes plus que personne, au-dessus de toute vue et de toute crainte humaines, il n'envisageait que la plus grande gloire de Dieu, et il inspirait, avec une noble liberté, à ceux qui voulaient l'écouter, de la chercher aux dépens de l'amour-propre. Ce fut ce saint prêtre que notre chanoine fut inspiré de consulter ; comme le P. Barré était en France le premier auteur et le premier Instituteur des Écoles chrétiennes et gratuites, il avait de grandes lumières sur cet article. D'ailleurs il connaissait M. Niel, et personne n'était plus au fait pour répondre sur son sujet ; or, persuadé qu'aussi longtemps qu'un homme du caractère du sieur Niel aurait la conduite des maîtres, il ne fallait pas s'attendre à voir parmi eux l'ordre, la règle et l'esprit de communauté, il n'hésita point de conseiller au Bienheureux de la Salle de les loger chez lui.

Le conseil était sage, nécessaire, et même inspiré d'en haut ; mais il était plus aisé à donner qu'à exécuter. Pour le mettre en pratique, le Bienheureux de la Salle devait s'attendre à essuyer des difficultés qui eussent été insurmontables à un autre moins courageux que lui. Il les pénétrait dans toute leur étendue ; et cette lumière combattue par une autre, qui lui montrait la nécessité du conseil donné, suspendait sa détermination et le rendait lent à le suivre.

IV. — Difficulté de ce dessein.

D'UN côté, le bien spirituel des maîtres, le fruit des écoles qu'ils conduisaient, l'affection pour l'ordre et pour la régularité, étaient des motifs puissants qui ébranlaient son âme, et qui ne lui permettaient pas de se refuser à une si bonne œuvre ; de l'autre côté, la peur de lier société avec des gens illettrés, l'horreur de mener la vie commune avec des hommes pour la plupart sans éducation, sans conversation, sans civilité, et incapables de concourir à un entretien agréable, mettait son cœur à la torture, et l'avertissait de ne pas précipiter sa résolution.

Cette horreur secrète de la nature se trouvait appuyée de raisons humaines, capables de faire grande impression sur un homme de famille, bon frère et bon parent. Il avait avec lui trois frères, dont le bien, l'éducation et la conduite étaient confiés à ses soins ; les éloigner de sa maison pour leur substituer des maîtres d'école, cela paraissait impossible ; les joindre ensemble en société et dans une vie commune, la raison humaine s'y opposait. Il fallait cependant prendre un de ces deux partis ; mais l'un comme l'autre ne pouvait être du goût de personne, et il y avait là, pour la suite, une semence de peines et de croix de la part d'une famille qui, choquée et irritée d'un mélange de conditions si peu sortables, ne manquerait pas de s'en faire un déshonneur, et d'en faire un crime au Bienheureux de la Salle.

Le démon, partisan de la nature, fortifiait ses cris. Quoi ! lui faisait-il dire, pouvez-vous vous résoudre à loger avec vous ces paysans, et vivre avec des gens de si basse condition ? Qu'en dira le monde ? Qu'en pensera votre famille ? Qu'en jugeront vos amis même les plus pieux ? Consultez-les au moins avant que de tenter une pareille démarche, et prenez leur avis, de peur que vous n'ayez sujet, après l'avoir faite témérairement, de vous en repentir. Si vous ne les écoutez pas, écoutez au moins votre faiblesse, ayez pitié de vous, et ne vous chargez pas d'un joug trop dur et trop accablant pour votre délicatesse. Tel était le langage de la nature, que le démon savait faire valoir, et qui était soutenu par les objections de la raison humaine. Enfin, avant toutes choses, il fallait faire agréer aux trois frères ce projet, qui, naturellement, ne devait pas leur plaire ; par conséquent, pour le conduire avec sagesse et précaution, il était nécessaire de temporiser et de ménager les occasions de mettre la main à l'œuvre. Toutes ces raisons tenaient l'esprit du prudent chanoine en suspens, et l'empêchaient de former une dernière résolution. Plusieurs mois s'écoulèrent dans cette incertitude : le temps ne l'en tirait point, et cependant le mal augmentait toujours. Indécis, indéterminé, il attendait les moments de Dieu, il attendait une de ces ouvertures de la Providence, qui, faisant éclore et mûrir les desseins, tirent d'embarras et mènent, sans qu'on y pense, où l'on doit aller.

La divine Providence, en effet, se déclara ; et en manifestant sa volonté, elle força en quelque manière le Bienheureux de la Salle à se déclarer lui-même, et à se déterminer. Voici comment. Le maire et les échevins de la ville de Guise, ayant entendu parler du succès qu'avaient eu à Reims les écoles gratuites, vinrent solliciter M. Niel d'en établir une dans leur ville. Cette proposition, si conforme à l'inclination de M. Niel, était une espèce de tentation, qui, revêtue dans son imagination des marques de la volonté

Livre I. — Chapitre IX.

de Dieu, ne tarda pas à entraîner la sienne ; de sorte qu'en succombant pieusement à la tentation, il se persuadait qu'il ne faisait que suivre l'ordre de Dieu. Toutes les circonstances cependant du temps et du lieu auraient dû lui ouvrir les yeux, et lui faire voir que, dans l'exécution d'un dessein prématuré, il entrait plus de mouvements de la nature que d'inspiration de la grâce, plus d'inclination humaine que de désir réel de faire la volonté de Dieu.

Le Bienheureux de la Salle voulut en vain lui dévoiler l'imprudence de son entreprise, en lui montrant que la Semaine Sainte n'était pas le temps de faire un voyage à Guise, encore moins de se donner les mouvements nécessaires pour l'ouverture d'une école ; que son absence, en laissant cinq ou six maîtres à leur discrétion, les exposait au relâchement ; et que ni eux ni lui ne passeraient point le plus saint temps de l'année avec le recueillement, la piété et l'édification qu'il demande ; que la proposition qu'on lui avait faite n'avait encore rien de solide, et qu'il en verrait échouer le succès s'il ne la laissait pas mûrir (ce qui, en effet, arriva) ; enfin qu'il était inutile de bâtir d'une main et d'abattre de l'autre ; et que s'il voulait y faire réflexion, il reconnaîtrait qu'en établissant une école à Guise, il détruirait celles de Reims, où il n'avait personne pour soutenir ce qu'il avait commencé. La raison parlait elle-même par la bouche du Bienheureux de la Salle ; mais M. Niel ne l'écoutait pas. Le prudent chanoine parlait à un homme prévenu de ses idées, qui ne voyait que la volonté de Dieu, là où le portait la sienne : aussi parla-t-il sans le persuader. M. Niel partit, et son départ obligea le Bienheureux de la Salle à prendre la résolution de faire venir manger chez lui les maîtres d'école.

C'est ainsi que Dieu sait faire concourir tous les événements à l'exécution de ses desseins. Le Bienheureux de la Salle demeurait irrésolu et incertain sur le parti qu'il devait prendre au sujet des maîtres : l'absence de M. Niel, qui les laissait à la merci de leur volonté, et qui abandonnait son œuvre à demi commencée, aurait dû, ce semble, en dégoûter le Bienheureux de la Salle ; et ce fut, au contraire, ce qui commença à l'y lier plus étroitement. L'absence de M. Niel paraissait funeste aux écoles nouvelles, selon les règles de la prudence humaine ; mais, selon celles de la Providence, cet éloignement était nécessaire et salutaire, parce qu'il rapprochait le Bienheureux de la Salle, et qu'il substituait celui-ci, destiné pour être l'Instituteur des Frères des Écoles chrétiennes, à un homme qui n'avait pas les qualités nécessaires pour ce dessein.

CHAPITRE X.

Commencement de vie commune entre le Bienheureux de la Salle et les maîtres d'école ; cris du monde ; murmures et révolte de sa famille contre ce nouveau genre de vie. — (1681.)

ENFIN voilà le Bienheureux de la Salle résolu à vivre avec les maîtres d'école. Comment a-t-il pu se résoudre à commencer avec eux une vie pour laquelle il éprouvait de si grandes répugnances ? Aurait-il pu croire lui-même, il y a deux ans, qu'il en viendrait là ? Au reste, il n'a encore fait qu'un pas en leur compagnie, et son dessein n'est pas d'en faire davantage ; mais cette première avance va le conduire à bien d'autres, et il l'ignore encore ; il reculerait peut-être, s'il prévoyait jusqu'où il doit aller. La Providence divine le mène comme un aveugle par la main ; et il sera bien surpris quand il se verra un jour au milieu de gens qu'il redoute, et avec lesquels cependant il va lier une société qui ne finira qu'avec ses jours.

I. — Il se résout enfin à vivre avec eux, et il commence par les faire manger chez lui.

D'ABORD le Bienheureux de la Salle ne transféra pas les maîtres dans sa maison ; il se contenta de les y appeler pour manger et pour régler leurs actions. Au sortir de l'oraison, ils allaient à la sainte messe à six heures, et après l'avoir entendue, ils revenaient dans sa maison voisine de la leur, y demeuraient jusqu'au temps de la prière du soir ; et lorsqu'elle était faite, ils s'en retournaient chez eux se coucher. La règle était déjà établie dans la maison du chanoine. On y lisait à table, et on y priait à heures réglées ; ainsi le séjour des maîtres n'obligea pas d'y faire grand changement ; seulement on commença à y manger en réfectoire et par portion, et à prescrire à chaque action son temps précis. Le Bienheureux de la Salle profitant de l'absence de M. Niel qui dura huit jours, étudia les maîtres ; et quand il les eut sous ses yeux, il ne tarda pas à reconnaître parmi eux beaucoup de petits désordres occasionnés par l'inapplication du supérieur à veiller sur eux.

Le chanoine attentif à tout ce qui se passait, reconnut bientôt qu'un homme à qui sa maison était étrangère, et qu'on y voyait moins qu'ailleurs, tant à cause de ses visites fréquentes, que parce qu'il sortait de grand matin pour aller à son école, d'où il revenait fort tard, n'était pas propre à maintenir l'ordre dans une maison, ni l'esprit de stabilité parmi les sujets. Cependant les maîtres se rangeaient facilement à la règle, et paraissaient s'y porter de cœur. Plusieurs montraient de la piété et faisaient espérer au nouveau Supérieur qu'ils y feraient de grands progrès. Ils semblaient être devenus des hommes nouveaux depuis qu'ils vivaient avec ordre, et que l'obéissance, en réglant leurs actions, réglait leurs volontés.

Ces premières apparences de changement confirmèrent le chanoine dans le dessein de veiller lui-même sur eux, et de les obliger à continuer de venir chez lui, pour y mener une vie régulière. Mais comme il était sage, il allait lentement pour mieux assurer tous ses pas dans un sentier si glissant. Dans cette situation il avait à étudier, et les dispositions des maîtres par rapport à leur nouvelle manière de vie, et celles de ses propres frères par rapport à ces nouveaux venus, et celles du public et de ses parents, par rapport à cette nouvele société.

Quoiqu'il ne prétendît point recevoir la loi de sa famille, il était bien aise de ne la point irriter, et il faisait son possible pour la ménager. Quoiqu'il se mît au-dessus des discours du monde, il évitait cependant, autant qu'il pouvait, de lui donner sujet de critique ; quoique ses frères ne fussent pas les maîtres dans sa propre maison, il ne voulait pas les chagriner, et il aurait été ravi de les voir entrer dans ses desseins. Pour ce qui est des maîtres, inutilement les aurait-il enchaînés par les liens d'une règle et de l'obéissance, si leur cœur n'y eût consenti. La vertu est l'ouvrage de la grâce et de la volonté humaine ; si celle-ci n'est gagnée et ne se donne à Dieu, tout le dehors n'est que feinte et hypocrisie.

Voilà toutes les considérations que le zélé chanoine devait peser comme il le faisait. C'est pourquoi il allait doucement et il ne précipitait rien. Il croyait devoir ménager tous les esprits, et les disposer à ce qu'il voulait entreprendre. Comme il n'avait point trouvé d'oppositions à ses premières tentatives, il prit le parti de s'y tenir, sans en risquer d'autres, en faisant continuer aux maîtres, après le retour de M. Niel, le train de vie qu'ils avaient commencé depuis son départ. Ils n'avaient pas encore eu le temps de s'ennuyer. Une ferveur de huit jours est assez ordinaire. Devait-elle continuer ? La seule expérience devait l'apprendre. C'était pour faire cet examen que le Bienheureux de la Salle se donnait du temps. Si les maîtres, dégoûtés d'une vie si régulière, en eussent témoigné de la répugnance, le Bienheureux de la Salle n'avait point à reculer dans ses démarches : en continuant le bail de la maison qu'il leur avait louée et qui allait expirer, ou en passant bail pour une autre maison voisine qui était vacante, il les eût rendus à M. Niel, et les eût abandonnés à eux-mêmes. Les maîtres continuèrent donc, depuis Pâques jusqu'à la Saint-Jean, dans la maison du Bienheureux de la Salle, la règle de vie qu'ils avaient commencée.

II. — **En 1681, le Bienheureux de la Salle loge enfin les maîtres d'école dans sa maison. Murmures du monde et de sa famille à ce sujet.**

PENDANT ce temps, le chanoine, qui les avait fort étudiés, voyant d'un côté qu'ils prenaient goût à ce nouveau genre de vie ; voyant de l'autre côté que l'instabilité de M. Niel, toujours disposé à lever le pied, ne permettait pas de faire fond sur lui, se détermina enfin à les loger dans sa maison. C'est ce qui fut fait le jour de saint Jean-Baptiste, son patron, l'an 1681. M. Niel, ami du bien, et qui se voyait par là plus libre de le faire à sa fantaisie, les accompagna aussi.

C'était là le coup décisif. Il ne pouvait se faire sans causer grand bruit et grand fracas dans la ville, ni sans exciter, du côté de la famille du chanoine, de grands murmures et de grands cris. Le Bienheureux de la Salle y était préparé. Il s'attendait bien que le monde, qui jusque-là était demeuré en suspens, n'allait pas manquer de censurer sa conduite, et que ses parents, attentifs sur ses démarches et choqués de cette dernière, ne garderaient plus de mesures. Ils n'en gardèrent plus en effet. Le monde dit, dans cette occasion, tout ce qu'il sait dire contre les bonnes œuvres, et contre ceux qui les entreprennent : chacun faisait sur celle-ci et sur son auteur les raisonnements, les railleries et les plaisanteries que sa fausse sagesse, la tournure de son esprit, ou sa malignité naturelle lui suggérait. Le chanoine se trouvait cité, pour répondre de sa conduite, à autant de tribunaux divers qu'il y avait de familles dans la ville. Chacun faisait information sur son compte et s'érigeait en juge ; et comme « autant de têtes, autant de sentiments différents », les jugements divers qu'on portait contre la démarche du chanoine ne s'accordaient que pour le condamner. Les uns le critiquaient sur la sorte de gens avec laquelle il s'alliait, les autres sur l'espèce d'emploi qu'il allait se

Livre I. — Chapitre X.

donner ; plusieurs disaient que la tête lui tournait, et que trop de dévotion lui renversait l'esprit. Parmi ses amis, les uns lui reprochaient la bizarrerie de sa démarche, les autres lui portaient compassion, et le plaignaient par des sentiments trop humains : peu l'approuvaient ; les plus modérés se contentaient d'admirer son zèle, sans oser le juger. Pour ce qui est de ses parents, les plus sages, ou ceux qui lui étaient les plus affectionnés, n'osèrent lui faire de reproches, et exprimèrent par le silence leur mécontentement. D'autres, plus vifs, déchargèrent leur chagrin par des invectives piquantes. Ils lui reprochèrent qu'il imprimait une tache sur sa famille, qu'il flétrissait son honneur en s'associant des gens de rien ; qu'il méconnaissait son propre sang, et qu'il l'avilissait en admettant des étrangers à sa table ; qu'il était encore plus ridicule de ne mettre entre eux et ses propres frères aucune distinction, et d'assujettir les uns comme les autres à un genre de vie si extraordinaire, qui d'ailleurs ne leur convenait pas ; enfin qu'il éloignait de chez lui tous les honnêtes gens, et qu'il n'y avait plus d'honneur à le fréquenter.

Un homme qui s'était préparé à tous ces traits et qui les attendait, ne mit en usage, pour s'en défendre, que le silence et la patience. Il laissait tout dire et tout tomber, et il n'en allait pas moins son train. Longtemps indécis et incertain, il avait appris dans de sérieuses réflexions ce que la résolution qu'on lui avait inspirée lui coûterait : mais dès qu'il l'eut prise, il demeura inébranlable. On peut même dire que la peine de former sa résolution, fut la plus grande qu'il eut à souffrir à ce sujet ; car tous les sacrifices qu'elle devait lui imposer, prévus et acceptés d'avance, lui avaient obtenu une abondante grâce pour tout souffrir en paix et avec joie.

Lorsqu'on vit le Bienheureux de la Salle immobile comme un rocher au milieu des flots et des orages, que suscitent les langues malignes, on le laissa faire ; et, en l'abandonnant à lui-même, on le regarda comme un homme entêté et attaché à son sens, dont il n'y avait plus rien à attendre que des démarches nouvelles d'un zèle outré plus criantes que les premières. On ne pensa plus qu'à lui ôter ses frères ; et si on avait pu, on l'aurait lui-même mis en tutelle, loin de lui laisser celle dont il était chargé.

III. — Les parents irrités font sortir de chez lui deux de ses frères.

CES trois jeunes gens qu'il élevait dans sa maison et qu'il formait sous ses yeux, mangeaient avec les maîtres dans le même réfectoire ; et l'aîné des trois, fort attaché au Bienheureux de la Salle et porté à la piété, suivait volontiers et de lui-même, les mêmes règles, autant que ses études le pouvaient permettre : or c'est ce que la famille ne voyait qu'avec chagrin et qu'avec dépit ; c'est pourquoi elle résolut de tirer de sa maison ses trois frères ; mais en vain elle fit ses efforts pour détacher du Bienheureux de la Salle l'aîné des trois ; son affection pour lui et sa piété ne purent être vaincues. Il n'en fut pas de même de celui qui le suivait. Il écouta ce que la passion d'un beau-frère lui disait ; il entra dans ses préventions, et il conçut insensiblement de l'aversion pour son tuteur et pour son bienfaiteur. Le jeune homme dégoûté ne tarda pas à suivre le conseil qu'on lui donnait de quitter la maison de son frère le chanoine, pour aller dans celle de son beau-frère. La sortie de celui-ci achemina celle du cadet. D'abord les parents prièrent le Bienheureux de la Salle d'y consentir ; et ensuite, sur son refus, ils s'assemblèrent et conclurent de le mettre à Senlis chez les chanoines réguliers. C'est ce qu'ils firent pour mortifier notre chanoine par l'endroit qui lui était le plus sensible, puisqu'il paraissait faire si peu d'attention à l'honneur et aux remontrances de sa famille.

Au reste, Dieu présidait à ces événements et les dirigeait pour l'entière exécution de ses desseins. Les parents ne pensaient qu'à mortifier le Bienheureux de la Salle, ou à faire donner, à leur avis, une meilleure éducation à ses frères ; mais Dieu qui en vidait la maison, pensait à mettre son serviteur dans une pleine liberté de suivre ses saintes inspirations, et de donner commencement à la manière de vie qui devait être établie parmi les Frères. Il vit d'abord dans tout ceci l'occasion qu'il désirait pour quitter sa propre maison et se retirer avec les maîtres, comme locataire, dans une autre maison assez éloignée de la cathédrale. Dieu, sans doute, la lui destinait pour être le berceau de son Institut, car il y prit naissance, et elle devint la propriété des Frères, par l'achat qui en fut fait par le Bienheureux de la Salle, en 1700. Trois personnes charitables fournirent par leurs libéralités la somme nécessaire pour l'acquisition de cette maison, dans laquelle les Frères ont encore aujourd'hui leur habitation à Reims. Ce fut dans ce berceau de l'Institut, que celui qui en fut le Père conçut la généreuse résolution de se dépouiller de son canonicat, ce qu'il fit en 1683, comme on va bientôt le voir.

Là, le Bienheureux de la Salle se voyant parfaitement libre, ne s'appliqua plus qu'à régler son petit troupeau, et à lui donner la forme de communauté. Il en était le Supérieur-né ; mais il n'en était pas encore le confesseur. Il s'agissait donc d'en choisir un bon. Cet article était de conséquence ; car sans l'aide d'un bon confesseur propre à cimenter dans l'intérieur ce que le Supérieur allait élever à l'extérieur, il n'y avait point de succès à attendre. Quand, dans une communauté, le confesseur se trouve en contradiction de maximes et de sentiments avec un bon Supérieur, il détruit, tandis que l'autre bâtit ; il jette la zizanie dans la terre où le bon grain a été semé. La multiplicité des confesseurs est un autre inconvénient à craindre dans les communautés, parce qu'elle insinue diversité de sentiments, et que le partage des esprits est suivi du partage des cœurs. L'unité étant l'âme de l'union, un des grands moyens d'introduire l'union dans les sociétés régulières, est d'y introduire l'unité de confesseur, à l'exception des extraordinaires que l'Église prescrit quelquefois dans l'année.

IV. — Il engage les maîtres d'école à aller tous à un même confesseur, et enfin ils le prennent lui-même pour confesseur.

SUR ce grand principe, le Bienheureux de la Salle tâcha d'inspirer aux maîtres d'école d'aller tous à un même confesseur. Ils le firent, et ils choisirent le curé de la paroisse la plus voisine. Il était très homme de bien et capable ; mais il n'avait pas l'esprit de communauté. Quelques-uns s'en dégoûtèrent. Un second le remplaça, mais il fallait aller le chercher loin, et prendre place parmi des femmes à son tribunal. Il fallait, pour avoir son rang, attendre quelquefois si longtemps, qu'on ne pouvait être de retour à la maison que sur les huit et neuf heures du soir. Ces inconvénients étaient grands et méritaient attention. Ils eussent tous cessé si le Bienheureux de la Salle eût bien voulu confesser ses disciples. Plusieurs l'en priaient et lui faisaient de grandes instances pour l'obliger à y consentir. Armés des raisons qui viennent d'être déduites, ils combattaient sa répugnance, et ils y ajoutaient, pour la vaincre, de grands témoignages d'estime et de confiance. En effet, pleins de respect pour le vertueux chanoine qui les conduisait, ils ne voulaient point séparer en lui la qualité de Supérieur de celle de confesseur ; mais ce Supérieur humble et prudent craignait d'autres inconvénients et avait peine à se rendre à leur volonté ; il aimait mieux retarder une démarche, que de la précipiter. Sur ce principe, il résista longtemps aux sollicitations des plus empressées ; mais ils l'obligèrent, par leur persévérance, de s'y rendre enfin. Leurs raisons étaient fortes, et il en était frappé. Plus l'esprit de régularité s'insinuait parmi eux, plus ils sentaient le besoin d'être sous la conduite de leur Père. Le Bienheureux de la Salle acquiesça donc à leur pieux désir ; et l'exemple de ceux qui, les premiers, lui avaient livré le soin de leurs âmes, devenu efficace sur les autres, les engagea à avoir une pareille confiance en leur Supérieur. Depuis ce temps, les Frères n'ont point voulu d'autre confesseur que leur saint Instituteur. En effet, ils auraient été bien difficiles à contenter, si un homme si doux, si humble, si charitable et si éclairé dans les voies de Dieu, n'eût pas été de leur goût.

Cette unique direction faisait merveille parmi eux, car tous, prenant l'esprit de leur Père, n'avaient que les mêmes maximes, les mêmes vues et les mêmes sentiments ; en un mot, ils n'avaient tous qu'un cœur et qu'une âme.

Cependant l'humble chanoine, toujours en garde contre lui-même, voulut consulter sur ce point des personnes sages, et il pria les confesseurs extraordinaires de lui dire s'ils ne trouvaient point d'inconvénient que la qualité de confesseur fût réunie en lui à celle du Supérieur ; mais personne ne lui conseilla de les séparer. Tous, au contraire, l'exhortèrent à ne point diviser en sa personne ces deux offices, qui naturellement doivent être unis.

Le Bienheureux de la Salle placé enfin par la main de la divine Providence à la tête des maîtres d'école, devenu doublement leur Père par la qualité de Supérieur jointe à celle de confesseur, s'appliqua tout entier à leur sanctification. Il vivait parmi eux comme l'un d'eux, en leur faisant oublier ce qu'il était, tant il paraissait l'oublier lui-même. Affable, gracieux, bon, compatissant, charitable, il gagnait leurs cœurs, et il s'en faisait donner la clef pour en ouvrir la porte à JÉSUS-CHRIST par une charité semblable à celle de saint Paul, en se faisant tout à tous, et en s'attachant à perdre parmi des hommes d'humble condition, ces manières distinguées, cet air de grand ton que la nature et une noble éducation lui avaient donnés. Je dirais presque qu'il affecta, par charité, de devenir simple avec des gens simples. Tout se soutenait en lui, paroles et actions. S'il donnait sur la vertu de belles leçons, il en donnait en même temps les plus grands exemples. Comme la bouche parle de l'abondance du cœur, les premières vertus dont il tâcha de jeter les semences dans leurs âmes, furent celles qu'il possédait lui-même déjà dans un haut degré : la modestie, l'humilité, l'esprit intérieur, la mortification, la régularité, la docilité, la charité, l'oubli des injures, la pauvreté, l'amour de l'abjection et de la patience ; vertus qui devaient être le fondement de l'édifice spirituel qu'il allait élever, l'âme et l'esprit de l'Institut des Frères des Écoles chrétiennes.

Comme il en voulait faire des hommes solides en vertu et en piété, il s'étudiait uniquement à les amener à Dieu par la volonté, à les lui attacher par les liens du cœur, et à en faire des chrétiens intérieurs. Dans ce dessein, si conforme à son humilité, il ne voulait rien introduire par autorité. En se contentant de leur inspirer son esprit, il leur laissait la satisfaction flatteuse d'être eux-mêmes les auteurs de leur manière de vie et de leurs pratiques, et de devenir leurs propres législateurs. Pour les attirer dans le chemin où il voulait les voir marcher, il ne se réservait que la voie des exhortations et des exemples. Il commençait le premier à faire ce qu'il enseignait, et la honte de ne pas l'imiter obligeait les moins fervents à se conformer à leur modèle.

V. — Il fait maison neuve, et les premiers sujets qui se retirent d'eux-mêmes sont remplacés par des meilleurs.

IL ne fut toutefois pas longtemps à s'apercevoir que plusieurs commençaient déjà à manquer de courage dans les sentiers de la vertu, et que la perfection n'est pas pour tous. Une vie si régulière parut gênante à ceux qui en avaient mené une plus libre sous les auspices de M. Niel, dans la maison voisine. La nouveauté, qui a toujours d'abord quelque attrait, leur en avait donné quelque goût les premiers mois, comme nous l'avons dit ; mais la continuation leur en parut ennuyeuse et au-dessus de leur faible vertu. Le joug d'une vie de retraite, de silence, d'obéissance, de règle, commençait à leur peser, et à accabler sous son poids des volontés faibles, trop peu affermies dans le bien. Faire toujours et jusqu'à la mort, ce qu'ils commençaient à faire avec peine, leur parut insupportable. Ils voyaient bien qu'il n'y avait point à attendre de relâchement de la part d'un homme tel qu'était le Bienheureux de la Salle, et qu'au contraire sa ferveur, prenant chaque jour de nouveaux accroissements, leur ferait une loi de marcher sur ses traces, ou un reproche honteux de ne le pas imiter. Ils aimèrent donc mieux prendre le parti de se retirer. Ce ne fut pas sans peine. Dans ces occasions la conscience dispute avec l'attrait de la liberté et d'une vie plus commode ; mais enfin ils se retirèrent. Le Bienheureux de la Salle fut obligé d'en renvoyer quelques autres qui avaient de la piété, mais qui manquaient de talents, et qu'on n'avait reçus que par nécessité. De sorte qu'il fallut presque faire maison neuve en moins de six mois ; car, de tous les anciens sujets, il n'en resta qu'un ou deux. Ainsi le nouvel Institut parut trouver dans son berceau son sépulcre, et joindre sa ruine à son origine ; mais celui qui rappelle du tombeau et qui rend la vie aux morts, ressuscita presque au même moment cette famille mourante, par une recrue de nouveaux sujets qui avaient du talent pour les écoles, un fonds de piété, et de grandes dispositions pour être de vrais disciples du Bienheureux de la Salle.

Ce fut donc alors, c'est-à-dire, vers la fin de l'année 1681 et au commencement de la suivante 1682, que la maison des maîtres d'école commença à prendre une véritable forme de communauté. Le bon M. Niel, qui y demeura jusqu'à la fête de Noël 1681, était agréablement surpris des changements qui se faisaient à ses yeux, charmé du bon ordre qui s'établissait parmi les maîtres, édifié de leur nouvelle manière de vie si régulière et si recueillie. Il aimait le bien et il était ravi de le voir germer dans l'œuvre dont il avait jeté les premiers fondements. Il aurait dû, ce semble, s'y fixer lui-même et y prendre racine ; mais semblable aux oiseaux de passage qui veulent visiter tous les lieux de la terre sans s'arrêter à aucun, M. Niel, ennemi de la stabilité, ne put renoncer à son penchant qui l'appelait partout, et qui l'eût fait volontiers voler en autant de terres pour y établir des écoles, que saint Paul en a parcouru pour y fonder des églises.

Tout étant devenu nouveau dans l'établissement des écoles : maison, maîtres, manière de vie, direction, JÉSUS-CHRIST pouvait dire à son sujet : *Ecce nova facio omnia ; je renouvelle toutes choses* par mon serviteur. Aussi arriva-t-il qu'une vigne si bien renouvelée ne tarda pas à produire ses fleurs, et à répandre au dehors sa bonne odeur. On va voir qu'elle passa bientôt du mépris qu'on en faisait, à une grande réputation, et que les villes voisines s'empressèrent d'attirer dans leurs murs les nouveaux disciples du pieux chanoine.

CHAPITRE XI.

Nouveaux établissements d'écoles chrétiennes et gratuites à Réthel, à Guise et à Laon. L'occasion qui fit naître au Bienheureux la pensée de quitter son canonicat, et de se dépouiller ensuite de son bien, pour se livrer tout entier au soin de son œuvre. — (1682-1683.)

La ville de Réthel fut la première qui fit au pieux chanoine la demande de ses nouveaux maîtres d'école. M. Niel, ravi d'une semblable requête, n'aurait pas hésité à en accorder; mais le Bienheureux de la Salle, plus circonspect, trouvait des inconvénients à envoyer des gens qu'il n'avait pas encore eu le temps de bien former. Il savait ce que disent les saints à ce sujet, que les fruits prématurés sont malsains et sans goût; que les petits oiseaux qui s'empressent de sortir du nid et de voler avant que d'avoir les ailes assez fortes, deviennent la proie de l'épervier, ou tombent à terre sans pouvoir se relever. Plein de ces vérités, il aimait mieux perdre un établissement, que d'exposer ses disciples mal affermis dans la vertu, à un danger évident de chute. N'ayant que des intentions pures, il regardait d'un œil indifférent la multiplication des établissements qui n'étaient pas fondés sur une vertu à l'épreuve. Ainsi la proposition de la ville de Réthel lui paraissant délicate et mériter attention, il ne voulut rien précipiter, dans la crainte qu'un novice ou un néophyte de sa petite communauté, ne trouvât lui-même sa perte dans le lieu où il irait travailler à la sanctification des autres. Dans cette pensée, il ne regardait ce qu'il avait commencé de faire pour les former, que comme l'essai de la perfection à laquelle il fallait les élever. Il est vrai que les jeunes gens qu'il avait alors paraissaient de bonne volonté; mais il savait combien il y a de chemin à faire du terrain des désirs à celui de l'action, et que les premiers efforts pour acquérir la vertu, sont encore bien éloignés de l'habitude de la vertu. De plus l'exemple de JÉSUS-CHRIST, qui a passé trois années entières à former ses disciples dans sa divine école, et qui n'a pas voulu exposer au monde leur vertu chancelante, sans l'avoir affermie auparavant par la descente du Saint-Esprit et l'infusion de ses dons, lui apprenait à retenir les siens auprès de lui, dans un long et fervent noviciat, le plus de temps qu'il pourrait, et à ne les envoyer instruire qu'après être suffisamment sanctifiés.

I. — Établissement à Réthel en 1682 ; exemples de vertu que le Bienheureux de la Salle donne en cette occasion.

TOUTES ces considérations l'arrêtaient et lui persuadaient que ce qu'il pouvait faire de mieux, était de promettre quelques-uns de ses sujets dans quelque temps, et de les retenir auprès de lui pour achever de les former. C'est ce qu'il fit, mais bientôt il ne fut pas le maître de différer ; car M. le duc de Mazarin appuya si fortement la demande de MM. de Réthel, et le zèle de M. le Curé en pressa si vivement l'exécution, qu'il fallut céder. Le Bienheureux de la Salle ne pouvant plus refuser avec bienséance, chargea de cette affaire M. Niel, toujours prêt à ces sortes d'expéditions, et l'homme du monde le plus propre pour les négocier. Il le fit avec succès en engageant la ville à fournir à la subsistance des deux maîtres, à quoi M. le duc de Mazarin et M. le Curé contribuèrent pour leur part, aussi bien que Mlle Bouralleti, qui a laissé depuis cinquante livres de rente pour cette école. De si heureux commencements engagèrent peu après le Bienheureux de la Salle à y acheter une maison, dans le dessein d'y faire un séminaire de son Institut. Ainsi à peine M. Niel fut-il arrivé à Réthel que tout fut réglé d'une manière qui subsiste encore aujourd'hui (1). Ayant trouvé dans les libéralités de la ville, de M. le duc et de M. le Curé tout ce qu'il désirait, les écoles gratuites y furent ouvertes l'an 1682. Il ne faut pas omettre ici deux faits qui regardent cet établissement, fort propres à découvrir l'état de perfection dans lequel le Bienheureux de la Salle entrait dès lors. Voici le premier : Mgr le duc de Mazarin, prévenu d'une grande estime pour le Bienheureux de la Salle, voulut le connaître. Il se fit lui-même un plaisir d'entrer en conversation avec lui et l'honora de ses visites ; bien plus, quelques années après l'établissement dont on vient de parler, ce seigneur voulut, pour honorer la vertu du Bienheureux de la Salle, gratifier les Frères d'une rente perpétuelle de deux cents livres de pension annuelle à prendre sur son domaine, afin de grossir leur fondation. Il en fit dès lors la proposition au Bienheureux de la Salle qui la reçut avec reconnaissance ; et, au même moment, le contrat fut dressé, mais il ne fut pas signé. La conclusion de l'affaire, remise au lendemain, paraissait immanquable ; cependant elle manqua par les artifices

---

1. 1733.

Livre I. — Chapitre XI.

de quelques esprits brouillons et ennemis du bien, qui surent si bien indisposer M. le duc de Mazarin, que, du soir au lendemain, il parut un autre homme à l'égard du Bienheureux de la Salle.

La surprise du serviteur de Dieu fut grande, quand, retournant voir ce seigneur le lendemain, pour mettre la dernière main au traité, il le trouva froid et glacé, et d'humeur à rire et à plaisanter à ses dépens. L'humble chanoine, après avoir essuyé des reproches piquants, et des railleries humiliantes, sans s'écarter du respect dû à la personne du duc, et sans abaisser l'honneur de son caractère, rejeta avec fermeté certaines conditions onéreuses, qu'on voulait lui prescrire et se refusa avec une généreuse modestie à des demandes peu convenables. Enfin, après avoir su détruire d'un ton modéré et d'un air tranquille, les difficultés qu'on lui objectait pour faire échouer le contrat commmencé, il se retira, content de n'avoir remporté que des mépris d'une affaire qui avait été commencée par des louanges et par de grands témoignages d'estime pour sa personne. Il connaissait ceux à qui il devait ce mauvais service, mais jamais il ne se permit de leur en faire des plaintes ; jamais il ne voulut souffrir qu'on leur en témoignât le moindre ressentiment.

Le serviteur de Dieu faisait bien de s'accoutumer aux affronts, et de s'endurcir contre les railleries et les insultes ; car l'œuvre qu'il entreprenait, en était une semence ; et on peut dire que le reste de sa vie ne sera qu'une longue suite de persécutions et d'humiliations de toutes sortes. Presque tous les jours il vit dans la suite des orages se former sur sa tête. L'un souvent naissait de l'autre, et la fin du premier voyait le commencement d'un second. Ainsi tous se succédant les uns aux autres, ont formé une tempête qui a été aussi longue que sa vie, et les tonnerres n'ont cessé de gronder sur lui que quand il a été caché dans le tombeau.

Après tout, le vertueux chanoine, n'envisageant les événements que dans leur principe, remontant toujours à leur source, et trouvant que Dieu en est l'auteur, dans les plus fâcheux comme dans les plus agréables, il baisait avec amour et avec soumission la main qui le frappait. Un homme qui ne voulait que Dieu, ne voulait rien hors de sa volonté : ainsi persuadé que, le péché seul excepté, rien dans ce monde n'arrive que par l'ordre de Dieu, il demeurait indifférent pour tous les événements, et les plus mortifiants le trouvaient toujours tranquille et soumis. Jamais un contre-temps fâcheux n'a paru troubler sa paix, ni altérer l'égalité de son humeur ; cependant combien va-t-il en essuyer dans le cours de sa vie pour mettre son Institut dans sa perfection ! Quelles contradictions, quelles persécutions le monde et le démon ne lui préparent-ils pas ! On en sera étonné en lisant cette histoire.

Son premier établissement à Réthel fut le théâtre des premières injustices qui mirent son désintéressement à l'épreuve : deux personnes des plus riches de cette ville lui avaient laissé une somme considérable pour aider à cette fondation. La donation était en bonne forme ; il en était même déjà en possession, et on lui avait remis les papiers et les obligations entre les mains. On la lui disputa cependant : des héritiers avides, et qui, en recueillant une grosse succession, regrettaient d'autant plus la parcelle qui leur échappait, qu'elle était léguée pour une œuvre pieuse, ne furent pas d'humeur à la céder ; mais ils n'eurent pas besoin de se remuer beaucoup pour solliciter les juges, et pour préparer les pièces du procès ; car le Bienheureux de la Salle le jugea lui-même en leur faveur et leur donna gain de cause, en se désistant de ses droits. Il aima mieux faire cette perte, que d'exposer la paix aux poursuites dissipantes d'un procès, et la charité au péril d'être blessée. Exemple de désintéressement aussi édifiant qu'il est rare.

Nous allons encore placer ici, comme dans son lieu naturel, un autre fait, dont les mémoires ne nous fixent point l'époque certaine. Le Bienheureux de la Salle, soit par les lumières de sa sagesse naturelle, soit par celles qui viennent d'en haut, prévoyant que l'entreprenant M. Niel, aussi prompt à laisser les écoles qu'il commençait qu'à en aller ouvrir de nouvelles, ne manquerait pas de les laisser toutes à sa charge, quand la fantaisie lui en prendrait, crut qu'il devait chercher sa garantie dans un certain nombre de maîtres. Car quel moyen de soutenir les établissements, s'il n'avait des gens prêts à remplacer M. Niel partout, où, comme une nouvelle étoile, il s'éclipsait aussi vite qu'il paraissait ? Mais ce dessein avait des suites que le pieux chanoine appréhendait : se charger de pourvoir de maîtres les écoles vacantes, c'était se charger des écoles et des maîtres ; c'était prendre sur son compte une œuvre qu'il estimait et qu'il aimait, mais dont il ne voulait alors avoir qu'une direction libre et volontaire, sans engagement et sans obligation. D'un côté il craignait la chute des établissements de M. Niel, de l'autre il prévoyait que, s'il n'avait pas de maîtres prêts à faire marcher sur les pas d'un homme voltigeant d'école en école, pour le remplacer, il en verrait la décadence suivre de bien près l'établissement.

II. — Premières ferveurs extraordinaires par lesquelles Dieu prépare le Bienheureux de la Salle à ses desseins.

EN cet embarras, il se résolut de faire une retraite pour implorer les lumières de Dieu, et s'instruire de ses saintes volontés. Afin de la faire avec plus de recueillement et de silence, il loua un petit jardin fort solitaire, proche des Augustins, et voisin des remparts de la ville, qui fut le premier témoin de ses transports de ferveur et de sa mortification. Là, après avoir donné ses ordres dans sa maison, et ses soins dans la communauté des maîtresses d'école, dont M. Roland l'avait chargé, il se retirait en solitude, pour livrer son esprit sans distractions à l'oraison, et son corps sans ménagement à la pénitence. *Ah!* dit le mémoire que nous copions, *si les murailles du petit cabinet qui lui servait de cellule, pouvaient parler, que ne diraient-elles pas de ses sanglantes disciplines, et des autres pieux excès dans lesquels le jetait l'ivresse spirituelle du vin nouveau qu'il commençait à goûter.* Le sang dont ce petit lieu était partout rougi, servait de témoignage aux saintes cruautés qu'il exerçait sur sa chair, et aux sacrifices qu'il en faisait à Dieu. Ce fut là que, commençant une vie toute nouvelle, il forma le premier plan de la plus sublime perfection.

III. — Établissement à Guise en 1682.

PENDANT ce temps-là, l'établissement des écoles gratuites à Réthel réveilla à Guise l'envie qu'on avait eue d'en avoir. Nous avons déjà vu que l'affaire avait manqué par la faute de M. Niel, qui l'avait précipitée, et qui n'avait pas voulu suivre les conseils du Bienheureux de la Salle. Cette année elle se renoua, et elle fut heureusement conclue. MM. les magistrats de la ville fournirent une maison aux maîtres ; et Mlle de Guise fonda les écoles gratuites, qui furent ouvertes la même année 1682. Au mois de juillet de la même année, on en entreprit d'autres à Château-Porcien ; et, à la fin de ladite année, on en vit de nouvelles érigées à Laon, de la manière qui suit. Le curé de Saint-Pierre-le-Vieux de cette ville, informé des grands biens que faisaient les écoles gratuites, crut qu'elles ne pouvaient être nulle part plus utiles que dans sa paroisse, où les pauvres faisaient le plus grand nombre de ses ouailles. Le zèle de leur instruction et le désir d'enrichir de biens spirituels, ceux qui se trouvaient dépourvus de ceux de la fortune, l'excitèrent à demander en grâce au Bienheureux de la Salle quelques-uns de ses disciples. M. Niel se trouvant encore aussi prêt pour ce nouvel établissement qu'il l'avait été pour les précédents, fournit à la divine Providence l'occasion de débarrasser notre chanoine d'un homme de bien, à la vérité, mais homme de bien à sa mode, et qui n'eût jamais pu entrer dans ses idées, ni se façonner à sa manière de vie.

IV. — Établissement à Laon en 1683. Tentative subtile sur la défiance de l'avenir et sur l'incertitude de l'état, qui trouble les nouveaux sujets et les presse de sortir.

MONSIEUR Niel était alors à Guise, où il était allé, après six mois de séjour à Réthel. Ainsi de Guise il vint à Laon, où il trouva tout préparé pour l'ouverture des écoles ; car la ville ne se contentant pas de donner son agrément à leur érection, fournit une maison pour loger les maîtres, et aida à leur subsistance avec l'abbaye de Saint-Martin et le curé de Saint-Pierre, qui fut depuis chanoine de la cathédrale. Cet établissement fut fait en l'année 1683. Le curé profita de cette occasion pour lier une amitié étroite avec le Bienheureux de la Salle, comme avec un homme qui avait sa confiance et dont il honorait l'éminente vertu. M. Niel, qui avait commencé cet établissement, y demeura deux ans. C'était bien du temps pour un homme de ce caractère ; aussi fut-il tenté, au bout de ce terme, de s'en retourner à Rouen. Mais comment le faire? Il s'était chargé des écoles de Réthel, de Guise et de Laon ; c'était lui qui en avait la direction. Il fallait donc, pour s'en défaire avec honneur, les remettre entre les mains du Bienheureux de la Salle. C'est là le parti qu'il prit. Pour l'exécuter il vint, en 1685, trouver notre chanoine à Reims, et le prier avec de grandes instances d'accepter sa démission de directeur de ces écoles. M. le curé de Saint-Pierre de Laon, qui ne le désirait pas moins que M. Niel, joignit sa prière aux siennes. Mais le Bienheureux de la Salle demeura ferme dans son refus, et il ne changea de résolution que quand il vit ces écoles abandonnées par celui-là même qui les avait établies, comme on le verra dans la suite.

Tandis que le pieux chanoine se livrait tout entier au soin de son petit troupeau, Satan étudiait les moyens de le dissiper une seconde fois. Bien instruit, par sa profonde malice et par sa longue expérience, que les plus grands maux et les plus grands biens

Livre I. — Chapitre XI.

tirent leur origine de très petits commencements, il forma un nouveau dessein de faire avorter dans sa naissance cette œuvre, qu'il voyait s'élever à son préjudice et dont il commençait à craindre les progrès.

Le moyen efficace d'y réussir était de tenter les sujets, et de les faire sortir par des prétextes éblouissants, que l'esprit humain regarde comme des raisons invincibles. Il en avait déjà fait l'épreuve avec succès, puisqu'il avait su débaucher, et tirer presque tous les premiers maîtres des mains du Bienheureux de la Salle par de semblables artifices. S'il réussissait une seconde fois dans cette entreprise, il croyait pouvoir répondre du renversement de l'Institut naissant. On n'en parlerait plus aujourd'hui, et il aurait trouvé sa ruine dans une seconde désertion des maîtres, si la malice de l'ennemi eût eu son effet. Le démon fit donc de nouveau ses efforts pour les cribler, selon la parole de JÉSUS-CHRIST, comme on crible le blé, une seconde fois, après l'avoir si bien fait une première ; mais il ne se servit pas du même stratagème.

Avec tous ses soins et sa vigilance, le Bienheureux de la Salle ne put mettre ses disciples à l'abri de la tentation la plus fine, la plus délicate et la plus éblouissante, que l'esprit malin pouvait leur suggérer, qu'en se faisant lui-même une victime de pauvreté, et qu'en cherchant, dans le dépouillement général de tous ses biens, un remède efficace contre l'artifice du séducteur. Ce ne fut donc plus l'amour de la liberté, l'ennui d'une vie gênante, le dégoût des exercices de piété, que le démon mit en œuvre pour ébranler une seconde fois le petit troupeau du zélé chanoine, et pour l'engager à une nouvelle désertion. Ce fut la prévoyance pour l'avenir et la crainte de manquer un jour du nécessaire. Ce faible étant dans tous les hommes qui ne sont point fondés sur la parfaite confiance en Dieu, cette inquiétude étant le ver qui ronge les meilleures volontés, et qui leur fait perdre les meilleurs desseins, quand la pure charité ne s'en est pas encore emparée, il fut aisé à l'esprit de malice de surprendre par cet endroit des novices en vertu. Et, certainement, en attaquant leurs cœurs par ce côté qui était le plus faible en eux, il s'en serait rendu maître tôt ou tard, malgré les prières et les remontrances du Bienheureux de la Salle, si le vertueux chanoine n'eût pas opposé à l'artifice du tentateur un exemple héroïque de détachement et de pauvreté volontaire.

Une réponse brusque, mais naïve de la part de plusieurs maîtres, fortement sollicités de quitter leur état et de chercher dans un autre un asile contre la pauvreté, y donna occasion.

Réduits au strict nécessaire, sans fonds, sans revenu, ils portaient leurs vues dans un avenir incertain ; et une inquiète défiance ne leur laissait voir de ressource, pour leur vieillesse, que dans une honteuse mendicité. Le démon grossissant dans leur imagination les sujets de leur défiance, ne leur montrait dans le tableau de leurs misères futures, qu'un hôpital en cas de maladie ou de caducité, pour récompense de leurs travaux et des forces de leur jeunesse épuisées dans un emploi ingrat et stérile, qui tôt ou tard devait les abandonner à la plus affreuse indigence, sans pouvoir leur répondre d'un morceau de pain dans l'âge avancé. Il est vrai, se disaient-ils encore à eux-mêmes, dans ces poignantes inquiétudes dont ils étaient assiégés, que nous pouvons espérer de trouver un remède assuré contre la misère dans la bonté de notre Père, tandis qu'il vivra. Mais pouvons-nous compter sur sa vie ? En nous fondant sur sa charité, nous trouverons dans son bon cœur et dans ses biens un rempart contre la pauvreté ; mais il peut mourir, et lui mort, que deviendront les écoles qu'il soutient ? que deviendront les maîtres qu'il nourrit, et à qui il sert de Père ? Où aller ? Que faire, si ce bon père vient à manquer ? C'est ce qu'ils se disaient à eux-mêmes ; c'est ce que le démon avait soin de leur répéter, et de ne leur pas laisser oublier. Ces objections toujours présentes à leur esprit, et qui ne souffraient ni réponse, ni réplique, y formaient mille chimères propres à les décourager, et à les jeter dans la langueur et dans une sombre mélancolie. Leur vigilant Supérieur, qui étudiait tous les mouvements de leurs cœurs et qui y lisait leurs dispositions les plus secrètes, ne fut pas longtemps sans apercevoir la plaie que l'esprit malin envenimait chaque jour. Pour la guérir, à la prière il ajoutait des exhortations tendres, afin de les animer à la confiance en Dieu et à l'abandon à sa Providence ; mais semblables à ces maisons ruinées qu'on étaye, et qui, ne se soutenant que par des appuis étrangers, tombent ni plus ni moins en décadence, les âmes de ces braves gens, revenues à peine de leur premier abattement, y rentraient et penchaient toujours du côté de la porte.

V. — Le Bienheureux de la Salle les exhorte en vain à se confier en Dieu. Une réplique qu'ils lui font, lui fait prendre le dessein de tout quitter à l'exemple des apôtres.

LE Bienheureux de la Salle, sans en savoir la cause, sentait que ses exhortations sur la confiance en Dieu et sur l'abandon à la divine Providence n'avaient pas grand effet ; mais ces hommes simples et ennemis du déguisement ne la lui laissèrent pas longtemps ignorer. Ils avouèrent avec franchise, que leur inquiétude naissait de l'incertitude et du peu d'assurance de leur état. Ils lui représentèrent que leur situation n'avait rien de fixe ni de stable; qu'il pouvait lui-même voir le renversement de son œuvre, et qu'il était triste pour eux de sacrifier leur jeunesse au service d'un public qui les oublierait, sans être assurés de trouver, dans un âge avancé, un asile pour se reposer de leurs travaux passés, et finir leurs jours à l'abri de l'indigence.

En disant cela, ils ne disaient pas tout : ils avaient une autre réplique secrète à faire à toutes les exhortations que leur Supérieur faisait sur l'abandon à la Providence, qu'ils n'osaient encore lui dire, étant retenus par la honte et par le respect. Quoique vraie, elle était incivile, et ils avaient peur qu'elle n'offensât un homme qui leur faisait tant de bien et qui ne leur donnait aucun prétexte de plainte. Mais des gens sans fard, et qui n'avaient jamais étudié l'art de dissimuler, pouvaient-ils contenir longtemps dans leur cœur la réplique qu'ils concevaient, et empêcher leur langue de s'émanciper par une repartie aussi ingénue que piquante, qui, quoique impolie, contenait un fonds de vérité capable d'avoir tout l'effet que Dieu en attendait? Ils se turent cependant sur cet article encore quelques jours. Pendant ce temps, le chanoine ne manquait pas de reprendre ses discours sur la confiance en Dieu, et de les porter par les paroles mêmes de l'Évangile à un entier abandon aux soins de la Providence. « Hommes de peu de foi, leur disait-
« il, vous prescrivez, par votre peu de confiance, des bornes à
« une bonté qui n'en a point. Certainement, si elle est infinie,
« universelle et continuelle (comme vous n'en doutez pas), elle aura
« toujours soin de vous, et elle ne vous manquera jamais. Vous
« cherchez de l'assurance, ne l'avez-vous pas dans l'Évangile? La
« parole de JÉSUS-CHRIST est votre contrat d'assurance; il n'y
« en a point de plus solide, car il l'a signé de son sang, il l'a
« muni du sceau de sa vérité infaillible. Pourquoi entrez-vous
« donc en défiance ? Si les promesses positives d'un Dieu ne
« peuvent pas calmer vos inquiétudes et vos alarmes sur l'avenir,
« cherchez des fonds de rentes qui les équivalent. Considérez les
« lis des champs et les herbes de la campagne, c'est JÉSUS-
« CHRIST lui-même qui nous invite à les regarder; admirez avec
« quelle opulence Dieu les a chargés d'ornements et de beauté.
« Rien ne leur manque ; et Salomon lui-même, dans tout l'éclat
« de sa gloire, n'était pas si bien vêtu. Ouvrez les yeux sur les
« oiseaux qui volent en l'air, ou sur les plus petits animaux qui

Bienh. J.-B. de la Salle.

« rampent à terre ; aucun qui manque du nécessaire : Dieu pour-
« voit à leurs besoins. Sans grenier, sans cave, ils trouvent par-
« tout une nourriture que la Providence leur tient prête et
« présente. Sans semer, sans moissonner, ils rencontrent leur sub-
« sistance : le Père céleste s'en est chargé. Si sa main bienfaisante
« et libérale étend ses soins jusque sur les plus vils insectes, que
« l'homme foule aux pieds, jusqu'au foin qui sèche et qui sert
« d'aliment au feu, pouvez-vous croire, gens de peu de foi, que
« celui auquel vous consacrez votre jeunesse, et auquel vous
« dédiez vos travaux, vous abandonne dans votre vieillesse, et
« vous laisse traîner dans la misère la fin d'une vie employée à
« son service ? Ranimez donc votre confiance en une bonté infi-
« nie, et faites-lui honneur en lui abandonnant le soin de vos per-
« sonnes. Sans trouble sur le présent, sans inquiétude sur
« l'avenir, n'étendez vos soins qu'au moment que vous avez à
« vivre, et ne chargez point le jour qui coule, des prévoyances
« du jour qui suit. Ce qui vous manquera le soir, le lendemain
« vous le fournira, si vous savez espérer en Dieu. Dieu ferait plu-
« tôt des miracles, que de nous laisser manquer. Après la parole
« de JÉSUS-CHRIST, je vous en donne pour preuve l'expérience
« de tous les saints. Les miracles de la Providence sont journa-
« liers, et ils ne cessent qu'à l'égard de ceux qui s'en défient. »

Des paroles si véritables auraient pu avoir leur effet, si celui qui les prononçait avec tant de force eût été aussi pauvre qu'il était vertueux. Mais c'était un chanoine riche qui parlait, et qui, trouvant dans une bonne prébende et dans son bien de patrimoine une ressource assurée contre l'indigence, n'avait pas grâce pour persuader l'oubli de tout propre intérêt. Il lui était aisé de parler d'abandon parfait à la divine Providence, tandis qu'il n'avait rien à craindre, et qu'elle l'avait pourvu avec tant d'abondance du néces-saire et même du superflu. Avant qu'il puisse persuader ce langage de perfection, il faut qu'il se mette dans l'état de ceux auxquels il l'adresse ; lorsque, dépouillé de tout, sans bénéfice, sans bien de patrimoine, il donnera le premier l'exemple de l'abandon à la Providence, sa parole sera écoutée : elle sera efficace, parce qu'elle sera soutenue de son exemple. En effet, rien n'est plus efficace que l'exemple. On peut résister à la parole ; on peut, par des raisons captieuses, contredire les véritables ; on peut même douter des miracles, du moins les contester ; mais il faut céder à l'exemple. C'est un fait qui porte avec soi son évidence, et qui n'admet point d'excuses.

Les disciples du pieux chanoine avaient pour sa vertu un fonds

Livre I. — Chapitre XI.   99

d'estime et de vénération. Les actions d'humilité, de mortification, de recueillement, de charité, dont ils voyaient en lui des exemples journaliers, lui attiraient toute leur confiance ; mais enfin il était encore riche, et tandis qu'à l'abri d'un bon revenu, il sollicitait leur courage de hasarder à un avenir incertain une vieillesse ou une santé usée et devenue infirme, il ne pouvait trouver grâce auprès d'eux, ni les résoudre à cet abandon héroïque, dont il ne leur avait pas encore donné le modèle dans sa personne. Par là, le démon savait énerver dans leur esprit la force de ses paroles, en leur représentant que celui qui parlait si bien d'abandon à la Providence, était riche ; et que s'il était dans le même état qu'eux, il pourrait rabattre quelque chose d'une si grande perfection, et chercher le premier à s'assurer du pain pour le reste de ses jours.

Les maîtres, las de le penser, s'enhardirent enfin à le dire, et à lui faire une de ces réponses brusques et naïves, que le sentiment du cœur croit sans réplique. « Vous parlez bien à votre aise, « lui dirent-ils, tandis que vous ne manquez de rien. Pourvu « d'un bon canonicat et d'un bien de patrimoine pareil, vous « êtes assuré et à couvert de l'indigence. Que notre établissement « tombe, vous demeurez sur vos pieds, et le renversement de notre « état n'ébranle pas le vôtre. Gens sans biens, sans revenus et « même sans métiers, où irons-nous, que ferons-nous, si les écoles « tombent, ou si on se dégoûte de nous ? La pauvreté sera notre « unique partage, et la mendicité le seul moyen de la soulager. »

Cette réponse, qui n'était ni polie ni gracieuse, contenait un fonds de vérité qui se fit d'abord sentir à un cœur droit. Le Bienheureux de la Salle ne l'attendait pas : plus elle fut imprévue, plus elle fut efficace. L'amour-propre ne lui fit point prendre le change ; sans faire attention à ce que ce reproche avait de blessant, il en pesa toute la force. Sa candeur l'obligea d'avouer qu'ils avaient raison de le lui faire. Le Saint-Esprit, à cette voix unissant la sienne, lui disait bien plus haut et avec bien plus de véhémence dans le secret du cœur, qu'il n'avait rien à répondre, et que son dépouillement réel serait seul la preuve que son cœur avait parlé, quand sa bouche avait dit de si belles choses sur l'abandon à la Providence ; qu'il devait joindre l'action à la parole, s'il la voulait voir efficace et puissante ; que quand il serait pauvre comme eux, et au même état qu'eux, il aurait alors grâce pour les faire marcher sur ses traces dans les voies du dénuement de toutes choses et de l'oubli de tout intérêt.

La réponse des maîtres donna bien à penser au Bienheureux

de la Salle, et le plongea dans un grand embarras. D'un côté, se faire pauvre comme eux, et devenir par choix ce qu'ils étaient par nécessité ; se défaire de son canonicat et se dépouiller de son bien de patrimoine, pour se livrer au soin d'une œuvre qui ne faisait qu'éclore, et dont il courrait les risques sans espérance certaine de grands fruits, c'était un parti téméraire aux yeux de la prudence humaine, et qui, même aux yeux de la foi, méritait bien des réflexions. De l'autre côté, demeurer riche et bien pourvu avec des gens pauvres et sans ressource, il fallait se fermer la bouche, et ne plus leur parler de l'oubli de l'avenir, ni de renoncement aux précautions qu'il demande : il fallait cesser les leçons sur l'abandon à la Providence ; et, en ce cas, les laisser sans armes et sans défense contre les traits de l'esprit malin, qui les attaquait par leur faible. En de telles conjonctures, que fut devenu son petit troupeau? Satan allait sans doute de nouveau le disperser, et trouver une seconde victoire dans une seconde désertion. S'il eût réussi à faire sortir ces derniers maîtres à l'exemple des premiers, son triomphe eût été complet, et, en l'étouffant dans son berceau, il aurait vu la fin d'une œuvre dont il commençait à redouter si fort les suites. Voilà les diverses pensées qui agitèrent le Bienheureux de la Salle, et qui le mirent en grande perplexité ; nous allons, dans le chapitre suivant, l'en voir sortir avec gloire, par une généreuse résolution de tout quitter, à l'exemple des apôtres, et de se dépouiller de son canonicat et de son bien, pour s'attacher à JÉSUS-CHRIST nu sur la croix.

CHAPITRE XII.

Le Bienheureux de la Salle délibère s'il quittera son canonicat : raisons qui l'engagent à cette généreuse résolution ; il la forme, mais il n'ose l'exécuter, jusqu'à ce qu'il suive la voie autorisée par son directeur. — (1683.)

LA réponse vive et ingénue que les maîtres d'école avaient faite à leur Supérieur, ne fut pas une de ces répliques qui frappent d'abord, mais qui n'excitent dans l'esprit que des mouvements passagers : elle saisit si bien celui du chanoine qu'elle y demeura imprimée. De profondes réflexions en furent le premier effet. Des délibérations et des consultations sérieuses en furent la suite, et le dépouillement réel en fut le fruit.

I. — Le Bienheureux de la Salle consulte le P. Barré, Minime, sur son dessein.

LA première pensée que l'esprit naturel du vertueux chanoine lui fournit, fut de fonder les écoles et de destiner à cette fondation son bien de patrimoine. Quel meilleur usage en pouvait-il faire ? Ses parents étaient riches, et n'attendaient pas son héritage pour vivre dans l'aisance. *Si vous voulez être parfait, allez, vendez votre bien, et donnez-le*, dit JÉSUS-CHRIST. A qui ? aux parents ? S'ils sont dans le besoin, la charité le prescrit ; elle aime l'ordre et elle met au premier rang des pauvres, les parents qui se trouvent en nécessité. L'ordre de la charité commence par eux la distribution des biens, dont le désir de la perfection dépouille le propriétaire ; mais s'ils sont riches, faut-il leur livrer le prix de la vente des biens que l'Évangile conseille ? Non, ce serait les charger d'un superflu qui pourrait tourner à leur perte ; ce serait leur confier un dépôt avec commission de le rendre aux indigents, qui le doivent recevoir de la première main, selon JÉSUS-CHRIST, qui dit expressément : *et donnez-le aux pauvres*. Quelle morale pour le siècle où nous vivons ! Le monde n'en veut plus d'exemples. Quels cris jette une famille qui se croit dépouillée de tout ce qu'on donne aux pauvres, à l'Église, ou aux autres bonnes œuvres ?

C'est cependant l'exacte pratique de ce conseil, qui a donné naissance à la primitive Église. Si on veut la condamner, il faut intenter procès à un nombre infini de saints. Si ces exemples anciens ne sont plus à imiter aujourd'hui, il faut croire que les conseils évangéliques sont sujets à la prescription des temps. On ne peut donc contester que le dessein conçu alors par le Bienheureux de la Salle, et qu'il exécuta en effet, de se défaire de son bien de patrimoine en faveur des pauvres, ne trouve son apologie dans l'Évangile et dans les exemples des saints. La destination qu'il en faisait à la fondation des écoles gratuites et chrétiennes remplissait toutes ses vues, car 1º elle tournait tout entière au profit spirituel des pauvres ; 2º elle assurait l'avenir de ses disciples et les mettait à l'abri de la tentation qui les inquiétait, et qui, comme un ver rongeur, minait et affaiblissait leur vocation et leur bonne volonté ; 3º elle leur fermait la bouche et elle autorisait, par un exemple héroïque de détachement, les leçons de perfection qu'il leur faisait sur l'amour de la pauvreté et sur le dénuement de toutes choses ; 4º elle le dépouillait lui-même, et, en l'appauvrissant, elle le rendait semblable à ses frères pauvres ; 5º enfin elle ne le faisait point sortir de son état, et, en le laissant chanoine, elle le laissait Supérieur de la nouvelle communauté. Ses premières vues tombèrent donc sur le dépouillement de son bien de patrimoine et non sur celui de sa prébende. Quoique le premier ne dût pas se faire sans lui attirer de grandes mortifications. Le second pourtant renfermait de plus grandes difficultés et de plus grands inconvénients : ce qui fit que le Bienheureux de la Salle n'y pensa pas d'abord. Mais la divine Providence changea l'ordre de ses dispositions, en lui faisant commencer son dépouillement par sa prébende canoniale.

Le R. P. Barré fut le premier instrument que le Saint-Esprit mit en œuvre pour appuyer de ses conseils les inspirations secrètes qu'il donnait au chanoine. Ce saint minime étant le premier Instituteur des Écoles chrétiennes et gratuites, il était naturel de demander les avis d'un homme qui avait une grâce particulière sur ce sujet. Il paraissait encore plus naturel qu'il approuvât le dessein du chanoine : un dessein si pieux et si désintéressé méritait sans doute de grands éloges, et demandait que le P. Barré l'appuyât de toute son autorité ; mais ce dessein, si parfait en lui-même, ne l'était pas encore assez au gré du pieux minime. Un homme qui ne voulait point pour les Écoles chrétiennes d'autre fonds que celui de la divine Providence, ne pouvait goûter les fondations. Il croyait que, de tous les fonds, le meilleur et le plus assuré était l'abandon aux soins du Père céleste, et que les Écoles chrétiennes seraient ruinées si on les fondait. *Les renards*, disait-

il à ce propos, *ont des tanières, et les oiseaux du ciel ont des nids et des retraites, mais le Fils de l'homme n'a pas où reposer sa tête.* Ces paroles sont de JÉSUS-CHRIST ; en voici le commentaire de la façon du P. Barré : « Qui sont ces renards dont parle
« le texte sacré? Ce sont les enfants du siècle qui s'attachent aux
« biens de la terre. Qui sont ces oiseaux du ciel? Ce sont les reli-
« gieux qui ont leur cellule pour asile. Mais pour les maîtres et
« les maîtresses d'école, dont la vocation est d'instruire les pauvres
« à l'exemple de JÉSUS-CHRIST, point d'autre partage sur la terre
« que celui du Fils de l'homme. La divine Providence doit être
« l'unique fonds sur lequel il faut établir les Écoles chrétiennes.
« Tout autre appui que celui-là, ne leur convient pas, il est iné-
« branlable : et elles demeureront elles-mêmes inébranlables si
« elles n'ont point d'autre fondement. »

II. — Le Minime pousse le dessein à une plus grande perfection et le conseille.

LE P. Barré, qui n'était pas un homme à dire la vérité à demi, ajouta, parlant au Bienheureux de la Salle, que le dépouillement de son bien de patrimoine devait être suivi de celui de sa prébende canoniale ; afin qu'il pût se livrer sans partage à une œuvre qui le demandait tout entier, et donner dans sa personne le modèle d'un renoncement général, et d'un abandon parfait dont il n'attirerait la grâce sur les siens que quand il leur en aurait donné l'exemple. Un conseil de cette espèce n'avait rien de flatteur : il venait d'en haut, et la chair et le sang ne pouvaient pas l'inspirer. Celui qui en était le premier auteur y disposait intérieurement le vertueux chanoine, en disant à l'oreille de son cœur, ce que le saint minime disait à celle de son corps.

Mais comme le Bienheureux de la Salle ne précipitait rien, et qu'il ne voulait rien faire sans les ordres de son Directeur ordinaire, il laissa mûrir ces premiers projets de perfection évangélique, et il se contenta d'arroser de ses larmes et de nourrir de ses prières ces précieuses semences qui venaient d'être jetées en son âme. D'abord le pieux chanoine, plein des impressions qu'il avait remportées de la consultation du P. Barré, médita sur ce qu'il avait à faire, et porta ses pensées et ses réflexions aux pieds du crucifix, en demandant à Dieu ses lumières et en s'offrant à l'accomplissement de ses desseins. Plus il consultait l'oracle divin, plus il lui paraissait nécessaire de se rendre pauvre, pour se rendre semblable à ses disciples.

III. — Motifs qui pressent le Bienheureux de la Salle de se défaire de son canonicat.

VOICI les raisons qui le lui persuadaient et qu'il se disait à lui-même. « 1° J'ai la bouche fermée, et je ne suis point « en droit de tenir aux maîtres le langage de perfection que je « leur faisais sur la pauvreté, si je ne suis pauvre moi-même ; ni « sur l'abandon à la Providence, si j'ai des ressources assurées « contre la misère ; ni sur la parfaite confiance en Dieu, si un « assez bon revenu m'ôte tout sujet d'inquiétude. 2° En demeu-« rant ce que je suis et eux ce qu'ils sont, leur tentation conti-« nuera, parce que ce qui en fait le sujet, subsistera, et je ne « pourrai y apporter de remède ; car ils trouveront toujours dans « mon revenu un prétexte spécieux et même raisonnable pour « autoriser leur défiance sur le présent et leur inquiétude sur « l'avenir. 3° Une tentation si plausible en apparence ne man-« quera pas d'avoir, tôt ou tard, l'effet que le démon en attend : « les maîtres, ou tous ensemble, ou tour à tour, sortiront et me « laisseront une seconde fois la maison vide, et les écoles sans « personne propre à les conduire. 4° Cette désertion, qui fera « éclat dans la ville, fera peur à tous ceux qui pourraient avoir « la pensée de se faire maîtres d'école : leur vocation se glacera ; « et avant que d'entrer dans la maison, ils seront saisis de la « même tentation que ceux qui en sont sortis. 5° Les écoles sans « maîtres assurés tomberont avec leurs fondations : en ce cas, les « héritiers voudront rentrer dans les biens donnés pour les établir. « 6° Par tous ces degrés de chute, l'Institution des écoles chré-« tiennes et gratuites s'ensevelira sous ses ruines, et il ne faudra « pas penser à la relever. 7° Quand même tous ces inconvénients « ne seraient pas à craindre, dois-je, puis-je même être le Supé-« rieur de ces maîtres sans cesser d'être chanoine ? Puis-je accorder « l'assiduité à être à la maison, pour être à leur tête dans les « exercices de piété et pour veiller sur eux, avec l'assiduité au « chœur et à l'office canonial ? Ces deux emplois sont-ils compa-« tibles ? et s'ils ne le sont pas, il faut donc renoncer à l'un ou à « l'autre. 8° Il est vrai qu'une prébende canoniale n'est pas un « obstacle aux bonnes œuvres, et que le soin d'assister au chœur « et de chanter les louanges de Dieu n'empêche pas de rendre « d'autres services à l'Église et de se livrer au salut des âmes. On « peut partager son temps entre ces deux nobles fonctions, et « faire voir que, pour être chanoine, on ne doit pas être oisif

« hors du chœur, ni chercher dans ce titre un honnête prétexte
« pour prendre, au sortir des stalles, un repos aussi long que le
« reste du jour ; mais est-il vrai que je puisse être tout à la fois
« bon chanoine et bon supérieur d'une communauté qui demande
« résidence ? Si je remplis dignement ce dernier emploi, je dois
« omettre toutes les fonctions du premier, car, obligé d'être tou-
« jours dans la maison, je ne puis jamais être au chœur. Ainsi,
« si ces deux devoirs ne peuvent s'allier, il faut prendre parti
« pour l'un ou pour l'autre. Cinq ou six heures d'office canonial
« par jour seraient une trop grande brêche à l'assiduité que je
« dois dans une maison dont j'ai la direction. 9° Or, dans ce
« choix, qu'est-ce qui peut me déterminer ? De quel côté dois-je
« faire pencher la balance ? La plus grande gloire de Dieu, le
« plus grand service de l'Église, ma perfection, le salut des âmes:
« voilà les objets que je dois me proposer et les fins qui doivent
« me diriger ; mais si je ne prends conseil que de ces nobles
« motifs, je dois me déterminer à quitter mon canonicat, pour
« me livrer au soin des écoles et à l'éducation des maîtres destinés
« à les conduire. 10° Enfin, comme je ne me sens plus d'attrait
« pour la vocation de chanoine, il paraît qu'elle m'a quitté avant
« que j'en quitte l'état, cet état n'est plus pour moi, et quoique
« je n'y sois entré que par la bonne porte, il me semble que Dieu
« me l'ouvre aujourd'hui pour en sortir. La même voix qui m'y
« a appelé semble m'appeler ailleurs. Je porte cette réponse dans
« le fond de ma conscience, et je l'entends quand je la consulte.
« Il est vrai que la main de Dieu m'ayant placé dans l'état où je
« suis, c'est elle-même qui doit m'en retirer. Mais ne paraît-elle
« pas assez visiblement me montrer aujourd'hui un autre état qui
« mérite la préférence, et m'y mener comme par la main ? » Il
faut tout dire ; le Bienheureux de la Salle ne regardait un canonicat en lui-même, que comme l'un des moindres emplois de
l'Église. Nous ne le disons qu'après lui, et ce sont les propres
termes dans lesquels il s'en est expliqué dans son Mémoire. Il
voulait être prêtre en entier et en exercer toutes les fonctions. Il
eût cru enfouir le talent qui lui avait été confié dans l'ordination,
et laisser oisif le pouvoir qu'il avait reçu avec le caractère sacerdotal, s'il l'eût resserré dans les bornes d'un office canonial.

Le zèle du Bienheureux de la Salle en cet état se trouvait donc
trop à l'étroit ; la sainte passion qu'il avait de servir l'Église s'y
sentait trop gênée. Son Directeur lui-même contribuait, sans le
vouloir, à le dégoûter d'un office qui ne s'accommodait pas avec
l'entière liberté dans laquelle il désirait se voir pour se livrer tout

entier au ministère sacerdotal ; car exigeant de lui une édifiante assistance au chœur, il le forçait d'être longtemps et souvent absent d'une maison où sa présence était absolument nécessaire. Cependant le Directeur ne voulut pas que son disciple en demeurant bon chanoine, cessât d'être un vigilant supérieur de communauté : nous l'allons bientôt voir résister fortement au dessein que le Bienheureux de la Salle lui proposa de se défaire de son canonicat, et n'y donner son consentement que quand l'évidence l'obligera de convenir que c'était une nécessité de faire option entre deux emplois incompatibles.

Pendant ce temps, le docile disciple qui obéissait à l'aveugle, et qui ne savait point raisonner sur la conduite qu'on tenait à son égard, alliait, du mieux qu'il pouvait, ces deux sortes d'offices et en remplissait les devoirs. Il assistait au chœur autant que l'instruction et la direction de ses disciples, autant que le soin des écoles et la vigilance sur une communauté naissante, le lui permettaient ; mais ce n'était pas sans une secrète envie de se mettre au large et de se débarrasser d'une occupation qui, toute sainte et angélique qu'elle est, lui dérobait une partie du temps qu'il voulait consacrer à des fonctions encore plus divines. Cet attrait lui était resté depuis le dessein que M. Roland lui avait inspiré de permuter son canonicat avec une cure ; et il ne fut pas éteint par la révocation que l'ordre de son archevêque l'obligea de faire. Cette volonté de son supérieur lui ayant marqué celle de Dieu, l'avait persuadé qu'il n'était appelé ni à devenir curé, ni à demeurer chanoine. Cependant il se tenait, comme nous l'avons dit et comme il l'a dit lui-même, dans ce dernier état, en attendant l'ordre de Dieu pour en sortir, n'osant quitter de lui-même la place où le Seigneur l'avait mis.

Ainsi Dieu, qui sait ménager le cœur humain avec un art incompréhensible, disposait le sien à ses desseins d'une manière insensible et comme naturelle ; et, par le saint enchantement de sa grâce, il faisait entrer les inclinations du saint homme en commerce avec ses divines volontés. Ici j'envisage le Bienheureux de la Salle comme un homme arrêté dans une place qui lui présente des chemins différents : incertain sur lequel il doit prendre, il délibère, il consulte, il s'informe quel est celui dans lequel il doit marcher. Néanmoins Dieu semble le lui montrer assez clairement ; mais le saint homme, se faisant une espèce d'illusion à lui-même, ne voit pas encore que Dieu ne lui en ouvre qu'un seul.

Enfin, après bien des réflexions faites en la présence de Dieu, après bien des prières, après bien des consultations, il lui parut visiblement, *sur la fin de l'année* 1682 (dit-il lui-même), *que Dieu l'appelait à prendre le soin des Écoles ; et que devant être le premier à tous les exercices de la communauté, il ne pouvait assister à l'Office aussi assidûment que son Directeur l'exigeait.* Ainsi persuadé par toutes les raisons qui viennent d'être rapportées, il forma le dessein de se défaire de son canonicat ; mais il ne trouva pas son Père spirituel disposé à y consentir.

Une résolution de cette nature trouve rarement des approbateurs : elle était trop singulière et trop extraordinaire, pour que son Directeur se hâtât de l'appuyer de son suffrage. Aussi était-il de la prudence d'en examiner longtemps le principe et le vrai motif, et de vérifier si elle était le mouvement précipité d'une ferveur passagère, ou le fruit mûr de la grâce et de l'opération de l'esprit de Dieu. « Il faut éprouver les esprits » ([1]) et étudier d'où ils viennent et où ils vont. Il ne faut pas croire à tous si on ne veut pas prendre pour guide la présomption, l'étourderie et l'esprit malin. Tous les sentiments qui portent l'apparence de la perfection n'en ont pas la réalité. L'esprit propre est souvent l'auteur des desseins qu'on attribue à l'esprit de Dieu ; et on se livre à l'illusion quand on n'examine pas, avec une sage lenteur, les inspirations extraordinaires. Celle-ci, qui commençait le sacrifice par le dépouillement d'un canonicat et qui le devait finir par celui du bien de patrimoine, paraissait d'abord téméraire. Ce parti aux yeux de la raison humaine était violent ; et un Directeur sage, qui ne cherche point ses réponses dans des lumières extraordinaires et qui ne prend, pour principe de sa conduite, que la prudence éclairée de la foi, ne pouvait pas le munir du sceau de son approbation. Eût-il été sur ce sujet aussi inspiré que l'était son pénitent, la sagesse lui eût dicté de ne pas se rendre à la première proposition, et de chercher, avec une certaine lenteur, l'éclaircissement des volontés de Dieu. En effet, la résolution de se condamner à la plus grande pauvreté, pour donner naissance à une œuvre dont le succès était si incertain, dont le dessein était alors, aux yeux de la chair, si chimérique, était une résolution bien étrange et bien hardie. Elle était héroïque, à la vérité, si l'esprit de Dieu en était l'auteur ; mais elle était téméraire si elle avait un autre principe. En effet, n'était-ce pas, ce semble, tenter Dieu que de quitter un état saint et certain, pour en prendre un autre incertain, encore informe et exposé à mille contradictions,

---

1. I S. Jean, IV, 1.

dont une seule suffisait pour sa ruine. En ce cas, que devenait le chanoine dépouillé ? Quel personnage eût-il joué dans le monde, après avoir voulu prendre, pour sa honte, celui de Fondateur?

Après tout, le Bienheureux de la Salle ne pouvait-il pas se sauver dans l'état où la divine Providence l'avait mis ? S'il paraissait si avide de perfection, quel obstacle y trouvait-il dans un canonicat ? La vie édifiante qu'il y avait menée jusqu'alors ne servait-elle pas de garant de celle qu'il y devait mener dans la suite ? En jugeant de l'avenir par le passé, ne pouvait-il pas se promettre de se sanctifier sûrement, sans courir les risques de tomber dans l'illusion, et d'être trompé par l'idée d'une perfection éblouissante et de seule apparence ? S'il était si passionné pour le ministère et pour le service de l'Église, n'avait-il pas de quoi satisfaire son zèle, à l'exemple de M. Roland, dans le tribunal de la pénitence, dans la direction des âmes, dans le soin des communautés dont il avait déjà la conduite, dans la chaire de vérité en annonçant la parole de Dieu, ou en distribuant ce pain céleste aux petits par des instructions familières : emplois qu'il avait déjà su, comme tant d'autres, allier avec celui de chanoine ? Puisque sa vocation n'était pas équivoque, et qu'il était entré dans l'état ecclésiastique et dans le rang des chanoines de la cathédrale par des voies si canoniques ; puisqu'il en remplissait les obligations avec tant d'exactitude, qu'avait-il à craindre ? Pourquoi ne demeurait-il pas avec assurance ce qu'il était par état et par la vocation de Dieu, bon chanoine et bon prêtre ?

IV. — Le Bienheureux de la Salle trouve de l'opposition à ce dessein de la part de son Directeur qui, enfin, y consent.

TOUTES ces réflexions étaient fortes, et elles méritaient bien que le Directeur suspendît la résolution de son pénitent. Le Directeur sentant donc toutes les difficultés d'une résolution si singulière, en craignit les suites. Une démarche de cette nature ne pouvait guère se faire sans éclat, sans de grands bruits et sans exciter de grands orages ; orages qui ne manquent guère de retomber sur la tête des Directeurs mêmes ; car ils ont toujours une bonne part aux blâmes qu'on fait de ceux qui sont sous leur conduite. Le monde suppose que les pénitents n'écoutent que la voix de leur confesseur, et qu'ils n'agissent que par ses ordres, (ce qui cependant, dans la pratique, est très rare et ne se vérifie que dans les âmes très dociles dont le nombre est petit) et, dans cette supposition, il met tout sur le compte des Directeurs, et ne manque jamais de faire à ceux-ci un crime de toutes les démarches, soit saintes, soit irrégulières de ceux-là. Les tempêtes des langues médisantes que le Bienheureux de la Salle avait suscitées, lorsqu'il avait introduit les maîtres d'école dans sa maison, pour y mener avec eux une vie commune, étaient encore récentes ; et elles en présageaient de bien plus furieuses, lorsqu'il cesserait d'être chanoine, pour devenir comme l'un d'eux.

D'ailleurs, en faveur de qui le Bienheureux de la Salle se dépouillerait-il de son canonicat ? Autre difficulté qui devait traîner après elle de nouveaux inconvénients. Le vertueux chanoine avait un frère ecclésiastique ; et c'était celui-là même et le seul de ses parents qui lui était demeuré attaché, et qui, malgré sa famille, restait avec lui en société de vie avec les maîtres d'école. Si le frère aîné ne laissait pas à ce puîné la dépouille de sa prébende canoniale, que n'en allait-on point dire ? Que de cris n'allait-on point entendre dans la ville ? Quel déchaînement une famille mécontente n'allait-elle point faire éclater ? Mais un homme qui commençait à marcher avec tant de courage dans la voie des saints, était-il homme à écouter la voix de la chair et du sang, et à autoriser, par son exemple, la coutume pernicieuse de faire passer en héritage le bien du sanctuaire? Il ne fallait pas être fort éclairé pour sentir toutes ces difficultés. Ainsi, encore une fois, il n'était pas de la sagesse du Directeur de se rendre aux premières propositions de son pénitent sur le renoncement à son canonicat.

Le Bienheureux de la Salle docile, humble et soumis, se vit donc obligé de suspendre son dessein avant que de former une résolution de si grande importance, après avoir bien pesé ses fins et ses circonstances. Cependant le vertueux chanoine, qui se sentait pressé de la grâce, et qui était empêché par l'obéissance de la suivre, pour n'avoir rien à se reprocher, voulut prendre toutes les voies imaginables de connaître la volonté de Dieu. D'un côté, il avait peur de résister au Saint-Esprit et d'étouffer sa voix en écoutant celle de la raison humaine: de l'autre, toujours en garde contre lui-même, il craignait d'être trompé, en prenant pour inspiration de Dieu une production de son propre esprit, ou un conseil artificieux de l'ange malin qui sait si bien contrefaire les opérations divines.

Pour sortir de cette nouvelle perplexité, il ne trouva point de meilleur moyen que celui de consulter les personnes les plus sages et les plus éclairées du royaume. A cet effet, il fit un voyage à

Paris ; mais loin d'y voir ses difficultés se résoudre, il les vit augmenter par la diversité des sentiments de ceux qu'il consulta, dont les uns autorisèrent et les autres contredirent le dessein qu'il avait de renoncer à son canonicat.

Le rapport fidèle qu'il en fit à son conducteur augmenta son embarras ; car celui-ci se voyant appuyé de l'avis de plusieurs personnes éclairées, que le Bienheureux de la Salle avait consultées, s'affermit dans son sentiment et ne permit plus à son pénitent de penser à l'exécution de son pieux dessein ; mais c'est ce qui n'était pas au pouvoir du vertueux chanoine. Cette pensée le préoccupait et le suivait partout. L'Esprit-Saint, qui en était l'auteur, la lui tenant toujours présente, le sollicitait d'en venir aux effets. Ainsi pressé au-dedans, il revenait sans cesse à la charge, et sollicitait, avec de pieuses instances, son conducteur d'acquiescer à ses désirs.

Pendant les neuf ou dix mois qui se passèrent dans cette espèce de controverse, chaque jour semblait fournir au pieux chanoine une nouvelle raison de se dépouiller de sa prébende, ou la même raison faisait chaque jour sur lui une impression nouvelle. En les portant aux oreilles de son confesseur, il tâchait de leur donner sur son esprit toute la force qu'elles avaient sur le sien. Enfin, pour se rendre son juge favorable, il joignit à ses sollicitations celles d'un autre ecclésiastique qui demeurait avec lui, qui représenta avec tant de clarté au Directeur du pieux chanoine, l'impossibilité d'allier ensemble les deux divers emplois qui le partageaient, qu'il se rendit à ses raisons et à ses désirs, après un long et sérieux examen.

Une démarche de cette espèce, si douloureuse pour la nature, devait-elle donc sa naissance à l'ambition et au désir de se faire un nom dans le monde ? C'est de quoi des censeurs injustes et outrés taxaient alors le Bienheureux de la Salle. S'ils eussent voulu consulter leur propre cœur et étudier ses inclinations, il leur eût répondu que de telles résolutions ne peuvent venir que d'en haut, et que s'est attribuer à Béelzébub, prince des démons, les miracles de la grâce et les prodiges que le Saint-Esprit opère dans les âmes, que de taxer un pareil dessein d'ambition.

CHAPITRE XIII.

Mesures que prend le Bienheureux de la Salle pour se défaire de son canonicat, après en avoir reçu l'agrément de son directeur : opposition qu'il y rencontre, et qu'il surmonte. — (1683.)

I. — Discours du monde.

NOTRE pieux chanoine, persuadé que le secret est l'âme des affaires et que le succès en dépend, mit en usage toutes les précautions que la sagesse inspire pour cacher son dessein ; mais en vain : un bruit sourd s'en répandit dans la ville et en porta la nouvelle de maison en maison. Une démarche de cette nature ne pouvait guère se faire sans éclat. Comme la nécessité oblige d'en faire révélation à certaines personnes, et qu'il est impossible de fermer la bouche à toutes, il ne manque jamais d'arriver qu'une langue indiscrète trahit le secret dont l'âme n'est pas capable.

Ce dessein manifesté, il est aisé de juger de quelle manière il fut reçu du public, quels murmures il excita parmi les confrères et parmi les amis, et quel mécontentement il fit naître dans la famille du Bienheureux de la Salle. En butte à la contradiction, à l'exemple de son divin Maître, de qui n'essuya-t-il point les mépris, les reproches, les railleries en cette occasion ? Aux yeux des gens du siècle, il avait la tête démontée. Il s'était épuisé le cerveau par une manière de vie trop retirée, trop abstraite et trop mortifiée. Son esprit affaibli voulait s'élever trop haut et prendre son vol au-dessus de la commune région des parfaits, pour prendre place et s'asseoir parmi les patriarches d'ordre. Au jugement des sages et des politiques qui poussent plus loin leurs vues, et qui étudient les caractères des hommes pour prononcer en maîtres sur leurs actions, notre chanoine en renonçant à son état, suivait son esprit propre qui le portait toujours aux extrémités. Selon les plaisants, qui savent donner à tout un air de ridicule, et qui aiment à rire aux dépens des dévots, celui-ci d'un sang vif et bouillant, était las de demeurer tranquille dans un état heureux, et de n'exercer son zèle qu'à chanter les louanges de Dieu. C'est un coup de sa tête, disaient les indifférents, il se laisse éblouir par l'éclat d'un plan de vie extraordinaire. Le désir de la plus grande perfection lui fait illusion : il ne prend avis que de lui-même. Y a-t-il des directeurs assez complaisants ou d'un sens assez borné, pour approuver un pareil travers? Ainsi, parlait le monde, et le pieux chanoine le laissait parler.

Ses confrères, ses amis tenaient un autre langage, mais ils allaient au même but. En lui faisant de tendres reproches de ce qu'il voulait sortir de leur compagnie, renoncer à leur amitié et leur dire un dernier adieu, ils lui faisaient de longues dissertations sur l'état qu'il méditait de quitter, et sur celui qu'il voulait embrasser. Chacun d'eux se plaisait à étaler sa rhétorique pour lui dire de l'un tout le mal, et de l'autre tout le bien qu'ils pouvaient imaginer. Que ne disaient-ils pas pour dépeindre à ses yeux, avec les couleurs les plus noires, le détail des chagrins, des peines et des misères qu'il allait recueillir dans l'état misérable, pauvre et déconsidéré, pour lequel il témoignait tant d'attrait! Son sort était à plaindre : ils en avaient pitié, et ils ne pouvaient souffrir, lui disaient-ils avec tendresse, qu'il allât se confiner parmi les hommes de la condition la plus vulgaire, et se condamner à vivre comme eux, et avec eux, en malheureux, le reste de ses jours. Quoi! ajoutaient d'autres amis, semblables à ceux de Job, est-ce donc que vous avez déshonoré votre caractère par quelque crime? Est-ce pour l'expier que vous voulez vous exclure du milieu des honnêtes gens? Si vous voulez faire pénitence, est-il besoin d'aller la faire dans un état de bassesse et de misère? Pouvez-vous préférer celui-ci au vôtre sans le déshonorer et sans faire retomber sur vos confrères et sur un des plus illustres chapitres du monde, l'indignité de votre honteuse préférence? Tous d'un ton de prophète ne manquèrent pas de vouloir lui prédire qu'il ne tarderait pas à s'en repentir, et qu'il verrait sa faute presque aussitôt qu'elle serait faite, mais peut-être lorsqu'il ne serait plus temps d'y remédier.

Comme chacun en raisonnait à sa mode et voulait dire son sentiment, les gens de bien et même les personnes dévotes entraient aussi en cause, et apportaient leurs griefs pour concourir à l'arrêt que le public prononçait contre le vertueux chanoine. « Quoi donc! disaient ceux-ci, est-ce que les cris du public ne vont pas jusqu'à ses oreilles? Est-il ignorant de tout ce qu'on dit dans la ville? S'il le sait, pourquoi n'oblige-t-il pas le monde de se taire, en se désistant de son étrange entreprise? Sa piété ne doit-elle pas lui faire une loi d'apaiser une famille révoltée, et de se réconcilier avec des amis et des parents mécontents? Pourquoi tant faire parler de soi, et donner aux libertins des sujets de plaisanter aux dépens des dévots et de décrier la dévotion? A-t-il assez fait réflexion, disaient ceux-là, sur l'importance de la démarche qu'il va faire ? Si elle lui déplaît quelques jours après qu'il l'aura faite, et qu'en venant au regret, il se range du côté du public pour la condamner à son tour, quelle honte n'en recevra-t-il pas ! quelle tache sur sa piété ! S'il demeure ferme dans sa résolution, ce qui pourra bien arriver, car il est entêté, quelle scène il va donner au monde en devenant de chanoine maître d'école, en se mettant à la tête d'une troupe de pauvres, et en devenant pauvre comme eux ! En vérité, n est-ce point tenter Dieu ? Y pense-t-il ? Pourquoi ne l'y fait-on pas penser ? Est-il possible, disaient les uns, que lui seul ne voie pas ce que tout le monde voit ; et qu'aveuglé sur l'avenir, il ne prévoie pas les misères qu'il se prépare, la triste situation dans laquelle il va se jeter ? L'histoire de sa vie apprendra à ses dépens à la postérité, à être sage avec sobriété, et à mesurer ses desseins sur ses forces. Mais après quoi veut donc courir notre compatriote ? disaient les autres ; après des fantômes de perfection ? Je lui croyais plus de tête ; quoi ! il se laisse éblouir par de pieuses chimères ? Car enfin qu'est-ce que son établissement ? une pure chimère. Qu'il sera donc surpris et confus, quand il verra ses projets évanouis ! Cela peut-il arriver autrement ? Supposons qu'il donne à cette institution un commencement heureux, a-t-il assez de crédit et d'autorité pour parer tous les coups et le conduire jusqu'à sa perfection ? »

Je ne finirais pas si je voulais rapporter tout ce qui se disait. On sait assez ce que le monde sait débiter en pareilles occasions. En un mot, le vertueux chanoine avait tout le monde contre lui, et s'il avait voulu faire son apologie, il n'aurait pas pu fournir assez de réponses au nombre d'accusations qu'on formait contre son dessein.

II. — Le Bienheureux de la Salle laisse parler le monde, et se tait.

SA défense était le silence ; car, pour l'ordinaire, c'est l'unique qui soit, dans ces rencontres, du goût des saints, et qui soit autorisée par l'exemple de JÉSUS-CHRIST, JESUS *autem tacebat* : JÉSUS *se taisait* lorsqu'on l'accusait, et qu'un monde entier donnait son suffrage pour le condamner. Le silence en ces conjonctures délicates, est la plus éloquente des apologies, qui enfin, tôt ou tard, ramène le public au vrai, et lui fait rétracter son premier jugement porté avec trop de précipitation. Ce silence héroïque est le témoignage de l'innocence, et le signe le plus authentique de la présence du Saint-Esprit dans une âme. Plus sa pratique est difficile et rare, plus son mérite est grand. Ce silence si glorieux fut donc l'unique défense de notre pieux accusé. Je ne sais pas s'il fut mortifié de tout ce qu'on disait de lui, au moins ne le laissa-t-il pas paraître. Sans doute qu'il fut sensible au mécontentement et à l'affliction que sa résolution causait à sa famille; car, quoique la vertu contredise la nature, elle n'étouffe pas ses sentiments. Pour être saint, on n'en est pas moins homme ; l'on peut même dire que les saints sont plus affectueux que les autres hommes, en ce sens, qu'ayant un meilleur naturel, moins d'amour-propre et plus de charité pour leur prochain, ils ont souvent un cœur plus tendre et plus sensible : tendresse et sensibilité qui ne servent qu'à donner à leurs sacrifices un prix nouveau et un plus grand mérite.

Tous les parents du Bienheureux de la Salle, déconcertés et alarmés de sa résolution, recueillaient les cris du public, et y ajoutaient les leurs pour l'ébranler et l'obliger à ne pas leur donner ce nouveau sujet de mécontentement ; mais c'était en vain : son parti était pris. La chair et le sang ne l'avaient point inspiré : Celui qui en était l'auteur l'animait à l'exécuter ; et, s'il m'est permis de lui appliquer cet éloge du premier des martyrs, le vertueux chanoine, *plein de grâce et de force*, résistait à tous les assauts qu'on lui livrait : le Saint-Esprit était en lui, et, sans le rendre insensible aux traits qu'on lui portait, il l'en rendait victorieux. Car il ne faut pas croire que, tout inébranlable que parût à l'extérieur ce généreux athlète, il ne fût pas quelquefois fortement agité dans l'intérieur, lorsque les démons s'unissant aux hommes faisaient les plus étranges efforts pour l'abattre. Il a avoué lui-même plus d'une fois à ses disciples, qu'alors l'enfer déchaîné, encore plus que le monde, lui livra de si furieuses attaques, qu'il n'eût pu les soutenir, si le bras du Tout-Puissant ne se fût armé pour sa défense.

Le démon, infiniment plus habile que les hommes à tracer et à peindre avec un artifice imposteur les images les plus vives et les plus séduisantes, s'étudiait à achever, dans l'imagination du chanoine, les tableaux effrayants que ses amis n'avaient fait qu'ébaucher, des misères où il allait se plonger. Les couleurs les plus vives, employées par une main si savante et si maligne, lui faisaient de l'état qu'il voulait embrasser des portraits si affreux, qu'il semblait qu'en y entrant il ne pût qu'y recueillir toutes les peines des malheureux, et traîner après lui, jusque dans le tombeau, toutes les misères de la plus affreuse indigence. Déjà, ce semble, le chanoine prêt à se dépouiller de tout, croyait se voir indigent et misérable, à la tête d'une troupe de ses semblables, qu'un excès de complaisance le porte à imiter. Déjà l'aîné d'un nombre de Frères, qui n'ont d'autre ressource, contre toutes les nécessités de la vie, que le soin de la Providence et la charité du public, il se croit exposé avec eux à composer une espèce d'hôpital, ou à chercher du pain à la faveur d'une mendicité honteuse. La faim, la soif, le chaud, le froid, la nudité, les rebuts, les insultes, les infirmités, les maladies, et tout le nombreux cortège de misères et de peines qui assiège la pauvreté, deviennent son partage, après qu'il aura renoncé à l'héritage de ses parents et aux revenus du sanctuaire. Encore si lui seul demeurait pauvre et misérable, il ne le serait qu'une fois ; mais il allait le devenir autant de fois qu'il aurait à nourrir de Frères, qui, devenus ses enfants spirituels, lui causeraient autant de déchirements de cœur, qu'en sent une mère tendre qui se voit sans pain et sans aliments, environnée d'une troupe d'enfants affamés. En un mot, le démon lui ouvre le sein de la pauvreté, et lui montre dans son fond un abîme de misères, où sa résolution indiscrète et téméraire va le précipiter, sans qu'il puisse jamais s'en relever, et sans que personne ait jamais pitié de lui. « Après tout, ajoutait le père du mensonge, vous serez le seul à plaindre ; car l'état que vous allez épouser, est l'état de ceux que vous voulez imiter. Pauvres par naissance, ils le sont par état ; en demeurant pauvres en cette profession, ils demeureront ce qu'ils sont nés. Endurcis dès le berceau dans l'indigence, élevés dans la pauvreté, familiarisés avec les besoins de la vie, ils n'en sentent la peine que quand elle est extrême. Ils sont accoutumés à se passer de ce qui n'est pas le pur nécessaire, et à dévorer toutes les amertumes de la disette. Mais vous, élevé avec tant de soin, nourri avec tant de délicatesse, qui avez vécu au milieu de l'abondance, et à qui rien n'a jamais manqué, qui avez trouvé dans le revenu d'une riche prébende et d'un bon patrimoine toutes les douceurs de la vie, à quelle agonie vous trouverez-vous réduit quand, dépouillé de tout, vous vous verrez dans l'indigence, sans oser même recourir ni à vos anciens amis, ni à vos proches, qui tous mécontents se feront une joie maligne de vous voir boire à longs traits le calice amer de misères et de malheurs, qu'ils n'ont pu vous empêcher de venir chercher dans ce nouvel état qui a tant de charmes pour vous ! » Que fera notre chanoine agité, troublé, effrayé ? Reculera-t-il ? N'osera-t-il plus avancer vers un état qui ne lui promet que des misères ? Le démon réussira-t-il à faire passer de son imagination dans son âme les frayeurs d'une pauvreté prochaine et désespérante ? A

Dieu ne plaise qu'il élève, sur les débris de sa confiance en Dieu, un trophée à la raison humaine et à la prudence de la chair !

Le généreux chanoine va sortir victorieux de ce combat, en se déterminant à faire à l'amour-propre une plaie nouvelle et plus sanglante que les autres, et en scellant sa première résolution par une seconde encore plus héroïque. L'état qu'il va embrasser, en le jetant dans le sein de la misère, ne lui ôte pas les moyens communs de la soulager. La charité du public est le remède que Dieu lui a préparé, et la mendicité est la voix qui l'a sollicité. Il se détermine donc à en dévorer la honte, le cas échéant. *Hé bien, le pis aller*, répondit-il au démon dans le secret de son cœur, *ce sera d'aller demander l'aumône : s'il le faut, nous le ferons*.

Quelle résolution pour un jeune chanoine, pour un homme riche et de noble famille, pour un docteur en réputation, pour un ministre des autels si bien pourvu de bénéfices ecclésiastiques et de biens patrimoniaux ! Une résolution si héroïque, si contraire à l'amour-propre et à l'orgueil naturel, fut le triomphe de la charité. Après une tentation si bien soutenue et une victoire si complète, notre chanoine ne compte plus que des accroissements d'amour et de grâce.

III. — Il va à Paris pour prier Mgr l'archevêque de Reims de consentir à son dessein.

ENFIN déterminé à se dépouiller de tout, pour marcher sur les traces de JÉSUS nu et pauvre, il alla à Paris, au mois de juillet 1683, trouver son archevêque, pour le prier d'accorder son agrément à la démission qu'il voulait faire de son canonicat; mais il ne put lui parler, et le prélat, quelques jours après, partit pour Reims.

Dans le peu de séjour que fit à Paris notre vertueux chanoine, il vit M. de la Barmondière, alors curé de Saint-Sulpice, sans doute pour conférer avec ce saint homme sur sa résolution, et recevoir de sa bouche de nouveaux ordres pour l'exécuter. Les saints se recherchent, et leur plus grande consolation est de voir leurs desseins, que les gens du siècle traversent et condamnent, appuyés et autorisés par les amis de Dieu. Le Bienheureux de la Salle, qui nous a transmis ce fait par écrit, nous a laissé ignorer ce qui fut dit entre lui et ce grand serviteur de Dieu sur son nouvel Institut ; car son humilité ne lui a jamais permis de révéler rien qui pût tourner à sa louange. Nous ne hasarderons cependant rien en supposant que le saint curé donnât toute son approbation à un dessein si condamné dans le monde, et qu'il comblât de louanges, dont ceux qui l'ont connu savent qu'il n'était point prodigue, une œuvre qui promettait à Dieu tant d'honneur, et aux pauvres tant de services. Nous en jugeons par la conclusion de cette conférence : M. de la Barmondière, ravi des grands fruits que les écoles naissantes faisaient à Reims, se hâta de faire entrer sa vaste paroisse dans la possession d'un si grand bien, en faisant promettre au Bienheureux de la Salle qu'il viendrait lui-même au plus tôt, avec deux de ses Frères, en faire l'ouverture. Ce traité conclu au gré de l'un et de l'autre, le Bienheureux de la Salle laissa à Paris ses hardes, comme gage de sa parole, dans l'espérance d'y revenir bientôt l'exécuter ; mais l'exécution de ce dessein n'alla pourtant pas si vite, au grand déplaisir de M. de la Barmondière. Le Bienheureux de la Salle ne put satisfaire à sa promesse que six ans après. Ainsi Dieu ménageait aux nouvelles écoles, sous les auspices d'un saint curé, une entrée dans la capitale du royaume, qui en est comme la clef, pour les propager ensuite dans toutes les autres villes de France.

Le vertueux chanoine, obligé de revenir sur ses pas, pour trouver à Reims celui qu'il était allé chercher à Paris, ne tarda pas de se présenter à l'archevêché ; mais les portes en étaient fermées pour lui. Le prélat, bien informé du dessein de celui dont il connaissait déjà le zèle et le désintéressement, ne cherchait qu'à temporiser, pour lui donner lieu de faire de nouvelles réflexions, et l'engager à oublier sa résolution. Il espérait qu'un délai pourrait insensiblement ralentir sa ferveur, changer ses dispositions, et que ses remontrances, jointes aux nouvelles sollicitations de ses amis et de ses parents, lui feraient abandonner un dessein traversé de tous côtés.

IV. — **Mgr l'archevêque de Reims fait son possible pour faire changer de dessein au Bienheureux de la Salle ; mais ne pouvant l'ébranler, il consent à sa démission.**

MONSEIGNEUR le Tellier avait un fonds d'estime pour ce chanoine dont il avait déjà connu le mérite et la vertu par des preuves certaines. Il craignait donc avec raison que la perte qu'en ferait sa cathédrale, ne fût suivie de celle qu'en ferait son diocèse. Ainsi il mit tout en œuvre pour conserver à l'une et à l'autre un sujet de si grande valeur. Le prélat tint d'abord les portes de sa maison fermées pour l'homme de Dieu, et chercha à le fatiguer par des rebuts réitérés, de peur d'apprendre de sa bouche la résolution qu'il voulait rendre vaine. Ensuite, obligé de l'écouter, il lui fit entendre qu'il était de l'avis du public sur le dessein qu'il venait lui proposer, afin de lui en inspirer le dégoût, et de lui en faire perdre l'idée. Ne pouvant y réussir, il se prêta enfin aux désirs du vertueux chanoine, quoique avec peine et regret, sans cependant lui en donner aucun signe, soit qu'il crût inutile de le lui marquer, soit qu'il ne voulût pas le contrister. Mais quand le Bienheureux de la Salle se fut retiré, le prélat ouvrit son cœur en présence de plusieurs personnes, pour leur témoigner combien il sentait la perte qu'il prévoyait devoir faire d'un ministre évangélique qui n'avait pas son pareil dans le diocèse de Reims. C'est ce qui parut assez quelques années après, lorsque le saint homme voulut quitter Reims pour venir s'établir à Paris; car il trouva du côté de son archevêque toutes les oppositions imaginables. Le prélat alors mit tout en œuvre pour le retenir dans son diocèse: les offres les plus avantageuses ne furent point épargnées pour empêcher sa sortie. La générosité de Mgr le Tellier alla même jusqu'à promettre au Bienheureux de la Salle de fonder sa communauté, s'il voulait borner ses établissements dans les limites de son diocèse. La promesse était grande; mais l'homme de Dieu ne put l'accepter, parce qu'elle aurait enchaîné son zèle et resserré l'œuvre de Dieu, qu'il était inspiré d'étendre par toute la France. Ainsi le Bienheureux de la Salle, après les témoignages les plus respectueux de reconnaissance, se refusa généreusement à une proposition qui paraissait si avantageuse. Un homme que le seul intérêt de Dieu touchait, parut insensible aux intérêts humains. C'est ce que nous avons cru devoir rapporter tout de suite, en devançant les temps, pour justifier la conduite que garda Mgr le Tellier envers le Bienheureux de la Salle. On aurait peut-être été tenté de l'accuser d'avoir été un peu dur d'abord, si on eût laissé ignorer le principe qui le faisait agir.

L'archevêque ne se rendait donc invisible au vertueux chanoine que par un fonds d'estime pour lui, et par une pieuse crainte de le perdre. Il voulait l'obliger à abandonner son dessein, en ne lui permettant pas de le lui exposer. Il aurait pu y réussir, si le dessein du chanoine n'eût pas été inspiré de Dieu; car enfin, avec le temps et par une suite d'oppositions, on voit tomber les projets de l'esprit de l'homme aussi bien que les ouvrages de ses mains; mais ceux de Dieu s'affermissent de plus en plus, et les délais ne nuisent point à leur accomplissement. Cependant le prélat, par sa conduite dont le Bienheureux de la Salle ignorait le motif, l'engagea à recourir à de nouvelles consultations, à soumettre à de nouveaux examens une résolution si contredite, et même à la porter au tribunal de gens qui ne pouvaient pas être suspects à Sa Grandeur.

L'affaire fut donc portée devant de nouveaux juges, dont le président, pour ainsi parler, était M. Philbert, l'homme de Mgr le Tellier et d'un grand crédit à l'archevêché, chanoine et professeur de théologie au séminaire, et, depuis, chantre de la cathédrale. Chose étonnante! le Bienheureux de la Salle écouté, et ses raisons pesées, tous souscrivirent à son dessein, et lui conseillèrent même de se retirer à Paris, soit pour se mettre à couvert de tous les reproches qu'il lui faudrait essuyer au milieu de sa famille et dans le lieu de sa naissance, soit pour être plus en état, dans la ville qui est le centre du royaume, de multiplier ses sujets, et d'en envoyer des colonies de tous côtés. Tant il est vrai que les ouvrages de Dieu ne font que croître par les oppositions, et que les conseils du Très-Haut ne peuvent être détruits par ceux des hommes, ainsi que Gamaliel le disait aux Juifs [1]. Quand Dieu agit, tout cède à sa force, tout concourt enfin à son action : il entraîne les conseils et les volontés des hommes; il fait parler, à qui il lui plaît, son langage, et toute langue, quand il le veut, rend témoignage à ses inspirations. Témoin le méchant prophète Balaam, gagné pour répandre des malédictions sur le peuple de Dieu, qui trouve en sa bouche des paroles que son esprit propre n'a point dictées, et qui entend sortir de ses lèvres des bénédictions que son cœur dément et rejette.

Cette nouvelle consultation fut de grand poids à l'archevêché et dans la ville. Elle eut de plus, sur l'humble consultant, une grande autorité ; car elle achevait de lever toutes les hésitations que les contradictions des hommes pouvaient faire naître dans son esprit sur le principe de sa résolution, et elle ne lui permettait plus de douter que la Saint-Esprit, qui la faisait confirmer par ceux-là mêmes qui auraient dû naturellement l'attaquer, n'en fût l'auteur. Ainsi animé de nouveau à poursuivre auprès de son archevêque l'agrément de sa démission, il se présenta encore à sa porte, la veille du jour qu'il devait repartir pour Paris. Le chanoine la trouva encore fermée. Après ce dernier refus, il alla dans la cathédrale faire visite à un plus grand Seigneur, et il ne trouva ni barrière, ni portes, ni gardes, qui lui en défendissent

---

1. Act., v, 39.

les approches. Là, aux pieds des autels, ayant toute liberté de répandre son cœur, il fit une prière de plusieurs heures. Pendant cette longue oraison, se livrant aux transports de sa ferveur, il passa le temps à s'offrir aux desseins de Dieu, à s'abandonner à ses volontés, et à le supplier de les accomplir en lui, sans aucun égard à ses inclinations, ou à ses répugnances. Il demeura trop de temps dans cette élévation d'esprit, immobile et comme mort, pour ne point tomber sous des yeux critiques. Un de ses amis, un de ces faux sages dont le monde est plein, compatissant malignement à l'état prétendu pitoyable de l'homme de Dieu, dit à une autre personne présente ; — *Priez pour M. de la Salle qui perd l'esprit.* — *Vous dites bien*, répliqua l'autre, plus sage que lui, *il perd véritablement l'esprit, mais c'est l'esprit du monde qu'il perd, pour se remplir de celui de Dieu.*

Il est à croire que, dans cette longue oraison, Dieu dit encore une fois à l'oreille du cœur de notre chanoine, ce qu'il avait inspiré à ses ministres de lui conseiller, et qu'il l'engagea intérieurement à retourner à l'archevêché pour solliciter de nouveau l'agrément du prélat ; car il y retourna et les portes lui en furent enfin ouvertes. L'archevêque l'écouta avec bonté. L'humble chanoine qui ne regardait que la personne de JÉSUS-CHRIST dans celle de son archevêque, et qui, indifférent à tous ses ordres, n'en attendait que la déclaration pour les exécuter, lui fit avec candeur et simplicité l'ouverture de son cœur, et, après avoir rendu un compte exact de toutes ses démarches, il lui proposa, et le dessein qu'il avait de se démettre entre ses mains de son canonicat, et celui qu'il avait d'aller à Paris, comme dans le lieu le plus propre pour le succès de son œuvre. Mgr le Tellier déjà presque gagné, se contenta de lui demander s'il avait pris conseil dans une affaire de cette conséquence ; et sur la réponse que fit le Bienheureux de la Salle, qu'il avait consulté, et que son dessein avait reçu l'approbation de M. Philbert, ce chanoine qui était pour lors au chœur, fut mandé aussitôt. Cet ancien supérieur du séminaire de Reims ne laissa pas d'être interdit de la question que lui fit, de son ton ordinaire, Mgr le Tellier. Interrogé s'il avait aussi souscrit à la démission que son confrère voulait faire de son canonicat, il ne répondit ni oui, ni non ; et, par un détour adroit, il déclina la question, en disant *que le Bienheureux de la Salle avait un frère, auquel il pouvait donner sa prébende.* — *Il peut la donner à qui il lui plaira, et j'agréerai sa démission*, reprit le prélat.

V. — Surprise de Mgr le Tellier quand il vit la résignation faite par le Bienheureux de la Salle en faveur d'un pauvre prêtre, au détriment de son propre frère.

A PEINE cette réponse si désirée fut-elle prononcée, que le Bienheureux de la Salle la saisit ; et, de peur que le délai n'y apportât quelque changement, sur-le-champ il dressa l'acte de sa démission, que son Directeur autorisa aussi de son seing, et il supplia Mgr l'archevêque de la remplir du nom de M. Faubert. Cet ecclésiastique était alors en grande réputation dans Reims. Le talent de la parole qu'il y exerçait avec succès, joint à une parfaite régularité de vie, lui faisait un grand nom. C'est tout dire ; le pieux chanoine ne connaissait pas un homme d'un mérite plus distingué, et plus digne de son choix ; mais comme ce prêtre était pauvre et d'humble naissance, par ce seul fait, il ne plaisait pas à ceux qui regardent les hommes selon les yeux de la chair.

Si le Bienheureux de la Salle avait pris avis de son propre cœur et des sentiments de la nature, son canonicat serait resté dans sa famille, car il avait un frère ecclésiastique, en état d'en être pourvu ; mais cet homme, digne des temps apostoliques, qui, à l'exemple de saint Paul, n'écoutait jamais la chair ni le sang, se détermina à ne point entrer en conférence avec ces perfides conseillers, de peur de trouver du mécompte en une affaire si délicate, dans laquelle, pour ne point être dupe de son amour-propre, et pour se mettre en état de faire choix du plus digne, le plus sûr est de préférer l'étranger d'un mérite connu, à un parent d'un mérite inférieur ou équivoque. Mais qu'un tel choix souffrait de difficultés dans la pratique ! Pour préférer à un propre frère, ou à un autre riche et noble citoyen, un étranger, un homme pauvre, un homme de basse condition, un homme sans crédit, il fallait se mettre au-dessus des préjugés communs, au-dessus de la coutume funeste autorisée par tant d'exemples, au-dessus de tout respect humain et des intérêts de famille ; il fallait, de plus, se livrer en proie aux langues médisantes, à la censure publique, aux reproches de ses confrères, aux insultes de ses parents, aux railleries des mondains et aux gloses malignes d'une troupe de mécontents. C'est ce que fit le Bienheureux de la Salle : rien ne fut capable d'ébranler un cœur déjà habitué à n'écouter que les inspirations de la grâce.

Ce choix, par conséquent, dans toutes ses circonstances, était héroïque et digne du Bienheureux de la Salle ; car il pouvait s'attendre qu'il ne serait bien reçu, ni à l'archevêché, ni dans son chapitre, ni dans la ville ; et qu'il jetterait dans sa famille l'amertume et l'affliction.

L'étonnement que le prélat témoigna, quand il entendit le pieux chanoine se nommer pour successeur un homme qui n'avait de distingué que son mérite personnel, par préférence à son propre frère et à tant d'autres parents, ou enfants de famille qui formaient alors à Reims, comme partout ailleurs, des vœux pour une prébende de la cathédrale, ne le déconcerta point et ne changea rien à son premier choix.

VI. — Mgr le Tellier tâche d'engager le Bienheureux de la Salle à révoquer la résignation faite en faveur de M. Faubert, pour la faire tomber à M. de la Salle puîné ; inutilité de ses efforts.

MONSEIGNEUR l'archevêque voyant que la surprise qu'il avait marquée n'avait pas paru faire impression sur le Bienheureux de la Salle, lui parla lui-même en faveur de son frère ; et, sans vouloir néanmoins capter son élection, il tâcha de la faire tomber sur lui par préférence à l'étranger. La sollicitation était forte, surtout auprès d'un homme, qui ne regardait ses supérieurs qu'en Dieu ; mais il savait distinguer, quand ils parlaient en hommes et quand ils parlaient comme organes du Saint-Esprit. Sans entrer dans de grands discours, il fit tomber la sollicitation par cette courte réponse : *On ne me l'a pas conseillé.* Cette réplique arrêta Mgr le Tellier, et il abandonna le chanoine à sa pieuse liberté. Son frère n'y perdit rien, car le refus qu'avait fait le Bienheureux de la Salle de lui faire passer son canonicat, lui en mérita un autre que le prélat lui donna de son pur mouvement et sans aucune sollicitation, comme pour le dédommager du préjudice prétendu qu'il avait reçu de la démission faite en faveur de M. Faubert. C'est ainsi que Mgr l'archevêque s'en expliqua lui-même lorsque, en gratifiant d'une prébende canoniale le cadet de la famille de la Salle quelques années après, il dit, en plaisantant, *qu'il lui faisait ce présent pour réparer la folie de l'aîné qui avait donné son bénéfice à un autre qu'à son frère.*

Il est vrai que le choix du Bienheureux de la Salle ne fut pas heureux dans la suite ; car son successeur qui n'était qu'un pauvre et simple prêtre très zélé et très laborieux, devenu riche chanoine, en voulant goûter les commodités de la vie et la douceur du repos, perdit son zèle et son amour pour le travail. Mais le Bienheureux de la Salle ne lisait pas dans l'avenir, dont Dieu seul se réserve la science. Ce n'était pas sur ce que devait devenir M. Faubert dans la suite des temps, mais sur ce qu'il était dans le temps présent, qu'il fondait son choix. Ce jeune ecclésiastique du diocèse de Reims, était, lorsque le Bienheureux de la Salle le nomma pour successeur, l'homme du diocèse qui paraissait faire de plus grands biens, qui promettait pour l'avenir en faire de plus abondants. Si, dans la suite, il s'est démenti, et s'il a cessé de marcher dans ce premier train de vie si régulier et si édifiant qu'il avait adopté d'abord, il n'y a là rien d'extraordinaire ; c'est ce qui est arrivé dans tous les temps à une infinité d'autres, qui finissent mal après avoir bien commencé.

VII. — **M. Faubert se démentit, dans la suite, de sa première ferveur, ce qui fut un grand sujet de peine pour le Bienheureux de la Salle.**

TOUTEFOIS celui-ci donna à son bienfaiteur, pendant quelque temps, de la consolation et de la joie ; car marchant d'abord sur ses pas, il s'unit à lui, et commença une espèce de petit séminaire de jeunes ecclésiastiques, en même temps et dans la même maison, où le Bienheureux de la Salle commença celui des Frères.

Il est à croire que, tandis que l'homme de Dieu demeura à Reims, M. Faubert profita de sa présence, et qu'il ne commença à se relâcher que quand il perdit le secours de ses instructions et de ses exemples. Sa mort précéda de plusieurs années celle du Bienheureux de la Salle, qui eut la douleur de voir son successeur dans le chapitre de Reims, finir dans le relâchement une carrière commencée dans la ferveur. Si le saint homme l'avait pu prévoir (c'est ce qu'on lui a entendu dire), il n'eût pas été chercher M. Faubert dans le dernier rang des prêtres, où il faisait merveille en vivant comme un digne disciple de JÉSUS-CHRIST, pour lui faire prendre place parmi les chanoines. Ce qui paraît étonnant, c'est que le changement d'état si différent dans les deux, a paru nuire à la santé de l'un et abréger ses jours par une vie douce et molle, et que les étranges austérités et travaux de l'autre, ont paru fortifier son faible tempérament. Le Bienheureux de la Salle, né dans l'aisance et élevé avec une extrême délicatesse, aurait peut-être vécu moins de temps s'il avait été moins pénitent et moins austère; et M. Faubert, qui était né dans la pauvreté, vraisemblablement aurait eu des jours plus longs, si son corps, accoutumé au travail et à une vie dure, n'eût point été trop engraissé dans le repos et dans l'indolence.

Ce récit, qui est de grande instruction, a trouvé place ici, parce que, découpé en différents endroits où la suite des temps en aurait dû distribuer les parties, il aurait perdu de son intérêt et de son utilité. Reprenons la suite de la démission que fit le Bienheureux de la Salle de son canonicat.

Mgr le Tellier, devenu lui-même témoin des vertus héroïques que le dépouillement du Bienheureux de la Salle découvrait à ses yeux, commença à le regarder avec admiration, après l'avoir traité avec une espèce de mépris. Le prélat, qui n'était pas homme à donner dans des plans de perfection extraordinaires, était encore moins d'humeur d'autoriser des desseins de pauvreté réelle et de parfait abandon à la divine Providence. Si le vertueux chanoine, en lui rendant compte de ses établissements, lui eût dit qu'il destinait son bien de patrimoine pour les fonder, et les revenus de son canonicat pour les entretenir, ce langage, que tout le monde entend, ne lui eût pas été incompréhensible. Ces vues très saintes en elles-mêmes, mais qui n'atteignaient pas à la sublimité de la perfection évangélique, l'eussent moins effrayé, et elles auraient pu recevoir son suffrage ; mais de riche, vouloir devenir pauvre, et, par son propre choix, faire un passage héroïque des commodités de la vie à la privation du nécessaire, c'était un projet qui paraissait à ce seigneur, si riche et si opulent, une pieuse illusion et un de ces fantômes agréables de dévotion qui sont plus propres à faire rire qu'à être mis en exécution. En effet, il en rit quand le chanoine lui en fit l'ouverture. Peut-être même voulut-il le déconcerter, et guérir, par des plaisanteries, son imagination qu'il croyait malade par trop de dévotion ; mais lorsqu'il vit l'exécution de cette résolution évangélique commencer par l'oubli des sentiments les plus vifs de la nature, par la préférence d'un pauvre prêtre à un propre frère, il connut enfin qu'il y a encore dans l'Église de ces hommes nouveaux que le Saint-Esprit forma le jour de la Pentecôte pour composer l'Église naissante, qui cherchent des trésors dans la pauvreté, et que le Bienheureux de la Salle en était un. Il ne put s'empêcher de marquer son étonnement, et d'abandonner le suppliant à l'Esprit de Dieu, avec pleine liberté d'en suivre tous les mouvements. C'était tout ce que souhaitait le pieux chanoine qui se crut enfin heureux quand il se vit en liberté de devenir pauvre, abject et mort au monde, en quittant son rang de chanoine.

Sorti de l'archevêché avec plus de contentement qu'il n'y était entré, et de retour chez lui, il assembla tous ses disciples pour leur faire part de cette bonne nouvelle ; enfin arrivé selon ses désirs au plus haut point de la fortune du Calvaire, sa joie fut si grande, qu'en action de grâces de la faveur que le ciel lui accordait, il chanta le *Te Deum*, et le fit chanter à sa petite compagnie.

CHAPITRE XIV.

Le Bienheureux de la Salle persévère dans la démission de son canonicat en faveur de M. Faubert, malgré les nouvelles sollicitations que ses parents, ses confrères et ses amis lui font pour l'en détourner. — (1683.)

I. — Murmures qu'excite dans la ville de Reims, la résignation en faveur de M. Faubert. Tentative pour obliger le Bienheureux de la Salle à la révoquer.

La joie spirituelle que l'humble chanoine, devenu libre de se faire pauvre et de descendre de son rang, avait fait éclater au sortir de l'archevêché, fut bientôt troublée, et il n'eut pas le temps d'en goûter la douceur. De nouvelles tempêtes lui donnèrent de nouvelles alarmes sur un dessein prêt à échouer, lorsqu'il croyait tout conclu. Le bruit de l'acte qu'il venait de signer et de faire agréer à son archevêque, porté de maison en maison et de bouche en bouche, avec la célérité que donnent à ces sortes de nouvelles les diverses passions de ceux qui s'y intéressent, excita un grand tumulte dans la ville et un grand mécontentement dans les cœurs ; on n'entendit partout que murmures, plaintes et invectives contre le pieux coupable.

Le Bienheureux de la Salle eut besoin, en cette occasion, de cette force du Saint-Esprit, dont le premier des martyrs de la Loi nouvelle fut rempli, pour soutenir l'action héroïque qu'il venait de faire. Le temps lui permettait encore de revenir sur sa décision, de rentrer dans son canonicat, ou d'en favoriser un autre que M. Faubert, plus agréable au chapitre, mieux vu à l'archevêché, plus désiré du public et de sa famille.

Que ne fit-on pas pour l'y engager ! Prières, sollicitations, supplications, flatteries, reproches, menaces, invectives, tout fut employé. Chacun de ses amis, de ses parents, de ses confrères, jouait son personnage particulier pour l'y contraindre. Tous s'intéressaient pour le frère du pieux chanoine, ou, à son défaut, pour un autre de la famille ; et, en cas de refus de l'un et de l'autre, pour quelque ami de distinction qui pût faire honneur au chapitre, et unir au titre de chanoine d'une illustre métropole, celui d'enfant de la ville et de bonne maison. Si tous ne s'accordaient pas sur la nomination qu'ils suggéraient au Bienheureux de la Salle, tous se réunissaient à donner l'exclusion à M. Faubert. Messieurs du Chapitre ne le jugeaient pas digne de s'asseoir parmi eux et de devenir membre de leur noble corps. La famille regardait comme une espèce d'injustice l'acte qui la dépouillait d'une prébende canoniale, pour en revêtir un étranger. Que cet étranger eût du mérite ou qu'il n'en eût pas, ce n'est pas là à quoi le monde s'attache. Aux yeux du public, au sentiment des parents, il n'était pas digne du canonicat, parce qu'il n'avait ni biens, ni naissance.

Là-dessus, tout prit parti dans la ville contre la démission, et pour obliger celui qui l'avait faite à la rétracter. On l'assura qu'il ne pouvait faire un plus grand plaisir à son archevêque, qui le considérait, et qui n'avait consenti à ses désirs qu'avec peine et regret, que ses confrères attendaient de lui cette marque de déférence pour un chapitre qui avait pour lui une estime et une attache singulières, comme pour un homme qui en faisait la gloire et la bonne odeur en JÉSUS-CHRIST. On lui représenta que ses amis particuliers lui demandaient cette grâce, au nom de tous leurs concitoyens ; que ce concours des vœux de toute une ville suffisait pour lui marquer la volonté de Dieu, et que, s'il en doutait, il serait aisé de l'en convaincre en leur faisant signer à tous la requête qu'ils lui présentaient ; enfin qu'il ne devait pas faire cet affront à une famille qui l'avait toujours chéri, et qui n'avait point mérité qu'il parût l'oublier et la mépriser, au point de se chercher un successeur ailleurs que chez elle ; qu'elle était assez nombreuse et assez religieuse pour pouvoir lui fournir de dignes sujets, et qu'il serait également honteux pour elle et pour lui, qu'un M. Faubert, préféré à son frère, ou à quelque autre de ses proches, remplît, dans un des corps des plus illustres du clergé de France, la place qu'il y quittait ; qu'après tout il pouvait parer à ces inconvénients en y demeurant lui-même ; que ce parti était le meilleur et universellement au gré de tout le monde, et qu'il le prendrait s'il ne voulait s'obstiner et faire voir en sa personne que les plus dévots sont les plus entêtés.

Le Bienheureux de la Salle, au milieu de ces attaques, parut inébranlable dans une résolution qui lui avait déjà coûté de grands sacrifices, et que le Saint-Esprit lui-même avait inspirée, qu'il avait fondée et cimentée dans son cœur sur la ruine de l'amour-propre, et aux dépens des répugnances de la nature. Tranquille au milieu des murmures, des blâmes et des plaintes, il recevait d'un air glacé les inspirations de ses amis, comme contraires à celles du ciel et riait en lui-même de voir imputer à l'amour-propre, à une ambition secrète, à un orgueil raffiné, à l'esprit d'entêtement, une démarche que la nature, en lui, avait tant disputée à la grâce, et dont l'exécution, commencée par des sacrifices d'éclat, lui en réservait pour chaque jour de sa vie de nouveaux et de beaucoup plus sanglants, dont Dieu seul serait témoin et lui seul la victime.

Un parti pris selon Dieu, aux dépens de la chair et du sang, n'admettait ni regrets, ni variation. Un dessein si bien marqué par le doigt de Dieu, inspiré par tant de sollicitations intérieures et de mouvements du Saint-Esprit, formé après tant de délibérations et de consultations, autorisé enfin par l'agrément du premier supérieur ne devait pas sans doute être remis en délibération, encore moins devait-on penser à infirmer la décision donnée ou à la modifier. Quand donc ses amis virent que les sollicitations étaient inutiles et que le Bienheureux de la Salle n'y avait nul égard, ils le laissèrent faire et cessèrent leurs poursuites.

II. — **Mécontentement du Chapitre métropolitain de Reims contre la résignation faite à M. Faubert. Le Chapitre écrit à Mgr l'Archevêque pour arrêter la négociation.**

LES dernières oppositions vinrent du chapitre. Cet illustre corps, fâché de perdre le Bienheureux de la Salle, encore plus de voir sa place remplie par M. Faubert, fit tout le possible pour retenir l'un et exclure l'autre. A cet effet, il écrivit à Mgr l'archevêque et lui apprit combien la nomination de M. Faubert lui était peu agréable, et combien il en était mortifié. Il fit ensuite entendre à Sa Grandeur, avec quelle passion il désirait voir le frère succéder au frère, à l'exclusion d'un homme dont on regardait le choix comme une flétrissure pour toute la compagnie. L'expédient qu'on suggérait au prélat, pour amener les choses à ce point, était court et facile. Les provisions n'étant point encore expédiées, il était aisé à Mgr l'archevêque de les arrêter et de ne les point délivrer, et ensuite d'employer de nouveau son autorité auprès d'un homme qui la respectait infiniment, afin de l'engager, ou à retenir son canonicat ou à en favoriser un autre qui fût plus agréable au chapitre, à la famille et à la ville ; et c'est ce que le prélat fut supplié de faire. Mgr le Tellier, qui pensait comme son chapitre, épousa ses sentiments et joignant ses sollicitations à celles des confrères du Bienheureux de la Salle, il tenta de nouveau, ou de le retenir dans sa cathédrale, ou de l'obliger de mettre son frère en sa place.

M. Callou, grand-vicaire et alors supérieur du séminaire de Reims, fut l'homme qui parut à Mgr l'archevêque le plus propre à négocier cette affaire et à tirer d'un cœur fermé à tous motifs humains, la complaisance chrétienne qu'il paraissait devoir aux désirs de son évêque. La tentation était délicate, car ni l'intérêt, ni la passion ne paraissaient en être le principe. La famille et les amis ne semblaient plus y influer. Revêtue des apparences de l'autorité la plus respectable, cette opposition imposait, et elle paraissait devoir causer au serviteur de Dieu un scrupule de conscience de ne pas se rendre aux recommandations du premier supérieur, portées par l'homme du diocèse qui y avait le plus de poids et qui y était le plus en réputation de vertu et de doctrine.

III. — Vains efforts de M. Callou, grand-vicaire et supérieur du séminaire de Reims, pour engager le Bienheureux de la Salle à révoquer sa résignation.

QUE ne fit pas le grand-vicaire pour s'acquitter de sa commission au gré de Mgr l'archevêque, du chapitre, de la famille et de toute la ville ! Il n'oublia rien pour faire sentir au serviteur de Dieu le pouvoir que lui donnait pour remuer les cœurs le talent de la parole qu'il possédait, dit-on, éminemment. Après lui avoir rappelé tout ce qui pouvait le fléchir, et avoir donné de nouveaux tours et une nouvelle force aux raisons que tant d'autres bouches s'étaient étudiées à faire valoir, pour les consacrer par le secours de la plus grande autorité, il lui dit qu'il venait de la part de Mgr l'archevêque, le solliciter d'y acquiescer, en lui protestant que le désir de Sa Grandeur était qu'il se restituât à la cathédrale, ou qu'à son défaut il lui donnât son frère ; qu'il ne pouvait, sans faire à son sang une espèce d'injure, revêtir de sa dépouille un autre que celui qui était né son plus proche parent et son héritier ; et qu'enfin son propre frère étant capable et vertueux, c'était le déshonorer que de lui préférer un étranger.

M. Callou s'efforça en vain de faire parler le Saint-Esprit par sa bouche: l'homme parla en lui et fort bien; mais le Saint-Esprit se tut, ou plutôt il parla en secret au cœur du Bienheureux de la Salle, pour le confirmer dans sa résolution. Sa réponse courte et précise marqua de nouveau son dégagement de la chair et du sang, et montra qu'il n'avait nullement l'oreille ouverte aux sentiments humains. « Si mon frère, répliqua-t-il, n'était point mon « frère, je n'aurais aucune difficulté de lui donner la préférence « pour satisfaire aux désirs de Mgr l'archevêque; mais puis-je et « dois-je me prêter à la voix de la nature et aux sollicitations qui « l'appuient ? »

Une réponse de cette nature ferma la bouche au supérieur du séminaire de Reims, et tarit la source de son éloquence ; frappé, édifié, persuadé lui-même, il changea de langage et il approuva le dessein qu'il était venu combattre. Après avoir fait parler l'homme en lui, il fit parler l'Esprit de Dieu, en applaudissant à la résolution héroïque qu'il n'avait pu ébranler : *A Dieu ne plaise*, ajouta-t-il, *que je vous conseille de faire ce que tant de monde désire de vous. Mettez en exécution ce que l'Esprit de Dieu vous inspire. Ce conseil contraire à celui que je vous apportais est le sien et le seul qu'il faut écouter.* Il finit en l'encourageant à l'exécuter. Preuve nouvelle que le Saint-Esprit met son langage dans la bouche de qui il lui plaît, et qu'il sait déclarer ses volontés par les langues mêmes qui se sont armées pour les contredire.

IV. — M. Faubert prend possession du canonicat du Bienheureux de la Salle.

MONSIEUR Callou, plus satisfait d'avoir vu le serviteur de Dieu inébranlable dans ses dispositions héroïques que s'il eût su les faire plier au gré du public, l'en congratula et rendit compte à Mgr l'archevêque du peu de succès de sa commission. Le Bienheureux de la Salle lui en écrivit lui-même, et marqua avec générosité dans sa lettre la réponse qu'il avait faite, et l'approbation qu'elle avait reçue de la bouche même du supérieur de son séminaire, qui était venu le solliciter d'en faire une autre. Le prélat, perdant donc toute espérance de le gagner et voyant que le temps n'y faisait rien, envoya les provisions à M. Faubert, qui prit possession de son canonicat, le 16 août de l'an 1683. Le Bienheureux de la Salle fut le seul qui s'en réjouit. *Sorti avec gloire du grand combat que Dieu lui avait donné à soutenir, pour le voir remporter une illustre victoire* (Sap., X, 4), il se vit déchargé, à l'âge de trente-trois ans, d'un riche et honorable fardeau, avec plus de contentement que les autres ne s'en chargent, après l'avoir longtemps désiré et avidement demandé. S'il lui reste encore un bien de patrimoine, il ne va pas tarder à s'en dépouiller, afin de se rendre parfaitement conforme à Celui qui, étant

Livre I. — Chapitre XIV.

infiniment riche, s'est fait pauvre pour nous ; il deviendra alors semblable en tout à ses frères, exposé comme eux et avec eux à la nécessité et aux besoins de la vie, sans autre ressource que celle de la divine Providence.

Peut-on ici admirer assez la force que donne l'Esprit de Dieu aux âmes dont il s'est pleinement emparé et qu'il possède parfaitement ? Ce que le monde abhorre, ce que la nature ne craint pas moins, devient l'objet de leurs vœux et de leur sainte cupidité. Le dénuement de toutes choses, le manque même du nécessaire, un état de peines, de travaux et d'abjection est l'objet de leur ambition. Leur fortune est faite quand ils sont pauvres et méprisés. Ils ont tout ce qu'ils désirent en ce monde quand, dépouillés de ses biens et de ses plaisirs, ses maux et ses peines leur demeurent en partage. Cet héritage est l'héritage de la Croix : ils n'en veulent point d'autre.

Rendons grâces au ciel qui nous donne encore aujourd'hui de ces hommes généreux, qui marchent avec courage sur les traces des Apôtres, à la suite de l'*Homme de douleurs*. Sans être obligés de remonter dans les siècles les plus reculés, nous trouvons près de nous des disciples du Sauveur qui ont les prémices de son esprit et qui prennent pour objet de leurs soupirs ce qui fait horreur à la chair et au monde. De nos jours, le Bienheureux de la Salle nous donne, dans sa personne, un portrait de ces hommes nouveaux, passionnés pour les souffrances, et qui ne font paraître d'attrait que pour l'abjection, la pauvreté et le crucifiement de la chair. Tant il est vrai que quand Dieu parle à un cœur, il lui tient un langage bien différent de celui des hommes ! Ce qui est encore plus admirable dans le Bienheureux de la Salle, c'est que, dans le temps même qu'il faisait de si grandes choses pour Dieu, il était le seul qui ne s'en aperçût pas. Dépouillé de son bénéfice, résolu de se dépouiller de son patrimoine, bientôt plus pauvre que ceux auxquels il s'associe, sans autre secours que celui du Père céleste, exposé même à manquer du nécessaire, ce qui lui arrivera souvent, engagé à passer le reste de ses jours dans un état d'humiliation et de peine, il se persuade qu'il n'a encore rien fait pour Dieu, et qu'il n'a pas mis la première main à l'ouvrage de sa perfection. Aussi allons-nous le voir y travailler avec une ferveur incroyable.

L'homme de Dieu, descendu de son rang, et aussi bas que son humilité le pouvait souhaiter, se trouva aussi libre que les oiseaux du ciel pour voler partout où la gloire de Dieu paraîtrait le demander. Son détachement de toutes les choses du monde et son dévouement parfait au service de Dieu, étaient comme deux ailes qui, le soulevant de la terre, et l'élevant vers le ciel, lui donnaient l'agilité des purs esprits et leur promptitude, pour se transporter partout où il plairait à Dieu de l'appeler.

V. — Le Bienheureux de la Salle pense à aller à Paris. Raisons qui l'y engagent.

LA première pensée qu'il eut après la démission de son canonicat, fut d'aller à Paris : c'est ce que M. Philbert lui avait conseillé, ce qu'il avait comme promis à M. de la Barmondière, et ce que le P. Barré désirait avec ardeur. Ces trois hommes vertueux, dont l'autorité était grande sur le Bienheureux de la Salle, avaient chacun des raisons différentes pour l'engager à établir son séjour à Paris. Le premier croyait ce changement de lieu nécessaire : 1° pour apaiser une famille irritée du procédé d'un parent si peu attentif à contenter et à ménager son honneur et ses intérêts ; 2° pour laisser le chapitre revenir de ses chagrins contre lui et de ses indispositions contre le nouveau chanoine ; 3° enfin pour tranquilliser une ville presque entière, choquée, scandalisée même, en quelque manière, des actions de perfection qu'elle ne pouvait approuver, et contre lesquelles chacun était révolté, selon les divers intérêts qu'il y prenait, ou selon les divers mouvements de la passion qui le dominait.

Le second, qui souhaitait le Bienheureux de la Salle à Paris, ne regardait que le bien de sa paroisse, pour laquelle il enviait un trésor que la ville de Reims possédait sans le connaître.

Le troisième avait des vues plus étendues, et ne désirait voir à Paris l'homme de Dieu, que pour retirer de Reims le flambeau qui y demeurait caché sous le boisseau, et le placer dans la capitale, comme sur une haute montagne, d'où il pourrait répandre sa lumière dans toutes les parties du royaume, en y envoyant ses disciples.

Toutes ces raisons étaient fortes et faisaient, sur l'esprit du Bienheureux de la Salle, l'impression qu'elles méritaient.

Le temps demandait qu'il se dérobât à la vue de ses concitoyens, dont les uns choqués, les autres mécontents, nourrissaient dans leurs cœurs une plaie que son absence guérirait insensiblement, en les disposant à lui pardonner ce qu'ils regardaient comme une faute, mais dont le ciel lui faisait un grand mérite. Au reste, dans la foule des mécontents, il y en a toujours qui reviennent de leurs préjugés ; ils finissent par se donner tort à eux-mêmes, et se reprochant leur peu de foi et leur peu de vertu, ils rendent hommage à ceux qui en donnent, de temps en temps, des exemples parfaits. Le Bienheureux de la Salle avait donc plus à craindre, dans la suite, leurs applaudissements et leurs éloges que leurs blâmes et leurs censures. Il était de sa prudence de décliner, par une sage fuite, ce péril plus redoutable pour la vertu, que les plus violentes persécutions. Bien plus, comme dans le grand nombre des chrétiens faibles, il y en a toujours quelques-uns qui ont le goût de la perfection et qui la pratiquent, d'autres qui la connaissent et qui l'estiment, le Bienheureux de la Salle, blâmé et condamné par la multitude, ne laissait pas d'avoir, dès lors, ses admirateurs et ses panégyristes, qui savaient donner à ses sacrifices l'estime et la louange qu'ils méritaient : écueil dangereux pour un grand mérite. L'humble chanoine, devenu simple prêtre, le craignait ; c'est pourquoi il désirait aller se cacher à Paris, et s'y mettre à couvert d'une tentation si délicate.

D'ailleurs, étant homme de parole, il voulait tenir celle qu'il avait donnée au saint curé de Saint-Sulpice, de se rendre auprès de lui avec quelques-uns de ses enfants, pour commencer sur sa paroisse, qui est presque un diocèse entier, des écoles de sa nouvelle façon. Enfin, il avait autant d'envie de contenter le zèle du P. Barré, que le sien particulier, en allant dans le lieu propre à en répandre les fruits dans toutes les parties du royaume. Il sentait que, comme son canonicat avait été une chaîne qui l'avait tenu lié, Reims était une prison où il demeurait encore resserré, et qu'il fallait sortir de la ville, après avoir quitté le chapitre, pour devenir complètement libre.

Que de motifs l'appellent donc à Paris ! Que de raisons lui en font une loi ! Les suit-il ? Y va-t-il aussi vite que son zèle le désire? Non ; c'est un enfant d'obéissance, il ne marchera que quand elle l'appellera. Toutes ces raisons sont fortes; toutes les personnes qui les appuient sont de grande autorité sur son esprit ; mais l'obéissance en a encore une plus grande sur son cœur. Il va, quand elle lui dit : allez ; il vient, quand elle lui dit : venez ; il agit, quand elle lui commande : fais cela ; *Dico huic vade, et vadit : veni et venit : fac hoc et facit.* Si son directeur n'ajoute ses ordres à toutes ces raisons, elles perdront leur force dans son esprit.

Le Bienheureux de la Salle regardait M. Philbert comme un homme d'un bon conseil, et ses raisons lui paraissaient fortes et déterminantes. Il regardait M. de la Barmondière et le P. Barré comme des hommes saints et deux des plus grands serviteurs de

Dieu que pût posséder Paris ; mais, par l'œil de la foi, il regardait son Directeur comme JÉSUS-CHRIST, comme l'organe et l'oracle de ses volontés. Dans cet esprit, il adhérait à ses sentiments et lui obéissait avec la docilité d'un enfant. Il consultait souvent des personnes éclairées et éminentes en vertu ; mais leurs conseils ne devenaient des décisions pour lui que quand son Directeur les autorisait. Il s'en tenait toujours sur toutes choses à son sentiment et il le préférait non seulement au sien propre, mais à celui des personnes de la sainteté la plus éclatante ; persuadé que, dans la diversité des avis, il fallait adhérer à ceux de son ange visible. Quand celui-là avait parlé, il oubliait tout ce que les autres avaient dit : seul moyen de demeurer en paix et de s'assurer qu'on suit la volonté de Dieu.

Si on n'a pas un Directeur en qui on puisse avoir une pleine confiance, il faut le quitter. Lorsque, après un choix judicieux précédé de la prière et dégagé des instincts de la nature, des préjugés du monde et des sentiments de son propre cœur, on en a trouvé un, en qui une foi vive et pure ne voit et n'écoute que JÉSUS-CHRIST, c'est de sa bouche qu'il faut attendre les oracles divins ; c'est de ses avis qu'il faut faire des lois. Le Bienheureux de la Salle va nous en donner un merveilleux exemple. Son inclination le porte à Paris et le retire de Reims ; le conseil de M. Philbert l'autorise ; sa parole, engagée à M. de la Barmondière, l'exige ; les vœux du P. Barré l'y attirent. Il le dit à son Directeur avec la simplicité et la candeur d'un novice ; et après une entière ouverture de cœur, il demande son avis.

VI. — Son directeur l'en détourne.

L'AVIS du Directeur se trouvant contraire à celui de M. Philbert, de M. de la Barmondière et du P. Barré, il fut seul suivi, et avec justice, car, en pesant les raisons du dernier et en les balançant avec celles qui ont été rapportées, il faut convenir qu'elles méritaient la préférence. « Votre nouvel Institut, dit-
« il au Bienheureux de la Salle, n'est pas encore formé, il n'est
« que conçu ; il est en péril d'avorter si on le transporte dans la
« capitale pour y prendre naissance. L'ordre de la nature demande
« qu'il croisse dans le sein qui l'a conçu avant que de paraître au
« grand jour. Il faut laisser à une plante le temps de se nourrir,
« de se fortifier et de pousser de bonnes racines avant que de
« penser à la transplanter et de lui donner un meilleur sol. Si on
« le fait avant le temps, on la fait périr. La nouvelle communauté

« est ce germe tendre qui vient d'éclore dans le terrain de la ville
« de Reims ; avant que de la mener à Paris, laissez-lui donc le
« temps de se former, de se nourrir et de se fortifier dans le lieu
« où elle vient de naître. Si vous voulez une autre comparaison,
« la voici : Quand on veut élever un édifice, il faut lui creuser
« des fondements, et, à mesure qu'il sort de terre, il a besoin
« d'une main habile pour le conduire: votre nouvelle communauté
« est cet édifice spirituel qui demande votre présence ; c'est vous
« qui le fondez, c'est vous qui l'élevez ; si vous allez à Paris le
« recommencer sur de nouveaux frais, vous préparez sa ruine à
« Reims ; il faudrait un miracle pour empêcher sa chute.

« Vous pouvez avec raison, ajouta-t-il, appeler votre compagnie
« le petit troupeau ; une quinzaine de sujets tout au plus le com-
« posent ; encore sont-ils partagés ici, à Laon, à Guise et à Réthel ;
« si, allant à Paris, vous en emmenez quelques-uns, vous l'affai-
« blissez en le divisant, et vous abandonnerez aux artifices du
« loup infernal ceux dont vous vous éloignerez ; en les partageant,
« une partie ne sera pas où vous serez, car vous ne pouvez pas
« vous multiplier pour être en même temps à Reims et à Paris :
« ainsi, en vous prêtant aux uns, vous vous refuserez aux autres.
« Autant votre présence fera de bien où vous vous trouverez,
« autant votre éloignement causera de préjudice à ceux que vous
« aurez quittés. Des disciples qui ne sont encore qu'aux premiers
« éléments de la vertu, ont un besoin absolu d'un maître qui les
« enseigne ; des voyageurs qui entrent dans les routes de la spiri-
« tualité ont besoin d'un guide qui les conduise. Ainsi ceux des
« vôtres que vous laisserez à eux-mêmes et qui vous auront perdu
« ne tarderont pas à s'écarter de vos voies et à s'égarer dans un
« chemin où il est si aisé de faire fausse route. »

Enfin, son Directeur, après lui avoir fait sentir combien sa présence était nécessaire à Reims, après lui avoir représenté le préjudice que sa retraite à Paris causerait à une petite communauté qui était encore informe, rappela à sa mémoire les peines et les inquiétudes qu'il lui avait fallu essuyer pour la conduire au point où elle était alors, et il l'obligea de convenir du besoin absolu qu'elle avait encore de ses soins et de ses sollicitudes. Par rapport à l'engagement pris avec M. le curé de Saint-Sulpice, d'aller faire sur sa paroisse un établissement, le Directeur loua son pénitent du pieux empressement qu'il avait de satisfaire à sa parole ; « Mais cette promesse, lui dit-il, ne vous oblige qu'en la
« supposant raisonnable, possible et avantageuse à votre Institut ;
« ces conditions manquant, votre parole est dégagée. En voulant

« la remplir, vous avez à craindre qu'en établissant à Paris vous
« ne détruisiez à Reims. » Ces raisons étaient trop fortes pour
qu'un esprit droit ne s'y rendît pas. Ce ne furent pourtant pas
elles, mais l'obéissance qui détermina le Bienheureux de la Salle
à demeurer à Reims. Elle seule était son oracle ; sur elle seule il
établissait sa conduite, et sur elle seule il voulait fonder celle de
son Institut.

En conséquence de cette réponse, qui fut une décision que le
Bienheureux de la Salle ne se permit pas d'examiner, et sur laquelle il fit taire ses réflexions et ses raisonnements, il s'excusa
par lettres auprès de M. de la Barmondière, sur l'impuissance
dans laquelle il se trouvait de s'acquitter de sa promesse, et le
pria d'attendre le moment favorable de la Providence, qui sait,
comme il lui plaît, conduire tout à ses fins. Il écrivit aussi à M.
l'Espagnol, qui avait soin des écoles de Saint-Sulpice, qu'on lui
conseillait de rester à Reims et qu'il ne pouvait pas aller à Paris.
Quand le P. Barré apprit cette résolution, il en fut sensiblement
affligé, car personne ne désirait avec plus d'ardeur que lui de voir
le Bienheureux de la Salle donner commencement à un établissement de maîtres d'école à Paris, d'où il ne manquerait pas de se
répandre dans les différentes parties du royaume. Cet objet était
celui qui occupait entièrement ce saint minime, et qui mettait partout son zèle en mouvement. Premier auteur des Écoles chrétiennes et gratuites, il avait pensé d'abord à les établir en faveur
des deux sexes, mais, n'ayant pas vu son zèle couronné de succès
dans l'établissement de celles qu'il avait entreprises pour les garçons, il l'avait appliqué tout entier à multiplier celles des filles.
Il s'y était même attaché d'autant plus volontiers, que les mères
étant nées les maîtresses d'école de leur petite famille, il était plus
important de leur donner à elles-mêmes les instructions nécessaires et une sainte éducation, afin de les mettre en état d'instruire
et d'élever chrétiennement leurs enfants. A la vérité, ce soin
regarde également les pères ; mais ils le négligent, parce qu'ils ont
pour l'ordinaire moins de religion et moins d'attrait pour la piété, et qu'étant d'ailleurs plus dissipés et moins assidus à la maison, ils n'y reviennent que fatigués, ou n'y restent que pour
vaquer à un travail qu'ils ne quittent que pour prendre du repos.
Le zélé Père Barré n'avait pourtant pas abandonné le dessein des
écoles pour les garçons. Il ne l'avait que différé en attendant le
moment favorable de la divine Providence pour en tenter encore
une fois l'entreprise. Il se promettait même que le succès qu'il
avait trouvé dans l'établissement des filles le suivrait enfin dans

celui des hommes, quand l'heure marquée par le conseil de Dieu serait arrivée. Mais, étant âgé, il craignait aussi avec raison que la mort ne mît des bornes à ses pieux désirs. Quand donc il vit le Bienheureux de la Salle se porter avec ardeur au même dessein, et s'y livrer en homme apostolique, par un dépouillement général de toutes choses et par la pratique des plus héroïques vertus, il l'honora comme l'homme envoyé de Dieu pour cette œuvre, et fit son possible pour l'attirer à Paris. Car Reims, dans la pensée du saint minime, n'était pas propre à être le berceau d'un Institut qui devait devenir universel. Paris était son lieu convenable, et le seul où il pût se promettre de grands progrès. Quand il perdit l'espérance de l'y voir, il en fut inconsolable et il en témoigna sa peine à tous ceux qui attendaient un si grand bien. Il est certain que l'impression que faisaient sur l'esprit et sur le cœur du Bienheureux de la Salle, l'autorité du P. Barré, la force de ses raisons, l'éclat de sa sainteté, l'étendue des lumières qu'il avait sur une œuvre pour laquelle il avait reçu les prémices de l'esprit et de la grâce, l'eussent déterminé à venir faire son séjour à Paris, si l'obéissance à son Directeur ne l'eût arrêté à Reims.

CHAPITRE XV.

Le Bienheureux de la Salle vend et distribue aux pauvres son bien de patrimoine, avec le consentement de son Directeur. — (1684.)

I. — Raisons qui engagent le Bienheureux de la Salle à se dépouiller de tout.

LE Bienheureux de la Salle, fixé dans sa ville natale par les avis de son Directeur, ne pensa plus qu'à se donner à l'œuvre dont enfin il se trouvait chargé. Il est vrai que son succès, son progrès et sa perfection étaient entre les mains de Dieu, et qu'il n'en devait être que le pur instrument ; mais Dieu veut des instruments propres à sa main, des gens qui, morts à eux-mêmes et vides de leur propre esprit, n'agissent que par l'impression du sien, et n'aient de mouvement que celui qu'il lui plaît de leur donner. Ce fut donc de cet état de mort qu'il fit son étude. Tout son soin fut d'y parvenir, afin de devenir l'homme de Dieu et capable de servir à son œuvre. Sa sanctification et celle de ses disciples : voilà l'objet qui mérita toute son application et qui concentra tous ses désirs.

Pour marcher à grands pas dans le chemin de la perfection, il faut ne tenir à rien, être dépouillé de tout et s'armer de courage pour suivre JÉSUS-CHRIST. C'est ce qui restait à achever au saint prêtre, et ce qu'il va faire avec une générosité héroïque. Ses liens étaient rompus ; son canonicat ne le partageait plus entre les devoirs du chœur et ceux d'une communauté ; la démission qu'il en avait faite avait achevé de le chasser hors du monde, en le rendant odieux au monde et en lui rendant le monde odieux. Il n'était pourtant pas en pleine liberté : s'il ne lui restait plus rien des biens de l'Église, il avait encore ceux de son patrimoine, et il sentait que cela était encore de trop, et que le moment de s'en défaire était enfin venu. Sa résolution, nous l'avons déjà dit, avait été prise sur ce point comme sur l'autre, il y avait quelque temps. Les motifs qui la lui avaient inspirée ont été ci-devant rapportés. Le conseil de JÉSUS-CHRIST, qui dit en termes formels : *Si vous voulez être parfait, allez, vendez votre bien, faites-en présent aux pauvres ; venez et suivez-moi*, était le premier et le plus fort. Il désirait être parfait, et ce désir lui faisait une loi de devenir pauvre.

En effet, le dépouillement est le premier pas qui conduit à la perfection. Il faut courir, si on veut suivre JÉSUS-CHRIST. Or, pour courir, il faut être léger, sans embarras et sans charge. Le moindre poids retarde et arrête ; celui des richesses est lourd et pesant ; c'est donc une nécessité de s'en défaire pour atteindre JÉSUS-CHRIST. Il marche lui-même nu et dépouillé, et n'a à sa suite que des pauvres, avec lesquels un homme chargé de richesses ne pourrait pas faire société. La liaison entre la pauvreté et la perfection est si essentielle, que JÉSUS-CHRIST fait dépendre l'une de l'autre. *Si vous voulez être parfait, allez, vendez votre bien et donnez-le aux pauvres* ; cela fait, *venez et suivez-moi*. Il faut, par conséquent, que cette vente et cette distribution précède l'action de *venir et de suivre* JÉSUS-CHRIST. La pauvreté volontaire, qui donne des ailes pour courir après JÉSUS-CHRIST, avait de grands attraits pour le Bienheureux de la Salle. Charmé de sa beauté, il la voulait avoir pour épouse, bien assuré d'ailleurs que les trésors de la grâce et les biens spirituels sont la riche dot qu'elle apporte à ceux qui l'embrassent pour l'amour de Dieu. Ce motif regardait sa propre perfection. Le second regardait celle de ses frères. Ce désir de perfection ne pouvait prendre racine dans leurs cœurs, tant qu'il s'y trouvait de l'inquiétude pour l'avenir et des sollicitudes sur le présent. Cette tentation les ébranlait tous et les portait à quitter la maison, presque toujours au risque de leur salut. Leur foi n'était pas assez vive pour leur apprendre que l'abandon à la divine Providence est un fonds de grand revenu, et qu'il n'y a ni contrat, ni titre, ni ancienne possession qui soit si assurée ; leur charité n'était pas encore assez parfaite pour leur faire sentir, par une expérience journalière, que la confiance en Dieu est la clef qui ouvre tous les trésors du ciel. Si les leçons que leur avait faites leur Père sur ce sujet n'avaient point eu d'effet, c'était parce qu'il ne les avait point encore confirmées par son exemple. Il fallait donc qu'il les mît en pratique lui-même pour fixer ses disciples dans leur vocation et leur imprimer le désir de la perfection.

Enfin son œuvre était une œuvre de Providence. Le Père Barré, qui n'avait voulu fonder la sienne que sur ce fonds infiniment solide pour des hommes de foi, qui même n'avait pas voulu lui donner d'autre nom, inspirait le même esprit au Bienheureux de la Salle, et lui demandait de ne chercher, pour ses disciples comme pour lui, d'autre appui que le bras du Père céleste. La grâce faisait sentir au saint prêtre, que quand ses disciples le verraient devenir par choix ce qu'ils étaient par nécessité, ils n'auraient plus de peine à se jeter à sa suite dans le sein de la Providence. En un mot, le Bienheureux de la Salle, jaloux d'être semblable à ses frères, à l'exemple de JÉSUS-CHRIST, voulait devenir pauvre avec des pauvres, afin de leur faire aimer leur état de pauvreté.

II. — Il consulte son Directeur sur ce dessein, avec la disposition de souscrire à tout ce qui lui plaira.

CES trois motifs le pressaient donc de se dépouiller de son bien de patrimoine; mais comme il ne faisait rien que par l'avis de son Directeur, il lui déclara son dessein, et après lui en avoir exposé les raisons, il le pria de leur donner le mérite de l'obéissance. Autre embarras pour le Directeur; autre démarche qu'on allait mettre sur son compte, et dont le monde ne manquerait pas de lui faire un nouveau crime. Cependant le Bienheureux de la Salle en avait déjà tant fait, qu'on ne devait plus s'étonner de ce qu'il ferait. On attendait tout d'un homme de son caractère, et le monde lui-même était préparé à ne plus trouver à redire à ce que ferait celui qu'il était las de censurer. Soit que le Directeur reconnût que son fils spirituel était favorisé de grâces particulières, et que, comme il n'agissait que par l'esprit de Dieu, c'était contredire les attraits divins que de résister aux siens; soit qu'il regardât son disciple comme un homme inspiré du ciel, dont il ne fallait pas mesurer la direction sur celle du commun des gens de bien; soit qu'il fût inspiré en secret de donner son consentement à un désir qui n'avait rien que de surnaturel; soit enfin, que persuadé des motifs qui faisaient agir son pénitent, il crût nécessaire qu'il unît l'exemple à la parole, pour faire des premiers maîtres d'école des hommes parfaits, en se rendant semblable à eux par un dépouillement universel de tous les biens de la terre; quoi qu'il en soit des motifs qui engagèrent le Directeur à consentir à la demande du Bienheureux de la Salle, il le fit, et quoique cette dernière action du Bienheureux de la Salle fût beaucoup plus singulière, plus héroïque et plus capable de faire décrier sa direction que la démission de son canonicat, il parut toutefois y consentir plus facilement.

En effet, cette dernière démarche souffrait beaucoup plus de difficultés que la première; elle n'était presque plus en usage, et les oppositions des parents ne manquent guère d'en empêcher l'exécution. Comment se fit-il donc que le monde, qui est si disposé à crier contre tout ce qui est extraordinaire en fait de dévotion, et qui ne donne jamais son suffrage aux actions de perfection, ait paru faire moins de bruit en voyant le Bienheureux de la Salle vendre tous ses biens et en distribuer le prix aux pauvres, sous les yeux de tous ses parents et au su de toute la ville, qu'à la démission de son canonicat ? Comment se fit-il que sa famille elle-même se vit tranquillement dépouillée d'un bien dont elle attendait l'héritage, sans s'y opposer ? C'est ce qui me surprend ; et il y a, ce me semble, de quoi s'en étonner, car enfin, puisque le bien du sanctuaire n'est point un bien d'héritage, et qu'il ne doit pas passer en succession, pourquoi tant s'indigner de ce que le Bienheureux de la Salle avait nommé pour son successeur celui qu'il en croyait le plus digne, quoique étranger ? Et pourquoi ne pas réclamer à la vente qu'il fait de son patrimoine, en faveur des pauvres, au préjudice de sa parenté ?

Il faut donc dire que les cris du monde sont aussi injustes que ses jugements sont bizarres. Peut-être cria-t-il sur cette dernière démarche du Bienheureux de la Salle autant que sur la première et que nous n'en savons rien, car les mémoires n'en parlent pas. Peut-être aussi que la distribution que fit le Bienheureux de la Salle de son bien aux pauvres, dans le temps d'une extrême calamité, parut un exemple de charité si éclatant, si édifiant et si nécessaire, que les censeurs les plus impitoyables de sa conduite se virent la bouche fermée, et que ses parents, aussi timides qu'eux en cette rencontre, gardèrent le même silence, de peur de paraître trop intéressés dans un temps où la misère publique leur aurait fait honte et peut-être violence, s'ils avaient voulu s'opposer, par un procès, aux libéralités d'un homme qui venait si à propos nourrir les faméliques et conserver aux pauvres un reste de vie que la famine menaçait de leur ôter.

Il est vrai que le Bienheureux de la Salle, résolu de se dépouiller de son bien de patrimoine, ne fut pas d'abord déterminé sur l'usage qu'il en ferait. Il n'avait toutefois que deux partis à prendre : le premier était d'en distribuer le prix complet à toutes sortes de pauvres ; le second était de le destiner à ceux-là mêmes dont il était chargé. Ces deux partis se balançaient dans son esprit par un poids presque égal de raisons, et il ne voyait pas clairement de quel côté il devait incliner.

D'une part, ses maîtres d'école étant pauvres, les premiers pauvres que la divine Providence lui avait envoyés, et ceux qui méritaient la préférence, puisqu'ils étaient eux-mêmes destinés à l'instruction des pauvres, ne paraissait-il pas naturel d'assurer leur avenir et leur subsistance ? N'était-il pas dans l'ordre de la charité de pourvoir à tous les besoins temporels de ceux qui étaient si nécessaires aux biens spirituels de tous les pauvres ? Puisque la nature inspire aux pères de faire passer leurs biens entre les mains de leurs enfants, et que la loi les y oblige presque partout, n'était-il pas naturel que le Bienheureux de la Salle, devenu père, revêtit de sa dépouille ceux que Dieu lui donnait pour enfants ?

III. — Il balance sur l'usage qu'il doit faire du bien dont il veut se dépouiller.

D'AILLEURS, son œuvre avait besoin de soutien, et, dans les nécessités urgentes, de secours extraordinaires ; où les prendre, s'il arrivait une calamité publique ? Le monde révolté contre lui et indigné contre les siens, n'était pas disposé à les assister : le Bienheureux de la Salle ne devait pas s'attendre non plus de trouver dans la maison de ses parents ce qui manquerait dans la sienne. Il en avait trop fait, ce semble, à leur honte, et, dans un sens, à leur préjudice, pour espérer jamais d'attirer leurs regards, encore moins d'attendrir leurs cœurs sur les misères de l'état où il se jetait malgré eux. Le remède contre ces inconvénients était entre ses mains : il n'avait qu'à appliquer à la fondation de son œuvre le bien dont il se dessaisissait par désir de la perfection.

Rien de plus à propos que cette destination. L'œuvre en sa naissance aurait paru bien établie ; les maîtres d'école qui voulaient de l'assurance, en auraient trouvé dans cette donation faite en leur faveur ; leurs inquiétudes auraient été calmées, et leur vocation bien affermie. Leur état, échangé avec celui du Bienheureux de la Salle, qui se serait dépouillé de ses biens à leur profit, eût ouvert leurs oreilles aux leçons de perfection qu'il leur faisait ; et ils eussent enfin trouvé dans sa personne un exemple éclatant de dénuement parfait, et d'abandon à la divine Providence. Ce parti était appuyé du sentiment de plusieurs personnes d'une piété distinguée, et de l'exemple de M. Roland. « Puisque
« vous êtes résolu, lui disait-on, de faire un abandon général de
« votre patrimoine, faites-le en faveur de votre communauté. La
« piété et une espèce d'équité semblant vous en faire un devoir,
« personne ne peut y trouver à redire. C'est votre ouvrage ; il
« n'est encore qu'ébauché, il n'a pas moins besoin de vos biens
« que de votre main pour pouvoir se soutenir. En qualité de père,
« vous devez pourvoir à la subsistance de vos enfants, par préfé-
« rence à des étrangers. La sagesse le dit, et votre bon cœur doit

« l'approuver. Les prudents du siècle qui seraient tentés de blâmer
« le dépouillement de vos biens, rendront justice à la sage desti-
« nation que vous en ferez en faveur de vos établissements.

« L'exemple de M. Roland, dont vous avez pris les avis
« lorsqu'il vivait, et dont vous respectez la mémoire, doit vous
« servir de modèle. Il a fondé des écoles pour les filles. Pourquoi
« ne pas faire pour les vôtres ce qu'il a fait pour les siennes ? »

Les apparences étaient pour ce sentiment. Le Bienheureux de la Salle, en le suivant, fixait les maîtres d'école, et prévenait son petit troupeau contre les défiances sur l'avenir.

D'un autre côté, les idées d'abandon à la Providence demeuraient imprimées dans son esprit, depuis que le Père Barré lui en avait fait de si sublimes leçons ; il craignait de faire quelque démarche qui démentît les sentiments de son cœur sur ce sujet. Il lui paraissait plus parfait de jeter toutes les sollicitudes de ses enfants, aussi bien que les siennes, dans le cœur du Père céleste, et de se plonger avec eux dans l'abîme de sa Providence, qui n'abandonne que ceux qui ne l'honorent pas par une parfaite confiance. Ce sentiment était celui du saint minime, qui donnait pour maxime *que les écoles fondées seraient fondues*, et que n'y ayant point dans le monde de fonds plus assuré que celui de la Providence, on ne pouvait mieux les établir, que de les fonder sur elle. Plus cette maxime était élevée, moins elle était commune. Sa singularité, par conséquent, pouvait la rendre suspecte pour la pratique ; car le plus parfait en spéculation et en idée, est souvent exposé à de grands écarts et à de dangereuses illusions, et il n'est pas toujours le plus sûr à suivre.

IV. — Il consulte Dieu sur ce sujet. La famine de 1684 le détermine à donner tout son bien aux pauvres.

LE Bienheureux de la Salle étant aussi circonspect qu'il l'était, avait peur de se faire illusion à lui-même, de prendre un chemin peu frayé, sous prétexte de perfection. Ces diverses pensées agitaient son esprit, et il ne savait lesquelles il devait écouter. Dans cette incertitude, il alla chercher aux pieds de JÉSUS-CHRIST la décision de ses doutes. La disposition qu'il crut devoir apporter pour donner entrée à la lumière divine en son âme, fut de se dépouiller de toutes sortes d'inclinations, et de se mettre dans l'heureux état d'indifférence à tout, qui prépare si bien le cœur à la connaissance et à l'exécution des volontés de Dieu. Quand il se vit dans cette sainte situation, il commença par s'offrir au bon plaisir de Dieu, et lui faire un abandon général et sans réserve de sa personne. Ensuite il se permit de s'expliquer avec la divine Majesté en ces termes : « Mon Dieu, je ne sais s'il faut fonder, « ou s'il ne faut point fonder ; ce n'est pas à moi à établir des « communautés, ni à savoir comment il les faut établir. C'est à « vous de le savoir, et de le faire en la manière qu'il vous plaira. « Je n'ose fonder, parce que je ne sais pas votre volonté. Je ne « contribuerai donc en rien à fonder nos maisons : si vous les « fondez, elles seront fondées ; si vous ne les fondez pas, elles « demeureront sans fondation. Je vous prie de me faire connaître « votre sainte volonté. »

S'il ne paraît pas qu'une prière si pure ait été suivie de lumières extraordinaires, ni qu'elle ait éclairé celui qui la faisait sur ce qu'il avait à faire, en lui manifestant la volonté divine, au moins fut-elle suivie de ce parfait abandon à Dieu qui l'avait précédée. Le serviteur de Dieu, fixé et comme cloué dans le sein de la Providence, demeura tranquille et sans souci le reste de ses jours, quoique très souvent mis aux épreuves les plus crucifiantes, et au risque de manquer du nécessaire.

Mais enfin, Dieu, dont le serviteur étudiait la conduite, lui fit naître l'occasion favorable de faire aux yeux de sa famille et de toute la ville, la vente et la distribution de ses biens, sans qu'aucun de ses proches parût pour lui fermer la main, et sans que personne osât y trouver à redire. Nous l'avons déjà dit ; il en avait obtenu la permission de son Directeur, qui d'abord surpris d'un dessein si héroïque, y avait formé des difficultés, et avait voulu l'arrêter ; mais il y avait cependant consenti avec assez de facilité, en voyant l'humble disposition dans laquelle son disciple était à son égard, et la grande docilité avec laquelle il lui soumettait sa résolution. Elle était en effet admirable, et elle seule suffisait pour persuader au guide visible du Bienheureux de la Salle, qu'un autre plus habile que lui le dirigeait en secret, et que le Saint-Esprit lui-même présidait à sa conduite. Quelques marques de l'inspiration céleste que portassent ses desseins, il ne pensait à les exécuter que quand l'obéissance le lui permettrait. Le fait qui suit en offre la preuve. Après s'être ouvert à son Directeur du dessein qu'il avait conçu de se dépouiller de son bien, et l'avoir prié de lui donner son agrément, voici les termes humbles et soumis par lesquels il conclut : *Je ne m'en déferai pas, si vous ne le voulez ; je ne m'en déferai qu'autant que vous voudrez ; si vous me dites de conserver quelque chose, ne fût-ce que cinq sols, je les conserverai.* Quel langage dans un homme de ce mérite, dans un homme dont les actions héroïques commençaient déjà à illustrer le nom ! Un fils bien né parlerait-il à son père avec plus de soumission ? Ce langage est véritablement celui de ces heureux enfants à qui le royaume des cieux appartient, et auxquels il faut devenir semblables, si on y veut entrer. Ce langage est le langage de la foi même, celui de l'humilité et de l'obéissance : il coule de source, quand il sort de la bouche d'une âme qui ne voit, par les yeux de la foi, que Jésus-Christ en son Directeur ; qui, par un fonds intime de défiance de soi-même, ne cherche en lui que la déclaration de la volonté de Dieu ; et qui, portant à ses pieds un cœur indifférent et soumis à ses ordres, les reçoit tous avec joie, et leur obéit aveuglément.

Pour l'ordinaire, ces âmes comblées des dons de la grâce, en consultant leur Directeur avec de si saintes dispositions, lui apportent lumière ; le Saint-Esprit qui habite en elles, se communique à lui, et lui dicte ce qu'il doit leur répondre ; bien souvent, il arrive qu'à leur approche, il change lui-même de sentiments et de pensées, sans savoir ni pourquoi ni comment. Au reste, les marques qui prouvent que l'esprit de Dieu parle dans ces âmes saintes, ne sont point équivoques. La docilité parfaite, l'humilité profonde et la soumission entière de cœur et d'esprit qu'elles portent aux pieds de leur confesseur, et dont elles accompagnent les requêtes qu'elles lui font, attestent qu'elles sont mues par le Saint-Esprit, et servent de lettres de créance à ces inspirations célestes. Ce que je dis se trouve vérifié dans l'exemple que je rapporte. Le Directeur du Bienheureux de la Salle n'était pas disposé à donner son suffrage au désir qu'il venait lui exprimer : la demande qu'il faisait de vendre son bien et de le distribuer aux pauvres dans une ville, dont les premiers magistrats et les principaux citoyens étaient ses parents, était moins recevable que celle de se démettre de son canonicat ; cependant le Directeur du pieux chanoine, qui n'avait pu se rendre à celle-ci qu'après un long temps et de longues sollicitations, consentit à celle-là avec assez de facilité. Comment cela se fit-il ? C'est sans doute que le Saint-Esprit inspira le Directeur, tandis qu'il remuait la langue du Bienheureux de la Salle, et qu'il lui donna pour preuve de la vérité de son inspiration, l'humilité, la docilité et la soumission de celui qui lui parlait.

V. — Son Directeur consent à son désir.

EN effet, à peine le Bienheureux de la Salle eut-il achevé de prononcer les paroles rapportées, que son Directeur se sentit changé. Pour mettre sa propre conscience en liberté, il accorda au Bienheureux de la Salle celle de vendre et de distribuer son bien aux pauvres, en courant les risques de tout ce qu'on pourrait dire. Par bonheur pour l'un et pour l'autre, les circonstances du temps favorisaient cette démarche héroïque, et donnaient lieu à la voix publique de la sanctionner. L'année 1684, féconde en malheurs, faisait sentir à la Champagne toute la misère qu'une longue stérilité causait dans toutes les parties du royaume ; les pauvres du pays, venus dans la capitale pour y trouver du secours, et rassemblés avec ceux de la ville, firent de Reims un grand hôpital. La plupart de ses habitants, devenus mendiants par la cessation des travaux, que la cherté réunie à la rigueur de l'hiver ne permettait pas de continuer, cherchaient avec confusion, chez les opulents, un pain d'aumône que les pauvres de profession demandent sans honte. La famine fut si grande et si cruelle, que bien des riches ne purent la soutenir et se trouvèrent au rang des misérables, sans pain et sans oser en demander. Le prix excessif des denrées et des aliments ne tardait pas à épuiser les réserves et les épargnes de plusieurs années ; et ceux qui n'avaient qu'un bien médiocre, se voyaient bientôt en proie à la faim et à la misère. Des communautés entières même, riches et bien fondées, suivaient le sort commun, et étaient dans la nécessité de se ruiner par les ventes et les emprunts, pour pourvoir à leur besoins.

VI. — L'ordre qu'il met dans la distribution de son bien aux pauvres, et les exemples de vertu qu'il donne en cette occasion.

UNE année si affligeante fut une année de mérites extraordinaires et de vertus éclatantes pour le Bienheureux de la Salle ; car elle lui fournit l'occasion d'exercer les plus grandes œuvres de miséricorde corporelles et spirituelles, dans une ville où il avait été si maltraité. Alors il eut le plaisir, délicieux pour un saint, de nourrir plusieurs de ses ennemis, et de se venger des langues médisantes, par des actions héroïques de charité. Il sut enfin qu'il avait du bien, quand il se vit en liberté de le distribuer aux pauvres ; et on ne peut dire lequel fut pour lui le plus doux, de devenir pauvre, ou d'être riche pour pouvoir assister les pauvres.

Il eut tout à la fois ce double mérite, et de les soulager, et de leur devenir semblable. Il ne fit pourtant pas la distribution de son bien au hasard, ni avec précipitation. Il était homme de règle, et il sut mettre un grand ordre à ses charités. Il en détermina le temps sur celui de la stérilité, et il en mesura l'étendue sur la nécessité. Pour ne point s'y tromper et pour garder une espèce de justice, même dans la pratique de la charité, il distingua en trois classes les pauvres qu'il voulait assister.

Ceux de la première se trouvaient rangés dans les écoles, d'où les enfants, après les exercices ordinaires, sortaient avec une portion de pain qu'ils y venaient chercher avec plus d'avidité que l'instruction. Ceux de la seconde classe étaient les pauvres honteux. Pour les connaître il fallait en faire une diligente recherche : car ceux-là, cachés et concentrés dans le fond de leurs misères, aiment mieux souvent, par un faux sentiment de dignité, y trouver la fin de la vie et y périr que de se montrer. Le charitable prêtre fit son possible pour les connaître et pour n'en être point connu, pour les assister et pour leur dérober la vue de la main bienfaisante qui épargnait leur pudeur en rassasiant leur faim. S'il ne pouvait se cacher à eux, ni se les cacher à lui-même, que ne faisait-il, que ne disait-il pas pour tempérer leur honte, par des marques de compassion et de tendresse, suivies de ses libéralités ! La troisième classe des pauvres qu'il nourrissait, se rassemblait dans sa maison, où lui-même, pour l'ordinaire, et à son défaut quelqu'un des pieux ecclésiastiques qui demeuraient avec lui, faisaient des instructions familières à des gens qui ont encore plus besoin de la nourriture de l'âme que de celle du corps, et qui ne deviennent avides de l'aliment spirituel que par l'espérance de l'aumône qui la suit.

Là, le prêtre charitable, voyant rassemblés sous ses yeux tant d'indigents de toutes sortes, étudiait leur misère intellectuelle pour leur donner des avis particuliers ; et, par de pieuses remontrances, par des corrections prudentes et par des marques de la plus tendre compassion, tâchait, avant que de soulager leur détresse, de guérir dans leurs âmes des maux sur lesquels ils demeurent insensibles parce qu'ils leur sont inconnus.

Cette distribution journalière de pain se faisait dans sa maison tous les matins, et c'était après la célébration de la sainte Messe qu'il venait y assister, ou la faire avec des sentiments de foi et de dévotion si vifs et si sensibles, qu'ils se communiquaient à ceux qui en étaient témoins. JÉSUS-CHRIST étant devenu visible à son égard dans ses membres, il se mettait à leurs pieds et on le voyait, à genoux, leur faire l'aumône avec des marques de respect et de joie qu'il eût données s'il eût vu et nourri JÉSUS-CHRIST en personne. Il faisait plus : devenu pauvre lui-même en assistant les pauvres, il prenait en qualité de pauvre une portion du pain qu'il leur distribuait et le mangeait à genoux à leurs yeux, avec un goût et une joie qui faisaient sentir le plaisir qu'il trouvait dans le sein de la charité et de la pauvreté réunies.

Il poussa plus loin les choses : jaloux du mérite de la pauvreté la plus humiliante, il voulut dévorer la honte de la mendicité et manger un pain de confusion demandé de porte en porte. L'humilité et la nécessité lui en firent enfin la loi, car, dépouillé de tout et devenu plus pauvre que ceux qu'il avait nourris, il alla à son tour, aux dépens de l'amour-propre, demander par aumône, de maison en maison, quelques morceaux de pain. Après bien des rebuts, il reçut d'une bonne femme un morceau de pain fort bis, qu'il mangea à genoux par respect et avec une joie qui ne se peut exprimer. Après avoir mangé ce pain d'aumône, il partit à pied pour Réthel, afin de traiter avec M. le duc de Mazarin de l'établissement qu'il projetait d'un séminaire de maîtres d'école pour les villages de sa dépendance. Ce fut en cette occasion que, revenus ensemble à Reims rendre compte de cette affaire à Mgr l'Archevêque et demander son agrément, Mgr le Tellier paya la charité de l'un et satisfit l'humilité de l'autre, en répondant qu'ils étaient deux fous. *Pardonnez-moi, Monseigneur*, répondit l'humble prêtre, *il n'y en a qu'un* : il voulait dire que ce titre lui était dû, mais que le duc ne le méritait pas. Le Bienheureux de la Salle eut tout le temps d'épuiser son patrimoine qui approchait de la somme de quarante mille livres, pendant une disette de deux années entières. Encore assez riche quand elle commença, pauvre quand elle finit, il se vit dans l'état que son cœur avait désiré. Content d'avoir Dieu et de n'avoir que Dieu, il pouvait dire avec le grand partisan de la pauvreté, saint François : *Dieu m'est toutes choses*. Si j'ai tout perdu pour lui, je retrouve tout en lui, lui seul me suffit. Il retrouva en effet tout en Celui qui est la source de tous les biens : la divine Providence à laquelle il avait abandonné ses intérêts et ceux de son petit troupeau, se souvint toujours de lui et des siens. Rien du nécessaire ne leur manqua, tandis qu'il manquait à une infinité de malheureux, tandis que les riches eux-mêmes avaient peine à se garantir des atteintes de la famine.

VII. — Il reçoit des reproches de ses propres disciples sur ses prodigalités ; il en prend occasion de leur inculquer de nouveau la confiance en la divine Providence.

CEUX qui furent témoins des pieuses prodigalités du charitable prêtre étaient frappés d'étonnement, et avaient peine à croire ce qu'ils voyaient de leurs yeux, qu'il y eût encore un homme sur la terre qui donnait tout, sans se rien réserver, qui n'était avare que pour lui-même et pour les siens, qui, sans penser au lendemain, en laissait le soin à Dieu, dans un temps où le jour présent donnait à ceux que la faim pressait, de cruelles alarmes pour le jour qui suivait.

Un homme qui s'oubliait dans une rencontre où chacun, ne pensant qu'à soi, oubliait tous les autres, et qui n'avait point d'autre sollicitude que celle de nourrir et de soulager les pauvres et de le devenir lui-même, dans des circonstances qui semblaient ne mettre qu'un pas entre la mort et la pauvreté, était un homme que ses compatriotes ne pouvaient assez louer et admirer, après l'avoir chargé de tant de blâmes et d'injures. Ses propres disciples, qui le voyaient de plus près, témoins de ses excès de charité, ne purent s'empêcher de lui en témoigner leur surprise. Quoique arrivés au terme de deux années de famine, où le nécessaire, qui avait manqué à une infinité d'autres, leur avait été fourni par les mains du Père céleste, ils n'étaient pas encore sans souci sur l'avenir. L'état de pauvreté et d'abandon à la Providence que leur Père venait d'embrasser et auquel ils l'avaient en quelque sorte condamné eux-mêmes par leur réplique à ses instructions sur ce point, devenait, ce semble, un autre sujet d'inquiétude à leur égard, puisqu'ils ne pouvaient plus chercher, en cas de nécessité, auprès d'un homme dépouillé de tout, la ressource qu'ils avaient trouvée dans les revenus de son canonicat et de son patrimoine. C'était là que l'homme de Dieu les attendait. Ce moment était favorable pour leur ouvrir les yeux sur le soin de la divine Providence, et de recommencer les leçons sur la confiance et sur l'abandon à Dieu, qu'ils l'avaient obligé d'interrompre, jusqu'à ce qu'il fût plus pauvre qu'eux.

Le Bienheureux de la Salle saisit donc l'occasion qui se présentait à lui si naturellement, pour leur rendre sensibles les attentions de Dieu sur leurs personnes et sur leurs besoins, et, pour leur répondre de l'avenir par le passé, leur assurant que rien ne leur manquerait jamais, tant qu'ils auraient soin de servir Dieu

et de lui plaire ; « Revenez, ajouta-t-il, mes chères frères, sur les
« tristes jours dont nous sommes à peine sortis. Sous vos yeux,
« la famine vient d'exposer tous les maux qu'elle sait faire aux
« pauvres et toutes les plaies qu'elle sait porter sur la fortune des
« riches. Cette ville n'était plus que comme le bureau des pauvres,
« où ils venaient se rassembler avec toutes leurs misères, et traîner
« un reste de vie languissante que la faim allait bientôt terminer.
« Pendant tout ce temps, où les plus riches n'étaient pas assurés
« eux-mêmes de trouver à prix d'argent un pain devenu aussi
« rare que précieux, que vous a-t-il manqué ? Grâce à Dieu,
« quoique nous n'ayons ni rentes ni fonds, nous avons vu ces
« deux fâcheuses années se passer sans manquer du nécessaire.
« Nous ne devons rien à personne, pendant que plusieurs commu-
« nautés opulentes se sont ruinées par des emprunts et par des
« ventes désavantageuses, devenues nécessaires pour subsister. »
En leur rendant ainsi palpables les miracles de la divine Providence en leur faveur, il leur apprit enfin à s'abandonner à ses
soins. Depuis ce temps, le démon n'eut plus d'accès dans leur
maison pour y semer des inquiétudes et des soupçons injurieux à
la bonté de Dieu qui s'est chargé, en donnant la vie à ses créatures, de pourvoir à leurs besoins.

C'est sur ce fonds inaliénable que le Bienheureux de la Salle
commençait à élever sa maison. Persuadé plus que jamais qu'une
pauvreté volontaire est un titre d'assurance pour toutes les nécessités de la vie, il ne voulait point d'autre contrat que celui que
JÉSUS-CHRIST a signé dans son Évangile. Il a porté même sur
cet article la perfection si haut, qu'il a refusé des sommes considérables que plusieurs personnes charitables lui offraient pour
fonder des maisons de Frères. *Nos frères*, disait-il, *ne se soutien-
dront qu'autant qu'ils seront pauvres. Ils perdront l'esprit de leur
état, dès qu'ils travailleront à se procurer les commodités non
nécessaires à la vie.*

Ce que nous venons de rapporter de la vie du Bienheureux de
la Salle renferme son enfance, son éducation, son entrée dans l'É-
glise et son ministère de prêtre. En le suivant dans tous les âges,
nous l'avons vu un exemple d'innocence pour les enfants, de docilité pour les écoliers, de piété pour les jeunes clercs, de régularité
et de ferveur pour les chanoines, de zèle et d'esprit de religion
pour les prêtres ; maintenant, nous l'allons voir comme un
modèle de la plus grande perfection dans la formation de son
Institut.

LIVRE DEUXIÈME.

Où le Bienheureux de la Salle est représenté comme l'Instituteur d'une Société nouvelle, très utile et très nécessaire à l'Église.

NOUS n'avons jusqu'à présent regardé le Bienheureux de la Salle que comme un particulier sur lequel le ciel avait de grands desseins, et qu'il préparait, par des grâces choisies et par la pratique des vertus les plus éminentes, à devenir l'instrument d'une œuvre qu'il destinait, par sa miséricorde, à l'instruction, à l'éducation et à la sanctification de la jeunesse la plus pauvre et la plus abandonnée. Maintenant nous allons l'envisager, en continuant l'histoire de sa vie, comme patriarche à la tête d'un Institut qu'il élève par l'inspiration du Saint-Esprit, qu'il cultive avec soin et qu'il soutient par son courage et de continuels exemples de sainteté. On peut juger de ce qu'il va faire par ce qu'il a déjà fait. D'un homme qui a fait de si grands sacrifices, que peut-on attendre sinon des prodiges de grâce et de vertu ?

CHAPITRE PREMIER.

Dieu envoie au Bienheureux de la Salle de nouveaux sujets d'un vrai mérite. Les étranges violences qu'il se fait pour s'accoutumer à la nourriture de ses disciples. Jusqu'où il porte en tout le reste l'esprit de retraite, d'oraison et de pénitence. — (1684-1685.)

LE Bienheureux de la Salle, dégradé pour ainsi dire et tombé de son rang, pauvre, sans crédit, sans amis, n'ayant à présenter à ceux qui voulaient le suivre que la croix de JÉSUS-CHRIST, n'avait aussi à leur demander à eux-mêmes, pour condition de l'entrée de sa maison, qu'une abnégation entière et perpétuelle. Dans un état d'abjection et de pauvreté pareil au sien, il devait, ce semble, demeurer seul, abandonné à son pitoyable sort, hors d'espérance de faire goûter le genre de vie qu'il avait choisi et de grossir sont petit troupeau.

La chose fût arrivée en effet de la sorte, si l'esprit humain l'eût conduit dans toutes les démarches qu'il avait faites. Il fût demeuré enseveli dans l'obscurité avec tant d'autres dont le nom a péri et qui à peine ont été connus, tandis qu'ils étaient vivants, dans les lieux ou dans les états qu'ils s'étaient choisis par fantaisie, par vanité, ou par une secrète hypocrisie.

Mais il n'en est pas de même de ces hommes divins que l'Esprit de Dieu conduit et que son seul amour domine. Dieu ne les cache dans le secret qu'afin de les sanctifier à loisir et ensuite les remettre en évidence pour procurer sa gloire et le salut des âmes. Alors, propres à faire pour Dieu et pour le prochain de grandes choses, ils ne demeurent pas toujours dans l'oubli qu'ils aiment et qu'ils recherchent. On vient les chercher, et le ciel inspire à bien d'autres de courir sur leurs traces à la suite de JÉSUS-CHRIST. C'est ce qui ne manqua pas d'arriver au Bienheureux de la Salle.

I. — Le Bienheureux de la Salle reçoit de nouveaux sujets qui quittent les collèges pour le suivre.

EN peu de temps son troupeau grossit de plusieurs jeunes gens inspirés de tout quitter à son exemple. Il y en avait entre ceux-là qui faisaient leurs études et qui les abandonnèrent pour se joindre à lui, malgré leurs parents et malgré les conseils importuns des sages du monde, qui faisaient leurs efforts pour les en détourner. Convaincus qu'ils seraient assez savants quand ils sauraient JÉSUS-CHRIST crucifié, qu'ils n'avaient point d'autre étude à faire que de savoir et de pratiquer la doctrine chrétienne à la lettre pour être en état de l'enseigner avec fruit et que sans être ni prêtres, ni ecclésiastiques, ils pouvaient faire cette fonction du saint ministère la plus nécessaire et la plus utile aux pauvres et la plus sanctifiante pour ceux qui l'entreprennent avec zèle et humilité. Ils renoncèrent avec courage à la promotion aux ordres sacrés et aux espérances du siècle, qu'ils auraient pu conserver dans un état plus considéré que celui de maîtres d'école.

Le Bienheureux de la Salle les logea dans la maison de la rue Neuve qu'il avait louée en 1682, et dont il fit l'acquisition par la suite, à la faveur des libéralités qui lui furent faites pour l'acheter, comme il a déjà été dit (1). De sorte qu'elle est demeurée en propre aux Frères, et c'est cette maison qu'ils peuvent à juste titre honorer comme le berceau de leur Institut (2).

---
1. Voir Livre Ier, chapitre X. § III.
2. Les Frères logèrent dans cette maison jusqu'en 1791. On y établit depuis une filature. Elle a été rachetée en 1880 et laissée à la disposition de l'Institut.

Livre II. — Chapitre I.

Quelques ecclésiastiques de grande piété demeurèrent d'abord avec le Bienheureux de la Salle et avec les Frères. Un de ceux-là était M. Faubert, qui était très uni à son bienfaiteur et qui paraissait alors vouloir marcher sur ses traces. Par une sainte émulation, à l'exemple du Bienheureux de la Salle qui élevait des maîtres d'école, il entreprit d'élever de pauvres étudiants et de former une espèce de petit séminaire d'ecclésiastiques dans la même maison. Cet assortiment de gens de vocation différente ne pouvait pas être de longue durée, et le Bienheureux de la Salle, qui ne tarda pas à en voir les inconvénients, ne tarda pas non plus à en opérer la séparation : mais comment la fit-il ? Avec de nouveaux exemples d'humilité et de douceur, car il marquait chaque action par quelques traits particuliers de ces deux vertus. Il se sépara de celui qui lui avait tant d'obligation, en la manière qu'Abraham se sépara de Loth, en lui cédant le terrain. En éloignant son troupeau de celui du chanoine, il lui laissa sa maison, et il alla avec les siens dans une autre maison voisine, qui était fort petite, où il vécut avec eux dans une pauvreté, dans une mortification et dans une régularité qui retraçaient le portrait de la sainteté des ordres religieux naissants. Cependant le saint Instituteur ne put rester longtemps dans une si petite maison, qui se trouva malsaine et trop resserrée pour l'exécution de ses desseins, ce qui l'obligea de prier M. Faubert de lui rendre la sienne, où il rentra avec sa petite communauté au commencement de l'année 1685.

Quelle était alors la manière de vie du Bienheureux de la Salle ? Le croira-t-on, si on le rapporte en détail ? Les chrétiens d'aujourd'hui sont-ils disposés à se persuader qu'un homme de leur temps ait fait revivre de nos jours la ferveur des premiers siècles, et qu'il ait donné dans sa personne les exemples de pénitence, de mortification, d'humilité, d'obéissance, de retraite et d'oraison, qu'on admire dans les anachorètes, dans les Bernard, dans les Dominique, dans les François et dans les plus grands saints?

Je dirai vrai, si j'ajoute que les grands sacrifices et les actions héroïques de vertu, dont j'ai fait le rapport dans le livre précédent, ne sont que les essais de ce qui va suivre. C'est que les temps heureux de la présence du Saint-Esprit et de ses communications intimes, sont des temps d'abondance et de joie spirituelle, pendant lesquels les âmes enivrées de l'amour divin et de la douceur de la grâce, se sentent enlevées à elles-mêmes, élevées au-dessus de la faiblesse humaine, capables de tout, embrasées du désir de tout faire et de tout souffrir pour Dieu. Alors elles ont des vues étendues et lumineuses de la perfection la plus sublime; alors elles en conçoivent des désirs ardents, et elles se trouvent portées aux desseins héroïques. Néanmoins il arrive quelquefois que, revenues à elles-mêmes et renversées par la même main qui les avait transportées si haut, elles ne se trouvent plus d'ailes pour voler, et que souvent elles demeurent à terre à ramper avec les autres. En cet état, sevrées des douceurs célestes, elles ne se sentent plus assez de force et de courage pour effectuer ce qu'elles avaient projeté, et elles laissent dans l'inaction des plans de perfection, aisés à tracer dans l'imagination, mais qui coûtent infiniment à la nature quand il s'agit de les exécuter.

Pour ce qui est du Bienheureux de la Salle, il ne fut pas de ces hommes que Dieu favorise en vain, et que l'amour-propre replace tôt ou tard en eux-mêmes. Si, après avoir beaucoup fait pour Dieu, il reçoit beaucoup de Dieu, l'usage qu'il fait des nouvelles grâces, est de livrer les plus sanglants combats à la nature, et de remporter sur la chair des victoires encore plus glorieuses que celles qu'il a remportées sur le monde.

Élevé comme un fils bien-aimé et très cher à ses parents, avec les soins d'une prédilection tendre et attentive, nourri dans le sein même de l'abondance, le voilà dans le sein de l'indigence, et dans une pauvreté qu'on peut appeler le centre des misères de la vie. Accoutumé à une nourriture délicate, familiarisé avec les commodités de la vie, pourra-t-il se faire à un régime qui ne fournit que ce qui est nécessaire pour ne point mourir, et qui ne laisse vivre l'homme que pour le faire souffrir? Condamné par lui-même à un genre de vie qui lui interdit l'usage du feu et presque celui du vin, du linge et de tous les aliments ordinaires, pourra-t-il accoutumer la nature à ce qui lui fait horreur? Pourra-t-il accoutumer son corps à des disciplines cruelles et sanglantes, à passer les nuits entières dans l'oraison, et à n'avoir pour le repos nécessaire qu'une planche sur la terre nue? Pourra-t-il se tenir renfermé des journées entières dans un lieu qui n'a pas beaucoup plus d'espace qu'un sépulcre, et qui ne lui laisse aucune liberté que celle de se mortifier? Pourra-t-il faire son vêtement ordinaire des chaînes de fer piquantes, de la haire et du cilice, et ne paraître aux yeux de ses concitoyens que dans un équipage propre à les faire rire à ses dépens, et à s'attirer les huées des enfants et de la populace? Oui, il le fera, et on va le voir commencer de nouveaux combats, et remporter de nouvelles victoires sur une nature délicate, par les terribles violences qu'il se fait, d'abord pour soutenir la vue de ce qu'on lui présente, et après pour en manger.

Ceux qui connaissent les Frères, savent combien encore aujourd'hui leur nourriture est frugale, pauvre et mortifiante : elle l'était bien davantage à la naissance de leur Institut, à Reims, à Paris et à Rouen. Il y a près de quarante ans que j'ai entendu dire, à Paris, à des gens qui étaient au fait sur leur manière de vie, qu'elle était aussi austère que celle de la Trappe, et que leur nourriture était même plus mortifiante que celle de ce célèbre séjour de la pénitence. On appelait leur maison, *la petite Trappe*, et ceux qui l'avaient connue de près, prétendaient que, dans tous les genres et pratiques d'humiliation et de mortification, les Frères étaient les émules de ces illustres pénitents de nos jours, qui ont fait une Thébaïde d'un monastère de la Basse-Normandie.

Lorsqu'en 1681 le Bienheureux de la Salle avait rassemblé les maîtres d'école chez lui, il avait continué à vivre avec ses propres frères, comme il faisait auparavant ; après la retraite de ceux-ci, il n'avait rien changé à son ordinaire, et il avait continué le même genre de nourriture. Ensuite étant entré en vie commune avec ses disciples, en retranchant de sa table tout ce qui pouvait satisfaire les sens, il s'était laissé servir des aliments qui n'avaient rien de répugnant ; mais lorsque, dépouillé de tout par sa propre main, il se vit aussi pauvre que les pauvres dont il avait soin, il voulut vivre en pauvre et user de la même nourriture.

II. — Étranges violences que se fait le Bienheureux de la Salle pour s'accoutumer à la nourriture des Frères.

CETTE résolution était la suite des autres déjà exécutées ; mais elle ne fut pas la moins sensible à la nature, et peut-être ne me tromperai-je pas si j'avance qu'elle lui coûta plus que les précédentes. Pour l'accomplir en son entier, il fit défense à ses enfants spirituels de lui servir d'autre portion que la leur. Ils en furent extrêmement mortifiés, et il ne pouvait leur faire un commandement qui mît leur obéissance à une plus grande épreuve. La connaissance qu'ils avaient de sa délicatesse et de sa complexion, ne leur permettait pas d'espérer qu'il pût jamais s'accoutumer à leur nourriture ; aussi n'y eut-il rien qu'ils ne fissent pour obtenir de lui la rétractation d'un ordre si pénible, dont l'exécution serait un vrai supplice, autant pour eux que pour lui. Mais le trouvant inflexible sur cet article, ils furent obligés de céder, et de le servir comme les autres, pour se soumettre à sa volonté et contenter son esprit de pénitence.

Ce fut alors que le Bienheureux de la Salle, entrant dans l'esprit de saint Bernard, alla au réfectoire comme dans un lieu de tourment. Il ne fut jamais dans une plus grande peine, que quand il fallut prendre de la nourriture. La nature en lui, déjà alarmée par la seule idée de la peine qu'il allait sentir, frémit à l'approche du potage qu'on lui apporta. Il se trouva alors dans un grand travail et dans un rude combat ; car la nature et la grâce, dans de pareilles occasions, se disputent fortement le terrain, et l'une ne l'emporte sur l'autre qu'après de rudes assauts. Le chanoine dépouillé faisait alors pitié à voir. Le cœur lui bondissait, et sa main tremblante qui portait la cuiller dans l'écuelle, ne pouvait la retirer. Que fera-t-il ? S'obstinera-t-il à vaincre sa répugnance ? Cédera-t-il à la nature ? Et n'est-il pas temps qu'il lui fasse porter la pénitence d'avoir été élevé avec trop de délicatesse ?

Il se fait violence et il mange ; mais le cœur ne le peut soutenir. Les vomissements commencés à la vue et à l'odeur du potage, deviennent si furieux quand il mange, qu'il rejette presque jusqu'au sang. Il était, ce semble, alors de la prudence de céder ; car, en pareilles rencontres, les efforts outrés ont souvent de funestes suites. Mais s'il cède, il est vaincu ; c'est ce que le Saint-Esprit dit à une âme généreuse, en lui faisant des reproches secrets de sa lâcheté et de son attention à trop écouter la voix flatteuse d'une chair sensuelle, et les conseils perfides d'une prudence que la sainte Écriture appelle animale. Il revient donc au combat avec un nouveau courage, et, pour remporter une victoire entière sur lui-même, il continue à manger et à vomir. Nouveau genre de mortification, dont je ne sache pas que personne ait donné l'exemple avant lui. Ce tourment qui dura autant que ce premier repas, continua encore plusieurs jours de suite. Tout ce qu'on lui présentait, comme salé, légumes grossiers et autres portions de la nourriture la plus commune, le provoquait au vomissement.

III. — Il remporte la victoire sur sa délicatesse par une longue diète.

ENNUYÉ de ne pouvoir vaincre de si grandes répugnances, et de recommencer en vain chaque jour de nouveaux combats contre une délicatesse si opiniâtre, il eut recours à la faim pour remporter une victoire certaine. Ce remède paraissait pire que le mal, et était lui-même une grande pénitence ; mais il devait être efficace, car une faim dévorante apprend à tout manger, et sert d'assaisonnement aux mets les plus insipides et les plus dégoûtants. Un corps affamé ne refuse rien : tout lui semble bon,

Livre II. — Chapitre I.

et il fait ses délices de ce qui lui inspire de l'horreur, quand il est bien nourri et rassasié. Ce stratagème si pieux et si naturel réussit. Une diète rigoureuse de plusieurs jours fit sur une chair trop délicate cette espèce de miracle, qu'attendait d'elle le Bienheureux de la Salle, et qu'il n'avait pu mériter par des violences si étranges. Une si longue abstinence lui donna de l'appétit, et apprit à son corps rebelle à manger avec goût ce qu'il ne pouvait pas même regarder auparavant. Des mets qui lui faisaient bondir le cœur, devinrent les délices d'une nature qui ne perdit sa délicatesse, que quand elle se vit sevrée de toute nourriture. Si le combat fut rude, la victoire fut complète ; car le triomphe qu'il remporta sur la chair, dura autant que sa vie. Elle fut si bien domptée, si parfaitement mortifiée, qu'elle parut morte à cet égard, sans sentiment, sans inclination et sans répugnance pour les aliments les plus déplaisants. Je l'ai dit : il se trouva à Paris quelques années après avec les Frères dans une si grande pauvreté, surtout dans l'année 1693, qu'il se vit réduit à manger avec eux un pain et des aliments que les yeux les plus mortifiés avaient peine à voir. Il les mangeait cependant sans aucune répugnance. Les mets les plus mauvais ne lui inspiraient plus de dégoût ; au moins les mangeait-il sans attention, et il se levait de table pour dire les grâces, sans savoir ce qu'il avait mangé. Il y parut bien un jour que le bon frère cuisinier n'avait servi au Bienheureux de la Salle aussi bien qu'aux Frères, qu'une portion d'absinthe. Tous s'aperçurent de la méprise, et tous se crurent empoisonnés, le Bienheureux de la Salle seul excepté. Tous laissèrent la portion entière après l'avoir goûtée, dans la persuasion qu'elle était une espèce de venin ; et tous aimèrent mieux sortir de table comme ils y étaient venus, sans avoir mangé, que de s'exposer, selon leur préjugé, à une mort certaine. Le Bienheureux de la Salle, qui l'avait mangée tout entière, fut fort surpris lorsque ses disciples lui dirent ce que les enfants des Prophètes dirent autrefois à Élisée: *Mors est in olla : La mort est dans la chaudière.* Tous empressés et inquiets de savoir ce qu'on leur avait servi à table, trouvèrent, après examen fait, que ce n'était point du poison, mais de l'absinthe. Si ce nouveau mets ne servit pas à les nourrir, il servit au moins à les divertir. Enfin le fait et le faux préjugé qu'ils en avaient conçu, après avoir été la matière de leur récréation, devint le sujet de leur édification et des louanges que méritait la mortification de leur Père.

Au reste, les exemples que le Bienheureux de la Salle leur donnait sur ce sujet et sur tous les autres, étaient journaliers, et chaque jour en présentait d'une nouvelle espèce. Lorsqu'il était à table, soit qu'il fût distrait, soit qu'il fût attentif, il mangeait ce qu'on lui avait servi, sans jamais rien demander de ce qui lui manquait, sans même laisser échapper le moindre signe que quelque chose lui manquât. D'où il arrivait que tantôt il mangeait sans boire, tantôt il mangeait sa portion sans manger de pain, tantôt il mangeait du pain sans manger de portion.

IV. — Il se livre sans ménagement à la pénitence et à l'oraison.

SUR cette étrange mortification du goût, il faut mesurer sa mortification dans tout le reste. Nul sens dans son corps qui n'eût sa peine particulière : j'ai pensé dire son martyre. Il devint lui-même son propre bourreau, en exerçant sur lui tous les genres d'austérités, que la sainte Écriture canonise, et dont les saints ont été les inventeurs. Enveloppé dans la haire ou dans le cilice, ou ceint d'une ceinture de cuivre jaune, garnie de pointes très piquantes, ou ajoutant l'une à l'autre, il ne mettait bas ces armes de la pénitence, que pour en saisir d'autres plus cruelles et plus sensibles. Je parle de ses disciplines sanglantes. C'était avec celles qui sont faites de fer et qui sont armées par le bout de rosettes pointues, qu'il se déchirait sans pitié. Les taches de sang marquées sur le pavé où il coulait, ou qui rejaillissait sur le mur du lieu où il les prenait, disaient à son insu et en silence à tous les Frères, combien il était saintement sévère à son corps. « Il l'a
« traité avec trop de rigueur, dit un jour un de ses parents à un
« Frère, et il sera obligé, aussi bien que saint François, de lui
« demander pardon à la mort, de tout le mal qu'il lui a fait pen-
« dant la vie. Il s'est fait le tyran d'un corps qui avait été élevé
« avec des soins extrêmes, car jamais enfant n'a été l'objet de
« soins plus délicats. Il n'y a que ceux qui le savent qui puissent
« s'étonner de le voir faire revivre en sa personne, les Macaire,
« les Hilarion, les Jérôme et les autres anachorètes les plus
« pénitents. »

Les enfants avaient pitié de leur père, et ils s'étudiaient à faire recherche de ses instruments de pénitence pour les lui dérober, et par là lui épargner pendant quelques jours tant de peines, et laisser à son corps quelque relâche. Ils ont ainsi soustrait à sa diligence, sans qu'il s'en aperçût, six de ses disciplines l'une après l'autre, qui toutes portaient les marques de sa ferveur, étant teintes de son sang. Peut-être que son corps si maltraité pendant le jour,

Livre II. — Chapitre I.

si las de travaux et si épuisé d'austérités, cherchait à réparer ses forces dans le repos de la nuit ? Sans doute qu'il cherchait ce repos ; mais le Bienheureux de la Salle ne le lui donnait pas, car alors il passait une partie de la nuit en oraison ; et quand la nécessité l'obligeait de payer au sommeil le tribut que la nature lui doit, il se couchait à terre ou sur des chaises. Il n'avait point d'autre lit. S'il ne pouvait pas y dormir à son aise, il ne pouvait pas non plus y dormir longtemps ; car la cloche qui avertissait les Frères à quatre heures du matin de se lever, le trouvant tout habillé, lui faisait une loi de commencer son oraison, et de prévenir ses disciples dans un si saint exercice. Que dis-je ? une oraison qui n'avait point de fin pouvait-elle avoir un commencement ? Presque tout le jour, aussi bien que la nuit, était consacré à la prière et à la contemplation. Il passait de l'une à l'autre par une suite d'exercices, qui, sous divers noms, ne faisaient qu'une oraison continue.

Désoccupé alors de tout ce qui pouvait le jeter au dehors, solitaire dans la ville de sa naissance comme un anachorète dans son désert ou dans sa caverne, il se rendait invisible. La retraite faisait ses délices, parce qu'elle favorisait son union à Dieu. Aussi tout son soin était de la cultiver, et de retrancher sans ménagement, autant qu'il le pouvait, toutes sortes de visites faites ou reçues, pour ne point interrompre, par le commerce des hommes, sa conversation avec Dieu. Malgré lui cependant, quelques-uns de ses anciens amis venaient quelquefois le distraire de son application à Dieu. En lui faisant des reproches agréables de ce qu'il était devenu sauvage, ils lui disaient qu'il paraissait avoir oublié que l'homme est né pour la société, ou ne savoir plus qu'il y eût encore à Reims d'autres habitants que lui. Quelque sensible que pût lui être la peine de sortir de son entretien avec Dieu, pour entrer dans celui des hommes, il ne la marquait par aucun signe. Nul nuage ne montrait sur son visage l'ennui que sentait son cœur de n'être plus seul avec le souverain Bien. Un air gai, serein et gracieux rendait sa présence agréable, et ses anciennes manières, douces, honnêtes, affables, étaient une preuve que la solitude ne l'avait point rendu farouche, et qu'elle n'avait rien ôté à sa conversation, de l'agrément et de la politesse qu'elle avait lorsqu'il était chanoine.

Son Institut ne faisant alors qu'éclore, sa plus grande affaire et presque son unique, était de l'arroser de ses larmes, de le cimenter du sang qu'il tirait de ses veines par de rigoureuses disciplines, de le soutenir par ses pénitences et de lui attirer des grâces choisies et abondantes par de ferventes prières.

Le saint homme, pour les rendre efficaces auprès de Dieu, allait tous les jours les lui offrir devant le tombeau de Saint-Remi. Aux pieds de cet illustre archevêque de Reims, qui a mérité le nom d'apôtre de la France, il unissait souvent la nuit à une bonne partie du jour, pour prier le Ciel, par l'intercession d'un saint qui a baptisé le premier roi des Français, d'être favorable à son œuvre, et de faire tomber sur lui et sur les siens, cette heureuse pluie de grâces qui fertilise, en vertus et en mérites, les âmes qui en sont inondées. Or, pour avoir une facilité entière de répandre son cœur en la présence de Dieu, et de porter jusqu'au trône de sa majesté, ses vœux et ses oraisons dans le lieu de la sépulture de saint Remi, il avait gagné le sous-sacristain de cette église, et l'avait engagé à l'y enfermer. Ainsi en pleine liberté de prier et de satisfaire sa dévotion dans le lieu qui la favorisait, il finissait le jour et le recommençait par l'oraison. Le saint Instituteur, si à l'aise aux pieds du saint Patron de Reims et sous les yeux de JÉSUS-CHRIST, pour faire de la nuit entière un continuel exercice de contemplation et de prière, se fit une règle, pendant tout le temps qu'il resta dans cette ville, de consacrer à ce saint usage les nuits des vendredis et des samedis de chaque semaine après y avoir employé les journées. Ne retournant à la maison ces jours-là que pour voir ce qui s'y passait, après y avoir pris un peu de nourriture, il pressait le pas pour revenir aux pieds de son apôtre, implorer son secours auprès de Dieu, ou pour aller se prosterner devant JÉSUS-CHRIST.

Là, dans le silence de la nuit qui servait de supplément à la brièveté du jour, plus court que son oraison, seul et sans témoin, que disait-il, que faisait-il ? Unissait-il à la pénitence, à la prière et aux veilles, des disciplines que la sainteté du lieu pouvait rendre plus ferventes ? C'est ce que le dernier jour, en manifestant les mérites de celui dont nous écrivons l'histoire, nous révélera. Le sépulcre de saint Remi était l'asile où le Bienheureux de la Salle ne manquait jamais de se réfugier, lorsque quelque nouvelle tempête s'élevait contre son établissement. Outre les temps et les jours marqués, il y recourait dans ces rencontres avec empressement, pour dissiper l'orage et écarter les foudres, par des prières et des larmes, que le saint était conjuré d'appuyer devant le trône de Dieu.

Ce grand attrait pour la solitude entière et pour l'oraison continuelle, l'attira quelque temps après dans la solitude des RR. PP. Carmes-Déchaussés qui est près de Louviers, à quelques lieues de Rouen. Tout le monde sait que ces grands partisans de la retraite et de la contemplation, ont des maisons fort éloignées du monde qu'ils appellent *Déserts*, parce qu'ils y vivent en effet comme les anciens solitaires en leurs laures, dans un silence perpétuel et dans l'exercice d'une contemplation qui n'est interrompue que pour les besoins indispensables de la fragilité humaine. Ce lieu si propre aux communications divines, parut un paradis à un homme qui ne voulait avoir de société et d'union qu'avec Dieu ; mais il ne put l'habiter longtemps, car des événements imprévus qui le rappelèrent à Reims, l'obligèrent de quitter, à son grand regret, un désert si délicieux, comme nous le verrons dans son lieu.

On peut dire avec vérité que le grand goût de l'oraison, et le grand attrait que sentait le Bienheureux de la Salle pour se voir seul avec Dieu, le rendaient presque insensible. Sa plus grande peine était de voir et d'être vu. C'est pourquoi, quelques reproches qu'il reçût de ses amis de devenir farouche, il s'enfonçait le plus qu'il pouvait en lui-même et dans la solitude, pour se dérober à la connaissance de tout autre que de son Bien-Aimé. Toutefois il n'était pas appelé à la seule vie de Madeleine ; celle de Marthe lui préparait ses travaux, et c'était pour le mettre en état de soutenir les peines de celle-ci, que le ciel lui laissait goûter les douceurs de celle-là. Il se vit donc, à son grand regret, obligé de dérober à ses longues oraisons, une partie du temps qu'il y employait, pour remplir le devoir de sa charge, et pour vaquer aux affaires de sa communauté qui se multiplièrent lorsque M. Niel eut abandonné les écoles dont il s'était chargé. Le Bienheureux de la Salle auparavant était bien résolu de se borner au soin de celles de Reims. C'était assez pour lui, à ce qu'il croyait, et il ne voulait pas porter plus loin ses vues. L'humilité lui en faisait une loi ; mais la charité, qui n'a point de bornes, l'obligea d'étendre son zèle sur les écoles du dehors, de quitter Dieu pour Dieu, et de se sevrer en partie des douceurs de la vie intérieure, pour procurer la gloire de son Seigneur.

La divine Providence, qui avait coutume de le conduire par la main, et dont il suivait aveuglément les routes, l'avait amené au point qu'il n'avait pu se refuser à la direction des écoles de Réthel, de Guise et de Laon. Ainsi ces écoles, établies par M. Niel, étaient demeurées à sa charge et sous sa conduite. En cela, la sagesse divine faisait sentir que n'ayant envoyé M. Niel à Reims, que pour faire entrer le Bienheureux de la Salle dans ses desseins, elle n'en voulait confier l'exécution qu'à celui-ci, l'autre n'y étant pas propre. En effet, la direction de tant d'écoles était un poids trop lourd pour un homme déjà avancé en âge. D'ailleurs M. Niel en quittant Rouen, n'avait pas renoncé au désir d'y revenir. Son inclination était d'y laisser ses cendres ; pour pouvoir la suivre en sûreté de conscience il avait en vain sollicité plusieurs fois le Bienheureux de la Salle de prendre la conduite des écoles en question. Bien qu'il eût souvent essuyé son refus, il revint encore une fois à la charge, et fit de nouvelles et plus fortes sollicitations auprès de lui pour l'y engager. Son âge et l'impossibilité de pourvoir ces trois établissements de sujets capables, furent les motifs sur lesquels il appuya sa prière, ou plutôt les prétextes dont il couvrit son violent désir de retourner à Rouen. Il ne gagna pourtant rien. Le Bienheureux de la Salle persévéra dans son refus, comme il a été dit. M. Niel voyant donc qu'il n'avançait rien par ses instances, prit le parti d'abandonner les écoles à la Providence, et de se retirer à Rouen, où il mourut deux ans après, comme nous le dirons en son lieu. Sans doute que M. Niel prévoyait ce qui devait arriver, que la nécessité ferait la loi au Bienheureux de la Salle, et que sa charité ne lui permettrait plus de se refuser aux intérêts des pauvres, ni de laisser tomber ces écoles abandonnées. C'est en effet ce qui arriva. La retraite de M. Niel fut plus efficace que sa présence et ses sollicitations. L'abandon qu'il fit des écoles fut le motif qui obligea le Bienheureux de la Salle de s'en charger. Il ne lui fut plus possible, ni de se refuser aux nouvelles prières que le curé de Saint-Pierre de Laon, son ami, lui fit de ne pas laisser périr ces établissements, ni de ne pas écouter la voix de la divine Providence, qui semblait lui dire si hautement que c'était elle qui les lui présentait, et qu'elle les lui avait préparées par les mains de M. Niel.

CHAPITRE II.

Le Bienheureux de la Salle assemble ses principaux disciples: il fait une retraite de dix-huit jours avec eux. Dans cette retraite il confère avec eux sur tout ce qu'il convient de régler : il prend et il suit leurs avis, sans vouloir rien décider par lui-même. — (1684.)

LE Bienheureux de la Salle, se voyant à la tête d'un nombre de maîtres d'école dispersés en plusieurs villes, conçut qu'il était à propos d'en former une petite congrégation, et de leur prescrire une manière de vie uniforme. Quelque règle qu'il eût pu jusqu'alors introduire parmi les siens, ils ne composaient pas encore une Société parfaite. Presque tous habillés différemment, les uns mieux vêtus que les autres ; chacun faisant l'école à sa manière ; tous libres de sortir de la maison, et de n'y demeurer qu'à leur gré ; sans vœux, sans engagements, sans dépendance et sans subordination entière, ils étaient des membres faciles à rassembler et à réunir ensemble, mais ils ne faisaient pas encore ce qu'on appelle *Corps de Communauté*. En effet, une communauté est un corps composé de plusieurs sujets, qui en sont comme les membres. Le Supérieur en est la tête, et c'est ce chef qui doit animer et mettre en mouvement tous les inférieurs, qui doivent vivre sous sa dépendance, et n'avoir d'autre impression que celle qu'il leur communique. La subordination est le lien qui tient tous ces membres dans l'union ; et l'obéissance est le nerf qui les tient tous dans l'ordre. L'esprit de Dieu est l'âme qui doit animer ce corps, et la règle est le maître qui en doit gouverner toutes les actions. Voilà ce que n'était pas encore le troupeau du saint prêtre.

Il s'agissait donc, pour faire de l'assemblée des maîtres d'école une communauté régulière, de leur donner un habit, des règles, des constitutions, et d'établir en toutes choses une uniformité parfaite et convenable à leur vocation. Il s'agissait de leur inspirer à tous le même esprit, les mêmes sentiments, les mêmes dispositions, les mêmes vues, et de n'en faire qu'un cœur et qu'une âme, à l'exemple des premiers chrétiens, qui, en formant la primitive Église, ont donné aux siècles suivants le modèle d'une communauté parfaite. Or, pour réussir en tout cela, le Bienheureux de la Salle ne crut pas devoir y mettre rien du sien. Cet homme si humble ne voulait rien avoir qui lui fût propre de tout ce qui devait être fait. Quoique destiné à être le patriarche d'une nouvelle famille, composée de gens qui ne voyaient que par ses yeux, quoique inspiré dans son dessein, quoique si éclairé par les lumières qu'il recevait dans ses longues communications avec Dieu, il ne faisait que croître dans l'humble défiance de lui-même. Il eût cru mal fait tout ce qui aurait été son propre ouvrage. Mort à tout esprit naturel et à toute volonté personnelle, il ne voulait être que l'instrument de Dieu, n'agir que par son mouvement, et ne suivre que ses impressions.

I. — Il convoque une assemblée de ses douze principaux disciples, pour régler plusieurs points importants.

DANS cette disposition de mort à soi-même, l'humble instituteur convoqua ses principaux disciples, au nombre de douze, et fit avec eux une assemblée, afin de conférer ensemble sur les moyens de donner une forme à l'établissement, d'y fixer les sujets et de leur donner de la stabilité. La matière ne pouvait être plus importante, et elle demandait de grandes réflexions, ou plutôt de grandes lumières. Pour les attirer, le fervent Supérieur leur proposa d'entrer en retraite ; ce qu'ils acceptèrent de grand cœur. Elle commença la veille de l'Ascension de l'année 1684, pour finir à la fête de la Pentecôte ; mais elle fut prolongée jusqu'à celle de la sainte Trinité. Le Bienheureux de la Salle en fit l'ouverture par un discours fort touchant, qui leur apprit le sujet de leur convocation, et les motifs de la retraite qu'il leur avait inspirée. Il leur fit entendre que l'ordre qui régnait déjà dans la maison, devait leur faire penser aux moyens de l'y maintenir ; que la régularité, qui est l'âme d'une communauté, suppose de sages règlements, et qu'il fallait penser à les observer avant que de les établir, afin qu'accoutumés au joug, il parût doux quand il faudrait s'en charger ; que le moyen de trouver les règles douces dans la suite, était d'en faire l'essai en les pratiquant : qu'ainsi, un détail d'observances, que l'expérience aurait facilitées, n'aurait rien d'onéreux. « Par cette sage conduite, dit-il, vous ne
« trouverez un jour rien que d'ancien dans les règles nouvelles.
« Votre cœur retrouvera son propre ouvrage dans le livre qui en
« sera composé, et les lois qu'il contiendra vous paraîtront aima-
« bles, parce que vous en serez vous-mêmes les législateurs.
« Arrivé, ajouta-t-il, au point où je voulais vous conduire, témoin
« de votre ferveur et de vos pieuses dispositions, je désire prendre
« des mesures avec vous pour fixer votre état, affermir votre

« vocation, cimenter votre union, et commencer l'édifice dont
« vous êtes les premières pierres. »

Il leur rappela ensuite les pensées et les idées qu'ils lui avaient eux-mêmes souvent proposées, de se lier par des engagements sacrés ; que c'était à eux d'examiner s'il n'était pas convenable à leur faiblesse de se choisir des chaînes heureuses, qui, en captivant leur liberté, pussent les attacher à Dieu. Il leur demanda si, ayant été jusque-là flottants et indéterminés dans leur état, ils étaient disposés à s'y engager par quelques vœux. Il conclut en disant qu'il leur laissait là-dessus et sur tout le reste, pleine liberté de dire leurs sentiments, et une liberté encore plus grande de les suivre ; que tout ce qu'il se réservait était de les écouter et de conclure sur le plus grand nombre des suffrages ; et qu'enfin, ce qu'il leur recommandait était de bien prier, et de se mettre en état, par une fervente retraite, de connaître les volontés de Dieu.

II. — Comment se fit cette assemblée, et ce qu'on y traita.

DANS ce long séjour de prière et d'oraison, ils eurent tout le temps d'invoquer le Saint-Esprit et de préparer leurs cœurs à ses impressions. En silence, en recueillement, comme chacun était en liberté de se rendre attentif à sa voix et d'écouter ses inspirations, chacun était aussi en droit de communiquer ses pensées et ses sentiments. Le Bienheureux de la Salle, sans les prévenir, sans leur suggérer ses vues, sans leur inspirer ses idées, les laissait libres de penser et de dire ce qu'ils voulaient. Sans doute que le plus court pour eux et le mieux, eût été de le faire parler lui-même le premier, et de se prêter comme des enfants dociles aux lumières de leur Père. Un homme de grâce comme lui, était l'organe du Saint-Esprit, et prononçait pour eux des oracles. Peut-être le firent-ils ; peut-être qu'en lui remontrant qu'ils étaient ses enfants, ils le supplièrent de les gouverner en Père et de leur faire des lois, sans prendre leurs avis, et de conclure à la pluralité. Ce n'est pas qu'il ne les aidât de ses lumières, et qu'il ne redressât leurs avis quand ils n'étaient pas sensés et justes ; mais il le faisait de manière que son amour-propre n'y trouvait point son compte, et que leur liberté de proposer leurs avis et de les faire valoir n'en était pas plus gênée. L'unique droit qu'il se réservait était de parler beaucoup à Dieu, de le supplier de parler lui-même à ce collège de ses douze principaux disciples, et de déclarer par leurs bouches, ses saintes volontés avec tant de clarté qu'il ne lui restât point d'autre parti à prendre, que celui de souscrire à des pensées, dictées par l'esprit de Dieu. Nous ne pouvons pas rapporter tous les sujets qui furent traités dans cette assemblée des douze, ni quels en furent les résultats. Seulement, nous savons qu'on y convint de quelques règlements, et que le changement des habits, le nom que prendraient dans la suite les maîtres d'école, les aliments dont ils devraient user, et le projet de faire des vœux furent mis en délibération.

Le premier article touchant les règles et les constitutions, aurait été prématuré s'il avait été agité dès lors ; car il n'y a que le temps qui puisse mûrir ces sortes de projets, et mettre en état de décider ce qui convient. Les plus beaux règlements en spéculation ne sont pas toujours les meilleurs dans la pratique. Il est aisé de se faire des devoirs, mais il n'est pas si facile de les remplir avec une parfaite fidélité. La prudence dit qu'il faut essayer le joug qu'on veut s'imposer, et se donner à soi-même le temps de savoir s'il est supportable, et si on peut se promettre de le porter toujours avec joie par le secours de la grâce. La révélation à part, il n'y a que l'expérience qui apprend aux hommes à bien connaître les engagements qu'ils veulent contracter. C'est elle qui leur forme le jugement sur les liens dont ils veulent s'enchaîner, et qui leur découvre le prix des lois sous lesquelles ils veulent captiver leur liberté ; sans cette expérience, ou l'on présume trop du secours de Dieu, ou l'on s'appuie trop sur ses propres forces. C'est pour éprouver ce que Dieu veut faire en nous, et ce que nous pouvons faire avec lui, que l'Église ordonne un noviciat, au moins d'une année, à ceux et à celles qui demandent l'entrée en religion, avant que de leur accorder la permission de s'engager par des vœux. Cette sage mère veut qu'on essaie de tout, et qu'on soulève les fardeaux dont on veut se charger, pour voir si on sent des forces proportionnées à leur poids. Dans le même esprit, elle ordonne de ne rien céler et de ne rien déguiser aux postulants et aux postulantes de ce qui se fait dans une maison religieuse, de leur mettre en main les règles et les constitutions, et d'ajouter aux austérités communes, des humiliations et des mortifications particulières dans le temps du noviciat, afin que les novices sachent, par leur expérience, à quoi ils veulent s'obliger pour le reste de leurs jours.

Dans cet esprit, le Bienheureux de la Salle ne se hâta pas de donner des règlements aux Frères. La sagesse lui dit qu'il ne convenait pas de faire si vite des statuts que l'expérience, qui est la grande maîtresse du bon gouvernement, forcerait peut-être de révoquer dans la suite. Il aima mieux les faire pratiquer longtemps avant de les établir, que de les établir sans les avoir vus longtemps auparavant observés, persuadé que des règles qui demeurent oisives ne tardent pas à être abrogées par leur inobservation, ou par une prévarication manifeste. En un mot, il établit insensiblement, par pratique, parmi les Frères, ce qu'il désirait voir établi un jour par de sages règlements. De sorte que quand il fallut, dans la suite, composer un corps des Règles, il ne fit que mettre par écrit les usages observés. De cette manière les usages anciens devinrent des lois nouvelles. En s'y soumettant, on ne s'obligea qu'à ce qu'on avait toujours pratiqué. Il ne fut donc question dans cette première assemblée, par rapport au premier article qui regardait les règlements, que de convenir de ceux qui étaient déjà en usage, et de quelques autres qu'il fallait introduire et consacrer par la pratique. Le reste sur ce point fut abandonné à la divine Providence.

Le second objet des délibérations de l'assemblée regardait la table. L'usage l'avait déjà réglée au gré de la mortification ; mais, de peur que le relâchement n'introduisît dans la suite une nourriture plus agréable aux sens, on eut soin de l'interdire. Toute volaille et autres mets plus délicats furent défendus. La grosse viande la plus commune, celle qui est à meilleur marché, fut seule permise. Pour les jours maigres on n'accorda que des légumes et des herbes cuites sans beaucoup d'apprêt. Le poisson fut exclus, à la réserve de celui dont l'abondance et la modicité du prix rendent l'usage commun chez les plus pauvres. En un mot, à la table, tout devait marquer l'esprit de pauvreté et celui de pénitence, dont on faisait profession. De plus, on régla que cette nourriture, si peu consolante pour la sensualité, serait servie avec poids et mesure, c'est-à-dire en petite quantité.

Le troisième article était celui qui paraissait le plus pressant ; cependant il demeura encore indécis. Jusqu'alors les maîtres d'école avaient porté, dans la maison, l'habit qu'ils y avaient apporté : au petit collet près, on n'y avait fait aucun changement. Tout l'extérieur, par conséquent, étant demeuré séculier, nulle marque certaine ne distinguait les sujets de la nouvelle communauté, des simples laïques. Il y avait longtemps que le Bienheureux de la Salle voyait cet inconvénient, et cherchait à y pourvoir; mais il ne voulait rien faire de lui-même. Il abandonna au conseil des douze la conclusion de cette proposition ; mais quand elle fut agitée, ils ne purent convenir sur la forme que leur habit devait avoir. Le Bienheureux de la Salle ne savait lui-même à quoi s'en tenir sur ce point. Plus il y avait pensé, plus il était demeuré convaincu de la nécessité du changement, et en même temps incertain sur la manière de le faire. Les douze se trouvant donc encore fort irrésolus sur cet article, il demeura sans décision, et ils remirent à la prudence de leur Père de faire, dans le temps, ce qu'il jugerait convenable.

Si l'article des vœux ne paraissait pas si pressant à résoudre, il était cependant, dans le fond, de tout autre importance. Il n'est pas, après tout, fort difficile de donner à un habit la couleur et la forme qui conviennent à l'état, ni de se fixer au choix qu'on en a fait ; mais les vœux ont des conséquences qui ne peuvent être trop méditées. L'idée de perfection les inspire, et souvent la légèreté a plus de part dans le dessein d'en faire, qu'une dévotion foncière et bien réglée. S'il était aussi aisé de les accomplir avec exactitude qu'il est facile d'en former l'obligation, on ne pourrait trop en conseiller la pratique ; mais l'expérience ne montre que trop, que des vœux faits sans maturité et par indiscrétion, sont souvent assez mal gardés ; et que de ces liens de perfection, Satan sait en faire des liens de désordre, dont il se sert pour traîner les âmes à leur perte. Le sage Supérieur mit donc en délibération : 1° si on ferait des vœux ; 2° quels vœux on ferait ; 3° pour combien de temps on les ferait : si ce serait pour un an seulement, pour plusieurs, ou pour toujours. Il soumit ces trois questions à leur examen, sans leur déclarer son sentiment. Il avait de fortes raisons pour qu'on ne fît pas encore le vœu de chasteté ; mais il ne trouva pas à propos de s'en expliquer sans les avoir entendus.

La ferveur des premiers Frères étant grande, leur ardeur pour la perfection les portait à faire les vœux perpétuels de pauvreté, de chasteté et d'obéissance ; mais le Bienheureux de la Salle, qui avait plus de lumières et d'expérience qu'eux, n'allait pas si vite. Il avait peur que ses enfants, en courant avec trop d'empressement dans les routes du ciel, ne vinssent à heurter contre quelque pierre d'achoppement, et à tomber. Il avait peur qu'une ferveur indiscrète ne les emportât trop loin, et ne leur fît prendre le parti des conseils parfaits avec trop de légèreté, ou par une secrète présomption. Car rien de plus beau en idée et pour les dévots spéculatifs, que les conseils de l'Évangile ; ceux qui aspirent à la perfection et qui ne veulent pas en faire les frais, en sont charmés. Il n'y a que ceux qui les accomplissent à la lettre, qui savent combien leur exécution coûte à une nature faible, et qui, quoique soutenue de la grâce, a besoin de terribles efforts pour s'élever au-dessus d'elle-même. Ainsi le Bienheureux de la Salle, précautionné contre ce qui pourrait arriver, avertit les siens de ne se pas livrer à une ferveur indiscrète, et de temporiser pour laisser mûrir le projet des vœux perpétuels.

Il est vrai que ses disciples appuyaient leur désir par de bonnes raisons. Puisqu'ils voulaient suivre JÉSUS nu et dépouillé, et entrer dans la société des enfants du Calvaire ; n'était-il pas convenable que, s'ils n'avaient point de biens dont ils pussent se dépouiller, ils pussent au moins arracher de leur cœur la cupidité jusqu'à la racine, en renonçant à toute propriété et à tout désir d'en posséder ? Pourquoi ne pas s'obliger à être par grâce et pour l'amour de Dieu, ce qu'ils étaient par l'ordre de la nature, pauvres et sans biens ? Pourquoi ne pas ajouter le mérite du vœu de pauvreté, à la vertu de pauvreté ? Quel risque ce vœu pouvait-il courir dans des gens qui aimaient la pauvreté, et qui savaient l'estimer d'après le prix que JÉSUS-CHRIST lui a donné ? D'ailleurs, l'expérience qu'ils faisaient de la plus grande pauvreté, ne les mettait-elle pas au fait de toutes ses incommodités ? Qu'est-ce que le vœu de pauvreté pouvait donc ajouter aux rigueurs de celle qu'ils éprouvaient tous les jours avec joie, sinon un nouveau mérite ? Quant à celui de chasteté, ils s'y trouvaient disposés avant même que d'entrer dans la maison, puisque la plupart en formaient le dessein dans le choix qu'ils avaient médité de faire de l'état ecclésiastique ou de quelque autre état incompatible avec le mariage. Leur cœur, qui voulait être à Dieu sans partage, se promettait de lui être fidèle, et lui jurait un attachement inviolable avec son secours divin. Le vœu de chasteté, loin d'augmenter la difficulté du célibat qu'ils avaient choisi par vertu, devait, au contraire, le rendre plus facile à la faveur des grâces qui y sont attachées.

Quant au vœu d'obéissance, le plus parfait des trois, il n'est difficile qu'à la propre volonté. Celui qui y a renoncé, se trouve un cœur docile et pliant, qui n'a d'attrait que pour l'obéissance. C'est pour obéir, disaient-ils, et non pour faire notre volonté, que nous n'avons que trop faite dans le monde, à notre malheur et à notre confusion, que nous sommes entrés dans cette maison. Le vœu ne fera qu'affermir la résolution que nous avons prise, de faire en tout la volonté de Dieu, en nous interdisant tout retour à la nôtre.

Ils disaient encore que le passé les avait instruits pour l'avenir, et qu'il leur avait appris, par l'expérience des premiers maîtres, qui, au péril de leur salut, étaient retournés dans le monde, et par la tentation qu'ils avaient essuyée eux-mêmes de sortir de la maison, sous prétexte qu'il n'y avait pas d'assurance, que l'inconstance naturelle de l'esprit et la légèreté du cœur ont besoin d'être fixées et comme clouées au bien par la pratique des vœux.

III. — Les Frères de l'Assemblée tenue en 1684 font le vœu d'obéissance.

CES raisons étaient bonnes, et elles plaisaient au Bienheureux de la Salle, qui était ravi de voir dans les néophytes de son Institut, tant de bonne volonté et tant d'ardeur pour la perfection; mais le moment n'était pas encore venu de porter si loin leurs saintes prétentions. Il fallait auparavant donner à la grâce le temps et le loisir d'affermir leurs volontés dans le bien, de discerner par l'épreuve la vertu foncière de la vertu superficielle, de mettre de la distinction entre des sujets dont les dehors si semblables cachent un intérieur si différent, et enfin, de se préparer à des engagements dont tout le mérite se mesure sur la manière dont on les remplit. L'homme de Dieu appuya ce sentiment sur de si fortes raisons, que tous se rendirent, et se contentèrent, en attendant le moment de Dieu pour prononcer les vœux perpétuels, de les faire pour trois ans. C'est ce qui fut conclu. Il fut toutefois résolu que l'année suivante, 1685, tous se trouveraient à Reims, la veille de la Pentecôte, et que la liberté serait laissée à qui voudrait, de faire ses vœux perpétuels ; mais ce projet fut encore différé, et il n'eut son exécution que plusieurs années après. Pour lors, la résolution étant prise de faire des vœux pour trois ans, le Bienheureux de la Salle, après l'oraison, en dressa la formule telle qu'elle a toujours été depuis en usage. Tous la copièrent pour la prononcer après lui ; et ce qui se fit alors, fut renouvelé tous les ans jusqu'à l'année 1694, après laquelle les vœux prirent une autre forme chez les Frères, comme il sera dit dans la suite.

Le Bienheureux de la Salle commença la cérémonie le jour même de la sainte Trinité, qui est devenue la grande fête de la communauté. Quelle joie pour lui de consacrer par vœu le choix qu'il avait fait de l'obéissance ! Il est vrai qu'il était encore en possession de sa volonté, et qu'étant prêtre et Supérieur, il ne paraissait pas naturel qu'il s'en dépouillât pour obéir à des Frères, alors laïques, à ses inférieurs, et à des gens sans science et sans lumières, qui avaient un besoin entier de ses conseils et de sa direction ; mais jusqu'où ne va pas la parfaite vertu ! Où les autres trouvent de l'impossible, elle ne voit rien que d'aisé. « *Le parfait obéissant chante ses victoires.* » D'ailleurs il était juste que le Bienheureux de la Salle couronnât les sacrifices héroïques qu'il avait faits, par celui de sa volonté, et qu'il unît à tant de mérites celui du vœu d'obéissance. Comment l'accomplira-t-il ? C'est un mystère que son humilité saura bientôt développer, en se déposant de la supériorité, en mettant au-dessus de lui un de ses disciples, et en se jetant à ses pieds pour lui obéir. Ainsi, en vue de ce dessein caché dans son cœur, il ajouta au vœu de pauvreté et à celui de chasteté, qui est annexé aux ordres sacrés, celui d'obéissance. Par là il trouva le secret *de perdre son âme* tout entière (c'est-à-dire sa volonté propre), selon la parole de Notre-Seigneur. et de remplir toute l'étendue de l'abnégation évangélique.

Après le Bienheureux de la Salle, les douze firent le même vœu pour trois années ; et l'année suivante, 1685, au jour marqué, huit d'entre eux le renouvelèrent. Les quatre autres, appelés à la cérémonie, ne voulurent pas s'y trouver. Ils avaient changé de sentiments, et ils changèrent d'état en sortant de la maison. Si cette sortie scandaleuse de quatre des principaux sujets entre les douze, qui faisaient l'espérance et le fondement du nouvel Institut, fut pour le Bienheureux de la Salle un objet de larmes et d'affliction, elle fut pour les huit autres qui restaient, une grande instruction. En effet, cette défection leur fit sentir leur propre faiblesse, et le peu de fonds qu'ils devaient faire sur leur vertu. Elle leur apprit combien la conduite de leur Père avait été sage, d'avoir temporisé avant que de leur permettre de prononcer des vœux perpétuels, et de les avoir engagés à prendre une année entière pour s'y préparer. Enfin, ils purent connaître quel fonds de confiance et d'ouverture de cœur ils devaient avoir pour un homme inspiré du ciel, et qui semblait recevoir les conseils de Dieu sur la manière de les conduire.

Pour ce qui concernait les autres sujets de la communauté, qu'il fallait aussi rendre stables et constants dans leur vocation, la question fut agitée, par quelle sorte de liens on pourrait les y attacher. Chacun des douze raisonna à sa manière et proposa ses sentiments. Il y en avait qui opinaient qu'il fallait leur accorder la permission de faire le vœu de chasteté ; et de ceux-là les uns se déclaraient pour le perpétuel, les autres contre. Il y en avait qui, au vœu de chasteté, proposaient d'ajouter celui d'obéissance, soit pour toujours, soit pour un temps : le Bienheureux de la Salle les écoutait tous, et après avoir pesé les raisons pour et contre, il conclut qu'il ne fallait pas se hâter de proposer le vœu de chasteté à ceux qui n'avaient pas encore demeuré dans la maison un temps suffisant, ou qui n'y avaient pas donné des preuves d'une vertu constante ; et que pour les y fixer, il suffisait de les laisser s'y lier par un vœu simple et annuel d'obéissance, qui, renouvelé tous les ans, les y attacherait autant que durerait leur bonne volonté ; et que si cette bonne volonté affaiblie ou éteinte en eux, la tiédeur et la négligence ébranlaient leur vocation, loin de les arrêter dans la maison, il fallait leur en ouvrir la porte, et en purger la communauté, après avoir pris tous les moyens imaginables de les rappeler à leur première ferveur. Tous se rangèrent à cet avis ; le souverain respect qu'ils portaient à leur digne Supérieur captivait leur entendement et soumettait leur raison dès qu'il parlait, et ils n'usaient de la liberté de penser et de déclarer leurs sentiments, que quand il cachait les siens, et que son humilité l'obligeait de les supprimer.

Selon cet arrêté, tous les néophytes de la maison, et tous ceux sur lesquels on ne pouvait pas absolument compter, firent vœu d'obéissance pour un an ; vœu qu'ils continuèrent de renouveler tous les ans le jour de la sainte Trinité.

CHAPITRE III.

Le Bienheureux de la Salle donne à ses disciples un habit qui les distingue : Pourquoi et à quelle occasion. Il leur fait prendre le nom de Frères des écoles chrétiennes. Humiliations que le nouvel habillement procure à lui et aux siens. Il tient lui-même les écoles : persécutions qu'il souffre à ce sujet. — (1684-1686.)

I. — Le Bienheureux de la Salle fixe la forme de l'habillement des Frères, et à quelle occasion.

L'ARTICLE du changement des habits qui avait été laissé indécis, et qu'on avait abandonné à la prudence du vertueux Instituteur, trouva, dans l'hiver de la même année, son dénouement par l'occasion qui suit. Le froid était grand, et la plupart des pauvres maîtres, mal vêtus, étaient exposés à toutes ses rigueurs. M. le Maire de la ville en eut pitié, et ayant rencontré dans la rue le Bienheureux de la Salle, il lui en témoigna sa peine, en lui conseillant de leur donner des capotes pour les tenir plus chaudement, et les mettre un peu plus à l'abri des inclémences de l'air. Cette sorte d'habits qu'on appelait *capotes* à Reims, était alors de grand usage dans le pays. Ce conseil frappa le pieux Instituteur, et le regardant comme donné d'en haut par la bouche d'un des premiers de la ville, il adopta cette forme d'habit et la fit prendre à ses disciples. L'unique changement qu'il fit dans cette sorte de vêtement, fut de le faire fabriquer d'une laine très grossière, de lui donner une teinture noire, et de le faire descendre à huit pouces de terre.

De cette manière, il était propre à mettre par dessus l'habit des maîtres, à leur servir de surtout, et à les garantir du froid et de la rigueur des saisons. Cette idée en fit naître une autre au Bienheureux de la Salle, qui fut de réformer l'habit de dessous que portaient les maîtres d'école. Le moyen que trouva le vertueux Supérieur de le rendre uniforme, fut de le conformer à la capote ; c'est-à-dire, d'en faire une soutane de la même étoffe noire, de la manière que les ecclésiastiques la portaient autrefois, et qu'on la porte encore en plusieurs communautés, fermée par devant avec des agrafes de fer. Cet habillement pauvre qui, par sa simplicité, distingue les Frères des séculiers, des ecclésiastiques, et de tous les autres religieux, leur est devenu propre, et est celui qu'ils portent encore aujourd'hui. Cette nouvelle forme d'habits, qui d'abord frappa les yeux par sa singularité, et qui choqua tant de gens, est peut-être de tous ceux qu'on peut imaginer le plus convenable à leur état. Long comme celui des ecclésiastiques et des religieux, il les distingue des laïques, et il leur apprend à eux-mêmes à être circonspects, graves, retenus, recueillis, et en tout éloignés des manières du monde.

De plus, cet habit, vénérable par la forme, tient en respect les jeunes garçons qu'instruisent les Frères, et imprime à ce petit peuple mutin, indocile et malicieux, des égards, des attentions et une crainte qu'ils auraient bien de la peine à obtenir avec un extérieur moins grave. Un habit court et d'autre couleur, ne ferait pas sur les enfants le même effet ; et on les verrait bientôt s'émanciper vis-à-vis des Frères, et devenir insupportables, s'ils ne trouvaient pas dans leur costume, dans leur gravité et dans leur silence, une barrière contre la familiarité qui engendre le mépris. Cet habit sert aux Frères eux-mêmes de moniteur perpétuel, qui leur dit par sa couleur noire, qu'ils doivent être morts au monde ; par la grossièreté de l'étoffe, qu'ils ont embrassé un état d'abjection, de pauvreté et de mortification ; par sa forme, qu'ils sont consacrés à Dieu, et qu'ils ne doivent plus vivre que pour lui. En un mot, le Bienheureux de la Salle a été bien inspiré de donner à ses disciples ce costume ; car tout autre leur conviendrait moins. Tout autre les mettrait moins à l'abri de la séduction et des dangers du siècle. Il est vrai que cet habillement ne fut pas, au commencement, du goût de tout le monde, et qu'il trouva dans la suite une infinité de censeurs ; il est encore vrai, que sa nouveauté et sa singularité ont attiré aux Frères, partout où ils l'ont d'abord porté, bien des railleries, des mépris, des insultes et des affronts ; mais un homme aussi avide d'humiliations, que l'était le pieux Instituteur, ne se laissait pas toucher par là. Il savait que la plupart des habits des Ordres religieux avaient attiré une pareille contradiction à ceux qui ont été les premiers à les porter. L'histoire ecclésiastique lui apprenait combien la forme des habits que portaient autrefois les solitaires et les moines, avait été odieuse aux sages et aux amateurs du monde, aussi bien qu'aux empereurs hérétiques, surtout aux Iconoclastes et à leurs partisans. Il n'ignorait pas la manière indigne dont furent reçus dans le monde, les sacs et les cordes dont saint François et ses premiers compagnons parurent ceints et revêtus. Il savait les cruels traitements que cette sorte de vêtement attira en Allemagne, à une vingtaine de disciples que le saint y avait envoyés. Chassés à coups de pierres par les enfants et par la vile populace partout où ils allaient ; chargés

Livre II. — Chapitre III.

de coups et d'ignominies, ils voyaient les plus audacieux se faire un plaisir de les traîner par leurs cordes, de leur arracher leurs capuces et de déchirer leurs sacs.

Le Bienheureux de la Salle avait devant lui ces exemples frappants, et il s'en servait pour faire estimer et aimer aux siens leur nouvel habit, comme la vraie livrée de JÉSUS-CHRIST rassasié d'opprobres. Il voulait qu'en regardant les ignominies comme le trésor le plus enviable du Crucifié, ils eussent du respect pour l'habit qui les leur procurait. Par là, il lui devenait précieux et digne d'envie à lui-même, et nous allons bientôt le voir s'en revêtir pour partager, avec ses enfants, tous les genres d'humiliations dont le monde l'honorait en voulant le décrier.

Le monde fut donc choqué d'abord par la vue de cet habit. Les sages du siècle, les plus gens de bien même ne purent le goûter. Qu'est-ce que les uns et les autres ne dirent pas au pieux Instituteur, pour l'obliger à le changer ! S'il eût écouté tous les avis qu'on lui donna alors et dans la suite sur ce point, il n'eût été occupé que de puérilités et de remarques convenables à la science et au babil des femmes.

Il fut pourtant malgré lui obligé, quelques années après, d'entendre sur ce sujet les remontrances d'une personne distinguée par son mérite, qui s'arma de toutes sortes de raisons, pour le réduire à faire quelque réforme au sujet de ce nouvel habit. Et certainement, l'humilité du serviteur de Dieu l'eût volontiers soumis à l'autorité et aux lumières de cette personne qu'il respectait, et l'eût porté à modifier l'habit en question au gré de ce sage moniteur, si la tournure et la forme qu'il voulait lui donner, en le rendant moins pauvre, et plus au goût du public, n'eût pas mis ceux qui le portaient au risque de perdre leur esprit de simplicité et de mort au monde. Appréhendant donc avec raison que le changement de l'extérieur ne passât à l'intérieur, et que le vieil homme ne trouvât son compte, au préjudice de l'homme nouveau, dans cette sorte d'habit moins désagréable aux gens du siècle, il demeura inflexible dans son sentiment ; d'autant plus qu'on ne produisait que des raisons de bienséance en faveur du changement proposé : raisons qui ne pouvaient tenir contre celles qui étaient prises de la nature de la chose, et de ses mauvaises suites. En effet, l'habit qu'on proposait de faire prendre aux Frères, eût blessé tout à la fois la simplicité, la pauvreté et l'humilité, dont ces hommes nouveaux faisaient profession. Il eût introduit avec l'amour de l'élégance, celui de la vanité ; et l'amour propre, et l'amour du monde, s'en fussent également accommodés. Au reste, moins celui qu'ils portaient était agréable aux yeux du monde, plus il était propre à les en éloigner. Les serviteurs de Dieu ne cherchent pas à plaire à son ennemi. Ce désir, quand il s'introduit dans un cœur, y éteint bientôt la vue de plaire au Créateur.

C'était un bien pour des gens dont toute l'ambition était de se conformer à JÉSUS-CHRIST, de porter une robe grossière qui avait du rapport à celle que les soldats lui mirent sur le dos par dérision. Il est vrai que le Bienheureux de le Salle demeurant ferme en cette occasion, et ne pouvant se résoudre à faire céder, à des raisons de convenance, les motifs importants qui l'avaient déterminé à donner à l'habit de son Institut, la forme qui était tant blâmée, il fut traité d'entêté, et d'homme qui abondait dans son sens. Comme c'est à cela qu'il s'attendait, il laissa dire et ne changea rien : mais, de peur que l'autorité ou la multitude des personnes à qui l'habit en question déplaisait, ne fît impression sur ceux qui le portaient, il rédigea un écrit pour justifier leur manière de se vêtir, et il y exposa d'une manière si solide et si chrétienne les motifs de sa résistance, qu'il ramena à son avis ceux qui y paraissaient être les plus opposés (¹).

II. — Nom des Frères des Écoles chrétiennes que prennent les disciples du Bienheureux de la Salle.

LE changement d'habit introduisit le changement de nom. Celui des *Frères* étant celui qui convenait, fut celui qu'on prit, et on laissa le nom de maîtres d'école à ceux qui en font la fonction à leur profit. L'humilité et la charité ne s'en accommodaient pas. Il n'avait même jamais convenu à des gens qui faisaient profession de ne tenir les écoles que pour y faire régner JÉSUS-CHRIST, et y enseigner gratuitement la doctrine chrétienne. S'il avait été supportable, jusqu'à ce temps, dans une maison où l'uniformité et l'égalité en toutes choses n'avaient pas pu sitôt lier ensemble des sujets vacillants dans leur vocation, il ne l'était plus depuis qu'ils s'étaient réunis pour ne former qu'un seul corps. Par conséquent, le titre de Frères que la nature donne aux enfants qui ont le même sang et le même père sur la terre, et que la charité adopte pour ceux qui ont le même esprit et le même Père dans le ciel, leur appartenait. De cette manière, la qualité de Frères des Écoles chrétiennes et gratuites devint alors le titre des

---

1. Ce précieux document, écrit de la main du Bienheureux de la Salle, est conservé aux archives de l'Institut.

enfants du Bienheureux de la Salle ; et désormais nous ne leur donnerons plus d'autre nom. Cette dénomination est juste, car elle renferme la définition de leur état, et elle marque les emplois de leur vocation. Ce nom leur apprend que la charité, qui a donné naissance à leur Institut, doit en être l'âme et la vie ; qu'elle doit présider à toutes leurs délibérations, et inspirer tous leurs desseins ; que c'est elle qui doit les mettre en œuvre et en action, et qui doit régler toutes leurs démarches et animer toutes leurs paroles et leurs travaux. Ce nom leur apprend qu'elle est l'excellence de leur emploi, la dignité de leur état et la sainteté de leur profession. Il leur dit que, Frères entre eux, ils se doivent des témoignages réciproques d'une amitié tendre, mais spirituelle : et que, devant se regarder comme les frères aînés de ceux qui viennent recevoir leurs leçons, ils doivent exercer ce ministère de charité avec un cœur charitable.

A la capote et à la soutane d'étoffe la plus pauvre et la plus grossière, il convenait de joindre des souliers et des chapeaux de même genre, pour faire un assortiment du goût de la parfaite pauvreté, et convenable à des gens qui ne tenaient aucun compte de l'esprit du monde. Dans ce temps-là, on portait des chapeaux à larges bords : ceux que fit faire le pieux Instituteur à l'usage des Frères, renchérirent encore sur ceux du commun, par l'étendue de leurs bords. Son dessein était de rendre les Frères différents en tout des gens du monde, de ne leur laisser rien de conforme au siècle, et de semer entre eux et lui une si grande inimitié, qu'ils n'eussent pas même la pensée de se réconcilier. Pour que la chaussure fût en rapport avec les chapeaux, il leur fit faire des souliers de deux grosses semelles fortes et épaisses, et telles que les portent les laboureurs, ou ceux qui travaillent aux gros ouvrages.

Cette sorte d'habillement eut tout l'effet que le Bienheureux de la Salle en attendait. Il prétendait mettre ses enfants si mal avec les gens du siècle, qu'ils ne voulussent de part et d'autre avoir jamais aucun commerce ensemble. Il voulait accoutumer les siens aux insultes et aux cris d'une populace, qui n'a ordinairement à leur donner que des injures pour récompense de leurs travaux : il désirait les voir établis dans ce repos de l'âme, qui ne se trouve que dans le centre de la vraie humilité, et dans la mort parfaite à soi-même. Or c'est à ce degré de perfection que pouvait les conduire, en peu de temps, la pratique de la douceur, de la patience, du support des injures et des autres vertus, dont ils trouvaient les occasions dans leur habillement à chaque pas qu'ils faisaient dans les rues. A peine avaient-ils le pied hors de leur maison, que les yeux critiques et malins se fixaient sur eux avec dérision, que les langues méchantes s'armaient de traits envenimés pour les blesser, et que tout se remuait au dedans et au dehors des maisons pour aller à leur rencontre, ou les attendre au passage, afin de les couvrir de honte et de confusion.

On les montrait au doigt, on les escortait avec des cris et en tumulte, on les contrefaisait en public, et chacun s'applaudissait de leur avoir adressé quelque nouvel outrage. Les passants s'arrêtaient dans les rues, pour prendre part aux moqueries ; et les artisans dans leurs boutiques, laissaient leur ouvrage pour les insulter. Les enfants se faisaient un jeu de les suivre en clabaudant ; la populace, un plaisir de les accabler d'injures, et tous de leur faire quelque farce et de rire à leurs dépens. Cela recommençait tous les jours ; car, obligés de se rendre à leurs écoles, ils se voyaient accompagnés en allant et au retour, par cette foule qui les insultait. Bienheureux quand ils en étaient quittes à si bon marché, car souvent on les chargeait de boue, et on les poursuivait à coups de pierres, jusque dans leur maison.

Avec le même emploi que les Apôtres, ils subissaient les mêmes traitements, et ils pouvaient dire avec saint Paul : « Nous sommes devenus comme les ordures du monde et les balayures rejetées de tous (¹). » Le monde, en colère contre ces hommes d'une nouvelle espèce, et encore plus contre leur genre de vie, n'avait pour eux que des rigueurs, des duretés et des vengeances. Disons mieux, le démon, qui craignait cette nouvelle milice d'ouvriers évangéliques, envoyée par le Père de famille pour défricher et cultiver dans sa vigne les endroits les plus abandonnés, déployait contre ces nouveaux venus toute sa fureur et toute sa rage. C'était lui qui remuait les langues envenimées, si fécondes en injures contre eux. C'était lui qui armait de pierres des mains méchantes pour leur porter des coups, qui auraient été au gré de ceux qui les lançaient, s'ils eussent fait des plaies meurtrières.

Ces pauvres Frères, dont la patience était mise tous les jours à de si étranges épreuves, avaient besoin de longanimité, pour ne point succomber sous la longueur de la persécution ; car la guerre que le monde leur déclarait avec tant de cruauté, ne fut pas de quelques jours, elle dura plusieurs années.

Le Bienheureux de la Salle ne pouvait porter envie à ses disciples sur ce point ; car il avait la meilleure part aux ignominies,

---

1. I Cor., IV, 13.

Livre II. — Chapitre III.

et aux mauvais traitements dont on les accablait. Il était le Père qu'on persécutait dans ses enfants ; il était le maître qu'on humiliait dans ses disciples. C'était lui qui était le principal acteur que le public produisait sur la scène pour en faire son jouet, pour se divertir à ses dépens. C'était lui que les sages du monde croyaient voir humilié, quand ils voyaient les Frères exposés à la dérision au milieu d'une populace insolente. Tous les coups qu'on leur portait retombaient sur lui, et les insultes qu'ils recevaient rejaillissaient sur sa personne.

Ce n'est pas tout : outragé presque tous les jours de l'année, et presque à chaque heure du jour dans ses enfants, il fut outragé personnellement, et plus souvent, et plus indignement qu'aucun des siens. S'il sortait de la maison, au premier pas qu'il faisait, il trouvait des contradicteurs et des hommes, ce semble, apostés pour lui faire affront. Les injures étaient toujours prêtes, et on en trouvait un fonds inépuisable dans l'état qu'il avait quitté, dans celui qu'il avait embrassé, dans la singularité de sa vie, et dans le prétendu ridicule de ses manières et de ses habits. Le déshonneur imaginaire qu'il faisait au chapitre dont il avait été membre, et à sa famille qui était une des plus considérables de la ville, le tort prétendu qu'il avait fait à son frère, en le frustrant d'un bénéfice que le sang lui semblait donner droit d'attendre, étaient des crimes qui n'étaient pas oubliés ; la mémoire en était récente, et la plaie qui en était restée dans les cœurs était encore saignante. On croyait avoir droit de décrier tout ce qu'il faisait, à cause de ce qu'il avait fait, et de taxer d'imprudence, de travers d'esprit, de singularité, d'hypocrisie, d'entêtement, d'ambition, d'excès, les nouveaux exemples de vertu qu'il donnait, comme les premiers sacrifices qu'il avait faits pour fonder son œuvre. Ce qui est étonnant, c'est que ce peuple ingrat, qui, tout récemment, dans une famine cruelle, avait été rassasié de son pain, et qui avait profité des dépouilles de son bien, ce peuple qu'il avait nourri avec tant de charité, avait déjà oublié les bienfaits et le bienfaiteur ; et il n'avait plus à lui offrir pour récompense que des insultes. Les uns lui faisaient des reproches sanglants, les autres l'accablaient d'invectives. Il s'est vu, dans les rues, exposé aux coups, sans respect pour sa vertu, sans attention pour son caractère, et sans ménagement pour sa naissance. Plusieurs fois on lui a jeté des pierres. Nous ne disons rien de ce qu'il eut à souffrir de la part de ses parents et de ses anciens amis, qui étaient les premiers de la ville.

III. — Le Bienheureux de la Salle fait pendant plusieurs mois l'office de maître d'école. L'ignominie qu'il s'attire par cette action d'humilité.

CE qui acheva d'ulcérer leurs cœurs et de le décrier encore plus dans leur esprit, ce fut la nouvelle action d'humilité qu'il fit, et qu'il soutint avec la même générosité avec laquelle il l'avait commencée. On peut même dire que ses proches et ses amis du monde en furent plus humiliés que lui, et qu'ils sentirent toute la honte et la confusion d'une démarche que la ville trouva si ridicule et si déplacée. Voici ce qui l'occasionna. Quelques disciples du Bienheureux de la Salle voulant marcher sur ses traces, et voler aussi vite que lui dans la carrière de la perfection, quoiqu'avec une grâce inégale, ne tardèrent pas à trouver un épuisement de forces et une mort prompte dans des austérités démesurées et dans une ferveur excessive. Ces morts inattendues menaçaient de faire du dérangement dans les écoles, en laissant vides les places des maîtres, si le Bienheureux de la Salle n'eût eu le soin d'y pourvoir au plus vite. Mais n'ayant pas assez de sujets propres à remplacer tous ceux qui manquaient, il se résolut d'y suppléer de sa personne, et de se constituer maître d'école sur la paroisse Saint-Jacques. Or, pour en bien faire l'office, il se crut obligé d'en prendre l'habit. Il changea donc son manteau long contre une capote. Les souliers lourds et épais, aussi bien que le chapeau à larges bords étant de l'habillement, il les prit et alla en cet accoutrement faire la fonction de maître d'école. Quand le monde le vit travesti, pour ainsi dire, de cette manière, le corps enveloppé d'une capote à grandes manches, faite de l'étoffe la plus pauvre et la plus grossière, et par dessous revêtu d'une soutane de pareil drap, il est aisé d'imaginer quels éclats de rire il excita dans la ville, quels cris parmi les enfants, quelles huées de la part d'une populace assemblée, et ravie de trouver l'occasion de satisfaire son humeur malfaisante. Rien ne fut épargné dans cette occasion pour le couvrir de honte. Alors le Bienheureux de la Salle vit enfin satisfait son amour pour l'abjection. Il put boire à longs traits le calice de confusion et goûter de tous les genres d'humiliation. Ce ne fut ni une, ni deux, ni trois fois, que le vertueux Supérieur voulut s'exposer à de pareils opprobres : il eut tout le temps de s'en rassasier pendant plusieurs mois qu'il sortit de sa retraite, pour donner de pareils exemples d'humilité, en allant deux fois par jour tenir école. De plus, il aurait cru manquer à son devoir s'il eût omis les moindres fonctions de maître : ainsi, pour les remplir à la lettre, sans en omettre un iota, comme un simple Frère, il conduisait tous les jours les écoliers à la sainte messe, les menait à la grand' messe et aux vêpres de la paroisse, les jours de dimanche et de fête, en se tenant debout à leur tête avec un air de modestie, de recueillement et de dévotion, qui ravissait d'admiration les gens de bien. Ceux-ci, surpris de voir un docteur, un chanoine, un homme de distinction, une personne de mérite, dans le ministère de maître d'école, en dévorer les amertumes et en exercer les fonctions les plus basses aux yeux du monde, ne pouvaient assez louer le Tout-Puissant qui fait, quand il lui plaît, de si merveilleux changements dans les cœurs et de si grands prodiges de grâce.

Le plus humiliant pour le pieux Instituteur était que, pour aller faire son nouvel office, il fallait passer sous des yeux autrefois amis, mais devenus ennemis, censeurs et critiques ; mais, loin de se dérober, avec une précaution timide, à la vue que la nature redoutait, il se montrait, avec une humble magnanimité, sous la livrée de Frère des Écoles chrétiennes, affrontant ainsi les regards de sa famille et du célèbre chapitre de la métropole, quand il allait exercer ses fonctions. Il continua cet exercice avec la constance avec laquelle il l'avait commencé, et il ne cessa cet emploi d'humilité, que quand un autre Frère put le remplacer dans l'école de Saint-Jacques.

Pendant ce temps, le torrent des humiliations débordait sur l'humble prêtre par bien des canaux ; et il semble que Dieu prît plaisir à remplir ses désirs, et à contenter la noble passion de son serviteur pour les mépris. Car, quoiqu'il allât lui-même au-devant, et qu'il fît tout ce qu'il fallait pour s'en attirer, il lui en venait encore en grand nombre par des endroits imprévus et très sensibles. Il faut tout dire : ses disciples, quelque fervents qu'ils fussent, n'étaient pas alors bien au fait de leur métier : il n'y avait encore aucune uniformité entre eux, ni aucune règle certaine dans la conduite des écoles. La bonne volonté suffisait en ce temps pour les mettre en fonction ; et sans avoir été suffisamment formés à un emploi très difficile à bien remplir, ils allaient l'exercer sans art, sans méthode, sans capacité suffisante. Dans ces premières années, le Bienheureux de la Salle n'avait pas encore pu ériger le Noviciat nécessaire pour éprouver leur vocation, pour corriger leurs défauts, pour réformer leur humeur et leur caractère, pour les adoucir et les former ; en un mot, pour leur donner l'esprit de l'état et les préparer à ses fonctions. La ferveur qui régnait dans la maison y suppléait à la vérité, car, en y entrant, ils recevaient les prémices de son esprit. Ceux qui se présentaient étaient reçus, quand, touchés des exemples de piété et de patience que leur donnait le Bienheureux de la Salle et les Frères, ils demandaient à entrer dans une maison qui ne leur offrait qu'une vie dure, pauvre, laborieuse, mortifiée, et que le public ne récompensait, pour l'instruction gratuite qu'elle donnait à la jeunesse, que par des moqueries et des insultes. Comme il n'était pas vraisemblable qu'un autre esprit que celui de Dieu amenât à une pareille communauté des gens qui n'avaient à espérer au-dedans que les rigueurs de la pénitence, et au-dehors que les mauvais traitements du monde, on se contentait qu'ils y apportassent un bon cœur et un esprit bien fait.

Après qu'ils avaient été initiés au régime de la maison et qu'ils en avaient suivi les Règlements pendant quelques jours, on les mettait en charge, et on leur donnait une classe pour y remplir une fonction à laquelle ils étaient peu ou point préparés. Ainsi chacun faisant comme il pouvait, et ordinairement assez mal, il n'était pas possible qu'ils réussissent dans une fonction si délicate. N'ayant donc, en la faisant, aucune règle, ni aucun principe de conduite, la classe était faite au hasard avec bien de la peine et de la fatigue du côté des Frères, et avec peu de succès du côté des écoliers ; de là la ruine des deux points capitaux des Écoles chrétiennes, qui sont l'instruction et la manière de la faire. En effet, pour bien enseigner à lire, à écrire, pour bien apprendre l'arithmétique et la doctrine chrétienne, il fallait savoir tout cela parfaitement ; et pour le savoir parfaitement, il eût fallu l'avoir appris sous de bons maîtres dans l'intérieur de la maison ; c'est ce qui manquait alors. Enseigner à tenir une école est plus difficile que l'on ne pense. Il faut pour cela de l'art, de la méthode, du silence, de la douceur mêlée de gravité, de la tranquillité, une grande patience, et surtout beaucoup de prudence. Cette sorte de science a ses règles, et elle s'acquiert par l'expérience. Ainsi des gens qui ignoraient les règles, et à qui le temps n'avait pas permis d'acquérir l'expérience, ne pouvaient guère réussir. De plus, la correction, qui est nécessaire dans les écoles où ne se trouvaient que les enfants du peuple, pour arrêter les mutins, pour exciter les paresseux, pour redresser les indociles, pour intimider les libertins, pour mettre une barrière à la badinerie et à la dissipation, en un mot, pour réfréner l'insolence d'une jeunesse sans éducation, cette correction, dis-je, est un devoir des maîtres d'école; mais que ce devoir est difficile ! Cette correction doit avoir sa mesure, son temps, sa manière. Un peu plus, un peu moins, la faire à contretemps, en prévenir ou en manquer le moment, le saisir avec passion, n'y pas garder la bienséance, sont des inconvénients qu'il faut éviter. En un mot, le défaut de circonspection, la moindre imprudence tournent le remède en poison. Qu'il faut d'attention sur soi ! qu'il faut d'empire sur ses propres passions pour savoir corriger à temps et à propos, ne point mollir, et n'être point trop sévère envers une jeunesse indisciplinée, qui excite à tous moments la mauvaise humeur ! Jamais il ne faut avoir avec elle de caprice, encore moins de passion. Pour la bien gouverner, il faut sans cesse renoncer à l'esprit naturel et ne suivre en rien son tempérament. Il faudrait n'être point homme avec ceux qui le sont si peu. Il faudrait être pur esprit avec ceux qui n'en ont que du mauvais. Au moins est-il nécessaire que la foi et la raison président seules dans une école chrétienne, et qu'elles mettent dans un exercice continuel l'humilité, la patience, la douceur et la prudence. On ne saurait pécher sur ce point dans une école, sans qu'on en sente aussitôt la punition dans la mauvaise conduite des écoliers.

Il est donc aisé de concevoir que des jeunes gens vifs et bouillants, quoique fervents et pleins de piété, qui n'étaient ni formés ni façonnés à la manière de tenir une école dans l'ordre et dans le silence, et qui peut-être eux-mêmes n'étaient pas parfaits dans la lecture et dans l'écriture, ne tardaient pas à faire des fautes qui avaient des suites et qui causaient du désordre. Les maîtres ayant perdu l'autorité par quelque faute sur ces différents points, les écoliers malins ne tenaient pas grand compte de leurs ordres et ne faisaient pas plus de cas de leurs corrections que de leurs instructions. Alors les écoliers méchants, qui ne sentent point de plaisir plus vif que celui de voir leurs maîtres en faute, ou déconcertés ou dérangés, pour s'en moquer et rire à leurs dépens, n'en laissaient point échapper l'occasion, et ne manquaient point d'exciter du tumulte, de la confusion et du désordre, aussitôt que les maîtres leur en fournissaient le moindre sujet. De plus les enfants malins, irrités au lieu d'être corrigés par des justes châtiments que méritaient leurs dérèglements, ne cherchaient qu'à s'en venger sur les maîtres par des exagérations injustes, par des imputations et par des fables composées à leur mode, et dont ils allaient faire grand bruit à la maison ou pour se disculper aux yeux de leurs parents, ou pour exciter leur fureur contre les Frères.

IV. — Persécutions et outrages que les Écoles chrétiennes attirent au Bienheureux de la Salle de la part des parents des écoliers.

CES mauvais élèves demeurant incorrigibles et indomptables, les Frères étaient souvent à bout, et ne savaient par quel moyen les rappeler au devoir et les tenir dans la subordination. Peut-être aussi passaient-ils les bornes d'un juste châtiment, car, nous l'avons dit, il est difficile en pareille occasion de garder un juste milieu. Quoi qu'il en soit, le Bienheureux de la Salle portait la peine des fautes des uns et des autres ; car des pères et des mères moins raisonnables que les enfants qu'ils avaient si mal élevés, et dont ils nourrissaient les passions, au lieu de les arrêter par de sages corrections, venaient faire un crime au Bienheureux de la Salle des corrections qu'ils avaient reçues des Frères, et lui en faisaient subir la peine par un torrent de reproches, d'injures et d'invectives dont ils le chargeaient.

Ainsi le seul innocent, condamné comme s'il eût été le seul criminel, faisait tout à la fois pénitence, et des indiscrétions de ses disciples, et des désordres des écoliers, et des fureurs de leurs parents qui venaient, armés d'injures, l'assaillir et se venger sur lui des prétendus mauvais traitements que leurs enfants avaient reçus dans les écoles. Dans ces occasions, les plus modérés s'en tenaient aux plaintes et aux reproches, et les plus violents en venaient aux outrages, quelquefois même aux coups. A des parents irrités se joignait la populace toujours préparée à crier et à injurier. Ces scènes se passaient aux portes de la communauté, et elles étaient fréquentes.

Une patience mise à de si longues et si rudes épreuves, était propre à faire un saint. Tant de persécutions et d'humiliations si bien soutenues préparaient et méritaient les grâces dont l'Institut avait besoin. Le pieux Instituteur semait alors avec larmes ; maintenant il en recueille les fruits avec joie. Il lui fallait une constance invincible pour ne point céder à des attaques si furieuses et si fréquentes, et Dieu la lui donnait. Une vertu moins héroïque aurait succombé et quitté l'entreprise ; mais que ne peut pas une âme qui est soutenue du bras de Dieu, et que son esprit anime ? Si elle trouve à chaque pas des combats, elle remporte à tous moments des victoires. L'édifice de la charité s'établit sur les ruines de l'amour-propre. C'est l'amour du mépris et de l'abjection, c'est la sainte haine de soi-même, qui tiennent l'orgueil captif, qui mettent tous les vices et toutes les passions dans les chaînes, et qui élèvent dans le cœur de l'homme un trophée au pur amour de Dieu.

Les personnes sensées, celles même qui étaient les mieux intentionnées, croyaient que le Bienheureux de la Salle portait trop loin son zèle, et qu'il exposait trop sa personne. Qui se fût jamais persuadé, disaient-elles, qu'un homme de son rang se fût mis si bas, et se fût réduit à un état si misérable ! Il laissait dire, et il ne pensait qu'à bien faire. Il écoutait avec douceur les avis des uns et les remontrances des autres ; mais il les oubliait également, et il faisait taire en lui l'esprit propre, pour se livrer à celui de la croix. Après avoir pourvu à l'école de la paroisse Saint-Jacques, il rentra dans sa retraite, et il reprit ses exercices de prières et d'oraison, dans ce petit réduit écarté qu'il s'était choisi, et dont lui seul remplissait l'espace ; le lieu était plein quand il y était, et ne laissait point de place à un autre. Là il passait les jours et une partie des nuits dans la contemplation. Il n'en sortait que pour venir aux observances communes, et il y trouvait tant de goût, qu'on avait peine à l'en tirer pour prendre quelque nourriture.

CHAPITRE IV.

Ferveur des premiers Frères de l'Institut. — (1684-1687.)

QUELQUE soin qu'eût le Bienheureux de la Salle de dérober aux hommes la connaissance de ses austérités et de ses pénitences, il ne put les cacher toutes à des témoins domestiques qui vivaient avec lui. Les enfants examinaient le Père pour l'imiter, et ils avaient une sainte passion de courir sur ses traces dans la carrière la plus pénible de la perfection. Leurs yeux attentifs sur toutes ses actions l'étudiaient partout, et s'attachaient sur lui comme sur leur modèle, pour le copier ; de sorte que s'il avait assez d'habileté pour céler une partie de ses pénitences à ses espions familiers, ils avaient aussi assez de sagacité pour en découvrir une partie. Les actes journaliers de vertu qu'ils voyaient en lui, leur disaient assez qu'il y en avait bien d'autres qu'il cachait. Le cœur du pieux Instituteur, plein de l'amour divin, qui ne sentait d'inclination que pour la souffrance et la mortification, en découvrant son attrait à ses disciples, leur faisait assez sentir qu'il n'épargnait pas sa chair, et que toute son étude était de la crucifier. De ce qu'on lui voyait faire, on augurait ce qu'il pouvait pratiquer en secret. Les pratiques de pénitence que le bon exemple l'obligeait de rendre publiques, révélaient une partie de celles que son humilité renfermait dans les ténèbres. De là une pieuse curiosité pour les découvrir, et une noble émulation dans les Frères, pour les imiter. En suivant le Bienheureux de la Salle aux traces de son sang, ils parvenaient à découvrir les instruments cruels qu'il mettait en usage pour tourmenter sa chair. Ces exemples achevaient ce que ses discours avaient commencé, et les déterminaient à lui devenir semblables dans la pratique de la pénitence et de l'oraison. On ne parlait dans cette nouvelle communauté que du ciel et des voies qui y conduisent, que de la perfection et des moyens d'y parvenir, que des vertus et de la manière de les rendre pures et héroïques, que de l'amour divin et de ce qu'il faut faire pour l'acquérir. Le langage qu'on y tenait n'avait rien de celui du siècle ; l'étude de l'humiliation, de l'abnégation de soi-même, du mépris du monde, du silence, du recueillement, de l'esprit intérieur, de la retraite et de la solitude, de l'amour des croix et des souffrances, telle était l'unique préoccupation des Frères. Savoir JÉSUS-CHRIST: et JÉSUS-CHRIST crucifié, se mouler sur lui, et l'exprimer en leurs personnes, porter toujours sa mortification sur leurs corps, et devenir ses portraits vivants et ses images parfaites, c'était assez pour eux ; ils ne voulaient rien savoir autre chose : voilà où se portait l'ambition des premiers Frères ; voilà en quoi ils faisaient consister toute leur science. Un homme du siècle, un enfant d'Adam se fût trouvé dans leur compagnie, comme en un pays étranger, en tout différent d'eux et de goûts contraires. Il n'eût ni entendu leur langue, ni pu leur faire entendre la sienne. A leurs mœurs, à leur langage, à leur manière de vie, il les eût pris pour des hommes d'un autre monde, ou pour des hommes descendus du ciel.

Le Père avait jeté parmi ses enfants un si grand feu, qu'ils ne pouvaient, non plus que lui, se contenir dans les bornes d'une ferveur ordinaire. Ils ne désiraient que Dieu et désiraient de souffrir pour Dieu, de crucifier leur chair et de se rendre semblables à l'Homme de douleurs. Saintement passionnés pour les exercices de pénitence, ils en sollicitaient la permission jusqu'à l'importunité ; ils ne paraissaient contents que quand on leur en accordait à souhait ; jamais, à leur gré, ils n'en faisaient assez ; pour leur faire plaisir, il fallait leur laisser l'usage des disciplines, des haires, des cilices et des chaînes de fer à discrétion. Leur unique jalousie se portait sur celui qui en était le mieux partagé ; et le Bienheureux de la Salle, qui se contentait lui-même sur ce sujet, se prêtait aisément à leurs désirs, ou si, mettant des bornes à leur ferveur, il n'en mettait point à la sienne, il devenait l'objet de leur noble envie, ou de leur saint désespoir.

Cependant, à la vérité, ils n'avaient point à se plaindre de lui à cet égard, car son attrait dominant pour les austérités, le rendait libéral à en accorder. Il leur en accorda même trop, comme on va le voir ; et tout ce qu'on pourrait lui reprocher, serait de leur avoir permis d'exercer sur leurs corps, une partie des saintes cruautés qu'il exerçait sur le sien. Avant, après le repas, le matin après la prière, le soir après l'examen, dans un temps, dans un autre, les disciples environnaient le maître, et lui faisaient une sainte violence afin d'obtenir son agrément, pour s'imposer quelque nouvelle humiliation ou quelque austérité. Ils se faisaient encore une peine plus grande à eux-mêmes de ne pas se livrer à l'impétuosité de leur attrait, et de le resserrer dans les bornes d'une étroite obéissance. Mais comme ces fervents ne voulaient que Dieu, leur intention était pure ; l'amour-propre, ni la propre volonté, n'avaient point de part aux austérités qu'ils demandaient, et l'esprit d'obéissance dominait l'esprit de pénitence.

Ces vrais obéissants eussent cru, en macérant leur chair, faire pénitence pour le diable et non pour Dieu, s'ils eussent fait quelques autérités que l'obéissance n'eût pas consacrées. C'est pourquoi le désir de crucifier leur chair était la mesure de leur empressement, pour demander à leur Supérieur le mérite de l'obéissance. Nous l'avons dit, ils n'avaient pas de peine à le gagner ni à obtenir de lui l'usage fréquent des disciplines, des haires, des cilices, des chaînes de fer et d'autres instruments propres à mettre la chair au supplice.

Les différents genres d'humiliation étaient pour eux d'un pareil goût ; il n'y en a point de sorte dont l'esprit de Dieu ne leur donnât l'idée. Partout où ils rencontraient le Bienheureux de la Salle, s'ils avaient fait quelque faute, ils se jetaient à ses pieds pour en demander le châtiment. Ils lui révélaient tous leurs défauts, et ils lui demandaient la permission de les révéler aux autres. Tout ce qui pouvait leur faire le plus de honte, tout ce qui pouvait le plus les décrier dans l'esprit d'autrui, c'était ce qu'ils avaient le plus de passion de publier.

La populace si acharnée à leur faire insulte quand ils paraissaient, en contentant sa malignité, contentait leur inclination. Ils croyaient que les mépris leur étaient dus, et qu'on leur faisait justice quand on les regardait comme la balayure du monde, quand on leur jetait des pierres, quand on les couvrait de boue. A l'envi les uns des autres, ils couraient dans la maison au-devant des offices les plus vils, les plus rebutants, les plus répugnants à la nature. Ils ne disputaient ensemble que lorsqu'il s'agissait de se vaincre en humilité, et de saisir les occasions de faire les actions qui mortifient le plus sensiblement l'amour-propre et l'orgueil. En un mot, la nouvelle communauté était une académie de vertus et une école de perfection, où tous y travaillaient avec une noble émulation. Personne n'y donnait et n'y recevait que des exemples frappants de ferveur, de charité, d'humilité, de mortification, de silence, de recueillement, d'obéissance, de patience, de zèle pour le salut du prochain, d'amour pour la vocation et d'attrait pour l'instruction et la sanctification de la pauvre jeunesse ; mais aussi plusieurs de ces fervents disciples du Bienheureux de la Salle, en voulant le suivre de trop près, coururent les premiers à leur tombeau.

Les Frères, entraînés par la force de ses exemples, l'entraînaient lui-même par leurs instances ; et tous ensemble se laissaient emporter au torrent de leur ferveur qui les jetait dans de pieux excès en fait de pénitence. C'eût été à lui à modérer et à arrêter par le frein de l'obéissance des hommes de feu, qui se laissaient aller à la vivacité de leurs désirs ; mais comment l'aurait-il fait ? Il se livrait à cet attrait le premier. En ce genre il était le plus coupable, et il ne se sentait pas la force, encore moins la volonté, de reprocher un défaut qu'il aimait. Si le père et les enfants, en ne mettant point de bornes à leurs macérations, faisaient une faute, c'était une faute dont ils ne voulaient point se corriger. Toutefois, il faut l'avouer, ils allaient trop loin en ce genre ; c'est un excès qu'on peut leur imputer ; mais lequel des Saints ne mérite pas un pareil reproche ? S'ils ont tous péché sur cet article, c'est un péché que presque aucun n'a voulu reconnaître et confesser ; si quelques-uns, comme saint François, en ont fait aveu à la mort, et ont demandé pardon à leur corps de l'avoir trop maltraité, ils ont attendu à le faire dans un temps où ils étaient dans l'impuissance de se corriger. Après tout, Dieu a peut-être voulu susciter, dans les derniers siècles, l'esprit de pénitence des premiers Frères, pour ne pas nous laisser oublier que cet esprit est l'esprit primitif du Christianisme et l'esprit évangélique, et pour montrer que la spiritualité qui le retranche, qui le déguise, qui le modifie, est une spiritualité fausse et chimérique.

I. — **La ferveur sans bornes et la dureté de vie des premiers Frères en firent mourir un grand nombre en peu d'années.**

EN effet, à la Trappe, à Sept-Fonts et en d'autres endroits de la France, on a vu de nos jours les austérités anciennes revivre, et des hommes dont on ne croyait plus les tempéraments capables de soutenir le poids des veilles, des jeûnes et des autres macérations de la chair, si en vogue autrefois dans les déserts et dans la naissance des Ordres religieux, les porter presque aussi loin que ceux qu'on admire dans l'antiquité reculée. En sept ou huit ans, c'est-à-dire, depuis 1681 à 1688 que le Bienheureux de la Salle alla établir des écoles à Paris, des quinze premiers Frères qu'avait l'Institut dans sa naissance à Reims, à Laon, à Guise et à Réthel, il en perdit plus de six d'une mort prématurée, au-dessous de l'âge de trente ans, sans compter ceux qu'une santé languissante et ruinée obligea d'aller chercher du soulagement hors de la maison. Depuis 1688 jusqu'à 1719 qu'arriva le décès du Bienheureux de la Salle, il eut tout ensemble le déplaisir d'en perdre au moins quarante-cinq, et la joie de les envoyer devant lui au ciel ; et de ceux-là il n'y en avait que huit ou neuf qui passassent trente ans.

Une maison si pauvre, si austère, si mortifiée, était propre à devenir le cimetière des corps, et à peupler le ciel des âmes de ceux qui l'habitaient. La raison humaine n'étant point là écoutée, encore moins la mitigation et le relâchement, des jeunes gens se laissaient emporter aux pieux excès de leur dévotion, et taxaient de lâcheté ou de sensualité tous les soulagements que la nature demandait. Tous, soutenus par les discours de leur guide, animés par ses exemples, allaient au-delà de leurs forces, pour suivre ses traces et les attraits de la grâce ; de cette sorte, ils minaient et ruinaient en peu de temps leur santé, soit par l'activité de leurs désirs enflammés, soit par l'application intérieure, soit par la pratique d'une mortification sans relâche, soit enfin par l'usage immodéré des disciplines, des haires et des autres instruments de pénitence, joints à l'exercice journalier et fatigant des écoles. Les Frères, en voulant suivre leur Instituteur, ne prenaient pas garde qu'il ne marchait pas, qu'il ne courait pas même, mais qu'il volait dans le sentier étroit et épineux du ciel. C'était un homme de grâce, un de ces Benjamins à qui le vrai Joseph, le Sauveur du monde, donnait dans la distribution de ses dons, dix fois plus qu'à ses Frères : sa mesure était pleine, abondante, et elle regorgeait. Les grands sacrifices qu'il avait offerts à Dieu, les étonnantes violences qu'il avait faites à la nature, ses actions héroïques d'humilité, de dépouillement, de charité envers les pauvres, lui avaient ouvert le trésor des bénédictions de Dieu.

On peut dire qu'une grâce victorieuse était son partage, et que tout par elle et avec elle lui devenait possible, praticable, facile même. Et, ce qui est étonnant, la pénitence, qu'il portait à de bien plus grands excès que ses Frères, loin de ruiner sa santé, parut la fortifier et rendre son tempérament plus robuste. Ils devaient donc, en prenant exemple sur lui, consulter leurs forces, et c'est à quoi ils manquèrent ; mais du moins ils eurent la consolation de mourir en saints après avoir vécu en grands pénitents.

II. — Précieuse mort du Frère Jean-François. Caractère de sa vertu.

LE Frère Jean-François fut le premier qui fraya le chemin du ciel aux autres. Un poste assez avantageux dans la ville le mettait à son aise, et on peut dire qu'en le quittant, il quitta beaucoup aux yeux de Celui qui ne mesure le mérite des actions

Livre II. — Chapitre IV.

que sur la part que le cœur y prend. En quittant ce poste, il quitta encore plus que n'avaient quitté les apôtres pour suivre JÉSUS-CHRIST ; car ceux-ci, pauvres pêcheurs, n'avaient quitté que des filets, mais, parce que c'était le cœur qui avait fait ce renoncement, il fut de si grande valeur aux yeux de JÉSUS-CHRIST, qu'il mérita ses éloges et les plus magnifiques récompenses. Au reste, les disciples du Sauveur, au sentiment de saint Jérôme et de saint Grégoire, quittèrent beaucoup en quittant le peu qu'ils avaient, parce qu'ils renoncèrent au désir de rien posséder. C'est cette disposition si agréable aux yeux de Celui qui tient compte de la préparation du cœur, qui attira tant de grâces sur le Frère Jean-François.

Ce qui le gagna à Dieu et à la nouvelle maison, fut l'exemple des Frères. Touché de leur piété, de leur ferveur, de leur patience, il comprit que celui qui était à leur tête, était un grand serviteur de Dieu, et il conçut une sainte envie de se mettre sous sa conduite et d'avoir entrée dans sa maison. Il y vécut peu de temps ; mais la manière dont il vécut, a laissé sa mémoire en bénédiction. Tous ses jours furent pleins, et tout son soin fut de leur donner un grand mérite. L'esprit intérieur faisait le caractère de sa piété. Toujours au-dedans de lui-même, appliqué à la présence de Dieu, attentif sur tous les mouvements de son âme, vigilant à réprimer toutes pensées inutiles et toutes affections étrangères, appliqué à étouffer les moindres suggestions des passions et des vices, attentif à mortifier l'esprit naturel et la volonté propre, et à ne laisser rien entrer dans son cœur, que ce qui était de Dieu et pour Dieu ; en un mot, uniquement occupé à la culture de l'homme intérieur, il mina si fort l'homme extérieur qu'en dix-huit mois de communauté, il trouva la fin de ses jours. Mais selon les termes du Saint-Esprit, il vécut beaucoup puisqu'il vécut avec une grande ferveur. Ses jours pleins de mérites sont des années devant Dieu : *Explevit tempora multa.*

Il n'avait pas besoin de vivre plus longtemps, puisqu'il était au terme où doit conduire la longue vie, qui est la charité parfaite. L'empire qu'elle avait pris dans son âme se fit sentir dans la rude maladie qui, en peu de jours, le conduisit au tombeau, en 1684. Le délire qui précéda sa mort pendant quelque temps, et qui fut l'effet de la violence de la fièvre, ne se marqua par aucune extravagance, par aucun mouvement irrégulier, ni par aucune parole peu mesurée. Je puis même dire que ce délire fut édifiant, et qu'il fut le miroir de sa belle âme ; car il montra les profondes impressions que le divin amour y avait laissées. Le dirai-je ? ce délire fut une espèce d'extase, pendant laquelle son cœur ne fut occupé que de désirs du ciel et de transports d'amour pour Dieu. Ces paroles : *Ah ! belle éternité, que ton séjour est beau ! Amour ! amour ! amour ! nous irons voir l'amour ! amour ! amour !* ces paroles, dis-je, étaient toujours dans sa bouche. Il les répétait sans cesse de toutes ses forces et d'une voix agréable ; et ce fut en achevant de les prononcer qu'il expira et qu'il trouva une mort aussi sainte que sa vie l'avait été.

III. — Sainte mort du Frère Bourlette. Éminence de sa vertu.

LE Frère Bourlette eut le second rang parmi ces martyrs de la pénitence. Un excès de ferveur ne tarda pas de le mener au tombeau. Il était de Reims, d'une famille honnête et assez avantagée des biens de la fortune. Cher à ses parents, il voyait l'avenir lui sourire, et rien ne lui manquait dans une maison qui était dans l'aisance ; tout ne lui montrait qu'un sort doux selon le monde. L'héritage paternel lui promettait un établissement favorable et lui faisait espérer d'être heureux dans le siècle. Mais, touché de Dieu, il porta ses vues plus haut et les fixa sur le ciel. Tout ce qui est mortel, lui parut indigne d'une âme immortelle. La maison paternelle lui déplut, parce qu'il y était trop à son aise. Celle des Frères où tout manquait, et où, en entrant, il pouvait dire qu'il allait mettre son corps en prison, ses sens à la torture et sa volonté dans le sépulcre, lui parut être la maison de Dieu et la porte du ciel. Il y entra : mais comment ? Quelle en fut l'occasion ? Quel en fut le motif ? Quelle en fut la fin ? Il y entra à l'insu de ses parents ; il y demeura en n'écoutant ni leurs caresses, ni leurs sollicitations, il y persévéra malgré leurs larmes et leur constance à tenter de l'en faire sortir. La vertu éminente du Bienheureux de la Salle et de ses disciples détermina sa vocation. Le désir de marcher dans la voie étroite qui a pour terme le Paradis, fut le motif qui l'attira dans un lieu qu'il regardait comme la porte étroite par laquelle on entre au ciel. Il y vécut comme un ange, et il y mourut comme un saint.

Ce qui d'abord le surprit, le toucha et le gagna à Dieu, fut la patience invincible du Bienheureux de la Salle et de ses enfants. Citoyen de Reims, il n'ignorait pas quel était ce prêtre qu'il voyait si pauvre, si humble, si méprisé. Comparant le premier état du serviteur de Dieu, avec le second qui était un état de pauvreté, de mortification et d'humilité, il ne pouvait assez admirer l'ouvrage de la grâce dans les cœurs. Il était toujours étonné de voir un homme, d'une position si élevée, tombé si bas, suivant l'opinion humaine, se montrer content et plein de joie de l'heureux échange qu'il avait fait des biens avec la pauvreté, des commodités de la vie avec le crucifiement de la chair.

L'estime qu'il en conçut lui fit naître le désir de lui devenir semblable. Ce généreux dessein formé, il se déroba, pour l'exécuter, aux yeux de ses parents. Ceux-ci, affligés, désolés, consternés, quand ils l'apprirent, vinrent en hâte pour le retirer d'une maison qui dévorait ses habitants, selon les préjugés du monde, et qui était l'objet de la haine et de la persécution publique.

Plus ils aimaient cet enfant, plus ils pleuraient de le voir dans un lieu qui était l'horreur du monde. Si la mort le leur eût enlevé, ils ne l'auraient peut-être pas conduit au sépulcre avec tant de larmes. Ils se croyaient déshonorés d'avoir un fils parmi les Frères : afin de lever cette tache de dessus leur famille, il n'y a rien qu'ils ne missent en œuvre pour le faire sortir. Mais ils parlèrent toujours à un sourd et à un aveugle qui ne parut ni voir leurs larmes, ni entendre leurs soupirs. Leurs lamentations et leurs plaintes le trouvaient et le laissaient immobile comme un rocher battu de la tempête, qui voit à ses pieds les flots de la mer se briser sans l'ébranler. D'abord que le généreux enfant fut entré dans cette école de vertus, il put dire avec saint Paul : *Continuo non acquievi carni et sanguini. Je n'ai plus écouté la chair et le sang.* Le désir d'être tout à JÉSUS-CHRIST lui fit oublier qu'il avait des parents ; et quand ils venaient le tenter sur sa vocation, il paraissait ne les plus connaître. Son cœur leur disait en secret ce que sa bouche, par respect, n'osait prononcer : *Nescio vos. Je ne vous connais plus !* Je vous désavoue pour mon père et pour ma mère quand vous venez pour m'arracher d'entre les bras de mon Père céleste. Ainsi armé du glaive évangélique, il consomma la séparation si sensible à la nature.

La charité parfaite, cette perle évangélique, qu'il faut acheter aux dépens de tous les autres biens ; cet or purifié qui rend si riche, et qui est le prix des plus grands sacrifices, fut la récompense de celui que venait de faire le vertueux jeune homme. En effet, il semble que le divin amour dont l'acquisition coûte tant de frais aux cœurs généreux, se fût présenté à celui-ci à la porte de la maison, lorsqu'il vint en demander l'entrée ; car dès ce moment, son cœur en fut saisi avec tant d'empire, qu'il n'eut plus de mouvement que pour Dieu.

L'amour sincère des humiliations rendit en lui à l'amour de

Dieu le témoignage authentique dont il a besoin pour certifier sa réalité ; car, après tout, l'amour de Dieu laisse toujours des doutes sur sa vérité ou sur sa pureté, quand l'amour des humiliations ne lui sert pas de caution. En effet, rien ne montre si efficacement la ruine de l'amour-propre dans un cœur, que l'attrait violent pour l'humiliation. Toute autre marque est équivoque, et n'est point un garant certain de la présence du pur amour de Dieu dans une âme. Celui-là seul doit être compté parmi les parfaits, qui donne l'amour de la croix pour preuve effective de sa charité envers Dieu. D'après ce principe, le Frère Bourlette doit prendre place parmi eux, puisqu'il ne paraissait en lui d'inclination que pour les humiliations. Toute son ambition était de se ruiner dans l'esprit des hommes et de perdre toute leur estime. Si l'esprit d'obéissance n'eût pas été en lui supérieur à cet attrait, on l'aurait vu contrefaire l'insensé, pour exciter la populace et les enfants à lui jeter des pierres et à le charger de boue. Le Bienheureux de la Salle eut plus d'une fois besoin de toute sa fermeté et de toute son autorité, pour retenir, dans les bornes de la prudence, cet amateur des mépris qui demandait avec instance la permission de courir les rues de la ville de sa naissance, et sous les yeux de ses parents, de ses amis et de ses compatriotes, vêtu d'un pourpoint rouge avec un bonnet de laine sur la tête, afin de les forcer de le traiter en fou et de le regarder comme tel.

Ses parents, toujours chagrins de l'avoir perdu et de le voir dans une maison si misérable aux yeux du monde, revenaient sans cesse à la charge pour le solliciter à la désertion, et ne cessaient de l'importuner et de le fatiguer par des pleurs, par des reproches, par des caresses et par des témoignages de tendresse, armes souvent victorieuses sur les cœurs les plus inflexibles. Le Bienheureux de la Salle l'envoya à Réthel pour le soustraire à leurs yeux, et le mettre, par cet éloignement, hors de l'atteinte de leurs attaques. Mais que ne fait point l'amour naturel ! son père et sa mère, de loin comme de près, ne le laissèrent point en repos. Ils coururent au lieu où on avait exilé leur fils dans le dessein de le dérober à leurs poursuites, et ils firent entendre, à Rethel comme à Reims, leurs cris, leurs gémissements et leurs plaintes, sans qu'ils pussent faire passer leur trouble jusqu'à lui. En vain ils s'affligèrent de nouveau et parurent inconsolables à ses yeux ; en vain ils mêlèrent les larmes aux prières, et les reproches aux caresses ; ils le trouvèrent toujours le même. Il parut insensible aux larmes, aux cris et aux sentiments de ceux qui lui avaient donné la vie. Tout retiré en Dieu, il laissait la grâce en son cœur triompher de la nature ; sur cet autel intérieur, il immolait pour victime au Père céleste l'amour naturel, et il lui offrait la peine qu'il causait à ses parents, et celle qu'ils lui faisaient. En faisant, dans une lettre écrite au Bienheureux de la Salle, le récit de cette nouvelle tentation, il dit : *Mes parents me sont venus voir, et m'ont demandé si je ne voulais pas me convertir ; je leur ai fait réponse que j'étais tout converti.* Je ne sais pas si ce fut à dessein de rendre le lieu de la demeure du Frère Bourlette inconnu à ses parents, qu'on le dépaysa de nouveau, en le faisant passer de Réthel à Laon, mais on n'y gagna rien. Le père, informé du lieu où était son fils, ne tarda pas à en prendre le chemin, et à aller faire de nouveaux efforts pour l'arracher d'un état où il ne pouvait le souffrir.

Ces tempêtes paternelles qui le battirent avec tant de furie, ne purent l'abattre. Elles ne servirent qu'à éprouver sa vocation, et à le sanctifier, en lui offrant les occasions de renouveler les plus grands sacrifices de la nature. La récompense n'en fut pas éloignée ; car soit que Dieu voulût le couronner sans délai après tant de combats et de victoires, soit que sa grande ferveur eût abrégé ses jours, après deux ans environ d'une vie si sainte, il trouva une mort précieuse. Si la charité n'en fut pas l'unique cause, il parut au moins qu'elle en fut l'occasion. Voici comment : le compagnon du Frère Bourlette étant tombé malade, le fervent néophyte entreprit de l'assister et de faire tout à la fois les deux classes. C'était faire l'ouvrage de trois ; mais la ferveur ne dit jamais c'est assez : en faisant trop, elle s'accuse encore de lâcheté. M. le Curé, devenu plus tard chanoine de la cathédrale, étant venu pour visiter l'un et consoler l'autre, voyant le Frère Bourlette, qu'il aimait à cause de sa singulière piété, trop chargé et dans le danger de succomber à tant de travail, lui ordonna de donner aux écoliers un congé de huit ou dix jours. L'humble Frère s'en excusa, ne croyant pas en conscience pouvoir le faire sans ordre par écrit du Bienheureux de la Salle. Le charitable curé, qui parut prévoir les suites d'un excès de ferveur et d'un scrupule mal fondé sur le fait de l'obéissance, fut fort mortifié de la résolution du Frère ; et pour lui en faire sentir l'impossibilité, il lui demanda comment il pourrait seul faire deux classes séparées, contenir un si grand nombre d'enfants, et pourvoir aux besoins du malade : « Mon-« sieur, répliqua le Frère Bourlette, « *j'ai le pied droit dans* « *une classe, le pied gauche dans l'autre, l'esprit au malade et* « *le cœur au ciel.* » Cette réponse surprit le pieux pasteur et lui ferma la bouche. Il s'en alla édifié et saisi d'admiration.

Quelques jours après, le malade se trouva rétabli et en état de faire sa classe, et le Frère Bourlette fut obligé de quitter la sienne et de se mettre au lit. Une fièvre continue et lente l'emporta en peu de jours, en l'année 1686, sans que les médecins et les remèdes pussent ni le soulager, ni prolonger sa vie de quelques heures. Toute la paroisse, même toute la ville, en marquèrent leur affliction. Sa mort parut une grande perte, et on l'honora comme un saint. Le lieu de sa sépulture a été fréquenté l'espace de plusieurs années par honneur et par dévotion. Bien des gens venaient y offrir à Dieu leurs prières et invoquer le pieux défunt. La tranquillité de son âme et sa modestie, qui se montraient dans tout son extérieur, lui avaient mérité le nom de *Frère Modeste*. Le peuple ne lui en donnait point d'autre, et en le lui donnant, il avait cru caractériser sa vertu et faire son éloge.

IV. — Mort du Frère Maurice. Caractère de sa ferveur.

LE Frère Maurice, natif de Reims, fut le troisième des enfants du Bienheureux de la Salle qui alla prendre place dans le ciel. Son heureuse mort, dans la même ville, est marquée au premier de mai de l'année 1687. Sorti d'une très bonne famille, il lui fit plus d'honneur par sa grande piété, qu'il n'en avait reçu d'elle par sa naissance. A peine eut-il paru parmi les Frères, qu'ils le regardèrent comme leur exemple. Tout, en lui, portait à Dieu et inspirait la dévotion. Ce bon Frère semblait faire revivre JÉSUS-CHRIST, et donner en sa personne une image naturelle de Notre-Seigneur vivant sur la terre. Dans le silence même, son exemple parlait, et il instruisait les autres en donnant leur perfection à chacune de ses actions. De sorte qu'à la fin de sa vie, et même de chaque journée, on pouvait lui appliquer, avec la proportion convenable à la faiblesse humaine, cet éloge magnifique que les peuples donnaient à JÉSUS-CHRIST : *Bene omnia fecit. Il a bien fait toutes choses.*

Il faisait bien surtout l'oraison. La posture recueillie qu'il y tenait, l'esprit de religion dont on le voyait saisi, la grande dévotion qui paraissait alors sur sa face, lui donnaient l'air d'un séraphin. Pendant cette sainte action, il était si retiré au dedans de lui-même et si occupé de Dieu, qu'il semblait être dans le ciel. Il était si mort à ses sens, qu'il n'était plus tenté de les satisfaire en rien. La nature, chez lui, n'osait plus déclarer ses inclinations, car, pour peu qu'il lui échappât de les faire sentir, elle les voyait contredites, mortifiées et persécutées jusqu'à une parfaite destruction. Les penchants naturels et la volonté propre n'avaient pas en lui plus de liberté ; leur nom seul lui faisait horreur, et on peut dire qu'il était venu à bout de les exterminer. L'obéissance parfaite, que saint Jean Climaque appelle le sépulcre de la propre volonté, était la vertu qui semblait dominer en ce Frère ; aussi lui attirait-elle de son supérieur une espèce de prédilection sur les autres. Le Bienheureux de la Salle aimait singulièrement ce parfait obéissant, et il n'en voulait point d'autre pour lui servir la sainte Messe. Aussi, le Frère Maurice le faisait-il avec tant de modestie et de grâce, qu'on eût cru voir un ange servir un séraphin à l'autel.

Sa complexion délicate ne put soutenir longtemps l'austérité et la mortification de vie qui régnaient parmi les Frères. On s'aperçut avec regret qu'elle succombait, et qu'il devenait pulmonique ; et à peine le mal prit-il naissance, qu'il fit de rapides progrès. Le feu de l'amour divin, qui le consumait au dedans, contribua encore plus que la vie dure et pénitente qu'il menait, à enflammer et à ulcérer ses poumons. Il ne faut pas s'en étonner : les grâces alors se répandaient si sensiblement et avec tant d'abondance sur les membres, aussi bien que sur le chef, dans les heureux commencements de cette petite église naissante, que, sans avoir passé par les exercices du Noviciat, qui ne fut établi qu'en 1691, à Vaugirard, les Frères étaient en peu de temps ce qu'ils devaient être, des hommes spirituels.

Cependant, le Bienheureux de la Salle, sensible à la perte d'un si bon sujet, chercha tous les moyens de rétablir sa santé et celle d'un autre Frère, attaqué du même mal que lui. Le médecin à qui on les fit voir, crut que l'unique remède qui pût prolonger leurs jours, était la sortie d'une maison qui donnait tout à l'âme et qui refusait tout au corps. Il jugeait que la compagnie et l'exemple du Bienheureux de la Salle et des Frères étaient propres à faire des saints et non à guérir des malades. En effet, la ferveur du père et de ses enfants faisait chaque jour de nouveaux progrès, et plus elle allait en croissant, plus le soin du corps diminuait chez eux. Le médecin ordinaire de la communauté, qui s'appelait M. du Bois, convaincu qu'une maison où la nature trouvait son martyre deviendrait le tombeau des deux Frères s'ils y restaient, ne leur donna point d'autre avis que d'en sortir, s'ils voulaient adoucir leur mal et abréger leur supplice. L'avis ne fut pas du goût du Frère Maurice. La crainte de perdre, en sortant de la maison, l'esprit de grâce qu'il avait reçu en y entrant, le détermina à y mourir. Le sacrifice d'une mort précipitée lui parut plus doux que celui d'une communauté où l'esprit de Dieu régnait, et dont le séjour faisait plus les délices de son âme qu'il ne faisait le tourment de son corps.

Le Bienheureux de la Salle, charmé de cette généreuse résolution, y consentit avec joie ; et ce fut pour lui une grande consolation de conserver encore six mois, que dura le reste de sa vie, un exemple parfait de patience, d'humilité, d'obéissance, de résignation et de ferveur. Le jeune homme, en proie aux douleurs, ne les soulageait que par des retours continuels vers Dieu et des regards vers le ciel, où était l'objet de ses désirs. Sa mort édifiante arriva le dernier jour d'avril 1687, de son âge la vingt-deuxième année.

L'autre malade, attaqué comme lui du poumon, n'eut pas une pareille constance. Il accepta sans délai l'offre de retourner chez lui, mais il ne tarda pas à s'en repentir. La maison paternelle, qui lui avait ôté les plus grands exemples de vertu, ne lui rendit point la santé. Il y mourut trois mois après sa sortie, avec un regret mortel d'avoir quitté la terre des saints. Lorsqu'il vit auprès de son lit de mort sa pauvre mère se lamenter, son regret de n'être plus sous la garde du Bienheureux de la Salle et dans la compagnie des Frères, devint plus amer et plus sensible. *« Ah!* répondit-il à sa mère désolée, *vous me percez le cœur ; si j'étais encore parmi les Frères, au lieu de gémissements, je n'aurais que des prières.* »

Les autres qui furent de la nouvelle colonie que la maison des Frères envoya au ciel, assez semblables à ceux dont on vient de parler, moururent comme eux à Reims, à la fleur de l'âge, avec une grande résignation à la volonté de Dieu, et même avec des marques de la joie qu'ils avaient de faire à Dieu le sacrifice de leur vie et de quitter la terre pour aller au ciel. M. le Curé de la paroisse, qui leur administrait les sacrements, était toujours en admiration de voir ces jeunes Frères si indifférents pour la vie et si prêts pour le voyage de l'éternité. C'est le témoignage qu'il rendit un jour au Père et aux enfants, en présence de quelques ecclésiastiques, qui paraissaient trouver à redire que le Bienheureux de la Salle mît en exercice des Frères si jeunes. « Je ne sais,
« leur dit-il, qui je dois plus admirer, M. de la Salle ou ses
« Frères. En voilà un bon nombre que j'ai assistés à la mort et
« auxquels j'ai administré les sacrements. Chose étonnante ! je
« n'ai jamais vu aucune personne, même de quatre-vingts ans,
« mourir avec autant de courage et de résignation que ces bons

« Frères. » Il pouvait être cru sur son témoignage, car c'était un vieillard qui avait une expérience de plus de trente ans dans l'exercice des fonctions pastorales.

Le Bienheureux de la Salle n'épargnait rien pour le soulagement de ses Frères malades et pour leur guérison ; mais quand il plaisait à Dieu d'en disposer, l'air tranquille et joyeux qu'il montrait semblait dire qu'il était assuré de leur bonheur. Comme il les connaissait à fond, et que rien de leur intérieur ne lui était caché, il voyait, sans révélation, dans les principes de la foi, que des âmes si pures et des cœurs si dévoués à Dieu étaient réunis au souverain bien, et déjà en possession de leur fin dernière, ou qu'au moins, ils n'en étaient pas éloignés.

Ce bon Père, heureux de voir de tels enfants, n'avait point de soupirs ni de larmes à leur mort, quand il y était présent ou quand on lui en apportait la nouvelle ; l'action de grâces à Dieu était le seul tribut qu'il leur devait, et qu'il rendait à l'instant : « *Rendons*, disait-il, *grâces à Dieu ; en voilà encore un dans le ciel.* »

CHAPITRE V.

Nouvelles ferveurs du Bienheureux de la Salle. Il conçoit le dessein de descendre de la place de Supérieur et d'y faire monter un simple Frère. Il amène avec un saint artifice, tous les Frères à ce but et les y fait consentir. Admirables exemples d'humilité et d'obéissance qu'il donne après sa déposition. Rétabli en sa place par messieurs les grands Vicaires, il s'abandonne à son attrait pour la pénitence. — (1686-1687.)

I. — Nouvelles ferveurs du Bienheureux de la Salle ; son attrait pour l'oraison et pour la solitude.

AVANT que le Bienheureux de la Salle fût chargé d'autres écoles que celles de Reims, il jouissait à son aise des douceurs de la solitude et du repos en Dieu. L'exemption des soins étrangers ou des soins multipliés le laissait tout entier concentré dans son recueillement, sans le distraire, sans le partager, sans le forcer de sortir hors de lui-même, pour prêter attention à des affaires qui, quelque saintes qu'elles soient, sont toujours à charge aux âmes intérieures, dès lors qu'elles les retirent de l'union avec Dieu. La maison de Reims était pour lui un vrai désert, dans laquelle il se cachait avec soin, dans laquelle il se rendait invisible à tous autres qu'aux Frères, et dont il ne sortait en public que pour chercher des mépris. La ferveur qui y régnait, en contenant tous les Frères dans le devoir, dans un profond silence, dans un intime recueillement et dans une parfaite subordination, lui donnait un grand loisir pour l'oraison et une grande liberté de ne penser qu'à Dieu. En effet, ses fervents disciples avaient au dedans d'eux-mêmes un supérieur secret qui dirigeait tous leurs mouvements, et ils avaient au dehors une règle qui conduisait tous leurs pas et toutes leurs actions. Le Bienheureux de la Salle, par conséquent, ne trouvait pas grande distraction dans leur conduite. Il n'était besoin que d'être à leur tête pour présider aux exercices de piété, quand ils étaient de retour de leurs écoles. Lorsqu'ils y retournaient, leur absence lui rendait la liberté de vaquer à Dieu dans le secret de son cœur et dans le silence de la solitude. Ainsi, d'une façon ou d'une autre, il continuait son entretien avec Dieu. Sa manière de prier était diverse, mais elle était continuelle. Caché dans une cellule qui ressemblait à un trou, il n'en sortait que pour se trouver aux exercices communs, et il ne les quittait que pour se replonger dans la contemplation.

Mais quand les écoles et le nombre de ses sujets furent multipliés, les affaires et les soins se multiplièrent aussi, et demandèrent une partie de ces heures précieuses consacrées au seul commerce avec Dieu. Quel regret pour lui de se voir obligé de mêler les soins de Marthe avec le repos de Marie ! Quelle peine d'interrompre son union intime avec le souverain bien ! Mais la volonté divine est la loi unique des cœurs purs ; c'est elle, et non leur goût, qu'ils cherchent. Dans cette disposition, le Bienheureux de la Salle quittait de bon cœur Dieu pour Dieu, et se faisait un plaisir de se sevrer des douceurs dont l'Époux sacré favorise les âmes saintes, quand elles sont seules avec lui, pour vaquer à son devoir, et aller où la divine volonté l'appelait. Il n'en prenait toutefois pas moins de précautions pour ne donner aux devoirs de son état, que le temps nécessaire, et rendre tout le reste à l'oraison, sans le prodiguer au commerce des créatures.

Avare du temps en faveur de la prière, il le ménageait avec grand soin, pour en donner à ce saint exercice le plus qu'il pouvait. Dans cette vue, il se rendit plus que jamais invisible, et il se fit un nouveau devoir, pour vivre sur la terre comme s'il y eût été seul avec Dieu, d'oublier qu'il y avait d'autres hommes que lui au monde. En vain ceux qui n'avaient pas tout à fait perdu leurs anciens rapports d'amitié avec lui, lui faisaient-ils des reproches de son humeur sauvage, ou de son indifférence pour eux ; en vain les âmes vraiment à Dieu, qui seules savaient, au milieu du mépris qu'on faisait du saint homme, lui rendre justice et l'estimer ce qu'il valait, voulaient-elles entrer en commerce avec lui, et profiter de ses visites, il demeurait inflexible dans la résolution de ne point voir et de n'être point vu, plein de cette maxime de l'auteur de l'*Imitation de JÉSUS-CHRIST* : « *Les plus grands saints évitaient autant qu'ils le pouvaient le commerce des hommes, et ils se faisaient un plaisir de ne penser qu'à Dieu en secret* (¹). »

Cependant, quand on le surprenait et que, malgré lui, on l'obligeait de paraître et de faire voir qu'il était encore au nombre des vivants, nous l'avons déjà dit, on le retrouvait ce qu'il était par caractère et par éducation, poli, gracieux et avec la joie des saints sur le visage. Ainsi vint le surprendre l'abbé de Saint-Thierry (²), dont l'abbaye de l'ordre de Saint-Benoît, est à deux

---

1. L. I, ch. XX, 1. — 2. M. Guillaume Bailly.

lieues de Reims. Le bruit que faisait dans toute la Champagne le Bienheureux de la Salle avec son nouvel Institut, piqua sa curiosité et l'attira à Reims, pour voir si tout ce qu'on en disait était vrai, et si ses yeux n'en démentiraient point une partie. Arrivé à la maison des Frères avec tous ses gens, le bruit de son entrée en avertit le Bienheureux de la Salle qui descendit aussitôt pour le recevoir. L'abbé, en le voyant, le reconnut tel qu'il avait toujours été, civil et gai à son ordinaire, sous un habit fort différent. Après l'avoir considéré depuis la tête jusqu'aux pieds, il lui dit en riant et en le prenant par le bras : *Est-ce ainsi qu'un homme de votre caractère doit être habillé?* Le Bienheureux de la Salle ne répondit que par un sourire et des manières obligeantes. C'était l'unique réponse qu'il faisait à de pareils compliments. L'abbé, après une longue conférence avec lui, sortit plein d'admiration et d'estime pour un homme dont la ville de Reims ne connaissait ni le prix, ni le bonheur qu'elle avait de le posséder après lui avoir donné le jour.

II. — L'attrait de la solitude le mène en secret, et à l'insu même des Frères, dans le désert des Pères Carmes-Déchaussés, à quelques lieues de Reims.

QUELQUE attention que notre solitaire mît à fuir les hommes, il ne pouvait pas se dérober entièrement à leurs visites imprévues. Les chanoines de la cathédrale, soit pour s'édifier, soit pour contenter leur curiosité, et voir de leurs yeux la figure que faisait au milieu de ses disciples leur ancien confrère, lui rendaient souvent des visites très importunes pour lui, mais très consolantes et très utiles pour eux ; car ils voyaient un homme de leur corps renouveler ces grands exemples d'humilité, de pauvreté, de mortification, de détachement, de recueillement et des autres vertus que les chrétiens des derniers siècles admirent dans ceux des premiers. Au reste, ils ne pouvaient se plaindre que sa dévotion l'eût rendu plus rustique ou plus indifférent, car ils retrouvaient en lui le même bon cœur, les mêmes politesses et les mêmes témoignages d'amitié. Il ne leur faisait même rien sentir de la peine qu'ils lui faisaient en le venant distraire. Elle était pourtant grande, et ce fut peut-être pour se l'épargner, qu'il médita la retraite, dont nous avons déjà parlé, dans un des déserts du Carmel. Il la fit en 1686, avec un secret si grand, qu'il en déroba la connaissance à ses propres enfants. La seule précaution qu'il prit pour pourvoir à son retour, si, en son absence il arrivait quelque chose d'extraordinaire qui demandât sa présence, fut d'avertir le Frère qu'il laissait pour la conduite de la maison de Reims, de lui écrire. Il lui laissa son adresse ; mais cette adresse ne décela pas son secret, car elle était indirecte ; elle ne marquait pas le lieu où la lettre, envoyée directement à une Abbesse de Rouin, devait revenir entre ses mains.

III. — Il est obligé de sortir de sa solitude pour aller à Laon, où un des Frères était mort et l'autre très malade.

La précaution qu'avait prise le Bienheureux de la Salle était sage ; car il fut nécessaire de le rappeler au plus tôt à cause de la maladie de deux Frères qui gouvernaient les écoles de Laon. A la première nouvelle que reçut celui qui servait à Reims de vicaire au Supérieur absent, il se mit en chemin pour aller assister les malades qui avaient grand besoin de sa présence. Cependant, quelque diligence qu'il fît, il n'arriva que pour en voir mourir un qui avait déjà reçu l'Extrême-Onction. C'est ce qui l'obligea d'en informer le Bienheureux de la Salle au plus tôt et de lui représenter que sa présence était absolument nécessaire à son troupeau. La nouvelle était affligeante pour le solitaire, car elle le retirait de son centre et d'un lieu de délices, où rien n'interrompait son entretien avec Dieu, en lui apprenant la mort d'un de ses plus excellents sujets et la maladie de l'autre. Il n'en fut cependant pas troublé ; les accidents les plus fâcheux et les plus imprévus le trouvaient et le laissaient toujours tranquille. Celui-ci l'ayant obligé de partir sur-le-champ pour Laon, on fut tout surpris de l'y voir arriver au bout de trois jours depuis l'avertissement donné ; encore plus de leur voir obéir avec tant de ponctualité et de fatigue à un jeune Frère de vingt-quatre ans.

Après avoir conféré sur ce qu'il fallait faire, il donna vacance aux écoliers pendant deux mois. Ensuite, sans accorder aucun repos à un corps las et épuisé de la fatigue d'un voyage si pénible, il reprit son chemin vers Reims avec le Frère qui l'avait mandé : et il marcha avec lui à pied toute la nuit, selon son ordinaire, sans prendre autre chose qu'un verre de vin et un morceau de pain quelque temps avant minuit, dans un bourg à quatre lieues de Reims. Arrivé en cette ville de grand matin, son premier soin fut d'envoyer le Frère qui l'avait accompagné, dormir et se reposer, tandis qu'il alla prier. En effet, l'oraison ayant pour lui plus d'attrait qu'un lit, et l'heure de la faire en communauté l'y invitant, il ne put se refuser cette satisfaction. Son âme cherchait ce repos, et il le lui accorda sans écouter la voix d'un corps fatigué d'un long voyage, fait la nuit, à pied, et presque à jeun, qui demandait avec justice quelques heures de sommeil.

Si le repos de l'oraison avait tant de charmes pour le Bienheureux de la Salle, celui que procure la vraie obéissance n'en avait pas moins. Il en avait fait vœu, comme il a été dit, et il l'avait fait avec une sainte passion de l'accomplir pour le bon exemple des Frères, et pour son profit particulier. Mais comment le mettre en usage, ce vœu ? La place de Supérieur qui le mettait en droit de commander, le mettait hors du pouvoir d'obéir. Il fallait donc, pour mettre son vœu en exercice et satisfaire son humilité, se déplacer et déposer la supériorité: mais qui mettre en sa place ? qui choisir pour être supérieur ? à qui pouvait-il obéir avec la décence convenable à son caractère ? Dans sa communauté, nul autre prêtre que lui ; la plupart même étaient sans lettres et sans science. Convenait-il qu'un prêtre, un docteur, un ancien chanoine, un Directeur, un Supérieur, se déplaçât pour mettre au-dessus de lui un simple Frère, sans titre et sans qualité ? L'humilité chrétienne, qui pousse si loin les abaissements, pouvait-elle, sans dégrader son caractère, sans avilir son ministère, sans déshonorer sa personne, le mettre aux pieds d'un laïque revêtu d'une robe noire et lui demander des permissions ? Il y avait dans ce parti quelque chose qui paraissait répugner ; c'eût été, ce semble, outrer l'humilité et écouter ses inclinations au préjudice de la sagesse et de la prudence. Le Bienheureux de la Salle ne pouvait l'ignorer. Cette difficulté l'arrêtait, et il y avait longtemps qu'il en cherchait la solution. Après tout, la vertu parfaite n'écoute point tant de raisonnements ; la foi seule la guide et la mène à l'aveugle sur les traces de JÉSUS-CHRIST. Une raison supérieure révèle qu'on ne peut mieux faire que d'écouter les leçons de la Sagesse éternelle et d'imiter ses actions. Ainsi l'Homme-Dieu aux pieds de saint Pierre, aux pieds des apôtres, aux pieds de Judas lui-même, leur lavant à tous les pieds, les essuyant de ses mains et les baisant de sa bouche adorable, fut la solution que l'humble Supérieur trouva à sa difficulté. Plus il étudia la vie et la mort de JÉSUS-CHRIST, plus il crut devoir se reprocher d'avoir écouté le raisonnement humain. Il ne lisait dans l'Évangile que des traits de soumission et de dépendance dans la vie du Seigneur de l'univers. Nul de ses mystères qui ne donne quelque exemple d'un caractère particulier d'obéissance. Assujetti aux lois de la nature, il avait demeuré neuf mois entiers dans le sein de sa Mère, sans vouloir prévenir le terme de sa naissance ; la soumission aux ordres de l'empereur Auguste l'avait amené à Bethléem, et il y était né ; exempt par sa qualité de Fils de Dieu, par celle de Sauveur, par la pureté de sa conception et par le privilège de sa naissance, de la honteuse et douloureuse plaie de la circoncision, il s'était fait un devoir d'en porter la rigueur et l'ignominie ; le même esprit d'obéissance à la loi l'avait conduit au temple pour y être offert à Dieu ; tout ce qu'on sait des trente premières années de sa vie, est qu'il était soumis à Marie et à Joseph. Il l'a finie, cette vie, comme il l'avait commencée, par l'obéissance dont sa mort sur la croix est un modèle parfait.

Dans tous ces exemples de l'obéissance d'un Dieu, l'humble Supérieur trouva ses difficultés résolues, et il s'accusa de s'être fait illusion à lui-même, en écoutant des raisons de bienséance que l'Évangile n'approuve pas, et que l'exemple de JÉSUS-CHRIST détruit. L'attrait de la retraite et d'une oraison pure et continuelle s'unissait au désir de s'humilier et d'obéir, pour le dépouiller du titre de Supérieur. Le nombre des Frères augmentait avec celui des écoles ; et cet accroissement, qui multipliait ses soins et ses affaires, dérobait une partie du temps que son cœur destinait tout entier à la communication avec Dieu.

Réduit à l'état de simple particulier, en trouvant la facilité de se livrer sans ménagement aux humiliations et à l'abnégation de toute volonté, il trouvait celle de ne penser qu'à Dieu et commencer sur la terre la vie du ciel, dont le seul exercice est de contempler et d'aimer la beauté souveraine. Toutefois, pour pouvoir faire agréer sa démission, il fallait en donner des motifs. Mais sur quelles raisons l'appuyer ? Autre embarras : dire les véritables, c'était trahir son humilité ; en feindre et en forger, c'était trahir la vérité. Que fit-il ? Dans le désir de ne blesser ni l'une ni l'autre de ces deux vertus, il étudia toutes les vraisemblances qui pourraient paraître des raisons essentielles à des gens qui n'étaient pas fort clairvoyants, et qui pouvaient leur prouver que le bien de la Communauté demandait qu'un autre que lui fût placé à la tête. Son étude ne fut pas vaine, car il réussit à les amener à son but, en faisant si bien valoir ses raisons spécieuses, que ces bons Frères, soit qu'ils fussent en effet persuadés, soit qu'ils n'osassent le contredire, soit qu'ils ne voulussent pas le contrister, acquiescèrent à ses désirs.

IV. — Le Bienheureux de la Salle persuade aux Frères de lui substituer un autre Supérieur pris parmi eux.

ENFIN l'humble Supérieur, dans le dessein de mieux ranger ses disciples à sa pieuse volonté, avait pris son temps et ses mesures, pour donner à sa déposition toutes les marques apparentes de la volonté divine, il ne faut pas s'en étonner ; si l'amour-propre emploie tant d'art pour tromper, l'humilité n'est pas moins ingénieuse pour arriver à ses fins. Comme le moyen le plus imposant que pouvait prendre l'humble chef, pour faire souscrire tous ses membres à sa disposition, était de les assembler, de leur exposer ses raisons, de leur en faire des sujets de méditation devant Dieu, de demander leurs sentiments, de leur insinuer le sien en les convainquant de la nécessité de le suivre, et de ne recueillir leurs voix que quand il les verrait favorables à son dessein, ce fut celui qu'il prit. De plus, il crut que, pour lui donner un nouveau poids d'autorité, il fallait choisir le moment d'une retraite, parce que la raison guidée par la foi y est plus éclairée, parce que les lumières y sont plus pures, et parce que les grâces y sont plus abondantes.

Pour cet effet, après avoir convoqué ses disciples et les avoir mis en retraite, il leur expliqua son dessein, et leur fit une exhortation touchante et pathétique, pour le leur faire goûter. Rien n'y fut omis de ce qui pouvait donner du poids à des raisons qui n'avaient de mérite que celui de l'humilité. Il leur représenta que le nombre des écoles multipliées le surchargeait d'affaires et demandait des gens propres pour les administrer ; qu'il ne pouvait plus vaquer seul à tant de soins ; que la confession des Frères et la direction de leur conscience était un emploi de conséquence et suffisant pour l'occuper tout entier ; qu'ils avaient parmi eux plusieurs bons sujets, sages, prudents, vertueux et capables d'être mis à leur tête ; qu'il était avantageux qu'ils en choisissent un pour tenir sa place, puisque le bien de l'Institut demandait qu'il fût gouverné par un d'eux ; qu'étant nécessaire au moins d'en faire l'essai, le temps de le tenter était venu, ou qu'il ne viendrait jamais ; que tôt ou tard il en faudrait venir là, puisqu'il ne vivrait pas toujours, et qu'il était à propos de faire pendant sa vie, ce qu'il serait absolument nécessaire de faire après sa mort, parce que le nouvel élu pourrait acquérir de l'expérience sous ses yeux et être éclairé de ses conseils ; qu'il se ferait son coadjuteur ou son vicaire, afin de l'introduire dans ses nouvelles fonctions et de lui en faciliter l'exercice ; que la raison naturelle leur disait qu'un corps devait être gouverné par un chef de même espèce, et qu'un Frère devait conduire des Frères ; que lui, prêtre, à leur tête faisant une différence d'état, il leur convenait mieux de se donner un Supérieur en tout semblable à eux ; que ne pouvant pas allier l'application à tant d'affaires, avec celle qu'il devait à l'oraison, la culture de son intérieur l'appelait à la retraite et à la séparation des créatures ; enfin qu'il voulait les accoutumer à se passer de lui, et leur apprendre, par son exemple, à obéir à un autre Frère.

Ces raisons étaient excellentes, raisons d'humilité, uniquement propres à favoriser la vertu du Bienheureux de la Salle, et à lui donner la liberté de se mettre au lieu le plus bas ; mais, dans le fond, elles n'avaient que de la vraisemblance, et en les dépouillant de ce qu'elles avaient de spécieux, leur faiblesse était éclatante. En effet, les Frères s'appuyant sur chacune des raisons que l'humble Supérieur savait si bien faire valoir, auraient pu s'en servir pour le persuader lui-même, que le bien de l'Institut demandait qu'il restât dans la place qu'il occupait, et que son humilité, si elle était écoutée, allait porter à sa communauté une plaie que sa charité devait en détourner. Ils pouvaient lui dire qu'étant leur père, et eux ses enfants, qualités qui ont un rapport réciproque et qui ne se peuvent perdre, il était de l'ordre naturel qu'il fût leur Supérieur, et eux ses inférieurs ; que la tête doit présider au corps, comme le marque la place que la nature lui assigne, pour conduire les membres ; que l'ordre étant renversé, si l'on met les pieds à la tête, et la tête à la place des pieds, il pouvait conclure de cet exemple, que son humilité allait mettre le désordre dans sa maison, si on le voyait aux pieds d'un Frère prendre ordre de lui et suivre ses volontés. Ils pouvaient lui dire qu'étant le pasteur, son devoir était de conduire ses ouailles ; qu'il serait ridicule de voir des brebis prendre la place du pasteur, et que, par conséquent, ils ne pouvaient souscrire à son humble requête, sans exposer à une ruine certaine leur petite Communauté. En effet, étant son ouvrage, il n'y avait que sa main qui l'avait commencé qui pût, selon le cours ordinaire de la Providence, le conduire à sa perfection. Le Bienheureux de la Salle était leur Instituteur leur Chef, leur Patriarche, et, en ces qualités, il avait, pour les conduire, des dons et des grâces attachées à sa personne et incommunicables à un autre.

Toutes ces raisons étaient fortes et sensibles, et elles détruisaient les motifs spécieux que le Bienheureux de la Salle mettait en crédit. Il en eût été lui-même le premier frappé, si son humilité n'en eût point obscurci l'éclat à ses yeux. En faisant le parallèle des unes avec les autres, il n'aurait pas pu mettre en délibération le dessein de se déposer ; et il lui eût été facile de conclure que la charité devait l'emporter sur son attrait pour l'oraison et la dépendance.

Cependant, ou les Frères ne firent point ces réflexions, ou si quelqu'un d'eux les fit, il n'osa les produire. Tous également saisis d'étonnement quand leur Père commun leur déclara son dessein, ils gardèrent le silence sans pouvoir faire usage de leur raison ; ou ils n'eurent pas en cette rencontre assez de lumière, ou ils manquèrent de résolution, car ils écoutèrent une proposition qu'ils devaient rejeter avec respect et avec une humble persévérance. Puisque le Bienheureux de la Salle était si passionné pour l'obéissance, ils devaient tous se réunir pour lui faire le commandement de se tenir en place et de les laisser dans la leur. Cette soumission était le seul usage qu'ils devaient exiger de sa disposition à obéir ; mais c'est ce qu'ils ne firent point. Tous ces bons Frères, merveilleusement édifiés du nouveau trait de vertu dont le Bienheureux de la Salle leur donnait l'exemple, consentirent à sa déposition et se déterminèrent à faire un nouveau choix, c'est-à-dire qu'ils consentirent à donner à un des enfants l'autorité du Père, et à mettre le Père dans la dépendance de cet enfant ; à mettre un simple Frère au-dessus du Prêtre, et le Prêtre aux pieds du Frère ; à mettre le Confesseur et le Directeur dans la subordination du pénitent, et le pénitent en place pour diriger son Directeur et corriger son Confesseur. Ils se laissèrent persuader par des raisons que la seule humilité du Bienheureux de la Salle rendait plausibles. Il est vrai qu'il s'y prit de manière à se faire croire et à se faire obéir, en leur faisant entendre pour conclusion de sa vive exhortation, qu'ils n'eussent plus à penser à lui, et qu'en leur montrant la nécessité de se choisir un autre Supérieur, il leur en imposait la loi.

V. — Élection du Frère l'Heureux.

IL fut satisfait : on procéda à une élection, et elle tomba sur le Frère Henri l'Heureux. Ce choix fut du goût de l'humble déposé, et reçut son approbation et son applaudissement. Le Frère Henri l'Heureux avait un vrai mérite, et il était celui que le Bienheureux de la Salle désirait voir en sa place, et celui qu'il se désignait lui-même pour successeur. Sage, modéré, humble et solidement vertueux, il avait tout ce qu'il fallait pour bien conduire la petite Communauté dans un autre temps que dans celui de son origine, et en toute autre place que celle du Père qui lui avait donné naissance. Si le Bienheureux de la Salle n'eût point été au monde, le Frère Henri l'Heureux était celui qui paraissait le plus propre à le remplacer; mais l'Institut étant un édifice qui alors ne faisait que de sortir de terre, l'Instituteur était nécessaire pour le construire et pour le bâtir ; toute autre main que la sienne n'était pas celle que Dieu avait choisie pour l'élever et le conduire à sa perfection.

Cependant, les excellentes qualités du nouveau Supérieur lui acquirent toute l'estime et toute la confiance que les Frères pouvaient avoir dans un autre que leur cher Père. Le Bienheureux de la Salle fut le premier à lui donner des marques de respect, de soumission et de dépendance. Il oublia dès lors ce qu'il était, pour ne plus agir que par les ordres de ce nouveau Supérieur. Il était d'une exactitude si scrupuleuse à lui rendre les devoirs d'un inférieur, qu'il faisait la croix du Frère l'Heureux, en faisant l'admiration de la Communauté.

VI. — Admirables exemples d'obéissance et d'humilité que donne le Bienheureux de la Salle.

LE Bienheureux de la Salle, au comble de ses vœux, se vit enfin alors dans une pleine liberté d'accorder à son humilité tout ce qu'elle pouvait demander. Tous ses jours étaient distingués par de nouveaux exemples de soumission et de dépendance. Je puis dire que, dans la légende entière qui contient le détail de ceux que les saints ont donnés sur ce sujet, on aurait peine à en trouver un qu'il ait omis de pratiquer. Il ne finissait une pratique d'humilité que pour en commencer une d'obéissance ; et, en le suivant, on l'aurait vu en faire un tissu pendant toute la journée, et ne mettre d'intervalle entre elles, que celui qui est nécessaire pour passer de l'une à l'autre.

En l'observant bien, je ne sais si on aurait pu le surprendre sans être dans l'exercice actuel de l'oraison, ou de la pénitence, ou de l'humilité, ou de l'obéissance. Le matin, le soir, à l'entrée, à la sortie du réfectoire, il faisait sa coulpe, et il s'accusait dans la posture et avec la dévotion d'un humble pénitent, de fautes que je puis appeler des péchés d'édification. Ce qui était de plus vil, de plus bas, de plus répugnant dans la maison était de son goût, et il avait la sainte industrie d'en faire son office par choix, ou de se le faire tomber en partage par commission. Balayer, laver la vaisselle, ôter les immondices, nettoyer les lieux communs, étaient des fonctions qu'il ambitionnait, et qui n'étaient jamais de rebut à ses yeux. Il n'avait pas un seul Supérieur, tous les Frères le devinrent à son égard au moment qu'il cessa de l'être.

Sa volonté n'eût pas eu assez de maîtres à son gré, si elle n'avait eu à obéir qu'à un seul. Pour la captiver sous le joug d'une obéissance sans relâche, il se choisit autant de supérieurs particuliers qu'il y avait de Frères chargés de quelque office. Les regardant tous d'un même œil, il allait à la cuisine, ou dans un autre lieu, non pour offrir ses services à celui qui y présidait, mais pour chercher ses ordres et lui demander en termes formels, s'il n'avait rien à lui commander. L'enfant le plus soumis ne donna jamais tant de témoignages de docilité ; le serviteur le plus pliant ne donna jamais tant de marques de sa dépendance ; le novice le plus fervent ne parut jamais plus en garde contre la propre volonté, et plus prompt à la rompre que ne fut le serviteur de Dieu.

Devenu par grâce ce que les enfants sont par l'âge, simple, candide, sans examen, sans raisonnement, il ne faisait usage de son esprit que pour le captiver sous les lumières d'autrui ; timide, craintif, il n'osait faire un pas que par la direction du Frère l'Heureux. Comme l'enfant qui étudie les yeux de sa mère pour y apercevoir ce qui lui plaît ou ce qui lui déplaît, il fixait ses regards sur le visage du Frère pour y découvrir ses intentions, sans attendre qu'il les eût marquées par des ordres positifs. Devenu par vertu un humble serviteur, il ne cherchait qu'à savoir et à accomplir les volontés du maître qu'il s'était donné : ses ordres étaient la règle de ses actions, et ses paroles lui servaient de lois. Faire une chose ou une autre, se donner du mouvement ou demeurer en repos, commencer une action et ne la pas achever, tout lui était égal. Indifférent à toutes choses, il se trouvait toujours prêt à faire celle qu'on ordonnait. Devenu novice par inclination, il pressait sa marche dans la voie de la perfection, comme s'il n'eût fait que commencer d'y entrer ; et pour ne faire aucun pas qui ne le menât à Dieu, il les affermissait tous sur le fonds solide de l'obéissance. Ce n'était pas assez pour lui de se rendre le plus ponctuel au premier coup de cloche, le premier aux observances régulières, le plus fidèle aux ordres communs, il désirait recevoir des commandements particuliers sur tout ce qu'il avait à faire et à dire. Quelle édification pour les Frères de voir ce saint Prêtre, ce Docteur, cet ancien Chanoine, leur Père, leur Instituteur, leur Supérieur, enfin leur Confesseur et leur Directeur, à tous moments et pour les moindres choses, aux pieds du Frère l'Heureux, confesser ses fautes, accuser ses moindres manquements et en demander pénitence ! Quelle était la surprise de ceux qui en étaient témoins, de voir un homme de si grand mérite, demander sans cesse des permissions, les demander pour les moindres choses, et les demander à genoux dans la posture d'un criminel et avec la soumission d'un enfant !

Le Frère l'Heureux, qui voyait à toutes les heures du jour de nouveaux faits en ce genre, ne pouvait pourtant s'y accoutumer. Confus de voir à ses pieds celui qu'il honorait comme son Père et comme un saint, il entrait dans les sentiments de saint Jean, obligé de baptiser JÉSUS-CHRIST. Honteux de donner des permissions à celui dont il devait les recevoir, il demeurait interdit et ne savait ce qu'il fallait dire et faire, tant il était déconcerté. D'un côté il avait peur de contrister son bon Père, en ne le laissant pas s'humilier à son gré ; d'un autre côté, il avait peine à se résoudre à donner des ordres à celui qui avait droit de commander. Il pria plusieurs fois le Bienheureux de la Salle de lui épargner la peine qu'il ressentait de le voir si souvent à ses pieds, et demander sans cesse des permissions à un homme qui était devenu son sujet et sous sa dépendance en entrant dans la maison. Le Bienheureux de la Salle le pria à son tour de ne point le priver du mérite de l'obéissance qu'il lui devait, et qu'il lui rendait avec tant de plaisir. On peut dire que l'un et l'autre se donnaient en spectacle d'humilité et d'édification à toute la communauté ; car si on était merveilleusement touché de voir le Bienheureux de la Salle souvent prosterné en présence du Frère l'Heureux, s'accuser de ses fautes, demander des pénitences, attendre des permissions pour les moindres choses, et se comporter en tout comme s'il n'avait jamais eu d'autorité dans la maison, comme s'il ne fût jamais sorti de la dépendance et de l'état d'un inférieur, on était aussi très édifié de voir le Frère l'Heureux humilié de l'humiliation du Bienheureux de la Salle, affligé de se voir son supérieur, contristé d'être obligé de lui commander ; et ne jamais oublier ce qu'était l'humble déposé, ni ce qu'il était lui-même.

Quelque instance que le sage Supérieur fît à son bon Père d'agir avec lui comme avec son enfant, ou du moins comme avec un égal, il n'y put rien gagner, il ne put l'engager à rien relâcher de sa parfaite dépendance.

Ce n'était pas seulement au-dedans et devant les Frères qu'il la mettait en œuvre ; au-dehors et en présence de ceux qui venaient le voir, il s'en faisait honneur et il ne rougissait point de paraître inférieur, et de s'assujettir à demander des permissions avec l'exactitude d'un novice. Il ne parlait et il ne recevait aucune visite sans permission expresse; c'est pourquoi, avant que de se montrer, il avait toujours soin de s'informer si on l'avait obtenue du Frère Supérieur ; et si ceux qui venaient le voir le surprenaient, pour ainsi dire, en défaut et au dépourvu de cette obéissance, en le rencontrant par hasard, il s'imposait silence jusqu'à ce qu'une permission expresse qu'il envoyait ou qu'il courait lui-même demander, lui eût délié la langue.

VII. — On connaît enfin dans la ville la déposition du Bienheureux de la Salle, et les grands Vicaires viennent le rétablir dans la première place.

Ce fut par cette ponctualité et cette exactitude si littérale, que son obéissance se trahit elle-même et qu'elle décela son humilité. Sa déposition était un secret retenu au-dedans de la maison, et qui n'était pas encore éventé ; le peu de rapport que le monde avait avec la nouvelle communauté, favorisait ce mystère. Peut-être aurait-il été ignoré encore longtemps, si le Bienheureux de la Salle ne l'eût révélé par sa simplicité à obéir ; voici comment la chose arriva. Quelques personnes de considération et de ses amis l'étant venu voir et l'ayant rencontré, voulurent entrer en conversation avec lui, mais en vain ; ils le trouvèrent muet, et l'entendirent ensuite leur dire sans façon qu'il ne pouvait parler sans en avoir reçu la permission de son Supérieur. Ces personnes, fort surprises de ce compliment, demeurèrent muettes à leur tour en se regardant, tandis que le Bienheureux de la Salle alla solliciter cette permission. A son retour, elles passèrent de la surprise aux reproches ; elles se récrièrent hautement contre une pareille conduite ; elles blâmaient une humilité qui faisait, à leur avis, de si grandes plaies à la prudence, à son caractère et à toutes ses autres qualités. Un simple Frère au-dessus d'un Prêtre, d'un Docteur, d'un ancien Chanoine ; l'Instituteur, le Père, le Directeur, le Confesseur, le Chef de la petite famille, aux pieds d'un de ses enfants, d'un de ses pénitents, leur parut un désordre à réformer, et une espèce de monstruosité en fait de gouvernement. Ces personnes ne pouvant se taire sur cet article, en firent bruit dans la ville.

La nouveauté du fait donna à parler, et chacun en raisonna à sa mode. Porté de bouche en bouche, ce bruit vint aux oreilles

Livre II. — Chapitre V.

des supérieurs ecclésiastiques, qui ne l'approuvèrent pas plus que les autres ; et comme ils étaient en droit de rétablir l'ordre dans le corps de la petite communauté, en remettant la tête à sa place, et tous les membres qu'elle doit gouverner en état de subordination, ils vinrent à la maison rétablir le Bienheureux de la Salle, à son grand regret, dans la place de Supérieur, et en faire descendre le Frère l'Heureux selon ses désirs. Jamais jour ne fut plus fortuné pour le bon Frère, et jamais jour ne fut plus triste pour l'humble Instituteur ; l'un fut aussi satisfait de ce changement que l'autre en parut mécontent. Le Bienheureux de la Salle vivait dans le centre de l'obéissance et de l'humiliation, comme dans son élément naturel. Son cœur tranquille jouissait du repos promis à l'humilité de cœur, et accordé à la parfaite obéissance ; jamais temps ne fut plus doux pour lui et ne passa si vite. Le Frère l'Heureux, au contraire, en sortant de place, sortit d'un état violent, dans lequel l'humilité de son Père le tenait à la gêne, dans lequel toujours confus et honteux de le voir prosterné à ses pieds, il ne cherchait que l'occasion de rentrer dans son état de dépendance.

L'humble Supérieur fut donc obligé de reprendre la première place que son cœur n'avait jamais agréée, et dont il était descendu avec tant de joie ; mais, en y remontant, il n'abdiqua pas le droit d'obéir et de s'humilier ; il ne fit qu'en changer la manière. Au reste, cette montre de la noble passion de s'abaisser et de se dépouiller de toute volonté propre, fut d'un grand exemple dans la communauté naissante et d'un merveilleux profit pour les Frères. Ils se sentirent tous transportés de la même ardeur, et chacun courait sur les traces de leur guide dans les voies de l'humiliation et de l'obéissance.

Mais quelle fut la joie des enfants de voir leur Père, en dépit de son humilité, relevé au premier rang ! Quelle fut leur inclination d'obéir aveuglément à un homme qui le leur avait mieux appris par son exemple que par ses discours ! Quel fut leur zèle à aller se jeter à ses pieds et lui demander, en posture de suppliants, la grâce de ne les point épargner, et de les condamner à de grosses pénitences, pour expier des fautes qu'ils avaient appris, de sa propre bouche, à exagérer, à publier et à punir sévèrement ! Le Frère l'Heureux, en particulier, ne pouvait assez remercier Dieu d'avoir fait une double justice au Bienheureux de la Salle et à lui : à lui, de le déposer et de le faire rentrer dans son néant ; au Bienheureux de la Salle, de l'avoir relevé de son état de bassesse et de l'avoir obligé de remonter au premier rang. Tous ensemble se réjouissaient dans le Seigneur, et le bénissaient de ce qu'il avait fait. Ils étaient si frappés des exemples de vertu qu'ils avaient vus dans leur Père, qu'ils ne pouvaient parler d'autre chose ; ils en portaient les idées édifiantes partout ; c'était le sujet ordinaire de leurs récréations et l'objet le plus touchant de leurs réflexions.

Le Bienheureux de la Salle, qui en eut soupçon, épia l'occasion d'en avoir la preuve. Devenu par cette défiance saintement artificieux, il prit des mesures pour les entendre sans être aperçu. Il ne fut pas longtemps aux écoutes sans entendre parler de lui. Si on en avait dit tout le mal qu'il en pensait, il eût su bon gré à ses disciples de lui rendre justice comme il le faisait lui-même ; mais ils ne disaient que du bien de leur Père ; ils n'ouvraient la bouche que pour faire son éloge, ils enchérissaient les uns sur les autres, et nul n'était encore pleinement satisfait des louanges qui lui étaient données. Les exemples tantôt d'humilité, tantôt d'obéissance, tantôt de mortification dont ils avaient été témoins, revenaient toujours sur le tapis, et chacun en tirait des conséquences à son profit. Le Bienheureux de la Salle souffrait d'une conversation qui l'ennuyait si fort, et qui déconcertait le dessein qu'il avait eu de faire perdre toute estime de lui ; on ne peut dire combien il fut mortifié d'y avoir si peu réussi, et combien un discours si flatteur pour l'amour-propre effraya et alarma son humilité. Saintement irrité, il ne put modérer les transports de son humble colère ; il fit un crime à tous ceux qui l'avaient loué, et après avoir exagéré la grandeur de cette prétendue faute, il ne leur en promit le pardon qu'à condition qu'à l'avenir ils le laisseraient dans un éternel oubli.

VIII. — Il fait une règle à ses disciples de ne parler d'aucune personne vivante, dans le dessein de leur fermer la bouche à son égard.

IL n'en demeura pas là ; il voulut, pour ainsi dire, pousser plus loin la vengeance en cherchant un moyen de faire entrer le scrupule dans l'âme de ses disciples, au moment même qu'ils seraient tentés de parler de lui en bien. En effet, il ne pouvait se fier à eux sur cet article, persuadé que quelque grande qu'il eût fait la faute qu'il avait si sévèrement reprise, ils n'en avaient pas grande contrition et qu'ils ne manqueraient pas d'y retomber. Il s'avisa donc, pour les corriger d'un défaut si édifiant et que la seule humilité pouvait condamner, de leur faire une loi « *de ne parler en récréation d'aucune personne vivante en particulier* ».

On peut juger combien à leur tour ces bons enfants furent mortifiés d'une pareille défense. Cette règle leur parut une terrible pénitence ; et, à leur avis, s'ils avaient péché, la punition n'était point proportionnée à la faute. Il fallut cependant la subir et s'y soumettre ; mais, à la longue, ennuyés de garder sur son compte un silence qui, dans le fond, nuisait à leur avancement dans la vertu, puisque rien n'excite plus la ferveur que les pieux récits des exemples de vertu dont les yeux ont été témoins ou dont les oreilles ont entendu le rapport, ils prièrent leur Supérieur de leur adoucir ce joug, en lui représentant qu'il était trop gênant et presque insupportable. Il fut donc contraint, dans la suite, de modifier cette règle si commode à son humilité et si onéreuse à ses disciples, en ajoutant ces paroles : « *Que pour en dire du bien* ».

Ce trait d'humilité, je l'ose dire, est particulier au saint Instituteur, et je crois pouvoir avancer qu'on n'en trouvera pas d'exemple en un autre. On est bien humble quand on n'est point touché des louanges ; on l'est bien davantage quand on ne peut les souffrir et qu'on les rejette avec horreur ; mais ne faut-il pas l'être dans le dernier degré, pour se mettre en colère contre ses propres panégyristes, pour leur faire un crime de leurs éloges, pour en tirer vengeance, et leur fermer la bouche comme à des ennemis ?

IX. — Exemples d'humilité, de mortification et de pénitence, donnés par le Bienheureux de la Salle.

LA ferveur du Bienheureux de la Salle allait toujours en croissant. Rétabli dans la supériorité, le seul plaisir qu'il y goûta, fut de rentrer dans sa première liberté de faire pénitence à son gré, et de n'être point gêné sur ce sujet. Le Frère qui couchait alors dans la même chambre, le voyait passer une partie de la nuit en oraison, et l'autre sur une porte qui était dans une alcôve, qui lui servait de couche, et sur laquelle il prenait un peu de repos et de sommeil, sans matelas, sans paillasse, et sans autre fourniture de lit.

Le même Frère étant Directeur dans la même maison, assure l'avoir vu passer la semaine sainte dans un jeûne continuel. Depuis le dimanche des Rameaux jusqu'à celui de Pâques, il s'abstint de toute nourriture, excepté le Jeudi-Saint, qu'il prit, après la célébration des saints Mystères, un morceau de pain et un peu d'eau, car il n'avait pas coutume de boire de vin, et on n'en usait presque point alors dans la maison de Reims.

Il passa toute cette semaine sainte en oraison et en prière, retiré dans sa chambre dont il ne sortait que pour dire la sainte messe. Ce lieu était si nu et si dépourvu de toutes choses, qu'il n'y trouvait pas même un siège pour se reposer ; de sorte que, quand il ne pouvait plus se tenir à genoux, il était obligé de s'asseoir sur la barre d'un méchant lit dégarni, qui était le seul meuble de sa chambre. Le bon Frère témoin de l'abstinence excessive de son Supérieur, fit son possible pour l'engager à la mitiger, mais il ne put l'obtenir. Peut-être le Bienheureux de la Salle en eût-il enfin regret le jour de Pâques ; car lorsqu'il vint pour dîner au réfectoire avec les autres, son estomac, qu'il avait si peu ménagé, ne fut plus en état de souffrir la nourriture. Le Frère ne manqua pas l'occasion de lui représenter que cette nouvelle peine était le fruit de sa longue abstinence, et de lui faire un reproche respectueux de l'avoir poussée trop loin.

Le Bienheureux de la Salle n'en fut pas convaincu ; il attribua la cause de ses vomissements au défaut de précautions du cuisinier qui avait fait la soupe dans une marmite qui n'était pas étamée. Si cette raison eût été véritable, les Frères qui mangeaient la même soupe eussent éprouvé le même effet ; cependant aucun ne se trouvait incommodé. Ce fut la répartie que le Frère prit la liberté de faire au Supérieur, qui ne répliqua que par son sourire ordinaire en ces occasions ; car, lorsqu'on lui parlait de ses mortifications et de ses autres vertus, après avoir souri, il parlait d'autre chose et détournait le discours.

CHAPITRE VI.

Le Bienheureux de la Salle ne perd point le dessein dont il venait de faire l'essai, qui était de revenir au dernier rang, et de rentrer dans la voie de la pure obéissance. Sa vertu sort enfin des ténèbres, et lui fait un grand nom. Plusieurs personnes briguent le bonheur d'être sous sa conduite ; il en admet peu, et n'est pas longtemps sans s'en débarrasser. Il essuie de nouvelles persécutions, et la divine providence lui fournit l'occasion d'établir une seconde communauté de maîtres d'école, pour la campagne, et une troisième de jeunes postulants. — (1687.)

I. — Le Bienheureux de la Salle tente un nouveau moyen de se faire déposer du premier rang, en faisant étudier le Frère Henri l'Heureux, pour le faire ordonner prêtre et pour le faire ensuite Supérieur.

LE Bienheureux de la Salle, obligé par MM. les Grands-Vicaires de reprendre la première place, n'y demeurait qu'à regret, et sentait pour la dernière un penchant dominant, qui le sollicitait sans cesse d'y revenir ; mais la voie lui était fermée par les Supérieurs ecclésiastiques. Presque scandalisés de le voir sous la domination d'un Frère sans caractère, en admirant en secret son humilité, ils lui avaient fait un grief de ce qu'il en avait outré la pratique, et ils avaient paru condamner en public les excès où cette vertu si rare l'avait porté.

Après tout, la grande faute qu'on avait blâmée n'était pas irréparable, et en y pensant bien, il pouvait trouver un moyen de se démettre encore une fois de la supériorité, et de se mettre à couvert du juste reproche qu'on lui avait fait, d'assujettir sa personne et son caractère à un simple Frère. L'humilité a bien des ressources, et il est difficile de lui boucher toutes les voies qui mènent à l'abjection et au mépris ; ingénieuse à s'ouvrir les portes de la dépendance et de l'obéissance, quand on lui en ferme une, elle entre par l'autre.

Que fait le Bienheureux de la Salle, pour s'assurer une retraite où il puisse disparaître aux yeux des hommes en quittant le titre de Supérieur, et y demeurer dans un état de dépendance perpétuelle ? Il ne peut pas se dégrader ni effacer sa qualité de prêtre, mais il peut élever à cette sublime dignité un des Frères, le placer à sa droite, et ensuite au-dessus de lui, sans que personne puisse alors y trouver à redire.

L'expédient ne pouvait pas être meilleur ; il obviait à tous les reproches qui lui avaient été faits. Un prêtre étant en état de remplacer un autre prêtre dans la conduite des Frères, son sacerdoce l'eût fait entrer dans tous les droits du Bienheureux de la Salle ; le caractère n'eût plus souffert de le voir aux pieds d'un confrère. L'ordination de celui-ci, en lui communiquant tous les pouvoirs de l'autre, l'eût rendu capable d'en exercer toutes les fonctions. Le Bienheureux de la Salle n'avait donc point de meilleur moyen pour se déplacer avec décence, sans donner aucun sujet de reproche, que de faire ordonner celui-là même qu'il avait fait choisir pour Supérieur. C'est le parti qu'il prit ; mais ce parti, si bien inventé, avait sa difficulté.

Le Frère l'Heureux avait une vertu solide, une éminente piété, beaucoup de prudence et un vrai mérite ; mais il n'avait point beaucoup étudié, et il ne savait pas parfaitement le latin. Il fallait donc le lui apprendre, c'est ce que le Bienheureux de la Salle entreprit, et il y réussit. Ce Frère avait de l'esprit, et une si grande ouverture pour apprendre, qu'en moins de deux ans, il fut en état d'étudier la théologie, et de l'étudier avec tant de succès, qu'il fit l'étonnement de ses autres compagnons de classe. Jusque-là, le dessein de l'humble Supérieur allait à son gré ; mais Dieu qui en avait d'autres, le renversa au moment même que son serviteur pensait à l'exécuter ; car il enleva de cette vie le Frère l'Heureux dans le temps même que le Bienheureux de la Salle se préparait à le mener à l'ordination, comme il sera dit bientôt.

II. — La mort du Frère l'Heureux dérange les desseins du Bienheureux de la Salle.

UNE mort si peu attendue fit de grands dérangements dans les desseins du serviteur de Dieu et lui donna bien à penser. Le projet d'avoir un prêtre dans chaque maison principale, pour y confesser les Frères et leur dire la sainte messe, était entré dans le plan de la formation de son Institut. Le Frère Henri l'Heureux devait être le premier ministre des fonctions sacrées dans la Congrégation, et le saint Supérieur, en le désignant dans son âme pour son successeur, n'attendait que le moment favorable pour le remettre en sa place. Tout semblait favoriser cette espérance ; le Frère avait toutes les qualités de corps et d'esprit nécessaires ; jeune, laborieux et d'un tempérament robuste, si l'homme n'était

Livre II. — Chapitre VI.

pas condamné à la mort, on aurait cru celui-là immortel. Prudent, sage, d'un très bon esprit, d'une science suffisante, zélé et plein de l'esprit de son état, il était parfaitement propre à faire revivre en sa personne le saint Instituteur qui l'aimait, qui l'honorait, et qui avait sur lui les plus grandes vues.

Pouvait-il être insensible à une si grande perte ? Non, sans doute ; d'autant plus que son cœur n'y était pas préparé : aussi la sentit-il dans toute son étendue. Jamais il ne parut aux Frères si ému, si étonné, si saisi qu'en cette occasion. Jusque-là on ne l'avait point vu perdre sa tranquillité ; toujours maître de lui-même, il possédait son âme en patience ; les plus tristes événements ne pouvaient passer jusqu'au fond de son cœur, et jamais ils ne marquaient sur ses traits la moindre trace de trouble et de chagrin ; mais en ce moment l'émotion et la tristesse s'y montrèrent. Toutefois, ce ne fut que pour un quart d'heure au plus ; car, après ce court espace de temps, il rentra dans sa situation ordinaire de paix et de tranquillité, par une entière soumission aux ordres de Dieu, et par un abandon total de ses desseins à ceux de la Providence.

Bien plus, croyant voir dans la conduite de cette divine Providence une défense de penser jamais, dans la suite, à élever quelques-uns des Frères au sacerdoce, il en abandonna absolument le projet. Ce sentiment, qui lui fut inspiré d'en haut, lui demeura si fort imprimé, qu'il en a fait une loi aux siens par une règle expresse qui leur ferme à tous les portes du sanctuaire, et leur interdit pour toujours l'entrée dans les ordres sacrés.

Quelque soin qu'eût le Bienheureux de la Salle de se renfermer dans son œuvre et de ne se communiquer à ceux du dehors que le moins qu'il pouvait, il n'avait pu se refuser à un nombre de personnes qui lui avaient donné autrefois leur confiance. Ainsi il unissait à la direction de la Communauté des filles orphelines, celle de plusieurs dames d'une piété distinguée, qui venaient de temps en temps le trouver à la maison des Frères, pour lui rendre compte de leur conscience ; mais, satisfaites de ses sages avis, elles s'en retournaient mortifiées de ce qu'elles ne pouvaient obtenir sa bénédiction, quoique pour l'avoir, elles se jetassent à ses genoux, sur le seuil de la porte, avec beaucoup d'humilité, et le suppliassent de leur accorder une grâce attachée à son caractère ; jamais elles ne purent le gagner là-dessus ; ses disciples eux-mêmes le virent, pendant toute sa vie, s'opiniâtrer à leur refuser ce signe de supériorité.

Un d'eux, qu'il envoyait à Rome, s'étant jeté à ses pieds au moment de son départ pour recevoir sa bénédiction, après l'avoir supplié avec instance de lui accorder cette consolation, il se contenta de le marquer au front avec le pouce, du signe de la croix; pratique qu'il a continuée jusqu'à la mort. Pour ce qui est des femmes, il leur donnait pour raison de son refus, qu'il ne donnait la bénédiction qu'à l'autel. Dans la suite des temps, les horribles persécutions que l'enfer suscitait contre le serviteur de Dieu n'avaient pas multiplié ses pénitentes ; on ne s'empressait plus de se mettre sous une conduite si décriée dans le monde. On le sait, la direction, comme toute autre chose, est soumise à la mode : tandis qu'un Directeur est en honneur, il a de la vogue ; la foule le quitte pour peu que sa réputation baisse et qu'il perde de son crédit. Cependant tôt ou tard, la sainteté se fait jour, et en dissipant les nuages qui obscurcissent sa lumière, elle brille avec un nouvel éclat ; c'est ce qui arriva au serviteur de Dieu.

III. — Enfin on rend à Reims justice à la vertu du Bienheureux de la Salle. Nombre de personnes veulent se ranger sous sa conduite : il en reçoit peu, et ensuite il s'en défait.

SA vertu, qui avait eu tant de censeurs, ne laissa pas de trouver encore des admirateurs et des panégyristes. L'odeur qui s'en répandit au-dehors, après des actions si rares d'humilité, obligea ses ennemis et ceux qui l'avaient taxé d'ambition, d'avouer qu'il n'en avait que pour un état de dépendance et de mépris. On conçut dès lors de grandes idées de sa sainteté. Les personnes de la première distinction, entre autres M. le duc de Mazarin, cultivaient avec soin son amitié. Ce seigneur, toutes les fois qu'il venait à Reims, ne manquait point de le visiter. Il y eut presse à se ranger sous sa conduite; toutes les personnes de piété recommencèrent leurs poursuites pour augmenter son troupeau ; mais il s'en défendit le plus qu'il put, et ce ne fut qu'après bien des instances qu'il en reçut un très petit nombre ; encore ne s'en chargea-t-il qu'après plusieurs épreuves très sensibles à l'amour-propre.

Entre celles qui avaient fait paraître un si grand zèle pour devenir ses filles spirituelles, une religieuse était des plus ardentes. Elle avait raison, car elle avait bien besoin de réforme. Cette personne était de bonne volonté ; mais elle tenait à bien des bagatelles qui ferment le cœur d'une épouse de JÉSUS-CHRIST à son divin amour, et qui tarissent ses grâces. Liée par de vains amusements, et attachée à des riens qui l'empêchaient de marcher dans le chemin de la perfection qu'elle avait choisi, elle se trouvait trop faible pour rompre ses chaînes, et elle n'avait pas le courage de se dépouiller des choses superflues. La main du Bienheureux de la Salle lui était nécessaire, pour la délivrer d'elle-même, et de toutes les menues attaches qui captivaient son cœur. Il la lui prêta avec charité ; et le premier usage qu'il fit de son ministère à son égard, fut de lui renouveler la demande que JÉSUS-CHRIST fit au lépreux : « *Vis sanus fieri ?* Voulez-vous être guéri ? » Me voulez-vous en effet pour Directeur ? Me choisissez-vous pour votre guide et pour votre ange tutélaire ? Regardez-vous en moi JÉSUS-CHRIST par les yeux de la foi, et êtes-vous prête à m'obéir comme à lui-même ? La religieuse ne manqua pas de lui en faire la protestation. Alors il lui dit que la première marque qu'il exigeait de son obéissance et la condition sous laquelle il s'engageait à la conduire, était de lui apporter tous les petits meubles inutiles de sa chambre. La condition était mortifiante ; la religieuse avait ses petits bijoux et plusieurs choses curieuses ; elle les aimait, et le sacrifice devait lui en être sanglant ; cependant elle obéit, et après avoir dépouillé sa cellule de tout ce qui était superflu, elle y mit elle-même le feu par les ordres et sous les yeux du nouveau Directeur.

C'était à de pareilles conditions que le serviteur de Dieu accordait sa direction ; il la faisait acheter par des sacrifices sensibles au cœur. Sans amuser les âmes par de longs discours, il les faisait venir à la pratique, et il leur apprenait à faire expérience que la véritable dévotion ne fait usage de la direction que pour aller à JÉSUS-CHRIST avec plus de sûreté et de promptitude, par la voie de l'obéissance et des sacrifices.

Quoiqu'il ne se fût chargé de la conduite que d'un petit nombre d'âmes d'élite, entre lesquelles se trouvait sa propre sœur, il en avait encore trop à son gré, et il ne cherchait qu'à s'en débarrasser ; aussi ne tarda-t-il pas à le faire.

Un des inconvénients attachés à la conduite des femmes, l'en dégoûtait. Elles paraissaient dans la maison des Frères ; et quoiqu'elles n'entrassent pas plus loin que le parloir, elles se montraient dans un lieu où le Bienheureux de la Salle n'en voulait jamais voir. L'éloignement qu'il inspirait à ses disciples pour les personnes du sexe, ne pouvant être trop grand, il avait peur de l'affaiblir, en leur donnant entrée dans sa maison. Il est vrai que celles qui le venaient voir étaient d'une grande édification, et qu'elles faisaient honneur par leur solide vertu à la conduite du saint Directeur ; mais il savait qu'un sexe également dangereux par ses vices et par ses vertus, rend sa modestie et sa piété redoutables à des yeux chastes et pieux ; et que, pour les hommes les plus vertueux, une femme sainte est presque autant à craindre qu'une femme vicieuse, parce qu'elle inspire plus d'estime, et fait naître la sécurité qui expose à la surprise et à la tentation.

Le meilleur moyen que le sage Supérieur trouva pour en préserver ses disciples, fut de leur en ôter toute vue et toute rencontre. En s'interdisant l'office de charité qui les attirait à la maison, l'inconvénient n'était pas grand ; si celles qui le perdaient ne pouvaient entre mille directeurs en trouver un meilleur, au moins avaient-elles la consolation de les trouver tous disposés à les recevoir et à profiter du refus que faisait le Bienheureux de la Salle. D'ailleurs de nouvelles persécutions qui paraissent réservées pour ce temps, favorisaient le renvoi des unes, et la désertion des autres.

IV. — Nouvelle persécution qu'il essuie à Reims, à l'occasion de quelques corrections faites dans les écoles.

TEL est le monde ; il ne laisse pas les Saints longtemps en paix. Ennemi irréconciliable de la vertu, il a toujours quelques nouveaux procès à intenter contre ceux qui la pratiquent ; et si parfois il fait avec eux des traités de paix, il n'est pas longtemps sans les rompre et sans recommencer les hostilités.

Le sujet de la nouvelle guerre qu'il déclara alors au saint Instituteur et à ses disciples, paraît avoir été celui de la correction des enfants. Il n'y a peut-être aucun lieu au monde où les jeunes gens fussent plus méchants, plus indociles et plus pervertis qu'ils l'étaient alors à Reims. Élevés dans la maison paternelle, où leurs yeux ne tombaient que sur de mauvais exemples, où leurs oreilles n'étaient ouvertes qu'à des paroles capables de leur porter le poison dans le cœur, livrés à l'ignorance, abandonnés aux inclinations de la nature, ils sentaient de la protection dans la fureur d'un père ou d'une mère, contre les sages corrections des Frères, et ils savaient s'en prévaloir. Ces idoles chéries des pères et mères, sûres de trouver au premier cri une ressource dans leurs cœurs, croyaient qu'à l'école comme à la maison, il fallait les honorer, et se contenter de les regarder causer, rire, badiner, faire des tours de malice, et que, jusque dans les lieux sacrés, devant les autels pendant la célébration du saint sacrifice, ils avaient droit de montrer leur impiété. Tous les honnêtes gens à Reims gémissaient, et n'osaient même pas s'en plaindre devant les parents, de peur d'irriter des gens grossiers qui paient un mot de reproche par des torrents d'injures.

Le désordre était grand, et il allait toujours de mal en pis. Il paraissait même sans remède, puisque ceux qui devaient y pourvoir, étaient ceux qui autorisaient l'insoumission par un amour aveugle. A leur défaut, c'était aux Frères à corriger les enfants ; chargés de l'éducation de cette jeunesse indocile, c'était à eux à refréner, par le châtiment, son indiscipline et son impiété. On l'attendait de leur zèle, et les gens de bien leur représentaient que c'était leur devoir ; mais quand ils voulurent s'en acquitter, quels cris ne firent pas entendre ces petits mutins ! A quelle fureur n'excitèrent-ils pas leurs parents ! Le démon se mit de la partie ; aussi était-il celui qui avait le plus perdu dans les écoles gratuites. Ennemi de tout bien, il haïssait, par dessus tous les autres, le nouvel établissement, dont il voyait déjà les fruits, et dont il craignait les progrès.

L'éducation chrétienne que recevaient les enfants dans les nouvelles écoles, allait jusqu'à la racine du mal, et corrigeait les défauts de leur mauvaise origine. En leur faisant sentir l'immortalité de leurs âmes, la brièveté de la vie et l'incertitude de la mort, la crainte de Dieu entrait insensiblement dans ces jeunes cœurs, et y servait de frein à des passions naissantes et déjà fougueuses. En apprenant à servir Dieu, à lui rendre, matin et soir, les devoirs de religion, à se tenir avec respect dans les lieux sacrés, à entendre la sainte messe avec piété, à se préparer aux sacrements, au sortir de l'enfance ils paraissaient chrétiens, et donnaient sujet d'espoir que l'heureuse semence des instructions qu'ils avaient reçue, germerait en son temps, et produirait de grands fruits. Ils paraissaient déjà, ces fruits ; c'est pourquoi le démon se hâta de semer la zizanie sur cette bonne semence, et d'étouffer le bon grain sous l'abondance de l'ivraie.

Les enfants incorrigibles lui parurent propres à ce dessein Ennemis de toute discipline, révoltés contre la verge et le châtiment, on ne pouvait leur en faire sentir la pointe sans de grands bruits. D'abord les Frères mirent en usage, toutes les manières de corriger, qui ont de l'effet sur les âmes qui ne sont pas tout à fait intraitables. Les avertissements charitables, les marques de douceur et de sévérité, successives et mêlées ensemble, avaient précédé ; les menaces avaient suivi ; mais les indisciplinés n'en faisaient que rire. Les remèdes doux étant sans effet, ce fut nécessité, pour empêcher le dérangement des écoles, et le désordre parmi les enfants, d'en employer de plus violents, d'user d'autorité et de venir des menaces aux coups, suivant l'avis du Sage, qui avertit ceux qui sont chargés de l'éducation des enfants, de ne point épargner la correction, parce que si on les frappe avec la verge, ils ne mourront point, et qu'au contraire, on retire leur âme de l'enfer (1).

Le châtiment réel, qui suivit la menace qui en avait été tant de fois faite en vain, fut efficace sur ceux dont le caractère n'était pas tout à fait indomptable ; mais ceux qui avaient toujours vécu à leur mode, qui, dès le berceau, était devenus leurs propres maîtres, et qui vivaient au gré de leurs désirs sous les yeux de leurs parents indolents et incapables de les contredire, au lieu d'en profiter, s'en aigrirent, et comme de concert, excitèrent dans leurs familles des séditions domestiques, qui aboutirent à un soulèvement général et public contre les Frères. Pour en venir là, ces petits séditieux exagérèrent les pénitences qu'on leur faisait subir à l'école. C'en fut assez pour des parents, qui ne font usage ni de la foi ni de la raison ; la fureur les transporta. Au lieu d'approuver et d'appuyer de toute leur autorité les sages corrections faites dans les écoles ; au lieu d'obliger ces mauvais enfants à faire satisfaction à leurs maîtres, et à réparer le scandale qu'ils avaient donné, ils appuyèrent leur mutinerie ; ils crièrent aux bourreaux sur les Frères, ils vomirent des injures contre eux, ils armèrent leurs mains de pierres, ils les poursuivirent, et ils excitèrent eux-mêmes leurs enfants à courir après eux, à leur jeter de la boue, à s'attrouper pour faire des huées et à se venger d'une sage correction par toutes sortes d'outrages.

Les Frères, déjà accoutumés à ces scènes publiques et ignominieuses, ne donnèrent que des exemples nouveaux d'humilité, de douceur et de patience. Selon le modèle de leur divin Maître, ils n'ouvraient la bouche que pour bénir ceux qui vomissaient contre eux des injures, et qui les accablaient de malédictions. Nulle parole de menace et d'impatience ne leur échappait contre ceux qui les maltraitaient, et ils faisaient pénitence de bon cœur pour ces mauvais enfants qui en avaient si grand besoin.

Le Bienheureux de la Salle eut la meilleure part à cette persécution. Regardé comme l'auteur des écoles gratuites, on mettait sur son compte tout ce qui pouvait y arriver. C'était à lui à les

---

1. La coutume du temps autorisait, dans les écoles, l'usage des punitions afflictives.

mieux policer, et à prévenir les imprudences qui donnaient occasion à des séditions ; c'était à lui à mitiger les corrections, et à apprendre aux siens le secret d'y mettre le juste tempérament qui les rend efficaces. Pour conclusion, le Bienheureux de la Salle était le seul criminel, et lui seul devait porter la honte des désordres qu'on voyait. Qu'en pensait-il lui-même ? Il pensait comme tous les autres.

Condamné par le public, il se condamnait lui-même à boire le calice de confusion qu'on lui présentait partout où il paraissait, et qu'on lui faisait porter jusque dans sa maison dans la personne de ses disciples. Dieu le permettait ainsi, car ses persécutions préparaient les grands fruits que devaient faire à Reims les Écoles chrétiennes. Pendant tout le temps que le Bienheureux de la Salle y demeura encore, c'est-à-dire jusqu'en l'année 1688, temps où il alla tenter à Paris un établissement, il fut en butte à la contradiction et exposé à des outrages journaliers.

Dès qu'il fut parti pour Paris, la face des choses changea à Reims ; la ville devint paisible et tout autre à l'égard des Frères. Il semble que, dans ce moment, tous les démons, auteurs des brouilleries et des troubles, partirent avec lui de Reims et le suivirent dans la capitale du royaume, pour y faire ce qu'ils avaient fait dans la capitale de la Champagne. Il était donné partout au Bienheureux de la Salle, pour me servir des termes de l'Apôtre, non seulement de croire en JÉSUS-CHRIST et de le faire connaître, mais aussi de souffrir pour Lui ; il était destiné à préparer les voies à la grâce sur ses Écoles chrétiennes, par la pratique d'une patience sans bornes et d'une humilité parfaite. Celles de Reims, qui furent le premier objet de sa charité, et le premier théâtre de ses croix et de ses humiliations, furent aussi les premières à recevoir les bénédictions du ciel, car, après son départ, la semence qu'il avait jetée avec larmes germa en abondance, et les Frères qu'il y laissa en recueillirent les fruits au centuple.

La jeunesse de la ville, élevée par de si bonnes mains, parut changée, devint assidue aux écoles, attentive aux instructions, docile aux réprimandes, susceptible de piété, et disposée à la vertu. Ce changement fut lent, mais il fut grand et de durée, car il persévère encore, et il y a lieu d'espérer qu'il y sera permanent.

V. — Pénible voyage qu'entreprend le Bienheureux de la Salle pour aller voir un Frère malade.

PENDANT ce temps de contradictions perpétuelles, qui fournissait à chaque moment au serviteur de Dieu des pratiques nouvelles de patience, d'humilité et de mortification, la divine Providence lui procura l'occasion de les illustrer par un trait de charité singulière. En 1687, le premier des Frères qui conduisaient les écoles de Guise, tomba dans une maladie mortelle. Après avoir reçu les derniers sacrements, dans un état désespéré et abandonné des médecins, il n'attendait plus que le moment de rendre son âme à Dieu en paix, mais, avant que de faire le voyage de l'éternité, il avait un extrême désir de voir son bon Père. Le désir du malade était pieux et légitime, mais il n'était pas aisé de le satisfaire, car il y a dix-huit lieues de Guise à Reims ; il fallait du temps pour faire le voyage.

Le parti qu'on prit pour accélérer le soulagement du malade, fut d'envoyer une personne à Laon, qui est à peu près le milieu du chemin de Guise à Reims, avec une lettre adressée aux Frères qui les instruisait du fait et qui les priait d'envoyer sur-le-champ un autre messager à leur Supérieur, pour l'informer du désir du malade. Le premier messager, arrivé sur les quatre heures du soir, le Frère N***, qui est encore vivant (en 1733), et un des auteurs des *Mémoires* qui servent à la composition de cet ouvrage, partit aussitôt de Laon pour Reims et y arriva le lendemain à midi. Avec la même diligence, le Bienheureux de la Salle se mit en chemin et partit en la compagnie du même Frère à une heure après-midi, pendant la plus grande chaleur de l'été, couvert de sa pesante capote, qui fut son habillement tout le temps qu'il demeura dans la ville de sa naissance, et qu'il ne quitta qu'à Paris, par ordre des Supérieurs ecclésiastiques, pour reprendre le manteau long. Il avait de la même étoffe vile et grossière, une soutane qu'il ne quittait jamais et qu'il se contentait de relever à mi-jambes, avec sa pauvre ceinture de laine, en marchant à pied ; de plus, il était enveloppé d'une haire piquante qui était son vêtement ordinaire, et qui le gênait si fort qu'il ne pouvait presque se courber ; ce qui parut par la peine qu'il eut à ramasser son mouchoir tombé en chemin.

Il fit cependant sept lieues à pied dans cet équipage de pénitence, à la plus grande ardeur d'un soleil brûlant. Il pouvait au moins se décharger du poids accablant de sa capote, en la donnant à porter au jeune compagnon de son voyage ; mais il n'était pas homme à se procurer des commodités, encore moins à les prendre aux dépens d'autrui. Pendant un si pénible voyage, son sang s'alluma si fort dans les veines et entra dans un si grand mouvement, qu'il en perdit beaucoup par le nez. Le seul soulagement qu'il chercha fut la prière.

Pendant tout le chemin, il ne faisait que soupirer en levant les yeux au ciel. C'est là que son cœur portait ses désirs, et qu'il promettait à son corps de le dédommager de ses peines et de ses fatigues. A l'approche d'un village où la nuit l'obligeait de s'arrêter, il récita le chapelet, à haute voix, avec le jeune Frère qui l'accompagnait. Après avoir pris un peu de repos dans un si pauvre gîte, il en partit à trois heures du matin. Il n'en arriva pourtant pas plus tôt à Laon, quoiqu'il n'y eût que trois lieues de distance de cette ville au village où il avait couché, parce qu'il mit un grand temps à dire son bréviaire et à faire en chemin des stations de dévotion. En effet, de temps en temps, il s'arrêtait auprès de quelque arbre et il se mettait à genoux pour répandre son âme devant Dieu, et rentrer dans une plus grande union avec lui. Peut-être aussi que la lassitude et l'épuisement de la journée précédente l'avaient mis hors d'état d'avancer. Ainsi, très à propos, les Frères lui préparèrent un cheval à son insu et pendant qu'il était à l'autel ; car son premier soin à son arrivée à Laon fut d'aller dire la sainte Messe. A la faveur du cheval, il ne tarda pas d'arriver à Guise.

VI. — Le Frère se sent guéri dès que le Bienheureux de la Salle l'eut embrassé.

LE malade était à l'extrémité ; mais, à la vue de son bon Père qui l'embrassa avec tendresse, il parut ressusciter. Il dit même qu'il était guéri ; en effet, peu de jours après, il se vit hors de danger, rétabli et en état de faire son école. Le Bienheureux de la Salle avait en ce temps environ trente-six ans. Croyant alors que la force de l'âge le mettait en droit de charger son corps de toutes les austérités qu'il pouvait porter, sa ferveur n'y mettait point de bornes, et il est surprenant qu'il n'y ait pas succombé et qu'il n'ait point abrégé ses jours par une pénitence qui n'avait point de mesure.

VII. — Les curés de campagne demandent des Frères au Bienheureux de la Salle ; il refuse et pourquoi.

VERS le même temps, la divine Providence parut ouvrir au Bienheureux de la Salle un grand champ pour exercer son zèle, sans le faire sortir des fins de son Institut. L'odeur de ses vertus et de celles de ses disciples répandue de tous côtés, le fruit des Écoles chrétiennes connu enfin dans les villes et dans les villages voisins de Reims, réveillant le zèle des bons curés, chacun d'eux s'empressa d'avoir des Frères pour se décharger sur eux de l'éducation et de l'instruction d'une jeunesse abandonnée et comme laissée en proie à l'ignorance. Ces bons pasteurs cherchaient remède à un mal sur lequel le serviteur de Dieu gémissait depuis longtemps, il avait plus de désir qu'eux de guérir une plaie qui devenait mortelle pour la plupart des gens de la campagne. Mais plus il y pensait, moins il se voyait dans le pouvoir d'y remédier. Il est vrai que ses disciples pouvaient faire, dans les villages, le bien qu'ils faisaient dans les villes ; ils l'eussent même fait plus facilement, parce qu'ils y eussent rencontré plus de docilité du côté des enfants et moins de contradictions du côté de leurs parents.

Mais où trouver, dans chaque village, le fonds pour la subsistance de deux Frères ? Le pasteur le mieux intentionné, quoique aidé de ses paroissiens, n'aurait pas été partout en état d'y fournir. De plus, un second Frère eût été nécessaire dans les grosses paroisses, il eût été de trop dans les petites. Il aurait donc fallu, en prenant le parti d'établir des Frères dans les villages, les envoyer seuls ; or c'est à quoi le pieux Instituteur ne pouvait se résoudre. Il entrevoyait dans ce projet de trop grands inconvénients. Quelque zèle donc qu'il eût de seconder celui de MM. les Curés de campagne, il ne put se prêter à leurs demandes, et il leur répondit à tous qu'il s'était fait une règle inviolable de n'envoyer jamais un Frère seul.

Mais le zèle est ingénieux et il trouve plus d'une ressource : il s'anime même par les difficultés, et il fait tant de tentatives, qu'à la fin il en trouve une qui a du succès. Ces bons curés, perdant toute espérance d'avoir des disciples du Bienheureux de la Salle, ne désespérèrent pas d'avoir au moins de ses élèves et des gens formés de sa main. Pour réussir dans ce dessein, il ne s'agissait que de choisir, entre les jeunes gens de leurs villages, ceux qui paraissaient les plus sages, les plus réglés, les mieux disposés à apprendre, et de les envoyer à la nouvelle académie des Frères pour s'instruire et se former. C'est ce que firent les pasteurs. Chacun d'eux, après avoir élu dans le troupeau de sa jeunesse, celui que la grâce semblait marquer par de bonnes qualités pour en devenir le maître, l'adressa au saint Instituteur pour être élevé sous sa direction. Bientôt la maison en fut pleine ; car le zélé Supérieur ravi de voir que cette troupe d'élèves pourraient remplacer ses Frères dans chaque village, et y porter avec l'instruction, les semences des vertus et de la piété, les reçut tous de grand cœur, et en forma un autre séminaire séparé de celui des Frères.

VIII. — Le Bienheureux de la Salle élève un séminaire de maîtres d'école pour la campagne, qui fleurit pendant qu'il est à Reims et qui se dissipe par son éloignement.

CETTE nouvelle communauté, composée d'environ trente jeunes gens, eut ses règlements particuliers et ses exercices à part. On leur apprenait à lire, à écrire, le plain-chant et tout ce qui regarde la profession à laquelle ils étaient destinés. L'oraison, la prière, la lecture spirituelle et tous les devoirs de la piété chrétienne, avaient aussi leurs heures marquées. Un Frère préposé veillait sur ce nouveau troupeau, et le conduisait, sous les yeux et par les avis du Bienheureux de la Salle.

Ce surcroît de bonnes œuvres était un surcroît de dépenses qui tombait à la charge du serviteur de Dieu ; car les curés en envoyant ces jeunes gens à élever, ne comptaient pas que ce fût à leurs dépens ; ils attendaient que l'homme de Dieu ferait la charité entière et qu'il pourvoirait aux besoins corporels de ceux dont la culture spirituelle lui était renvoyée. Ils ne se trompèrent pas ; celui qui nourrit les oiseaux du ciel, et qui pourvoit avec tant de bonté à la subsistance des petits des corbeaux qui l'invoquent, étendit sa Providence sur une homme qui s'était abandonné à ses soins, et ne laissa manquer de rien ceux qu'elle avait mis entre ses mains.

Le Bienheureux de la Salle ne travailla pas en vain à la culture de ce nouveau champ qu'on lui avait donné à défricher. En jetant des semences de piété dans ces cœurs, il ne sema pas sur une terre ingrate. Il vit ses peines et sa charité couronnées, en voyant les bénédictions du Seigneur suivre ces jeunes maîtres d'école dans tous les villages où ils retournèrent. Ils y firent des fruits merveilleux, et ils y furent la bonne odeur de JÉSUS-CHRIST par leur exemple, par leur piété, par leur zèle, et par la sollicitude à remplir saintement les devoirs de leur profession. Ils furent en même temps la bonne odeur du nouvel Institut, et ils apprirent par le seul témoignage d'une très sainte vie, quelle était la maison où une jeune troupe de paysans avait sitôt changé de mœurs et d'esprit, et d'où il sortait comme une nouvelle colonie d'hommes fervents et pleins de feu, pour aller dans la campagne enseigner la doctrine chrétienne et instruire les enfants.

Différents des Frères dans l'extérieur et dans la forme des vêtements (car ils étaient tous en habit séculier, et n'avaient de distinction que les rabats et les cheveux courts), ils en avaient l'intérieur, la modestie et le recueillement. Plusieurs même d'entre eux ne voulurent point sortir d'une maison où ils avaient trouvé l'esprit de Dieu, et où ils goûtaient la douceur d'être à son service. Ils supplièrent le pieux Instituteur de les faire passer de la communauté des maîtres d'école à celle des Frères ; ce qui leur fut accordé. Ainsi le Bienheureux de la Salle recueillit les premiers fruits dont il avait jeté la semence. Les autres qui s'en retournèrent vers ceux qui les avaient envoyés, n'oublièrent jamais ni la maison où ils avaient reçu le premier esprit de la grâce, ni celui qui les avait élevés avec tant de bonté. Ils le regardèrent comme leur Père, et ils conservèrent toujours pour lui un cœur d'enfant.

Un établissement si nécessaire et si fort à désirer, n'eut pas une fin aussi heureuse que son commencement. Quand celui qui était son appui lui manqua, il ne tarda pas à tomber. A peine le Bienheureux eut-il quitté Reims pour aller à Paris, que ce séminaire disparut. Le saint homme, qui en connaissait l'utilité mieux que personne, tenta plusieurs fois de le relever. Il parut même y réussir vers l'an 1700 à Paris, sur la paroisse de Saint-Hippolyte; mais, après d'heureux commencements, il trouva sa ruine par l'ambition et la cupidité du Frère auquel il en avait abandonné la conduite.

Toutefois ce dessein que le serviteur de Dieu avait si à cœur n'est pas encore désespéré. Les enfants pleins de l'esprit du Père ont hérité de son zèle pour cette bonne œuvre, et ils méditent les moyens de la faire réussir dans leur grande maison de Saint-Yon, aux portes de Rouen.

IX. — Le Bienheureux de la Salle élève un autre séminaire d'enfants propres à devenir Frères.

UNE troisième communauté, distinguée des deux autres, se forma, vers le même temps, dans la maison du Bienheureux de la Sallle ; elle était composée d'un nombre de jeunes garçons, de 14 à 15 ans, que l'esprit de Dieu inspira d'entrer dans le nouvel Institut. Le seul obstacle qui s'opposait à leur réception était leur trop grande jeunesse. Le sage Supérieur, entrant en défiance contre eux à ce sujet, appréhendait que des enfants n'apportassent dans sa maison l'esprit de leur âge, ou l'esprit écolier. D'un autre côté, ces enfants étaient de bonne volonté et faisaient paraître une résolution au-dessus de leur âge. Ils voulaient absolument être les enfants de celui qu'ils avaient choisi pour Père ; sans se rebuter de ses refus, ils persévérèrent à frapper à sa porte et elle leur fut ouverte. Leur confiance gagna l'homme de Dieu, et lui fit espérer qu'ils demeureraient fermes dans un état qu'ils avaient demandé avec tant de persévérance.

Sa sagesse cependant lui inspira d'en faire l'épreuve. Il en fit donc une bande à part, et il leur donna des exercices convenables à leur âge, propres à nourrir leur vocation, à les préparer au ministère des Frères et à les faire croître dans la vertu et dans la piété. Leur âge ne pouvant pas porter le joug de la règle commune, il leur en fallait une plus douce et plus proportionnée à leurs forces, qui pût leur inspirer la dévotion et l'esprit de prière, sans les dégoûter et les ennuyer par une suite d'exercices spirituels trop sérieux, trop longs et trop appliquants. C'étaient de tendres plantes qu'il fallait cultiver avec soin, mais avec ménagement et discrétion, pour mûrir leur esprit, pour former leur raison et pour les mettre en état d'être transportés dans la communauté des Frères.

Ce fut avec ces arrangements et ces précautions que le prudent supérieur les admit dans la maison. Il leur assigna un corps de logis qui n'avait rien de commun avec celui des maîtres d'école, non plus qu'avec celui des Frères, sauf la cuisine qui communiquait à trois réfectoires séparés. Le fonds de la subsistance de cette tendre communauté était le même que celui des deux autres : la divine Providence et la charité du Bienheureux de la Salle en étaient l'unique ressource ; c'était à lui à chercher leurs pensions dans les trésors du Père céleste. Ce n'était pas ce qui l'embarrassait ; Celui pour lequel il s'était dépouillé de tout, savait pourvoir à tous ses besoins et fournir le nécessaire à tous ceux qu'il lui envoyait.

Le Bienheureux de la Salle ne changea presque rien aux habits de cette jeunesse ; chacun usa celui qu'il avait apporté. Le rabat et les cheveux courts furent les seules marques qui mirent de la ressemblance parmi eux, et de la différence entre eux et les étrangers. Leur manière de vivre, fort différente de celle des maîtres d'école de campagne, était l'ébauche et l'essai de celle des Frères. Les heures leur étaient marquées pour apprendre à lire, à écrire et pour étudier l'arithmétique. Le reste du temps était distribué entre divers autres exercices de piété propres à leur âge.

Ils psalmodiaient tous les jours le petit office de la très sainte Vierge ; ils disaient le chapelet ; ils faisaient deux fois le jour l'examen, la lecture spirituelle et l'oraison, sous la conduite d'un Frère des plus pieux et des plus capables ; ils communiaient pour l'ordinaire tous les huit jours ; en un mot, leurs journées étaient rangées à peu près comme elles le sont aujourd'hui dans le Noviciat. A l'âge de 16 ou 17 ans, le sage Supérieur choisissait ceux qui paraissaient les mieux disposés, et les faisait passer du côté des Frères, leur en donnait l'habit, et les employait aux écoles.

Ce petit séminaire de jeunes gens qui servait de préparation et de noviciat pour l'Institut, était le lieu de délices du serviteur de Dieu. Son plaisir était, quand le temps le lui permettait, de venir assister à leurs exercices de piété et de leur faire des exhortations. Le jour de Noël il venait devant eux se consacrer au saint Enfant JÉSUS. La première fois surtout qu'il le fit, sa dévotion parut si sensible et si vive qu'ils en furent tous pénétrés. Pour revêtir cette action de piété, d'un signe parlant et propre à la rendre dévote, il avait fait mettre dans leur oratoire une image de l'Enfant-Dieu devant laquelle chacun à son tour, devait venir se dévouer. Le pieux Instituteur commença la cérémonie, et vint aux pieds de la sainte Image faire sa consécration à haute voix, avec le même air de foi, de révérence et de dévotion qu'il y eût porté s'il eût vu de ses yeux le divin Enfant en personne. Sur son modèle, tous vinrent à leur rang faire cette consécration avec une ferveur qui fut le rejaillissement de celle du Bienheureux de la Salle.

Rien n'était plus édifiant que de voir ces jeunes garçons, dans un âge si vif et si bouillant, ne marquer leur grande jeunesse que sur leur visage, sans en laisser rien paraître dans leurs actions. Intérieurs, recueillis, modestes, en les voyant dans leur maison, on eût cru voir des religieux dans leurs cloîtres, consommés en vertu ; en les voyant au dehors et dans les rues, on aurait pensé rencontrer ces anciens solitaires, qui, en sortant de leurs grottes, paraissaient ne faire aucun usage de leurs sens. En effet, ils avaient des yeux sans voir, et des oreilles sans entendre, et ils se comportaient au milieu du monde comme des étrangers qui passent dans un lieu sans se mettre en peine de regarder personne. C'est ce que j'ai vu à Paris, lorsqu'ils servaient les messes dans l'église paroissiale de Saint-Sulpice.

X. — Le Bienheureux de la Salle appelle à Paris ces enfants pour les élever sous ses yeux. Mais, malgré ses répugnances, on l'oblige de les envoyer à la paroisse Saint-Sulpice pour servir les messes, et la plupart se dissipent et perdent leur vertu.

CETTE petite communauté subsista à Reims, deux ans environ, après que le Bienheureux en fut parti. Établi à Paris, il jugea à propos de la rappeler sous ses yeux, et il donna l'habit de Frère à quelques-uns de ceux qui la composaient. Plusieurs autres, à la sollicitation de M. Baudran, curé de Saint-Sulpice, furent employés dans l'église paroissiale à servir les messes. Toute leur matinée était consacrée à ce saint exercice. Ils venaient le matin à la sacristie, et ils n'en sortaient qu'à midi pour retourner à la maison des Frères, où ils mangeaient et où ils couchaient. En ce lieu si exposé à la dissipation, on les voyait dans un silence perpétuel, tous à genoux, et en posture de gens qui font oraison. Les uns après les autres ils allaient, revêtus d'une robe violette, servir le prêtre à l'autel, et de retour avec lui dans la sacristie, ils retournaient sans parler à la place d'où ils étaient sortis, continuer à genoux une oraison qui paraissait aussi longue que la matinée. Rien n'était plus édifiant et on les regardait avec admiration. Mais en cela même, ils trouvèrent leur perte, car on fit sortir ces enfants de leur centre en les faisant sortir de leur maison, et quelque saint que fût l'usage auquel on les employait, il n'était pas dans leur vocation. Aussi insensiblement firent-ils un grand déchet dans la vertu, dans un lieu qui avait ses dangers et où tous ceux qui montaient à l'autel ne leur servaient pas d'exemple de piété.

Le Bienheureux de la Salle n'ignorait pas le péril que couraient ces enfants, ni les inconvénients auxquels les exposait la fonction à laquelle on le forçait de les appliquer ; mais il n'était pas le maître : ceux dont il dépendait, ou dont il voulait bien dépendre, dont même alors il avait un besoin absolu, lui en faisaient une loi. Cette captivité eut son temps ; mais enfin il en sortit, et en retirant de la paroisse ceux qui y servaient la messe, il renvoya ceux qui avaient dégénéré de leur ferveur, ou qui n'étaient pas propres pour son Institut, et il y admit les autres qui en avaient conservé l'esprit et la grâce. C'est ainsi que le Bienheureux de la Salle, avant que d'aller à Paris, se trouva chargé à Reims, les dernières années qu'il y demeura, de trois communautés qui tendaient à la même fin par des voies différentes.

CHAPITRE VII.

Le Bienheureux de la Salle apprend la mort de M. Niel et fait prier pour lui. Il quitte Reims pour aller à Paris. La croix l'y suit et fait le fondement de son établissement. (1687-1689.)

I. — **Mort de M. Niel en 1687. Le Bienheureux de la Salle en est touché et célèbre pour le repos de son âme une messe solennelle où il fait assister les élèves des Écoles chrétiennes.**

MONSIEUR Niel, qui avait donné ouverture au nouvel Institut à Reims, où Mme de Maillefer l'avait envoyé dans ce dessein, était retourné à Rouen, comme il a été dit, après avoir abandonné tous les établissements dont il avait été l'auteur, et avoir forcé, par sa désertion, le Bienheureux de la Salle de s'en charger. Ainsi, plein de joie d'avoir été la première main dont la divine Providence s'était servie pour mettre les fondements de l'édifice des Écoles chrétiennes, que le Bienheureux commençait à élever avec tant de grâce, il pouvait dire avec le saint vieillard Siméon : « *Seigneur, laissez votre serviteur mourir en paix.* » Je n'ai plus rien à faire dans cette terre étrangère ; depuis que mes yeux ont vu celui que vous destinez à l'accomplissement de vos desseins pour l'établissement des Écoles chrétiennes, qui ont toujours été l'objet de mon zèle, ils ne cherchent qu'à se fermer par une mort précieuse. Elle ne tarda pas à arriver, car, de retour à Rouen, où son attrait l'avait ramené, il y mourut le 31 mai 1687.

Le Bienheureux de la Salle en parut vivement touché ; aussitôt qu'il en apprit la nouvelle, et en toute rencontre, il témoigna plusieurs fois combien cette perte l'avait affligé. Sans délai, il ordonna, pour le soulagement du pieux défunt, des prières publiques et particulières. De plus, pour honorer sa mémoire, il fit tendre en deuil l'Église des Sœurs de l'Enfant-Jésus, et y chanta lui-même une messe solennelle, où tous ses disciples assistèrent, aussi bien que leurs écoliers qui y furent conduits et rangés dans un grand ordre et dans une grande modestie. En cela, la divine Providence prenait elle-même soin d'honorer la mémoire d'un vertueux laïque, qui brûlait de zèle pour la propagation de la doctrine chrétienne, et qui avait sacrifié ses jours et ses peines à l'enseigner, avec un désintéressement parfait, à la jeunesse la plus pauvre et la plus abandonnée. Il semble que la bonté de Dieu, en le choisissant pour le premier promoteur de l'Institut des Frères, ait voulu laisser son nom en bénédiction, et rendre témoignage combien les services de ce bon chrétien avaient été agréables à ses yeux et utiles à l'Église. En effet, M. Niel a eu sa part dans cette histoire ; on y a vu comment il a donné occasion à la naissance de l'Institut ; c'est pourquoi les Frères qui lui ont cette obligation, doivent révérer son nom et sa mémoire.

Le Bienheureux de la Salle l'a fait, et on peut dire qu'il lui devait cette justice ; car j'ose avancer que M. Niel est l'homme du monde qui lui a rendu les plus grands services. N'est-ce pas en effet cet homme que la main de Dieu a employé pour ouvrir au Bienheureux de la Salle les voies de la plus éminente sainteté? Si ce simple laïque n'avait pas donné ouverture aux Écoles chrétiennes et gratuites ; s'il n'avait pas mis le pieux chanoine en mouvement pour en avoir soin et pour procurer leur établissement, vraisemblablement le Bienheureux de la Salle n'aurait pas fait ces grands sacrifices dont on a rapporté les exemples. Le pieux chanoine demeurant ce qu'il était, aurait rempli l'étendue de sa vocation et de sa grâce : il aurait continué à vivre en saint comme il avait commencé ; mais il y a dans la sainteté bien des degrés, et il est à croire qu'il ne fût pas monté à celui où il est arrivé.

11. — **Le Bienheureux de la Salle avait été encore plus sensible à la mort du R. P. Barré, Minime. Éloge du P. Barré.**

LA mort de M. Niel nous donne occasion de dire aussi un mot de celle du P. Barré, arrivée l'année précédente, le 13 mai 1686. La perte de ce grand religieux fut très sensible au Bienheureux de la Salle. Mus tous deux par le même esprit ils sentaient le même attrait. L'instruction et l'éducation chrétienne d'une jeunesse abandonnée à son malheureux sort, étaient l'objet du zèle de l'un et de l'autre. L'établissement des écoles chrétiennes et gratuites, pour les pauvres enfants des deux sexes, seul remède à leur affreuse ignorance et à leur mauvaise éducation, les portait à des entreprises qui ne pouvaient s'élever que sur les ruines de l'amour-propre. Cette unité de dessein, en les liant ensemble, ne les confondait pas dans la manière de l'exécuter ; car le P. Barré avait eu une grâce pour l'institution des écoles des filles, qui lui manqua pour l'établissement des écoles des garçons. Cette grâce

Livre II. — Chapitre VII.

était destinée au Bienheureux de la Salle, et elle a fait son partage. Ce n'est pas que le zèle du pieux Minime n'eût embrassé les deux parties du projet ; il avait tenté plus d'une fois l'établissement des écoles des garçons, mais sans succès, parce que ce talent ne lui avait pas été confié. Quand il le vit entre les mains du Bienheureux de la Salle, loin d'en concevoir de la jalousie, il en ressentit une joie extrême. On ne peut dire quel fut son contentement quand il vit enfin de ses yeux celui que Dieu avait choisi pour une œuvre qui lui était si à cœur. Comme tout le désir du P. Barré était de voir à Paris l'homme de Dieu travailler à cette œuvre, pour l'utilité de cette grande ville et de tout le royaume, il avait employé toute l'autorité qu'il avait sur son esprit pour l'y attirer ; et le Bienheureux de la Salle, qui regardait le saint religieux, comme l'organe du Saint-Esprit et un homme inspiré sur tout ce qui concernait les écoles gratuites et chrétiennes, eût suivi ses impressions, et eût, dès ce temps-là, obéi à ses désirs en partant pour Paris, si son Directeur ne l'eût pas arrêté à Reims. Au reste, si le saint Minime n'eut pas le plaisir de voir pendant sa vie le Bienheureux de la Salle établi à Paris, il l'eut dans le ciel, deux ans après sa mort. L'œuvre du Bienheureux de la Salle fut l'objet de son zèle jusqu'au dernier soupir ; et il vit sa dernière heure venir avec joie, quand il apprit les heureux progrès qu'elle faisait.

Après tout, si le saint Minime n'a pas devant les hommes la gloire de cette Institution, il en a sans doute le mérite devant Dieu ; car enfin, c'est lui qui, le premier, en a conçu le dessein, qui, le premier, en a formé le plan, qui, le premier, a mis la main pour y travailler. Ce n'est pas assez dire ; c'est lui qui a animé le Bienheureux de la Salle pour commencer son Institut ; c'est lui qui l'a dirigé dans cette entreprise ; c'est lui qui lui a inspiré l'esprit et les maximes par lesquelles il devait se conduire ; c'est lui qui l'a soutenu dans les difficultés et les contradictions qu'il y a d'abord rencontrées ; c'est lui qui lui a inspiré les conseils héroïques de se défaire de son canonicat, de se dépouiller de son patrimoine, de le distribuer aux pauvres, de tout fonder sur la pauvreté évangélique, et de s'abandonner lui-même avec les siens à la divine Providence. En un mot, c'est le P. Barré qui a jeté dans l'âme du saint Instituteur les semences de cette sublime perfection que nous admirons. Ainsi, aux yeux de Dieu, le pieux Minime est le premier auteur du double établissement des Écoles chrétiennes pour les deux sexes. Il a travaillé à l'un par lui-même, et il a réussi avec de grandes bénédictions ; il a inspiré l'autre, il a conduit la main de celui qui l'a commencé, il en a tracé le dessein et il a contribué de ses conseils à son entreprise. Enfin on peut dire qu'il a laissé le Bienheureux de la Salle l'héritier de son esprit et de la grâce qu'il avait reçue.

Le R. P. Barré et le Bienheureux de la Salle sont deux hommes que la divine Providence a associés pour l'exécution de ses desseins, qu'elle a conduits, chacun par sa route, à la même fin, et qu'elle a menés au même terme, par deux états différents. Tous deux sont morts en odeur de sainteté, l'un à Paris, l'autre à Rouen. Le premier a été un homme admirable en œuvres et en paroles, et un grand imitateur de son saint Patriarche, François de Paule, qui a marqué comme lui ses passages en différents endroits du royaume par des traces de charité, de zèle, d'humilité, de pénitence et de sagesse céleste. Il est temps de voir le second entrer à Paris dans une nouvelle carrière semée d'épines et de ronces, et ne marcher que dans un chemin rempli de croix.

La seule obéissance avait arrêté à Reims le pieux Instituteur. Son Directeur qui jugea sa présence nécessaire dans un lieu où l'œuvre ne faisait qu'éclore, s'opposa à son éloignement, comme on l'a vu. Son cœur toutefois était à Paris, où le R. P. Barré souhaitait avec passion de le voir établi. Le bien de l'œuvre le demandait ; il n'y avait que cette capitale qui pût la faire connaître et l'étendre dans toutes les parties du royaume. La ville de Reims qui lui avait donné naissance, serait devenue son tombeau, si elle n'en était point sortie. Elle n'aurait pas pu vivre sous ses propres lois, assujettie à celles que des supérieurs ecclésiastiques nouveaux auraient voulu tour à tour lui prescrire. Combien de fois les aurait-elle vues changer avec eux, sans pouvoir se fixer à des règles invariables ? Encore moins aurait-elle pu penser à s'ériger en Congrégation, à demander à Rome la grâce de devenir une famille religieuse par l'approbation de ses Constitutions, et la permission de se lier par les trois vœux de Religion. Le chef de l'Institut, dans la dépendance de supérieurs particuliers, qui ne l'auraient peut-être pas toujours goûté, en éprouvant leurs caprices, eût été exposé à voir la subordination s'altérer et son autorité s'affaiblir. Sa foi, et celle de toute sa communauté, aurait sans doute été bien éprouvée, dans les différents changements des Prélats, par la diversité de leurs sentiments. Quand tous ces inconvénients n'eussent point été à craindre, la ville de Reims, qui avait été le berceau de l'Institut, ne pouvait pas en être la tutrice ; il n'y avait que la capitale qui pût lui fournir les connaissances, la protection et les secours dont il avait besoin. Le

Bienheureux de la Salle en était persuadé, mais il attendait le temps de la Providence dont il s'était fait l'esclave. Sans vouloir prévenir ni retarder son moment, il demeurait tranquille, et il se tenait prêt à partir au premier signal que Dieu lui donnerait. Dans ce dessein, il avait tout réglé dans sa maison, et il l'avait mise en état de supporter sans danger son absence. Ce projet, qui n'était pas caché, ne tarda pas de venir aux oreilles de son Archevêque qui connut alors le trésor qu'il avait possédé, et qui commença à craindre de le perdre ; il avait toujours aimé un prêtre qu'il avait vu si soumis à ses ordres, et qui avait recherché son agrément pour tous ses projets. Il est vrai que les grands sacrifices que le serviteur de Dieu avait faits sous ses yeux, n'avaient pas été de son goût, et qu'il avait trouvé une espèce de folie dans la sublime sagesse qui dépouillait un homme de tous ses biens, de tous ses titres et de toutes ses commodités, pour en faire la victime de la pauvreté et des misères qu'elle traîne à sa suite ; mais, cependant, il y avait consenti, et ce consentement ne lui permettait pas d'y trouver à redire.

Après tout, quand Mgr le Tellier, qui, étant né dans le sein de la fortune avec des revenus presque immenses pour un particulier, n'avait pas pu faire expérience des ressources de la Providence et de la félicité d'une vie austère, eût été d'abord de mauvaise humeur contre un homme qui rappelait le sacerdoce à sa première pauvreté, et qui donnait des exemples d'humilité, d'un détachement et d'une vertu dont on ne veut voir des exemples que dans les siècles les plus reculés, il avait eu le temps de se désabuser, et de se convaincre que le prêtre dépouillé de tous ses biens avait, avec raison, placé sa confiance en Dieu et cherché des trésors dans sa Providence, puisqu'elle lui fournissait, pour nourrir trois communautés, des secours qu'il n'eût jamais pu emprunter, ni de son canonicat, ni de son patrimoine, ni de sa famille.

III. — **Mgr le Tellier fait au Bienheureux de la Salle les offres les plus avantageuses pour le fixer dans son diocèse, et borner son zèle dans ses limites ; mais le saint prêtre ne se rend pas à ce désir.**

LE prélat qui savait gouverner et qui se connaissait en mérite, jugeait de celui du Bienheureux de la Salle par les œuvres. Il voyait la maison que le serviteur de Dieu avait élevée, il en admirait les progrès, et il pensa sérieusement à les tourner tous au profit de son diocèse. Pour y réussir, il fallait borner dans ses limites le zèle du pieux Instituteur, et l'y retenir lui-même. Plein de ce désir, il crut que le moyen le plus efficace pour l'y lier, était de le prendre par l'intérêt même de son œuvre, et de le rendre maître de sa bourse pour la fonder, pour l'étendre, et pour la multiplier dans tous les coins de son diocèse, avec la condition expresse de l'y resserrer.

Si l'offre fut généreuse, le refus le fut encore plus, car la gloire de Dieu et l'avantage de l'Église eussent souffert tout le préjudice de ces grandes libéralités. Ainsi elles n'eurent rien de quoi toucher un cœur indifférent pour tout ce qui n'est point Dieu. Cependant il fallait motiver un refus de cette nature, et l'appuyer sur de bons principes. Mgr le Tellier était homme qui entendait raison, qui n'était pas ennemi du plus grand bien, ni tellement attaché à l'intérêt de son église particulière, qu'il voulût le procurer aux dépens de l'utilité commune des autres. Il parut donc satisfait quand le Bienheureux de la Salle lui eût fait entrevoir ce motif secret de son refus, et qu'il l'eut de plus appuyé de l'obligation de satisfaire à la promesse faite à M. de la Barmondière, d'établir une école sur la paroisse Saint-Sulpice. De plus, ce que le Bienheureux de la Salle ne disait pas, se faisait entendre ; il avait grand envie de s'exiler de la ville de sa naissance et du centre de sa famille. Un lieu qui commençait à changer de face à son égard, et où il ne trouvait plus de mépris, n'avait plus d'attrait pour lui. Il avait même à craindre qu'un plus long séjour ne lui procurât de plus grands honneurs, en lui faisant une réputation de sainteté. Enfin sous les yeux de ses parents, de ses amis, de ses concitoyens, il ne se croyait pas en pleine liberté de donner à son zèle et à ses vertus, toute leur étendue.

IV. — M. de la Barmondière pense de nouveau à attirer le Bienheureux de la Salle et ses Frères sur sa paroisse: cela réussit et comment.

TANDIS que l'esprit de Dieu lui inspirait ces pensées, il lui préparait les voies pour aller à Paris. M. de la Barmondière, en se rappelant la parole que le Bienheureux de la Salle lui avait donnée, conçut un nouveau désir de la voir accomplie. M. Compagnon, chargé des écoles de Saint-Sulpice, le désirait encore plus ; cet homme, qui avait succédé dans cette fonction à M. l'Espagnol qui s'était retiré, se trouvant seul, sans autre secours que celui d'un petit garçon, avec plus de deux cents écoliers, se sentait comme écrasé sous le poids de cette multitude. Dans son empressement de trouver de l'aide, il écrivit, au mois de juillet 1687, au Bienheureux de la Salle, pour lui demander un Frère. Le sage Supérieur se trouva assez embarrassé sur la réponse qu'il devait faire ; car, d'un côté, il s'était fait une loi de n'envoyer jamais un Frère seul, et il l'avait crue si importante, que pour la garder, il avait refusé plusieurs établissements d'écoles à la campagne, comme nous l'avons vu. D'un autre côté, l'intérêt de son Institut l'appelait à Paris, et cette occasion lui ouvrait la porte de cette capitale du royaume. Incertain sur le parti qu'il devait prendre, il fit une réponse indécise, et qui marquait son irrésolution. M. Compagnon n'en étant pas satisfait, partit pour Reims, afin de s'aboucher avec le Bienheureux de la Salle et de hâter le secours dont il avait besoin. Par malheur pour lui, il fit un voyage inutile ; car il y arriva lorsque le pieux Instituteur était absent, et les circonstances ne lui permettaient pas d'attendre son retour. La divine Providence l'avait ainsi permis pour mieux lier l'engagement ; car ce n'était pas avec le préposé des écoles de la paroisse Saint-Sulpice, mais avec M. le Curé lui-même, que le prudent Supérieur voulait traiter.

Le Bienheureux de la Salle revenu à Reims et informé du voyage de M. Compagnon et du motif qui l'amenait, ne voulut rien conclure de son chef. Son humilité, qui le mettait dans des défiances continuelles de son propre esprit et de ses propres lumières, l'obligea de porter la décision de cette affaire à un autre tribunal que le sien. L'examen fait de la difficulté, il fut conclu de s'en tenir inviolablement à la règle de ne point confier un Frère seul à sa propre conduite, et de refuser les établissements les plus avantageux, quand on ne voudrait pas y mettre deux Frères.

En conséquence de cette décision, le pieux Instituteur écrivit au Maître des écoles de Saint-Sulpice, qu'il serait satisfait si M. le Curé agréait deux Frères et lui avec eux. Cette condition ne pouvait qu'être agréable à un homme qui gémissait sous le poids de son fardeau ; ainsi, il était de son intérêt de la faire agréer de M. de la Barmondière, c'est à quoi il n'eut pas beaucoup de peine ; en effet, il ne fallait que montrer le bien à ce saint homme pour l'engager à le rechercher. M. Compagnon écrivit donc, de la part de M. le Curé, au Bienheureux de la Salle qu'il pouvait partir, et qu'il serait très bien reçu avec les deux Frères qu'il amènerait avec lui. L'affaire prenait un bon train, et le Bienheureux de la Salle voyait avec joie le chemin que lui faisait la divine Providence pour aller à Paris. Il ne crut pas pourtant que la voie fût encore assez ouverte pour qu'il dût se presser d'y marcher. C'était M. Compagnon qui écrivait et qui portait la parole, ce n'était pas assez, il pouvait aller trop vite, se faire illusion et prêter à M. de la Barmondière ce qu'il n'avait pas dit ; ce qui arrive assez souvent à ceux qui se passionnent pour une chose : ils croient avoir entendu ce qu'ils n'ont pas entendu, et ils prêtent leurs propres sentiments à ceux en qui ils les désirent. Cela étant, le Bienheureux de la Salle souhaitait recevoir, de la bouche même de M. le Curé, une parole positive. Pour en venir là, il répondit que son frère, prêt à partir pour aller au Séminaire de Saint-Sulpice, arrangerait le projet et prendrait des mesures pour le conclure. C'est ce qui fut fait : le séminariste étant convenu de tout avec M. Compagnon, lui dit de mander au Bienheureux de la Salle le temps dans lequel il devait se rendre à Paris. C'était, ce semble, ce que M. Compagnon souhaitait, cependant, cet homme, d'abord si empressé, paraissant alors perdre son activité, laissa écouler deux mois entiers sans donner de ses nouvelles à celui qui les attendait. Néanmoins, voulant paraître étonné au bout de ce terme, de ne voir ni le Supérieur, ni ses disciples, il alla en demander la cause au séminariste, qui lui fit réponse que son frère ne se mettrait en route que quand on l'appellerait et qu'on lui marquerait le jour pour venir. C'était sans doute à M. le Curé à le faire, et non à M. Compagnon. Cependant, celui-ci, croyant que sa simple lettre servirait d'assurance, et que le Bienheureux de la Salle ne tarderait pas de se rendre à Paris avec les deux Frères, quand il l'aurait reçue, écrivit au plus tôt. Mais le serviteur de Dieu, qui voulait un ordre positif de M. le Curé, et qui l'attendait, demeura immobile. M. de la Barmondière, instruit de la cause du retard du Bienheureux de la Salle, en fut édifié. Grand partisan lui-même de la vertu d'obéissance, dont il donnait en sa place les plus grands exemples, ravi de voir qu'il y avait encore sur la terre des hommes comme lui, qui mesuraient tous leurs pas sur cette vertu, il pria sur-le-champ M. Baudran, entre les mains de qui il se démit de sa cure, peu de temps après, de mander de sa part le Bienheureux de la Salle et deux de ses Frères.

V. — Le Bienheureux de la Salle loge avec deux de ses Frères dans la maison de l'école Sulpicienne et en découvre les désordres : il se tait et ordonne aux Frères de se taire. (1689.)

SUR cet ordre, le pieux Instituteur prit avec ses deux disciples sa route vers Paris, pour y commencer un établissement fort désiré, mais qui devait lui coûter, jusqu'à la fin de sa vie, des peines de toutes sortes. Il y arriva, avec les deux Frères, la veille de saint Mathias ; ils furent fort bien reçus du saint curé de Saint-Sulpice, et ensuite logés dans la maison des écoles, où M. de la Barmondière, fort zélé pour le travail manuel, avait établi une manufacture de laine, afin d'occuper les pauvres écoliers. M. Compagnon, qui demeurait dans la communauté des prêtres qui desservent la paroisse Saint-Sulpice, eut soin de pourvoir à la nourriture des Frères et de leur Supérieur, après les avoir mis en société avec le petit garçon qui servait sous lui de maître d'étude, et avec un autre bonnetier, tous deux logés et nourris dans le même lieu.

Cette maison était une petite Babylone où tout était en désordre et en confusion. La règle, la discipline et l'arrangement, si nécessaires là où se trouve une multitude d'écoliers, n'y paraissaient en rien. La maison était ouverte depuis cinq heures du matin jusqu'à dix, et depuis une heure jusqu'à quatre heures du soir, et on y entrait sans ordre.

Nulle action n'avait son commencement ni sa fin fixe ; tout s'y faisait par fantaisie ou au hasard. L'école commençait tantôt à une heure, tantôt à une autre ; elle finissait aujourd'hui plus tôt, demain plus tard. Le catéchisme se faisait rarement, et jamais il n'était réglé. Les écoliers attroupés dans la cour, hors le temps de l'école, jouaient pour de l'argent ; de là le libertinage : on sait combien le jeu met les passions en mouvement et en quels dérèglements il entraîne. Tous les jours ouvriers, les enfants manquaient la sainte messe ; on ne pensait pas même à leur procurer la pratique de ce devoir de religion, quoique M. de la Barmondière en eût un très grand désir. Nulle piété, nulle conduite dans cette assemblée tumultueuse, gouvernée par des gens qui n'en avaient pas eux-mêmes.

A peine le Bienheureux de la Salle y fut-il entré, que témoin du désordre, il en gémit en secret. Il vit le mal, mais il ne vit pas le moyen d'y apporter le remède. Cette maison avait grand besoin de réforme : pour l'y introduire, il y avait bien à travailler. Quand y travailler ? Comment, et avec qui ? C'est ce qui l'embarrassait. Ainsi, le premier coup d'œil lui montra les croix qui l'attendaient ; toutefois il se tut, et il ordonna aux Frères de se taire à son exemple, de ne se mêler de rien que de leur ministère, de fermer les yeux sur tout le reste, et d'abandonner à la divine Providence le soin de l'avenir et le choix du temps pour mettre de l'arrangement dans un lieu où il n'y en avait point, et où il était si nécessaire.

Il pratiqua à la lettre ce qu'il avait recommandé aux Frères. Lui et eux parurent sourds, aveugles et muets dans un lieu où, pour le moment présent, le meilleur parti était de fermer les yeux afin de se conserver en paix au milieu du désordre. Cependant, après quelque temps de repos, les deux Frères commencèrent à travailler, de concert avec le jeune maître qui était avant eux en cette maison, à l'instruction de la jeunesse, et afin de ne pas rendre infructueux leur travail, ils divisèrent tous leurs écoliers en trois classes, et ils leur donnèrent des leçons convenables à leur âge et à leur portée. Ce premier arrangement, qui ne souffrit pas de difficulté, attira tant d'écoliers, que les deux Frères furent surchargés de travail, et même l'un d'eux y succomba et demeura si épuisé, qu'il ne fut plus en état de rien faire. Cette place vide fut bientôt remplie, car le Bienheureux de la Salle n'avait pas oublié une fonction dans laquelle il s'était déjà exercé.

Le Supérieur, qui avait suppléé à Reims en pareille occasion au défaut d'un Frère, y suppléa encore à Paris. Il était juste que Paris n'eût pas à envier à Reims cet exemple d'humilité, et que l'un comme l'autre vît avec édification un prêtre, un docteur, un ancien chanoine d'une des plus illustres métropoles de France, faire le métier de maître d'école. La présence du Bienheureux de la Salle servit à faire sauter aux yeux de M. Compagnon le dérangement de ses écoles. Il n'était pas en état d'y veiller par lui-même, puisqu'il n'y faisait pas son séjour. D'ailleurs, quand il y aurait fait sa demeure, il ne se sentait pas le talent de mettre et de maintenir une exacte discipline parmi tant d'écoliers qui en avaient un si grand besoin. Cet art lui était inconnu ; et quand il l'aurait possédé il n'aurait peut-être pas été d'humeur d'en dévorer les peines avec patience et longanimité. Ainsi, le plus court et le meilleur parti qu'il avait à prendre, et qu'il prit en effet, fut de prier le Bienheureux de la Salle de le remplacer, et de se charger du soin de la maison. Mais l'humble Supérieur qui lisait, dans le cœur de celui qui lui faisait cette favorable proposition, un secret désaveu et la rétractation qui y était cachée, après avoir pris conseil, s'en défendit de la manière la plus chrétienne et la plus modeste ; il renouvela même aux siens la défense de se mêler d'autres choses que de leurs écoles.

Cependant les Frères commençaient à s'ennuyer d'un dérangement dont ils essuyaient tous les inconvénients. Accoutumés à suivre un enchaînement d'exercices qui se succédaient les uns aux autres, ils se dégoûtaient d'être les spectateurs oisifs d'un désordre qui augmentait leur travail, et dont ils n'espéraient point voir sitôt la fin. Leur vertu mise à cette épreuve succombait, et ils eurent besoin, pour la soutenir, de l'exemple de leur Supérieur, qui voyait tout sans se plaindre, et des discours qu'il leur faisait pour les exhorter à la patience. Il les encourageait à ne point se rebuter de ces commencements épineux, et il leur faisait espérer que le temps, amenant l'ordre dans ces écoles tumultueuses, adoucirait leurs peines et aplanirait les premières difficultés. Le remède lui était connu ; mais il ne voulait pas prévenir le jour marqué par la divine Providence. En attendant, il se contentait de paraître dans les écoles, de passer dans les rangs, d'enseigner aux enfants la doctrine chrétienne, de les gagner par la douceur, de leur inspirer la modestie par sa présence et l'amour du bien par ses discours. La semence qu'il jetait dans ces jeunes cœurs, ne fut pas longtemps sans germer et sans donner espérance de fruit ; on vit les enfants plus traitables et leurs mœurs changer. Le préposé aux écoles s'en aperçut, et ce petit changement lui fit sentir celui qu'une sage conduite et une règle certaine pouvaient amener dans la maison.

VI. — M. de la Barmondière, témoin du désordre des écoliers, charge le Bienheureux de la Salle d'en prendre soin.

LES choses restèrent en cet état jusqu'au commencement du mois d'avril suivant ; M. le Curé vint alors faire la visite des écoles, accompagné d'un de ses prêtres qui s'appelait M. Métais. Ce saint pasteur qui, dans une cure si vaste et si chargée de soins, unissait à l'austérité de la vie, la régularité du plus fervent ecclésiastique qui fût alors au séminaire de Saint-Sulpice, dont il était lui-même un des principaux membres, aimait l'ordre et était zélé pour la règle. Il fut par conséquent offensé du peu de discipline qu'il vit dans une maison qui en avait si grand besoin. Il comprit assez qu'en vain il assemblerait tant d'enfants à grands frais, pour les instruire de leur religion, pour leur apprendre à gagner leur vie, et pour les élever dans la crainte de Dieu, aussi longtemps qu'il n'y aurait pas plus de règle parmi eux. Il se disait à lui-même que la plupart feraient peut-être moins de mal dans la maison de leurs parents indolents sur leur éducation, que dans une si grande compagnie, parce qu'ils apprendraient moins le mal et qu'ils n'en verraient pas les contagieux exemples. Cette pensée le portait à conclure, ou qu'il fallait fermer entièrement la porte de cette maison aux écoliers, ou qu'il fallait introduire parmi eux une exacte discipline et y faire régner l'ordre et la règle. Après bien des réflexions sur les moyens de guérir le mal, il sentit qu'il avait le remède en main dans la personne du Bienheureux de la Salle. Celui-ci possédait en perfection l'art de bien diriger les écoles : Dieu qui l'avait appelé à l'institution de cette œuvre, lui en avait donné le talent. Il l'avait communiqué aux Frères, et ils s'en acquittaient avec le secours de la grâce. On ne les avait fait venir à Paris qu'afin de prendre part aux bénédictions qui suivaient leurs travaux. Pour en voir le fruit, il suffisait de leur laisser à eux seuls le soin des écoles. Le saint curé de Saint-Sulpice prit ce parti ; il pria le Bienheureux de la Salle de s'en charger, et sur la représentation qui lui fut faite que deux Frères ne pouvaient pas suffire à un si grand nombre d'écoliers, il consentit à en faire venir autant que le travail l'exigeait, en convenant de donner pour chacun 250 livres.

Le préposé aux écoles était présent, et ne souffrait pas peu de ce qu'il entendait ; mais quel fut son chagrin, quand il fut prié de ne se plus mêler de rien que de son école ! Cet ordre fit dans son cœur une plaie, dont le contre-coup retomba sur le Bienheureux de la Salle, et nous allons voir jusqu'où le ressentiment et la jalousie le portèrent. Le pieux Instituteur, parfaitement soumis aux ordres de M. le Curé, consentit, quoique avec répugnance, à faire ce qu'il exigeait de lui ; car il ne lui était pas difficile de prévoir ce qu'il lui en coûterait de la part de M. Compagnon et de ses deux associés. D'ailleurs, comme il était parfaitement au fait des écoles, il désespérait de les ranger à son gré et d'y mettre un ordre entier, tant que la manufacture y subsisterait. C'était l'ouvrage du saint Curé qui était fort zélé sur ce point, qu'il croyait d'une extrême importance pour accoutumer la jeunesse au travail, et la retirer de l'oisiveté qui est la mère de tous les vices. Il n'était donc pas encore à propos de parler de la détruire ; il fallait attendre la conjoncture propre à ce dessein, et, dans l'intervalle, entretenir les travaux manuels.

VII. — Ordre et arrangement que le Bienheureux de la Salle met dans l'école. L'envie qu'en conçoit M. Compagnon et les tracasseries qu'il suscite au Bienheureux de la Salle.

LE Bienheureux de la Salle, se voyant donc chargé du gouvernement de la maison et du soin des écoles, eut recours, selon sa pratique ordinaire, à la prière et à l'oraison pour s'acquitter avec bénédiction de la mission qu'on lui avait donnée. Dans le dessein d'y mettre de l'ordre en tout et partout, il prit toutes les mesures que la sagesse peut inspirer pour y réussir, sans bruit et sans murmures. Puisque les Frères devaient être les modèles de la règle, il était juste d'en commencer l'établissement parmi eux ; leur exemple seul pouvait suffire pour mettre la réforme dans les écoliers. Le premier soin du pieux Instituteur fut, par conséquent, de vivre avec les Frères à Paris, comme il avait fait à Reims. Rien ne fut changé parmi eux : mêmes exercices, même régularité, même esprit de recueillement, de silence, de retraite, d'oraison, de mortification et d'obéissance. Il s'appliqua ensuite à faire une distribution si juste du temps pour tous les exercices des écoliers, que chacun eut sa durée fixe et son moment marqué. Le premier règlement tomba sur l'entrée et sur la sortie de la maison à heure précise, et quand il fut fait, elle se trouva si régulièrement ouverte et fermée aux moments assignés, que les enfants furent obligés de se rendre ponctuels, et de se contenir dans le devoir ; car les paresseux qui tardaient à venir, se trouvaient à la porte sans pouvoir entrer, et les libertins [1] qui voulaient avoir le champ libre quand il leur plaisait, s'y voyaient enfermés sans pouvoir sortir. La louable pratique d'aller tous les jours entendre la sainte messe fut introduite, et devint tout à la fois pour les écoles chrétiennes une loi stable, et pour Paris un spectacle nouveau et édifiant. On vit alors des centaines d'enfants, bruyants par caractère, badins et dissipés par habitude, impies et sans respect pour les lieux saints, marcher deux à deux, par ordre et chacun en son rang, en silence et avec modestie, suivis et précédés des Frères, pour aller assister au redoutable sacrifice de nos autels avec dévotion et révérence. Le catéchisme ne fut plus ni oublié, ni négligé ; sa durée, son heure et la manière de le faire furent réglées. Ce saint usage, qui

---

1. A l'époque où écrivait l'auteur, le mot *libertin* n'avait pas l'acception odieuse qu'il a aujourd'hui ; il était à peu près synonyme de volage, dissipé, insoumis.

est le caractère distinctif entre les écoles chrétiennes et gratuites et les mercenaires, a paru si essentiel au R. P. Barré et au Bienheureux de la Salle, qu'ils ont tous deux obligé les maîtres et les maîtresses d'école de le faire tous les jours. Le temps d'enseigner à lire, à écrire, d'expliquer l'arithmétique et l'orthographe, fut aussi déterminé avec tant de justesse, que les enfants en eurent assez pour bien apprendre sans y trouver l'ennui.

Le reste de la journée fut livré au travail manuel, mais d'une manière propre à le sanctifier ; car à l'ouvrage on joignit la prière. Ce n'était pas assez ; les enfants mal réglés, en devenant indisciplinés, étaient devenus passionnés pour le jeu, et il n'y avait pas d'espérance de voir ces jeunes plantes porter du fruit, tandis qu'elles seraient viciées par cet endroit. Cette passion était un chancre qui consumait en eux la sève des bonnes instructions, et qui corrompait la substance de leur cœur ; il fallait s'attacher à le guérir, et c'est à quoi s'appliqua le Bienheureux de la Salle avec ses Frères. Enfin, comme la fin de leur Institut est d'élever dans l'innocence et dans le service de Dieu des enfants abandonnés, sans instruction et sans éducation, ils employèrent tout leur zèle à détruire les vices et les mauvaises inclinations de leurs âmes, et à y implanter la piété, la crainte et l'amour de Dieu.

Les écoles sulpiciennes commençaient déjà à prendre un si bon train, que l'ennemi du genre humain en fut effrayé, et se hâta d'en arrêter le cours. L'entreprise lui parut aisée ; car il avait sous la main trois personnes d'autant plus propres à le bien servir, que leurs intérêts particuliers concouraient avec les siens, et que leurs passions favorisaient ses mauvais desseins ; deux des trois ne trouvaient pas leur compte aux nouveaux règlements, et le troisième les regardait comme une flétrissure à son honneur. Celui-ci mena l'intrigue, qui tendait à faire tomber la manufacture, qu'il regardait comme le ressort qui mettait en mouvement le zèle de M. de la Barmondière pour les écoles. Persuadé que le saint curé, qui avait si à cœur le travail manuel, se dégoûterait de gens qui ne pouvaient pas le soutenir, il employa tout ce qu'il avait d'esprit pour faire réussir son mauvais projet. L'entreprise, cependant, ne devant pas être précipitée, il fallut attendre le moment de la tenter avec sûreté. Ainsi il temporisa habilement, et il se contenta dans cet intervalle de temps, d'exprimer par un morne silence ce qu'il avait dans l'âme, et de semer des murmures et des plaintes pour préparer sa vengeance.

On va voir, par cet exemple, que la passion est aveugle, et surtout que la jalousie ne donne guère de coups qui ne blessent le cœur faible qui s'y livre ; car, si M. Compagnon eût voulu écouter les intérêts de sa réputation, il eût sans doute aperçu qu'elle allait porter toutes les flétrissures dont il prétendait noircir celle du Bienheureux de la Salle. En effet, c'était lui-même qui s'était donné tant de mouvement pour faire venir à Paris le saint homme avec ses disciples ; qui avait entrepris un voyage à Reims pour l'en solliciter ; qui avait engagé M. le curé à faire toutes les démarches pour l'y appeler ; qui avait voulu se décharger sur lui du soin des écoles, et qui l'avait prié, avant M. de la Barmondière, de prendre le gouvernement de la maison. Personne n'était donc plus que lui intéressé au succès des écoles mises sous la conduite du Bienheureux de la Salle. L'honneur ou le déshonneur de l'un devait infailliblement rejaillir sur l'autre. Pour peu qu'il eût voulu y penser, il aurait conclu qu'il allait travailler contre lui-même, en complotant contre le saint Instituteur ; mais où l'envie domine il faut que la foi et la raison se taisent. Ce vice malin, qui ne se plaît qu'à faire du mal, souvent même aux dépens de celui qui s'y laisse entraîner, trouva, dans le relâchement de la manufacture, l'occasion de se satisfaire. Les écoliers, appliqués successivement aux exercices de l'école, de la prière, du catéchisme et de l'assistance à la sainte messe, ne pouvaient plus donner tant de temps au travail. Celui qui y présidait n'y trouvait pas son compte ; la diminution de l'ouvrage diminuait ses profits. Convaincu que tous les arrangements nouveaux lui portaient préjudice, il supportait impatiemment cette perte. Il ne voulut pourtant pas d'abord éclater, ni faire sentir, par des plaintes trop hautes, son mécontentement secret : car M. de la Barmondière n'était pas un homme devant qui la passion osât se montrer à découvert ; il fallut donc dissimuler, et pour mener l'affaire avec art et d'une manière capable d'en imposer au saint curé, ce n'était pas les nouveaux règlements, mais la diminution de l'ouvrage qu'il fallait accuser. L'artifice était ingénieux, car il faisait tomber indirectement l'accusation sur l'objet qu'on avait en vue, et il paraissait immanquable que le jugement de M. de la Barmondière condamnerait la conduite du Supérieur, et que, fâché du relâchement des travaux, il condamnerait les nouveaux arrangements et remettrait les choses sur l'ancien pied.

Apparemment que l'artifice ne réussit pas au gré de ses auteurs, et que M. le Curé ne se montra pas aussi docile qu'ils pensaient à leurs plaintes. Si le travail n'allait pas si bien, les écoles allaient mieux ; l'instruction des enfants se faisait, leurs mœurs paraissaient plus réglées ; le gain surpassait par conséquent la perte et l'un compensait l'autre avec usure. Ainsi le saint curé, qui voulait toujours le plus grand bien, ne parut pas faire attention à un léger intérêt. On le sentit, et on prit des mesures pour le piquer plus vivement, on espéra que la cessation entière du travail aurait au moins l'effet qu'on avait attendu de sa diminution, et on compta qu'enfin M. de la Barmondière se résoudrait à ôter le soin de la maison à un homme qui ne pouvait faire aller la manufacture. Rien n'était mieux inventé contre les intérêts des écoles chrétiennes, que ce complot de malice ; il devait, ce semble, réussir au gré de ses auteurs ; mais Dieu qui sait faire tomber dans la fosse ceux qui l'ont creusée, et qui se plaît à déconcerter les projets d'iniquité, tourna celui-ci contre celui qui l'avait tramé. Il s'appelait M. Rafrond, et il était le directeur de la manufacture. En se retirant, il croyait la faire tomber, et contraindre par là M. de la Barmondière de le rappeler, pour la remettre sur pied. C'était là où lui et M. Compagnon, qui le mettait sourdement en action, attendaient le saint curé pour lui faire la loi, et lui poser des conditions dont la première eût été de renvoyer le Bienheureux de la Salle et les Frères ; mais ils furent trompés tous les deux, et le sieur Rafrond fut la dupe de sa malice. Il parla d'abord de se retirer, puis il se retira en effet, mais à son malheur, car il ne trouva point d'ouvrage, ni personne qui voulût l'employer. La manufacture tomba sans que M. de la Barmondière y parût sensible. Le Bienheureux de la Salle conçut le dessin de la rétablir et de la soutenir avec succès, sans faire aucun dérangement dans ses écoles, et il en vint à bout. Le sieur Rafrond, abandonné à son mauvais sort, fut celui-là même dont il se servit pour faire réussir son pieux projet. D'accord avec M. le Curé, il lui donna une certaine somme par jour pour apprendre à un de ses Frères à tricoter en perfection, et à bien conduire l'ouvrage. En trois semaines le disciple apprit ce que savait le maître, et rendit le service de celui-ci inutile ; ainsi l'homme de malice paya le premier les frais de sa malignité. Ce Frère, préposé à l'ouvrage, joint à un autre que le Bienheureux de la Salle fit venir de Reims et qui était au fait du tricotage, surent fort bien accorder le travail avec les écoles et avec les autres exercices. Bien plus, l'ouvrage alla mieux qu'auparavant et rapporta plus de profit, parce que les enfants moins distraits et plus zélés pour le travail, s'y appliquèrent davantage. Les écoles et les exercices de piété n'en souffrirent point, parce que le silence et la règle firent trouver beaucoup de temps que la dissipation et le babil faisaient perdre.

CHAPITRE VIII.

Le préposé aux écoles de Saint-Sulpice calomnie le Bienheureux de la Salle dans une assemblée de dames de charité. M. le Curé prévenu, est sur le point de le renvoyer à Reims avec ses Frères ; mais Dieu lui change le cœur au moment où le pieux Instituteur prend congé de lui ; enfin il lui rend justice. M. Baudrand succède à M. de la Barmondière dans la cure de Saint-Sulpice. Il établit une seconde école sur sa paroisse, qui attire un procès que le pieux Instituteur gagne contre les maîtres d'école.— (1689.)

I. — L'envie invente des calomnies contre le Bienheureux de la Salle, dans le dessein d'obliger M. de la Barmondière de le renvoyer avec ses Frères.

LE peu de succès de l'intrigue qu'avait tramée M. Compagnon, ne le rebuta pas ; quoiqu'il n'en fût pas reconnu l'auteur, sa conscience lui en faisait sentir la honte, tandis que le sieur Rafrond en portait la punition. Cependant la jalousie ne fut point désarmée. Une profonde malice, dont l'esprit d'envie sait si bien se servir, trouve des ressources dans la calomnie. Cette ressource est odieuse et abominable ; mais, au défaut d'une autre, il fallait s'en servir, ou se résoudre à voir, d'un œil tranquille, le gouvernement d'une maison entre les mains d'un homme qu'on en voulait voir bien loin. Tout était dans l'ordre dans cette maison : le travail y florissait aussi bien que l'instruction ; la piété même s'y introduisait insensiblement, et tout y faisait l'éloge du Supérieur qui la conduisait. Aussi nul autre moyen de l'attaquer que par des impostures. Mais parce que la présence du Bienheureux de la Salle aurait pu suffire pour les dissiper, M. Compagnon s'en défia, et il crut devoir profiter de son absence pour donner crédit au mensonge. On aurait pu semer la calomnie de maison en maison, mais il aurait fallu du temps pour la faire parvenir jusqu'aux oreilles de M. le Curé. Il parut donc plus court de la rendre publique et de choisir un moment favorable, qui, en la divulguant, put l'autoriser d'un grand nombre de suffrages. Une assemblée de dames qui se tint alors chez M. le Curé était un beau théâtre pour parler et pour se faire écouter ; si on pouvait réussir à prévenir les personnes de piété qui la composaient, leur nombre et leur autorité ne pourraient manquer d'entraîner M. de la Barmondière dans leur parti contre le Bienheureux de la Salle. Une si belle occasion ne fut pas manquée. L'imposteur s'étant étudié à revêtir la calomnie d'un grand air de vraisemblance, et à lui donner toutes les couleurs de la vérité, il sut la débiter avec tant d'art et d'agrément, qu'on ne s'avisa pas d'y soupçonner de la fausseté, encore moins de soupçonner d'envie et de ressentiment celui qui en faisait le rapport.

Nous ne savons pas sur quoi roula la calomnie ; mais nous savons qu'elle eut tout l'effet qu'en prétendait son auteur : elle fut crue, et, ce qui est étonnant, M. de la Barmondière lui-même en demeura convaincu. Il faut l'avouer, les plus gens de bien sont souvent les moins en garde contre la surprise : exempts de ressentiment, de passion, de jalousie, ils ne pensent pas même que ces vices remuent la langue de ceux dont ils ne voient pas le cœur. Le digne curé de Saint Sulpice, ami de la simplicité, de la candeur, de la bonne foi et de la vérité, ne s'imaginait pas que ces vertus fussent trahies par un homme qui avait sa confiance et celle de bien des personnes de mérite. Il se laissa donc prévenir ; et cette rencontre n'a pas été la première dans laquelle un saint, devenu persécuteur d'un autre saint, a travaillé à sa couronne.

La calomnie eut tout le temps de s'étendre, de s'accréditer, et on eut le plaisir malin, depuis le mois de juillet jusqu'au milieu de septembre, de l'orner de circonstances propres à la faire bien recevoir. M. Compagnon était au comble de ses désirs, et pour avoir un triomphe entier, il alla dans les écoles semer la nouvelle du renvoi des Frères et de leur Supérieur, et donner des témoignages de la joie qu'il en ressentait. Il avait amené là, en effet, le curé de Saint-Sulpice ; il ne fut pas difficile au Bienheureux de la Salle de s'en apercevoir. M. de la Barmondière, sec et froid, lui disait même assez par son air glacé de s'en retourner et de ne point attendre la honte d'être congédié. Bien plus, M. de la Barmondière, voulant lui épargner cette confusion, lui fit donner avis de se retirer, par M. Baudrand, alors directeur de l'innocent persécuté. Celui-ci prit son jour pour faire entendre au Bienheureux de la Salle, que ne pouvant s'accorder avec M. le Curé, il était de sa prudence de saisir le temps présent des vacances, pour retourner à Reims, et ajouta qu'il était prêt à le conduire chez M. le Curé, afin de prendre congé de lui. Le pieux Instituteur, qui ne cherchait que Dieu et qui s'abandonnait en tout au soin de sa Providence, y consentit. Je ne sais quelle impression fit cet adieu sur M. de la Barmondière ; quand il l'eut entendu, il ne fut plus si empressé de congédier le Bienheureux de la Salle et les Frères.

Livre II. — Chapitre VIII.   253

Il parut pensif, et, après être entré en conférence sur ce sujet avec M. Baudrand, il en sortit incertain sur le parti qu'il devait prendre ; et, pour réponse, il dit au Bienheureux de la Salle qu'il y penserait. « Il y pensera bien encore trois ans avant qu'il change rien », dit M. Baudrand au Bienheureux de la Salle, au sortir de la chambre de M. le Curé, « ainsi demeurez en repos. » C'est le parti que prit le Bienheureux de la Salle. Tranquille au milieu de tant d'agitations, incertain le soir s'il coucherait le lendemain dans la maison, il reposait entre les bras de la divine Providence, préparé à tout événement.

M. Compagnon ne demeurait pas oisif pendant ce temps. Son esprit travaillait à inventer de nouveaux moyens de noircir le pieux Supérieur, et de décrier les Frères dans l'esprit de M. de la Barmondière. Il épiait leurs démarches, il pénétrait leurs intentions, il étudiait leur conduite ; rien en eux n'était innocent : sa passion leur faisait un crime de tout, et continuellement il les citait, sans les avertir, au tribunal de M. le Curé, ou à celui de sa communauté de prêtres pour les charger de nouvelles accusations et les faire condamner à se retirer. Un tissu de calomnies tenait lieu de preuves et appuyait son droit contre l'innocence opprimée, et le zèle nouveau qu'il faisait paraître pour le bien des écoles, accréditait ses artifices. En effet, une émulation maligne le rendait alors actif, vigilant et ardent pour surpasser le Bienheureux de la Salle, et paraître plus capable que lui de bien diriger les écoles et d'inspirer la piété aux enfants.

M. de la Barmondière aimait à voir les écoliers à la première messe. Ainsi c'était lui faire sa cour que les faire paraître à l'église de grand matin, sous ses yeux. L'artificieux Compagnon, pour y engager les écoliers, n'épargna ni prières, ni caresses, ni récompenses. Pour avoir de quoi y fournir, il engageait les personnes de piété à lui remettre entre les mains leurs charités, et à consentir qu'il en fît l'application à qui il lui plairait, dans le dessein d'exciter les écoliers à venir à la première messe, en leur faisant entendre que c'était à lui et non aux nouveaux venus qu'il fallait s'attacher, si on voulait être favorisé.

II. — **Le Bienheureux de la Salle ne se défend que par le silence, et enfin son innocence éclate à la confusion de son ennemi.**

LE Bienheureux de la Salle, spectateur tranquille de la scène qui se jouait contre lui, ne se défendait que par le silence et par la patience. Il lui eût été aisé d'obliger tous les enfants de paraître à la première messe et de les y faire conduire par les Frères, et même, sans leur en faire une loi, il aurait trouvé le secret de les y faire tous venir de leur plein gré, avec empressement ; mais c'eût été agir en homme et faire entrer des motifs humains dans sa conduite, et c'est ce qu'un saint a en horreur. Bien loin de tenir cette conduite, il défendit aux Frères de dire et de faire rien de particulier et d'extraordinaire pour captiver le cœur des enfants, et les engager à se trouver à la première messe. Il faut les y exhorter, leur dit-il et les y porter par les vues de Dieu et de leur salut, et s'en tenir là.

En vain le préposé avait épuisé toute la science maligne qu'il possédait, pour diffamer le serviteur de Dieu : en ouvrant la porte par laquelle il croyait le chasser de la maison, il s'ouvrit celle par laquelle il devait lui-même sortir avec honte. N'était-il pas juste qu'il fût pris dans les filets que sa main avait dressés, et qu'il fît en sa personne l'expérience de cette vérité, que les « *calomniateurs ne prospèrent point sur la terre ?* » Voici le tour que prit cette affaire.

M. de la Barmondière, pour terminer la mésintelligence qui était entre ceux auxquels il avait confié le gouvernement des écoles, pria M. l'abbé Janson, qui fut depuis archevêque, d'en examiner la cause, et de voir qui était l'auteur des brouilleries. Le pieux abbé s'y étant transporté, ne tarda pas à connaître de quel côté était l'innocence. L'ordre et la règle qu'il vit régner dans la maison lui parurent un préjugé favorable pour celui qui la gouvernait Les enfants dans le devoir, instruits, occupés, bien disciplinés les Frères silencieux, modestes et recueillis, parlaient assez haut en faveur de l'accusé et soutenaient, sans rien dire, avec une force supérieure à l'éloquence humaine, son bon droit contre le calomniateur. Le vertueux abbé, de peur de se laisser surprendre aux premières apparences, revint plusieurs fois à la maison, et fut toujours édifié de ce qu'il y vit.

Ce qui l'édifiait le plus, c'est que le Bienheureux de la Salle et les Frères n'ouvraient pas la bouche pour se laver des calomnies, dont on les avait noircis. Il voyait des hommes tranquilles qui abandonnaient à la Providence le soin de les justifier, et qui prenaient, pour leur unique défense, le parti de se taire.

Le silence, en effet, est dans ces occasions la marque authentique de la vertu parfaite et l'apologie entière de l'innocence. Qu'il faut avoir remporté de victoires sur l'amour-propre avant que de l'obliger à se taire et à ne pas user de récriminations ! Qu'il faut qu'un cœur soit bien avant dans la possession du Saint-Esprit, pour qu'il ne paraisse point inquiet sur le jugement qu'on porte de son innocence flétrie par d'injustes accusations !

M. l'abbé Janson fut encore bien plus édifié, quand, pressant le Bienheureux de la Salle de se justifier et de rompre le silence sur un ennemi déclaré, qui ne gardait aucune mesure à son égard, il lui entendit dire que, « n'étant point chargé de la conduite de M. Compagnon, il ne l'avait point examinée ». Enfin le vertueux abbé connut quel était l'homme sur le compte duquel sa commission l'engageait de faire des informations, quand il lui entendit dire que « la seule grâce qu'il lui demandait, était de lui faire connaître les défauts qu'il remarquait dans sa conduite, et de lui donner les avis dont il avait besoin ».

Ce trait d'humilité fit connaître au juge-commissaire de quel côté était la passion, et quel homme était celui dont la vertu, mise depuis si longtemps à l'épreuve des plus noires calomnies, n'ouvrait pas la bouche pour se plaindre de celui qui en était l'auteur. C'est pourquoi il ne tarda pas à lui rendre justice, en désabusant M. de la Barmondière, et en lui témoignant l'estime qu'il avait conçue pour un homme qui était si pacifique avec des gens si ennemis de la paix, et qui ne voulait rien répondre aux mensonges et aux impostures qu'on mettait gratuitement sur son compte. Le saint curé, mieux informé, rentrant en ses premiers sentiments pour les Frères et pour leur Supérieur, concerta les moyens de les mettre à l'abri des persécutions, et en état de gouverner les écoles sans contradiction et sans trouble ; mais la démission qu'il fit alors de sa cure en faveur de M. Baudrand, transporta à celui-ci le droit d'exécuter ce projet. Il ne pouvait pas être en meilleures mains, car M. Baudrand, qui était le directeur de l'innocent calomnié, connaissait mieux que personne son éminente vertu. Cependant, afin d'agir avec plus de maturité, il se donna tout le temps nécessaire pour se mettre au fait des dissensions intestines des écoles.

Après être entré, au mois de janvier 1689, en possession de sa cure, il prit l'année entière pour examiner de près la conduite de M. Compagnon ; et cet examen lui ayant fait connaître que cet ecclésiastique n'était bon qu'à mettre le désordre et le trouble dans une maison où il y avait tant d'ordre, il ne pensa plus qu'à l'en faire sortir par une belle porte qui ne tarda pas à s'ouvrir par la mort de celui qui avait soin des enfants de chœur de la Paroisse. Ainsi, à Noël de la même année, il fut chargé de leur éducation.

Le Bienheureux de la Salle, délivré d'un ennemi si fâcheux et si importun, n'en fit paraître aucun signe de joie ; et il ne chercha à se venger du mal qu'il en avait reçu, que par toutes sortes de bons offices. Il se prévalut seulement du temps de paix qui lui était accordé pour mettre dans sa maison toute la ferveur, et dans les écoles toute la discipline qu'il y désirait, car, quelque soin qu'il eût pris d'y établir l'ordre, il n'avait pas été assez le maître pour y introduire toutes les saintes pratiques qu'il avait à cœur. Le temps était donc favorable pour leur donner cours et les accréditer ; il en profita.

Ce redoublement d'ordre et de discipline dans les écoles les remplit d'écoliers. La foule y accourut, et bientôt les classes ne furent pas assez vastes pour les contenir tous. Les enfants, assujettis à la règle, furent plus dociles, plus attentifs, plus religieux, et leur changement montra quels fruits produisent des écoles chrétiennes et bien rangées. Le serviteur de Dieu était étonné lui-même des bénédictions que Dieu répandait sur ses travaux, et il ne cessait de l'en bénir et de lui en rendre des actions de grâces.

Le nouveau Curé n'en fut pas moins surpris lorsqu'il vint visiter les écoles. Témoin du fruit qu'elles faisaient, il ne put contenir sa joie, et il se sentit son zèle s'animer pour les soutenir et pour les multiplier. Sur-le-champ il prit la résolution d'en établir une nouvelle dans la rue du Bac, vers le Pont-Royal. Il en fit la proposition au Bienheureux de la Salle, qui y consentit de grand cœur. Celui-ci en avait eu la première pensée, et il en avait déjà parlé à M. de la Barmondière, mais la chose n'avait pas été conclue. Cette école fut ouverte à l'entrée de l'année 1690, au parfait contentement de M. Baudrand, qui la vit bientôt se remplir et produire les fruits qu'il en attendait.

III.— Nouvelle persécution de le part des maîtres d'école dont il sort victorieux.

LE Bienheureux de la Salle se croyant alors assuré de la paix, parce qu'il ne prévoyait rien qui la pût troubler, ne pensait qu'à en goûter la douceur, et à en profiter pour le bien de son œuvre ; mais en cela même il se trompait ; il ignorait combien son Institut mettait l'alarme dans l'enfer, et combien le Prince de ce monde lui préparait de différentes sortes d'attaques. En effet, on peut dire que l'ancien serpent, si habile à faire du mal et à porter des coups mortels aux entreprises qui sont à la gloire de Dieu, a épuisé contre celle-ci toute la profondeur de sa maligne science.

Il venait de susciter des dissensions domestiques dans la maison des écoles; à peine sont-elles apaisées, qu'il en suscite d'étrangères. Les jours passés, le serviteur de Dieu avait essuyé une guerre au dedans; les jours suivants, il en voit une s'élever au dehors; *intus timores, foris pugnæ.*

La jalousie venait de faire sentir au serviteur de Dieu les piqûres d'une langue envenimée comme la dent du serpent; maintenant l'intérêt arme la communauté des maîtres d'écoles de Paris contre les siennes.

Ces mercenaires, qui ne vivent que de leur métier, et qui trouvent leur pain au bout de leur plume, effrayés des fruits et des progrès des écoles chrétiennes et gratuites, croient déjà voir la ruine des leurs dans l'établissement de celles-ci. Ceux des maîtres qui étaient voisins de ces nouvelles écoles, commençant à sentir le déchet de leur gain, ne purent voir sans dépit celles des Frères se peupler de leurs propres écoliers. L'imagination échauffée et irritée leur disait que bientôt ils se trouveraient seuls dans une maison vide, et qu'ils auraient la confusion de voir leurs écoles désertes, tant que celles des Frères ne seraient pas fermées. Quelle amertume de se voir supplantés par des nouveaux venus, qui allaient les conduire eux et leurs familles à l'hôpital, en faisant d'un art lucratif une œuvre de charité! Fallait-il donc, se disaient-ils, laisser s'établir sur leurs propres ruines, des maîtres qui venaient sous le nom de Frères pour les détruire?

Ces raisons vaines remuèrent tous les maîtres de Paris, et, sans en examiner le faux, ils suivirent l'impression qu'en reçurent leurs passions. S'ils avaient voulu se calmer et consulter sans préjugés les fins des écoles gratuites, ils auraient appris qu'elles ne sont ouvertes qu'aux pauvres, et qu'à ceux qui n'ont pas le moyen d'acheter l'instruction; ceux-ci n'étant pas capables d'enrichir leurs maîtres, ils demeurent toujours à l'abandon, et il n'y a jamais presse à en remplir les écoles. Des hommes qui vendent leurs services, n'ayant aucun profit à attendre de gens qui n'ont rien à donner, sont plus disposés à les chasser de leur maison qu'à les y appeler. Quel tort pouvaient donc recevoir les anciens maîtres de l'établissement des nouveaux, qui n'ouvrent leurs écoles qu'en faveur d'une jeunesse à qui le pain manque souvent autant que l'instruction? Ne devaient-ils pas plutôt savoir gré à ceux qui se chargeaient d'une troupe d'enfants que le monde repousse parce qu'ils sont misérables?

Mais les riches se mêlent avec les pauvres, disaient-ils, et vont, à notre préjudice, chercher dans les écoles charitables une instruction gratuite. Voilà la seule objection raisonnable que les maîtres pouvaient faire aux derniers venus ; la réfutation en est facile. On peut dire que c'est se déclarer pauvre que d'envoyer ses enfants à des écoles qui ne sont ouvertes que pour des pauvres ; si les plus pauvres ont bien de la peine à le paraître, comment les riches affecteraient-ils d'en porter la honte ? Ne sait-on pas combien l'orgueil est révolté contre tout ce qui sent la misère ? Il ne faut donc pas croire que des gens qui ont le moyen de faire instruire leurs enfants, aillent mendier ce secours dans des écoles de charité.

Quoi qu'il en soit, il arrive souvent que des gens qui paraissent être à leur aise, ne le sont pas. Les maîtres d'école n'ont point regardé dans la bourse de ceux dont les enfants vont chez les Frères. Combien y a-t-il d'enfants qui fréquentent les écoles des Frères, à qui il faudrait donner du pain plutôt que de leur demander de l'argent ? Après tout, nulle chose au monde qui soit à l'abri de tous les inconvénients. Si quelques parents aisés envoient leurs enfants chez les Frères, ils le font aux dépens de l'amour-propre. L'abus se glisse partout, et nulle part on ne peut lui fermer toutes les portes. Ce n'est pas absolument aux Frères à faire la preuve de la pauvreté de leurs écoliers. On leur en fait aveu, ainsi qu'au public, dès qu'on demande l'entrée dans leurs écoles. Cet aveu est notoire, et, par conséquent, on ne peut récuser cette attestation de pauvreté.

Enfin, que quelques enfants de parents à leur aise trouvent place parmi ceux des pauvres dans les Écoles chrétiennes, l'inconvénient est petit ; au lieu que celui d'une jeunesse abandonnée à l'ignorance et à la mauvaise éducation, est affreux et désolant. D'ailleurs, les maîtres font eux-mêmes partie du public, qui a un intérêt infini à l'établissement des Écoles chrétiennes et gratuites. Et la multiplication de celles-ci est d'une si grande importance pour l'Église et pour l'État, que, pour la procurer, ceux qui en sont membres, ne doivent pas consulter la perte d'un léger intérêt, quand il serait vrai qu'ils aient à le souffrir.

Les maîtres de Paris prirent donc une vaine alarme de l'érection des Écoles chrétiennes, sans assez considérer qu'elles ne se remplissaient que d'une multitude d'enfants qui étaient de rebut pour eux, et hors d'état de récompenser leurs services ; ils se crurent tous ruinés, et voyaient déjà leur famille à la mendicité, s'ils ne se hâtaient de faire chasser de la ville ces hommes charitables, qui ne demandent aucune rémunération pour l'instruction. Ils y furent, de plus, excités par le préposé aux écoles sulpiciennes,

Livre II. — Chapitre VIII.

dont on a déjà parlé, qui, n'ayant pu réussir par la calomnie et par ses menées secrètes, à chasser le Bienheureux de la Salle et les Frères d'un lieu où il les avait appelés lui-même, entreprit d'en venir à bout à l'aide des maîtres d'école qu'il remua et qu'il mit en œuvre. Ceux-ci, sans perdre de temps, eurent recours aux voies de fait et de droit.

D'abord, ils firent tout saisir dans les écoles ; ensuite faisant assigner les Frères et leur Supérieur, ils leur intentèrent un procès, sous prétexte qu'ils attentaient à leurs privilèges, et qu'ils s'arrogeaient, sans titre, le droit de faire leurs fonctions. Les premières poursuites se firent par devant M. l'Écolâtre de la cathédrale, qui rendit sentence en leur faveur, contre les Écoles chrétiennes et gratuites.

Cet incident pensa déconcerter les desseins du Bienheureux de la Salle, et étouffer son œuvre dans sa naissance ; car l'horreur qu'il avait pour les procès, lui liait les mains, et il aurait tout abandonné, s'il l'eût pu faire sans trahir la cause de Dieu. Il ne pouvait se résoudre à plaider, et il hésitait s'il ne devait point céder aux poursuites de ses adversaires.

Cependant, on lui représenta que sa cause était celle des pauvres et du public, qu'il ne s'agissait que de leurs intérêts et non des siens propres ; et qu'après s'être chargé de l'instruction de la jeunesse ignorante et misérable, il ne pouvait, sans lâcheté et sans pusillanimité, la rendre à sa première ignorance et à sa mauvaise éducation ; que la même charité qui l'avait dépouillé de tout pour se mettre à la tête d'une société des Frères dévouée à l'instruction chrétienne et gratuite des enfants de la population pauvre et indigente serait blessée, s'il laissait leur cause sans défenseur, et qu'elle exigeait de lui de faire en leur faveur l'office d'avocat, après avoir fait celui de maître d'école ; qu'il avait dû prévoir que des maîtres intéressés ne verraient pas sans jalousie des écoles gratuites s'élever sous leurs yeux, sans crier et sans sonner le tocsin ; que l'ayant prévu, il n'avait pas dû s'attendre à les voir mettre bas les armes, et à se réconcilier d'abord avec des gens qu'ils regardent comme leurs rivaux ; qu'après tout, un procès injuste étant une croix, un homme qui en avait tant souffert d'autres, ne devait pas refuser celle-ci que la Providence permettait. Enfin, son directeur lui fit un point de conscience et un devoir de soutenir sa cause qui était celle de Dieu et des pauvres. Il se soumit, et, persuadé de la volonté de Dieu, il soutint le procès, et il le mena avec tant de vigueur, qu'il fut en peu de temps terminé à son avantage.

Il est vrai que le public s'intéressait pour lui. Le bien des écoles chrétiennes et gratuites était sensible, et plaidait en sa faveur. Tout le monde sentait que les pauvres seuls avaient à craindre la perte d'un procès qui les intéressait. Il était clair que la jalousie et la cupidité mettaient en mouvement les ennemis des Frères, et que de fermer leurs écoles, c'eût été faire triompher ces deux passions injustes, aux dépens de la religion et de la charité.

J'oubliais de dire que le Bienheureux de la Salle dut cette victoire à la prière et à l'intercession de la très sainte Vierge. C'était pour intéresser dans sa cause la sainte Mère de Dieu, qu'il avait mené ses Frères en pèlerinage à Notre-Dame-des-Vertus, lieu de dévotion fort fréquenté, qui est à deux petites lieues de Paris, qu'il y avait célébré la sainte Messe, et qu'il les y avait tous communiés. Mais comment se fit ce pèlerinage ? Toute la matinée se passa dans l'exercice de la prière. On ne sortit de ce lieu de piété qu'après y avoir été trois heures ; et le jour finit comme il avait commencé, dans le silence, dans la prière et dans le recueillement. Un pain distribué entre les Frères, fut l'unique soulagement qui leur fut donné pour achever une journée si fatigante. Pour ce qui est de leur Supérieur, il s'en retourna à jeun, et il ne mangea que le soir.

IV. — Le Bienheureux de la Salle subit une autre persécution au sujet de l'habit des Frères.

LE Bienheureux de la Salle, au sortir de cette épineuse affaire, entra dans une autre, qui fut le premier anneau de cette longue chaîne de croix qu'il eut à porter sur la paroisse Saint-Sulpice. Des ennemis rivaux de son œuvre viennent de lui intenter un procès ; à peine est-il conclu à son avantage, que ses amis, protecteurs de son Institut, lui en intentent un autre. Traduit devant un premier tribunal où les juges ne sont point sa partie, il est écouté : on y reçoit ses motifs de défense, et il gagne. Cité dans le second cas devant un tribunal favorable à sa personne, mais contraire à son esprit et à ses dispositions, il trouve dans son juge son adversaire, qui condamne les Frères à un changement d'habit.

Le pieux Instituteur, qui avait pour la conduite de sa communauté, des lumières et une grâce que les hommes importants qui l'attaquaient n'avaient pas reçue de Dieu, prévit les conséquences de ce changement, et il s'y opposa. Quelque respectable que fût à son égard l'autorité de celui qui portait cette sentence, il crut qu'il était de la dernière importance d'en appeler, et de soutenir son appel par des raisons convaincantes. Tous ceux qui eurent connaissance de la nature de sa cause, souscrivirent à la force de ses raisons, et soutinrent son sentiment ; mais il n'en porta pas moins la peine de sa victoire par des soustractions d'aumônes, et par les dénominations odieuses d'opiniâtre et d'entêté.

Il faut tout dire ; celui qu'il avait pour adversaire, était un homme d'un grand nom et d'un grand crédit à Paris. L'habit des Frères, alors si simple et si singulier qu'il leur attirait les risées de la populace et les rebuts des gens du monde, lui déplaisait. Il avait peur que le mépris de leurs personnes retombât sur leur ministère. Son zèle pour les écoles chrétiennes et gratuites, dont sa paroisse recevait à Paris les premiers fruits, lui inspirait la crainte d'exposer au mépris ceux qui les dirigeaient, par une forme de vêtements extraordinaires et qui n'étaient du goût de personne. Cet homme, qui avait autant de mérite que de réputation, pensait comme bien d'autres, que le Bienheureux de la Salle ne devait pas s'opposer si fermement au changement d'un extérieur qui ne devait en rien déranger l'intérieur ; et que, puisque l'habit ne fait pas le moine, il ne devait pas s'attacher à celui-ci, qui n'attirait les regards par sa nouveauté que pour apprêter à rire et à faire tourner en ridicule ceux qui le portaient.

M. Baudrand, comme curé de la paroisse sur laquelle les Écoles chrétiennes étaient établies, comme leur bienfaiteur et leur protecteur et comme directeur du serviteur de Dieu, se croyait en droit de faire ce changement et d'exiger du Bienheureux de la Salle cette soumission et cette complaisance. L'habit qu'il destinait aux Frères, était le long manteau et l'habit ecclésiastique. S'il était seul de son sentiment sur ce dernier article, sur le premier, qui regardait le changement d'habit, le public pensait comme lui. Mais le public ne savait pas les grandes raisons qui avaient obligé le vénérable Instituteur à donner à l'habit des Frères la figure qu'il a. Elles sont si fortes, qu'elles emportent l'approbation de ceux qui les lisent.

Comme il y avait à espérer que M. Baudrand, qui ne voulait que le bien, qui aimait le Bienheureux de la Salle, et qui était zélé pour son œuvre s'y rendrait, le serviteur de Dieu prit encore la plume pour mettre en pleine lumière les motifs qui l'avaient déterminé à donner aux Frères l'habit qu'ils ont. Cet écrit parut si fort et si solide, que celui à qui il fut montré et que le pieux Instituteur consulta, lui conseilla de tenir ferme sur ce point.

Il est vrai que le Bienheureux de la Salle n'a point nommé la personne qu'il consulta, et qu'il s'est contenté de dire que c'était une personne très sage. Mais, par ce glorieux titre, il a assez désigné le célèbre Supérieur des séminaires de Saint-Sulpice, M. Tronson, dont la sagesse était si connue en France ; puisque c'était à lui seul qu'il recourait dans toutes les grandes difficultés, comme à une source de lumières et à un homme en réputation d'être un des oracles du clergé de France. D'ailleurs le Bienheureux de la Salle ayant été un de ses élèves, et ayant eu le bonheur, dans le temps qu'il avait demeuré au séminaire de Saint-Sulpice, d'être sous la conduite de ce saint Supérieur, qui, à un grand fonds de science et d'esprit, unissait une humilité et une vertu éminentes, il était naturel qu'il prît ses conseils. Il les a toujours pris, en effet, tant que M. Tronson a vécu ; et sans épargner ses pas, il allait souvent consulter cet homme vénérable au séminaire d'Issy, dans lequel il faisait alors sa résidence. S'il ne pouvait avoir les avis d'un homme si éclairé, il fallait demander ceux de M. Bauyn, directeur du Séminaire de Saint-Sulpice, dont la sainteté était manifeste pour tous ceux qui l'approchaient.

Ainsi le pieux Instituteur, n'ayant pour règle de conduite que l'obéissance, allait chercher dans ses doutes, chez les plus grands serviteurs de Dieu, la manifestation des volontés divines sur lui, et quand elles lui avaient été une fois déclarées, il demeurait inébranlable. Car sa maxime était de ne point écouter d'autre voix que celle qu'il avait consultée en esprit de foi, et qu'il avait consultée comme l'organe de celle de Dieu.

Sa peine, en cette occasion, fut de contredire celui qui était son supérieur, et comme curé, et comme directeur, et comme protecteur de son œuvre.

Ce défaut apparent de soumission ne manqua pas d'être imputé à entêtement et à opiniâtreté. Le serviteur de Dieu fut taxé d'être un homme plein de son sens, qui ne voulait jamais céder, et qui voulait l'emporter partout. On le lui dit à lui-même, on lui en fit des reproches amers ; mais, par bonheur, il avait pour garant de son sentiment, les hommes les plus sages qu'il avait consultés. De plus, dès que M. Baudrand était devenu le contradicteur du serviteur de Dieu, il ne devait plus s'attendre à sa confiance, son avis ne faisait plus loi pour un homme qui regardait le point contesté, comme un article qui n'était point de la compétence du tribunal de la pénitence et de la direction.

Ajoutons qu'il y avait déjà plusieurs années que la forme de l'habit des Frères avait été réglée ; si on ne commençait pas encore

Livre II. — Chapitre VIII.

à l'approuver, on commençait au moins à y accoutumer ses yeux. On n'aurait donc pas pu le changer sans donner un nouveau sujet de parler. D'ailleurs, il n'était pas à propos de revenir sur ce point, et de recommencer à nouveaux frais, contre cet habit, une procédure qui n'aurait jamais eu de fin, puisque tous les curés qui auraient eu des écoles, ou tous ceux qui les eussent établies, auraient pu avoir leurs changements à proposer sur l'habit et sur la règle des Frères.

Pour conclusion, dans toutes les difficultés que firent successivement au Bienheureux de la Salle les deux personnages dont on a parlé, le pieux instituteur n'agit que par les impressions des personnes les plus sages qu'il avait consultées. A l'égard de M. de la Barmondière, il ne fit rien que par le conseil de M. Baudrand ; et, à l'égard de M. Baudrand, il ne fit rien que par les sages avis de M. Tronson. Il n'avait pas fait un pas sans ce conseil, il n'avait rien fait de lui-même. C'est le témoignage que se rend à lui-même le vertueux Supérieur des Frères dans le mémoire qu'il a laissé écrit de sa main.

Tandis qu'il était si crucifié au dehors, il ne l'était pas moins au dedans, par les deux Frères qu'il avait amenés avec lui de Reims à Paris, et qu'il avait choisis pour être comme ses deux bras dans l'établissement qu'il méditait dans la capitale du royaume. Son choix semblait ne pouvoir être plus judicieux, car ces deux jeunes hommes avaient reçu de Dieu de grands talents pour leur vocation. Le Bienheureux Fondateur n'eut pas même d'abord à se repentir de la préférence qu'il leur avait donnée sur les autres pour cette entreprise ; car ils le servirent avec zèle et devinrent les compagnons de ses travaux. Témoins de sa patience, de son humilité, de son silence et de sa modération dans les contradictions, ils parurent eux-mêmes en imiter les exemples. Associés à ses peines et à ses souffrances, ils en partagèrent avec lui le calice.

Mais quelle est la fragilité humaine ! Ces deux enfants si attachés, et en apparence si semblables à leur père et si dignes de lui, au bout de deux ans, se soulèvent contre son autorité et deviennent ses persécuteurs domestiques. L'esprit malin qui connaît la faiblesse du cœur humain, voyait en ceux-ci un fonds d'ambition secrète, et de cet orgueil délicat qui aime la première place, et qui croit qu'on ne rend pas justice à son mérite si on ne la lui accorde pas. Comme la jalousie est le ressort ordinaire qui met en mouvement la présomption et qui la démasque, ce fut par elle que Satan attaqua les deux Frères et porta le désordre dans leurs âmes. Quelle fut la surprise du serviteur de Dieu de voir ses deux confidents devenir les artisans de ses peines et du trouble intérieur de sa maison, quand il mit un troisième au-dessus d'eux ! Nous l'avons déjà dit, l'ordre qui régnait dans ces écoles avait multiplié les écoliers, et, deux Frères ne pouvant plus suffire au grand nombre, le Bienheureux de la Salle en fit venir deux autres de Reims, pour partager le travail et aider les anciens à recueillir la moisson. Un de ces derniers, égal en talent pour les écoles aux deux premiers, leur était supérieur en piété, et ce fut lui que le pieux Instituteur mit à leur tête.

L'orgueil secret et caché dans le cœur de ceux-là se dévoila en cette occasion. Leur amour-propre reçut une plaie profonde de se voir au-dessous du dernier venu, dans un lieu où ils avaient travaillé les premiers avec tant de succès, et partagé avec leur Père les humiliations et les peines. La jalousie qui se choque de la préférence qu'on donne aux autres, et qui regarde leur mérite comme une injure personnelle, les aigrit contre leur Supérieur et les porta à la révolte. Le premier des deux, après avoir exercé quelque temps la vertu de son Père, en sortant de la maison lui laissa une plaie profonde dans l'âme.

Le Bienheureux de la Salle, à qui il était cher par quantité d'endroits, pleura sa sortie, comme le père de famille pleura celle de l'enfant prodigue. Ce Frère, d'un grand mérite, et qui aurait été parfait si, aux belles qualités du corps et de l'esprit, aux dons mêmes de la grâce et aux vertus, il avait su joindre l'humilité, était nécessaire à une communauté naissante. On le sait, quand le troupeau est petit, la perte d'une seule brebis est très sensible au Pasteur ; elle l'est bien davantage, quand celle qu'il perd est de grand prix. Ainsi le vertueux Instituteur fut extrêmement affligé du dérangement et de la sortie de ce Frère.

Outre le scandale qu'elle donnait aux autres Frères, elle ne pouvait arriver dans des circonstances plus fâcheuses par rapport au nouvel établissement de Paris.

Le second aurait été parfaitement semblable au premier si son orgueil n'eût été plus loin. S'il ne sortit pas si tôt de la société, il fit acheter bien cher à son patient supérieur le séjour qu'il y fit pendant deux ou trois ans. Il n'y resta, ce semble, que pour faire son tourment, et il paraît que le démon l'y retint pour mettre aux plus rudes épreuves la vertu du saint Instituteur.

Quels services ce malheureux n'aurait-il pas continué de rendre dans les écoles chrétiennes, pour lesquelles Dieu lui avait donné tant de talents, s'il n'eût point donné entrée dans son cœur à l'esprit d'orgueil ! Mais, à quoi servent les dons et les talents, si ce n'est pour conduire à sa perte le cœur qui n'est pas humble ?

CHAPITRE IX.

Le Bienheureux de la Salle tombe dans une maladie mortelle, dont il guérit ; il fait un voyage à Reims, et à son retour il trouve le Frère l'Heureux mort ; impressions que fait cette mort sur lui ; règlements qu'elle lui inspire pour sa communauté. — (1690.)

LA sortie du premier Frère, qui fut la plus précipitée, laissa, dans les écoles de Paris, une place vide qu'il fallut absolument remplir. Il paraît que Reims ne put pas fournir alors à Paris un maître d'un mérite égal à celui qui venait de déserter, ou qu'il eût fallu faire un trop grand remuement dans les écoles de Laon, de Guise et de Rethel, pour pouvoir, entre ceux qui y présidaient, en choisir un d'un talent supérieur, propre à venir à Paris. Quoi qu'il en soit, pendant plusieurs mois, la place du déserteur fût demeurée vide, si le Bienheureux de la Salle ne l'eût occupée.

Il était partout le suppléant des Frères, et il était ravi de leur montrer, par son exemple, combien il estimait et honorait leurs fonctions, en se faisant un plaisir, un honneur et un devoir de les exercer à leur défaut.

La vertu du Bienheureux de la Salle, épurée par tant de croix différentes, fut mise à une nouvelle épreuve, vers la fin de l'année 1690. Il tomba malade et il pensa mourir : nouvelle matière pour lui des vertus les plus héroïques. Un épuisement de forces fut le commencement de sa maladie, et son peu de ménagement la rendit si violente, qu'on eut tout à craindre pour sa vie. Cette faiblesse par où commença le mal, dut son origine à la sévérité extraordinaire dont il usait à l'égard de sa chair.

Pour peu qu'on revienne sur ce qui a été rapporté de ses veilles, de ses jeûnes et de ses fatigues dans les voyages qu'il faisait toujours à pied, de ses cruelles et fréquentes disciplines, de la pauvre et grossière nourriture à laquelle il s'était habitué avec tant de peine, de sa coutume de coucher souvent habillé, ou sur une porte, ou sur une planche, ou sur la terre nue, de son usage presque continuel des cilices, des haires et chaînes de fer armées de pointes, et la continuelle attention à mortifier ses sens, on ne sera étonné que de ce qu'il n'ait pas plus tôt succombé sous le poids de tant d'austérités, et que la maladie ait si longtemps respecté un corps ruiné par la pénitence. Elle vint enfin, et donna l'alarme aux Frères en faisant craindre pour sa vie.

Ce nouveau Job devait à ses enfants des exemples de vertu dans la maladie, qu'il ne leur avait pas encore donnés, et peut-être que le démon aurait pu se flatter que le Bienheureux de la Salle ne méritait pas encore rang parmi les parfaits, puisqu'il n'avait pas soutenu l'épreuve de la maladie. En effet, un jugement de cet esprit, supérieur à tout autre en malice, qui connaît parfaitement le cœur humain et les endroits faibles par lesquels il peut l'attaquer avec succès, la maladie est de tous les genres de combats celui dont l'homme, ami de la chair, a plus de peine à sortir victorieux.

Cette tentation abat les âmes de la trempe la plus forte. L'homme ne tient à rien tant qu'à son corps, qui est la moitié de lui-même. Il peut, sans une si haute vertu, se voir, d'un œil indifférent, dépouillé de ses richesses, de ses enfants et de tout ce qu'il a de plus cher en dehors de lui-même ; et Job, cet homme si parfait, dont Dieu lui-même faisait l'éloge, ne devait être, au sentiment du tentateur, digne des louanges que Dieu lui donnait, qu'après l'épreuve de la maladie. Quelque parfait que fût Job, l'esprit de malice se promettait que son cœur, inébranlable à toutes les autres tentations, pourrait succomber à celle-ci.

Il faut avouer qu'une maladie mortelle ne pouvait pas saisir le pieux Instituteur dans des circonstances plus critiques pour sa vertu ; car elle était une espèce de crise pour sa communauté, qui, vraisemblablement, s'il fût mort, eût été ensevelie avec lui dans le même tombeau.

Le serviteur de Dieu avait enfin commencé à Paris l'établissement pour lequel le R. P. Barré avait fait tant de vœux. Il avait déjà essuyé, pour le fonder, d'étranges difficultés. Cet établissement fleurissait au milieu des épines, il prospérait au milieu des croix, et il donnait de grandes espérances pour l'avenir. Le succès de cette œuvre paraissant, selon la conduite ordinaire de la Providence, lié avec sa vie, sa mort en devait être la ruine ; ainsi voilà le double sacrifice que Dieu lui demande, et c'est pour qu'il ait occasion de le faire avec tout son mérite, que Dieu le mène aux portes de la mort.

I. — Il fait, à pied, un voyage de Paris à Reims où il tombe malade.

UN homme moins inactif que le Bienheureux de la Salle à l'état de sa santé, eût pu prévoir le mal et le prévenir ; car l'épuisement de ses forces lui annonçait assez que son tempérament s'altérait, et qu'il ne pouvait plus porter le joug accablant des travaux et des austérités sous lequel il gémissait depuis longtemps. En adoucissant ce fardeau trop pesant, et en prenant du repos et une nourriture plus forte, ses forces se seraient rétablies, et sa santé n'aurait pas succombé. Mais, on le sait, les saints n'ont jamais pitié de leur corps. Ils ne lui sont jamais assez sévères, à leur gré, et loin de se repentir de l'avoir traité avec trop de rigueur, ils ne s'accusent que de l'avoir trop ménagé, et d'avoir trop écouté ses plaintes. Si cette sainte dureté est une faute, il faut avouer que celui dont nous écrivons l'histoire, en est coupable autant qu'aucun autre, et qu'on ne peut l'en excuser en cette rencontre ; car, au lieu d'écouter les secrets gémissements d'une chair qui se plaignait de sa faiblesse et de l'altération de sa santé, le Bienheureux de la Salle ajouta à ses austérités ordinaires, un voyage à pied de Paris à Reims, où les affaires de l'Institut l'appelaient. La maladie qui l'y attendait, ne tarda pas à se déclarer. Il en sentit sans doute les attaques dans le voyage ; mais son courage le soutint jusqu'à son arrivée. Après avoir expédié les affaires qui l'avaient appelé à Reims, il pensait déjà à retourner à Paris. Il voulait vaincre le mal, mais il était trop sérieux, pour qu'il pût plus longtemps le dissimuler. Il fut obligé de céder à sa violence et de s'aliter. Cette démarche dans un homme qui ne s'écoutait jamais, fit connaître le danger de sa maladie et le juste sujet d'en craindre les suites.

Quelle fut la frayeur du petit troupeau, à la vue de son Pasteur malade ! Quelle fut l'alarme des enfants à la vue d'un père si nécessaire à sa famille, couché dans un lit, ce qui ne leur augurait rien que de triste ! C'est ce qu'on peut aisément concevoir. Les larmes de joie, que son retour avait tirées de leurs yeux, furent bientôt changées en larmes de tristesse, et déjà ils regrettaient la consolation qu'ils avaient de le voir à Reims. Ils l'auraient voulu à Paris, et le savoir en santé.

Cependant, au milieu de leur consternation, l'exemple de sa constance, de sa paix et de sa sérénité, les rassurait, et ils croyaient lire sur son visage, que la maladie ne faisait point pressentir la mort, qu'ils devaient se calmer, et que le grand remède qu'ils pouvaient lui préparer, était celui d'une continuelle prière pour sa santé. Chacun donc s'efforça de faire violence au Ciel, et de le conjurer de rendre aux disciples un maître si nécessaire, et aux enfants, un Père chéri. Les autres remèdes ne furent pourtant pas négligés. Ils étaient fort simples ; car il ne s'agissait que d'accorder à un corps épuisé de forces, un peu de repos et une meilleure nourriture. La difficulté était de la trouver dans une maison où tout manquait.

Son unique ressource était la divine Providence, et elle ne lui manqua jamais; ses enfants pourvurent à ses besoins avec toutes sortes de soins et de tendresse, et la Bonté divine leur fournit tous les secours dont la santé de leur Père avait besoin pour se rétablir. Mais un homme qui se regardait comme un étranger au milieu de sa patrie, s'ennuyait de tant d'attentions et ne cherchait qu'à s'y dérober. Tous les soulagements qu'on procurait à son corps paraissaient offenser sa ferveur ; ils lui étaient à charge, et s'il ne pouvait se dispenser d'en user, il en usait avec une sobriété gênante pour les sens, et d'une manière dont la chair ne pouvait se contenter.

II. — **Il ne permet pas que sa grand'mère vienne le voir malade dans son lit. Il se lève et va dans le parloir recevoir sa visite.**

IL marqua le commencement de sa maladie par un exemple singulier de régularité. Son aïeule était encore vivante, et elle avait pour lui une singulière tendresse ; cette bonne dame, alarmée à la première nouvelle de sa maladie, accourut à la maison des Frères, et prenait déjà le chemin de sa pauvre chambre pour l'y voir. Elle croyait ne point trouver d'obstacle dans sa qualité de femme qui la pût arrêter à la porte d'un petit-fils, et que le titre de mère lui donnait un droit qui était justement refusé aux autres personnes de son sexe. D'ailleurs, la communauté des Frères n'étant pas encore alors une communauté régulière, n'avait point de privilège, ni de caractère qui pût en exclure absolument les femmes. Et s'il était à propos de leur en défendre l'entrée, il ne paraissait pas juste de l'interdire à une grand'mère.

Cependant, par ordre de son petit-fils, elle fut arrêtée dans le parloir et priée de l'y attendre. Alors le malade, faisant de grands efforts sur la nature, et rassemblant le peu de forces qui lui restaient, sortit du lit, s'habilla et descendit pour aller recevoir sa visite. La bonne dame, fort surprise, parut un peu offensée de ce qu'elle n'avait pas trouvé auprès de son petit-fils plus de privilège qu'une autre. Elle avait peine à digérer un refus qui paraissait choquer sa qualité de mère. Le Bienheureux de la Salle eut donc à essuyer d'abord quelques reproches de sa part.

Le serviteur de Dieu, pour justifier son procédé, se retrancha dans la défense qu'il avait faite d'introduire les femmes dans la maison, et dans la nécessité où il s'était cru d'autoriser cette règle par son exemple. Il n'y a point, à la vérité, dit-il, d'inconvénient que vous me veniez voir malade dans mon lit ; mais c'était donner un grand exemple que de ne pas permettre à vous ni à moi cette liberté. Nul Frère à l'avenir ne trouvera mauvais que la porte de sa chambre soit scellée à l'egard des femmes, et que l'entrée en soit même défendue à ses proches parentes, quand il saura que ma grand'mère n'a pas eu le privilège de me voir malade, ailleurs que dans le parloir. Le serviteur de Dieu tâcha ensuite de cacher son mal aux yeux de la bonne dame, et de l'entretenir, comme il l'aurait fait en pleine santé.

III. — Il retourne à Paris, et y retombe malade à la mort. Il guérit cependant, et consacre à Dieu sa santé avec une nouvelle ferveur.

A PEINE se crut-il un peu soulagé, qu'il pensa à retourner à Paris. Le séjour d'une ville qui n'avait plus de mépris à lui présenter l'ennuyait. Le désir de s'exiler de la ville de sa naissance et du sein de sa famille, l'impatience de rentrer en son premier train de vie, et de rendre un libre cours à ses austérités, le pressaient de quitter Reims. Il le quitta, en effet ; et, en se remettant en chemin pour Paris, contre l'avis des médecins, il alla chercher dans cette ville une nouvelle maladie. Il arriva si fatigué et si malade, qu'il fut obligé de chercher le lit en mettant le pied dans la maison. Le mal se fit encore plus sentir dans le repos, et, au bout de six semaines, il causa une rétention d'urine qui le réduisit à l'extrémité. Cette nouvelle maladie fit dans la maison de Paris ce qu'elle avait fait dans celle de Reims ; elle mit la consternation parmi les Frères. Tous furent saisis de la crainte de perdre, dans leur cher Supérieur, l'âme et le soutien de l'Institut. Mais, accoutumés qu'ils étaient à ne recevoir que de Dieu de la consolation et du secours, ils allèrent le lui demander dans une prière continuelle, et ils se liguèrent ensemble pour faire une douce et sainte violence au Père des miséricordes, et l'obliger de leur rendre celui qui tenait à leur égard sa place sur la terre, et qui, en cette qualité, était leur appui.

Que ne peut pas sur le cœur de Dieu une prière pure, ardente et unanime ! Rarement se présente-t-elle devant le trône de sa Majesté sans être exaucée. Celle-ci, assez semblable à celle de l'Église naissante pour saint Pierre, en sollicitant sans cesse la divine miséricorde, de rendre à la famille désolée son chef et son pasteur, fut assez puissante pour l'obtenir.

M. Helvétius, médecin hollandais, alors si célèbre dans Paris, proposa un remède, mais en même temps il avertit qu'il devait décider de la vie ou de la mort du malade ; qu'en conséquence, il fallait, avant que d'en faire l'épreuve, faire précéder le saint Viatique, afin d'attirer la bénédiction de Dieu sur le remède et de munir le malade contre ses risques. M. Baudrand se fit un devoir de l'apporter lui-même, avec pompe et solennité, dans une procession composée de plusieurs prêtres de la communauté et du grand séminaire de Saint-Sulpice, tous en surplis et un cierge allumé à la main. Un grand nombre de personnes de toutes conditions étaient à la suite du Saint-Sacrement, soit pour faire honneur au pieux malade, soit pour saisir le moment de voir un saint aux portes de l'éternité. Le médecin lui-même voulut y être présent pour profiter de l'édification commune. Les Frères, autour du lit du malade, pleuraient comme des enfants sur leur père, et marquaient par leurs sanglots et par leurs gémissements la grandeur de la plaie qu'allait laisser dans leur cœur la perte d'une personne si chère et si nécessaire.

Ils étaient si consternés, que M. le Curé crut que sa charité l'engageait à les consoler sous les yeux de leur pieux Instituteur, et à le consoler lui-même par les promesses obligeantes qu'il fit de leur servir de Père. Comme ce zélé pasteur était né éloquent, et que sur-le-champ il parlait avec grâce et facilité, il employa tout son talent à relever par des paroles pleines de tendresse le cœur des Frères désolés qui se lamentaient sur leur sort, en se regardant déjà comme orphelins.

Le seul legs que ces pauvres enfants avaient à attendre d'un homme plus pauvre qu'eux, était sa bénédiction, et quelques paroles d'édification. L'humilité du Bienheureux de la Salle fut forcée de leur accorder cette grâce, par l'ordre qu'il en reçut de M. Baudrand, son curé et son directeur. Le malade était si faible, qu'il ne put dire que ces deux mots que le cœur lui mettait si souvent dans la bouche, mais il les prononça avec tout l'amour et toute la tendresse d'un Père : « *Je vous recommande une grande union et une grande obéissance.* » Il n'aurait pas pu leur donner sa bénédiction, si une main charitable n'eût aidé la sienne.

Ce testament, l'unique qui fut alors possible, étant fait, assis sur son lit, revêtu du surplis et de l'étole, il reçut son Créateur, avec cet air de foi, de révérence et de dévotion qui ne le quittait jamais. Le grand médecin de l'âme bénit le remède du corps, dont le succès si incertain devait décider de la vie ou de la mort.

M. Helvétius, qui s'intéressait fort à la santé de son malade, ne le quittait point. Demeuré avec lui après que M. le Curé se fut retiré, il attendait avec inquiétude l'opération du remède, et paraissait en suspens entre la crainte et l'espérance. Mais bientôt il fut rassuré, et vit avec joie les bons effets de son remède. Le malade soulagé fut en état de prendre, peu de jours après, de la nourriture, et bientôt il recouvra la santé.

A peine l'humble malade se sentit-il un peu de forces, qu'il s'en servit pour donner de nouvelles marques d'humilité; car cette sainte vertu, qui ne veut être incommode à personne, lui faisait souffrir avec impatience la peine et les soins que sa maladie causait à ses Frères. Un hôpital était le lieu que son cœur souhaitait, et qu'il demandait; ce dernier asile de la misère humaine était un séjour qu'il enviait aux autres pauvres. L'esprit de pauvreté lui en donnait l'attrait, celui de l'humilité lui en faisait un devoir, et celui de la charité lui en inspirait l'envie. Dans cet esprit, la prière qu'il faisait à ses disciples, était de le faire porter à la Charité, et de se débarrasser de lui. En leur faisant excuse des incommodités qu'il leur causait, il les exhortait à s'en délivrer, et leur demandait en grâce de lui chercher une place dans le refuge ouvert à tous les pauvres. C'est sur quoi les Frères ne purent se résoudre à le satisfaire. Ils n'avaient garde de confier à des soins étrangers un malade qui leur était si cher. Ils prirent de lui tous les soins que de bons enfants peuvent avoir pour un bon père, et pourvurent à ses besoins, autant que leur extrême pauvreté le put permettre.

Dans ces deux maladies, ou plutôt dans cette continuation de maladie, le Bienheureux de la Salle ne montra ni inquiétude sur l'état de son Institut, que sa mort paraissait menacer d'une ruine prochaine, ni désir de la vie, ni alarme sur le sort de ses chers enfants. Tout son soin fut de se tenir uni à JÉSUS-CHRIST, de participer en paix à ses souffrances, de tenir son cœur en équilibre et dans une parfaite indifférence pour la vie et pour la mort, de s'abandonner entre les mains de Dieu, de se résigner parfaitement à sa sainte volonté, de s'offrir en sacrifice à sa grandeur, et, dans l'état d'une victime volontaire, d'attendre en patience la main qui devait l'immoler.

Le pieux Instituteur, délivré, presque contre toute espérance, du danger et des douleurs de la mort qui l'avaient environné, ne pensa plus qu'à consacrer, avec un zèle nouveau et un redoublement de ferveur, à la gloire de Dieu et à l'avancement de son Institut, la vie que Dieu lui rendait. Son premier soin, au sortir de la maladie, fut de l'oublier. Il venait d'éprouver qu'il n'avait pas un corps de fer, et que le sien avait besoin de ménagement plus qu'aucun autre. Cette expérience ne le rendit pourtant pas plus indulgent qu'auparavant à son égard ; il fut toujours le seul dont il n'eut point pitié, et qu'il continua de maltraiter.

IV. — Le Bienheureux de la Salle, dans son voyage à Reims, apprend la maladie mortelle du Frère l'Heureux ; il revient à Paris et ne le trouve plus car il était inhumé depuis deux jours. Ce fut alors que le Bienheureux de la Salle fit une loi aux Frères de ne point entrer dans le sanctuaire.

UN nouveau voyage à Reims, où sa présence était nécessaire, lui offrit l'occasion de faire à Dieu un sacrifice nouveau, et peut-être le plus sensible de sa vie. On sait combien les pères selon la nature tiennent à leurs enfants, et combien la perte de ceux qui occupent dans leur cœur la première place, leur est sensible. Les pères spirituels ne souffrent pas moins, quand Dieu leur enlève ceux de leur fils que la vertu leur a rendus les plus chers, et sur lesquels ils ont fondé de grandes espérances. Le Bienheureux de la Salle venait de faire à Dieu le sacrifice de sa vie ; Dieu s'était contenté de la préparation de son cœur ; sa bonté l'avait rendu à un Institut naissant qui n'avait d'appui visible que lui ; mais, en sa place, il voulut une autre victime, une victime choisie, et la meilleure qui fût dans le troupeau. Cette victime fut le Frère l'Heureux, dont il a été déjà parlé.

Nul autre des enfants de ce patriarche n'était plus digne de le remplacer auprès de Dieu. Le Bienheureux de la Salle en se le désignant pour successeur, lui avait donné la préférence au-dessus de tous les autres ; les Frères la lui avaient donnée eux-mêmes en se le choisissant pour Supérieur, en la place de leur père. Il avait donc, dans le cœur de l'un et des autres, la première place. Il était celui qui paraissait le bras droit du saint Instituteur, et il était seul jugé capable de suppléer à son absence, et de le faire revivre après sa mort ; par là, il était la victime la plus agréable à Dieu, et celle dont le sacrifice devait le plus coûter au Bienheureux de la Salle.

Dieu le choisit et l'immola lui-même par une mort prématurée, dans un temps et avec des circonstances dont chacune fut une épine qui déchira le cœur tendre d'un Abraham, qui aimait cet Isaac, et qui fondait sur lui l'espérance de sa postérité spirituelle. Nous avons déjà dit que le serviteur de Dieu avait fait venir ce Frère à Paris pour l'y faire ordonner prêtre. En partant pour Reims, il l'avait mis à sa place pour gouverner la maison, et il s'attendait bien de l'y retrouver à son retour, et de le mener lui-même à l'ordination. C'était le plan que dressait le pieux Instituteur ; mais, dans celui de Dieu, le Frère l'Heureux devait mourir simple Frère et déranger, par sa mort, les vues du Bienheureux de la Salle.

A peine fut-il arrivé à Reims, qu'il reçut une lettre d'avis de la maladie du Frère ; une autre lui en apprit le danger ; une troisième, qu'il était abandonné des médecins. Le tranquille Supérieur qui avait laissé en pleine santé son Isaac, vit d'abord sans émotion lettres sur lettres, lui annoncer une maladie qu'il ne croyait pas si sérieuse, ni si précipitée vers la mort. Il crut que les Frères de Paris, effrayés sans fondement suffisant, n'avaient pas raison de le vouloir inquiéter lui-même. Il était encore sans souci, lorsqu'une dernière lettre, en lui reprochant qu'il n'avait pas assez fait d'attention aux précédentes, lui apprit que le malade était à l'extrémité.

Alors le bon père, comme réveillé d'un profond sommeil, s'accusant de son incrédulité, conçut le péril où était son fils spirituel, et sentit vivement le danger de le perdre. Il reprend sa route vers Paris, et il fait toute la diligence possible. Quoique le mal ne parût presque rien dans son origine, il tourna à la mort sans donner le temps de le prévenir. Commencé par une petite fièvre, une très violente survint qui causa le délire. La mort qui suivit de près ne donna au malade que le temps de se confesser et de recevoir l'Extrême-Onction.

Il y avait déjà deux jours que le Frère l'Heureux était dans le tombeau, lorsque le Bienheureux de la Salle arriva sur minuit. Ce fut la première nouvelle qu'il apprit à son entrée dans la maison. Elle lui perça l'âme, et l'on croit que jamais dans sa vie il ne reçut dans le cœur une plaie plus profonde. La première impression de la peine lui arracha d'abord quelques larmes, mais un peu revenu à lui, il parut en avoir honte, et se reprocher cette faiblesse de la nature.

Ces premiers mouvements de douleur furent suivis de sentiments de religion et de résignation à la sainte volonté de Dieu.

Livre II. — Chapitre IX. 275

Il adora ses conseils éternels, et déclara sur-le-champ que la mort précipitée du Frère l'Heureux était un avertissement du ciel, qui faisait connaître que l'Institut ne devait point avoir de prêtres. Depuis ce temps, il a toujours été persuadé que sa maison devait être fondée tout entière sur la simplicité et sur l'humilité, et que le sacerdoce, s'il y entrait, en serait la ruine.

En effet, la prêtrise, en distinguant quelques-uns de ses membres, eût mis entre eux l'inégalité, et l'inégalité aurait causé la division. Ce haut rang, en obligeant ceux-là à s'appliquer à l'étude des sciences relevées, eût fait entrer chez eux plus de doctrine que n'en demande la qualité de maître d'école ; et, à la suite d'une science supérieure à celle du commun des Frères, eussent marché la vanité, la curiosité, la singularité, la contention, l'attache à l'étude, la dispense des règles, l'ambition et le désir d'exercer les fonctions les plus brillantes du ministère sacré. Tous ces vices n'eussent pas tardé de montrer leur dangereuse fécondité, et de donner naissance au dégoût de la fonction de Frère d'école gratuite, à l'ennui de ses occupations laborieuses et fatigantes, enfin à l'envie et à la jalousie. En un mot, des Frères choisis et préférés pour entrer dans le sanctuaire et monter à l'autel, n'eussent pas tardé de s'élever au-dessus des autres, de les dominer, de mépriser leur vocation, d'en perdre l'esprit et la grâce, et de les faire perdre aux autres.

Ces prêtres auraient-ils été assez humbles pour se renfermer dans les bornes d'une vocation qui n'a rien de brillant aux yeux du monde, ni de flatteur pour l'amour-propre ? Se seraient-ils tous arrêtés au métier de maître d'école, et à la fonction si utile et si nécessaire d'enseigner le catéchisme, sans appareil et sans éclat, d'une manière simple et familière? Ceux qui auraient cru avoir du talent, n'auraient-ils jamais été tentés de le manifester au monde, de quitter les écoles et de monter en chaire pour y enseigner avec plus d'éclat la doctrine chrétienne ? Le désir flatteur d'unir au talent de la chaire celui du tribunal de la pénitence, n'en eût-il pas fait des directeurs après en avoir fait des prédicateurs ? En ces cas, le directeur, le prédicateur, aurait-il été d'humeur de revenir de la chaire ou d'un confessional dans une école ? Un auditoire nombreux et célèbre, ou un cortège de dévotes de réputation, n'aurait-il point arrêté le Frère devenu prêtre dans ces fonctions éclatantes, et ne se serait-il pas fait un mérite de préférer, à l'instruction d'une jeunesse pauvre, des sermons d'éclat et les autres fonctions glorieuses du sacerdoce ?

Il faut donc convenir que l'état de la prêtrise ne convient point à celui de Frère et de maître des écoles chrétiennes ; et que le Bienheureux de la Salle a été bien inspiré d'interdire à ses enfants l'entrée du sanctuaire. Rien de plus sage ; rien de plus nécessaire que les lois qu'il a portées pour leur en fermer les portes. Il n'y en a peut-être pas de plus nécessaire pour l'état des Frères, et de plus importante pour en conserver l'esprit et la grâce. La mort du Frère l'Heureux qui les a occasionnées, paraît, dans toutes ses circonstances, avoir été le témoignage de la volonté divine sur ce sujet. Tous doivent s'en souvenir, et se servir de ce souvenir pour écarter la tentation d'étudier, si elle leur venait.

Le Bienheureux de la Salle a cru ce point de si grande importance, qu'il a porté la précaution jusqu'à leur interdire le désir d'apprendre la langue latine, et à en défendre l'usage à ceux qui la savent, sous quelque prétexte que ce soit, afin de les mettre tous au même niveau, et de les tenir tous également dans l'esprit de simplicité et de petitesse qui doit être le caractère de leur état. Cette règle est la gardienne des autres et le boulevard qui les défend.

L'expérience, en effet, apprend que les Frères qui savent le latin, ou qui ont quelque teinture de Philosophie et de Théologie, ne sont pas souvent ceux qui réussissent le mieux dans l'Institut, et que plusieurs n'y persévèrent pas, parce qu'ils ne prennent pas assez l'esprit de simplicité et d'humilité de leur vocation, et que, s'évanouissant en vaines pensées, ils veulent faire les docteurs, au lieu d'apprendre à bien faire les fonctions de leur état, dont il n'est pas si aisé de se bien acquitter qu'on pourrait le penser.

Il y a eu pourtant plusieurs Frères qui, oubliant ce qu'ils avaient appris dans l'étude des lettres et des sciences, ne se sont attachés qu'à savoir JÉSUS-CHRIST et JÉSUS-CHRIST crucifié, à imiter sa vie cachée et inconnue, à se faire petits et obéissants ; ainsi ceux-là, ayant pris l'esprit de leur état, et en ayant conservé la simplicité et l'humilité, ont exercé la fonction de maître d'école, avec grande bénédiction. Tel fut le frère l'Heureux. Après ses études, il parut ce qu'il était auparavant : simple, humble, régulier, mortifié, obéissant, ou plutôt un modèle vivant de toutes ces vertus. Après sa mort, M. Baudrand lui fit faire des obsèques honorables, dont il prit la peine de régler la cérémonie. M. le Curé de Saint-Sulpice voulut, par cette marque de générosité, distinguer ceux que le monde prenait plaisir d'avilir et de mépriser, et donner une preuve éclatante de l'estime dont il honorait le nouvel Institut.

V. — Caractère de la vertu du Frère l'Heureux.

CE vertueux Frère, qui fut si regretté de son Supérieur, avait mérité une place distinguée dans son cœur, et l'estime universelle de tous ses confrères, qui le respectaient et l'aimaient, comme le portrait vivant et sensible du Bienheureux de la Salle. Dans ces heureux commencements d'un Institut naissant, ce Frère était à la tête des plus fervents, et se distinguait par la pratique des plus pures vertus. L'humilité fut celle dont il affectionna le plus l'exercice, et dont il donna les plus grands exemples. Comme il fut l'un des premiers Frères qui s'attachèrent au Bienheureux de la Salle, il fut un des premiers qui partagèrent avec lui ses humiliations, et il eut tout le temps de se rassasier des opprobres dont toute la ville de Reims récompensa les travaux de ces nouveaux ouvriers, pendant huit ou dix années de suite.

Le Frère l'Heureux, loin de se dégoûter d'une vocation si humiliante, sut en tirer, pour son âme, tout le profit qu'elle lui présentait à faire. Ayant appris aux pieds de JÉSUS crucifié, que les souffrances et les mépris étaient des grâces de choix et le partage des plus grands saints, il se fit une étude de les cueillir avec un saint empressement, à la suite et sur le modèle du Bienheureux de la Salle. Ce fils, si digne d'un tel père, lui était devenu si semblable, que les Frères crurent revoir l'un dans l'autre, quand l'humilité du vénérable Instituteur les força de le substituer en la place de Supérieur. Le fils en la place du père, le simple Frère élevé au-dessus du prêtre, n'oublia alors ni ce qu'il était, ni ce qu'était l'humble dégradé qu'il voyait à ses pieds. Obligé de commander à celui auquel il devait et voulait obéir, il tâchait de le faire dans l'esprit et dans l'humilité que saint Joseph faisait paraître, quand il voyait JÉSUS et Marie soumis à ses volontés.

Honteux de voir le Bienheureux de la Salle dans sa dépendance, il s'humiliait et se confondait au-dedans de lui-même à mesure que ce saint homme paraissait s'abaisser sous sa main. Le Frère l'Heureux, outre cette rare vertu qui lui gagnait tous les cœurs, avait d'autres excellentes qualités. A un esprit vif et pénétrant, à une grande facilité de parler, il joignait une mortification parfaite de tous ses sens, un grand don d'oraison, et un grand esprit d'obéissance qui naissait de sa profonde humilité. Ces deux dernières vertus parurent en lui avec éclat, lorsque MM. les Grands-Vicaires vinrent à la maison le déposer, pour remettre le Bienheureux de la Salle en sa place. Jamais moment ne fut plus doux pour cet humble Frère, que de revoir son bon père au premier rang. Il profita avec avidité de ce retour si désiré, et il s'affectionna aux pratiques d'humilité et d'obéissance avec un zèle qui semblait vouloir l'emporter sur les exemples que le Bienheureux de la Salle venait de faire paraître à ses yeux.

Ces deux vertus attirèrent sur lui de grandes grâces dans les études qu'il fit de la langue latine, de la philosophie et de la théologie, par ordre de son Supérieur ; en effet, elles lui acquirent des lumières si vives et si étendues, qu'il devint un sujet d'admiration dans les écoles des chanoines réguliers de Saint-Denis, à Reims. Quand on l'interrogeait ou qu'on argumentait avec lui, il paraissait rêveur et pensif. La première parole avait peine à sortir de sa bouche, elle se faisait attendre et elle provoquait l'impatience de ses condisciples, qui lui en faisaient des railleries et qui l'appelaient quelquefois le *gros bœuf*; mais quand une fois il avait commencé à parler, il le faisait avec tant de facilité et donnait des réponses si justes qu'on était obligé de regarder comme un *aigle* celui qu'on avait appelé un *bœuf*.

En cela, il suivait la maxime qu'il avait reçue du Bienheureux de la Salle, de ne point précipiter ses réponses, mais de les préparer dans son esprit avant que de les confier à ses lèvres, et de ne leur permettre d'aller aux oreilles des auditeurs, qu'après les avoir portées devant Dieu par une élévation de cœur. C'était la fidélité à cette pratique qui rendait ce Frère lent à parler, et qui lui obtenait de Dieu le talent de le faire avec grâce et facilité. Au reste, l'amour de l'étude n'affaiblit point en lui l'esprit d'oraison et de mortification. La science ne lui enfla point le cœur, il ne s'en servit que pour se tenir plus petit à ses yeux, plus soumis à ses supérieurs et plus humble à l'égard de ses Frères.

Le temps qu'il était obligé de donner à l'étude, ne dérangea en rien sa ponctualité aux exercices de la communauté. Sa régularité ne pouvait être plus grande sur ce point. En le voyant se rendre le premier aux exercices communs, on aurait cru qu'il ne faisait point d'autre étude que celle de se rendre ponctuel au premier son de la cloche. Cependant, comme la science ne vient pas par infusion, et qu'il n'y a qu'un travail assidu qui puisse en acquérir la possession, il prenait sur son repos, pendant la nuit, le temps qu'il ne voulait pas dérober aux exercices de piété.

La perte d'un si rare sujet méritait tous les regrets dont le saint Instituteur l'honorait. Elle était grande, elle ne pouvait être que très sensible à celui qui s'intéressait tant au progrès d'une œuvre dont le bien semblait demander une plus longue vie pour le Frère l'Heureux.

CHAPITRE X.

Moyens que le Bienheureux de la Salle prend pour ne point laisser tomber son Institut et pour le bien former. Il fait vœu avec deux Frères de ne jamais abandonner l'œuvre. Il conçoit le dessein d'établir un noviciat. Contradictions qu'il éprouve à ce sujet et qu'il lève par la prière et par la pénitence. Ferveur de cette maison d'épreuve. — (1691.)

O N a vu, dans ce qui a été rapporté ci-dessus, tout ce que le Bienheureux de la Salle a fait et souffert à la naissance de son œuvre. Il y a déjà plus de dix ans qu'il a mis la main à ce travail épineux, qu'il l'a arrosé de ses sueurs et de ses larmes, qu'il l'a rougi de son sang, par de cruelles disciplines et mortifications ; cependant son ouvrage n'avance pas beaucoup. A chaque pierre qu'il pose pour la construction de cet édifice, il trouve un obstacle nouveau ; et, tandis que sa main charitable l'élève à grands frais par parties, une autre main malfaisante, le détruit et le démolit.

Quand le saint Instituteur vint à Paris, il avait laissé à Reims une communauté composée de trois éléments différents, où il y avait près de cinquante personnes, sans compter les Frères des écoles de Laon, de Guise et de Rethel. Au bout de deux ou trois ans de son absence, cette triple communauté parut évanouie. Le séminaire des maîtres d'école pour la campagne, qu'il avait commencé avec tant de succès, et qu'il avait laissé, à son départ pour Paris, dans une si grande ferveur, en le perdant, perdit son soutien et disparut presque aussitôt. Il est vrai que les sujets qui le formaient firent beaucoup de bien ; mais ce grand bien ne servit qu'à faire regretter la cessation d'une œuvre si utile et de si belle espérance.

Le séminaire des petits Frères n'eut pas un meilleur sort. Ces enfants, qu'on élevait dès l'âge de treize à quatorze ans, étaient la semence qui germait au centuple, et que la communauté des grands Frères moissonnait en son temps ; mais cette seconde ressource tarit pour eux en peu de temps, sous les yeux mêmes de leur sage Supérieur.

Le Bienheureux de la Salle les avait appelés auprès de lui, comme on l'a dit ci-dessus, pour les former de sa main, et en faire à Paris ce qu'il en faisait à Reims, une pépinière de Frères bien cultivée et très fertile ; mais, obligé par M. Baudrand et par

M. Sadourni, sacristain de la paroisse Saint-Sulpice, de les envoyer à la sacristie pour servir les messes, ils y trouvèrent leur perte, en y trouvant, au lieu des exercices propres à nourrir leur piété, des occasions de dissipation, qui refroidirent insensiblement leur ferveur.

Enfin, le Bienheureux de la Salle, en quittant Reims, y avait laissé seize Frères, sans compter les deux qu'il emmenait avec lui à Paris ; mais, dans la même année, 1688, il en sortit huit par la faute de celui qu'il leur avait laissé pour Supérieur, qui était un homme dur et indiscret. Pour surcroît de douleur, pendant quatre ans entiers, c'est-à-dire depuis l'an 1688 jusqu'à l'an 1692, ce grand vide persévéra dans la maison, et il n'y entra qu'un sujet pour remplacer les déserteurs.

Peut-on assez admirer ici les conseils incompréhensibles de Dieu sur ses serviteurs? Il se plaît tantôt à bénir leurs travaux, tantôt à les détruire. Quelquefois, il met la main à leur ouvrage ; et alors cet ouvrage fructifie et prospère à leur gré ; d'autres fois, il la retire, et alors ils travaillent beaucoup, comme saint Pierre, sans rien faire.

C'est la triste situation dans laquelle se trouva le pieux Instituteur à la fin de 1690. Après tant de sacrifices, de peines et de travaux, après tant de croix et de persécutions, après tant d'apparences de succès, il se trouva au même état, à peu près, qu'il était dix ans auparavant : avec peu de Frères, sans presque avoir avancé son œuvre, et dans la crainte de la voir périr.

Il se trouva donc alors dans une grande perplexité, comme il paraît par le vœu dont on va rapporter le projet et l'exécution. Il se voyait presque toujours seul, abandonné et sans secours ; il revenait des portes de la mort, et la vie qu'il menait et qu'il ne voulait pas mitiger, ne paraissait pas devoir être bien longue. Le Frère l'Heureux, qui avait été sa ressource, était mort, et nul autre ne pouvait le remplacer. Plusieurs de ceux qui lui restaient étaient malades ou épuisés par le travail. Les autres avaient besoin de renouvellement et étaient déjà déchus de leur première ferveur. Ces vues affligeantes lui donnaient des alarmes bien fondées sur le succès d'un Institut, qui n'avait encore ni forme parfaite, ni fondement solide.

Après bien des réflexions sur les moyens de bien étayer un édifice qui menaçait ruine, au temps même qu'on l'élevait, il fut inspiré : 1° de s'associer les deux Frères qu'il croyait les plus propres à soutenir la communauté naissante, et de les lier avec lui, par un engagement irrévocable, à en poursuivre l'établissement ;

2° de chercher près de Paris, une maison propre pour rétablir la santé des Frères languissants et malades ; 3° d'y assembler, pendant le temps de la vacance des écoles, tous ses enfants et de les y tenir en retraite, pour leur rendre, avec leur première ferveur, l'esprit et la grâce de leur état. Tous ayant besoin de ses conseils, de sa direction et de ses attentions, il désirait les réunir et les appeler, comme la poule fait de ses poussins, sous ses ailes, pour les réchauffer et leur rendre leur première charité ; 4° d'établir un noviciat pour former des sujets. Tout cela fut fait selon ses désirs ; mais avec combien de contradictions et d'angoisses ! On va la voir.

I. — **Vœu que le Bienheureux de la Salle inspire de faire à deux de ses principaux Frères pour le soutien de l'Institut.**

SON premier soin, pour un avenir incertain, fut d'assurer à son Institut deux Frères capables de le soutenir après sa mort. Il les fallait zélés, courageux, constants et attachés à leur vocation. Encore craignait-il que, rebutés des difficultés et des obstacles qu'ils rencontreraient, et découragés par la multitude des contradictions et des persécutions qu'ils auraient à soutenir, le cœur ne leur manquât, et qu'ils n'abandonnassent une entreprise qui trouvait tant d'ennemis. C'est pourquoi, il crut à propos de leur en faire une obligation, en leur inspirant de prononcer avec lui, et à son exemple, le vœu dont voici la formule: « Très sainte
« Trinité, Père, Fils et Saint-Esprit, prosternés dans un très
« profond respect devant votre infinie et adorable Majesté, nous
« nous consacrons entièrement à vous, pour procurer de tout
« notre pouvoir et de tous nos soins l'établissement de la société
« des Écoles chrétiennes, en la manière qui nous paraîtra vous
« être la plus agréable et la plus avantageuse à ladite société. Et,
« pour cet effet, moi J.-B. de la Salle, prêtre ; moi Nicolas
« Vuyart, et moi Gabriel Drolin, nous, dès à présent et pour
« toujours, jusqu'au dernier vivant, ou jusqu'à l'entière consom-
« mation de l'établissement de ladite société, faisons vœu d'asso-
« ciation et d'union pour procurer et maintenir ledit établissement,
« sans nous en pouvoir départir, quand même nous ne resterions
« que nous trois dans la dite société, et que nous serions obligés
« de demander l'aumône et de vivre de pain seulement. En vue
« de quoi, nous promettons de faire unanimement et d'un com-
« mun consentement, tout ce que nous croirons en conscience et

« sans aucune considération humaine être pour le plus grand
« bien de ladite société. Fait ce vingt-unième de novembre, jour
« de la Présentation de la Très Sainte Vierge, 1691. En foi de
« quoi, nous avons signé. »

Ce triumvirat fut pour l'Institut le triple lien, ou cette triple corde dont parle le Saint-Esprit, qui ne rompt pas facilement, et qui est capable de tout entraîner. Ces trois associés se sentirent une égale ardeur à faire pacte ensemble et à le confirmer par vœu, de ne jamais abandonner la communauté, d'y persévérer jusqu'à la mort, de se sacrifier pour la soutenir, pour la perpétuer, pour la faire subsister, enfin, de se charger, jusqu'au dernier vivant, de tous ses intérêts. Ils furent inspirés de faire ce vœu qu'ils prononcèrent à genoux, l'un après l'autre, dans un temps où il n'y avait nulle apparence que l'Institut pût subsister. Cette petite barque, qui avait essuyé déjà tant et de si furieux orages, se voyait prête à périr. Presque toujours à deux doigts du naufrage, elle se préparait des voies pour échapper et pour se sauver dans l'union indissoluble et dans la constance invincible de son chef et de ses deux principaux membres. Cet engagement de deux Frères que le Bienheureux Instituteur regardait comme les colonnes de son Institut vacillant, fut l'unique ressource sur laquelle il fonda alors ses espérances. En cas que la mort le prévînt avant que de l'avoir affermi, il confiait au zèle de ses deux principaux disciples, le soin d'achever ce qu'il aurait commencé.

Il se trompa dans son choix ; car l'un des deux devint, comme il sera dit dans la suite, un Judas qui, oubliant, et le vœu qu'il avait fait, et le Père à qui il devait obéissance, fit schisme dans la société et l'abandonna. Pour ce qui est du Frère Gabriel Drolin, fidèle à sa promesse, fixé à sa vocation, inséparablement uni à son vertueux Supérieur, rien au monde ne put l'arracher à son saint état : ni l'intervalle des lieux, ni les offres des bénéfices, ni les secousses furieuses que la communauté a si souvent souffertes pendant son absence, ni la sortie d'un grand nombre de Frères, ni la mort civile de M de la Salle. J'appelle mort civile la fuite et la retraite de Paris, qu'il fut obligé de faire pour se cacher et se dérober à la fureur de ses persécuteurs. Ce bon Frère, le plus ancien de tous et leur doyen, âgé maintenant (en 1733), de près de 72 ans, revenu de Rome où il avait été envoyé, et où il a passé 26 ans par les ordres du Bienheureux de la Salle, réside à Avignon. Comme il avait fait ses études et qu'il avait reçu la tonsure avant que d'entrer dans le nouvel Institut, il était capable de posséder des bénéfices et de remplir d'autres postes ; mais sa vertu mise sur ce sujet plusieurs fois à l'épreuve, en est toujours sortie victorieuse. En vertu de sa promesse faite à la sainte Trinité, il a mieux aimé demeurer abject dans la maison du Seigneur, que d'en sortir pour tenir rang parmi les Bénéficiers, ou d'occuper des places de distinction. On aura occasion d'en parler dans la suite.

II. — **Le Bienheureux de la Salle pense à élever un noviciat. Contradictions qu'il éprouve de la part de M. le Curé de Saint-Sulpice.**

APRÈS que le Bienheureux de la Salle eut pourvu, selon son pouvoir, à ne pas laisser sa communauté tout à fait orpheline, s'il plaisait à Dieu de l'en séparer, son premier soin fut de chercher, à Issy ou à Vaugirard, quelques chambres ou une maison, pour y transporter les Frères incommodés ; car il s'aperçut que plusieurs tombaient dans un épuisement dont les suites étaient à craindre. Leur modique nourriture, jointe au travail des écoles et à une vie fort intérieure, y contribuait beaucoup. Ils avaient besoin de repos, et surtout d'un bon air, parce que la maison qu'ils occupaient à Paris, étroite et sans jardin, n'en fournissait pas assez à des gens qui passaient les journées, ou dans des exercices appliquants, ou dans une classe où l'air était vicié par la multitude des écoliers. Après avoir bien cherché, le Bienheureux de la Salle en trouva une, à l'entrée de Vaugirard, qui lui parut propre à ses desseins : car étant solitaire, en bon air et pauvre, elle avait pour lui tous les agréments qu'elle pouvait avoir.

C'est cette pauvre maison, que les Frères peuvent regarder comme le second berceau de leur Institut ; ce fut là qu'il se renouvela, qu'il reprit sa première ferveur, que commença le noviciat, et que les vertus d'humilité, de pauvreté, d'obéissance, de mortification et de pénitence, retrouvèrent des hommes qui en donnèrent des exemples dont les temps héroïques des ordres naissants pourraient se faire honneur. Aussi le démon, qui s'en défiait, forma-t-il de grands obstacles à l'institution de ce noviciat

La première pensée qui occupa le Bienheureux de la Salle, après avoir fait passer de Paris à Vaugirard les Frères incommodés, fut d'y rassembler sous ses yeux tous ceux qui étaient entrés dans la communauté depuis trois ou quatre ans, pour les renouveler en esprit par une bonne retraite. Le temps des vacances favorisait son dessein : sans rien déranger dans les écoles, il pouvait les rappeler et réparer les pertes de leur ferveur primitive, par une suite d'exercices et d'exemples de piété. Il le fit, et le premier fruit qu'il en tira, fut de faire connaître à ces néophytes, en particulier et en public, par des exhortations pleines de feu et de l'Esprit de Dieu, combien ils étaient déchus de leur première charité, et combien ils avaient besoin d'un bon noviciat, pour rallumer le feu céleste qui commençait à s'éteindre dans leurs cœurs.

En effet, devenus extérieurs, dissipés et tièdes, une retraite de huit ou de dix jours n'était pas suffisante pour leur faire retrouver l'esprit intérieur, l'esprit de recueillement, d'oraison, de mortification, d'humilité et d'obéissance, qu'ils n'avaient pas encore parfaitement acquis, ou qu'ils avaient perdu en partie ; tout ce qu'elle pouvait opérer, était de les préparer à faire cette acquisition et de leur en donner la bonne volonté.

On le sait, la grâce, comme la nature, ne perfectionne son ouvrage que par succession de temps ; à l'une, comme à l'autre, il faut, pour l'ordinaire, de longues années pour former un sujet. Les âges se succèdent ; et le passage de l'enfance à l'adolescence, et de l'adolescence à la jeunesse, est nécessaire, avant que l'homme soit parfait. Il en est de même de la vertu ; une vertu commencée a besoin d'un grand temps et d'un continuel exercice, pour qu'elle arrive à sa consommation.

Le saint Instituteur, qui voulait mener ses disciples à ce but, ne crut donc pouvoir mieux faire que de les retenir le plus longtemps qu'il pourrait, auprès de lui, et d'achever de les former par tous les exercices de la vie intérieure. Par bonheur, il avait à sa disposition des externes, que le séminaire de Reims pour les maîtres de la campagne lui avait fournis. Ils lui servirent pour remplacer les Frères qu'il retint à Vaugirard. Par ce moyen, toutes les écoles de Paris, de Reims, de Laon et d'ailleurs, allèrent leur train, et le Noviciat fut ouvert le 8 octobre 1691.

Il eut tout le succès qu'en pouvait attendre le Bienheureux de la Salle. Tous les Frères qu'il avait retenus auprès de lui pour travailler à les réformer parurent d'autres hommes à la fin de l'année. Le saint homme les vit tels qu'il les avait désirés ; intérieurs, recueillis, mortifiés, pénitents, d'une soumission et d'une obéissance aveugle. En les congédiant, il leur donna ordre de lui écrire tous les mois, pour lui rendre compte de leurs dispositions intérieures et recevoir ses avis. Comme il voyait dans cette fidèle reddition de compte, le soutien de la régularité des Frères placés dans les écoles, il la recommandait fort, et il était exact à répondre. Ses lettres, pleines de piété et d'onction, servaient à maintenir

Livre II. — Chapitre X.

dans la ferveur ceux qui étaient éloignés de lui, et, le rappel qu'il en faisait tous les ans, au noviciat de Vaugirard, pendant le mois des vacances, servait à les renouveler dans l'esprit et dans la grâce de leur état.

Ainsi, absent comme présent, il veillait sur eux, il dirigeait leurs pas, il conduisait leurs consciences, et, par l'obligation de rendre un fidèle compte de tout le détail de leur conduite, il les tenait dans une perpétuelle dépendance, dans une régularité parfaite, et trouvait le moyen de les traiter en novices partout où ils se trouvaient, et de les maintenir dehors ce qu'ils étaient dans la maison du noviciat de Vaugirard, où ils venaient tous les ans ressusciter en eux la grâce de leur vocation, et d'où ils sortaient pleins de feu pour exercer leurs fonctions et sanctifier, dans les écoles, les enfants confiés à leurs soins, après s'être sanctifiés eux-mêmes. Le saint Prêtre, sans borner là sa vigilance, allait tous les ans faire la visite des écoles et des Frères qui les conduisaient, et il examinait l'avancement des uns et des autres.

Ce premier essai de Noviciat lui fit connaître la nécessité d'en établir un en forme, et d'y faire passer tous les postulants avant de les admettre dans sa Société, afin d'éprouver leur vocation et de les affermir dans la vertu. Il voyait dans les prémices des fruits qu'il venait d'en cueillir, l'abondante récolte que lui promettait cette terre de bénédiction. Le démon en fut effrayé ; c'est pourquoi il usa de tous ses artifices pour traverser ce dessein, qui fut en effet puissamment contredit par celui-là même qui aurait dû l'autoriser.

Si le Bienheureux de la Salle eût poursuivi en silence ce qu'il avait commencé et sans s'en expliquer à M. Baudrand, il n'aurait point trouvé un adversaire dans son protecteur ; mais un homme qui ne cherchait en toutes choses que la volonté de Dieu, et qui abandonnait tous ses projets aux soins de la Providence, ne savait ce que c'était que d'user de détours, d'artifices et de déguisements. La candeur, la simplicité et la pureté d'intention, qui faisaient son caractère, ne lui permettaient pas de rien entreprendre sans le conseil et sans l'approbation de M. le Curé de Saint-Sulpice, qu'il regardait comme son supérieur. Il se crut obligé de demander sa permission pour l'ouverture de son Noviciat, mais il ne fut pas écouté.

Tous les gens de bien n'ont pas les mêmes vues, comme on le sait ; et souvent ils se contrarient dans leurs desseins, lorsque la volonté de Dieu ne se manifeste point. Je ne sais par quel esprit M. Baudrand ne voulut point consentir au désir du Bienheureux de la Salle. Peut-être avait-il peur que cette nouvelle entreprise, qui, de jour en jour, devait, vraisemblablement, croître en dépense avec le nombre de sujets, ne tombât à sa charge, et qu'il n'eût à en faire tous les frais ; peut-être avait-il la vue secrète de borner dans les limites de sa vaste paroisse, le zèle et les travaux des Frères et de leur Supérieur, comme Mgr le Tellier, archevêque de Reims, avait voulu les resserrer dans son diocèse ; peut-être sa sagacité lui faisait-elle entrevoir que les temps allaient devenir fâcheux, et que la multitude de pauvres dont il allait être accablé, ne lui permettrait pas de fournir à son gré les charitables secours dont un nombre de postulants, ramassés en corps de communauté, aurait infailliblement besoin. Quoi qu'il en soit, car on ne peut dire au juste pourquoi M Baudrand, homme d'ailleurs fort zélé, fort charitable et fort ami du Bienheureux de la Salle, et le protecteur de son œuvre, contredit son projet de Noviciat, ce que nous savons, c'est qu'il en rejeta la proposition et défendit au Bienheureux de la Salle d'y penser.

Cette défense jeta le saint homme dans une étrange perplexité. D'un côté, il avait un grand fonds de vénération pour M. le Curé de Saint-Sulpice ; ses paroles étaient pour lui des lois qu'il respectait ; il le regardait comme un homme de bien, grand ami des bonnes œuvres et comme le soutien de la sienne. Il savait que M. Baudrand n'avait que de bonnes intentions, et qu'il joignait un grand fonds de lumières à un grand fonds de vertus. D'un autre côté, il sentait la nécessité absolue d'un Noviciat. D'ailleurs, tous les saints Instituts n'ont-ils pas marqué un temps d'épreuve pour tous ceux qui s'y présentent ? L'Église n'en a-t-elle pas fait une loi à tous les ordres religieux ? Où et comment connaître, éprouver et former les sujets, si ce n'est dans un Noviciat ? Quel fonds peut-on faire sur leur vocation ? Quelle assurance peut on se donner de leur persévérance si on n'a pas pris soin d'en faire l'examen pendant un temps suffisant de probation ? Quel moyen de les vider de l'esprit du monde et de les remplir de celui de Dieu ; de purifier leur conscience par une bonne confession générale, et de les faire entrer dans un saint désir de faire pénitence et d'expier leurs péchés ; de guérir les plaies de leur âme, et de corriger leurs mauvaises habitudes ; de les armer contre les penchants de la nature, et de leur apprendre à combattre leurs passions et à mortifier leur chair, si on ne prend pas soin de les façonner à cette milice spirituelle ? Où et quand apprendront-ils à se recueillir, à devenir intérieurs, partisans de la solitude, du silence et de l'oraison ; à soumettre leur jugement et leur volonté sous le joug de l'obéissance, à perdre le goût des plaisirs du siècle, à prendre celui de la piété, à s'exercer dans la vertu, et à faire de leur sanctification leur seule étude, si ce n'est dans un bon Noviciat ? Envoyer les Frères à des écoles, sans les avoir auparavant longtemps aguerris contre eux-mêmes, contre le monde et contre le démon, n'est-ce pas envoyer des ouvriers travailler sans instruments au champ du Père de famille, ou envoyer au combat des soldats sans armes ?

Quel fruit peut faire dans les écoles un Frère qui n'est pas bien affermi dans la vertu ? Peut-il, sans s'être sanctifié, travailler à la sanctification des autres ? « *A qui peut être utile et bon celui qui ne l'est pas pour lui-même* » ? dit le Saint-Esprit. Quelle grâce a de faire des leçons de vertus, celui qui n'en donne pas des exemples ? La piété s'enseigne mieux par les actions que par les paroles, et les enfants, quelque peu éclairés qu'ils soient, s'en rapportent plus à leurs yeux qu'à leurs oreilles sur ce point. Des hommes destinés à être des maîtres dans les écoles chrétiennes, doivent être lumière et feu pour ceux qu'ils instruisent : lumière pour éclairer, feu pour échauffer ; lumière pour découvrir les beautés de la vertu et les horreurs du vice ; feu pour dévorer et consumer l'affection du péché, et embraser de l'amour de Dieu. C'est à tous ceux qui sont destinés à enseigner la doctrine chrétienne que JÉSUS-CHRIST a dit : « *Vous êtes la lumière du monde et le sel de la terre.* » Puisque les Frères participent à cette heureuse vocation, peuvent-ils jamais être assez saints ? Et peuvent-ils le devenir, s'ils ne font pas, dans un bon Noviciat, leur unique étude de la perfection ?

Le Bienheureux de la Salle, plein de ces grandes vérités, souhaitait ardemment d'établir un noviciat, et regardait comme la ruine de sa communauté l'éloignement de ce secours. Il venait d'éprouver les merveilleux effets qu'une année d'exercice dans la vie intérieure et mortifiée avait produits dans les Frères retenus à Vaugirard. Il n'avait que trop fait l'expérience des maux que le défaut d'une suffisante épreuve avait faits parmi les siens. Enfin, la maison se vidait de gens entrés sans bien savoir ce qu'ils y venaient faire, ou peu affermis dans leur vocation ; et ceux que Dieu y appelait, ne voyaient point de porte ouverte pour y entrer. C'était donc une nécessité absolue de la leur ouvrir dans un noviciat, et de leur montrer le lieu où il fallait venir, et qui était destiné à les éprouver, à les former et à les sanctifier.

Le Bienheureux de la Salle, voyant qu'il ne pouvait gagner M. Baudrand sur ce point, eut recours au jeûne, à la prière, aux veilles et à la pénitence. Pendant l'espace de près d'une année que dura cette opposition, il jeûnait tous les jours, il priait presque toute la nuit dans une chambre retirée, et il ne cessait de le faire que quand, malgré lui, le sommeil venait lui fermer les paupières et lui ôter l'usage des sens. Alors, obligé de se rendre, il tombait à terre et y prenait son repos. C'était sur ce lit de terre, si funeste à la santé, et sur lequel il ne manqua pas de recueillir de cruelles douleurs de rhumatisme, avec péril de devenir perclus de ses membres, que les Frères le trouvaient couché, froid et glacé, lorsqu'ils allaient parfois le matin lui parler pour quelque affaire.

L'intérêt qu'ils prenaient à sa santé, les enhardit à lui représenter le danger de paralysie ou de quelques autres maux plus funestes, auxquels il s'exposait en couchant sur le sol ; et à le supplier de ne plus leur donner ce sujet d'alarme. Il se rendit à ces remontrances, et ce fut à leur prière qu'il mit fin à ce genre de pénitence. Mais les autres macérations du corps, disciplines sanglantes, haires, cilice, chaînes de fer, furent redoublées, et il n'en mitigea l'usage que quand il ne vit plus d'opposition de la part de M. le Curé, à l'érection d'un noviciat. Il eut le temps, par conséquent, de prier et de faire pénitence, car M. Baudrand ne se rendit pas sitôt à son désir. Il lui envoya même dire par un des Frères de mettre fin à ses austérités et à ses prières, et de cesser de combattre contre les ordres de Dieu, puisque sa volonté n'était pas qu'il eût une maison de noviciat. Mais, quelque temps après, il cessa lui-même de combattre, et il fut obligé de céder à la force des prières du serviteur de Dieu, qui prit la précaution d'obtenir de Mgr de Harlay, archevêque de Paris, les permissions nécessaires pour donner à la maison qu'il occupait une forme de communauté, afin d'éviter toutes les difficultés qu'on aurait pu lui susciter.

Le Bienheureux de la Salle, victorieux auprès de la divine Majesté ne pensa donc plus qu'à demeurer en possession de sa chère Bethléhem, car c'est le nom que méritait une maison, que la solitude et la pauvreté mettaient en grand rapport avec l'étable où JÉSUS est né. En effet, quelques bancs pour s'asseoir, quelques mauvaises paillasses pour coucher, en faisaient les seuls ameublements. Entr'ouverte de tous côtés, ceux qui l'habitaient n'étaient pas entièrement à l'abri du vent, de la neige et de la pluie. Les fenêtres et les portes mal jointes, les vitres cassées, et les autres ouvertures d'une maison prise en mauvais état, et dont on ne pensa pas même à réparer les débris et les incommodités, en faisaient une vraie maison de pénitence.

Ceux qui l'habitaient n'avaient tous pour lit, qu'un traversin rempli de paille d'avoine et une mauvaise paillasse piquée, fort dure, arrangée sur des planches appuyées sur deux tréteaux, sans matelas, sans rideaux, n'ayant qu'une simple couverture, et des draps de la plus grosse toile. Couchés ainsi presque à l'air, ils sentaient toute la rigueur du froid et des saisons. Ceux qui étaient proches des fenêtres, se trouvaient trempés de pluie, ou couverts de neige dans l'hiver ; les autres étaient gelés et ne pouvaient se réchauffer, parce qu'un air froid et glacé avait entré de tous côtés ; tous trouvaient, à leur réveil, l'humidité de leur haleine épaissie et glacée sur le drap qui la recevait, et qui était raide comme une planche. Enfin ils se levaient du lit aussi froids qu'ils y étaient entrés.

III. — Austérités de ce noviciat.

LE seul qui avait le privilège de s'échauffer pendant la nuit, était le Bienheureux de la Salle ; son lit, cependant, n'était pas meilleur qu'un autre, ni dans un lieu plus commode, car il était proche d'une fenêtre. Dans la maison, il n'y avait qu'un matelas ou deux au plus, destinés pour les malades ; on en donnait un au saint homme, mais il n'en usait point. Les Frères avaient soin de le mettre sur sa paillasse, et lui, de l'en ôter, quand il était prêt à se coucher. Ainsi, on ne concevait pas comment il pouvait s'échauffer pendant la nuit, exposé, comme les autres, à un air froid et glacial.

Les Frères qui couchaient dans le même lieu que lui, étonnés de ce qu'il paraissait ignorer cette incommodité, se plaignirent un jour, pour le sonder, de ce que, exposés aux quatre vents, la chaleur les abandonnait toute la nuit, et que le lever les trouvait aussi froids que le coucher. Le Bienheureux de la Salle surpris de ce qu'il entendait, avoua qu'il était aussi froid que le lit dans lequel il entrait en se couchant, mais que, peu à peu, il y reprenait chaleur. Il ajouta qu'il ne lui était jamais arrivé d'avoir eu froid pendant la nuit.

Le changement de linge était, dans cette maison, une autre mortification fort sensible. Le samedi soir, chacun trouvant sur sa paillasse, pendant tout l'hiver, une chemise raide et glacée, qui n'avait pu sécher par un temps de gelée, était obligé de la prendre telle qu'il la trouvait. Ainsi, la nuit servant à la dégeler plus qu'à la sécher, tous la sentaient le matin, comme si elle fût sortie de la lessive ; autre mortification pour le jour, d'avoir sur la chair une chemise mouillée, et d'être obligé de la sécher aux dépens de la chaleur naturelle. Sans doute que, pour plusieurs, cette pénitence s'étendait encore à la nuit suivante, et qu'un corps froid et à demi gelé n'avait pas assez de chaleur pour fournir à une chemise mouillée, celle qui lui est nécessaire pour la sécher en peu de temps. Ainsi pendant tout l'hiver, cette peine ne finissait que pour recommencer. Le jour, sans voir de feu, la nuit sans sentir la chaleur, la discipline était, pour ces pénitents, le seul moyen de se réchauffer.

L'usage, chez eux, en était continuel, et celui des haires et des cilices était assez ordinaire. L'exemple de leur Supérieur leur en faisait envie. Depuis le temps qu'il s'était fait le bourreau de son propre corps, il n'avait encore pu satisfaire sa colère et sa vengeance sur lui. Sa sainte fureur à le tourmenter croissait, au lieu de diminuer ; et il est étonnant qu'il ait pu résister pendant si longtemps aux rigueurs de tant d'austérités. Il ne se lassait point de déchirer sa chair, et de rougir de son sang les cruelles disciplines, armées de rosettes de fer pointues dont il se servait. En ce temps-là même, un des Frères qui balayait la chambre où il couchait, lorsque le Bienheureux de la Salle était avec les autres dans le jardin, en trouva une, dégouttante d'un sang frais et nouvellement versé, enveloppée dans un papier qui en était teint.

Sur ce modèle, les Frères, piqués d'une noble émulation, couraient à l'envi dans la carrière de la pénitence. Résolus de se faire des hommes de douleur, ils mettaient en usage tous les genres de mortification qui peuvent faire souffrir la chair. La seule obéissance mettait des bornes à leur ardeur, mais que ne faisaient-ils pas pour la rendre favorable à leurs désirs ! Le Bienheureux de la Salle avait besoin de sa fermeté pour les modérer, et de sa patience pour essuyer avec douceur toutes les importunités qu'on lui faisait sur cet article. Au reste, ce grand pénitent n'était pas difficile, et il accordait assez libéralement les grâces qu'on lui demandait sur ce sujet. Après la prière du soir, il se voyait environné de Frères dont les uns lui demandaient permission de prendre la discipline, les autres de rester en prière et en oraison jusqu'à onze heures ou minuit, ceux-ci de coucher par terre, ceux-là d'exercer quelque autre genre de mortification.

De cette manière, à peine y avait-il un lieu dans cette maison, qui ne fût consacré par quelque exercice actuel de pénitence. Chacun prenant son endroit pour se meurtrir le corps à l'aise et avec liberté. Le bruit des disciplines retentissait partout ; mais les oreilles, qui y étaient accoutumées, n'y faisaient pas attention.

Cependant, sans toutes ces austérités, le genre de vie qu'on menait en cette pauvre maison, était lui seul une vraie pénitence ; car toute la journée distribuée en exercices de piété pénibles et laborieux, tenait tous ceux qui y demeuraient, appliqués à Dieu. Ils disaient fort lentement le petit Office de la très sainte Vierge, debout et sans appui ; ils faisaient, à divers temps, trois heures d'oraison, toujours à genoux. Deux heures de lecture spirituelle, partagée dans la matinée et dans l'après-dînée, et d'autres actions semblables de piété ou de mortification remplissaient le reste du temps.

La nourriture était conforme à la pauvreté de la maison, et à la rigueur de la pénitence qui y régnait. L'eau pure en était la boisson. On n'y a jamais fait la cuisine, ni rien de ce qui regarde le ménage, pendant sept ans qu'on y a demeuré. On y apportait tous les jours, dans une hotte, de la maison des Frères des écoles de la rue Princesse, le pain nécessaire, le potage et les aliments pauvres et mortifiants dont on se nourrissait ; et on croyait faire beaucoup que de les réchauffer. Le croira-t-on ? les restes de la communauté des prêtres de Saint-Sulpice, et de quelques communautés pauvres elles-mêmes, faisaient la ressource de la table du Bienheureux de la Salle et de son noviciat. Je l'ai déjà dit ci-dessus, les gens délicats n'auraient pas pu arrêter leurs yeux sur ces portions, tant elles étaient répugnantes même à la vue, ou ils auraient cru, en les envisageant pour se mortifier, avoir remporté une victoire sur la nature. Il n'y avait qu'un appétit affamé, ou l'habitude de la mortification, qui pût faire trouver du goût dans de tels aliments.

Au reste, la divine Providence avait soin de les faire trouver bons à ceux qui s'en nourrissaient, en les leur faisant attendre souvent assez longtemps ; car, comme tous les jours on les apportait de loin, la pluie, le mauvais temps, les mauvais chemins, et divers autres événements fortuits, forçaient le Frère porteur de venir tard. Quelquefois même on le déchargeait en chemin, malgré lui ; des voleurs qui l'attendaient au passage, lui rendirent plusieurs fois ce service, en lui enlevant sa hotte. Comme ils étaient eux-mêmes, sans doute, plus affamés que les Frères (car ces cas n'arrivèrent que dans un temps de grande cherté), ils se crurent heureux de trouver un dîner prêt. Quelque mauvais qu'il fût, la faim le leur fit trouver bon. Quand le charitable porteur du dîner des novices vint, tout consterné, en apporter la nouvelle au Bienheureux de la Salle, celui-ci répondit d'un air gai : « *Dieu soit béni !* » Ensuite il pria le Frère de retourner à Paris chercher les provisions d'un autre repas, qui servit de dîner et de souper tout à la fois, et qui, comme il est à croire, ne parut pas insipide à des hommes auxquels l'air vif de la campagne et le travail de tout le jour avaient aiguisé l'appétit.

Ce qui est admirable, c'est que le vénérable Supérieur et ses novices se croyaient encore trop bien nourris, et que la plupart se privaient de leur portion ou d'une partie. Ils ne vivaient tous que d'aumônes, et des aumônes que les mendiants les plus misérables vont attendre à la porte des riches ; puisque les Frères des écoles de Paris, comme je l'ai dit, allaient recueillir dans quelques communautés les restes des tables, et en faisaient charitablement part aux novices de Vaugirard.

La ferveur de ce noviciat était si grande, que, pour contenter ceux qui le composaient, il ne fallait point leur épargner les pénitences. Les plus mortifiantes étaient celles qu'on acceptait avec plus de joie. La plupart, pour obliger leur saint Supérieur de les traiter avec toute sorte de rigueur, exagéraient leurs fautes ; et quand il ne leur accordait pas d'aussi grandes pénitences qu'ils désiraient, ils allaient se jeter à ses pieds, et l'obligeaient de leur être plus sévère, et d'armer son bras pour punir leurs lâchetés et leur tiédeur. Il y en avait d'autres qui, suivant la maxime de saint François de Sales, ne demandaient rien, mais qui acceptaient avec joie des mortifications qui n'étaient ni de leur goût, ni de leur choix, comme de ne manger qu'un morceau de pain, de ne boire qu'un verre d'eau, de rester à genoux au milieu de la cour presque tout le temps du dîner ou du souper, ou proche d'une fenêtre, lorsque la curiosité les avait portés à regarder en passant, à travers les vitres. Ceux-là ne revenant au réfectoire que sur la fin, disaient les grâces avec les autres, pour un repas qu'ils laissaient, en sortant, à moitié ou presque entier sur la table, n'ayant que très peu mangé. En un mot, dans cette école de vertu, on en briguait toutes les pratiques, et on mettait toute son ambition à courir dans le chemin étroit et épineux de la perfection.

IV. — Étrange pauvreté de ce noviciat.

PAR la pauvreté de la maison et de la nourriture, on peut juger de celle des habits et des vêtements. Des gens qui ne vivaient que de restes mendiés, et, si je puis leur faire l'application de ces paroles de l'Évangile, des gens qui se trouvaient heureux de ramasser, « *comme font les petits chiens ce qui tombait des tables* », étaient habillés comme ceux qui les demandent. Les plus pauvres gens n'auraient pas daigné ramasser la dépouille de tous les Frères et de leur Supérieur. En réalité, ils portaient eux-mêmes l'air et la figure de mendiants dans tout leur extérieur. Je suis persuadé que si les bas, les souliers, les robes, les capotes, les chapeaux des Frères, et tous les autres meubles de la communauté, eussent été jetés à la porte, ils eussent pu attirer des regards de pitié des yeux de tous les passants, mais qu'ils n'eussent attiré la main d'aucun d'eux pour les ramasser.

En regardant tous les novices de la tête aux pieds, tout y faisait compassion. Le Bienheureux de la Salle, aussi pauvre qu'eux, et en tout semblable à eux, ne couvrait sa mauvaise soutane que d'une capote qui ne valait pas mieux, et dont la vétusté changeait la couleur.

Quand ils sortaient ensemble dehors pour aller à une chapelle voisine, où le Bienheureux de la Salle célébrait la sainte Messe et les communiait, on eût cru voir des pauvres sortir de leur hôpital. Ils représentaient au naturel les Gabaonites, qui surprirent Josué en lui faisant accroire, par l'ancienneté de leurs vêtements et le désordre de leur équipage, qu'ils étaient des étrangers d'un pays très éloigné. Ils rappelaient l'image de ces hommes divins qui, étant regardés comme la balayure du monde, servaient Dieu dans la faim, dans la soif et dans la nudité.

Ils étaient tous si pitoyablement vêtus, que quand il fallait aller faire les Pâques, ou assister aux offices de la paroisse, le jour de saint Lambert, qui en est le patron, ils avaient besoin de deux ou trois jours de préparation pour s'agencer. Quelques soins qu'ils prissent, pour ne point choquer les regards des ennemis de la sainte vertu de pauvreté, si méprisée et si haïe dans le monde, en frappant les yeux les moins attentifs et les plus indifférents, ils s'attiraient les mépris des uns et la compassion des autres.

Ce qui était le plus admirable, c'est que tous ces pauvres volontaires regardaient leur pauvreté comme un trésor, et paraissaient plus contents que Salomon dans toute sa gloire. Celui qui était à leur tête, après avoir fait l'échange des richesses avec la pauvreté de JÉSUS-CHRIST, savait leur faire goûter, par son exemple et ses paroles, la manne cachée qu'il y trouvait. En effet, la preuve du contentement de leur cœur et du soin de la divine Providence sur ce petit troupeau, c'est qu'aucun d'eux ne fut malade, d'une rigueur si excessive et d'une pauvreté si extrême, pendant les sept années que le Noviciat resta dans la maison de Vaugirard.

Heureux village, qui a été sanctifié par la demeure et la présence de M. Olier, et ensuite par celle du Bienheureux de la Salle, qu'on peut appeler son fils, puisqu'il a été élevé dans sa maison, et rempli de son esprit : deux des plus saints personnages que Paris ait possédés dans le XVIIe siècle ! Heureux village, qui a eu l'honneur d'être le berceau du célèbre Séminaire de Saint-Sulpice, pépinière de tant de saints ecclésiastiques, et celui de l'Institut des Frères des Écoles chrétiennes et gratuites ! Il semble que la Providence, qui a soin d'opposer les plus grands exemples aux plus grands scandales, et au torrent des péchés, des actions héroïques de vertu, se fût fait un plaisir de donner en spectacle, dans un village si décrié par les désordres et les débauches, une nation sainte propre à l'édifier et à le sanctifier.

En effet, partout où l'on voyait les disciples du Bienheureux de la Salle, on croyait voir des hommes différents des autres, et qui n'avaient avec eux que la même terre et la même habitation commune. En voyant des jeunes gens, à la fleur de leur âge, marcher toujours en silence dans les rues de Paris, aussi recueillis que s'ils eussent été aux pieds du crucifix, attentifs à Dieu, sans être distraits du fracas d'une ville si tumultueuse, aussi sourds au bruit qui frappe les oreilles de tous les passants, qu'aux insultes qu'on leur faisait, ne pouvait-on pas se représenter des morts qui sortent de leur tombeau, et qui paraissent parmi les vivants, sans pourtant vouloir entrer en société avec eux ? Pour moi, en voyant alors le Bienheureux de la Salle accompagné des siens, je m'imaginais voir saint François, fondateur des Frères mineurs, qui sortait pour édifier, et qui croyait avoir suffisamment prêché, quand il avait paru en public.

CHAPITRE XI.

Suite du même sujet. Ferveur du noviciat de Vaugirard.

LE feu divin qui était allumé dans le noviciat de Vaugirard, servit à réchauffer tous les Frères de l'Institut. Les fervents y trouvaient de nouvelles flammes, et ceux qui avaient laissé attiédir leur première charité, venaient y acheter, au prix de leur sang et des plus sensibles mortifications, cet or embrasé, qui n'a point de prix et qui rend souverainement riche. Je ne dirai rien que de vrai, quand j'avancerai que le zèle ingénieux du Bienheureux de la Salle pour la sanctification de ses enfants, trouva le moyen de faire autant de novices qu'il avait de Frères, et de les retenir au noviciat tout le temps qu'il subsista à Vaugirard et à Paris sous sa conduite.

Comment cela? C'est qu'il rappelait toutes les semaines, à cette maison d'épreuve, tous les Frères qui étaient à Paris, et qu'il faisait revenir tous les ans, pendant les vacances, ceux qui étaient dans les établissements de la dépendance de Reims, pour prendre place parmi les novices, et suivre leurs exercices. Par cette sainte industrie, la ferveur du noviciat de Vaugirard s'étendait à tous les Frères ; quiconque était Frère était novice, et l'était pendant toute sa vie.

Ceux des écoles de Paris, étant les plus voisins de Vaugirard, y passaient la moitié de l'année ; car, sans parler du temps des vacances, ils y venaient les soirs des veilles des jeudis, des dimanches et des fêtes, et ne s'en retournaient que le lendemain de ces jours. Leurs lits, qui ne consistaient que dans des paillasses piquées jetées à terre, étaient toujours préparés ; et pendant leur séjour dans cette sainte maison nulle différence entre eux et les novices. Confondus ensemble dans la pratique des mêmes exercices, ils ne se distinguaient des nouveaux venus que par une plus grande ferveur, ils servaient de modèles à ceux-ci, et les animaient à la pratique des mortifications et des pénitences, en leur en donnant les plus grands exemples.

La peine de venir et de retourner si souvent de Paris à Vaugirard, et de Vaugirard à Paris, en été et en hiver, de faire un long chemin dans la boue, dans la neige, dans les grandes chaleurs et dans les grands froids, ne ralentissait point l'ardeur avec laquelle ils venaient, sous les ailes de leur Père, dans cette maison de mortification. En quelque état qu'ils y vinssent, mouillés, couverts de sueur, de pluie ou de neige, arrivés à Vaugirard, sans se donner ni le temps, ni la satisfaction de se reposer, de se réchauffer, ou de sécher leurs habits, ils se trouvaient sur-le-champ aux exercices qu'on faisait, comme s'ils fussent sortis d'un bon lit, frais et bien reposés.

Après tout, en ces rencontres, l'esprit de mortification venait fort à propos remplacer les petites commodités, que l'instinct de la nature désirait dans un lieu qui en était dépourvu ; car s'ils eussent écouté les inclinations de la chair amie du repos, ils eussent en vain cherché les moyens de la contenter dans une maison où ils manquaient de tout. Dégarnie de tous meubles, vide de tout ce qui n'est pas absolument nécessaire au soutien de la vie, on n'y voyait ni chaises pour s'asseoir, ni habits pour changer, pas même de feu pour l'usage ordinaire de la vie ; on n'y en faisait que pour réchauffer les aliments apportés de Paris.

Tout le reste du temps, quelque rigoureuse que fût la saison, quelque âpre que fût la gelée, il n'y en paraissait point. Les Frères saisis de froid ne trouvaient de ressource pour se réchauffer, que dans la chaleur de la charité, ou dans le retour du soleil et des jours de l'été, où, comme je l'ai déjà dit, dans l'exercice de la discipline, et ils auraient pu, avec raison, appeler le lieu qu'ils habitaient, la maison où tout manque.

Il n'y avait que ceux qui oubliaient qu'ils avaient une chair infirme, ou qui ne s'en ressouvenaient que pour la maltraiter, qui pussent s'accommoder d'une maison où la nature était autant crucifiée que l'esprit était content.

La ferveur, par conséquent, y était nécessaire pour soutenir la faiblesse humaine ; aussi ceux à qui elle manquait, ne pouvaient pas y faire un long séjour, comme nous l'allons bientôt voir. Mais enfin, comme disait la grande sainte Thérèse, « *où il y a moins de nature, il y a plus de grâce* » ; Dieu se communique à l'âme qui ne tient presque plus à son corps, et qui, quoique unie à lui, l'oublie et s'élève au-dessus de ses désirs. L'abondance des dons et des consolations divines se mesure sur le soin qu'elle a de se renoncer.

I. — L'éclat de la vertu du Bienheureux de la Salle et des Frères, attire bien des gens à la maison. Peu y restent; et, cependant, le nombre de ceux qui surent persévérer alla à trente-cinq.

CES nouveaux habitants de Vaugirard, que le Supérieur y tenait avec lui, cachés dans le silence et dans l'obscurité, et qu'on ne voyait sortir de leur maison que pour aller à l'église, ne purent pas se dérober aux yeux des passants et de ceux qui demeuraient dans ce village.

Leur nouveau genre de vie et de vêtements, qui les distinguait assez, ne tarda pas à les faire connaître. L'éclat de leur vertu frappa ; et, soit curiosité, soit attrait de s'associer à eux, on voulut les voir de plus près et entrer en commerce avec des gens qui s'étudiaient à rompre avec le monde entier. On le sait ; la sainteté perce enfin, tôt ou tard, les nuages dans lesquels elle s'enveloppe elle-même, et, malgré ses efforts, elle brille au loin. Ses attraits servent à la grâce de dispositions pour attirer ceux qui y sont appelés. La vue des saints inspire le désir de la sainteté, et leur société est un puissant moyen pour l'acquérir. Dieu, après les avoir « *cachés dans le secret de sa face* », selon l'expression de l'Écriture, les découvre à ceux qu'il veut leur rendre semblables ; et quand il les a fait voir à ceux-ci, il les presse de s'aller joindre à eux; c'est ce qui arriva.

En voyant le Bienheureux de la Salle à la tête de ses disciples, on crut voir la célèbre maison de la Trappe au voisinage de la capitale du royaume, ou une colonie de ces saints pénitents qui venaient édifier cette grande ville et lui apprendre que les derniers temps faisaient revivre la pauvreté, l'humilité, l'esprit de pénitence et d'oraison des premiers siècles de l'Église. Des sujets touchés de Dieu, et frappés de la sainte vie des Frères, demandèrent entrée dans la maison, l'année même qui suivit l'érection de ce noviciat, et le Bienheureux de la Salle donna l'habit, le 1er novembre 1692, à cinq novices et à un Frère servant. Dans la suite, il eut à choisir dans le nombre de ceux qui se présentèrent. L'épreuve en était facile, et ne tardait pas à se faire ; car ceux qui venaient dans cette maison, qu'on pouvait à juste titre nommer la maison des martyrs de la pauvreté et de la pénitence, n'y pouvaient pas demeurer sans avoir le généreux dessein de le devenir. Ceux que la curiosité ou que la nécessité y amenait, en portaient la peine en y entrant, car la compagnie, la vie et l'exemple de ces hommes crucifiés, leur paraissant insupportables, la pénitence et la mortification qui y étaient en vigueur, et que la grâce seule, fondée sur une forte vocation, pouvait faire goûter, leur faisaient peur, et les obligeaient de demander au plus tôt qu'on leur ouvrît la porte d'une maison qu'ils regardaient comme une prison de captifs volontaires, qui se condamnaient eux-mêmes au supplice de la vie la plus pauvre et la plus austère. Si le respect humain les y arrêtait quelques jours, ces jours étaient pour eux des mois et des années, et il leur tardait d'être délivrés d'une captivité qui mettait leurs sens, leurs corps et leurs âmes à la torture.

Le Bienheureux de la Salle, de son côté, recevait tous ceux qui se présentaient, sans examen et sans choix, bien persuadé que le genre de vie qu'on menait dans sa maison, était comme un vent fort et impétueux, qui, en laissant tomber le bon grain dans l'aire du Père de famille, le démêlait d'avec la paille et l'ivraie. Il ne se trompait pas : les plus fermes et les plus résolus qui y venaient sans vocation et sans désir efficace de se donner à Dieu, ne pouvaient gagner sur eux d'y passer une semaine ou dix jours au plus ; et ils ne manquaient pas, quand ils étaient sortis, de sonner de la trompette pour publier partout, qu'il fallait vouloir être homicide de soi-même, pour demeurer avec les Frères.

La famine de 1693 et de 1694 amena, dans la maison de Vaugirard, des malheureux qui, manquant de pain, y venaient en chercher, mais ils n'y demeuraient pas longtemps ; car la rigueur de la pénitence chassait bientôt ceux que la faim avait attirés, et ils aimaient encore mieux la souffrir en sortant, que d'y rester pour la rassasier aux dépens de leur corps. Il y en avait d'autres que l'esprit de Dieu y conduisait, et que le bon exemple y arrêtait ; ceux-là donnaient bientôt les preuves d'une forte vocation, par le contentement qui était marqué sur leur visage, par la ferveur qui les animait, et par le goût qu'ils montraient pour la vie crucifiée.

Ainsi cette maison était ce grand filet, où toutes sortes de poissons, bons et mauvais, venaient se prendre, mais que le Maître céleste ne tardait pas à démêler, en choisissant les bons et en rejetant les mauvais. De douze il n'en restait qu'un ou deux au plus. Et cette petite troupe d'élus alla au nombre de trente-cinq, qui persévérèrent avec un courage invincible dans une maison qui était le centre de la pauvreté, de la pénitence, de l'humiliation et de la mortification.

II. — Entre ces trente-cinq, ceux qui restèrent, deux seuls étaient pauvres, les autres étaient riches et à leur aise.

CE qui faisait sentir le doigt de Dieu, c'est que, de ce nombre, il n'y en avait que deux qui fussent pauvres. Les autres étaient assez à leur aise, et pouvaient vivre heureux dans leur état : mais le bon exemple et la ferveur leur faisaient trouver du goût dans une maison qui ne présentait que des horreurs à la nature, et des rebuts de la part du monde.

Cette grâce si abondante, qui faisait couler l'eau de la pierre, et qui rendait douces à ces vrais Israélites les eaux amères de la mortification, était la récompense de ces généreux sacrifices que le Bienheureux de la Salle avait faits de son canonicat et de son bien de patrimoine. « *Depuis que j'ai tout quitté*, disait-il souvent lui-même, *je n'en ai pas connu un seul qui ait été tenté de sortir par le prétexte que notre communauté n'est point fondée.* » C'est par ces paroles qu'il finit le mémoire sur lequel nous avons travaillé jusqu'à présent, depuis le commencement de ce second livre.

Il fallait que la vocation de ces jeunes gens fût bien forte pour tenir ferme dans un état si mortifié, et que la grâce fût bien abondante pour se répandre sur tant de postulants qui venaient demander l'entrée d'une maison si pauvre, que souvent le pain y manquait. Nous allons voir, en effet, à quelles extrémités le Bienheureux de la Salle se trouva réduit avec son troupeau, dans les années 1693 et 1694.

Ce temps de famine lui ayant fait sentir toutes ses rigueurs, c'est une merveille de la Providence qu'il ait pu échapper avec les siens aux tempêtes de la faim et de la misère ; il n'y avait sans doute qu'une ferveur extraordinaire qui pût fixer dans une maison, où la disette se faisait sentir plus que partout ailleurs, des gens qui, en mettant le pied dehors, se fussent trouvés chez eux à leur aise.

Mais comment le Bienheureux de la Salle a-t-il pu fournir à la dépense de tous ceux qui se présentaient à lui, et qu'il admettait indifféremment dans sa maison pendant des temps si fâcheux ? Car, puisque, sur le témoignage d'un Frère qui est encore vivant, (en 1733) et qui a été témoin de tout ce qui est ici rapporté, de douze qui entraient dans cette maison de Vaugirard, il n'en restait qu'un ou deux, il faut qu'il y en soit entré trois cents et plus, pour qu'il y en soit demeuré trente-cinq. Voilà sans doute une des merveilles de la Providence ; ces sortes de miracles se font pour ceux qui s'abandonnent à elle, et qui ont tout quitté pour JÉSUS-CHRIST.

Comme tout le monde était bien venu dans cette pauvre maison, et qu'elle s'ouvrait à tous les pauvres, on s'y présentait avec confiance. L'entrée n'en coûtait jamais rien à personne. Quand, après y avoir demeuré, on voulait se retirer, la sortie en était aussi gratuite que l'entrée. Quelquefois elle servait d'asile aux abandonnés, et de lieu de passage à ceux qui cherchaient mieux. Entre ceux-là, des prêtres étrangers venaient s'y réfugier, et ils vivaient sans contrainte avec la liberté de dire la sainte messe tous les jours, et de se lever plus tard que la communauté, de sortir et de vaquer à leurs affaires ; mais, à l'exception d'un demi-setier de vin que le Bienheureux de la Salle leur faisait donner à chaque repas, leur nourriture n'avait rien de différent de celle des Frères : une maison si pauvre et si pénitente n'en avait pas une meilleure à présenter. Toutefois ce charitable hospice à la porte de Paris étant commode pour ceux qui y avaient affaire, il y en avait toujours quelqu'un et ordinairement deux ou trois qui en profitaient. Quand le Bienheureux de la Salle était obligé d'aller à Reims, un de ces prêtres suppléait à son absence, et célébrait la messe à laquelle les Frères assistaient.

III. — Le Bienheureux de la Salle rassemble, pendant les vacances des Écoles, tous les Frères à Vaugirard, et ils y mènent la vie de novice. Leur ferveur (1691).

LE temps des vacances des écoles étant venu, le zélé Supérieur s'empressa de procurer aux Frères de Reims, de Laon, de Guise et de Rethel, les avantages de son noviciat, en les rassemblant tous dans cette maison de bénédiction, où ils venaient se renouveler dans l'esprit et la grâce de leur vocation. Leur séjour dans la maison commença par une retraite de dix jours, ou plutôt tout le mois de septembre fut un mois de retraite pour eux. Le Bienheureux de la Salle, à leur tête, les conduisait dans tous les exercices, et les animait encore plus par ses actions que par ses paroles pleines d'onction et de l'esprit de Dieu. Ainsi, ce bon Père avait la satisfaction de les voir tous les ans accourir avec joie de trente, quarante et cinquante lieues, pour se jeter entre ses bras, disposés à recevoir toutes les impressions qu'il voulait leur donner. Tous venaient avec une sainte émulation recevoir ses instructions, rechercher ses avis, se soumettre à ses corrections, profiter de ses exemples. Toute son application pendant ce mois était de faire, à l'égard de ceux-là, l'office qu'il exerçait à l'égard de ceux qui restaient à Paris, c'est-à-dire, l'office de père tendre, de pasteur vigilant, de Supérieur éclairé, de Directeur charitable et de médecin habile et expérimenté. Il les éclairait de ses lumières, il pénétrait dans le fond de leurs âmes, il leur découvrait les racines des vices et des passions, il leur apprenait à les combattre, et il les remplissait de courage et de force pour travailler à remporter sur eux-mêmes une victoire journalière.

Tous ces bons Frères ne recevaient pas la grâce en vain ; comme les ouvriers appelés à la dernière heure à la culture de la vigne, ils s'efforçaient d'atteindre ceux qui y avaient été envoyés à la première ; et, par un redoublement de ferveur, ils tâchaient de faire, pendant leur mois, les progrès dans la vertu que les autres avaient faits pendant l'année.

Cette noble émulation ne pouvait qu'avoir de bons effets, car, en redoublant la ferveur des uns et des autres, elle redoublait leur humilité. Les anciens, honteux de voir les nouveaux si avancés dans la voie étroite et épineuse qui conduit à la vie, hâtaient le pas pour les suivre et pour les précéder. Ceux-ci, honteux de se voir surpassés, s'accusaient de lâcheté et de tiédeur, et faisaient les plus grands efforts pour n'être point les derniers à courir dans une carrière, où chaque pas coûte à la nature, et où l'on n'avance qu'à mesure qu'on se fait violence.

La petite maison de Vaugirard se trouva alors si remplie, qu'il n'y eut plus qu'un grenier pour loger les Frères venus de loin ; elle n'était pas non plus assez riche pour fournir à chacun d'eux une paillasse. Ainsi, le seul moyen de les y loger tous, fut de les mettre dans ce grenier, sur un lit commun de paille. Un seul fait servira de témoignage à la ferveur de ces Frères arrivés de province.

L'un d'eux, venu à pied comme les autres, quoique très fatigué, ne chercha de repos que dans les exercices de piété, qu'il suivit le reste du jour de son arrivée. Ensuite, témoin oculaire de tous les différents genres de pénitences qui furent exercés à ses yeux pendant le souper, après s'être reproché sa lâcheté, confus en lui-même et plein de cette sainte colère qu'il voyait régner dans la maison contre la chair, il ne put se résoudre à aller se coucher sans en avoir fait sentir les effets à son corps.

Impatient sur ce point, et ne pouvant différer jusqu'au lendemain une pénitence qui lui paraissait journalière dans la maison, ce fut beaucoup pour lui d'attendre après la prière du soir, à demander une permission qu'il lui paraissait honteux de demander si tard. Quand il l'eût obtenue, il fut encore plus honteux d'avoir perdu en chemin l'instrument de sa pénitence, ou de l'avoir laissé dans le pays d'où il venait. Car alors tous les Frères, comme de bons soldats toujours armés, portaient toujours cette arme sur eux. Celui-ci, se voyant donc dans le moment de livrer un combat sanglant à son ennemi domestique, comme un soldat sans armes, et ne voulant ni reculer, ni différer d'un moment l'attaque, se vit obligé d'avoir recours à la charité d'un autre Frère et d'emprunter sa discipline. L'usage qu'il en fit fut si violent, qu'il la rendit teinte de son sang. Celui qui la reçut en sentit l'humidité et en vit sa main rougie. Celui-ci montrant le lendemain au Bienheureux de la Salle le gage de la ferveur du Frère étranger, crut l'étonner ; mais le serviteur de Dieu, accoutumé à de pareils spectacles, et qui faisait porter lui-même à ces instruments de la pénitence les marques de la ferveur, chaque fois qu'il en usait, surpris lui-même de la surprise du dernier Frère, la lui fit sentir en souriant et en haussant les épaules.

La manière dont tous les Frères des écoles, réunis à Vaugirard, passèrent le temps des vacances de 1691, servit de règle aux années suivantes. Tout le temps que le Noviciat subsista dans ce village, c'est-à-dire pendant sept années, tous les Frères s'y rendaient de tous côtés, par les ordres du Bienheureux de la Salle, et y renouvelaient leur ferveur par une retraite de dix jours, et un mois de noviciat dont ils suivaient les exercices. Ce fut dans cette maison qu'un plat d'absinthe fut servi sur la table de la manière qui a été rapportée ci-dessus. Le Frère cuisinier voyant que le jardin en était plein, et croyant de bonne foi que cette herbe était bonne à manger, et qu'elle pouvait à défaut d'autres légumes les remplacer, en fit une distribution, qui, en prouvant son ignorance, rend témoignage à la pauvreté de la maison.

Au reste, quelque austère que fût la maison de Vaugirard, le Bienheureux de la Salle en faisait un paradis terrestre et un lieu de délices, parce qu'il s'y voyait libre de ne mettre aucune borne à sa ferveur, et de se livrer sans ménagement à l'esprit de pénitence et d'oraison. Exempt de tout autre soin que celui de sa perfection, il la cherchait dans une étude et une pratique continuelle de l'abnégation et de la mort à soi-même. Il n'enseignait aux autres que ce qu'il pratiquait devant eux. Rien d'humiliant, rien d'austère, rien d'amer pour la nature, dont il ne leur donnât des exemples continuels. Nul office vil, nul travail pénible, nul exercice mortifiant, dont il ne fît l'essai et l'épreuve sur lui, avant que d'en inspirer la pratique.

De plus, dans cette petite communauté, il était l'homme universel, faisant l'office de supérieur, de maître des novices, d'économe et de procureur. Il est vrai que l'office de procureur d'une maison qui ne vivait que d'aumônes, et où il n'y avait rien à défendre, ni contre la rapine, ni contre la chicane, ne lui donnait pas grand embarras. Ainsi le soin de pourvoir à tout ne dérobait guère de temps à son recueillement et à son oraison, ni même à son repos : de sorte que quelquefois il n'entendait pas le réveille-matin, quoiqu'il en fût proche; car son humilité avait pris sur son compte le soin de réveiller la communauté, et il ajouta plusieurs mois cet office de ferveur à tous les autres qu'il exerçait dans la maison. Comme il se couchait fort tard, et que son sommeil était court, il ne faut pas s'étonner qu'il fût si profond que le bruit du réveil ne fût pas toujours assez fort pour l'en tirer. Mais quand cela arrivait, il en faisait pénitence publique, et il se condamnait lui-même à ne manger, à terre, pendant le dîner, qu'un petit morceau de pain sec, après avoir accusé en plein réfectoire sa prétendue faute, et en avoir humblement demandé pardon à chaque Frère à genoux, profondément incliné en posture de criminel.

Le Bienheureux de la Salle demeurant à Vaugirard, avait dans son voisinage un seigneur de grande vertu qui vivait retiré et dans une espèce de solitude, proche de l'Observatoire. C'était M. le comte de Charmel ([1]). Il passait à la Trappe une partie de l'année, surtout le Carême, et il employait l'autre dans toutes sortes de bonnes œuvres. Sa vie était une vie d'oraison, et il montrait au monde, sous un habit séculier, le recueillement de ces illustres solitaires dont il allait étudier les exemples et pratiquer la pénitence. Le religieux de la Trappe retiré de son désert, semblait revivre en lui et paraître à Paris pour édifier le public, et annoncer aux hommes quelle était la maison d'où il sortait. Toutefois ces deux grands serviteurs de Dieu, uniquement renfermés en eux-mêmes et occupés à plaire au Seigneur et à demeurer dans l'oubli, vivaient assez proches l'un de l'autre, sans se connaître. La rencontre de trois Frères en voyage, qui furent conduits au château de M. le comte de Charmel, par le curé du lieu, apprit à ce seigneur qu'il avait, presqu'à la porte de sa maison, près de Paris, une communauté qu'on pouvait regarder

---

1. Gentilhomme de la cour de Louis XIV et l'un de ses familiers. Converti par la lecture d'un bon livre, il s'éloigna de la cour et du monde.

comme l'image de la vie pénitente et mortifiée de l'abbaye de la Trappe, et que le Bienheureux de la Salle était presque son compatriote; car le château de M. le comte de Charmel, dans le diocèse de Soissons, n'était qu'à neuf lieues de Reims.

Les trois Frères, en y passant, allèrent demander l'hospitalité à M. le curé, qui, aussi surpris de la modestie de ces jeunes gens, de leur piété et de leur régularité, que de la nouveauté de leur habit, voulut faire part de sa découverte au seigneur du lieu. Sur le récit que lui fit le pasteur de la vertu de ses hôtes, il fut curieux de les voir et de les entretenir. S'étant informé en détail de leur manière de vie et des fins de leur Institut, tout ce qu'il en apprit le charma; et ce qu'il vit en ces trois jeunes hommes l'édifia si fort, qu'il voulut que sa maison servît d'hospice à l'avenir à tous les Frères qui passeraient par son village. Il leur recommanda même de prier le Bienheureux de la Salle, de sa part, de choisir son château pour le domicile de ses Frères, et de diriger par là la marche de tous ceux qui feraient voyage dans les environs.

IV. — Le Bienheureux de la Salle est visité par M. le comte du Charmel qui vivait près de Vaugirard dans la solitude et l'oraison.

LA vue de ces Frères qu'il reçut et qu'il logea avec grande charité, après leur avoir fait faire oraison avec lui à la chapelle, lui ayant inspiré un grand désir de connaître leur Supérieur, il ne manqua pas, quand il fut de retour à Paris, d'aller voir celui dont Dieu se servait pour établir une œuvre si utile à l'Église; et, pour témoignage de son estime et de son affection, il lui fit présent d'un devant d'autel et d'une chasuble fort riches. Enfin il lia avec le serviteur de Dieu un commerce de piété qui ne finit qu'avec la vie. Le Bienheureux de la Salle, de son côté, avait une singulière estime pour ce pieux seigneur, et il croyait faire son éloge en deux mots, en disant que c'était un homme d'une oraison continuelle.

M. Baüyn [1], ce directeur si célèbre, dont l'éminente vertu a fait tant d'honneur au Séminaire de Saint-Sulpice, venait aussi de temps en temps visiter la Bethléhem de Vaugirard, et parler à son Supérieur; mais, avant que de le demander, il avait soin

---

1. M. Baüyn, calviniste converti, d'une famille originaire d'Amiens et réfugiée à Bâle, fut chargé des catéchismes de Saint-Sulpice. C'est à lui qu'on doit principalement les règlements et usages qui s'y observent encore. Il mourut en 1696, âgé de 55 ans.

de s'informer exactement s'il n'était point en oraison, ou dans quelque exercice qui demandât sa présence ; car alors il ne permettait pas qu'on l'avertît, et il se contentait d'apprendre des nouvelles de sa santé. Telle était en tout la ponctualité et la fidélité aux petites choses de ce grand maître de la vie spirituelle.

Si on lui répondait que le Bienheureux de la Salle pouvait facilement quitter, il entrait dans le jardin, et là, à genoux et en prières, il attendait son disciple ; car c'était lui que le pieux Instituteur avait pris pour son guide, au défaut de M. Tronson. Comme la communauté des Frères à Vaugirard n'était pas éloignée de la maison de campagne du petit séminaire de Saint-Sulpice, qui est dans le même lieu, le Bienheureux de la Salle venait quelquefois y consulter M. Baüyn qui y était Supérieur, en la place de M. Brenier, demeurant pour lors à Angers. Je parle du temps des vacances de l'année 1695, temps heureux dans lequel les Séminaristes voyaient un saint venir consulter un autre saint, demander ses avis et s'y soumettre avec respect.

Le Bienheureux de la Salle en entrant dans cette maison y faisait sentir la présence de Dieu, tant il en paraissait pénétré, et frappait ceux qui ne le connaissaient pas, par un air de grâce et de vertu qu'il portait toujours sur sa face. Ceux qui ne l'avaient point encore vu se disaient les uns aux autres : Quel est ce prêtre si vénérable et qui a l'air d'un saint ? M. Baüyn quelquefois leur apprenait qu'il était un ancien chanoine de Reims, qui avait tout quitté pour marcher sur les traces des Apôtres. Le père paraissait alors plein d'estime et de respect pour la vertu de son fils spirituel ; et comme quelques-uns des jeunes ecclésiastiques se répandaient en louanges, les uns sur la pauvreté, les autres sur la pénitence, ceux-ci sur le recueillement, ceux-là sur l'état humiliant et mortifié du Bienheureux de la Salle et de ses disciples, M. Baüyn fit entendre que ce qu'il admirait le plus en lui, était son abandon parfait à la divine Providence, et sa résignation sans réserve au bon plaisir de Dieu. Il ajouta de plus, pour faire concevoir le degré de perfection où l'Instituteur des Frères des Écoles chrétiennes était arrivé, qu'il était disposé à voir d'un œil tranquille le renversement de son œuvre ; et que, sur ce point si délicat, il se plaçait dans un état d'indifférence, et demeurait abandonné à la divine volonté.

Dans les mêmes vacances, les ecclésiastiques du petit séminaire de Saint-Sulpice et les Frères virent ensemble leurs deux Supérieurs monter à l'autel l'un après l'autre et y célébrer les saints mystères. C'était le jour de saint Lambert, patron de la paroisse de Vaugirard. Le Saint-Sacrement y étant exposé, M. Baüyn y avait mené sa communauté pour assister à la sainte messe, et le Bienheureux de la Salle y avait aussi amené la sienne pour le même dessein. Jamais spectacle de dévotion ne fut plus frappant et plus édifiant, que de voir à l'autel ces deux saints prêtres de la nouvelle loi, y réitérer, d'une manière non sanglante, le sacrifice de la Croix. Leur seule vue inspirait la foi, le respect, le recueillement, la dévotion. Ils en paraissaient si pénétrés, qu'on eût cru qu'ils voyaient de leurs yeux JÉSUS-CHRIST dans le Saint-Sacrement. Tous deux se tenaient devant lui dans l'anéantissement et dans cette religieuse frayeur que saint Jean, dans son Apocalypse, prête aux vingt-quatre vieillards et aux quatre animaux prosternés aux pieds du trône de Dieu.

M. Baüyn célébra la sainte messe le premier et communia ses séminaristes ; mais avec quel air de sainteté le fit-il ! On l'aurait pris pour un des sept premiers esprits qui sont les plus proches de Dieu, et qui se consument en amour sous ses yeux. Il ne paraissait pas qu'il y eût au monde un autre mortel plus saint que celui-ci, et plus rempli de Dieu et de son saint amour. Cependant, le dirai-je ? le Bienheureux de la Salle, qui célébra après lui et qui communia les siens à son tour, parut encore avoir quelque chose de distingué et même de supérieur dans l'ordre de la grâce. Véritablement, on croyait voir deux séraphins dans ces deux saints prêtres ; mais le dernier paraissait marquer sur son visage une plus grande élévation devant Dieu et une plus éminente participation de sa sainteté. Il ne faut pas s'en étonner : la vie qu'il menait à Vaugirard était un vrai martyre et un vrai crucifiement de la chair, comme on vient de le voir. Tous ses sens y étaient en captivité, et à peine y avait-il un des membres de son corps qui n'eût son tourment particulier. Cependant il plut à Dieu d'ajouter, à tant de peines volontaires de son serviteur, d'autres souffrances encore plus sensibles ; et, ce qui est étonnant, le remède que l'ancien chanoine de Reims y apporta, plus cruel que le mal, fut lui-même un supplice.

V. — Le Bienheureux de la Salle est saisi d'un rhumatisme qui le tient dans une espèce de perclusion de membres ; quel fut le remède qu'il y apporta.

ON se souvient de ce que nous avons rapporté ci-dessus, que l'homme de Dieu, après avoir passé une grande partie de la nuit, pendant une année presque entière, en pénitence et en oraison, passait l'autre couché sur le sol ; il y contracta un rhumatisme, qui donna dans la suite un grand aliment à sa patience. En effet, après avoir été assez de temps la victime des douleurs les plus aiguës, il se vit bien des fois perclus des bras, des jambes et de tout le corps. Ce qui était admirable, c'est que le mal, adouci le dimanche, le retirait de l'impuissance absolue dans laquelle il l'avait tenu toute la semaine de célébrer la sainte messe. Ainsi, ces jours-là il se faisait mener à la chapelle, et s'y traînait comme il pouvait à l'aide des Frères qui le soutenaient sous les bras pour y aller célébrer. Chaque pas lui coûtait des peines aussi grandes que s'il eût marché pieds nus dans un chemin semé d'épines ; mais la joie d'aller dire la sainte messe les adoucissait. Monté à l'autel, un redoublement de ferveur et de grâce le soutenait, et, élevé au-dessus de sa faiblesse, il oubliait ses maux pour ne se ressouvenir que du sacrifice qu'il offrait. Ensuite, consolé d'avoir immolé la divine Victime et de s'en être nourri, il retournait content sur son lit de douleur.

Cependant, à un mal qui, en le sanctifiant, l'aurait rendu inutile à sa communauté, s'il eût persisté, il chercha un remède : et je ne sais quel fut le médecin qui lui en apprit un, qui ne pouvait être du goût que d'un saint. Ce remède est du nombre de ceux dont personne ne veut faire l'épreuve sur soi, et qu'on ne voudrait conseiller qu'à un ennemi. Mais le Bienheureux de la Salle ne croyait pas avoir un plus grand ennemi que son corps ; ainsi il ne faut pas s'étonner s'il saisit cette occasion d'ajouter ce nouveau tourment à tant d'autres qu'il lui faisait souffrir. Voici comment ce remède fut mis en œuvre. Quand on eût étendu le malade sur des chaises ajustées en forme de gril de bois, on mit sous lui deux grands poêles de fer remplis de charbons allumés, sur lesquels on jetait du genièvre, dont la fumée chaude et ardente, s'insinuant dans les pores, devait produire la transpiration des sérosités rhumatisantes, ou les consumer en fortifiant les nerfs et les autres parties du corps. De plus, tandis que le patient, nu d'un côté, recevait une chaleur brûlante, il était couvert de l'autre d'une couverture et d'un matelas qui concentraient en ses membres toutes les impressions du feu. Aussi, dans ce nouveau genre de tourment, une partie du corps n'avait point à se plaindre de l'autre ni à envier son sort : l'homme de Dieu était tout entier dans la souffrance, et nul de ses membres ne pouvait se dérober à la douleur.

La petite chambre où l'on pratiquait ce remède, échauffée par le feu, ne tarda pas à devenir une étuve, et une étuve si remplie de fumée, qu'on avait peine à y respirer. Le Frère qui soignait le malade n'avait garde de s'en plaindre, ayant sous les yeux un spectacle de patience qui le frappait trop pour penser à sa peine. En regardant le Bienheureux de la Salle étendu sur une espèce de gril ardent, il se représentait saint Laurent qui brûlait à petit feu sur le sien, et il jugeait, par la générosité du saint prêtre, quelle force la charité avait donnée au saint Lévite pour souffrir la rigueur du plus cruel des supplices. La curiosité qu'eut le Frère, de voir si les chaises sur lesquelles était étendu le malade ne brûlaient point, lui apprit ce qu'il souffrait ; car il les trouva si chaudes, qu'il ne put y arrêter la main ni en soutenir la chaleur. L'unique soulagement que le pieux patient se permettait, pendant une opération si cruelle, était de soupirer et de répéter incessamment ces paroles avec douceur : *Mon Dieu !* et plus souvent celles-ci, qu'il avait toujours dans la bouche : *Dieu soit béni !* Au reste, il ne fut pas quitte la première fois de ce supplice : le rhumatisme étant pour l'ordinaire un mal habituel qui revient souvent, et qui, en certain temps de l'année, devient plus douloureux, il était nécessaire de réitérer souvent ce remède violent, et de remettre de nouveau, sur son gril de bois, le martyr de la pénitence.

Cependant, cet état de souffrance ne l'empêchait pas d'avoir toujours l'œil sur son noviciat, et de veiller à la garde de la régularité dans toutes les maisons des Frères. Il n'attendait pas même d'être entièrement guéri pour aller visiter les lieux qui avaient besoin de sa présence ; car il comptait pour rien sa santé, dans tout ce qui regarde le service de Dieu, et il se faisait un plaisir de la sacrifier à sa gloire. La réputation du nouvel Institut s'étendant à mesure que le nombre des Frères augmentait, des ecclésiastiques de vertu y venaient faire des retraites sous la direction du Bienheureux de la Salle. M. Guyard, chanoine de Laon, entre autres, en fit une de quinze jours entiers sous la conduite de ce grand maître de la vie spirituelle. Frappé de tant d'exemples de vertu dont ses yeux furent témoins, touché de l'abondance des grâces qui se faisaient sentir dans cette sainte maison, il en sortit également édifié et consolé.

VI. — De grands pécheurs viennent à M. de la Salle, pour chercher leur conversion à ses pieds.

L'ÉCLAT de la sainte vie du Bienheureux de la Salle, ainsi porté au loin, lui attira de fameux pécheurs qui vinrent réclamer sa charité, et chercher en elle le remède aux plaies de leur âme. Comme il était un instrument propre à la main de Dieu pour les ouvrages les plus difficiles de la grâce, Dieu s'en servit pour opérer des conversions désespérées, qui peuvent être regardées comme des miracles de la Bonté divine. Au reste, la charité du saint Supérieur présentait à ces hommes livrés à l'iniquité, un confesseur tel qu'ils le désiraient, affable, prévenant, patient et tranquille en écoutant le récit des plus horribles crimes dont ils lui faisaient l'aveu. Après qu'ils avaient fait l'ouverture d'une conscience ulcérée, noircie et pervertie, à un homme qu'ils honoraient comme un saint, ils étaient étonnés de le voir sans trouble et sans émotion. Ils étaient encore plus étonnés de se voir plus estimés de lui qu'il ne s'estimait lui-même. Ainsi naissait, dans les âmes les plus perdues, une confiance parfaite pour un homme qui regardait la sienne comme plus criminelle que la leur, et qui croyait se faire justice en s'estimant le plus grand des pécheurs. Nous n'en dirons pas davantage sur cet article, que nous réservons à traiter quand nous parlerons de ses vertus. Il nous suffit de remarquer que, dans le fil de l'histoire de sa vie, Dieu le rendit alors utile à sa gloire et au salut de plusieurs âmes désespérées.

Cependant, la charité qui obligeait ce saint homme de se prêter à ceux que l'esprit de Dieu lui envoyait, comme à un autre Jean-Baptiste dans le désert, pour y être baptisés dans les eaux salutaires de la pénitence et apprendre à la pratiquer dans une maison qui y était consacrée, ne le détournait pas de l'attention qu'il devait à son noviciat. Personne ne savait mieux que lui que toute l'espérance de la maison était fondée sur la manière dont on le faisait ; aussi ne s'en rapportait-il qu'à lui-même pour l'éducation des novices. Le tendre père accompagnait partout ses enfants, les consolait, les animait, les instruisait, leur faisait des exhortations pathétiques et touchantes, présidait à leurs exercices, les précédait dans les travaux les plus pénibles et dans les offices les plus vils. Il leur montrait en sa personne la tranquillité avec laquelle il faut soutenir les railleries, l'art de se plaire dans les mépris, dans la pauvreté et dans les croix ; enfin, la douceur avec laquelle il faut recevoir les insultes, les outrages, les calomnies et les persécutions.

Les travaux du zélé Supérieur, arrosés de ses sueurs, de ses larmes et de ses peines, étaient bénis de Dieu. Sa parole, reçue dans de bon cœurs, portait du fruit au centuple. Il avait la joie de voir ses novices, comme de tendres arbrisseaux, prendre avec docilité les plis que sa main leur donnait. Il les façonnait sans contradiction de leur part, et il faisait, dans leurs âmes ouvertes à la grâce, les impressions qu'il désirait. Les enfants, moulés sur le père, faisaient connaître, par leur conduite, qu'ils étaient à l'école d'un grand maître dans la vertu, et qu'ils savaient profiter de ses instructions et de ses exemples. Quand ils n'eussent pas été remarquables par la nouveauté de leur habit, leur silence inviolable, leur modestie toujours égale, leur recueillement perpétuel, leur douceur inaltérable au milieu des outrages, eût appris à tout le monde qu'ils étaient novices ou Frères du nouvel Institut.

CHAPITRE XII.

La famine des années 1693 et 1694 rappelle le Bienheureux de la Salle et les siens de Vaugirard à Paris, pour pouvoir subsister. Il en éprouve avec eux les rigueurs, sans que la divine Providence les abandonne. Il retourne ensuite à Vaugirard pour continuer le noviciat. Il rédige ses règles et les écrit. — (1693-1694.)

LA maison de Vaugirard avait, pour le Bienheureux de la Salle, des agréments célestes. La ferveur qui y régnait lui en rendait le séjour délicieux. Il fallut pourtant en sortir, au moins pour quelque temps, lorsque la famine commença à se faire sentir avec plus de rigueur, sur la fin de l'année 1693 ; alors il n'y avait point de sûreté pour les Frères dans Vaugirard. Leur maison, ouverte à qui voulait y entrer, et sans défense, parce qu'elle n'était habitée que par des agneaux, était exposée aux loups. La nourriture, quoique si pauvre, faisait envie à des gens affamés. Déjà on l'avait enlevée au Frère qui l'apportait de Paris, et déjà les mêmes voleurs ou d'autres s'attendaient à trouver tous les jours un repas préparé à peu près à la même heure.

Le Bienheureux de la Salle, instruit, par les vols qui se faisaient de tous côtés à force ouverte, et par celui qu'on venait de lui faire, que les vivres lui seraient coupés, et qu'ils ne pourraient plus venir en sûreté de Paris à Vaugirard, crut qu'il valait mieux aller demeurer à Paris. C'est ce qui l'obligea de quitter, pour quelques mois, sa chère Bethléhem, et de mener ses novices à la maison des Frères, où les rigueurs de la famine l'attendaient, et où bientôt il put dire : « *Il n'y a point de pain dans ma maison* ». En effet, quoique tranquille au milieu des frayeurs universelles du public, *il vit les tempêtes de la faim* menacer sa communauté, et les siens craindre *ces flèches terribles* que la main de Dieu irritée lance contre les justes et les pécheurs, pour ranimer la piété des uns et rappeler les autres de leurs égarements. Pour lui, *il savait vivre dans l'abondance, et souffrir la disette*, s'y étant accoutumé par des jeûnes également longs et rigoureux. Toutefois, quoiqu'il ait beaucoup souffert avec toute sa famille, dans ce temps de calamité, il fit pourtant l'expérience *que rien ne manque à ceux qui craignent Dieu*.

Ce qui est admirable, dans le temps même où l'on vit les riches et les pauvres, saisis d'une frayeur bien fondée de manquer de pain, il ne chercha que dans le sein de la Providence les moyens de se précautionner contre les nécessités d'une cruelle famine. Dans le temps que la rapine était à craindre partout, et que rien n'était à couvert de sa violence, dans le temps où l'on semblait également méconnaître la justice et mépriser l'autorité, dans le temps où l'on s'arrachait, pour ainsi dire, le pain de la bouche, il mangeait le sien avec ses enfants avec poids et avec mesure, à la vérité, mais sans inquiétude. Dans ce temps-là même où l'on voyait à Paris, et presque de tous côtés, un peuple mutiné demander du pain avec esprit de révolte et de sédition ; alors qu'on voyait les uns chercher dans les ordures jetées aux portes de quoi mettre sous la dent, et ramasser, pour manger, ce qu'ils n'auraient pas pu regarder quelques mois auparavant, les autres, chassés de la ville par la faim, chercher, errants dans la campagne, quelques herbes propres à manger, le Bienheureux de la Salle faisait à ses disciples, plus timides que lui sur l'avenir, une leçon journalière de ces paroles de JÉSUS-CHRIST : *Gardez-vous de vous inquiéter, et de dire : Qu'est-ce que nous mangerons, ou qu'est-ce que nous boirons, et de quoi nous couvrirons-nous ? Car c'est ainsi que parlent les païens : votre Père céleste sait que vous avez besoin de tout cela.*

Avant d'entrer dans le détail des vertus héroïques, dont la famine fournit au Bienheureux de la Salle un long exercice, il faut se ressouvenir des petites disputes qu'il avait eues à soutenir avec M. Baudrand, au sujet des habits des Frères et de l'institution du noviciat. Depuis ce temps, ce personnage, quoique si zélé pour toute sorte de bien, avait fermé son cœur à l'égard du nouvel Institut. Il ne regardait plus le Bienheureux de la Salle comme hier et avant-hier (selon les termes de la sainte Écriture) et il ne lui donnait plus de marques de bienveillance ; Dieu le permettant ainsi pour donner à la patience de son serviteur un généreux exercice ; car on sait que les croix les plus rudes pour les saints, sont celles qui sont taillées par la main même des gens de bien. Dieu sanctifie les uns par les autres, et souvent il permet qu'ils se crucifient mutuellement. Comme M. Baudrand avait paru pressentir que le noviciat de Vaugirard pourrait tomber à sa charge, dans un temps où les aumônes épuisées par la multitude des pauvres, le mettraient hors d'état de le secourir, il ne faut pas s'étonner s'il s'était opposé à son établissement, et s'il devint si lent à lui prêter secours dans le temps de la famine. De plus, le vénérable curé, n'ayant pas encore oublié la résistance qu'il avait trouvée dans le serviteur de Dieu, au dessein qu'il avait conçu d'introduire du changement dans l'habillement des Frères, crut qu'il ne devait pas faire entrer dans le partage de ses libéralités un homme qu'il regardait comme un entêté.

I. — M. Baudrand refuse de payer les 500 livres de pension qu'il avait promises pour les deux Frères employés à l'école de la rue du Bac.

LE Bienheureux de la Salle commença à porter les effets rigoureux de cette prévention, par le retranchement des 500 livres de pension des deux Frères qui tenaient l'école à la rue du Bac. C'était pourtant M. Baudrand qui avait érigé cette école, et qui était convenu de la pension ; mais Dieu permit qu'il l'oubliât ou qu'il changeât d'avis. Ce refus subit et imprévu des 500 livres et des autres aumônes que le Bienheureux de la Salle et ses Frères attendaient, en qualité de pauvres, de la bonté de M. le Curé, les laissa en proie à la misère, et leur donna le temps d'être en butte *aux flèches perçantes de la famine, et de sentir ses blessures cruelles* ([1]), selon l'expression d'un prophète. Cette extrémité devait paraître bien triste à un homme né dans une maison riche, élevé dans la délicatesse et nourri dans l'abondance ; à un homme qui avait possédé du bien, et qui aurait eu toutes ses commodités, s'il n'en eût point fait le sacrifice.

Dans une pareille conjoncture, un autre, moins à Dieu, eût pu donner entrée en son âme à des tentations de regret sur ses sacrifices et sur ses dépouillements, et s'accuser d'avoir été outré et indiscret. Pour lui, inébranlable au milieu des orages de la famine, il ne perdit rien de sa paix et de sa confiance dans le Père céleste. Néanmoins, Dieu, pour le mettre à la dernière épreuve, permit que tout lui manquât : pain, provisions, argent, et tout ce qui est nécessaire à la vie. Le pain, qui se distribuait au poids, et qu'on ne mangeait qu'à petite mesure, eut sa fin, et il ne s'en trouva plus dans la maison, non plus que d'argent pour en acheter. Alors, en disant à ses Frères : *Il n'y a point de pain dans ma maison*, il les encouragea, il les exhorta à la patience, et parut si content, qu'aucun d'eux ne put s'affliger.

Alors il arrivait qu'allant et sortant à jeun du réfectoire, l'action de grâces suivait de près le *Benedicite*, ou que le repas était fait quand ils avaient pris un simple bouillon d'herbes. Toutefois, quoiqu'ils en sortissent comme ils y étaient entrés, sans avoir

---

1. Ezéchiel, v, 16.

mangé, ils en sortaient avec une nouvelle joie, que l'esprit de Dieu répandait dans le cœur de ces pauvres évangéliques. De cette sorte, leur âme se trouvait rassasiée, tandis que leur corps restait à jeun. Une fois, ils furent agréablement surpris, lorsque, n'espérant rien, ils trouvèrent dans le réfectoire du pain, mais très noir et en très petite quantité. Le Bienheureux de la Salle l'ayant fait présenter à la communauté, sans s'en réserver rien, aucun n'y voulut toucher ; ainsi contraint d'y mettre la main, il en prit un très petit morceau. Cet exemple fut suivi de tous ; car chacun en prit si peu, qu'il y en eut de reste. Ce pain avait été le fruit de la diligente recherche du Frère économe, qui, apparemment, l'avait reçu par aumône.

Ce secours si léger et si passager les laissa tous le lendemain dans leur première disette; et elle fut si grande et si longue, qu'elle eût pu mettre à bout le courage le plus constant et la patience la plus héroïque. Aussi celle des Frères en fut-elle ébranlée, et ils trouvèrent mauvais que leur Supérieur épuisât, ce semble, leur confiance en Dieu, en recevant, dans ce temps-là même de la plus grande calamité, de nouveaux sujets que la faim, plutôt que la vocation, paraissait amener à sa maison et qui, en grossissant le nombre, augmentaient la misère. Pour ce qui est du Bienheureux de la Salle, rien ne le troublait, rien ne l'effrayait, rien ne le détachait du sein de l'adorable Providence, sur lequel il reposait sans souci, avec la tranquillité d'un petit enfant qui dort entre les bras de sa mère.

II. — Le Bienheureux de la Salle éprouve la rigueur de la famine avec ses Frères, et la divine Providence leur procure du secours.

CETTE aimable Providence, qui ne l'avait jamais abandonné, donna une nouvelle preuve à son serviteur, réduit avec les siens à la dernière nécessité, qu'elle ne l'avait pas oublié, et qu'elle ne s'endormait pas sur les soins de sa famille. Après avoir éprouvé suffisamment sa vertu, elle prit plaisir à pourvoir à sa nécessité par une aventure singulière. M. Baudrand, un peu mécontent contre le Bienheureux de la Salle, comme nous l'avons dit, l'oubliait, et sa charité paraissait endormie sur ses besoins ; mais voici la voix dont Dieu se servit pour le réveiller. Un jour qu'il n'y avait chez les Frères ni pain, ni rien de ce qui sert à la nourriture de l'homme, ni argent, à la réserve d'une pièce de quatre sols, le Frère pourvoyeur sortit pour aller en acheter des choux, et donner, ce semble, le dernier repas à une communauté qui, après l'avoir fait, n'avait plus à attendre que la mort.

Ce Frère allant donc chercher une espèce de délai contre la mort dans une mince provision de légumes, aurait pu dire à peu près comme la veuve de Sarepta : Je vais acheter un peu de choux, les accommoder pour les Frères, et, après ce faible secours contre la faim, attendre avec eux patiemment la fin de notre vie. En cette occasion, Dieu lui inspira de se présenter avec d'autres pauvres, pour recevoir l'aumône, à la porte d'une dame charitable qui en faisait la distribution. Le bruit qui s'y faisait l'ayant obligé, lorsqu'il passait, d'ouvrir les yeux, il vit un concours de pauvres qui s'empressaient de tendre la main pour recevoir la charité, et qui semblaient l'inviter à se joindre à eux. Ce qu'ayant fait, sa grande taille et son habit ne manquèrent pas de frapper les yeux de la pieuse dame, qui en fut étonnée. L'ayant fait entrer, elle lui demande pourquoi elle le voyait confondu avec les misérables et demander à sa porte une légère charité.

« Est-ce donc, ajouta-t-elle, que la famine se fait sentir chez « vous ? M. le Curé laisse-t-il dans la dernière nécessité les pre- « miers pauvres de sa paroisse, et ceux-là mêmes qu'il emploie à « l'instruction des pauvres ? » Le Frère lui répondit avec simplicité que sa communauté était réduite à l'extrémité, que, depuis longtemps, elle sentait toutes les rigueurs de la famine, et que, de ce pas, il allait acheter un peu de choux pour une pièce de quatre sols, le seul argent que la maison possédait, pour donner aux Frères un repas, qui pourrait être le dernier. La vertueuse dame, encore plus surprise, répliqua : « Allez en paix, je vais y donner ordre. » Elle ne tarda pas, en effet, à le faire ; car elle alla donner avis à M. le Curé de l'extrême nécessité où était la communauté des maîtres qu'il avait choisis pour l'instruction des pauvres de sa paroisse.

Comme cette dame était une des ressources de M. le Curé, il n'avait garde de ne pas l'écouter. Sa remontrance fut pour lui un commandement, et il ne tarda pas d'envoyer au Bienheureux de la Salle un peu d'argent pour subvenir à la grande nécessité de sa maison ; mais son cœur, ouvert encore une fois, soit par la compassion pour la misère des Frères, soit par considération pour une personne dont il recevait tant de secours pour ses pauvres, ne tarda pas à se refermer. Au milieu du mois de janvier 1694, temps le plus cruel de la disette, soit que M. Baudrand eût épuisé toutes ses aumônes, soit qu'il crût qu'il ne les devait pas aux Frères par préférence aux autres pauvres, il déclara à leur Supérieur qu'il ne voulait plus rien donner, et qu'il mettrait en ligne de compte ce qu'il avait donné à la fin de l'année précédente, en le regardant comme une avance faite sur la pension des Frères qui tenaient les écoles de sa paroisse.

Nouvelle tentation pour la patience du Bienheureux de la Salle. Il voit encore une fois sa maison réduite à l'extrémité : ses enfants lui demandent du pain, et il n'en a plus à leur donner. Que fera-t-il dans ce surcroît d'affliction ? Le jeûne et la prière sont les deux moyens assurés d'obtenir du Père des bontés tout ce qu'on désire : le Bienheureux de la Salle mit l'un et l'autre en usage, et, plein de confiance, il alla, la veille de la Conversion de saint Paul, à l'église, se jeter aux pieds de JÉSUS-CHRIST, pour lui exposer les besoins de sa famille, et le conjurer de se souvenir qu'il en était le Père.

Apparemment qu'au sortir de cette prière le serviteur de Dieu fut inspiré d'aller voir M. Baudrand, et qu'il eut un pressentiment qu'il serait écouté, car il alla lui faire le récit de ses misères et de celles de sa famille. Jamais moment ne fut plus favorable. M. Baudrand venait de recevoir de l'argent du roi pour le soulagement des pauvres de sa paroisse. La joie d'un secours si nécessaire, venu si à propos, dans le temps de la plus grande calamité, proportionnée à la charité du pieux Curé, dilata son cœur et l'attendrit sur les besoins des Frères et de leur Supérieur. Il l'embrassa et lui donna sur-le-champ deux cents livres ; avec parole qu'il ne compterait point ce qu'il avait donné de plus l'année précédente, et avec promesse de lui donner encore, dans quinze jours ou trois semaines, deux cents livres ; ce qu'il fit en effet. Ainsi l'homme de Dieu éprouva encore une fois que sa bonté ne confond jamais ceux qui espèrent en lui. Au reste, ce secours fut bien léger.

Les 400 livres ne tardèrent pas longtemps à être épuisées, dans une maison où tout manquait ; et quand cette somme fut dépensée, le Bienheureux de la Salle se retrouva dans sa première misère. Son recours fut derechef à M. Baudrand ; il espéra trouver encore une fois, dans sa charité, le rang qu'y tenaient tous les malheureux, et que son cœur, si compatissant aux misères des pauvres, regarderait en pitié celles des Frères. Il ne fut pas trompé pour ce moment. Le pieux pasteur, touché des besoins de cette nouvelle famille, consentit à fournir à la dépense du pain qui lui était nécessaire ; et, à la prière du Bienheureux de la Salle, il envoya ordre à son boulanger de lui en fournir une certaine quantité. Cette parole surprit agréablement le serviteur de

Dieu. Le pain nécessaire à la vie était le grand objet de ses désirs, et le principal aliment de sa pauvre communauté. Il s'embarrassait assez peu que le reste lui manquât, pourvu que le pain lui fût accordé.

Mais si sa joie fut grande, elle ne fut pas de durée. Il s'était fait illusion à lui-même, quand il avait cru que M. Baudrand lui avait voulu donner le pain nécessaire pour sa communauté par pure aumône. Si M. Baudrand avait eu cette bonne volonté, il ne tarda pas à s'en repentir ; il la rétracta même lorsque le boulanger lui présenta un mémoire de 800 livres, sur la fin de juillet. La fourniture du pain qui montait à cette somme, et qui n'était que de deux mois et demi, effrayant M. le Curé, il dégagea sa parole, bien résolu de ne pas porter une si grande charge ; il en fit même porter tous les frais au Bienheureux de la Salle, car il refusa de lui rien donner, et prétendit qu'il avait voulu seulement lui faire avance de la somme à laquelle il s'était taxé lui-même, pour la pension annuelle des Frères qui faisaient l'école sur sa paroisse.

Quelque chose que pût dire le Bienheureux de la Salle sur ce sujet, il ne voulut rien écouter, et il demeura sourd à ses prières et à ses remontrances ; mais la divine Providence y pourvut par une diminution subite du prix du blé, et par un retour encore moins attendu des premiers sentiments d'estime et d'amour pour la famille du Bienheureux de la Salle, dans le cœur de M. Baudrand. En effet, le généreux curé promit de gratifier les Frères de cent livres par mois le reste de l'année. Le présent était considérable ; toutefois il ne suffisait pas à la dépense nécessaire pour le pain, qui allait à cinquante écus par mois. Mais la divine Providence, qui avait éprouvé la confiance de son serviteur par les plus rudes tentations, fut sa ressource. Elle fournit le nécessaire à la plus pauvre communauté de Paris, tandis que les plus riches étaient assez embarrassées à se tirer des malheurs du temps; et, pour faire sentir au Bienheureux de la Salle que c'était à elle seule qu'il devait les secours inespérés qu'il avait reçus, elle permit encore que M. Baudrand fermât les yeux sur ses besoins, et perdît à son égard et à l'égard des Frères, ce fonds de tendresse qu'il avait pour tous les autres pauvres.

III. — Le Bienheureux de la Salle éprouve encore de nouvelles peines de la part de M. Baudrand, au sujet de sa maison.

LES six premiers mois de l'année suivante, 1695, les Frères ne reçurent rien du pasteur qui les employait sur sa paroisse. Bien plus, M. Baudrand refusa de satisfaire au loyer de leur maison, qu'il avait louée lui-même pour eux, et qu'il avait toujours payé. Il ne s'en tint pas là; il fit tomber sur leur compte le payement du loyer de cette maison de l'année précédente, 1694, c'est-à-dire, de cette année cruelle qui avait été pour eux une année de patience, de pénitence et de la plus grande pauvreté. Le motif de ce nouveau refus, fut tiré de la résistance qu'il trouva dans le Bienheureux de la Salle, pour sortir de la maison où les Frères étaient logés, rue Princesse. M. Baudrand voulait les placer dans la rue Guisarde; et pour les obliger de s'y transporter, il refusa de renouveler le bail de leur première demeure. Mais l'autre maison n'étant pas propre à une communauté, le Bienheureux de la Salle ne put se résoudre à un changement si fâcheux. Il aima mieux encourir encore une fois l'indignation de M. le Curé, et en porter la peine, par le retranchement d'un secours charitable et juste tout à la fois, que d'exposer son troupeau aux inconvénients de la nouvelle maison.

Cependant, comme il était toujours en défiance sur ses propres lumières, il prit avis pour savoir ce qu'il avait à faire. Le conseil qu'on lui donna, fut de continuer le bail de la maison rue Princesse, si on voulait la lui louer. Mais voudrait-on lui louer une maison de prix? C'est ce qui était incertain, il n'y avait pas même d'apparence, car quelle assurance pouvait avoir le propriétaire de la maison, de faire sortir d'une bourse vide, sept cents livres de rente annuelle? Quel fonds pouvait-il faire sur la communauté la plus pauvre du royaume, qui ne vivait que d'aumônes, qui avait tant de peines à se défendre contre les misères de la vie, et que la famine avait presque engloutie, l'année précédente, dans le naufrage commun de tant d'autres malheureux morts de faim? Le Bienheureux de la Salle cependant, qui, presque en toutes choses, espérait contre toute espérance, tenta le bail, et il le conclut. L'accord ne fut que de paroles, mais il subsista au grand étonnement du serviteur de Dieu, qui ne pouvait assez admirer le doigt du Tout-Puissant en cette rencontre. Il était étonnant, en effet, que le propriétaire d'une maison de grande valeur, en risquât la location à des gens qui étaient aussi pauvres que ceux qui sont à l'hôpital.

M. Baudrand, informé du nouveau bail, envoya chercher le Bienheureux de la Salle, et lui en fit un nouveau procès ; mais le serviteur de Dieu en fut quitte en consentant d'en payer les frais, je veux dire, en convenant de payer dorénavant le loyer de la maison. M. le Curé n'eut plus rien à lui dire, sinon, « *qu'il était un entêté, qu'il avait toujours voulu l'emporter en tout sur lui, et sur M. de la Barmondière.* » Cependant le serviteur de Dieu, à l'égard de M. de la Barmondière, n'avait rien fait que par le conseil de M. Baudrand, et, à l'égard de M. Baudrand, il ne faisait rien que par l'avis de personnes pour qui M. Baudrand lui-même avait le plus grand respect, comme il a déjà été dit.

IV. — Il retourne à Vaugirard continuer le noviciat.

LE temps de la misère étant passé, Paris n'eut plus d'attrait pour le Bienheureux de la Salle. Le tumulte qui y règne, le grand monde qui l'habite, l'embarras des affaires qu'il y trouvait le faisaient soupirer pour la solitude de Vaugirard; aussi y retourna-t-il avec empressement, le plus tôt qu'il put, avec cinq ou six novices et Frères. Là, tranquille dans le lieu de son repos, il parut oublier de nouveau qu'il était en ce monde, et qu'il y eût un monde, tant il était occupé de Dieu et du désir de la perfection. Il travaillait comme un homme qui n'a qu'une affaire, et qui a cette unique affaire infiniment à cœur. En regardant chaque jour comme le dernier de sa vie, et en croyant n'avoir encore rien fait pour Dieu, il s'empressait à tous moments de lui plaire, et de rendre ses jours pleins, par une pratique continuelle de vertus. Toujours les yeux ouverts sur ce qui lui restait de chemin à faire, il se hâtait d'avancer à grands pas, sans se donner ni repos ni relâche. Il oubliait, à l'exemple du grand Apôtre, tout ce qu'il avait fait et souffert pour Dieu, et ne pensait qu'à ce qui lui restait à faire et à souffrir.

Les Frères qu'il avait laissés à Paris au nombre de huit ou neuf, pour tenir les écoles sur la paroisse Saint-Sulpice, allaient passer les jours de congé et de fête à Vaugirard, comme ils avaient fait avant l'année de disette, et se retrouvaient par conséquent, une bonne partie de l'année, sous les ailes de leur Père et dans les exercices du Noviciat. Ce digne Supérieur seul avec eux, ne pensait qu'à les avancer vers le ciel, et à s'y avancer lui-même. Uniquement attentif à leur sanctification et à la sienne propre, il ignorait tout le reste, et n'y pensait pas plus que les morts cachés dans le sépulcre. Tout en lui parlait, et portait efficacement à la vertu sublime : humilité, douceur, mortification, pénitence, charité, recueillement, vie intérieure, esprit d'oraison, pratique de pauvreté et de dénûment, ces vertus brillaient en toutes ses actions. Il les enseignait dans le silence même, et il les prêchait par une pratique continuelle. Il suffisait aux Frères de le regarder, pour s'animer à la ferveur. Toujours à leur tête dans les offices les plus vils, les plus humiliants et les plus répugnants à la nature, il leur apprenait, par son exemple, que l'on fait tout avec joie, quand on le fait avec un grand amour de Dieu.

V. — Il compose sa Règle : de quelle manière il le fait.

ALORS, se voyant dans le repos, il se sentit inspiré d'en profiter pour travailler à une règle. Comme il avait eu soin de faire précéder par les usages, les règlements qu'il voulait établir, il ne s'agissait que de rédiger par écrit les pratiques que la ferveur avait déjà autorisées. Telle était la sage conduite du pieux Supérieur. Tout ce qu'il avait dessein de faire passer en règle, il avait eu la précaution de l'insinuer adroitement par ses paroles, et de l'autoriser par ses actions.

En étudiant JÉSUS-CHRIST, il avait appris de lui à faire avant que d'enseigner, à insinuer avant que de conseiller, et à conseiller avant que d'ordonner. Sa politique sainte tendait à établir par là des lois durables et des observateurs fidèles, et non des lois passagères, dont le joug, secoué avec autant de facilité qu'il est accepté, ne sert qu'à multiplier les prévarications et les prévaricateurs. Dans cet esprit, il avait fait un long essai de tous les règlements qu'il s'étudiait d'établir, et l'expérience de plus de quinze ans lui avait appris ce qu'il fallait ajouter ou retrancher aux usages introduits. En les recueillant tous en corps de Règle, il n'avait à proposer que des pratiques anciennes et déjà accréditées. Les moins parfaits des Frères ne pouvaient pas en appeler, puisqu'on ne leur faisait aucune loi nouvelle, et qu'on se contentait de mettre par écrit ce qui se trouvait déjà en vigueur.

Cependant, avant que de mettre la main à la plume, ce nouveau Moïse eut recours, comme d'ordinaire, aux lumières du Saint-Esprit ; et, pour les mériter, au jeûne, à la prière, à l'oraison et à des pénitences nouvelles. Après s'y être exercé longtemps avec ferveur, sentant son cœur ouvert à l'inspiration céleste et plein de l'esprit de Dieu, il composa le recueil de ses Règles. Ce n'était

Livre II. — Chapitre XII.

pas assez, l'humble Supérieur ne voulut rien faire passer par autorité, rien que de l'agrément et de la bonne volonté des Frères. Quoiqu'il fût en droit, par sa qualité de Père, de Chef et d'Instituteur, de leur donner des lois et de les y soumettre, il eut toujours l'humilité de n'en faire que de leur gré. Il portait à leur tribunal et soumettait à leur jugement, ses pensées, ses sentiments et ses résolutions, et il les annulait lui-même, pour peu qu'il trouvât en eux de résistance à les accepter et à les confirmer de leurs suffrages. Ce qu'il avait toujours fait, il le fit encore dans cette occasion importante. Dans une assemblée de tous les Frères anciens, il leur laissa le recueil des Règles, tel qu'il est encore aujourd'hui, à lire et à examiner. Il leur donna toute liberté de faire leurs observations, et de lui dire avec franchise ce qu'ils y trouveraient à ajouter ou à retrancher.

Chacun ayant fait ses réflexions particulières, il les écouta avec douceur et docilité; et tous le trouvèrent disposé à faire les changements qu'ils désireraient. Mais ces dignes enfants, persuadés que leur vertueux Père avait lui seul plus de lumières qu'eux tous ensemble, et qu'il n'y avait rien d'écrit de sa main dans la Règle que ce que le Saint-Esprit avait inspiré, et que ce que l'usage avait autorisé, la reçurent avec respect et soumission, et en approuvèrent tous les articles en unité d'esprit et de cœur.

Cette disposition de cœur humble et docile, que portait en toutes choses le Bienheureux de la Salle, et qui l'obligea de soumettre à l'examen de ses disciples la Règle qu'il venait d'écrire, fut en lui une disposition permanente et habituelle, sur ce point comme sur tous les autres ; car, dans la suite, lorsque les imparfaits lui disaient que la Règle était trop gênante et austère, ils le voyaient prêt à y faire les changements que voudraient y apporter des hommes sages et éclairés. Qu'on la porte, disait-il, à trois Supérieurs de communauté des plus vertueux et des plus éclairés. Je la soumets à leur jugement, et je souscris volontiers aux additions et aux retranchements qu'ils jugeront à propos d'y faire. Le seul changement qu'il fit aux usages introduits, fut à l'égard des récréations. Elles se faisaient chez les Frères, comme elles se font dans toutes les autres communautés: chacun y avait la liberté de parler sans gêne ni contrainte. Par là des défauts s'y glissaient. Une action nécessaire pour le repos du corps, devenait une action périlleuse pour l'âme.

VI. — Il s'applique à retrancher tous les défauts qui se glissent dans les récréations, par des règlements particuliers.

SI les désordres des récréations peu chrétiennes ne se remarquaient pas encore dans sa Communauté, au moins était-il à craindre qu'avec le temps, et par la diminution de la ferveur, ils n'y eussent un jour entrée. Ne pouvant pas s'attendre à recevoir sur cet article pour son Institut un privilège, que nul autre n'a encore reçu, il était de la sagesse de voir s'il pourrait, par quelque moyen, prévenir cet inconvénient. Le plus court aurait été de retrancher, s'il eût été possible, une action si dangereuse, et dont il est si aisé d'abuser pour sa perte ; mais le délassement de l'esprit et du corps est nécessaire, et la faiblesse humaine rarement s'en peut priver. Un arc toujours bandé se rompt ; l'esprit toujours appliqué s'épuise ; les exercices de piété fatiguent et dégoûtent, s'ils ne sont point interrompus. Il n'y a que dans le ciel que l'homme tout entier puisse vivre de la vie de l'esprit, et trouver son repos et un plaisir toujours nouveau dans l'exercice actuel, unique et continuel de l'amour de Dieu. Tandis qu'il porte un corps corruptible, dont le poids charge l'âme, et déprime ses désirs, il a besoin de se récréer, comme il a besoin de dormir et de manger. Le grand secret est de le faire chrétiennement, et de s'y sanctifier. C'est ce secret que le Bienheureux de la Salle cherchait depuis longtemps ; pour le trouver, il eut recours à la prière.

A l'exemple des saints, il s'était fait une loi de ne jamais rien faire qui fût de quelque conséquence, sans avoir longtemps et souvent consulté l'oracle divin. Pour rendre ses oraisons plus pures et plus longues, il avait coutume, dans ces rencontres, de faire une retraite : il en fit donc une au sujet des récréations, pour apprendre de Dieu le secret d'en écarter les défauts qui y sont si ordinaires, et qui les rendent déréglées. La conduite qu'il observa après l'avoir faite, va nous révéler le conseil qui lui fut inspiré sur la manière de sanctifier les récréations. Elle nous apprendra, en même temps, avec quelle douceur et quelle sagesse le prudent Supérieur insinuait par son exemple les pratiques qu'il voulait introduire dans sa Communauté. Au sortir de sa retraite, il communiqua à quelques-uns de ses plus fervents disciples le dessein qui lui avait été inspiré sur la manière de sanctifier les récréations, et les pria de se joindre à lui pour l'aider à introduire plusieurs règles sur cet article, que nous ne rapportons point ici, parce que nous aurons l'occasion d'en parler dans la suite.

Après que le Bienheureux de la Salle eut rangé à son gré, dans un corps de Règles, toutes les pratiques et les usages de la Communauté, il pensa à l'enrichir de plusieurs autres ouvrages fort utiles aux Frères et à leurs écoles. Entre ceux-là, sont la Civilité chrétienne, des Instructions sur la sainte Messe, la manière de la bien entendre, et de s'approcher saintement des sacrements de Pénitence et d'Eucharistie, des catéchismes de toutes les sortes, de petits pour les enfants, d'autres pour les Frères, plus amples, plus profonds et plus savants, mêlés de morale et de pieuses pratiques. Ceux-ci sont les sources où les maîtres des Écoles chrétiennes puisent leurs lumières pour expliquer les grandes vérités de la religion. Il composa aussi des méditations et d'autres livres de piété, à l'usage particulier de ses disciples.

CHAPITRE XIII.

Les vœux perpétuels s'introduisent chez les Frères : le Bienheureux de la Salle cherche, dans la cérémonie qui s'en fait, l'occasion de se démettre encore une fois de la supériorité, mais en vain. Il obtient, de Mgr l'Archevêque de Paris, la permission d'ériger une chapelle dans la maison du noviciat. Opposition qu'il y trouve de la part du curé de Vaugirard. (1694-1695.)

I. — Les Frères demandent à se lier par des vœux perpétuels.

LES Frères, fervents et fermes dans leur vocation, n'avaient perdu ni l'attrait des vœux perpétuels, ni l'espérance de les faire. Des vœux pour un an ou pour trois ans, leur paraissaient des engagements trop passagers ; ils ne craignaient point d'en contracter d'éternels, avec un maître qui est immuable par sa nature, et infiniment bon par son essence. Ils croyaient ne lui appartenir qu'à demi, tant que les liens qui les attachaient à lui ne seraient pas indissolubles, et ils espéraient trouver dans sa grâce la force que leur volonté ne trouvait pas en elle-même.

Résolus d'être à Dieu uniquement et sans retour, ils avaient honte de ne lui avoir pas encore fait le sacrifice entier de leur liberté. « Ne tiendrons-nous point autrement à Dieu, disaient-ils
« à ce sujet au Bienheureux de la Salle, que comme les valets de
« laboureur au maître qu'ils servent ? Quittes au bout de l'année
« du service qu'ils ont promis, ils s'engagent à un autre maître à
« leur gré, où ils renouvellent avec le premier le bail de l'année.
« Un pied dans la maison où ils sont, un pied dehors, ils sont
« toujours prêts à y rester ou à en sortir, selon que leur intérêt
« le demande. Aucun de ces maîtres ne peut s'assurer de leurs
« services au-delà du terme convenu, parce qu'aucun d'eux ne
« possède le cœur de ces mercenaires ; or ne servons-nous pas
« Dieu à la manière de ces valets, en nous engageant à lui pour
« un an, pour trois au plus, et en retrouvant notre liberté après
« ce temps expiré ? Par malheur, en la retrouvant, nous retrou-
« vons l'ouvrière de nos dérèglements, et peut-être de notre perte.
« Si le sacrifice en était fait, la nécessité de persévérer dans notre
« saint état y fixerait immuablement nos volontés, et, en nous

« engageant à Dieu pour toujours, ce sacrifice lui attacherait nos
« cœurs. »

Le Bienheureux de la Salle prenait plaisir à entendre ces discours, et son silence donnait occasion de les répéter souvent. De pareils désirs étaient de son goût ; mais, dans l'incertitude s'ils n'étaient point encore prématurés, et s'ils avaient leur source dans une piété foncière ou seulement superficielle, il prenait le parti de les laisser tomber, et de paraître n'y pas faire beaucoup d'attention. Il voulait éprouver, par cette indifférence apparente, quel esprit faisait parler ses disciples ; si c'était l'esprit humain, ou celui de Dieu qui les poussait à vouloir faire des vœux perpétuels. La longanimité et la persévérance, qui sont des fruits du Saint-Esprit, sont des marques de son inspiration ; et c'étaient celles-là que le sage Supérieur attendait pour savoir ce qu'il devait penser des désirs de ses disciples.

Quoiqu'il les vît constants, il voulut encore temporiser avant que de leur donner l'espérance de les satisfaire. Afin de les mettre encore une fois à l'épreuve, il leur dit, au commencement de l'année 1694, qu'il leur laissait les quatre mois qui restaient jusqu'à la fête de la sainte Trinité, pour penser à cette grave décision. Il en écrivit aussi aux Frères anciens qui étaient en province, et il les pria de faire sur ce sujet de sérieuses réflexions, et de recommander beaucoup à Dieu ce dessein. Quant à lui, son parti fut de recourir, comme à l'ordinaire, aux veilles, aux jeûnes, à l'oraison, à la prière et à ses autres austérités, pour attirer grâce et lumière ; parce qu'il regardait cet article comme étant de la dernière importance, et exigeant toute la maturité et la circonspection possibles. D'un côté, il était ravi de voir dans ses enfants un si grand zèle de la perfection, et un si grand empressement d'être à Dieu sans réserve. Mais, comme l'expérience apprend que les vœux perpétuels, qui sont de leur nature des engagements de perfection, deviennent souvent des occasions de damnation pour ceux qui les font avec témérité, il craignait de voir ses disciples s'enchaîner eux-mêmes avec légèreté. Dans le doute, si les liens qu'ils se donneraient serviraient à l'esprit de Dieu pour les attirer à la perfection, ou à l'esprit malin pour les entraîner à leur perte, il hésitait, il demeurait irrésolu, et il ne se lassait point de consulter Dieu.

La volonté divine ne se manifestait point à lui sur ce sujet. Toujours en suspens, il ne se lassait point de balancer les raisons pour et contre, et plus il les balançait, plus il craignait de reculer ou d'aller trop avant dans une matière si délicate et si importante.

Ne trouvant point en lui-même les lumières suffisantes pour se déterminer, ni de marques certaines de la volonté de Dieu, il les chercha dans ses disciples : et, afin de les mettre en état de les recevoir eux-mêmes, il fit entrer en retraite, les uns après les autres, pendant ces quatre mois, ceux qu'il jugeait les plus capables de contracter des engagements irrévocables. Son dessein était: 1º de les disposer à une action si sainte et si importante ; 2º d'étudier à loisir les dispositions de chacun d'eux en particulier, et d'examiner s'il trouverait dans leur intérieur le fonds de grâce et de vertu nécessaire pour le dessein projeté ; 3º de mettre leur âme en état de se purifier, et de les exposer aux rayons du soleil de justice, pour recevoir la divine lumière.

II. — Le Bienheureux de la Salle explique aux douze Frères les conséquences des vœux perpétuels.

LES retraites particulières des douze Frères anciens qu'il avait choisis, et qu'il jugeait seuls capables d'engagements perpétuels, étant finies au bout des quatre mois, il les appela tous à Vaugirard, et y fit venir ceux qui étaient en province : il commença avec eux, le jour de la Pentecôte, une autre retraite générale qu'il finit le jour de la Sainte Trinité. Pendant ces huit jours, le sage Supérieur ne se lassa point de faire à ses disciples les remontrances nécessaires sur les engagements qu'ils méditaient ; il ne leur laissa rien ignorer des suites qu'ils ont dans l'affaire du salut.

En les instruisant à fond du mérite et de l'excellence des vœux perpétuels, il leur déclara les obligations et les périls. Il leur représenta avec force que ces liens de perfection deviennent souvent des pièges (c'est le terme dont saint Paul se sert au sujet du vœu de chasteté), dans lesquels les âmes présomptueuses ou imprudentes vont se jeter ; qu'il n'est pas donné à tous de les faire par vocation ; et que ceux à qui cette grâce n'est pas accordée, ne les font que pour leur malheur ; qu'il vaut mieux reculer avec précaution que d'avancer avec témérité sur un pas si glissant; qu'un délai sage et prudent pour s'éprouver soi-même et consulter l'ordre de Dieu, n'a aucune suite dangereuse ; au lieu que la précipitation en ce point expose à divers repentirs, quelquefois à d'horribles sacrilèges, tout au moins à la demande de dispenses honteuses et odieuses.

Il ne se contenta pas de leur prêter ses lumières sur un point si important ; il voulut savoir de leur bouche jusqu'où les leurs s'étendaient. Pour cet effet, il fit entrer avec lui plusieurs fois les Frères en conférence commune, où tous avaient liberté de se faire part de leurs dispositions. Les vœux en étaient la seule matière : chacun en discourait à son gré et communiquait ses sentiments. Il paraît, par la conclusion de ces conférences, que les Frères éclairés par les lumières de leur Supérieur sur une matière si délicate, ne se laissèrent pas emporter par une ferveur indiscrète ; car le résultat en fut que la noble ardeur de faire des vœux serait restreinte à ceux d'obéissance et de stabilité. La suite fit voir combien le Bienheureux de la Salle avait eu raison de ne pas suivre l'impétuosité du zèle de ses enfants sur ce sujet, puisque des douze qui se lièrent pour toujours par les vœux d'obéissance et de stabilité, il n'y en a eu que six, dont trois sont encore vivants (en 1733) qui aient persévéré. Il voulut que la cérémonie de l'émission de ces vœux fût cachée aux autres Frères, et que ceux qui en étaient les témoins et les acteurs parussent en perdre la mémoire, et s'obligeassent à un secret inviolable ; et, pour n'en donner aucun soupçon, il se retira avec les douze dans le lieu le plus écarté de la maison, pour en faire la cérémonie à l'aise et en toute liberté.

III. — Il les fait le premier avec une grande dévotion.

EN commençant cette cérémonie, le premier, au milieu des douze Frères, il prononça sa consécration d'un ton et d'un air si rempli d'onction et de dévotion, qu'il les fit fondre en larmes.

Son vœu, qui fut le même pour tous les autres, contenait en substance, qu'il se consacrait à Dieu pour procurer sa gloire autant qu'il lui serait possible, et que, pour cet effet, il s'unissait à tels et tels, en nommant les douze Frères, pour tenir ensemble et par association les Écoles gratuites, etc., qu'il faisait vœu d'obéissance, tant au corps de cette Société qu'aux Supérieurs, et qu'il y ajoutait celui de stabilité dans la Société pendant tout le temps de sa vie. L'acte de ce vœu était signé de sa main ([1]). Tous les autres Frères, à son exemple, prononcèrent le même vœu l'un après l'autre.

---

1. La formule même, écrite et signée de sa propre main par le Bienheureux de la Salle, est précieusement conservée dans les archives de l'Institut.

IV. — Il fait son possible dans cette assemblée pour faire élire un autre supérieur.

CETTE assemblée des douze principaux Frères, liés ensemble et fixés par vœu dans leur vocation, parut présenter encore une fois, à l'humble Instituteur, une occasion favorable de descendre de la première place. Son humilité, toujours mécontente de s'y voir, ne quitta jamais le dessein d'y faire monter un des Frères. Il avait déjà profité heureusement d'une pareille assemblée pour parvenir à cette fin, et il avait si bien pris ses mesures, qu'il y avait réussi au gré de cette sainte passion de s'humilier, qui le tourmentait. Il espérait, plus que jamais, avoir le même succès dans cette seconde assemblée pareille à la première. Éloquent sur ce point, il se disposait à faire valoir les mêmes raisons qui avaient déjà une fois entraîné le suffrage de tous les Frères, et comme séduit leur raison. Le respect, la tendresse, l'attachement qu'ils avaient pour lui, le rendaient encore plus fort contre eux-mêmes ; et il espérait que la crainte de lui résister et de lui faire de la peine, les forcerait de lui accorder encore une fois la dernière place, au préjudice de son caractère.

Dans cette espérance, il les assembla le jour suivant, et il n'épargna rien pour les gagner et les faire entrer dans ses vœux ; après avoir quitté l'air de réserve qu'il faisait paraître pour eux, il en prit un plus familier, plus caressant et plus insinuant, en leur ouvrant son cœur d'une manière propre à les mener à son but. Il leur dit entre autres choses, « que puisque la Providence
« les avait unis ensemble par des vœux perpétuels, il était de leur
« sagesse de chercher les moyens de rendre cette union si forte et
« si solide, que le monde et le démon ne pussent l'altérer ; que
« le premier était de mettre leur confiance en Dieu seul, se sou-
« venant que ceux qui s'appuient sur l'homme, s'appuient sur un
« roseau fragile, qui, en se cassant sous la main qu'il soutient,
« la perce, ainsi que parle la sainte Écriture ; qu'ils ne devaient
« le regarder que comme un pauvre prêtre sans secours et sans
« puissance de les soutenir ; qu'il était de la dernière folie de
« compter sur un homme mortel, et de fonder leurs espérances
« sur un bras de chair ; qu'ils n'avaient pas oublié que, revenu
« des portes de la mort, il y avait trois ans, il pouvait y retourner
« en trois jours, et qu'en ce cas, ils seraient obligés d'élire un
« autre Supérieur ; qu'il valait donc mieux prévenir que d'attendre
« cette nécessité pour faire ce choix ; que de grandes raisons
« demandaient qu'ils se hâtassent de le faire, et que le délai sur

« cet article, qui pourrait aller jusqu'à sa mort, serait sujet à de
« terribles inconvénients pour leur Société.

« Il ajouta que le second moyen efficace de rendre leur union
« indissoluble, était d'avoir pour chef un homme semblable à eux,
« qui ne fût point prêtre; que, tandis que le caractère sacerdotal
« mettrait entre eux et leur Supérieur une grande différence, il
« affaiblirait l'esprit d'union ; et que des inférieurs mal unis à
« celui qui les gouverne, sont un corps, qui, ayant la tête et les
« membres mal joints, demeure sans vie ou privé de santé ; que,
« par cette même raison, il était temps et grand temps de lui ôter
« le gouvernement des Frères, et que s'ils attendaient à le faire,
« ils auraient lieu de s'en repentir ; que la première expérience
« qu'ils feraient, à leur regret, de son conseil négligé, serait de
« voir, s'il venait à mourir, autant de Supérieurs qu'ils auraient
« d'Écoles ; que cette diversité de pasteurs diviserait infaillible-
« ment le troupeau, et que les brebis désunies demeureraient sans
« rapport entre elles, et sans subordination à un pasteur commun :
« qu'alors, n'ayant plus la même conduite, ils cesseraient d'avoir
« le même esprit, le même cœur et les mêmes sentiments ; que
« les bandes séparées ne faisant plus une même société, change-
« raient de vues, de doctrine, de manière et d'habit, et que bien-
« tôt ils trouveraient leur ruine dans leur division ; parce que les
« Frères détachés ne pourraient plus être remplacés que par des
« gens de talents, de mœurs et de desseins différents, et que bien-
« tôt ils verraient des maîtres mercenaires présider aux Écoles,
« qui, cessant d'être gratuites, cesseraient d'être chrétiennes et
« d'être une ressource pour l'éducation de la jeunesse pauvre. »

« Supposez même, si vous voulez, disait-il encore, que les dif-
« férents supérieurs ecclésiastiques des lieux où les Frères se
« trouvent établis, conviennent ensemble de vous donner, après
« ma mort, un seul prêtre pour Supérieur (cas chimérique dans
« le cours ordinaire des choses), serait-il propre à vous conduire?
« Aurait-il l'esprit de communauté ? aurait-il l'esprit de la vôtre ?
« En suivrait-il les règles ? Voudrait-il se ranger à votre forme de
« vie? Pourrait-il sympathiser avec vous, ou vous avec lui? Vous
« trouveriez-vous disposés à lui donner votre confiance ; et lui,
« le serait-il à vivre au milieu de vous, comme un de vous ? Sup-
« posons même qu'il fût un saint, qu'il fût plein de l'esprit de
« Dieu, de zèle pour le prochain, de charité et de tendresse pour
« vous, pourrait-il avoir les qualités spéciales de votre Institut,
« n'ayant pas été élevé avec vous et comme vous ?

« De plus, sa dignité mettant entre vous et lui de la différence,

« et son passé l'ayant tenu étranger à vos coutumes, à vos usages, à
« vos maximes et à vos pratiques, comment pourriez-vous ne faire
« avec lui qu'un cœur et qu'une âme ? Par rapport à vos Règles,
« ne les voudrait-il pas changer ? En un mot, serait-il propre à
« vous conduire ? Combien lui faudrait-il de temps pour acquérir
« l'expérience nécessaire pour vous gouverner selon l'esprit de
« votre Institut ? En vérité, ne faudrait-il pas un miracle pour
« trouver un homme qui fût tout formé spécialement pour vous ?

« L'attendez-vous ce miracle ? Si vous ne l'attendez pas, pour-
« quoi différez-vous d'ôter la supériorité à un prêtre, et de vous
« faire une loi de ne la rendre jamais à aucun homme revêtu de
« cette dignité ? »

V. — Les Frères consentent, pour lui faire plaisir, à une élection. Ils la font deux fois, et choisissent unanimement le Bienheureux de la Salle pour Supérieur.

CE discours était pathétique ; ces raisons étaient fortes et concluantes, et le Bienheureux de la Salle s'attendait à les voir triompher. Il ne doutait pas qu'elles n'eussent les mêmes effets qu'elles avaient eus autrefois en semblable rencontre ; mais il se trompa. Les Frères, éblouis la première fois de l'éclat de ces raisons, ne le furent pas une seconde. Ils se souvenaient de la faute qu'ils avaient commise, du reproche qu'on leur en avait fait, et de la honte qu'ils avaient reçue d'avoir laissé le Bienheureux de la Salle succomber sous le poids de son humilité, et d'avoir vu d'un œil tranquille, ce saint prêtre, ce chef de leur Institut, leur Père et leur premier Supérieur, soumis à l'autorité d'un simple Frère, vivre dans sa dépendance, et lui obéir avec la simplicité d'un enfant.

Il est vrai que cet admirable exemple d'humilité et d'obéissance, qui représentait si bien celui de JÉSUS soumis à Joseph et à Marie, avait été d'une grande édification au dehors et au dedans de la Maison, et qu'il avait donné une haute idée de la vertu de celui qui poussait si loin l'amour de la dépendance et de l'abjection ; mais il n'avait pas fait honneur à ceux qui avaient permis au Père de s'abaisser devant ses enfants, et de se substituer l'un d'eux comme Supérieur. En le permettant, ils avaient fait une faute : ils s'en étaient repentis, et ils ne se trouvaient pas d'humeur à la renouveler.

L'humble Supérieur sentant que les Frères n'étaient pas encore disposés à satisfaire son amour pour l'abjection, et qu'ils avaient peine à se résoudre à faire une élection, que lui seul croyait nécessaire et avantageuse, chercha dans le fonds de son humilité de nouveaux traits d'éloquence, et de nouvelles raisons pour les abattre et les terrasser. Pour y réussir, il recommença un autre discours ayant tant de force et de chaleur, qu'il en suait à grosses gouttes.

Les Frères, fort mortifiés de la peine que lui donnait leur sainte résistance, ne voulant plus le contredire, parurent se rendre à ses raisons, et consentirent à procéder à une nouvelle élection. « Il n'y gagnera rien, se disaient-ils à eux-mêmes, si ce n'est de « se faire confirmer dans la supériorité par des suffrages unanimes. « Remettre notre Père au rang de ses enfants, et en choisir un « pour le conduire, ce serait renverser l'ordre établi par la nature « et par la grâce. Si nous le faisions, on se moquerait encore une « fois de nous, et on dirait que notre simplicité a été la dupe de « son humilité. Quand il serait de niveau avec tous les Frères, « lequel d'entre eux lui est semblable en lumière, en science, en « sagesse, en expérience, en vertu, en sainteté? Faut-il donc « écouter son inclination dominante pour l'abaissement et l'obéis- « sance, aux dépens de notre Société? Faut-il donc que son « humilité l'emporte sur notre devoir, sur notre reconnaissance « et sur notre équité? » Tous eurent ces pensées ; mais comme ils n'osaient se les communiquer, ils les dissimulèrent ; et, par là, ils laissèrent le Bienheureux de la Salle dans l'humble persuasion qu'il allait encore une fois se trouver à la dernière place.

Il vit donc avec joie les douze Frères se mettre en devoir de se conformer à ce qu'il désirait, et de faire le scrutin pour l'élection d'un autre Supérieur. Il ne doutait point que le Saint-Esprit ne confirmât sa déposition, et qu'il ne leur dît au cœur, comme il venait de le leur inculquer avec tant de force, qu'ils devaient mettre un des Frères à la première place. Il les pria de faire une demi-heure d'oraison, pour se préparer à faire saintement leur choix, et pour demander à Dieu de leur montrer celui qu'il avait choisi lui-même pour être leur Supérieur. Tous se mirent en oraison ; mais le Saint-Esprit tint au cœur des Frères un langage fort contraire à l'humilité du saint homme. Tous confirmés dans le dessein de n'avoir jamais de son vivant un autre Supérieur que lui, en formèrent la résolution. Le scrutin fait, les voix recueillies, il n'y en eut pas une seule qui ne remît en la première place celui qui en avait voulu descendre.

Jamais surprise ne fut plus grande que celle du Bienheureux de la Salle en ce moment ; car il chantait déjà victoire en lui-même, et il s'applaudissait de se voir encore une fois le dernier entre les Frères. Il s'était flatté qu'ils ne lui refuseraient pas cette grâce, qu'il attendait et des services qu'il leur avait rendus, et des prières qu'il leur en avait faites, et de la force des raisons qu'il leur avait expliquées, et de l'intérêt de leur Société qui demandait sa déposition, comme il le leur avait démontré ; mais il se vit trompé.

Confus de leur espèce d'opiniâtreté à lui refuser la dernière place, il en fut si ému que son visage parut en feu ; cependant, rentrant dans son calme, puis ouvrant la bouche pour leur faire des reproches avec douceur, il se plaignit de ce qu'ils s'oubliaient eux-mêmes, en oubliant tous les motifs qu'il leur avait représentés de se choisir un d'eux pour Supérieur, qu'ils perdaient de vue l'intérêt de l'Institut, qu'ils n'y pensaient pas, et qu'il les priait de mieux y réfléchir et de revenir à un autre jugement.

Jamais on ne le vit dans une si grande émotion, Il fut presque troublé et hors de lui-même, quand il se vit replacé au premier rang. Un autre que lui s'y serait assis tranquillement, et, en adorant l'ordre de Dieu, il aurait soumis son attrait pour l'abjection à sa sainte volonté. Pour lui, il se crut encore permis de faire une nouvelle tentative pour rentrer dans l'oubli, et se remettre à la dernière place. Sa répugnance pour le premier rang étant presque invincible, il croyait qu'il ne devait pas faire moins d'efforts pour en être rejeté, que les ambitieux en font pour s'y élever. Pour y réussir, l'oraison fut sa dernière ressource ; et il pria les Frères de la recommencer, dans l'espérance que le Saint-Esprit mettrait enfin dans leur cœur ce qu'il avait mis dans le sien, et qu'il leur ferait connaître qu'il était indigne et incapable d'être leur Supérieur, autant qu'il le pensait sincèrement.

Mais ce bas sentiment de lui-même le trompa encore une fois, car les Frères, remis en oraison, trouvèrent, dans l'humilité de leur Supérieur, la preuve de sa capacité pour les conduire. Ils ne le crurent jamais plus digne d'être à leur tête, que lorsqu'il voulut leur donner plus de preuves qu'il en était indigne. Ainsi tous, sans se parler, se confirmèrent dans la résolution inviolable de le maintenir dans la première place. L'oraison faite, un second scrutin suivit ; et ce second, semblable au premier, désigna le Bienheureux de la Salle comme Supérieur, encore une fois, par le concours unanime des voix.

Alors les Frères, autorisés par des marques si réitérées et si précises de la volonté de Dieu, prirent la liberté de lui représenter qu'il était obligé de s'y soumettre, et que de résister à leur choix, c'était contredire celui de Dieu. Ils le supplièrent de ne point refuser de les reconnaître pour ses enfants, et de les laisser dans la possession de l'honorer comme leur père. Ils ajoutèrent que sa mort, quelque tard qu'elle pût arriver, ne viendrait que trop tôt les mettre en liberté de lui substituer un Frère pour successeur, et que la grâce qu'ils lui demandaient était de ne point faire ce changement avant la fin de ses jours.

VI. — Le Bienheureux de la Salle leur fait signer un acte, par lequel ils s'obligent d'élire, après sa mort, un Frère pour Supérieur.

ENFIN l'humble père se rendit aux pieux désirs de ses enfants ; et levant les yeux et les mains au ciel, après s'être soumis à une volonté de Dieu si déclarée, il rentra dans sa première tranquillité. Toutefois, le prudent Supérieur, qui ne voulait pas que son élection pût servir de prétexte, avant ou après sa mort, pour donner à un autre prêtre la qualité de Supérieur des Frères, ne se rendit au vœu de ses disciples, qu'à condition que les douze signeraient tous l'acte de son élection, et qu'ils ajouteraient à cet acte une exclusion formelle de tout prêtre, ou de tout autre dans les Ordres sacrés, pour gouverner les Frères. On se fit un plaisir de le contenter sur ce point, pour avoir celui de le voir continuer, sans répugnance, sa charge de Supérieur ; et tous signèrent l'acte qui suit :

« Nous soussignés, Nicolas Vuyard, Gabriel Drolin, etc.,
« après nous être associés avec M. J.-B. de la Salle, prêtre, pour
« tenir ensemble les Écoles gratuites, par les vœux que nous
« avons faits le jour d'hier, reconnaissons qu'en conséquence de
« ces vœux, et de l'association que nous avons contractée par
« eux, nous avons choisi pour Supérieur M. J.-B. de la Salle,
« auquel nous promettons d'obéir avec une entière soumission,
« aussi bien qu'à ceux qui nous seront donnés par lui pour Supé-
« rieurs. Nous déclarons aussi que nous prétendons que la pré-
« sente élection n'aura dans la suite aucune conséquence.

« Notre intention étant qu'après mon dit sieur de la Salle, et
« à l'avenir pour toujours, il n'y ait aucun ni reçu parmi nous,
« ni choisi pour Supérieur, qui soit prêtre, ou qui ait reçu les
« Ordres sacrés ; que nous n'aurons et n'admettrons aucun Supé-
« rieur qui ne soit associé, et qui n'ait fait vœu comme nous et
« comme tous les autres qui nous seront associés dans la suite.
« Fait à Vaugirard, le 7 juin 1694. »

Le Bienheureux de la Salle, obligé de rester dans la première place qu'il occupait, s'appliqua avec un zèle nouveau à la remplir dignement. Toute son étude fut de copier JÉSUS-CHRIST, de le faire revivre en sa personne, de le représenter à ses Frères par l'expression de sa vie et de ses vertus, et de le peindre dans leurs âmes. Ses disciples s'augmentaient ; mais sa maison n'en était pas moins pauvre, et la vie n'en était pas moins austère.

Ce fut alors que de grands évêques souhaitèrent avoir des Frères, et qu'ils en demandèrent au vertueux Supérieur pour tenir les Écoles chrétiennes dans leurs diocèses ; mais le Bienheureux de la Salle ne se pressa pas d'en accorder. Il voulut se donner le temps nécessaire de bien former ses disciples, et d'en faire des maîtres en humilité, en patience, en mortification, en charité et en toutes les autres vertus chrétiennes, avant que d'en faire des maîtres d'école. Il était persuadé, comme nous l'avons déjà dit, qu'avant que de travailler à la sanctification des autres, ils ne pouvaient assez se sanctifier eux-mêmes, et qu'ils ne rendraient leur ministère utile au public, que quand ils uniraient aux leçons de piété, qu'ils feraient à la jeunesse, de grands exemples de vertu, et qu'ils accréditeraient leurs paroles par la sainteté de leur conduite.

Dans cette persuasion, il ne prêchait à ses novices que l'estime de la vertu, et le désir de l'acquérir. Il leur enseignait, par le zèle qu'il faisait paraître pour arriver à la perfection, qu'elle était *l'unique nécessaire*, et que, comme elle dépendait de leurs soins, elle seule les méritait ; qu'ils ne serviraient utilement le prochain qu'autant qu'ils seraient vertueux ; que la vraie piété est la perle de l'Évangile, qui seule est de prix devant Dieu, et qui doit être achetée aux dépens de tout le reste ; qu'il ne fallait pas s'imaginer en pouvoir faire l'acquisition sans un travail long et pénible, et que, pour la trouver, il fallait en faire une diligente et soigneuse recherche, et travailler autant que font ceux qui vont chercher l'or dans les entrailles de la terre, ou les perles dans les abîmes de la mer.

Près de deux ans se passèrent ainsi dans la paix et dans l'étude des vertus. Vers ce temps l'archevêché de Paris, vacant par la mort de François de Harlay(¹), ayant été rempli par Mgr Louis-Antoine de Noailles, qui était évêque de Châlons-sur-Marne (²), il se fit un grand changement dans le gouvernement. Le nouveau

---

1. François de Harlay de Champ-Valon, archevêque de Paris, mourut le 6 août 1695.
2. Précédemment évêque de Cahors, et plus tard cardinal en 1700.

prélat appliqué dans ses visites à remarquer les abus qui s'étaient glissés dans son diocèse, fut surtout choqué du grand nombre de chapelles domestiques qui s'y trouvaient de tous côtés, et il pensa à le diminuer. L'usage, en effet, en était devenu si à la mode, qu'il n'y avait pas jusqu'au simple particulier qui n'en voulût avoir une dans sa campagne. Pour réformer cet abus, Mgr l'archevêque porta une ordonnance qui les mit toutes en interdit. Celle qui était contiguë à la maison du noviciat, où le Bienheureux de la Salle allait dire la sainte messe, et où il communiait ses Frères, ayant été comprise dans cet interdit général, le vertueux prêtre se trouva dans un grand embarras, car cette chapelle, à sa porte, était pour lui et pour les siens d'une grande commodité. Elle le dispensait de conduire ses Frères à la paroisse, qui était assez éloignée, et dont les chemins étaient presque impraticables pendant l'hiver et le mauvais temps. D'ailleurs, elle les cachait à la vue d'un peuple insultant, moqueur et malin, et les dérobait aux objets séducteurs, aux tentations et aux occasions de dissipation.

VII. — **Mgr de Noailles accorde au Bienheureux de la Salle la permission d'ériger dans sa maison une chapelle.**

DANS cet embarras, le zélé Supérieur eut recours à la bonté de Mgr l'archevêque, et, après lui avoir exposé sa peine, il lui demanda permission d'ériger une chapelle dans la maison de Vaugirard, avec pouvoir d'y célébrer la sainte messe. Il fut reçu de la manière la plus gracieuse et la plus obligeante par le prélat, qui l'estimait et qui était ravi de lui donner des marques de considération. Mgr de Noailles connaissait de réputation le saint prêtre, et avait une grande idée de sa vertu. Évêque de Châlons, ville qui n'est pas fort éloignée de Reims, il en avait entendu parler comme d'un saint. En effet, toute la Champagne avait retenti du bruit des sacrifices et des vertus héroïques du chanoine, qui avait tout quitté pour se mettre à la tête de quelques pauvres maîtres d'école.

Celui qui avait donné de si grands exemples de vertu, avait paru un homme nouveau et digne des temps apostoliques, à tous ceux qui en avaient entendu parler. Ainsi Mgr de Noailles, heureusement prévenu d'estime depuis longtemps pour le Bienheureux de la Salle, voulut lui en donner des marques singulières. En lui accordant sa demande, il confirma par écrit le pouvoir verbal que son prédécesseur lui avait donné d'établir une communauté dans Paris; et il y ajouta de plus et pour toujours, tous les pouvoirs nécessaires pour exercer le ministère, grâce qu'il n'accordait presque à personne, voulant par cette marque de distinction, montrer que le Bienheureux de la Salle était un homme distingué dans son esprit, et qu'il avait une place plus distinguée encore dans son cœur. En effet, le prélat a conservé jusqu'à sa mort ces sentiments pour le Bienheureux de la Salle. Il le voyait toujours avec plaisir ; il le recevait avec cordialité ; il lui accordait ses demandes avec bonté ; et quand il rencontrait ses Frères comme il arriva à Saint-Denis-en-France, un jour qu'il y faisait sa visite, il leur demandait des nouvelles de leur Supérieur, et leur ordonnait de le recommander à ses prières, ajoutant : « *C'est un saint homme, je demande ses prières.* »

VIII. — Bruit qu'excite M. le Curé de Vaugirard au sujet de l'érection de la chapelle.

LE Bienheureux de la Salle, muni des pouvoirs de son archevêque, ne tarda pas à en faire son profit. Il fit préparer, dans l'endroit le plus décent de la maison, un oratoire et il aida lui-même à y dresser un autel. La petite chapelle, mise en état en peu de jours, fut bénite par un des grands vicaires qui vint en faire la cérémonie. La joie du petit troupeau et de son pasteur fut grande ; mais elle fut bientôt troublée par M. le curé de Vaugirard (1), qui, quoique ami du Bienheureux de la Salle, choqué de cette nouveauté, vint lui en faire des plaintes. Chose surprenante ! celui qui avait vu patiemment et sans murmure, une chapelle domestique dans une maison séculière, et qui n'avait pas trouvé à redire que le Bienheureux de la Salle y conduisît ses Frères, pour leur célébrer la sainte messe et les y communier, parut offensé et comme scandalisé d'en voir une autre s'élever chez les Frères, pour remplacer celle-là.

Cette chapelle avait été élevée par permission expresse, écrite et signée du prélat du diocèse ; n'importe, le curé en fit grand bruit, et, sans égard à l'autorité supérieure et respectable qui en avait rendu l'érection canonique, il en fit une espèce de crime au Bienheureux de la Salle. A l'entendre, elle était scandaleuse, parce qu'elle retirait les Frères de sa paroisse. De plus, en qualité de bon docteur de Sorbonne, il voulut mettre en œuvre sa théologie

---

1. C'était M. Faron Leclerc, docteur de Sorbonne, ancien doyen de Roye.

pour intimider la conscience du vertueux prêtre et lui faire un scrupule du mauvais effet qu'allait faire dans la localité une pareille entreprise. Il ajouta qu'il ne concevait pas comment un homme, qui faisait profession d'être si attaché aux règles de l'Église, fît si peu de difficulté de les transgresser dans un point si essentiel ; qu'il privait les Frères du mérite qu'il y a d'assister à la messe de paroisse ; qu'à son exemple, la plupart de ses paroissiens s'en dispenseraient, et qu'il se trouverait chargé devant Dieu du dérangement que sa singularité allait causer.

Dans le fond, le curé de Vaugirard était bon prêtre et n'agissait que par zèle pour le devoir paroissial. Il honorait l'éminente vertu du Bienheureux de la Salle, et il estimait celle des Frères. Leur absence de son église était une chose qu'il ne pouvait supporter. Il employa toute sa science pour prouver au Bienheureux de la Salle, en bonne forme, qu'il devait abandonner la chapelle et amener ses Frères à la paroisse. Le bon exemple, les Ordonnances de l'Église, le danger de donner du scandale et d'autoriser la désertion de la paroisse, en un mot, tous les arguments qu'un bon théologien sait manier avec art, furent mis en œuvre pour faire un cas de conscience au Supérieur des Frères des Écoles chrétiennes, de s'absenter, avec sa Communauté, de la messe et de l'office paroissial.

Il faut avouer que toutes les raisons de M. le Curé de Vaugirard étaient excellentes en elles-mêmes ; mais les règles qu'il invoquait admettaient des exceptions, et elles ne détruisaient pas le privilège accordé par le premier Supérieur. Elles concluaient qu'un bon chrétien doit mettre parmi ses autres devoirs, celui d'assister aux prônes, aux instructions de son curé et à la grand' messe de paroisse, mais elles n'annulaient pas le pouvoir que Mgr l'Archevêque avait donné par écrit au pieux Instituteur d'établir une communauté et d'élever une chapelle dans sa maison.

Le Bienheureux de la Salle reçut avec une grande tranquillité les plaintes de M. le Curé, et il écouta ses raisons avec grand respect. Il honorait le pasteur encore plus qu'il n'en était honoré. Leur amitié était réciproque. Le serviteur de Dieu était persuadé qu'il n'agissait qu'en bon curé, par zèle du bien de sa paroisse, et il aurait voulu de tout son cœur le contenter, et assister aux offices dans son église, s'il eût pu y mener avec sûreté et sans exposer à bien des inconvénients, une troupe de jeunes novices qui doivent être retirés, vivre sous la Règle, et se tenir renfermés dans l'intérieur de la maison. Ainsi, le zèle de M. le curé de Vaugirard pour la fréquentation de la paroisse, ne fit qu'animer celui du Bienheureux de la Salle pour les écarter d'un lieu, qui, quoique infiniment saint par la présence de JÉSUS-CHRIST, n'était pas sans de grands dangers pour des jeunes gens nouvellement sortis du monde.

L'homme de Dieu, entrant ensuite en conférence avec M. le Curé, convint de la bonté de la cause en général, et lui dit qu'il lui savait bon gré de la plaider avec tant de force ; mais il le pria de faire attention au danger que couraient de jeunes hommes nouvellement sortis du monde, en se trouvant dans une église, où souvent le petit peuple, qui y vient de Paris, donne d'autres exemples que ceux qu'il faut suivre ; que s'il était vrai qu'en les menant à la paroisse, il les mènerait dans le lieu saint, il n'était pas moins vrai que, sous les yeux du Seigneur, se présentaient des objets dangereux, capables de séduire les cœurs, tout au moins de les dissiper et d'attiédir leur ferveur ; que, quoique curé, il ne pouvait pas lui-même chasser de son église bien des personnes suspectes et dangereuses, que la proximité de Paris y attirait les jours de dimanches et de fêtes, ni purger les chemins et les rues qui conduisent à son église, de jeunes libertins qui faisaient de mauvaises plaisanteries contre les Frères : qu'enfin il ne pouvait pas désavouer que des novices, qui avaient besoin de recueillement, d'esprit intérieur et d'une grande solitude, pour effacer de leur esprit les vaines images du monde et des créatures, ne pouvaient assister aux offices de sa paroisse, sans courir risque d'y perdre plutôt que d'y gagner de la dévotion ; et qu'ainsi il le priait de trouver bon qu'il les retînt renfermés dans sa maison.

Cette conférence, conclue de cette sorte, ne fut pas suivie du succès que chacune des parties en attendait. Comme M. le Curé ne put pas convaincre le Bienheureux de la Salle de la valeur de ses raisons, celui-ci ne put satisfaire M. le Curé par les siennes. Cependant, il convint d'aller, les premiers jeudis du mois, célébrer à la paroisse une messe solennelle du Saint-Sacrement et d'y mener les Frères. Il tint parole. Le Bienheureux de la Salle porta en procession le Saint-Sacrement, chanta la grand'messe, et fit toute la cérémonie, avec le recueillement, la modestie et la dévotion d'un saint. Il était, pendant ce temps, si absorbé en Dieu, que le diacre était souvent obligé de l'avertir de ce qu'il avait à faire. Ses disciples, à son exemple, montrèrent un air si recueilli, si dévot et si anéanti devant la majesté de Dieu, que toute la paroisse, très édifiée, parut prendre part à leur dévotion. On ne reconnut plus ce jour-là Vaugirard dans Vaugirard. M. le Curé, plus édifié encore que ses paroissiens, devenant plus désireux que jamais d'attirer les Frères et leur Supérieur à sa paroisse, réitéra ses prières et les conjura de ne lui point refuser cette consolation ; mais, comme il ne put rien gagner, son mécontentement s'accrut et éclata quelque temps après.

En vain le Bienheureux de la Salle tâcha de l'adoucir, et de justifier sa conduite par cette foule d'inconvénients qu'il craignait de la sortie des Novices ; le curé ne voulut rien écouter et s'en retourna plus mécontent qu'il n'était venu. Toutefois, peu après, il rendit son amitié au Bienheureux de la Salle ; et le Bienheureux de la Salle, de son côté, afin de le ménager, menait de temps en temps sa Communauté à la paroisse, surtout le jour de Pâques et de Saint-Lambert, patron de l'église de Vaugirard.

Ce n'est pas avec le seul curé de Vaugirard que le pieux Instituteur a eu, sur le même sujet, de semblables difficultés. Comme les plus pieux pasteurs sont ceux qui sont les plus zélés pour l'assistance à la paroisse, plusieurs ont fait souffrir le serviteur de Dieu par des demandes importunes et des plaintes, dans le fonds peu raisonnables. Ces bons curés, en voulant faire de bons paroissiens de gens vivant sous une règle, montraient assez qu'ils avaient l'esprit de leur état, mais qu'ils n'avaient pas celui de communauté.

X. — **Peines que reçoit le Bienheureux de la Salle, dans la suite, des curés de Saint-Sever et de Saint-Nicolas de Rouen, au sujet du devoir de paroisse.**

QUAND, quelques années après, le Bienheureux de la Salle eut établi des Frères à Rouen, et son Noviciat à Saint-Yon, au bout du faubourg Saint-Sever, il trouva, dans deux des meilleurs curés de la ville, deux vrais ennemis, qui le traduisaient sans cesse auprès des supérieurs ecclésiastiques, pour l'obliger de faire de ses Frères des paroissiens exemplaires.

Le curé de Saint-Sever était pieux, zélé, et trouvait, par ces deux titres, du crédit à l'archevêché, du temps de Mgr d'Aubigné, prélat d'un grand mérite, et qui aimait les bons ecclésiastiques. On ne saurait croire combien la sollicitude de ce pasteur pour remplir son église de paroissiens, a fatigué et inquiété les Frères de Saint-Yon. Sans cesse il les citait au tribunal gracieux du prélat, pour se voir condamner à assister à l'office de la paroisse et à y mener leurs Novices et leurs pensionnaires. La demande était impossible dans la pratique, car un nombre de Frères étaient occupés à la garde de plusieurs pensionnaires renfermés de force dans leur maison, ou par ordre du roi, ou par arrêt du Parlement, ou à la requête des parents. Ils n'étaient pas les seuls qu'il fallait garder à vue : les autres pensionnaires plus libres n'attendaient qu'un moment heureux pour s'évader. Il fallait sans cesse les observer ; et, malgré la vigilance des Frères, plusieurs trouvaient le moyen d'échapper, de sauter les murs, ou de fuir par une porte laissée ouverte, ou de l'ouvrir avec une fausse clef.

Quand les Frères, pour contenter M. le curé ou pour se délivrer de ses poursuites importunes, s'étaient mis en devoir de mener à la paroisse ces jeunes pensionnaires, la plupart renfermés contre leur gré, ils en avaient vu plusieurs prendre la fuite. En vain les Frères de Saint-Yon faisaient d'humbles remontrances au curé de Saint-Sever sur ce sujet, et s'excusaient de mener à sa paroisse leurs jeunes prisonniers, en montrant l'impossibilité de les faire sortir sans les voir s'échapper, ces excuses paraissaient frivoles, et n'étaient pas reçues du Pasteur. Pour le contenter, il fallait absolument les mener à la paroisse ; mais pour les y conduire, il aurait fallu les enchaîner.

Par rapport aux Novices de Saint-Yon, le curé de Saint-Sever faisait alors le même procès qu'avait fait avant lui le curé de Vaugirard, et les Frères se défendaient par les mêmes raisons que le Bienheureux de la Salle avait employées. Ces raisons ne contentaient point le curé de Saint-Sever, et, quelque charitable qu'il fût envers tout le monde, il regardait comme ennemis ceux qu'il ne pouvait avoir pour paroissiens. Dans la suite des temps, la Providence divine a mis fin à ces contestations par la profession religieuse, qui a affranchi les Frères, comme tous les autres religieux, de la juridiction curiale et des devoirs de la paroisse.

La dispute avec le curé de Saint-Nicolas de Rouen ne fut pas si longue, parce que le Bienheureux de la Salle y mit fin en faisant changer de paroisse aux Frères qui tiennent les écoles dans la ville. Ce curé, qui est mort en grande réputation de vertu, était entre tous les pasteurs du diocèse, un des plus réguliers, des plus zélés et des plus pieux ; mais il avait, comme tous les hommes, son côté faible. Ce bon pasteur, qui voulait régler sa paroisse et son clergé sur le pied d'un supérieur de séminaire, bornait tout son zèle dans ces limites. Tout le bien qui allait au-delà lui devenait indifférent. Il fallait ne jamais sortir de sa paroisse, y être aussi assidu que lui, y porter toutes ses aumônes, y renfermer tout le bien qu'on pouvait faire, si on voulait se conformer à sa manière d'entendre la dévotion. Il comptait pour rien les exercices des communautés ; il ne connaissait que ceux de la paroisse, et il ne pouvait souffrir que les Frères qui habitaient la sienne, préférassent ceux-là à ceux-ci.

Ce n'est pas que les Frères qui tiennent les écoles s'éloignent des paroisses ; au contraire, ils s'y rendent assidûment les dimanches et les fêtes, à la tête de leur jeunesse : mais leur Règle est, et ils ne peuvent faire autrement, d'adopter pour paroisse, quant à ce qui regarde l'assistance à l'office, non celle sur laquelle leur maison se trouve, mais celle sur laquelle ils tiennent les écoles, parce qu'un de leurs devoirs principaux est d'y mener leurs écoliers à la grand'messe et aux vêpres. Cette règle, essentielle à la bonne éducation de la jeunesse et à l'Institut des Frères, en procurant leur assistance à la paroisse où ils menaient les enfants, entraînait leur absence dans celle sur laquelle ils demeuraient à Rouen ; c'est de quoi se plaignait amèrement le curé de Saint-Nicolas. Il voulait même que les Frères vinssent eux-mêmes présenter le pain bénit à leur tour, ce que nul autre pasteur avant lui n'avait jamais pensé exiger d'eux. Ils en trouvaient d'ailleurs la dispense dans leur pauvreté, et dans leur obligation d'être à la tête de leurs enfants les dimanches et les fêtes.

Le curé de Saint-Nicolas, choqué de cette contradiction, porta sa plainte à l'archevêché, où il la vit terminée à son avantage, mais d'une manière qui ne le contenta pas fort, car il se trouva engagé à faire lui-même le pain bénit à ses frais. « Ne voyez-vous « pas, » dit Mgr d'Aubigné, parlant des Frères, « qu'ils portent « dans leur pauvreté l'exemption de faire la dépense du pain bénit? « Puisque vous en voulez un de leur part, faites-leur-en le don, « et puis ils vous en feront l'offrande. Votre charité, en suppléant « à leur indigence, satisfera votre piété. » Ainsi fut-il fait. Le curé se contenta lui-même, et fit le pain bénit tel qu'il le voulait faire. En le faisant pour des pauvres, il eut soin de ménager la dépense. Mais toujours ardent pour tous les devoirs de la paroisse, il ne fut plus si zélé à l'avenir pour faire remplir celui-là à ses frais.

Cependant, comme il était l'homme du monde le plus difficultueux, s'il ne put trouver à redire à une offrande qui était de sa façon, il fut fort choqué de la manière dont elle fut présentée. Aucun des Frères ne se trouva à l'offrande de son pain bénit, autre sujet de plainte. Il ne le porta pourtant pas à l'archevêché, car le jugement avantageux qui avait été rendu en sa faveur n'était pas de ceux que l'on souhaite voir multiplier. Il se contenta donc d'en faire alors des reproches aux Frères, et ensuite à leur Supérieur, quand il revint à Rouen.

En vain le Bienheureux de la Salle voulut lui faire voir l'impossibilité de satisfaire à sa double demande de faire le pain bénit et de venir le présenter, par la nécessité où étaient les Frères de mener eux-mêmes les enfants à la grand'messe et aux vêpres de leurs paroisses. « Ce devoir, » ajouta-t-il, « est nécessaire à la bonne
« éducation de la jeunesse, essentiel à l'Institut des Frères. Le
« doivent-ils abandonner pour payer de leur présence à Saint-
« Nicolas ? MM. les Curés de Saint-Maclou, de Saint-Godard et
« de Saint-Éloi trouveraient-ils bon que les maîtres laissassent
« leurs écoliers, les jours des dimanches et fêtes, à leur liberté,
« ou plutôt à leur libertinage ? Ainsi maîtres d'eux-mêmes, ne
« perdraient-ils pas, ces jours-là, le fruit des instructions de la
« semaine ? Hé ! que servirait l'institution des Écoles chrétiennes,
« si ceux qui y président laissaient les jours du Seigneur à la dis-
« crétion d'un petit peuple né libertin et ignorant ? »

Ces raisons ne firent point impression sur le curé de Saint-Nicolas, qui, très content de voir dans sa bergerie toutes sortes d'ouailles étrangères, ne pouvait jamais consentir à voir les siennes s'écarter de son église. Le Bienheureux de la Salle n'ayant donc pu rien gagner sur lui, prit le parti de chercher pour les Frères des écoles de Rouen une maison sur une autre paroisse ; car, ami de la paix, il haïssait le bruit, et sacrifiait tout pour l'éviter.

Si nous avons anticipé ces deux faits, qui ne sont arrivés que plusieurs années après le temps dont nous écrivons l'histoire, c'est que l'occasion de les placer ici s'est présentée naturellement, et que nous ne l'aurions pas trouvée ailleurs.

CHAPITRE XIV.

Le nombre des disciples du Bienheureux de la Salle, fort augmenté, l'oblige de chercher une autre maison capable de les contenir. M. de la Chétardie, successeur de M. Baudrand dans la cure de Saint-Sulpice, appuie son dessein après avoir écouté ses raisons. Zèle qu'il fait paraître pour l'Institut. — (1697-1698.)

LE Seigneur répandit d'abondantes bénédictions sur le noviciat de Vaugirard. L'odeur de vertu qui s'en répandait au loin y attira un si grand nombre de postulants, que la maison ne put plus les contenir. Ce fut donc une nécessité pour le Bienheureux de la Salle d'en chercher une plus spacieuse ; mais quelle apparence de la trouver ? Sa pauvreté ne lui donnait pas lieu de l'espérer. Il était pauvre et le père des pauvres. Sa maison de Vaugirard ne paraissait, aux yeux de la chair, qu'un hospice ou le rendez-vous des indigents. Tout y manquait, et il fallait une forte vocation pour y arrêter des sujets qui pouvaient vivre chez eux à leur aise.

Cependant, quelque pauvre que fût la vie qu'on y menait, la multitude de ceux qui y passaient et de ceux qui y demeuraient, engageait à une grande dépense, et on ne conçoit pas comment un homme qui ne s'était rien réservé, pût y subvenir. Il est vrai qu'il trouvait des ressources dans les libéralités des personnes de charité, et que MM. les curés de Saint-Sulpice lui en ménageaient ; car tous, zélateurs de l'Institut des Frères, ils se sont, par une pieuse émulation, comme disputé le droit de lui faire du bien. Après tout, le Bienheureux de la Salle souffrait longtemps avant que de le manifester, et ce n'était que lorsqu'il était réduit à la plus accablante extrémité qu'il avait recours à ses bienfaiteurs. Comme il n'aimait ni à les importuner ni à se produire, il se renfermait dans les bornes de l'absolue nécessité, et on ne connaissait ordinairement des besoins de sa communauté que ce qu'il n'en pouvait dérober à la connaissance du public.

Les Frères, qui n'étaient pas si détachés que lui, étaient quelquefois tentés de se défier de la Providence et de faire des provisions de vivres, lorsque l'occasion s'en présentait ; mais leur Supérieur, qui ne voulait pas qu'on conservât pour un lendemain incertain des inquiétudes inutiles, rejetait ces précautions, qui lui paraissaient injurieuses aux soins de la Providence ; aussi est-il vrai qu'elle ne l'abandonna jamais. Dans le temps qu'il était le plus pauvre, le plus au dépourvu, Dieu lui envoya, dans le successeur de M. Baudrand, un nouveau père, un protecteur zélé, et un homme capable de soutenir son œuvre.

En 1697, M. de la Chétardie entra en possession de la cure de Saint-Sulpice, par l'abandon que lui en fit M. Baudrand, et ne fut pas longtemps sans faire voir que nulle œuvre ne l'intéressait plus que les Écoles chrétiennes et gratuites. Successeur de la piété aussi bien que de la cure de MM. Baudrand et de la Barmondière, il les surpassa en bienfaits à l'égard des Frères, et il parut envier au Bienheureux de la Salle lui-même l'honneur d'avoir donné à l'Église un Institut si nécessaire. En effet, il s'en déclara le père, le défenseur et le promoteur ; et on va voir quel progrès les Écoles chrétiennes firent sous ses auspices, après que nous aurons repris la suite de la narration de l'année 1694.

Les douze Frères qui avaient fait vœu d'obéissance et de stabilité, et que le pieux Supérieur avait choisi comme ses douze principaux disciples, furent par lui dispersés dans les cinq maisons de l'Institut, pour en être les pierres fondamentales et les fermes appuis. De ceux qu'il avait appelés de province auprès de lui, il en retint quelques-uns qui n'étaient pas assez bien établis dans la vertu, et il les remplaça par d'autres d'une piété supérieure.

Alors, uniquement appliqué à se sanctifier et à sanctifier ceux que Dieu lui avait donnés, il reçut, depuis l'an 1694 jusqu'à l'an 1698, bon nombre de sujets que Dieu lui envoya, ne pouvant leur fermer la porte d'une maison dont ils demandaient l'entrée dans un temps où l'abondance, ayant succédé à la disette, ne donnait pas lieu de soupçonner qu'un autre motif que celui de se consacrer à Dieu pût être le principe de leur requête. D'ailleurs, le noviciat de Vaugirard ne tardait pas à faire la séparation de la pure farine d'avec le son, et d'écarter la paille et les poussières. La vie qu'on y menait était si terrible à la nature, qu'il n'y avait que la grâce qui pût la rendre douce, et une forte vocation qui fût capable de la soutenir. Le Père céleste laissa à son serviteur trois années entières d'un grand loisir et d'une grande paix, pour cultiver, arroser et élever les jeunes plantes qu'il avait transplantées du monde dans sa maison.

I. — Le nombre des sujets et des affaires se multipliant, obligea le Bienheureux de la Salle de se décharger du soin du Noviciat sur un Frère vertueux mais indiscret et dur.

AU bout de ce temps, le nombre des sujets et les soins multipliés de l'Institut obligèrent le Bienheureux de la Salle de se décharger de la conduite immédiate des novices de Vaugirard et des Frères des écoles de Paris, sur deux de ses principaux disciples. Quoiqu'ils ne fussent pas du nombre des douze qui s'étaient attachés par vœu perpétuel à la société, cependant, parce qu'ils avaient de la piété, de la bonne volonté et du zèle pour la régularité, le Bienheureux de la Salle les crut propres à gouverner à sa place pendant son absence. Mais l'expérience lui apprit, et à ses dépens, qu'il avait fait un mauvais choix. Ce choix, qui fut l'origine des persécutions terribles qu'il eut depuis à essuyer le reste de sa vie, ébranla plusieurs fois sa communauté, et en altéra pendant quelque temps l'esprit et la conduite.

Ce n'est pas que ces deux Frères n'eussent un fonds de vertu; mais leur piété n'était ni éclairée, ni discrète. Pénitents, sévères, durs à eux-mêmes, ils ne l'étaient pas moins à l'égard des autres, et ils ne savaient ni modérer l'activité de leur zèle, ni assaisonner du sel de la sagesse leurs corrections, ni proportionner les pénitences à la faiblesse humaine, ni sonder les degrés de faiblesse et de force, de pusillanimité et de courage, de grâce et de vertu de ceux qu'ils avaient à conduire.

En ceci, comme en toute autre chose, les jugements de Dieu sont incompréhensibles. Il abandonne souvent ses plus grands serviteurs à leurs lumières naturelles, et il fait sentir, par leurs méprises, que le propre esprit, quelque bon et sensé qu'il paraisse, n'est capable que d'égarer, s'il n'est spécialement conduit par le sien. Celui qui permit que saint François, cet homme apostolique, cet homme divin, et qui paraissait en tout inspiré du Saint-Esprit et conduit par la main de JÉSUS-CHRIST, se trompât dans la désignation qu'il fit du Frère Hélie pour son successeur, laissa le Bienheureux de la Salle se méprendre plusieurs fois dans le choix qu'il fit de ceux qui devaient le représenter. Si ceux qu'il mit en place en eussent été dignes, ou eussent eu la capacité nécessaire pour bien remplir leur charge, son Institut, en peu de temps, eût fait des progrès admirables; mais, pour son malheur, ceux des Frères à qui le Bienheureux de la Salle confiait le soin des établissements, détruisaient de leur main ce qu'il élevait de la sienne avec tant de peines et de soins. L'orgueil ou l'indiscrétion les saisissait, et ils se montraient, quand ils étaient à la tête de leurs confrères, ce qu'ils étaient dans leur particulier, gens sans lumière et sans prudence, des aveugles qui ne savaient ni se conduire ni conduire les autres.

On a déjà vu quelle florissante communauté le Bienheureux de la Salle avait laissée à Reims, en venant à Paris. Si elle eût subsisté telle qu'elle était, elle eût été une pépinière féconde de maîtres d'école pour la campagne, et de novices pour la communauté des Frères ; mais, à peine le pieux Instituteur avait-il été absent, que la dureté du Frère qu'il avait laissé pour la conduire y mit le dérangement. Le séminaire des Maîtres d'école pour la campagne s'évanouit, celui des enfants se dissipa, et la moitié des novices se retirèrent.

Nous allons bientôt voir les espérances d'un autre séminaire de maîtres d'école pour la campagne, ressusciter sur la paroisse de Saint-Hippolyte, à Paris ; mais nous le verrons en même temps s'ensevelir sous ses ruines, après de très heureux commencements, par l'ambition du Frère qui y fut préposé.

Dans le temps où nous sommes, le Bienheureux de la Salle va entrer dans une grande maison, avec un noviciat nombreux et fervent ; et, après avoir eu la consolation de voir ses disciples et les bonnes œuvres se multiplier, son Institut y faire des progrès et répandre de tous côtés la bonne odeur de JÉSUS-CHRIST, il va voir naître, par les imprudences de ceux qu'il avait choisis pour le suppléer, des tempêtes et des orages si furieux, que, pendant près de vingt ans, sa communauté sera menacée de ruine. Ses protecteurs deviendront ses plus violents persécuteurs ; ses meilleurs amis et ses conseillers l'abandonneront à lui-même, et refuseront de lui prêter le secours de leurs lumières ; les prélats les plus prévenus en sa faveur, et qui l'honorent comme un des plus saints hommes de la France, perdront toute estime pour lui, et croiront lui faire grâce de ne le point chasser de sa propre maison ; lui-même se verra poursuivi en justice et obligé de fuir pour éviter la main du sergent et de la prison ; et c'est ce temps de son absence que Satan saisira pour passer les Frères au crible, pour les consterner, les décourager, les dégoûter et en faire sortir une bonne partie, pour y introduire une autre forme de gouvernement et en altérer l'esprit primitif. Cette épine demeurera enfoncée dans son cœur tout le temps qu'il vivra, et il ne pourra appliquer un remède parfait à la plaie que son Institut a reçue, que quand il sera dans le ciel.

II. — Caractère de ce Maître des Novices et du Frère Directeur de la maison de Paris.

CE maître des novices dont je parle, savait prendre l'autorité du Bienheureux de la Salle en son absence, mais il ne savait pas la faire valoir avec sagesse. L'usage indiscret qu'il en fit tendait à la destruction, et non à l'édification, et, en appesantissant le bras sur les jeunes gens qu'il conduisait, par des corrections dures et des mortifications mal ménagées, il fit plus de mécontents que de vrais pénitents. Il est vrai qu'il voulait imiter le Bienheureux de la Salle et le copier en tout, car ce n'était pas la bonne volonté, mais la lumière, qui lui manquait : semblable à ces mauvais peintres qui défigurent les objets qu'ils veulent représenter, en voulant imiter son sage Supérieur, il se montrait lui même tel qu'il était. Au lieu de copier son original, il le défigurait ; et, sans pouvoir sortir de son caractère, ni atteindre à celui du Bienheureux de la Salle, il déshonorait, par une mauvaise imitation, celui-là même auquel il s'efforçait de ressembler.

Le Bienheureux de la Salle, toujours à la tête de ses novices, leur en disait plus par ses actions que par ses paroles. Tout parlait en lui et faisait impression. Sa ferveur entraînait les plus tièdes et ranimait les plus négligents. Pour corriger, souvent il n'était pas besoin qu'il ouvrît la bouche : son visage, son air, son regard, son geste contenait dans le devoir ou y faisait rentrer, empêchait les fautes ou excitait à les réparer. Doux, affable, prévenant, il ouvrait les cœurs, il s'attirait la confiance ; éclairé, pénétrant, il découvrait dans les consciences ce qu'on y cachait. Le visage toujours gai, serein, tranquille, gracieux, il attirait à lui les plus timides, et il leur inspirait une entière liberté. Toujours égal, toujours le même, il n'était point besoin de se faire à son humeur, ni d'étudier ses moments pour communiquer avec lui ; et quand on apercevait des nuages sur sa face, on recherchait en soi-même ce qui lui déplaisait, et on y trouvait la cause de son mécontentement. Sa manière d'agir cordiale, tendre et charitable, attachait toutes les âmes à la sienne, et il trouvait en tous ses disciples un cœur d'enfant, parce qu'ils trouvaient en lui un cœur de père.

S'il leur imposait des pénitences, s'il leur faisait des réprimandes, elles étaient toujours bien reçues ; parce que ni l'humeur, ni la passion, ni l'esprit naturel ne s'en mêlaient ; la bonté les assaisonnait, la seule charité en était le principe, et la sagesse en était la règle. Il ne donnait point de coup qu'il ne sût mesurer la profondeur de la blessure qu'il allait faire, avec l'efficacité du remède qu'il y préparait. La connaissance parfaite qu'il avait de tous ses sujets lui apprenait les différents moyens de les gagner. La connaissance qu'il avait de leurs forces et de leurs faiblesses, de leurs vices et de leurs vertus, de leurs passions et des grâces qu'ils recevraient, lui mettait le compas et la balance à la main, pour tout peser et tout mesurer, pour proportionner la rigueur des corrections à la grandeur des fautes, et encore plus à la disposition des sujets.

D'ailleurs, la loi générale qu'il s'était faite de ne rien commander qu'après l'avoir pratiqué, de ne rien conseiller qu'après en avoir fait l'épreuve, lui avait acquis une connaissance parfaite de tous les genres de mortifications et de pénitences, et lui avait mérité la grâce de ne les distribuer qu'au poids du sanctuaire, et toujours avec fruit. Enfin, son exemple, sa ferveur, l'onction de ses paroles rendaient tout facile, et lui donnaient sur les cœurs un pouvoir qui n'était pas séparable de sa personne, et qu'il ne put communiquer à ceux qu'il rendit dépositaires de son autorité. Ainsi, l'usage de cette autorité qui n'était plus soutenue du même exemple, de la même grâce, de la même prudence, devint odieux, et produisit des effets tout contraires à ce qu'on avait espéré.

Le maître des novices, dur à lui-même, encore plus aux autres, dans l'absence du Bienheureux de la Salle, corrigeait les moindres fautes par des punitions outrées, et prodiguait à pure perte et sans aucun fruit, les corrections aigres et les pénitences sévères. S'il eût été lui-même capable de correction, ses fautes eussent pu lui apprendre à changer de conduite, car le mécontentement des novices imparfaits, peint sur leur visage, lui disait assez qu'il mettait sur leurs épaules des fardeaux insupportables, et qu'il était de sa prudence et de sa charité de mesurer, sur le degré de leurs forces spirituelles, celui des mortifications dont il les chargeait.

Les enfants, maltraités à l'excès par un maître dur et impitoyable, ne manquaient pas d'en porter leurs plaintes à leur bon Père ; et alors il les consolait, il les ranimait, et il tâchait de guérir les plaies de leur cœur, et d'y faire entrer le respect, la confiance et la soumission pour celui qu'il avait chargé de leur conduite. Suivant les lois du bon gouvernement, il donnait le tort aux inférieurs, et leur faisait sentir leur peu de vertu et d'obéissance, dans leur ressentiment et leur aigreur, et les obligeait d'en réparer le mauvais exemple par une généreuse amende honorable, et par une soumission entière aux châtiments imposés.

Le serviteur de Dieu avait peur d'aigrir les esprits s'il fût convenu des fautes du maître ; il avait peur qu'en accoutumant les novices à se plaindre de la conduite de leurs supérieurs, il ne les laissât s'entretenir dans une habitude d'immortification, de propre volonté et d'orgueil qui aurait enfin dégénéré en révolte et en esprit d'indépendance. Afin donc de les plier de bonne heure et de leur apprendre à mourir entièrement à eux-mêmes, il les assujettissait à un joug dur et pesant.

D'ailleurs, comme son dessein était toujours de se retirer du gouvernement de la maison et d'en charger ses disciples, il ne s'étudiait qu'à faire passer leur confiance de lui aux Frères qu'il mettait à leur tête, et à les accoutumer à ne le plus voir, ou à ne le considérer qu'en eux. Soit que le Bienheureux de la Salle, trop prévenu en faveur du maître des novices, ne le crût coupable ni de dureté ni d'imprudence ; soit qu'il crût que l'expérience le corrigerait de ces deux défauts ; soit qu'il jugeât à propos de ne point condamner un supérieur sur les rapports de quelques inférieurs mécontents et mal disposés, il ne se crut point obligé d'en avertir le maître des novices, ni de l'en reprendre. Ainsi, celui-ci, ne changeant point de conduite, ne fit, avec le temps, que rendre plus profondes les plaies qu'il avait faites, en ajouter sans cesse de nouvelles aux anciennes, et multiplier les mécontents.

Le maître des novices avait son semblable dans le directeur qui conduisait les Frères de Paris. Ces deux hommes, moulés l'un sur l'autre, se copiaient en tout. Ils avaient tous deux de la vertu et de la piété, mais de cette piété et de cette vertu indiscrètes, entées sur l'humeur, et dont la dureté et l'imprudence faisaient le caractère. Ainsi, les Frères imparfaits qui tenaient les écoles de Paris, n'étaient pas moins mécontents de leur directeur, que les novices peu vertueux l'étaient de leur maître. Les uns comme les autres, ne trouvant plus l'esprit du Bienheureux de la Salle dans celui qu'il avait préposé à leur conduite, ne rencontrant plus, dans leur supérieur, un père tendre, un charitable médecin, gémissaient sous le poids d'une obéissance que le divin amour n'adoucissait plus.

Le Bienheureux de la Salle gardait à l'égard de ceux-ci la conduite qu'il observait envers les novices. Médiateur, pour ainsi dire, entre eux et leur directeur, il tâchait de les réconcilier et de réunir les cœurs par le lien d'une obéissance parfaite. Toujours occupé à refermer les anciennes plaies et à détourner les nouvelles, il voulait qu'ils cherchassent leur paix dans la patience, et qu'ils devinssent si humbles et si mortifiés, qu'ils ne pensassent qu'à se plaindre d'eux-mêmes. Il les portait tous à cette haute vertu ; mais tous n'en étaient pas capables, et nous allons bientôt voir les croix qu'il moissonna dans la conduite de ces deux hommes indiscrets, qu'il avait élevés au-dessus des novices et des Frères.

III. — La maison de Vaugirard étant trop petite, le Bienheureux de la Salle transfère son Noviciat dans une maison très vaste et commode, assez près du jardin des Carmes déchaussés.

La maison de Vaugirard était trop petite pour loger tous les postulants ; de plus, son éloignement de Paris augmentait la peine d'y apporter tous les jours des vivres, et créait au vigilant Supérieur des difficultés pour vaquer tout à la fois et séparément au temporel et au spirituel des novices et des Frères : ces motifs le déterminèrent à chercher une maison plus spacieuse, plus commode, et plus voisine de Paris.

Il y en avait une vide depuis longtemps, qui avait été occupée par les Religieuses de Notre-Dame des Dix-Vertus, et où avaient été élevés les Enfants de France, au-dessus de la barrière des Carmes, dans la grande rue qui conduit à Vaugirard. Retirée et solitaire, grande et vaste, fermée de tous côtés par des portes solides et une bonne enceinte de murs, ornée de cours et de grands jardins à proximité de la ville, elle offrait au Bienheureux de la Salle tout ce qu'il cherchait ; il n'y avait que le prix qui lui ôtât presque l'espérance de s'y établir (¹). On la laissait à seize cents livres ; mais quelle somme pour des gens aussi pauvres ! Voudrait-on la louer à un homme qui n'avait rien, et qui, chargé d'une grosse communauté, ignorait chaque jour s'il aurait le lendemain du pain à lui donner ? Et était-il de la prudence de mettre sur son compte, un loyer dont le revenu annuel excédait la valeur de tous les biens d'un Institut qui n'avait aucun fonds ni aucune rente ?

Ces réflexions agitaient l'esprit du Bienheureux de la Salle, et l'empêchaient d'écouter son inclination pour une maison si commode et si nécessaire. Cependant, après avoir fort recommandé à Dieu cette affaire, il s'enhardit, et sa confiance en la divine Providence, qui lui avait toujours été si favorable, lui persuada qu'il ne pouvait pas trouver une meilleure caution qu'elle pour répondre de sa solvabilité.

Il fit ouverture de son dessein à M. de la Chétardie, qui en fut étonné. « Si vous avez tant de peine à vivre, lui répliquat-il, comment pourrez-vous payer un loyer si considérable ? » Il

---

1. D'un côté cette maison touchait aux jardins du Luxembourg, qui s'étendaient alors beaucoup plus loin qu'aujourd'hui, et de l'autre elle s'avançait presque jusqu'à la rue Notre-Dame-des-Champs, qui longeait la campagne. La Barrière de Vaugirard était proche.

consentit cependant à l'exécution du dessein, quand il eut écouté les raisons dont le Bienheureux de la Salle l'appuya ; et, pour y contribuer, il augmenta de cinquante livres la pension annuelle des Frères qui tenaient les écoles sur sa paroisse. Cette libéralité imprévue, en faisant sentir au pieux Instituteur combien il avait raison de se fier à la divine Providence, lui fit entendre que son dessein lui était agréable, et qu'il ne risquait rien en se chargeant, sous ses auspices, d'une maison si chère. Il en fit le bail au plus tôt, et il y entra avec sa communauté au mois d'avril 1698.

IV. — Le Bienheureux de la Salle n'ayant rien pour meubler cette grande maison, reçoit de Mme Voisin sept mille livres.

QUAND une fois il y fut avec sa Compagnie, la maison se trouva peuplée, mais elle n'en était pas moins nue et dégarnie ; car les meubles qu'on y transporta de celle de Vaugirard étaient si pauvres et si chétifs, qu'ils ne valaient pas la peine de les apporter. Il y en avait même si peu, qu'ils ne se laissaient pas apercevoir dans un lieu si vaste. M. le Curé de Saint-Sulpice, touché de cette extrême pauvreté, envoya un des Frères chez Mme Voisin, douairière, pour la supplier d'étendre ses libéralités sur une maison qui en avait si grand besoin. Cette pieuse dame, qui faisait des aumônes abondantes aux pauvres de la paroisse et aux communautés de Paris, donna sur-le-champ quatre cents livres, et promit pareille somme tous les ans. Mais qu'était-ce que cette somme pour meubler une maison de soixante habitants, et où tout manquait ! M. le Curé ayant eu la bonté de lui faire sentir le peu de proportion de son aumône avec le besoin d'une maison si pauvre, elle eut la générosité de lui remettre à l'instant sept mille livres, pour la pourvoir des meubles nécessaires. Avec ce secours, la grande maison, garnie de lits, de rideaux, de paillasses, de matelas, de linge et des meubles nécessaires, prit une nouvelle face, et fit sentir la douceur de sa situation et de ses avantages.

Mais si l'habitation des novices devint plus commode, leur vie n'en devint pas plus douce. Le Bienheureux de la Salle, en les transplantant dans un lieu plus vaste, n'avait prétendu que de les loger tous, et non pas de mettre leur corps plus au large. Une maison plus grande était nécessaire pour recevoir les postulants qui se présentaient, et pour mettre à couvert ceux qui étaient entrés ; mais tous, en l'habitant, n'étaient pas moins à l'étroit du côté de la nature. Dans cette nouvelle demeure, on ne buvait encore que de l'eau, et la nourriture n'était pas meilleure que celle de Vaugirard. Les exercices de piété, les mortifications et les pénitences allaient le même train. La ferveur augmentait avec le nombre des novices. Le nouvel Institut n'avait point encore été si florissant et en peu de temps il allait, comme un grand arbre, s'étendre dans tout Paris et par toute la France, et y porter ses fruits, si l'homme ennemi n'eût pas su en arrêter les progrès.

Il y avait dans cette nouvelle maison une petite chapelle à l'usage des religieuses qui l'habitaient auparavant ; on trouva le moyen de l'agrandir, en y joignant un chœur. Et, quand elle fut en état, un des grands-vicaires de Paris vint la bénir et la dédier à Dieu, en l'honneur de saint Cassien, martyr. Je ne sais pourquoi le Bienheureux de la Salle prit pour patron de sa chapelle ce saint martyr, si ce n'est que la fonction d'instruire les enfants dans les principes du christianisme, que ce saint avait exercée, lui donnait un certain rapport avec les Frères des Écoles chrétiennes. Ceux-ci, en effet, ne faisant, dans ces derniers temps de l'Église, que ce que le saint martyr avait fait dans les premiers, aux risques de sa vie, il paraissait naturel qu'ils l'eussent pour patron. Peut-être aussi que la divine Providence, en inspirant au Bienheureux de la Salle de prendre pour son patron ce saint, mis à mort par ses écoliers, voulut lui faire entendre qu'il aurait quelque part à son supplice, par les différentes peines que lui feraient plusieurs de ses disciples.

V. — Établissement d'une troisième école sur la paroisse Saint-Sulpice, dans le quartier des Incurables. Cette école suscite un procès de la part des maîtres écrivains.

LE Bienheureux de la Salle, trouvant dans M. de la Chétardie un cœur de Père, et un zèle pour les Écoles chrétiennes qui semblait vouloir l'emporter sur le sien, en profita pour procurer un établissement dans un des quartiers du faubourg Saint-Germain des plus peuplés, et qui en avait le plus besoin. Le pieux curé, disposé à toute sorte de bien, satisfit son propre zèle en contentant celui de l'Instituteur des Frères des Écoles chrétiennes. La nouvelle école, dont le Bienheureux de la Salle avait conçu le désir depuis plusieurs années, fut établie au quartier des Incurables, dans la rue Saint-Placide, où elle est encore à présent (en 1733), et aussitôt qu'elle fut ouverte, le nombre des enfants fut si grand, que quatre Frères qu'on y plaça se trouvèrent surchargés de travail, et qu'on fut obligé, dans la suite, de leur en envoyer deux autres pour les aider. Ainsi la paroisse Saint-Sulpice de Paris, qui est plus grande et plus peuplée que les plus grandes villes du royaume, fut partagée en trois quartiers, où les Frères tenaient dès lors et tiennent encore aujourd'hui (1733), sous les auspices et par les libéralités de MM. les curés, les Écoles chrétiennes et gratuites ; car on ne peut s'empêcher de rendre ici, en passant, témoignage au zèle qui anime ces saints pasteurs pour les Écoles chrétiennes.

Il semble que ce zèle passe de l'un à l'autre avec la cure, et qu'ils s'étudient à l'envi à être les protecteurs d'une œuvre si excellente. M. de la Barmondière, ce zélé pasteur qui est mort en odeur de sainteté, en l'année 1694, appela le premier les Frères, et les établit sur la paroisse pour y tenir les écoles gratuites. Ceux qui lui ont succédé, qu'on sait avoir tous été d'un mérite distingué et d'une piété peu commune, loin de dégénérer de son zèle pour l'éducation chrétienne de la jeunesse pauvre, se sont signalés dans cette œuvre avec une espèce d'émulation, et il semble qu'on peut donner au dernier la louange d'avoir surpassé ses prédécesseurs en bienfaits et en marques de bonté pour le nouvel Institut.

Cette multitude étonnante d'écoliers qui, peuplant les Écoles chrétiennes et gratuites, laissaient désertes celles des mercenaires, alarma de nouveau les maîtres d'école de Paris. La voie de fait leur parut cette troisième fois, comme les deux premières, la voie la plus courte et la plus facile pour fermer les portes de la nouvelle école. De peur qu'on ne leur rendît pas la justice qu'ils prétendaient, ils commencèrent à se la faire à eux-mêmes, en saisissant, dans l'école de la rue Saint-Placide, comme ils avaient déjà fait quelques années auparavant dans celle de la rue du Bac, tout ce qui était à l'usage des Frères et des écoliers.

Le Bienheureux de la Salle arriva dans le temps même que se faisait la saisie ; et voyant que la saisie était suivie de l'enlèvement, il dit à ses rivaux, avec le même air de tranquillité qu'il avait vu l'insulte : « *Tenez, prenez-moi aussi.* » Ce n'est point à vous, répondirent-ils, mais aux Frères que nous en voulons. En effet, ceux-ci furent cités en justice ; et pendant trois mois que le procès dura, les écoles gratuites demeurèrent fermées. Dans cet intervalle, le zélé Supérieur tomba malade, mais sa maladie n'eut pas de suite ; la divine Providence qui l'avait destiné à être l'avocat aussi bien que l'Instituteur des Écoles chrétiennes, lui rendit la santé pour plaider encore une fois devant les magistrats, la cause du public et l'intérêt de la jeunesse pauvre. M. de la Chétardie ne prenait pas moins à cœur que le Bienheureux de la Salle l'affaire des écoles gratuites, et c'était par son avis et par son ordre, que le zélé Instituteur se chargeait de poursuivre.

Les Frères assignés parurent, accompagnés de leur Supérieur, qui saisit si à propos le moment favorable de parler, pendant une espèce de silence qui se fit, qu'on ne put lui refuser la grâce de mettre en évidence son bon droit. Il plaida donc lui-même sa cause, où la seule charité l'intéressait, avec tant de sagesse et avec une si grande force de raisons, qu'il entraîna, pour ainsi dire, le juge de son côté, et lui suggéra une interrogation qui chargea de confusion les maîtres d'école et donna gain de cause aux Frères.

Pour faire comprendre le motif de cette interrogation, on est obligé de dire que les maîtres d'école n'appuyaient leur droit que sur une imposture. Sachant que la cause des écoles gratuites était la cause du public et l'intérêt des pauvres, et qu'ils avaient déjà succombé une fois, à leur honte, en l'attaquant, ils étaient persuadés qu'ils seraient encore renvoyés avec confusion s'ils s'en déclaraient les ennemis et les agresseurs. Le succès de leur cause, au contraire, était infaillible, s'ils pouvaient persuader que les Frères n'étaient pas moins intéressés qu'eux, et qu'ils tiraient aussi bien qu'eux du profit de leurs peines. Si cette calomnie eût trouvé créance dans l'esprit du juge, la cause des Frères eût à ses yeux changé de nature, et elle n'eût plus été ni la cause du public, ni celle des pauvres ; ainsi, ne méritant aucune faveur, ils eussent été condamnés, avec dépens, à ne point s'ingérer dans le métier d'autrui.

Toute la force du discours de l'avocat charitable tomba donc sur la gratuité des Écoles chrétiennes. Celui qui avait tout quitté pour les établir, trouva, dans son désintéressement, un fonds d'éloquence naturelle et le moyen de se faire croire. Mais, comme le prudent Supérieur sentait que le juge, en suspens entre l'affirmative et la négative, avancées par les deux parties avec une égale confiance (car on le sait, un hardi menteur ferme quelquefois la bouche au défenseur de la vérité), laisserait l'affaire indécise si la vérité ne triomphait pas sur-le-champ du mensonge, il porta un défi aux maîtres d'école de donner la moindre preuve du fait qu'ils avançaient, et s'obligea à souscrire lui-même à la perte de sa cause et à fermer toutes les écoles des Frères, si leurs rivaux pouvaient montrer qu'elles n'étaient pas gratuites.

Ce défi déconcerta les maîtres, et fournit au juge la demande qu'il devait faire : il se vit ainsi obligé de décider contre les calomniateurs. En effet, le juge ayant exigé des maîtres d'école de prouver que les Frères vendaient, aussi bien qu'eux, les services qu'ils rendaient à la jeunesse, ils eurent la bouche fermée. Ils se retiraient avec honte, et, en se retirant, ils déterminèrent le magistrat à les condamner. Le Bienheureux de la Salle reconnut le doigt de Dieu dans la conduite de cette affaire, et il en regarda l'heureuse conclusion comme une faveur singulière de la bonté divine. C'est ainsi qu'il s'en expliqua lui-même dans une lettre qu'il écrivit à un Frère de province. Il lui mandait, entre autres choses, que Dieu semblait ne lui avoir rendu la santé que pour faire terminer ce procès à l'avantage des Écoles chrétiennes.

Délivrées encore une fois des injustes poursuites de leurs rivaux, les Écoles gratuites reprirent leur premier éclat et produisirent des fruits abondants et visibles. La bénédiction du Seigneur y entrait aussitôt qu'elles étaient ouvertes ; et, depuis leur établissement jusqu'à présent (1733), elles n'ont point souffert de décadence. L'ordre et la discipline s'y maintiennent, et les progrès de l'instruction et de l'éducation chrétiennes sont sensibles dans les écoliers.

Comme personne ne s'y intéressait autant que M. le curé de Saint-Sulpice, personne n'en paraissait plus charmé. Son plaisir était d'aller visiter les écoles, de s'instruire par lui-même de l'avancement des enfants, et de les animer par de petits présents. Il faisait cette visite régulièrement tous les mois, accompagné de Madame Voisin, qui l'amenait dans son carrosse, toujours avec une satisfaction nouvelle. Chargé de récompenses quand il venait, il laissait sur tous ses pas des marques de ses libéralités, et répandait la joie et une noble émulation parmi les enfants pour venir avec assiduité aux écoles et y signaler leur modestie.

Le Bienheureux de la Salle, sachant que M. le curé et Madame Voisin devaient venir faire leur visite ordinaire au quartier de la rue Saint-Placide, s'y trouva un jour pour les recevoir. M. de la Chétardie, à la vue du grand nombre d'écoliers qui remplissaient les classes (il y en avait plus de quatre cents), ne put contenir sa joie, et s'écria, adressant la parole à l'auteur de ces biens : « Ah ! Monsieur, quelle œuvre ! Où serait maintenant cette foule « d'enfants, si elle n'était pas ici réunie ? On les verrait courir les « rues, se battre, et faire, à leurs dépens, le funeste apprentissage « du mal et du péché. » Ensuite il interrogea les enfants, en présence de Madame Voisin, sur les mystères de notre sainte Religion, et, charmé de leurs réponses, de leur modestie et du bel ordre qu'il voyait, il embrassait les Frères et leur donnait le baiser de paix en signe d'amitié. Ainsi, en parcourant les classes les unes après les autres, avec une espèce d'avidité et une sainte curiosité, il y prenait ses délices, et n'en sortait qu'à regret ; mais, en sortant, il y laissait un nouveau feu parmi les écoliers pour bien apprendre, et parmi les Frères pour bien instruire.

Son zèle alla encore plus loin ; car, pour rendre sensible et éclatant le bien des Écoles chrétiennes, il ordonna une espèce de procession des enfants des diverses classes, tous les premiers samedis du mois. Les Frères les amenaient, rangés deux à deux, à la paroisse, pour assister à une messe solennelle de la très sainte Vierge, qu'on leur disait, et où l'on distribuait à chacun, par ordre, une part de pain bénit. C'était Madame Voisin qui en faisait la dépense, qui allait à cinquante livres environ. La joie était grande alors pour M. de la Chétardie, de voir réunis sous ses yeux près de mille enfants que sa charité faisait instruire et élever avec tant d'édification ; de les montrer à Madame de Montespan, à Madame Voisin et à quelques autres dames de piété, qui s'en faisaient un spectacle d'édification, et de leur faire remarquer, comme un petit miracle, le bel ordre, la modestie et le silence qui régnaient parmi ces petites troupes, qu'on regardait comme indisciplinables.

L'affection que le pieux curé de Saint-Sulpice avait pour les Écoles chrétiennes entretenait celle de madame Voisin et excitait la pieuse dame à continuer ses libéralités ; car elle ne croyait pas les pouvoir mieux placer que pour le soutien et l'augmentation d'une œuvre si utile au public et si nécessaire aux pauvres. Elle porta même à cet égard la générosité si loin, à la sollicitation de M. le curé, que le pain étant encore en ce temps devenu fort cher, elle en fit distribuer, par aumône, une livre par jour à chacun des écoliers des Frères.

Comme le zèle de M. de la Chétardie croissait tous les jours pour les Écoles chrétiennes, il chercha à les multiplier sur sa paroisse le plus qu'il put. Dans ce dessein, il en fit établir une nouvelle sur les Fossés de M. le Prince, près la porte Saint-Michel. Cette école, comme les autres, devint si nombreuse, qu'on fut obligé d'y préposer quatre Frères. Il est vrai qu'elle ne subsista que trois ou quatre ans, parce que la charité de ceux qui en faisaient les frais étant refroidie, on fut contraint de la laisser tomber. Les maîtres de la ville ne virent qu'avec un nouveau dépit l'érection de cette nouvelle école, mais ils n'osèrent s'y opposer. Le crédit de M. le curé de Saint-Sulpice, qui s'en était déclaré l'auteur et le protecteur, leur lia les mains, et les obligea à garder dans un cœur qui ne respirait que guerre, une paix simulée avec les Frères.

CHAPITRE XV.

Second essai d'établissement d'une école gratuite et d'un séminaire de maîtres d'école pour la campagne, sur la paroisse Saint-Hippolyte, à Paris. — (1698-1699.)

LA divine Providence, en ménageant au Bienheureux de la Salle l'érection d'une école sur la paroisse Saint-Hippolyte, dans le faubourg Saint-Marcel, lui prépara l'établissement d'un nouveau séminaire de maîtres d'école pour la campagne. Nul autre établissement n'intéressait tant le saint homme. Le plan qu'il s'était formé de son Institut renfermait et l'Institution des Frères pour la ville, et la formation des maîtres d'école pour la campagne. La première partie de son dessein lui réussissait assez heureusement, malgré toutes les contradictions et les persécutions du monde et de l'enfer ; mais la seconde, tentée à Reims avec de très heureux succès, avait trouvé sa fin dans son absence de cette ville, et il souhaitait avec une sainte passion de la ressusciter. Dieu lui donna cette joie, mais elle ne fut pas de longue durée, car il vit détruire cette œuvre par celui de ses enfants sur lequel il se fiait le plus, et qu'il en avait établi le promoteur. Voici comment la chose arriva.

I. — Établissement d'une école sur la paroisse Saint-Hippolyte.

MONSIEUR le curé de Saint-Hippolyte ([1]), instruit des grands biens que produisaient les Écoles chrétiennes sur la paroisse Saint-Sulpice, fut inspiré de procurer à la sienne les mêmes avantages. Il trouva le Bienheureux de la Salle tout disposé à lui accorder deux Frères, et il pourvut à leur entretien avec une générosité vraiment chrétienne. Témoin par lui-même des grands biens d'une école gratuite, gouvernée par des maîtres désintéressés et pleins de piété, il porta plus loin ses vues, et conçut le dessein d'étendre aux paroisses de la campagne les bénédictions que le Seigneur répandait sur la sienne. Il s'ouvrit au Bienheureux de la Salle de ses pensées, et conféra avec lui sur la manière de les exécuter.

Le sage Supérieur, déterminé à ne point envoyer de ses Frères

---

1. Michel Lebreton, docteur en Sorbonne.

dans les villages, à cause des raisons qui ont déjà été exposées, lui fit entendre qu'il pouvait les remplacer par des maîtres d'école élevés et bien formés dans la vertu et dans la science de leur profession. Ensuite, voyant le curé de Saint-Hippolyte disposé à entrer dans son dessein sur l'établissement d'un séminaire de maîtres d'école pour la campagne, il lui en fit la confidence, et lui déclara qu'il attendait avec une sainte impatience le jour où il verrait encore une fois cette grande œuvre prendre naissance. Le pasteur, ravi de voir ses pieuses idées si bien développées, et d'apprendre les moyens courts et faciles de les effectuer, entra dans les projets du Bienheureux de la Salle, et, en lui laissant le soin de l'établissement, il se chargea de faire les fonds pour le soutenir. Jamais deux hommes de bien ne parurent plus contents. Le Bienheureux de la Salle trouvait, dans le curé de Saint-Hippolyte, l'homme qu'il attendait pour relever à Paris le séminaire des maîtres d'école pour la campagne, tombé à Reims, et M. le curé de Saint-Hippolyte trouvait, dans le Bienheureux de la Salle, l'homme propre à exécuter ses desseins et à satisfaire son zèle.

II. — Établissement d'un séminaire pour les maîtres d'école de la campagne.

CHACUN, de son côté, travailla à l'entreprise. A la sollicitation du pieux pasteur, un particulier donna une maison, et un vertueux ecclésiastique huit cents livres de rente pour commencer cette œuvre. Dès que la maison fut mise en état, le Bienheureux de la Salle y envoya des sujets venus de la campagne, et il destina, pour les former, un Frère ancien, qui était son homme de confiance, mais qui devint son Judas peu d'années après. Les écoles se tenaient dans la même maison. Une des deux classes était gouvernée par le second Frère, et l'autre, par un des séminaristes, sous les yeux du directeur. Tous les jeunes gens, à leur tour, étaient mis en exercice, pour être façonnés et instruits de la méthode de tenir l'école avec fruit.

La manière de vie des Frères et presque tous leurs règlements furent introduits dans ce séminaire. Le lever était marqué à quatre heures et demie, le coucher à neuf; l'oraison, la lecture spirituelle, l'examen de conscience partageaient la journée, avec les exercices convenables à la profession; c'est-à-dire qu'on apprenait à lire et à écrire, qu'on enseignait l'arithmétique et le plain-chant à heures marquées. Le silence et le recueillement y étaient en usage. aussi bien que les autres pratiques de piété qui sont chez les Frères. Chacun gardait en cette maison l'habit qu'il y avait apporté, et s'en entretenait, car tous ces maîtres étaient vêtus en séculiers. Du reste, ils étaient nourris, logés et instruits gratuitement, et on ne leur demandait rien qu'une bonne volonté.

Ce séminaire subsista tant que M. le curé vécut, c'est-à-dire cinq ou six ans ; mais, à sa mort, il se détruisit, par les précautions mêmes qu'il prit pour le maintenir. Tant est véritable cette parole du Sage : *Les vues de l'homme sont courtes*, et sa sagesse, aussi bien que son industrie, offre peu de garantie de stabilité. Le pieux curé de Saint-Hippolyte, éclairé au lit de la mort plus que jamais, sur l'importance de la bonne œuvre qu'il avait fondée, n'était inquiet que sur les moyens de la faire vivre après lui. L'établissement, n'étant point muni de lettres-patentes, ni des permissions requises, il y avait de grandes mesures à prendre pour lui assurer du fonds. Après y avoir bien pensé, il crut obvier à toutes les difficultés, en déclarant héritier du fonds le Frère qui avait la direction de ce séminaire. Le bon curé comptait sur sa droiture. Qui n'y aurait pas compté ? Ce Frère était un des deux que le pieux Instituteur regardait comme ses deux bras, et qu'il avait choisis comme les plus fermes colonnes de sa communauté. Ce Frère composait avec le Bienheureux de la Salle et le Frère Gabriel, le triumvirat qui s'était obligé par vœu à ne quitter jamais l'Institut, et à en procurer le progrès jusqu'à la mort, de tout son pouvoir, comme on a vu ci-dessus.

Le Bienheureux de la Salle avait tant de confiance en lui, qu'il l'avait choisi pour supérieur de ce séminaire. Ainsi, le curé de Saint-Hippolyte ne pouvait pas, ce semble, agir avec plus de prudence que d'honorer ce Frère du titre de son héritier. Il n'était pas naturel de croire que ce dépositaire de son secret, et le ministre de sa confiance, dût en abuser, et s'approprier un bien donné pour le séminaire des maîtres d'école pour la campagne. Le Frère ne pouvait pas ignorer les intentions du fondateur, puisqu'il en avait été instruit de sa propre bouche. Cependant, à peine les obsèques du curé de Saint-Hippolyte furent-elles achevées, que le Bienheureux de la Salle connut qu'il avait choisi un Judas dans celui qu'il avait élu directeur de ce séminaire, et que le malheureux, à l'exemple du perfide disciple, voulait s'enrichir d'un bien donné à Dieu et consacré à une œuvre pieuse.

III. — Ce séminaire trouve sa ruine dans l'avarice et la perfidie du Frère préposé à sa direction.

QUAND le vigilant supérieur, instruit de la mort de M. le Curé et des dispositions de son testament, vint pour prendre des arrangements avec le Frère, il fut étrangement surpris de voir son principal disciple le renier, et lui dire avec hauteur qu'il ne le reconnaissait plus, qu'il saurait bien se passer de lui, et qu'en un mot, il ne voulait plus avoir ni commerce, ni affaire avec lui. L'avare, préoccupé de sa bonne fortune, était résolu d'en profiter. Il prétendait que le testament était fait en sa faveur, et que le bien lui appartenait.

Ce fut en cette occasion que l'éminente vertu du Bienheureux de la Salle brilla dans tout son éclat. La perfidie de son disciple était manifeste, son ingratitude noire, son injustice criante, son insolence outrageante; mais elles servirent d'ombre pour faire paraître dans un plus beau jour la douceur, l'humilité et le désintéressement du maître. Le Bienheureux de la Salle reçut dans un humble silence l'accueil injuste et outrageant du Frère, et ne se permit pas la moindre plainte.

Satisfait d'une si heureuse occasion qui le mettait en rapport avec JÉSUS-CHRIST trahi par son disciple, il ne fut sensible qu'à la ruine du séminaire si longtemps désiré. Si jamais homme n'imita mieux Judas dans sa perfidie et son avarice que ce Frère malheureux, jamais personne n'imita mieux JÉSUS dans sa douceur et sa patience que le Bienheureux de la Salle en cette rencontre. Il s'en retourna tranquille, et perdit le souvenir de l'injure qu'il venait de recevoir, et la pensée de poursuivre la demande du legs fait en faveur du séminaire projeté.

Comme un abîme en attire un autre, et que ceux qui tombent de haut font les plus cruelles chutes, le Frère ambitieux ne fit pas le crime à demi: il quitta l'habit, il chassa l'autre Frère, son compagnon, il se fit relever de ses vœux, et ne pensa qu'à jouir en paix du bien usurpé sur l'Église. Le charitable ecclésiastique qui avait concouru à la bonne œuvre avec le curé défunt, et qui, à sa prière, l'avait déjà dotée de huit cents livres de rente, scandalisé de l'injuste usage que faisait le légataire des biens laissés par le défunt, révoqua sa donation. Ainsi, ce séminaire, élevé avec tant de promptitude et de succès, tomba de lui-même, au grand regret du serviteur de Dieu, qui ne put en empêcher le renversement.

Le sacrilège usurpateur ne laissa pourtant pas de continuer les écoles sur la paroisse, et quelque temps après, soit qu'il eût dissipé une partie du legs qu'il s'était approprié, soit qu'il voulût apaiser les remords amers d'une conscience qui faisait son supplice, il chercha à se réunir au corps dont il s'était séparé avec tant de honte et de scandale. Le Bienheureux de la Salle, semblable au bon père de famille, tendait les bras à cet enfant prodigue et dénaturé. Cet Absalon trouvait encore place dans le cœur charitable de ce tendre père, et il l'eût reçu dans la maison avec grande joie, si le conseil de gens sages et prudents, qui craignaient les suites d'un exemple si pernicieux, ne l'en eût détourné.

Voilà la seconde plaie que le cœur du Bienheureux de la Salle reçut dans la grande maison. Nous allons bientôt parler de la première, que nous plaçons après la seconde, parce que, si elle l'a précédée, elle l'a aussi suivie. Il est aisé de concevoir combien l'inique procédé du Frère dont on vient de parler, fut sensible au serviteur de Dieu. Notre cœur sent mieux que la bouche ne l'exprime, ce que l'ingratitude, la perfidie, l'injustice et l'insolence ont de noir et de cruel. Cependant, une âme pure souffre encore moins des traits perçants de ces vices que de la ruine d'une œuvre importante pour la gloire de Dieu et le salut du prochain.

Mais il n'est pas encore temps que le Supérieur des Frères pèse ses croix. Celles-là ne sont que les commencements de ses douleurs. En passant d'une petite maison dans une grande, il y trouvera de plus grandes croix. Si c'est là qu'il voit son Institut faire de grands progrès, c'est là aussi qu'il voit multiplier ses peines. La terre sur laquelle il marche est une terre qui ne produira que des ronces et des épines pour lui, et il y verra naître sous tous ses pas de nouvelles persécutions, qui ne le laisseront en repos que quand il cessera de vivre. Cependant le nouveau Job supportait les événements les plus fâcheux avec un air de constance et de tranquillité qui étonnait ceux qui avaient part à sa confiance. Toujours le même, il retrouvait sa consolation dans une parfaite soumission aux ordres de la divine Providence, et dans un abandon absolu à sa conduite.

Le perfide disciple dont on vient de parler, survécut à son maître, mais il ne lui survécut pas longtemps. Après avoir continué les écoles sur la paroisse pendant près de vingt ans, il tomba malade de la maladie dont il mourut, le lendemain de la mort du Bienheureux de la Salle : le saint homme, mort le Vendredi-Saint de l'an 1719, sembla, dès le lendemain, intéresser le ciel à la vengeance d'un crime qu'il avait pardonné de si bon cœur pendant sa vie. Le Frère tomba malade le Samedi-Saint, jour où l'on enterra le serviteur de Dieu ; et, après cinq mois de souffrances, il alla rendre compte à son Juge de l'énorme injustice qu'il avait commise envers l'Église, de l'affront qu'il avait fait à son Supérieur, de la scandaleuse désertion qui avait flétri l'honneur de sa Communauté, et de la ruine entière de l'établissement d'un séminaire pour les maîtres d'écoles de la campagne, qu'il avait causée.

IV. — Le Bienheureux de la Salle reçoit dans sa maison cinquante jeunes Irlandais pour leur donner une éducation chrétienne.

VERS ce temps, le Bienheureux de la Salle ouvrit sa maison à cinquante jeunes Irlandais passés en France depuis peu, pour y conserver leur religion. La proposition lui en avait été faite par M. le curé de Saint-Sulpice, de la part de Mgr l'archevêque. Le prélat, à la recommandation du roi d'Angleterre [1], réfugié dans ce royaume, après avoir cherché un lieu convenable à la jeune troupe qui s'exilait volontairement de son pays, pour mettre sa foi à l'abri de la persécution, n'en trouva pas de plus propre que la Communauté des Frères, pour nourrir la piété et mettre à couvert de la corruption du siècle l'innocence de ces jeunes gens, encore plus exposée que leur foi.

On n'avait point encore alors prévenu Mgr de Noailles contre l'ancien chanoine de Reims, ni effacé de son esprit les idées de sainteté que le bruit de ses vertus héroïques y avaient laissées, lorsqu'il devint évêque de Châlons: Il aimait et il honorait le serviteur de Dieu comme un homme apostolique, et il voulait lui donner, en cette occasion, une preuve éclatante de sa confiance, en se déchargeant sur lui de l'éducation d'une troupe choisie de zélés catholiques, dont Sa Majesté britannique l'avait lui-même chargé. Encore le prélat, dans cette rencontre, usa-t-il de ménagements dont sa place l'exemptait; car, quoiqu'il pût, comme premier Supérieur, ouvrir lui-même à la jeunesse irlandaise les portes d'une Communauté qui lui était pleinement soumise, il aima mieux mettre en œuvre la bonté que l'autorité, en faisant solliciter l'agrément du Supérieur des Frères, et demander son consentement pour une chose qu'il pouvait ordonner.

---

1. Jacques II.

Le Bienheureux de la Salle s'étudia à répondre à la confiance que son prélat lui témoignait. Par motif d'obéissance pour son Supérieur, et par motif de charité envers les pieux exilés, il les logea tous, et il en remplit sa maison. Il prit lui-même un soin particulier de leur éducation, sans se fier entièrement à la vigilance du Frère qu'il établit sur eux ; de sorte qu'en peu de temps ils se trouvèrent en état de remplir avec honneur les places diverses qui leur étaient destinées.

Pendant que cette jeunesse, si catholique et si attachée à l'Église romaine, était élevée dans une sainte école, le roi d'Angleterre, accompagné de Mgr le Cardinal, les honora de sa visite. Ce grand prince, victime de sa piété, et qui avait sacrifié son trône aux intérêts de la foi, s'intéressait extrêmement à la bonne éducation d'une jeunesse persécutée à son occasion. On sait assez, sans qu'il soit besoin de le dire, que la grande révolution, arrivée en Angleterre plusieurs années avant la persécution dont nous parlons, fut l'effet du zèle que ce saint roi avait fait paraître pour la foi catholique. Obligé de fuir avec la reine son épouse, et le prince de Galles, leur fils et l'héritier de leur couronne, devant le tyran qui s'était fait, par le crime, une route pour monter sur leur trône, ils avaient cherché en France un asile dans la protection de Louis XIV, zélé défenseur de leurs droits et de leur foi. Les fidèles sujets qui les avaient suivis, avaient été bien reçus dans un royaume qui venait de vomir de son sein l'hérésie qui y avait fait tant de carnages. Par leur exemple, ceux qu'ils avaient laissés dans leur pays, exposés à la fureur de la persécution, étaient excités à venir mettre, à leur tour, leur salut en sûreté en France.

Comme le zèle pour la religion catholique était l'unique cause de la disgrâce du roi et de la reine de la Grande-Bretagne, l'usurpateur de leur couronne (1) faisait de continuels efforts pour abolir la vraie foi dans leurs États. Le tyran, qui savait que le légitime roi avait encore grand nombre de sujets fidèles dans les royaumes qu'il avait abandonnés, et qui n'ignorait pas que c'était l'attachement au catholicisme qui les maintenait dans une si grande fidélité à leur légitime souverain, crut que le moyen de triompher de leur double fidélité était d'appesantir son bras meurtrier et d'écraser, sous le poids de son autorité, les catholiques romains. Ainsi, sans rougir d'ajouter à l'odieux titre d'usurpateur celui de tyran, il recommençait souvent la persécution, et les zélateurs de

---

1. Guillaume de Nassau, prince d'Orange.

la foi ancienne, aimant mieux abandonner leurs biens et leur patrie que leur religion, venaient implorer la protection du roi très chrétien, qui se faisait un honneur et un devoir de piété de les recevoir dans son royaume.

Ces fidèles sujets, que le glaive de la persécution avait fait fuir de leur pays pour se réunir à leur prince légitime, lui étaient très chers. Comme leur cause était la sienne, il s'intéressait avec un cœur de père à ce qui les regardait, et prenait soin d'eux comme de ses propres enfants. Il le fit bien paraître dans l'occasion dont nous parlons ; car, sans se croire déchargé du soin des jeunes Irlandais, qu'il avait recommandés à Mgr le Cardinal et confiés à sa charité, il voulut voir de ses yeux le lieu qu'ils habitaient, examiner l'éducation qu'on leur donnait, et s'informer de ce qui les regardait. Témoin de la manière chrétienne dont on les élevait, il en fut fort satisfait, et après avoir témoigné beaucoup de bonté au Bienheureux de la Salle, il parut lui savoir gré des peines qu'on se donnait pour les instruire, et du progrès qu'ils avaient fait.

V. — **Talent qu'avait le Bienheureux de la Salle pour l'instruction et l'éducation de la jeunesse et la conversion des âmes endurcies.**

CE grand talent que possédait le vertueux prêtre pour élever chrétiennement la jeunesse, et convertir les âmes endurcies, lui attirait la confiance des plus grands pécheurs. Les parents mécontents de leurs enfants libertins, et désespérant de les pouvoir rappeler à leur devoir, cherchaient en lui la grâce qu'ils ne trouvaient pas en eux-mêmes, pour les retirer de leurs égarements. Il y réussissait souvent au-delà de leurs vœux ; les enfants libertins et indomptables, il les rendait à ceux qui les lui avaient envoyés, doux, dociles, soumis et pieux. Le changement prompt et subit d'un jeune abbé de qualité confié à ses soins, parut une espèce de miracle à ceux qui le connaissaient.

En vain avait-on essayé tous les moyens imaginables pour l'obliger de faire usage de sa raison, et de ne pas oublier l'état auquel on le destinait ; en vain avait-on cru que le séjour des communautés les plus régulières lui donnerait une teinture de l'esprit ecclésiastique, ou au moins, lui ferait honte de ses écarts et de ses dérèglements : il tourna en poison tous les remèdes qu'on lui faisait prendre, et, par un abus funeste des moyens de salut, il s'en faisait des causes de perdition. La communauté des

Frères fut le seul lieu où il retrouva l'usage de son bon sens et de sa foi ; mais, comme nous nous réservons de parler des conversions que Dieu a opérées par le ministère du Bienheureux de la Salle, dans le quatrième livre ([1]), où nous traiterons de ses vertus, nous n'en dirons rien davantage ici.

La vertu du Supérieur des Frères, faisant enfin de l'éclat dans Paris, fit connaître leur Institut, et inspira à de grands évêques le dessein de les établir dans leurs diocèses. Le premier qui en fit la demande, fut Mgr Godet des Marais, évêque de Chartres, prélat dont le zèle et la piété ont tant de fois servi de boulevard à la saine doctrine ; prélat qu'on peut regarder comme le fléau des nouveautés de son temps, et que tous les novateurs craignaient comme le plus redoutable de leurs ennemis ; prélat qui, le premier, a déclaré la guerre à la fausse spiritualité, et qui en a découvert, avec tant de clarté, le poison subtil et les horreurs cachées.

Lui et le Bienheureux de la Salle, alors chanoine de Reims, s'étaient connus dans le séminaire de Saint-Sulpice, et on peut dire qu'alors, également édifiés l'un de l'autre, ils se conservaient une estime réciproque et s'honoraient mutuellement. Déjà depuis plusieurs années, le grand évêque de Chartres avait demandé au Bienheureux de la Salle quelques-uns de ses disciples ! mais le serviteur de Dieu, sous prétexte qu'il n'en avait pas alors de suffisamment formés, l'avait supplié d'attendre. Quoiqu'il eût toute sorte d'intérêt de contenter un prélat qui avait un si grand crédit à la cour, et que la piété et la pureté de sa foi rendaient si puissant auprès du roi, il crut qu'il fallait différer à lui envoyer des Frères, jusqu'à ce qu'il vît là-dessus la volonté de Dieu bien marquée.

VI. — Mgr Godet des Marais, évêque de Chartres, renouvelle la prière qu'il avait faite plusieurs fois au Bienheureux de la Salle de lui donner de ses disciples. Concert des curés de Chartres en cette affaire.

MONSEIGNEUR Godet des Marais avait commencé à faire sa demande dès l'année 1694, et il la renouvelait souvent ; enfin, il fit tant d'instance sur ce sujet, dans l'année 1699, que le Bienheureux de la Salle ne put plus reculer. Cependant, l'humble

---

1. Ce quatrième livre forme un ouvrage, imprimé à part, sous le titre : *Esprit et Vertus du Vénérable de la Salle*.

supérieur voulut, avant que de promettre des sujets à Mgr l'évêque de Chartres, avoir le consentement des Frères. Dans l'assemblée qu'il en fit, il leur déclara la proposition de l'illustre prélat ; et, après avoir fait l'éloge de son éminente piété et de son zèle ardent pour la religion, il les laissa conclure et se déterminer à leur gré.

Les Frères, sensibles à l'honneur que leur faisait un saint évêque, que les zélateurs de la saine et ancienne doctrine honoraient comme le bouclier de la foi en France, s'offrirent à l'envi à leur Supérieur pour recevoir sa mission. D'un autre côté, le pieux prélat eut la satisfaction de voir tous les curés de la ville de Chartres à l'unanimité, se réjouir de son dessein. Ces zélés pasteurs, informés que leur évêque travaillait à attirer dans Chartres des maîtres d'école capables et exemplaires, s'unirent ensemble pour le supplier d'exécuter au plus tôt ce pieux dessein ; ils avaient tant de sujet de se louer des maîtresses qu'il avait placées sur leurs paroisses pour tenir des écoles pour les filles, qu'ils désiraient avec ardeur un pareil secours pour les garçons.

La crainte que ce secours ne manquât ou ne se fît trop attendre, les porta à adresser à leur évêque une requête signée de tous. Ils parlent, en cette requête, en pasteurs expérimentés, vigilants et zélés, qui sentent l'obligation qu'ils ont de travailler à l'instruction et à la sanctification de leurs paroissiens, et qui reconnaissent que les plus grands maux de leur troupeau, tirant leur origine de la mauvaise éducation de la jeunesse, il faut en chercher la guérison dans la science et la piété de maîtres désintéressés.

« Après avoir plusieurs fois conféré ensemble (ajoutent-ils dans
« leur requête), nous sommes convenus qu'une des grandes causes
« de l'indocilité, de l'immodestie, de l'ignorance même et du dérè-
« glement visible de la plupart des enfants de la ville, de l'un et
« de l'autre sexe, venait, ou de ce qu'il n'y avait point d'écoles
« gratuites pour les pauvres, ou parce que les maîtres et les maî-
« tresses qui ont fait jusqu'à présent cette fonction presque sans
« aucun aveu, et sans la connaissance des supérieurs, ne se pro-
« posant, dans cet emploi, d'autre fin que celle d'y gagner leur
« vie, ne s'en acquittent point comme il le faut pour le bien des
« enfants, soit manque de capacité, soit faute de zèle et d'appli-
« cation, et qu'il fallait travailler tout de bon à remédier à un si
« grand mal, en faisant en sorte qu'il y eût dans la ville quelques
« maîtres et maîtresses d'école établis de la part de Votre Gran-
« deur, de la capacité, de la piété et du zèle desquels on fût par-
« faitement informé, pour leur commettre le soin de la jeunesse ;

Livre II. — Chapitre XV. 367

« et surtout, qu'il y eût quelques écoles gratuites en faveur des
« enfants des pauvres, lesquels, faute de pouvoir payer les maîtres
« et maîtresses, n'étant ni instruits ni retenus dans les écoles,
« mais errants et vagabonds, se corrompent facilement et de-
« viennent incorrigibles. Dans cette pensée, ayant appris qu'il y
« a à Paris un prêtre de grande piété, qui prend soin d'élever et
« de dresser à cet exercice des jeunes gens qui ont toutes les
« qualités nécessaires pour s'en acquitter dignement, pourvu qu'on
« assure leur subsistance et entretien, dont la dépense ne se monte
« qu'à une somme assez modique, ils se sont crus obligés, Mon-
« seigneur, d'avoir recours à Votre Grandeur, pour la supplier
« très humblement d'employer son crédit et même ses aumônes,
« pour procurer à cette ville un secours si puissant, afin d'aider
« à la réformation des mœurs de son peuple. »

Mgr l'évêque de Chartres, ravi de voir son zèle soutenu par celui des pasteurs de sa ville principale, pressa la mission des Frères auprès de leur pieux supérieur, qui lui en envoya six pour tenir les écoles gratuites, et un septième pour le service domestique de la maison. Le vertueux prélat les reçut avec grande joie. Oubliant même ce qu'il était, il leur fit amitié et leur donna toutes sortes de témoignages d'une charité vraiment chrétienne.

Comme le prélat n'était pas moins éclairé que zélé, ni moins sage que pieux, il prit toutes les mesures nécessaires pour rendre utile à la jeunesse le ministère des Frères. La protection déclarée qu'il leur donnait, la dépense libérale pour leur subsistance, qu'il mettait sur son compte, la requête que les pasteurs de la ville lui avaient présentée pour les avoir, étaient de grands motifs pour engager le peuple fidèle à se décharger de l'éducation et de l'instruction de leurs enfants sur ces nouveaux pères spirituels, que la bonté de Dieu envoyait. Il ne restait donc qu'à autoriser, par un mandement public, l'ouverture des écoles gratuites et chrétiennes. C'est ce qui fut fait, le quatrième d'octobre 1699.

Le pieux évêque y déclare, avec son onction ordinaire, que, depuis qu'il a plu à Dieu de le charger du gouvernement de son diocèse, il n'a rien eu plus à cœur que d'établir des écoles chrétiennes, et surtout des écoles de charité, dans les paroisses qui en ont un plus grand besoin. « Rien, ajoute-t-il, ne nous a paru plus
« utile pour inspirer au peuple qui nous est confié les maximes
« évangéliques qui lui doivent servir de règle. Une expérience
« très funeste nous fait connaître que le dérèglement des mœurs,
« répandu dans toutes sortes de conditions, ne vient que du
« peu de soin qu'on a eu de procurer aux fidèles, pendant leur

« jeunesse, une éducation digne de cette qualité si honorable
« d'enfants de Dieu, qu'ils ont acquise dans le baptême.

« Nous avons cru en cela contribuer beaucoup à la décharge
« des pères et des mères, lesquels sont indispensablement obligés
« à élever chrétiennement leurs enfants, et qui néanmoins souvent
« ne peuvent le faire avec succès, en étant détournés par leurs
« occupations et leurs emplois, ou manquant eux-mêmes des
« qualités nécessaires pour y réussir. Qu'ils pensent néanmoins
« avec tremblement à ces paroles si redoutables de saint Paul,
« *que les mères* (on doit dire à plus forte raison la même chose
« des pères) *ne se sauveront que par la bonne éducation qu'elles
« procureront à leurs enfants ;* faisant en sorte qu'ils demeurent
« dans la foi, dans la charité, dans la sainteté, et dans une vie
« réglée.

« L'expérience du gouvernement nous a fait connaître plus
« que jamais la vérité de ces paroles d'un des plus grands doc-
« teurs de l'Église de ces derniers siècles, qui, malgré l'éminence
« de son savoir, voulut bien, sur la fin de ses jours, se rabaisser
« jusqu'à faire l'école : *Je ne sais s'il y a rien de plus grand et
« de plus agréable à Dieu que de cultiver ces jeunes plantes du
« jardin du Seigneur, et de les arroser des eaux salutaires de
« la doctrine céleste* (¹). Nous avons reconnu avec beaucoup de
« consolation que Dieu commençait à verser une abondante béné-
« diction sur les écoles de charité que nous avons établies pour
« les filles, dans quelques paroisses de cette ville ; cela nous a
« confirmé dans le désir où nous étions d'étendre cet avantage en
« leur faveur, et d'en procurer un semblable pour les garçons.

« Nous y avons été encore fortement excités, voyant que le
« Roi, toujours grand en tout ce qu'il entreprend, mais qui n'est
« jamais plus grand qu'en ce qui concerne la religion, étendait
« ses soins à l'établissement et à la multiplication des écoles, et
« voulait bien réveiller en ce point, par un effet de sa piété, le
« zèle et la vigilance des pasteurs. Pour seconder ses pieuses
« intentions, nous avons fait venir des maîtres très bien formés à
« un si saint exercice, et capables d'édifier par leurs exemples, en
« même temps qu'ils donneront aux enfants les enseignements
« nécessaires, etc. » Ensuite il fixe l'ouverture des écoles au 12 d'octobre de la même année 1699.

Le mandement eut tout l'effet que son auteur pouvait attendre.
Les parents, dociles à la voix du premier pasteur, s'empressèrent

---

1. Gerson, *Lib. de pueris ad Christum trahendis.*

Livre II. — Chapitre XV.

d'envoyer leurs enfants aux écoles de charité, qui ne tardèrent pas à être remplies. Le grand fruit que produisit l'éducation chrétienne d'une jeunesse abandonnée à elle-même, fut un grand sujet de joie pour Mgr Godet des Marais, qui en faisait les frais avec une générosité digne de son grand cœur : car il ne voulait pas que rien manquât aux Frères.

De peur que les sollicitudes sur les besoins de la vie ne les détournassent de leur ministère si utile au public, ou que l'inquiétude sur le nécessaire ne ralentît leur zèle, il avait grand soin d'y pourvoir. Ce n'est qu'après sa mort que les Frères ont senti tout le bien qu'il leur faisait, et combien ils lui sont obligés. En le perdant, ils virent succéder aux années d'abondance des années de disette, et leurs travaux charitables récompensés par des persécutions, comme on va le voir. La charité du prélat pour les Frères était jointe à un zèle admirable pour le succès de leurs écoles. Son humilité l'y menait et lui faisait prendre plaisir à en faire souvent la visite. Il semble qu'il la comptait parmi ses devoirs ; il la faisait avec une noble familiarité et une majestueuse simplicité ; il montrait aux enfants un visage de père ; il leur parlait avec la tendresse d'une mère ; on ne peut dire lesquels demeuraient plus charmés, et sentaient plus vivement la douceur de sa visite, des Frères ou des enfants. Il exhortait les uns et consolait les autres, et il les animait tous à la persévérance. L'onction de ses paroles laissait, partout où il passait, la bonne odeur de JÉSUS-CHRIST et des semences de vertu ; surtout il n'oubliait rien de ce qui pouvait soutenir les Frères dans des commencements si épineux, et il n'épargnait rien de ce qui était nécessaire pour le rétablissement de leur santé, quand ils étaient épuisés de fatigue.

Il avait sur ce sujet des occasions fréquentes d'exercer sa charité ; car le zèle qui dévorait les Frères les plus fervents pour l'instruction de la jeunesse, et la peine du travail assidu des écoles, jointe aux exercices d'une vie dure et intérieure, et souvent à des excès de mortification et de pénitence, ruinait enfin la santé des plus robustes. Quelques-uns moururent en bénissant Dieu de les avoir fait entrer dans une si sainte profession. Le charitable pasteur, fort sensible à la perte de ses meilleurs maîtres d'école, n'épargna rien pour rétablir ou conserver la santé des autres. Et comme il était persuadé que leur trop grande ferveur était la principale cause d'affaiblissement, il les priait et les sollicitait avec bonté de se tenir dans les règles de la prudence.

Quoique ami lui-même de la pénitence, et grand zélateur des

austérités évangéliques, comme on le voit dans son admirable Lettre pastorale contre la fausse spiritualité, il avertissait les Frères de donner des bornes à leur ferveur, afin de lui assurer de la durée, et d'attendre le moment de Dieu pour le sacrifice, sans se hâter de le prévenir. Il leur disait que, s'ils ne voulaient pas engraisser la victime pour la mieux immoler, au moins devaient-ils la nourrir et ne la point surcharger d'un travail accablant et d'un poids excessif d'austérités ; qu'ils devaient se souvenir que l'instruction chrétienne et la sainte éducation de la jeunesse pauvre étant la fin de leur vocation, et la matière de leurs mérites pour le ciel, ils devaient mesurer leur pénitence sur le travail auquel cette vocation engage, et subordonner l'une à l'autre ; qu'après tout, la fatigue des écoles étant elle-même une grande mortification, qui demande la préférence et le mérite sur les autres, elle ne peut tolérer que celle qui peut lui convenir.

Le bon prélat mettait tout en usage pour soulager ces pieux malades. Il ne dédaignait pas même de les visiter, et de faire la recherche de leurs livres spirituels et de leurs instruments de pénitence, et d'enlever ceux dont leur ferveur faisait un usage indiscret. Tant d'attention de la part d'un prélat d'un mérite si distingué en France, avait pour principe, et ce fonds de bonté et de charité qui était un des traits dominants de son caractère, et ce zèle ardent qu'il avait pour les Écoles chrétiennes, et la vénération singulière qu'il professait pour celui qui en était l'Instituteur.

Le Bienheureux de la Salle, de son côté, n'oublia rien pour lui marquer sa reconnaissance. Il honorait, dans Mgr Godet des Marais, un vrai successeur des Apôtres, qui lui était encore plus cher par la pureté de sa foi et de ses mœurs, par son zèle pour la bonne doctrine, par son horreur de toutes les nouveautés profanes, que par la protection dont il favorisait ses disciples.

VII. — Mgr l'Évêque de Chartres arrête, par un pieux artifice, le Bienheureux de la Salle pour manger à sa table.

QUAND le serviteur de Dieu, dans les voyages que sa vigilance l'obligeait de faire à Chartres, pour la visite des Frères et des écoles, allait présenter ses respects au pieux évêque, il en était reçu comme un ange de Dieu, ou comme un ancien confrère du Séminaire de Saint-Sulpice, avec cette cordialité et cette sainte familiarité que les grandes âmes, dans l'élévation et dans les dignités, savent conserver pour leurs anciens amis.

Le bon prélat invitait toujours à sa table le vertueux prêtre, mais il épuisait en vain ses manières insinuantes pour l'y retenir. Enfin, las de prier un homme qui se retranchait toujours dans la règle établie dans sa communauté, de ne jamais manger dehors, les seuls cas de voyage exceptés, il voulut un jour obtenir, par un pieux artifice, ce qu'il ne pouvait gagner par amitié. Le serviteur de Dieu, sans défiance de l'innocent piège qu'on lui tendait, n'ayant pas manqué à son arrivée à Chartres, d'aller, à son ordinaire, au palais épiscopal pour rendre ses devoirs au prélat, trouva toutes les portes ouvertes quand il fallut entrer, mais il les trouva fermées, par ordre du pieux évêque, quand il voulut sortir. Se trouvant ainsi prisonnier, il sentit bien que toute la peine que lui préparait Mgr de Chartres était de manger à sa table, et qu'il fallait la subir avant que d'être délivré ; ainsi il fallut céder au désir du prélat.

Après le repas, Mgr l'Évêque de Chartres et M. d'Aubigné, alors son grand-vicaire, depuis évêque de Noyon, et ensuite archevêque de Rouen, étant entrés avec le serviteur de Dieu dans un grand détail de tout ce qui regardait l'Institut des Frères, tâchèrent de l'engager à en adoucir la vie et à avoir quelque ménagement pour lui-même. Témoins de la simplicité, de la pénitence et de l'extrême pauvreté à laquelle il s'était réduit, ils combattirent en lui des vertus dont ils étaient, dans le fond, les admirateurs. Ces hommes éminents pensaient que ce vertueux prêtre portait trop loin la pratique des austérités, et que le travail des écoles, ajouté à une vie si dure et si mortifiée, accablerait les plus forts. Dans cet esprit, pour l'obliger de modérer sa ferveur et de mettre un frein à celle de ses disciples, ils lui dirent tout ce que l'amitié peut inspirer.

Mais un homme qui estimait comme rien ce qu'il faisait pour Dieu, ne regardait ces reproches charitables que comme des sujets de confusion et des avertissements tacites d'imiter JÉSUS-CHRIST avec plus de soin. Enfin, alors en spectacle à une compagnie d'amis, il vit qu'on l'examinait depuis la tête jusqu'aux pieds, et que rien en lui n'échappait à la censure ou aux reproches de ses hôtes charitables. Les uns lui reprochaient la pauvreté de ses habits ; les autres, leur singularité ; ceux-ci, la façon de ses souliers épais et grossiers ; ceux-là, la forme de son grand chapeau ; et tous ensemble, faisant la critique d'un homme qu'ils accusaient d'outrer les vertus, se réunissaient pour lui persuader de les pratiquer avec plus de modération et de se tenir dans un juste milieu.

Au reste, dans l'inspection qui fut faite de ses habits, la pauvreté de son manteau fut l'objet qui frappa le plus ces messieurs ; car, outre qu'il était d'une étoffe fort grossière, il était si vieux et si usé, qu'il n'était plus propre qu'à être jeté. C'est ce qui obligea le charitable évêque de lui en faire faire un autre ; mais, afin qu'il fût de son goût et qu'il ne pût le refuser, il le fit faire d'une étoffe très commune et de vil prix. Ce présent étant une vraie aumône, le saint prêtre l'accepta de bonne grâce, avec humilité et reconnaissance.

Le fruit le plus sensible que les écoles gratuites produisirent dans les enfants de Chartres, fut une singulière modestie à l'église. Ces jeunes arbrisseaux, que la tendresse de l'âge rend souples sous une main charitable et habile, prirent enfin, au grand étonnement de la ville, les impressions qu'on voulait leur donner, et se moulèrent sur les exemples de piété qu'ils voyaient dans leurs maîtres. La vue des Frères à leur tête, dans une posture humble et recueillie, les frappa encore plus que les leçons qu'ils en recevaient. En les regardant entrer dans la maison de Dieu, ils apprirent, par leur silence et par leur extérieur dévot, la manière de se comporter dans le saint lieu ; témoin de la piété avec laquelle leurs maîtres assistaient à l'Office divin ou à la sainte Messe, ils se reprochèrent de n'y avoir jamais jusqu'alors assisté de cœur et d'esprit, et de n'y avoir été présents que de corps. Enfin, convertis sur cet article, ils devinrent eux-mêmes les prédicateurs muets de la dévotion et de la crainte respectueuse qui doit saisir tout fidèle au premier pas qu'il fait dans le temple du Seigneur.

Le zélé Mgr Godet des Marais, ravi du changement si édifiant de la jeunesse élevée dans les Écoles chrétiennes, conçut un grand désir d'en profiter pour la réforme de toute la ville, sur un point si important. Il gémissait depuis longtemps sur la profanation de la maison du Seigneur, et, témoin lui-même du peu de foi et du peu de religion des chrétiens dans le lieu terrible où ils ne doivent entrer qu'en tremblant, il ne savait quelle digue opposer au torrent de l'impiété qui triomphe sous les yeux de JÉSUS-CHRIST même. A Chartres, comme partout ailleurs, le religieux prélat voyait avec douleur les sanctuaires profanés par des rires, des causeries, des étalages de vanités, et mille autres désordres qui sont l'abomination de la désolation dans le lieu saint, sans savoir quel moyen prendre pour écarter des péchés qui attiraient la malédiction de Dieu. Enfin, après y avoir bien pensé, voici le parti auquel il s'arrêta. Convaincu que l'exemple des Frères produirait sur les citoyens de Chartres le même effet qu'il avait fait sur les enfants, s'ils étaient à leur tour témoin du respect religieux que faisaient paraître dans le lieu saint ces hommes de foi, il conçut le dessein de les partager, les dimanches et fêtes, dans toutes les paroisses de la ville. Ce dessein était louable et saint, mais il ne convenait ni à la fin de l'Institut, ni au bien spirituel des Frères. C'est pourquoi leur sage Supérieur ne put y acquiescer. Il eut une autre difficulté avec Mgr de Chartres, au sujet de la lecture en latin.

VIII. — Mgr l'Évêque de Chartres veut obliger le Bienheureux de la Salle de rétablir, dans les écoles gratuites, l'usage ordinaire d'apprendre aux enfants à lire le latin avant le français ; mais il se rend aux raisons invincibles que lui donne le Bienheureux de la Salle, de la nécessité de commencer par le français.

L'USAGE établi dans les Écoles chrétiennes est d'apprendre à lire le français aux enfants, avant que de leur apprendre à lire le latin. Cet ordre inusité ne paraissait pas le plus naturel à Mgr Godet des Marais ; il voulut le changer. Mais le Bienheureux de la Salle, qui n'avait renoncé à l'usage ordinaire que par de grandes raisons, ayant demandé d'être écouté, appuya de si fortes considérations le changement qu'il avait fait, que le prélat s'y rendit. Les voici en substance :

« 1º La lecture du français est d'une utilité beaucoup plus
« grande et plus universelle que la lecture du latin ; 2º la langue
« française étant la langue maternelle, est sans comparaison
« beaucoup plus facile à apprendre que le latin, à des enfants
« qui entendent l'une et qui n'entendent pas l'autre ; 3º par
« conséquent, il faut beaucoup moins de temps pour apprendre
« à lire en français que pour apprendre à lire en latin ; 4º la
« lecture du français dispose à la lecture du latin ; au contraire,
« la lecture du latin ne dispose pas à la lecture du français,
« comme l'expérience l'apprend. La raison est qu'il suffit, dans
« la lecture du latin, pour la bien faire, d'appuyer sur toutes les
« syllabes et de bien prononcer tous les mots, ce qui est aisé à
« faire quand on sait bien épeler et lire en français ; d'où il suit que
« les personnes qui savent bien lire le français, apprennent aisément
« à lire le latin, et qu'au contraire, il faut encore bien du temps
« pour apprendre à lire le français, après en avoir mis beaucoup
« pour apprendre à lire en latin ; 5º de quelle utilité peut être la

« lecture du latin à des gens qui n'en feront aucun usage dans
« leur vie ? Or, quel usage peut faire de la langue latine la jeu-
« nesse de l'un et de l'autre sexe qui vient aux coles chrétiennes
« et gratuites ? Les religieuses qui disent l'Office divin en latin
« ont, à la vérité, besoin de le savoir très bien lire ; mais, de cent
« filles qui viennent aux Écoles gratuites, à peine y en a-t-il une
« qui puisse devenir religieuse de chœur dans un monastère.
« Pareillement, de cent garçons qui sont dans les Écoles des
« Frères, combien y en a-t-il qui étudient ensuite la langue latine?
« Quand il y en aurait quelques-uns, faut-il les avantager au
« préjudice des autres ? 6° l'expérience apprend que ceux et celles
« qui viennent aux Écoles chrétiennes, ne persévèrent pas long-
« temps à y venir, et n'y viennent pas un temps suffisant pour
« apprendre à bien lire le latin et le français. Dès qu'ils sont en
« âge de travailler, on les retire ; ils ne peuvent plus venir à cause
« de la nécessité de gagner leur vie. Cela étant, si on commence
« à leur apprendre à lire en latin, voici les inconvénients qui en
« arrivent. Ils se retirent avant que d'avoir appris à lire en français,
« ou de savoir bien le lire ; quand ils se retirent, ils ne savent
« qu'imparfaitement lire le latin, et ils oublient en peu de temps
« ce qu'ils savaient : d'où il arrive qu'ils ne savent jamais lire, ni
« en latin, ni en français ; 7° l'inconvénient le plus pernicieux,
« c'est qu'ils n'apprennent presque jamais la doctrine chrétienne.
« En effet, quand on commence à apprendre à lire à la jeunesse
« par le français, elle sait au moins le lire bien quand elle se
« retire des écoles ; le sachant bien lire, elle peut s'instruire par
« elle-même de la doctrine chrétienne, elle peut l'apprendre dans
« les catéchismes imprimés, elle peut sanctifier les dimanches et
« les fêtes par la lecture des bons livres et par des prières bien
« faites en langue française ; au lieu qu'en ne sachant, en se
« retirant des Écoles chrétiennes et gratuites, que lire en latin, et
« très imparfaitement, elle demeure toute sa vie dans l'ignorance
« des devoirs du christianisme ; 8° enfin, l'expérience montre que
« tous ceux et celles qui n'entendent point le latin, qui n'ont ni lettres
« ni usage de la langue latine, surtout les gens du commun, et à
« plus forte raison les pauvres qui viennent aux Écoles chrétiennes,
« ne savent jamais bien lire le latin, et font pitié quand ils le
« lisent à ceux qui entendent cette langue ; il est donc fort inutile
« de mettre un grand temps à apprendre à bien lire une langue
« à des personnes qui n'en feront jamais usage. » On a cru
nécessaire de rapporter ces raisons, afin de fermer la bouche à
bien des gens qui trouvent à redire que, contre l'usage commun,

on commence dans les écoles gratuites à apprendre à lire en français, avant que d'apprendre à lire en latin. On espère que si ceux qui blâment cet usage veulent faire attention aux motifs qui l'autorisent, ils seront les premiers à le conseiller.

IX. — Peines que les Frères ont souffertes à Chartres, après la mort de Mgr Godet des Marais.

L'ILLUSTRE évêque Paul Godet des Marais vécut trop peu pour l'avantage des écoles chrétiennes. Sa mort [1] si regrettée des défenseurs de l'ancienne doctrine, enleva aux Frères un vrai père, un puissant protecteur de leur Institut et au Bienheureux de la Salle un véritable ami. Le zélé prélat aurait fait tout ce qu'il aurait pu en faveur des écoles gratuites, s'il avait laissé, après sa mort, un fonds suffisant pour les perpétuer dans Chartres, ainsi qu'ont fait plusieurs autres grands évêques ; mais, faute de secours certain, il a laissé après sa mort, dans une grande misère, ceux qu'il avait mis dans l'abondance pendant sa vie. Les Écoles chrétiennes, sans aucun fonds, ont été souvent ébranlées dans une ville où elles ont trouvé pour ennemis, ceux-là mêmes qui, partout ailleurs, en sont les défenseurs.

Puisque personne ne fournissait la subsistance à des gens dont le ministère est purement gratuit, il était naturel que leur zélé Supérieur les retirât d'une ville qui croyait que c'était leur faire grâce que de les souffrir et de ne point les chasser ; mais le saint homme, qui n'agissait que par les principes sublimes d'une sagesse toute céleste, n'écoutait ni les ressentiments de la nature, ni les sujets de mécontentement que le monde lui donnait. Au contraire, les lieux où ses disciples avaient le plus à souffrir et où ils se trouvaient dans le plus grand abandon, étaient les lieux auxquels il s'attachait, persuadé que la croix est le caractère des bonnes œuvres aussi bien que des élus, et qu'il y a un grand bien à faire dans les endroits où il y a beaucoup à souffrir. Un homme qui ne se conduisait que par les maximes des saints, comptait que les établissements les plus contrariés sont ceux qui sont suivis des plus grandes bénédictions de Dieu, et qu'il faut beaucoup espérer du ciel, quand le secours des créatures manque. Il avait pour maxime *qu'il y a plus de grâce où il y a moins de nature*, et que les œuvres contre lesquelles le démon suscite de

---

1. 26 septembre 1709.

plus grandes persécutions, sont celles qui sont les plus utiles au prochain et les plus avantageuses pour la gloire de Dieu.

Suivant ces principes, il aima mieux abandonner ses disciples à la plus grande pauvreté que de les retirer de Chartres. La nécessité toutefois le contraignit de les réduire à quatre, de sept qu'ils étaient, en attendant que la divine Providence changeât, à l'égard des écoles gratuites, le cœur des habitants d'une ville qui est si spécialement sous la protection de la très sainte Vierge, et où il y a véritablement un grand fonds de religion et de piété. La grande dévotion à la Mère de Dieu qui distingue la ville de Chartres, et qui la rend illustre dans le royaume, est un des motifs qui y arrête les Frères. Ayant peine à quitter un lieu si favorisé de la Reine du ciel, ils se sont résolus d'y vivre dans une très grande pauvreté. En effet, ils n'y vivent que d'une certaine quantité de blé et de vin que leur fournit l'illustre neveu de Mgr Paul Godet des Marais, son successeur dans l'épiscopat ([1]), et du peu d'aumônes qu'ils reçoivent de quelques personnes de piété, surtout de M. l'abbé de Truchis, maintenant (1733) sous-chantre, dont le zèle pour le soutien des écoles chrétiennes est digne d'un homme rempli de l'esprit du séminaire de Saint-Sulpice, où il a été élevé.

Ce pieux chanoine, livré à toutes les bonnes œuvres, et plein d'activité pour l'instruction des ignorants, a procuré depuis quelques années, l'établissement des Frères à Nogent-le-Rotrou, dans le diocèse de Chartres. Il faut aussi rendre l'honneur qui est dû à la piété de S. A. R. Mgr le duc d'Orléans, qui a, depuis peu, étendu sa charité sur les écoles gratuites de Chartres. Par une pension annuelle de cinq cents livres, il a raffermi dans cette ville un bien qui ne pouvait plus s'y soutenir, et a fourni le moyen d'ajouter un cinquième Frère aux quatre qui y travaillaient, à l'exemple de saint Paul, en souffrant la faim, la soif, le froid, la pauvreté et les persécutions. Il faut espérer que, sous la protection de ce grand prince, les Frères, à l'avenir, ne seront plus frustrés des legs pieux que les gens de bien leur laisseront par testament ; et qu'ils sont en droit de recevoir par les lettres-patentes que Sa Majesté a accordées à la maison de Saint-Yon de Rouen ([2]).

---

1. Mgr Charles-François des Moutiers de Mérinville.
2. Une personne de piété, appelée Mme Lardé, après avoir assisté les Frères de ses aumônes pendant sa vie, leur laissa à sa mort, trois mille cinq cents livres par testament ; mais Messieurs ses héritiers et les administrateurs de l'hôpital de Chartres se sont crus en droit d'en faire un autre usage, sous le prétexte que les Frères n'avaient pas de patentes pour cette ville ; cependant, le témoignage de

Livre II. — Chapitre XV. 377

Or, comme c'est le propre de la charité parfaite de s'enflammer, au lieu de s'éteindre, par les mauvais procédés, le Serviteur de Dieu parut, depuis ce temps-là, encore plus attaché à une ville qui était si peu favorable à ses disciples, et même sa charité alla, en 1705, jusqu'à les laisser exposés à la contagion d'une maladie mortelle, qui dépouilla Chartres d'un grand nombre de citoyens, plutôt que de les enlever à une jeunesse pauvre qui en avait un si grand besoin.

Le pieux Instituteur sacrifia en cette occasion, au bien public, quatre de ses principaux disciples, que la maladie du pourpre moissonna, comme tant d'autres, en moins de six mois. Le premier était un novice, de grande vertu. Le second, un ancien Frère, excellent écrivain et très habile maître d'école, et, ce qui seul mérite de la louange, un vrai disciple du Bienheureux de la Salle, rempli de son esprit et de la grâce de sa vocation. Le troisième, qui avait été maître des novices, était un homme très dur à lui-même et très ami de la mortification. Le quatrième était l'infirmier de Paris, que le tendre Père avait envoyé à ses enfants pour les secourir dans la maladie. Mais sa mort précieuse qui attestait son obéissance, fut la récompense de sa charité.

On ignore pourquoi on s'est laissé prévenir à Chartres, comme ailleurs, de la fausse idée que les Frères, un jour, pourraient se renfermer dans un cloître, ou s'y trop multiplier, car, quelle apparence y a-t-il d'un pareil changement ou d'un tel accroissement, qui détruirait l'Institut ? Il est naturel à tous les êtres de se conserver ce qu'ils sont. Nul ne cherche sa destruction. Tous tendent à leur fin, par inclination et par le penchant de leur nature. On est toujours attaché à sa première vocation, et on l'estime plus que toute autre. Suivant ces principes, la pensée de se renfermer dans un cloître ne peut pas tenter les Frères ; car, s'ils le faisaient, ils cesseraient d'être ce qu'ils sont, ils détruiraient leur Institut, ils sortiraient de leur vocation, ils changeraient d'état.

Quand même ils donneraient accès dans leur cœur à cette tentation ridicule, ils ne pourraient pas s'y prêter, l'exécution en étant impossible ; car ils perdraient toutes les fondations faites

---

vingt-sept avocats de Paris a fait preuve que les patentes accordées à la Maison de Saint-Yon de Rouen étaient pour toutes les villes du royaume où il y a des Frères. Or, ces pauvres lésés, instruits à l'école de leur Instituteur, l'homme du monde le plus désintéressé, n'ont fait aucune poursuite pour se faire rendre justice. Ils ne désespèrent cependant pas de la recevoir quelque jour de ceux qui la leur refusent maintenant, lorsqu'ils seront convaincus que la loi naturelle et civile ordonne de suivre à la lettre les pieuses volontés des testateurs. (*Note de l'auteur.*)

en faveur des écoles gratuites, et, en les perdant, ce ne serait plus dans un couvent, mais dans un hôpital qu'ils se renfermeraient, pour y périr de misère. D'ailleurs, que feraient-ils dans un cloître, étant exclus, par des Règles formelles et essentielles, des Ordres sacrés et du Ministère, de sorte qu'ils ne peuvent pas même entrer dans l'église avec un surplis, ni y chanter au lutrin ? C'est encore un article de leurs Constitutions, de ne point apprendre la langue latine, ou de n'en point faire usage.

Si on craint que, malgré ces lois fondamentales de l'Institut, les Frères n'abandonnent un jour leur profession, en préférant une vie conventuelle à la fonction de maîtres d'écoles chrétiennes, c'est se forger des fantômes pour avoir le plaisir de les combattre. Cependant, on ne saurait croire combien cette illusion a saisi d'esprits dans la ville de Chartres. Si elle n'est pas le principe total de la sentence du Présidial, qui a été si défavorable aux écoles gratuites des pauvres, ne peut-on point soupçonner qu'elle y a contribué ?

On sait combien les maîtres d'école, qui vivent de cette profession, sont déchaînés contre les Frères, qui ne tirent aucun salaire de leurs services. Pendant que Mgr Paul Godet des Marais vécut, ils se continrent dans le devoir. La protection que ce grand prélat accordait aux Frères qu'il employait, et qu'il avait appelés à Chartres, servit de frein à leurs entreprises ; mais sa mort, les affranchissant de la crainte de son autorité, leur laissa pleine liberté de déclarer la guerre à leurs pieux rivaux. Par malheur pour ceux-ci, qu'on pouvait regarder comme des orphelins sans défense, après la mort d'un évêque qui leur servait de père, la plainte de leurs ennemis fut reçue au Présidial.

Les magistrats, aussi bien que le maire et les échevins de la ville, crurent que le bien public demandait qu'on trouvât un moyen de vider les écoles gratuites, et de grossir celles où l'argent sert de prix à l'instruction. Ainsi, par sentence de l'année 1717 ou 1718, il fut ordonné aux Frères de ne plus recevoir indistinctement tous les enfants qui se présenteraient, comme ils avaient fait jusqu'alors, mais seulement ceux dont les noms étaient inscrits dans le catalogue des pauvres réduits à l'aumône ; que les Frères ne passeraient pas le nombre de quatre ; qu'ils n'arboreraient pas la croix au-dessus de leurs portes, etc. Il y avait d'autres semblables articles, dont la fin était couronnée par un ordre de publier ladite sentence aux prônes des paroisses.

Quand on lut au Bienheureux de la Salle, qui était alors dans le séminaire de Saint-Nicolas du Chardonnet, après son retour

Livre II. — Chapitre XV.   379

de Marseille, la teneur de cette sentence qui fermait les Écoles gratuites chrétiennes à tous les enfants des pauvres qui n'étaient pas à la mendicité, quelque affligé qu'il fût, il ne put s'empêcher d'admirer un décret qui bannissait avec honnêteté les Frères de la ville de Chartres, ni de louer la politesse avec laquelle les magistrats congédiaient des gens qu'ils auraient pu chasser avec honte.

Mais quand on lui lut la conclusion qui ordonnait la lecture de la sentence aux prônes des paroisses, il y reconnut une influence cachée ; sa première pensée fut que le nouvel évêque de Chartres parlait par la bouche des juges, ou que les juges faisaient la fonction du prélat. « Une pareille sentence, dit-il à celui qui la lui « montra à lire, ne peut émaner que de l'autorité épiscopale ; « c'est donc une conséquence nécessaire que Mgr l'évêque de « Chartres ait prêté la sienne en cette occasion aux magistrats « ou que les magistrats l'aient usurpée. » Quoi qu'il en soit de la seconde conséquence, la première n'étant pas vraie, le pieux ecclésiastique qui parlait au Bienheureux de la Salle écarta ce soupçon et le convainquit que le neveu de Mgr Paul Godet des Marais, digne successeur de son oncle, prélat qui fait tant d'honneur au séminaire de Saint-Sulpice, où il a été élevé, par sa rare piété, par son zèle ardent pour la saine doctrine, par sa vie dure, mortifiée et laborieuse, et par la pratique des autres vertus qui en font un évêque des premiers temps de l'Église, était bien éloigné d'avoir prêté son autorité à un acte qui la blessait, et qui était si contraire à l'instruction et à l'éducation chrétienne des enfants de familles pauvres.

Car enfin, n'y a-t-il que ceux qui grossissent de leurs noms le rôle des aumônes d'un hôpital, qui soient pauvres ? Combien y en a-t-il qui périssent dans leur misère, ou qui languissent longtemps épuisés de faim, avant que de se résoudre à recevoir l'aumône publique ? Combien y en a-t-il qui soutiennent en secret tout ce que la pauvreté a de plus affreux, et qui aiment mieux en être les victimes que de dévorer la honte de se faire connaître ? Combien d'artisans et de petites gens chargés de famille qui, sans être dans le catalogue des indigents des Bureaux de charité, et sans vouloir en recevoir les soulagements, n'ont pas de quoi acheter à leurs enfants l'instruction que les Frères donnent sans aucun intérêt ? Tous ceux-là qui font le grand nombre, chassés des écoles gratuites par la sentence de Chartres, bannis des écoles des maîtres par leur pauvreté, croupissent dans l'ignorance, dans la fainéantise, dans le libertinage. Si le bien public demande qu'ils soient abandonnés à leur triste sort, et qu'ils demeurent sans l'éducation qu'ils n'ont pas le moyen de payer, c'est là un mystère que le Bienheureux de la Salle ne pouvait comprendre.

Mgr l'évêque de Chartres, qui sentit combien son autorité était blessée, et le bien public lésé par la sentence dont on vient de parler, ne manqua pas d'en appeler au Parlement de Paris, qui, dès le commencement de l'année suivante, fit défense, par son arrêt du 31 janvier 1719, d'exécuter ladite sentence, qui défendait de recevoir dans les écoles de charité d'autres enfants que ceux dont les pères et mères étaient inscrits sur le rôle des pauvres du Bureau.

CHAPITRE XVI.

Établissement à Calais, en l'année 1700.

L'ÉTABLISSEMENT des Frères à Calais, qui suivit de près celui de Chartres, fut tout différent dans ses circonstances et dans ses succès. Le Bienheureux de la Salle, en envoyant ses disciples dans la capitale de la Beauce, pouvait dire avec saint Paul : « Une grande porte m'est ouverte pour enseigner aux petits et aux pauvres abandonnés la doctrine chrétienne; mais j'y ai trouvé un grand nombre de contradictions et d'ennemis ([1]). » Au contraire, attendu à Calais, demandé avec une sainte impatience, et reçu avec honneur et joie, il pouvait dire, avec le même apôtre, « qu'il y avait été reçu comme un ange du ciel et comme un ministre de JÉSUS-CHRIST ([2]) ». C'est ce qui explique l'espèce de lenteur et de répugnance que le pieux Instituteur fit paraître, quand il fut sollicité de donner de ses disciples pour Chartres, et, au contraire, l'ardeur et la joie qu'il témoigna pour les envoyer à Calais : il me semble qu'on doit attribuer cette différence de conduite à un esprit prophétique ou à un instinct surnaturel de ce qui devait arriver dans l'une et dans l'autre de ces villes.

Ancien ami et confrère de Mgr Godet des Marais dans le séminaire de Saint-Sulpice, il était naturel qu'il s'empressât de donner des Frères à un prélat si bon, si pieux et si accrédité en France, qui pouvait rendre de si grands services à son Institut, et qui, en effet, lui en fit l'offre ; car Mgr l'Évêque de Chartres eut la bonté d'offrir au Bienheureux de la Salle son autorité, pour obtenir à sa communauté des lettres-patentes, comme il sera dit dans un autre lieu; cependant, le serviteur de Dieu, loin de saisir une offre si avantageuse, fit attendre plusieurs années le prélat, avant que de lui accorder quelques-uns de ses disciples. Au contraire, s'il n'alla pas au-devant de la demande qu'on lui en fit pour Calais, il la reçut avec joie, et il fit paraître un saint empressement pour l'exécuter.

Cette ville-frontière de l'Angleterre, dont elle n'est séparée que par un trajet de mer de sept lieues, où règnent la franchise, la générosité, la libéralité, et où un grand fonds de religion, de piété et d'attachement à l'Église romaine et à l'ancienne doctrine, fait

---

1. I Cor., XVI, 9. — 2. Galat., IV, 14.

le caractère des habitants, attira les sympathies du serviteur de Dieu. Il se sentit de l'attrait pour elle, et sembla voir dès lors, dans le cœur de tous les citoyens, les favorables dispositions qu'ils montrent pour les Frères ; en effet, nul lieu plus propre pour l'établissement des Écoles chrétiennes et gratuites. Un peuple bon, des bourgeois et des magistrats religieux et amis du bien, assuraient au saint prêtre une entière liberté d'avancer la gloire de Dieu, et d'enseigner, par la bouche de ses disciples, la doctrine chrétienne avec un succès toujours nouveau et des bénédictions particulières. Voici l'occasion qui fut l'origine de cet établissement.

I. — Quelle fut l'occasion de l'établissement de Calais.

SUR la fin de l'année 1699, ou vers le commencement de 1700, M. Ponthon, qui étudiait à Paris, la théologie, dans le séminaire des Bons-Enfants, passant un jour dans l'église Saint-Sulpice, fut agréablement surpris de voir une multitude d'enfants, le Frère à leur tête, assister à la sainte messe avec un air de piété que la vive jeunesse ne connaît guère. L'ordre et la discipline qui contenaient dans le devoir un petit peuple né mutin, la modestie et la retenue dans le lieu saint, en un si grand nombre d'écoliers turbulents et dissipés par caractère ou par la légèreté de l'âge, le silence et la piété de tant d'enfants si aisés à se distraire, et si enclins à causer et à badiner, enfin le rare recueillement et l'air dévot des Frères le frappèrent si vivement, qu'il conçut, dès cet instant, le désir de montrer le même objet d'édification dans Calais, dont il était désigné curé par la démission de son oncle.

En effet, aussitôt il écrivit à M. Ponthon, son oncle, ancien curé et doyen de la ville de Calais, ce qu'il avait vu dans la paroisse Saint-Sulpice. Sur le portrait que fit des Frères ce jeune M. Ponthon à son oncle, qui était un pasteur zélé et plein de piété, celui-ci devint si désireux d'en avoir, qu'il craignait déjà de mourir sans les voir à Calais. Cet empressement lui mettant la plume à la main, il manda à son neveu de mettre tout en mouvement, afin de pouvoir obtenir des maîtres d'école semblables à ceux qu'il avait vus. Le vénérable vieillard soupirait chaque jour après eux, et écrivait lettres sur lettres à son neveu, pour hâter ce secours. Déjà mûr pour l'éternité, il n'attendait que l'arrivée des disciples du Bienheureux de la Salle, pour rendre en paix son âme à Dieu. La consolation qu'il désirait avant la mort, et qu'il priait la divine Majesté de lui accorder, était de voir, dans sa ville, l'ouverture des Écoles chrétiennes et gratuites.

A ce désir, se joignait en lui une forte raison de presser l'exécution de ce dessein. Dieu venait de disposer de l'ancien maître d'école de la ville. La place était vacante, les classes vides, les écoliers sans maîtres perdaient le temps, et la fainéantise exposait toute la jeunesse à de grands dangers. Ainsi, en même temps que la nécessité pressait d'ouvrir les écoles, la conjoncture était favorable pour en établir de gratuites. Il fallait donc se hâter de la saisir. Pour en profiter, l'oncle manda au neveu de voir le pieux Instituteur, de lui demander de ses disciples, et de tout faire pour en avoir.

Le jeune M. Ponthon vint, de la part de son oncle, solliciter le Bienheureux de la Salle, d'accorder des Frères à la ville de Calais ; il fut reçu avec joie et écouté avec plaisir. Cependant, comme le serviteur de Dieu ne précipitait rien, il prit le temps nécessaire pour arrêter les mesures convenables à un établissement solide.

L'ancien curé de Calais ne pouvait temporiser. Impatient des délais inévitables en ces sortes de rencontres, il mit tout en mouvement pour accélérer la venue des Frères. Messieurs de la ville, à la sollicitation de leur pasteur, écrivirent à M. le duc de Béthune, gouverneur de Calais, pour avoir son agrément ; et, en même temps pour l'obliger d'employer son crédit pour l'exécution du dessein.

L'affaire ne pouvait être en meilleures mains. M. le duc de Béthune était un seigneur plus distingué par sa piété que par sa dignité. Il prit à cœur la demande de la ville, plus par zèle de la gloire de Dieu, que par complaisance pour ceux qui avaient recours à son autorité. Il ne dédaigna pas même de joindre ses prières à celles du pasteur de Calais et de son troupeau, pour obliger le Bienheureux de la Salle à lui accorder des Frères au plus tôt. Le serviteur de Dieu se rendit à ses ordres, et envoya à Calais deux de ses disciples, pour y ouvrir les Écoles chrétiennes.

Avant que cela arrivât, le Bienheureux de la Salle, étant un jour parti de sa maison, de grand matin, pour aller voir M. le duc de Béthune en son hôtel, entra vers six heures dans une église des environs, afin de prier, en attendant l'heure convenable de se présenter à la porte de ce seigneur et d'avoir audience. A peine y fut-il entré, que ses yeux tombèrent sur le duc qui communiait en ce moment. Mais, comme il était inconnu au saint prêtre, celui-ci ne fut frappé que du cordon bleu (¹) qui distinguait l'illustre communiant. Sa surprise fut bien plus grande quand il vit, à l'hôtel de Béthune, celui-là même qu'il avait vu à l'église communier avec tant de dévotion. Le serviteur de Dieu demeura si charmé de cet exemple de piété, que, contre sa coutume, il voulut en édifier sa communauté, en lui faisant le récit de sa pieuse aventure.

Un seigneur si disposé à tout bien, n'eut pas plutôt entendu le Supérieur des Frères, qu'il lui accorda ce qu'il demandait, qui était d'envoyer son consentement par écrit, signé de sa main et scellé du sceau de ses armes, à Messieurs les magistrats de la ville, et de leur recommander l'œuvre qu'ils lui avaient eux-mêmes recommandée, en les exhortant à son tour de la soutenir et de la favoriser. La recommandation d'un si grand seigneur, dont l'autorité dans la ville de Calais était autant aimée que respectée, eut tout son effet. Messieurs les magistrats de la ville ont toujours eu pour les Frères toutes sortes de bontés, et on peut dire qu'ils ont fait à leur égard l'office de pères, plutôt que celui de protecteurs. M. Bignon, alors intendant de Picardie et d'Artois, seigneur qui, dans toutes les places qu'il a occupées, a toujours protégé avec un zèle vraiment chrétien les Écoles gratuites, y donna aussi les mains.

Ainsi l'établissement qui devait faire tant de bien, fut conclu avec un concert unanime de la part de tous ceux qui avaient puissance et autorité ; car celle de Mgr l'évêque de Boulogne ne tarda pas de s'y joindre. Les Frères avaient reçu ordre de leur Supérieur, avant que d'ouvrir les Écoles, d'aller chercher aux pieds du prélat la permission d'enseigner la doctrine chrétienne et de demander sa bénédiction. Ils le firent, et ils furent très bien reçus de Mgr Pierre de l'Angle, évêque diocésain, qui n'avait pas alors fait dans le monde le bruit qu'il a fait depuis. Il autorisa leur mission par un mandement public, dans lequel ce premier pasteur du diocèse de Boulogne engageait ses ouailles de Calais à conduire leurs enfants aux Écoles chrétiennes.

Les Frères, à leur entrée dans la ville, trouvèrent tout disposé en leur faveur. On les y attendait avec impatience. Personne ne prit plus de part à leur arrivée, que celui qui les avait tant désirés, l'ancien curé M. Ponthon. Sa joie de les voir fut égale à l'ardeur qu'il avait fait paraître pour les obtenir. On logea d'abord les deux Frères dans une partie du collège, qui leur a été depuis

---

1. C'était le cordon de Commandeur de l'Ordre du Saint-Esprit.

accordé tout entier par MM. les maires et échevins. Cependant, comme les Frères avaient peu de chose de la ville pour vivre, M. le doyen en écrivit à M. le marquis de la Vrillière.

Celui-ci répondit à M. Ponthon, qu'au premier conseil, il en parlerait au Roi, ce qu'il fit ; voici sa réponse : « Monsieur, j'ai « reçu la lettre que vous m'avez écrite du 5 de ce mois, qui « regarde les maîtres d'école de Calais. J'en rendrai compte à « Sa Majesté au premier conseil où il sera parlé des affaires con- « cernant les nouveaux convertis ; et je manderai à M. Bignon « ce que Sa Majesté aura résolu : vous leur marquerez d'avoir « patience jusque-là et de continuer à bien remplir leurs devoirs : « Je suis, Monsieur, votre très affectionné serviteur. La Vrillière. « A Versailles, le 12 juin 1701. »

C'est le dernier service que M. Ponthon rendit aux Frères. Il mourut peu de temps après, et son neveu, entre les mains de qui il avait fait passer sa cure, ne lui survécut que deux ou trois mois.

Louis XIV, autant affectionné aux bonnes œuvres qu'il était zélé pour la religion, accorda des aumônes aux Frères, en conséquence de la demande qui lui fut faite ; et ils reçurent plus de 450 livres en moins de deux ans. Pareille grâce leur fut accordée en l'année 1702, à la sollicitation de M. le duc de Béthune. Ce pieux seigneur, ayant représenté à M. d'Aguesseau que les deux Frères de Calais n'avaient pas de quoi subsister, celui-ci lui promit d'y pourvoir ; et il leur fit tenir, l'année suivante, une somme considérable, selon la parole qu'il en avait donnée dans sa lettre à MM. les Magistrats de la ville, datée du 4 février 1702. Le succès de ces écoles fut si prompt et si grand, qu'on chercha les moyens de les multiplier. Les Frères, durant deux ans, avaient enseigné avec tant d'édification et avec tant de satisfaction de la part du public, qu'on conçut le dessein d'en demander deux autres pour les classes et un troisième pour diriger leur temporel.

Ce fut M. Le Prince, chapelain dans le quartier des Matelots, qui fut l'auteur de ce dessein, et qui en poursuivit l'exécution en l'an 1703. Ce prêtre zélé, enviant pour les enfants de ses matelots les instructions dont les enfants de la ville jouissaient, résolut de leur procurer le même secours. Il en parla à M. de Thosse, président de la ville, qui goûta le dessein et qui l'appuya de tout son crédit, avec un zèle vraiment chrétien. Sans perdre le temps, le religieux magistrat en conféra avec MM. les magistrats de la Ville, qu'il trouva aussi bien intentionnés que lui sur ce sujet. De concert, ils écrivirent à M. de Pontchartrain par l'intermédiaire de M. leur curé, pour lui représenter la nécessité d'avoir encore, dans la ville de Calais, deux nouveaux Frères pour instruire les enfants des matelots, et le supplier d'obtenir de Louis XIV, sur le *Court-Gain*, une place vacante, où il y avait eu autrefois un corps de garde. Le roi ayant accordé la demande, M. de Pontchartrain écrivit à M. Bignon, et lui envoya l'ordre du monarque, ordre qui fut aussitôt exécuté, à la faveur d'une imposition que M. l'intendant fit sur les habitants du *Court-Gain*, pour les frais du bâtiment nécessaire aux Frères et aux écoles. M. de Pontchartrain eut même la bonté de faire réponse à M. le doyen, pour lui marquer que le roi avait agréé sa demande et celle de la ville. Voici le contenu de sa lettre du 4 mai 1703 : « J'ai reçu la vôtre du 24 avril. J'ai expliqué à M. Bignon, intendant de Picardie et Artois, les intentions de Sa Majesté au sujet des Frères des Écoles chrétiennes pour l'instruction des enfants des matelots du *Court-Gain*. Vous n'avez qu'à vous adresser à lui, il pourvoira à leur subsistance. »

Le *Court-Gain* est un quartier séparé de la ville de Calais, du côté du port, qui est habité par les matelots, gens, comme tout le monde sait, qui n'ont pour l'ordinaire dans leur jeunesse, ni éducation, ni instruction ; gens qui, dans le fond, ont de la religion, mais une religion aussi grossière qu'ils le sont eux-mêmes. Leurs enfants, dès leur bas âge, accoutumés à la mer, deviennent des hommes semblables à leurs pères. Presque tous nés avec l'attrait de la pêche ou de la navigation, ils suivent, par instinct ou par inclination de nature, la vocation de leurs pères ; et à peine savent-ils parler, qu'ils savent manier la rame et qu'ils se plaisent à en faire le métier. Pour l'ordinaire, ils sont d'une ignorance déplorable sur leur religion. Rarement en font-ils quelques exercices pratiques qui soient purs et exempts de superstition. Il était donc de grande importance de fournir aux pauvres enfants des matelots le moyen de recevoir une instruction que leurs parents ne sont pas capables de leur donner.

II. — Progrès des écoles gratuites. Charité des magistrats et des habitants de Calais pour les Frères.

CETTE école, commencée en 1705, a toujours produit de grands fruits. Remplie des enfants des matelots, elle est pour eux une académie de la science du salut. Enfin, ces pauvres gens apprennent la doctrine chrétienne et la pratique de leur religion. Pour subvenir à la subsistance des Frères occupés à l'instruction de la jeunesse du *Court-Gain*, la piété de Louis XIV l'avait engagé à leur faire une pension annuelle de cinquante écus, qui leur était payée tous les ans par une ordonnance expédiée en ces termes : « Gardes de mon trésor royal, payez et délivrez « comptant aux Frères des écoles chrétiennes de Calais la somme « de cent cinquante livres que je leur ai accordée par gratification, « en considération des peines et des soins qu'ils prennent pour « l'instruction des matelots qui servent sur mes vaisseaux. Donné « à Versailles, etc. »

Il y avait, avant l'ouverture des Écoles chrétiennes dans le *Court-Gain*, un vieillard, nommé le Sieur de la France, qui recevait aussi de Sa Majesté une pension de cent cinquante livres pour instruire les matelots, mais qui, sur la fin de ses jours, ne pouvait plus s'acquitter de cet emploi à cause de sa caducité. Cet homme étant mort quelques années après l'arrivée des Frères à Calais, tous les principaux de la ville donnèrent une nouvelle preuve de leur zèle pour les écoles gratuites, et de leur affection pour ceux qui les conduisaient avec tant d'applaudissement ; car ils se joignirent ensemble pour leur faire avoir la pension que la cour faisait à l'ancien maître, et ils y réussirent.

Ces deux pensions, exactement payées aux Frères pendant la vie de Louis XIV, malgré le malheur des temps, furent éteintes par le Régent, pendant la minorité de Louis XV. Mais ce jeune prince, qui a hérité avec le trône de son bisaïeul, de son zèle pour la religion, l'a rétablie à sa majorité, à la requête de M. le marquis de la Vrillière, ministre et secrétaire d'État, et a continué de la payer jusqu'à présent (1733). Voici la teneur de la première ordonnance qui en fut délivrée, le 19 juillet 1716 : « Garde de mon trésor royal, M. Jean de Tulmence de Nointel, payez comptant aux Frères des Écoles chrétiennes de Calais, la somme de trois cents livres par gratification accordée par le feu roi, mon bisaïeul, en deux ordonnances de cent cinquante livres chacune, dont une devait s'expédier, le 15 décembre de l'année dernière, et l'autre le 8 février dernier, et ce, en considération des peines et des soins qu'ils prennent pour l'instruction des matelots. Fait à Paris, le 19 juillet 1717. Signé *Louis, Phelippeaux, Philippe d'Orléans*. » La charité de Messieurs les Magistrats de la ville de Calais pour les Écoles chrétiennes ne s'est pas bornée à tous ces bienfaits : elle n'a été satisfaite que quand elle est venue à bout d'assurer la subsistance nécessaire aux Frères.

Ce n'est pas seulement la ville en général, ce sont presque tous ses habitants qui se sont étudiés à faire du bien aux Frères. Chacun à l'envi leur a fait part de ses charités. A peine y a-t-il un marchand ou négociant, qui, au retour d'un voyage de mer, ou après le succès d'une affaire, ou après une pêche heureuse, ne leur ait payé, en quelque sorte, les décimes de ses profits.

Tant que M. le duc de Béthune vécut, les Frères trouvèrent toujours en lui un cœur de père. Sa charité s'employa à tout ce qui intéressait les Écoles chrétiennes, et son soin s'étendit sur tous les besoins des Frères. Son crédit, son autorité, ses démarches leur furent d'un très grand secours pour se bien établir à Calais, et pour obtenir du roi très chrétien les pensions nécessaires à leur subsistance. Les Frères, après avoir pleuré sa mort, ne furent pas longtemps à s'apercevoir que le père était encore vivant pour eux dans le fils ; car M. le duc de Charost, héritier de la piété de M. le duc de Béthune son père, l'a été aussi de son zèle pour les Écoles chrétiennes. Ami des Frères et leur zélé protecteur, il a paru ne point mettre de bornes aux bienfaits qu'il voulait leur faire ; et on peut dire, à ce sujet, que le fils l'a emporté sur le père. Heureuse famille où la piété paraît héréditaire, et où l'amour pour la religion semble se communiquer aux enfants avec le noble sang des pères !

Les Frères, dans toutes leurs peines, ont eu recours à M. le duc de Charost, avec la confiance qu'ont des enfants pour un père, et ils l'ont toujours trouvé tel. Jamais ils n'ont réclamé en vain sa protection, jamais ils n'ont souffert de rebut, jamais ils ne se sont aperçus qu'ils l'importunaient. Toujours gracieux et favorable, il les a écoutés, toutes les fois qu'ils ont voulu lui parler, avec une bonté qui a peu d'exemples, sans que sa grandeur et sa dignité aient jamais mis de barrière entre lui et eux. Bien plus, en plusieurs occasions, par une générosité et une charité singulières, il a soutenu lui-même leurs intérêts, et les a appuyés de son crédit et de son autorité, en faisant même des démarches en leur faveur. En voici un exemple.

Lorsque Messieurs les gardes du trésor royal ne payaient pas exactement la pension que Sa Majesté avait accordée aux Frères, ce qui arrivait assez souvent, malgré les ordonnances qui en étaient expédiées, M. le duc de Charost, oubliant sa dignité, se chargeait en quelque manière de ce soin, et il ne dédaignait pas de parler à Messieurs les trésoriers, et de presser l'exécution du paiement. Quand ils retardaient, il envoyait chez eux son secrétaire avec les ordonnances, pour recevoir, au nom des Frères, les arrérages et les faire payer en entier.

Ce n'est pas seulement aux Frères de Calais et de Boulogne, que M. le duc de Charost a accordé sa protection ; il ne l'a jamais refusée à leurs autres confrères, quand il en a été supplié. Ils ont trouvé en tout temps la porte de son palais ouverte pour le voir, ses oreilles favorables pour les écouter, et un cœur prompt et généreux pour leur rendre service.

En effet, avec quel zèle ce pieux seigneur ne s'est-il pas employé, afin d'obtenir de Sa Majesté des lettres patentes pour leur maison de Saint-Yon ! Il alla lui-même solliciter le consentement de M. le duc de Luxembourg, gouverneur de Rouen, consentement qui était nécessaire, et l'apporta écrit et signé à ceux qui avaient commission de poursuivre cette affaire. Il serait trop long d'entrer dans le détail de toutes les autres obligations que les Frères des Écoles chrétiennes ont à cet illustre bienfaiteur, qui leur a toujours fait du bien. Sa mémoire sera éternelle dans leur Institut, et il est juste que M. de Béthune son père, et lui, aient la première part à leur reconnaissance et à leurs prières.

III. — Éloge de M. Gense.

EN parlant de l'établissement des Écoles chrétiennes à Calais, la reconnaissance oblige de faire une mention honorable de M. Gense. Ce pieux laïc, si fervent dans la vertu, si dévoué aux bonnes œuvres, si zélé pour la foi ancienne, avait un bien considérable dont il ne faisait usage que pour soulager les pauvres, et procurer la gloire de Dieu. Quoique fils unique, il chercha dans le célibat perpétuel l'heureuse liberté de vaquer à Dieu et à la prière, et de lui consacrer son cœur sans partage. Son humilité seule lui fermait la porte du sanctuaire, et lui interdisait un ministère dont la science et la vertu le rendaient fort capable. Ami de toutes les bonnes œuvres, il en était ou l'auteur ou le promoteur, ou l'appui, ou le conseiller.

Jamais homme ne fut plus déclaré en faveur des Écoles chrétiennes et gratuites. Ce grand ami de toutes les bonnes œuvres donnait à celle-ci toute son estime et sa prédilection. Sa joie fut parfaite, quand il les vit établies à Calais [1]. Jamais les Frères n'ont eu un ami plus fidèle ni un défenseur plus ardent, ni un protecteur plus zélé. Il s'intéressait à tout ce qui les regardait, et il faisait son affaire de tout ce qui concernait leur Institut ou

---

1. Il y fit venir aussi les Sœurs de la Providence, et, après leur avoir cédé sa propre maison où il fit bâtir une chapelle, il fonda six classes en leur faveur.

leurs écoles. Son plaisir était d'être avec eux, et sa joie était parfaite lorsqu'on lui permettait quelquefois de joindre ses prières aux leurs, et d'être admis à leurs récréations. En venant s'édifier en leur compagnie, il y laissait lui-même les grands exemples de vertus qu'il y venait chercher.

On ne saurait dire l'estime qu'il faisait de leur Institut. Il en parlait avec tant d'honneur et d'éloges, qu'il donnait envie d'y entrer, et qu'il inspirait à ceux-là même qui l'avaient embrassé, la plus noble idée de leur vocation. Il les encourageait à en remplir les devoirs, il les animait à en dévorer avec joie les peines et les fatigues, et, en se faisant leur bouclier dans les persécutions, il leur apprenait à les supporter avec patience et avec allégresse.

« Vous entrez, leur disait-il, entre autres choses, dans la culture du champ du père de famille, et si vous n'avez pas été invités des premiers pour y travailler, vous êtes enfin appelés à en défricher la partie la plus abandonnée. Vous êtes comme ces glaneurs qui courent sur les pas des moissonneurs, ramasser çà et là les épis négligés et foulés aux pieds. Votre consolation est que le nombre en est si grand, que vous pouvez les recueillir à pleine main et en remplir les greniers du Père céleste. »

« Si vous ne montez ni à l'autel, ni en chaire, si vous n'entrez ni dans le tribunal de la pénitence, ni dans le baptistère ; si vos fonctions ne vous mettent pas l'encensoir à la main, pour offrir, dans le temple, de l'encens au Très-Haut, au moins avez-vous l'honneur de lui préparer des temples vivants, et de travailler à la sanctification de la jeunesse la plus délaissée. Si votre ministère est le moins brillant, il est aussi le moins exposé. S'il y en a dans l'Église de plus honorables, il n'y en a guère de plus utiles. On y voit assez de moines et de religieux ; mais on n'y voit pas assez de catéchistes destinés par état et par vocation à instruire la jeunesse. En enseignant la doctrine chrétienne, vous faites la fonction des Apôtres ; vous savez que leur zèle les a transportés dans toutes les parties du monde pour la prêcher et la publier ; vous savez que la prière et la publication de la doctrine de JÉSUS-CHRIST, sont les deux parties du ministère qu'ils ont crues les plus dignes de l'apostolat. Ils se débarrassaient de tous les autres emplois de la charité pour se livrer sans partage à ces deux-là. Saint Paul en fit son affaire capitale, et il déclara lui-même que le Ciel l'avait envoyé pour évangéliser et enseigner la doctrine chrétienne. » En un mot, ce fervent chrétien n'avait point de termes assez forts pour faire concevoir aux Frères la plus haute idée de leur vocation.

Livre II. — Chapitre XVI.

M Gense était en relations intimes avec M. de Rancé, abbé de la Trappe. Tous les ans il allait passer dans ce désert un temps considérable, et il en rapportait un cœur vraiment religieux, sous un habit séculier. Son estime pour les Frères lui en ayant fait concevoir une très haute pour leur saint Instituteur, il voulut, avant de mourir, se donner la satisfaction de le voir, et, sans attendre l'occasion que le temps pouvait faire naître pour cette visite si désirée, il entreprit un long voyage, avec M. de la Cocherie, fondateur des Écoles de la ville de Boulogne, afin de venir à Saint-Yon, proche Rouen, chercher le Salomon qui l'attirait de si loin.

Le contentement de se connaître fut réciproque de la part de ces deux serviteurs de Dieu. L'esprit divin qui les animait l'un et l'autre leur inspira une sympathie mutuelle, et ils s'aimèrent aussitôt qu'ils se virent, parce qu'ils se trouvèrent en rapport d'inclinations et de sentiments. Le prêtre admirait dans le laïc la ferveur des premiers chrétiens, la noble simplicité évangélique, un zèle ardent pour le salut du prochain, et un cœur magnanime pour les œuvres de Dieu. Le laïc admirait dans le prêtre un homme apostolique, un vase d'élection que le Seigneur, dans sa miséricorde, avait préparé dans ces derniers temps, pour faire l'ornement de l'Église de France, et un homme de croix, qui avait été exercé par toutes sortes de souffrances et d'ignominies.

Le Bienheureux de la Salle reçut ses deux hôtes avec la cordialité et les marques de reconnaissance, qui étaient dues aux amis et aux bienfaiteurs de son Institut. Il les entretint à loisir, et contenta pleinement le vif désir qu'ils avaient de le voir et de jouir de sa présence. Quand ils l'eurent vu et entretenu, ils en furent si édifiés et si ravis, qu'ils se disaient à eux-mêmes, que l'estime qu'ils en avaient auparavant, était fort au-dessous de celle qui lui était due, et que la réputation qu'il s'était acquise n'égalait pas celle que méritait son éminente vertu.

Ils ne pouvaient se lasser d'admirer ce nouveau Salomon, plein de la sagesse céleste, non dans l'éclat de la gloire et des richesses, mais dans la plus grande pauvreté, et plus content dans les souffrances, dans les humiliations et dans les persécutions, que le fameux roi d'Israël sur son trône et dans son magnifique palais.

Ils trouvaient en lui l'esprit de Dieu qu'ils cherchaient, et un modèle parfait de la vertu la plus éminente. Les entretiens de ces trois hommes, conformes à leurs inclinations, ne roulaient que sur Dieu et les choses de Dieu. Pour en parler avec plus de recueillement et de douceur, le Bienheureux de la Salle mena ses hôtes dans un cabinet de dévotion, qui est au bout du grand jardin de Saint-Yon. Le repas qu'il leur donna dans ce petit ermitage n'interrompit point leur pieuse conférence. Les trois serviteurs de Dieu, plus avides de la nourriture spirituelle que de la corporelle, passèrent ainsi la plus grande partie de la journée à s'enflammer mutuellement de l'amour divin. Le contentement que remporta M. Gense de cette visite, fut proportionné au désir qui l'avait amené de Calais à Rouen. Il reçut, en 1716, avec la même satisfaction, le Bienheureux de la Salle, quand il alla, pour la première fois, visiter les Frères de Calais. Il ne fut pas possible au saint prêtre de se défendre de manger chez le pieux laïc. Il le fit deux fois, et il l'aurait fait davantage, s'il n'avait aperçu un peintre caché derrière la tapisserie pour tirer son portrait. Son humilité en fut si offensée, qu'il ne fut plus possible à M. Gense de le faire revenir à sa table. Ce fervent chrétien couronna une si sainte vie par une mort semblable, qui arriva peu d'années après celle du Bienheureux de la Salle.

CHAPITRE XVII.

Établissement des écoles dominicales dans la maison du noviciat de Paris. Deux Frères sont envoyés à Rome. Autres établissements à Troyes et à Avignon. — (1700-1702.)

I. — Établissement des écoles dominicales à Saint-Sulpice.

MONSIEUR de la Chétardie, si célèbre par son attachement à la saine doctrine, et par le noble refus qu'il fit de l'évêché de Poitiers, lorsque Louis XIV le lui fit offrir, semblait disputer au Bienheureux de la Salle la qualité de père à l'égard des Frères, tant il paraissait alors zélé pour leur Institut. Ce vénérable curé de Saint-Sulpice, qui avait su tirer avec tant d'esprit, des soixante-six années de son âge, soixante-six raisons pour se défendre de monter sur le siège épiscopal, dans la lettre de remerciement et d'excuse de son refus, qu'il écrivit à Sa Majesté, regardait ce nombre d'années comme autant de motifs de sanctifier ce grand peuple dont Dieu l'avait choisi comme pasteur, et de contribuer à la multiplication des Écoles chrétiennes.

Ingénieux sur tout ce qui pouvait contribuer à l'instruction des pauvres, il conçut le dessein d'établir une école dominicale en faveur des jeunes gens, que l'obligation de gagner leur vie tenant occupés tout le reste de la semaine, ne laisse libres que les dimanches et fêtes, pour se faire instruire. Nul autre que le Bienheureux de la Salle n'était en état d'exécuter un projet de cette nature. Ainsi, par nécessité et par inclination, M. de la Chétardie lui en donna la commission. Le serviteur de Dieu, qui n'avait pas moins de zèle que M. le curé de Saint-Sulpice, entra avec plaisir dans ses sentiments, et se chargea de grand cœur d'une œuvre que l'obéissance lui confiait, et qui était fort de son goût. Ainsi, sans délai, après avoir fait approuver le dessein à Mgr l'archevêque et obtenu sa permission, il ouvrit, en 1700, un jour de dimanche, à midi, dans la maison du noviciat, une académie chrétienne à tous les jeunes gens qui ne passaient pas l'âge de vingt ans. Elle ne tarda pas à être remplie. Deux cents écoliers, distribués par classes, y recevaient les instructions convenables à leur âge et selon leur portée. Les moins avancés apprenaient à lire et à écrire. On enseignait aux autres l'arithmétique, et à plusieurs le dessin. Ce premier exercice, qui durait deux heures environ, était suivi du catéchisme, et celui-ci d'une exhortation spirituelle que faisait un des Frères. La porte de cette école était ouverte à tous ceux qui se présentaient avec une bonne volonté. Ainsi nul des jeunes gens ne pouvait excuser son ignorance de la doctrine chrétienne et des devoirs du salut, par la nécessité de gagner sa vie toute la semaine.

Il est aisé de concevoir quel bien produisait cette école de nouvelle invention, si nécessaire à une jeunesse désœuvrée, les jours de dimanche et de fêtes, et qui, pour l'ordinaire, ne les emploie que pour apprendre le vice. On peut dire que M. de la Chétardie avait trouvé le secret, par ce moyen : 1° de retirer du vice, du désordre et des occasions de péché, un grand nombre de jeunes gens dont les plus innocents se contentent, les jours saints, de courir et de perdre le temps, et les autres le profanent par le jeu et par la débauche ; 2° de leur donner du goût pour les arts, et de l'émulation pour le travail, et même de les tirer de leur indolence, et de les mettre en état de s'avancer et de s'établir dans le monde ; 3° de les écarter des mauvaises compagnies, des cabarets et des autres lieux dangereux et funestes à une jeunesse si portée au mal ; 4° enfin de les disposer à mener, le reste de leurs jours, une vie chrétienne.

Si j'ai dit que les écoles dominicales étaient de nouvelle invention, je n'ai pas prétendu en faire M. de la Chétardie le premier auteur en tout ; car, avant lui, elles étaient établies en Flandre, comme on le peut voir dans Van Espen (p. 2, tit. II, l. 5, *de Scholis puerorum*, n. 6). Ces écoles dominicales, dit ce canoniste flamand dont il est souvent parlé dans les conciles de Flandre, ont rapport aux catéchismes qui se font les dimanches et les fêtes dans les paroisses, par les curés et les vicaires. Quoique ces écoles, dit le concile de Malines (p. II, c. 5), ne soient pas instituées pour enseigner à lire et à écrire, il est pourtant à propos de l'apprendre aux enfants qui s'y trouveront, et de s'attacher surtout à les instruire des principes de la religion et des vérités de la foi. Van Espen ajoute que ce règlement du concile de Malines, tenu au commencement du XVIIe siècle, fut confirmé par l'autorité du prince, et qu'il fut fort recommandé aux évêques de procurer l'établissement de ces écoles dominicales, et de pourvoir à la subsistance des maîtres et des maîtresses propres à les tenir, dont le devoir devait être d'apprendre à lire et à écrire aux enfants, les dimanches et fêtes, ensuite, et par-dessus tout, de leur faire le catéchisme. Ce que M. de la Chétardie ajouta à cette institution des écoles dominicales, fut d'y faire apprendre à dessiner, d'y enseigner la géométrie, et quelques parties des mathématiques.

II. — L'école dominicale tombe, après avoir eu de grands succès, par la fuite des deux Frères qui la conduisent.

LE Bienheureux de la Salle, témoin oculaire des grands fruits des écoles dominicales, n'épargnait ni soins, ni dépenses pour les soutenir. Mais Dieu, qui prenait plaisir à le crucifier en toutes choses, permit à l'ennemi de tout bien de renverser celui-là, par le moyen même que son serviteur prenait pour le bien établir. Il avait mis à la tête de cette œuvre deux Frères très intelligents et nés avec de grandes dispositions pour les beaux-arts. Afin d'en faire d'excellents maîtres, il leur avait fait apprendre le dessin, et tout ce qui pouvait les mettre en état de remplir les grands projets qu'avait M. de la Chétardie dans l'établissement de cette académie ; mais il eut, bientôt après, le chagrin de voir qu'il ne les avait élevés que pour leur perte ; ils s'enflèrent de leurs talents, et, flattés de l'espérance d'un gain sordide, ils se déshonorèrent par une honteuse désertion.

Leur sortie fit tomber cette nouvelle école ; car le Bienheureux de la Salle n'ayant pas de Frères capables de les remplacer, le temps qui se passa pour en former d'autres propres pour cet emploi, apporta de grands changements à l'état des choses, lui ôta l'espérance de la pouvoir relever, et ajouta, à la sensible affliction qu'il eut du renversement d'une œuvre si excellente, et de la perte de deux de ses plus chers enfants, la honte de passer pour en être la première cause. Il fut donc déclaré l'auteur de tout le mal. Il en reçut de sanglants reproches de la bouche de quelques personnes d'autorité. L'innocent coupable, qui n'a jamais fait aucune apologie de sa conduite, se laissa, à son ordinaire, accuser et condamner ; et, content du seul témoignage de sa conscience et de l'approbation de Dieu, il abandonna sa réputation à la censure et aux effets des préjugés les plus faux et les plus injustes, en prenant le parti du silence et de la patience. C'est ce que le chapitre suivant rapportera dans l'histoire de la nouvelle persécution que l'enfer lui suscita, et qui fut aussi longue que le reste de ses jours.

III. — Le Bienheureux de la Salle envoie à Rome deux de ses disciples, et pourquoi.

DANS la même année 1700, le Bienheureux de la Salle exécuta un projet que Dieu lui inspirait depuis longtemps. Ce fut d'envoyer à Rome deux de ses disciples pour s'y établir. Le désir de porter son Institut dans la capitale de la catholicité, et de l'étendre un jour, à sa faveur, dans toutes les parties de l'Église, ne fut pas l'objet principal de ce dessein ; peut-être même son humilité lui défendit-elle d'avoir des vues si hautes. Les vrais motifs étaient, 1° de planter l'arbre de la société, et de lui faire prendre racine dans le centre de l'unité, à l'ombre, sous les yeux, et sous les auspices du Saint-Siège ; 2° de la fonder sur la pierre solide, sur cette pierre contre laquelle les portes de l'enfer ne peuvent prévaloir, et de l'attacher à cette Église qui ne peut ni périr, ni faillir ; 3° de se faire une voie pour aller aux pieds du vicaire de Jésus-Christ demander l'approbation de ses règles et de ses constitutions, et la grâce pour ses Frères, de faire les trois vœux solennels de religion ; 4° pour obtenir la bénédiction apostolique sur son Institut, l'autoriser de la protection du chef de l'Église, et prendre sa mission pour enseigner la doctrine chrétienne sous le bon plaisir et l'agrément des évêques. Enfin le pieux Instituteur voulait envoyer dans la ville principale, source de la communion catholique, quelques-uns de ses disciples, pour y être les garants de sa foi, de son union inviolable au Saint-Siège et de sa soumission à ses décisions, dans un temps où tant de gens en France paraissaient n'en faire aucun cas.

Ce sont là les sentiments qu'il a toujours inspirés à ses disciples, dans lesquels il les a élevés avec soin, et qu'il leur a expliqués, dès l'année 1694, lorsqu'ils firent le vœu perpétuel d'obéissance. Dès lors il statua qu'il fallait travailler à obtenir l'approbation du Saint-Siège. C'est ce qu'il marque lui-même dans le premier article de son testament.

Si, jusqu'alors, le pieux Instituteur n'avait pu envoyer de ses disciples à Rome, la pauvreté seule y avait mis empêchement. Jusqu'à ce temps il avait vécu dans l'espérance que la divine Providence lui procurerait les moyens de fournir à la dépense d'un si long voyage, ou présenterait aux Frères qu'il voulait envoyer, une occasion favorable de le faire aux frais de quelque personne charitable. Mais, soit que cette occasion tardât trop à venir, soit qu'après de mûres réflexions, le danger d'exposer à la dissipation d'un si long voyage la vertu de ses disciples, lui parût trop grand, s'ils le faisaient en compagnie, ou sous la dépendance de quelque bienfaiteur, il prit la résolution de les envoyer seuls, à ses dépens. Mais où prendre l'argent nécessaire aux voyageurs pour une si longue route, et pour demeurer à Rome quand ils seraient arrivés ? Cette difficulté, capable d'arrêter un autre que le Bienheureux de la Salle, n'entra pas même dans son esprit. Rien n'embarrassait cet homme de la Providence, qui avait souvent fait l'heureuse expérience du soin qu'elle prend de ceux qui se confient en elle. Il abandonna donc entre ses mains les deux généreux Frères, qui, sur sa parole, se reposèrent sur Dieu du soin de pourvoir à leur subsistance, quand ils seraient arrivés au lieu où l'obéissance les envoyait, et il ne pensa qu'à leur faire une petite somme pour les aider à faire le voyage. Sa communauté était encore si pauvre alors, qu'elle fut épuisée d'argent, pour fournir au voyage dix pistoles ; il est vrai qu'une somme si modique, qui était pourtant tout le trésor de la maison, ne suffisait pas pour subvenir aux frais d'un si long voyage ; mais au moins pouvait-elle suppléer, dans les occasions, au défaut de la libéralité des fidèles. Ce que le Bienheureux de la Salle avait prévu arriva ; l'argent qui ne pouvait pas conduire les deux Frères jusqu'à Rome, sans des secours empruntés de la charité, ayant manqué, ils se trouvèrent entre les mains de la divine Providence à qui il les avait confiés ; et elle pourvut à la subsistance de celui des Frères qui eut le courage et la patience de soutenir ses épreuves. Car, pour ce qui est de l'autre, qui était le plus jeune, il revint en France quelques mois après qu'il en fut sorti, et il laissa à Rome l'ancien, nommé Gabriel Drolin, qui y a persévéré avec constance pendant vingt-six années. Ce n'a pas été sans y souffrir d'abord une grande pauvreté, et sans y rencontrer de grandes difficultés ; mais enfin, la troisième année, il obtint une des écoles charitables fondées par le pape dans plusieurs quartiers de la ville de Rome, dont la pension, qui n'est que de quinze livres par mois, ne fournit qu'à peine aux besoins de la vie.

Ce n'est pas que ce vertueux Frère n'eût pu trouver une meilleure fortune. Elle s'était même présentée à lui, car comme il a été déjà dit, on lui offrit des bénéfices d'un assez bon revenu, qu'il pouvait posséder, étant clerc tonsuré et ayant fait ses études ; mais ce fidèle disciple d'un maître qu'il avait vu renoncer à tout, aima mieux profiter de son exemple, que de la fortune qui venait le tenter.

L'Institut des écoles gratuites n'ayant reçu le suffrage du Saint-Siège que longtemps après que le Bienheureux de la Salle eût envoyé deux de ses disciples à Rome, pour en préparer les voies, le Frère Drolin fut obligé de changer d'habit. Et sans doute qu'il le fit par le conseil de son vertueux Supérieur, qui ne jugea pas à propos de montrer, dans l'Église mère, un habit qu'elle n'avait pas encore consacré par son approbation.

Le Frère étant tonsuré, prit l'habit ecclésiastique, qui était et le plus convenable à sa profession, et le plus propre pour paraître devant la cour de Rome. Malgré la distance des lieux, le disciple se dirigeait par les sages conseils de son maître spirituel, et entretenait avec lui un commerce étroit. Le bon père n'oubliait pas ce cher enfant fort éloigné, et avait soin de lui envoyer souvent de l'argent pour ne le laisser manquer de rien.

La persévérance du fidèle disciple à Rome a eu en partie, depuis la mort du Bienheureux de la Salle, l'effet qu'il en attendait; car l'Institut y a été approuvé, et érigé en ordre religieux, avec la permission de faire les trois vœux solennels. A cette faveur apostolique, le pape Benoît XIII, d'heureuse mémoire, en a ajouté une seconde, qui pourra être la source de bien d'autres, en mettant les Frères en possession de l'école dans laquelle Clément XI avait établi le Frère Gabriel, sous le nom de sieur Gabriel Drolin. Cela fait, le Frère Gabriel ayant, au bout de vingt-six ans, réussi dans le pieux dessein qui avait été l'objet principal de son séjour à Rome, y laissa sa place à deux autres Frères qu'on lui envoya pour le remplacer, et s'en revint en France, en 1728.

De retour à Avignon, âgé de 65 ans, il fit ses vœux entre les mains du Frère Supérieur général qui s'y trouvait, et jouit enfin, avec toute la joie de son âme, de la grâce qu'il avait été solliciter si loin, et qu'il avait persévéramment attendue depuis l'an 1702 jusqu'à l'an 1728. C'est ainsi que ce vénérable Frère a accompli avec perfection le vœu qu'il avait fait, avec son bon père, de ne jamais abandonner l'Institut et d'en procurer, jusqu'à la mort, l'établissement avec tout le zèle possible. Il mérite d'autant plus de louanges, que le second Frère qui fit pareil vœu avec lui, y a été infidèle, et qu'il a ajouté à cette prévarication, l'ingratitude, la rébellion contre son Supérieur et l'usurpation d'un bien laissé pour l'établissement d'un séminaire de maîtres d'école de la campagne; usurpation qui a fait la ruine d'une œuvre excellente qu'on n'a pu relever depuis. En ces deux hommes, la vérité de l'oracle de l'Évangile devient sensible : « *On prendra l'un et on laissera l'autre.* » Le directeur du séminaire de Saint-Hippolyte pour les maîtres d'école de la campagne, qui ne tenait que par des liens extérieurs à sa société, n'a pas manqué d'en sortir quand l'occasion lui a ouvert une belle porte ; et celui qui connaît le cœur et ses attaches, l'a livré à l'ambition qui le dominait, et qui l'a entraîné dans de grands crimes.

Le Frère Gabriel Drolin, au contraire, qui tenait à son état par le cœur, et qui, marchant généreusement sur les traces de son Supérieur, avait renoncé aux désirs terrestres, n'a pas même été tenté des offres les plus légitimes, et a préféré son état vil et abject, à un état honorable et commode, qui l'aurait fait passer, en un moment, de la plus grande pauvreté dans l'aisance de la vie. Cette fidélité lui a attiré la grâce de voir enfin son Institut approuvé du Saint-Siège, et d'y faire profession, après avoir donné à ses Frères l'exemple d'un attachement inviolable à sa vocation, d'un détachement parfait des choses de la terre, d'une union et d'une soumission constante à son bon père.

IV. — Établissement des écoles gratuites à Troyes.

EN 1702, on demanda au Bienheureux de la Salle d'envoyer de ses disciples pour établir une école gratuite à Troyes en Champagne. Il en accorda deux, qui l'ouvrirent avec le bon plaisir de Mgr l'Évêque de cette ville ([1]), et sous sa protection. Cette école doit sa naissance à M. Le Bé, curé de la paroisse Saint-Nizier. Une pieuse dame ([2]) ayant laissé deux cents livres de rente pour établir sur sa paroisse une école de charité, il crut que cette fondation appartenait en quelque sorte à ceux qui font profession de tenir les écoles gratuites. Il en parla au P. .enheureux de la Salle, dans un voyage qu'il fit à Paris. Qu..ique la somme fût très modique pour deux Frères, le servit.ur de Dieu l'accepta, de peur de manquer l'occasion d'instruire ...s pauvres d'une grande ville, par trop d'égard à un vil intérêt. Pourvu que ses Frères eussent le pur nécessaire, il était content. Cependant, comme il leur fallait un logement, et que si on eût pris sur leur pension le paiement du loyer de la maison, des deux cents livres il ne leur fut presque rien resté pour vivre, il exigea de M. le Curé de Saint-Nizier, qui demeurait au séminaire en qualité de Supérieur, de loger les deux Frères dans son presbytère

---

1. Mgr Denis-François Le Bouthillier-Chavigny.
2. Madeleine de Galmet, veuve de Gillis de Lannay.

alors vacant. Ces accords faits, le contrat en fut passé à Paris sur-le-champ.

Les Frères ont habité la maison curiale pendant la vie de ce zélé curé, qui a toujours beaucoup favorisé les écoles chrétiennes et ceux qui les conduisaient; mais, à sa mort, son successeur, qui n'était pas d'humeur de faire son séjour dans le séminaire, les obligea de déloger. Ils ne furent pas peu embarrassés pour trouver de quoi payer le loyer d'une maison dans une pension qui ne leur suffisait pas pour vivre. Cependant, Dieu qui n'a jamais abandonné ceux qui se consacrent à son service, et qui oublient leurs propres intérêts pour procurer les siens, inspira à plusieurs personnes de leur venir en aide pour payer leur logement.

Quelques années après l'établissement de la première école faite à Troyes, par M. le Bé, le R. P. Chantereau, qui avait l'Institut du Bienheureux de la Salle en grande estime et sa personne en grande vénération, s'employa avec succès à augmenter, dans sa patrie [1], le nombre des écoles chrétiennes. Ce célèbre oratorien, qui avait du talent et qui prêchait avec fruit et onction, voyait les bénédictions du Seigneur le suivre partout où il était envoyé. Comme il ne cherchait que Dieu, il avait une grande autorité en chaire, avec une grâce particulière de toucher les cœurs. Prêtre d'une foi pure, d'une doctrine saine et parfaitement orthodoxe, aussi bien que d'une grande piété, sa vertu à l'épreuve des plus grandes peines domestiques, que sa modestie et sa prudence avaient soin de cacher, s'épurait de jour en jour par le saint usage qu'il en faisait.

Né pauvre, comme il le disait à ses plus intimes amis, il vivait pauvre ; souvent il manquait du nécessaire, et il était contraint d'avoir recours à des mains charitables, pour pouvoir subvenir aux frais de ses voyages et à ses plus pressants besoins. C'est ainsi que ce zélé prédicateur annonçait la parole de Dieu, à l'exemple de saint Paul, dans un parfait désintéressement, et qu'il demeurait dépouillé des biens de ce monde, tandis qu'il enrichissait les autres de ceux du ciel. Aussi faut-il avouer qu'il ne prêchait pas en vain, et que sa parole, comme celle de l'Apôtre, était efficace et accompagnée de vertu et de force pour convertir les âmes.

Les intérêts de Dieu étant les seuls qu'il eut à cœur, il les chercha dans la multiplication des écoles chrétiennes. L'usage qu'il fit de l'autorité qu'il s'était acquise sur ses compatriotes par

---

1. Il était natif de Nogent-sur-Seine.

le succès de ses prédications, fut de les engager à demander cinq autres Frères, et de fournir à leur subsistance, afin de pourvoir à l'instruction et à l'éducation chrétienne de tous les pauvres enfants de la ville. Pour cet effet, il ne cessa, pendant l'avent et le carême qu'il prêcha à Troyes, d'insinuer en chaire et dans les compagnies où il se trouvait. la nécessité et les avantages des écoles gratuites, dont les fruits étaient si abondants et si sensibles dans celle qui était déjà établie.

Son zèle ayant excité la charité de la ville à faire une pension de trois cents livres, et plusieurs autres personnes à contribuer à une si bonne œuvre, on ouvrit deux écoles nouvelles, l'une sur la paroisse Sainte-Madeleine, et l'autre sur la paroisse Saint-Jean, avec l'agrément de Mgr l'Évêque de Troyes, qui les a prises sous sa protection. De cette sorte, il y eut sept Frères à Troyes, qui s'employaient avec fruit à l'instruction et à la pieuse éducation de la jeunesse. Leur revenu était aussi modique que leur travail était grand ; cependant l'inquiétude de trouver le nécessaire ne ralentit point le zèle de ces enfants de la Providence, qui avaient appris de leur père à se confier en elle.

V. — Établissement des écoles gratuites à Avignon.

NOUS mettons ici l'établissement des écoles chrétiennes à Avignon, quoiqu'elles n'aient été ouvertes qu'en 1703, parce qu'elles avaient été demandées et accordées dès l'an 1702, dans le temps même que commença, contre le Bienheureux de la Salle, la persécution dont il va être parlé dans le chapitre suivant. Selon toutes les apparences, cette persécution qui ébranla le nouvel Institut jusque dans ses fondements, devait le renverser. En le voyant toujours près de sa chute pendant plus de quinze ans, on s'étonnera qu'il ne se soit pas enfin enseveli sous ses propres ruines. On s'étonnera encore davantage de ce que Dieu choisit les quatre premières années de cette longue persécution, qui ont été les plus fâcheuses, pour étendre, dans plusieurs villes du royaume, une congrégation naissante, chancelante et menacée d'un naufrage prochain.

En effet, on va voir l'autorité la plus grande et la plus légitime frapper le pasteur, intimider ses ouailles, entreprendre de les mettre sous la conduite d'un étranger et travailler ensuite à les désunir, à en dégoûter insensiblement plusieurs, à altérer la forme de leur gouvernement ; et tout cela par les menées sourdes d'une personne en place, homme d'un grand crédit et d'une réputation éclatante, qui, de protecteur, devient le persécuteur outré du serviteur de Dieu. Le Bienheureux de la Salle, obligé de fuir devant lui, laissera son troupeau aux soins de la Providence ; et le pieux ennemi du vertueux Instituteur profitera de son absence, pour tâcher d'abolir ses pratiques avec sa mémoire, et de faire oublier le père à ses propres enfants.

Cependant c'est le temps de ce ravage spirituel dans le nouvel Institut, qui est l'époque de son plus grand progrès. C'est ce temps que la divine Sagesse avait arrêté pour ouvrir, dans plusieurs endroits du royaume, les écoles chrétiennes. Cet Institut, comme en combustion, paraît ensuite renaître de ses cendres. La persécution ne sert qu'à le répandre et à multiplier ses sujets, et elle fait en sa faveur ce qu'elle a produit à la naissance de l'Église. Que fit-elle lorsque le christianisme était dans son berceau ? En tombant avec fureur sur les apôtres, elle les obligea à se disperser dans toutes les parties du monde ; et c'est cette dispersion des premiers héros de l'Évangile qui devait servir de moyen à Dieu pour la conversion des gentils. Pareillement, tandis que la persécution la plus cruelle va ôter au serviteur de Dieu presque toute autorité sur les siens, tandis qu'elle l'obligera, ou de fuir, ou de se cacher ; tandis qu'elle lui suscitera partout des ennemis, Dieu lui ouvrira un grand champ pour exercer son zèle et pour multiplier les écoles chrétiennes. En effet, en moins de quatre ans, dix établissements nouveaux se formèrent, dont le premier fut celui d'Avignon.

Depuis longtemps, le pieux Instituteur était pressé, par plusieurs personnes de considération et de piété, de leur donner des Frères, pour établir des écoles gratuites dans la Provence, dans le Languedoc et aux environs. Cette proposition, qui eût été flatteuse pour un homme qui aurait eu quelque reste d'amour-propre, et qui n'aurait pas été fâché que ses disciples portassent au loin son nom, parut au serviteur de Dieu hasardeuse et exigeant de grandes réflexions. Loin de hâter l'exécution de ce projet, la crainte du danger dont il paraissait menacer ses disciples l'arrêta et le fit balancer longtemps sur le parti qu'il devait prendre.

Il avait peur que les ouailles trop éloignées de leur pasteur, et hors de portée d'écouter sa voix, ne se fissent des routes nouvelles. Il avait peur que la distance des lieux qui séparerait les enfants du père, ne leur apprît insensiblement à secouer le joug de son autorité légitime ; il avait peur que, ne les ayant plus sous les yeux, ni sous sa direction prochaine, ils ne perdissent, avec sa présence, l'esprit de leur état, et qu'affaiblis dans la piété, ils

Livre II. — Chapitre XVII.

ne s'émancipassent à chercher des relâchements, à n'être plus réguliers, et qu'enfin ils ne vinssent à se déranger. Il avait peur qu'en recevant des établissements nouveaux, il ne fît tort aux anciens, et que contraint de multiplier ses sujets à mesure que les écoles se multiplieraient, il ne fût obligé d'en recevoir de peu propres, pour soutenir ce qui aurait été une fois commencé. Enfin, sa grande crainte était d'exposer des sujets dans des pays autrefois infectés par l'hérésie, surtout dans le Languedoc, au danger de la séduction ou de la contagion du mauvais exemple de tant de gens sans religion, que la prétendue réforme y avait laissés, même après son abolition. Cependant, comme il s'abandonnait à la conduite de la divine Providence, il crut voir son ordre dans les sollicitations continuelles qu'on lui fit d'envoyer de ses disciples dans ces pays éloignés.

La ville d'Avignon les reçut la première, à la requête de M. de Château-Blanc qui était trésorier de Notre Saint-Père le Pape, dans le comtat d'Avignon. Son épouse, dame d'une grande piété, avait légué, en mourant, une somme pour fonder une école de charité, et avait fort recommandé à son époux de hâter ce secours si nécessaire à la jeunesse pauvre. Le mari, qui n'avait pas moins de vertu que sa femme, prenant à cœur cette bonne œuvre, n'attendait, pour satisfaire sa charité, en exécutant la dernière volonté de la défunte, que des gens propres à la remplir.

Tandis qu'il était embarrassé pour choisir les maîtres auxquels il devait confier son école de charité, il arriva heureusement qu'un pieux personnage de la vilile de Lyon lui apprit qu'il y avait à Paris un Institut de Frères consacré à cet emploi.

La première connaissance qu'il en eut, lui en donna l'envie, et il ne différa pas d'écrire au Bienheureux de la Salle pour le prier de lui envoyer deux Frères. Le délai que le serviteur de Dieu apporta à l'exécution de ses desseins ne les avait point encore ralentis, lorsque la rencontre imprévue d'un Frère de l'Institut servit à les enflammer. Ce Frère était un des deux, qui, dans son retour de Rome, où le Bienheureux de la Salle les avait envoyés, passa par Avignon. M. de Château-Blanc et plusieurs autres personnes de piété, ravis de le voir, l'arrêtèrent quelque temps. De concert, ils firent de nouvelles instances auprès du sage supérieur, pour avoir au plus tôt de ses disciples. La volonté de Dieu parut alors si marquée au saint homme qu'il n'osa différer davantage de se rendre aux prières qu'on lui faisait. Il envoya à Avignon deux de ses disciples, qui y furent reçus avec des témoignages singuliers d'estime et d'affection. Le pieux trésorier de Sa

Sainteté, qui avait désiré et demandé les Frères avec tant d'ardeur, les logea dans une maison qui était à sa disposition, en attendant que celle qu'il leur avait achetée, fût en état de les recevoir. Et comme le legs de son épouse ne suffisait pas, il y suppléa avec une libéralité digne d'un homme qui consacre sa personne et tous ses biens à Dieu et aux bonnes œuvres.

Pendant qu'on disposait toutes choses pour l'ouverture des Écoles de charité, les Frères allèrent se jeter aux pieds de Mgr Laurent Fiesque, archevêque d'Avignon ([1]), pour recevoir sa bénédiction, ses ordres et leur mission. Le pieux prélat les reçut avec des marques de bonté peu communes. Ils gagnèrent dès lors son cœur et ses bonnes grâces, et le temps n'a fait que les accroître. Comme cet illustre archevêque est un des plus insignes bienfaiteurs de l'Institut des Frères, il ne doit pas être oublié dans l'histoire de la vie de leur Père. Il est juste de consacrer sa mémoire dans leur société et d'y conserver le souvenir des obligations qu'elle lui a. Sous les auspices de ce zélé prélat, l'école charitable fut ouverte à Avignon en 1703. Le fruit en fut si grand et si sensible dès le début, qu'il fit naître d'abord à tous les gens de bien l'envie de les multiplier.

On ne le laissa pas ignorer longtemps au Bienheureux de la Salle. Dès le mois de mars 1705, M. de Château-Blanc lui écrivit pour le disposer à un second envoi de Frères. Il l'en pressa pour tous les motifs qui peuvent toucher un homme qui ne veut que Dieu, en l'assurant qu'il était très content de ses disciples, que la ville en était très édifiée, et que Son Excellence Mgr le vice-légat ([2]) était si satisfait de cet établissement, qu'il en donnerait des marques en toutes rencontres. Il a tenu parole, comme on va le voir, et il a assisté puissamment les Frères de son crédit à la cour de Rome, pour y faire approuver leur Institut. Dès le temps que cette lettre fut écrite, un des curés de la ville faisait des démarches pour assurer à sa paroisse la fondation d'une école gratuite ; mais la mort d'un homme de qualité, très riche et très pieux, sur lequel il comptait, et dont il espérait de tourner la charité au profit de l'œuvre qu'il avait en vue, vint contrarier son dessein.

M. de Château-Blanc n'en fut pas déconcerté. En demandant au Bienheureux de la Salle deux nouveaux Frères, il se chargea de pourvoir à leur subsistance, jusqu'à ce que la divine Providence y pourvût elle-même par une autre main. « Je ne doute point,

---

1. Mgr Fiesque ou Fieschi fut transféré, en 1705, à l'archevêché de Gênes, sa patrie.
2. Mgr Deley.

ajoute-t-il dans sa lettre, que le bon Dieu ne le fasse ; car cette œuvre est, de toutes les œuvres de charité, la plus nécessaire en cette ville. J'espère, Monsieur, que vous viendrez en juger par vous-même, et que nous aurons le bonheur de vous voir. » La demande de M. de Château-Blanc, était trop raisonnable, pour être rejetée. L'ouvrage croissait chaque jour dans les écoles déjà ouvertes, et il était trop pesant pour deux Frères. Ce fut donc une nécessité de leur envoyer du secours, et de multiplier les écoles. La divine Providence s'en déclara elle-même la patronne, ainsi que le pieux trésorier l'avait espéré : car Mgr l'archevêque [1] et Mgr le vice-légat, par les ordres du grand Pape Clément XI, pourvurent aux besoins des Frères. Et le dernier voulut être le fondateur des nouvelles écoles. Dieu ne tarda pas de donner un avant-goût de la récompense qu'il préparait dans le ciel à ce pieux archevêque pour cette bonne œuvre, par la consolation d'en voir de ses yeux les fruits abondants. Il allait lui-même visiter ces écoles, et prenait son plaisir à être le spectateur du bel ordre et de la discipline qui y régnaient. Charmé de la méthode dont les Frères se servent pour enseigner, il passait plusieurs heures à les regarder, ou à écouter les écoliers. Il se faisait lui-même le juge de leurs progrès dans la science de la doctrine chrétienne, et son plaisir était de les voir se disputer, par une innocente émulation, l'honneur de mieux savoir et de mieux dire les leçons du catéchisme, et de remporter le prix de la victoire. Il les faisait même venir dans son palais pour être témoin de leur science, et leur faire l'honneur d'écouter leurs répétitions de catéchisme. La faveur du prélat a été d'un grand poids à Rome pour y faire approuver l'Institut des Frères. Le certificat authentique, signé du 20 février 1720, qu'il leur donna pour le présenter au Saint-Siège, était un véritable éloge, et prépara la cour romaine à leur tout accorder.

Il assurait, entre autres choses, que, depuis l'établissement des écoles gratuites en la ville d'Avignon, les Frères avaient toujours rempli cette fonction avec beaucoup de zèle et d'assiduité, que le public tirait de grands avantages de leurs soins et de leur application à élever chrétiennement les enfants, et que leur modestie et la pureté de leurs mœurs avaient été, dans tous les temps, d'une singulière édification pour les fidèles. Ce vertueux prélat a étendu jusqu'aux moindres choses sa bonté pour les Frères ; il semble

---

1. Maurice de Gontery (ou de Gonteriis), natif de Turin, successeur de Mgr Fieschi.

même qu'il se soit étudié d'en donner à ceux qu'il a connus, quelque témoignage personnel.

En 1728, il reçut à Avignon l'ancien Frère directeur de ses écoles gratuites, en qualité de Supérieur général de l'Institut (1), avec de singulières marques de sa tendre charité, et lui permit d'ériger une chapelle pour y faire célébrer la sainte messe, et y tenir l'assemblée des Frères des villes voisines, pour y faire leur retraite, et ensuite leurs vœux de la manière que tous les autres l'avaient fait à Saint-Yon, en conséquence de la bulle que Benoît XIII, de sainte mémoire, venait d'accorder. L'humilité du prélat n'aurait pas été contente s'il n'avait lui-même rendu visite à la chapelle et aux Frères, et s'il n'avait honoré leur assemblée de sa présence. Cette chapelle est maintenant (1733) le rendez-vous général où tous les Frères de ces lieux trop éloignés de Saint-Yon, vont tous les ans tenir leurs assemblées, faire leur retraite et renouveler leurs vœux, quand le Frère Supérieur y passe pour faire sa visite. Voilà le témoignage d'honneur, que la justice et la reconnaissance devaient à ce pieux prélat, que les Frères regardent comme un puissant protecteur et un vrai père.

M. de Château-Blanc, dans un rang inférieur, montre le même cœur pour eux. Il les a aussi puissamment assistés de son crédit à la cour de Rome, en se faisant leur panégyriste, plutôt que leur patron. Il n'y a sorte de service que ne leur rende ce fervent laïque, qui mériterait de prendre place parmi les premiers fidèles de l'Église naissante.

---

1. C'était le F. Timothée.

CHAPITRE XVIII.

Origine et commencement de la furieuse persécution qui s'éleva contre le saint Instituteur, le chassa enfin de Paris, et désola son Institut jusqu'à la fin de ses jours. — (1702.)

L'ORIGINE de la persécution furieuse qui tomba, en 1702, sur l'Instituteur des Écoles chrétiennes, fut, en apparence, la conduite dure et indiscrète du maître des novices qu'il avait choisi pour suppléer à son absence, et, dans la réalité, une prévention injuste que conçut, à cette occasion, une personne qui avait un grand crédit à Paris.

Quand nous la nommerions après sa mort, nous ne croirions pas flétrir sa mémoire, ni rien diminuer de la réputation éclatante dont elle a joui pendant toute sa vie, et que le tombeau n'a point ensevelie avec son corps; car ce n'est pas d'aujourd'hui que les plus gens de bien se trouvent en contradiction de conduite et de sentiments, et que la diversité des vues sur les moyens de procurer la gloire de Dieu, suscite des différends entre ceux-là même qui ne tendent qu'à ce but. Ce n'est point d'aujourd'hui, que les saints sur la terre se sont quelquefois fait de la peine, et qu'en marchant par diverses routes pour aller à Dieu, ils se sont trouvés en opposition.

I. — Il n'est pas rare, dans l'Église, de voir les serviteurs de Dieu se faire de la peine et se persécuter.

S'IL est vrai que, le plus souvent, la persécution que les favoris de Dieu souffrent dans un corps mortel, vient des partisans du monde, il n'est pas moins vrai qu'elle est quelquefois provoquée par des gens de bien. Entre tous les genres de persécution, celle-là est la plus humiliante et la plus sensible; car enfin, que les saints soient en butte à la haine du monde, et l'objet de son mépris et de ses outrages, c'est une expérience qui vérifie chaque jour ces oracles divins : « Si le monde vous hait, sachez qu'il m'a haï le premier ([1]); s'il vous persécute, il m'a persécuté avant vous. Tous ceux qui veulent vivre dans la piété souffriront persécution ([2]). »

Mais que des serviteurs de Dieu déclarent la guerre aux amis

---

1. Joan., XV, 18. — 2. II Tim., III, 12.

de Dieu, c'est ce qui surprend, et c'est ce qui augmente la honte et la peine de ceux-ci. Car on condamne par avance dans le monde, ceux que les gens de bien blâment, et on croit parfaitement fondés les jugements désavantageux et la conduite crucifiante des uns contre les autres. Comme le monde, par sa malignité, se porte à croire le mal, et qu'il prononce ses arrêts sans examen, avec une légèreté et une témérité étonnantes, il fait le procès aux plus grands saints, dès qu'il les voit attaqués par ceux qui jouissent d'une réputation de grande probité; les personnes même les plus pieuses sont tentées, en pareil cas, de penser comme ceux-ci et de se ranger de leur parti. Ainsi arrive-t-il que la contradiction de la part des gens de bien, est, pour la plus éminente vertu, un ombrage qui l'obscurcit, ou un rideau qui la cache en entier. L'histoire ecclésiastique fournit mille exemples d'altercations entre les saints mêmes qui se sont souvent trouvés en opposition sur la terre, bien qu'en tendant au même but, qui est la gloire de Dieu (1).

Il ne faut donc point s'étonner, si le Bienheureux de la Salle souffrit la persécution de la part d'une personne que le mérite et la vertu rendaient recommandable à Paris. La vérité est que le pieux persécuteur de l'innocent condamné était fondé à désapprouver et à faire condamner par les supérieurs majeurs, des pratiques de pénitence outrées et imprudentes ; mais puisqu'elles avaient été ordonnées à l'insu et en l'absence même du Bienheureux de la Salle, il ne fallait pas l'en rendre responsable, ni attribuer au père les indiscrétions et les violences de ceux de ses enfants qu'il avait mis à la tête des autres.

II. — **Le maître des novices et le directeur des Frères de Paris, par leur indiscrétion, attirent au Bienheureux de la Salle une persécution qui a duré tout le temps de sa vie.**

NOUS avons vu ci-dessus (2) que le soin de vaquer aux affaires de l'Institut, qui se multipliaient par son progrès même, avait obligé l'Instituteur de désigner, en son absence, un des Frères pour la conduite du noviciat. Ce Frère, qui avait un fonds

---

1. Différend entre S. Paul et S. Barnabé (Act., xv, 35-40); entre S. Cyprien et le pape S. Étienne (Rohrbacher, *Hist. de l'Église*, t. V, p. 484) ; entre S. Epiphane et S. Jean Chrysostome (*Id.*, t. VII, p. 406) ; entre S. Jérôme et S. Augustin (Lettre de S. Jérôme).

2. Chapitre XIV, §§ 1 et 2.

de vertu, sans avoir assez de lumières et de prudence, dur à lui-même, et encore plus dur aux autres, semblait avoir trouvé un autre lui-même dans le Frère directeur des écoles de Paris.

Ces deux hommes, si semblables par leur indiscrétion et leur zèle amer, rendaient insupportable un joug déjà trop pesant par lui-même, mais que la ferveur, l'exemple et la sagesse du Bienheureux de la Salle adoucissaient aux âmes lâches. D'abord des novices, dégoûtés et rebutés par l'excessive sévérité de leur maître, trouvaient dans la douceur et dans la charité de leur bon père, le remède à leurs plaies. Comme le sage supérieur demandait d'eux une vertu parfaite, il les portait à attribuer leur mécontentement à l'égard de leur maître, à leur peu d'humilité et d'obéissance, et à s'en humilier par l'aveu de leur faiblesse, et par une prompte soumission. Il apprenait aux mécontents à se condamner eux-mêmes, à ne condamner jamais celui qui était préposé à leur conduite, mais à chercher la paix du cœur dans la patience et dans la mortification. Ces deux Frères, qui n'avaient pas assez de lumières pour mettre à profit leurs fautes mêmes, et s'en servir pour corriger leur conduite, en se prévalant de la soumission que le sage supérieur leur faisait rendre, aigrissaient de plus en plus des cœurs déjà ulcérés, et en poussant trop rudement des gens faibles, ils les renversaient.

La présence du Bienheureux de la Salle était le remède à toutes les blessures. Il relevait ceux qui étaient tombés, il encourageait les pusillanimes, il soutenait les chancelants, il réparait, par la grâce et l'onction de ses paroles, le mal que causait la conduite des deux Frères indiscrets. Le mal, quoique déjà un peu ancien, demeura secret tandis que les blessés virent le médecin qui les guérissait ; mais, en son absence, la dureté et l'imprudence des deux Frères qui en étaient les auteurs, irritèrent si fort des gens déjà mécontents, qu'ils firent connaître les pénitences outrées qui leur avaient été imposées.

Celui qui fut le plus frappé de ces plaintes, fut celui qui devait l'être le moins. Quoique d'un mérite distingué, d'une grande lumière et d'une piété solide et éprouvée, il se laissa prévenir à un point (Dieu le permettant ainsi pour la sanctification du Bienheureux de la Salle), que d'ami, de protecteur, de bienfaiteur, il devint l'ennemi secret et le persécuteur caché, mais violent, du serviteur de Dieu. O étrange exemple de la faiblesse humaine ! Cet homme éminent, qui avait paru honorer le Bienheureux de la Salle comme un saint, et être l'admirateur de sa vertu, changea de cœur et de disposition à son égard, perdit toute estime pour lui, le regarda comme un homme sans jugement et sans prudence, et le traduisit au tribunal des premiers supérieurs, et de plusieurs grands prélats, comme un ridicule et pieux extravagant.

Cependant, celui qui noircissait l'homme de Dieu par des principes de piété et de charité, était celui qui devait mieux le connaître, qui avait eu de plus grands rapports avec lui, qui entretenait avec lui depuis longtemps un commerce continuel de bonnes œuvres. C'était lui qui s'était fait son défenseur, son patron, et qui avait témoigné un zèle éclatant pour le nouvel Institut. Sa méprise fut d'imputer à un innocent des fautes commises en son absence, des fautes qu'il ignorait, des fautes que deux Frères indiscrets avaient faites sans son aveu. Elles méritaient répréhension, et ceux qui avaient corrigé les autres avec une barbare sévérité, méritaient eux-mêmes une sévère correction ; mais pourquoi accuser et faire condamner un supérieur pour les fautes de ses inférieurs, en son absence, sans l'avoir écouté ?

C'est qu'on croyait que les deux Frères indiscrets agissaient par l'inspiration de leur père, et que leur esprit était le sien ; qu'il avait autorisé, ou par ses ordres, ou par son exemple, les corrections inhumaines dont on se scandalisait. C'était justement le fait qu'on supposait qu'il aurait fallu examiner. Sans preuve et sans fondement, on mettait sur le compte d'un père, également sage et vertueux, les actes d'un zèle amer et sans jugement. Au moins fallait-il, avant que de l'accuser et de faire procéder à sa déposition, se bien informer du fait, écouter les témoins, et se convaincre par des preuves certaines, que le supérieur était l'auteur, ou au moins le secret témoin des pratiques indiscrètes qu'on censurait.

La charité et la prudence demandaient donc de suspendre au moins tout jugement en cette occasion, et de ne point précipiter sur les faits des inférieurs, la condamnation du supérieur.

Mais la vérité est qu'on lui cherchait querelle. On s'était indisposé contre le serviteur de Dieu depuis quelque temps ; car, pour l'ordinaire, de très faibles commencements préparent aux scènes les plus éclatantes, et il n'est pas rare que de petits refroidissements aboutissent à des ruptures et à des divorces d'amitié. La personne dont nous parlons, si favorable au serviteur de Dieu auparavant, s'était laissée enfin prévenir contre lui ; ces préjugés funestes tenaient son cœur préparé à écouter et à croire tout ce qu'on voudrait dire contre le supérieur des Frères.

Ce moment était bien choisi pour mettre de la mésintelligence entre deux personnes dont l'union avait déjà produit de si grands biens par l'établissement des Écoles gratuites, et en faisait espérer de beaucoup plus grands encore. Aussi l'esprit malin ne manqua-t-il pas de le saisir, et de grossir les préventions de l'un contre l'autre, par des rapports qui achevèrent d'ulcérer son cœur.

Il est vrai aussi que ces plaintes se conciliaient si bien avec les préjugés qu'on s'était déjà faits au sujet de la direction du Bienheureux de la Salle, qu'il fut aisé au démon de donner le change, et de rendre le supérieur coupable des fautes de ses inférieurs. Voici les faits qui en ont fourni le prétexte, et qui en ont fait naître l'occasion.

III. — Deux novices se plaignent des mauvais traitements qu'on leur faisait subir.

L'INDISCRET maître des novices qui présidait dans la grande maison, pendant un voyage que fut obligé de faire son supérieur, se crut maître de suivre l'impétuosité de son zèle amer contre quelques postulants, qui avaient encore moins de vertu qu'il n'avait de prudence. Les pénitences indiscrètes qu'il leur imposa, sans servir à leur correction, en devenant des témoignages visibles de sa dureté, fournirent les pièces du procès qui fut intenté au Bienheureux de la Salle, à l'archevêché. Ces novices, aigris, firent des plaintes qui ne tardèrent pas à devenir publiques.

La personne à laquelle ils s'adressèrent, indisposée, comme nous avons dit, contre le Bienheureux de la Salle, reçut favorablement les plaignants, et les écouta avec un air de bonté, qui, en leur déliant la langue, leur donna la liberté de vomir tout le venin de leur cœur ; ensuite elle les pria de mettre leurs plaintes par écrit et de les signer, ce qu'ils firent avec plaisir. Ils servirent l'adversaire du serviteur de Dieu, encore plus qu'ils ne pouvaient l'espérer, car ils exagérèrent les prétendus mauvais traitements qu'ils avaient reçus et les pénitences qu'on leur avait infligées. Ainsi, en goûtant le plaisir de la vengeance, l'amour-propre les porta à la colorer et à la justifier par de fausses accusations mêlées aux véritables. Ils ne savaient pas, ces aveugles et ces emportés, que c'était non leur maître, mais leur bon Père qui devait boire à longs traits et tout le reste de ses jours, le calice qu'ils remplissaient du fiel et de l'amertune de leur cœur.

Le confident des plaintes des novices irrités, n'était pas homme à faire d'abord de l'éclat. Il savait mener une affaire et en assurer le succès par une conduite mesurée et circonspecte. D'ailleurs, il croyait ne se proposer que les plus nobles motifs de la gloire de Dieu, de l'avantage des écoles gratuites, de la nécessité de donner aux Frères une nouvelle forme de gouvernement, et de soutenir leur Institut, en lui ôtant un chef incapable de les conduire. Comme il n'était pas le supérieur du Bienheureux de la Salle, et qu'il n'avait aucun droit ni sur sa communauté, ni sur sa personne, il ne pouvait agir contre lui que par des voies détournées. Il s'agissait donc d'indisposer contre lui les premiers supérieurs, et de le faire passer, dans leur esprit, pour un homme entêté, présomptueux, plein de lui-même, austère et impitoyable pour ses enfants, et d'une dureté outrée dans la punition des fautes les plus légères, sans jamais pardonner rien à la faiblesse humaine, enfin de le présenter comme un esprit borné et fort au-dessous du mérite que demandait le bon gouvernement d'un Institut nouveau.

Mais il n'était pas aisé de rendre si noir le Bienheureux de la Salle aux yeux d'un archevêque naturellement bon et modéré, et d'ailleurs fort prévenu en faveur d'un homme qu'il aimait et qu'il avait estimé, avant de le connaître, sur la réputation de sainteté qu'il s'était acquise dans les pays circonvoisins de Reims. De plus, les dépositions qu'on avait reçues par écrit, n'étaient pas contre le Bienheureux de la Salle, mais contre le maître des novices, et il n'était pas facile de rendre l'un complice des fautes de l'autre. La prudence demandait, par conséquent, d'attendre de nouvelles charges qui pussent envelopper, dans la même accusation, l'innocent qu'on voulait présenter comme coupable.

L'occasion ne tarda pas à se présenter. Le maître des novices avait son pareil dans le directeur des écoles de Paris ; capable des mêmes violences et des mêmes imprudences, il ne manqua pas de donner dans les mêmes extrémités, et de fournir au pieux persécuteur de nouvelles armes contre son innocent rival. Ce directeur étant venu, à son ordinaire, dans la maison du noviciat, avec les autres frères de sa petite communauté, passer le jour du dimanche, abusa de son autorité, comme son confrère, sur un novice qu'on avait fait passer sous sa juridiction.

Ce jeune homme, déjà fort tenté contre son état, s'étant évadé, alla rendre témoin de la rigueur de la pénitence qu'on avait exercée sur lui, celui-là même à qui les premiers accusateurs avaient porté leurs plaintes. Les marques qu'il montrait du traitement qu'il avait reçu, étaient des preuves parlantes de la vérité du fait.

Sur ces indices, qu'un cœur indisposé prenait pour des preuves suffisantes, l'ennemi du serviteur de Dieu se crut bien fondé à imputer au père les fautes des enfants. Mais, pour agir avec plus de précaution, il ordonna au dernier accusateur, comme il avait fait aux premiers, de déposer ses plaintes par écrit, et il fit de ces deux plaintes un mémoire qu'il grossit de réflexions. Sans faire le pieux Instituteur auteur de la conduite de ses disciples, il l'en rendait pourtant coupable, et concluait qu'il était nécessaire de le déposer, et de substituer en sa place un homme plus sage, pour gouverner les Frères et prendre soin d'un Institut si utile à l'Église. Le mémoire fut présenté à Son Éminence, et le porteur ne manqua pas d'insinuer, de vive voix, ses autres préjugés, et les sujets de son indisposition cachée contre un homme dont le seul crime, à vrai dire, avait été de ne pas suivre à l'aveugle ses avis, et de ne pas le laisser gouverner à son gré la société nouvelle.

IV. — L'ennemi du Bienheureux de la Salle l'accuse à l'archevêché, et tente tous les moyens de le faire déposer. Ce qui arrive à ce sujet.

L'ACCUSATEUR eut soin d'appuyer sur tous les chefs d'accusation que portait le mémoire, et de leur donner un air de vraisemblance. En supposant de la division parmi les Frères, et du dégoût de leur vocation, il en recherca les principes dans l'incapacité de leur Supérieur, qu'il présentait comme un homme peu propre à maintenir le bon ordre et la paix, et il insista sur la nécessité de le déposer. Comme cette déposition était le succès qu'attendait du mémoire celui qui en était l'auteur et le porteur, il employa toute son éloquence pour amener à ce but Mgr de Noailles ; à l'entendre, il fallait que Son Éminence donnât sans délai un autre supérieur aux Frères, s'il voulait prévenir la ruine entière de l'Institut.

Le cardinal, qui était d'un caractère modéré, n'alla pas si vite. Il eut même de la peine à croire tout ce qu'on lui rapportait, et il eût traité de calomnie et condamné au feu cet écrit comme un libelle diffamatoire, s'il fût sorti d'une autre main que de celle de l'auteur qui le présentait.

Le bon prélat ne pouvait revenir de sa surprise, et plus il faisait réflexion sur l'accusateur et sur l'accusé, plus son étonnement croissait. Lequel croire innocent des deux ? Nécessairement il fallait que l'un fût coupable, ou l'autre calomniateur. La charité ne permettait pas de taxer le porteur du mémoire, d'imposture, de calomnie, ni de le croire capable de porter faux témoignage contre son prochain : sa grande réputation et sa vertu le mettaient à l'abri de ce soupçon. L'accuser de passion, de prévention, d'impudence, de basse jalousie, de ressentiment et de dépit caché et coloré du zèle du bien, tout cela était invraisemblable : sa seule contenance démentait ces défiances.

D'un autre côté, croire que le mémoire fût vrai, et qu'il ne contenait que des faits certains, c'est ce que ne souffrait pas la haute estime que Mgr de Noailles avait conçue depuis longtemps pour le Bienheureux de la Salle. La réputation de sainteté qui suivait partout un homme qui s'était condamné à une vie si pauvre et si mortifiée, et qui avait illustré son nom par des actions de vertu héroïque, défendait à Mgr l'Archevêque de prêter l'oreille à tant d'accusations. Il était étonné de voir un homme, qui avait donné naissance à une nouvelle société religieuse, et qui, depuis vingt ans, l'avait soutenue et développée en la préservant du naufrage au milieu des plus furieux orages et des tempêtes continuelles, fût présenté comme un homme d'un génie borné et d'une piété présomptueuse et opiniâtre.

Enfin Mgr le cardinal, qui avait toujours reconnu de grands talents dans le serviteur de Dieu pour le gouvernement d'une maison, qui avait même admiré le bel ordre de la sienne, le jour qu'il en avait fait la visite avec le roi d'Angleterre, demeurait également, et dans la suspension d'esprit sur ce qu'il devait croire, et dans l'irrésolution sur ce qu'il devait faire. Le parti qu'il prit, et le plus sage qu'il pouvait prendre, fut de ne point précipiter son jugement, et de laisser au temps le soin d'éclaircir la vérité. L'affaire était aussi ambiguë que délicate, et elle avait besoin d'informations exactes, afin qu'on pût savoir au juste ce qui en était.

L'archevêque se détermina à procéder à un examen sérieux et impartial. L'unique réponse que l'auteur du mémoire obtint du cardinal, fut qu'il pourvoirait à ce qu'il avait à faire. En effet, peu de jours après, il envoya sur les lieux, M. Pirot, l'un de ses grands-vicaires, pour se mettre au fait, et voir tout par ses yeux.

Le grand-vicaire employa environ un mois à faire ses informations, en venant, un jour chaque semaine, tenir le scrutin, et interroger chaque Frère en particulier. De peur de donner lieu à la surprise, et afin de forcer, pour ainsi dire, la vérité de venir jusqu'à lui, il obligea les Frères de lever la main avant que de parler.

La précaution était sage, mais elle n'était pas nécessaire dans une maison où régnaient la sincérité, la candeur et le respect pour les supérieurs. Des gens accoutumés à faire leur coulpe, et à publier en pleine communauté les moindres fautes, dans le dessein de s'attirer de la confusion et de la honte, n'avaient pas besoin de prêter serment pour rendre témoignage à la vérité. Des enfants accoutumés à découvrir à leur bon père, avec naïveté et simplicité, les moindres mouvements de leur cœur, à lui révéler toutes leurs misères, et à le rendre confident de leurs tentations, et de tout le ravage que l'amour-propre pouvait faire dans leur intérieur, n'étaient pas gens à parler contre leur conscience.

Le Bienheureux de la Salle était de retour dans sa maison, lorsque commencèrent les sourdes menées de son ennemi, ou de son rival déguisé ; et il vit, d'un cœur soumis et d'un air égal et tranquille, le tribunal d'inquisition qui était élevé dans sa maison. Il en ignorait le sujet, l'occasion et le principe, et ne pouvait prévoir quelle devait en être la fin ; il ne fit pas la moindre démarche pour le savoir. L'amour-propre mort en lui, autant qu'il peut l'être sur la terre dans les grands serviteurs de Dieu, n'excita en son âme, ni curiosité, ni murmure, ni inquiétude sur tout ce qu'il voyait. Son silence fut admirable dans une occasion où il aurait été à tout autre impossible de le garder. Il ne parla à aucun Frère de ce qui se passait sous ses yeux ; il ne demanda à aucun de quoi il s'agissait ; et, quoiqu'il vît le mécontentement marqué sur le visage de tous, quoiqu'il lui fût si facile d'être le confident des dépositions secrètes, il ne s'informa de rien. Son silence fermait même la bouche à ses enfants, et sa retenue ne leur permettait pas de s'ouvrir à leur père, et de lui découvrir qu'il était lui-même l'objet de l'inquisition, et qu'on lui préparait sans doute quelque humiliante catastrophe.

M. Pirot eut le talent de tenir ses informations dans un silence impénétrable : personne ne parlait de ce qui se faisait, ni de ce qui se disait ; personne ne rendait compte des interrogations ni des réponses ; personne même n'était tenté de s'en informer, et si quelqu'un l'eût fait, le Bienheureux de la Salle lui eût fermé la bouche, tant était grand son respect pour les supérieurs. L'ancien professeur de Sorbonne, chargé seul de cette affaire, ne s'associait personne dans les enquêtes qu'il faisait. Seul juge et témoin, commissaire et secrétaire, il écrivait de sa main les dépositions qu'il recevait, et scellait sous le sceau du grand secret les divers témoignages qu'il ramassait avec scrupule. Il acheva sa visite et ses scrutins, sans que le Bienheureux de la Salle sût quel en était le dessein, et sans qu'il s'avisât de vouloir sonder les motifs d'un procédé si peu ordinaire.

Les informations ne se trouvèrent pas conformes au rapport

fait à Son Éminence. A la réserve des plaintes signées par les trois mécontents, rien du mémoire ne se trouva confirmé. Bien plus le grand vicaire demeura édifié de l'ordre, de la paix et de l'union qui régnaient parmi les Frères, bien loin de reconnaître dans la maison de l'Institut ce lieu de désordre, de révolte et de discorde, dont on lui avait fait la peinture avec des couleurs si noires.

M. Pirot, au fait sur toutes choses, pouvait se désabuser par ses yeux, et dissiper par la lecture des dépositions qu'il avait reçues, le nuage que la calomnie avait formé contre le supérieur des Frères dans l'esprit de Son Éminence. Le fit-il ? C'est ce qu'on ignore. Son rapport ayant été aussi secret que son scrutin, on ne peut dire au juste s'il fut favorable ou défavorable au pieux persécuté. Si l'on en jugeait par la conclusion, il paraîtrait que le commissaire prit parti contre le témoignage de ses yeux et de ses oreilles en faveur de l'accusateur, et qu'il aima mieux croire que la vérité ne lui avait pas été révélée à lui-même, que de soupçonner de fausseté la déposition d'un témoin qui, en se faisant partie contre le Bienheureux de la Salle, donnait à son accusation, par l'éclat de son mérite, par l'autorité qu'il avait dans Paris, et par sa grande réputation, un si grand poids, que rien ne pouvait le balancer.

Ainsi, selon toutes les apparences, le commissaire fut entraîné par le crédit de l'adversaire du saint Instituteur, et par la vraisemblance de ses préjugés ; ou il n'eut pas assez de fermeté pour soutenir l'innocence reconnue, contre la faveur du puissant personnage qui l'attaquait, ou, ce qui est plus probable et plus juste de croire, l'inquisiteur, faisant droit aux plaintes signées de la main des mécontents contre les deux Frères préposés, dont le fond était vrai, crut que cette déposition tombait à la charge du Bienheureux de la Salle, qu'on devait regarder comme le complice des deux coupables, et qui, à ce titre, méritait d'être dégradé avec eux, déposé, et déclaré incapable de gouverner la nouvelle communauté.

Toutefois, quand même le Bienheureux de la Salle eût mérité d'avoir part au blâme dont on noircissait la conduite des deux Frères qu'il avait mis en place, il paraîtrait que la faute n'avait pas de proportion avec le châtiment qu'on lui destinait. On aurait pu, ce semble, avant de lui faire porter la honte de sa déposition, l'avertir, avec charité, d'assaisonner du sel de la sagesse les corrections qui se faisaient dans sa maison, d'y modérer les pénitences et d'interdire celles qui étaient excessives. Il aurait, ce semble, fallu faire l'essai de sa docilité à suivre les sages avis des supérieurs, et ne point désespérer de la correction d'un homme à qui on n'avait encore jamais fait de remontrances ni sur ce sujet, ni sur aucun autre. Il était étonnant qu'on voulût sur de simples soupçons, diffamer un homme qui avait été distingué peu d'années auparavant à l'archevêché, et dont Mgr de Noailles lui-même avait voulu honorer la vertu, en le gratifiant sur tout ce qui intéressait sa communauté, et en lui accordant tous ses pouvoirs par rapport à l'administration des sacrements.

Après tout, quand il aurait été vrai que le Bienheureux de la Salle eût introduit dans sa communauté les pénitences qui avaient donné lieu aux indiscrétions des maîtres et aux plaintes de deux ou trois mécontents, le saint Instituteur aurait pu justifier cette pratique par l'usage des plus saintes et des plus anciennes communautés.

Mais puisque sur le témoignage des Frères qui ont presque toujours vécu avec leur saint Instituteur et qui vivent encore (en 1733), il n'avait donné lieu à ces indiscrètes pénitences, ni directement ni indirectement, qu'il n'en avait jamais été ni l'auteur, ni l'approbateur, que même elles avaient été faites à son insu et en son absence, était-il permis, sur de simples soupçons, de l'en accuser devant les premiers supérieurs, et de le faire condamner à descendre de sa place comme un homme exagéré, sans jugement et sans conduite ? C'est pourtant ce qui fut fait.

CHAPITRE XIX.

Le Bienheureux de la Salle est condamné sans avoir été écouté. On choisit un autre ecclésiastique pour le substituer en sa place. M. Pirot vient dans la maison du noviciat pour installer le nouveau supérieur, mais il y trouve une opposition invincible de la part des Frères. — (1702.)

LE Bienheureux de la Salle vit finir la visite du grand-vicaire du même œil qu'il l'avait vu commencer, sans le moindre mouvement de curiosité pour en savoir le sujet, sans inquiétude sur ce qui en avait été l'occasion et le motif, et sans la moindre crainte de ce qui en serait la suite. M. Pirot, qui ne pouvait pas cacher sa venue dans la maison à celui qui en était le chef, n'eut point de peine à en céler le dessein à un homme qui n'examinait point la conduite de ses supérieurs, et qui respectait infiniment leurs démarches. Cette visite faite au mois de novembre 1702, le pieux Instituteur crut qu'il était de son devoir d'aller saluer Son Éminence, et de lui rendre de très humbles actions de grâces des attentions qu'elle montrait pour sa communauté. Le prélat, qui n'avait pas perdu pour le serviteur de Dieu tout ce fonds d'estime et d'affection qu'il avait eu, malgré les faux rapports dont on avait su le prévenir, le reçut comme à l'ordinaire, avec de grands témoignages d'amitié.

Un accueil si flatteur promettait, ce semble, à l'homme de Dieu un traitement favorable, et paraissait lui annoncer une heureuse issue de la visite de M. Pirot, et lui répondre, en même temps, de la continuation des bontés de Mgr l'archevêque.

C'est ici que paraît dans tout son jour l'humilité profonde, la soumission aveugle et la mort parfaite du vieil homme dans le Bienheureux de la Salle. C'est ici un de ces moments critiques où la véritable vertu éclate et l'imparfaite laisse apercevoir ses défauts. Quand l'homme, pris au dépourvu, et lorsqu'il s'y attend le moins, se voit tout d'un coup la victime de la calomnie, de l'injustice et de la persécution, ah! qu'il lui est aisé de se montrer l'enfant d'Adam, en permettant à sa bouche quelques ombres de révolte contre des ordres durs et humiliants, quelques traits de plainte contre ses ennemis déclarés ou couverts, ou au moins à son cœur quelque ressentiment et quelque murmure! Qu'il est difficile, même aux plus vertueux, de ne pas marquer sur leur visage, dans ces rencontres si mortifiantes, quelque atteinte de chagrin et de peine! Qu'il est difficile de se voir, dans le même moment, accusé et condamné, sans apprendre pourquoi, sans avoir été convaincu, sans avoir même été écouté!

I. — **Mgr l'archevêque déclare au Bienheureux de la Salle qu'il a substitué en sa place un autre Supérieur. Admirable humilité du saint homme.**

AUX plus grands criminels on fait lecture de l'arrêt qui les condamne, et on ne leur laisse pas ignorer les crimes qui l'ont mérité. Cependant, le Bienheureux de la Salle, condamné sans être ouï, entendit sortir de la bouche qui venait de lui faire des compliments gracieux, la sentence de sa déposition, et se vit rejeté avec honte par un prélat né doux et bienfaisant, qui lui avait toujours été très favorable, et dont il avait reçu toutes les marques d'honneur, d'estime et d'affection, qu'un simple prêtre peut recevoir d'un des premiers princes de l'Église. Le serviteur de Dieu sentit dans ce moment qu'il fallait que Mgr l'Archevêque eût été terriblement prévenu, et que la calomnie, qui a un si libre accès dans les palais des grands, avait eu assez de crédit pour surprendre la religion de ce cardinal. Mais comme son ami ancien et déclaré était l'ennemi secret qui l'avait desservi, il ne connut pas celui à qui il avait cette obligation. Ou plutôt, distrait sur les causes secondes, il adora la conduite de Dieu et écouta en silence, avec un profond respect et avec reconnaissance, JÉSUS-CHRIST dans son archevêque lui prononcer cette sentence : « Monsieur, vous n'êtes plus Supérieur ; j'ai pourvu votre communauté d'un autre. » Ces paroles, sous un assaisonnement de douceur et de politesse, formaient une sentence fort humiliante ; c'était lui dire à peu près, et avec la proportion qui doit être mise entre les rangs et les dignités, ce que le prophète Ézéchiel disait de la part de Dieu à l'impie Sédécias : *Descendez de votre place*, mettez-vous au rang le plus bas ; vous occupez le premier, et il ne vous convient pas. Vous êtes à la tête d'une communauté que vous ne savez pas gouverner. Votre propre intérêt, et celui de l'Œuvre à laquelle vous avez donné naissance, demandent qu'on vous substitue un supérieur plus sage pour la conduire.

L'arrêt de déposition que prononça Son Éminence, de son ton tranquille et modéré, contenait le sens caché du commentaire que nous en faisons, comme il est aisé de le voir dans ce qui a précédé et dans ce qui va suivre. Le Bienheureux de la Salle n'était pas homme à ne le pas apercevoir et sentir ; et c'est cette pénétration qui rehausse le mérite de son humble acquiescement à sa déposition, acquiescement aussi prompt que l'arrêt fut soudain et imprévu. Il aurait pu s'informer des motifs de sa répudiation, des ennemis qui l'avaient sollicitée, et demander d'être ouï sur les faits qui lui étaient reprochés. Il lui aurait été facile de justifier sa conduite, et de montrer que sa déposition n'était fondée que sur de faux soupçons, sur des plaintes qui ne le regardaient pas personnellement, et sur des fautes dont on ne pouvait avec justice le rendre responsable.

Il savait qu'il avait affaire à un juge bon et bienfaisant par caractère, qui ne le condamnait que malgré lui, qui aurait écouté avec plaisir sa défense, et qui, lui ayant toujours été très favorable, portait un fonds d'inclination à lui rendre justice. Mais l'humble JÉSUS, qui avait écouté en silence sa condamnation injuste, comme prononcée par le Père Éternel, et s'y était soumis avec la douceur d'un agneau qui se tait quand on l'égorge, ne lui avait pas donné cet exemple, et ne lui avait pas appris à faire l'apologie de sa conduite. Aussi, le serviteur, qui voulait en tout ressembler à son Maître, ne rompit le silence que pour rendre grâces à son juge, et, après l'avoir fait avec une jubilation de cœur peinte sur son visage, il se retira de sa présence, plus tranquille et plus content qu'il ne s'y était présenté.

De retour à sa communauté, il n'ouvrit pas la bouche sur ce qui s'était passé. Il ne fit confidence à personne de sa disgrâce, et, sans chercher dans ses plus chers disciples un ami fidèle, non pour se consoler, mais pour lui faire part de ses joies, il alla aux pieds de JÉSUS-CHRIST le supplier de confirmer lui-même la déposition que son ministre avait prononcée, et de la rendre éternelle. En attendant cet heureux moment qui ne tarda pas à venir, le serviteur de Dieu se comportait, dans la maison, comme à l'ordinaire, et ne laissait échapper, ni sur son visage, ni dans ses paroles, ni dans sa conduite, aucun signe qui pût servir de présage ou de soupçon de ce qui devait arriver.

II. — **M. Pirot fait avertir le Bienheureux de la Salle du jour qu'il avait choisi pour installer le nouveau supérieur. Admirable soumission du saint homme.**

MONSIEUR Pirot, voulant achever sa commission dans le lieu où il l'avait commencée, et exécuter par lui-même la sentence qu'il avait mise dans la bouche du prélat, fit avertir le Bienheureux de la Salle, par un homme de confiance, du jour qu'il avait choisi pour aller installer le nouveau supérieur, et le faire recevoir par les Frères. C'était assurément mettre sa vertu à la dernière épreuve, ou plutôt, le grand-vicaire allait la mettre dans tout son éclat, en l'obligeant d'ouvrir lui-même la porte à son compétiteur. Il fallait que le commissaire comptât bien sûrement sur la soumission du coupable qu'il avait fait condamner, pour lui ordonner d'être présent lui-même à l'exécution de l'arrêt qui l'avait déposé de la supériorité. Cette marque de confiance, servant de témoignage à la vertu du persécuté, ne semblait-elle pas prouver son innocence et justifier sa conduite ?

Le grand-vicaire avait raison de compter sur la parfaite obéissance du saint prêtre ; car il exécuta son ordre avec toute la ponctualité qu'il pouvait désirer, et de plus, avec un secret et une circonspection qui faisait voir que, s'il ne possédait pas la sagesse du monde, il était rempli de celle de Dieu. L'unique moyen de faire réussir le dessein de M. Pirot était de le tenir secret, et de n'en donner aucune idée dans la maison ; car, pour peu que les Frères eussent soupçonné qu'on ne voulait les assembler que pour les rendre spectateurs de la déposition de leur Supérieur, le grand-vicaire n'aurait pas trouvé la soumission qu'il attendait.

Le silence étant donc si nécessaire pour faire réussir la chose, le saint homme tint le dessein projeté si secret et si caché, qu'il ne fut possible à aucun Frère de le soupçonner. Sans leur rien dire, ni de la nouvelle visite que devait faire M. Pirot, ni de ce qui en était le sujet, ni de ce qui en devait être l'issue, il prit ses mesures pour qu'il fût reçu avec l'honneur et le respect dus à sa place ; et, afin que les Frères se trouvassent assemblés à son arrivée, comme fortuitement et sans aucun dessein, il dit à ceux de Paris et à ceux qui auraient pu sortir de se trouver présents à la maison après vêpres, sans leur dire pourquoi, et le dit d'un air d'indifférence propre à écarter toute curiosité et tout soupçon. D'ailleurs l'obéissance aveugle pour leur Supérieur qui régnait parmi eux, ne leur permettait pas de faire aucune réflexion sur ses commandements.

III. — M. Pirot fait en vain tous ses efforts pour déterminer les Frères à recevoir le nouveau supérieur qu'il leur amenait.

S'IL avait été aisé de surprendre les Frères, il ne le fut pas de changer leurs cœurs. Fâchés d'avoir été les dupes de leur grande simplicité, quand ils surent le sujet qui les avait rassemblés contre leur intention, ils se résolurent de n'être ni les ministres, ni les témoins de la déposition honteuse de leur Supérieur, qu'ils regardaient comme leur ange tutélaire. D'abord, ils ne furent pas peu surpris d'entendre dans la cour, à quatre heures du soir, le premier dimanche de l'Avent, après vêpres, le bruit d'un carrosse. Ils le furent encore davantage, quand ils apprirent, de la bouche du grand-vicaire, que cet inconnu était un supérieur nouveau qu'il venait installer à la place de leur saint Instituteur.

Alors M. Pirot vit des gens déconcertés, et leur douleur, peinte sur leur visage, lui dit assez qu'il apportait le trouble dans une maison très tranquille et très unie, en y amenant un nouveau chef, dès qu'assis sur le fauteuil qui lui était préparé, il fit l'ouverture du dessein qui l'amenait. En vain commença-t-il son discours par les louanges de leur ancien Supérieur, pour aboutir à l'éloge du nouveau qu'il leur présentait ; en vain tâcha-t-il de disposer les Frères à recevoir celui-ci avec le respect dû à l'autorité qui l'envoyait ; en vain essaya-t-il de gagner leur confiance pour ce nouveau venu ; en vain voulut-il leur inspirer de l'inclination pour sa personne, en rehaussant l'éclat de son mérite ; en vain leur voulut-il faire espérer, sous un nouveau gouvernement, une situation plus heureuse et leur faire entrevoir les douceurs d'une vie plus commode, moins pauvre, moins pénitente, moins gênée, sous un chef moins austère, plus complaisant et plus compatissant à la faiblesse humaine.

Des cœurs, liés par les nœuds de leur vocation et par les attraits de la grâce, à celui qui les avait engendrés en JÉSUS-CHRIST ; des gens qui avaient pour leur père un cœur d'enfant ; des disciples qui ne croyaient pas que leur Maître spirituel eût son semblable sur la terre, n'étaient pas disposés à accorder leur confiance à un inconnu. Ces hommes, accoutumés à respecter JÉSUS-CHRIST dans la personne des Supérieurs, et à se soumettre aux ordres les plus fâcheux, n'étant pas de caractère à résister, à se mutiner et à se révolter, cherchèrent dans leurs larmes une défense naturelle, et dans leurs humbles remontrances, les moyens d'empêcher l'exécution de la sentence qu'on venait leur intimer.

En tout cas, ceux qui n'étaient point liés par des vœux, avaient la porte de la maison ouverte pour en sortir, et laisser, en sortant, la liberté au nouveau supérieur de ramasser de nouvelles brebis, pour en composer un nouveau troupeau propre à être conduit par de nouvelles lois. Ceux qui avaient fait vœu au Bienheureux de la Salle, regardant ce vœu comme personnel, je veux dire comme attaché à sa personne, ne se croyaient pas en obligation de rendre la même soumission à un chef qui n'était point de leur corps, qu'ils n'avaient point choisi, qu'ils n'avaient point demandé, qui n'avait ni leur esprit, ni leurs manières, qui ne connaissait ni leurs coutumes, ni leurs usages, qui pouvait encore moins en soutenir l'austérité et en donner l'exemple. Ainsi, tous, sans se parler, formaient déjà dans leur cœur la résolution de se retirer, et de laisser le nouveau supérieur seul dans la communauté, si on voulait insister sur la déposition du Bienheureux de la Salle.

Cependant, comme la prudence de M. Pirot lui inspira de ne pas parler d'abord du changement de maître, et de tâcher de gagner le cœur des disciples du Bienheureux de la Salle, en le comblant de louanges devant eux, il fut écouté avec grand plaisir tandis qu'il fit l'éloge du saint Instituteur, et qu'il dit en son honneur qu'étant l'homme que Dieu avait choisi pour commencer une Œuvre si utile à l'Église, il lui était glorieux de l'avoir conduite avec sagesse jusqu'au jour présent. Mais lorsque, prenant la couronne de louanges qu'il venait de mettre sur la tête de l'Instituteur, pour la transporter sur celle du nouveau supérieur, il voulut s'étendre sur son mérite, sur sa vertu, et, par un tour d'orateur assez commun, ajouter qu'il n'osait pas dire à son avantage tout ce qu'il en savait, parce qu'il craignait d'offenser sa modestie et son humilité, le grand-vicaire s'aperçut que les Frères, fort contents de la première partie de son panégyrique, étaient fort distraits sur la seconde, et ne l'écoutaient pas volontiers.

Cependant, il fallait en venir à la conclusion, et puisque le but du discours était l'installation du nouveau supérieur, il fallait intimer le choix qu'en avait fait Son Éminence et l'ordre de le recevoir. Ici parut encore l'habileté de M. Pirot ; car, sans vouloir publier si ouvertement le décret, il le fit entendre adroitement, et il tâcha de préparer les cœurs à s'y soumettre avec joie, en disant que celui qu'il présentait méritait toute leur estime et leur confiance, et qu'ils devaient lui rendre toute sorte d'obéissance. C'en était assez dire à des gens attentifs et en garde contre la proposition qu'on venait leur faire. A peine fut-elle prononcée, qu'un des principaux Frères s'approcha respectueusement de M. Pirot, et lui dit avec modestie que les Frères avaient un Supérieur, et qu'ils le priaient de ne point parler d'en donner un autre.

M. Pirot sentit, par ce prélude, la scène qui allait s'ouvrir ; mais, comme il était engagé et qu'il ne voulait pas perdre le fruit de ses scrutins, ni laisser sans effet la sentence qu'il avait tirée de la bouche de Son Éminence contre les inclinations de son cœur, il continua son discours sans rien répondre, en repoussant doucement avec la main le Frère qui lui parlait, pour lui faire signe de se retirer.

Le Frère, qui portait la parole pour tous, demeura tranquille de son côté et immobile en sa place. M. Pirot, sans s'émouvoir, parla plus ouvertement des ordres qu'il venait exécuter, et de l'obligation de s'y soumettre. Le député de la communauté, en élevant le ton, répéta plus haut ce qu'il avait dit d'une voix basse. L'ancien professeur de Sorbonne, qui était accoutumé au bruit des écoles, sans se déconcerter, se hâtait de terminer un discours qui n'avait pour but qu'une agréable réception du supérieur de son choix, et de faire commandement à la communauté de lui rendre la même obéissance qu'elle rendait au Bienheureux de la Salle. Les autres Frères, qui craignaient cette conclusion, se pressèrent, de leur côté, de l'arrêter sur les lèvres de celui qui allait la prononcer, en se joignant au premier qui avait élevé la parole en leur nom. Ils ne souffraient pas peu de ce qu'ils entendaient, et ils avaient besoin de toute leur vertu pour se contenir dans le devoir, et ne point sortir du respect que méritait celui qui leur parlait. Enfin, perdant patience et succombant à la force de leur affliction, comme des enfants qui voient leur père arraché d'entre leurs bras, ils unirent leur voix pour réclamer contre l'arrêt qu'on voulait leur intimer ; tous se récrièrent qu'ils n'avaient point d'autre Supérieur que Son Éminence et le Bienheureux de la Salle.

M. de la Salle est le seul Supérieur que nous voulons ; nous n'en voulons point d'autre : c'est l'unique réponse que le commissaire entend. Les Novices, en joignant leur voix à celle des Frères, grossissent le bruit avec le nombre des suffrages ; et tous, d'une voix unanime, interjettent appel de la sentence de Mgr l'archevêque mal informé à Mgr l'archevêque mieux informé, et se promettent que, s'ils ont l'honneur d'être écoutés d'un prélat doux, bon et équitable, il leur rendra lui-même justice, conformément à l'inclination de son cœur, en révoquant sa décision. M. Pirot, interrompu par les cris et par les plaintes des affligés, parut enfin déconcerté par ce concert unanime des enfants qui redemandaient leur père. Étonné de voir dans une si grande union les membres et le chef, de voir dans les disciples un si grand attachement à leur Maître, il sentit la fausseté des rapports qui lui avaient été faits du peu de concorde et de subordination qu'il y avait dans cette maison, et il commença à se repentir d'avoir été trop crédule.

Livre II. — Chapitre XIX.

Le Bienheureux de la Salle, spectateur de cette scène, et qui attendait l'heureux moment de voir sa déposition la terminer, souffrait plus que les Frères, mais par un principe contraire. Ce que ceux-ci craignaient, il le désirait. Fâché de la résistance qu'on faisait à l'autorité supérieure, il imposa silence et il parla à son tour pour engager les Frères à obéir. Tout autre ordre que l'humble Supérieur eût donné aux Frères eût été exécuté aussitôt et à la lettre, et M. Pirot eût vu, dans l'exemple de leur soumission, qu'un homme qui savait si bien se faire obéir savait mieux gouverner qu'on ne le lui avait dit ; mais de recevoir un autre supérieur en sa place, c'est ce qu'ils ne pouvaient entendre, et ils se croyaient tous en droit de ne point démordre de leur refus. A leur avis, c'était vouloir détruire l'Institut que de leur ôter l'Instituteur ; c'était vouloir donner un curateur à des enfants qui avaient encore leur père.

En vain, dirent-ils au Bienheureux de la Salle, ferez-vous usage de votre autorité sur nous pour nous obliger à nous y soustraire ; en vain nous commanderez-vous par obéissance de ne plus vous obéir ; c'est pour vous obéir en tout et toujours que nous refusons de vous obéir sur cet article. Enfin tous firent leur protestation qu'ils quitteraient leur état si on leur enlevait celui qui était né leur Supérieur.

M. Pirot, voyant que le Bienheureux de la Salle n'avait rien gagné, reprit la parole et parla avec plus de force ; et, afin de la revêtir d'une autorité plus respectable, il montra et lut tout haut le jugement de Son Éminence, signé de sa main, qui établissait le nouveau supérieur. Cette lecture, en achevant de consterner les esprits, augmenta la douleur et n'apaisa pas le bruit. Tous, surpris de nouveau qu'on eût jusqu'à ce point noirci leur Supérieur auprès de Mgr l'Archevêque, firent succéder à l'étonnement l'indignation contre les auteurs de la calomnie et de la persécution ; et, se croyant en droit de suspendre leur obéissance à un décret que l'imposture avait surpris de la bouche plutôt que du cœur d'un prélat toujours disposé à justifier l'innocence, ils crurent qu'ils agiraient conformément à ses intentions, s'ils en refusaient l'exécution.

Ce fut alors que le maître des Novices, qui avait, par ses imprudences, formé l'orage qui tombait sur le Bienheureux de la Salle, voulut entrer en cause, et plaider pour lui-même en plaidant pour son Supérieur. L'amour-propre pouvait assez le lui inspirer, puisque sa conscience lui reprochait qu'il était le coupable des indiscrétions qu'on punissait si sévèrement sur le

Serviteur de Dieu, qui en était innocent; aussi paya-t-il cher la liberté qu'il prenait. C'était à lui à s'humilier et à faire aveu public de ses fautes; c'était à lui à crier qu'il était le Jonas qui avait excité la tempête, et à demander qu'on le jetât hors de la maison, ou au moins hors du noviciat, et qu'on exerçât sur lui toute la rigueur de la peine, afin d'apaiser la tempête. Il lui convenait de parler en posture de criminel, pour demander pardon et pénitence, et non pas de faire l'office d'avocat; aussi ne le fit-il pas longtemps, car, quelque modéré qu'eût paru jusqu'alors M. le grand-vicaire, il sentit son cœur ému, et, en fermant la bouche à ce défenseur indiscret, il lui reprocha avec force qu'il était l'auteur du trouble et la principale cause du désordre. Ensuite, le feu du grand-vicaire s'augmentant, il s'arma d'une sainte indignation, et ajouta, dans l'impétuosité de son zèle : « *Quoi! vous osez parler, vous indigne, indigne de la charge que vous avez?* »

M. Bricot, qui était un jeune prêtre lyonnais, fort surpris de voir tourner à sa confusion une scène préparée pour sa gloire, ne souffrait pas peu de ce qu'il voyait et de ce qu'il entendait. Ce nouveau supérieur, choisi par M. Pirot et nommé par Son Éminence, se voyait rejeté des Frères d'une voix unanime. Il en était déconcerté : qui ne l'aurait pas été en semblable occasion? Venu pour être spectateur de la déposition du Bienheureux de la Salle, et pour occuper ensuite sa place, il n'était pas peu mortifié de servir d'ombre pour rehausser la vertu d'un maître dont tous les disciples se faisaient les panégyristes. Ainsi, pour finir un spectacle qui lui paraissait trop long, et dont il était déjà fort ennuyé, il pria, en habile homme, M. Pirot de laisser aux Frères le Supérieur qu'ils désiraient. Il ne cherchait qu'à sortir d'une maison dont on pouvait lui donner les clefs, mais dont on ne pouvait pas lui ouvrir les cœurs.

M. le grand-vicaire, qui avait cru pouvoir finir cette affaire aussi facilement qu'il l'avait commencée, insistait sur l'exécution de la sentence qu'il avait lue, et, ne croyant pas qu'il fût de son honneur, non plus que de celui de Son Éminence, de sortir sans la voir acceptée, il employa toute sa science pour montrer aux Frères l'obligation de s'y soumettre. Comme des enfants attachés à leur père ne se laissent pas persuader aisément, qu'on ait droit ou raison de demander leur consentement pour sa proscription et son bannissement, l'ancien professeur de théologie perdait son temps et ses arguments à vouloir prouver aux Frères qu'ils devaient recevoir le nouveau supérieur. Ils employaient

Livre II. — Chapitre XIX.

aussi, à leur tour, tout ce qu'ils savaient dans l'art de bien dire, pour engager M. le grand-vicaire à suspendre l'exécution de l'ordre qu'il leur signifiait, et à leur accorder le temps de supplier Son Éminence de le révoquer, persuadés qu'elle ne manquerait pas de le faire, aussitôt qu'elle serait informée qu'on avait surpris sa religion.

Cette espèce de dispute entre le grand-vicaire, qui voulait, avant que de sortir, consommer sa commission et installer le nouveau supérieur, et les Frères, qui demandaient leur renvoi vers Mgr l'archevêque, pour plaider en sa présence leur cause, plutôt que celle du Bienheureux de la Salle, dura près d'une demi-heure.

Cette scène paraissait bien longue à celui qui en était le sujet et le spectateur. Son visage marquait qu'il souffrait plus de la résistance des Frères que de l'humiliation publique qu'on venait lui faire subir de la part de l'autorité supérieure. Comme il la respectait infiniment et qu'il recevait ses ordres comme ceux du ciel, il paraissait confus de voir ses disciples former des appels et demander des délais pour l'exécution d'un ordre qui lui était si agréable. Sans que l'amour-propre prit en lui aucune part à la joie que pouvait naturellement lui donner la constante fidélité de ses enfants, il sentait son cœur affligé de ne pas les voir aussi dociles que lui, et aussi passionnés pour sa déposition qu'il l'était lui-même. De temps en temps il ouvrait la bouche pour appuyer sur ce que M. Pirot disait, et obliger les Frères de terminer le débat par une humble soumission, mais inutilement. Sur cet article, les Frères se croyaient dispensés d'obéir. L'obéissance même qu'ils lui avaient promise leur servait de titre contre sa demande.

Puisque nous vous avons promis obéissance, disaient ils, nous sommes dans l'obligation de nous soumettre à votre conduite ; et cette obligation nous en fait une autre, de vous maintenir dans la supériorité ; car à qui obéirons-nous, si vous n'êtes plus en place ? C'est à vous, et non à un autre, que nous avons fait vœu d'obéir. L'autorité même qui veut vous substituer un étranger pour nous gouverner, en rompant notre vœu, nous laisse libres et nous ouvre la porte d'une maison dans laquelle notre promesse nous renfermait. Si le vœu est libre, et un acte de pur choix, il nous est permis de ne plus obéir à un autre, dès qu'on nous fait la loi de ne plus obéir à celui auquel nous l'avons promis. En rentrant donc dans les droits de notre première liberté, nous vous déclarons que nous en voulons faire usage, en refusant un maître qu'on veut nous donner malgré nous, et à l'égard duquel notre vœu cesse de nous obliger.

Ce discours apprit à M. Pirot qu'il n'y avait rien à gagner sur des gens qui fondaient leur résistance sur des principes de piété, et qui autorisaient de leur vœu d'obéissance fait au Bienheureux de la Salle le refus qu'ils faisaient du nouveau supérieur. Il sortit donc, après avoir épuisé toutes ses raisons. Le Bienheureux de la Salle, en le reconduisant, le pria d'attendre tout du temps, et lui promit qu'il saurait bien amener les Frères à leur devoir et à la soumission. « C'est ce que vous ne devez pas promettre, répli-
« quèrent à l'instant des gens qui en avaient tant fait, et qui
« étaient échauffés ; notre résolution est liée à notre vœu ; l'une
« dépend de l'autre, et l'une comme l'autre est une exclusion pour
« le nouveau supérieur. Si, malgré notre résistance, on l'intro-
« duit dans la maison, il y pourra amener de nouveaux sujets
« qui lui promettront obéissance, il la trouvera libre ; quant à
« nous, nous sortirons avec celui à qui nous l'avons promise. »

Cette repartie, plus vigoureuse que les précédentes, acheva de persuader à M. le grand-vicaire qu'il n'y avait rien à gagner sur des enfants dont le père possédait les cœurs. Il désespéra même que le temps pût jamais y apporter du changement. Toutes les mesures qu'il prit dans la suite aboutirent à se retirer avec honneur d'une affaire où sa trop grande confiance pour le persécuteur du Bienheureux de la Salle l'avait si mal à propos engagé. Toutefois, aigri d'avoir vu en vain son autorité compromise, il fit entendre à Son Éminence que le déshonneur en rejaillissait sur la sienne, et qu'il devait appesantir son bras sur les réfractaires. Mais que faire ? En fait d'autorité, quand on l'a poussée trop loin, et que l'usage qu'on en a fait n'a pas eu de succès, quel remède ? Y a-t-il moyen de soumettre à son empire des gens qui peuvent s'y soustraire, et qui peuvent, en changeant de lieu, se choisir un maître.

Voilà ce que gagna le zélateur de l'œuvre de Dieu, qui croyait pieusement qu'elle n'était pas bien entre les mains du Bienheureux de la Salle, et qu'il fallait à ce corps, pour qu'il se portât bien, une autre tête. Il eut trop de confiance dans sa sagesse, et il se trompa en ses pensées. Sa prudence se montra aussi courte que son zèle avait été faux, et l'un et l'autre furent de mauvais guides, qui menèrent M. Pirot dans un labyrinthe dont il ne savait comment sortir. Enfin, après bien des réflexions, on comprit qu'il fallait laisser les choses dans l'état où elles étaient. Il ne fut pas difficile d'opter entre ces deux partis : ou renverser le nouvel Institut, ou en laisser le gouvernement à son fondateur.

Anéantir un ouvrage qui était visiblement de Dieu, qui paraissait si utile à l'Église et si nécessaire à la jeunesse pauvre, c'était un parti violent et pernicieux, que Mgr le cardinal, avec son conseil, n'était pas capable d'écouter. L'auteur du procès fait au Bienheureux de la Salle en aurait lui-même appelé ; car il estimait infiniment les Écoles chrétiennes, et ce n'était que par une fausse prévention que l'Instituteur n'était pas propre à donner à cet ouvrage sa dernière perfection, qu'il avait excité le tumulte contre lui. Il aimait encore mieux voir le Bienheureux de la Salle à la tête de son Œuvre, que de la voir renverser, et il aurait été inconsolable lui-même, s'il eût vu le nouvel Institut détruit. Un homme d'une si grande piété n'aurait pu survivre à sa ruine, et serait mort de douleur s'il en avait été seul la cause.

Tout le monde concluait donc que, quand il serait vrai que le Bienheureux de la Salle ne gouvernât pas sa maison comme il aurait été à désirer, il valait mieux la laisser subsister et croître sous sa conduite que de la voir renverser en le chassant. Toute la difficulté fut de pourvoir aux moyens de sauver les apparences, et de faire rendre à l'autorité légitime les respects qui lui étaient dus, et les marques de soumission qu'on devait attendre de la part des Frères, tout en les laissant en possession de leurs droits et de leur Supérieur. C'est ce qui fut entrepris par M. de la Chétardie lui-même, et il y réussit heureusement, comme on va bientôt le voir, en y employant M. l'abbé Madot, devenu évêque de Châlon-sur-Saône.

CHAPITRE XX.

Le tumulte s'apaise, le Bienheureux de la Salle reste en place, les Frères demeurent dans leur premier état, leur paix se fait à l'Archevêché. Le persécuteur, n'ayant pas réussi par la voie d'accusation auprès des supérieurs ecclésiastiques, en ménage une autre aussi dangereuse, qui est de jeter la zizanie parmi les Frères et de leur inspirer du dégoût pour leur supérieur et pour son gouvernement. — (1702-1703).

I. — Les intrigues de l'adversaire du serviteur de Dieu se découvrent et font du bruit à Paris.

CETTE dernière visite de M. Pirot dans la maison du noviciat, ayant eu plus d'éclat que les précédentes, on sut enfin, à Paris, dans quel dessein l'ancien professeur de Sorbonne avait fait des scrutins, et les avait tenu si secrets. On sut le peu de succès qu'avait eu l'intrigue conduite avec tant d'art et de précaution, et on commença à en soupçonner l'auteur. La connaissance qu'on en eut servit aux vrais amis du Bienheureux de la Salle, et à ceux qui affectionnaient son œuvre : ils purent prendre les mesures nécessaires pour détromper Son Éminence, et pour contrebalancer, à l'archevêché, le crédit qu'y avait l'adversaire du serviteur de Dieu. C'est ce que nous apprenons par une lettre que le curé de Villers [1] du diocèse de Paris, écrivit alors à un curé de la ville de Laon, en Picardie, dont voici la copie :

« Je n'ai pas été moins touché, ni moins surpris que vous, Monsieur, des nouvelles que vous m'avez apprises de M. de la Salle ; comme je ne l'honore et ne l'estime pas moins que vous, j'ai pris et prends toute la part qu'on peut prendre à la peine qu'on lui a faite ; je me suis donné l'honneur de l'aller voir : on ne peut être plus édifié que je le suis de sa constance, de sa fermeté, de sa résignation parfaite et de son abandon entier à la Providence. Je ne vous apprends rien de nouveau en vous parlant de ses vertus ; ce n'est pas d'aujourd'hui que vous connaissez son rare mérite. J'ai vu Mgr le cardinal et M. Pollet, et j'espère, qu'avec le temps Son Éminence reviendra des impressions qu'on lui a données contre M. de la Salle. Il n'y a rien du Quiétisme ; on l'accuse seulement d'être trop austère envers ses Frères, d'exer-

---

1. Villers-le-Bel.

cer des pénitences trop rigoureuses, et d'y être tellement attaché, qu'il n'en veut rien rabattre ; on a tâché de le faire passer dans l'esprit de Mgr le cardinal, pour un homme extrêmement attaché à son sens, qui ne se conduit, lui et ses Frères, que par son propre esprit. Son grand crime, à ce que j'ai pu découvrir, vient de ne se pas conduire par l'esprit de M***. Il voudrait entrer dans la régie et dans la conduite intérieure de ses Frères, et c'est ce que jusqu'à présent M. de la Salle lui a refusé. Je ne sais trop quelle sera la fin de cette affaire, car vous savez assez quel est l'esprit de M*** : c'est le principal adversaire de M. de la Salle, et s'il était d'accord avec M***, il aurait bon marché de l'archevêché. Deux ou trois novices sont sortis de chez M. de la Salle, et se sont plaints des mauvais traitements qu'ils prétendaient y avoir reçus. M*** a grossi leurs plaintes, a fait de nouvelles perquisitions, a dressé des Mémoires, et les a présentés à Son Éminence ; et sur ce, Monseigneur le cardinal a député M. Pirot, un de ses grands-vicaires, pour aller faire sa visite chez M. de la Salle, et interroger les Frères, ce qui est arrivé trois ou quatre fois successivement ; et, dans une autre visite, il leur a mené, de la part de Son Éminence, M. l'abbé Bricot, pour être leur supérieur ; sur ce mot de supérieur, tous les Frères se sont récriés qu'ils avaient un Supérieur qui était M. de la Salle, et qu'ils n'en reconnaissaient point d'autre que lui et Son Éminence ; là-dessus M. Pirot s'est retiré. Il y eut depuis plusieurs entrevues chez M. Pirot, tant de M. de la Salle que des principaux Frères. Enfin, huit jours après, M. Pirot retourna chez M. de la Salle avec ledit abbé, prêcha les Frères, leur fit mille promesses, et entre autres qu'on n'innoverait rien, qu'ils garderaient toujours leur règle, qu'on ne leur ôterait point M. de la Salle ; mais qu'il fallait obéir et recevoir ledit abbé pour supérieur, qu'ils auraient toujours la consolation d'avoir M. de la Salle, et que ledit abbé n'irait chez eux qu'une fois le mois. Ils le reçurent à ces conditions, ou du moins, ils ne résistèrent pas comme la première fois ; et si le proverbe est, que *celui qui se tait semble consentir*, ils ont bien consenti à l'élection de cet abbé, puisque pas un des Frères ne dit un mot. Voilà où en sont les choses à présent ; on ne croit pas qu'elles puissent durer, et on espère que cela n'aura pas de suite. On a fait un premier pas, et on veut le soutenir pendant quelque temps ; tout ce qui se peut faire, est de ménager les moments favorables, pour essayer de détromper Son Éminence, et pour faire valoir toutes les bonnes qualités de M. de la Salle ; c'est à quoi j'ai déjà travaillé, et ce que je poursuivrai dans toutes les occasions que la Providence me fera naître ; je lui dois cette justice, et, au surplus, la part que vous y prenez m'engage encore à m'y porter avez plus de zèle. »

On voit, par cette lettre, quels étaient les motifs des accusations qu'on avait formées contre le Bienheureux de la Salle, et quel fonds on y devait faire. Tout son crime consistait à ne vouloir rien relâcher des Règles qu'il avait établies dans la maison, avec la participation des Frères. La prétendue désunion qu'on avait dit régner parmi eux, se trouvait démentie par ce concert unanime de voix et de sentiments, qui avait fait voir qu'ils n'avaient tous qu'un cœur et qu'une âme.

En effet, M. Pirot, quoique mécontent du peu de succès qu'avait eu sa commission, et irrité d'avoir trouvé dans les Frères de l'opposition à ses volontés, ne put pourtant s'empêcher de leur rendre justice, et de dire, en rendant compte à Son Éminence de ce qu'il avait fait, *que si tous les inférieurs étaient aussi attachés à leurs supérieurs, que ses Frères l'étaient au Bienheureux de la Salle, les communautés seraient un paradis, et qu'on n'y verrait plus que des saints*. Il ajouta qu'il avait mis en œuvre tout ce qu'il avait de science et d'art à manier les esprits, pour les faire consentir au changement du Supérieur, mais en vain, et que plus il avait fait d'efforts pour désunir les enfants du père, plus il avait servi à les lier à lui.

Mgr le cardinal sentit, par ce rapport, que sa bonne foi avait été surprise, qu'il n'aurait pas dû se prêter si facilement au service d'un faux zèle ; que son cœur avait eu raison de prendre parti en cette rencontre en faveur d'un homme qui avait toujours eu son estime, et de contredire, par un fonds de répugnance, la sentence qu'il avait portée contre lui, entraîné par le poids des accusations et par le mérite de l'accusateur.

Il sentit aussi que la procédure qu'on avait gardée contre l'innocent coupable, avait quelque chose d'odieux, qu'elle avait été même conduite avec un peu trop de violence et de précipitation. Dans le fond, il ne sut pas bon gré à son grand-vicaire, de l'avoir engagé dans cette affaire, et de n'avoir pas su démêler lui-même, dans les scrutins qu'il avait faits, le faux des accusations intentées contre le serviteur de Dieu. Toutes ces réflexions chagrinèrent Mgr l'archevêque, et en le jetant dans l'embarras, lui laissèrent un fonds d'indisposition pour la nouvelle communauté. Il trouva fort extraordinaire que de simples Frères eussent apporté du retardement à recevoir ses ordres, et eussent disputé avec son grand-vicaire.

Livre II. — Chapitre XX.

Après tout, le déshonneur de cette mauvaise affaire tombait sur celui qui en était le promoteur. Il aurait dû, au moins alors, se désabuser lui-même et reconnaître qu'il s'était trompé, en s'imaginant que le Bienheureux de la Salle n'avait pas l'art de bien gouverner, et encore moins celui de se faire aimer. Il aurait dû se convaincre qu'il avait trompé, en imputant à la communauté nouvelle un esprit de discorde et un dégoût de sa vocation. Au moins les yeux de son esprit devaient-ils s'ouvrir et lui faire voir que c'était à tort qu'il avait rendu un supérieur absent, responsable des fautes de ses deux disciples indiscrets, et qu'il était obligé de réparer, à l'archevêché, l'honneur de celui qu'un zèle trop ardent et précipité l'avait engagé à diffamer.

Comment donc se faisait-il qu'un homme si éclairé pût encore se faire illusion à lui-même, et ne pas voir qu'il était de son devoir d'apaiser la tempête qu'il avait excitée? C'est ce qui étonne : mais n'est-ce pas l'ordinaire, que ceux qui sont si prudents à leurs propres yeux, et qui croient que toute la sagesse est renfermée dans leur tête, en manquent eux-mêmes, et se déshonorent par des indiscrétions et des défauts de conduite très réels et très palpables, tandis qu'ils en reprochent des ombres et des apparences aux plus grands amis de Dieu?

Telle était la disposition de celui dont nous parlons. Le peu de succès de son intrigue ne servit qu'à le confirmer dans ses sentiments contre le Bienheureux de la Salle. Plein de ses préjugés, il ne crut ni s'être trompé, ni avoir trompé. Agissant de bonne foi et par zèle du plus grand bien, il s'imaginait être en sûreté, et sa conscience tranquille sur tout le tumulte qu'il avait causé, sans lui reprocher aucune faute, lui rendait un témoignage consolant, et le flattait qu'il n'avait cherché que Dieu, en voulant chasser le Bienheureux de la Salle de sa propre maison. Ainsi, sans se rebuter du premier échec qu'avait eu son entreprise, il se servit, en habile homme, de cette disgrâce même pour parvenir à ses desseins, en faisant entendre à Son Éminence que l'opposition des Frères à l'exécution de ses ordres était suggérée par celui-là même qui avait intérêt de se conserver en place.

Le tour était malin et capable d'inspirer au plus puissant prélat du royaume, l'envie de pousser à l'extrémité des gens simples et sans malice, des enfants affectionnés à leur père, dont tout le crime était de ne vouloir pas souscrire brusquement à sa condamnation, dans l'espérance que le délai dissiperait les nuages de la calomnie, et ferait tôt ou tard éclater son innocence.

Cependant, si cette nouvelle accusation contre le Bienheureux de la Salle n'eut pas tout son effet, elle l'eut en partie ; si Mgr le cardinal ne la crut pas, on la crut dans le monde. Le bruit qu'on en sut répandre dans le public, indisposa les gens crédules contre les Frères et contre leur supérieur. On dit même qu'alors le Parlement voulut connaître de cette affaire pour obliger les Frères à donner toute sorte de satisfaction à leur premier supérieur, ou pour en venger le refus ; mais que Mgr de Noailles, qui dans le fond, n'avait pas perdu la haute estime qu'il avait conçue de la vertu du Bienheureux de la Salle, l'empêcha.

Au reste, en vain l'auteur de l'intrigue avait-il voulu rendre le Bienheureux de la Salle responsable de la résistance que M. Pirot avait essuyée de la part des Frères, le cardinal l'en crut parfaitement innocent. Cet injuste soupçon était même démenti par le rapport que M. Pirot avait fait de ce qui s'était passé sous ses yeux. Témoin de l'humilité et de la soumission du serviteur de Dieu, aussi bien que de son zèle pour engager ses disciples à rendre une prompte obéissance à l'autorité épiscopale, en accusant les Frères, il avait justifié leur supérieur. Il avait rendu témoignage que le Bienheureux de la Salle avait employé tout le crédit qu'il avait sur l'esprit de ses disciples, pour les engager à se soumettre ; mais que cette réponse unanime, qu'ils déserteraient tous la maison, si on y envoyait un autre supérieur, lui avait fermé la bouche. Enfin le grand-vicaire, qui avait entendu à la porte, lorsqu'il sortait, la promesse que lui avait faite le Bienheureux de la Salle, de lui assujettir tous ses disciples, rejetée d'eux avec l'impétuosité d'une bouche qui parlait de l'abondance du cœur, ne pouvait pas admettre la nouvelle accusation.

Jamais, de son côté, le pieux Instituteur ne s'était trouvé dans un si grand embarras. Quoiqu'il eût vu sa communauté tant de fois ébranlée, il ne l'avait jamais vue si proche de la chute. Que faire pour la préserver de sa ruine ? Il était sans titre, et dépouillé de toute son autorité. S'il se rendait aux instances des Frères qui ne voulaient d'autre supérieur que lui, il devenait criminel, et paraissait usurper une place qui lui était désormais interdite ; s'il sortait de la maison, il eût vu ses Frères le suivre, et le rendre responsable de leur désertion. Dans une conjoncture si délicate, ne sachant quel parti prendre, il consultait le ciel, et lui abandonnait la défense de sa cause.

Livre II. — Chapitre XX.

II. — Le Bienheureux de la Salle va se prosterner aux pieds de Mgr le cardinal pour lui faire amende honorable de la résistance que les Frères avaient apportée à ses ordres. Nouvel affront qu'il reçoit.

APRÈS bien des réflexions et des prières, persuadé que Mgr le cardinal n'avait que de bonnes intentions, il espéra tout de sa bonté. Il ne s'agissait que d'effacer les impressions fâcheuses qu'il avait reçues, et surtout de lui faire une humble satisfaction au sujet de ce qui venait d'arriver. La chose ne parut pas impossible à l'homme de Dieu. Mgr l'archevêque d'une part sentait qu'il avait été trompé, et il n'avait pas tardé à se repentir d'avoir ouvert l'oreille à de faux rapports. Il n'approuva pas tout le procédé qu'on avait tenu contre le serviteur de Dieu. Il avait même dit qu'on avait trop précipité cette affaire, et qu'on n'y avait pas apporté toutes les mesures que la prudence exigeait, pour la terminer sans éclat. D'autre part, un homme aussi humble que l'était le Bienheureux de la Salle, ne marchandait pas sur le fait des humiliations. Il était toujours disposé à tenir la posture d'un criminel contrit, à en prendre les sentiments, et même à mettre sur son compte les fautes de ses disciples. Dans cette disposition, il alla se jeter aux pieds de Mgr l'archevêque, et, fondant en larmes, il lui fit réparation d'honneur de la répugnance que les Frères avaient témoignée pour le supérieur nouveau, et il le supplia de ne l'en pas croire auteur. En protestant qu'il n'avait rien négligé pour faire rendre à Son Éminence une obéissance prompte et aveugle, il prit MM. Pirot et Bricot pour garants et témoins de la vérité du fait.

Mgr le cardinal, prêt à aller à Conflans, demeura dans un morne silence, quand il vit le Bienheureux de la Salle à ses pieds, soit qu'il fût attendri de la peine et de l'humiliation du saint homme, soit que la peine qu'il ressentait lui-même de tout ce qui était arrivé, lui fermât la bouche. Le prêtre sur qui se portaient tous les regards restait à terre prosterné, devant la compagnie présente, qui en avait pitié, et l'archevêque se taisait. Il partit même sur-le-champ, et laissa le serviteur de Dieu le visage collé sur le plancher qu'il arrosait de ses larmes.

III. — Les Frères tentent les moyens de radoucir l'esprit de l'ennemi du Bienheureux de la Salle.

LE Bienheureux de la Salle, revenu à la maison, ne laissa apercevoir aucune marque de la honte et du nouvel affront qu'il venait de recevoir. En abandonnant à Dieu sa cause et celle de ses disciples, il rentra dans son calme ordinaire. On ne le vit ni attristé, ni inquiet de ce qui devait arriver, et le seul avis qu'il donna aux Frères qui l'allaient consulter, était d'obéir. Cinq ou six jours se passèrent dans cette situation. Durant cet intervalle, les Frères de Paris, chez lesquels M. Pirot n'avait point fait d'informations, parce qu'ils étaient occupés à leurs écoles, conçurent le dessein de conjurer la tempête, en tâchant d'apaiser celui qui l'avait excitée. Ils savaient que, quoiqu'il eût de l'aversion pour le Bienheureux de la Salle depuis quelque temps, il n'avait pas perdu son inclination pour l'Institut, et ils voulaient tenter le moyen de le faire revenir de ses préventions.

L'entreprise était hardie, et ils couraient risque, en cette visite, de se laisser entraîner dans les préjugés d'un homme qui savait leur donner une imposante couleur de vérité. Les Frères ne l'ignoraient pas.

Cependant, après avoir tous jeûné au pain et à l'eau la veille de leur visite, et passé, les uns après les autres, la nuit en oraison, de leur propre mouvement et à l'insu du Bienheureux de la Salle, ils allèrent voir son redoutable adversaire. En gens prudents, ils dissimulèrent leur ressentiment, parurent ignorer ses desseins et ses intrigues, et lui témoignèrent une grande confiance. Après ce début, entrant en conférence, ils s'expliquèrent sur la résolution qu'ils avaient formée de se retirer tous de la maison, s'ils y voyaient un autre supérieur que le Bienheureux de la Salle. Pour conclusion, ils le prièrent d'employer le grand crédit qu'il avait à l'archevêché, pour obtenir la révocation de l'ordre qu'on leur avait donné de reconnaître pour pasteur un étranger qu'ils ne connaissaient pas, et qui ne les connaissait pas, en la place de celui qui, le premier, leur avait communiqué l'esprit de grâce.

On ne pouvait faire un compliment plus désagréable à un homme qui n'avait pas abandonné son dessein ; il fut offensé au vif de la visite et du discours, mais il n'osa le faire paraître. On venait lui demander en grâce d'employer, pour maintenir le Bienheureux de la Salle en sa place, le crédit qu'il venait de faire valoir pour l'en chasser. On le priait de détruire lui-même son propre ouvrage, et d'aller faire le personnage d'intercesseur, après avoir fait celui d'accusateur. On lui ôtait toute espérance de réussir dans ses prétentions, et adroitement, en montrant une fidélité inviolable pour son rival, on l'excluait d'une maison où il ne voulait entrer que pour dominer.

Enfin ce discours était, pour l'antagoniste du Bienheureux de la Salle, un reproche tacite de ses faux préjugés, de ses soupçons, de ses rapports, de sa conduite et de ses intrigues ; et c'était vouloir l'obliger d'en faire l'aveu et la rétractation, que de l'engager à aller défaire à l'archevêché tout ce qu'il y avait fait. Toutefois ce discours si simple et si naïf, qui marquait à l'extérieur tant d'estime et de confiance, avait un fonds d'éloquence caché : il était capable d'obliger le persécuteur à mettre bas les armes. En effet, sur ce qu'on lui disait, il n'avait qu'un de ces deux partis à prendre : ou de poursuivre le renversement entier de l'Institut, ou de ne plus troubler l'Instituteur dans son office. Or il avait trop de conscience et de religion pour être tenté sur le premier, sa piété aurait été infiniment affligée de voir la ruine de l'Institut qu'il estimait. Ainsi plus il fut mécontent du discours qu'on lui tenait, plus il affecta de ne le pas paraître.

Convaincu qu'il n'exciterait dans la nouvelle communauté que du bruit, tandis que le Bienheureux de la Salle posséderait tous les cœurs, il vit bien qu'il n'avait plus d'autre parti à prendre que de céder, et d'attendre le moment favorable de lui débaucher des disciples si fidèles. Cependant, en cela même il voyait sa politique échouer ; car s'il avait fondé le succès de son intrigue sur un mécontentement prétendu des inférieurs contre le supérieur; s'il avait compté que ceux-là, accablés sous la pesanteur du joug que celui-ci leur imposait, seraient ravis de le secouer, il avait senti sa méprise. Ce qui était arrivé, et ce que l'on venait de lui dire, lui faisait connaître jusqu'à quel point il s'était abusé, et le rendait confus d'avoir poussé les choses si loin, sur de faux soupçons ; d'avoir même compromis, si mal à propos, l'autorité supérieure qu'il avait su engager dans ses préjugés.

Sa politique ainsi trompée lui inspira sur-le-champ un autre stratagème, pour venir à bout d'éloigner le Bienheureux de la Salle. Ce fut d'abord de semer, parmi les principaux Frères, de l'indifférence pour leur Supérieur, de les dégoûter de sa conduite, et de les indisposer contre sa personne ; ensuite de lui susciter dans le monde des ennemis de tous côtés, afin qu'assiégé au-dedans et au-dehors, il fût obligé de céder la place et de se retirer. C'est en effet ce qui arriva, comme nous le verrons dans la suite.

Pour commencer la première sorte d'attaque, l'homme adroit qui savait être souple et jouer le personnage qu'il voulait, parut apaisé lorsqu'il eut entendu les Frères ; car d'abord il les avait reçus avec des yeux irrités, avec un visage sévère et un air mécontent et chagrin. Mais, prenant ensuite un ton radouci et un extérieur plus gracieux, il leur dit, avec une apparence de simplicité : « Vous n'y pensez pas ; vous êtes des innocents. M. de la Salle n'est qu'un chef arbitraire, que vous vous êtes donné, ou plutôt qui s'est mis à votre tête, pour vous gouverner. Il n'est pas un Supérieur ecclésiastique. Quelle juridiction a-t-il sur vous ? qui l'a établi votre juge et votre pasteur ? Par quelle autorité s'érige-t-il en maître ? »

Les Frères pouvaient au moment lui fermer la bouche, en lui répliquant que Mgr de Harlai lui avait donné la permission d'élever sa communauté, que Mgr de Noailles l'avait confirmée par écrit, et l'avait revêtu de tous ses pouvoirs. Ainsi ce début portait à faux ; mais poursuivons. L'ennemi du serviteur de Dieu ajouta : « En quel état avez-vous mis les choses ? Vous avez, pour ainsi dire, craché au visage de M. le grand-vicaire. Que puis-je faire ? » Cependant il leur promit qu'il allait travailler à concilier toutes choses.

IV. — **M. de la Chétardie, à la prière des Frères, tâche d'apaiser Mgr l'archevêque, et de gagner sur lui de laisser le nouvel Institut en possession de son supérieur et de ses pratiques. Il met, pour y réussir, M. l'abbé Madot en mouvement.**

LES Frères, pour ne pas faire les choses à demi, crurent qu'il fallait voir M. le Curé de Saint-Sulpice, et tâcher de l'engager dans leurs intérêts. Il est vrai qu'alors M. de la Chétardie, prévenu contre le Bienheureux de la Salle, n'était plus à son égard ce qu'il avait été ; jamais homme n'avait paru plus ardent pour appuyer l'Instituteur et l'Institut pendant quelques années. Il s'en déclarait le patron, le défenseur et le père nourricier. Toutefois, Dieu le permettant ainsi, M. de la Chétardie avait alors perdu presque toute estime pour un homme qu'il regardait comme un grand dévot, mais attaché à son sens ; de plus, il le croyait d'un génie borné et outré, mais pourtant il conservait pour les Écoles chrétiennes son attrait et son zèle. S'il n'eût été question que du Supérieur des Frères, il l'eût abandonné à la persécution, et l'eût laissé se tirer lui-même comme il eût pu, de l'affaire qui lui avait été suscitée ; car, dans le fond, il n'aurait pas été fâché d'en voir un autre en sa place, qui se fût montré plus modéré, moins austère et moins rigoureux, plus accommodant, plus façonné aux usages du monde, et plus susceptible d'écouter les avis qu'on voudrait lui donner pour le bon gouvernement de sa maison et le bien de son œuvre. Mais il s'agissait de l'intérêt des Écoles chrétiennes, pour lequel il était saintement passionné, et l'étendue de ses lumières lui faisait comprendre, par les dispositions des Frères, qu'il fallait, ou voir renverser leur société, ou y laisser leur Supérieur en place. Ainsi, ce grand ami du bien, ce sincère zélateur des Écoles chrétiennes, crut qu'il était de son devoir d'interposer son crédit, pour accommoder cette affaire à l'honneur de Son Éminence, et à l'avantage de l'Institut.

Le dessein était grand, mais il n'était pas aisé de trouver les moyens de le faire réussir ; et il fallait, pour en venir à bout, un homme aussi puissant et aussi sage que l'était M. de la Chétardie. Pour le terminer avec succès, il fallait laisser aux Frères leur ancien Supérieur, et cependant les obliger à faire réparation d'honneur d'avoir refusé le nouveau : deux articles qui paraissaient de difficile accord, mais qu'il fallait pourtant, pour l'honneur de l'autorité épiscopale et pour l'avantage des Frères, concilier ensemble, et faire ratifier à l'archevêché, et dans la nouvelle communauté. M. de la Chétardie l'entreprit, et il y réussit, sans que nous sachions par quelle voie.

Tout ce que nous savons, c'est qu'il mit en mouvement, pour conduire une affaire aussi épineuse, M. l'abbé Madot, demeurant alors dans la communauté de Saint-Sulpice et élevé depuis, par son rare mérite, à l'évêché de Châlon-sur-Saône [1]. L'affaire ne pouvait être en meilleures mains : M. l'abbé Madot avait l'esprit délié et insinuant, le talent de bien parler et l'art de se rendre maître des cœurs. Quatre jours après la visite que les Frères avaient rendue à M. le Curé de Saint-Sulpice, il vint seul en carrosse, dès sept heures du matin, le jour même de la Conception de la très sainte Vierge, à la maison du noviciat, pour faire le scrutin des cœurs, pour ainsi parler, et sonder les esprits, afin de mesurer ses projets d'accommodement sur les dispositions qu'il trouverait.

Rien n'était plus prudent. Le but où il voulait amener les Frères, était une soumission pure et simple aux ordres de l'arche-

---

1. François Madot, abbé de Royal-Lieu, fut d'abord évêque de Bellay, de 1706 à 1711, puis transféré à Châlon-sur Saône.

vêché. S'il ne gagnait pas ce point, il avait médité un tempérament qui pourrait les mettre en voie d'aller au même but, en leur faisant prendre un détour. Ce tempérament était de leur promettre d'obtenir de laisser en place le Bienheureux de la Salle, s'ils voulaient acquiescer purement et simplement aux volontés de Son Éminence. S'il trouvait les esprits trop soupçonneux, et en défiance que leur soumission entière ne fût frustrée de l'accomplissement de la promesse, la dernière ressource était de leur proposer une soumission conditionnelle. Or, ce dernier point était celui où il ne voulait venir que quand il aurait été obligé de céder le terrain pied à pied ; mais résolu de s'y retrancher, il ne doutait pas que les Frères ne vinssent l'y chercher, et accepter les conditions de paix et les promesses de pardon qu'il faisait.

M. l'abbé Madot employa dans cette commission quatre heures entières, et toujours avec douceur, par voie de prières, de remontrances, d'avis et de paroles bienveillantes. Il n'y a sortes de formes qu'il ne prît ; il n'y a sortes de raisons qu'il ne fît valoir ; il n'y a sortes d'inconvénients dont il ne fît une vive peinture. Jamais il ne montra mieux avec quelle adresse il savait manier le don de la parole que Dieu lui avait accordé.

Étant entré dans la maison sans faire l'appel des Frères par le son de la cloche, il les prenait où il les trouvait, comme sans dessein formé, et tâchait de gagner sur eux dans une conférence familière, ce qu'il n'espérait pas emporter dans un entretien public. Il en parlait à ceux qu'il rencontrait ; il entrait en discours avec un, avec deux ; il joignait ceux-ci à deux ou à trois autres. Il passait d'un autre côté, où il en rassemblait trois ou quatre nouveaux. En parcourant ainsi toute la maison, il les trouvait tous et parlait à tous, ou le même langage ou un autre, selon que la prudence le lui inspirait.

En leur décrivant la puissance du prélat qu'ils avaient offensé, il travaillait à leur en imprimer la crainte : et, en finissant par le portrait de son caractère doux et bon, il leur faisait espérer toutes sortes de bons offices, s'ils s'abandonnaient à sa conduite. Enfin, il leur montrait la ruine de leur Institut et le déplorable sort du Fondateur, s'ils s'obstinaient à le vouloir retenir pour Supérieur contre les ordres de Son Éminence. M. l'abbé Madot, après tant d'entretiens particuliers, se trouva à onze heures, sans avoir rien avancé. Il n'avait point encore dit la sainte messe, et il n'y avait point de temps à perdre pour la pouvoir célébrer. Enfin, ennuyé sans être rebuté, il voulut paraître conclure en proposant de mettre sa proposition en délibération. L'immobilité et le silence des Frères lui firent comprendre qu'il fallait leur tenir un autre langage, ou au moins modifier celui qu'il avait tenu si constamment, par des conditions ou des promesses qui assureraient leur état, mettraient leurs Règles à l'abri de toute innovation, et laisseraient leur Supérieur en possession de sa place.

Cette clause était le dernier remède, et il la réservait pour la fin, après avoir fait inutilement l'essai de toutes les autres. M. l'abbé Madot la laissa échapper enfin comme par surprise : « Hé ! mes Frères, leur dit-il, on ne vous ôtera pas M. de la Salle. Ce n'est que pour vous mettre à couvert, qu'on vous demande d'en recevoir un autre, afin d'honorer l'ordre que vous en avez reçu, et de rendre le respect dû à la puissance légitime qui vous l'envoie. Du reste, ce nouveau Supérieur n'en aura que le nom sans en faire l'office. Il ne viendra chez vous qu'une fois le mois ; qu'avez-vous à craindre d'une visite si rare, et d'un homme qui ne laissera dans la maison, quand il y viendra et quand il en sortira, aucun vestige de son passage ? On ne touchera ni à vos pratiques, ni à vos règlements. M. Bricot, en respectant tout ce que M. de la Salle a fait, laissera les choses dans l'état dans lequel il les trouvera, en le laissant lui-même en sa place. »

Cette promesse, comme échappée de la bouche du prudent abbé, eut l'effet qu'il en attendait. C'était, pour ainsi parler, son arme de réserve ; encore fallait-il, pour la rendre victorieuse, la cacher et étudier le moment de s'en servir. Comme il sut le saisir à propos, le coup qu'il porta alla droit au cœur et guérit le mal. « Que ne disait-on cela, repartit un des Frères, avec une simplicité aussi naturelle que celle de M. Madot avait été feinte et adroite, que ne disait-on cela, lorsque l'on amena cet abbé ? Et pourquoi vous-même, Monsieur, avez-vous usé de tant de délai pour le dire ? »

M. l'abbé Madot, sentant qu'on lui cédait du terrain, et que les cœurs commençaient à s'ébranler, profita en habile homme de l'ouverture qu'il y trouvait, pour y faire entrer ses projets. D'abord il en gagna trois, et ces trois lui en gagnèrent d'autres. Sa conquête alla jusqu'à douze. Les autres ne voulurent pas se rendre, de peur d'être surpris. Ils craignaient de contracter quelque engagement qui pût, dans la suite, porter préjudice à leur Institut, et servir de clef à M. Bricot pour entrer dans leur maison et en chasser le Bienheureux de la Salle.

Mais M. l'abbé Madot, qui se crut assez fort d'en avoir douze qui, paraissant comme députés des autres à M. le grand-vicaire, sembleraient apporter le consentement de la communauté entière, se hâta, pour ne point leur donner le temps de faire de nouvelles réflexions, de les acheminer vers la Sorbonne, pour aller, aux pieds de M. Pirot, lui faire réparation d'honneur, et passer déclaration de leur parfaite obéissance. « Venez, leur dit-il, avec moi faire vos excuses à M. le grand-vicaire; choqué de votre résistance à ses ordres, il est en droit d'en exiger la satisfaction, et il serait scandalisé si vous tardiez à lui en demander pardon. Mais ne faites pas la chose à demi : effacez le sujet du mécontentement que vous lui avez donné, en lui témoignant votre entière soumission. Par ce moyen, en rentrant en ses bonnes grâces, vous apaiserez Mgr l'archevêque, et vous le disposerez à laisser M. de la Salle en place, et votre maison en paix. »

Déjà il était en carrosse avec le Bienheureux de la Salle et un Frère qui ne pouvait faire à pied le voyage, prêt à conduire comme en triomphe ses captifs aux pieds du grand-vicaire, lorsque l'un d'eux, plus avisé, faisant réflexion qu'ils allaient tout accorder, sans qu'on leur fît aucune promesse positive, les fit tous rentrer et revenir pour délibérer. « Qu'allez-vous faire ? leur dit-il : il faudrait savoir à quoi vous allez vous obliger. Il faudrait demander ce que l'on vous promet, et joindre ces promesses, dans un même acte, aux paroles que vous allez donner et signer. »

M. l'abbé Madot se vit ainsi ramené au point qu'il avait si subtilement évité, et dont il avait su, avec adresse, détourner les Frères qui avaient voulu d'abord l'y amener; sans se déconcerter et avec un air de franchise qui sait gagner la confiance des gens simples et de bonne foi, il les pria de compter sur sa parole, et de se fier à lui. Sans doute que s'il eût tenu ce propos en entrant, il aurait eu meilleur marché de gens qui n'entrent en défiance, que lorsqu'on se sert de détours avec eux. Mais ayant remarqué que M. l'abbé Madot n'avait fait ces promesses, qu'après avoir en vain tenté toutes les autres voies pendant quatre heures, pour les amener à la soumission pure et simple, ils se tinrent sur leurs gardes, et entrèrent en défiance au sujet des propositions qu'il leur faisait.

Ainsi pour n'être point les dupes de leur simplicité, ils conclurent de concert, qu'il fallait, avant que de sortir, dresser un acte des conditions qui modifieraient leur soumission. L'habile négociateur se retrouva dans l'embarras ; et tout son esprit ne put l'en tirer sans acquiescer à la demande. Voyant qu'on comptait pour rien des paroles volantes, et qu'on voulait un écrit qui en fît foi, il fut obligé de se rendre, de peur de voir échouer sa commission.

Avec cette espèce de contrat d'assurance, les Frères volèrent chez le grand-vicaire, et s'y trouvèrent presque aussitôt que le carrosse qui y conduisait le commissaire. Disposés à rendre toute sorte de satisfaction à un supérieur qu'ils avaient toujours profondément respecté, et à faire amende honorable d'une injure dont leur conscience ne leur faisait aucun scrupule, et dont ils se croyaient devant Dieu très innocents, il n'y avait point de genre d'humiliations, d'excuses, de pardons et de réparations d'honneur, qu'on ne pût tirer de leur bouche, pourvu qu'on ne touchât point à leurs règlements, et qu'on ne les fît point changer de supérieur.

Sur ces deux points, ils étaient inflexibles, et ceux qui avaient le plus de vertu, étaient ceux qui se faisaient un devoir de n'en relâcher rien. Il faut le pardonner à des hommes de communauté : plus ils sont attachés à leurs Règles, et plus leur conscience se raidit contre les moindres relâchements : plus ils ont de vertu, plus ils ont de fermeté à conserver la première ferveur de leur état. Encore une fois, il faut pardonner à des enfants les violents efforts qu'ils font pour retenir leur père. Ce n'était que parce que les Frères craignaient de voir l'innovation entrer chez eux avec le nouveau supérieur, et la ferveur en sortir avec leur saint Instituteur, qu'ils prenaient tant de précautions, et qu'ils témoignaient une innocente obstination.

V. — M. l'abbé Madot réussit enfin, et comment.

MONSIEUR l'abbé Madot voulant instruire le grand-vicaire sur ce qu'il avait fait, et sur ce qui se devait faire, le prit à part, et lui rendit compte de sa négociation. Ce rapport fit plaisir à un homme qui était très fâché d'avoir poursuivi avec tant de zèle la déposition du Bienheureux de la Salle, et d'avoir mis par là le trouble dans une maison qui était en paix ; mais il fut fort surpris d'entendre dire que les Frères demandaient des conditions pour obéir. Ici parut encore l'esprit délié du médiateur ; car ayant ordonné aux Frères de se mettre à genoux aux pieds de M. Pirot afin de lui faire satisfaction, pour répondre à la question que fit le grand-vicaire, si les quatre articles de l'écrit signé étaient autant de conditions, il dit qu'on ne les demandait que comme des grâces.

La plupart des Frères gardèrent le silence sur cette réponse, se souciant fort peu sous quels termes on acquiescerait à leurs désirs. C'était sur la réalité des choses, et non sur les mots, qu'ils s'arrêtaient ; et peu importait à des gens zélés pour leur première forme de vie, d'employer les termes les plus soumis pour se maintenir dans la possession de leurs règles et de leur premier supérieur. Les termes les plus respectueux et les plus humbles étaient sans doute ceux qui convenaient le plus dans leur bouche et pour l'autorité supérieure ; mais ces termes cachaient un fonds de difficulté, et pouvaient occasionner de nouveaux troubles ; car une grâce peut être refusée, au lieu qu'une condition ne le peut être, sans annuler le contrat dont elle est le fondement. Ceux des Frères qui eurent le plus de sagacité, apercevant dans la différence des termes le hasard que courait leur demande, dirent, sans façon et assez haut pour se faire entendre, que leurs articles étaient des conditions liées avec leur soumission, et que l'inexécution des unes emporterait la nullité de l'autre ; mais la sagesse de M. Pirot le rendant sourd, il parut ne pas les entendre.

M. l'abbé Madot, ravi de son heureux succès, demanda si Son Éminence était visible, et si elle voulait bien permettre aux Frères d'aller se prosterner à ses pieds, et faire hommage à son autorité. Sur la réponse que fit le grand-vicaire, que Mgr l'Archevêque n'était pas visible, tous s'en retournèrent en s'applaudissant de leur victoire. Les Frères triomphaient de demeurer en possession paisible de leurs règlements et de leur Instituteur. Le médiateur triomphait d'avoir fait leur paix, et d'avoir su accorder le respect dû à la juridiction de l'évêque, avec le droit des Frères de ne point souffrir de changement dans leurs règlements et dans leur forme de vie. Le dimanche suivant, M. Pirot amena pour la seconde fois M. Bricot dans la maison du noviciat, prêcha de nouveau les Frères qu'il rencontra, car la plupart des maîtres d'école ne parurent pas. Ensuite, toute la communauté ayant été appelée à la chapelle, M. le grand-vicaire entonna le *Te Deum*, que les assistants continuèrent en psalmodiant selon leur coutume.

Tout ceci ne se faisant que pour sauver les apparences, et rendre à l'autorité épiscopale le respect qui lui est dû, c'en fut assez pour dissiper l'orage qui faisait tant de bruit. Le nouveau Supérieur se montra dans la maison encore une fois, au bout de trois mois, pour n'y plus reparaître. Cette visite fut une formalité qu'on crut devoir accomplir. Toutefois il ne fit aucun acte de juridiction, et il ne donna point occasion de lui disputer un titre dont il ne fit aucun usage. Sa charge lui laissant tout son temps, Son Éminence eut soin de l'occuper ailleurs. Ce nouvel emploi ayant laissé sa place vide, le persécuteur ne négligea pas de la faire remplir par un autre ecclésiastique qui lui était dévoué, dans le dessein de s'en servir pour exciter de nouvelles tempêtes.

VI. — Le Bienheureux de la Salle, à son grand regret, est obligé de modérer les austérités de sa maison.

LE Bienheureux de la Salle, sentant qu'il avait tout à craindre d'un ancien ami irrité, et d'une paix simulée, prit toutes les précautions possibles pour ne lui donner aucune prise, et pour mettre son gouvernement à l'abri de sa censure. Il retrancha toutes les pénitences dont l'indiscrétion de deux de ses disciples avait outré l'usage. Quoiqu'il prévît le préjudice que la piété allait souffrir de cette défense, il aima mieux voir la ferveur diminuer, que de la voir s'éteindre par les nouvelles attaques qu'on lui préparait. Persuadé de la vérité de cette maxime, que le mieux est quelquefois ennemi du bien, c'est-à-dire qu'en fait de perfection, il faut tirer des autres ce qu'on peut, et qu'on s'expose à perdre le bien, quand on court avec un zèle indiscret au plus parfait, il se rendit aux avis des sages, qui lui conseillèrent de retrancher les disciplines publiques, de suspendre même l'usage des particulières pour quelque temps, et généralement de modérer tous les autres genres de mortification qui donnaient lieu au monde de composer des fables, et à ses ennemis de lui faire des reproches.

On fondait de plus cet avis sur le caractère de ceux qui, sortant de sa maison, pour l'ordinaire mécontents, justifiaient leur retraite ou leur désertion par des rapports malins ou des peintures odieuses.

Les Supérieurs ecclésiastiques confirmèrent ces conseils, et prièrent le serviteur de Dieu d'adoucir un joug qui paraissait trop pesant. Vos disciples, lui disait-on, dont la vocation est la sanctification de la jeunesse, dont l'Institut est si utile aux fidèles, ne doivent pas chercher, dans une pénitence sans mesure, la voie la plus courte de passer à une meilleure vie. Leur pèlerinage, en devenant plus long, deviendra plus salutaire. En le faisant, ils doivent prendre en chemin et conduire avec eux les enfants confiés à leurs soins. Ils ne doivent pas se présenter seuls à la porte du ciel, mais avec une nombreuse compagnie, s'ils veulent être bien reçus. Cette escorte nombreuse qui doit les conduire comme en triomphe au séjour de la gloire, est la jeunesse qu'ils ont à instruire et à sanctifier.

Il faut donc que la pénitence leur laisse, avec le temps, le moyen de remplir leur ministère, et qu'elle soit si bien mesurée sur leur vocation, qu'elle n'abrège point leur vie, et qu'elle ne diminue point leur récompense. En les regardant comme des victimes destinées à un sacrifice éloigné, il faut, dans l'intervalle du temps, les entretenir en bon état, afin qu'ils puissent aller avec honneur à l'autel. D'ailleurs, puisque leur travail est une partie de leur pénitence, ils ne doivent pas se mettre hors d'état de remplir leurs devoirs. Assortissez donc si bien leur santé avec la pénitence, que vos Frères unissent une longue vie avec une vie laborieuse, et couronnent les deux par une vie fervente. Tempérez les austérités, de manière qu'elles servent à mortifier le corps, et non à le détruire. Il en est de la pénitence comme du sel, la quantité excessive ronge la chair et la consume, la juste mesure la conserve ou l'assaisonne.

Voilà une partie de ce qui fut représenté au Bienheureux de la Salle, qui, sans entrer dans l'examen de toutes ces raisons, se rendit par humilité aux avis des sages, et, par obéissance, aux remontrances des Supérieurs. Il se saisit de toutes les disciplines, et il modéra la pratique de tous les autres genres de mortification qui étaient en usage dans la communauté. Il prescrivit là-dessus des règles à ceux qu'il avait préposés sur les autres, et il leur défendit de passer les bornes que les gens sages avaient prescrites et que les Supérieurs avaient marquées. Les amateurs de la pénitence ne furent pas peu affligés de ces nouveaux règlements ; on ne pouvait leur imposer une mortification plus sensible, que de leur ôter les instruments de leurs supplices, et ils eurent besoin de toute leur vertu pour se soumettre à un commandement qui menaçait leur ferveur.

Ils auraient eu peine à rendre à un autre qu'au Bienheureux de la Salle une obéissance aveugle sur cet article, parce qu'ils craignaient que l'esprit ne souffrît des adoucissements qu'on accordait à la chair. Mais c'était leur père qui leur donnait cet ordre : la confiance qu'ils avaient en lui, et l'idée qu'ils avaient de sa vertu, les tenaient soumis, et ne leur permettaient pas de croire qu'ils pussent s'égarer en suivant sa conduite. D'ailleurs, ils virent bien qu'il fallait que ce grand pénitent eût des raisons supérieures, pour faire des commandements si contraires à son attrait et à son exemple. Ils sentirent assez qu'il n'agissait pas par son propre mouvement, mais par une impression étrangère, et qu'il pratiquait le premier l'obéissance qu'il exigeait. En effet, un des Frères lui ayant demandé pourquoi il avait interdit l'exercice de

Livre II. — Chapitre XX. 447

tant de sortes de pénitences si propres à exciter et à entretenir la ferveur, son unique réponse fut : « *Dieu nous a fait connaître qu'il ne fallait pas maintenant les continuer* ».

Dieu en disposait sans doute ainsi pour mettre les choses sur un pied qui pût subsister dans la suite des temps, et pour faire entrer les Frères dans un train de vie proportionné à la faiblesse humaine et à leur état ; car il faut avouer que la rigueur de l'austérité était si grande chez eux, que la santé de plusieurs aurait succombé dans la suite, et que la pénitence en faisant des martyrs dans ce nouvel Institut, aurait abrégé la vie de plusieurs de ceux qui l'embrassaient avec tant d'ardeur. Leur vie, qui était plus pauvre qu'à la Trappe, n'était ni moins mortifiée, ni moins terrible à la nature. Ainsi c'était un sujet d'admiration de voir refleurir, non dans un désert, mais à la porte de la plus grande ville de France, la pénitence de la Thébaïde.

Il faut avouer que ce grand esprit de pénitence allumait un grand feu de piété et de dévotion dans cette pauvre maison, et qu'en donnant des bornes à l'un, on en donna à l'autre. Rien de plus vrai, que ce qu'a dit l'incomparable sainte Thérèse : « *Où il y a moins de nature, il y a plus de grâce.* » Plus on fait pour Dieu, plus on reçoit de Dieu. Les grandes pénitences, quand l'obéissance les autorise, sont suivies des faveurs du Ciel les plus abondantes. Les grands courages s'animent en cette carrière, et courent à la perfection, à la faveur des austérités qui, comme des vents favorables, les poussent et les aident à voler. La chair, spiritualisée par les macérations et par les austérités, devient elle-même légère en quelque sorte, et laisse l'âme libre de s'élancer et de s'unir à Dieu, sans l'appesantir vers la terre.

Ce ne fut pas sans doute, pour un des plus grands pénitents de ce siècle, une légère affliction d'être obligé d'arrêter l'ardeur de ses disciples pour la pénitence, et d'éteindre en partie ce feu qu'il avait allumé, encore plus par ses exemples, que par ses discours. Il connut, par expérience, avec un grand sentiment de douleur, qu'il n'est presque pas possible de relâcher les pratiques de la mortification, sans en relâcher l'esprit. Il n'arrive guère que la ferveur de l'esprit se soutienne dans les aises de la chair, parce que la grâce, qui se mesure sur les violences que l'âme se fait, diminue quand on en relâche quelque chose. Toutefois le Bienheureux de la Salle qui s'abandonnait en tout à la conduite de la divine Providence, et qui ne voulait point être sage à ses propres yeux, fit en cette occasion le sacrifice de ses attraits, de ses lumières et de son expérience, et il alla chercher, dans une aveugle obéissance, une sûreté qui ne se trouve point dans la pénitence la plus austère, lorsqu'elle n'est ni ordonnée, ni réglée.

Ce sacrifice n'apaisa pas la tempête ; ce qui aurait dû naturellement arriver puisque les pratiques de pénitence, dont l'homme ennemi s'était servi pour l'exciter, avaient été retranchées. Quoiqu'il vît son intrigue échouer, il ne se rebuta point. S'il n'attaqua plus le serviteur de Dieu à face découverte, il le fit par des voies détournées. C'est ce qu'on va voir dans le chapitre suivant.

CHAPITRE XXI.

Murmures et mécontentements que l'ennemi du Bienheureux de la Salle tâche de semer dans la communauté par son affidé. — (1703.)

LA persécution paraissait avoir cessé, et cependant elle continuait toujours. Celui qui en était l'auteur, voyant le peu d'effet qu'avait eu sa première attaque, en tenta une autre qui lui réussit assez bien, et qui mit le Bienheureux de la Salle dans de nouvelles alarmes, en exposant son Institut à de nouveaux périls. Nous avons dit que l'adroit ennemi du serviteur de Dieu avait eu l'artifice de faire remplacer M. Bricot par un autre ecclésiastique à sa dévotion, qui, sans faire aucun office de supérieur, allait jeter la zizanie dans la communauté.

I. — Discours malins que sème dans la communauté des Frères l'ecclésiastique qui venait les voir, pour les indisposer contre le Bienheureux de la Salle.

CET abbé, plein de l'esprit de celui qui l'envoyait, venait de temps en temps à la maison du Noviciat examiner ce qui se faisait, sonder les esprits et les dispositions des Frères, et préparer les voies à un changement de gouvernement. Le dessein des adversaires était d'éloigner, par artifice, celui qu'ils n'avaient pu faire déposer par autorité, et d'employer à le chasser ceux-là mêmes qui avaient été si zélés pour le maintenir en place. Pour conduire l'intrigue à ce but, il fallait trouver le moyen d'inspirer aux Frères des préventions contre leur Supérieur, de leur insinuer du dégoût de leur état, de rompre l'union qu'ils avaient avec le Bienheureux de la Salle, et de faire succéder dans leurs âmes l'indifférence à l'attachement, la dissimulation à la confiance, et le silence à l'ouverture de cœur.

Celui qui prêtait son ministère à un pareil dessein, ne désespéra pas de trouver des voies pour mener à son but les Frères qui l'écouteraient, et de tirer de la pauvreté de leur maison, de la mortification de leur nourriture, de la grossièreté de leurs habits, de la dureté prétendue de leur gouvernement, des motifs propres à les dégoûter. Ceux qui lui prêtaient l'oreille, l'entendaient gémir de leur sort, et former des plaintes sur leur misère. « Quoi ! leur disait-il, serez-vous toujours pauvres, déchirés, malpropres, et avec des habits en lambeaux ? Est-ce donc que votre Supérieur n'a pas de quoi pourvoir à vos besoins les plus pressants ? Pourquoi donc se charge-t-il de tant de Frères, et remplit-il la maison de gens qu'il ne peut pas nourrir ? Mais, après tout, ne trouve-t-il pas dans les pensions des écoles, qui lui sont exactement payées, un fonds suffisant pour les maîtres qui les conduisent ? N'est-il pas juste que ceux-ci vivent de leur travail, et qu'on ne les frustre point du prix de leurs services ? Que devient cet argent ? Pourquoi n'est-il pas employé pour les besoins de ceux qui le gagnent ? Pourquoi laisse-t-on manquer de tout ceux qui ne doivent manquer de rien ? A quoi donc pense votre Supérieur ? Où est sa charité, son humanité même, de refuser le nécessaire à des ouvriers qu'il emploie ? »

Il insistait surtout sur ce qu'ils ne buvaient que de l'eau, et ces complaintes étaient suivies de promesses que le vin ne leur manquerait pas, s'ils savaient accepter un Supérieur qui leur donnât l'exemple d'en boire. Un des Frères également fatigué de la complainte, et scandalisé de la promesse, lui répondit un jour : « *Monsieur, l'eau est bonne ; elle tient le teint frais. C'est pourquoi si vous voyez sur nos visages un air de santé, que les jeûnes et la pénitence n'ont point effacé, nous en avons l'obligation à la liqueur que fournit la rivière.* »

Après un tel discours, cet ecclésiastique ne parla plus contre le serviteur de Dieu en termes si piquants. Il sut accommoder ses paroles au temps et aux circonstances présentes ; il sut les ajuster à la disposition de ceux à qui il parlait. Il se servit de toutes sortes de voies pour mériter créance. Tantôt il s'étudiait à leur inspirer le désir d'un gouvernement nouveau sous un chef moins austère ; tantôt il tâchait de gagner ceux-ci en leur inspirant le relâchement ; de persuader ceux-là en grossissant à leur imagination les peines de leur état ; de flatter les uns par de belles espérances, d'intimider les autres par la crainte d'un avenir qui n'aurait pour eux que des épines, et enfin il promettait à tous une vie plus douce et plus heureuse ; tantôt, en revenant sur le passé, il voulait les faire convenir qu'ils avaient eu tort de refuser le nouveau Supérieur, que Dieu lui-même leur avait envoyé par le moyen de leur archevêque.

Le but de tous ces discours était de rendre odieuse la conduite du Bienheureux de la Salle. Il serait trop long de donner le détail des dangereuses conversations du visiteur. Ce n'était point, ce semble, de dessein formé, c'était comme à l'aventure qu'il débitait et donnait ses réflexions. Il prenait ses moments, il étudiait les occasions, il sondait les dispositions.

Pour tout dire en un mot, le prêtre qui servait si bien le persécuteur, venait à la maison avec les mêmes dispositions d'esprit qu'Absalon lorsqu'il allait au palais de David, pour semer l'indisposition contre le gouvernement, pour solliciter les cœurs des enfants d'Israël à la défection, et pour les armer contre leur chef. Cependant ses intrigues n'eurent pas le succès qu'eurent celles du fils perfide du plus saint roi qu'ait eu Israël. Ou le discoureur parlait sans être écouté, ou il était écouté sans être cru, ou, s'il fut cru de quelques-uns, ce ne fut point au désavantage personnel du Bienheureux de la Salle.

Si ces impressions malignes eurent quelques effets, ce ne fut que par contre-coup que le Supérieur en reçut les atteintes. Aussitôt que le dangereux émissaire paraissait, les Frères fuyaient. Ils s'étudiaient à éviter sa rencontre. En vain, en épiant tout ce qui se faisait, les attendait-il au passage : ceux qu'il arrêtait coupaient court avec lui, et se dérobaient au plus vite. Pour ce qui est du Bienheureux de la Salle, il allait au devant de lui pour lui faire honneur, et il ne lui parlait qu'avec grand respect. Il faut pourtant avouer que cette belle morale, débitée avec art et en secret, dans un temps où la sévérité de la pénitence fut relâchée, ne servit pas à augmenter la ferveur dans la maison; qu'elle devint même pour les tièdes un piège dans lequel quelques-uns tombèrent et trouvèrent leur perte. Autre source d'affliction pour un homme qui aimait ses disciples, comme un père chérit ses enfants, et qui déplorait leur perte comme une tendre mère pleure celle d'un fils unique.

Tout ce que voulait le serviteur de Dieu, c'était la sanctification de ceux que Dieu lui avait donnés ; et sa communauté, quoiqu'elle fût son ouvrage, n'avait d'attrait pour lui qu'autant que Dieu y était bien servi et que l'esprit de JÉSUS-CHRIST y régnait. Y voir affaiblir la ferveur, c'était le plus grand martyre que son âme pût souffrir ; et, volontiers, il eût consenti à la destruction de son Institut, il eût été même le premier à l'abandonner, si les sujets qui le composaient eussent voulu dégénérer de leur première vertu. Quel était donc le tourment de son cœur, quand il en voyait quelques-uns se démentir et retourner sur leurs pas dans un chemin où il faut toujours avancer ! Ce fut cette croix intérieure qui succéda en lui à l'extérieure dont nous venons de parler. Le relâchement de plusieurs des principaux disciples du saint prêtre fut le fruit de mort que produisirent les fréquentes visites de l'ecclésiastique commis pour épier tout ce qui se faisait dans la grande maison, et fort vigilant pour saisir les occasions d'y nouer des intrigues, et d'y jeter des préventions contre le Supérieur.

II. — Mauvais effets de ces malins discours sur deux Frères.

LE premier qui reçut ces malignes suggestions, et qui se dérangea, fut celui que le Bienheureux de la Salle regardait comme son bras droit. Dégoûté, il en dégoûta un autre, et prit avec lui le chemin d'un lieu où l'on attendait des Frères. C'était un établissement nouveau, dont la création avait été concertée avec le serviteur de Dieu. Le perfide disciple qui en avait connaissance s'en servit pour s'évader de la maison et profiter de l'occasion de s'assurer du pain le reste de ses jours. Ayant pris mission de lui-même, il alla avec son compagnon, à l'insu de son Supérieur, occuper, ou plutôt dérober une école, avec l'habit de Frère et avec une apparence d'obéissance qui trompa le curé. Il n'y gagna rien : après avoir été reçus, lui et son compagnon, avec toutes sortes de témoignages d'estime et de bonté, comme des enfants du Bienheureux de la Salle, ils furent chassés avec honte, aussitôt que leur hypocrisie et leur désertion furent connues des supérieurs ecclésiastiques.

M. le curé reçut ordre de MM. les grands-vicaires de jeter hors de sa paroisse ces deux déserteurs impudents, qui s'étaient ingérés dans leur emploi, sans mission de leur part et sans celle de leur saint Instituteur. Les malheureux fugitifs revinrent aussitôt à la maison, qu'ils avaient déshonorée et scandalisée par une sortie clandestine ; mais la communauté leur en ferma les portes, et supplia leur Père commun de ne point se laisser attendrir sur ces deux enfants de Bélial, dont il était important de faire un exemple.

III. — Le maître des novices indiscret, qui avait attiré au Bienheureux de la Salle tant de croix, se dégoûte, va à la Trappe où on refuse de le recevoir.

LE second qui vint à son tour percer le cœur de son Père, fut le maître des novices, cet indiscret, cet impitoyable maître qui avait fait gémir les novices sous le joug si dur de sa conduite, et qui, par ses saillies d'un esprit de pénitence que l'humeur et le tempérament inspiraient, avait attiré, non sur sa tête, mais sur celle de l'homme de Dieu, l'horrible persécution dont nous venons de parler, et dont toutes les autres qui vont suivre sont les effets. Ce pénitent fantasque qui avait dégoûté, ou de leur vocation, ou de la perfection, plusieurs de ceux qui étaient commis à ses soins, par l'abus qu'il faisait de son office, s'en dégoûta lui-même. Que ne s'en dégoûtait-il plusieurs années auparavant? il aurait épargné au saint Instituteur de grandes croix, et à son Institut les ravages spirituels dont nous commençons le recit.

Ennuyé donc de son emploi, il demanda d'en être déchargé, et d'être envoyé dans une école où la fantaisie le portait. Sur le refus que lui fit le Bienheureux de la Salle, pour de justes raisons qui nous sont inconnues, il se laissa emporter à un attrait séducteur, qui, en le retirant d'une maison de pénitence, le fit courir à une autre dont il ne trouva pas l'entrée ouverte. C'était à la Trappe qu'il voulait se retirer. Il fit bien voir que ce dessein n'était pas l'inspiration du Père céleste, par le moyen qu'il prit pour l'exécuter. En effet, cet homme, emporté par un mouvement de passion, plutôt que par celui du Saint-Esprit, au lieu de déclarer son projet à son Supérieur, le cacha avec soin et n'en fit confidence qu'à un seul Frère assez ancien, qu'il choisit pour compagnon de son évasion.

Les deux déserteurs, arrivés à la Trappe avec l'habit de la communauté, en trouvèrent la porte fermée, car l'abbé qui avait succédé à M. de Rancé, et qui connaissait particulièrement le serviteur de Dieu, ne voulut pas les recevoir sans s'être informé pourquoi et de quelle manière ils avaient quitté leur communauté. Il eut même la bonté d'écrire au Bienheureux de la Salle, pour savoir de lui si ces deux Frères avaient pris ses ordres pour se retirer à la Trappe.

Le saint prêtre reçut cette lettre dans le temps où l'évasion de ces deux sujets le jetait dans un étrange embarras, parce qu'il n'en avait point d'autre sous la main pour les remplacer. L'espérance de recouvrer ces deux prodigues, adoucit sa douleur. Après avoir remercié l'abbé de la Trappe de la nouvelle qu'il lui avait donnée, et qui avait calmé son inquiétude, il le supplia de les lui renvoyer, et de n'en point recevoir d'autres à l'avenir sans son agrément; ce qui fut exécuté.

Le maître des novices fut envoyé à Chartres où il mourut trois ans après d'une maladie violente. L'autre sortit de la Société peu de temps après. Exemples terribles des vengeances de Dieu sur ceux qui se conduisent par leur propre esprit, ou qui sont infidèles à leur vocation ! Il sert à faire connaître la vraie et la fausse vertu, et à faire voir qu'une dévotion toute naturelle ne fut jamais la véritable; et que celle-là est seule pure qui est fondée sur la parfaite abnégation de l'esprit propre, de l'humeur et des inclinations de la nature.

IV. — Les deux Frères qui conduisent les écoles dominicales désertent.

CEUX qui succédèrent à celui-là pour faire le tourment de leur Instituteur, furent les deux Frères employés aux écoles dominicales, dont on a parlé ci-dessus ([1]). On a dit que le Bienheureux de la Salle n'avait épargné ni soins ni dépenses, pour leur faire apprendre le dessin, la géométrie et les mathématiques. Nés avec l'aptitude pour ces sciences, ils s'étaient mis, par l'étude et par la disposition qu'ils avaient reçues de la nature, en état de devenir d'excellents maîtres et d'enseigner avec succès. Flattés par quelques-uns de leurs disciples de l'espoir d'un gain abondant, s'ils voulaient destiner à leur profit les peines qu'ils consacraient à la charité gratuite, ils ouvrirent l'oreille du cœur à cette flatteuse proposition que l'ancien serpent leur suggérait.

La tentation écoutée fit bientôt de grands ravages dans leur intérieur, et y alluma un incendie qui consuma un reste de vertu, que la vanité secrète et la vaine complaisance avaient déjà entamée et gâtée. Dégoûtés d'un état qu'ils avaient embrassé par vocation, et qui leur avait plu aussi longtemps qu'ils n'en savaient pas plus que les autres Frères, ils annoncèrent eux-mêmes au Bienheureux de la Salle le parti qu'ils avaient pris, et ils le prièrent de leur ouvrir les portes d'une maison qui ne leur présentait pour salaire, de leurs savantes leçons, que des récompenses invisibles et éloignées.

Une forte chaîne les arrêtait dans cette maison, et ils l'avaient eux-mêmes fabriquée, en faisant vœu perpétuel d'obéissance et de stabilité. Mais ce lien tout indissoluble qu'il est, pour une âme qui n'a pas perdu toute crainte de Dieu, n'est pas assez fort pour celle qui s'est attiédie et qui est déchue de sa première ferveur.

En vain donc le serviteur de Dieu, étonné, affligé, scandalisé de la résolution des deux Frères, essaya-t-il, après les encourage-

---

1. Chapitre XVII, § II.

ments et les remontrances, de les arrêter par les devoirs d'une conscience devenue sourde et aveugle. En vain s'efforça-t-il, après leur avoir représenté les frais qu'il avait faits pour l'acquisition de la science qu'ils tournaient à la perte de leurs âmes, de leur montrer, et le crime qu'ils allaient commettre, et la punition qu'ils devaient attendre de la justice divine : il parlait à des enfants prodigues qui avaient pris leur parti, et qui ne pouvaient plus rester dans la maison de leur père.

Ils entendirent encore, avec un cœur endurci, le serviteur de Dieu leur faire la triste peinture de l'état dans lequel ils l'allaient mettre par leur désertion. Vous savez, leur dit-il, combien M. de la Chétardie prend à cœur les écoles dominicales. Elles tombent si vous vous retirez. Comment pourrai-je en apprendre la triste nouvelle à M. le curé de Saint-Sulpice, passionné saintement pour cette école qui est de son invention, et dont il a vu tant de fruits ? Qu'allez-vous donc faire en laissant tomber les écoles, si ce n'est d'ensevelir les autres sous leurs ruines, et d'achever de m'ôter mon soutien, aussi bien que le plus grand protecteur et bienfaiteur de l'Institut ? Tous ces maux qui suivent votre sortie, et qui, en vous intéressant, intéressent un corps dont vous êtes les membres, ne sont-ils pas capables de vous faire changer de résolution ?

Le Supérieur parla inutilement à des hommes qui s'étaient rendus sourds à la voix du Saint-Esprit. Leur sortie était conclue; l'avarice et l'ambition avaient également concouru à leur faire prendre cette détermination. Ils l'exécutèrent au grand déplaisir du serviteur de Dieu, et malgré la constante opposition qu'il y apporta. Le plus passionné, entraîné par l'impatience de sortir, s'évada. Le Bienheureux de la Salle remplit sa place comme il put. L'autre, après avoir eu bien de la peine à retarder de quelques mois sa sortie, imita le funeste exemple du premier. Ce scandale acheva de désoler l'homme de Dieu, et de le jeter dans un étrange embarras : aussi Dieu ne tarda-t-il pas à le venger, en faisant porter au premier de ces lâches déserteurs le châtiment de son crime. Chagrin de voir ses projets s'évanouir, et de trouver la misère où il était allé chercher une fortune, il mourut sans sacrements sur la paroisse Saint-Roch, à Paris, en l'an 1709, d'une mort causée par l'extrême pauvreté qui le vint accabler, au lieu de l'abondance dont l'espoir flatteur avait occasionné son péché.

V. — Chute momentanée des écoles dominicales par le refus que font les Frères d'apprendre les sciences qu'on y enseignait.

LE Bienheureux de la Salle, qui ne se décourageait jamais, et qu'une suite continuelle de croix et de contretemps fâcheux avait formé à la patience, destina au plus tôt celui de ses disciples qu'il jugeait le plus propre à apprendre les sciences qui étaient du goût de M. le curé de Saint-Sulpice, et qui ajoutaient un grand éclat au succès des écoles dominicales. Mais il fut bien étonné de la répugnance de ce Frère pour cet emploi. Cette répugnance n'avait point d'autre principe que sa vertu. Ce n'était ni dégoût de sa vocation, ni fantaisie, ni propre volonté, ni esprit de paresse qui lui inspiraient de la répulsion pour l'étude de ces sciences brillantes, c'était l'amour de son état, et le désir d'y persévérer.

L'exemple des deux déserteurs le frappait, et il craignait de trouver sa perte dans un emploi qui avait occasionné la leur. Plein d'une sainte défiance de lui-même, pour se précautionner contre leur funeste exemple, il voulait demeurer dans la simplicité de sa profession, et fermer toutes les entrées de son cœur à la vanité, à l'ambition, à l'avarice. Ce fut par cet esprit qu'il se défendit de se préparer à un emploi dont il craignait les périls, et qu'il envisageait avec frayeur comme une occasion de chute, ainsi qu'il l'avait été pour deux autres. Il prit même la liberté de représenter à son Supérieur, que la perte des deux Frères dont la science avait enflé le cœur, était un avertissement sensible que Dieu donnait aux autres de se borner aux simples fonctions de maîtres d'écoles gratuites, qui sont la lecture, l'écriture, l'arithmétique, le catéchisme et les instructions chrétiennes.

De plus, ce Frère, effrayé du malheur des deux déserteurs, communiqua sa crainte à tous les autres, et, en les faisant entrer dans son esprit, il les indisposa contre l'étude des sciences supérieures, comme contre un écueil presque inévitable, où viendrait échouer la vertu la plus solide. Tous, prévenus de cette idée, vinrent supplier le Bienheureux de la Salle de les laisser dans leur première simplicité, et de ne les point obliger d'acheter, au risque de leur salut, des sciences étrangères à leur profession.

Le Bienheureux de la Salle, assez embarrassé de ce concert unanime de ses disciples contre un dessein qui avait son utilité, se contenta de répondre que, sans entrer dans l'examen des raisons qui pouvaient fonder leur répugnance, ils devaient, par une raison supérieure, en faire le sacrifice ; que l'obéissance, la défiance d'eux-mêmes et la pureté d'intention, leur serviraient de sauvegarde entre l'écueil où la faible vertu des deux premiers maîtres de géométrie et de dessin avait fait naufrage ; qu'il fallait soutenir les écoles dominicales dont le fruit était sensible et grand, et qu'il était sûr qu'elles tomberaient, si on cessait d'y enseigner ces sciences ; enfin qu'il n'était pas le maître de la chose ; qu'il savait bien que M. le curé de Saint-Sulpice duquel ils dépendaient, et dont le secours leur était si nécessaire, avait à cœur cette œuvre ; qu'il y avait à appréhender que leur résistance sur cet article ne fût punie de son indifférence et de son abandon.

Le Bienheureux de la Salle, qui avait un grand fonds de respect pour le mérite insigne de M. de la Chétardie et une profonde reconnaissance pour toutes les obligations qu'il lui avait, ne pouvait ignorer la froideur que lui témoignait celui-ci, et n'était pas peu affligé d'avoir perdu un si bon ami et un si puissant protecteur. Ce qui le consolait, c'est que M. le curé de Saint-Sulpice ne faisait point passer l'indifférence pour sa personne jusqu'à son œuvre. C'est pourquoi, par devoir et par intérêt, il tâchait de ménager, avec toutes les précautions possibles, dans le vertueux pasteur, un reste de zèle pour l'Institut et de bonté pour ses disciples. C'était là le principal motif qui l'avait engagé à faire étudier à ses disciples les sciences nécessaires pour continuer les écoles dominicales.

VI. — Raisons que les Frères apportent à l'appui de leur refus.

CES raisons étaient fortes et devaient persuader les Frères de la nécessité de vaincre leur répugnance, quoique très bien fondée, à l'égard de l'étude des sciences déjà funestes à deux de leurs compagnons, et périlleuses pour tous les autres. S'ils se fussent montrés dociles, ils eussent épargné à leur supérieur de nouvelles afflictions ; car c'était toujours lui qui était considéré comme le coupable, et sur qui retombait le châtiment des fautes de ses disciples. Ces hommes prévenus ne voulurent point démordre de leur résolution, et pour faire voir que ce n'était point un esprit de désobéissance, mais la crainte salutaire d'échouer où les autres avaient déjà fait naufrage, ils composèrent un écrit, que l'un d'entre eux présenta au Bienheureux de la Salle, où ils combattaient avec tant de force l'étude des sciences en question, qu'ils ne doutaient point de faire autoriser leur sentiment du suffrage du serviteur de Dieu, s'il avait la bonté de le lire.

Il le lut et ne répondit pas une seule parole ; soit qu'il le crût en effet sans réplique, soit qu'il vît qu'il était inutile d'en faire. Si on juge de ce qu'il pensait par ce qu'il fit, il demeura convaincu par la force des raisons de ses disciples, et il entra dans leur sentiment, car il alla trouver M. de la Chétardie pour le supplier de consentir à la suppression de ces sortes d'études. Par malheur, M. le curé de Saint-Sulpice, plein de ses préjugés contre le serviteur de Dieu, lui attribua le refus que faisaient les Frères ; et, le croyant lui-même l'auteur de la requête qu'il venait lui présenter, il le reçut très mal.

VII. — La chute momentanée des écoles dominicales attire au Bienheureux de la Salle une persécution de la part de M. le curé de Saint-Sulpice.

COMME un préjugé en fait naître un autre, M. de la Chétardie, qui n'ignorait pas la désertion des deux Frères, en jugea coupable le Bienheureux de la Salle, et lui en fit de sanglants reproches. Le saint prêtre les écouta avec une patience, une douceur et une tranquillité qui, en montrant son innocence, découvraient la joie de son âme au milieu de l'ignominie. Les jours d'humiliation étaient pour lui des jours de fête, et il s'en retourna, après avoir reçu cet accueil, le cœur plein de jubilation. Quelques jours après, le saint Instituteur, qui sentait toujours un fonds de peine de voir M. le curé de Saint-Sulpice si indisposé contre lui, se croyant obligé de faire son possible pour détruire ses préventions, lui porta l'écrit que le Frère lui avait mis en main, dans le dessein de se disculper et de lui donner une preuve que ce n'était pas lui, mais ses disciples, qui avaient conçu une répugnance invincible pour l'étude de ces sciences, dont ils craignaient de faire abus.

Les desseins de Dieu sont incompréhensibles sur ses serviteurs, et il permet souvent que ce qui fait leur justification, serve à leur condamnation. M. le curé de Saint-Sulpice crut ne voir que de l'artifice dans une conduite si simple, et s'imagina que celui qui lui présentait le mémoire en était le véritable auteur. La lecture qu'il en fit augmenta le soupçon qu'il avait, que le Bienheureux de la Salle y avait travaillé ; c'est pourquoi il lui reprocha avec émotion qu'il reconnaissait dans cet ouvrage le caractère de son esprit, et que si cet écrit n'était pas sa production, il était au moins fait par ses ordres.

En vain l'humble prêtre voulut persuader M. le curé qu'il n'avait aucune part à cet écrit, et qu'il avait été fait à son insu ; il ne fut pas cru. M. de la Chétardie s'oublia même en ce moment, car il le traita de menteur. Dieu le permit ainsi pour épurer la vertu de son serviteur, et fit servir un trait de vivacité, échappé de la bouche d'un homme fort modéré, pour exercer la patience de l'innocent accusé. Cette injure ne passa point jusqu'au cœur d'un homme comme naturalisé avec le mépris et les affronts, qui se contenta de répondre très respectueusement : « C'est avec ce mensonge, Monsieur, que je vais dire la sainte messe. » Il alla, en effet, célébrer le saint sacrifice à la paroisse.

Au reste, le saint prêtre n'en fut pas quitte à si bon marché. Sa destinée était d'expier, ou les fautes réelles que ses disciples avaient commises, ou les fautes imaginaires qu'on lui imputait. M. le curé punit la cessation des leçons de dessin par le retranchement de la pension qu'il payait. Cette pénitence fut plus sensible à l'humble supérieur que l'injure qui lui avait été dite, et il fut doublement affligé de la ruine d'un si grand bien et du juste mécontentement de M. le curé de Saint-Sulpice.

Toutefois l'école dominicale ne fut pas longtemps interrompue, car l'un d'entre les Frères, voyant l'étrange embarras où le refus d'étudier avait jeté leur supérieur, et l'extrême pauvreté de la maison qui en avait été la suite, s'offrit à lui pour apprendre à dessiner. L'ayant appris en peu de temps, l'école dominicale reprit son cours. Plus de deux cents élèves la remplirent, comme à l'ordinaire. Ce qui est merveilleux, c'est qu'ils ne s'ennuyaient point chez les Frères où ils passaient l'après-dînée presque entière, partagée en exercices de lecture, d'écriture, d'arithmétique et de ces autres sciences.

Le plus grand profit qu'en tirait cette jeunesse pauvre, pour l'ordinaire fort débauchée, c'est qu'elle oubliait le chemin des cabarets et des autres lieux dangereux, qu'elle apprenait à sanctifier les dimanches et les fêtes par la prière, et à gagner les biens du ciel et ceux de la terre. Plusieurs changeaient de conduite et vivaient en vrais chrétiens, fréquentaient les sacrements et les églises, après avoir réparé les désordres de leur vie passée par une bonne confession générale.

La réouverture de l'école dominicale rouvrit la bourse de M. le curé de Saint-Sulpice. L'apprentissage du dessin reprit en même temps vigueur dans les écoles ordinaires ; car M. le curé l'y avait aussi établi pour les enfants. Ce bien subsista encore quelque temps, et prit fin sur la paroisse Saint-Antoine, comme il sera bientôt dit.

LIVRE TROISIÈME.

Où le Bienheureux de la Salle est représenté comme le grand Zélateur de l'Instruction et de l'Éducation chrétienne de la jeunesse pauvre et abandonnée.

Diverses tribulations qui le suivent de tous côtés, et qui donnent lieu à divers établissements.

JÉSUS-CHRIST l'a dit : « *Si le grain de froment ne meurt en terre, il ne produit point de fruit. Ce n'est que par sa mort qu'il renaît et qu'il se reproduit au centuple* ([1]). La vérité de cet oracle trouve sa preuve dans celui-là même qui l'a prononcé : car c'est sa mort qui a rendu la vie au genre humain, c'est sa croix qui est la clef du royaume des cieux. Aussitôt qu'il y a été attaché, il a attiré toutes choses à lui, et il a fait de l'instrument de son supplice le trophée de ses victoires. Les membres suivent le sort du Chef. Plus ils sont mortifiés, plus l'esprit les vivifie : c'est la mort de la nature qui leur procure la vie de la grâce. C'est la persécution qui, en épurant leur vertu, la fait fructifier, croître et multiplier. En effet, c'est la persécution qui, en dispersant les Apôtres, a montré à l'univers ses conquérants, et qui, en les faisant fuir de ville en ville, a porté la Foi, l'Évangile et le nom de JÉSUS-CHRIST, sur leurs pas, dans toutes les parties du monde. Or, ce que l'Église a vu dans sa naissance, chaque fidèle le reproduit. Les membres particuliers de ce grand corps mystique n'ont point d'autres principes de leur origine et de leurs progrès spirituels. Ils croissent et ils se fortifient comme lui, au milieu des croix. Les plantes choisies pour la terre nouvelle, qui est le royaume des cieux, prennent racine sur le Calvaire, ne croissent qu'à l'ombre de la Croix, et ne se multiplient qu'autant qu'elles sont arrosées du sang que les clous, les fouets et les épines ont tiré des veines du Sauveur. Ainsi, c'est la Croix qui, en éprouvant la vertu des saints, perfectionne leurs œuvres. Dans le temps même que l'ennemi du genre humain secoue avec plus de fureur la plante que

---

1. S. Jean, XII, 24-25.

le Père céleste a mise dans le champ de son Église, sa main toute-puissante la soutient avec plus de force, et lui fait prendre de plus profondes racines. C'est ainsi qu'on va voir, dans ce troisième livre, le vent de la persécution porter l'Institut avec l'Instituteur en différentes villes du royaume, et le Bienheureux de la Salle laisser des Écoles chrétiennes dans les lieux où il est obligé de fuir.

CHAPITRE PREMIER.

Le Bienheureux de la Salle, obligé de quitter la grande maison, va s'établir au faubourg Saint-Antoine, en 1703. La persécution l'y suit et l'en chasse. — (1703-1704.)

I. — Les Frères pressent le Bienheureux de la Salle de quitter la grande maison pour se dérober aux persécutions de son ennemi. Il a peine à y consentir.

LES visites fréquentes et dangereuses, que l'émissaire de l'ennemi du serviteur de Dieu faisait dans la grande maison du noviciat, après avoir longtemps fatigué, éprouvé et exercé la patience des Frères, leur devinrent enfin insupportables, et depuis longtemps ils sollicitaient celui qui en était l'objet de céder le terrain et d'aller chercher la paix ailleurs.

Quoique l'homme ennemi eût en vain épuisé tous ses artifices contre le vertueux Instituteur, il n'avait cependant que trop bien réussi à jeter dans son champ la zizanie, dont le fruit pernicieux avait été la chute de huit ou neuf de ses principaux disciples. Les autres, attachés à leur vocation, avec moins de talents et plus de vertu, témoins du naufrage des déserteurs, tremblaient et voulaient se précautionner contre la tentation.

Le maître n'était pas du sentiment de ses disciples. Il avait un grand attrait pour la grande maison qu'il habitait avec eux, parce qu'elle était toute propre pour une communauté ; elle semblait même être faite pour celle du Bienheureux de la Salle en particulier. Proche d'une des barrières de la grande ville, dans un air pur et serein, vaste et spacieuse, avec de grands jardins et de grandes cours, éloignée de tout bruit, elle favorisait toutes les inclinations de l'homme de Dieu. Quand il aurait été lui-même maître de se choisir, dans Paris ou aux environs, une maison à son gré, celle-là aurait fixé ses désirs. Aussi avait-elle déjà été occupée par une communauté de religieuses qui portaient le nom de Notre-Dame-des-Dix-Vertus. Elles étaient de l'Institution de la B. Jeanne de France; son image, peinte sur le mur d'une des salles, avec celle du P. Gabriel-Maria-de-JÉSUS, carme déchaussé, qui avait dirigé cette maison, se voyait encore du temps que les Frères l'habitaient. Il y avait aussi sous la chapelle un souterrain où l'on enterrait les religieuses. De plus, le Bienheureux de la Salle désirait, depuis longtemps, avoir une maison en propriété, où le noviciat pût être fixé à Paris, et dans un lieu commode. Cette capitale étant le centre du royaume, il désirait aussi en faire celui de sa société.

Cette maison était alors en vente, et l'acquisition en eût été aisée à un homme moins pauvre que le Supérieur des Frères. Le propriétaire le pressait depuis longtemps d'en passer contrat avec lui, et il était disposé à lui céder, pour 45,000 livres un bien qui en valait plus de cent mille ; en effet, celui qui l'acheta le prix qu'on vient de marquer, la revendit le double peu de temps après. Mais où le pieux Instituteur aurait-il trouvé la somme qu'on lui demandait alors pour l'achat de cette maison ? La pauvreté lui en ôtait toute espérance. N'osant pas même porter devant Dieu ses désirs sur une maison de si haut prix, il se contentait de prier et de faire prier la bonté de Dieu de lui en accorder une propre pour le noviciat.

A ce dessein, dès son entrée dans cette grande maison, il établit une procession qu'on faisait après la récitation du petit office de la très sainte Vierge, dans le jardin, quand le temps le permettait en chantant les psaumes, *Domini est terra et plenitudo ejus*, etc. *Miserere mei Deus*, etc., les litanies de la très sainte Vierge, avec l'oraison qui commence par *Memorare*, et celle de l'Église, *Deus cujus providentia*, etc. *Deus qui culpa offenderis*, etc. Il y assistait tous les jours lui-même, en surplis. Ses vœux et ceux de sa communauté semblèrent exaucés de Dieu ; car un particulier, inspiré du Ciel, laissa, par testament, au Bienheureux de la Salle, cinquante mille livres, exprès pour établir son noviciat. Qui le croirait ? Les ennemis du serviteur de Dieu eurent assez de crédit pour faire tomber ce legs entre leurs mains, et en frustrer celui à qui il avait été laissé, comme il sera dit ailleurs. Ainsi cette maison fut, par rapport à M. de la Salle, ce que la terre promise fut à l'égard de Moïse ; prêt à en avoir la possession, il s'en vit dépouillé.

II. — La grande maison est louée, mais le Bienheureux de la Salle obtient du propriétaire la grâce d'y rester encore quelque temps.

LE legs pieux qui était venu si à propos pour l'achat d'une maison si désirée, ayant manqué, laissa sur le pavé le Bienheureux de la Salle avec sa Communauté : car la vente en ayant été faite alors, l'acquéreur leur donna congé. Ce nouveau désastre arriva sept mois après les affaires qu'on avait suscitées au serviteur de Dieu, auprès de Mgr l'archevêque. Rentré dans les bonnes grâces de Son Éminence, il ne put rentrer en paix avec celui qui lui avait déclaré la guerre. Au moins trouva-t-il cet avantage, qu'en sortant de la maison dont le Ciel lui avait fait un présent si visible, et dont ses ennemis le privaient si injustement, il s'éloignait d'eux et se dérobait à la vue de leurs émissaires.

Nouvel embarras : en quittant cette grande maison, où aller ? Le serviteur de Dieu se vit en cette conjoncture pris au dépourvu; car le nouveau propriétaire, voulant voir au plus tôt la maison vide et en état d'être louée, pressait les Frères et leur Supérieur de sortir. Ceux-ci, ne sachant où donner de la tête, se virent sans ressources ; mais par un ordre secret de la divine Providence qui ne les abandonnait jamais, personne ne se présentant pour louer la maison, le Bienheureux de la Salle prit occasion de ce retard, pour prier le nouveau propriétaire, qui était un homme de bien, de lui laisser le temps de chercher une maison propre pour sa Communauté ; ce qui lui fut généreusement accordé et même gratuitement.

III. — Le Bienheureux de la Salle passe dans le faubourg Saint-Antoine.

ENFIN le Bienheureux de la Salle, après avoir profité pendant six semaines de la charité du nouveau propriétaire de la grande maison, en sortit le 20 août 1703, pour aller demeurer dans une autre assez peu commode, qu'il avait trouvée dans le faubourg Saint-Antoine, rue Charonne, proche du couvent des religieuses de la Croix. Les frais de ce déménagement que la distance des lieux rendit très grands, achevèrent de laisser en proie à la misère la plus pauvre des communautés. Le saint prêtre n'avait pas loué cette nouvelle maison sans l'aveu et le consentement de M. le curé de Saint-Paul, de qui dépendait alors le faubourg Saint-Antoine. Étant allé présenter ses respects au pasteur et demander son agrément, il avait été reçu d'une manière très gracieuse. M. le curé, qui connaissait de réputation le pieux Instituteur, ravi de l'avoir sur sa paroisse, agréa et approuva son dessein, et lui dit avec beaucoup de bienveillance que, quoique ennemi des nouveaux établissements dont il avait écarté plusieurs de sa paroisse, il se déclarait pour le sien, et qu'il lui accordait sa faveur.

Il ne paraît pas que le Bienheureux de la Salle ait passé bail pour cette nouvelle maison, dans laquelle il n'est resté qu'un an et demi environ ; comme s'il eût prévu qu'il serait bientôt obligé d'en sortir. Il ne demanda pas non plus permission d'y dire la sainte messe, soit qu'il fût inspiré de ne pas non plus le faire, soit parce qu'il avait à sa disposition, et vis-à-vis de sa maison, l'église des religieuses de la Croix, où il allait célébrer le saint Sacrifice, et où il menait sa communauté pour l'entendre et y communier aux jours marqués. La distance des lieux n'empêchait pas les Frères des écoles d'aller passer, selon leur coutume, les jours de dimanche, des fêtes et de congé au noviciat.

La ferveur qui les animait alors, et la joie d'être sous les yeux de leur cher Père, leur rendaient douce la longueur du chemin qui est entre les deux extrémités du faubourg Saint-Germain et du faubourg Saint-Antoine.

Quelque attentif que fût le saint prêtre à se cacher, et à ne montrer rien de singulier, un air de sainteté le distinguait, surtout lorsqu'il paraissait à l'autel. Sa ferveur trahissait alors son humilité, et en montrant la dévotion peinte sur son visage, elle annonçait qu'il était un ami et un favori de Dieu. Les religieuses de ce monastère ne tardèrent pas à s'en apercevoir. La majesté, la religion, le recueillement qui l'accompagnaient à l'autel, en leur faisant apprécier la sainteté de ce prêtre inconnu, leur fit naître un grand désir de profiter de son voisinage. D'abord la curiosité leur donna de l'empressement pour entendre sa messe et le voir célébrer. Il était pour elles tous les jours un spectacle nouveau de dévotion, qui rallumait la leur, et elles croyaient voir un ange dans l'exercice des fonctions sacrées. Ensuite plusieurs voulurent se ranger sous sa direction, et lui firent de grandes instances pour obtenir cette grâce.

IV. — Charité des religieuses de la Croix pour le Bienheureux de la Salle et les Frères.

CETTE requête n'était pas du goût du pieux Instituteur, qui, de tout temps, s'était refusé aux étrangers, encore plus aux religieuses, dont la conduite demande un homme qui ait plus de loisir que le soin de sa communauté ne lui en laissait. Mais ces bonnes filles obligèrent, pour ainsi dire, le serviteur de Dieu de leur accorder, par reconnaissance, une grâce qu'il avait tant d'autres raisons de refuser ; car on peut dire que cette charitable communauté a été la nourrice du nouvel Institut, et sa principale ressource depuis l'an 1703 jusqu'à 1711, que le Bienheureux de la Salle alla en Provence.

C'est ainsi que la divine Providence ne manquait jamais, dans le besoin, à celui qui s'abandonnait à elle. Dieu est admirable dans ses desseins, et incompréhensible dans les moyens qu'il emploie pour sanctifier ses serviteurs. Le Bienheureux de la Salle, abandonné de ses meilleurs et de ses plus anciens amis, en trouve de nouveaux et d'inconnus à son arrivée dans une des extrémités de Paris. Obligé, comme le prophète Élie, de se soustraire à la persécution, il trouve une communauté qui semble avoir reçu de Dieu l'ordre de nourrir la sienne, comme la veuve de Sarepta avait reçu le commandement de nourrir le prophète.

Ces charitables religieuses ne donnèrent pas le temps au serviteur de Dieu de leur exposer ses nécessités : elles le prévinrent aussitôt qu'elles en furent informées par quelques personnes du dehors, et lui fournirent de grands secours pour la subsistance de sa famille, transplantée d'une extrémité de la grande ville à une autre, où, inconnue et étrangère, elle avait à souffrir toutes les incommodités de la pauvreté. L'aumône conventuelle suivit le Bienheureux de la Salle partout où il alla avec ses enfants, car la persécution, qui l'allait chercher partout, ne tarda pas de le chasser du faubourg Saint-Antoine, après l'avoir banni du faubourg Saint-Germain. La charité du monastère, qui n'était pas attachée au voisinage, ne cessa pas par l'éloignement du serviteur de Dieu. La distance des lieux ne changea en rien les dispositions des cœurs L'année même 1709, si désastreuse par les calamités que causèrent la famine et la longue rigueur de l'hiver, ne tarit point les libéralités des religieuses de la Croix. Le pieux Instituteur trouva chez elles un fonds assuré pour faire subsister ses enfants, et les garantir de la mort dont les menaçaient la faim et le froid réunis et portés à un degré excessif. Alors, ces servantes de Dieu enrichirent de leurs biens une communauté réduite à la dernière extrémité ; et comme si elles eussent voulu les rendre communs, elles parurent les partager avec le saint homme. Le noviciat était, à cette époque, à la maison de Saint-Yon, presque aux portes de Rouen, dans un délaissement général, en proie à la plus grande misère. Tous les cœurs, et encore plus les bourses d'une ville si riche, étaient fermés pour des gens qui rendaient, depuis plusieurs années, des services gratuits à la jeunesse pauvre. Personne n'avait pitié des Frères, et ils ne trouvaient que des rebuts et des outrages chez les grands, dont ils allaient solliciter la compassion. Ils y auraient péri de faim et de froid, si le Bienheureux de la Salle les eût abandonnés plus longtemps à l'oubli et à la dureté publique. Paris, où l'on peut dire que la vertu tient son empire aussi bien que le vice, et où la charité est exercée avec magnificence par quantité de personnes d'un cœur grand et généreux, Paris, quoique le théâtre de toutes les misères du royaume qui semblaient s'y être concentrées, parut au saint prêtre un asile plus assuré contre les misères du temps qu'une ville de province, opulente à la vérité, mais où les aumônes ne sortent de la main des riches qu'avec poids et mesure, après de longues recherches et de mûres délibérations. Il fit donc revenir à Paris les novices de Saint-Yon, dans l'espérance d'y trouver des cœurs plus tendres sur les besoins de ses enfants. Il ne fut pas trompé ; car il trouva dans le seul monastère des religieuses de la Croix, plus de ressources que dans la florissante capitale de la Normandie. Quand le serviteur de Dieu manquait de tout, il prenait son chemin vers ses bienfaitrices, en disant agréablement : « *Allons à la Croix !* » Aussitôt que ces bonnes dames le voyaient, sans lui donner le temps d'ouvrir la bouche pour expliquer ses besoins, elles s'empressaient de lui faire part de leurs biens, plus selon l'étendue de leur charité, que sur l'étendue de leur pouvoir. C'est l'éloge que doit à une si charitable maison l'histoire de l'Instituteur des Écoles chrétiennes.

V. — Terrible persécution de la part des Maîtres Écrivains, qui pillent la maison des Frères.

LE Bienheureux de la Salle, entré dans la maison du faubourg Saint-Antoine, n'y demeura pas longtemps en paix. Les maîtres d'école lui déclarèrent la guerre avec une fureur nouvelle et avec succès, parce que M. le curé de Saint-Sulpice l'abandonna à leurs coups. C'était par son ordre, que les Écoles chrétiennes avaient été ouvertes, sans distinction, à tous les enfants qui demandaient une instruction gratuite.

Cet ordre était juste, car quel moyen de démêler, dans une grande ville, les familles qui peuvent payer le salaire à des maîtres, d'avec celles qui ne le peuvent pas ? Cependant, c'était le seul ordre d'admettre aux Écoles gratuites tous les enfants qui se présentent, qui alarmait les maîtres des écoles de Paris. Parce que, parmi une centaine d'enfants très pauvres qui viennent aux Écoles chrétiennes, il pouvait s'en glisser trois ou quatre riches ou aisés, c'en était assez pour chercher querelle aux Frères, et vouloir, sans miséricorde, fermer toutes leurs classes.

Livre III. — Chapitre I.

Tenus en bride par le crédit de M. de la Chétardie, qui avait le pouvoir de soutenir l'ordre qu'il avait donné, les maîtres écrivains n'osaient remuer, et quand ils l'avaient osé faire, ils s'en étaient repentis et avaient demeuré en paix ; bien résolus néanmoins de recommencer la guerre, aussitôt que la mort ou le dégoût du protecteur des Frères leur en donnerait le signal. Ce signal leur parut assez marqué dans l'indifférence que montrait M. le curé de Saint-Sulpice pour le nouvel Institut.

Il avait laissé sortir le noviciat de la grande maison ; il ne l'avait pas arrêté sur sa paroisse ; il n'avait plus beaucoup de relations avec le Supérieur des Frères, et nulle confiance en lui. Ses libéralités pour la nouvelle communauté étaient taries, et son zèle pour les écoles gratuites paraissait presque éteint.

Les maîtres d'école l'apprenaient par un bruit sourd, et après s'être bien mis au fait là-dessus, ils sentirent qu'ils n'avaient plus rien à appréhender de l'homme qu'ils craignaient le plus, et qui était le bouclier des Frères. Ils firent plus ; pour s'assurer de ses dispositions, ils l'allèrent trouver en assez bon nombre, et n'épargnèrent rien pour exciter sa commisération, en lui représentant que le crédit qu'il avait jusqu'à présent accordé aux Écoles gratuites, les avait remplies de leurs propres écoliers, et avait augmenté le nombre des pauvres de sa paroisse, sous prétexte de donner à leurs enfants une instruction gratuite, parce qu'il avait ôté le pain aux anciens maîtres et à leurs familles. On ignore ce que M. de la Chétardie leur répondit. S'il est permis de le deviner par ce qui arriva, en les écoutant trop favorablement, et en ne s'opposant plus à leurs desseins, il les mit en liberté de tout oser et de tout entreprendre.

La déclaration de guerre commença par une requête présentée à M. le lieutenant de police, datée du mois de janvier 1704, dans laquelle, après s'être plaint de l'entreprise du Bienheureux de la Salle, prêtre, et de plusieurs autres particuliers, dont il se disait le Supérieur, qui, sans aucun titre ni qualité, tenaient, sous prétexte de charité, plusieurs écoles, ils le suppliaient d'arrêter le cours de ces abus qui s'étaient glissés à leur préjudice. Ils ajoutaient que, quand même il serait vrai que les Frères auraient droit de tenir les Écoles de charité, ils devraient se faire une loi de ne recevoir que des pauvres ; mais que, bien loin de s'en tenir à cette règle, ils admettaient dans plus de vingt écoles qu'ils tenaient, tant dans la ville que dans les faubourgs de Paris, tous ceux qui se présentaient, de quelque état, faculté et paroisse qu'ils fussent. Pour preuve de la vérité de ce qu'ils avançaient, ils joignirent à cette requête un état contenant les noms, qualité et demeures des écoliers qu'ils croyaient n'avoir pas besoin de recourir à la charité, dont les principaux étaient les fils d'un homme vivant de son bien, de deux chirurgiens, d'un charron, d'un serrurier, d'un marchand de vin, d'un épicier, d'un orfèvre et de deux traiteurs, qu'ils donnaient pour gens très aisés.

Cette requête, pleine de faussetés, ne laissa pas de trouver crédit. En conséquence, M. le lieutenant permit de faire assigner les Frères et leur Supérieur; ce qui fut bientôt exécuté. Le Bienheureux de la Salle pouvait aisément se défendre, en représentant: 1º qu'il avait eu permission de Son Éminence, d'avoir une Communauté de Frères, destinés à tenir les Écoles chrétiennes et gratuites; 2º que cette permission le constituait leur Supérieur, et l'autorisait d'ouvrir des écoles charitables; 3º qu'il ne lui était pas possible, ni à ses disciples, de démêler parmi un si grand nombre de pauvres enfants qui viennent chercher des leçons données par pure charité, ceux qui peuvent être à leur aise; 4º que, quand cela serait possible, il ne pouvait porter un jugement droit et équitable sur la fortune des parents, sans avoir fait l'examen juridique de leurs biens; 5º que, n'ayant pas le droit de faire une pareille enquête, il ne pouvait, sans témérité, porter un jugement sur une chose si inconnue, si secrète et si difficile à connaître; 6º que, si lui et les siens voulaient s'ingérer de faire le triage entre les enfants riches et les pauvres, outre qu'ils pouvaient se tromper, ils s'exposeraient à toutes sortes d'insultes et d'outrages; 7º que les noms de chirurgien, de maçon, de charron, de serrurier, de cabaretier, etc., ne donnent pas à tous ceux qui les portent, le privilège d'être à leur aise, etc., qu'il y a bien des pauvres qui portent ces titres; 8º il pouvait répondre, en particulier, que ceux dont on accusait les noms, étaient chargés d'une nombreuse famille, et que le grand nombre d'enfants épuise les ressources de ceux qui ne vivent que de leur métier, ou qui n'ont qu'un revenu très modique; 9º il pouvait encore ajouter que les maladies, les pertes et les autres infortunes, mènent tous les jours à l'hôpital des gens de toutes ces professions, habiles d'ailleurs et laborieux; 10º il aurait bien embarrassé les maîtres d'école, en leur demandant s'ils voulaient se faire caution de la fortune qu'ils attribuaient à ceux qu'ils avaient mis dans la liste des riches, et s'ils étaient prêts à suppléer, de leur bourse, ce qui manquerait à des gens dont ils avaient exagéré le bien; 11º enfin, il pouvait conclure qu'il n'y avait d'apparence que des parents riches ou aisés, fussent d'humeur d'envoyer leurs enfants dans des écoles remplies de fils de soldats, de crocheteurs (1), de brouettiers et de gens de la plus basse condition.

VI. — Le Bienheureux de la Salle se laisse condamner une seconde fois sans se défendre.

DES réponses si propres à fermer la bouche aux maîtres d'école, ne furent point employées par un homme qui crut, dans les circonstances présentes, devoir garder le silence et laisser parler ceux qui étaient en place pour le faire. Le Bienheureux de la Salle, ne regardant pas la cause des écoles gratuites comme la sienne, mais comme celle du public et des pauvres, ne crut pas devoir répondre à l'assignation, ni comparaître.

Les maîtres-écrivains ne manquèrent pas de mettre à profit cette inaction, et de pousser la procédure. Le Bienheureux de la Salle, ni aucun des siens ne comparaissant, ils furent condamnés, par défaut, le 22 février 1704. La sentence faisait défense de recevoir dans les écoles de charité, aucun enfant autre que ceux dont les pères sont véritablement pauvres, et certifiés tels, auxquels il ne sera enseigné que des choses proportionnées à la qualité de leurs parents. Le Bienheureux de la Salle fut de plus condamné aux dépens et à cinquante livres d'amende, aussi bien que chacun des Frères. Cette sentence, qui accordait aux maîtres-écrivains tout ce qu'ils demandaient, et qui faisait une si grande plaie aux Écoles charitables, n'intimida point le saint Instituteur, et n'empêcha point les Frères de continuer leurs leçons ordinaires. On ne sait si le Bienheureux de la Salle paya l'amende. Il y a apparence que les maîtres-écrivains furent obligés de se contenter de l'espérance de la toucher, et d'attendre à demander leurs dépens quand la fortune des Frères serait meilleure, car, pour lors, les Frères, plus dignes de pitié que d'envie, purent mettre leurs rivaux hors d'espérance de se dédommager des frais du procès, sur une Communauté qui vivait d'aumônes, et que l'extrême pauvreté mettait à couvert des exactions pécuniaires. Les choses demeurèrent en cet état pendant trois mois. Au bout de ce temps, les maîtres-écrivains présentèrent à M. le lieutenant de police, le 7 juin de la même année 1704, une nouvelle requête renouvelant toutes les plaintes qu'ils avaient déjà faites contre le Bienheureux de la Salle et ses disciples ; ils l'accusèrent d'avoir contrevenu à la sentence du 22 février, et en demandèrent l'exécution à peine

---

1. Chiffonniers et commissionnaires.

de cinq cents livres de dommages et intérêts pour chacun des contrevenants. Ils demandaient de plus, que le Bienheureux de la Salle fût condamné, dès à présent, à deux mille livres de dommages et intérêts envers ladite Communauté des maîtres-écrivains, attendu les torts considérables qu'il leur avait causés, et que défenses fussent faites à tous particuliers ayant quelque aisance, et qui, par conséquent, ne sont pas dans le cas de profiter de l'établissement des Écoles charitables, d'envoyer leurs enfants auxdites écoles, de les faire enseigner par d'autres que par ceux qui ont caractère et fonction publique ; de rendre notoire ladite sentence en la faisant afficher où besoin serait, et de donner assignation ; ce qui fut exécuté. Cette nouvelle assignation ne fut pas capable d'ouvrir la bouche au Bienheureux de la Salle, ni de l'obliger à comparaître. Cette cause étant celle du public et des pauvres, il crut que c'était aux magistrats eux-mêmes, tuteurs et défenseurs du bien public, qu'il appartenait de la soutenir ; ou il crut que, destitué de tout crédit et de toute protection, il ferait tort à la cause, s'il paraissait en prendre la défense sous son nom.

Ce silence donna pleine victoire à ses ennemis ; ils obtinrent enfin ce qu'ils avaient désiré, la condamnation du Bienheureux de la Salle et de ses Frères par défaut. La sentence du 22 février portée contre eux fut confirmée, et, pour y avoir contrevenu, le Bienheureux de la Salle fut condamné à cent livres, et chacun des Frères qui tenaient école, à cinquante livres de dommages et intérêts envers la Communauté des maîtres-écrivains, avec dépens.

Défenses furent faites aux pères dont les enfants ne sont pas en état d'avoir besoin des Écoles de charité, d'y envoyer leurs enfants pour apprendre à écrire, à peine d'amende et de tous dépens, dommages et intérêts envers ladite Communauté des maîtres-écrivains. Enfin, il était ordonné audit sieur de la Salle de faire ôter en trois jours, l'inscription qu'il avait fait mettre au-dessus de la porte de sa maison, faubourg Saint-Antoine, pour indiquer qu'il y formait des Frères ou maîtres d'école, sans y être autorisé par Lettres patentes dûment enregistrées. Cette inscription, qui blessait les yeux des maîtres-écrivains, et qui ne contenait que ces mots : LES FRÈRES DES ÉCOLES CHRÉTIENNES, était pourtant aussi ancienne que l'établissement de ces écoles. La sentence parut aussitôt affichée dans tous les carrefours de Paris, où les classes des Frères étaient ouvertes ; mais, dès le lendemain, elle ne parut plus, par le soin de quelques personnes

Livre III. — Chapitre I.

zélées et indignées de la plaie qu'elle faisait à l'œuvre du monde la plus nécessaire à la jeunesse chrétienne pauvre et abandonnée.

Inutilement les maîtres-écrivains multipliaient les frais, et demandaient des amendes et des dépens à un homme et à une Communauté que l'extrême pauvreté mettait en droit de ne rien payer ; mais s'ils ne trouvèrent point d'argent à emporter dans la maison des Frères, ils eurent le plaisir malin de l'investir de gens armés d'échelles, de marteaux et d'instruments propres au pillage. L'inscription fut arrachée ; les bancs, les tables, les livres et tout ce qui servait à enseigner, à dessiner, à lire, à écrire, à plus de deux cents jeunes garçons tous les dimanches et fêtes après-midi, fut enlevé dans des charrettes, sans aucune résistance. Le Bienheureux de la Salle et ses Frères virent ravager leur maison, sans s'en plaindre et sans s'y opposer.

Le fracas qu'excita cette espèce de pillage, avertit les religieuses de la Croix assez tôt pour les en rendre spectatrices du fond de leur couvent. En vain, leurs larmes coulèrent sur un spectacle de cette nature. La scène était nouvelle à la vérité. Une maison de charité, dont le bien public était le seul objet, dont l'instruction gratuite de la jeunesse pauvre était le seul fruit, dont le pillage était la récompense, méritait des pleurs, et on ne les lui refusa pas. On vit avec étonnement et avec compassion cette maison assiégée par ses ennemis, et ensuite ravagée comme une ville prise d'assaut. Les gens de bien en gémirent, les pauvres, qui y étaient si intéressés, sentirent assez que c'était eux et non les Frères qu'on dépouillait, mais leurs gémissements et leurs plaintes n'osaient éclater. L'indignation se mêla avec les condoléances, et on peut dire que le public, si intéressé à la cause des écoles charitables, fit perdre le procès à ceux qui l'avaient gagné, en condamnant un procédé si violent et si injuste.

L'école dominicale trouva sa fin dans cette oppression, après un succès merveilleux de six années entières. Le fruit qu'elle opérait la fait encore aujourd'hui (1733) regretter de tous ceux qui aiment le bien, et qui sont sensibles au salut des âmes. Le désir d'apprendre le dessin, la géométrie, les mathématiques, l'écriture, l'arithmétique et la lecture, y attirait, de tous les quartiers de Paris, un grand nombre de jeunes gens de toutes les professions qui n'avaient, ni le moyen de rétribuer de pareilles leçons, ni d'autre temps à consacrer que celui des après-midi des dimanches et fêtes. Ils y trouvaient le double avantage de devenir bons chrétiens, en devenant de bons ouvriers ; car les exercices saints sanctifiaient leurs cœurs, après que leurs esprits avaient été cultivés par l'étude. En s'éloignant des promenades dangereuses, des cabarets, des lieux de débauche, ils apprenaient à fréquenter les églises, et ils perdaient le goût des vices en prenant celui de la piété. Les instructions salutaires qu'ils recevaient, en leur ouvrant les yeux sur leur vie passée, leur en inspiraient l'horreur ; les confessions générales et ensuite la fréquentation des sacrements en étaient les effets ; l'amendement de vie et le changement des mœurs en étaient les fruits. Voilà la perte que le public a faite dans la ruine de l'école dominicale. La jalousie, plus que l'intérêt, a animé les maîtres écrivains à en poursuivre le renversement ; car il est certain qu'aucun des garçons de boutique qui y accouraient de toutes parts, n'avait la volonté, encore moins la commodité, de prendre sur sa journée, le temps et les frais des leçons mises à prix d'argent.

Tous ces troubles, dont les maîtres écrivains furent les auteurs, ne furent que les préludes de l'orage qui se formait et qui vint fondre sur l'Instituteur. Le Bienheureux de la Salle s'attendait bien que la tempête commencée sur les écoles du faubourg Saint-Antoine, allait tomber avec plus de fureur sur celles du faubourg Saint-Germain. Il s'y prépara avec un courage invincible, et elle le trouva ferme comme un rocher.

CHAPITRE II.

Les Frères sont appelés à Darnétal, près de Rouen, pour y tenir des écoles de charité, ensuite à Rouen. — (1704-1705.)

LE nouvel Institut des Frères des Écoles chrétiennes, presque étouffé dans Paris, alla respirer ailleurs. Le vent de la persécution, en chassant le Bienheureux de la Salle de Paris, porta son Institut en différents endroits, à Rouen, à Dijon, à Marseille, trois villes des plus florissantes du royaume.

I. — Le Bienheureux de la Salle obligé de revenir du faubourg Saint-Antoine à la maison du faubourg Saint-Germain. On lui demande des Frères pour Darnétal.

AVANT de voir le Bienheureux de la Salle dans la capitale de la Normandie essuyer de nouvelles croix, en faisant de nouveaux établissements, il faut l'aller chercher au faubourg Saint-Antoine, gémissant sur les débris de celui que les maîtres-écrivains venaient de renverser. Le saint homme, voyant son école dominicale détruite, forma le dessein de quitter une maison où il n'avait plus rien à faire, et une ville où il ne trouvait que des ennemis. Il avait déjà reçu deux fois des lettres qui l'appelaient à Rouen ; son attrait l'y portait, et les conjonctures du temps l'y invitaient. Sa pauvreté, toujours extrême, ne lui permettait pas de tenir à louage une maison inutile. Les furieuses secousses qui avaient ébranlé sa petite congrégation, détournaient d'y entrer ceux qui en avaient le plus d'envie. La persécution avait écarté les novices, et il lui en restait peu.

Pour comble d'embarras, il avait cette bonne provision de meubles, dont Madame Voisin l'avait enrichi, et il ne savait où la mettre en dépôt ; mais la divine Providence, qui ne l'oubliait jamais, inspira à une personne de piété la charitable pensée de lui céder un grand magasin vide, dans lequel il les retira ; et, après en avoir fait transporter à petit bruit ce qui était nécessaire à la maison des Frères des écoles de la paroisse Saint-Sulpice, il s'y retira avec le peu de novices qu'il avait pour lors, au commencement de l'année 1705. Il n'y fut pas longtemps, car l'occasion qu'il désirait pour en sortir, ne tarda pas à se présenter. On lui demanda deux Frères, pour tenir une école sur la paroisse

Saint-Roch. Il en fut ravi ; il les donna et se retira avec eux et trois prêtres, car il en avait toujours avec lui dans les différents endroits où il demeurait ; mais cette école ne subsista pas plus de deux ou trois ans : de jeunes étudiants furent substitués aux Frères. La raison de ce changement fut qu'on voulait les obliger d'assister aux catéchismes que les ecclésiastiques de la paroisse font dans l'église, afin d'y faire observer l'ordre et le silence, et contenir dans le devoir une jeunesse dissipée. Ce dessein était louable, mais il ne convenait pas à des gens si réguliers, qui se voyaient, dans cette fonction, exposés à une grande dissipation, et dans la nécessité de retrancher plusieurs de leurs exercices de piété.

Dès le mois de septembre de l'année précédente, 1704, le Bienheureux de la Salle avait reçu des lettres de Rouen, dans lesquelles on le priait de se charger d'une école à Darnétal, gros bourg presque aux portes de la ville, très peuplé, très célèbre par les manufactures de drap, et où Madame de Maillefer avait déjà fondé une école gratuite pour les filles, plusieurs années auparavant. Les membres de la Congrégation, élèves des Jésuites, y entretenaient un maître, dont la mort donnait lieu à la recherche d'un autre. M. l'abbé Deshayes, un des congréganistes, qui est maintenant (1733) curé de Saint-Sauveur, dit à ces Messieurs tant de bien des Frères des Écoles gratuites et de leur Supérieur, qu'il avait connu lorsqu'il était dans le séminaire de Saint-Sulpice, qu'il attira tous les suffrages en leur faveur. Ainsi il fut conclu d'en faire venir deux, s'ils voulaient se contenter de la pension de cinquante écus accordée, avec le logement, au maître défunt.

M. l'abbé Deshayes, chargé de cette commission, en fit faire la proposition au serviteur de Dieu, par M. Chardon de Lagny, prêtre demeurant dans la Communauté de la paroisse Saint-Sulpice.

Il n'y avait qu'un homme aussi détaché que l'était le Bienheureux de la Salle, qui pût écouter favorablement une pareille proposition ; car, en lui demandant deux Frères, on lui laissait le soin de pourvoir à leur subsistance. On en voulait deux, et on n'offrait pour eux que la modique pension qu'on avait donnée au défunt, laquelle ne suffisait pas pour un seul : ainsi le serviteur de Dieu, en se rendant favorable à leur demande, comptait sur une autre bourse que sur celle des membres de la Congrégation des Jésuites. En cela il eut bien raison, car elle se ferma quelques années après, comme on va le voir.

Une autre difficulté pouvait empêcher le Bienheureux de la Salle de consentir à la proposition qu'on lui faisait : il s'était fait une loi, et il l'avait toujours observée, de ne point accepter des écoles dans la campagne, parce qu'il les regardait comme dangereuses au salut de ses Frères, qui auraient pu y trouver, dans la solitude, hors de la Compagnie et de l'exemple des autres, plus de liberté et plus d'occasions de se déranger. Mais cette difficulté s'évanouit dès qu'il fut instruit du lieu pour lequel on demandait ses disciples, car il apprit qu'il est aux portes de Rouen et qu'il est et plus riche et plus peuplé qu'un grand nombre d'autres localités qui portent le nom de villes. D'ailleurs, le Bienheureux de la Salle pressentait que ses Frères, une fois établis aux portes de Rouen, ne tarderaient pas à y entrer, et qu'on les y appellerait, dès qu'on connaîtrait leur méthode de tenir les écoles et d'élever les enfants.

II. — Désir qu'avait le Bienheureux de Salle de voir les écoles gratuites à Rouen.

DANS le fond, le Bienheureux de la Salle avait une sainte passion de s'établir à Rouen ; cet attrait était en lui dès la naissance de son Institut. Rouen semblait en être le principe, et il était juste de lui en faire recueillir les fruits. M. Niel avait tenu des écoles gratuites à Rouen, avant que d'en aller fonder à Reims. C'était la sainte dame de Maillefer qui avait conçu, à Rouen, le dessein de procurer leur établissement dans sa patrie, et qui y avait envoyé M. Niel pour le tenter. Il était donc naturel que, comme les eaux retournent par leur pente naturelle à la mer d'où elles sortent, les Frères vinssent tenir les écoles de charité dans le lieu où leur Institut avait, pour ainsi dire, été conçu.

III. — Établissement de l'école gratuite pour les garçons à Darnétal, en 1705.

LE Bienheureux de la Salle, regardant donc la ville de Rouen comme le lieu d'origine de sa Société, crut qu'il fallait servir cette ville avec générosité et dans un entier désintéressement. Ainsi, peu inquiet sur la nourriture et le vêtement de ses enfants, il accorda tout ce qu'on lui demandait, dans la réponse qu'il fit à M. Deshayes, avec la condition expresse que ceux qu'il enverrait à Darnétal se borneraient, comme partout ailleurs, à leur fonction de maîtres d'école. Il prit cette précaution, parce qu'il eut peur qu'on ne voulût engager les Frères à faire ce que les maîtres d'école ont accoutumé de faire dans les villages, à chanter, à porter le surplis et à aider M. le curé dans son ministère, fonctions interdites aux Frères par des Règles essentielles, dont l'infraction altérerait leur Institut et le ferait changer de nature. A cette précaution, le sage Supérieur en ajouta une autre, qui fut d'envoyer un Frère à Darnétal, afin de voir si le lieu convenait à un établissement, et afin de prendre des mesures avec M. Deshayes pour préparer la maison, et tenir toutes choses prêtes.

Cela fait, le Bienheureux de la Salle, après avoir demandé l'agrément de Mgr l'archevêque de Rouen, envoya, vers le commencement de février de l'année 1705, deux Frères qui virent leur école se remplir d'écoliers dès qu'elle fut ouverte, et la bénédiction du Seigneur y entrer avec eux. En moins de deux mois, les fruits parurent avec plus d'abondance que partout ailleurs.

L'éclat de la nouvelle école retentit aussitôt dans Rouen; le zèle de quelques gens de bien en fut éveillé, et ils envièrent pour la ville l'avantage du grand et riche village qui en est voisin. Dès lors, ils formèrent le dessein d'établir à Rouen des Frères, et il ne tarda pas à être exécuté, ainsi qu'on va le voir; c'est ce que le Bienheureux de la Salle avait prévu et même prédit. C'est cette espérance qui l'avait engagé à souscrire à cet établissement, malgré la modicité de la pension, qui n'était que de cinquante écus et encore mal assurée. En effet, peu d'années après, elle manqua. Ceux-là mêmes qui avaient appelé les Frères en ce lieu, les y ont abandonnés et ont cessé de payer la pension promise de cinquante écus, et les grosses et menues réparations de la maison. C'est la pénitence, dit-on, que méritait le feu curé de Longpaon (¹) révolté contre la constitution *Unigenitus*; mais ceux qui l'ont imposée ne se sont pas aperçus que ce n'est pas l'Appelant, mais les Frères qui la subissent.

Quoi qu'il en soit, comme il n'était rien arrivé que le Bienheureux de la Salle n'eût prévu, et qu'en envoyant les Frères à Darnétal, il n'avait compté que sur Dieu, il crut qu'ils n'avaient rien perdu dans le retranchement de leur modique pension, s'ils n'avaient point perdu la confiance en l'Auteur de tous biens. Dans cet esprit, il ne voulut point les retirer de Darnétal, quand on leur retira la pension. Cette école subsiste encore aujourd'hui (1733), quoiqu'elle n'ait que soixante-quinze livres de rente. M. le

---

1. Nom de l'une des paroisses de Darnétal.

curé qui gouverne aujourd'hui la paroisse, fort affectionné aux Frères, a trouvé le moyen de suppléer au reste par une quête générale, qui se fait tous les trois mois chez les habitants. Cette école est encore aussi florissante et aussi peuplée qu'elle l'était dans les commencements.

On sentit à Rouen les avantages et la nécessité d'un pareil secours pour la jeunesse pauvre, et on se pressa de le lui procurer. Messieurs les grands-vicaires ne tardèrent pas à en être informés ; ils applaudirent à ce dessein et en devinrent eux-mêmes les zélateurs auprès de Mgr Colbert, alors archevêque de Rouen. Heureusement, il venait d'y arriver sur la fin du carême pour l'ordination. Le prélat, qui aimait le bien et qui jugeait mieux que personne ce qu'il y avait de solide et de plus important dans les œuvres, sut donner à celle-ci tout son prix, et aucune autre ne la balança dans son esprit, après l'érection des séminaires. Son testament en fournit la preuve, puisqu'il ne s'y est souvenu que de ses petits séminaires, et de la communauté des maîtresses d'école qu'il avait établies à Ernemont.

Ces œuvres lui étant donc à cœur par-dessus toutes les autres, il les a seules enrichies de ses libéralités. Étant bien disposé en faveur des grandes œuvres, il goûta le dessein de ses grands-vicaires, et il fut adopté aussitôt qu'il fut proposé. Mgr Colbert ne crut pas devoir mettre en délibération un projet de cette nature, car il est des œuvres qui n'attendent ni du temps, ni du raisonnement, le suffrage et l'approbation, parce qu'elles captivent l'esprit et le cœur de ceux qui ont un fonds de religion, dès qu'on leur en fait l'ouverture, grâce aux grands avantages et aux grands biens qu'elles présentent. Il ne fut donc plus question que de prendre les moyens pour établir sans retard les Frères à Rouen. Mgr Colbert sentit un zèle nouveau pour l'exécution de ce projet, quand il vit à ses pieds les Frères de Darnétal, qui étaient venus lui présenter leurs respects et demander sa bénédiction. Prévenu en leur faveur par tout le bien qu'il en avait entendu dire, il les reçut avec grande bonté, et il désira d'en avoir au plus tôt de semblables pour la capitale de la Normandie.

L'école de Darnétal, qui ne faisait qu'éclore et qui faisait déjà tant de fruit, en promettant à Mgr l'archevêque des fruits pareils pour Rouen, le rendait déjà impatient de les cueillir. Aussi, après avoir demandé des nouvelles de leur Supérieur, il leur demanda s'il pouvait envoyer de ses Frères à Rouen, pour y établir des écoles gratuites.

Comme le Bienheureux de la Salle le désirait autant que

Mgr Colbert, les Frères, qui le savaient, ne risquèrent rien à assurer Sa Grandeur que leur Supérieur était disposé à le satisfaire.

IV. — Le Bienheureux est appelé à Rouen par Mgr Colbert, archevêque de cette ville.

SUR cette réponse, Mgr l'archevêque ordonna à M. l'abbé Couet, qui avait toute sa confiance, d'écrire au Bienheureux de la Salle, de venir au plus tôt à Rouen, et de prévenir le départ du prélat, qui devait partir le lendemain de Pâques pour aller tenir ses Calendes ([1]), afin de conférer avec lui au sujet d'un établissement de ses Frères. Le dessein du saint Instituteur de transférer son noviciat de Paris à Rouen n'était pas ignoré, puisque l'abbé Couet lui en parle dans cette lettre, en lui témoignant le désir qu'il a d'avoir occasion d'entrer avec lui en ce commerce de bonnes œuvres.

Cette lettre, si favorable aux desseins du pieux Instituteur, lui arriva dans les circonstances qui pouvaient la lui rendre plus agréable ; car, rejeté de tout le monde, chassé de tous côtés, il ne savait où donner de la tête, ni où se retirer avec les débris de son Noviciat. C'était une nécessité qu'il disparût de Paris, et qu'il s'éclipsât aux yeux de ses ennemis déclarés ou déguisés, pour apaiser la fureur des uns et dissiper la prévention des autres. Les Frères de Darnétal lui écrivirent aussi pour lui rendre compte des heureux succès de leur école, des pieux projets qu'elle avait occasionnés, de leur visite et de leur entretien avec Mgr l'archevêque, et ils le pressèrent de venir lui-même, au plus tôt, terminer ce qui était si heureusement commencé. Il le fit, et vint en poste à Rouen, où il conclut aisément l'affaire avec un prélat qui ne voulait point former de difficultés contre les bonnes œuvres, et qui savait les lever lorsqu'elles existaient.

Le Bienheureux de la Salle, d'un côté, presque aussitôt parti que venu, retourna à Paris pour disposer les Frères qu'il devait envoyer, et Mgr l'archevêque, de l'autre côté, s'aboucha avec M. de Pont-Carré, premier président du Parlement, afin de concerter avec lui les mesures nécessaires pour faire réussir le projet, parfaitement goûté de ce grand magistrat, homme d'un esprit solide et d'une piété éminente. M. de Pont-Carré promit de l'appuyer de toute son autorité et de toute la force de son zèle. Il a

---

1. Assemblée des curés de campagne, convoqués par ordre de l'évêque.

Livre III. — Chapitre II.

bien tenu sa parole, car il s'est toujours montré le protecteur de l'Institut, comme la suite le fera voir.

L'intention de Mgr Colbert n'était pas de fonder de nouvelles écoles gratuites en faveur des Frères ; mais de les mettre en possession de celles qui étaient déjà fondées, dont M. Niel avait eu la direction et dont Messieurs les Administrateurs de l'Hôpital des pauvres valides ont la disposition. L'affaire n'était pas sans difficulté. Quelque crédit qu'eût dans son diocèse un archevêque fils d'un des plus grands ministres qu'ait eus la France, quelque avantage que sa dignité lui donnât dans l'assemblée d'un Bureau dont il était le chef, il désespéra d'y faire passer son projet, s'il n'était soutenu de l'autorité, du zèle et de l'éloquence de M. de Pont-Carré.

Ce grand magistrat parle avec tant de facilité, d'esprit et de grâce, qu'il est difficile de lui résister et de ne pas se laisser entraîner où il veut conduire. Le prudent prélat croyait qu'il suffisait que le chef du Parlement se montrât et parlât dans l'assemblée de l'Administration, pour voir sa proposition réunir tous les suffrages. Dans cette vue, ils convoquèrent ensemble la réunion du Bureau et se trouvèrent à la tête. Mgr l'archevêque expliqua son dessein, et M. le premier Président, pour le faire passer, mit en œuvre le talent qu'il avait de bien dire.

V. — Opposition à ce dessein que rencontre Mgr Colbert.

ON aura peine à croire qu'un dessein si pieux et si avantageux au public, ne fût pas approuvé de Messieurs les Administrateurs, aussitôt qu'il fut proposé par ceux qui sont les chefs du Bureau. Leur seule présence, leur seule autorité, la seule marque de leur désir, auraient sans doute eu ce succès, s'il ne se fût pas agi d'une bonne œuvre ; mais je ne sais par quelle fatalité il arrive que tout ce qui est pour le bien, tout ce qui intéresse la gloire de Dieu, souffre contradiction. C'est ce qui arriva dans cette circonstance. Était-ce par prévention contre les nouveaux établissements, ou appréhension de voir une Communauté inconnue prendre place dans une ville qui se croit surchargée du nombre de celles qui la peuplent ? Était-ce par crainte de perdre le droit acquis de nommer des sujets pour ces écoles, comme pour une espèce de bénéfice, ou par antipathie et aversion secrète contre des étrangers ? C'est ce que je ne saurais dire. Quoi qu'il en soit, la proposition de Mgr l'archevêque surprit Messieurs les Administrateurs, et Mgr l'archevêque, de son côté, ne fut pas non plus peu étonné de leur surprise. Il s'attendait bien à trouver de la difficulté, mais il ne s'attendait pas à voir des gens aussi effrayés de la proposition qu'il venait de faire, que s'il se fût agi d'introduire les ennemis dans la ville. On peut dire que, de chaque côté, on fut un peu déconcerté.

VI. — Ce que fait Mgr l'archevêque pour triompher des difficultés.

CEPENDANT, en entrant en délibération, le prélat tâcha de dissiper les préventions par de solides raisons, en représentant que ce n'était point une Communauté onéreuse, ni des gens qui ne sont bons que pour eux-mêmes, qu'il voulait appeler ; mais des hommes consacrés à l'instruction et à l'éducation de la jeunesse la plus pauvre et la plus abandonnée.

Il fit sentir que les débauches, le libertinage et la corruption du petit peuple, et, par conséquent, les désordres de l'État, n'avaient pour principe que le défaut d'instruction. Il ajouta qu'il était étonnant qu'au sein du christianisme, on vit des hommes qui ne connaissent point Dieu, qui ignorent JÉSUS-CHRIST et les mystères, qui peut-être ne savent pas la différence qu'il y a entre eux et les bêtes, entre les vices et les vertus, et qui méprisent également la science du salut et les devoirs de la société civile, parce qu'ils ont crû en âge sans religion, sans culture intellectuelle et sans que personne prît soin de leur éducation.

Il dit encore qu'il ne fallait pas de longues réflexions pour savoir ce que le prince doit craindre de sujets qui n'ont point de crainte de Dieu, ce que les citoyens souffrent de gens qui n'écoutent que la loi de leurs corps et de leurs sens ; ce que l'État peut espérer de gens pour la plupart jureurs, blasphémateurs, ivrognes, emportés et impies par profession ; qu'on ne pouvait disconvenir que ce mal, qui est la plus grande plaie de l'État aussi bien que de l'Église, n'avait point d'autre source que l'ignorance et la mauvaise éducation. D'où il concluait que l'État n'était pas moins intéressé que l'Église à en chercher le remède, et que ce remède, si important et si nécessaire, était d'établir des écoles gratuites pour ceux qui ne sont pas en état d'acquérir l'instruction à prix d'argent.

Des réflexions si sensées donnaient un grand avantage à la cause pieuse que Mgr l'archevêque plaidait, et devaient faire une grande impression sur MM. les Administrateurs. Elles menaient insensiblement les esprits où le prélat voulait les conduire, et elles apprenaient à MM. du Bureau qu'en bons citoyens, autant qu'en bons chrétiens, ils devaient désirer des Frères, et favoriser, par amour de l'État aussi bien que par esprit de religion, un Institut si nécessaire au public.

Enfin il y a des écoles gratuites fondées dont le Bureau tient les fonds, et dont MM. les Administrateurs nomment les maîtres. Le choix leur en appartient ; mais la conscience les oblige de préférer les meilleurs, et ceux qui sont en état de bien élever et de bien instruire les enfants des pauvres. Cet office convient parfaitement à de jeunes clercs ; mais le fonds qui doit en être la rétribution n'est pas suffisant pour eux ; il est même trop modique pour des laïques qui ne sont pas tout à fait ignorants dans ce métier. Chacun devant vivre de son travail, quand on ne fournit pas le nécessaire on s'en dédommage par des œuvres étrangères ou par des voies illégitimes. Ainsi, si des écoles de charité, fondées pour être gratuites, ne donnent pas à ceux qui les tiennent le nécessaire à la vie, ils le cherchent ailleurs, en faisant autre chose, ou en exigeant secrètement des récompenses ou des salaires qui détruisent la gratuité des écoles. D'où il arrive que des fondations modiques ne sont point acquittées ou le sont très mal.

Cette raison seule, mise en son jour, devait entraîner tous les suffrages ; mais on se révolte aujourd'hui dès lors qu'on parle de gens de Communauté ; et il semble que quand il s'agit de se lier avec eux, il s'agisse de prendre des chaînes. Cependant il n'y a qu'une Communauté qui puisse donner constamment de bons sujets pour les écoles. Élevés et formés dans cet esprit, ils ont pour les tenir, un savoir supérieur à celui de tous les autres qui en font la fonction. Ils goûtent cet état, parce qu'ils s'y consacrent par vocation. La charité seule les y appelant, ils ne demandent que le strict nécessaire pour s'y dévouer. Si on y veut faire attention, on gagne toujours à les avoir. Les enfants sont bien instruits et bien élevés sous leur direction, parce qu'elle est charitable. Quand on appelle, pour l'instruction des enfants, d'autres gens que les Frères, si on veut en avoir de capables et d'appliqués, il faut compter de leur donner le double ou le triple.

Puisque la Société des Frères fournit d'excellents maîtres en fait de lecture, d'écriture et d'arithmétique, puisque leur méthode pour apprendre est la plus courte et la meilleure, puisqu'on apprend chez eux en peu de temps, par le silence qui y règne, ce qu'on est longtemps à apprendre chez les maîtres-écrivains, puisqu'il n'y en a aucun de ceux-ci, s'il est habile, qui voulût se borner au double de la pension d'un Frère, il est très certain que l'on gagne toujours à les avoir. Encore une fois, chez eux, les enfants sont plus tôt instruits, mieux élevés, plus soigneusement formés aux bonnes mœurs et aux devoirs du christianisme, et plus préparés à la première communion. Or, ces avantages purement gratuits et si nécessaires aux enfants des pauvres, ne coûtent à ceux qui ont le zèle de le leur procurer, qu'une légère pension.

La raison, par conséquent, l'avantage des pauvres, l'intérêt même du Bureau, tout parlait par la bouche de Mgr Colbert, qui proposait de confier aux Frères les écoles de charité. Toutefois ce ne fut qu'avec peine qu'il put faire comprendre les avantages du dessein qu'il proposait. A la fin pourtant, les sentiments se rapprochèrent, et, soit complaisance pour Mgr Colbert, soit déférence pour le premier magistrat, soit justice rendue à leurs raisons, on convint d'admettre les Frères dans l'hôpital pour y tenir les écoles, et leur confier celles de la ville qui sont fondées, et dont M. Niel avait déjà eu le gouvernement.

VII. — Le Bienheureux de la Salle est envoyé à Rouen par Mgr Colbert. De quelle manière il fait ce voyage avec les Frères.

CE fut la nouvelle, que Mgr Colbert, retourné à Paris, apprit au Bienheureux de la Salle, en le pressant d'envoyer incessamment un nombre de Frères suffisant pour enseigner les enfants du Bureau, et pour prendre soin des écoles charitables de la ville. Le motif secret qu'avait le prélat de presser le départ des Frères, était sans doute la défiance qu'il avait que le délai ne fît manquer cette affaire, en donnant à Messieurs les Administrateurs, le temps de revenir à leurs préjugés. Son soupçon était bien fondé ; il prévit ce qui arriva en effet. On peut dire que les vœux du saint Instituteur furent alors accomplis, car il y avait plus de douze ans qu'il souhaitait voir ses Frères en possession des écoles de M. Niel. Il avait même assuré, par un esprit prophétique, qu'elles seraient leur héritage, et il voyait avec joie sa prédiction accomplie.

Ses vues s'étendaient pourtant plus loin. Dans la nécessité d'avoir un noviciat, et désespérant de le voir tranquille à Paris, il méditait de le transporter à Rouen. Nulle ville dans le royaume, après celle qui en est la capitale, ne lui paraissait plus propre à ce dessein. Grande, riche, assez voisine de Paris, il espérait y trouver les secours que Paris lui refusait, et n'y pas trouver les mêmes persécutions. D'ailleurs, le commerce qu'il y a entre ces deux villes, et la facilité des voitures pour aller de l'une à l'autre font qu'on en peut faire le voyage à peu de frais.

Mais pendant que tout se préparait pour le départ des Frères, les dispositions avaient changé à Rouen. Ceux qui avaient la conduite des écoles avaient intérêt de s'y conserver, et se donnaient de grands mouvements pour n'être point supplantés. Les premières idées s'étaient réveillées, et Messieurs les Administrateurs, oubliant avec facilité, en l'absence de Mgr l'archevêque et de M. le premier Président, une résolution qu'ils avaient eu tant de peine à prendre en leur présence, ne voulaient plus entendre parler des Frères.

Ce contretemps n'ébranla pas le prélat, qui s'y attendait un peu. Il dit au Bienheureux de la Salle de ne point s'inquiéter, de faire partir les Frères et de les conduire lui-même, en lui promettant de le suivre et de retourner incessamment à Rouen, pour aplanir les difficultés qu'il ne manquerait pas de rencontrer à son arrivée.

Le pieux Instituteur prit le chemin de Rouen avec les Frères, à peu près comme aurait fait saint Antoine, partant pour Alexandrie, accompagné de ses moines, en silence et en prière. Ce voyage, ainsi sanctifié par le recueillement et l'oraison continuelle, pouvait passer pour un pèlerinage de dévotion. Il fut fait avec une modestie que la fatigue de la route, la variété des objets et les rencontres imprévues, ne purent altérer. Tous les exercices de Communauté se faisaient dans le chemin, avec la ponctualité qui les règle dans la maison.

Tous les jours, les voyageurs entendaient la messe de celui qui leur servait d'ange visible et communiaient de sa main. En spectacle aux passants, ils laissaient partout la bonne odeur de JÉSUS-CHRIST ; à leur air, à leur démarche, on jugeait qu'ils étaient des hommes de Dieu ; et comme leur costume religieux n'avait point encore paru de ces côtés-là, on se demandait quels étaient ces gens qui, contre l'ordinaire des voyageurs, marchaient sans parler, et ne se servaient de leurs yeux que pour conduire leurs pieds.

Leur arrivée dans les hôtelleries était un autre sujet de s'informer de ces nouveaux hôtes ; car, en les voyant entrer dans ces maisons ouvertes au public, et trop souvent pleines de bruit et de désordre, comme s'ils fussent entrés dans des églises, et chercher la chambre la plus écartée pour s'y mettre en prière, et se délasser, dans une nouvelle oraison, de la fatigue d'un voyage fait à pied, les plus indifférents étaient piqués de curiosité de savoir quels étaient ces étrangers, qui faisaient un couvent d'une auberge. En un mot, un voyage fait de cette manière était une vraie retraite. Aussi est-ce le nom que lui donnèrent les Frères qui le firent. Tous leurs pas, marqués par des traces de vertu, devaient, ce semble, leur préparer un accueil favorable et les faire recevoir comme des hommes venus du ciel. Sans doute, il en eût été ainsi, s'il n'était point arrêté dans les conseils éternels, que les meilleures œuvres sont celles qui doivent essuyer les plus grandes contradictions

CHAPITRE III.

Les Frères s'établissent à Rouen, mais avec bien des peines, et en se soumettant aux conditions les plus dures et les plus fâcheuses. — (1705.)

I. — **Nouvelles oppositions que trouve le Bienheureux de la Salle et que Mgr Colbert tâche de lever avec adresse.**

Le Bienheureux de la Salle, en changeant de lieu, ne faisait que changer de croix. En venant à Rouen, il venait dans la ville qui lui gardait un tombeau, et qui lui préparait de nouvelles peines ; mais comme il y était accoutumé, rien en ce genre ne l'étonnait : il aurait, au contraire, été très surpris si la croix ne l'eût pas accompagné là, comme partout ailleurs. L'arrivée de Mgr l'archevêque suivit de près la sienne. Le saint homme, étant allé demander sa bénédiction, en reçut ordre de se trouver à la première assemblée du Bureau.

Le prélat, sans perdre de temps, le convoqua, après avoir pris de nouveaux arrangements avec M. le premier président, et s'y trouva avec lui. Ils entendirent tous deux les nouveaux moyens d'opposition qu'on avait formés, et essayèrent de les lever, mais inutilement. Les préventions qui avaient saisi Messieurs les Administrateurs, se montraient à eux comme des raisons invincibles. Ils croyaient voir une foule d'inconvénients à la suite des Frères : leur admission dans l'Hôpital semblait une cause certaine de ruine ou de désordre. Mgr Colbert, au contraire, voyait entrer avec eux, l'ordre, l'instruction et le bon exemple. Ce litige devait cesser par l'expérience. Faites-en l'essai, dit Mgr Colbert, et par condescendance pour moi, éprouvez si les inconvénients que vous craignez sont réels ou imaginaires. Cette proposition était plausible, et il était difficile de la rejeter sans mettre la raison contre soi, et affecter un mauvais vouloir obstiné. Elle fut reçue, en effet, et elle fit tomber, en apparence, toutes les difficultés. On convint de loger les Frères dans l'Hôpital-Général, appelé le Bureau des valides, et de les charger de l'instruction de la jeunesse.

Mgr Colbert s'applaudit de ce résultat, et crut avoir tout gagné. Il était cependant bien loin de compte. Il avait affaire à des gens adroits, qui savent refuser, en paraissant accorder. Le prélat ne se savait bon gré du tour qu'il avait donné à cette affaire, que parce qu'il ne prévoyait pas qu'il en serait la dupe. En effet, Messieurs les Administrateurs eurent l'habileté d'en faire un piège. En ouvrant aux Frères une porte pour entrer dans le Bureau, ils en ouvrirent une autre pour les faire sortir infailliblement.

Mgr Colbert s'attendait que l'Hôpital-Général allait changer de face par la présence des Frères, et que l'instruction et le bon exemple, y entrant avec eux, allaient en chasser les vices et l'ignorance. Il avait droit de l'espérer, et, si les Frères eussent eu le temps et la liberté d'y faire ce qu'ils font ailleurs, il aurait eu cette consolation. Mais Messieurs les Administrateurs, qui ne s'étaient rendus à sa proposition qu'en apparence, et par pure complaisance, parce qu'elle était trop raisonnable pour la contredire, étaient bien résolus de la faire échouer.

II. — Conditions dures et insupportables avec lesquelles les Frères sont admis dans le Bureau.

QUE firent-ils pour y réussir? Ils bornèrent le nombre des Frères à cinq, sans vouloir jamais l'augmenter. Ils les soumirent à des devoirs étrangers à leur état et incompatibles avec leurs exercices réguliers, et ils les surchargèrent d'un travail accablant : 1º en leur faisant une obligation de veiller au lever et au coucher des pauvres, et d'y faire la prière; 2º d'instruire ceux du dedans, et d'aller tenir les quatre grandes écoles de la ville; 3º en les mettant dans la nécessité de revenir des quartiers de Rouen les plus éloignés prendre leur repas; 4º en exigeant d'eux qu'ils servissent à table les pauvres, à leur retour des écoles, et avant même leur réfection.

Messieurs les Administrateurs prévoyaient bien que les Frères ne pourraient pas longtemps soutenir ces dures et fâcheuses conditions, et que le Bienheureux de la Salle ne tarderait pas de les retirer d'une servitude si accablante. Le corps et l'âme, le spirituel et le temporel, la santé et la régularité, tout en devait souffrir. Voilà ce que la sagacité de ces Messieurs vit dans l'avenir, et ce que la simplicité chrétienne cacha à Mgr Colbert et à M. Couet, quoique tous deux pleins de lumières.

Je ne sais pas si l'Esprit de Dieu découvrit au Bienheureux de la Salle l'artifice caché sous ces conditions, et l'expulsion réelle de ses Frères, déguisée sous cette admission simulée. Peut-être qu'il le sentit, mais il se tut : sa modestie ne lui permettait pas de contredire Mgr l'archevêque, et de refuser son acquiescement au tempérament qu'il proposait pour concilier les esprits. D'ailleurs, la proposition du prélat avait quelque chose de si équitable qu'on ne pouvait la rejeter sans paraître malveillant de parti pris. Peut-être aussi le Bienheureux de la Salle entrevit-il le remède dans le mal, et fut-il ravi de trouver dans la dureté du joug, le juste prétexte de le secouer un jour. Après tout, l'essai n'avait point de conséquence ; il n'imposait point d'engagement, seulement il préparait à en régler les conditions avec une plus exacte connaissance de la situation. Après l'essai, on était libre de prendre une décision de part et d'autre. Le saint Instituteur n'ayant, par conséquent, rien à risquer, reçut la loi telle qu'on voulut la lui faire.

Les Frères vinrent à Rouen, le 19 mai 1705, et ils furent admis dans le Bureau peu de jours après, au nombre de cinq. Avec le logement, la nourriture, on leur donnait une petite pension pour leur entretien. L'école de Saint-Maclou fut ouverte dès le mois de mai, trois mois environ après celle de Darnétal ; celles de Saint-Godard, de Saint-Éloi, etc., suivirent à peu de jours d'intervalle. Les Frères avaient soin de faire lever les pauvres, et de leur faire la prière. Sur les huit heures du matin, quatre allaient dans leur circonscription, enseigner les enfants.

De retour à midi, ils servaient à table, et veillaient à faire observer l'ordre pendant le repas. Au sortir, ils allaient prendre le leur ; et quand il était fini, chacun retournait à son école. De retour sur les six heures du soir, ils suivaient les pauvres au réfectoire, et finissaient la journée avec eux comme ils l'avaient commencée, par la prière du soir. Le cinquième Frère demeurait dans la maison pour y tenir l'école, et instruire les pauvres qui y sont réunis. Il eût été à souhaiter que ce règlement eût trouvé en ceux à qui il était prescrit, autant de forces que de bonne volonté ; mais n'étant pas proportionné à la faiblesse humaine, il ne put pas longtemps subsister.

III. — Les Frères succombent sous le joug insupportable que Messieurs les Administrateurs leur avaient imposé.

LES Frères succombaient sous le faix, et leur esprit se trouvait étreint dans la multiplicité des embarras. Leur santé en fut endommagée, et leur vertu altérée ; et ce ne fut qu'aux risques de l'une et de l'autre, qu'ils persévérèrent deux ans dans cette servitude. Le Bienheureux de la Salle, à qui ils en faisaient leurs plaintes, crut le devoir souffrir. Il espérait que Messieurs les Administrateurs auraient enfin pitié d'eux, et qu'ils se feraient un scrupule de pousser si loin les services qu'ils exigeaient des Frères. Il attendait qu'ils fussent les premiers à vouloir augmenter leur nombre, ou du moins qu'ils agréassent l'offre qu'il en faisait ; mais ce fut en vain.

Messieurs les Administrateurs, qui avaient admis les Frères dans le Bureau par complaisance pour leur archevêque, n'étaient pas d'humeur de les y retenir par déférence pour le Bienheureux de la Salle. Si la bienséance ne leur permettait pas de les en chasser, la politique leur fournissait un moyen spécieux de s'en défaire, en les mettant dans la nécessité de sortir. A l'ombre de l'intérêt des pauvres qu'ils devaient ménager, ils se croyaient en droit de ne point consentir à augmenter le nombre des Frères, pour ne point augmenter la dépense. Ce prétexte, toujours honorable dans la bouche des tuteurs du bien des pauvres, et applaudi dans le public, ne pouvait être blâmé par Mgr l'archevêque ni par M. le premier Président, engagés eux-mêmes, en qualité de chefs de l'Administration, à épargner le bien de l'Hôpital.

Ce qui était aussi favorable au Bienheureux de la Salle, c'est que ce prétexte spécieux le mettait en droit de retirer ses Frères du Bureau ; car il était évident que le joug qu'on leur imposait, était au-dessus de leurs forces, que la plupart succombaient sous le poids et tombaient malades. Les deux Frères qui allaient à Saint-Maclou, avaient chacun plus de cent écoliers à instruire, aussi bien que celui qui tenait l'école de Saint-Éloi. Le quatrième, à la porte de Bouvreuil (¹), en avait cent cinquante, et le cinquième, au Bureau, en avait davantage. Ils soutinrent cet excès de travail comme ils purent, depuis le mois de mai 1705 jusqu'au mois de juin 1707. Quand quelqu'un d'eux tombait malade, ou qu'il demeurait épuisé, le Bienheureux de la Salle le remplaçait par un autre plus vigoureux : mais cela ne pouvait pas durer.

Il y avait longtemps que ce bon père gémissait sur la dure condition de ses enfants. Dans l'impuissance de les soulager, il priait, il jeûnait, il faisait des pénitences extraordinaires, pour obtenir de Dieu le remède à ce mal, ou la lumière pour connaître ce qu'il fallait faire en cette conjoncture. Il avait eu un grand attrait pour les écoles de M. Niel, et il avait cru que le Ciel les lui destinait. Il s'en voyait en possession, et il avait peine à les abandonner. Tandis que son esprit flottant était agité par ces

---

1. Saint-Godard.

différentes réflexions, il reçut de ses disciples un mémoire qui le tira d'incertitude, et qui l'aida à se déterminer. Dans ce mémoire, les Frères mettaient en évidence la nécessité de sortir du Bureau, où l'esprit de leur Institut courait autant de risque que leur santé. L'avantage des pauvres, aussi bien que le leur particulier, y était intéressé. C'est ce qu'il ne leur était pas difficile de montrer.

1º Leur petit nombre, peu proportionné à la multitude des écoliers, ne suffisait pas pour les bien instruire. 2º Les classes étant trop remplies, les maîtres s'épuisaient, et bien des enfants étaient négligés. 3º L'excès du travail altérant la santé des maîtres, la discipline, l'ordre, le silence, l'instruction, en un mot le fruit des écoles en souffrait. 4º La fatigue, l'embarras, l'occupation excessive, mettaient leur intérieur en désordre, en ne leur laissant pas le temps de vaquer à l'oraison et à leurs exercices ordinaires de piété ; — d'où ils concluaient qu'il était à propos de sortir du Bureau, de prendre une maison en ville et d'y vivre selon l'esprit de leur Institut. Ils ajoutaient que si Messieurs les Administrateurs voulaient leur accorder le revenu des fonds destinés aux maîtres des écoles gratuites de la ville, contents d'une pension si modique, ils consentiraient à voir leur nombre se multiplier pour pouvoir les tenir avec fruit, et qu'ils craignaient moins de souffrir la pauvreté, que de manquer de régularité.

Le digne Supérieur, après avoir bien pesé devant Dieu ces raisons, et d'autres semblables, ne voulut rien conclure sans avoir consulté M. le premier Président, qui s'affectionnait de plus en plus à son œuvre.

Ce grand magistrat goûta les raisons du mémoire, et conseilla au serviteur de Dieu de les bien développer dans une requête, et de la présenter à Messieurs les Administrateurs du Bureau, en lui promettant de l'appuyer ; ce qu'il fit.

IV. — Le Bienheureux de la Salle retire les Frères du Bureau, en 1707.

LE Bienheureux de la Salle fut très bien reçu dans l'assemblée de MM. les Administrateurs, quand on sut la proposition qu'il y venait faire. Ceux qui la composaient, se félicitèrent d'être enfin arrivés à leur but, et d'avoir su chasser, par adresse, ceux qu'ils avaient reçus par respect humain. Ils eurent de plus la joie de voir s'intéresser à la sortie des Frères, les mêmes puissances qui avaient, pour ainsi dire, imploré leur entrée. Leur contentement fut parfait, quand ils trouvèrent dans la requête le moyen de tourner la sortie des Frères à l'avantage de l'Hôpital, et d'exiger d'eux, pour les écoles du dehors, les mêmes services au plus bas prix.

La requête portait deux articles. Dans le premier, MM. les Administrateurs étaient suppliés d'agréer la retraite des Frères, après avoir entendu l'exposé des raisons. Dans le second, les Frères s'offraient à tenir les écoles gratuites de la ville, sur le pied qu'elles étaient fondées, et à se contenter du peu de revenu qui y est attaché. Le premier article ne souffrit pas de difficulté : il fut admis aussitôt qu'il fut lu. Le second article présenta à ces Messieurs l'occasion de tirer des Frères une espèce d'usure pour leur demeure dans le Bureau, en leur accordant les quatre écoles de la ville à titre si onéreux, qu'il semble qu'on ait voulu leur faire acheter l'heureux avantage de servir les pauvres.

V. — On accorde au Bienheureux de la Salle de demeurer dans la ville, mais à condition de tenir dans les écoles de Saint-Maclou, de Saint-Vivien, de Saint-Godard et de Saint-Éloi, dix Frères presque pour rien.

TANDIS que les Frères avaient habité dans le Bureau, sans vouloir borner leur travail, on avait si scrupuleusement borné leur nombre à cinq, qu'on ne voulut jamais le dépasser. Ils étaient écrasés sous le poids de la charge ; l'excès du travail épuisait les uns, et faisait tomber malades les autres ; n'importe, l'Hôpital était toujours bien servi, car la petite Compagnie était toujours soigneusement renouvelée par d'autres plus vigoureux, qui venaient à leur tour porter un joug si accablant. La sortie des Frères allait les soulager et diminuer leur travail de moitié ; et cependant on exigea pour première condition, de doubler leur nombre et de mettre dix maîtres aux écoles de Saint-Maclou, de Saint-Vivien, de Saint-Godard et de Saint-Éloi. La seconde condition qu'on prescrivit au Bienheureux de la Salle fut de se contenter de la moitié de la pension, c'est-à-dire de six cents livres. En souscrivant à ces deux conditions, on lui accordait le soin des écoles en question.

Le Bienheureux de la Salle consentit à tout, quoiqu'on lui demandât beaucoup et qu'on ne lui offrît presque rien. Pour comprendre jusqu'où le saint homme porta le désintéressement en cette occasion, il faut savoir que la pension ordinaire des Frères est de cent écus pour chacun, sans compter le logement et les meubles qu'on leur fournit. De plus, quand ils sont plusieurs dans un même lieu, ils ont besoin d'un Frère servant et d'un directeur pour les gouverner, et pour être toujours prêt à remplacer celui des Frères qui peut se trouver incommodé.

Ainsi, pour fournir dix Frères employés aux écoles, il fallait en compter douze ; leur pension sur le pied de cent écus, fait 3,600 livres ; en la réduisant à deux cent cinquante livres qui est la moindre, cela fait mille écus, sans parler du loyer de la maison qui n'est jamais à leur compte. Or, pour les douze Frères, on ne donne que six cents livres, et de cette somme plus de la moitié, c'est-à-dire trois cent dix livres, leur est nécessaire pour payer le loyer de leur maison. Il est par conséquent manifeste qu'ils ne reçoivent à Rouen que le dixième de la pension qu'on leur fournit ailleurs pour tenir des écoles gratuites. J'ai donc eu raison d'avancer qu'on leur demandait beaucoup, et qu'on leur offrait très peu. A vrai dire, on était bien aise de profiter de leurs peines ; mais on n'était pas d'humeur de les bien récompenser. On mettait leurs services au plus bas prix, et ils devaient s'en contenter ou quitter la ville.

Le Bienheureux de la Salle s'en contenta, en effet, dans l'espérance que la divine Providence lui ferait retrouver, dans la charité des particuliers de la ville, ce que le Bureau n'était pas en état de lui accorder. Il loua une maison et s'y retira, le 2 août 1707, avec les Frères qui eurent, comme lui, à souffrir tout ce que la pauvreté a de plus terrible ; mais ravis de se voir en liberté de reprendre leurs exercices de piété et de suivre leurs Règles, ils se trouvaient heureux de devenir plus pauvres, en devenant plus réguliers.

Selon cette convention, qui subsiste encore aujourd'hui (1733) depuis vingt-cinq ans, sans que le temps y ait apporté d'autre changement que d'augmenter le travail des Frères, en augmentant le nombre des écoliers, la maison payée, il ne reste pas aux douze Frères cent écus pour vivre et pour s'entretenir. Mais comment peuvent-ils donc subsister ? Comment ont-ils vécu depuis vingt-cinq ans avec cent écus de pension pour douze ? Certainement c'est un de ces mystères qui ne sont croyables qu'à ceux qui reconnaissent une Providence. C'en est un autre qu'on les laisse tranquillement se consumer au service des pauvres, sans que personne s'intéresse à les assister ; comme si leurs services n'intéressaient pas le public ; comme si les Frères n'avaient pas le droit que l'Évangile accorde à tous ses ouvriers, de recueillir où ils jettent leur semence, et de vivre de leur ministère ; comme si seuls, dans le champ du Père de famille, ils devaient travailler à leurs dépens.

CHAPITRE IV.

Le Bienheureux de la Salle transfère son noviciat à Saint-Yon, proche de Rouen. — (1705.)

I. — Importance d'un bon noviciat.

L'ESPÉRANCE de la moisson est dans la semence ; la durée de l'édifice dépend de ses fondements, et la sainteté d'un Institut est le fruit d'un bon noviciat. Si une terre mal ensemencée ne produit que de mauvaises herbes, si la maison qui n'a point de fondements solides est menacée de ruine, il faut conclure qu'une Communauté trouve dès sa naissance l'origine de sa destruction, dans le défaut d'un bon noviciat. C'est un édifice spirituel qui manque par les fondements, et qui est ébranlé par ceux-là mêmes qui le composent. Nulle espérance de sainteté dans des âmes où la semence des vertus n'a point été jetée, et où elle n'a point germé. Ce n'est ni pour la gloire de Dieu, ni pour le bien de la Religion, qu'un Institut produit des sujets, quand il ne les forme pas à la vertu. Fussent-ils multipliés comme les étoiles du ciel, l'Église n'en recevra aucun avantage ; et on peut leur appliquer ces paroles du prophète : *Vous avez multiplié le peuple, et vous n'avez point augmenté la joie.* (Is., IX, 3.)

Le Bienheureux de la Salle, rempli de ces vérités, n'avait rien tant à cœur que de faire des saints de tous ceux qui voulaient se faire ses disciples. Il aurait lui-même travaillé le premier à détruire ce qu'il avait fait, et à étouffer son Institut dans son berceau, s'il n'avait pas pu trouver le moyen de travailler à sa sanctification. Ce n'était pas le nombre des Frères, mais celui des saints, qui lui faisait plaisir. Dès le commencement qu'il fut inspiré de les rassembler, il ne pensa qu'à les former à une piété éminente, et à en faire des hommes nouveaux. Ils le devenaient en effet, ou ils ne tardaient pas à sortir de la maison ; et dès qu'il vit croître leur nombre, il chercha un lieu de retraite pour les sanctifier à loisir par les exercices d'un fervent noviciat.

La formation des novices fut toujours l'objet principal de ses soins, et il ne s'en déchargeait sur un autre que quand il lui était impossible d'en prendre la conduite. Ce soin était son œuvre chérie, car il y trouvait ses intérêts mêlés avec ceux de son Institut : je veux dire qu'il trouvait l'avancement de sa perfection, en procurant celle de ses Frères. Rien ne lui a jamais été plus à cœur, que de former une académie de vertus, persuadé que le degré de sainteté de son Institut prendrait sa mesure sur le degré de ferveur de son noviciat. En le regardant comme le cœur de sa société naissante, il portait sur lui ses premiers soins, à l'exemple de Dieu, qui, comme auteur de la nature, commence par le cœur la formation du corps humain ; et qui, comme auteur de la grâce, commence par l'intérieur la sanctification des hommes. Mais en combien de manières le démon n'a-t-il pas essayé de troubler le saint homme dans la conduite de son noviciat ! Agité lui-même de tous les côtés, ce noviciat souffrait le contre-coup de toutes les persécutions que l'enfer suscitait pour éteindre l'Institut dans son origine ; et le saint homme, après l'avoir transféré de lieu en lieu, à mesure qu'il en était lui-même chassé, ne savait plus où le fixer. De plus, l'état d'agitation et d'incertitude dans lequel il l'avait maintenu jusque-là à grand'peine, l'avait fort affaibli, et il était temps de trouver une maison convenable pour le rétablir. Ce n'était qu'avec douleur que le Bienheureux de la Salle reconnaissait la nécessité de le retirer de Paris, qui est le centre du royaume, et le lieu le plus favorable pour multiplier les sujets et les bien former ; mais enfin il fallait en sortir, et transplanter ailleurs son séminaire.

Rouen attirait ses vœux, à cause de sa proximité et de son commerce avec la ville capitale. Le saint Instituteur méditait ce dessein, lorsque la divine Providence lui offrit les moyens de l'exécuter dans l'établissement des Frères à Darnétal et au Bureau. La vue principale qu'il eut en acceptant ces écoles dans des conditions qui les mettaient à sa charge, fut de trouver une maison propre à la formation de ses novices. Ennuyé de voir son petit troupeau toujours errant, tantôt dans une maison, tantôt dans une autre, sans le pouvoir fixer dans aucune ; désolé de voir le déchet de ferveur que souffrait cette Communauté naissante, au milieu de tant d'agitations, il demandait à Dieu avec ardeur de lui donner un lieu de repos, où il pût le servir et le faire servir avec tranquillité. Pour obtenir cette grâce, il avait, selon sa coutume, recours à des prières, à des veilles et à des pénitences extraordinaires.

II. — Le Bienheureux de la Salle écrit à Mgr Colbert pour avoir son agrément sur le projet de transférer de Paris à Rouen son Noviciat.

COMME il avait un grand respect pour l'autorité et qu'il regardait ses supérieurs comme les oracles qui nous manifestent les volontés de Dieu, il ne voulut point prendre une décision sans avoir écrit à Mgr Colbert, pour avoir ses dispositions sur ce dessein. En lui faisant connaître le projet qu'il avait fait d'établir à Rouen son Noviciat, il le supplia de lui accorder son autorisation, si ce désir lui était agréable. La réponse fut très favorable. M. l'abbé Couet qui la fit, après avoir approuvé son dessein de la part de Mgr l'archevêque, lui marqua le zèle que Sa Grandeur avait pour procurer en différents endroits l'établissement des Frères, et d'en peupler son diocèse. Cette réponse ayant servi à l'homme de Dieu de témoignage de la volonté divine, il ne perdit point de temps pour s'assurer une maison convenable. Après l'avoir cherchée longtemps en vain dans la ville, il la trouva à l'extrémité du faubourg Saint-Sever.

Cette maison, appelée Saint-Yon, est très ancienne, et son enclos contient dix acres (¹) de terre. Il s'appelait autrefois le manoir de la Haute-Ville, et pendant près de deux cents ans, il a passé entre les mains de plusieurs seigneurs de considération, comme il paraît par les anciens contrats de vente qui sont entre les mains des Frères. Celui de ses seigneurs qui lui a laissé son nom est M. de Saint-Yon, qui le posséda en propre jusqu'en l'année 1615. Sa dévotion l'ayant porté à y faire bâtir une petite chapelle, il lui fit porter le nom de son patron, disciple de saint Denis et martyr. Voilà l'origine de la dénomination de cette maison.

En 1670, Mme de Bois-Dauphin l'avait achetée en faveur des Dames de Souvré, sœurs de M. de Souvré, son premier mari, dont l'une était abbesse du célèbre monastère de Saint-Amand, à Rouen. La chapelle de cette maison étant trop petite, Mme de Bois-Dauphin la fit augmenter de moitié pour la commodité des religieuses. Elle voulut, de plus, gratifier l'abbaye de Saint-Amand de cette maison; mais les Dames de Souvré la remercièrent. Après la mort de celle qui était abbesse, Mme de Barentin, nièce de Mme de Bois-Dauphin, qui lui succéda, fut maintenue dans l'usage de la maison de Saint-Yon. Enfin, après la mort de Mme de Barentin, cette maison, devenue l'héritage de

---

1. Environ sept hectares.

Mme de Louvois, fille de Mme de Bois-Dauphin et de M. de Souvré, son premier mari, elle fut mise en location dans le temps que le Bienheureux de la Salle vint à Rouen pour y établir les Écoles chrétiennes et gratuites. Il la vit et elle lui plut, et, après en avoir parlé à Mgr Colbert, il retourna en diligence à Paris pour la demander à Mme de Louvois.

III. — Le Bienheureux de la Salle loue la maison de Saint-Yon et y entre avec ses Novices.

PAR bonheur Mme de Louvois était fort prévenue en faveur du Bienheureux de la Salle, car elle en avait entendu dire à Mgr le Tellier, archevêque de Reims, et à M. l'abbé de Louvois, son fils, qui avait longtemps demeuré avec son oncle, tout le bien qu'on peut dire d'un grand serviteur de Dieu. Ravie de pouvoir faire plaisir à un homme regardé comme un saint dans sa famille, et même par le feu archevêque de Reims son beau-frère, qui n'était pas homme à prodiguer ce titre aisément, elle lui accorda la maison de Saint-Yon pour quatre cents livres, prix très modique, et elle en fit un bail de six ans. Le Bienheureux de la Salle fit l'affaire avec tant de promptitude et de secret, que ses ennemis, qui auraient pu la traverser, et peut-être la faire échouer, ne purent s'en défier. Avec la même diligence, il fit partir pour Rouen tous les meubles qu'il avait laissés à Paris en dépôt, dans le faubourg Saint-Antoine, et en meubla la nouvelle maison. De sorte que la Communauté était établie aux portes de Rouen, avant qu'on sût à Paris qu'elle en était partie.

Les Dames de Saint-Amand, ayant appris en quelles mains leur maison de Saint-Yon était tombée, et quel usage en voulait faire le Bienheureux de la Salle, eurent la générosité de lui laisser les tableaux et les tapisseries de la chapelle et plusieurs autres meubles de Communauté. Ce fut sur la fin du mois d'août 1705, que le Bienheureux de la Salle avec les siens entra dans une maison dont Dieu leur destinait dès lors la possession, et qui, dans la suite, est devenue leur héritage. A son départ de Paris, Mgr Colbert lui accorda les plus amples pouvoirs sans limites de temps, afin de rendre utile à son diocèse un mérite si peu commun, et de l'y attacher; mais le serviteur de Dieu n'en usa qu'avec sobriété, se faisant un devoir de renfermer son zèle dans sa maison et de ne point accorder à des étrangers le temps que Dieu lui donnait pour avancer la sanctification de ses enfants et la perfection de son Institut. Si parfois il se portait au dehors, ce n'était que par occasion, dans des rencontres extraordinaires, dans lesquelles la nécessité ou la charité lui faisaient une loi d'assister son prochain et de travailler à son salut.

L'homme de Dieu, se regardant à Saint-Yon comme un homme qui, battu par cent tempêtes différentes et échappé à autant de naufrages, se voit heureusement arrivé au port, ne pensa plus qu'à réparer ses pertes, et à mettre à profit, pour le bien de son âme et la sanctification de ses enfants, la paix et la tranquillité dont il jouissait enfin. Nulle maison au monde ne pouvait être plus à son gré et à sa bienséance ; car quoique aux portes d'une des plus grandes et des plus riches villes du royaume, elle est retirée et solitaire. L'air y est vif et pur, la situation agréable, et l'étendue de ses jardins très grande. Cette agréable solitude favorisait son inclination dominante pour la vie retirée et unie à Dieu, en lui permettant une pleine liberté de se livrer à la prière et à l'oraison, et de vivre, auprès de Rouen, plus caché que dans un désert. Cette maison si fort au goût du saint Instituteur, et faite, ce semble, pour son Institut, avait le même attrait pour M. de Pont-Carré, qui en fit son lieu ordinaire de promenade. C'est là que ce premier magistrat venait se délasser des ennuis du barreau et des fatigues de sa charge. Il se plaisait à être seul dans cette retraite, et quand il y entrait, on en fermait les portes à tout le monde, pour le laisser en paix avec lui-même et avec Dieu.

Le Bienheureux de la Salle regarda dès lors cette solitude comme le lieu de son repos. Quand il s'y vit bien affermi et en paix, il prit toutes les précautions imaginables pour écarter le relâchement de sa Communauté et lui fermer toutes les avenues. Son premier soin fut de peupler son Noviciat, et d'y rappeler sa première ferveur. Ce ne fut pas sans peine d'abord, car les diverses secousses qu'il avait essuyées, depuis quelques années, en avaient écarté les sujets et avaient inspiré le dégoût pour une vocation si persécutée. Cependant, avec le temps, la régularité de vie qui s'y observait y attira un assez bon nombre de postulants dont il confia la conduite au Frère Barthélemy, homme sage et d'une humeur fort douce, sans cependant s'en décharger, car l'éducation des novices fut toujours son principal soin, et il ne le partageait avec d'autres que quand la nécessité l'obligeait de se partager lui-même entre diverses occupations.

IV. — Le Bienheureux de la Salle rappelle à Saint-Yon tous les Frères pour réchauffer leur ferveur.

EN renouvelant son Noviciat, il forma le dessein de renouveler sa Communauté tout entière dans l'esprit de son Institut, et de profiter des avantages de sa solitude pour ressusciter en ses enfants la grâce primitive et l'ancienne ferveur. Il craignait que les traverses, les inquiétudes et les agitations si longues et si continuelles que sa Communauté avait essuyées à Paris, n'eussent porté l'affaiblissement de la piété jusque dans les provinces. Ainsi, pour réparer ce mal ou pour le prévenir, il fit venir à Saint-Yon, pendant la vacance des écoles, les Frères dispersés de tous côtés, en aussi grand nombre qu'il put, et il les mit en retraite avec lui pendant huit jours. Il était toujours à leur tête, animant tous les exercices par sa présence, et soutenant par de grands exemples de vertu les leçons qu'il en donnait. Il leur faisait le matin une exhortation, et un des prêtres qu'il avait avec lui faisait celle du soir ; car les trois ou quatre prêtres qui s'étaient associés à lui dans la paroisse de Saint-Roch, à Paris, l'avaient suivi à Saint-Yon et y demeuraient.

Le Père, ainsi retiré avec ses enfants, leur rendait une nouvelle vie en réchauffant leur zèle, en leur inspirant de nouveaux désirs de la perfection, en rallumant en eux l'esprit de dépendance, de mortification, de pénitence, de pauvreté, d'amour de leur vocation, et en leur inspirant toutes les vertus de leur état. Comme les Frères ne lui entendaient dire que ce qu'ils lui voyaient faire, ils se trouvaient doucement forcés de l'imiter. Partout et en tout temps, ils voyaient en lui un homme profondément recueilli, uni à Dieu, sévère à lui-même, avide de mépris, et sans aucune autre inclination que pour l'oraison et les souffrances. Il était religieux observateur des règles, et quand les Frères lui témoignaient la crainte qu'ils avaient que tout ce qui s'observait alors parmi eux ne fût pas de longue durée, et qu'il y avait apparence que sa mort y apporterait du changement, il répondait que Dieu ne lui demanderait compte que du présent et non de l'avenir, et qu'il était résolu de lui être fidèle jusqu'à la fin. Plein de ces sentiments, il était bien éloigné de rien relâcher de ses pratiques de pénitence.

Une retraite faite si à propos, et sous un maître si parfait, donna une nouvelle vie intérieure à la Communauté entière, et répara le déchet qu'elle avait pu souffrir des troubles passés, et des persécutions continuelles. Les Frères, pleins de la joie et de la consolation du Saint-Esprit, s'en retournèrent avec un nouveau feu, et crurent en sortant de Saint-Yon, qu'ils ne faisaient que d'entrer au service de Dieu.

V. — **La maison de Saint-Yon se remplit de pensionnaires et se fait une grande réputation par la bonne éducation de la jeunesse.**

CETTE maison, sanctifiée par la présence du serviteur de Dieu, ne tarda pas à répandre sa bonne odeur de tous côtés, et à devenir la ressource des parents incapables de donner à leurs enfants une bonne éducation. D'abord on pria le Bienheureux de la Salle de recevoir en pension plusieurs jeunes gens de la ville et des environs, pour les instruire et les former à la piété. Cette demande, conforme à ses vues, lui fut très agréable. L'instruction et l'éducation chrétienne de la jeunesse étant le grand objet de son zèle et la fin de son Institut, il ouvrit sa maison avec joie à tous les enfants qu'on voudrait y envoyer pour être élevés et formés dans l'innocence et la connaissance de la religion. Il les mit sous la conduite d'un des principaux Frères, et leur fit des règlements conformes à leur âge et à leur condition.

Le fruit de cette espèce de séminaire des externes ne fut pas longtemps à paraître. Les parents, en venant voir leurs enfants, ne les reconnaissaient plus ; ils étaient en effet changés, et la plupart montraient tant de modestie, de piété et de docilité, que ceux-là mêmes qui les avaient engendrés, avaient peine à croire ce qu'ils voyaient de leurs yeux. Sur leur rapport, d'autres s'empressèrent d'envoyer leurs enfants à une si bonne école ; de sorte qu'en peu de temps le nombre augmenta au-delà de toute espérance. Rouen ne fut pas la seule ville qui fournît des pensionnaires à la maison de Saint-Yon : il y en vint de tous côtés, et même de Paris. Le public, informé du talent qu'ont les Frères pour bien instruire la jeunesse, avertit les familles affligées et chargées d'enfants mutins, indociles, libertins, intraitables, de leur chercher à Saint-Yon un lieu de retraite et de correction, en leur promettant qu'on les retrouverait à leur sortie tout autres qu'à leur entrée.

Bien des parents en voulurent faire l'essai, et confièrent à des maîtres plus habiles qu'eux, la réformation de leurs enfants. Bientôt la maison en fut remplie. Le succès de cette éducation d'enfants libertins, désespérés, attira à Saint-Yon des gens bien plus difficiles à réformer. Des libertins de profession y furent renfermés, les uns par arrêt du Parlement, d'autres par les ordres de la Cour, et plusieurs par l'autorité des parents ; on a eu la satisfaction de voir que plusieurs s'y sont convertis et qu'ils ont fait une vraie pénitence. Il n'est pas croyable combien de gens, foncièrement pervertis, ont trouvé leur conversion dans cette maison; combien d'enfants rebelles et indomptables y ont perdu leur humeur farouche et leur impiété ; combien d'autres sont rentrés dans le devoir et dans le chemin du salut. Plusieurs ont voulu y rester jusqu'à la fin de leur vie ; d'autres n'en ont voulu sortir que pour entrer dans des monastères ; un plus grand nombre, retournés chez eux, ont montré, par la régularité de leur vie, qu'ils étaient sortis de Saint-Yon entièrement changés. Enfin la plupart de ceux qui y ont été élevés, font honneur à la maison, et donnent l'exemple de leur sainte vie pour preuve de la bonne éducation qu'on y reçoit.

VI. — Trois sortes de pensionnaires élevés dans cette maison.

TANT de biens qui ont le Bienheureux de la Salle pour auteur et qui lui doivent leur naissance, croissent tous les jours. Quoique, depuis la mort du saint Instituteur, la maison de Saint-Yon ait été augmentée des deux tiers, elle est encore trop petite pour recevoir tous les pensionnaires qu'on y présente (1733). Il y en a de trois sortes. La première classe est composée des enfants libres et volontaires, qui viennent y chercher l'instruction et l'éducation chrétiennes. Ils ont pour maître un Frère qui les a toujours sous les yeux, et qui leur enseigne à lire et à écrire, qui leur apprend l'arithmétique et de plus, à ceux qui le veulent et qui ont l'esprit ouvert pour des sciences plus hautes, le dessin, la géométrie, l'architecture. La seconde classe renferme les jeunes gens libertins ou indociles qu'on veut corriger et réformer. Ceux-ci sont veillés encore de plus près, et comme enchaînés sous la main d'un Frère qui ne les quitte point et qui les mène partout, sans leur donner la liberté de s'écarter et de se dérober à sa vue. Cependant, leur éducation n'est point différente de celle des premiers. Ils ont tous les mêmes exercices de piété ; on leur fait des exhortations, des catéchismes ; on leur apprend à bien recevoir les sacrements ; on prépare à la première communion ceux qui ne l'ont pas faite, et s'ils l'ont faite, on leur enseigne à réparer la vie passée, par une bonne confession générale. En un mot, ils vivent comme dans un séminaire ou dans une Communauté très régulière, dans des exercices successifs, ou de piété, ou d'instructions convenables à leur âge et à leur condition. Ils mangent dans un réfectoire commun avec les Frères, et sont spectateurs de leurs différentes pratiques de piété. C'est ordinairement ce qui les touche le plus, et ce qui leur inspire le désir de revenir à Dieu.

La troisième classe des pensionnaires de Saint-Yon, est composée des renfermés ; c'est-à-dire de gens qui, par lettres de *petit cachet* ou par arrêt de la Cour, sont renfermés dans une chambre et gardés avec soin. Là, rendus à eux-mêmes, ils ont tout le loisir de faire des réflexions qu'ils n'ont jamais faites, et de repasser leur vie dans l'amertume de leurs âmes. Resserrés entre quatre murailles, la solitude leur apprend ce que le monde leur cachait, et les invite à penser à des vérités qu'ils avaient oubliées ou voulu oublier. En les forçant de se ressouvenir qu'il y a un avenir, et que leur prison n'est que l'ombre de celle de l'enfer, ils apprennent insensiblement à regretter les péchés qui y font condamner ceux qui les commettent, à craindre Dieu et à retourner à lui. Il est vrai que souvent ils souillent, à leur entrée, par des jurements et des blasphèmes que la rage et le dépit leur suggèrent, la cellule qui fait leur prison ; mais souvent aussi ils y trouvent une grâce qui les touche, et qui, en changeant leurs cœurs, fait succéder les larmes et la componction aux transports de fureur et de désespoir.

Quand ils paraissent vraiment pénitents, on leur ouvre la porte de leur chambre et on les met en liberté de suivre les exercices de piété qui se font à la maison ; et c'est alors que la charité achève chez eux l'ouvrage de leur conversion, que la crainte de l'enfer avait commencé. Ces exemples de conversion ne sont point rares à Saint-Yon, et on pourrait faire un long catalogue des noms de ceux qui y ont retrouvé Dieu, après l'avoir perdu.

Sur le pied où le Bienheureux de la Salle a mis la maison de Saint-Yon, il s'y trouve trois espèces de Communautés: l'une pour la direction des trois sortes de pensionnaires dont on vient de parler, l'autre des Novices, et la troisième des Frères servants et d'autres occupés du service de l'Institut, qui tous ont des exercices propres ou communs, qui s'observent avec tant d'exactitude, que la variété des actions et le grand nombre de ceux qui vivent ensemble ne laissent apercevoir aucune ombre de tumulte et de confusion. L'ordre qui y règne est si grand qu'on n'y voit ni pensionnaire, ni Frère, ni novice hors de sa place, ni se mêler avec

Livre III. — Chapitre IV.

les autres ; encore moins se dissiper et sortir de son office. Ce qui est le plus édifiant, c'est que tout se fait dans cette maison dans un si grand silence, que les étrangers qui y entrent, ne s'aperçoivent pas souvent qu'elle soit habitée. Cependant, pour l'ordinaire, plus de cent personnes d'âge, d'humeur, de caractère, d'état et d'offices différents, y vivent sous le même toit ; mais, étrangers les uns à l'égard des autres, ils n'ont de commerce ensemble, qu'autant que la Règle le prescrit, ou que l'obéissance le permet.

Ce bon exemple est toujours nouveau et toujours frappant, et on ne peut assez admirer une maison où la multitude et la variété des pensionnaires ne causent ni trouble, ni dérangement ; où les novices ne connaissent pas ceux avec qui ils vivent, et où les Frères même n'ont aucun rapport qu'avec leur Supérieur. Rien n'a peut-être plus servi à mériter aux Frères la bienveillance et la protection de M. le premier Président de Pont-Carré, que cet esprit de retraite et de recueillement qu'il voyait à Saint-Yon, quand il y allait se délasser l'esprit du poids accablant des affaires. Il en entretenait souvent Mgr Colbert qui s'applaudissait d'avoir dans son diocèse une Communauté si utile et si édifiante. Le prélat, ravi de compter au nombre de ses ouailles le nouveau patriarche d'une famille si vertueuse, lui donnait de grands témoignages de bonté, et l'exhortait à se servir, pour le bien de son diocèse, de l'étendue des pouvoirs qu'il lui avait confiés ; mais l'attrait du saint homme n'était pas de paraître, ni de se produire au dehors. Il se retranchait dans son Noviciat le plus qu'il pouvait, et il n'y avait que des cas pressants qui pussent l'obliger de s'en éloigner.

CHAPITRE V.

Nouvelles persécutions suscitées à Paris contre le Bienheureux de la Salle et son Institut. — (1705-1706.)

QUELQUES attraits que la solitude de Saint-Yon eût pour notre saint prêtre, il en sortait aussitôt que l'ordre de Dieu l'appelait ailleurs. Il n'y avait pas même longtemps qu'il en goûtait la douceur, lorsque la même persécution qui l'avait exilé de Paris, le contraignit d'y revenir. Il est vrai que, caché à la vue de ses ennemis, il était personnellement à l'abri de leurs coups ; mais comme père, il ressentait ceux qu'on portait à ses enfants et à son œuvre.

I. — Nouvelles persécutions de la part des maîtres écrivains contre les écoles de Saint-Sulpice.

IL avait cru qu'en fuyant devant eux, leur fureur se ralentirait, et qu'ils auraient honte de continuer la guerre contre un homme qui leur laissait le champ libre ; mais il se trompa. L'enfer qui les animait, en voulait encore plus à son Institut qu'à sa personne, et incapable de se réconcilier ni avec l'un ni avec l'autre, il suscitait, dans les écoles de la paroisse de Saint-Sulpice, les troubles et les attaques qui avaient renversé les écoles du faubourg Saint-Antoine, dans le dessein de les ensevelir sous la même ruine. Le Bienheureux de la Salle l'apprit dans le temps qui fut peut-être celui de sa vie le plus tranquille. Il lui fallut donc encore sortir de son repos et aller à Paris essuyer de nouveaux orages, pour servir de pilote à ses Frères, et prendre en main le gouvernail d'une barque toujours agitée, et toujours menacée du naufrage.

En lui mandant que les Écoles chrétiennes de la paroisse de Saint-Sulpice avaient à craindre le sort de celle du faubourg Saint-Antoine, puisque les maîtres écrivains avaient toute liberté d'y venir troubler les Frères dans l'exercice de leurs fonctions, et de faire grand bruit pour en écarter les écoliers, on lui mandait, en même temps, que ceux dont ils avaient droit d'attendre la protection, fermaient les yeux, voulant paraître ignorer les vexations qu'on leur faisait subir ; et que, comme gens indifférents, ils laissaient le combat s'engager, sans se soucier de quel côté la victoire voudrait se déclarer.

Le saint Instituteur l'avait prévu. Après le pillage de la maison du faubourg Saint-Antoine, il avait compris que les maîtres écrivains, devenus insolents par leur succès, se rabattraient sur les écoles sulpiciennes et en tenteraient la ruine. C'était pour leur faire diversion, qu'il en avait élevé une à Saint-Roch ([1]). C'était aussi pour leur faire oublier ce dessein, qu'il avait disparu et qu'il était allé se cacher à Rouen, avec le peu de novices qui lui restaient. Mais en vain espérait-il adoucir, par sa fuite, des hommes que la jalousie et l'intérêt armaient contre son Institut, plus que contre sa personne. Après l'avoir chassé en quelque sorte de Paris, ils voulaient en chasser ses disciples, et anéantir jusqu'au nom des écoles gratuites.

Après tout, la peine du saint Instituteur n'était pas de voir son Institut persécuté avec tant de fureur. Il savait qu'en vain les hommes tâcheraient de détruire son œuvre, si Dieu en était le protecteur. Il se ressouvenait que les premiers prédicateurs de l'Évangile n'étaient jamais plus ardents à l'annoncer que dans les prisons et lorsqu'ils étaient chargés de fers. C'est avec ses réflexions qu'il consolait les siens et qu'il les formait à la patience. Souvent il avait à la bouche l'oracle célèbre de Gamaliel : « Si cette œuvre est de Dieu, qui pourra la détruire ? Si Dieu n'en est pas le principe, je consens à sa ruine. Je travaillerais moi-même avec nos ennemis à sa destruction, si je croyais qu'elle n'eût pas Dieu pour auteur, ou qu'il n'en voulût pas le progrès. S'il s'en déclare le défenseur, ne craignons rien. Il est le Tout-Puissant ; nul bras ne peut arracher ce qu'il a planté, nulle main ne peut ravir ce qu'il tient dans les siennes. C'est lui qui soutient l'univers, et qui y met tout en mouvement ; rien ne s'y passe que sous ses yeux et par ses ordres ; ceux qu'il charge de ses malédictions demeurent maudits, et en vain veut-on maudire ceux qu'il a bénis. Abandonnons-nous donc à sa conduite. S'il prend notre œuvre en main, il se servira, pour l'avancer, de ceux-là mêmes qui ont fermement résolu de la détruire. Après tout, leur disait-il encore, c'est du fond de nos afflictions que nous devons tirer le sujet de notre joie. Si la persécution est la preuve qu'une œuvre est de Dieu, consolons-nous, notre Institut est son ouvrage : la croix qui le suit partout, nous rend ce témoignage. »

Ce langage de la foi ranimait les siens ; et, quand ils le goûtaient, la joie du serviteur de Dieu était parfaite. Mais les

---

1. Sur la demande de M. Coignet, curé de cette paroisse et doyen des curés de Paris. Cette école était située, rue Saint-Honoré, non loin du célèbre couvent des Jacobins.

impressions s'en effaçaient quelquefois, et c'était leur pusillanimité dans la persécution et non pas la persécution qu'il craignait. Voyant combien ses disciples étaient effrayés, dans le temps dont je parle, de l'orage qui se préparait, il sentit qu'il était utile de les rassurer par sa présence, et d'aller partager leurs peines s'il ne pouvait pas les en exempter.

A son arrivée à Paris, il trouva ses enfants dans de nouvelles alarmes. Les maîtres écrivains, voyant que tout le ravage qu'ils avaient fait dans l'école du faubourg Saint-Antoine, n'avait point fermé celles du faubourg Saint-Germain, et n'y avait même apporté aucun changement, recommencèrent leurs vexations avec une espèce de fureur.

D'abord, en l'absence du Bienheureux de la Salle, ils essayèrent d'intimider les Frères par des menaces réitérées d'assignations, de procès et de chicanes. Ils les intimidaient en effet ; car ces seuls termes d'exploit, de sentence et de procédures, faisaient peur à ces disciples pacifiques, qui avaient appris de l'apôtre saint Paul, que les serviteurs de Dieu ne doivent point être amis des procès. En vain, ces vertueux Frères tâchaient d'adoucir leurs rivaux par des réponses douces et humbles, par des prières et des remontrances. Comme ils n'y gagnaient rien, ils prirent le parti du silence ; mais en paraissant sourds et muets, ils ne firent qu'aigrir ceux que tout choquait, et qui ne cherchaient que la guerre, mais une guerre maligne et colorée de toute l'apparence de la justice.

Nous avons vu que les maîtres écrivains, n'ayant pu venir à bout de détruire les écoles gratuites, comme ils avaient plusieurs fois tenté de le faire, s'étaient bornés à demander qu'il fût fait défense aux Frères de recevoir dans leurs classes d'autres écoliers, que les pauvres qui sont tels de notoriété publique. Cette proposition n'avait rien que de raisonnable en apparence. On avait lieu de croire que le Bienheureux de la Salle, dans l'établissement des écoles chrétiennes, n'avait eu en vue que l'instruction de la jeunesse pauvre, puisque les riches ont le moyen de se faire instruire. Cependant cette proposition qui semblait si équitable, était, dans le fond, très maligne ; car elle fournissait un prétexte spécieux aux intéressés d'aller sans cesse mettre le trouble dans les écoles gratuites, et de disputer éternellement avec les Frères sur le choix de ceux qu'ils admettaient à leurs leçons.

Le Bienheureux de la Salle, qui avait senti le piège qu'on lui tendait sous une proposition parée du dehors de l'équité, n'avait jamais voulu l'admettre, et il avait raison ; car, en y souscrivant, il aurait mis des bornes à sa charité, il aurait, sous un accommodement pallié, signé la ruine des écoles chrétiennes, en fournissant à ses rivaux une matière inépuisable de contestations, et à ses Frères des procès éternels. Tous les jours il serait arrivé que le syndic et les gardes des maîtres écrivains eussent déclaré riche l'enfant que les Frères eussent dit pauvre. Le contestation assoupie aujourd'hui au sujet d'un élève, demain aurait repris naissance au sujet d'un autre. Ces raisons et toutes celles qui ont été déjà développées en différents endroits, montrent que le Bienheureux de la Salle, en souscrivant à la demande des maîtres écrivains, leur aurait accordé pouvoir de renverser son Institut. La preuve en devenait sensible dans le cas présent. A tout moment les maîtres écrivains venaient jeter le trouble dans les écoles chrétiennes. A tout moment ils cherchaient querelle aux Frères, parce qu'ils admettaient chez eux des enfants en état de payer; sous prétexte de cet examen, ils amenaient le commissaire, entraient en des contestations, faisaient perdre le temps, écartaient ou dissipaient les écoliers. C'était le moyen de rendre bientôt désertes les classes des Frères; et c'est là qu'ils en voulaient venir. C'en était fait des écoles chrétiennes, si ce désordre eût continué longtemps.

Le remède était très facile. M. le curé de Saint-Sulpice, en se montrant, eût pu dissiper l'orage, car il y avait une convention faite entre Messieurs les curés de Paris et les maîtres écrivains, qui défendaient à ces derniers de mettre le pied dans les écoles de charité, sans la permission du curé de la paroisse. L'infraction manifeste de cette convention mettait les maîtres écrivains dans leur tort, et il était facile de leur fermer la porte des endroits où ils n'entraient que pour troubler et faire du bruit.

Les ennemis du Bienheureux de la Salle, qui avaient su prévenir M. de la Chétardie contre lui et le ranger de leur côté, ne permettaient pas qu'il fût informé du désordre, ou l'empêchaient d'agir. Ils surent même l'engager à fermer l'école qu'il avait établie sur les Fossés de M. le Prince depuis quelques années, sous prétexte d'apaiser les maîtres écrivains, et de mettre les autres écoles à l'abri de leurs attaques, par la suppression de celle-ci. Le dessein des ennemis de l'homme de Dieu était d'obliger les Frères d'abandonner les écoles de la paroisse, et de suivre le Bienheureux de la Salle dans son espèce d'exil.

C'est à quoi ils prétendaient réussir en les vexant continuellement. Ils y réussirent en effet, car les Frères, dégoûtés et fatigués, vinrent, au commencement de 1706, prier le Bienheureux de la

Salle de leur permettre de se retirer et de céder un terrain qu'ils ne pouvaient plus défendre.

II. — Les écoles de la paroisse Saint-Sulpice demeurent fermées par la retraite des Frères.

LE serviteur de Dieu, après avoir pris avis de plusieurs personnes sages, permit aux Frères de se retirer. Ils ne parurent plus, en effet, et les écoles se trouvèrent fermées le lendemain, sans qu'on en connût la raison, et sans qu'on sût ce qu'étaient devenus les Frères. La rumeur s'en répandit, et, avec le temps, le bruit en devint plus grand. D'abord on fut porté à croire que les Frères avaient donné un congé extraordinaire de quelquesjours, ou que quelque maladie ou autre importante affaire donnait lieu à leur retraite : mais ce soupçon, démenti par une plus longue absence, fit appréhender que la vacance des écoles ne se prolongeât, et qu'elles ne fussent définitivement fermées au grand préjudice du public. La crainte qu'on en eut augmenta le tumulte et obligea les parents, intéressés à l'instruction de leurs enfants qui commençaient déjà à devenir vagabonds et à faire sentir, par un libertinage précoce, le besoin qu'ils avaient d'une éducation chrétienne, à aller chercher le remède chez M. le curé.

Ils vinrent donc en foule trouver M. de la Chétardie pour lui représenter le chagrin que leur causait le départ des Frères, l'impuissance où ils étaient de donner eux-mêmes à leurs enfants l'instruction et l'éducation, ou de la leur procurer chez des maîtres qui en tirent du lucre. Ils proclamaient aussi le talent qu'avaient les Frères pour instruire et rendre sages, dociles et pieux ceux qui partout ailleurs étaient ignorants, intraitables, dissipés et libertins. Ils montraient enfin le préjudice sensible que faisait déjà sentir la cessation des écoles.

III. — Sur la plainte des familles, M. de la Chétardie prend des mesures pour rétablir la paix dans les écoles, et empêcher les maîtres écrivains de la troubler.

CES remontrances, si naïves et si naturelles, eurent tout leur effet. M. de la Chétardie en fut touché. Ce charitable pasteur, tout dévoué au bien de ses paroissiens et animé d'une tendresse particulière pour les pauvres, les apaisa en leur promettant de faire revenir les Frères. Jamais il ne comprit mieux le besoin qu'en avait sa paroisse, le bien qu'ils y faisaient, le service qu'ils rendaient au public, et l'intérêt que trouvait la religion en employant de tels ouvriers. Le Bienheureux de la Salle fut averti, de sa part, de rouvrir les écoles gratuites, avec assurance que les Frères n'y seraient plus inquiétés et qu'il allait y mettre ordre. Il tint parole.

Après avoir tenu chez lui une assemblée des principaux d'entre les maîtres écrivains, M. de la Chétardie fit dresser, en leur présence, un acte par devant deux notaires, qui certifiait que c'était lui qui avait chargé les Frères, qu'il nommait tous par leurs noms de famille, de tenir les écoles de charité sur sa paroisse ; que M. J.-B. de la Salle, prêtre et docteur en théologie, avait été mal à propos inquiété à cette occasion par les maîtres écrivains, puisqu'il n'avait employé ses disciples à cette œuvre que sous ses auspices, à ses frais et par ses ordres ; que lui, curé, n'avait fait en cela que suivre les exemples de ses prédécesseurs, qui avaient appelé à Paris M. de la Salle et ses disciples pour rendre ce service aux pauvres de sa paroisse ; que les loyers des lieux où les classes se tenaient, et même le logement de ceux qui enseignaient étaient payés de ses deniers ; enfin, que c'était lui qui avait toujours nourri et entretenu les Frères nommés dans l'acte, qu'il entendait qu'ils eussent toute liberté de continuer leurs fonctions, et qu'il faisait le présent acte pour servir et valoir à qui il appartiendrait.

Cet acte fut remis entre les mains du saint Instituteur ; il en fut satisfait, et il fit recommencer les écoles après trois semaines d'interruption. Cet acte servit de frein aux maîtres écrivains, et arrêta leurs vexations et leur animosité, aussi longtemps qu'ils virent M. de la Chétardie résolu à le soutenir. Le calme rentra donc dans les écoles chrétiennes pour quelque temps, et les Frères reprirent l'exercice de leurs fonctions ; mais si la paix leur fut rendue, le Bienheureux de la Salle n'en jouit pas ; car, lorsque la guerre contre ses disciples cessait, elle ne laissait pas de continuer contre lui.

M. le curé, qui ne revenait point de ses préjugés, refusait ses bonnes grâces au père, lors même qu'il les accordait à ses enfants. Le saint homme en était fort mortifié, et il ne savait que faire pour se concilier un pasteur si respectable, qu'il aimait, qu'il honorait et qu'il estimait par inclination et par reconnaissance de tant de biens qu'il en avait reçus. Il l'allait voir, et quoiqu'il fût mal accueilli, il faisait son possible pour dissiper les nuages de son esprit, et rompre la glace de son cœur. Malgré le froid de son visage qu'il avait d'abord à soutenir, il tâchait de se le rendre favorable et de vaincre les préventions d'un homme qui lui était si nécessaire; mais c'était en vain, Dieu le permettant ainsi, pour épurer la vertu de son serviteur, et pour être le seul appui de son Institut.

IV. — Le Bienheureux de la Salle se cache, en faisant une retraite de quelques jours chez les Carmes déchaussés, pour se dérober à la vue de ses ennemis.

LE Bienheureux de la Salle n'avait alors, en effet, hors Dieu, aucune ressource, ni dans Paris aucun ami. Tout lui était contraire, et il ne trouvait, sur tous ses pas, que des mortifications. Dans ce temps-là même il en reçut une fort sensible, et à laquelle il ne pouvait s'attendre, de la part de M. de la Chétardie, qui lui paya en billets d'État la pension ordinaire due aux Frères employés aux écoles de la paroisse. Ces billets, pour lors si décriés, devenaient inutiles entre ses mains, et le mettaient dans l'impuissance de subvenir aux besoins de sa Communauté ; car on ne pouvait pas porter à la boucherie ou au boulanger cette sorte de monnaie, que personne ne voulait.

Cependant il fallait vivre, et avoir du pain : le Bienheureux de la Salle avait du papier, mais il n'avait point d'argent pour acheter les choses nécessaires à la vie. Sa grande pauvreté, augmentée par cette perte, le jetait dans un extrême embarras ; mais Celui en qui il plaçait sa confiance sut l'en tirer, et convertir en espèces sonnantes un papier inutile. Soit par pitié, soit par charité, soit par un autre motif, des personnes lui rendirent ce service, et échangèrent ses billets pour de l'argent comptant, au grand étonnement de tous ceux qui le surent, et entre autres de M. le curé, qui, avec tout son crédit, n'aurait pas pu faire cette espèce de miracle.

Quand le Bienheureux de la Salle fut au bout de cette somme, il vint chercher chez M. le curé le reste de la pension due ; mais il n'en reçut, comme à l'ordinaire, que des paroles de mécontentement, et il fut renvoyé sans argent et sans billets. Ce refus le jeta dans un nouvel embarras. Tout manquait dans sa maison, toutes les bourses lui étaient fermées, et, à son égard, on se faisait un mérite de manquer de charité. Il connut alors, plus que jamais, que sa personne, devenue odieuse, attirait ces mauvais traitements ; et sa douleur était que, quoiqu'il fût le seul objet de la persécution, ses disciples en devenaient les victimes. Il crut

Livre III. — Chapitre V.

donc qu'il était le Jonas qui devait être jeté dans la mer, et que la tempête cesserait, au moment qu'il aurait disparu.

Il ne fut pas longtemps sans voir la vérité de sa conjecture, par le pieux artifice dont il usa pour obtenir l'argent nécessaire pour la nourriture des Frères. Tout d'un coup il devint invisible, en se cachant chez les RR. PP. Carmes déchaussés. Il prit cette occasion d'y faire une retraite de quinze jours. Personne ne savait où il était, excepté deux ou trois de ses principaux Frères, auxquels il en avait fait la confidence. Pendant ce temps-là, un des Frères, qui était fort agréable à M. de la Chétardie, vint le trouver selon les ordres qu'il en avait reçus du Bienheureux de la Salle, et lui annonça, après lui avoir demandé de l'argent, que leur Supérieur s'était éclipsé, et qu'on ne savait où il était. M. le curé, surpris, lui donna tout l'argent qu'il voulut. Ce n'était pas la première fois que ce Frère, toujours bien venu auprès de lui, avait été employé par le serviteur de Dieu, pour obtenir ce qui lui était refusé.

M. le curé, croyant le Bienheureux de la Salle bien loin, voulut saisir ce moment pour lui substituer un autre Supérieur ; et ce fut le même Frère dont nous parlons, qui n'avait pourtant que l'habit de Frère servant, sur qui il jeta les yeux. Il est vrai qu'il était de belle prestance, et qu'il avait un air vénérable ; mais d'ailleurs très simple, d'un esprit fort borné, parlant mal, et ne pouvant bien s'expliquer, il était incapable de la place qu'on lui présentait. Né pour obéir, il n'était capable que de se prêter aux volontés d'autrui. M. le curé lui fit la proposition, et le pressa plusieurs fois d'accepter la première place. Le Frère en fut confus, et ne put entendre sans peine une offre qui l'humiliait, sans le tenter ni l'éblouir. Il aimait sincèrement son Supérieur, et lui était fortement attaché. Il l'honorait comme un saint, et il se fût regardé comme un usurpateur ; il n'eût même été regardé qu'avec horreur par ses confrères, s'il eût pris sa place.

Pendant ce temps, le pieux persécuté, libre et dégagé de tous soins, vaquait à loisir à la prière et à la contemplation. Son attrait pour l'oraison était si grand, qu'elle était comme son élément et sa nourriture. Il ne satisfaisait jamais là-dessus à son gré cette inclination céleste.

La dévotion particulière qu'il avait pour sainte Thérèse, cette grande amante de JÉSUS et de la croix, dans les ouvrages de laquelle il avait puisé un grand esprit d'oraison et l'amour des souffrances, jointe à la vénération toute spéciale qu'il avait pour ses enfants, qui font une profession particulière de la vie intérieure et contemplative, l'avaient engagé à choisir leur maison pour y faire sa retraite. Après y avoir passé quinze jours dans un recueillement profond et une intime communication avec Dieu, nourri de la prière, et fortifié de la vertu d'en haut, il en sortit, avec un nouveau courage, pour souffrir de nouvelles peines.

Il reparut au milieu de ses disciples aussi subitement qu'il s'était éclipsé à leurs yeux, et leur rendit la joie par sa présence. Ils étaient inquiets de son absence, et ils ne savaient qu'en penser ; son retour les calma, et ils profitèrent des nouvelles lumières que ce Moïse avait puisées dans sa retraite. Ils se sentirent portés comme lui, avec plus d'ardeur, à la perfection de leur état, et à la patience dans les persécutions. Ils avaient raison de s'y préparer ; car elles reprirent leurs cours aussitôt que le serviteur de Dieu commença à reparaître. Comme il était plein de l'esprit de JÉSUS-CHRIST, la croix le suivait partout, et le démon ne pouvait le laisser vivre en paix.

V. — Il reparaît et la persécution recommence.

INUTILEMENT l'homme de Dieu fit-il son possible pour se cacher dans la maison des Frères ; son retour fut connu dans la paroisse, et servit d'occasion à ses ennemis de lui susciter de nouvelles querelles, afin de le chasser de Paris, et de l'obliger de ne jamais y reparaître. En effet, ils n'avaient point perdu de vue leur premier dessein, qui était de changer la forme du gouvernement de l'Institut, et d'en altérer l'esprit et les Règles. Le Bienheureux de la Salle n'ayant point voulu se prêter là-dessus à leur volonté, il leur devenait odieux, et ils avaient remué ciel et terre pour le déplacer, comme on l'a vu ci-dessus, et pour dégoûter les Frères de lui. N'ayant pu en venir à bout, ils tentaient une autre voie pour y réussir, qui était de lui susciter tant de tracasseries à Paris, qu'il fût obligé d'en sortir ; car on se promettait de faire en son absence ce qu'on désespérait d'accomplir en sa présence.

Qu'on se souvienne toujours que ces grands ennemis auraient été fort fâchés de le paraître. Étant gens de bien et dans une haute réputation de vertu, ils croyaient eux-mêmes rendre service à Dieu en persécutant son serviteur. Dans leur pensée, le Bienheureux de la Salle avait conçu un grand dessein, mais il était incapable de l'exécuter. Son Institut était important pour le bien de l'Église, mais il fallait un autre homme que lui pour le conduire à sa perfection. Ceux qui pensaient ainsi, se sentaient portés à achever ce que l'homme de Dieu avait commencé.

L'ayant d'abord trouvé docile à leurs leçons lorsqu'elles ne tendaient pas à altérer l'esprit de sa société, ils s'en étaient déclarés les zélateurs ; mais le voyant dans la suite peu flexible pour les changements qu'ils voulaient introduire, ils l'avaient pris en aversion, ils l'avaient dénoncé à l'archevêché comme un esprit étroit, incapable de gouverner. Ils avaient ameuté dans Paris et armé les maîtres écrivains contre les écoles gratuites. Ayant réussi sur ce point, ils ne désespéraient pas de remporter, en continuant la guerre, une victoire si longtemps disputée, et d'obliger le saint prêtre à s'exiler de Paris, leur abandonnant ce champ de bataille pour les laisser libres de faire la loi chez les Frères, d'introduire d'autres Règles, d'abolir les anciennes pratiques, et de choisir un autre Supérieur, sous le nom duquel ils prétendaient gouverner.

M. de la Chétardie, quelque éclairé, quelque bien intentionné, quelque ami de la piété qu'il fût, ne sut pas, en cette occasion, se défier assez de lui-même, ni de ceux qui prévenaient son esprit contre le saint Instituteur. Devenu la dupe de leur faux zèle, il se fit leur instrument pour causer de nouvelles peines au Bienheureux de la Salle, qui les souffrit en saint. Nulle parole de plainte ou de murmure, nul signe de tristesse ne révéla son affliction à ceux avec lesquels il vivait. Bien plus, sa joie paraissait redoubler au milieu de ses peines et se mesurer sur elles. Jamais on ne le vit plus tranquille, et ceux qui ignoraient ce qui se passait, croyaient que tout réussissait à son gré, et qu'enfin le calme avait succédé à la tempête. A la réserve du Frère dont il employait le crédit auprès de M. le curé de Saint-Sulpice, et du Directeur de la maison, personne ne sut le triste état dans lequel il gémissait. Son silence était éternel sur tout ce qui lui arrivait, et sur tout ce qui le regardait en particulier. Autant que possible il n'en parlait qu'à Dieu seul.

VI. — Le Bienheureux de la Salle fait fermer une seconde fois les écoles de la paroisse de Saint-Sulpice ; plaintes et murmures qui s'élèvent à ce sujet.

IL serait inutile d'entrer dans le détail de toutes les peines qu'on lui causa. Je dirai tout en un mot : elles allèrent si loin, qu'il se crut obligé enfin de céder, de peur que la persécution ne passât de sa personne à ses disciples, comme il arrivait d'ordinaire. Aussi bien, ceux-ci commençaient-ils à se désoler. Leur cœur abattu succombait sous de si violentes attaques, malgré ce qu'il pouvait dire pour les consoler. Alors, persuadé qu'un mal si violent ne pouvait se guérir que par un violent remède, il fit de nouveau fermer toutes les écoles, et envoya les maîtres deux à deux, en divers établissements. Le Directeur seul demeura à Paris pour garder la maison, et répondre à ceux qui viendraient pour parler. Cela arriva dans le mois de juillet de l'année 1706, lorsque le Bienheureux de la Salle était dans la maison de Saint-Roch.

Le motif qui engagea le saint Instituteur à retirer les Frères, et à fermer les classes, fut la nouvelle guerre que les maîtres écrivains, poussés et appuyés secrètement, recommencèrent à leur déclarer. Sans cesse ils venaient dans les écoles les troubler, écarter les écoliers, insulter les Frères, les menacer même de prison. Le prétexte de leur querelle était toujours qu'on voyait dans les écoles gratuites des enfants dont les parents étaient à leur aise. M. le curé le savait, et il ne disait mot. Son silence, pris pour une approbation tacite, leur donnait toute liberté, et ils la portaient jusqu'à l'insolence.

Il ne s'attendait pourtant pas à voir finir cette tragédie, par la retraite des Frères, et s'il s'en fût défié, son zèle pour les Écoles chrétiennes l'eût fait parler ; et en parlant d'un ton de maître, qu'il savait prendre mieux que personne quand il en était besoin, il eût ramené au silence et à l'inaction les persécuteurs de l'Institut. Il fut donc fort étonné quand il apprit la nouvelle de la cessation subite des écoles chrétiennes. Il ne lui fut pas difficile d'en deviner le motif, encore moins de s'apercevoir qu'il l'avait occasionné, en laissant sans défense des innocents persécutés.

Les écoles demeurèrent vacantes pendant trois mois, au grand regret du public. On ne fut pas longtemps à sentir le dérangement que cette cessation causa dans la paroisse. La plupart des pères et mères s'en plaignaient hautement à M. le curé. Les pauvres, qui perdaient un si grand avantage pour l'instruction de leurs enfants, en furent désolés, tandis que les ennemis du saint prêtre s'applaudissaient de leur victoire. Pour la rendre complète, ils inspirèrent à M. de la Chétardie de chercher d'autres maîtres pour les écoles gratuites, car enfin, il en fallait, et le zélé pasteur ne voulait pas les laisser tomber, ni dérober aux pauvres de la paroisse un secours de salut si nécessaire. Il avait même promis à ceux qui étaient venus lui faire leurs plaintes, de travailler incessamment à remettre les choses dans leur premier état.

Ceux qui se réjouissaient de l'éloignement des Frères, présentèrent des sujets pour les remplacer. Ils étaient de ceux qui avaient

Livre III. — Chapitre V.   515

autrefois déserté l'Institut ; mais, outre que leur nombre ne suffisait pas pour fournir toutes les écoles, M. le curé n'y trouvait pas son compte. Leur ancienne charité éteinte avait fait place en eux à la cupidité, et ils ne voulaient pas mettre leurs services à si bas prix que font les Frères, qui, à l'exemple de saint Paul, se contentent du strict nécessaire.

VII.— M. le curé de Saint-Sulpice est obligé de rappeler les Frères ; mesures qu'il prend pour empêcher de nouvelles persécutions de la part des maîtres écrivains.

CE fut donc une nécessité pour M. de la Chétardie que de rappeler les anciens maîtres, au grand regret de ceux qui avaient travaillé à leur éloignement. Il fit savoir sa résolution au Bienheureux de la Salle, qui, comme un doux agneau, se mit en devoir d'obéir, sans se permettre de faire ni plainte, ni reproche à M. le curé, de l'avoir abandonné dans la persécution. M. le curé, ravi de savoir le serviteur de Dieu dans cette disposition, lui écrivit pour l'engager à venir recommencer au plus tôt ses écoles. Le saint prêtre lui fit réponse qu'il avait mieux aimé céder à l'orage, que de se voir exposé à des agitations perpétuelles qui portaient un préjudice considérable aux Frères ; que le procédé qu'on avait tenu à leur égard depuis quelque temps, en avait dégoûté plusieurs ; qu'il ne lui était pas possible de les remplacer sitôt, et qu'il ne pouvait se résoudre à en envoyer d'autres, sans avoir la garantie qu'ils seraient tranquilles et sans crainte sous sa protection.

Enfin le sage Supérieur, pour se mettre une bonne fois à l'abri de ces sortes de coups, qui, en frappant les Frères, mettaient le dérangement dans les écoles, donna ses ordres au Frère Directeur, qui était resté seul dans la maison, de négocier cette affaire avec M. le curé, de manière qu'à l'avenir il n'y eût plus de sujet d'appréhender de pareilles catastrophes.

M. de la Chétardie envoya M. l'abbé Languet de Gergy, alors son vicaire, et depuis son successeur, dans la cure de Saint-Sulpice, pour faire l'examen de la fortune des enfants. Ce pieux abbé mit plusieurs semaines à le faire, et tint un registre exact des noms, âges, professions des parents, rues et demeures de tous les écoliers ; il donna ordre aux Frères de ne recevoir que ceux qui apporteraient un billet signé du prêtre de la communauté de Saint-Sulpice, commis par M. le curé pour prendre les informations sur la position de fortune des parents des écoliers. Les pères et mères furent obligés, par cette nouvelle formalité de venir, de tous les quartiers de la paroisse, chercher ce billet qui était comme la clef qui ouvrait à leurs enfants les écoles gratuites.

Cette mesure désarma entièrement les maîtres écrivains et leur ôta tout prétexte à de nouvelles brouilleries ; elle servit de sauvegarde aux Frères et à leurs écoles et fit rentrer chez eux la paix et la tranquillité ; cependant elle ne leur fit pas perdre un seul écolier. Le saint Instituteur rappela alors de province les Frères, qui revinrent au nombre de douze sur la paroisse de Saint-Sulpice : dix pour enseigner, le onzième pour gérer le temporel et le douzième pour gouverner la maison. Leur pension fut ausi réglée sur le pied où elle subsiste ; et, à la prière du Frère si bien venu auprès de M. le curé, le pasteur eut la bonté de payer même les trois mois de cessation des Écoles, et de fournir aux frais des voyages des Frères qu'on rappelait. Cette charité devenait nécessité, parce que la pauvreté de la Congrégation ne permettait pas de faire la dépense de ces voyages.

A peine cette réconciliation fut-elle achevée, qu'elle pensa être rompue par un contre-temps. Le Frère accrédité auprès de M. de la Chétardie, étant allé à son insu en province par les ordres du Bienheureux de la Salle pour quelque affaire, le pasteur en fut fort choqué. De sorte qu'il fallut au plus tôt le rappeler, de peur que les ennemis du serviteur de Dieu ne profitassent contre lui de cette occasion, et ne recommençassent à indisposer l'esprit de M. le curé. Les écoles furent rouvertes et aussitôt remplies, au commencement d'octobre 1706. L'impatience avec laquelle le peuple attendait cet événement fut suivie des témoignages de sa joie ; et l'une et l'autre apprirent de nouveau au public et à M. le curé de Saint-Sulpice, de quel secours sont, pour l'instruction de la jeunesse, les écoles charitables, conduites par des maîtres également pieux et habiles.

Les classes gratuites furent garnies comme à l'ordinaire, et nul de ceux qui se présentèrent ne fut exclus. Cette foule d'écoliers était un nouveau sujet de peine et de dépit pour les maîtres de Paris, mais elle ne pouvait plus être le sujet de leur querelle.

Cette formalité, qui servit de barrière à leurs visites séditieuses, ne fut dans le fond d'aucun effet ; car les mêmes écoliers, dont la prétendue aisance avait servi de prétexte au procès des maîtres, revinrent avec leur billet, le prêtre préposé à l'examen des ressources des parents de ces écoliers n'ayant pas cru en conscience pouvoir le leur refuser. Mieux informé que les maîtres de la fortune de ces particuliers, sans conformer son jugement à leur imagination, il ne crut pas devoir ranger parmi les riches des gens qui possédaient quelque bien, mais qui avaient une nombreuse famille, ou d'autres qui avaient une boutique bien garnie, mais qui devaient plus qu'ils n'avaient.

Ainsi s'apaisa ce grand différend entre les Frères et leurs rivaux. Comme il servait de matière aux ennemis du Bienheureux de la Salle pour entretenir le feu de la persécution, elle se ralentit un peu. Cette tranquillité favorisa quelques établissements dont on va raconter l'origine, après avoir parlé de la nouvelle maison où les Frères s'installèrent sur la paroisse de Saint-Sulpice.

Depuis plus de dix-huit ans, ils étaient logés rue Princesse, où se tenait l'école du quartier, dans une maison fort incommode par sa situation qui l'exposait aux regards de tous côtés, de sorte que plus de vingt ménages voisins avaient vue sur elle. Les Frères, qui ne pouvaient sortir de la maison sans être vus, n'avaient pas la liberté de respirer l'air de leur cour dans le temps de la récréation, sans servir de spectacle à des yeux curieux et malins. Cette gêne leur rendait ennuyeuse une demeure qui, d'ailleurs, était sans jardin et trop étroite pour une communauté.

La difficulté n'était pas d'en trouver une autre plus commode, mais de la faire agréer à M. le curé de Saint-Sulpice. Pour y réussir, le Bienheureux de la Salle, qui n'avait pu regagner la confiance du vertueux pasteur, crut que, sans paraître, il devait mettre en mouvement le Frère qui était puissant auprès de lui. Ce Frère se mit à la recherche d'une maison convenable, et il ne fut pas longtemps à la trouver. Située proche la barrière de Sèvres, quartier des Incurables, elle était telle qu'il la fallait aux Frères, en bon air, retirée, commode et avec jardin. Elle appartenait à l'abbé de Mascarini.

Le saint Instituteur, étant allé la voir fort secrètement, en fut charmé, et dit au Frère qui en avait fait la découverte, de ne rien négliger pour l'obtenir. Le Supérieur fut obéi et le succès suivit l'obéissance. M. de la Chétardie donna son agrément à la demande du Frère aussitôt qu'il la lui eut exposée et applaudit à sa perquisition. Confirmé dans l'idée avantageuse de cette maison par le rapport de M. l'abbé Languet de Gergy, qu'il avait envoyé sur-le-champ avec le Frère pour en faire la visite, il donna ordre de la louer.

Le saint prêtre fut surpris, quand on vint lui en annoncer la nouvelle, de ce que M. de la Chétardie avait sitôt consenti; mais consolé en même temps de ce qu'enfin la divine Providence accordait dans Paris à ses disciples une maison commode, retirée et favorable à la plus grande régularité. Il admira dans cet événement la bonté de Dieu qui avait su tirer du sein des persécutions et des contradictions, l'avantage des Frères, et tourner en un moment en leur faveur, un cœur aigri depuis si longtemps contre lui.

Peu de mois après, l'école de Saint-Roch passa en d'autres mains, et le Bienheureux de la Salle fut obligé d'aller chercher son refuge dans la nouvelle maison. L'année suivante, 1709, qui fit tant de malheureux par la disette de pain et la rigueur de l'hiver, il fut bien heureux d'y trouver un logement commode pour les novices qui furent contraints de venir chercher dans la capitale du royaume le pain nécessaire à la vie.

Le Noviciat venu dans un lieu si favorable à la ferveur, y resta sept ans, et l'école fut maintenue dans des chambres que M. le curé fit louer dans la rue Princesse. Cette maison si commode, louée 400 livres, a été occupée par les Frères jusqu'à l'an 1722. Alors ils passèrent dans une autre, proche Sainte-Thècle, encore plus à leur bienséance, pour y fixer leur tabernacle et y établir une demeure stable.

CHAPITRE VI.

Divers établissements d'écoles chrétiennes faits à Dijon, à Marseille, à Alais, à Grenoble, à Mende, à Saint-Denis-en-France.— (1705-1708.)

I. — Établissement à Dijon en 1705.

QUOIQUE l'établissement des Frères de Dijon ait suivi celui de Darnétal, nous en avons retardé le récit pour le joindre à celui de plusieurs autres qui vont suivre, et pour ne point interrompre la suite de la vie du saint Instituteur.

Les écoles chrétiennes de Dijon doivent leur institution à M. Rigoley, premier président en la Chambre des Comptes de cette ville, et à toute son illustre famille, qu'on peut appeler une famille sainte. Le père, la mère, les enfants, de concert et avec une pieuse émulation, y ont concouru. Le père lui a donné commencement, son épouse l'a soutenue et les enfants lui ont donné sa perfection. M. Rigoley, le père, était l'exemple de toute la ville. Il ne se laissait voir en sa place qu'autant que le devoir de sa charge l'exigeait. Du reste, ami de la retraite, de la prière et des bonnes œuvres, il menait une vie qui le tenait constamment préparé à la communion de tous les jours, qui lui était, dit-on, accordée.

Ce religieux magistrat offrit au Bienheureux de la Salle quatre cents livres de pension et un logement pour deux Frères. Son offre acceptée, les deux Frères partirent aussitôt pour Dijon, et ouvrirent leurs classes dès le mois de juin 1705. Tant que ce pieux fondateur a vécu, il a accordé sa protection aux Frères, et la même charité qui lui avait inspiré de fonder dans sa ville des écoles gratuites, l'anima d'un grand zèle pour les soutenir et les développer. S'il n'a pas vécu assez de temps pour leur faire tout le bien qu'il voulait, il a trouvé en ses illustres enfants des héritiers de son zèle.

Les Frères le perdirent vers l'an 1716 ; il mourut à Paris, et fut inhumé, avec les honneurs dus à sa dignité, par M. le curé de Saint-Sulpice, son beau-frère, dans la chapelle de Saint-Charles. Madame son épouse, sœur de Mgr l'archevêque de Sens et de M. l'abbé Languet de Gergy, dame d'une éminente vertu, qui a mérité d'être appelée la mère des pauvres à cause de sa grande charité pour eux, continua, après la mort de son mari, à soutenir les écoles avec un zèle égal ; et, ce qui n'est pas moins édifiant, les enfants, par une succession de piété et par un surcroît de zèle, à l'aide de M. de Rochefort, conseiller au Parlement, et de la famille de M. Rigoley, ont augmenté l'établissement commencé par leurs père et mère, en y ajoutant quatre autres Frères ; de sorte que les Écoles chrétiennes et gratuites sont ouvertes, avec grand succès et bénédiction de Dieu, dans trois quartiers de la ville de Dijon, avec l'agrément de Messieurs les maire et échevins, qui les ont reçues par un acte authentique.

II. — Établissement d'une école à Marseille, en 1706.

L'ÉCOLE d'Avignon, dont on a déjà rapporté l'origine, devint en peu de temps si célèbre, qu'elle donna ouverture à un établissement à Marseille.

L'ordre, le silence, la modestie que l'on voyait régner dans les classes des Frères, parmi un petit peuple léger, indocile et presque incapable d'attention, étaient un spectacle toujours nouveau pour ceux qui en étaient témoins. Les gens de la ville venaient dans les Écoles pour satisfaire leur curiosité, et voir une jeunesse, naturellement dissipée, devenue recueillie et attentive à des leçons qui se font sans parler. Les étrangers qui venaient à Avignon y étaient attirés par le bruit de la nouveauté, et on les y conduisait, quand on voyait en eux un fonds de piété, qui pût faire juger qu'ils étaient sensibles aux intérêts de la religion. Messieurs Morelet et Jourdan, riches marchands de Marseille et d'une piété exemplaire, se firent un plaisir de vérifier par leurs yeux si tout ce qu'ils entendaient dire à la louange de ces écoles était vrai, et si la renommée n'exagérait point les éloges qu'elle donnait aux Frères. Témoins eux-mêmes de l'arrangement qui était dans les classes, de la discipline qui régnait parmi les écoliers et de la régularité des maîtres ; édifiés de l'air de piété qui accompagnait tous les exercices ; charmés de la nouvelle méthode d'instruire, par des signes parlants, ils se sentirent inspirés de faire part à la ville de Marseille de l'avantage de celle d'Avignon.

Ces deux messieurs, de retour chez eux, communiquèrent leur dessein à M. Truilhard, depuis grand-vicaire d'Arles, qui leur conseilla de former un Bureau, c'est-à-dire d'assembler environ une douzaine de personnes, et de les associer pour fournir la somme de quatre cents livres nécessaire à la pension de deux Frères. Le dessein fut approuvé dans le moment qu'il fut proposé, et exécuté en même temps. Le Bienheureux de la Salle envoya sans délai, de Paris, deux Frères, qui, à leur arrivée, ouvrirent une école sur la paroisse de Saint-Laurent, en faveur des matelots ; car ils trouvèrent une petite maison toute prête qui leur fut donnée en toute propriété par un des fondateurs. La pension annuelle des deux Frères se trouvait dans la bourse des charitables messieurs qui les avaient appelés ; et pour l'assurer, la plupart eurent soin d'en laisser le fonds en mourant. M. Jourdan ne survécut pas longtemps à la bonne œuvre dont il était l'auteur avec M. Morelet ; mais il eut soin de la pourvoir de deux zélés protecteurs dans son père et dans son frère, prieur de la paroisse de Saint-Laurent, en les priant, au lit de la mort, de prendre à cœur cette école, et de le remplacer pour en procurer l'avantage ; ce qu'ils ont fait avec zèle, à son exemple.

Cette école commencée en 1706, dans le temps des plus grandes tribulations du Bienheureux de la Salle et de sa nouvelle société, eut tout le succès des autres ; mais la seule paroisse de Saint-Laurent en a recueilli les fruits pendant longtemps : car Marseille, ville si riche et si peuplée, en état de multiplier un bien si grand et si nécessaire, n'eut pendant quatorze ans qu'une école des Frères. Elle forma cependant plusieurs fois le projet de les multiplier. Ce projet fut même en partie réalisé lorsque le Bienheureux de la Salle s'établit à Marseille ; mais il n'a été complètement mis à exécution qu'après sa mort. Dieu voulait que le saint homme allât arroser cette ville opulente de ses sueurs, et y répandre la semence de ses vertus et de ses souffrances, avant que sa communauté pût en recueillir les fruits. Ainsi, depuis 1706 jusqu'à 1720, l'école de la paroisse Saint-Laurent demeura seule à Marseille ; et ce ne fut qu'après l'horrible peste qui moissonna la plus grande partie de ses habitants, qu'on exécuta le dessein de les multiplier. La contagion qui faisait chaque jour de nouveaux ravages, et qui présentait de nouveaux sujets d'horreur, n'épargna pas les deux Frères. L'un en mourut, et l'autre, revenu des portes de la mort par une espèce de miracle, ne fit usage de la vie que Dieu lui rendit, que pour la consacrer au service des pestiférés de son quartier.

III. — Établissement d'autres écoles sur les quatre autres paroisses de la ville, en 1720.

ALORS l'illustre et charitable prélat Mgr H. F. Xavier de Belsunce de Castel-Moron, qui venait de faire dans Marseille ce que saint Charles avait fait à Milan, dans le temps de la peste, voulut couronner les exemples éclatants de charité et de vertu qu'il venait de donner pendant les jours de deuil d'une ville en proie à la contagion, par de nouveaux établissements d'écoles de charité. Il en fit établir sur les quatre autres paroisses de la ville. Plusieurs personnes de piété y contribuèrent, M. Morelet entre autres. Ce vertueux négociant, qui met la plus grande partie de son bien en réserve pour l'éternité, en la consacrant aux bonnes œuvres, a toujours montré un zèle particulier pour l'instruction de la jeunesse. Il avait déjà établi une école sur la paroisse appelée *la Major*, dont il avait chargé un ecclésiastique : mais l'évêque ayant placé ailleurs ce ministre du Seigneur, il l'a remise entre les mains de deux Frères après l'avoir pourvue, par fondation, d'un revenu suffisant, qu'il a bien voulu augmenter ensuite de quarante livres de rente.

IV. — Les Frères sont introduits dans l'hospice de Marseille.

TOUTES les paroisses de Marseille étant pourvues de Frères occupés à l'instruction des pauvres de la ville, il était juste que ceux de l'hôpital ne fussent pas privés de ce secours ; aussi Messieurs les Administrateurs s'empressèrent-ils, quelques années après, de le leur procurer. Pour l'obtenir, ils employèrent le crédit de leur pieux prélat, et mirent en mouvement son zèle toujours favorable à l'instruction des ignorants. La chose n'était pas sans difficulté. Une foule d'inconvénients et de dangers combattait, dans l'esprit du Supérieur des Frères [1], le désir qu'il avait de satisfaire Messieurs les Administrateurs. Il avait peur que les siens, mêlés en cette maison avec des étrangers d'un autre esprit et d'une autre profession, ne devinssent l'objet de leur envie et de leur aversion, s'ils entraient dans la conduite de la maison, ou qu'ils ne devinssent l'objet de leur mépris et de leurs railleries, s'ils étaient sans autorité.

---

1. Le Frère Timothée.

Il craignait encore plus que les Frères, mêlés avec les séculiers de cette maison, ne vinssent, par des relations trop fréquentes, à se familiariser avec eux, à les imiter et à leur devenir semblables. C'est ce qui n'arrive que trop à ceux qui, séquestrés du monde par état, se trouvent en commerce avec les séculiers. Insensiblement, ils perdent l'esprit de retraite, de recueillement, de mortification, et se remplissent de celui du monde, dont ils avaient eu tant de peine à se vider. Néanmoins, Messieurs les Administrateurs, désirant avec une louable passion voir les enfants de l'hôpital commis aux soins et à l'éducation des Frères, firent tant d'instances auprès de leur Supérieur, qu'il ne put refuser. Eux, de leur côté, eurent la bonté de se rendre aux conditions qu'il exigeait, comme autant de sages précautions pour conserver les Frères dans une parfaite régularité.

V. — Bonté de la ville de Marseille pour les Frères qui y sont maintenus au nombre de seize.

ON voit par ce qui vient d'être dit, le zèle que la ville de Marseille a fait paraître pour l'établissement des écoles gratuites. Seize Frères, distribués en différents quartiers, instruisent, avec grand succès, les enfants des pauvres. On a pourvu avec soin à la subsistance des maîtres par des fondations que la charité de Messieurs les échevins et juges-consuls de la ville s'empresse actuellement (1733) de grossir d'un revenu de huit cents livres. A cet effet, ils ont dressé une requête pour obtenir l'agrément de la Cour, et ils ont chargé le Frère Supérieur de la présenter à Mgr le cardinal de Fleury. De plus, les Frères étant trop à l'étroit dans la maison qu'ils occupaient, Messieurs de l'illustre confrérie de Notre-Dame de Bon-Secours, composée des principaux bourgeois de la ville, les ont logés dans une maison belle et commode, et presque toute meublée, appelée la Maison de la Confrérie de Notre-Dame de Bon Secours. Enfin, pour que rien ne manquât au parfait établissement des Frères dans Marseille, ils ont été reçus au nombre des Réguliers en corps de communauté, par Mgr l'évêque et par la ville, en l'année 1727.

Je ne crois pas qu'il y ait une ville en France dont les Frères aient plus à se louer, que de celle de Marseille. Aussi conservent-ils pour elle une tendre reconnaissance, qu'ils tâchent de rendre utile auprès du Seigneur par leurs vœux et leurs prières.

VI. — Établissement à Alais, en 1707.

NUL lieu du royaume où l'établissement des écoles chrétiennes fût plus nécessaire que dans la ville d'Alais. Le souvenir des horribles ravages que les Huguenots révoltés ont commis dans les Cévennes, n'est pas encore effacé. Cette terre, rougie du sang des catholiques, a été le théâtre de la fureur calviniste expirante en France. Là, plus que partout ailleurs, l'hérésie, mêlée au fanatisme, armée du fer et du feu, a fait voir la haine que l'enfer porte aux membres de l'Église romaine, en les déchirant, en les égorgeant et en les martyrisant par de nouveaux genres de supplices, avec une cruauté inouïe, dont on peut voir le détail dans l'histoire qui en a été faite. Vaincue enfin et forcée dans ce dernier retranchement, elle se fit la victime de ses propres fureurs sous les armes de M. le maréchal de Villars que le roi Louis XIV y envoya pour donner les derniers coups de mort à l'hydre cruelle que Calvin avait enfantée, pour le malheur de sa patrie, et qui avait, depuis plus d'un siècle, porté elle-même de tous côtés la mort et le carnage.

Ce grand roi, ayant enfin exterminé l'erreur libertine masquée, qui, sous le nom de réforme, avait fait trembler ses ancêtres, et désolé si longtemps la France, voulut en triompher en prince chrétien ; car, pour toute vengeance du sang de ses sujets, il se contenta de demander la conversion de ceux qui l'avaient répandu ou qui avaient contribué à le répandre. Le dessein était infiniment louable et digne de la religion de celui qui l'avait conçu, mais il n'était pas aisé.

On peut dire, avec vérité, qu'il était plus facile de vaincre que de convertir ces fanatiques rebelles, dont les mains étaient encore teintes du sang des catholiques, et dont le cœur ne respirait toujours que meurtre et carnage. Des gens qui s'étaient fait une religion de leur brigandage et un devoir de piété de tuer et d'égorger ; des gens qui se croyaient appelés à combattre les combats du Seigneur, en se révoltant contre leur roi ; des gens qui se donnaient pour inspirés et mus par une vertu divine, pour se faire les bourreaux de leurs compatriotes, n'étaient pas disposés à rentrer dans le sein d'une Église qu'ils venaient de déchirer.

Ce fut cependant ce pieux dessein que conçut Louis XIV, et, pour y réussir, il prit les mesures les plus justes. Deux sortes de personnes et fort différentes lui étaient nécessaires pour travailler à cet ouvrage : des gens de guerre et des ouvriers évangéliques.

Les premiers devaient contenir les mutins dans le devoir ; les seconds, les instruire et les détromper. Sans les premiers, les seconds étaient en danger de devenir les victimes d'un faux zèle, qui reprend aisément feu. Sans les seconds, les premiers n'auraient servi qu'à fomenter le désordre et à augmenter l'irréligion. Les gens de guerre furent distribués dans un pays où tout était encore à craindre de la part de sujets, domptés en apparence, mais rebelles dans le cœur. On savait, par expérience, que ce feu caché sous la cendre pouvait en un instant se rallumer et causer un nouvel incendie. Il fallait donc poser des sentinelles pour veiller, et tenir des gens prêts à l'éteindre aussitôt, s'il se rallumait.

C'était par où il fallait commencer, et c'est aussi ce qui fut tout d'abord exécuté. Les troupes du roi, dispersées dans toutes les villes et les bourgs considérables où il y avait à craindre de la mutinerie, en tenant dans le devoir des gens égarés qui ne prêchent que la charité et qui n'agissent que par crainte, préparèrent ces âmes féroces et sanguinaires à la paix et à la tranquillité qu'exige le ministère sacré. L'ordre et le calme rétablis, le prince appela des ouvriers évangéliques pour remplacer ceux qui auraient été les victimes de la fureur fanatique. Il leur fallait un chef pour les mettre en mouvement et leur donner la mission. Ce chef, selon l'institution de JÉSUS-CHRIST, est l'évêque ; c'est pourquoi on crut que, pour avancer et bien assurer la religion dans les lieux où l'erreur et le fanatisme avaient prévalu et dominé, il fallait créer un nouvel évêché, ce qui fut fait. La ville d'Alais, démembrée du diocèse de Nîmes par Louis XIV, fut érigée en évêché par Innocent XII.

Messire François de Saulx, chef des missions royales du pays, en fut élu premier évêque. Avant tout, ce prélat eut soin de s'assurer, pour aides de ses travaux, de dignes ministres qui pussent avec lui arracher et planter, détruire et édifier dans un pays où l'erreur bannie du royaume était venue se retrancher, et où, de douze familles, à peine une était catholique. Entre les zélés ouvriers qu'il avait appelés à son secours, il s'attacha M. Méretz, chanoine de Nîmes, recommandable par son zèle pour le salut des âmes ; il le fit son vicaire-général et prévôt de sa nouvelle cathédrale. L'un et l'autre, qu'une longue expérience rendait habiles dans l'art de gagner des âmes à Dieu, jugèrent qu'entre tous les nouveaux établissements de piété qu'il fallait opposer à l'hérésie dominante en ces lieux, le plus nécessaire était des maîtres d'école pieux et habiles. La remarque qu'ils firent sur l'origine de la révolte des fanatiques dans les Cévennes, les confirma dans cette pensée. En effet, l'histoire qui en a été écrite nous apprend que ce fut un mauvais maître d'école qui jeta les premières étincelles de ce funeste embrasement ; d'où ils conclurent que, pour détruire le mal, par le principe même qui lui avait donné naissance, il fallait appeler des maîtres d'école zélés et exemplaires par leur vertu. Ceux que le Bienheureux de la Salle formait avaient déjà un grand renom. Leur régularité et leurs talents faisaient grand bruit dans tout le royaume. Leur mérite supérieur avait porté leur réputation jusque dans les Cévennes, où M. Méretz avait appris que le Bienheureux de la Salle, un de ses anciens condisciples du séminaire de Saint-Sulpice, s'était dépouillé de ses biens et de son canonicat, pour donner à l'Église une nouvelle famille de catéchistes et de maîtres, propres à semer les premiers principes de la Religion dans les jeunes cœurs. Il ne doutait point que les élèves d'un si grand maître, formés de sa main, ne fussent dignes de lui.

D'ailleurs la renommée des écoles d'Avignon et de Marseille était venue jusqu'à lui. Enfin, il était convaincu : 1° que des maîtres d'école qui n'entrent dans cet emploi que par vocation et qui ne l'exercent que par charité, ont une grâce toute particulière pour bien instruire et élever la jeunesse ; 2° qu'il n'y en a point de plus habiles et de plus vertueux que ceux qui se forment de bonne heure et à loisir dans une Communauté qui fait, de l'enseignement, son objet principal ; 3° qu'il n'y a qu'une Communauté qui puisse perpétuer les bons sujets et remplacer ceux qui meurent, ou qui ne sont plus en état de servir.

Sur ces principes, M. Méretz inspira à son évêque d'appeler dans son diocèse les Frères des Écoles chrétiennes ; le prélat approuva ses réflexions et le chargea d'écrire au Bienheureux de la Salle ; ce qu'il fit dans une lettre du 2 juin 1707, dont voici la copie : « Je ne sais, Monsieur, si mon nom vous est encore connu, et s'il vous est resté quelque idée de moi, mais je ne vous ai jamais oublié, et il me souvient très bien de vous que j'ai vu au séminaire de Saint-Sulpice ; vous étiez pour lors chanoine de Reims ; c'était en 1671. J'ai appris qu'ayant quitté votre canonicat, vous vous étiez adonné à toutes sortes de bonnes œuvres, et entre autres à former une Communauté de maîtres d'école, qui font beaucoup de bien partout où ils sont établis. Nous en aurions besoin en ce pays-ci, où nous avons peine à en trouver de catholiques, à qui nous puissions confier l'éducation de la jeunesse.

« Il nous en faudrait deux, dès à présent, pour Alais ; il s'agit de détruire l'hérésie en ce pays et d'y établir la religion catholique. L'œuvre est grande et il faut de bons ouvriers. Nous les ferons payer par la Communauté (¹). Ainsi vos maîtres n'auront rien à demander aux parents des enfants. Les pensions des maîtres sont déjà établies par Sa Majesté ; et ainsi ce ne sera pas chose nouvelle. Mais il faut prendre ces Huguenots par leurs intérêts, et leur faire voir que ces nouveaux maîtres formeront de bons écrivains. J'ai recours à vous, Monsieur, pour avoir de vos élèves.

« Le Père Beauchamp, jésuite, m'a fort loué ceux qu'il a vus à Avignon et à Marseille, qui sont des villes fort catholiques. Le diocèse d'Alais est quasi tout huguenot ; ainsi on a grand besoin de bons ouvriers qui puissent y rétablir la religion par l'éducation des enfants. Ayant du zèle comme vous en avez, il faut, s'il vous plaît, jeter les yeux sur ce pays qui est le canton du royaume où la religion a le plus besoin de secours; et je vous puis dire encore que nous avons plus besoin de maîtres d'école que de tous autres ouvriers, car nous avons des prédicateurs et nous manquons de catéchistes... J'attendrai l'honneur de votre réponse. Je suis, etc. »

Le Bienheureux de la Salle ne reçut pas une petite joie d'avoir l'occasion de satisfaire son zèle pour la destruction de l'hérésie, et du choix qu'on faisait de ses Frères pour l'aller attaquer dans les lieux où elle s'était cantonnée, et où elle s'était crue en droit d'insulter la vraie religion et de martyriser les catholiques. Il était convaincu, plus que personne, de quelle conséquence il était d'avoir des maîtres capables de détacher insensiblement les enfants des préjugés de l'erreur dans lesquels ils naissent, et de combattre de bonne heure ces erreurs, en inspirant à la jeunesse les vérités contraires.

Il envoya donc sans délai deux Frères qui commencèrent les écoles, au mois d'octobre de la même année 1707. Pour pourvoir à leur subsistance, Mgr l'évêque d'Alais obtint de la piété du roi les fonds nécessaires ; ce qui fait que le nom d'*école royale* est demeuré à celle dont les Frères prirent la conduite. Le premier évêque d'Alais ne fut pas longtemps sans connaître qu'il avait été bien inspiré de faire venir les Frères dans son diocèse. Charmé de leur manière d'instruire et témoin lui-même du bien qu'ils faisaient, il voulut augmenter leur nombre ; et son désir alla jusqu'à vouloir les multiplier dans les villes et dans les communes importantes de son diocèse, ainsi qu'il le dit lui-même dans la lettre qu'il écrivit, le 28 janvier 1708, au Bienheureux de

---

1. C'est-à-dire par l'autorité municipale.

la Salle, pour lui demander de nouveaux Frères. La voici. « Nous avons ici, Monsieur, vos Frères maîtres d'école, dont on est fort content, ce qui m'en fait souhaiter plusieurs autres, pour les répandre dans nos villes des Cévennes et dans tous les gros lieux. Quand j'en aurais trente je les emploierais bien. J'ai l'honneur de vous remercier de ceux que nous avons, et de vous en demander d'autres. Je fais et ferai pour eux tout ce qui m'est possible... Ils font des biens infinis. J'aurai soin, pour les entretenir dans l'esprit que vous leur donnez, de veiller sur eux, et de leur donner bonnement mes avis, quand il sera nécessaire, et de plus, de vous en rendre un bon compte. Nous avons besoin ici d'un Frère pour une seconde grand'classe, parce que nous sommes obligés de soulager celle qui est établie, à cause du nombre et pour la commodité des habitants : j'espère que si nous pouvons étendre le secours de vos bons et chers Frères, ce sera un moyen infaillible de faire beaucoup de progrès dans les familles de nos pauvres catholiques.

« Je vous mande, Monsieur, mes sentiments, afin que vous vouliez bien que nous agissions de concert ensemble dans ce pays perdu, et qui mérite votre zèle charitable ; vous pouvez bien compter que je n'épargnerai rien pour le secours de vos Frères, et que je serai avec affection dans leurs petits intérêts, dans toutes les rencontres. Je vous demande vos bonnes prières, vous assurant, Monsieur, que c'est sincèrement et de tout mon cœur que je suis votre très humble et très obéissant serviteur F. premier évêque d'Alais. »

Le Bienheureux de la Salle, ravi des fruits des écoles chrétiennes dans un pays où l'hérésie s'était concentrée, envoya le Frère que le zélé prélat demandait, et réserva d'en envoyer un plus grand nombre lorsqu'il serait requis. C'est ainsi que le Seigneur, qui a soin de mesurer les consolations sur les travaux qu'on endure pour son amour, prenait soin de consoler son serviteur au milieu de ses tribulations. Il ne faut pas croire que les Frères à Alais fussent sans contradiction de la part des calvinistes. L'esprit de la prétendue réforme est trop mutin et trop séditieux pour rendre les armes sans combattre. Les huguenots terrassés n'osaient pas attaquer à force ouverte les nouvelles écoles, mais ils faisaient leur possible pour les faire déserter. Leurs enfants avaient d'autres maîtres publics ou cachés, et il n'était pas possible de les attirer dans les écoles chrétiennes. Par ordre du roi, les protestants furent contraints d'envoyer leurs enfants au catéchisme des Frères, les jours de dimanches et de fêtes. Excités par leurs parents, ces enfants ne s'y rendaient qu'avec un esprit prévenu et un cœur révolté contre la doctrine qu'on leur enseignait.

A une si constante opiniâtreté, les Frères opposaient un zèle persévérant, et, sans se rebuter, continuaient de présenter, dans leurs instructions salutaires, un remède regardé comme un poison. Le bon prélat, qui essuyait de ces cœurs rebelles les mêmes dégoûts que les Frères, visitait souvent ceux ci pour les consoler et les encourager, et leur donnait l'exemple d'une charité qui ne se laisse jamais vaincre. Ces bons Frères trouvaient aussi dans M. de la Fond, chanoine de la cathédrale, leur zélé directeur, un père qui les soutenait, les animait, les protégeait et leur rendait tous les services qu'inspire la charité la plus tendre. J'ai déjà dit que le roi fournit le fonds des écoles d'Alais. Il est pris sur les tailles, ou impositions de la ville, conformément à un édit de Louis XIV, qui a été confirmé par Louis XV dans un autre, publié en 1724.

En vertu de ces édits, il y a dans toutes les villes, bourgs et villages des Cévennes, des maîtres et des maîtresses d'école qui jouissent de la pension de cent cinquante livres que le prince leur assigne.

VII. — Établissement à Grenoble.

DANS la même année 1707, les Frères furent appelés à Grenoble de la manière qui suit. Plusieurs ecclésiastiques, d'une piété singulière, formèrent une société chrétienne, qui avait pour objet le soulagement des pauvres et l'instruction de la jeunesse. Elle se trouva, dans la suite, grossie des personnes les plus respectables de la ville et du parlement, qui voulurent entrer dans la pratique des bonnes œuvres, Mgr Ennemond Alemans de Montmartin [1], leur évêque, se mit à leur tête, et tous, d'un commun accord, se prescrivirent certaines règles de conduite qu'ils s'obligèrent de suivre.

L'humilité chrétienne leur ayant inspiré l'attrait de l'obéissance, ils élisaient entre eux un supérieur, auquel ils rendaient une parfaite soumission. Il fallait, pour être reçu dans cet illustre corps, composé des personnes les plus considérables, en faire la demande, et se tenir assez longtemps au rang des postulants. A la mort de l'un des associés, tous assistaient à un service solennel célébré à frais communs, pour le repos de son âme; et de plus, les prêtres

---

1. De la maison des barons souverains de Faucigny.

disaient et les autres faisaient dire un certain nombre de messes pour lui. Ils formaient un Bureau où ils s'assemblaient, à certains jours, pour pourvoir aux nécessités publiques ; et comme l'ignorance et le défaut d'éducation leur parurent être la source des désordres des pauvres, leur zèle les porta à en chercher le remède dans l'établissement des Écoles chrétiennes

Il fallait auparavant pourvoir à la subsistance des maîtres, et en faire le choix. C'est ce qu'ils firent dans une assemblée où tous se cotisèrent, les uns à vingt livres, les autres à vingt-cinq, et quelques-uns à cinquante, chacun selon ses moyens et sa dévotion, avec promesse de laisser, après leur mort, le fonds de la rente. Quant au choix des sujets, Messieurs les abbés de Saléon et Canel furent chargés de le faire. Ces deux ecclésiastiques étaient d'un rare mérite. Le premier, alors chanoine de Saint-André et nommé depuis à l'évêché d'Agen ([1]), avait demeuré à Saint-Sulpice : il connaissait particulièrement le Bienheureux de la Salle, et le bien que faisait son Institut. Ainsi il se trouva tout déterminé à demander au saint prêtre quelques-uns de ses disciples, et il le fit dans un voyage qui l'amena en ce temps-là à Paris.

Le second était aussi un sulpicien, qui faisait par sa vertu un grand honneur à la maison où il avait été élevé, et au parlement dont il était membre en qualité de conseiller-clerc. Étant aussi venu à Paris, il renouvela au Bienheureux de la Salle la demande qui lui avait déjà été faite par M. l'abbé de Saléon, de deux Frères, en attendant le moment d'en appeler un plus grand nombre. Le fonds de considération qu'avait le Bienheureux de la Salle pour ces deux vertueux abbés, ne lui permit pas de balancer sur leur demande. Cependant il se passa environ quinze mois avant qu'on fût en état, à Grenoble, d'appeler les Frères. Quand tout y fut disposé, M. l'abbé Canel, chargé par sa sainte compagnie de les mander, écrivit au Bienheureux de la Salle cette lettre, datée du 30 août 1707.

« Il y a environ quinze mois qu'étant à Paris, j'eus l'honneur de vous parler, Monsieur, pour savoir si vous pourriez donner deux Frères de votre communauté pour tenir à Grenoble une école de charité, et vous eûtes la bonté de me faire espérer que vous nous l'accorderiez ; je crois que Mgr l'évêque de Gap ([2]), qui resta à Paris, après moi, vous en aura aussi parlé.

« Depuis ce temps-là, nous avons disposé toutes choses, soit pour leur logement, soit pour leur entretien ; ainsi je vous prie

---

1. En 1730. — 2. Mgr César de Sabran.

de nous en faire avoir deux, le plus tôt que vous le pourrez, et de nous faire savoir, à peu près, ce qu'il faudra que nous leur fournissions, tant pour leur voyage que pour leur entretien à Grenoble : nous prendrons le fonds de ce qu'il leur faudra, sur des aumônes destinées à des œuvres de charité, et nous regarderons celle-là comme une des meilleures que nous puissions faire.

« Si vous prenez la peine de m'écrire ce qu'il faut pour leur voyage, je vous le ferai aussitôt remettre à Paris. Je suis, Monsieur, etc. »

Le Bienheureux de la Salle reçut cette lettre avec joie, et même avec surprise au sujet de l'offre qu'on lui faisait. Il fit partir incessamment les deux Frères destinés pour Grenoble. Le sujet de son étonnement fut qu'on se chargeait de la dépense du voyage des deux Frères, ce que personne n'avait encore pensé à faire dans les autres fondations, quoique cela fût juste. Il ne pensait point non plus lui-même à en parler aux fondateurs, qui n'auraient pas manqué de souscrire à une proposition si raisonnable. Il suffisait au saint Instituteur de voir l'ordre de Dieu et sa plus grande gloire dans une entreprise; il oubliait tout le reste, et l'abandonnait au soin de la Providence.

On jugera par un seul exemple, combien les voyages des Frères étaient onéreux à une si pauvre communauté. Obligé un jour d'en envoyer un de Paris à Avignon, il lui donna tout l'argent de la maison ; le Frère ne fut pourtant pas fort chargé, car il ne reçut que vingt-huit livres.

Ceux qui ont le plus contribué à l'établissement dont nous parlons, et qui ont fait paraître un zèle singulier pour les écoles chrétiennes, sont M. le Président Bara, M. le Grand-Prévôt, M. Gelin son frère, et Mme Vincent leur mère. Mgr de Montmartin a aussi honoré le Seigneur par son offrande pour cette bonne œuvre. Il avait même promis d'ajouter à sa première donation une somme de deux mille livres, mais la mort qui le prévint, en son dernier voyage pour Paris, ne lui laissa que le mérite de sa bonne volonté, sans lui accorder celui de l'exécution. Mgr de Chaulnes, son successeur, eut une pareille affection pour les Frères, qu'il a aussi transmise, avec sa place, à Mgr de Caulet, aujourd'hui évêque de Grenoble (1733). Celui-ci, persuadé que les Frères possèdent le talent de bien instruire et de bien élever la jeunesse, a voulu les charger des écoles de l'Hôpital-Général.

La première école fut ouverte sur la paroisse de Saint-Laurent. Quelques années après, on fut obligé d'en établir une autre sur celle de Saint-Hugues, pour servir de décharge à la première qui était trop peuplée. M. Didier, chanoine de Saint-Laurent, qui a aussi contribué à leur établissement, en a pris un soin particulier et leur a tenu la place du Bienheureux de la Salle, en se chargeant, avec une affection vraiment fraternelle, de tous leurs intérêts spirituels et temporels.

VIII. — Établissement à Mende.

L'ÉTABLISSEMENT des écoles chrétiennes à Mende, capitale du Gévaudan, a été l'effet de la piété de Mgr de Piancourt, son évêque. Personne n'a fait paraître plus de désir d'avoir des Frères, et plus de zèle pour l'instruction de la jeunesse, que cet illustre prélat, que la charité a dépouillé de tous ses biens, avant sa mort, en faveur des pauvres et des bonnes œuvres. Plein de mérites, et sur la fin d'une vie sainte, sacrifiée aux travaux de son ministère et à la sanctification de son diocèse, il voulut la couronner par la fondation d'un Hôpital général et des Écoles gratuites. Regardant ce double secours en faveur des pauvres comme le chef-d'œuvre de la charité, il aurait cru, à l'heure de la mort, n'avoir pas fait pour ses ouailles tout ce que le zèle lui inspirait, s'il ne leur eût laissé ce double secours spirituel et temporel.

« Convaincu, dit-il lui-même dans son testament, daté du 19 octobre 1707, que le salut des peuples et leur bonheur temporel dépendent principalement d'une éducation sainte de la jeunesse de l'un et de l'autre sexe; et qu'après les marques d'affection et de prédilection que nous avons données aux citoyens de notre chère ville de Mende, par la construction et fondation d'un hôpital-général, qui est un asile universel et perpétuel pour toutes les disgrâces de la nature et de la fortune qui peuvent leur arriver en la vie, nous ne pouvons leur en donner de plus grande qu'en leur fondant des Écoles publiques, qui ne leur laissent rien à désirer de tout ce qui peut concourir au salut de leurs âmes et à leur félicité temporelle. »

En effet, dès qu'il apprit que Paris élevait dans son sein une famille de maîtres d'école destinés par vocation, et consacrés par pure charité, à l'éducation et à l'instruction chrétienne de la jeunesse pauvre, et que le Bienheureux de la Salle, ancien chanoine de Reims et docteur en théologie, leur père et leur instituteur, était à la tête de ce nouveau séminaire uniquement appliqué à les former et à les sanctifier, il se hâta d'enrichir son diocèse de cette acquisition et de combler ses bonnes œuvres par une fondation d'écoles gratuites.

Par malheur, le saint prêtre n'était pas en état alors de satisfaire pleinement à la demande du pieux prélat, faute de sujets : les uns avaient été dégoûtés, et les autres avaient été écartés par ce tissu de persécutions dont nous avons parlé. Cependant, ravi de trouver tant de zèle dans ce saint évêque, il fit son possible pour le seconder et lui donner un Frère capable de commencer avec succès les écoles gratuites, et d'en donner une grande idée, avec promesse d'en envoyer d'autres à sa suite, au plus tôt. Le Frère envoyé à Mende fit encore plus que le prélat n'en pouvait attendre.

Il en fut si satisfait, qu'il écrivit au Bienheureux de la Salle une seconde lettre pour hâter l'envoi d'un second. Laissons-le s'expliquer lui-même sur ce sujet, en rapportant ses paroles.

« Je ne puis, Monsieur, assez bénir Dieu de vous avoir inspiré le dessein de former des maîtres d'école pour instruire la jeunesse et la former dans la piété chrétienne. Les séminaires forment les bons ecclésiastiques; mais les bons maîtres d'école, donnant les premières impressions de la piété et de la religion, peuvent contribuer à sanctifier tous les chrétiens. On ne peut être plus content que je le suis du Frère que vous m'avez envoyé, qui commence, en attendant un autre pour le secourir, à instruire notre jeunesse; je vous serai fort obligé de lui joindre un bon sujet qui soit capable, tant pour l'écriture que pour l'arithmétique ; car c'est le moyen d'attirer toute la jeunesse, et par là de lui donner les premières impressions de la piété chrétienne. Je leur donnerai, de ma part, toute la protection qu'ils peuvent attendre ; en sorte qu'ils aient une satisfaction parfaite dans leur emploi en cette ville.

« Le Frère*** vous peut rendre compte de mes bons sentiments pour lui et pour cet établissement. Je vous supplie que mes bons sentiments augmentent par le bon choix que vous ferez de maîtres d'école que vous m'enverrez. Je vous en serai sensiblement obligé. Je vous prie de me croire, avec une estime particulière, votre très humble et très obéissant serviteur, F. P. de Piancourt, évêque de Mende. A Mende, ce 8 avril 1707. »

Le second Frère n'eut pas moins de succès que le premier : l'un et l'autre virent la moisson croître sous leurs mains, et ils ne purent plus suffire à la récolte. Il fallut qu'un troisième vînt à leur secours. Le pieux prélat ne pouvait avoir une joie plus sensible sur la fin de ses jours. Pour ne point laisser imparfait l'ouvrage qu'il venait de commencer si heureusement, et pour prévenir les surprises de la mort, il fit son testament par lequel il légua, pour la fondation des trois Frères, cinq cent dix livres de revenu annuel avec leur logement, et deux cent cinquante livres de rente pour deux maîtresses d'école.

Il semble que Dieu n'attendait plus de ce pieux prélat que la consommation de cette bonne œuvre, afin de lui donner la récompense de toutes les autres. Il mourut peu après l'avoir faite, au grand regret des Frères, qui le connurent trop tard et le perdirent trop tôt.

IX. — Établissement à Saint-Denis-en-France, en 1708.

L'ANNÉE suivante, le saint Instituteur envoya deux Frères à Saint-Denis-en-France, à la prière de Mademoiselle Poignant, qui donna une partie des fonds nécessaires pour leur subsistance, et à la sollicitation du R. P. de l'Hôtellerie, prieur du célèbre monastère de ce lieu. Ce ne fut pas sans peine que le saint homme eut cette complaisance, car il n'aimait pas ces petites localités, où deux Frères laissés seuls à eux-mêmes, étaient en danger de se déranger, et il commençait à se dégoûter de ces petits établissements qui avaient peine à se soutenir. Cependant, parce qu'il ne pouvait se refuser aux instances qu'on lui fit, qu'il avait d'ailleurs sujet d'espérer que la fondatrice augmenterait ses libéralités, et que, par ce secours, on pourrait aussi augmenter le nombre des Frères, il passa par-dessus ses répugnances. Mais Mademoiselle Poignant mourut sans avoir eu le temps d'achever ce qu'elle avait commencé; de sorte que l'établissement est resté jusqu'à présent (1733), dans sa première situation. Il avait été projeté, dès l'an 1705, et il était une des affaires qui avaient rappelé à Paris le zélé Supérieur, mais il ne fut conclu qu'en 1708.

Dans le même temps, le serviteur de Dieu trouva des fonds suffisants pour relever son séminaire de maîtres d'école pour la campagne. Il n'avait jamais perdu de vue ce grand dessein, ni l'espérance d'y réussir. Il croyait toujours qu'il manquerait quelque chose à son Institut, ou que son Institut manquerait de rendre à l'Église tout le service qu'il lui devait, aussi longtemps qu'il n'élèverait pas, pour la campagne, comme pour la ville, des maîtres pieux et capables de donner à la jeunesse l'instruction et l'éducation nécessaires au salut. Il fit donc une troisième tentative, et il acheta une très belle maison à Saint-Denis; mais cette maison devint pour lui une source de tribulations nouvelles. La ville s'opposa à son dessein aussitôt qu'elle le sut. Les parents du donateur lui intentèrent un procès et l'accusèrent d'avoir suborné

Livre III. — Chapitre VI.

un mineur. Il fut appelé en justice, condamné à perdre la maison, à payer les dépens et obligé de fuir. C'est ce qui arriva en 1712, comme on le verra bientôt. Ainsi, pour la troisième fois, le projet du saint prêtre tourna à sa confusion.

Tant il est vrai que Dieu ne veut pas toujours l'effet des plus pieux desseins qu'il inspire, ou qu'il en destine à d'autres l'exécution. Le R. P. Barré avait été le premier auteur du dessein de l'érection des séminaires de maîtres d'école, cependant ce ne fut point lui, mais le Bienheureux de la Salle qui fut choisi de Dieu pour rendre ce service à l'Église. Le saint minime le tenta plusieurs fois en vain, parce que Dieu ne l'avait pas choisi pour en être l'instrument. Pareillement le Bienheureux de la Salle, par trois fois différentes, a mis la main à l'érection d'un séminaire de maîtres pour la campagne, et autant de fois son dessein a échoué. Pourquoi? Les jugements de Dieu sont impénétrables, ce n'est pas à nous de les sonder. Peut-être que dans les desseins de Dieu, un autre que l'Instituteur des Frères est réservé pour l'exécuter.

CHAPITRE VII.

Dieu laisse le Bienheureux de la Salle et ses disciples en proie à la pauvreté, sans cependant les abandonner, dans la pénible année 1709. Le Fondateur rappelle de Saint-Yon à Paris les novices dont la nécessité était encore plus grande, afin d'y pourvoir. Nouvelles croix qui mettent sa patience à l'épreuve. — (1709.)

IL semble que Dieu se plût à accorder à son serviteur autant de souffrances qu'il en désirait. Sans cesse il passait de l'une à l'autre, et sa vie n'en a été qu'un tissu continuel depuis qu'il s'est occupé des maîtres d'école. Sa vertu, toujours en haleine, n'avait pas le temps de se relâcher ; la divine Providence avait soin de lui fournir de l'exercice. Le saint prêtre, en repos dans la nouvelle maison de Paris, y respirait avec douceur l'air de la solitude, et se consolait avec son Dieu, après tant de traverses essuyées.

Ce temps si doux ne fut pas de longue durée. Du repos dont il jouissait, il lui fallut passer aux embarras et aux sollicitudes que l'année 1709 aurait rendues infiniment fâcheuses et épineuses à un cœur d'une autre trempe que le sien. Pendant cette année, où la famine vint se joindre à la longueur et à l'âpreté du froid, il vit toutes les peines qui en sont les suites l'affliger dans sa pauvre maison, mais jamais il ne parut plus content que quand il se trouva sans pain, sans argent, sans ressources. C'était alors qu'élevé au-dessus de lui-même et au-dessus de tous les événements de la vie, à l'abri des craintes et des défiances humaines, il fixait en Dieu sa confiance, et se reposait sur sa divine providence.

Après tout, familiarisé depuis si longtemps avec les divers genres d'affliction dont la vie de l'homme est semée, et par lesquelles Dieu a coutume d'exercer les grandes âmes, il était endurci contre tous les coups de la fortune, et il regardait du même œil la mauvaise et la bonne, parce que, dans l'une comme dans l'autre, il voyait l'ordre de Dieu et un fonds de mérite pour lui. D'ailleurs, la longue expérience qu'il avait faite des croix lui avait appris que, plus elles paraissent pesantes à la nature, plus la grâce a soin de les adoucir. Enfin il avait reçu mille preuves des attentions de Dieu sur lui et sur ses disciples, et il était bien persuadé qu'eux et lui ne manqueraient du nécessaire que quand ils manqueraient de confiance envers le Père céleste.

I. — **Extrêmes peines que le Bienheureux de la Salle souffre avec ses disciples pendant l'hiver et la disette de 1709.**

PLEIN de ces nobles sentiments, il demeurait tranquille, et son repos en Dieu croissait avec ses besoins. Il ne restait pourtant pas oisif entre les bras de la divine Providence, sans chercher les secours nécessaires qu'elle envoie, sans miracle sensible, par le cours des événements naturels qu'elle arrange et qu'elle mène à ses fins avec une sagesse infinie. En cherchant, il trouvait : il trouvait peu à la vérité, mais ce peu suffisait à des gens qui savent s'en contenter, et qui, à l'exemple de saint Paul, ont habitué la nature, par une longue pratique de mortification et de pauvreté, à souffrir, sans murmure, la faim, la soif, le froid, le chaud et les autres incommodités de la vie.

On eût dit, en voyant la nouvelle famille de l'homme de Dieu, que tout abondait dans sa maison, et que l'hiver et la famine qui désolaient la France, et qui montraient partout, mortes ou mourantes, des victimes de leur fureur, n'avaient pas le droit d'étendre leur rigueur sur les Frères. La ferveur seule les échauffait dans cet hiver, si long et si rigoureux. Ils ne trouvaient à manger au réfectoire qu'autant qu'il en fallait pour ne point mourir. C'en était assez pour eux ; ils étaient satisfaits et personne ne pensait à se plaindre. Comment l'auraient-ils fait ? Ils voyaient à leur tête le saint Supérieur qui leur apprenait, par son exemple, à goûter, dans le sein de la pauvreté, la manne céleste que Dieu y cache, et à chercher, dans un jeûne et une abstinence nécessaires, le mérite d'une pénitence volontaire.

Au reste, il y avait cette différence entre eux et lui que chacun d'eux ne sentait que ses peines particulières, et ne souffrait qu'en sa propre personne ; mais lui, outre le jeûne et l'abstinence, outre la rigueur d'un hiver long et froid à l'excès, qu'il partageait avec eux, comme chef il sentait en son cœur la peine de tous ses membres, tandis que ceux-ci ne partageaient point avec lui la sollicitude qui l'occupait, pour pourvoir à toutes leurs nécessités.

Le saint prêtre, l'homme du monde le plus désintéressé, avait accepté ce qu'on lui avait offert pour les divers établissements des Frères ; et comme presque partout, ce qu'on lui avait donné ne suffisait que pour le plus simple nécessaire en temps ordinaire, il était insuffisant en ce temps de cherté du pain et de calamités publiques. Ainsi ce n'était pas seulement à Paris que les Frères avaient à souffrir de la rigueur de la faim et de l'hiver ; c'était presque partout où ils avaient été envoyés. Leur père le savait ; par conséquent, l'amour lui faisant ressentir toutes leurs peines, il souffrait en son âme ce que chacun d'eux souffrait en son corps.

Ceux qu'il avait laissés à Saint-Yon étaient ceux qui l'occupaient le plus et qui l'alarmaient davantage. En proie à la pauvreté, oubliés et abandonnés dans un terrain sec et aride qui ne produit pas plus d'aumônes que de blé, victimes du froid et de la faim, de tous les disciples du saint Instituteur ils étaient les plus à plaindre ; car tout leur manquait, même l'espérance de trouver du secours. Ils en avaient en effet cherché dans les maisons les plus opulentes, chez les grands et chez les personnes en réputation de charité ; mais partout ils n'avaient trouvé que des rebuts et des duretés.

L'impossibilité de trouver ailleurs du soulagement les avait enfin amenés à l'archevêché, comme à leur dernière ressource, dans la pensée qu'ils trouveraient, dans le pieux prélat qui venait de succéder à Mgr Colbert, les entrailles de compassion qu'il avait montrées pour tous les autres pauvres de la ville. Par malheur, Mgr d'Aubigné était prévenu contre le Bienheureux de la Salle et ses Frères. Leur ennemi de Paris, si accrédité et en relation avec les plus grands prélats, avait su prévenir celui-ci contre le serviteur de Dieu.

Le nouvel archevêque de Rouen, si religieux, si zélé, si vertueux, n'eut jamais qu'un fonds d'indifférence pour le serviteur de Dieu et ses Frères. Il croyait faire beaucoup, que de ne les point chasser de son diocèse. Pour sûr, il ne les y aurait jamais appelés, s'il ne les y eût pas trouvés ; il les y souffrait, parce que son prédécesseur les y avait attirés. Du reste, il les oubliait, et il n'aimait ni à les voir, ni à en entendre parler. Nous verrons dans la suite ce que le Bienheureux de la Salle lui-même eut à essuyer d'un évêque pieux, mais prévenu contre lui. Ainsi disposé, il ne pouvait pas être favorable à ceux qui vinrent solliciter sa charité ; aussi furent-ils obligés de s'en retourner les mains vides.

II. — Le Bienheureux de la Salle rappelle à Paris les novices de Saint-Yon, qui étaient en proie à la misère.

LE vigilant Supérieur vit bien qu'il n'y avait plus rien à attendre pour eux dans une ville où l'on croyait leur faire grâce, en leur permettant de rendre leurs services charitables à la jeunesse. En effet, on l'a vu ci-devant, les dix Frères occupés aux écoles de Rouen ne tirent pour tout salaire, du Bureau qui les met en œuvre, que six cents livres, dont il ne leur reste pas cent écus, leur maison payée. Le Bienheureux de la Salle s'en était contenté, et il n'aurait pas été bien reçu à demander une augmentation de pension.

En l'obligeant à donner dix Frères, on l'avait obligé à se contenter de la dixième partie du nécessaire à la vie; et en exigeant leurs services, on lui avait laissé le soin de pourvoir à leur subsistance. Il y pourvoyait en effet comme il pouvait, et il trouvait, dans les ressources de la divine Providence les dédommagements d'une charité si désintéressée. Les Frères de Saint-Yon partageaient, avec ceux de Rouen, comme ils le font encore aujourd'hui (1733), le pain que le Père céleste leur envoyait, aussi bien que le produit de leur jardin très vaste, mais sablonneux et stérile, qu'ils arrosaient de leurs sueurs et qu'ils obligeaient, par leur travail, de n'être pas entièrement ingrat.

Ainsi vivaient ces pauvres Frères, dont le nombre dès lors dépassait celui de trente : dix tenaient les écoles de Rouen et les autres composaient le noviciat, ou étaient occupés auprès des pensionnaires, ou employés au service de la maison de Saint-Yon et à la culture de ses jardins.

Le Bienheureux de la Salle, leur père, était trop attentif à leurs besoins pour les oublier ou pour les négliger. Mais comment y pourvoir ? Lui-même à Paris, n'avait pour les siens qu'une partie du nécessaire ; le partager avec ceux de Rouen, c'était affamer les uns et procurer aux autres un faible soulagement. Comment penser à grossir une famille déjà à la merci de la rigueur du temps ? En augmenter le nombre, c'était, ce semble, les assembler pour les faire mourir tous ensemble. Mais, d'un autre côté, comment laisser à Saint-Yon ceux qui y languissaient de misère ? Le Bienheureux de la Salle, après y avoir bien pensé, espéra trouver plus de ressources dans la capitale du royaume ; c'est pourquoi, il résolut d'y rappeler une partie de ceux de Rouen.

Lesquels appeler ? Les novices ou les dix maîtres d'école, qui, employés à leurs frais à rendre service au public, n'en recevaient aucune assistance ? Tout autre que le Bienheureux de la Salle aurait pris le parti de retirer ces derniers ; mais pour lui, qui s'était fait une loi de combattre en tout la nature, et de faire ce qui est le plus parfait, il crut que la plus grande gloire de Dieu lui demandait de ne point interrompre les écoles gratuites de Rouen.

Les novices furent donc ceux sur qui tomba ce choix. Arrivés dans la capitale, ils grossirent la communauté de plus de moitié.

La maison, qui était raisonnablement grande pour les Frères de Paris, se trouva trop étroite pour recevoir ces nouveaux hôtes. Ses habitants, au nombre de quarante environ, étaient les uns sur les autres, pour ainsi dire, tant le jour que la nuit. De pauvres paillasses, avec une aussi pauvre couverture et des draps qui ne valaient pas mieux, étendues par terre, mais avec ordre, dans les chambres, derrière les portes, et partout où l'on pouvait, servaient de lits.

III. — Malgré la famine, le Bienheureux de la Salle reçoit tous ceux qui se présentent à lui dans le dessein de servir Dieu.

CEPENDANT, quelque pauvre que fût cette maison de Providence, elle était ouverte à qui en demandait l'entrée. La charité du Supérieur ne la fermait à aucun de ceux qui marquaient de la bonne volonté, et qui n'y étaient pas amenés par la nécessité. Ceux de ses disciples qui avaient moins de foi ou moins de charité, ne souffraient pas sans peine que leur père partageât, entre eux et les nouveaux venus, le pain qui leur manquait souvent, et dont ils n'avaient jamais, en ce temps, de quoi se rassasier. Cependant plusieurs de ceux-ci n'en mangeaient pas longtemps, et se retiraient au bout d'un, de deux, de trois ou quatre mois, plus ou moins.

Le Bienheureux de la Salle s'en consolait et consolait ceux qui lui faisaient des reproches de sa trop grande facilité à recevoir des postulants, par cette sage réplique: Ils ont fait une bonne retraite qui sera avantageuse à leur salut.

Il comptait sur la divine Providence, et comme il n'est pas plus difficile au Père céleste de pourvoir à la subsistance d'un grand que d'un petit nombre, il ne s'embarrassait nullement d'avoir quarante personnes à nourrir tous les jours. Il ne paraissait pas même inquiet quand tout manquait en sa maison; et cela arrivait souvent, car Dieu ne fait pas toujours des miracles, et il se plaît à donner de l'exercice à la patience, aussi bien que de l'épreuve à la confiance qu'on a en lui.

Ceux qui espèrent en Dieu ne trouvent pas toujours, au moment marqué, tous leurs besoins ; si jamais rien ne leur manquait, l'abandon à la Providence ne serait pas une vertu si rare et si héroïque; la pauvreté n'exercerait pas beaucoup la patience, et la perfection de ces deux vertus, si sublimes et si pénibles, ne serait pas si difficile à atteindre. Il ne faut donc pas s'étonner si la con-

Livre III. — Chapitre VII.

fiance qu'avait en Dieu le Bienheureux de la Salle, ne le mettait pas à l'abri, lui et son troupeau, de toutes les calamités du temps Il suffit de dire que Dieu ne lui a jamais manqué dans l'extrémité et qu'après avoir pris plaisir à le laisser souffrir, il prenait plaisir à le secourir à temps. En voici un exemple.

Les provisions de la maison étant toutes épuisées, aussi bien que les charités qui la soutenaient, la communauté se trouva manquer de tout, même de pain, et le boulanger, qui avait coutume d'en fournir, refusa faute de paiement. Dans cette extrémité, l'homme de Dieu eut recours, comme d'ordinaire, à la prière. Il ne fut pas longtemps sans en sentir les effets ; car le lendemain, allant dire la sainte messe, il fit rencontre d'une personne sur la charité de laquelle il semblait ne devoir plus compter. Lui ayant demandé où il allait, elle reçut de lui cette réponse : *Je m'en vais célébrer la sainte messe, et prier Dieu qu'il envoie ce qui est nécessaire pour vivre aujourd'hui à notre communauté qui est dépourvue de nourriture, et n'a pas de quoi en avoir.* Cette personne, attendrie par ces simples mots, lui répliqua : *Allez en paix; je vais y pourvoir moi-même.* Elle tint parole, elle vint apporter sur-le-champ dix écus à la communauté qui se trouva, par ce secours, tirée du besoin pressant où elle était.

Dans ces cas d'épreuves extrêmes, le sage Supérieur avait soin d'animer ses Frères à la patience et à la confiance en Dieu, par ses paroles pleines de feu, et par des exemples de soumission. « Ne craignez point, leur disait-il, Dieu ne manque jamais à ceux qui espèrent en lui. Tout est accordé à la vive foi et à la parfaite confiance, les miracles même, quand ils sont nécessaires. JÉSUS-CHRIST s'est obligé de fournir tout le reste à ceux qui cherchent son royaume et sa justice. Jamais il ne l'a refusé à ceux qui le servent. Chaque page de l'Écriture sert de témoignage à cette vérité. »

« Après tout, rien n'arrive dans ce monde que ce que Dieu permet ou ordonne. Les biens et les maux, la pauvreté et les richesses sortent de sa main ; c'est elle qui les distribue, et toujours avec bonté et sagesse. Si nous avons reçu tant de bienfaits de sa libéralité, pourquoi refuserions-nous d'accepter de sa justice quelques châtiments ? Il est le Seigneur ; qu'il fasse tout ce qui plaît à ses yeux. Si nous fixons nos désirs sur son bon plaisir, nous soulagerons nos peines, nous bannirons nos inquiétudes, nous tirerons, du fond de la pauvreté, un trésor de mérites. Dussions-nous mourir de faim, si Dieu nous trouve soumis, il couronnera au moins dans le ciel notre vertu, et nous rangera parmi les martyrs de la patience. »

C'est ainsi qu'ajoutant la parole à l'exemple le Bienheureux de la Salle confirmait les Frères dans la soumission aux ordres de Dieu. S'il avait tant de soin des présents, il n'oubliait pas les absents. Sa charité le portait en esprit partout où son corps ne pouvait aller, et le multipliait, en quelque sorte, dans tous les lieux où il avait des disciples. Il était aussi attentif aux besoins spirituels et temporels de chacun d'eux, que s'il n'eût eu que lui seul à soigner.

Dans l'impuissance de les soulager autrement que par ses lettres et par ses prières, avec quels gémissements portait-il ses vœux au Père céleste, pour le supplier de leur donner le pain de chaque jour, et la grâce de faire un saint usage de leur pauvreté ! Toutes les lettres qu'il leur écrivait roulaient sur ces deux points. En les consolant, il leur montrait les richesses spirituelles qui sont renfermées dans la disette, pour ceux qui les y cherchent avec les yeux de la foi, et avec l'exercice de la patience.

Dieu fit bien voir le soin qu'il prenait de son serviteur et de sa pauvre famille, car, tout en la laissant dans sa pauvreté, il lui fournit toujours le nécessaire qui manquait à bien d'autres ; et à la fin d'une année si désastreuse, toutes les maisons des Frères se trouvèrent sans aucune dette, tandis que les communautés les plus riches en étaient surchargées. A Paris surtout, et à Rouen, la divine Providence se montra plus libérale à l'égard des Frères, parce que c'étaient les lieux où ils étaient dans un plus grand besoin et sans aucune ressource.

Si Dieu eut la gloire de voir, dans ces deux maisons, des miracles de vertu dans la confiance du Bienheureux de la Salle et dans la patience des Frères, on peut dire aussi que le Bienheureux de la Salle et les Frères virent chez eux des miracles de Providence, dans les secours inattendus qui leur vinrent de sa main. Cette réflexion est celle que faisait souvent un pieux ecclésiastique, dont la maison était l'hospice charitable de tous les Frères allant de Paris à Rouen, et revenant de Rouen à Paris.

« Comment s'est-il pu faire, leur disait-il, que les années 1693 et 1709 vous aient conservé une vie qu'elles ont ôtée à tant d'autres, et que, vous enveloppant avec eux dans la même disette, elles ne vous aient point ensevelis dans le même tombeau ? Qui était plus pauvre que vous autres, et qui a trouvé dans la pauvreté plus de secours que vous ? Combien de misérables la divine Providence semblait-elle avoir alors oubliés, pour ne se souvenir que de vous ? Si vous avez souffert la faim, elle ne vous a pas du moins consumés.

« Votre communauté est la plus pauvre du royaume ; cependant elle a survécu aux années cruelles qui, ce semble, devaient marquer sa fin. Sans biens, sans revenu, sans fonds, vous avez subsisté, dans un temps où la famine se faisait sentir ou craindre dans les familles les plus opulentes. Plusieurs communautés, riches ou à leur aise, y ont trouvé leur ruine ou sont restées chargées de dettes.

« Pour vous, vous voilà ce que vous étiez. Si vous n'avez rien, vous ne devez rien ; et votre nombre même s'est multiplié dans les jours malheureux. »

IV. — Plusieurs membres de la communauté sont atteints du scorbut.

CELA était vrai : mais si Dieu n'abandonna pas son serviteur, il le fit bien souffrir. Il semble qu'il se plaisait à en faire un martyr de la patience, car il ne mettait ni mesure ni terme aux peines dont il l'affligeait. La fin d'une croix servait chez lui de passage à une autre. C'est ce qu'on a vu dans tout ce qui a été rapporté de sa vie, et c'est ce qu'on va encore voir dans ce qui suit. L'extrême pauvreté de sa maison y engendra une maladie contagieuse. Six de ses principaux Frères furent attaqués du scorbut, mal aussi difficile à guérir, que facile à gagner.

Quel ravage n'allait-il pas faire dans un troupeau qui était à l'étroit, si le vigilant pasteur n'eût au plus vite séparé les malades des sains. On le vit, dans cette rencontre, empressé sans trouble, et diligent sans inquiétude, renfermer le mal, avec ceux qui en étaient attaqués, dans une infirmerie élevée et séparée, avec deux Frères charitables et vigilants pour les soigner. Il n'épargna rien pour les soulager et les guérir ; sa charité, dans ces occasions, le rendait saintement prodigue.

Mais, quelque désir qu'il eût de leur procurer de prompts secours, sa pauvreté ne lui permettait pas d'acheter à grand prix les remèdes prescrits contre ce mal. Il y avait alors à Paris un médecin habile, qui avait la réputation de bien guérir le scorbut; mais si ses remèdes étaient bons, il les vendait bien cher, et il demandait une somme considérable pour faire bien souffrir ceux qui voulaient se mettre entre ses mains. Où le Bienheureux de la Salle aurait-il pris l'argent nécessaire pour payer un médecin qui mettait ses remèdes à si haut prix ? D'un autre côté, laisser six de ses enfants atteints d'un mal si dangereux, sans secours, c'est ce que la tendresse d'un père ne pouvait souffrir.

V. — Éloge de la charité de M. Helvétius.

LE fameux M. Helvétius, qui avait alors tant de vogue à Paris, le tira de cette perplexité. C'était lui qui avait donné au saint prêtre connaissance de ce médecin, et il se promit de l'engager à prêter une main charitable à des pauvres qui n'avaient pas le moyen de payer. Ici l'histoire de la vie du Bienheureux de la Salle doit un éloge au célèbre médecin hollandais. Il estimait le saint prêtre, et il rendait à sa communauté tous les services que la charité la plus désintéressée et la plus généreuse pouvait inspirer. Avis, médecins, remèdes, visites, les Frères trouvaient tout chez lui gratis, avec un accueil favorable et un visage gracieux.

Lorsque la maladie les retenait au lit, il avait la bonté de les aller voir, et quand le temps ne le lui permettait pas, ce qui arrivait aisément au médecin de France le plus employé, il leur envoyait de sa part un autre médecin qui était à sa disposition. Celui dont nous parlons, prévenu par M. Helvétius, voulut bien, à son exemple, accorder aux Frères son ministère par charité, et il fit dire au Bienheureux de la Salle de lui amener ses malades.

Le bon père voulut les accompagner dans le dessein de les soutenir par sa présence et de les animer par sa parole, à bien souffrir la douloureuse opération qui se devait faire sur eux, et qui fut réitérée plusieurs fois, à différents jours.

VI. — Perfidie d'un Frère qui conçoit le dessein de faire abandonner le Bienheureux de la Salle de tous les Frères.

LE saint homme ne sortit de cette croix que pour rentrer dans une autre plus épineuse et plus humiliante, que lui prépara un de ses disciples. Une pareille ingratitude de la part d'un des siens, n'était pas pour lui chose nouvelle. Il avait déjà vu des Absalons dans sa propre famille, et des Judas dans sa Compagnie. Quelque sainte qu'elle pût être, elle ne pouvait rester à l'abri de la tentation.

Depuis que l'iniquité est entrée dans le ciel, dans le paradis terrestre et dans le collège des apôtres, on ne peut plus s'étonner qu'elle s'introduise dans les communautés les plus saintes. Ce n'est point le lieu qui sanctifie les hommes, mais les hommes qui sanctifient le lieu. Il n'en est pas qui soit fermé aux artifices du démon et à la malice des hommes.

De tout temps il y a eu des méchants mêlés avec les bons. Le premier des hommes vit, dans sa famille, un pécheur semblable à lui, tremper ses mains dans le sang de son frère. L'arche de Noé, qui sauvait les restes du genre humain du naufrage universel, conservait la vie à un de ceux qui devaient repeupler la terre de pécheurs et la souiller de nouveaux crimes. L'Église elle-même, l'épouse de JÉSUS-CHRIST, sainte et sans tache, cache dans son sein les justes mêlés avec les méchants, les élus confondus avec les réprouvés. Il n'y a donc rien de nouveau, si on voit, dans la famille du Bienheureux de la Salle, des enfants rebelles et des disciples perfides. Dieu voulait mettre sa vertu à toutes sortes d'épreuves, et se servir de toutes sortes de mains pour le frapper et le former à la patience héroïque, qui donne aux parfaits les derniers traits de ressemblance avec JÉSUS-CHRIST.

On n'a pas oublié que le but de l'adversaire du serviteur de Dieu, dans toutes les persécutions qu'il lui avait suscitées, était de lui ôter le gouvernement de l'Institut, pour s'en emparer, sous le nom d'un autre à sa dévotion. Il remuait tout sans paraître agir ; et, dans tous les moyens qu'il mettait en œuvre pour chasser le saint prêtre de sa maison, ou le mettre au dernier rang, il paraissait n'avoir en vue que le plus grand bien, l'honneur de Dieu et le service de l'Église. Le Bienheureux de la Salle, selon lui, avait de la vertu, mais il n'avait pas assez de tête pour conduire une communauté. Austère pour lui-même, il l'était trop envers ses disciples qui succombaient sous la rigueur de son joug.

Pour faire valoir ces accusations et leur donner un air imposant de vérité, il avait mis sur le compte du Supérieur les imprudences du directeur et du maître des novices dont on a parlé. De ces vapeurs malignes il en avait formé à l'archevêché, contre le saint prêtre, un orage qui, après avoir beaucoup fait de bruit, s'était enfin dissipé. N'ayant pu parvenir à son but par les soulèvements du dehors, il avait, par la bouche de ses émissaires, tenté d'en exciter au-dedans. La perte de quelques Frères en avait été l'effet, sans que le coup pût porter sur le vertueux Supérieur. Désespérant donc de pouvoir réussir dans son dessein, il laissait en paix le serviteur de Dieu. Après quelque temps de calme, il crut voir la porte par laquelle il pouvait enfin chasser le saint prêtre de sa maison, et s'emparer du gouvernement de l'Institut.

Celui que le démon trouva propre à faire ce coup fut un sujet qui était depuis cinq ou six ans dans la communauté. Soit qu'il n'eût jamais été fervent, soit qu'il se fût relâché, il s'ennuyait de la vie pauvre, humble, laborieuse, mortifiée et intérieure des Frères, et, pour mettre son corps plus à l'aise et rentrer dans le droit de suivre ses inclinations, il conçut le dessein de trahir son maître, et de secouer le joug de son obéissance. Le rebelle, ayant conçu ce dessein, chercha les moyens de l'exécuter. Le seul qui fût infaillible était de s'adresser à un homme capable de le bien conseiller, en état de lui procurer des ressources et de le soutenir dans la révolte.

Il ne pouvait pas mieux choisir que celui qui, depuis sept à huit ans, avait le premier formé ce projet, et qui, après l'avoir tenté tant de fois inutilement, ne l'avait abandonné que parce qu'il avait perdu l'espoir d'y réussir. Ce fut à celui-là même qu'il s'adressa. Si le perfide ne se servit pas des mêmes termes que Judas au grand prêtre et aux princes des Juifs, il en exprima à peu près le sens.

Après avoir fait le rapport de ses mécontentements sur la pauvre nourriture, sur la dureté de vie et sur l'extrême pauvreté qu'il avait soutenue pendant quelques années, dans la maison du Bienheureux de la Salle, il fit entendre qu'il en était ennuyé et dégoûté, et que l'humanité succombait sous un fardeau si accablant. Il ne manqua pas de faire ses remarques sur le nombre de ceux que le Bienheureux de la Salle recevait sans avoir de quoi fournir à leur subsistance, en ajoutant qu'il serait bien plus sage d'en recevoir moins, et de les mieux nourrir.

Il montra sa surprise de ce que M. de la Chétardie laissait mourir de faim les dix Frères employés aux écoles de sa paroisse, en abandonnant leurs pensions entre les mains du Bienheureux de la Salle, qui s'en servait pour nourrir toute sa communauté. Selon son commentaire, rien n'était plus injuste que de partager, entre tant de bouches inutiles, le pain nécessaire et dû aux seuls ouvriers. Il conclut en demandant un sort plus doux, et en promettant de se faire suivre de bien d'autres et de toute la communauté, si on voulait les tirer de la misère et les mettre plus à leur aise.

Jamais discours ne plut tant à celui à qui il était adressé. Le marché fut bientôt conclu, et les mesures prises pour débaucher au Bienheureux de la Salle tous ses disciples. L'ennemi du serviteur de Dieu promit au traître de louer une maison pour lui et ceux qui suivraient son parti, de les y bien nourrir et de pourvoir avec abondance à leur subsistance, de l'établir Supérieur et de réformer ensuite toutes choses de concert avec lui. « Si vous avez assez d'adresse, dit-il au rebelle, pour vous emparer des esprits, et pour vous faire suivre d'une partie de la communauté, je vous promets d'y amener le reste et d'obliger M. de la Salle de demeurer seul dans sa maison. J'en ai un moyen infaillible dans les pensions payées aux douze Frères employés aux écoles de la paroisse; car je saurai les faire passer dans la nouvelle maison, et les appliquer à ceux qui vous y suivront.

Le retranchement de ce secours qui sert à M. de la Salle pour l'entretien de sa communauté, tarira la plus grande de ses ressources, et laissera dans une misère extrême tous ceux qui s'attacheront à lui. Cette famine, qui sera plus longue que celle que vous venez d'essuyer chez lui, détachera insensiblement de lui des gens qu'il ne pourra pas défendre de la faim. Et si quelques-uns ont peine à se rendre, l'exemple des autres les entraînera, et nous les verrons tous réunis dans notre nouvelle maison, sous votre conduite et sous la mienne. »

VII. — Le complot du traître est découvert. Douceur et charité du Bienheureux de la Salle à son égard.

ON ne peut nier que ces mesures ne fussent bien concertées, et que le dessein n'eût pu réussir en partie, si Dieu ne l'eût fait échouer. Le perfide disciple commençait déjà sa ligue en secret.

Celui auquel il s'ouvrit sur ce sujet, entra dans son parti. Mais s'il fut le premier, il fut aussi le dernier. Le mal n'alla pas plus loin, car le Saint-Esprit l'étouffa dans sa naissance, en reprochant au complice la grandeur de sa faute, et en piquant sa conscience par des remords si cruels, que, pour l'apaiser, il fut obligé de déclarer le complot en plein Chapitre et devant toute la communauté. Il avoua que le dessein était formé pour chasser de la maison le Bienheureux de la Salle, ou attirer toute la communauté dans une autre maison, sous la conduite du rebelle.

Tous les Frères, surpris et indignés, frémirent d'horreur. Ils avaient peine à étouffer leurs ressentiments contre ce chef de révolte, qui se promettait de se faire suivre d'eux. De concert et d'une voix unanime, ils voulurent rejeter du sein de leur communauté cette vipère infernale qui se préparait à le déchirer pour en sortir.

Le Bienheureux de la Salle demeurait seul tranquille, et, par l'exemple de sa douceur et de sa charité, il cherchait à réconcilier ce nouvel Absalon avec ses autres Frères. Il le pleurait comme un autre David, et, oubliant l'injure qu'il en avait reçue sans l'avoir sentie, il n'était sensible qu'à sa perte. Il employait toute sa charité pour le regagner, mais inutilement : ce crime était de ceux qui, étant accomplis de sang-froid et par pure malice, bouchent presque toutes les voies au retour et au regret et deviennent en un sens, irrémissibles parce qu'on ne peut pas s'en repentir.

La honte qu'eut le traître de se voir dévoilé tel qu'il était aux yeux de la communauté, ne lui permit pas de faire attention aux réflexions salutaires que la grâce lui inspirait encore par la bouche de celui qu'il avait offensé.

Quelque contagieux que fût l'exemple d'un pareil sujet, le Bienheureux de la Salle, profondément attendri sur son malheur, ne pouvait encore se résoudre à retrancher ce membre gangrené. Il espérait contre toute espérance, qu'avec le temps et la patience, il pourrait enfin ramener à son devoir cette brebis égarée ; l'appréhension de laisser périr une âme confiée à ses soins l'empêchait de l'abandonner ; mais le coupable prit le parti de quitter lui-même un Institut où il pensait qu'on ne le regarderait plus qu'avec horreur. Le scandale cessa par sa retraite, et la communauté rentra dans son calme.

CHAPITRE VIII.

Établissement des écoles gratuites dans les villes de Versailles, de Boulogne, de Moulins, des Vans. — (1710-1711.)

I. — Établissement des Écoles chrétiennes de Versailles.

L'ANNÉE de tribulation dont on vient de parler, n'était pas encore passée, que l'on demanda deux Frères pour Versailles. Ce fut M. Huchon, curé de la ville, qui procura ce secours aux pauvres de sa paroisse. Il ne lui était pas difficile de trouver les ressources et la protection nécessaires pour cet établissement auprès de Louis XIV, que tout le monde sait l'avoir honoré, jusqu'à la mort, de son estime et de sa confiance. La première chose à faire pour la bien établir, était d'avoir une maison en propre, et convenable à l'usage des écoles. L'acquisition n'en paraissait pas aisée, dans un lieu où le séjour ordinaire du roi et de sa cour, fait que les maisons sont au plus haut prix et rarement en vente. Il lui était plus difficile de la trouver, que de trouver l'argent pour la payer. Il en trouva pourtant une aux environs du parc aux Cerfs, et elle fut aussitôt achetée. Les écoles gratuites y furent d'abord ouvertes et elles eurent, en peu de temps, le succès qu'elles avaient trouvé partout ailleurs. Le zélé missionnaire, ravi des grandes bénédictions de son école naissante, travailla fortement à la rendre solide.

Quelques années après, le maître qui tenait une école fondée proche la paroisse, étant venu à mourir, M. Huchon destina sa place à un Frère ; et, ayant appris que le Bienheureux de la Salle n'en donnait jamais un seul, il en appela deux, pour ne point faire brèche à leur Règle. Un cinquième, pour gérer le temporel, fut joint aux quatre autres quelque temps après.

Après la mort de Louis XIV, la maison qui servait de petit séminaire pour des prêtres, et qui était voisine de l'église, s'étant trouvée vacante, devint la possession des Frères par la charité et la bienveillante intervention de M. le curé de Versailles, qui s'employa à la leur obtenir. En cela comme dans le reste, il leur a rendu un grand service ; car cette maison, commode et retirée, est fort convenable pour une communauté.

M. le Bailli, successeur de M. Huchon dans la cure de Versailles, a hérité de son zèle pour les écoles chrétiennes et pour ceux qui les desservent ; et on peut dire, à sa louange, que les Frères ont retrouvé en lui le père qu'ils avaient perdu dans son prédécesseur. Ils se louent pareillement des autres missionnaires qui composent la communauté de Versailles. Ces Messieurs, si zélés pour le salut des pauvres et des ignorants, aiment par inclination des gens dont la vocation est de les instruire.

II. — Nouvelle peine que le Bienheureux de la Salle reçoit de cet établissement.

QUELQUE heureux que parût cet établissement, fondé sous les yeux du Prince et de la Cour, quelque avantage que s'en pût promettre l'Institut, il pensa lui être funeste, et le Bienheureux de la Salle craignit d'avoir à subir la honte du renversement d'une école si bien placée, et de voir la même main qui l'avait édifiée, travailler à la détruire. C'était M. Huchon qui l'avait élevée, et c'était M. Huchon qui menaçait de la ruiner. Pourquoi, et d'où vint ce changement ? Il faut le dire. Le récit que j'en vais faire servira d'instruction pour les Frères, et d'avis pour ceux qui les appuient contre la disposition qu'en veut faire leur Supérieur.

Le plus ancien des Frères qui avait commencé l'établissement de Versailles, était un excellent sujet ; maître d'école parfait, il avait tous les talents de sa vocation dans un degré supérieur. Ces belles qualités ne tardèrent pas à lui attirer l'affection de M. le curé, et il ne manqua pas de son côté de se mettre bien avant dans ses bonnes grâces. Son dessein était de s'enraciner dans un lieu où il se plaisait, et de trouver une main puissante pour l'y retenir, quand celle de son Supérieur voudrait l'en retirer. Il y réussit, mais à sa perte et à la honte de son protecteur.

Le Frère, à l'ombre de M. le curé, commença à se donner un peu plus de licence. Son compagnon qui était son inférieur, ou ne s'apercevait pas de son relâchement, ou n'osait l'en avertir. L'air de la cour que respirait à Versailles un homme qui n'y était pas accoutumé, lui inspirait l'esprit du monde, des manières plus dissipées, et le désir de faire des connaissances. Il en fit, et il les entretenait aux dépens de ses exercices de piété. En perdant l'esprit de retraite, de recueillement et de mortification, il perdait celui de régularité, et il se dérangeait insensiblement. Il cessait d'être Frère, et il commençait à devenir homme du monde, répandu au dehors, dissipé, sans soin de son intérieur, et sans amour pour la vertu.

Livre III. — Chapitre VIII.

III. — Dérangement du premier Frère qui conduisait l'école de Versailles : le Bienheureux de la Salle veut l'en retirer ; mais M. le curé s'y oppose.

LE Bienheureux de la Salle en fut averti, et ses yeux le lui dirent aussitôt qu'il vit ce Frère, dans la visite qu'il fit de l'école de Versailles. Le mal était naissant, le remède était donc aisé. Il aurait été en effet bientôt guéri, si le Bienheureux de la Salle eût été le maître. Il fallait retirer le Frère de Versailles, l'air y étant contagieux pour lui ; en allant ailleurs en respirer un plus pur, il aurait retrouvé la santé de son âme. Le sage Supérieur en était persuadé et il pensait à ce changement. Il voulait même le faire au plus tôt, convaincu que les maux de l'âme, semblables à ceux du corps, aisés à guérir dans leurs commencements, prennent leurs accroissements par la négligence, et deviennent incurables par la longueur du temps.

Le Frère pénétra le dessein de son Supérieur et prit ses mesures pour l'empêcher. En perdant l'esprit de simplicité, il avait perdu celui de docilité ; et il n'était pas disposé à quitter une école de distinction, qui flattait sa vanité autant qu'elle était commode à sa propre volonté. Pour appuyer sa désobéissance, il eut recours à M. le curé, et l'informa du dessein qu'avait le Bienheureux de la Salle de le retirer de Versailles. Le zélé pasteur, qui regardait la retraite de ce Frère comme une perte pour sa paroisse, crut de son devoir de s'y opposer. On peut dire que la charité lui fit illusion en cette rencontre ; car elle lui persuada qu'elle le mettait en droit de soustraire le Frère à l'obéissance, pour conserver à ses ouailles un maître d'école de grand mérite. Il ne fut pas longtemps à s'apercevoir de sa faute et à s'en repentir.

En gardant le Frère contre le gré du Bienheureux de la Salle, il travaillait lui-même, non à se le conserver, mais à le perdre. M. Huchon reçut donc très bien le Frère, et lui sut bon gré de l'attachement qu'il montrait pour l'école de Versailles. Il lui dit de se tenir en paix, et qu'il saurait bien s'opposer à sa sortie. Il ne tint que trop bien parole, et il autorisa lui-même un exemple qu'il aurait condamné et regardé comme funeste et contagieux dans sa congrégation de la Mission, en retenant un sujet contre l'ordre de son Supérieur, ou plutôt en obligeant le Supérieur d'obéir à la volonté de son inférieur. En effet, il fit dire au saint prêtre que s'il retirait ce Frère, il le priait de retirer son compagnon.

Une pareille déclaration n'affligea pas peu le serviteur de Dieu. Il fut étonné de la recevoir de la bouche d'un pasteur si vertueux, formé lui-même sous la main de l'obéissance, et membre d'une communauté où la volonté du Supérieur fait loi, où le choix des lieux n'est jamais abandonné à l'inclination des particuliers, et où toute intrigue, pour rester ou pour sortir de place, est condamnée.

Le Bienheureux de la Salle fut affligé de la perte du Frère, et pleurait déjà sa chute qu'il regardait comme inévitable, s'il demeurait à Versailles. D'ailleurs, il craignait, et avec raison, la contagion d'un si mauvais exemple dans son Institut. Car quel moyen d'arrêter le dérangement d'un Frère, quand il trouve des protecteurs puissants qui l'autorisent à résister aux ordres de son Supérieur ?

C'est ce que le Bienheureux de la Salle ne manqua pas de faire représenter à M. Huchon ; mais il ne fut point écouté. Le pasteur, qui n'envisageait que le bien de sa paroisse, n'avait pas assez d'égard à celui du Frère ; car il fit réponse qu'il se chargeait des suites, et qu'il saurait y remédier. Il s'avançait trop en faisant cette répartie, et il paraissait oublier que son pouvoir n'allait pas si loin. Le Bienheureux de la Salle cessa de lutter, croyant qu'il ne devait point contredire un homme déterminé à retenir le Frère, ou à renvoyer son compagnon avec lui, c'est-à-dire à détruire l'école qu'il venait d'établir.

IV. — Le Frère relâché quitte son état, sans que M. Huchon puisse l'en empêcher.

LE Frère resta donc à Versailles, selon ses désirs. Qu'arriva-t-il ? Le mur de la Règle, qui met à l'abri des dangers du salut les âmes dociles, étant détruit, le révolté ne se défendit pas longtemps contre les tentations et les assauts de l'esprit malin. Il s'émancipa plus qu'auparavant, et, perdant la grâce de son état, il en perdit le goût et la vocation. Un beau matin il fit son paquet, se dépouilla de l'habit de Frère et s'évada.

M. le curé l'apprit assez tôt pour envoyer sur ses pas un ancien missionnaire de la maison, qui l'atteignit au bout des avenues de Versailles. Que ne fit pas le prêtre fervent, exercé dans l'art de gagner des âmes à Dieu, pour gagner celle-ci ! Tout ce que le zèle et la charité trouvent de plus touchant, prières, raisons, il l'employa avec force, mais il le fit sans fruit. Tout ce qui avait été tant de fois efficace sur les cœurs des plus grands pécheurs, n'eut aucun effet sur celui-ci ; et il apprit, par cet exemple, que ceux qui ont reçu beaucoup de grâces et qui en ont abusé, deviennent incorrigibles ; et qu'en abandonnant sa vocation, il est ordinaire qu'on abandonne son salut.

Quelle fut alors la surprise de M. le curé ! Il vit, mais trop tard, le tort qu'il avait eu de s'opposer à la volonté du Bienheureux de la Salle, et qu'il avait trop compté sur lui-même et sur le Frère ; mais enfin, il répara sa faute et la rendit avantageuse à l'Institut ; car, instruit par son expérience, il laissa désormais les Frères à la conduite de leur Supérieur ; et persuadé comme lui, que leur régularité dépendait en partie de leur nombre, il l'augmenta comme il a été dit. Depuis ce temps, les Frères ont été l'édification d'un lieu qui en a besoin, et les écoles chrétiennes y ont fleuri.

V. — Établissement de Boulogne.

L'ÉTABLISSEMENT de Boulogne fut fait en la même année 1710. Nul autre qui ait eu plus de succès et plus de traverses. Commencé d'abord sous les auspices de Mgr l'évêque Pierre de Langle, il fut favorisé de sa protection, étendu par ses largesses, florissant et tranquille assez longtemps. Il se vit ensuite exposé aux troubles que les nouvelles erreurs excitent, et aux entreprises d'un faux zèle, qui combat tout ce qui ne suit pas son parti. Enfin, ébranlé par les efforts de ses ennemis, peu s'en est fallu qu'il n'ait été renversé.

La ville de Boulogne doit l'érection des écoles gratuites à un saint gentilhomme, nommé M. de la Cocherie, qui vivait en religieux sous un habit séculier, dans le célibat et dans un dévouement entier aux bonnes œuvres. Cet homme d'une pureté de foi égale à celle de sa vie, inébranlable dans le sein de l'Église romaine, ami intime de son évêque, aussi longtemps que ce prélat n'eut point de sentiments suspects, conçut un grand zèle pour les écoles gratuites, aussitôt qu'on lui parla de ceux qui les tenaient. Ce pieux gentilhomme fut porté à cet établissement par M. Bernard, prêtre de la congrégation de la Mission, du séminaire de Boulogne, qui lui en donna la première pensée et lui en inspira le dessein ; mais comme il avait déjà consacré la meilleure partie de ses grands biens à d'autres œuvres de piété, et qu'il ne lui en restait pas assez pour faire les frais de cette entreprise, il fut obligé d'avoir recours à la bourse de ses amis, et de solliciter les gens de bien d'y contribuer avec lui.

VI. — Zèle de Mgr de Langle, évêque de Boulogne, pour les Écoles chrétiennes.

SON évêque fut un des plus ardents à seconder son zèle. Le fonds fut trouvé et attaché sur l'hôpital de la ville. Quatre Frères furent appelés par Mgr l'évêque de Boulogne, et quand ils allèrent à ses pieds lui porter leurs respects, ils furent reçus aussi gracieusement que ceux qui, dix ans auparavant, s'étaient présentés à Calais devant lui, pour demander son agrément et sa bénédiction. Il donna même à ceux-ci de nouvelles marques de bonté, car il les fit loger dans son séminaire, en attendant qu'on leur eût trouvé une maison de location.

Celle qu'on leur trouva dans la basse-ville étant petite et incommode, il devint nécessaire, dans la suite, d'en chercher une autre plus à leur bienséance. Ils demeurèrent cependant dans celle-là pendant deux ou trois ans, au nombre de six; car Mgr l'évêque de Boulogne, animé par l'exemple du vertueux gentilhomme, voulait être fondateur d'une nouvelle école pour laquelle il demanda deux nouveaux Frères, qu'il établit dans la haute-ville, afin de faciliter à tous les enfants le moyen de se faire instruire. Cette seconde école fut d'un grand secours et d'un grand profit, parce que l'éloignement de la première empêchait d'y venir les enfants placés à l'autre extrémité de la ville.

VII. — Zèle de la ville de Boulogne pour les écoles gratuites et pour les Frères.

L'INCOMMODITÉ de la première maison obligeant de la quitter, on obtint de la piété du roi un terrain vacant dans la basse-ville, et on fit dessein d'y bâtir. L'ouvrage fut d'abord commencé avec ardeur, aux frais des premiers fondateurs et de plusieurs autres personnes considérables de la ville, qui voulurent avoir part au mérite d'une si bonne œuvre; mais il se trouva bientôt après arrêté, faute de matériaux suffisants. M. le marquis de Colembert, commandant de la ville sous M. le duc d'Aumont, y pourvut. Il avait lui-même tracé le plan de la maison, et il prit soin de l'avancer. Bientôt il fit naître l'abondance des matériaux, en ordonnant aux charretiers de faire quelques voyages gratuits, et à tous les ouvriers de prêter des mains charitables. Il anima l'ouvrage par sa présence, le bâtiment fut continué avec beaucoup de vigueur et mis en état, en peu de temps, de loger les Frères.

Le Bienheureux de la Salle, comme on l'a déjà rapporté, allant à Calais et passant par Boulogne, fut agréablement surpris quand il fut témoin de l'ardeur avec laquelle chacun s'empressait de mettre la main à cette maison. Il fut encore bien plus étonné de voir l'honneur qu'on lui rendait dans cette ville. Il n'était pas accoutumé à en recevoir, car les mépris étaient son partage. D'ailleurs, son humilité ne lui permettait pas de croire qu'on eût de lui d'autres sentiments que ceux qu'il en avait lui-même, et qu'on voulût honorer un homme qui croyait se faire justice en se condamnant aux ignominies.

En cela il se trompait, selon la coutume des âmes véritablement humbles. On avait de lui à Boulogne des sentiments fort différents des siens. L'idée qu'on avait conçue de sa sainteté lui attira l'attention de toute la ville. On voulut voir cet homme si respectable, dont la vertu des Frères portait la réputation partout où ils allaient. Son humilité en souffrit. Chacun s'empressait de lui donner des marques de distinction, que lui seul ne croyait point mériter, et il commençait à s'ennuyer du séjour d'une ville qui, contre l'ordinaire des autres, lui décernait de grands honneurs.

Il aurait voulu pouvoir se dispenser de faire certaines démarches d'éclat, sans manquer aux règles de la bienséance chrétienne, mais il n'y avait pas moyen d'éviter de paraître et de se présenter. Il le fit dans son équipage ordinaire de pauvreté, avec des habits si grossiers et si usés, qu'il fallut lui arracher, comme par force, sa vieille soutane, pour l'obliger d'en prendre une neuve qu'on lui fit faire à la hâte.

Personne ne fit tant d'accueil au Bienheureux de la Salle que le saint gentilhomme, M. de la Cocherie. Il croyait voir un ange du ciel ; il s'efforçait de l'attirer dans sa maison, pour le bien traiter ; mais il ne tarda pas à se repentir d'avoir voulu faire faire bonne chère à un homme si mortifié et si pénitent, et il s'aperçut, dès la première fois, qu'en voulant honorer le saint prêtre, il l'avait chassé de sa maison. En effet, il ne put plus l'y faire venir, comme nous avons dit ailleurs.

Le Bienheureux de la Salle, fatigué d'honneurs que son humilité lui rendait insupportables, s'empressa d'aller ailleurs chercher les mépris qui avaient pour lui bien plus d'attrait. Le saint Instituteur, en partant de Boulogne, y laissa les Frères cueillir les fruits de sa réputation et de la leur. Ils y étaient en honneur, et leurs travaux étaient couronnés des applaudissements du public, lorsque la Constitution *Unigenitus* leur attira les ennemis qu'elle s'était faits. L'année 1713, dont elle est datée, ne fut que le commencement de leurs douleurs. On voulut les gagner avant que de les proscrire ; et on ne commença à les persécuter que quand leur fermeté inflexible eut fait perdre l'espérance même de pouvoir les séduire.

VIII. — Établissement à Moulins.

DANS la même année 1710, le Bienheureux de la Salle envoya à Moulins, en Bourbonnais, deux Frères pour y tenir les écoles, à la sollicitation d'un bon prêtre, nommé M. Aubéry, qui avait passé la plus grande partie de sa vie à instruire les enfants de la ville. L'âge et l'expérience lui ayant appris de quelle conséquence il est de bien élever la jeunesse, il crut ne pouvoir mieux se décharger de ce soin, auquel il ne pouvait presque plus s'appliquer, qu'en le confiant aux disciples du Bienheureux de la Salle, qui étaient en grande réputation.

Le crédit qu'il avait sur les esprits, sa piété et ses longs services lui aplanirent toutes les difficultés qu'un autre aurait pu rencontrer dans la ville, pour y faire agréer son dessein. Il parla avantageusement des Frères, et il fut cru, parce qu'on était persuadé qu'il était en état, plus que tout autre, de bien juger de leur mérite. On les admit dans la ville sur son témoignage, et on s'en applaudit, quand on vit que les effets surpassaient l'idée qu'il en avait donnée.

Cet établissement commença sous les yeux de M. l'abbé Languet, depuis évêque de Soissons, et aujourd'hui (1733) archevêque de Sens, qui était alors à Moulins en qualité de grand-vicaire d'Autun. Son zèle le porta à vouloir être témoin de la manière d'instruire qu'observaient les Frères. Il en fut si charmé, surtout de leur façon de faire le catéchisme, qu'il ordonna au plus ancien des deux Frères de venir deux ou trois fois dans la paroisse pour y faire publiquement le catéchisme aux enfants, en présence de tous les jeunes clercs et des autres catéchistes de la ville, qu'il obligea d'y assister afin d'apprendre la méthode des Frères et de s'y conformer.

Le Frère obéit, quoique avec répugnance ; car ce n'est pas l'usage de l'Institut de faire le catéchisme dans l'église ; c'est une fonction que les Frères laissent aux ecclésiastiques, à qui elle appartient. M. le grand-vicaire était présent à la tête du clergé, qu'il avait mandé. Cette marque de distinction, de la part d'une personne en place et d'un mérite supérieur, ne servit pas peu à accréditer les Frères.

IX. — Établissement de l'école des Vans.

L'ÉTABLISSEMENT de Moulins fut suivi, en 1711, de celui des Vans, diocèse d'Uzès, en Languedoc, près des Cévennes à six lieues d'Alais. C'est le dernier auquel le Bienheureux de la Salle ait mis la main.

Les Vans est une petite ville de peu de renom, presque toute huguenote, où il n'y a qu'une paroisse. On ne sait pas quelle prédilection a eue pour ce lieu le fondateur de cette école, ni pourquoi il a favorisé cette ville de ce secours de salut, par préférence à tant d'autres de ce pays, infectées comme elle du poison de l'hérésie ; car il n'y avait point de domicile, et il n'y avait pas pris naissance : il n'était pas même du diocèse d'Uzès, mais de celui de Viviers [1].

Ce bienfaiteur est le vertueux prêtre M. Vincent de Saint-Jean d'Elze du Roure. Se trouvant à Avignon, il voulut voir par lui-même si tout le bien qu'on disait des Frères était vrai. Son estime pour les Écoles chrétiennes étant confirmée par le témoignage de ses yeux, il se sentit inspiré d'en établir de pareilles en faveur de la ville des Vans, et ne voulut point sortir d'Avignon, sans avoir assuré ses généreuses intentions par un testament fait en bonne forme. Il le fit chez un notaire, le 20 juillet 1708.

Après y avoir déclaré qu'il veut vivre et mourir dans la foi de la sainte Église catholique, apostolique et romaine, et être inhumé avec la simplicité convenable à un pauvre prêtre, il fait les Frères héritiers de tout son bien, en les chargeant du soin et de l'instruction de la jeunesse de la ville des Vans, pour la former à la piété et lui donner les principes de la religion catholique, « persuadé que je suis, ajoute-t-il, que la plupart des jeunes enfants de ladite ville, par le défaut d'éducation, tombent dans le dérèglement des mœurs, et, étant nés dans le sein de l'hérésie, n'ont aucun sentiment ni connaissance de la religion catholique, cause funeste de leurs dérèglements et désordres. »

Si le legs qu'il laisse aux Écoles chrétiennes n'est pas fort considérable, c'est que sa fortune n'était pas grande. Son zèle pour l'instruction de la jeunesse éclate dans les termes dont il se sert pour exciter les Frères à remplir ce glorieux ministère.

---

1. On a quelque sujet de croire que l'abbé de Saint-Jean fonda cette école en réparation du mal fait aux Vans par l'apostasie de l'un de ses oncles, prieur, qui avait embrassé le calvinisme. A la suite de ce scandale, le pape Innocent X fit interdire le culte public dans cette localité.

Il ne manque pas de prier ses parents de ne point trouver mauvais qu'il préfère les intérêts de la religion et des pauvres à leurs intérêts particuliers, et de supplier les seigneurs évêques d'Uzès, d'honorer de leur protection, autorité et appui, l'exécution de ladite fondation, si utile et si nécessaire au bien de la religion catholique, et au bien public de la ville des Vans, dont les besoins sont si pressants, à cause du mauvais état où elle se trouve par rapport à la foi. Ce petit extrait du testament de ce prêtre fait l'éloge de sa foi, de sa piété et de son zèle.

Ce testament fut envoyé au Bienheureux de la Salle après la mort de ce pieux ecclésiastique, qui arriva deux ans après, le 19 septembre 1710, dans la ville d'Aubenas, diocèse de Viviers. L'exécution ne se fit pas attendre. Le zèle du Bienheureux de la Salle n'omit rien pour le hâter, selon l'intention du pieux fondateur, qui, au lit de la mort, fit paraître une ardeur nouvelle pour cet établissement, et prit de nouvelles mesures pour l'assurer.

CHAPITRE IX.

Voyage du Bienheureux de la Salle en Provence pour faire la visite des Établissements de son Institut. Pendant son absence, on lui suscite une affaire fâcheuse au sujet d'une maison achetée à Saint-Denis pour y former des maîtres d'école pour la campagne. Il ne se défend point et il est condamné comme coupable d'avoir suborné un mineur. — (1711.)

L'HISTOIRE de la vie de l'Instituteur des Frères des écoles chrétiennes est si semée de croix, qu'on n'achève le récit de l'une que pour commencer l'exposé d'une autre. Celle dont ce chapitre doit faire la relation enchérit sur toutes les précédentes. Jusqu'à présent, le saint prêtre était sorti des humiliations comme le soleil d'un nuage obscur et épais, avec un éclat nouveau de sa vertu.

Il jouissait d'une réputation sans tache, qui n'avait jamais été flétrie dans aucun tribunal. Toutes les poursuites qu'avaient faites contre lui les maîtres écrivains n'avaient point noirci son nom. Ils l'avaient fait condamner à des intérêts civils et pécuniaires. Ils n'avaient rien demandé de plus : ce n'était pas à son honneur qu'ils en voulaient, mais à ses écoles. Leur victoire ne ternissait point sa mémoire. On peut dire même que, malgré les intrigues de ses ennemis, il était honoré comme un grand serviteur de Dieu, et regardé comme un saint à Paris. Cet éclat est flatteur, et, quelque humble qu'on soit, il laisse toujours des ressources à l'amour-propre. La réputation est le plus grand des biens naturels, et souvent le seul auquel les plus vertueux ont peine à renoncer. Cependant Dieu le demande, comme tous les autres, aux âmes d'élite : c'est le sacrifice qu'il faut que le Bienheureux de la Salle lui présente.

Pour mettre le lecteur au fait de cette persécution, il faut remonter à sa source. Nous avons encore entre les mains le mémoire justificatif que le Bienheureux de la Salle a fait sur ce sujet, avant que de prendre la fuite. Il suffit d'en faire l'extrait ; nous ne pouvons pas avoir un meilleur garant de vérité. S'il avait été produit en justice, comme le Bienheureux de la Salle l'attendait de la charité de ceux entre les mains desquels il le laissa avant son départ, le tribunal où cette affaire fut portée, n'aurait point rendu une sentence si ignominieuse pour sa mémoire.

I. — Origine de la grande persécution qui s'éleva, en 1711, contre le Bienheureux de la Salle.

AU mois de février 1707, M. Clément, abbé de Saint-Calais (1), alla voir les Écoles chrétiennes, rue Princesse. Après avoir examiné pendant un temps assez considérable ce qui s'y observait, il fut curieux de voir le Bienheureux de la Salle, et il pria le Frère auquel il s'était adressé de le conduire à la maison, rue Saint-Honoré, où le Bienheureux de la Salle s'était mis entre les mains des chirurgiens, pour être guéri d'une loupe qu'il avait contractée à un genou, par son assiduité à la prière.

Le saint homme fut fort surpris de voir le jeune abbé qu'on lui amenait, se jeter à ses pieds, et le prier, avec instance, de lui donner deux de ses Frères pour l'aider à l'entreprise d'une œuvre sainte qu'il projetait. L'abbé ajouta qu'il avait déjà bonne provision de linge neuf, propre à l'usage de plusieurs jeunes garçons, depuis l'âge de sept ans jusqu'à vingt, qu'il méditait d'élever, en les appliquant à quelque métier, et en les faisant instruire de tout ce qui conviendrait à leur âge et à leur état. Ce désir était louable ; mais il parut bien par la suite qu'il était du nombre de ceux que saint Paul appelle « *juvenilia desideria* (II Tim., 11, 22), désirs de jeune homme, » dont il faut se défier.

Le saint prêtre répondit qu'il ne pouvait se prêter à l'exécution de ce projet, s'il était hors de la sphère de l'Institut ; mais quelles étaient les fins de l'Institut des Frères ? Le Bienheureux de la Salle ne l'ajouta pas. La curiosité du jeune homme le porta à en demander un mémoire, et la charité du Bienheureux de la Salle, à le lui donner sur-le-champ.

L'abbé l'emporta, et, après l'avoir étudié pendant trois jours, il vint dire au saint prêtre qu'il ne prenait aucun intérêt à l'Institut des Frères, mais qu'il voulait bien en prendre à la formation des maîtres d'école de la campagne. Ainsi, dans son idée, il joignit, à l'éducation des jeunes enfants qu'il projetait, un séminaire de maîtres d'école pour la campagne et il forma le dessein de les rassembler dans une maison commune. Il a dit même depuis qu'il voulait fonder, dans cette maison, vingt places de maîtres d'école pour les villages.

Chaque jour on voyait naître, dans le cœur de ce jeune ecclésiastique, de nouvelles ardeurs pour l'exécution de son projet.

---

1. L'abbé Jean-Baptiste Clément, fils de Julien Clément, célèbre chirurgien de Louis XIV, n'était alors que simple clerc tonsuré à l'âge de 22 ans.

Le Bienheureux de la Salle était sollicité jusqu'à l'importunité de se joindre à lui, et de fournir l'argent pour l'entreprise.

II. — Sollicitations du jeune abbé Clément pour engager le Bienheureux de la Salle dans ses projets de piété.

LA ferveur du jeune M. Clément pour l'exécution de son projet, ne pouvant souffrir de délai, il s'aida de son précepteur pour presser le Bienheureux de la Salle de ne pas se refuser à ses désirs. Ils vinrent ensemble le voir et lui faire de nouvelles instances sur ce sujet. Soit que le serviteur de Dieu ne fît pas d'abord grand fond sur des élans de ferveur, qui s'évanouissent souvent aussi aisément qu'ils naissent chez les jeunes gens, soit qu'il voulût prendre du temps pour consulter et examiner la chose devant Dieu, il paraissait reculer à mesure que l'abbé voulait avancer. Comme les jeunes gens portent toujours leurs vues fort loin, et qu'ils se promettent tout ce qu'ils désirent, celui-ci comptait déjà sur une abbaye, et, dans son pieux enthousiasme, il en destinait tout le revenu à l'avancement de son projet. En attendant qu'elle vînt, son père, disait-il, lui faisait pour ses menus plaisirs, une pension de 800 livres qu'il voulait consacrer tout entière à son entreprise, à la réserve de 100 francs.

C'est ce qu'il disait au Bienheureux de la Salle, pour l'amener à son but. L'homme de Dieu ne se rendait pas ; il voulait apprendre du temps ce qu'il avait à faire, et éprouver la persévérance de l'abbé. Elle fut constante pendant une année. Il venait deux ou trois fois chaque semaine visiter le Bienheureux de la Salle, pour lui faire de nouvelles instances de mettre la main à cette affaire ; il lui écrivait lettres sur lettres à ce sujet. Le Bienheureux de la Salle n'en allait pas plus vite et il ne lui rendait aucune visite.

L'abbé Clément ne perdait jamais son projet de vue, et la manière dont il le suivait paraissait venir de Dieu ; car, avant de mettre la main à l'entreprise, il la soumit au jugement de son supérieur légitime qui était Mgr le cardinal de Noailles. Cependant, ne voulant point que son nom fût connu, il pria le Bienheureux de la Salle d'aller à l'archevêché en parler à Son Éminence, ou à quelqu'un qui l'approchât, pour en recevoir les ordres. L'abbé Clément avait en vue, pour son œuvre, une maison du faubourg Saint-Antoine ; mais, avant que d'en conclure l'acquisition, il voulait l'agrément de son archevêque, et ce fut pour le solliciter qu'il engagea le Bienheureux de la Salle à aller à l'archevêché.

Cette commission était dans l'ordre de Dieu, ainsi le saint prêtre l'accepta. Il alla trouver le grand pénitencier, M. l'abbé Vivant, aux Quinze-Vingts, où il prêchait tous les jours pendant le carême, et lui proposa le dessein projeté, en le priant de le communiquer à Mgr le Cardinal. Il apprit bientôt que Son Éminence n'agréait pas qu'on mît dans Paris un séminaire de maîtres d'école pour la campagne, et qu'elle jugeait à propos de le placer dans quelque village proche de Paris.

Quelque temps après, M. le Pénitencier proposa au Bienheureux de la Salle de placer ce séminaire à Villers-en-Brie, à quatre lieues de Paris, dans une grande maison dont le curé avait fait l'achat. Le curé de Villers lui-même, ayant rencontré le Bienheureux de la Salle, le pressa fort d'accepter son offre. Le serviteur de Dieu informa l'abbé Clément de la proposition qu'on lui faisait; mais elle ne fut pas de son goût, et il la rejeta malgré les remontrances que lui fit le Bienheureux de la Salle. La raison de son refus était fondée sur l'éloignement de cette maison, qui ne lui permettait pas d'y aller souvent. Il écrivit même là-dessus une lettre très forte au saint prêtre, qui, en lui représentant les inconvénients de son refus, lui avait dit qu'il prît garde de manquer une bonne affaire pour en faire une mauvaise.

Le serviteur de Dieu s'avança jusqu'à lui avouer qu'il craignait de s'engager et de faire en sa compagnie quelque faux pas. L'autre sentit bien ce qu'il voulait lui dire, et récrivit au Bienheureux de la Salle une lettre très forte pour l'assurer qu'il ne manquerait jamais de parole, et qu'il vendrait jusqu'à ses habits, plutôt que de ne pas tenir ses engagements. Cependant il y manqua, comme la suite va le montrer, et ce fut cette mauvaise foi, dont il devint coupable, à la sollicitation de son père, qui noircit le serviteur de Dieu aux yeux de ceux qui n'approfondissent point les choses. Ce fut dans ce temps-là même (1708) que se fit la fondation de l'école de Saint-Denis-en-France, dont il a été parlé.

III. — Achat par le jeune abbé Clément d'une maison dans la ville de Saint-Denis, pour former des maîtres d'école pour la campagne. Le Bienheureux de la Salle en fournit le premier paiement.

L'ABBÉ Clément, qui avait tenté inutilement plusieurs fois d'avoir la maison du Prieuré de Saint-Denis, par rétrocession de bail de celui qui la tenait à louage, pressait fort le Bienheureux de Salle de louer le devant de la maison de Mlle de Lâge,

Livre III. — Chapitre IX. 563

dont les Frères occupaient déjà une partie, afin d'y placer les maîtres d'école de campagne qu'on souhaitait former. Le saint homme n'y consentit qu'à la condition que Mgr le Cardinal y donnerait son agrément. Il voulut même aussi que celui du Père Prieur y fût joint. L'un et l'autre y consentirent, mais Mlle de Lâge ne voulut point céder sa maison, ce qui fit que l'abbé Clément porta ses vues ailleurs. Après plusieurs recherches, il trouva enfin une maison à sa convenance : c'était celle de Mlle Poignant, sœur de la fondatrice de l'école. Il s'arrêta à celle-là et en conclut le marché pour treize mille livres, après l'avoir vue plusieurs fois, en compagnie de M. Langoisseur, son précepteur.

Environ un mois après ce marché conclu, l'abbé Clément, sachant le Bienheureux de la Salle à Saint-Denis, vint le trouver avec M. Rogier, ami et confident du saint prêtre, pour lui dire qu'il avait fait prix avec Mlle Poignant, le prier de conclure cette affaire sans retard et d'aller demander au Père Prieur une bonne composition des droits de vente, ajoutant que, pendant ce temps-là, il allait, avec M. Rogier, s'arranger avec un seigneur qui y avait quelque part. Ils repassèrent ensuite, et arrêtèrent les droits de vente avec le P. Célerier. Peu de jours après, ces messieurs passèrent le contrat d'achat, au mois d'octobre 1708, avec Mlle Poignant.

Pour faire le paiement de cette acquisition, l'abbé Clément pressa le Bienheureux de la Salle de fournir à M. Rogier la somme de quatre mille livres. Peu après, il pressa encore le saint prêtre de fournir au même M. Rogier qui lui prêtait son nom, la somme de mille deux cents livres. Cette somme était entre les mains de M. Le Mercier, notaire, et elle avait été donnée, aussi bien que la première, au Bienheureux de la Salle pour les besoins de sa communauté, et en particulier pour servir à l'établissement d'un séminaire de maîtres d'école pour la campagne, sous la conduite des Frères.

Je ne sais par quel mouvement le Bienheureux de la Salle proposa à l'abbé Clément, après l'achat fait de la maison de Saint-Denis, de s'unir avec M. Desplaces qui élevait en communauté un bon nombre d'ecclésiastiques, lui faisant espérer qu'il trouverait chez lui, des sujets propres à bien conduire et le séminaire des maîtres d'école de campagne, et les enfants dont il projetait l'éducation. L'abbé suivit son avis, et goûta fort M. Desplaces dans la visite qu'il lui rendit. Ils s'unirent ensemble, et après avoir fait un plan de la manière d'élever de jeunes garçons, ils en dressèrent un mémoire qu'ils portèrent à Mgr le Cardinal qui y donna son agrément. Depuis ce temps, ces deux projets, l'un d'un séminaire de maîtres d'école pour la campagne, l'autre d'une maison pour élever de jeunes garçons, furent deux objets séparés dans les idées de l'abbé Clément.

IV. — Ce que fait Mgr le Cardinal de Noailles pour favoriser le projet de l'abbé Clément.

L'ABBÉ n'eut pas plus tôt fait l'achat de cette maison, qu'il fit donner congé à M. le Bailli de Saint-Denis qui l'occupait, et il n'eut point de repos qu'il n'y vît les Frères. Ils y entrèrent à Pâques de l'année suivante, 1709. Peu de temps après, ils y reçurent trois jeunes garçons pour les former comme maîtres d'école de la campagne. Ils allaient, dimanches et fêtes, en soutane et en surplis, à Saint-Marcel, leur paroisse, et ils restèrent dans cette maison jusqu'à ce que la cherté se faisant sentir, on les congédia, dans le dessein de les rappeler dans un temps plus favorable. Pour privilégier cette acquisition, Mgr le Cardinal obtint de M. le duc du Maine une exemption de soldats par écrit, dès la même année 1709, dans laquelle il est marqué qu'elle était accordée par ordre du roi, et qu'il doit y avoir dans cette maison trois Frères, dont l'un est chargé d'enseigner le plainchant. On voulait, par cette note, marquer que cette maison était destinée pour servir à la formation des maîtres d'école pour la campagne, sous la conduite des Frères.

A peine la maison avait-elle été acquise, que Mlle Poignant voulut la reprendre et en rendre l'argent; mais l'abbé Clément s'y opposa. Il ne voulut pas non plus consentir à la proposition que M. Rogier lui avait faite de la revendre, dans une occasion qui s'était présentée; enfin, comme, quelque temps après, M. Clément, le père, avait été informé de l'acquisition que son fils avait faite sous un nom étranger, et qu'il l'avait sollicité d'employer le privilège de sa minorité pour annuler ce contrat, cet abbé, à qui la conscience ne permettait pas une pareille fraude, lui avait répondu avec fermeté qu'il ne se servirait jamais de sa minorité pour faire tort à qui que ce fût.

Les choses en étaient là, lorsque le Bienheureux de la Salle entreprit, pour la première fois, de faire la visite des établissements qui étaient dans la Provence, le Languedoc et les autres lieux reculés. Son départ de Paris pour ce voyage est marqué au mois de février 1711.

Il fut reçu avec joie par les Frères et avec gracieuseté par les évêques des lieux où il avait des écoles chrétiennes établies, à qui il ne manquait pas d'aller présenter ses respects. Il vit, avec une grande consolation, toutes les bénédictions que le Seigneur répandait sur les travaux de ses disciples ; mais il ne la goûta pas longtemps, car il reçut des lettres de Paris qui l'y rappelaient incessamment, pour défendre l'acquisition faite à Saint-Denis.

V. — Le père du jeune abbé Clément, de concert avec lui, intente un procès civil et criminel au Bienheureux de la Salle.

L'AFFAIRE était sérieuse ; son intérêt et son honneur y étaient mêlés. On l'attaquait sur l'achat de la maison en question, et on prétendait qu'il avait été fait au préjudice d'un mineur, qu'on accusait le Bienheureux de la Salle d'avoir suborné; c'est sur quoi on lui faisait un procès en toutes les formes, civil et criminel.

Ce fut donc pour lui une nécessité de revenir, non pour entrer en litige, car il était bien résolu de n'en rien faire, et de céder plutôt que de plaider ; mais pour voir de quoi il s'agissait, et de quoi on se plaignait. De retour, il alla voir ses parties adverses ; c'étaient des gens intraitables. Ils ne voulurent ni entendre raison, ni écouter aucune proposition d'accommodement. Il était, dans leur esprit, un imposteur, un trompeur, qui avait suborné un mineur, qui l'avait surpris et qui avait usé de fraude à son égard ; ils voulaient qu'il fût déclaré tel par une sentence juridique et flétrissante, et condamné à toutes les peines que la justice décrète contre de pareils forfaits.

En vain le Bienheureux de la Salle eût offert à M. Clément, le père, de lui céder en entier une maison achetée en partie de ses deniers, car cet homme se promettait bien de se la faire adjuger ; c'était donc trop peu pour le satisfaire, il fallait que le prêtre payât de la perte de son honneur et de sa liberté, je ne dirai pas la faute, mais la ferveur de son fils. Les ajournements personnels, les prisons lui étaient préparés. Qu'avait-il fait ? En cédant aux importunités de l'abbé Clément, qui avait persévéré une année entière à le solliciter de s'unir à lui pour entreprendre une bonne œuvre, il avait fourni au jeune homme cinq mille deux cents livres, pour commencer le paiement de la maison qu'il avait achetée lui-même. Voilà tout le crime du Bienheureux de la Salle.

On ne comprend pas comment cet ecclésiastique, âgé de vingt-deux à vingt-trois ans (¹), a voulu se joindre à son père, et se déclarer partie contre le Bienheureux de la Salle, dans la requête très injurieuse au saint homme, qui fut présentée, au nom des deux, à M. le Lieutenant civil ; car, par l'extrait que nous avons fait du mémoire justificatif du saint prêtre, il paraît que cet abbé avait agi de la meilleure foi du monde avec le Bienheureux de la Salle, qu'il avait de l'esprit, du goût et du discernement ; qu'il avait un fonds de piété, qu'il prenait des mesures et des précautions ; qu'il savait demander conseil et prendre les ordres de ses supérieurs ; qu'il n'avait rien entrepris que de l'agrément de son archevêque ; que son précepteur n'ignorait pas ses démarches, et qu'il avait été le confident de ses projets.

VI. — Indignité du procédé de l'abbé Clément.

IL est certain que le fils pouvait s'opposer aux fureurs de son père, en lui représentant que tout âge est propre aux bonnes œuvres, et que nul droit ne défend à un mineur ecclésiastique de s'y appliquer, dès qu'il ne fait tort à personne, et qu'il n'engage point le bien d'autrui ; qu'ayant vingt-deux à vingt-trois ans, il n'avait plus que peu de temps à attendre pour devenir majeur, et que son dessein était de ratifier l'acquisition qu'il avait faite dans sa minorité, aussitôt qu'il aurait atteint l'âge suffisant ; qu'il devait à sa conscience, à la charité, à la justice, à la bonne foi et à sa parole, cette ratification ; qu'il ne pouvait, sans trahir toutes les lois de l'équité, se porter partie contre un homme qu'il avait importuné, pendant une année entière, pour le déterminer à se joindre à lui ; que si, dans l'acquisition de la maison en question; quelqu'un était coupable, il l'était seul, puisque rien n'était plus vrai, que c'était lui-même qui avait acheté la maison ; qu'il n'avait rien fait dans cette affaire, qui n'eût été agréé de son archevêque; que cette maison ne tournait en aucune manière au profit du Bienheureux de la Salle, mais au profit des paroisses de la campagne qui devaient en tirer des maîtres d'école habiles et bien formés ; que le Bienheureux de la Salle avait véritablement fourni une somme de cinq mille deux cents livres, pour payer une partie du prix de la maison achetée ; il pouvait dire enfin à son père que, si l'acquisition lui déplaisait, il lui était facile de revendre

---

1. Le père affirme cet âge de son fils, dans la requête présentée au Lieutenant civil. Avant 1789, on n'était majeur qu'à vingt-cinq ans, mais la loi reconnaissait, même aux mineurs, le droit de disposer des revenus des bénéfices ecclésiastiques.

la maison et de se remettre dans son premier état, sans faire tant de bruit et sans causer de scandale.

Mais on voulait perdre le saint homme, et l'abbé, trompeur ou trompé, y consentit ; il permit qu'on fît au serviteur de Dieu un crime d'une affaire où il l'avait engagé malgré lui (¹).

On a déjà vu jusqu'à quel point l'homme de Dieu haïssait les procès ; aussi, quelque injurieuse et infamante que fût la requête présentée contre lui, quelque noires et quelque fausses que fussent les accusations dont on le chargeait, quelque bien acquis que fût son droit sur la maison en question, il aima mieux céder, selon l'avis de l'Évangile, que de paraître en justice pour poursuivre un procès.

VII. — Le Bienheureux de la Salle fait un mémoire justificatif, qu'il laisse entre les mains de gens capables de le défendre, et qui le laissent indéfendu.

TOUTEFOIS, afin de ne pas s'exposer au reproche d'avoir abandonné la cause de Dieu, et de l'avoir vu trahir indignement par celui-là même qui était l'auteur de l'entreprise, sans ouvrir la bouche pour se défendre, le Bienheureux de la Salle remit entre les mains de quelques personnes de crédit et d'autorité, plusieurs papiers (²), un mémoire et treize lettres de l'abbé Clément, qui établissaient sa justification, en les priant, par charité, de lui faire rendre justice. L'usage qu'ils en firent fut de les envoyer à examiner à quelques avocats, qui avaient des relations avec la partie adverse du serviteur de Dieu, comme on l'a toujours cru ; car, dans le mémoire qu'ils firent et qu'ils envoyèrent à ceux qui les avaient consultés, ils prononcèrent, non en avocats, mais en ennemis déclarés du Bienheureux de la Salle, et le résultat de leur consultation fut tout conforme à la requête présentée à M. le Lieutenant civil.

Ce résultat renvoyé au Bienheureux de la Salle, on ne peut croire combien il fut surpris de ne trouver partout que des adversaires, et de rencontrer jusque dans ses avocats, des censeurs iniques qui prononçaient sa condamnation avant ses juges eux-mêmes. Alors il conclut qu'il n'y avait de sûreté pour lui que

---

1. Ce changement de dispositions est attribué, par quelques-uns, à l'augmentation de fortune du chirurgien Julien Clément, anobli par Louis XIV, en 1711.

2. Parmi ces papiers figurait la reconnaissance des 5,200 livres fournies par le Bienheureux de la Salle pour l'acquisition de la maison de Saint-Denis. Cette pièce était restée entre les mains de M. Rogier.

dans la fuite, et qu'en vain il entreprendrait sa justification, puisqu'on était déterminé à le condamner. Quoi qu'il dît, on lui donnait le tort, et on ne voulait pas le reconnaître innocent. On se créait des préjugés, et on n'écoutait que ces préjugés. On le croyait coupable, parce qu'on voulait qu'il le fût.

Dans cette triste disposition des hommes à son égard, il prit le parti de les laisser faire, et de leur abandonner sa maison, son honneur et sa réputation, en leur dérobant sa personne. Ce dessein n'était pas encore exécuté lorsque M. Rogier vint lui dire qu'il était condamné, que la maison était confisquée, qu'il y avait prise de corps contre lui et qu'il vît ce qu'il avait à faire pour se défendre.

VIII. — Sentence affreuse portée contre le Serviteur de Dieu.

LE serviteur de Dieu, surpris d'un jugement si précipité, le fut encore davantage de ce que sa cause avait été abandonnée par ceux-là même dont il avait imploré la protection. Il est certain que s'ils avaient voulu paraître et prendre en main la cause du saint prêtre, ils eussent détourné le coup. Leur crédit l'aurait au moins tiré d'embarras, s'il n'eût pas prévalu au point de lui obtenir un jugement favorable. En effet, le sieur Rogier, qui était impliqué dans cette affaire autant ou plus que le Bienheureux de la Salle, sans crédit et sans autorité, sut bien se faire rendre justice, car, lorsqu'il vit que la maison était confisquée ou qu'elle allait bientôt être perdue pour le Bienheureux de la Salle, il intervint en son propre nom dans l'affaire, et passant déclaration qu'il avait intérêt dans la chose, il demanda la restitution des cinq ou six mille livres dont il avait fait avance pour en faire l'achat ; ce qui lui fut accordé, car la maison ayant été vendue, on lui remboursa la somme qui lui était due, et le reste fut confisqué. Le Bienheureux de la Salle n'aurait pas été de pire condition que lui, et pareille justice n'aurait pu lui être déniée, s'il n'avait pas été laissé sans défenseurs.

Fût-ce malice ou négligence de ceux qu'il avait choisis pour ses défenseurs de l'avoir abandonné à l'oppression ? Ce n'est pas à nous à en juger. Il est certain qu'ils avaient aussi leurs préventions, et qu'ils étaient en relation avec celui qui voulait éloigner de Paris le serviteur de Dieu. Pourquoi donc, dira-t-on, le Bienheureux de la Salle remettait-il entre leurs mains la défense de sa cause ? C'est que, sans aucun appui et sans aucun soutien, il n'avait personne qui voulût s'y intéresser. C'est qu'il espérait que la prévention ferait place à la charité dans cette rencontre, et que des gens de bien, car tels étaient ceux dont il avait imploré l'assistance, se dépouilleraient de tout sentiment humain, pour soutenir la cause de Dieu

Ils l'auraient fait en toute autre occasion; mais à l'égard d'un homme qui devait être crucifié en toutes choses, le Seigneur permettait que personne ne prît sa défense, et qu'on le laissât entre les mains de la justice, comme JÉSUS-CHRIST entre les mains de Pilate, dans l'oppression et dans un abandon universel. M. Rogier lui-même, l'intime ami du Bienheureux de la Salle, se rendit coupable en cette occasion, en séparant ses droits de ceux du serviteur de Dieu, qui pourtant étaient unis ensemble. En effet, il lui était facile, en poursuivant ses intérêts, de poursuivre ceux de son ami, et il aurait aussi facilement sauvé l'honneur et les intérêts du serviteur de Dieu que les siens; mais Dieu ne le permit pas, et voulut encore ajouter cette nouvelle mortification à tant d'autres.

IX. — Patience héroïque du Bienheureux de la Salle en cette rencontre.

LE Bienheureux de la Salle ne trouva que dans sa vertu du soulagement à tant de tribulations. En les recevant de la main de Dieu, comme le saint homme Job, il bénit celui qui en est le premier auteur, et qui arrange tous les événements de la vie selon ses fins. Il ne lui échappa ni plaintes, ni murmures contre tant de personnes différentes, qui semblaient avoir comploté ensemble pour l'opprimer. Le silence et la patience, ses armes ordinaires dans les afflictions de la vie, furent les seules dont il fît usage contre la mauvaise foi de l'abbé Clément, contre la fureur de son père, l'injustice de la sentence, la malignité de ses avocats, l'indolence de ses protecteurs et l'abandon de son ami.

Alors, se trouvant dans Paris comme en pays ennemi, où il ne voyait que des persécuteurs secrets ou déclarés, où tout lui était suspect, où il n'y avait pas même de sûreté pour sa personne, il en partit le lendemain de sa condamnation, le 18 février 1712, la première semaine du carême, pour se dérober aux derniers excès de la persécution, conformément à cet avis de JÉSUS-CHRIST: *Quand on vous persécutera dans une ville, fuyez dans une autre* (S. Matt., X, 23). Il alla se cacher dans le fond de la Provence; et il ne parut à Paris que quand il le put faire en sûreté;

c'est-à-dire quand son persécuteur secret et outré, qui mettait tous les autres en mouvement, n'eut plus pouvoir de lui nuire.

Après le départ du saint homme, les Frères reçurent les deux assignations qu'on lui apportait, l'une de la part du sieur Rogier qui s'était rendu sa partie adverse, quoiqu'il fût son ami intime, et l'autre de M. Clément le père. Dans les deux, il était traité fort indignement. On s'y était attaché en particulier à le nommer *prêtre du diocèse de Reims et Supérieur des Frères de ladite maison*, et non de ceux de Paris et de Saint-Denis : preuve évidente de la connivence de ses parties adverses avec ceux qui, depuis six ans, travaillaient à ôter au serviteur de Dieu l'intendance sur son propre ouvrage, et qui n'avaient en vue que de l'obliger à retourner avec les Frères de Reims, pour s'emparer du gouvernement de ceux de Paris.

X. — Prévention à laquelle le saint homme se laisse aller contre les principaux Frères de Paris.

LA plus grande affliction du saint prêtre fut qu'il s'imagina que tous les Frères de Paris étaient déjà à la dévotion de son ennemi. C'était une vaine appréhension, car ils demeurèrent à son égard, durant son absence, ce qu'ils avaient été en sa présence, soumis et attachés inviolablement à sa personne. L'occasion de cette idée fut que le Frère Barthélemi, croyant bien faire, lui avait envoyé les assignations dans lesquelles le saint Instituteur était qualifié *Supérieur des Frères de Reims* et non de Paris. Suivant ce préjugé, il ne voulut plus avoir de commerce de lettres avec le Frère Barthélemi, qu'il croyait dans le parti de son adversaire.

Par malheur, le Frère Barthélemi ne pouvait faire aucun exercice de supériorité, parce que le Bienheureux de la Salle ne l'avait pas substitué en sa place, en son absence, et qu'il n'avait pas non plus été élu par les autres Frères. Le démon ne manqua pas de faire servir à sa malice cette mésintelligence, et de la tourner au préjudice de l'Institut; car les Frères de province qui se dérangeaient, ne craignant plus de correction, s'émancipaient avec plus de licence. Le Bienheureux de la Salle, caché dans le fond des provinces reculées, ne découvrait à personne où il était. Ainsi ceux des Frères qui n'étaient pas des plus fervents, ne rendant plus compte de leur conduite, et ne recevant plus d'un supérieur ni avis, ni ordres capables de les redresser, se donnaient plus de liberté et perdaient l'esprit et la grâce de leur état.

Le mal alla plus loin qu'il n'était allé en 1702, et il pensa ruiner l'Institut. C'était ce que le démon prétendait, en suscitant au saint Instituteur tant de persécutions qui dérangeaient les Frères et qui affaiblissaient leur ferveur. Il en serait venu à bout, si cette œuvre eût été l'ouvrage des hommes ; mais Dieu, qui ne permettait toutes ces secousses que pour le mieux affermir, sut rappeler la communauté à son premier état, et lui rendre son ancienne ferveur avec le retour du saint Instituteur.

Voilà où aboutit cette grande persécution : le Bienheureux de la Salle fut trompé par un mineur, abandonné par ceux qu'il avait choisis pour défenseurs, trahi par son ami, et opprimé par ses ennemis.

Victime de sa bonne foi, objet de la jalousie d'un puissant rival, calomnié, accusé, condamné comme imposteur et suborneur, il a vu son propre bien passer entre les mains de celui qui l'accusait d'usurpation ; il a vu son nom flétri pour l'entreprise d'une bonne œuvre à laquelle il avait, en prêtant son nom, donné son argent, et il a vu renverser, pour la troisième fois, l'œuvre si heureusement commencée, d'un séminaire de maîtres d'école pour la campagne.

Il ne faut pas s'étonner si l'abbé Clément, coupable de tous les désastres dont on vient de parler, a fait une triste fin. Accusé, après la mort de M. le Régent, d'entreprises contre l'État [1], il a été envoyé enchaîné loin de Paris. Pour ce qui est de M. Rogier, il reconnut sa faute et tâcha de la réparer comme il put. Je dis comme il put, car il ne pouvait plus réparer l'atteinte portée à l'honneur du saint prêtre, mais il dut dédommager le Bienheureux de la Salle de la perte des 5,200 livres qu'il avait faite par sa faute ; il le fit, en lui laissant dans son testament une rente de 350 livres, *pour raison de conscience.*

---

1. Lors de la liquidation de la Compagnie des Indes, il fut condamné à mort pour concussions ; mais sa peine fut commuée en celle du bannissement ou de la prison perpétuelle.

CHAPITRE X.

Le Bienheureux de la Salle fuit en Provence, où il trouve de nouvelles croix. Sur sa route on lui fait honneur ; tout lui sourit à son entrée à Marseille ; les ecclésiastiques, partagés sur la doctrine, tâchent de le gagner. Il élève un noviciat, et il le voit tomber, parce qu'il ne veut pas se prêter aux opinions du temps. Il forme le dessein d'aller à Rome, et l'abandonne par esprit d'obéissance. Enfin, il est obligé de se retirer. — (1712.)

CE n'est pas pour chercher du repos que le saint prêtre fuit dans les provinces reculées ; la croix le suit partout, et il lui serait fort inutile de la fuir. En allant de Paris en Provence, c'est un changement de croix qu'il fait, en changeant de lieu. D'abord, son voyage fut agréable. Il fut reçu par les Frères qu'il rencontra sur sa route, comme un père tendrement aimé par ses enfants. Tous essuyèrent ses larmes et soulagèrent son affliction, en la partageant avec lui, avec grande tendresse. S'ils furent surpris d'abord de le voir, ils en furent consolés, et c'était à qui lui témoignerait sa reconnaissance et son attachement.

Le sujet de sa fuite fut pour eux un sujet de larmes, et ils en répandaient sur lui tandis qu'ils s'empressaient d'essuyer les siennes. Plus sensibles que lui-même à ses peines, ils avaient besoin de toute leur vertu pour étouffer dans leur cœur les plaintes et les murmures contre ceux qui en étaient les auteurs. S'il leur en échappait quelqu'une, le saint homme, loin de les approuver, de les écouter même, les exhortait à adorer avec lui la conduite de Dieu, et à ne regarder que ses ordres dans tous les événements de la vie. Il leur ordonnait de joindre leurs prières aux siennes pour ses persécuteurs, afin d'accomplir le précepte de JÉSUS-CHRIST et de suivre son exemple.

I. — On fait partout d'honorables réceptions au Bienheureux de la Salle ; mais il fuit les lieux où l'on veut lui rendre beaucoup d'honneur.

LE Bienheureux de la Salle arriva à Avignon sur la fin du carême, 1712. Les Frères de la ville, ravis comme les autres de posséder leur Supérieur, le retinrent chez eux le plus qu'il leur fut possible. C'est là qu'il se disposa à faire la visite de tous les établissements qu'il avait dans ces lieux. Les Frères en furent alarmés, car il y avait du danger pour lui à s'engager trop avant dans le pays, à cause des Camisards qui tenaient la campagne, et qui faisaient une guerre cruelle aux ecclésiastiques. On sait assez que leur plus grande passion était d'en faire les victimes de leur fureur, et de satisfaire leur haine contre les catholiques en répandant le sang des ministres du Seigneur. Il fut inutile de lui représenter qu'il ne devait pas s'exposer; rien ne put ralentir son ardeur. Cependant, sous les ailes de la divine Providence, son voyage d'Avignon à Alais fut heureux et sans aucun accident.

L'empressement des Frères à voir leur Supérieur fut imité d'un grand nombre de personnes qui ne le connaissaient que de réputation, et on s'étudiait à lui faire honneur du soin et du zèle que ses disciples montraient pour l'instruction de la jeunesse. Personne ne parut plus le considérer que Mgr l'évêque d'Alais, quand il alla présenter ses respects à Sa Grandeur. Le prélat ne savait par quelles sortes de distinctions il devait honorer un prêtre qui avait toute son estime. Entre tout ce que le pieux évêque put dire de plus gracieux à ce saint prêtre, rien ne lui fit tant de plaisir que l'éloge qu'il fit de l'application des Frères à la conversion des enfants hérétiques, dont le nombre diminuait depuis qu'ils étaient chargés de les instruire. Comme le salut des âmes était l'unique objet de ses travaux, il était aussi l'unique sujet de ses joies.

Après quelques jours de séjour à Alais, le Bienheureux de la Salle s'achemina vers la petite ville des Vans, et prit sa route par la paroisse de Gravières, qui en est peu éloignée. Il y fut reçu comme un ange du ciel, et arrêté quelques jours, malgré ses résistances, par le Prieur du lieu (1), grand ami du vertueux prêtre qui avait fondé l'école des Vans, et par qui il avait été engagé à se charger de la conduite des Frères. Ce bon ecclésiastique faisait trop d'honneur à l'humble prêtre, et lui donnait trop de preuves de la profonde vénération qu'il avait pour sa personne, et de la haute estime qu'il faisait de sa vertu, pour que le Bienheureux de la Salle pût se plaire chez lui.

Le vertueux Prieur portait ce respect jusqu'à être jaloux de servir en surplis la messe du saint prêtre. Le Bienheureux de la Salle en était confus, mais il ne pouvait l'empêcher. C'était une fête pour ce Prieur, quand il voyait le saint homme dans sa mai-

---

1. Pierre Meynier.

son, et il faisait son possible pour l'y attirer. S'il eût caché dans le fond de son cœur cette sainte passion, il aurait eu la joie de la satisfaire plus longtemps et plus souvent. En effet, le saint homme se dispensait d'y aller le plus qu'il pouvait, afin d'éviter des marques de distinction qui lui étaient à charge. Ce fut cette raison qui le détermina à changer de route quand il repassa par ce pays.

Arrivé de Gravières aux Vans, il surprit agréablement les Frères, qui, ne s'attendant pas à jamais voir leur Supérieur en ce pays, regardèrent sa visite comme une Providence. La joie du père et des enfants fut réciproque : car, de son côté, il fut charmé de voir avec quelle patience ces bons Frères s'appliquaient à instruire les enfants des hérétiques. Après les avoir exhortés à la persévérance, il les quitta au bout de quelques jours pour aller à Mende. Ce voyage fut pour lui périlleux et incommode; il courut plus d'une fois risque de perdre la vie en passant par les difficiles montagnes du Gévaudan, bordées d'affreux précipices. Saisi par le froid piquant et rigoureux qui s'y fait sentir, il apporta à Mende une santé fort altérée; mais, comme il n'était pas homme à s'écouter, après quelques jours de repos, il commença ses visites par celle de l'évêque (¹), qui avait pour lui une estime singulière, et qui lui en donna toutes les marques imaginables.

Le prélat, après lui avoir dit, à la louange des Frères, ce qui pouvait lui faire plaisir, le pressa fort de manger à sa table; mais le saint homme, qui trouvait toujours une excuse prête dans l'usage de sa communauté, pour se défendre de cet honneur, pria le prélat de trouver bon qu'il servît lui-même aux Frères d'exemple de la Règle qu'il leur avait prescrite. Mgr l'évêque de Mende, édifié de sa modestie, aima mieux recevoir son excuse que de gêner sa grande régularité.

L'empressement qu'on eut dans la ville de connaître l'Instituteur des Frères, lui attira beaucoup de visites qui lui dérobaient tout son temps, car ceux qui venaient le voir ne pouvaient le quitter ; charmés de la grâce de ses paroles et de cet air de sainteté qu'il portait sur sa face, ils ne se fatiguaient ni de le voir ni de l'écouter. Il prit le dessein de partir au plus tôt, sans bruit, et sans prendre congé, sinon de très peu de personnes, de peur d'être arrêté. Il le fit, et retourna aux Vans avec les mêmes périls et les mêmes incommodités qu'il avait essuyés en y venant ; et de là il partit pour Uzès, afin d'y terminer quelques affaires et de présenter ses respects à Mgr l'évêque (²). Le prélat ne l'embarrassa

---

1. Mgr Baglion de la Salle de Saillant. — 2. Mgr Poncet de la Rivière.

Livre III. — Chapitre X. 575

pas peu au commencement de la visite, en exigeant de lui ce qu'il ne pouvait lui accorder sans faire une plaie à son Institut ; mais ayant avec bonté écouté les raisons du saint prêtre, il se relâcha de ses demandes, et il n'en fut plus question.

Mgr l'évêque d'Uzès s'était persuadé que le fruit des Écoles chrétiennes demandait de la stabilité dans les maîtres, et, sur ce principe, il s'opposait au changement des Frères de la ville des Vans ; mais quand le Bienheureux de la Salle eut détaillé les inconvénients de cette demande et les eut rendus sensibles, le bon évêque, qui ne voulait que le bien, se rendit à la force de ses raisons. De cette manière, la visite fut terminée à la satisfaction du Bienheureux de la Salle, qui reçut de grands témoignages de bonté du prélat, et de grandes promesses de protéger les Frères des Vans.

Poursuivant son chemin, il repassa par Alais, et vint à Marseille qui devait être le théâtre des nouvelles persécutions que l'enfer lui réservait. Il y avait longtemps qu'on l'y attendait. Sa réputation avait précédé sa venue, et l'empressement pour le voir était universel, surtout de la part des ecclésiastiques. Chacun lui préparait un accueil flatteur et des offres de services. Les uns voulaient entrer dans les bonnes grâces d'un homme dont la renommée leur avait annoncé l'éminente vertu ; les autres voulaient le faire passer, à force de bons offices, de l'estime de leurs personnes à celle de leur doctrine. Tous voulaient le gagner à leur parti.

II. — **Le Bienheureux de la Salle arrive à Marseille où il y avait grand partage de doctrine entre les ecclésiastiques. Ce que font les novateurs pour le gagner.**

A PEINE le Bienheureux de la Salle fut-il arrivé, qu'il vit un concours de toutes sortes de personnes rendre à sa vertu l'honneur qu'elle méritait, et lui faire mille offres de services. Plusieurs ecclésiastiques de considération, et des plus distingués de la ville, ambitionnèrent la faveur de lier société avec lui. Comme ils se montraient gens de bien, zélés pour les bonnes œuvres, et très favorables à l'Institut, cela ne leur fut pas difficile. Souvent ils venaient conférer avec lui sur les moyens d'étendre les Écoles chrétiennes dans la ville et dans la province. Des dispositions si bienveillantes firent naître chez le serviteur de Dieu, la pensée d'établir un noviciat à Marseille. Tout promettait un heureux succès. Une ville grande, opulente, et portée aux bonnes œuvres ; une foule d'ecclésiastiques de mérite, zélés, et tels que les veut saint Paul, *préparés à toutes sortes de biens* (II Tim., II, 21); un nombre de personnes riches, pieuses et généreuses dans leurs charités; enfin, un fonds d'estime et d'inclination pour les Écoles chrétiennes, tout cela lui donnait de grandes espérances; et plus il y faisait attention, plus il croyait que Dieu ne l'avait chassé de Paris, par les ordres secrets de sa providence, que pour venir en cette ville établir un noviciat propre à former les sujets du pays, qui seraient plus en état de travailler sur les lieux que des étrangers, qui n'en connaissaient ni l'esprit ni les usages, et dont les goûts, aussi bien que le langage, sont fort différents.

Encouragé par toutes ces réflexions, il s'ouvrit de son projet à ceux qui lui parurent les plus zélés. Le dessein fut approuvé, et chacun en fit son affaire. Le saint Instituteur ne fut pas peu surpris de trouver, à l'exécution d'un dessein qu'il n'avait proposé qu'en tremblant et qu'il avait trouvé si difficile à Reims, à Paris et à Rouen, des facilités auxquelles il n'aurait osé s'attendre. De concert, et comme à l'envi, on s'empressait de contribuer à cet établissement. Presque tous les curés de la ville s'y intéressèrent, et Mgr l'évêque (¹), plus qu'aucun autre; beaucoup de personnes de la ville se joignirent à eux, et un de ces messieurs ayant commencé à donner un fonds, les autres donnèrent des assurances pour l'avenir.

Jamais œuvre de Dieu ne fut entreprise avec plus d'unanimité, de promptitude et de zèle. On loua une maison; elle fut aussitôt meublée. C'était à qui procurerait des novices; leur nombre grossit en peu de temps. Chaque jour était marqué par quelque bonne fortune.

III. — Tout réussit d'abord au Bienheureux de la Salle et les progrès rapides le mettent en défiance contre l'avenir.

DES commencements si heureux donnaient de grandes espérances. Tout le monde souhaitait de voir mettre la dernière main à cet établissement. On le regardait même comme déjà terminé. Le Bienheureux de la Salle seul, effrayé d'un succès si rapide, craignait de le voir bientôt enseveli sous les ruines inattendues présagées par de si beaux commencements. C'était parce qu'il ne le voyait point fondé sur le Calvaire, qu'il se défiait de

---

1. Mgr de Belzunce.

sa stabilité. Ce saint homme, si éclairé dans les voies de Dieu, avait appris, par son expérience et par celle des saints, que les œuvres qui n'ont pas la croix pour fondement, et qui s'élèvent sans peine, ou ne font pas grand'peur au démon ou ne sont pas de durée.

Ainsi, il n'osait livrer son cœur à la joie, dans la crainte de voir succéder aux prospérités présentes, les malheurs d'un avenir prochain. Il craignait que quelque motif secret, masqué sous les dehors trompeurs d'une dévotion apparente, ne prît la place de la charité, et ne fût le mobile du grand zèle dont quelques-uns de ces messieurs paraissaient animés. Selon lui, c'en était assez pour voir ce dessein échouer. Dieu ne bénit point ce qui n'est point fait pour lui ; si le Seigneur n'est pas l'objet de l'édifice qu'on veut élever, il n'y met point la main, et *quand il n'y travaille pas, en vain veut-on l'édifier* (Ps., CXXVI, 1).

Ses appréhensions étaient d'autant mieux fondées, qu'il n'était pas accoutumé à voir ses entreprises si bien secondées. Rien n'était pour lui plus nouveau que ce concours de suffrages réunis en sa faveur, et ce concert de personnes qui toutes lui ouvraient leurs bourses. Les contradictions continuelles qu'il avait eu à essuyer dans tous ses autres établissements le mettaient en défiance de celui-ci, et lui donnaient sujet de craindre que la rapidité avec laquelle il se faisait, ne fût le présage de sa chute. Au surplus, tous les événements de la vie ne se ressemblent pas toujours, et du bon ou du mauvais succès de l'un, on ne peut sûrement conclure au bon ou au mauvais succès de l'autre. L'avenir est entre les mains de Dieu, et lui seul le connaît.

Ainsi, le saint homme flottant entre la crainte et l'espérance, faisait de son côté ce que Dieu demandait de lui, et abandonnait le reste à sa Providence. Le noviciat s'était rempli, et tout allait un bon train ; l'ardeur des personnes qui avaient le plus contribué à l'entreprise prenait de nouvelles forces avec le temps, loin de se ralentir. Tous les jours, elles faisaient quelque chose de nouveau pour cette œuvre. Leur zèle, auparavant répandu et multiplié sur plusieurs autres, semblait se concentrer sur celle-là : elle était devenue leur unique affaire ; ils laissaient les autres ou ils les oubliaient. Ils couraient la ville et la campagne pour attirer quelque nouvelle aumône, et engager des personnes riches à contribuer de leurs libéralités à l'entreprise.

Si le même esprit avait animé tous ses zélateurs, si le désir de l'honneur de Dieu eût été le seul ressort de leur activité, il y a lieu de croire que le noviciat de Provence aurait subsisté ; mais la plupart n'avaient en vue que de gagner les Frères et leur Supérieur, et de ne leur être favorables qu'autant qu'ils épouseraient les intérêts du parti (¹). S'ils demeuraient inflexibles, et s'ils ne donnaient pas quelque gage de leur condescendance, la destruction du noviciat était décidée, aussi bien qu'une guerre déclarée contre les Écoles chrétiennes.

Cependant, entre tant d'auteurs de cette entreprise, il y en avait qui agissaient de bonne foi, et qui, dans l'œuvre de Dieu, n'avaient que Dieu en vue. Aussi, ceux-ci persévérèrent-ils longtemps à soutenir le noviciat. Ils prirent même des mesures pour étendre les Écoles chrétiennes dans la ville. Elles étaient déjà fondées en partie : il ne s'agissait que d'y introduire les Frères. A l'égard des paroisses qui n'en avaient point, on se proposa de les en doter au plus tôt. Pour avancer ce dessein, un Père Jésuite très zélé, qui prêchait le carême dans une église considérable, se chargea d'en faire l'ouverture à son auditoire, et de l'appuyer avec force. Il le fit avec succès. Ce qu'il dit, sur l'importance et la nécessité de donner à la jeunesse une bonne éducation et l'instruction nécessaire, fut goûté, et plusieurs personnes de piété se joignirent ensemble pour faire la fondation d'une école gratuite.

IV. — Après avoir élevé heureusement un noviciat, le Bienheureux de la Salle s'applique à en bien former les sujets.

PENDANT que tout s'acheminait à l'agrandissement de l'Institut, le Bienheureux de la Salle travaillait de son côté à former les sujets qu'on lui avait confiés. Il en faisait son unique affaire, et il ne pensait point à en avoir d'autres ; car étant venu se cacher, comme on l'a dit, il ne se révélait à personne. Il agissait dans l'idée que l'intérêt de l'Institut demandait cette suspension de tout commerce, afin que ses ennemis ne tournassent point contre les siens la colère qu'ils ne pouvaient plus décharger sur lui. D'ailleurs, suivant la prévention qu'il s'était faite, que les Frères de Paris lui avaient manqué de fidélité, il ne savait plus à qui se fier. Enfin, il croyait que le Frère (²) qu'il avait laissé à Paris en sa place, suffisait pour la remplir et en faire tous les offices.

Ce Frère, en effet, d'un caractère sage et modéré, suppléait du mieux qu'il pouvait à l'absence du saint Instituteur, et le faisait

---

1. Il est ici question du parti janséniste. — 2. Le Frère Barthélemy.

avec beaucoup de prudence, quoique avec beaucoup de peine ; parce que certains Frères insubordonnés prétextaient, pour se dispenser du joug de la soumission, qu'il n'avait été ni élu par les autres, ni nommé par le Bienheureux de la Salle, ainsi qu'il a déjà été dit. Le saint prêtre entretint cependant toujours correspondance avec le Frère qui dirigeait le noviciat de Saint-Yon, persuadé que cette pépinière devait être cultivée avec grand soin, et qu'elle serait la ressource de toutes les pertes qu'il prévoyait que sa Société allait souffrir par son absence.

Il s'y forma, en effet, de très bons sujets, qui réparèrent avec avantage la sortie de ceux que le relâchement ou la séduction entraînèrent à leur perte. Ceux-là faisaient sa consolation, et il pouvait leur appliquer ces paroles de saint Paul : *Vous êtes ma couronne dans le Seigneur* (Phil., IV, 1), et celles-ci du disciple bien-aimé : *Je n'ai point de plus grande joie que celle de voir mes enfants marcher dans la vérité* (II Joan., 4). Il n'abandonnait pas non plus la conduite des Frères de Provence et des environs. Comme ils étaient à sa portée, il continuait pour eux ses soins ordinaires. Il les faisait revenir de temps en temps pour renouveler en eux l'esprit religieux, leur faire faire des retraites et les fortifier contre le relâchement.

Par rapport à ceux qui étaient dans la ville, il les appelait auprès de lui, ainsi qu'il avait coutume de faire à Paris et à Saint-Yon, pour les associer aux exercices du noviciat, et les maintenir dans la ferveur, la dépendance et la régularité. Ce zèle de leur perfection, qui accommodait fort ceux qui en avaient conservé le désir et qui n'en négligeaient pas la pratique, ne faisait pas plaisir à quelques Frères tièdes et relâchés, et ils auraient déjà voulu voir aussi loin d'eux qu'il en était près, celui dont la présence les mettait à l'étroit et se montrait ennemie de la fausse liberté.

Ce grand esprit de régularité du Bienheureux de la Salle, dont il était lui-même le plus parfait exemple, commençait à leur déplaire ; et ce n'était que par contrainte et par forme qu'ils retournaient, les jours prescrits, au noviciat, dont les exercices mettaient à la torture ces âmes tièdes et lâches. La vie de novices paraissait insupportable à des gens qui commençaient à s'émanciper, et qui étaient las d'être sous les yeux d'un Supérieur vigilant, qui ne respirait que vertu et sainteté, et qui ne parlait que des efforts qu'il faut s'imposer pour y arriver. Tristes, chagrins, ennuyés d'un train de vie que la seule ferveur fait goûter, ils pensèrent, dès le commencement, à en chercher la fin. S'en plaindre eût été faire aveu de leur peu de vertu, de leur faiblesse et de leur relâchement ; l'amour-propre ne le pouvait souffrir. Les tièdes en ont plus que les autres, et on peut dire que l'amour-propre augmente chez eux à mesure que la ferveur diminue. Ceux qui ont eu de la vertu, et qui l'ont perdue, sont attentifs à en conserver les apparences ; et souvent ils finissent par être de grands hypocrites, parce qu'en voulant conserver le renom d'une sainteté qu'ils ont perdue, ils deviennent des sépulcres blanchis, qui cachent les vices et les passions sous une apparence spécieuse de vertu.

V. — Artifices malicieux dont se servent les deux disciples qui tenaient l'école de Marseille, pour se soustraire à l'obéissance du Bienheureux de la Salle.

ENFIN, après bien des réflexions, l'expédient que trouvèrent les deux Frères dont je parle, pour parvenir à leurs fins sans faire tort à leur réputation, fut de fonder, sur l'obligation de faire leur devoir, une prétendue impossibilité d'aller au noviciat, et de faire entendre, non à leur Supérieur, qui n'aurait pas écouté ces raisons, mais aux fondateurs, que le bien des écoles souffrait de leurs allées et venues si fréquentes à la maison du Bienheureux de la Salle. L'artifice n'était pas mal trouvé, et il était facile d'en rendre dupes des gens qui s'intéressaient, sur toutes choses, à la bonne tenue des écoles qu'ils avaient fondées.

Les deux Frères furent fort bien reçus, et on leur sut bon gré du zèle qu'ils faisaient paraître pour leur devoir, quand ils allèrent faire une espèce d'aveu, à ceux qui les avaient mis en œuvre, que la conscience les obligeait de les avertir que les écoles n'allaient plus si bien, depuis qu'ils étaient obligés de se rendre si souvent à la maison du noviciat, et qu'elles ne pouvaient fleurir, s'ils n'étaient sédentaires comme auparavant sur la paroisse. Ils ajoutèrent encore, qu'ils se faisaient un devoir d'informer ces Messieurs qu'une partie de la fondation tournait au profit du noviciat, et que, parce qu'ils ne voulaient rien faire contre les intentions des fondateurs, ils se trouvaient obligés de leur en donner connaissance.

Ces avis étaient très malicieux et très hypocrites, puisqu'ils servaient de manteau à leur propre volonté, qui voulait rentrer dans son domaine et se comporter à sa fantaisie, hors des yeux et de la dépendance du saint Instituteur. Ces hommes, accoutumés depuis quelques années à respirer un air de liberté, à la faveur de l'éloignement où ils étaient de leur Supérieur, supportaient impatiemment l'exactitude qu'il exigeait d'eux pour l'observation des Règles, et ne sachant d'autre moyen de s'en affranchir que l'artifice et la ruse, ils y eurent recours, pour leur propre perte et la destruction de tout le bien que le Bienheureux de la Salle commençait à faire, et celui qu'il faisait espérer pour la Provence et les lieux qui lui sont contigus.

La plainte artificieuse de ces deux enfants de Bélial fut le signal de la persécution, qui, semblable à cette nuée légère qu'appela le prophète Élie sur les terres d'Israël, grossit insensiblement, et forma l'orage que nous allons voir éclater sur la tête du saint prêtre.

Ceux à qui ces plaintes furent portées, les trouvèrent justes et importantes. Ils se prêtèrent à la mauvaise volonté de ces Frères, et leur servirent de ministres pour les rendre à leur liberté première. L'assujettissement qui paraissait gênant et incommode à ces volontaires fut jugé par ces messieurs préjudiciable aux écoles. Ils crurent que l'obligation imposée par le Bienheureux de la Salle à ces deux maîtres, de se trouver tous les jours aux exercices du noviciat, dérangeait les classes, parce que, partageant leur temps, ils en donnaient moins à leurs écoliers ; que, sous prétexte de les maintenir dans l'esprit de pauvreté et dans la désappropriation de toutes choses, le revenu de la fondation passait dans le noviciat et s'y trouvait insensiblement absorbé.

Ainsi, sans approfondir le motif qui faisait agir ces deux Frères, on ne fit attention qu'à leurs plaintes, qu'on croyait sages et fondées, et on crut bien faire en demandant que les deux Frères restassent dans leur maison comme ils faisaient auparavant. Ce ne fut pas sans douleur et sans en craindre les suites, que le digne Supérieur vit ces deux réfractaires se soustraire à sa vigilance ; mais qu'aurait-il fait pour l'empêcher ? Il fallut céder, et laisser les deux Frères vivre dans l'indépendance.

VI. — Les Jansénistes travaillent à ôter au Bienheureux de la Salle une École chrétienne, parce qu'un Père jésuite en avait été le promoteur, et ils y réussissent.

LE Bienheureux de la Salle commença dès lors à juger qu'il n'aurait pas à Marseille tout l'agrément dont on l'avait flatté dans le commencement, et que ces premiers chagrins ne seraient pas les derniers. On ne laissait pas de travailler à l'établissement de la nouvelle école dont il a été parlé. L'œuvre s'avançait, et on avait donné avis au saint Instituteur de disposer les Frères qu'il y destinait. Tout était prêt, lorsque tout manqua. C'était un Père jésuite, comme on l'a vu, qui était le promoteur de cette œuvre ; ce fut son malheur. Si tout autre que lui s'en fût mêlé, personne n'y aurait trouvé à redire, personne ne s'y serait opposé.

Une autre circonstance concourut au renversement de cette école : un homme en place dans la ville, d'un esprit supérieur et d'un mérite rare, était ennemi secret du Bienheureux de la Salle, depuis qu'il n'avait pas pu lui faire partager ses opinions théologiques. A la tête de tous les autres messieurs dont nous avons parlé, celui-ci, l'homme du monde le plus souple et le plus insinuant, avait fréquenté le Bienheureux de la Salle et avait lié avec lui de grandes relations. Bon ami en apparence du serviteur de Dieu, il attendait à l'être en vérité quand il l'aurait gagné à son parti. L'un et l'autre évitaient de s'expliquer, et demeuraient sur la réserve. Il y a un temps pour toutes choses, un temps de se taire et un temps de parler ; celui-ci vint enfin. L'ecclésiastique de grand nom fit les premières avances ; il n'alla pas loin sans apercevoir, dans l'air et sur le visage du Bienheureux de la Salle, qu'il ne goûtait pas la nouvelle doctrine. C'en fut assez pour ce sage du siècle : dès ce moment, il conçut pour le saint prêtre le même fonds d'antipathie qu'il aperçut en lui contre ses sentiments, résolu désormais de lui faire une guerre clandestine, sans paraître rompre avec lui.

VII. — Manœuvre d'un ecclésiastique janséniste qui affectait de se montrer l'ami du Bienheureux de la Salle.

EN effet, à peine le jésuite avait-il achevé son sermon sur les avantages et l'importance des écoles chrétiennes, que le parti entra en mouvement et en intrigues, pour faire échouer ce dessein. On cabala secrètement contre l'entreprise, et on concerta, si on ne pouvait l'arrêter, de la mettre à profit pour d'autres que pour les Frères. Pour réussir, il fallait un homme d'autorité, d'esprit et d'une réputation accréditée. Tel était celui dont nous venons de parler ; et ce fut sur lui que le choix du parti tomba, comme sur l'homme de la ville le plus propre à manier les esprits. Il se chargea avec plaisir de la commission, et il s'en acquitta avec une adresse extraordinaire.

Il voulut cependant conserver les dehors de la charité, pour ne point s'exposer à l'indignation du peuple. Sans rompre avec le Bienheureux de la Salle, affectant au contraire avec lui plus d'union que jamais, il travailla sous main à gagner ceux qui s'étaient mêlés de cette affaire et qui avaient donné les fonds. Il leur insinua que la destination qu'on en faisait aux Frères conviendrait davantage à des ecclésiastiques, parce qu'en faisant l'école, ils pourraient rendre d'autres services à la paroisse.

Il n'eut pas de peine à persuader des gens qui ne cherchaient que le bien, en leur en montrant un plus grand en apparence. Quand il fut assuré de ce côté-là, il eut soin de prévenir l'évêque, et il s'y prit avec grand art, en lui faisant entendre que les personnes qui avaient fait la nouvelle fondation avaient changé de disposition à l'égard des Frères ; que leur intention était de confier cette école à des ecclésiastiques ; que cette fonction n'empêcherait pas de servir la paroisse sur laquelle elle était établie, et qu'elles avaient pris leur parti de manière que, si on les pressait de faire autrement, elles appliqueraient les fonds à d'autres œuvres de charité.

Le prélat, qui était fort porté d'inclination pour les Frères, et qui avait dessein de les multiplier le plus qu'il pourrait dans son diocèse, ne fut pas peu surpris de ce changement, dont il ignorait le motif; mais comme il n'avait pas encore eu le temps de connaître les esprits, il craignit de les aigrir par un coup d'autorité ; ainsi il laissa aller le cours des choses sans s'y opposer.

L'acteur qui paraissait sur la scène acheva de jouer son personnage; il alla trouver le Bienheureux de la Salle avec un air triste et abattu, comme un homme qui est dans la peine, et lui dit qu'il venait avec douleur lui apprendre le changement de disposition qui s'était fait à l'égard de la nouvelle école; que ce n'étaient plus des Frères, mais des ecclésiastiques, à qui on la destinait. — « Dieu soit béni, repartit le serviteur de Dieu ; apparemment que Dieu le veut ainsi. » Et comme les cœurs droits ne sont jamais en garde contre la mauvaise foi, le saint prêtre, dans la pensée que celui qui lui parlait avait dans l'âme les sentiments que sa bouche exprimait, lui rendit de grandes actions de grâces, croyant lui avoir beaucoup d'obligation de l'intérêt qu'il prenait à l'Institut des Frères.

Après l'avoir quitté, il alla se prosterner devant Dieu, pour adorer les ordres de sa Providence, le remercier et se soumettre à sa conduite. Il prévit dès ce moment l'orage qui se formait contre lui, et s'arma de force et de courage pour en soutenir l'effort. Persuadé que le péché est notre unique mal, et que tous les autres maux de la vie sont, dans les desseins de Dieu, des moyens de sanctification, il ne pensa qu'à faire son profit de ceux qui le menaçaient, et à aller au-devant d'eux avec un cœur soumis. En s'offrant, avec Job, aux coups que la main de Dieu, qu'il sentait se lever, était prête à lui porter de nouveau, il disait comme ce saint homme : *Que ma consolation soit qu'en m'affligeant vous ne m'épargniez pas, et que vous multipliiez les plaies au gré de vos désirs, ou sur le nombre de mes péchés* (Job, VI, 10).

Ainsi préparé à tout événement, le Bienheureux de la Salle ne fut pas longtemps sans entendre le bruit de la tempête qu'il avait pressentie. Ceux qui avaient témoigné tant de zèle pour les établissements des Frères, furent les plus animés à les traverser ; mais ils ne sonnèrent le tocsin de la guerre qu'ils préparaient, que quand ils désespérèrent d'amener le Supérieur au but où ils désiraient le conduire. Pendant qu'ils s'en flattèrent, il n'y a aucune sorte de ruse qui ne fût à leur usage pour en venir à bout. Ils lui promettaient de grands avantages pour son Institut, s'il voulait s'approcher de leurs sentiments. Ils lui faisaient des présents dans la vue d'amollir son cœur: on y joignait des menaces, qu'on savait mêler de caresses. Ils venaient souvent lui rendre visite, et, dans ces visites, les matières du temps étaient toujours mises sur le tapis. Des maximes nouvelles, avancées avec hardiesse, étaient soutenues avec chaleur, mais ou le saint homme ne faisait pas semblant de les entendre, ou il les rejetait par un visage sévère, ou il les réfutait par quelque courte réflexion, car il haïssait l'altercation, persuadé que l'erreur se fortifie par la dispute.

VIII. — Les partisans de la nouvelle doctrine attirent le Bienheureux de la Salle dans leurs conférences, dont il est dégoûté par l'altercation qu'il y voit.

CES messieurs, qui tenaient ensemble des conférences réglées à certains jours, étaient bien aises d'y voir le Bienheureux de la Salle, et ils l'engageaient souvent à y venir. Les discours qu'on y tenait n'étaient pas tous de piété ; les matières du temps en faisaient le sujet ordinaire. Le Bienheureux de la Salle était toujours surpris d'entendre sortir des mêmes bouches, sur Dieu, le langage des anges, et contre le Pape et les évêques, le langage de Luther et de Calvin.

Il ne voyait nulle charité dans ceux qui sont les panégyristes perpétuels de cette vertu, et il ne comprenait pas que ceux qui recommandent tant sa nécessité, sussent si bien se dispenser de sa pratique, car ils n'avaient nul ménagement pour quiconque n'était pas du parti.

Le Bienheureux de la Salle ne souffrait pas peu dans ces assemblées, et il y gardait le silence. Quand on l'obligeait de parler, il défendait avec force et les vérités qu'on avait combattues, et les personnes qu'on avait déchirées ; il avouait qu'il n'était pas édifié de ce qu'il voyait et de ce qu'il entendait ; il plaignait le temps qu'on perdait en altercations, en invectives, en parade d'une vaine science ; il conseillait de substituer aux questions curieuses, vaines et nouvelles, qui engendrent les combats de paroles et qui compromettent si fort la charité, des discours de piété ou de science utile. Ces remontrances ne plaisaient pas ; elles aigrissaient même des gens qui ne l'appelaient que pour les écouter et le voir se soumettre à leurs décisions. Leur orgueil était offensé de voir un homme qu'ils voulaient pour disciple docile, leur faire des leçons. Ils résolurent de s'en venger, et ils conclurent qu'il n'y avait plus rien à ménager avec lui, puisqu'il n'y avait plus rien à espérer de lui.

IX. — Les Jansénistes persécutent le Bienheureux de la Salle.

IL fallait cependant colorer aux yeux du public la persécution qu'on allait faire subir au saint prêtre, et écarter tout soupçon de passion et de haine. Après l'avoir honoré, loué, et presque canonisé, on allait le noircir, le décrier, le diffamer ; le public en aurait été scandalisé, si on ne l'eût pas prévenu par des bruits sourds, par des calomnies colorées d'un air de vraisemblance et semées par des bouches dévotes ou par des langues habiles à donner au mensonge une teinture de vérité. Mais que reprendre dans un homme d'une vie si intègre et de mœurs si pures ? Un excès de régularité, une sévérité outrée, une inflexibilité invincible, une dureté rebutante, un entêtement et une opiniâtreté de sentiments sans retour : c'est sous ces noms qu'on concerta de décrier sa grande vertu, sa saine doctrine, son esprit de recueillement, de mortification et de pénitence.

L'homme de Dieu ne s'attendait pas à de pareilles accusations de la part de ceux qui se piquent tant de régularité, qui prêchent si hardiment la morale sévère, et qui se donnent pour les restaurateurs de l'ancienne pénitence. Dans les derniers siècles, lorsque les protestants se paraient du beau nom de Réforme, l'éclat de la pénitence de saint Charles Borromée ouvrit les yeux à tous ceux qui ne s'opiniâtraient pas à les fermer, pour voir de quel côté était la vraie vertu intérieure et surnaturelle, qui est inséparable de la vraie foi. On put faire en cette occasion le même discernement en opposant le Bienheureux de la Salle aux partisans de la nouveauté. Les uns prêchaient en public la pénitence, l'autre la pratiquait en secret; ceux-là affectaient un air de réforme, celui-ci en donnait l'exemple; les premiers ne parlaient que de grâce et de charité, le dernier s'appliquait à attirer l'une et à croître dans l'autre. Ainsi, se comparant avec lui, ils avouaient tacitement, en le taxant d'un excès de régularité, de réforme et de pénitence, qu'il avait la réalité des vertus dont ils n'avaient, eux, que l'apparence.

X. — Prétextes allégués par les disciples de Jansénius pour colorer leurs persécutions.

N'AYANT donc rien à dire autre chose du saint homme, ils blâmèrent sa façon de gouverner; ils désapprouvèrent les pratiques de piété établies parmi les Frères; ils taxèrent de manières gênées l'air de recueillement qui les distinguait; ils décrièrent tous les genres de pénitence et de mortification que le Bienheureux de la Salle avait appris des saints, et qu'il avait introduits dans sa communauté. Ils le firent passer pour un homme singulier, dur, outré, inflexible, et sur l'esprit duquel il n'y avait rien à gagner. Selon eux, le caprice était l'âme de toute sa conduite. Il était entêté et seul de son sentiment; et, ce qui est pis, il voulait mouler tous les autres sur lui-même; il les chargeait de fardeaux insupportables, et il les assujettissait à une forme de vie impraticable et sans exemple. En un mot, ils surent obscurcir une des plus brillantes vertus qui aient édifié la France à notre époque.

En le regardant comme un censeur tacite de leur conduite, ils formèrent dessein de le faire sortir de la ville, et, pour l'y obliger, ils soulevèrent contre lui tous les esprits remuants, et le rendirent odieux à tous ceux qui étaient dans leurs intérêts. Ils n'en demeurèrent pas aux paroles. Ils travaillèrent sous main à détourner les aumônes, après avoir retranché celles qu'ils avaient coutume de lui donner et de lui procurer. Ce moyen leur paraissait le plus court pour s'en défaire et pour dissiper, sans bruit et sans éclat, toute sa communauté.

Mais comme le Bienheureux de la Salle était un homme qui savait, à l'exemple du grand Apôtre, souffrir la faim et la soif, et apprendre, par son exemple, à ses disciples à jeûner et à faire de longues abstinences, les persécuteurs virent bien que ce moyen de le réduire, si court pour les autres, serait long par rapport à lui, qui savait se contenter de pain et d'eau, qui était même accoutumé à n'en user qu'avec mesure. Ils prirent un autre parti, qui fut de travailler sous main à dépeupler son noviciat. Cela leur était facile ; eux-mêmes l'avaient rempli de sujets qui étaient à leur dévotion. Il ne leur était pas difficile de les débaucher. Ils sollicitèrent donc la plupart des novices, et ils les firent sortir de la maison dans laquelle ils leur avaient inspiré la pensée d'entrer. Ils en détournèrent d'autres qui postulaient, sous le prétexte que le gouvernement du Bienheureux de la Salle était trop austère.

Les novices sortis servirent d'écho, ou plutôt de trompettes, à ces messieurs pour publier tout haut ce qu'ils avaient semé à petit bruit, au préjudice du saint prêtre. Il était, disait-on, d'une rigidité outrée, sans égard pour la faiblesse humaine, aussi dur aux autres qu'il l'était à lui-même ; chez lui il ne fallait ni lever les yeux, ni ouvrir la bouche, ni faire usage de ses sens ; la moindre faute était condamnée à quelque pénitence ; on y devenait taciturne, sauvage, farouche ; toute la journée était partagée en exercices de piété et de mortification ; et souvent, la tête et la poitrine épuisées, on allait à un réfectoire où il n'y avait presque rien à manger, ou rien que de répugnant. Pour y vivre, il fallait n'avoir ni volonté, ni jugement, et être dépouillé de son corps. Personne que le supérieur seul ne pouvait soutenir cette vie, qui ruinait la santé de ceux qui voulaient l'imiter, ou les rendait fous.

C'est ainsi que ces messieurs faisaient des crimes au Bienheureux de la Salle des vertus de retraite, de recueillement, d'abnégation, de mortification, d'obéissance, de pénitence dont il était un grand maître et un grand exemple. C'est sous ces noms odieux qu'ils savaient diffamer une vertu qui éclipsait la leur.

XI. — **On fait courir contre le Bienheureux de la Salle un libelle diffamatoire. Il y répond d'une manière pleine de douceur et de charité.**

ILS allèrent encore plus loin : ils publièrent un libelle rempli de calomnies, où la malice la plus noire avait su ramasser tout ce qui pouvait rendre odieux le Bienheureux de la Salle et lui faire perdre toute estime. Le libelle eut tout l'effet que ses auteurs en attendaient. Comme la malignité du cœur humain le porte naturellement à croire le mal, ce libelle imposteur décria le saint homme dans tous les esprits. On crut de lui le mal qu'on en disait, sans autre fondement que parce qu'on le voyait écrit. Tel est le venin de la calomnie : il se fait goûter sans montrer aucune apparence de vérité. Et souvent, quoique la détraction porte avec soi les preuves de sa fausseté, quelque incroyable qu'elle soit, on la veut croire, quand elle tombe sur ceux qui sont les plus gens de bien.

La contagion de ce libelle se répandant partout, le serviteur de Dieu crut qu'il était de son devoir de lui opposer une digue. Il fit une réponse où il laissait parler la vérité seule, et dont la charité assaisonnait tous les termes. Il n'en laissa échapper aucun de sa plume qui pût satisfaire un amour-propre blessé, qui pût piquer ses adversaires et leur faire remarquer qu'il était sensible aux traits de leur colère. Il se contenta d'exposer le faux de la calomnie, sans se permettre de rien dire qui pût blesser les calomniateurs. Tout ce qu'il dit de plus fort fut qu'il apprenait par son expérience ce que l'Église avait à craindre d'un parti qui se fortifiait tous les jours, et qu'il prévoyait avec douleur les plaies que l'Épouse de JÉSUS-CHRIST en recevrait.

XII. — Funestes effets du libelle diffamatoire.

CEPENDANT, malgré ces précautions, la calomnie prévalut. De Marseille elle s'étendit dans la Provence, où elle eut de mauvais effets. On crut l'imposteur sur sa parole; et parce qu'il mentait hardiment, on ne s'avisa pas de douter des faits dont il était l'inventeur, ni de les vérifier. On lut le libelle diffamatoire avec un goût malin et curieux, et on ne se soucia pas de lire la réponse. On ouvrit l'oreille à ceux qui voulaient médire du saint prêtre, et on la ferma à ceux qui voulurent le justifier; car il y en avait qui prenaient sa défense, qui tâchaient de parer les coups qu'on lui portait, d'adoucir les cœurs aigris et de remettre en honneur le mérite du saint homme, mais les esprits étaient trop prévenus contre lui, et ses ennemis ne cessaient de confirmer les anciennes médisances et d'en ajouter de nouvelles. On porta les choses à l'extrémité, car on frustra les Frères de l'espérance de s'étendre davantage. L'école d'une autre paroisse fort grande leur avait été promise : il n'en fut plus parlé.

Le mal alla plus loin, et il étendit ses progrès jusque dans les cœurs des Frères de la ville et de la région du Midi. Le noviciat périclita bientôt faute de sujets. Les Frères même les plus constants furent ébranlés; quelques-uns abandonnèrent l'Institut, malgré les remontrances de leur père. Parmi ceux qui étaient dispersés dans les lieux circonvoisins, et qui n'étaient pas au fait, plusieurs ajoutèrent foi aux faux bruits qui se répandaient touchant leur Supérieur. Ils commencèrent à unir leur voix à celle des autres pour se plaindre et murmurer. La guerre qu'on faisait au saint homme ne fut pour lui cruelle que quand elle arma contre lui ses propres enfants.

On peut dire que le parti janséniste sut en cela le prendre par son faible et l'attaquer par l'endroit le plus sensible. Si ses ennemis s'étaient contentés de le perdre de réputation, ils lui auraient rendu le plus grand service qu'il en pouvait attendre ; car, en lui procurant des mépris, ils travaillaient eux-mêmes à le rendre conforme à JÉSUS humilié. Si ces messieurs eussent borné la guerre qu'ils lui faisaient à débaucher les novices, le saint homme se fût consolé : c'était leur propre ouvrage qu'il voyait détruit par leurs mains ; mais ce qui l'accablait de douleur, c'est qu'ils eurent l'art de pénétrer jusque dans sa propre famille, et d'y faire des Absalons révoltés.

En effet, certains Frères, sous l'influence des calomnies répandues contre le saint Instituteur, s'oublièrent jusqu'à lui dire qu'il n'était venu en Provence que pour détruire, au lieu d'édifier. Ce reproche lui fut sensible ; mais il ne s'en vengea que par de nouvelles marques de douceur et de bonté.

XIII. — Le Bienheureux de la Salle conçoit le dessein d'aller à Rome ; il en est empêché par Mgr l'Évêque de Marseille.

LE temps, qui adoucit tout, ne faisait qu'aigrir les esprits Sa patience n'avait point éteint la haine des adversaires du serviteur de Dieu. Ils profitaient même de sa retraite (car il ne paraissait plus) pour semer de nouvelles calomnies sur son compte. Les affaires de son Institut paraissaient désespérées en Provence. Lui-même commençait à craindre plus que jamais qu'elles ne fussent bientôt sans ressource. Comme il s'accusait d'en être la cause, il forma le dessein d'abandonner entièrement cette partie de la France. Cependant, comme il se trouvait alors dans une ville de passage pour Rome, il résolut de s'y embarquer, pour aller se prosterner devant le sépulcre du Prince des apôtres.

Ce désir n'était pas en lui un désir nouveau. Il y avait longtemps qu'il se sentait sollicité de faire ce voyage pour satisfaire sa dévotion particulière envers le Chef du Collège apostolique, pour prendre mission du Souverain Pontife, et lui demander la confirmation de son Institut. Si le temps le lui eût permis, ou s'il n'eût point appréhendé de faire tort à son troupeau en s'en éloignant, il eût suivi cet attrait avec grand plaisir; mais enfin, l'occasion et le moment se présentaient. Libre de toute occupation, et comme chassé de lieu en lieu, il lui semblait que la divine Providence lui ouvrait elle-même le chemin de Rome.

Un vaisseau, prêt à faire voile vers cette capitale du monde chrétien, invitait le Bienheureux de la Salle à profiter d'une commodité qu'il ne devait jamais retrouver. Ces circonstances le déterminèrent à y arrêter une place, et à faire acheter toutes les provisions pour le trajet par le Frère qu'il avait choisi pour compagnon de son voyage. Il ne voulut pourtant pas l'entreprendre sans avoir l'agrément de Dieu : la volonté divine était l'unique règle de la sienne. Il n'écoutait ses attraits que quand il les reconnaissait venir du Saint-Esprit. Et afin de ne mêler, dans ce pieux désir, rien d'humain et de naturel, il avait soin de se tenir dans une grande indifférence pour ce voyage, et dans une absolue dépendance du bon plaisir de Dieu. Le fait qui suit en est la preuve.

En attendant le vent favorable, le saint homme priait et recommandait son voyage à Dieu, prêt à aller, prêt à rester, selon les ordres de sa divine Providence, que les événements lui marqueraient. Jusque-là, rien ne s'oppose à son désir; tout même le favorise. Le vaisseau est prêt à lever l'ancre; tous les voyageurs se rendent à bord. Le Bienheureux de la Salle les suit, il arrive sur le port; et, au moment qu'il est prêt à s'embarquer, il rencontre Mgr l'Évêque de Marseille qui l'arrête et lui dit de retourner à sa maison pour prendre possession d'une école qu'il destinait à ses disciples. Aussitôt le saint prêtre obéit et ne pense plus à son voyage. A la voix du prélat, comme à celle de Dieu, il s'en retourne et dit aux Frères, en rentrant dans la maison : « Dieu soit béni : me voilà revenu de Rome. Ce n'est pas sa volonté que j'y aille. Il veut que je m'emploie à autre chose. »

Voilà un trait de vertu qui n'est pas commun. Il fait voir jusqu'où le Bienheureux de la Salle poussait le renoncement à soi-même. En effet, il faut n'avoir guère de volonté propre, pour n'en point faire paraître dans le dessein formé d'un voyage à Rome. Chacun sait par expérience combien il se sent mortifié quand il rencontre des obstacles à ses moindres projets. Cependant malgré les assurances du prélat, l'établissement de cette école ne se fit pas alors, par la mauvaise volonté des ennemis du serviteur de Dieu. Il est vrai que l'Institut n'y a rien perdu, et qu'il a profité avec usure des dommages qu'il reçut alors. En effet, nulle ville de France où l'on ait porté plus loin le zèle pour les écoles chrétiennes et la bonne volonté pour les Frères. Ils ont (en 1733) des classes ouvertes dans tous les quartiers de Marseille, et elles sont toutes remplies. Si les bénédictions dont Dieu les favorise sont si grandes, on peut dire qu'elles sont les fruits des croix que le Bienheureux de la Salle y a portées.

Les enfants y recueillent maintenant avec joie ce que le père a semé avec tant de peine. La terre qu'ils moissonnent n'est si féconde que parce qu'il l'a arrosée de ses larmes. Ils jouissent en paix d'un terrain où on lui a fait une guerre cruelle. Les tribulations ont été pour lui, et les récompenses sont pour eux.

C'est ainsi que Dieu agit avec ses favoris. Sur la terre la croix est leur apanage ; tout ce qu'ils entreprennent est blâmé, contredit, traversé. Le monde ne les regarde qu'avec mépris ; l'enfer sait armer contre eux les mains des pécheurs, et celles même qui sont innocentes, et la guerre que leur font les justes, est, pour l'ordinaire, celle dont ils souffrent le plus. Dieu lui-même semble se mettre de la partie et les abandonner, quand il les voit, comme son Fils, attachés à la croix sur laquelle il les a cloués. Sont-ils morts ? tout ce qu'ils ont perdu revient à leur profit ; Dieu sait mettre leurs pertes à intérêt. Il répare avec gloire les débris de leur honneur, et renverse enfin tout ce que le monde et le démon ont entrepris contre eux. Où le Bienheureux de la Salle a eu le plus à souffrir, c'est là que son Institut fleurit davantage ; où il a été le plus rebuté, c'est là que ses enfants sont le mieux accueillis ; où il a semé en portant la croix et déchiré par les épines, c'est là que les Frères moissonnent avec plus d'abondance.

CHAPITRE XI.

Le Bienheureux de la Salle, après la destruction du noviciat de Marseille, voit son Institut ébranlé et proche de sa ruine dans ces contrées. Il attribue ce malheur à ses péchés. Il se retire dans une solitude pour laisser passer la tempête. Il va à Grenoble, où il vit inconnu et retiré et il visite la Grande-Chartreuse. Il est violemment attaqué d'une douleur de rhumatisme, qu'il ne guérit que par un nouveau tourment. Il va visiter une solitaire en réputation de sainteté. — (1713-1714.)

ON sait ce que le zèle a fait entreprendre à saint Paul ; on sait ce que l'amour pour ses compatriotes lui a fait souffrir ; on sait que l'endurcissement des Juifs déchirait son cœur d'une plaie qui faisait son tourment continuel. Pour s'opposer à leur perte, il s'offrait à Dieu en sacrifice et il consentait à *être anathème pour eux, à l'égard de* JÉSUS-CHRIST. (Rom., IX, 3.) Il n'était rien qu'il ne fût prêt à endurer et à sacrifier pour leur salut. Il eût fait ses délices des supplices les plus cruels, s'il eût pu expier leurs péchés et laver dans son sang leur ingratitude et leur malice. La vue de leur aveuglement était pour lui un sujet d'affliction sans remède : il le pleurait chaque jour avec des larmes nouvelles, et ce qui le désolait, c'est que leur malice était montée à son comble.

Même amour, même tendresse en saint Paul, pour les gentils qu'il avait gagnés à JÉSUS-CHRIST. Il s'associait à leur prospérité et à leurs maux ; il les aimait tous comme ses enfants ; il les portait tous dans ses entrailles, dévoré du désir de les placer dans le cœur de JÉSUS-CHRIST. Il pleurait avec ceux qui pleuraient, se réjouissait avec ceux qui étaient dans la joie, *se faisait tout à tous, pour les gagner tous à celui qui les avait rachetés.* (Cor., IV, 22.) Il les encourageait, et il les consolait avec une affection de mère, et il ressentait toutes leurs peines.

Ce portrait du grand apôtre ne le représente pas seul. On peut dire que le même pinceau qui lui a servi à tirer le sien, sert à peindre celui de tous ceux qui ont une éminente charité, et que Dieu a faits pères spirituels d'une famille sainte. Ils ressentent tous, selon le degré de leur amour, la perte de ceux qu'ils ont engendrés selon l'esprit. Qu'on juge par là de ce que le Bienheureux de la Salle a eu à souffrir, quand il voyait quelques-uns de ses Frères se déranger et se perdre, sans qu'il pût l'empêcher. Cette espèce de martyre a été aussi long que sa vie, depuis qu'il a cessé d'être chanoine de Reims ; car, de tout temps, il a vu quelques-uns de ses disciples se démentir de leur première vertu, retourner en arrière, et causer du scandale.

Ce n'est pas que le plus grand nombre ne lui fût très fidèle et très attaché ; mais il avait éprouvé tant de fois, ou l'ingratitude, ou la perfidie, ou l'indiscrétion, ou le dérangement de ceux sur lesquels il s'appuyait et qu'il regardait comme les colonnes de sa Congrégation, qu'il craignait, pour les autres, de semblables chutes, et pour lui de pareils déplaisirs.

Si tous les patriarches d'Ordres ont eu de pareils sujets d'affliction, je crois pouvoir avancer avec vérité qu'aucun n'a été tant et si souvent crucifié de cette manière, que le pieux Instituteur dont nous écrivons la vie. Il semble que Dieu prît plaisir à détruire lui-même ce que le saint prêtre avait fait et ce qu'il lui avait inspiré de faire. Presque tout ce que le saint homme entreprenait était traversé, contredit ou détruit. Ou il ne pouvait faire réussir ses desseins, ou il n'était témoin du succès que pour en voir bientôt la ruine. Au reste, il bénissait Dieu comme le saint homme Job, quand on venait lui annoncer quelque semblable aventure ; mais il demeurait inconsolable sur la perte de ses enfants : cette croix lui était toujours la plus sensible. La charité qui, en croissant en lui, diminuait le sentiment des autres peines, augmentait le sentiment de celle-là.

Le seul soulagement qu'il trouvât à sa douleur, était la soumission aveugle aux jugements impénétrables de Dieu. Il en prenait occasion de s'humilier et de redoubler ses pénitences et sa ferveur. C'est ainsi qu'il savait faire usage, pour sa propre sanctification, du relâchement et des chutes de ses propres disciples. Chagrin de voir la zizanie croître dans une partie du champ qu'il avait ensemencé, il redoublait ses soins pour cultiver l'autre, et lui faire porter de bon grain. Honteux de voir des imperfections dans une terre où la rosée du ciel tombait en abondance, il s'humiliait devant Dieu, et il accusait ou sa négligence ou son mauvais exemple. Désolé de voir naître les vices parmi les vertus, il croyait trouver en lui-même la cause de ce désordre, et il se regardait comme comptable devant Dieu des fautes de ses inférieurs. En se considérant comme un objet d'horreur devant la sainteté divine, il se confessait coupable et se croyait un grand pécheur qui attirait la malédiction de Dieu sur tout ce qu'il entreprenait.

I. — Perplexités qui molestent le Bienheureux de la Salle sur son état.

IL commença alors à douter si son entreprise venait de Dieu, et si une œuvre que tout le monde contredisait, n'était point l'ouvrage de son propre esprit. Le jeûne et l'oraison furent les moyens qu'il employa, à son ordinaire, pour connaître clairement la volonté de Dieu, ou apaiser sa colère. A une prière assidue, il joignait des pénitences sévères, et tâchait de venger Dieu, sur sa propre chair, des fautes de ses disciples dont il se rendait responsable. On a déjà dit assez de fois, combien le commerce intime avec Dieu avait pour lui d'attraits. Hors de l'oraison et de la prière, il ne trouvait aucun plaisir.

Dans ses peines et ses travaux, c'était là qu'il cherchait la consolation ou le repos ; dans ses doutes ou ses embarras, c'était là qu'il venait implorer la lumière et consulter l'oracle divin. Mais alors, ce saint exercice devint pour lui une terre sèche et aride, qui ne lui présentait plus que des épines sans fleurs. Son âme ne goûtait plus la douceur divine. Le ciel réservait sa manne et ne la laissait plus pleuvoir. Dieu ne lui disait plus rien et le laissait dans les ténèbres. Le soleil de justice, éclipsé à son égard, laissait son âme sans ardeur et sans goût.

Autre sujet de désolation plus triste que les autres, ainsi que les âmes saintes le savent : les larmes sont bien douces, quand JÉSUS-CHRIST prend la peine de les essuyer ; les croix sont bien légères, quand il se présente à l'âme pour les porter avec elle : l'abandon des créatures ne se fait guère sentir à un cœur uni à Dieu, et qui jouit de sa présence. Quand JÉSUS-CHRIST console, les rebuts et les contradictions des créatures sont des épines émoussées qui ne font plus sentir leurs pointes ; mais quand Dieu s'accorde avec les créatures pour crucifier une âme, c'est alors qu'elle se trouve dans une espèce d'enfer, ou, pour mieux dire, dans un vrai purgatoire. Alors plus son amour pour Dieu est pur et ardent, plus son supplice est vif et cruel.

Le saint homme se trouvant alors dans cet état crucifiant, offrait à Dieu ces paroles, que le prophète-roi met dans la bouche de JÉSUS-CHRIST sur la croix : *Mon Dieu, mon Dieu, pourquoi m'avez-vous abandonné ?* (Ps. XXI, 2.) Tantôt il ajoutait : « Mes péchés me sépareront-ils toujours de vous ? Quand serai-je réconcilié avec vous ? » Tantôt, avec le saint roi Ézéchias, il s'écriait: « *Mes yeux sont affaiblis à force de regarder le ciel et de vous y porter mes vœux et mes désirs* » (Is. XXXVIII, 14.) Il disait encore avec le prophète-roi : « *Je tiens mes regards fixés sur ces montagnes éternelles où vous avez établi votre trône et d'où j'attends le secours.* (Ps. CXX, 1.) *Mon âme tombe dans la défaillance, dans l'attente de celui qui est mon salut. Quand donc, Seigneur, vous plaira-t-il de me consoler ?* » (Ps. CXVIII, 81-82.) « *Mes larmes coulent incessamment de mes yeux le jour et la nuit, tandis qu'on me demande* ou plutôt que je me demande à moi-même : *Où est ton Dieu ?* » (Ps. XLI, 4.)

C'est ainsi que le saint prêtre, éprouvé de Dieu encore plus que par les hommes, semblait lutter avec lui et obliger sa bonté de céder à ses larmes et à ses prières. Ne sentant plus ces consolations qui avaient coutume d'adoucir ses peines, il croyait que ses péchés étaient seuls la cause de la double persécution qu'il souffrait de la part de Dieu et des hommes.

Dans cette persuasion, il prit la résolution de s'éloigner pour quelque temps, et d'aller se cacher dans quelque solitude, afin, dit-il lui-même, d'aller pleurer ses péchés et de se jeter, comme un autre Jonas, dans la mer, pour apaiser la tempête. Abandonné de Dieu et des hommes, il ne se croyait plus propre à rien ; et regardant sa présence comme le principe de la persécution, il croyait la faire cesser par sa retraite. « Mon absence, disait-il, pourra calmer ceux qui m'en veulent, et leur inspirer des pensées de paix pour mes chers enfants. »

II. — Il se retire dans un ermitage pour se livrer à l'oraison et à la prière.

IL se retira, en effet, dans un ermitage éloigné de dix ou douze lieues de Marseille. Là, élevé au-dessus de lui-même et de tout ce qui est créé, il se trouva comme sur ces montagnes où les vents et les orages ne font plus de bruit, dans un repos profond et dans une douce tranquillité.

Là, appliqué à Dieu seul, il oubliait tout le reste : si ses pensées le rappelaient au milieu de ses Frères ou de ses persécuteurs, c'était pour prier Dieu pour eux, et supplier sa majesté de soutenir les uns et de convertir les autres. Les injures et les outrages n'avaient point laissé dans son esprit d'autres traces que celles qu'une parfaite charité conserve pour des ennemis aimés en Dieu et pour Dieu.

Déjà ce saint homme trouvait son Thabor dans ce désert et disait comme saint Pierre : « Ah ! Seigneur, qu'il est bon d'être ici ! » Il y jouissait d'une paix et d'un calme qui lui faisaient désirer d'y finir ses jours, inconnu aux hommes ; mais il n'était pas à la fin de ses travaux ; Dieu lui en destinait de nouveaux pour tout le reste de sa vie.

III. — Le parti Janséniste sème sur son compte de nouveaux bruits calomnieux.

PENDANT ce temps-là, ses ennemis faisaient courir le bruit qu'il avait abandonné son Institut, et que sa désertion avait entraîné celle d'une partie de ses Frères, qui avaient été les dupes aussi bien que les imitateurs de sa mauvaise conduite. Rien n'était plus faux. A la vérité, le saint prêtre fut plusieurs fois tenté de se retirer dans quelque paroisse pour y travailler à la conversion des pécheurs, et d'abandonner aux soins de la Providence une maison dont on voulait le chasser, par tous les moyens; mais, soit qu'un meilleur conseil l'en eût détourné, soit qu'une lumière particulière lui eût fait connaître que ce n'était pas la volonté de Dieu, ces idées tombèrent et n'eurent point d'effet. Il conserva toujours la même tendresse pour ses enfants, qu'il ne perdit de vue qu'en cette occasion, par prudence et pour un temps. S'il se retira à l'écart, ce ne fut pas par caprice, ni par humeur, ni par mélancolie ; mais uniquement pour se soustraire aux yeux de ses adversaires, et pour procurer aux Frères la tranquillité.

Cependant le bruit se répandit qu'il s'était livré à sa mauvaise fortune, et que le désespoir de pouvoir soutenir son Institut, le lui avait fait abandonner.

Ce bruit, quoique faux, faisait des impressions fâcheuses dans les esprits, et tentait les Frères, même les plus constants, d'imiter leur Supérieur. Ceux que la piété et la bonne vocation attachaient le plus sincèrement à lui, en étaient consternés, et dans un cas si peu attendu, ils se trouvaient dans une étrange perplexité, incertains du parti qu'ils avaient à prendre. Par bonheur, la fausseté de ce bruit fut bientôt découverte par des personnes dignes de foi, qui désabusèrent les incrédules, en leur faisant remarquer que cette fausse nouvelle, fabriquée par les gens du monde les plus hardis à mentir et les plus habiles à en imposer au public, était un stratagème de leur invention pour causer la ruine de l'Institut.

Livre III. — Chapitre XI.

IV. — Le Bienheureux de la Salle se réfugie à Mende. Outrages qu'il y reçoit de la part d'indignes Frères. Le Directeur du noviciat de Provence vient rejoindre son Supérieur et participe à son ignominie.

APRÈS que le pieux Instituteur eut demeuré quelque temps dans l'ermitage dont on vient de parler, il se retira dans une autre solitude en la ville de Mende, où l'attendaient de nouvelles peines.

Les Frères qui avaient succédé aux trois premiers envoyés en cette ville en 1707, fort différents d'eux, donnèrent de l'exercice à la patience de leur saint Supérieur, qui, à leur occasion, laissa à tous ses disciples un exemple des plus rares de douceur et d'humilité chrétiennes.

Ces hommes, tièdes et relâchés hors de la surveillance immédiate du vigilant Supérieur, privés de l'exemple de leurs Frères et de l'appui des Règles, devenus maîtres d'eux-mêmes, se remirent en possession de leur propre volonté, et se frayèrent, en suivant leurs inclinations naturelles, le chemin de leur perte. D'une vie sans gêne et sans contrainte, ils passèrent insensiblement à une vie molle et sensuelle, qui les conduisit au dérèglement. Le Bienheureux de la Salle en gémit et, en bon père, il fit son possible pour faire rentrer en eux-mêmes ces enfants égarés. Ces malades incurables, que la douceur ne faisait qu'aigrir, auraient pu être rappelés au devoir par l'autorité et par la correction; mais il paraissait dangereux de prendre cette voie.

Le meilleur remède à leur endurcissement était sans doute de les retirer du lieu où ils s'étaient pervertis, et de les renvoyer au noviciat, pour se reconnaître et reprendre le premier esprit de leur état; mais cela n'était pas aisé. Le Bienheureux de la Salle en avait tout droit, puisque la fondation était faite en son nom et qu'elle était attachée à sa congrégation; c'est ce que savaient et craignaient ces enfants de Bélial déterminés à secouer le joug de l'obéissance.

Pour parer ce coup, ils prévinrent en leur faveur le successeur de Mgr de Piancourt [1] et Messieurs les Juges-Consuls, et surent si bien se les attacher que leur changement devint impossible. Le saint homme, qui ignorait cette intrigue, ne fut pas peu surpris lorsqu'étant allé rendre ses respects à Mgr l'Évêque de Mende, il lui entendit dire d'un ton de maître et avec menaces, qu'il se

---

1. Mgr Pierre Baglion de la Salle de Saillant.

donnât bien de garde de retirer les Frères qui étaient à Mende, qu'il n'en voulait point d'autres et qu'il renverrait ceux qui viendraient les remplacer. Son étonnement fut encore bien plus grand quand il entendit le premier Juge-Consul, qui est le maire ou juge de la ville, lui faire la même recommandation.

Si le vertueux Supérieur avait voulu répondre, il n'avait que trop de quoi désabuser ces Messieurs, gagnés par des factieux. Il aurait montré, dans leur dérèglement, les inconvénients qu'il y avait à les laisser dans la place qui l'avait occasionné. Il aurait trouvé, dans le testament de Mgr de Piancourt, un titre suffisant pour faire ce changement; mais il n'était pas d'humeur à contester. Son humilité le portait toujours à céder et à se taire. Il le fit encore en cette rencontre, et donna son silence et sa modération pour preuve de son bon droit, et pour justification de sa conduite.

Cependant, le saint Supérieur vivait avec ses enfants révoltés, et ne faisait paraître devant eux aucune mauvaise humeur au sujet de leur conduite artificieuse et hypocrite, tâchant de gagner, par son bon exemple, ceux qu'il ne pouvait corriger par son autorité. Mais il était de trop pour ces hommes qui ne voulaient point de gêne, et qui dans l'impatience de reprendre leur premier train de vie, désiraient de voir bien loin d'eux celui qui les en empêchait. La présence d'un saint leur était à charge; elle faisait même le tourment de ces relâchés. Ils craignaient encore plus son exemple que ses remontrances; parce que son exemple, en les chargeant de confusion, leur servait de moniteur secret, et leur faisait des reproches plus piquants que les corrections les plus amères.

Ainsi, pour se débarrasser de ce censeur muet, ils allèrent au plus court, qui était de le mettre dehors et de lui donner son congé. L'un d'eux s'en chargea et lui dit avec insolence que, s'il voulait rester dans leur maison, il fallait qu'il payât sa pension. Une pareille observation aurait pu paraître étrange si celle que les rebelles lui avaient déjà fait faire, par la bouche du prélat et du Juge-Consul, ne l'y eût préparé. Une pareille insolence aurait sans doute pu émouvoir un autre, plus sensible aux injures, et moins mort à lui-même que le saint prêtre.

L'homme le plus modéré, en pareille occasion, aurait cru devoir s'armer du contrat de la fondation et y montrer aux mutins les termes qui l'autorisaient à les mettre eux-mêmes dehors. S'il l'avait fait, on aurait loué sa sagesse et sa fermeté; plusieurs même pourraient croire que, dans sa position, il le devait faire,

Livre III. — Chapitre XI.

parce qu'il faut traiter les maladies de l'orgueil avec la verge de fer, et obliger les superbes à plier sous le poids de l'autorité.

On dit ordinairement qu'un supérieur qui ne sait pas se faire obéir, ne sait pas gouverner, et que l'art de savoir soumettre les rebelles est celui de savoir bien commander. Mais les saints ont d'autres lumières; leur sagesse est d'en haut, et elle leur inspire des maximes fort contraires à celles de la prudence humaine. La prudence, pour le Bienheureux de la Salle, consistait à s'humilier en tout, à céder toujours et à profiter de toutes les occasions que la divine Providence lui fournissait, pour s'abaisser sous les pieds de tout le monde, même de ses propres disciples.

Pour savoir jusqu'où le saint prêtre sut s'oublier, en cette rencontre, il faut dire que celui qui traitait de cette manière son bon père et son saint Supérieur, était le fils d'un pauvre cordonnier de Picardie, qu'il avait reçu par charité et élevé avec grand soin dans sa Communauté. Il l'avait reçu très ignorant, sans même savoir écrire ; il l'avait rendu capable et l'avait fait tout ce qu'il était. L'ingrat l'oublia, et, s'oubliant lui-même, il ne reconnut plus, dans son père, dans son bienfaiteur, dans son Supérieur, l'autorité qui l'avait élevé, et qui pouvait le mettre aussi bas qu'il l'avait trouvé. Le saint Instituteur entendit l'outrage et se tut ; puis, sortant de la maison de ses enfants révoltés, il alla sur-le-champ demander asile à une maison étrangère.

Le rebelle parvint aussi à se débarrasser du troisième Frère, pour vivre plus librement. Il ne quitta pas l'Institut ; il ne pouvait le quitter sans perdre son établissement ; car Mgr de Piancourt avait mis la clause expresse que les écoles qu'il fondait « seraient attachées à la Société des Frères de M. de la Salle ». Ainsi ce n'était pas par un reste de sentiment de religion, mais par un fonds d'intérêt, que le malheureux gardait l'habit d'un Institut qu'il avait rejeté. Il perpétua ce scandale avec son compagnon, pendant plusieurs années, au bout desquelles la justice divine parut en tirer vengeance. L'un et l'autre moururent de la peste, lorsqu'elle passa de Marseille à Mende pour y porter son ravage.

Le serviteur de Dieu, dérobé à la vue des hommes, croyait qu'ils ne pensaient pas plus à lui qu'il ne pensait à eux : parce qu'il les oubliait, il se persuadait qu'il en était oublié. Aussi ne fut-il pas peu surpris quand il vit arriver, dans sa nouvelle solitude, le Frère Directeur à qui il avait laissé la conduite de la maison du noviciat de Provence qu'il avait quittée. Il n'y avait plus rien à faire, car il n'y avait plus de sujets. L'absence du

Bienheureux de la Salle avait achevé de le vider. Ses ennemis, comme nous l'avons dit, avaient fait perdre la vocation à tous ceux qu'ils y avaient appelés.

C'était pour en informer son Supérieur et se consoler avec lui, aussi bien que pour lui demander une obédience, que ce bon Frère était venu le trouver. La nouvelle n'étonna pas le saint prêtre, il s'y était préparé. Ce qu'il admira c'est qu'on pensait encore à lui. Ainsi, comme un homme qui croit que sa mémoire est effacée de dessus la terre il répondit : « Dieu soit béni, mon cher Frère. Hé ! à quoi pensez-vous de vous adresser à moi ? Ne connaissez-vous pas bien mon impuissance à commander aux autres ? Ignorez-vous que plusieurs Frères paraissent ne vouloir plus de moi, et que c'est pour moi que ces paroles de l'Évangile semblent être dites : « *Nolumus hunc regnare super nos.* Nous ne voulons plus de lui pour supérieur ? » « Ils ont bien raison, ajouta-t-il, car je suis incapable de l'être. »

Le Frère confus, édifié et touché de ce discours, fit paraître sur son visage tous les mouvements de son âme, et laissant parler ses yeux, il lui dit, par ses larmes, tout ce que son cœur voulait dire. En effet, ce bon enfant, qui avait toujours conservé pour son père un grand fonds de tendresse et de vénération venait, dans la droiture du cœur, lui demander ses ordres. Il se jeta à ses pieds et lui dit qu'il ne le quitterait pas qu'il ne lui eût donné sa bénédiction et son obédience.

Ce Frère est celui qui a succédé au Frère Barthélemi, et qui gouverne aujourd'hui (1733) l'Institut, en qualité de Supérieur général [1]. En venant à Mende, chercher le Bienheureux de la Salle, comme on vient de le dire, il crut le trouver chez les Frères ; mais il n'y était plus. Le père avait été congédié par ses propres enfants ; même accueil fut fait au Frère qui venait chercher son Supérieur. On lui dit qu'il n'y avait point de place pour lui dans la maison. Ce compliment, fait d'un ton de mépris, parut fort étrange à celui qui le reçut, mais sa surprise tomba, et il eut de quoi se consoler, quand il apprit que le Bienheureux de la Salle l'avait reçu le premier, et qu'étant venu chez lui et dans sa propre maison, il y avait acquis ce trait nouveau de ressemblance avec JÉSUS-CHRIST, dont il est dit *que les siens ne l'ont pas reçu.* (Joan. I, 11.) Le Frère trouva le saint Instituteur dans un logement que lui avait fait préparer Mlle de Saint-Denis, où il vivait dans un véritable désert.

---

1. Le Frère Timothée.

Cette pieuse demoiselle était une personne de noble famille, qui avait du bien, et qui le consacrait à l'entretien et à l'éducation chrétienne d'un grand nombre de filles de parents hérétiques. Quelques autres demoiselles, s'étant jointes à elle dans ce dessein si charitable et si nécessaire, elles formaient une communauté qu'on nommait *les Unies*. Quand elle apprit l'insulte qu'avaient faite au saint Instituteur ses propres disciples, elle fut inspirée de profiter de sa disgrâce pour le bien de son âme et celui de sa communauté. Pleine d'estime et de respect pour sa vertu, elle ambitionna d'avoir l'honneur et le mérite de rendre au serviteur de JÉSUS-CHRIST les mêmes services que Marthe et Marie rendaient à JÉSUS-CHRIST lui-même, avec tant de joie, en le logeant, en le nourrissant et en fournissant tout ce qui lui était nécessaire.

Le Bienheureux de la Salle était alors chez les RR. PP. Capucins en retraite depuis quelque temps. Il leur avait demandé l'hospitalité, et il avait été reçu avec beaucoup de charité. Mlle de Saint-Denis leur enviant, pour ainsi dire, ce mérite, offrit au Bienheureux de la Salle de fournir à sa dépense et de le défrayer en entier, ce qu'il accepta. La pieuse demoiselle, ravie d'avoir ce flambeau si proche d'elle, ne pensa qu'à profiter de sa lumière. Elle tira de lui d'excellents avis pour la conduite de sa communauté.

Tout le temps qu'elle pouvait lui dérober lui paraissait court, et, comme Madeleine aux pieds du Sauveur, elle ne se lassait point d'écouter sa parole. Son zèle la porta même à faire son possible pour arrêter le Bienheureux de la Salle à Mende, dans le dessein de l'attacher au bien de sa communauté. Pour cet effet, elle fit offre de lui payer pension toute sa vie, et, après sa mort, à un troisième Frère ajouté aux deux autres de Mende, s'il consentait à y rester. C'est ce que le saint homme ne voulut pas écouter. Au moins obtint-elle de lui des règlements pour sa communauté, et elle eut tout le soin possible de mettre à profit son séjour à Mende, qui fut de deux mois environ.

V. — Le Bienheureux de la Salle va à Grenoble, et y mène une vie très cachée.

DE Mende, le Bienheureux de la Salle se rendit à Grenoble, où il crut trouver un autre ciel et une autre terre, en y trouvant un calme profond. Les Frères qui y étaient, surent connaître leur trésor et en jouir. Ravis de posséder leur père persécuté en Provence par plus d'un de ses enfants, sans parler des étrangers, ils tâchèrent, par leurs témoignages d'affection et leurs bons offices, de le dédommager des peines que lui avaient faites ces ingrats. Pour récompense, il résolut de prolonger avec eux sa demeure le plus qu'il lui serait possible. Tout l'y conviait : le bon cœur de ses Frères, la paix qui régnait parmi eux, la solitude de la maison et la vie cachée et retirée qu'il y menait.

En effet, inconnu de presque tout le monde et ennemi des connaissances nouvelles, il espéra de vivre dans Grenoble, comme un anachorète au milieu des forêts, dans une prière et une pénitence continuelles. Son attrait pour l'une et l'autre lui fit choisir le lieu le plus écarté et le plus élevé de la maison. Loin des hommes, en commerce avec Dieu, caché au monde, c'est ainsi qu'il aimait à vivre. Il eut pour lors encore une troisième fois le plaisir de suivre son attrait, et de se livrer sans réserve à l'oraison et à la mortification. Sa prière n'avait d'autre mesure que celle de la journée, ni d'autre interruption que le temps nécessaire pour passer d'un exercice à un autre. Il ne quittait les Frères que pour retourner à la contemplation ; il ne quittait l'oraison que pour venir prier avec eux ; car, exact aux observances de la communauté, il s'y rendait le premier et n'en sortait que le dernier. Seul avec Dieu, rien n'interrompait son commerce ; il vivait sans voir et sans être vu de personne. C'était là son inclination.

VI. — Le Bienheureux va visiter la Grande-Chartreuse.

LE saint homme se trouvant proche de cette célèbre laure, qu'un saint sorti de la même Église que lui, a fondée dans une région de neige et de glace, afin de s'y rendre, avec ses compagnons, invisible aux hommes, dont le commerce est si dangereux, même à la plus grande vertu, il ne voulut pas manquer l'occasion de la voir. Retraite pour retraite, en quittant la sienne, il n'y avait qu'à gagner pour son âme en allant visiter la Grande-Chartreuse, qui n'est éloignée de Grenoble que de trois lieues. Pouvait-il manquer de dévotion envers saint Bruno, qu'il avait imité de si près, en quittant, comme, lui un canonicat de Reims, et tout ce qui pouvait lui rendre le monde agréable, pour embrasser un genre de vie aussi austère qu'humiliant ?

Arrivé dans cet affreux désert, il se sentit ravi en Dieu, à la vue des endroits que le restaurateur de la vie solitaire en Occident a sanctifiés par ses larmes et par les rigueurs de sa pénitence. Il vit avec admiration ces rochers escarpés, qui entretiennent un hiver presque perpétuel, en se cachant le plus souvent sous la neige et les glaces, et où ceux qui les habitent semblent être ensevelis tout vivants. Édifié du silence et du recueillement qui règnent parmi ces solitaires, son inclination pour la retraite s'enflammait, et il souhaitait finir ses jours parmi eux.

Le saint prêtre fut reçu avec grande bonté, mais non pas avec ces marques de distinction qu'on a coutume de rendre, dans cette sainte maison, aux chanoines de Reims, parce qu'il laissa ignorer qu'il avait été honoré de cette qualité, et qu'il ne permit pas au Frère qui l'accompagnait de s'en expliquer. Entre tous les lieux de dévotion de cette sainte laure que le Bienheureux de la Salle visita, son cœur fut arrêté dans l'ermitage de saint Bruno. Le rapport qu'il avait avec ce saint l'attendrit, et s'il eût suivi son attrait, il eût caché, dans le creux de ce même rocher, un deuxième chanoine de Reims. Il fallut faire violence à sa piété pour en sortir ; mais, s'il en retira son corps, il y laissa son esprit.

Le Père Prieur, frappé de la modestie et de l'insigne piété que le saint homme ne pouvait effacer de dessus son visage, vit bien qu'il avait un hôte de distinction. Sans faire attention à son extérieur de prêtre pauvre, il honora, sans le connaître, la vertu qui brillait sous des habits humbles et grossiers, et il fit son possible pour l'arrêter plus longtemps chez lui. On peut dire que l'édification était réciproque de la part des religieux et du Bienheureux de la Salle. Malgré lui, son mérite, voilé du manteau de la pauvreté, se faisait jour dans un séjour de sainteté ; et, comme ceux qui s'entendent mieux à discerner la vraie vertu sont ceux qui la pratiquent, ces saints solitaires connurent bientôt que ce pauvre prêtre qu'ils avaient chez eux était un grand serviteur de Dieu. D'un autre côté, le Bienheureux de la Salle remporta de cette sainte solitude toute l'édification qu'il était venu y chercher. Il en sortit au bout de trois jours, après y avoir donné à sa dévotion, non pas tout le temps qu'il eût désiré, mais qu'il put dérober aux affaires de sa Congrégation, et retourna à Grenoble rempli d'estime et de vénération pour ce célèbre monastère.

En rentrant à Grenoble, il rentra dans sa retraite avec un nouvel attrait pour elle. Son ardeur pour servir Dieu parut être celle d'un fervent novice qui se hâte, au sortir du monde, de réparer les fautes de sa vie passée et de regagner le temps perdu. Il s'adonnait à l'oraison comme un homme qui en fait son élément et qui ne peut vivre sans elle. Quand la cloche y appelait les Frères, le matin, ils le trouvaient dans l'oratoire, à genoux, dans la situation d'un homme qui y a passé une partie de la nuit, ou qui y a donné déjà un temps considérable.

Dans le cours de la journée, pour le trouver, il ne fallait point le chercher hors de ce petit lieu de dévotion, où trois personnes n'auraient pas pu se tourner à leur aise, ni prendre une situation commode. Il s'y tenait comme la *colombe dans le trou de la pierre*, selon le langage de l'Écriture (Cant. II, 14.), et il ne gémissait que quand il fallait en sortir. Il écartait, avec un soin toujours nouveau, tout ce qui pouvait le distraire de Dieu ou abréger ses entretiens avec lui. Il y avait déjà assez longtemps qu'il était à Grenoble sans qu'on sût qu'il y était. Il ne voulait ni connaître personne, ni être connu de qui ce fût, faisant bien voir par là qu'il savait se passer de tout le monde en conversant avec Dieu.

VII. — Le Bienheureux de la Salle fait l'école à Grenoble, et révèle ainsi sa' présence.

LE Bienheureux de la Salle ne s'abandonnait pourtant pas tellement au goût d'une oraison continuelle, qu'il ne sût se sevrer du lait délicieux dont Dieu allaite en cette vie les âmes pures, quand l'occasion d'exercer d'autres vertus héroïques se présentait ; il savait sortir des embrassements de l'Époux céleste, quand sa divine volonté l'appelait ailleurs. Le Frère qui était chargé de l'école de la paroisse de Saint-Laurent, ayant entrepris, par son ordre, un long voyage pour les affaires de la communauté, le Bienheureux de la Salle prit sa place, et s'appliqua à instruire les enfants avec une douceur, une patience, une attention et une tranquillité que tous les Frères doivent prendre pour modèle dans cette fonction.

On voyait ce docteur, cet ancien chanoine de Reims, ce chef de congrégation se faire un honneur, un plaisir, un devoir d'instruire les enfants; d'apprendre aux plus petits l'A, B, C, aux autres à lire et à écrire, et à tous les premiers éléments de la doctrine chrétienne. La manière dont il remplissait cet office faisait assez sentir et le goût qu'il y prenait, et l'attention qu'il avait à y pratiquer les vertus différentes dont chaque moment fournit les occasions dans une école.

S'il mettait de la distinction entre les écoliers, c'était en faveur des plus pauvres. Son inclination pour eux se marquait par la peine qu'il se donnait à les faire avancer dans la lecture et dans l'écriture, parce que, disait-il, cela leur est très nécessaire : c'était de cette manière que son humilité savait cacher sa charité. Son zèle à leur égard les favorisait encore dans les catéchismes qu'il leur faisait tous les jours ; et si, dans le nombre, quelques-uns avaient la préférence sur les autres, c'étaient les plus ignorants. Comme ceux-ci, pour l'ordinaire, sont abandonnés à leur stupidité naturelle ou à leur légèreté d'esprit par des maîtres peu zélés ou peu charitables, ils devenaient l'objet de sa prédilection et l'exercice de sa patience.

Dieu voulut bénir ses soins, et faire voir qu'un zèle doux et patient vient à bout de tout, et sait faire des miracles ; car il leur apprit enfin les vérités de la religion, et les avança dans la lecture et dans l'écriture. Grand exemple qu'ont à imiter toutes les personnes chargées du soin de la jeunesse. Si l'on n'y prend garde, l'amour-propre se contente dans une école comme partout ailleurs, et le penchant naturel y domine. On laisse en arrière les plus pauvres, les plus stupides, les plus ignorants, et ceux qui sont pour la nature un objet de dégoût, et on n'a du zèle que pour ceux qui plaisent.

Le saint prêtre, pour ne pas faire à demi la fonction de maître d'école, conduisait, selon la coutume des Frères, les enfants deux à deux à l'église pour entendre la sainte messe ; et, après les y avoir rangés avec ordre, il montait à l'autel pour la dire ; mais avec une modestie, un esprit intérieur, une religion qui fixait sur lui les regards de ses jeunes disciples et de tous les assistants. Le saint homme trahit alors lui-même son inclination pour la vie cachée, car il se fit connaître à tout le monde tel qu'il était. Après l'avoir vu, ou conduire les enfants à l'église, ou monter au saint autel, on ne l'appelait plus que le *saint prêtre*. Ce nom fut celui que son ministère d'humilité lui mérita à Grenoble.

Quand le Frère fut de retour, lui et le Bienheureux de la Salle reprirent leurs occupations ordinaires : le Frère rentra dans ses fonctions de maître d'école, et le serviteur de Dieu dans sa retraite, dans sa vie d'oraison et de pénitence. La seule distraction qu'il se permit fut la composition de plusieurs ouvrages de piété, tant pour l'instruction de la jeunesse que pour l'utilité de ses disciples. Il retoucha encore le livre des *devoirs d'un chrétien*, dont il donna alors une troisième édition plus exacte.

Pendant qu'il s'occupait si utilement dans sa solitude, il apprit avec consolation que Dieu avait enfin rendu la paix à ses établissements dans la Provence, et que tout y était tranquille. Dans la persuasion que sa présence pourrait y causer de nouveaux troubles, s'il y retournait, car ses ennemis n'étaient ni morts, ni changés à son égard, il prit la résolution de s'en tenir éloigné, et il borna tout son zèle, de ce côté-là, aux prières, aux lettres et à des Visiteurs qu'il envoyait. Marseille, où il avait été si maltraité, eut la première part à ses saints sacrifices ; les Frères, qui avaient été si ébranlés ou exposés à la séduction, attirèrent toute sa vigilance. Il soutenait les uns et consolait les autres par lettres. Enfin, n'osant plus se hasarder à aller les voir, il confiait le soin de les visiter à ceux de ses disciples qui avaient un mérite supérieur.

VIII. — Le Bienheureux de la Salle demeure comme perclus par son rhumatisme, et il ne s'en guérit que par le remède dont il a été parlé, qui était un vrai supplice.

LE Bienheureux de la Salle avait à peine achevé l'édition dont on vient de parler, qu'il se sentit violemment attaqué de son rhumatisme. Il dut cette maladie à sa mortification, car en ayant senti les premières atteintes, il les avait négligées, et il n'avait en rien adouci son genre de vie ordinaire. Ce peu de ménagement lui coûta cher. Le mal aigri augmenta les douleurs, et le pressa si vivement, qu'il fallut succomber, garder la chambre d'abord, puis le lit, et s'y voir impotent et dans l'impossibilité de faire aucun mouvement. La fièvre s'y joignit ensuite et fit craindre pour sa vie.

Le peu de personnes de piété auxquelles la fonction de maître d'école l'avait révélé, craignant de le perdre si tôt après l'avoir connu si tard, s'empressèrent à lui témoigner l'intérêt qu'elles prenaient à sa maladie, et n'épargnèrent rien pour lui procurer du soulagement. Ses disciples, désolés de le voir chez eux en danger de mort, assiégeaient son lit jour et nuit, et ne manquaient à rien de ce qui pouvait contribuer à la conservation d'une vie qui leur était si nécessaire. Ils s'affligeaient sous ses yeux, et ils compatissaient aux maux de leur père avec une tendresse d'enfants. Il les consolait avec eux, en se représentant l'exemple de Job, et en répétant ces paroles : « Dieu soit béni ; que sa volonté se fasse, et non la nôtre. Si nous recevons de lui la santé, il est juste que nous acceptions avec constance la maladie. Que son saint Nom soit béni éternellement ! » Ces premières et dernières paroles, gravées dans le fond de son âme, sortaient sans cesse de sa bouche, et il les a données comme règle à ses Frères.

On peut dire qu'il devait être alors content, et que son désir de souffrir était rassasié ; car ses douleurs étaient vives et aiguës, continuelles et répandues par tout le corps. Les remèdes ne faisaient qu'aigrir le mal; et comme ce fut nécessité, pour en trouver quelqu'un de spécifique, de lui en faire essayer plusieurs, il eut la satisfaction de voir ses peines augmentées par les remèdes mêmes qui devaient au moins les adoucir.

Il y en avait un efficace, et il lui avait déjà réussi à Paris; mais le remède, pire que le mal, était un vrai martyre, comme on l'a vu ci-dessus. Il fallait pourtant en user, ou demeurer perclus de ses membres dans un lit. Il fut donc remis sur un gril, qui rappelait le supplice de saint Laurent. Il endura ce tourment avec une patience si héroïque, qu'il parut que le feu spirituel allumé par la charité dans son âme, était plus vif que le feu matériel qui faisait souffrir sa chair. Le serviteur de Dieu retrouva cette seconde fois, comme la première, la guérison dans ce supplice. En peu de temps il se trouva soulagé, et peu à peu il reprit ses forces.

Sa plus grande peine, dans les premiers jours de sa convalescence, aussi bien que dans sa maladie, fut de ne pouvoir monter à l'autel pour immoler l'Agneau sans tache. Son attrait l'entraînait au saint autel dès qu'il pouvait marcher sans tomber. Afin de le contenter, comme il ne pouvait encore aller loin, on le menait à la petite chapelle qui est dans l'hospice que les Chartreux ont à Grenoble; il y dit la messe aussitôt qu'il put se soutenir sur ses pieds. Pendant le cours de cette maladie, qui le tenait presque sans mouvement dans le lit, pour suppléer à l'Office divin qu'il ne pouvait dire, et à tous ses autres exercices de piété, il récitait tous les jours le chapelet plusieurs fois, et se tenait uni à Dieu par l'usage continuel des oraisons jaculatoires.

IX. — Le Bienheureux de la Salle va sur la montagne de Parménie, pour faire une retraite chez M. l'abbé de Saléon, et après, il visite la célèbre Sœur Louise.

SON premier soin, au retour de sa maladie, fut de faire une retraite pour réparer ses pertes : c'est ainsi qu'il appelait l'omission de ses oraisons et de ses autres exercices de dévotion accoutumés. Lorsqu'il pensait à trouver un lieu propre pour cet effet, M. l'abbé de Saléon le pressa d'aller quelques jours dans une de ses terres, appelée Parménie (¹), à sept lieues de Grenoble.

---

1. En patois, *Permeygne*, nom sous lequel ce lieu est le plus souvent désigné dans le pays.

Cette offre obligeante convenait fort au saint prêtre, et il l'accepta, parce que ce lieu solitaire favorise le recueillement, et que plusieurs personnes le choisissent pour y faire les exercices de la retraite.

Parménie est situé sur la cîme d'une haute montagne, autrefois inhabitée, fréquentée seulement par des bergers qui y mènent paître leurs troupeaux, ou des habitants du village situé au pied de la montagne, qui vont tous les ans en procession, honorer une croix qui y est élevée. Ce lieu champêtre, aujourd'hui assez célèbre, doit son renom à une pauvre fille de village, nommée Louise, en réputation d'une grande sainteté, qui y est venue faire sa demeure, au pied de la croix dont nous avons parlé. L'attrait de la solitude et la présence de la croix qu'elle y voyait, lui rendaient délicieux le séjour de cette montagne. Comme sa grande piété et sa grande innocence la disposaient aux communications de Dieu, elle fuyait avec soin le commerce des hommes, et faisait son paradis d'un lieu où elle s'approchait du ciel, et où elle avait la croix de JÉSUS-CHRIST pour livre.

A mesure que les grâces de Dieu augmentaient en son âme, le désir croissait en elle d'être plus seule avec Dieu, et de n'avoir de commerce qu'avec lui. Elle obtint le consentement de M. l'abbé de Saléon, à qui appartenait ce terrain, et elle y fit bâtir une maison de médiocre grandeur, avec le secours des charités qu'elle alla elle-même mendier ; car sa pauvreté la mettait hors d'état d'en faire les frais. Elle vécut dans cette nouvelle habitation ; mais plus elle voulait être inconnue, plus elle se fit connaître ; le nom de la bergère solitaire fut bientôt célèbre. On venait la voir pour s'édifier, et plusieurs personnes touchées de Dieu demeuraient auprès d'elle, pour faire quelques jours de retraite.

Bientôt sa maison, trop grande pour elle, fut trop petite pour ceux qui venaient, ou pour la consulter, ou pour profiter de ses instructions et de ses exemples. Voyant ce concours de monde qui se rendait à son ermitage, elle se sentit encore inspirée de l'agrandir par de nouveaux logements, l'un pour les hommes, l'autre pour les femmes. Il fallait de l'argent : elle l'alla chercher où elle avait pris le premier, dans les bourses que la libéralité ouvre pour les œuvres de piété. Avec ces fonds que l'humilité mendie et que la charité fournit, elle joignit une petite église ou chapelle aux deux corps de logis qu'elle s'était proposé d'édifier.

Cependant, si ce qu'on en dit est vrai, il lui en coûta plus que la honte de mendier, afin d'amasser l'argent nécessaire pour son bâtiment ; car, en faisant ses quêtes, apparemment sur le diocèse de Lyon, elle fut arrêtée et mise en prison par l'ordre de Mgr l'Archevêque. Cette humiliation ne fit qu'enflammer son zèle pour l'exécution de son dessein, loin de l'éteindre ; elle consolait même les personnes de piété qui paraissaient s'affliger de sa détention, en les assurant que celui qui l'avait fait enfermer, lui rendrait lui-même bientôt la liberté. Ce qui arriva comme elle l'avait prédit. Bien plus, Mgr l'Archevêque, pour réparer en quelque manière la tache dont il avait flétri sa réputation en la faisant mettre en prison, lui fit donner une somme considérable pour bâtir son église.

Cette nouvelle Geneviève devint l'oracle de tout le pays. On venait la consulter de tous côtés ; les ministres du Seigneur eux-mêmes recherchaient ses lumières, et ne croyaient pas s'abaisser en demandant les avis de cette simple fille, qu'on regardait comme un prodige de sainteté. Entre les grâces dont le Ciel la favorisa, se faisaient remarquer le discernement des esprits et la connaissance de l'avenir.

X. — La solitaire donne au Bienheureux de la Salle de salutaires avis, et en reçoit d'importants de sa bouche.

LE Bienheureux de la Salle à Parménie, si voisin de la célèbre Sœur Louise, dont tout le monde parlait, ne laissa pas échapper l'occasion de s'édifier de sa présence. Il l'alla voir et s'entretint avec elle longtemps, et plus d'une fois. Témoin des grâces extraordinaires que Dieu se plaisait à répandre dans l'âme de cette pauvre villageoise, il en fut, après tant d'autres, le panégyriste. Elle, à son tour, découvrant dans l'intérieur de celui qui parlait, l'éminente perfection que le nuage des médisances et des calomnies cachait au monde, se sentit pénétrée de respect et de confiance pour lui. Comme de pareils hommes sont rares sur la terre, elle résolut de profiter de sa présence et de lui ouvrir son cœur, de le consulter et de lui demander ses avis. Elle le fit avec toute la candeur et la simplicité d'une âme humble qui cherche Dieu et qui ne cache rien.

Dans le récit qu'elle fit de sa vie au saint prêtre, elle s'étendit sur les combats qu'elle avait eus à soutenir dans la solitude contre les démons ; et elle lui fit remarquer que depuis qu'elle avait élevé ces deux maisons de retraite, dont il a été parlé, leurs attaques avaient été plus violentes et plus fréquentes. Le serviteur de Dieu lui donna là-dessus les avis que l'Esprit de Dieu lui inspira et dont elle fut fort satisfaite.

Lui, à son tour, crut devoir profiter des lumières de cette nouvelle Débora. Il lui découvrit ses peines passées et présentes, et les traverses dont sa vie avait été agitée depuis qu'il avait entrepris l'établissement des écoles chrétiennes. Louise en fut étrangement surprise. Elle ne pouvait assez admirer qu'une œuvre si sainte, si utile et même si nécessaire, eût pu trouver des contradicteurs au milieu du christianisme. Elle dit là-dessus au Bienheureux de la Salle, comme par inspiration, qu'il n'était pas au terme de ses travaux, et qu'il avait encore à souffrir; mais que la couronne était préparée à sa patience.

Le saint prêtre lui confessa qu'il avait un grand désir de passer le reste de ses jours dans la solitude qui avait tant d'attrait pour lui, et de ne penser plus qu'à Dieu et à lui-même. « Ce n'est pas la volonté de Dieu, répliqua Louise, il ne faut point abandonner la famille dont Dieu vous a fait le père. Le travail est votre partage, il faut y persévérer jusqu'à la fin de vos jours, en alliant, comme vous avez commencé, la vie de Madeleine à celle de Marthe. » Le Bienheureux de la Salle regarda l'ordre de Dieu dans cette réponse, et admira les arrangements de sa Providence qui l'avait amené jusqu'à une des extrémités du royaume, pour écouter cette interprète de ses divines volontés. C'est ainsi que ces deux lumières s'éclairèrent l'une l'autre; ces deux saintes âmes, dociles à la voix de Dieu, se portèrent mutuellement à accomplir ses ordres.

Ce saint commerce parut court à tous les deux, et finit au bout de la quinzaine, durée de la retraite que le serviteur de Dieu s'était prescrite. Le Bienheureux de la Salle et la sœur Louise se quittèrent avec une joie réciproque de s'être connus, et avec le regret de ne pouvoir jamais se revoir. On ne saurait dire qui des deux fut le plus édifié et le plus satisfait. Louise s'applaudissait d'avoir vu un saint sur la terre, et de ce que Dieu le lui avait envoyé dans son désert. Elle ne pouvait assez bénir la sagesse divine, qui lui avait amené, sur la cîme de sa montagne, un directeur tel qu'il le lui fallait, si éclairé dans les voies de Dieu. Le saint Instituteur de son côté n'admirait pas moins les dispositions de la divine Providence, qui, par des routes à lui inconnues, mais infaillibles, l'avait conduit de Paris au bout de la France, pour le présenter à l'humble fille des champs qui devait l'instruire, et ensuite lui demander à son tour avec la docilité d'un disciple, des leçons de perfection.

Cette aventure céleste fut par l'une et par l'autre comptée parmi les plus grandes faveurs de Dieu, dont le souvenir fut perpétuel, et l'action de grâces journalière. Louise qui ne savait pas lire, voulut avoir les ouvrages du serviteur de Dieu, quoiqu'elle ne pût en faire usage; et il ne put les lui refuser. Ils étaient pour elle un gage de la grâce que Dieu lui avait faite de le voir, et un dépôt qu'elle conservait comme une relique dans sa solitude. Le Bienheureux de la Salle, de son côté, voulut, le reste de ses jours, profiter du vase d'élection qu'il avait trouvé caché dans un désert; car il écrivait de temps en temps à cette servante de Dieu dans ses plus grandes difficultés, pour être éclairé sur ses doutes.

XI. — Le fruit que le Bienheureux de la Salle retira de ses entretiens avec la Sœur Louise.

LE saint prêtre, de retour à Grenoble, fit sentir le profit qu'il avait tiré de ses entretiens avec un ange de la terre, revêtu de la faiblesse du sexe. Ses paroles étaient toutes de feu et son âme paraissait renouvelée. Sa ferveur était plus sensible, et son ardeur pour la perfection ne connaissait plus de difficultés. C'était un Moïse descendu de la montagne, qui ne montrait plus en lui rien de l'homme, et qui semblait être déifié après un intime commerce avec Dieu, et les discours de sa servante. Les Frères qui avaient le bonheur de le posséder, le regardaient avec une nouvelle admiration, et l'écoutaient avec un nouveau respect. Il récompensait leur hospitalité par les leçons admirables qu'il leur faisait sur la perfection, sur les routes qui y conduisent, sur le courage qu'elle demande, sur le renouvellement de l'esprit, sur l'importance d'y travailler pendant la jeunesse, et sur la constance à persévérer dans la pratique des vertus.

Ces enfants surent mettre à profit les instructions et les exemples de leur père, en courant sur ses pas dans le chemin du ciel. Ils burent de cette eau vive qui rejaillit jusqu'à la vie éternelle, qu'il leur apporta avec abondance de Parménie, et devinrent en sa compagnie des hommes tout spirituels. Le maître ne pouvait pas avoir une plus grande consolation, que de voir ses disciples avancer dans la vertu ; il la goûtait, lorsqu'un nouveau sujet de peine vint la troubler.

Il était encore avec eux, lorsque la constitution *Unigenitus* fut reçue en France et acceptée. Elle fut publiée à Grenoble, comme dans presque tous les autres diocèses du royaume, en l'année 1714, par Mgr Ennemond Allemans de Montmartin. Dans la suite, ce prélat varia dans ses sentiments et fit un second mandement contraire au premier, qui ne fut goûté, dans un diocèse fort catholique, que par ceux-là même qui l'avaient inspiré.

XII. — Le Bienheureux de la Salle se déclare au sujet de la Constitution UNIGENITUS qui fut alors publiée à Grenoble.

LE Bienheureux de la Salle, fort réservé sur ces matières, et qui avait pour maxime d'annoncer sa foi par les œuvres plus que par les paroles, crut qu'il était temps de parler dans un moment où tout le monde se mêlait de discourir pour ou contre le décret apostolique. Pour le faire cependant avec plus de sûreté et de fruit, il attendit que cette célèbre Bulle de Clément XI, qui condamne les cent et une propositions extraites du livre des *Réflexions morales sur le Nouveau Testament*, fût revêtue de toutes les formalités nécessaires. Alors, il se fit un point de conscience de se déclarer et de confesser de bouche les sentiments de son cœur, sans se soucier de s'exposer aux fureurs d'un parti puissant, dont il venait d'essuyer la colère en Provence.

Il aurait volontiers gardé le silence, si les circonstances le lui eussent permis ; car il était ami de la paix. Il savait qu'on n'arrête guère par la dispute le progrès de la nouveauté, et qu'il n'y a que calomnies et persécutions à attendre des combats qu'on lui livre ; mais, d'un autre côté, c'était se rendre équivoque en matière de doctrine, ou paraître prendre place parmi les tolérants ou parmi les indifférents, que de ne pas se ranger publiquement parmi les *Constitutionnaires*. Il le fit donc, et il le fit avec zèle, mais un zèle éclairé, sage et guidé par les mouvements du Saint-Esprit. Il lut à ses diciples la célèbre Bulle *Unigenitus*, avec l'Instruction pastorale du clergé. Il appuya sur chacune des cent et une propositions, en développa le sens, en montra le venin caché ou manifeste, et en fit sentir l'erreur et le danger.

Son zèle n'aurait été satisfait qu'à demi, s'il se fût borné à ses disciples. Dans un temps où l'on voyait des gens de toutes sortes d'états, des femmes même se donner la liberté de dogmatiser, et de parler contre le Saint-Siège et les évêques, il se crut, en qualité de prêtre et de docteur, obligé d'entrer en lice pour défendre les Oints du Seigneur et la doctrine de l'Église. Il trouvait dans la sainteté de sa vie un avantage contre l'erreur que tous n'ont pas. La régularité de sa conduite, la pureté de ses mœurs, l'austérité de sa pénitence, le mettaient en droit de démasquer le pharisaïsme

Livre III. — Chapitre XI.

des partisans de Quesnel, et de confondre des gens qui se parent des dehors de la vertu.

Sans relever si haut qu'eux la discipline des premiers siècles, sans se faire valoir pour prédicateur ou restaurateur de l'ancienne pénitence, il en faisait revivre les exemples. Rien cependant d'aigre, ni d'offensant ne lui échappait contre les ennemis de la Constitution. Sans passion, sans faux zèle, il épargnait leurs personnes en faisant la guerre à leurs sentiments, et montrait par sa conduite que c'est par œuvres et non pas seulement par paroles, qu'il faut faire l'éloge de la charité. Il avait néanmoins grand soin de mettre en défiance, contre eux et contre leurs livres, tous ceux qui le consultaient. Il leur interdisait la fréquentation des uns, et la lecture des autres, et sans dire de mal de ces nouveaux ennemis de l'Église, il inspirait la crainte de se laisser séduire par eux.

Le zèle du serviteur de Dieu reçut la récompense des saints en cette vie ; je veux dire qu'il fut couronné par la calomnie et la persécution. Les amis du Père Quesnel qui parlent et écrivent si bien sur la charité, mirent sur son compte, pour le décrier, des fables de leur façon. Toutefois, à Grenoble, ils ne réussirent pas à diffamer le serviteur de Dieu. Sa vertu n'était point équivoque en cette ville ; et tous les nuages dont les Quesnelistes tâchèrent de l'obscurcir, furent des ombres qui servirent à en rehausser l'éclat. Le parti reçut un échec en cette occasion ; car ceux qui étaient les moins passionnés, jugèrent avec raison, que la vérité ne pouvait pas être où il n'y avait point de charité, et qu'une doctrine qui avait pour ennemi un si grand serviteur de Dieu, devait être rejetée.

CHAPITRE XII.

Ce qui se passa à Paris et dans le reste de la France par rapport aux Frères, pendant l'absence du Bienheureux de la Salle. — (1714.)

S'IL était permis de juger des actions des saints, qui ont des principes de conduite bien différents de ceux des autres hommes, et qui souvent, en agissant contre les règles ordinaires de la prudence humaine, suivent les mouvements du Saint-Esprit, on serait tenté de blâmer la fuite si précipitée et si cachée du Bienheureux de la Salle en Provence ; car elle causa de grands désordres dans son Institut, et le mit à deux doigts de sa ruine.

I. — Inquiétude des Frères sur l'absence du Bienheureux de la Salle.

EN effet, il semble que le saint prêtre, avant de prendre cette résolution, ou avant son départ de Paris, ou au moins après son arrivée en Provence, eût dû en avertir les Frères, leur marquer le lieu où ils devaient lui écrire, leur faire réponse, et les gouverner par lettres, du lieu de sa retraite ; enfin leur désigner celui qu'il jugeait propre à tenir sa place à Paris, et qu'ils devaient honorer pendant son absence, en qualité de supérieur.

Le serviteur de Dieu ne fit rien de tout cela. Il alla se cacher dans les provinces reculées, sans vouloir révéler à personne où il allait ; il s'y tint inconnu, et laissa sans réponse les lettres qu'il recevait de la part des Frères ; il ne désigna personne pour le remplacer pendant son absence ; enfin, il demeura à l'égard des Frères comme un homme mort. Sans doute qu'un homme aussi sage et aussi éclairé que lui, eut de grandes raisons pour agir de cette manière, mais il ne nous est pas possible de les deviner.

Peut-être voulut-il accoutumer les Frères à se passer de lui, et les obliger enfin à se choisir un d'entre eux pour supérieur, ce qu'ils n'avaient jamais voulu faire en sa présence. Peut-être porta-t-il l'humilité et les bas sentiments qu'il avait de lui-même, jusqu'à se regarder comme un objet de malédiction, et comme la cause de toutes les disgrâces dont sa congrégation était sans cesse affligée. Peut-être eut-il la pensée que quelques-uns de ses propres disciples étaient de concert avec ses ennemis, et qu'il ne pouvait pas plus se fier aux uns qu'aux autres. Peut-être enfin, dans la vue de les désarmer, voulut-il persuader ses adversaires, qu'il ne se mêlait plus du gouvernement de son Institut.

II. — Inconvénients de cette longue absence.

QUOI qu'il en soit, car nous ne pouvons parler que par conjectures, le Bienheureux de la Salle n'ayant jamais voulu s'expliquer sur ce sujet, bien qu'il en ait été pressé souvent, sa fuite si cachée et si précipitée occasionna plusieurs dérangements. Le premier fut, que s'il n'y eut pas de dispute entre les Frères comme entre les apôtres, pour décider qui était, ou qui devait être le premier, il y eut du doute sur celui à qui on devait obéir. Le Bienheureux de la Salle ne s'étant point expliqué, il n'y avait point là-dessus de règle sûre. Le second désordre qui sortit du premier, fut que le défaut d'un supérieur certain laissa bien des fautes impunies, et mit les indociles à couvert de la correction. Le troisième inconvénient, fut que quelques Frères, de peu de vertu et d'une vocation chancelante, regardant leur état comme incertain et flottant, le quittèrent, et que d'autres, dans la pensée que l'Instituteur avait lui-même abandonné l'Institut, se crurent en droit d'imiter son exemple. Le quatrième désordre fut encore plus funeste; car il donna lieu à une autre sorte de gouvernement, que le rival du Bienheureux de la Salle, dont on a tant parlé, sut enfin introduire dans cette nouvelle société. C'en était fait de l'Institut; ébranlé jusque dans ses fondements, il menaçait ruine. Son bouleversement était déjà même commencé; et c'est une sorte de miracle qu'il se soit relevé avec plus d'éclat, et avec plus de succès que jamais.

Rien ne pouvait mieux prouver que Dieu en était l'auteur, et que l'ancien chanoine de Reims n'avait fait que lui prêter son ministère. Si l'Institut eût été son ouvrage, il n'en serait plus parlé aujourd'hui, et à peine saurait-on s'il y a eu une communauté de Frères des Écoles chrétiennes; mais parce que Dieu en était le principe, il n'a pas été possible à l'homme, ni au démon de le détruire. S'il leur a été permis d'en altérer l'esprit et le gouvernement pour quelque temps, ce n'a été que pour faire éclater la puissance divine qui a su le relever de sa chute et le ressusciter de son sépulcre.

A la mort de Jésus-Christ, la synagogue triomphait, et croyait l'Église naissante ensevelie avec lui dans son tombeau. Dieu le permit pour rendre aux membres comme au chef une nouvelle vie, et faire voir qu'il tient les clefs de la vie et de la mort. La résurrection de JÉSUS-CHRIST fut le miracle qui fit la preuve de tous les autres; ce miracle, le plus grand de tous, est le témoignage invincible de sa divinité, de la vérité de sa Religion et de son Évangile. C'est de sa mort même que JÉSUS-CHRIST a su tirer notre vie et sa gloire. Il est plus grand pour lui, d'être mort et d'être ressuscité, que s'il fût monté au ciel sans passer par la mort.

Qu'il me soit permis d'appliquer cette réflexion à notre sujet. Si l'Institut eût été toujours florissant sous les yeux et sous la conduite de son patriarche, malgré tant de traverses qui l'ont agité, le doigt de Dieu se serait encore fait sentir, et on ne pourrait raisonnablement nier que le Saint-Esprit fût le conducteur d'une famille qui aurait fleuri au milieu des persécutions. Le saint Instituteur, en voyant ses enfants se multiplier au milieu des bénédictions des hommes, et à la faveur d'une haute réputation de sainteté, eût reçu la consolation qui a été accordée à presque tous les patriarches d'ordre; mais ce qui lui a été particulier, c'est qu'il a vu sur la terre, peu avant sa mort, son Institut bouleversé, et qu'il l'a vu dans le ciel, peu après sa mort, sans doute par ses mérites, rétabli et plus florissant que jamais.

A qui attribuer cette espèce de résurrection, si ce n'est à Celui qui *seul fait des choses admirables* (Ps. LXXI, 18), comme dit le Prophète; si ce n'est à Celui qui mortifie et qui vivifie : si ce n'est à Celui qui sait tirer le bien du mal, et le profit des pertes? En effet, comme nous allons le montrer, le Bienheureux de la Salle eut, avant sa mort, le déplaisir de voir une nouvelle forme de gouvernement introduite dans sa communauté, ce qui naturellement devait en faire la ruine; et il eut en même temps la consolation de voir la fin de cette nouveauté. Ce grand fléau de persécution, qui semblait devoir anéantir sa congrégation, n'a servi qu'à la purger de ce qu'elle avait de sujets indignes, et à la faire entrer enfin dans une situation stable et florissante.

III. — Inaction des Frères et leur embarras sur ce qui était à faire.

PENDANT que le Bienheureux de la Salle ne s'occupait que de sa propre sanctification, à l'ombre de la vie cachée qu'il menait au loin, les Frères de Paris et ceux des écoles voisines souffraient beaucoup de sa longue absence. Ils ne savaient ce qu'il était devenu; et toutes les perquisitions qu'ils faisaient, à ce sujet, ne leur apprenaient rien. Plus ils étaient attachés à leur vocation et à sa personne, plus leur chagrin croissait chaque jour. Le temps qui en est ordinairement le remède ne pouvait l'adoucir. Toujours entre l'espérance de le revoir et la crainte de l'avoir perdu, ils vivaient tristes et désolés. Ils ne savaient à quoi attribuer son silence, ni pourquoi il se montrait si indifférent, et paraissait même avoir oublié des enfants qui lui étaient si chers.

La plupart, dans des inquiétudes mortelles sur sa situation, étaient fort embarrassés sur la leur. Après avoir fait tant de diligence pour découvrir le lieu de sa retraite, ils désespéraient presque d'y réussir. Les uns le croyaient mort, les autres s'imaginaient qu'il avait abandonné son Institut. Chacun en raisonnait diversement, et quelques-uns s'ébranlaient dans leur vocation. Tous se trouvaient dans un état flottant et incertain.

Leur embarras d'abord fut de savoir s'ils temporiseraient avant que de rien tenter de nouveau, et s'ils laisseraient une espèce d'interrègne dans l'Institut, jusqu'à ce qu'on eût des nouvelles de l'Instituteur, laissant à chacun des Directeurs des maisons, le soin de conduire la sienne. Le temps n'apportant aucune connaissance sur le lieu de la retraite du Bienheureux de la Salle, l'embarras devint encore plus grand. A qui fallait-il obéir, et qui devait-on reconnaître pour Supérieur ? Le Bienheureux de la Salle n'en avait point désigné ; le corps de la Société n'en avait point choisi. Fallait-il en choisir un ? De quelle manière faire cette élection ?

Un corps ne peut subsister sans chef, les membres ont besoin d'une tête qui les dirige, et qui leur communique ses influences. Si le Bienheureux de la Salle était encore vivant, on n'en voulait point d'autre. S'il était mort, le choix d'un autre Supérieur était nécessaire ; mais était-il mort ? était-il vivant ? On n'en savait rien. Devait-il revenir parmi les Frères ? était-il perdu pour eux ? Autre incertitude. S'il devait revenir, n'était-ce pas lui faire injure et paraître le déplacer, que de nommer un Supérieur ? Si on ne devait jamais le revoir, pouvait-on trop presser l'élection de celui qu'on jugerait propre à être son successeur ?

Mais, supposé que cette élection fût nécessaire, quand, où et comment la faire ? Le lieu, le temps, la manière, tout avait ses difficultés. Le temps de la vacance des classes était le seul convenable ; tout autre dérangerait les maisons et mettrait le désordre dans les écoles. Où assembler les Frères ? Autre embarras. A Paris ? Les Frères y avaient bien des ennemis, et ils n'ignoraient pas que le rival du Bienheureux de la Salle s'empresserait de s'ingérer dans toutes les délibérations, et de se mêler secrètement d'y donner ses ordres. D'ailleurs qui devait convoquer l'assemblée et en déterminer le lieu ? Nouvelle difficulté.

Dans de si grandes perplexités, les Frères se trouvèrent comme des brebis sans pasteur, sans conduite et sans conseil ; comme une famille d'orphelins qui vient de perdre son Père. Tout demeura dans l'inaction, dans un état de langueur et de consternation. Les Frères se regardaient et ne savaient que se dire. Ils ne pouvaient se rassurer, ni perdre de conseils arrêtés. Ils attendaient l'un de l'autre l'exemple ou l'ordre de ce qu'ils devaient faire. A qui devaient être adressées les redditions de compte que la règle prescrit tous les deux mois, article essentiel pour le bien de l'Institut ? Qui devait se charger d'y répondre ? Pour recevoir de nouveaux établissements, pour changer les Frères de lieux, pour corriger les indociles, pour admettre les postulants, pour renvoyer ceux qui ne convenaient pas : qui devait parler et agir ? Tout cela demeurait irrésolu.

IV. — La nécessité met en mouvement le Frère Barthélemy, et on s'accoutume à le regarder comme Supérieur.

CEPENDANT, la nécessité d'agir mit en mouvement celui des Frères qui se trouvait à la tête de ceux de Paris, et qui était chargé de la direction du noviciat par le Bienheureux de la Salle lui-même. Il s'appelait le Frère Barthélemy, et était d'un caractère fort doux, docile et discret. Tout se fût arrêté s'il n'avait pas agi. Il fallait bien qu'il parût, quand on venait demander le Bienheureux de la Salle. Nombre de lettres adressées au saint homme demandaient des réponses promptes, il fallut donc les faire. Ainsi, insensiblement et sans y penser, il se trouva chargé de la conduite des affaires et des Frères, et regardé comme Supérieur en l'absence du Bienheureux de la Salle, non par une élection en forme, mais par un consentement tacite et une approbation de cœur. Puisque le Bienheureux de la Salle l'avait chargé de la direction du noviciat, on présumait qu'il l'aurait nommé en sa place, s'il avait cru devoir parler en cette occasion.

D'ailleurs, si les Frères eussent fait une assemblée, le choix ne pouvait manquer de tomber sur lui. Il était vertueux, aimé et estimé ; et on était persuadé qu'étant très pacifique, son gouvernement serait paisible. On ne s'y trompa pas. Dans des temps si difficiles, il prit les mesures les plus sages pour empêcher que l'absence du Supérieur ne portât à l'Institut tous les préjudices qu'il en devait craindre. S'il ne put pas les détourner tous, il en écarta plusieurs, et il se conduisit de manière que les autres furent aisés à réparer, après le retour et la mort même du saint Instituteur.

Toutefois, dans les commencements, il trouva de la contradiction, de la part de quelques indociles, qui, n'étant pas fâchés de vivre sans maître, coloraient leur désobéissance du prétexte qu'ils ne voulaient point reconnaître d'autre Supérieur que le Bienheureux de la Salle, ou du prétexte que le Frère qui paraissait en sa place, n'avait été ni désigné par lui, ni choisi dans une assemblée légitime. Le Frère Barthélemy n'en parut point offensé : il avouait que la difficulté de le reconnaître pour Supérieur était bien fondée, et qu'on n'avait pas tort de lui disputer ce titre, tandis qu'il serait incertain si le Bienheureux de la Salle était vivant, ou qu'on ne l'aurait point revêtu de cette qualité par une élection régulière. Ainsi il gouvernait plutôt en Frère aîné, qui, pendant l'absence de son père, prend soin de la famille, qu'en Supérieur véritable.

Une conduite si sage, si humble et si modérée, lui concilia tous les cœurs, et le mit en possession de l'autorité tout entière. Deux ou trois mutins furent les seuls qui ne voulurent pas s'y soumettre. L'humble Frère les souffrit patiemment ; mais comme leur dérangement suivit leur désobéissance, les principaux d'entre les Frères voulurent en faire un exemple, afin que le scandale ne pût aller plus loin. Ils s'assemblèrent et rejetèrent de leur sein ces superbes, qui auraient pu, dans la suite, communiquer à d'autres le poison mortel de l'indépendence, et causer les plus grands désordres.

V. — Faute que fit le Frère Barthélemy par trop de facilité.

La seule faute que fit le Frère Barthélemy, fut de prêter l'oreille aux avis pernicieux qui lui furent donnés, sans qu'il s'en aperçut, de la part du rival du Bienheureux de la Salle. Cet homme le laissa prendre la place du Supérieur absent, sans susciter aucune opposition. Il aurait lui-même choisi ce Frère pour Supérieur, s'il eût eu droit de faire ce choix, dans la persuasion que ce vertueux disciple n'ayant ni les lumières, ni l'inflexibilité, ni la force d'âme de son maître, il saurait l'attirer à ses fins, et le mener à son but. Pour y parvenir, il mit en œuvre un ecclésiastique de confiance, qui se prêta à tous ses désirs. Celui-ci, tenta tous les moyens imaginables pour amener le Frère

Barthélemy au but où l'autre n'avait jamais pu amener le Bienheureux de la Salle, qui était de retrancher, dans l'Institut, quantité d'usages et de pratiques, et de lui donner une autre forme de gouvernement, avec de nouveaux règlements, et de nouveaux supérieurs.

L'agent qu'employa le rival du serviteur de Dieu, était tel qu'il le lui fallait ; un homme droit, mais simple ; d'une grande vertu, mais peu éclairé ; d'un grand zèle pour le bien, mais peu au fait de celui qui convient à une communauté ; enfin d'un grand crédit par sa naissance et par ses alliances. Propre à prendre tous les plis qu'il voulait lui donner, il le menait comme par la main, et il prétendait, par cette même main, conduire les Frères. Il y réussit, car il fit agréer son système par le Frère Barthélemy, à l'aide de ce vertueux ecclésiastique.

VI. — Artifices qu'emploie le rival du Bienheureux de la Salle pour tout changer dans l'Institut.

SELON ce prétendu système : 1º les Frères devaient avoir un supérieur étranger propre à les conduire, à la manière des religieuses, qui ont un supérieur externe ; 2º la maison de Paris devait faire une société distincte, et dépendante en entier de ce supérieur ecclésiastique ; 3º le noviciat devait être supprimé, comme inutile et trop à charge ; car il en coûtait beaucoup pour élever et nourrir tant de novices ; d'ailleurs, on n'en avait pas besoin pour Paris ; 4º les Frères devaient demeurer tous dans leurs places, et y être stables, sans pouvoir être changés ; 5º pour réparer la perte de ceux que la mort pouvait enlever, ou de ceux qui prendraient congé d'eux-mêmes, ou de ceux qu'il faudrait renvoyer en cas de dérangement, on se proposait d'avoir un, deux ou trois novices, plus ou moins, en chaque maison, selon son revenu et ses besoins.

Ce système, comme il est évident, et comme on va le montrer, renversait l'Institut, toutes ses lois et toutes ses pratiques. Il éteignait le nom du Bienheureux de la Salle et détruisait si bien son ouvrage, qu'au bout de dix ans on aurait ignoré pourquoi l'ancien chanoine avait quitté son pays, sa famille, son canonicat et tous ses biens, et ce qu'il avait fait dans l'Église de Dieu. En un mot, on voulait faire de la société des Frères, de petits corps démembrés, sans subordination à un chef commun, et sans autre chef que le Supérieur du lieu : à peu près comme sont quantité de communautés de maîtresses d'écoles, qui se multiplient aujourd'hui (1733) en France, et que chaque évêque établit ou laisse établir pour son diocèse particulier.

Mais pourquoi ce dessein de rompre la congrégation des Frères, et de la scinder en plusieurs maisons sans liaison et sans dépendance commune? N'était-il pas plus naturel et plus agréable à l'orgueil, de se rendre maître de la société entière, que de la seule maison de Paris? Cela flattait sans doute davantage l'amour-propre, mais cela n'était pas possible. L'auteur du projet pouvait captiver et tenir sous sa dépendance les Frères de Paris, et il en avait les moyens; mais son pouvoir ne s'étendait pas plus loin. Pour sûr, tous les autres Frères n'auraient pas voulu le reconnaître, ni se mettre dans ses fers. De plus, en se chargeant de la conduite de tous les Frères, il aurait fallu pourvoir aussi à leur subsistance, et c'était à quoi on ne voulait pas s'engager. Enfin, il aurait fallu entretenir le noviciat que le Bienheureux de la Salle avait élevé; la dépense en était grande, et on n'osait pas s'en charger. Ainsi, c'était nécessité de se borner au plan rapporté ci-dessus.

Pour le faire agréer au Frère Barthélemy, on alla au plus court. On laissa jeûner les Frères, on les laissa manquer de tout; et lorsqu'ils allèrent demander les pensions dues, ou solliciter des charités, on leur fit entendre de s'adresser à M..... qui était une personne fort pieuse et fort libérale, qui ne manquerait pas de les secourir. On leur conseilla en même temps de prendre confiance en lui, de le choisir même pour leur Supérieur, en les assurant qu'ils trouveraient en lui une ressource dans tous leurs besoins, et un autre M. de la Salle. Les Frères ne se pressèrent pas; ils étaient en défiance, et avec raison. Ils n'avaient point perdu l'espoir du retour de leur père, et ils avaient peur qu'en trouvant sa place remplie par un étranger, il ne prît le parti de la céder pour jamais.

VII. — **Un ecclésiastique de vertu et de considération se fait le Supérieur des Frères, sans aucune élection de leur part, à l'instigation de l'ennemi du Bienheureux de la Salle.**

CEPENDANT, le vertueux ecclésiastique dont nous avons parlé, homme distingué par bien des endroits, qui ne regardait que le bien en se prêtant aux intrigues de celui qui le mettait en mouvement, venait de lui-même chez les Frères en qualité de Supérieur. Il se donnait ce titre, attendant que les Frères le lui donnassent, et il les pressait même de le lui déférer. Il voulait être leur protecteur, leur bienfaiteur, leur père ; il leur promettait son crédit, ses services et ses libéralités.

Rien de cela ne leur eût manqué en effet, s'ils eussent voulu le substituer au Bienheureux de la Salle ; car, en réunissant chez les Frères les grandes aumônes qu'il partageait ailleurs, il les eût rendus riches. A force de caresses et de bons offices qu'il rendait aux Frères, dans le besoin, il les accoutuma à lui donner le titre qu'il se donnait lui-même, c'est-à-dire, à l'appeler leur Supérieur, puisque ce terme lui plaisait.

Ce n'était cependant pas le nom, mais la réalité et les droits attachés au nom qu'il recherchait. Il voulait, qu'en l'appelant Supérieur, on agît envers lui avec l'esprit de dépendance des inférieurs. Ce point était plus difficile à obtenir ; car, après tout, les termes ne coûtent point, et personne ne se ruine en compliments. Ce n'était point non plus un vain titre que ce bon ecclésiastique avait été leur demander, mais une vraie juridiction et une pleine autorité. Comme il était bien instruit, il prit le parti, pour rendre son élection plus prompte et plus certaine, de suspendre toutes les charités, et de faire retrancher aux Frères les pensions qui leur étaient dues. Il réussit à faire beaucoup souffrir les Frères, et à les mettre dans une étrange disette ; mais il ne réussit pas à se faire choisir, en bonne forme, pour ce qu'il voulait être.

En attendant, il exerçait une autorité qui ne lui était pas encore donnée ; il ôtait la liberté au Frère Barthélemy de recevoir des postulants sans sa permission, et il les renvoyait lui-même ; car, selon le système prétendu, on n'en voulait pas plus de trois ou quatre : moyen sûr d'anéantir l'Institut du Bienheureux de la Salle. Si cela eût duré longtemps, il ne pouvait pas subsister. Les choses étaient pourtant sur ce pied, quand le Bienheureux de la Salle revint de Provence : il ne trouva que trois ou quatres jeunes gens au Noviciat. Le Frère Barthélemy n'était plus rien ; il s'était mis en captivité, il se laissait dominer par celui dont nous parlons. Quand il aurait voulu recevoir un plus grand nombre de novices, on lui en ôtait le pouvoir, en lui ôtant les secours nécessaires pour les nourrir ; car il ne savait pas les trouver comme le Bienheureux de la Salle, dans les trésors du Père céleste.

Au reste, voilà tout ce que put faire le rival du Bienheureux de la Salle par son agent. Quels que fussent les efforts de celui-ci, il ne put avancer sur un terrain où il voulait faire la loi. Quelques-uns des plus anciens Frères qui aimaient le Frère Barthélemy, résistèrent avec vigueur et s'encouragèrent à ne point lâcher pied. Ils accordaient pourtant libéralement la qualité de Supérieur à celui qui la désirait, et qui se la donnait ; mais ce titre seul, dépouillé de l'autorité qu'il désigne, ne le contentait pas. Il prit même avec adresse occasion de cette dénomination, pour en exiger la réalité. « Vous m'appelez, dit-il un jour, votre Supérieur, il en faudrait donner des marques. » Et de peur que les Frères n'entendissent pas assez ces paroles, il ajouta, « qu'il désirait qu'on en dressât un acte, et qu'après l'avoir fait signer des Frères, on le mît sur le Registre de la Maison. »

Cet article était important et intéressait essentiellement l'Institut. Comme le Bienheureux de la Salle, pénétrant dans l'avenir, avait prévu que ce cas pourrait arriver, il avait engagé les Frères, comme on l'a vu précédemment, à statuer qu'ils n'éliraient après sa mort, qu'un d'entre eux pour Supérieur. Il avait eu en vue cet article, lorsqu'il avait voulu plusieurs fois se démettre de la supériorité, et obliger les Frères de choisir un d'entre eux pour lui succéder. Il voulait voir ce point, qui lui paraissait essentiel, mis en exécution de son vivant, afin qu'après sa mort, il ne souffrît point de difficulté. Il était donc important de ne point écouter cette proposition, et on ne peut excuser de faiblesse le Frère Barthélemy, pour y avoir acquiescé. Il fit, par complaisance, ce qu'on lui demandait ; mais, au retour du Bienheureux de la Salle, on déchira ce feuillet du Registre, pour effacer la tache qu'il y imprimait.

VIII. — Cet ecclésiastique, instruit par le rival du Bienheureux de la Salle, tend un piège à la simplicité du Frère Barthélemy, pour introduire le nouveau gouvernement.

L'ECCLÉSIASTIQUE ayant enfin mené les Frères à ce premier but, voulut les pousser plus loin, et avancer son dessein. Il ne s'expliquait pas, il n'en parlait que par monosyllabes ; il voulait préparer les esprits, et les disposer à se prêter à ses projets, avant que d'en faire l'ouverture. Il faisait de grandes promesses, il s'offrait à mettre les Frères en possession d'une maison stable ; mais il y ajoutait un *mais*, qu'il laissait à entendre, sans le vouloir dire.

Enfin, soit qu'il crût trouver le moment favorable, soit qu'il voulût sonder les cœurs, il proposa une fois une forme de gouvernement. Un des nouveaux articles était que chacune des maisons de l'Institut devait élever ses sujets ; un second était qu'il fallait rompre le rapport qui existait entre elles ; un autre, qui était la suite du précédent, qu'il fallait que la maison de Paris fît un corps à part.

Il ne fut point écouté et, pour détourner ce trait, les Frères répondirent respectueusement, qu'il fallait auparavant prendre l'avis et le consentement de tous les Frères de la province. Ces bons Frères s'applaudissaient d'avoir su parer ce coup, et croyaient avoir gain de cause ; mais ils en furent la dupe par la simplicité ou la trop grande complaisance du Frère Barthélemy, qui ne vit pas les conséquences de la démarche qu'on l'engagea à faire.

L'ecclésiastique dont nous parlons était un homme droit et sans malice ; mais celui qui le conseillait et qu'il servait si bien, était rusé, et savait bien s'ouvrir les portes qu'on lui avait fermées. Son avis fut qu'il fallait inspirer au Frère Barthélemy d'écrire aux Directeurs des différentes maisons des Frères, de chercher un supérieur externe, capable de les conduire et de prendre soin de leurs affaires. Si le Frère Barthélemy donnait dans ce piège, l'adroit Achitophel faisait passer, sous une autre envelopppe, les propositions qui avaient été rejetées ; et le refus des Frères ne l'empêchait pas d'introduire une autre sorte de gouvernement, et d'appliquer son système. Pour faire illusion au Frère Barthélemy sur un article si essentiel, et l'engager non seulement à y souscrire, mais même à en presser l'exécution, et à en être lui-même le ministre, on le plaignait d'être à la tête d'une œuvre si difficile à conduire ; on lui fit entendre qu'il était chargé d'un fardeau que le Bienheureux de la Salle n'avait pu lui-même porter, et dont il s'était, à la fin, débarrassé ; que, de plus, ce fardeau était plus pesant pour lui que pour l'Instituteur, parce qu'il n'avait ni son caractère, ni son autorité, ni son expérience, et qu'il ne trouvait pas dans les Frères le même cœur, la même docilité, la même confiance. On ajouta que, s'il ne voulait pas succomber sous le poids d'une charge qui avait accablé le Bienheureux de la Salle lui-même, il devait s'armer de l'autorité de quelques ecclésiastiques accrédités dans les lieux où il y avait des Frères établis, et se décharger, sur ces supérieurs externes et particuliers, de la plus grande partie de ses soins ; que ces messieurs, à l'ombre de leur autorité, sauraient bien maintenir la régularité parmi les Frères, soumettre les indociles, et ranger au devoir ceux qui se donnaient trop de liberté ; et que, sans ce secours, il ne viendrait jamais à bout de gens qui pouvaient impunément secouer le joug de son obéissance.

Un avis si spécieux parut un avis sage au Frère, qui n'en voyait pas les suites. Il ne lui vint pas même en pensée de soupçonner qu'un autre motif que la charité en fût le principe. Il remercia ceux qui le lui donnaient, et les pria de lui inspirer le moyen de le mettre en pratique. Ce moyen était tout préparé. Le Frère était venu où on l'attendait, et il n'y avait plus qu'un pas à lui faire faire. Cela ne fut pas difficile. On lui dit qu'il devait écrire partout où il y avait des établissements de l'Institut, et engager les Frères à se procurer un supérieur externe, capable de les gouverner et de les soutenir pendant l'absence du Bienheureux de la Salle, dont on n'entendait plus parler.

En même temps, on promit au Frère d'appuyer ses lettres par d'autres qui auraient leur poids. En effet, on joignit aux lettres du Frère Barthélemy celles d'un abbé de considération, qui les rendirent efficaces. Bientôt le Bienheureux de la Salle eut de tous côtés un grand nombre de vicaires destinés à faire sa fonction de Supérieur. Au lieu d'un Institut l'on en vit autant qu'il y avait de différents établissements. Enfin, le système du rival secret du Bienheureux de la Salle, si longtemps médité, et jusqu'alors sans effet, fut mis en pratique. Il avait travaillé pendant dix ans à le faire passer, mais il ne l'avait jamais tenté qu'à sa confusion. Le moment de l'exécuter était venu, et il ne le perdit pas. La longue absence du saint Instituteur lui avait donné un nouveau courage pour essayer encore une fois de faire goûter ce système. Il avait été proposé aux Frères et aussitôt rejeté, mais l'artifice suppléa à l'autorité. On déguisa le projet et on lui donna une autre face, et, sous un masque trompeur, il fut agréé, au moins par celui qui faisait la fonction de Supérieur.

Voilà jusqu'où il fut permis à l'adversaire de l'Instituteur de parvenir ; mais il ne put passer outre, et à ce point-là même où naturellement l'Institut devait prendre fin, le système échoua et s'en alla en fumée. Les flots de la persécution, comme ceux d'une mer agitée et en fureur, vinrent se briser à ce terme. Dieu, pour mettre la vertu de son serviteur à la dernière épreuve, voulut donner à son ennemi la victoire entière, et à lui la mortification de voir, selon toutes les apparences, la ruine prochaine et certaine de son Institut, dans le changement de la forme de son gouvernement : mortification la plus sensible que le saint homme ait reçue dans sa vie ; mais il n'en eut que la mortification, et il acquit le mérite de sa patience et de sa soumission aux ordres de Dieu.

Le Tout-Puissant, après avoir tenté ce nouveau Job de toutes les manières possibles : par la perte des biens, et la perte de ses enfants spirituels, par des infirmités et des maladies des plus aiguës et des plus violentes, par des persécutions et des outrages presque continuels, et enfin par l'affliction de voir son ouvrage sur le penchant de sa ruine, lui redonna une nouvelle famille, rétablit son Institut, le rendit plus florissant que jamais, et enfin l'assura et le rendit inébranlable.

En effet, celui qui avait permis le mal avait préparé le remède, en inspirant aux nouveaux Supérieurs l'esprit avec lequel il fallait se comporter, dans l'absence du Bienheureux de la Salle, à l'égard de son Institut. Ils se contentèrent de s'en déclarer les gardiens et les protecteurs, et laissèrent aux Directeurs des maisons et au Frère Supérieur tous leurs droits ; ils affermirent même leur autorité en contribuant à mettre en rapport les inférieurs avec leurs Supérieurs ; en un mot, ils firent ce que le Bienheureux de la Salle aurait fait lui-même, s'il avait été multiplié en chaque diocèse.

IX. — Désordres qui devaient naître de ce nouveau système de gouvernement.

QUELQUES-UNS même de ces Supérieurs locaux, prévoyant les suites dangereuses que pouvait avoir la nouvelle forme de gouvernement qu'on tâchait d'introduire, furent zélés pour l'abolir, et avertirent le Frère Barthélemy d'y travailler, en lui fournissant les moyens d'y réussir. D'un autre côté, ceux qui s'intéressaient au bien de l'Institut, et qui avaient conservé une grande idée du Bienheureux de la Salle, furent fort alarmés de cette étrange nouveauté, et croyaient déjà voir les Écoles chrétiennes prendre fin avec celui qui en était l'auteur.

Plusieurs des principaux Frères, plus éclairés que les autres, et plus au fait de leur établissement et de la manière de le conduire, en murmurèrent hautement, et se plaignirent que le service qu'on avait prétendu leur rendre, portait un coup mortel à leur Société. Quel est le but de la nouvelle forme de gouvernement qu'on introduit, disaient ils ? Veut-on dépouiller l'Instituteur du droit du gouverner son Institut, et lui fermer, à son retour, la porte de toutes les maisons, qu'il a lui-même édifiées ? Veut-on seulement soutenir, pendant son absence, les Frères dans leur premier esprit, et conserver comme en dépôt son Institut, afin qu'il le retrouve, quand il reviendra, tel qu'il l'a laissé ? Veut-on donner à son Œuvre une meilleure forme, en corriger les défauts et en réparer les fondements, ou en créer une nouvelle sur les ruines de celle-ci ? Quelque face qu'on donne au changement qu'on introduit, on ne peut l'envisager que comme une nouveauté pernicieuse : enfantée par la malice ou du moins inspirée par un zèle mal éclairé.

X. — On ouvre les yeux au Frère Barthélemy sur les désordres qui allaient suivre l'introduction de la nouvelle forme de gouvernement, et on lui fournit les moyens d'étouffer le mal dans sa naissance.

TOUT cela, et autres choses qu'on omet, fut représenté au Frère Barthélemy par plusieurs des principaux Frères, et même par quelques-uns de ces Supérieurs ecclésiastiques, qui avaient été choisis dans chaque diocèse pour suppléer à l'absence du Bienheureux de la Salle. Ces personnes intelligentes et zélées pour l'Institut des Écoles chrétiennes, gémirent sur le pernicieux conseil qui avait été suivi, et offrirent leur ministère pour en empêcher les suites.

Ils avaient, pour ainsi dire, entre leurs mains, par leur commission, la Congrégation du Bienheureux de la Salle ; il leur eût été aisé de la démembrer par parties, selon le nouveau projet, et de se mettre à la tête de celle qui était soumise à chacun d'eux. Ils pouvaient se faire chefs de ces petites communautés détachées, et se donner à peu de frais le nom d'Instituteurs, en faisant de nouveaux règlements et en introduisant de nouvelles pratiques, aux dépens de l'Instituteur véritable. C'est apparemment par où les auteurs du nouveau système avaient prétendu éblouir ces Supérieurs particuliers. Quoi qu'il en soit de cette intention, le Tout-Puissant, qui avait permis la proposition de ce projet, n'en permit pas l'exécution.

Pour le faire échouer, on conseilla trois ou quatre choses au Frère Barthélemy : la première, d'entreprendre une visite générale de tous les établissements, de s'attacher par la douceur le Directeur et les Frères de chaque maison, de les engager à ne point interrompre les relations qu'ils avaient avec lui et leur liaison avec le corps de la communauté. La seconde, de les engager à ne communiquer aux Supérieurs externes que les affaires du dehors, et celles qui réclamaient leur protection. La troisième, de ne plus nommer ces messieurs du nom de Supérieur, mais de les appeler Protecteurs. La quatrième, de faire, à la vacance des

Écoles, une Assemblée générale, à Saint-Yon, des principaux Frères des maisons, pour délibérer sur le bien général de l'Institut, pour y suivre ensemble une retraite fervente et se renouveler en esprit, afin d'y procéder ensuite, en l'absence du Bienheureux de la Salle, à l'élection d'un Supérieur Général et y convenir qu'on ne regarderait les Supérieurs externes que comme des Protecteurs, en se comportant à leur égard comme le font à Rome les Ordres religieux, à l'égard du Cardinal protecteur, qui leur est donné pour les favoriser de son pouvoir.

Ceux de ces Supérieurs qui avaient donné ces conseils, furent les premiers à les suivre. Ils ne voulurent faire aucun acte de juridiction chez les Frères, ils ne voulurent pas même assister à leurs Assemblées, ni se mêler de l'intérieur de leurs maisons. Ils se contentèrent de donner leur avis quand les Frères venaient le leur demander. Du reste, ils laissaient les Frères dans leur première possession, de se gouverner par leur Supérieur Général, et ne se réservaient que le droit de leur rendre service dans l'occasion.

Ce qui est admirable, et ce qui fait sentir le doigt de Dieu sur la Communauté du Bienheureux de la Salle, c'est que tous les autres Supérieurs firent d'eux-mêmes et de leur propre mouvement, ou plutôt par l'inspiration divine, ce qu'avaient projeté ceux dont nous parlons. Ils ne se regardaient que comme Protecteurs des Frères, et ne les troublèrent en rien sur leur ancienne manière de se conduire. S'il y eût du trouble parmi les Frères, il ne vint nullement de la part de ces messieurs ; il fut causé par la nouveauté elle-même qu'on voulut introduire.

Elle ébranla, en effet, des sujets de toutes sortes de caractères ; des tièdes et des fervents, des dociles et des mutins. Chacun ne savait que penser dans les circonstances présentes. Les uns gémissaient sur l'absence du Bienheureux de la Salle, comme sur la cause du désordre ; les autres soupiraient après son retour, comme l'unique remède à la décadence de l'Institut. Ceux-ci, désespérant de voir le remède et le libérateur, étaient tentés de quitter un Institut qui allait changer de face et cesser d'être, en prenant une nouvelle forme ; ceux-là étaient bien aises de colorer leur sortie de ce prétexte de plaintes. Enfin, des uns et des autres, des plus anciens et des meilleurs sujets, plusieurs sortirent, ennuyés d'être toujours dans un état flottant et incertain, et la plupart ne renoncèrent à l'état de maîtres d'école que parce qu'ils croyaient qu'on voulait les faire renoncer à leur vocation de Frères.

XI. — Le Bienheureux de la Salle est enfin averti des désordres que fait l'homme ennemi dans sa Société ; sa résignation à la volonté de Dieu.

ON écrivit de tous côtés sur ce sujet au Bienheureux de la Salle, et on lui fit de grands reproches de son absence. La plupart des lettres, avec une adresse fausse ou incertaine (car on ne savait pas où il était), n'allèrent pas jusqu'à lui ; mais une suffisait pour lui en apprendre plus qu'il ne voulait. Il fut averti enfin, et il fut désolé. De tant de lettres que les Frères et que ceux qui s'intéressaient au bien de l'Institut lui envoyaient, quelques-unes parvenant jusqu'à lui, lui apprirent le désordre et le trouble que ses ennemis avaient fait entrer dans sa Société, et la décadence dont elle était menacée, s'il ne venait lui-même, au plus tôt, l'étayer avec la même main qui l'avait établie.

Cette fâcheuse nouvelle était, dans les conseils divins, la plus grande épreuve que Dieu préparait à sa vertu. Ce second Job, en l'apprenant, se soumit aux ordres de Dieu, adora ses desseins incompréhensibles, bénit son saint Nom, et s'abandonna à ses rigoureuses volontés. Cependant, sans se laisser abattre, il espéra contre toute espérance, à l'exemple d'Abraham, persuadé que quand il plairait à Dieu, il saurait, des pierres mêmes, lui susciter de nouveaux enfants, et relever l'Institut des Écoles chrétiennes avec un nouvel éclat. « *Dieu soit béni !* ajouta-t-il, *si c'est son œuvre, il en aura soin.* »

Sa confiance en Dieu ne fut pas vaine, car des lettres plus consolantes lui apprirent que le mal n'était pas si grand qu'on l'avait dit ; que Dieu avait su tirer le bien du mal en faveur de l'Institut ; que les Supérieurs locaux qu'on avait demandés pour les Frères, leur servant de protecteurs et de pères, les avaient aidés de leurs conseils et les avaient animés à l'observance de leur Règle, sans se mêler de la conduite du dedans, ni du gouvernement domestique ; qu'eux-mêmes avaient donné avis au Frère Barthélemy de ce qui se passait mal à propos, afin qu'il y apportât le remède convenable, tant ils appréhendaient de violer les droits du Frère Supérieur, et de rien déranger dans les maisons; que quelques-uns même des Frères s'étant adressés à eux pour les faire entrer dans leurs intérêts particuliers, au préjudice du bien général des autres, ils les avaient sagement renvoyés à leurs Supérieurs, comme à leurs juges naturels. Le Bienheureux de la Salle eut, en effet, à son retour, la consolation d'apprendre que le nouveau système de gouvernement n'avait point eu d'autres suites.

Il semblait que tout ce qui se passait de tous côtés, et surtout à Paris, à son sujet, aurait dû lui faire prendre le parti d'y revenir, pour rétablir toutes choses par sa présence. Mais dans la persuasion qu'il était plus propre à détruire qu'à édifier, et que Dieu n'avait pas besoin de lui pour soutenir son Œuvre, il ne pensa qu'à se cacher encore plus qu'il n'avait fait. Toutes les raisons dont on avait rempli les lettres pour le retirer de sa solitude n'eurent point de force sur son esprit. Il ne répondait même plus aux lettres que les Frères lui écrivaient sur ce sujet, afin de les accoutumer à l'oublier entièrement et de les rebuter en quelque sorte par un silence affecté.

Il n'y gagna rien : plus il voulait être oublié, plus les Frères pensaient à lui, ne pouvant plus vivre sans lui.

XII. — Les Frères ne pouvant le résoudre à revenir, lui en font un commandement, et il obéit.

LA longue absence de leur Père avait appris aux Frères combien il leur devait être cher, et combien son retour leur était nécessaire. Ils l'importunaient sans cesse et le fatiguaient de leurs lettres. Ennuyés, à la fin, d'user de tant de moyens inutiles, ils en imaginèrent un qui fut plus efficace pour le faire revenir. Puisqu'il ne tenait aucun compte de leurs désirs, de leurs gémissements, de leurs prières, ils s'avisèrent de lui envoyer un ordre et de lui faire un commandement. L'expédient était hardi et sans exemple ; l'ordre qu'ils donnaient paraissait lui-même un attentat contre l'autorité légitime qu'ils devaient respecter ; mais qu'eussent-ils fait ? La nécessité n'a pas de loi, dit le proverbe vulgaire, et la charité s'en fait quelquefois d'extraordinaires. Si, dans cette conjoncture, les enfants commandèrent au père, ce ne fut que dans la vue de lui obéir ; si les disciples firent la loi au maître, ce ne fut que par le désir de la recevoir de lui.

Les principaux Frères de Paris, de Versailles et de Saint-Denis s'étant donc assemblés, convinrent de lui écrire une lettre au nom de tout l'Institut, par laquelle, après l'avoir sollicité par les raisons les plus tendres et les plus touchantes, ils lui ordonnent, en vertu de l'obéissance qu'il a vouée à l'Institut aussi bien qu'eux, de revenir à Paris sans délai. Cette lettre, écrite d'un style simple et naïf, marque si vivement l'estime et la vénération qu'ils avaient pour le saint Instituteur, et la crainte qu'ils avaient de le perdre, qu'il suffit de la rapporter telle qu'elle est, pour réfuter tout ce que ses ennemis ont dit de la dureté de son gouvernement et de l'entêtement qu'ils lui reprochaient.

« Monsieur notre très cher Père, Nous principaux Frères des
« Écoles chrétiennes, ayant en vue la plus grande gloire de Dieu,
« le plus grand bien de l'Église et de notre Société, reconnaissons
« qu'il est d'une extrême conséquence que vous repreniez le soin
« et la conduite générale du saint œuvre de Dieu qui est aussi le
« vôtre, puisqu'il a plu au Seigneur de se servir de vous pour
« l'établir et le conduire depuis si longtemps. Tout le monde est
« convaincu que Dieu vous a donné et vous donne les grâces et
« les talents nécessaires pour bien gouverner cette nouvelle Com-
« pagnie, qui est d'une si grande utilité à l'Église ; et c'est avec
« justice que nous rendons témoignage que vous l'avez toujours
« conduite avec beaucoup de succès et d'édification. C'est pour-
« quoi, Monsieur, nous vous prions très humblement, et vous
« ordonnons, au nom et de la part du corps de la Société, auquel
« vous avez promis obéissance, de prendre incessamment soin du
« gouvernement général de notre Société. En foi de quoi nous
« avons signé. Fait à Paris ce 1er avril 1714, et nous sommes
« avec un très profond respect, Monsieur notre très cher Père, vos
« très humbles et très obéissants inférieurs, etc. »

Cette lettre, à mon avis, est un témoignage bien éclatant de l'insigne vertu du Bienheureux de la Salle. Il fallait que les Frères eussent une idée bien haute de l'humilité et de l'obéissance de leur Instituteur, pour oser lui écrire de la sorte, et croire qu'il voulût se soumettre à un commandement qui, assurément, se trouvait mal placé dans la bouche de ceux qui le faisaient, et qu'on ne pourrait excuser, si la simplicité et le besoin ne l'eussent pas autorisé. Un homme moins humble que leur Supérieur se fût choqué et scandalisé de ce commandement impérieux, et s'en serait vengé par un profond silence, ou par une réponse dure. C'est ce que les Frères ne craignaient pas : ils connaissaient trop bien le caractère de leur Supérieur, pour entrer en défiance sur ce sujet. Il leur avait donné dans toutes rencontres des exemples d'humilité et d'obéissance si extraordinaires, qu'ils se croyaient en droit d'attendre celui-là et même de l'exiger. Ils ne furent pas trompés. Toutefois, une lettre si singulière surprit d'abord le saint prêtre, et s'il n'avait pas reconnu l'écriture des Frères qui l'avaient signée, il aurait pu entrer en soupçon contre elle, et s'imaginer qu'elle était fabriquée à plaisir, ou qu'elle était le pieux stratagème de quelqu'un des plus zélés pour l'Institut et des plus attachés à sa personne. Ne pouvant donc former aucun doute sur l'authenticité de cette lettre, il demeura comme interdit en la lisant, incertain s'il devait ou blâmer la hardiesse de ceux qui l'avaient écrite, ou louer le zèle qui l'avait inspirée. Les diverses pensées qui se succédèrent en son esprit, pendant la lecture qu'il en faisait, aboutirent à la déférence pour ses inférieurs, et le déterminèrent à leur donner encore une fois un illustre exemple de soumission et de dépendance, puisqu'ils l'attendaient de lui.

Ses amis s'étant aperçus de son dessein, s'y opposèrent avec force ; mais il leur répondit qu'il fallait faire l'obéissance. « A qui voulez-vous obéir, lui demandèrent-ils ? Avez-vous un Supérieur dans votre communauté ? — Je veux obéir aux Frères, répliqua-t-il, ils me commandent de retourner à Paris. — Étrange renversement, s'écrièrent-ils, si le législateur reçoit la loi de ceux à qui il l'a faite ! » En vain voulut-on lui persuader qu'il n'avait point d'ordre à recevoir de ses inférieurs, de ses enfants, de simples Frères, lui Supérieur, père, prêtre et Instituteur. On n'ébranla point sa résolution ; il s'y confirma même, en leur disant : « qu'après avoir si longtemps enseigné l'obéissance par paroles, « il était juste de commencer à l'enseigner par pratique. »

Cette humble maxime ferma la bouche à ses amis, aussi édifiés que surpris. Ils félicitèrent les Frères d'avoir un Supérieur qui leur donnait de tels exemples, et ils ne doutèrent point qu'un Institut, fondé sur des actions de vertu si héroïques, ne fût l'œuvre de Dieu, et ne dût sortir florissant de l'abîme des croix et des persécutions, où il paraissait englouti et perdu. M. l'abbé de Saléon, aujourd'hui (1733) évêque d'Agen, et M. Didier, chanoine de Saint-Laurent, qui a la bonté d'ajouter au titre de protecteur des Frères celui de leur confesseur, furent ceux qui ressentirent plus de peine de la perte qu'ils allaient faire du saint prêtre.

Les religieuses de la Visitation du premier monastère de Grenoble, en témoignèrent aussi un grand regret. C'était leur église que le saint prêtre avait choisie pour dire la sainte messe, et ce fut le fonds de religion et de piété qui l'accompagnait en cette action, qui leur apprit à le connaître et à l'honorer. La dévotion qu'il inspirait au saint autel attirait presque toutes les religieuses à sa messe, quoiqu'il ne dît pas celle de la communauté. Le serviteur de Dieu, après s'être débarrassé des adieux qu'il avait à faire dans la ville, passa, la veille de son départ, un temps considérable en prières, pour recommander à Dieu son voyage et les Frères de la maison qui lui avait servi d'hospice. S'étant aperçu, avant de les quitter, de quelque petit différend qu'avait un d'eux avec le Directeur, il se pressa de l'apaiser, et les laissa tous dans la paix, après les avoir exhortés, comme un autre saint Barnabé, à persévérer dans l'union, dans la charité, dans la fidélité à leur vocation, dans l'esprit de retraite et de séparation du monde. Il est aisé de comprendre combien ces Frères furent affligés de cette séparation : elle leur fut d'autant plus sensible, qu'ils perdaient l'espérance de le revoir.

Le Bienheureux de la Salle prit sa route du côté de Lyon. A son arrivée, sa dévotion le conduisit au tombeau de saint François de Sales, où il resta une heure en prières, pour obtenir de Dieu l'esprit de ce grand saint, et sa protection pour son Institut. Quelques personnes de connaissance qu'il alla visiter dans la ville, voulurent l'y retenir quelque temps ; mais il s'en dispensa, en donnant pour excuse que l'obéissance le pressait de se trouver au plus tôt à Paris. De Lyon il se rendit à Dijon, où les Frères le reçurent avec une joie mêlée de tristesse, à cause du peu de temps qu'il avait à leur accorder pour les consoler de sa longue absence. Enfin, il arriva à Paris le 10 août 1714.

CHAPITRE XIII.

La manière dont le Bienheureux de la Salle paraît et est reçu à Paris. Les nouvelles peines qu'on lui fait. Il délivre un possédé. — (1714.)

I. — Le Bienheureux de la Salle, de retour à Paris, se présente comme un inférieur, et fait son possible pour obliger les Frères d'élire un autre Supérieur, mais inutilement.

LE Bienheureux de la Salle, qui était venu à Paris à la voix de l'obéissance, y parut en état d'inférieur, et dit aux Frères, en les abordant : « Me voici arrivé ; que désirez-vous de moi ? » Les Frères n'eurent de paroles que pour le supplier de reprendre la conduite générale de l'Institut. Le saint prêtre s'en défendit par la raison que l'œuvre ayant été soutenue, pendant son absence, par la main puissante qui l'avait commencée, la sienne était inutile ; il dit de plus qu'il fallait le supposer mort, et faire comme s'il n'était plus au monde. Il ajouta qu'il était résolu de vivre désormais dans l'état particulier où la Providence l'avait conduit par des voies secrètes ; et qu'après avoir goûté la douceur d'une vie libre du soin des autres, il ne pouvait se résoudre à reprendre une charge si pesante ; qu'il était temps de penser au choix d'un Supérieur général qui, par sa bonne conduite, pût réparer les fautes qu'il avait faites.

Or, le Bienheureux de la Salle avait plus d'une vue dans ce projet ; car, outre ce grand amour de l'état d'abjection et de dépendance, qui le portait incessamment à prendre la dernière place, il voulait introduire, de son vivant, dans la Société, et autoriser par son exemple, la forme de gouvernement qui devait y rester, dans la crainte qu'à sa mort on ne tentât de mettre à la tête des Frères un Supérieur qui ne fût pas de leur corps. C'était donc pour prévenir ce désordre, regardé par lui comme le renversement de sa Congrégation, qu'il avait engagé les Frères, même par vœu (comme on l'a vu dans son lieu), à se choisir entre eux un Supérieur, aussitôt après sa mort.

Sa crainte n'était pas vaine, puisque nous venons de voir qu'après dix années entières d'intrigues pour mettre, à Paris, un Supérieur étranger en sa place, on y avait enfin réussi. Pour réparer ce désordre dès sa naissance, le saint prêtre crut qu'il était absolument nécessaire de faire élection d'un des Frères pour Supérieur, afin de rendre inutile le Supérieur externe qui s'était élu lui-même, et de mettre la communauté en possession de se conduire elle-même, sans aucun secours du dehors. C'est ce qu'il voulait voir pendant sa vie, pour pouvoir, à sa mort, espérer que son absence de ce monde ne ferait aucun changement chez les Frères.

Tous ses efforts furent encore, pour cette fois, inutiles. Il ne put jamais obtenir de ses enfants la démission qu'il sollicitait depuis tant d'années. Ils ne l'avaient pas fait venir pour le déposséder. Tout autre que lui, dans sa place, ne pouvait être de leur goût. Ils ne pouvaient ni se passer de lui, ni se soustraire à son autorité. Ils allèrent donc tous à ses pieds pour lui marquer leurs respects et se soumettre à ses ordres. Le serviteur de Dieu, frustré encore une fois de son espérance, se retira dans sa pauvre chambre, le cœur plein de tristesse de ne pouvoir se délivrer d'un fardeau qui lui devenait à charge, et dont il se croyait fort incapable.

Toutefois, il ne garda que le nom de Supérieur, se déchargeant du détail des affaires sur le Frère Barthélemy, qui ne faisait pourtant rien sans le consulter. Le saint homme ne voulut pas même conduire la maison, ni présider aux exercices.

Il ne se réserva que l'exercice du ministère dont il ne pouvait se décharger sur ses Frères. Il leur disait la sainte messe, les confessait et leur faisait les dimanches et les fêtes une exhortation spirituelle d'une demi-heure. Tout le reste du temps il se tenait retiré dans sa chambre, et s'employait à prier, à lire la sainte Écriture et les livres de piété, et à composer des ouvrages spirituels pour l'avantage particulier des siens. Cette conduite du saint homme ne mortifiait pas peu ses enfants. Ils croyaient ne l'avoir qu'à demi, et ils avaient un sensible regret de ne pas profiter pleinement de sa présence. Mais ils dissimulaient leur chagrin, de peur de lui en faire, espérant d'ailleurs le ramener insensiblement à leurs désirs.

Comme il était arrêté, dans les conseils éternels, que chaque jour du saint homme devait être marqué au coin de la croix, il ne fut pas longtemps sans éprouver de nouvelles humiliations. Son grand ennemi n'était plus au monde ; Dieu en avait disposé pendant que le saint prêtre faisait son séjour à Grenoble. L'avis qu'il avait reçu de sa mort avait facilité son retour à Paris, où il n'aurait osé revenir ; c'est la déclaration que fit alors le Bienheureux de la Salle à quelques Frères de confiance. Mais si ce puissant adversaire ne vivait plus, il avait laissé après lui des héritiers de son esprit et de ses préventions contre le serviteur de Dieu.

II. — L'ecclésiastique qui se disait Supérieur des Frères cherche querelle au Bienheureux de la Salle. Questions sur lesquelles il demande une réponse.

UN de ces ecclésiastiques qui prétendaient gouverner l'Institut, parut fort scandalisé de ce que le Bienheureux de la Salle confessait les Frères, dans l'opinion qu'il n'en avait pas la permission. Son zèle impatient contre cette prévarication prétendue, le porta à exprimer ses murmures et son blâme, en faisant part au Frère Barthélemy de sa surprise. Il ne put pas même s'empêcher de s'en expliquer au Bienheureux de la Salle, qui ne le retira de cet étonnement que pour le faire entrer dans un autre plus grand, en lui montrant les amples pouvoirs qu'il avait reçus de Son Éminence Mgr le cardinal de Noailles, dès son entrée dans l'archevêché de Paris, sans obligation de les faire renouveler. L'ecclésiastique, dont nous parlons, en fut d'autant plus surpris qu'il ne connaissait personne qui en eût de pareils, et qu'on ne lui avait pas donné à lui-même cette marque de distinction, que son rang et sa naissance paraissaient demander.

N'ayant donc pu molester le saint prêtre sur cet article, il l'entreprit sur un autre sujet, Dieu le permettant ainsi pour la perfection de son serviteur; car l'ecclésiastique dont nous parlons était d'ailleurs un homme de bien, et d'une vertu supérieure à sa qualité; mais il était imbu des idées du défunt, et il semblait faire revivre, avec son esprit, ses animosités contre le saint prêtre. On peut dire qu'il lui cherchait querelle, et que, mécontent de son retour à Paris, il ne savait par quel moyen l'en chasser encore une fois au plus tôt, soit que la présence du serviteur de Dieu lui fît ombrage au sujet du titre de Supérieur des Frères, soit qu'il eût à cœur de poursuivre l'exécution du nouveau système de gouvernement, du succès duquel il désespérait tant que le Bienheureux de la Salle ne serait pas éloigné. Quoi qu'il en soit du motif qui le faisait agir, il écrivit, de sa propre main, un mémoire qu'il fit remettre au Bienheureux de la Salle, avec ordre d'y répondre.

Voici les questions auxquelles on demandait une réponse prompte et précise: Quels seront ci-après les supérieurs de la communauté des Frères? Quels en seront les vœux? A qui s'adressera-t-on lorsqu'on voudra faire des établissements? Quelles seront les règles de la Société?

III. — Embarras dans lequel ces questions jettent le Bienheureux de la Salle.

CES questions étaient artificieuses et embarrassantes, surtout la première, qui était le nœud des autres. Le serviteur de Dieu n'y pouvait répondre sans donner des armes nouvelles contre lui, et sans se jeter dans le piège qu'on lui tendait.

S'il eût répondu que les supérieurs de la communauté des Frères devaient, ci-après, être tirés du corps de leur Société, qu'ils devaient être de simples Frères, et non des prêtres ni des étrangers, on lui eût fait procès sur tous ces termes ; car on lui eût reproché à lui-même qu'il voulait innover sur cet article et changer l'ordre de la première institution de la Société, puisqu'il en était, quoique prêtre, le Supérieur perpétuel et sans interruption depuis son établissement. On l'eût accusé de bizarrerie ou de petitesse d'esprit, en ce qu'il croyait que sa Congrégation serait mieux gouvernée par de simples Frères, sans étude et sans science, que par des ecclésiastiques éclairés et savants.

On lui eût fait un crime de condamner ce qui venait d'être fait avec tant de succès, et de trouver mauvais qu'on eût fait nommer des supérieurs ecclésiastiques aux Frères, partout où ils avaient des établissements, ce qui était blesser personnellement l'auteur de ce mémoire, qui avait été le premier auteur de cette entreprise. Enfin, c'eût été aussi lui dire à lui-même qu'on ne le regardait pas comme Supérieur des Frères de Paris, et qu'il usurpait un titre que personne n'avait eu le droit de lui donner.

D'un autre côté, si le Bienheureux de la Salle eût répondu que ci-après les supérieurs de la communauté des Frères seraient des prêtres comme lui, et tels que ceux qu'on avait déjà pris dans les diocèses : 1º il aurait approuvé la nouvelle forme de gouvernement qu'on voulait introduire, qu'on avait en effet introduite, et qu'il regardait comme un désordre et comme la ruine totale de son Institut ; 2º il se serait lui-même exclu de sa société, ou il aurait donné un prétexte légitime pour l'en chasser, car on lui aurait demandé ce qu'il était venu faire à Paris, puisqu'il y avait un autre Supérieur que lui ; 3º le Bienheureux de la Salle aurait détruit lui-même ce qu'il avait fait, car il aurait engagé les Frères à violer le vœu qu'il leur avait inspiré de faire, qui était de ne choisir pour Supérieur, après sa mort, aucun prêtre ni aucun étranger, mais un Frère de leur Institut.

Il est certain que ce monsieur n'ayant aucun droit, ni aucune apparence de supériorité sur le Bienheureux de la Salle, celui-ci pouvait refuser de répondre, mais le serviteur de Dieu était trop humble pour le faire. Il est encore très certain que si le Bienheureux de la Salle eût voulu porter ces questions à Mgr le cardinal de Noailles, qui n'avait pas donné la commission de les faire, et qui ne regardait pas d'un fort bon œil ceux qui en étaient les auteurs, elles eussent attiré son indignation; mais le saint prêtre était trop sage pour exciter cette brouillerie, et trop charitable pour vouloir se venger à coup sûr des querelles qu'on lui faisait de gaîté de cœur.

Le plus court pour lui était de mépriser ces questions litigieuses et de les honorer d'un profond silence. Or, c'est ce qu'il n'osait faire, car, quoique cet ecclésiastique n'eût sur lui aucune autorité, il en avait pris sur les Frères; ils avaient même besoin de lui; il pouvait leur faire et beaucoup de bien et beaucoup de mal. Ainsi, l'humilité, la charité, la prudence lui faisaient un devoir de répondre. L'humilité le lui ordonnait; car le mettant toujours au rang le plus bas dans son esprit, elle lui inspirait de s'abaisser devant tout le monde et de se soumettre à tous, comme à ses supérieurs, selon l'esprit que les apôtres saint Pierre et saint Paul inspiraient à leurs disciples.

L'homme de Dieu en était si rempli, qu'il ne parlait à l'ecclésiastique dont il s'agit qu'avec un profond respect; il agissait avec lui comme avec son Supérieur; il recevait ses corrections, et souvent essuyait ses manières dures et méprisantes, sans s'en offenser. La charité lui faisait aussi une loi de répondre, pour détourner les coups que ce monsieur pouvait porter ou faire porter aux Frères. Enfin, la prudence le lui inspirait, pour ne pas laisser ignorer ses intentions, et de peur qu'on ne se servît de son silence pour autoriser de nouvelles pratiques. Son embarras ne fut donc pas petit: les questions étaient captieuses et on ne cherchait qu'à le surprendre dans ses paroles.

IV. — Il se résout à ne point répondre à la principale question, et ce refus est cause qu'on laisse les Frères dans la disette.

LE Bienheureux de la Salle s'abandonna à l'esprit de Dieu, et répondit avec simplicité ce qu'il croyait lui être inspiré, à chacun des articles, excepté le premier. Un homme qui cherchait occasion d'éclater contre le serviteur de Dieu, parut indigné de ce que sur le premier article il n'y avait pas de réponse; c'était sur celui-là même qu'il en demandait une précise, parce que tous les autres en dépendaient. Pour le contenter, il aurait fallu que le saint Instituteur eût répondu que la Communauté des Frères de Paris serait gouvernée par lui et les Messieurs de*** (¹). Toute autre conclusion l'eût également irrité ; car voilà où il en voulait venir : se faire nommer Supérieur par l'Instituteur même et à son exclusion, et faire remettre par lui-même la Communauté des Frères de Paris sous sa pleine puissance et disposition. C'était précisément ce que le Bienheureux de la Salle craignait, et ce qu'il regardait comme le renversement entier de sa Société. L'indignation qu'avait fait paraître ce monsieur l'affligea fort, parce qu'il en prévit les suites, mais il n'en fut pas ébranlé. Abandonnant tout à Dieu, il dit qu'il ne pouvait répondre au premier article, et qu'on lui tendait un piège.

Dans ce temps-là, à proprement parler, il n'y avait aucun Supérieur en fonction. Le Bienheureux de la Salle l'était, mais il ne voulait en faire aucun office. Les Frères ne s'en étaient point donné un autre, et ce ne fut que deux ans après que se fit l'élection du Frère Barthélemy. D'un côté, leur refus constant d'accepter la démission de leur Instituteur, et de l'autre côté, la persévérance du Bienheureux de la Salle à ne faire aucun acte de Supérieur, laissaient toutes choses en suspens. Cette occasion paraissait belle à celui qui s'ingérait dans cette communauté, pour se faire donner le titre de Supérieur, afin de se saisir de l'autorité qu'il donne, et d'achever enfin l'exécution de son système.

Quand le Bienheureux de la Salle n'aurait point eu en vue ces sujets de crainte, la prudence ne lui aurait pas encore permis de faire aucune réponse au premier article ; car, disait-il, si je mets par écrit que la communauté des Frères sera conduite par ***, j'aurai à dos Mgr l'Archevêque de Paris ; si je dis qu'elle sera soumise au gouvernement du prélat, j'attirerai sur moi et sur les Frères la persécution de ces messieurs. Des raisons si fortes le firent persister dans son silence. Il en fut puni, et les Frères en

---

1. Il ne peut être question ici, ni ailleurs dans cet ouvrage, de la célèbre Compagnie de Saint-Sulpice, dont les respectables Supérieurs, après avoir été les maîtres du Bienheureux de la Salle, restèrent toujours ses conseillers, même dans les résistances qu'il se crut parfois obligé d'opposer aux Curés de Saint-Sulpice.

Il s'agit sûrement de la Communauté dite des *Prêtres de la paroisse de Saint-Sulpice*, dont faisaient partie les ecclésiastiques influents, pieux et zélés, souvent mentionnés par l'historien du serviteur de Dieu, lesquels, *agissant de bonne foi*, dit cet auteur, *et par zèle du plus grand bien, ont pu avoir de très bonnes intentions, en persécutant* le Fondateur, sous prétexte de sauver son Œuvre.

portèrent la peine. C'est ce que craignait le Bienheureux de la Salle, mais il y était préparé.

Celui qui menait cette intrigue avait eu l'adresse de faire venir entre ses mains la pension due aux Frères qui tenaient les écoles, et il était bien résolu de ne s'en dessaisir que quand le Bienheureux de la Salle l'aurait satisfait. Quand le temps de recevoir la pension fut venu, il demanda pour préliminaire, à ceux qui venaient la chercher, si M. de la Salle avait répondu. Ces Frères simples et sincères dirent sans déguisement que non, parce qu'il ne savait quelle réponse faire. Nouveau chagrin pour un homme qui exigeait de la bouche même du Bienheureux de la Salle le titre de Supérieur, et qui s'avisait de le mettre, en quelque sorte, au prix d'une pension due. Il exigea, en effet cette réponse, comme la récompense du payement qu'il avait à faire, et refusa de remettre le dépôt qui était entre ses mains.

V. — Les Frères trouvent un expédient pour se tirer de cette affaire.

LE Bienheureux de la Salle ne s'émut pas d'un refus auquel il s'attendait. Les Frères, cependant, le pressaient de répondre, en lui représentant le besoin de la maison, et faisaient leur possible pour le tirer de l'inaction dans laquelle il demeurait à cet égard ; mais il refusa constamment, prévoyant que, quelque réponse qu'il pût faire, les suites en seraient toujours fâcheuses.

Ne pouvant donc rien obtenir de lui sur ce point et se voyant, d'un autre côté, pressés par la nécessité, les Frères prirent le parti de répondre eux-mêmes, persuadés qu'une réponse de leur part, sans avoir les mêmes inconvénients qu'aurait eus celle du Bienheureux de la Salle, leur procurerait ce qui leur était si justement dû, et tirerait leur Supérieur de l'étrange embarras où il se trouvait depuis six semaines. Sans entrer dans le détail de ce qui se passa en cette occasion, il suffit de dire qu'ils trouvèrent le moyen, par un écrit insignifiant, sinon de satisfaire celui qui avait proposé les questions, du moins de l'obliger de paraître satisfait.

On savait que cette réponse ne lui plairait pas ; mais on comptait aussi qu'il serait obligé de s'en contenter, parce qu'il avait donné lui-même aux Frères pour maxime que, quand ils auraient quelque difficulté, ils devaient s'assembler deux ou trois, selon le conseil de l'Évangile, et qu'il trouverait bon tout ce qu'ils décideraient de cette manière. Il s'ensuivait encore de cette maxime que les Frères ayant dit que ce n'était point au Bienheureux de la Salle, mais à eux, à répondre au premier des articles proposés, on ne devait plus exiger de lui de réponse. La chose arriva comme on l'avait prévu. Ce monsieur ayant lu l'écrit, le rendit aux Frères en souriant, et sans donner aucune marque de mécontentement.

Au retour des Frères, le Bienheureux de la Salle voyant le papier et apprenant que ce monsieur, était satisfait, s'écria, en jetant un profond soupir : « Ah ! mon Dieu, que vous m'avez ôté de dessus le cœur un poids pesant ! » Dès le lendemain on se présenta pour recevoir la pension, qui fut aussitôt accordée, et on n'entendit plus parler de cette affaire.

VI. — Histoire du chevalier d'Armestat ; sa conversion et sa délivrance de la possession du démon, par le Bienheureux de la Salle.

L'ANNÉE même du retour du Bienheureux de la Salle à Paris, le chevalier d'Armestat s'était retiré dans le noviciat des Frères. C'était un jeune homme d'une famille illustre en Allemagne, qui avait servi plusieurs années dans les armées de l'empereur, sous le prince Eugène. Après la bataille de Denain il quitta le service, sans qu'on en sache le motif. En passant par Lyon, il s'y arrêta quelque temps. Pendant son séjour dans cette ville, une possédée, qu'on exorcisait, faisait l'entretien de tout le monde et piquait la curiosité des gens oisifs. C'est ainsi que le chevalier d'Armestat fut tenté de voir le spectacle de l'exorcisme, et d'examiner si ce qu'on disait de la possession du démon était véritable. Peut-être voulait-il rire des exorcismes et de la simplicité des catholiques, qui, dans la pensée des novateurs, sont trop crédules sur cet article. Un protestant comme lui n'était pas disposé à regarder, autrement que comme un amusement du peuple, la cérémonie des exorcismes. Un homme de guerre tel qu'il était, se faisait un honneur de faire l'esprit fort et de ne pas croire qu'il y eût des démons.

Ce fut dans cette disposition qu'il entra dans l'église où se faisaient les exorcismes. Le salut qu'il reçut en entrant, de la part du démon, par la bouche de la possédée, paya sa curiosité ou son incrédulité, et lui en apprit plus qu'il n'en voulait savoir ; car la possédée, en le regardant, lui dit en frémissant de rage : « Tu ne crois pas qu'il y ait des démons, mais tu éprouveras un jour leur fureur ! » Jamais homme ne fut plus surpris. Frappé d'une vérité si salutaire, que Dieu lui révélait par le père du mensonge, il y pensa sérieusement ; et cette première pensée fit naître dans l'instant celle d'abjurer le luthéranisme et de se faire instruire de la religion catholique et romaine.

Il ne perdit point de temps ; car il fit quelques mois après sa profession de foi, entre les mains de Mgr l'archevêque de Lyon. Cette démarche faite, il alla à Paris, où ses premiers soins furent de se mettre entre les mains d'un habile directeur, capable de le conduire à Dieu et de le retirer de ses égarements. Il fut adressé à un vertueux prêtre de la communauté de Saint-Sulpice, qui lui conseilla de se retirer dans la communauté du Bienheureux de la Salle. Il y fut reçu le 8 octobre 1714, et le lendemain, jour de saint Denis, il commença à suivre les exercices du noviciat.

Il semble que le démon l'attendait là pour lui faire éprouver ses fureurs, selon la menace qu'il lui en avait faite par la bouche de la possédée. Cela ne lui était pas fort difficile, car le chevalier avait reçu à l'armée plusieurs blessures qui n'avaient été guéries que par le remède appelé « le secret ». L'esprit malin, qui avait employé sa science à guérir un homme qui était à lui, ne voulut pas qu'il en profitât après sa conversion. Le nouveau converti sentit des douleurs cuisantes par tout le corps, dès le premier pas qu'il fit dans la maison des Frères. La violence des maux qu'il souffrait lui arrachait les larmes des yeux et les soupirs du cœur.

Les Frères, qui en ignoraient le sujet, attribuaient à sa ferveur et au regret de ses péchés passés, ses pleurs et ses gémissements. Ce ne fut que le lendemain qu'ils furent au courant de la véritable cause. Comme il ne parut point aux exercices de communauté, on alla le chercher, et on le trouva dans son lit, immobile et sans connaissance, nageant dans le sang qui coulait de toutes ses plaies, qui s'étaient rouvertes, quoique auparavant elles fussent si bien fermées, qu'elles ne paraissaient même pas. On s'appliqua, avec empressement à lui procurer toutes sortes de secours ; mais comme les remèdes ne le faisaient point revenir à lui, qu'il demeurait sans parole et sans mouvement, et qu'on désespérait même de le voir longtemps en vie, on lui donna l'Extrême-Onction. Ce sacrement eut un effet si sensible, qu'au moment même ses plaies se refermèrent, la parole et la connaissance revinrent, et il se trouva dans une santé si parfaite, qu'il fut en état, le lendemain, de reprendre les exercices du noviciat.

Cependant, ce retour à la santé ne fut pas de durée, car, quelques jours après, il retomba dans un état pire que le premier.

Livre III. — Chapitre XIII. 643

Sans connaissance, sans sentiment, il ne faisait usage de ses sens et de ses membres que par des contorsions horribles, en vomissant le sang par la bouche et en roulant les yeux comme un possédé. Il les fixait néanmoins de temps en temps en un endroit de la chambre, et remuait les lèvres comme s'il eût parlé à quelqu'un, en faisant de ses bras les mouvements d'un homme qui veut parer des coups et qui se met en défense.

Il passa ainsi la nuit dans des agitations extraordinaires, sans qu'il fût possible de lui faire prendre aucune nourriture, ni de lui desserrer les dents. Ensuite il tomba dans une espèce de ravissement qui dura quatre heures. Pendant ce temps, il crut voir une foule de démons, sous des figures horribles, qui le menaçaient de l'exterminer, s'il ne quittait promptement le genre de vie qu'il venait d'embrasser. Cette vue effrayante lui faisait faire des grimaces horribles, et semblait le mettre si proche de la mort, qu'on croyait qu'il allait expirer. Alors il lui sembla voir la très sainte Vierge, dont il avait goûté la dévotion depuis son retour à la véritable foi, qui dissipa cette troupe infernale par sa seule présence, et le consola.

Dès qu'il fut revenu à lui, il demanda avec instance l'habit de la Société, et on le lui accorda. Il paya cher cette grâce, car le démon, regardant cette prise d'habit comme une nouvelle insulte, s'en vengea sur lui par de nouveaux tourments. Comme si l'esprit infernal l'eût serré au cou, et l'eût voulu étrangler, le novice ne pouvait respirer, et était dans l'état d'un homme qu'on étouffe. Sa langue s'épaissit de manière qu'il n'en pouvait faire usage pour parler. Dans cette extrémité, cependant, il ne perdait pas la connaissance ; ce qui fit qu'on lui donna le saint Viatique. Comme on désespérait de sa vie, on assembla quelque temps après la communauté pour dire les prières de l'agonie. Le mal parut diminuer à mesure qu'on les faisait, et, à la fin des prières, on le vit comme ressuscité.

Le démon, néanmoins, ne lâcha pas prise, et puisqu'il n'avait pu, par tant de tourments, détourner de son dessein cet esclave échappé de sa servitude, il eut recours à l'artifice. Soit imagination, soit prestige, le malade crut voir le Bienheureux de la Salle, le Frère Barthélemy, Directeur des novices, et le prêtre qui lui avait inspiré d'entrer dans la communauté, le frapper et le flageller cruellement. C'était le démon qui, sous leurs figures, avait fait cette exécution, soit effective, soit imaginaire. Ce qui est très réel, c'est que le novice souffrit beaucoup, et que ses douleurs n'étaient point un songe.

L'artifice du malin esprit lui réussit : son dessein était de persuader le patient qu'il avait trouvé trois bourreaux dans ces trois vertueuses personnes ; le novice en demeura très persuadé, et c'est ce qui pensa causer sa perte. On fit son possible pour l'en désabuser, et enfin il reconnut la malice du séducteur. Revenu de son faux préjugé, son courage se ranima contre les attaques de Satan, et les efforts de Satan redoublèrent contre lui.

Le fait paraîtra incroyable, et on n'oserait pas l'avancer dans un siècle où l'on ne veut rien croire de ce qui paraît extraordinaire, si on n'avait pas pour garants les Frères qui en ont été témoins. L'ancien serpent n'ayant pu arracher la vocation du cœur de ce novice, lui arracha, la nuit, tous les ongles des pieds. Les Frères, le lendemain, le virent, et crurent s'en devoir rapporter à leurs yeux. Ce témoignage est reçu de ceux mêmes qui font les esprits forts. Le Bienheureux de la Salle fut, comme les Frères, témoin de ce fait et des autres qu'on vient de rapporter. Il était revenu de Grenoble, et il avait fait pendant plus de six semaines, en faveur de ce nouveau converti si cruellement agité par le démon, tout ce que la plus tendre charité avait pu lui inspirer.

En faisant réflexion sur tout ce qui s'était passé à ses yeux, le saint prêtre demeura persuadé que tous ces effets marquaient une véritable possession du démon. Cependant, comme il était fort sage et prenait en tout de grandes précautions, il ne voulut point faire d'éclat ; car, après tout, pour l'ordinaire, il n'y a pas de démonstration sur ce sujet, et il est aisé de s'y tromper ; c'est pourquoi il ne voulut point faire publiquement les prières que l'Église prescrit pour la délivrance des énergumènes. Il s'enferma dans la chambre du malade, et fit sur lui les prières avec les cérémonies qui sont d'usage en pareils cas. Elles furent efficaces, et le novice fut délivré de la possession du démon, qui, jusque-là, n'avait point donné de relâche à son ancien captif. Depuis ce temps, le novice ne ressentit plus les attaques du malin esprit ; mais il eut le malheur de manquer de fidélité, et il ne persévéra point dans sa vocation.

CHAPITRE XIV.

Le Bienheureux de la Salle renvoie le noviciat à Saint-Yon. Il veut s'y rendre, mais on le lui défend, et il obéit ; on lui permet ensuite d'y aller, et il s'y applique avec zèle à l'éducation des novices. Il obtient enfin des Frères de lui choisir un successeur. Manière d'y procéder qu'il leur enseigne. Il retouche les règles et les met dans l'état où elles sont aujourd'hui. — (1715-1717.)

I. — Regrets du Bienheureux de la Salle à la mort de Louis XIV ; motifs qui engagent le pieux Instituteur à renvoyer les novices de Paris à Saint-Yon.

La mort de Louis XIV, qui arriva le 1er septembre 1715, fut un nouveau sujet d'affliction pour le Bienheureux de la Salle. Il la pleura avec tous les gens de bien, et en craignit les suites pour l'Église et pour l'État. Les deux minorités précédentes avaient appris à tout le monde ce que l'on devait appréhender d'une troisième.

On peut dire que l'Institut perdit, à la mort de ce grand monarque, un généreux protecteur ; car Sa Majesté avait accordé tout ce qu'on lui avait demandé jusqu'alors en faveur des établissements des Écoles Chrétiennes. Ce religieux prince venait même d'en établir une à Fontainebleau, avec une pension de cinq cents livres, pour deux Frères, fondation qui demeura sans exécution. L'intérêt de l'Église, qui faisait une si grande perte par le décès d'un roi encore plus redoutable à l'hérésie qu'à ses voisins, touchait plus le Bienheureux de la Salle que celui de sa Congrégation : car il ne lui fut pas difficile de prévoir que la nouveauté allait faire de grands progrès à l'ombre du trône en tutelle.

Alors, la rareté des espèces et la cherté extraordinaire des vivres, qui augmentait tous les jours à Paris, firent résoudre le saint Instituteur à renvoyer le noviciat à Saint-Yon, où il pourrait plus aisément subsister ; car le prix des denrées ne rendait pas dans les provinces la vie aussi difficile qu'elle l'était dans la capitale du royaume. Le Frère Barthélemy partit donc pour Rouen, vers le mois d'octobre, avec trois ou quatre novices. Il n'en avait pas davantage, parce que le nouveau gouvernement qu'on avait voulu introduire n'en voulait pas un plus grand nombre, comme nous l'avons dit. Le noviciat fut alors rétabli à Saint-Yon, et il y a toujours subsisté depuis ce temps-là.

Le Bienheureux de la Salle demeura à Paris encore un mois avec les Frères de l'école. Avant que d'en partir pour suivre le noviciat, il pria le Frère directeur de la maison de le laisser prier Dieu durant deux jours : renfermé dans sa chambre, dont il ne sortait que pour prendre ses repas, afin de consulter Dieu pour savoir s'il devait aller présenter ses respects à Mgr le Cardinal de Noailles. Apparemment qu'il fut inspiré de n'y pas aller, car, après avoir dit la sainte messe de grand matin à la paroisse de Saint-Sulpice, il alla saluer M. l'abbé de Brou et prendre congé de lui.

Ce digne abbé, qui se consacre, dans la vie humble et cachée, à toutes les bonnes œuvres qui n'ont point d'éclat, avait été prié par M. de la Chétardie de prendre soin des Frères, lorsque le Bienheureux de la Salle avait fui en Provence, et de leur rendre tous les services dont ils avaient besoin. C'est ce qu'il a toujours fait depuis avec une grande charité. Par l'intérêt qu'il prenait au bien des Frères de Paris, il s'empressa de retenir le Bienheureux de la Salle, et s'opposa à son voyage ; il voulut même, *en le lui défendant,* user d'un terme qu'il savait être agréable à un homme si humble, et que la charité inspire quelquefois pour suppléer au défaut de l'autorité.

Le motif qui engageait le pieux abbé à retenir le Bienheureux de la Salle à Paris, est qu'il ne savait pas comment sa Communauté pourrait y subsister en son absence, dans un temps où, toutes choses étant au plus haut prix, elle commençait à manquer de tout. Le Bienheureux de la Salle, qui avait des supérieurs partout, et qui se faisait un devoir d'honorer celui-ci d'une manière singulière, lui obéit avec la simplicité d'un enfant. Les Frères, qui n'en voulaient pas reconnaître un si grand nombre, se sentirent un peu choqués de cet ordre nouveau, et du dérangement qu'allait produire ce contretemps. Ils jugeaient la présence du saint prêtre absolument nécessaire à Saint-Yon, et ils le pressaient fort d'y aller.

Le remède au mal fut que deux Frères allèrent faire sentir à M. l'abbé de Brou la délicatesse du Bienheurex de la Salle, au sujet de la défense qu'il lui avait faite de sortir de Paris, et que le saint prêtre, honorant en lui l'autorité qu'un homme parfaitement humble donne à tout le monde sur soi, ne voulait pas aller à Rouen, où cependant on ne pouvait se passer de lui. Ce dut être un grand sujet d'édification pour ce pieux abbé, de voir un homme du nom, du mérite et de l'âge du Bienheureux de la Salle, honorer sa jeunesse jusqu'à ce point, et respecter en lui des défenses qu'il n'avait pas droit de faire. Comme la charité les avait inspirées, cette même vertu porta le pieux ecclésiastique à les rétracter, sur l'assurance que les Frères lui donnèrent que la présence de leur Supérieur n'était pas absolument nécessaire à Paris.

II. — **Attraits du Bienheureux de la Salle pour la direction des novices; comment il la comprend et la pratique.**

LE Bienheureux de la Salle, venu dans le lieu où il devait, peu d'années après, trouver un tombeau et la fin de ses travaux et de ses peines, ne pensa plus qu'à se préparer à la mort, à se débarrasser de tout autre soin, et à laisser l'Institut dans l'état où il le souhaitait ; mais comme son heure n'était pas venue, et qu'il n'avait pas encore consommé son ouvrage, les Frères ne lui permirent pas de goûter le repos qu'il cherchait en Dieu, et qui devait le préparer au repos éternel. Les ayant élevés dans la pratique détaillée de l'obéissance, et leur ayant appris à ne rien faire sans permission, en son absence comme en sa présence, il était juste qu'il fût la victime de ses propres maximes, et que la charité lui rendît agréables les importunités continuelles que ses disciples lui faisaient souffrir de vive voix et par lettres, en lui demandant des permissions ou des avis. Inutilement, il les renvoyait au Frère Barthélemy ; ils revenaient toujours à lui, comme des enfants à leur père, par ce préjugé légitime qu'il ne pouvait se dépouiller de son autorité sur eux.

L'emploi qui était dans cette maison le plus au goût du saint prêtre, était la conduite des novices. De tout temps il en avait fait son plaisir, aussi bien que son devoir principal, comme on l'a vu, persuadé que toute la sainteté de son Institut dépendait de la ferveur du noviciat. Sur ce principe, il s'y appliqua alors plus que jamais. Les yeux ouverts sur les démarches de ces jeunes gens, il les étudiait partout et cherchait en tout à leur inspirer l'esprit et les maximes de JÉSUS-CHRIST, et à leur donner du goût pour ses vertus et ses sentiments. Plus zélé encore à cultiver leur intérieur qu'à bien former leur extérieur, il se faisait rendre compte de tout ce qui se passait en eux, et, en les observant de si près, il les obligeait de ne point sortir d'eux-mêmes, et d'être attentifs sur tous les mouvements de leur propre cœur.

Tout ce qui n'était point Dieu ou ne conduisait point à Dieu n'étant pas de son goût, il ne savait estimer dans ses novices que la seule vertu, et c'était elle seule qu'il voulait leur apprendre à estimer plus que tout le reste. Il fallait oublier le monde et toutes les choses du monde en entrant à Saint-Yon, ou en sortir bientôt. Dans cette agréable solitude, on ne respirait que le ciel, on oubliait tout ce qui ne regarde pas le salut, et on désapprenait la science du monde. Pour se plaire avec le Bienheureux de la Salle, il fallait avoir de l'ardeur pour sa perfection, être déterminé à se renoncer et à entreprendre l'ouvrage d'une mort parfaite à soi-même. En un mot, il voulait des novices fervents ou qui voulussent le devenir, ou il n'en voulait point; ce n'était pas le nombre, mais la sainteté, qu'il cherchait.

Ceux en qui il trouvait du courage pour travailler à leur perfection, étaient ses amis; il les aimait avec une tendresse particulière, et c'était pourtant ceux-là qu'il mortifiait le plus. Il s'attachait à les faire courir dans une carrière épineuse, où la nature lâche ne demande qu'à se reposer, ou au moins à reprendre haleine, et où elle a besoin de l'éperon, de temps en temps, même dans les plus fervents. Il ne pardonnait rien à ces âmes généreuses, parce qu'il voulait les habituer à ne se pardonner rien à elles-mêmes, et leur apprendre à fomenter entre leur cœur et leur chair une haine irréconciliable. Imitant en cela la conduite de ce sage supérieur dont saint Jean Climaque fait tant d'éloge, qui aurait cru ôter le pain de la main de ses inférieurs les plus parfaits, s'il ne les avait humiliés et mortifiés à temps et à contretemps, sans raison et avec raison.

Par rapport à ceux qui étaient faibles en vertu et aux commençants, la conduite du sage Instituteur était différente. Il les consolait, il les animait, il les soutenait. Il tâchait de leur adoucir le joug de Jésus-Christ, et de leur faire goûter son service. Il se comportait à leur égard comme une tendre mère, qui porte entre ses bras ses enfants quand ils sont las de marcher, et qui les caresse sur son sein. Ceux qui lui paraissaient languir dans le chemin de la vertu attiraient sa compassion, et expérimentaient cependant sa sévérité. Il les poussait vivement, il les piquait, et il leur faisait sentir l'aiguillon de la charité; car elle a aussi ses pointes, disent les saints, et elle fait des blessures, mais des blessures qui guérissent le mal et ne l'aigrissent jamais.

Que ne leur disait-il pas pour leur faire connaître leur maladie spirituelle et ses suites! Que ne faisait-il pas pour les obliger à en chercher le remède dans la prière, dans la préparation aux sacrements, et dans l'abnégation évangélique! Les cœurs qu'il trouvait durs et insensibles le touchaient, et, en déplorant leur malheur, en paraissant en être effrayé, il leur apprenait à se pleurer eux-mêmes, à se plaindre et à prévenir les funestes effets de leur état.

Ceux qui paraissaient chancelants dans leur vocation attiraient tous ses soins. Il examinait les causes de leur tentation, et leur apprenait à en découvrir eux-mêmes la source. S'il ne reconnaissait point en eux des marques de la vocation de Dieu, il leur ouvrait la porte, et il était le premier à les engager à sortir. S'il remarquait des vocations défectueuses, il enseignait à les corriger et à les purifier.

Pour ce qui est de ceux que le Saint-Esprit avait conduits chez lui, il n'oubliait rien pour affermir leur fidélité à la grâce et les confirmer dans leur profession. Toujours prêt à les écouter tous, il leur montrait à tous un cœur de père, soit dans les réprimandes qu'il faisait aux uns, soit dans les exhortations et les encouragements qu'il adressait aux autres. Cette occupation ne l'ennuyait et ne le fatiguait jamais ; il laissait volontiers tout le reste pour s'attacher à cette fonction, comme à la plus importante et la plus essentielle. En effet, que peut-on espérer, dans la suite, d'un homme qui n'a pas été formé dans la vertu dès son entrée dans une communauté ? d'un homme qui n'a point fait de noviciat ou qui l'a mal fait ? Une maison peut-elle subsister sans fondement ? Peut-on espérer de voir en bonne santé, dans l'âge viril, l'enfant qui n'a point pris de lait, ou qui n'en a reçu qu'un mauvais ?

III. — Confiance témoignée par le Bienheureux de la Salle au Frère Barthélemy.

LE vertueux Frère Barthélemy, Directeur des novices, était charmé de voir le Bienheureux de la Salle faire sa fonction, et il se rangeait parmi eux en qualité de Frère aîné pour profiter des instructions de leur père commun. Cette humilité ravissait le cœur du saint prêtre, et gagnait sa confiance. Il n'avait rien de caché pour le Frère Barthélemy, il prenait et suivait ses avis sur tout.

Quelques anciens Frères en eurent quelque ombre de jalousie, et souhaitèrent que leur père partageât sa confiance entre ceux de ses enfants qui paraissaient le mériter par l'âge et l'ancienneté ; mais l'Instituteur avait d'autres maximes, et croyait qu'en communauté l'âge et l'ancienneté ne pouvant jamais suppléer au défaut de vertu ou de prudence, il ne fallait compter des années passées que celles que la ferveur avait sanctifiées, et qui étaient couronnées de l'humilité du cœur ; et que les autres n'étaient bonnes qu'à servir de matière aux larmes, et de sujet de douleur et de confusion aux anciens.

Sept ou huit mois s'étant écoulés de cette manière dans la maison de Saint-Yon, le Frère Barthélemy mit à une nouvelle épreuve l'humilité et l'obéissance du Bienheureux de la Salle, en le priant d'aller faire la visite des établissements de Calais et de Boulogne. C'était lui demander un sacrifice que de le retirer de sa chère solitude ; mais celui qui en avait tant fait ne refusa pas celui-là ; il le fit vers le milieu de l'année 1716. Comme nous avons rapporté par avance, en parlant de l'établissement des écoles, ce que fit le Bienheureux de la Salle en cette visite, et la manière dont il fut reçu, nous n'en dirons rien ici.

IV. — Le Bienheureux de la Salle pense plus que jamais à se faire donner un successeur ; motifs qui l'y engagent.

DE retour de la visite de Boulogne et de Calais, le Bienheureux de la Salle ne s'exerçait qu'à la piété, sachant qu'elle est utile à tout, et que c'est à elle que sont promis les biens de la grâce dans la vie présente, et ceux de la gloire dans la vie future. Une seule chose l'inquiétait : il avait peur de mourir Supérieur. Son humilité ne le pouvait souffrir, et l'intérêt de l'Institut ne le demandait pas. La dernière place chez les Frères était celle que son cœur aimait ; et puisqu'il n'avait pas pu l'occuper pendant sa vie, il désirait passionnément de s'y trouver avant la mort.

Toutes les tentatives qu'il avait faites inutilement plusieurs fois, en différents temps, sur ce sujet, ne lui avaient point fait perdre l'espérance d'y réussir. Plus il trouvait d'éloignement chez les Frères à condescendre sur ce point à ses désirs, plus il les importunait de se rendre à ses raisons. Il en avait, en effet, de grandes : il sentait que sa mort approchait, car son âge était déjà avancé ; les Frères étaient enfin en état de se conduire eux-mêmes, et de trouver dans leur Corps un digne Supérieur.

Il les avait habitués insensiblement à reconnaître le Frère Barthélemy pour leur chef, en se déchargeant sur lui du gouvernement ; il les avait accoutumés à se passer de lui et de ses services, en refusant de se prêter à eux dans le cours des affaires. Il était temps que l'Institut prît la forme qu'il devait garder ; et il était important que cela se fît du vivant du Fondateur, car il y avait à appréhender que les Frères ne trouvassent, après son décès, de grandes difficultés à lui donner pour successeur un membre de leur Société.

Il y avait même à craindre qu'on ne voulût leur en ravir le droit et la liberté. L'expérience du passé lui répondait de l'avenir. Si, pendant qu'il était vivant, on avait su profiter de son éloignement de Paris pour introduire dans l'Institut une nouvelle forme de gouvernement, que ne se préparerait-on pas à faire après sa mort ? S'il avait trouvé, à son retour dans la capitale du royaume, un ecclésiastique en sa place, faisant le Supérieur, lui donnant à lui-même des ordres, et voulant l'obliger de reconnaître et de donner par écrit un acte de sa prétendue autorité, à quoi ne devait-on pas, après sa mort, engager ses disciples ? Bien plus, tous les nouveaux Supérieurs qu'on avait fait nommer dans les provinces, conservaient encore ce nom à l'égard des Frères, et il était à craindre que quelques-uns n'en voulussent faire l'office, sans se contenter du seul titre. Le moyen d'écarter ce désordre à l'avenir était de remettre les choses dans le premier état, et de placer un chef à la tête du troupeau.

Un Frère élu en bonne forme pour Supérieur, dans une assemblée légitime et d'un commun consentement, mis en place sous les yeux et par l'inspiration du Bienheureux de la Salle, reconnu et révéré par l'obéissance du saint Instituteur lui-même ; enfin, mis en possession de sa juridiction par la soumission générale de tous les autres Frères, devait tout à la fois et commencer la forme du gouvernement qui avait été projetée dès le berceau de l'Institut, et abolir dans sa naissance celle qu'on avait voulu introduire à son préjudice.

Il était, en effet, ridicule que les Frères n'eussent pas un Frère pour les gouverner, qu'ils perdissent dès leur origine un droit dont tous les corps de Communauté, soit réguliers, soit séculiers, sont en possession, et qu'on peut appeler droit naturel ou droit des gens. Après tout, leur Société, composée de simples Frères, ressemble, mieux qu'aucune autre, à celles que l'Église a vu établir dans le quatrième siècle. Saint Antoine, saint Pacôme, saint Hilarion et tant d'autres saints abbés, qui avaient sous leur conduite des armées de solitaires, n'étaient pas prêtres. Les Frères de la Charité n'ont à leur tête qu'un simple Frère semblable à eux et tiré de leur famille religieuse.

Un homme qui n'eût point demeuré avec les Frères et mené leur vie, qui eût ignoré leurs Règles et n'eût point été au fait de leurs pratiques, qui, par conséquent n'eût point eu leur esprit, un homme différent d'eux en tout, était-il propre à être leur Supérieur ? N'aurait-il pas été, par rapport à eux, un abbé commendataire d'une nouvelle espèce ? Quels inconvénients cette forme extraordinaire de gouvernement n'eût-elle pas produits ! Le Bienheureux de la Salle le prévoyait, et il n'avait que trop sujet d'appréhender qu'un établissement qu'il avait eu tant de peine à soutenir contre les entreprises de ceux-là mêmes qui n'attendaient que sa mort pour s'en rendre maîtres, ne vînt à prendre fin quand il tomberait entre leurs mains.

V. — Mesures prises par le Bienheureux de la Salle pour faire agréer aux Frères sa démission de Supérieur et l'élection de l'un d'entre eux à ce titre.

CES raisons jointes à une humilité profonde, qui l'avait toujours sollicité de quitter le premier rang pour prendre le dernier dans l'Institut, et de s'y donner pour exemple de la plus parfaite obéissance, lui firent enfin prendre les dernières mesures pour abattre la résistance des Frères. Il assembla, pour cet effet, ceux de Rouen et de Saint-Yon, et il leur déclara que son parti était pris de se démettre entièrement de la supériorité et d'en perdre jusqu'au nom, après s'en être interdit depuis longtemps les fonctions.

Il dit qu'ils ne devaient plus s'opposer à ce dessein, puisqu'il était déjà en partie exécuté ; que, les ayant accoutumés à se passer de lui, en se dépouillant de l'autorité de Supérieur en faveur d'un autre, il les avait préparés à lui en ôter aussi le titre ; qu'il convenait que, de son vivant, ils fissent choix d'un des membres de leur Société pour le placer à leur tête et vivre sous sa conduite ; qu'il n'y avait point de temps à perdre pour prévenir les empêchements que sa mort pourrait apporter à l'exécution d'un dessein si important, et qu'ils ne pouvaient user de trop de précautions, ni prendre des mesures trop justes pour que cette élection fût canonique et dans toutes les règles ; enfin, il leur ouvrit son cœur sur ce sujet, et il leur exposa les motifs d'appréhension qui l'agitaient pour l'avenir.

Cette dernière résolution du saint Instituteur fut un nouveau sujet de chagrin et de douleur pour ses enfants. Elle leur annonçait sa mort prochaine et son abdication présente. Comme des enfants qui sont prêts à perdre un père qu'ils aiment, et qui ne veulent entendre parler ni de sa mort ni de son absence, ils écoutaient plus les sentiments de la nature que les lumières de la raison, et tâchaient d'écarter une proposition qui les chagrinait.

Ils lui représentèrent les difficultés qui naîtraient de ce changement, la peine qu'ils auraient d'être privés de sa direction et de ses sages conseils, et le peu de liberté que l'élection d'un nouveau Supérieur leur laisserait de s'adresser à lui avec confiance, comme ils avaient toujours fait. Le serviteur de Dieu leva ces difficultés, en leur promettant de leur rester tout entier, et d'être à leur égard ce qu'il avait été jusqu'à ce moment, de les porter dans son cœur, de les écouter, de leur continuer ses services, et de leur accorder tous les soins qu'un bon père doit à ses enfants. Enfin, il leur exposa tant de solides raisons qu'ils ne purent plus s'opposer à son dessein.

Tous s'étant rendus à ses désirs, il ne fut plus question que de proposer les préliminaires de l'élection d'un des Frères pour Supérieur. Afin de procéder dans les règles, il fallait convoquer une assemblée de la Communauté dans un lieu propre et commode, la faire agréer à tous les Frères, y convoquer tous les principaux, tirer promesse de tous les autres par écrit qu'ils souscriraient et se soumettraient à tout ce qui s'y serait fait.

Tous les Frères étant convenus de ces articles, le saint prêtre leur proposa la manière d'en entreprendre l'exécution. Le moyen, leur dit-il, le plus court et le plus facile pour parvenir avec douceur et paix, c'est d'envoyer dans toutes les maisons un de vous, agréable aux Frères et accrédité dans leur esprit, pour les préparer avec sagesse et suavité à entrer dans nos vues, en les mettant au fait des motifs qui engagent à faire une assemblée, et des raisons qu'on a de procéder incessamment à l'élection d'un Supérieur : car il faut, avant toutes choses, s'assurer du consentement des maisons de l'Institut. Par rapport au lieu de l'assemblée, nous n'en pouvons choisir un plus convenable que Saint-Yon. Ici, dans la solitude, en toute liberté et en paix, on s'assemblera de toutes les parties de la France, et on y fera tout ce que l'on voudra, sans distraction, sans obstacle, sans bruit, et sans que le monde s'en aperçoive. Si c'est là votre avis, nommez le Frère que vous voulez députer vers les autres, et que vous croyez le plus propre à conduire cette affaire. Tous jetèrent les yeux sur le Frère Barthélemy. Il était doux, prudent et estimé de tous les Frères.

VI. — Voyage du Frère Barthélemy pour visiter toutes les maisons de l'Institut.

IL partit avec les instructions de son digne Supérieur, au mois d'octobre 1716, et fit, le reste de cette année, la visite des maisons les plus éloignées, d'où, revenu à Saint-Yon pour en rendre compte au Bienheureux de la Salle et recevoir de nouveaux avis, il retourna achever ce qu'il avait commencé. Son voyage fut marqué d'une protection de Dieu sensible, en deux rencontres très périlleuses, où la Providence le sauva. Dans la première, étant tombé de cheval, et n'ayant pu dégager un de ses pieds de l'étrier, il fut traîné fort loin. Il devait naturellement trouver la mort dans cet accident, qui l'a causée à tant d'autres ; mais Dieu le préserva, et il en fut quitte pour la peur.

Dans la seconde rencontre, deux voleurs l'attaquèrent sur le soir, à la sortie d'une ville, et le poursuivirent longtemps sans pouvoir lui faire de mal, car ils se trouvèrent comme enchaînés en sa présence. Toujours proches de lui, ils voulaient, et ne pouvaient l'arrêter, retenus, ce semble, par une main invisible. Eux-mêmes, étonnés de ce qui se passait en eux, ne savaient que dire et que faire. Le Frère, ennuyé d'une si mauvaise compagnie, leur demandait souvent, avec sa tranquillité ordinaire, ce qu'ils désiraient ; mais, comme s'ils eussent eu la langue liée aussi bien que la main, ils demeuraient déconcertés et sans parole. Enfin, ils se séparèrent avec une satisfaction réciproque ; car les voleurs furent ravis de retrouver leur liberté, qu'ils croyaient avoir perdue, et le Frère leur dit adieu de bon cœur. Quand il se vit seul, il reconnut le doigt de Dieu dans sa délivrance, dont il bénit et remercia sa bonté.

Du reste, le voyage du Frère fut heureux. Partout il fut reçu avec de grandes démonstrations de joie et de respect, et ne trouva que des cœurs ouverts et dociles. Il fit goûter et approuver tous les projets arrêtés, et il eut soin, dans chaque maison, de faire signer le consentement des Frères pour l'élection d'un Frère Supérieur, et la promesse de ratifier tout ce qui serait fait dans l'assemblée prochaine

Le Bienheureux de la Salle prit ces précautions et d'autres qu'on omet, parce qu'il regardait cette assemblée comme le dénouement de tous ses desseins, et le principe de la Constitution et de l'état naturel que devait prendre sa Société. Dès sa naissance à Reims, il avait voulu l'établir en cette forme de gouvernement. Il avait essayé derechef à Vaugirard, en 1694, et il l'avait tenté plusieurs fois depuis plus de trente ans ; mais il y avait toujours trouvé une opposition invincible de la part de ses disciples, comme on l'a remarqué, et il l'aurait trouvée jusqu'à la mort, s'il n'eût point mis en usage le pieux artifice que lui inspira son humilité pour en triompher. Cet artifice fut d'accoutumer insensiblement les Frères à se passer de lui, en laissant oisive en sa personne une autorité dont ils ne voulaient point accepter la démission pour en revêtir un autre de leur communauté.

Cette résolution prise, il ne s'en relâcha jamais, et, lorsqu'il partit de Paris pour aller se cacher en Provence, il quitta le gouvernement de l'Institut, qu'il ne voulut jamais reprendre à son retour. Toutes les lettres qui allaient jusqu'à lui, dans le fond de la Provence, demeuraient sans réponse, et obligeaient les Frères de le regarder comme un homme mort, et de n'en plus attendre aucun service. Les Frères, en lui ordonnant de sortir de sa retraite et de revenir à Paris, le trouvèrent docile à leur voix et prêt à recevoir leurs ordres, mais non à reprendre ses fonctions de Supérieur. Chagrin de n'avoir pu se dépouiller de ce titre, il en transmit l'usage au Frère Barthélemy. Ainsi Supérieur de nom, il ne l'était plus d'effet. C'est cette raison seule qui fit consentir les Frères à lui donner un successeur. Il le faut bien faire, disaient-ils, puisqu'il ne veut plus nous conduire. Il était temps qu'ils prissent ce parti, puisque le Bienheureux de la Salle n'avait plus que deux ans à vivre. Si, de son vivant, l'Institut ne se fût mis en mesure de trouver au dedans de lui-même un chef pour le gouverner, il aurait été, selon toutes les apparences, obligé d'en recevoir un de dehors.

VII. — Les principaux Frères Directeurs sont convoqués à Saint-Yon en assemblée générale. Le Frère Barthélemy est élu Supérieur général.

ON ne peut exprimer la joie que ressentit le Bienheureux de la Salle, quand il apprit le succès de la mission du Frère Barthélemy, et la protection de Dieu sur son voyage. Ravi de pouvoir enfin se décharger d'un fardeau qui lui pesait si fort depuis tant d'années, il bénissait Dieu et soupirait après l'heureux moment de se voir en liberté. Il fallut pourtant attendre le retour de la belle saison pour convoquer les Frères ; aussi bien la coutume était déjà comme établie chez eux de faire ces sortes d'assemblées dans le temps de la Pentecôte, et d'y disposer ceux qui la composaient, par une retraite. Le même ordre fut suivi.

Tous les Frères Directeurs des maisons furent appelés à Saint-Yon, et s'y trouvèrent fidèlement, au nombre de seize, au jour marqué. Celui de la descente du Saint-Esprit sur les Apôtres [1] fut le premier de leur retraite. Le Bienheureux de la Salle en fit

---

1. Le 16 mai 1717.

l'ouverture par un discours fervent sur l'importance de se bien disposer à l'action qu'ils allaient faire. Il leur proposa ensuite la manière de se conduire saintement dans cette assemblée, et de procéder à l'élection d'un Supérieur. Il l'avait dressée lui-même, et tirée en partie des Constitutions et des Règles de saint Ignace. Il avait aussi composé une formule de prière en Français, pour invoquer le Saint-Esprit et implorer son assistance, qu'il leur laissa pour s'en servir.

Les Frères se rendirent fidèles à la dire cinq ou six fois par jour, et à suivre les avis du saint Instituteur, aussi bien que l'ordre et l'arrangement qu'il avait dressés pour la retraite et le choix du Supérieur. Il fut prié plusieurs fois par eux de présider l'assemblée, et de se mettre à la tête de tous les exercices, en qualité de leur véritable Supérieur, mais il ne le jugea pas à propos, et il se retira dans sa pauvre chambre pour élever les mains au ciel et attirer sur ses enfants une abondance de grâces, après leur avoir bien recommandé de laisser le Saint-Esprit présider lui-même dans leur assemblée, et de le supplier sans cesse de « *montrer celui qu'il avait élu* » (Act. 1, 24) pour Supérieur.

« Purifiez, leur disait-il, vos intentions et vos désirs, si vous voulez devenir ses organes, pour nommer celui qu'il vous destine. Écartez les vues humaines, n'écoutez point la voix de la nature, rejetez les fausses lumières et les préjugés de l'esprit propre.

« Conduisez-vous, en ce choix, comme firent les Apôtres dans l'élection de celui qui devait remplacer le perfide Judas ; sans passion, sans inclination, sans aucun attrait ou répugnance de la nature. Tenez vos cœurs dans une entière indifférence, et ne les penchez que sur celui que la pluralité des suffrages vous montrera. Comme ce n'est point vous qui devez choisir, mais Dieu en vous et par vous, tenez votre esprit toujours élevé vers lui, et ne vous fatiguez point de lui adresser cette prière des Apôtres : « *Ostende quem elegeris : Montrez celui que vous avez choisi.* » (Ibid.) Si vous voulez le connaître, donnez votre suffrage à celui pour lequel votre conscience le demande, à celui que le plus grand mérite désigne, à celui que vous choisiriez à l'heure de la mort, à celui qui est le plus propre à gouverner l'Institut, qui en possède plus parfaitement l'esprit, qui en est l'exemple et le modèle, qui est le plus capable d'y maintenir la régularité, d'y faire régner la ferveur et de vous sanctifier.

« Nommez celui d'entre vous que vous connaissez le plus éclairé, le plus sage, le plus vertueux, le plus ferme. Donnez votre choix à celui qui possède le plus parfaitement ces six qualités, si nécessaires pour conduire la famille de Dieu : la prudence, la douceur, la vigilance, la fermeté, la piété, le zèle et la charité, à celui, dis-je, qui unit en lui, dans un plus haut degré, ces vertus si rares à allier ensemble : le zèle avec la prudence, la lumière avec la charité, la fermeté avec la douceur, la bonté avec la sévérité ; à celui qui a une douceur sans mollesse, de la vigilance sans inquiétude, de la fermeté sans inflexibilité, du zèle sans amertume, de la bonté sans faiblesse, de la prudence sans ruse.

« Donnez votre voix à celui qui est le plus saint ou qui le veut devenir, qui puisse être votre modèle et que vous puissiez imiter en tout ; à celui qui sera le plus humble dans la première place, qui aura un cœur de père pour vous, et qui vous rendra son autorité aimable. En ce choix, ne regardez ni les talents, ni la naissance, ni l'âge, ni l'ancienneté dans la société, ni la figure, ni la taille ; en un mot, ne regardez point l'homme, mais Dieu seul. Vous choisirez pour sûr celui que Dieu a choisi lui-même, si vous cherchez un homme qui soit selon son cœur, et non selon le vôtre ; un homme prévenu de la grâce, et en qui la grâce agisse, et non un homme de votre goût et qui favorise la nature. »

Avec ces paroles et d'autres semblables, le serviteur de Dieu laissa ses disciples dans les dispositions qu'il désirait leur inspirer. Ils choisirent un président de l'assemblée, qui fut le Frère Barthélemy. Ce fut le même Frère qui, au bout de deux jours, après bien des prières, réunit en sa faveur les suffrages et fut élu Supérieur général de l'Institut. On en porta aussitôt la nouvelle au Bienheureux de la Salle, qui n'en parut pas surpris. « Il y a longtemps, répondit-il, qu'il en fait les fonctions. »

Tous les Frères s'applaudirent d'un choix que le seul élu condamnait. Il ne tint pas à lui de faire rétracter, à force de prières et de larmes, une élection qu'il refusait de ratifier. Il sentait le poids dont on le chargeait, et il ne pouvait se résoudre à prêter ses épaules pour porter un fardeau dont le saint Instituteur lui-même désirait depuis si longtemps d'être déchargé. Les Frères, en venant à ses pieds reconnaître son autorité et se soumettre à son obéissance, lui rendaient redoutable le droit de leur commander, et augmentaient son regret de n'être plus en état d'obéir. En s'humiliant devant lui, ils le rendaient confus de se voir dans la place du Bienheureux de la Salle. Sa douleur étouffait sa parole, mais l'abondance de ses larmes ne cessait d'exprimer aux Frères, sur son élection, des reproches et des plaintes qu'ils ne voulaient point écouter.

Ses gémissements n'étant pas plus efficaces que ses prières, il fut obligé d'accepter, par obéissance, une charge que son humilité refusait, mais à condition qu'on lui donnerait deux autres Frères des plus capables pour adjoints, et pour partager le poids avec lui; ce qui fut fait. On nomma comme assistants deux des principaux Frères en état de l'aider de leurs conseils (1).

La retraite continua jusqu'au dimanche de la Sainte-Trinité, qui est la grande fête de l'Institut, et les Frères renouvelèrent leurs vœux en ce jour, après le Bienheureux de la Salle et le Frère Barthélemy, qui, les premiers, en prononcèrent la formule.

On se rassembla après cette retraite, par l'avis du Bienheureux de la Salle, pour faire un examen nouveau de toutes les Règles, avec le nouveau Supérieur, et pour en retrancher ou y ajouter, avec toute liberté, selon qu'on le jugerait nécessaire. Les observations et les remarques faites, il fut conclu d'un commun accord de les remettre entre les mains du saint Instituteur, et de le prier d'en faire l'usage qu'il lui plairait. Il leur promit d'y travailler; il s'y appliqua, en effet, avec beaucoup d'attention.

Ce fut alors qu'il composa les chapitres de la modestie et du bon gouvernement (2), tirés en partie des Règles et des Constitutions de saint Ignace, qu'il adapta à l'Institut des Frères, avec beaucoup d'habileté, aussi bien que celui de la régularité et quelques autres qui n'étaient pas encore dans la Règle. Ainsi mise dans l'état où elle est aujourd'hui, par la main même de son auteur, elle fut envoyée dans toutes les maisons, paraphée, et signée du Frère Barthélemy, pour être observée avec uniformité par tous les Frères de l'Institut.

---

1. Ce furent les Frères Jean et Joseph; le premier, directeur de la communauté de Paris, le second, directeur de celle de Reims.

2. Par chapitre du *bon gouvernement*, l'auteur ne peut avoir en vue que l'ensemble des chapitres qui, dans le livre des Règles et Constitutions, suivent celui de la modestie, sous le titre ; *Règles qui regardent le bon ordre et la bonne conduite de l'Institut.*

CHAPITRE XV.

Quelques remarques sur la règle des récréations et sur celle du Frère Directeur. — (1717.)

QUOIQUE nous ayons parlé ailleurs (Liv. II, ch. 12) de la règle qui regarde les récréations, il paraît nécessaire d'en dire encore ici quelque chose, à l'occasion de l'envie qu'il prit à quelques Frères d'y faire du changement.

Ce fut donc dans cette assemblée de 1717 qu'on soumit à un nouvel examen le chapitre de la Règle qui prescrit la manière dont les Frères doivent se gouverner dans les récréations.

Entre autres articles, il est ordonné aux Frères « de n'y point « parler qu'ils n'aient auparavant salué le Frère Directeur, et « qu'ils n'en aient reçu de lui la permission ; de ne parler de « personne en particulier que pour en dire du bien ; de ne s'infor- « mer de rien qui soit curieux ou inutile ; de garder le silence « dès qu'on se sépare des autres ; de ne faire aucune légèreté, « badinerie ou geste indécent ; de ne point trop élever la voix, « de n'y pas rire avec éclat, de ne pas contredire et de ne point « improuver ce qui sera dit, ce qui n'appartient qu'au Frère « Directeur ; enfin, de s'entretenir des choses édifiantes qui les « puissent porter à l'amour de Dieu et à la pratique de la vertu. »

I. — Principes d'après lesquels le Bienheureux de la Salle a établi cette règle.

IL faut avouer que ce chapitre paraît d'une grande perfection, et qu'il suppose des hommes saints, ou des hommes qui veulent le devenir. Ceux qui sont saints sont pleins de Dieu et n'aiment à parler que de Dieu. *La bouche parle de l'abondance du cœur* (Matt., XII, 34), » dit JÉSUS-CHRIST lui-même. L'homme de bien tire de son trésor des discours saints et édifiants. Plein de Dieu, il pense toujours à lui, il veut toujours parler de lui. Tout autre langage lui déplaît, le dégoûte et l'ennuie. Saint François de Borgia paraissait s'assoupir, avait même de la peine à s'en empêcher, quand on tenait devant lui des discours qui n'étaient point de Dieu ou qui ne tendaient point à Dieu. Tels ont été tous les saints ; « ils n'entendent parler du monde et des choses du monde qu'avec peine », dit le saint auteur de l'*Imitation*, et toujours avec un nouveau plaisir de Dieu ou de choses de Dieu. Si une espèce d'impuissance de parler d'autre chose que de Dieu n'est pas toujours un témoignage certain de sainteté, elle est au moins un grand moyen de l'acquérir. Ceux qui sont du monde parlent du monde, et ceux qui sont de Dieu parlent de Dieu et aiment à entendre parler de Dieu.

En parlant du monde, on se remplit du monde et des choses du monde ; en parlant de Dieu, on se remplit de Dieu et des choses de Dieu, et on se vide du monde et des choses du monde. « *Les mauvais discours corrompent les bonnes mœurs* », dit l'Apôtre saint Paul (I Cor. XV, 33). Pourquoi ? parce que les mauvais discours remplissent l'esprit de mauvaises pensées, et le cœur de désirs semblables. Par la raison des contraires, les discours saints remplissent l'esprit de pensées saintes, et le cœur de sentiments pieux, et qui portent à Dieu. Aussi ne verra-t-on jamais une âme fervente se porter à des entretiens profanes, et qui remplissent l'esprit de pensées inutiles. Son étude étant de tenir son esprit élevé à Dieu, et son cœur uni à lui, son premier soin est de bannir de ses conversations tout ce qui peut la dissiper ; et comme rien ne porte plus à Dieu que de parler de Dieu, elle ne se permet pas d'autres entretiens, et si elle s'en permet, elle ne s'en trouve pas bien.

C'est sur ces principes que le Bienheureux de la Salle fait une loi à ses disciples d'écarter de leurs récréations tout ce qui peut les distraire, les dissiper, les vider de Dieu, et les remplir du monde et des choses du monde. S'il ne les suppose pas tous saints, il suppose qu'ils le veulent devenir. Or, tous ceux qui le sont, ou qui le veulent devenir, goûtent cette règle et en font leurs délices. Il est vrai que les tièdes ne s'en accommodent pas et que ceux qui commencent à se déranger ou à se relâcher ne tardent point à la trouver fâcheuse. C'est leur faute, et ce sont eux-mêmes qu'ils doivent accuser. Si la règle ne leur plaît plus, c'est qu'ils ne sont plus ce que la règle suppose et veut qu'ils soient, c'est-à-dire fervents et zélés pour leur sanctification ; et, par le dégoût qu'ils sentent de cette règle, ils peuvent juger de leur relâchement dans la vertu.

11. — Raisons de l'établissement de cette règle dans l'Institut des Écoles chrétiennes.

D'AILLEURS, le Bienheureux de la Salle a eu de fortes raisons pour établir cette règle. Sa grande expérience lui avait appris le bien ou le mal que produisent les récréations, selon qu'elles sont bien ou mal dirigées. Les désordres des communautés n'ont point d'ordinaire d'autres sources que les dérèglements qui se glissent si aisément dans cette action. Et, comme le disait sainte Madeleine de Pazzi, c'est dans les récréations mal prises que le démon fait ses profits ; c'est d'elles que procède la perte des personnes religieuses qui se damnent.

Le grand réformateur de l'Ordre monastique, le célèbre M. de Rancé, abbé de la Trappe, les a tellement appréhendées, qu'il les a retranchées en entier, et n'en a permis aucune. Le Bienheureux de la Salle, en les accordant à ses disciples, a cherché le moyen de les sanctifier. Or, pour les sanctifier, il fallait en écarter les péchés qu'il est si aisé d'y commettre, et y introduire la pratique des vertus convenables à cette action.

De combien de sortes de désordres ne se rendent pas coupables, dans les récréations, les personnes de communauté qui ne sont pas attentives sur elles-mêmes ! La dissipation, les paroles légères, indiscrètes et peu mesurées, le babil et les incivilités n'en sont que les moindres défauts. Les paroles d'ostentation, de vanterie, d'arrogance et de mépris du prochain, les entretiens frivoles, la curiosité d'entendre des nouvelles ou le plaisir d'en dire, de parler du monde et des choses du monde, ou de s'en informer, sont des fautes qui échappent aisément à la faiblesse humaine dans le temps des récréations. Les amitiés particulières, les petits complots, les murmures, les railleries, les médisances, les contentions et les disputes, et mille autres défauts qui altèrent ou qui blessent la charité, voilà des désordres qui y sont fréquents.

Quelquefois même, les paroles piquantes, les animosités, les ressentiments, les impatiences, les aigreurs, les colères, le chagrin, la mauvaise humeur, les paroles hautaines, dures, sèches, méprisantes, les bouffonneries, les maximes dangereuses, des discours peu édifiants, et quantité d'autres fautes, ou contre la modestie, ou contre l'humilité, ou contre les autres vertus, sont des péchés dont les personnes de communauté peuvent se rendre facilement coupables pendant les récréations.

Or, la règle dont nous parlons retranche tous ces désordres. De plus, elle introduit la pratique actuelle des vertus d'humilité, d'obéissance, de recueillement, de civilité chrétienne. Elle apprend à parler avec circonspection, mesure et sagesse ; à écouter en silence, et à profiter de ce que l'on dit. Elle porte le cœur à Dieu, entretient la dévotion, l'enflamme, et fait de la récréation une conférence spirituelle, aisée et agréable, qui instruit, qui éclaire, qui échauffe, qui ranime, qui console, qui produit la joie spirituelle, et qui remplit de Dieu. En un mot, d'une récréation faite de cette manière, on sort souvent, comme plusieurs des Frères l'ont expérimenté, avec plus de ferveur et de bonne volonté que de l'oraison. En parlant de Dieu et des choses de Dieu, avec simplicité, candeur et gaîté, Dieu se trouve au milieu d'eux ; et souvent, en se quittant, ils pourraient se dire, comme les disciples d'Emmaüs : « *Notre cœur n'était-il pas tout embrasé, tandis que nous nous entretenions avec tant de douceur des choses de Dieu* (Luc, XXIV, 32) ? JÉSUS-CHRIST ne semblait-il pas être au milieu de nous et nous parler lui-même ?

III. — Réfutation de certaines objections contre cette règle.

MAIS, dira-t-on peut-être, une récréation prise de cette manière n'est plus une récréation, c'est une oraison, c'est une conférence spirituelle. Il y a longtemps que cette objection a été faite. Le Bienheureux de la Salle l'a souvent entendue, et il n'en a pas été ébranlé. Il est vrai qu'une récréation dirigée de cette manière n'est plus une récréation dissipante, profane, mondaine, vicieuse, dangereuse ; mais rien n'empêche qu'elle ne soit une vraie récréation, quoique sainte et spirituelle, car en la faisant dans le jardin (quand le temps le permet), on prend l'air, on se promène, on parle, on donne une honnête liberté à ses yeux et à ses sens, on repose l'esprit et on soulage le corps.

Parce qu'on demande, par un signe, permission de parler, parce qu'on prend rang pour parler, parce que tous ne parlent pas à la fois, parce qu'on ne crie pas, et qu'on ne s'échauffe ni la tête, ni la poitrine à parler avec contention et clameur, cesse-t-on pour cela d'être en récréation ? Est-il donc de l'essence de la récréation de parler tous ensemble, de clabauder, de ne se point entendre, d'exciter un tas de poussière et de l'avaler, tandis que l'on fait de grands mouvements, et que les bras, les jambes et tout le corps suivent les agitations de la langue ? Est-il de l'essence de la récréation de toujours jouer, badiner, s'agiter, et de s'en retourner, quand elle est finie, quelquefois la sueur sur le visage, la tête échauffée et la poitrine altérée ?

« Je compte entre les causes du relâchement, dit un célèbre
« auteur [1], les récréations introduites dans les derniers temps,
« car la règle de Saint-Benoît n'en dit pas un mot, ni aucune

---

1. M. Fleury, tome XX, 3. *Discours sur l'Histoire ecclésiastique.*

« autre ancienne règle que je sache. Cet usage semble fondé sur
« l'opinion de quelques théologiens modernes, qui ont cru que la
« conversation libre et gaie était un soulagement nécessaire après
« l'application d'esprit, comme le repos après le travail du corps ;
« et ils ont nommé vertu d'*eutrapélie* le bon usage de ce relâche-
« ment d'esprit. Mais ils n'ont pas vu que cette prétendue vertu,
« tirée d'Aristote, est comptée par saint Paul entre les vices, sous
« le même nom d'eutrapélie : ce qui les a trompés, c'est que,
« n'entendant pas le grec, ils n'ont vu dans la version latine de
« saint Paul, que le mot de *scurrilité*, qu'ils n'ont pas manqué
« de ranger entre les vices : ainsi, le même mot de saint Paul
« signifie un vice en latin, et une vertu en grec. Voilà, si je ne
« me trompe, la source des récréations.
  « Au fond, il n'est pas vrai que la conversation soit nécessaire
« pour nous remettre de l'application d'esprit. Le mouvement du
« corps y est plus propre, comme une promenade ou un travail
« modéré, parce que ce mouvement détourne et attire aux extré-
« mités le sang que l'application fait affluer au cerveau. La
« conversation, au contraire, entretient et souvent augmente
« l'agitation du cerveau, sans compter les tentations où elle
« expose, les railleries piquantes, les médisances, les jugements
« téméraires sur les affaires de l'Église ou de l'État ; car les nou-
« velles publiques sont souvent la matière des récréations. Je
« m'en rapporte à l'expérience, et je prie les personnes religieuses
« de songer quelle est la matière la plus ordinaire de leurs confes-
« sions si fréquentes. »
  Sans adopter l'opinion que cet auteur hasarde sur l'origine des
« récréations », dans un Discours où l'on trouve tant de choses
excellentes, sa dernière réflexion, qu'il doit au célèbre abbé de
Rancé, paraît fort sensée et véritable. Personne n'a mieux manié
ce sujet que ce grand restaurateur de la perfection monastique
dans le siècle dernier (XVIIe). Il le traite avec sa force et avec son
éloquence ordinaire, dans son quinzième éclaircissement sur
quelques difficultés du livre de la *Vie monastique*.
  « On nous reproche, dit-il, d'être trop sévère sur le sujet des
« conversations, et on prétend qu'il serait utile ou même néces-
« saire que les religieux eussent des entretiens divertissants et
« usassent de ces railleries que l'on appelle innocentes. » Pour
éloigner ce reproche, il montre que tout chrétien est obligé d'imiter JÉSUS-CHRIST, dont toute la vie a été pénible et laborieuse.
« On ne voit en nul endroit de sa vie, dit-il, ce qu'on appelle
« divertissement ou récréation ; sa bouche sacrée ne s'est jamais

« ouverte pour proférer une parole de raillerie ; le rire lui a été
« inconnu ; il a donné sa malédiction à ceux qui rient : *Væ vobis
« qui ridetis !* (Luc, VI, 25). »

« Saint Paul, ajoute-t-il, qui était tout rempli de l'esprit de
« JÉSUS-CHRIST, défend aux chrétiens ces sortes de conversa-
« tions. Elles sont exprimées dans la Vulgate par ce terme de
« *scurrilitas*, c'est-à-dire, des contes agréables, plaisants, que l'on
« fait pour exciter à rire, et qui ne conviennent point à la seule
« affaire que nous avons en ce monde, qui est de nous y sancti-
« fier, d'y servir Dieu et de lui plaire : « *Scurrilitas quæ ad rem
« non pertinet* (Eph. V, 4). » Si s'abstenir de railleries et de contes
« pour rire était une perfection étrangère à un moine, on pour-
« rait dire qu'il ne serait point obligé de la pratiquer ; mais elle
« a des rapports si particuliers à sa profession, et elle est si
« étroitement attachée à la pénitence à laquelle elle l'engage, qu'on
« ne saurait ne le pas mettre au nombre des choses qui se ren-
« contrent naturellement dans sa voie.

« Il n'y a rien qui prouve davantage que c'est une erreur de
« vouloir introduire ces sortes d'occupations dans les lieux saints,
« que l'on peut avec justice appeler des maisons de prières, que
« les inconvénients qui en sont les suites. Car, si ces contes et
« ces entretiens qui doivent contribuer à la récréation des Frères
« et dissiper, comme l'on prétend, ces nuages qui se forment
« dans la solitude et dans la retraite, ont leur véritable caractère;
« si ces railleries sont fines, délicates et spirituelles, comme cela
« peut arriver, selon la nature des esprits, ne doit-on pas craindre
« qu'on ait plus de goût pour elles qu'on n'en devrait avoir ; que
« ceux qui les font ne soient bien aises de plaire, qu'ils ne cher-
« chent l'applaudissement de ceux qui les écoutent ; enfin, qu'on
« ne s'étudie à trouver de bons mots ; qu'on ne prépare dans la
« cellule ce qu'on doit débiter dans les récréations ; que cet esprit,
« qui est, à proprement parler, celui du monde, ne s'établisse
« aux dépens de la simplicité, de la mortification, et de la piété
« qui doit régner dans les cloîtres ?

« Si, au contraire, ces railleries sont fades, grossières, si elles
« n'ont point ce sel sans lequel elles ne sauraient avoir d'agré-
« ment, ces conversations seront toutes pleines de mauvais
« contes, d'impertinences, de niaiseries, de bagatelles toutes
« propres à gâter les cœurs et les esprits, à les remplir de pen-
« sées basses et de sentiments indignes de l'éminence de leur état;
« elles feront que les Frères contracteront entre eux des familiarités
« indécentes, et qu'au lieu de se regarder avec estime et charité,

Livre III. — Chapitre XV.

« ils n'auront que du mépris les uns pour les autres. D'ailleurs, il
« est si difficile de garder, dans ces sortes d'entretiens, des mesures
« qui soient justes, qu'il n'y a presque personne qui n'y excède.
 « On est sur un penchant, et il y a si peu de chemin à faire
« pour tomber dans une liberté que la loi de JÉSUS-CHRIST ne
« souffre, non plus dans un simple chrétien que dans un moine,
« qu'il est malaisé qu'on ne s'y laisse surprendre. Il échappe des
« paroles trop libres, la malignité s'y mêle; on n'a pas, à l'égard
« du prochain, toute la réserve qu'on devrait ; cette joie qu'on
« veut exciter, manquant du tempérament qui lui est nécessaire,
« dégénère en évaporation et en licence : on ne sort jamais de ces
« conférences, que l'on n'en rapporte de la langueur, de la dissi-
« pation, du trouble, du scrupule, pour peu que l'on soit capable
« d'en avoir, et quantité d'autres indispositions semblables. Qu'on
« me fasse connaître, si l'on peut, qu'une telle conduite soit
« compatible avec cette présence de Dieu, cet esprit de mort,
« cette pureté de cœur, et cette perfection que JÉSUS-CHRIST
« demande dans les moines ; car, pour moi, j'estime qu'elle ne
« lui est pas moins opposée que les ténèbres le sont à la lumière.
 « Nous trouvons une raison décisive dans les instructions que
« les saints nous ont données sur ce sujet. Saint Benoît défend
« et bannit pour jamais de la conversation de ses Frères les
« légèretés, les railleries et les paroles inutiles, celles qui peuvent
« porter à rire, exciter cette joie toute humaine, que l'on se
« figure être si nécessaire et innocente (ch. VI). Il n'avait garde
« d'être d'un autre avis, lui qui veut que ses Frères ne perdent
« pas de vue ni la mort, ni les jugements de Dieu, et qu'ils con-
« servent incessamment la présence des châtiments, et des récom-
« penses éternelles (ch. VII). Le sentiment de ce grand homme,
« que JÉSUS-CHRIST a donné à son Église pour être l'Instituteur
« et le père de tous les moines de l'Occident, devrait imposer le
« silence à tous ceux qui en ont de contraires. »
 M. l'abbé de Rancé, après avoir prouvé ce qu'il avance, par
l'autorité de saint Jean Chrysostome, de saint Ambroise et de
saint Basile, réfute les objections ordinaires. « On apporte,
« ajoute-t-il, quantité de raisons pour combattre cette vérité, et
« pour établir le sentiment contraire. On soutient qu'on ne doit
« pas condamner ce qui ne s'accorde aux religieux que pour
« délasser les esprits, qui peuvent s'abattre par l'assujettissement
« et par la continuité des exercices.
 « C'est une raison qui ne mérite pas d'être écoutée. Première-
« ment, suffit-il qu'une chose soit utile, et même nécessaire, pour

« la mettre en pratique ? Il faut savoir si elle n'a rien de mauvais,
« si elle est exempte de toute malignité, et s'il ne se trouve rien
« en elle qui soit contraire aux véritables règles ; car pour peu
« qu'elle s'en sépare et qu'elle leur soit opposée, il ne faut point
« douter que l'usage n'en soit défendu, quelque bien et quelque
« avantage qu'elle puisse procurer.

« C'est une imagination toute pure, de vouloir que ces sortes
« de récréations, de divertissements et de réjouissances soient
« nécessaires, et que les moines et les solitaires en aient besoin
« pour dissiper les nuages qui se forment, à ce qu'on prétend,
« dans la solitude. Il y a d'autres moyens plus propres et plus
« convenables à leur profession, dont ils peuvent se servir.
« Quand ils s'assembleront dans de certains temps, qu'ils auront
« des conférences en la manière que nous les avons expliquées,
« et qu'ils sortiront de cet état intérieur, de ce recueillement
« accoutumé, qu'ils parleront de Dieu dans une liberté sainte,
« qu'ils s'entretiendront, sans contrainte et sans gêne, des choses
« qui regardent leurs devoirs, des vies, des actions, des sentiments,
« des paroles remarquables des saints Pères, de la constance et
« du bonheur des martyrs, qui ont préféré la gloire de mourir
« pour JÉSUS-CHRIST à toutes les félicités du monde ; enfin,
« quand ils parleront de tout ce qui peut enflammer leur zèle et
« augmenter leur ardeur et leur fidélité pour son service, il faut
« convenir que ces sortes de conversations ont tout ce qui est
« nécessaire pour leur donner des consolations véritables, pour
« rendre aux esprits ce qu'ils pourraient avoir perdu dans le fond
« de la retraite et du silence. »

On renvoie le lecteur à ce qui suit dans le même endroit. On est fâché de supprimer de si beaux morceaux, mais ils sont trop longs pour les rapporter. On peut voir aussi, dans la suite de la même difficulté, la manière dont le même auteur répond à ce que l'on a coutume de dire, que cette manière de railler et de se divertir, bien loin d'avoir rien qu'on puisse reprendre, est une vertu que les anciens ont appelée *eutrapélie*.

« Qu'on dise donc tout ce qu'on voudra, dit encore ce nou-
« veau saint Bernard ; tant que je saurai que tout ce qui arrive
« de dérèglements, d'excès, de factions, de cabales, de partialités,
« de murmures et de mauvaises amitiés dans les cloîtres, c'est
« par la communication que les Frères ont les uns avec les
« autres ([1]), » je ne puis trop approuver une règle qui retranche

---

1. De Rancé. 14ᵉ difficulté, p. 205.

tous ces désordres, et qui, sans interdire les récréations, oblige de les sanctifier par la pratique actuelle de l'obéissance, de l'humilité, de la civilité chrétienne, de la discrétion dans les paroles et des discours saints et spirituels.

Il est vrai que cette règle est gênante pour la nature, et contraire à l'amour-propre. C'est pour ce sujet que quelques-uns des Frères, voyant l'examen nouveau qu'on faisait des règles, crurent l'occasion favorable pour faire modifier celle-ci, et ils y travaillèrent ; mais, après bien des conférences et des discussions, ils revinrent de leurs préjugés, comme il va être dit, après que j'aurai rapporté ce qui donna occasion à cette règle.

IV. — Raisons qui ont fait adopter cette règle.

DÈS l'origine de la Société des Frères, le Bienheureux de la Salle établit parmi eux un silence très rigoureux. En accordant, après le dîner et le souper, une conférence sainte, il défendait tout usage de la langue hors le cas de nécessité ; et dans ce cas, soit ceux qui, par le devoir de leur charge, étaient dans l'obligation de parler, soit ceux qui en avaient obtenu la permission, ils ne devaient le faire qu'en peu de paroles, et d'un ton fort bas. Il punissait sévèrement toutes les fautes sur cet article, qu'il ne jugeait pas petites ; car, selon sainte Scholastique, le silence est l'ange gardien des communautés. Pour maintenir en sa perfection un silence si exact, il permit les récréations, qu'il regarda comme un soulagement nécessaire à la faiblesse humaine, et comme un nouveau moyen de sanctification.

Des esprits toujours bandés et appliqués ont besoin de relâchement, et des corps occupés à des exercices successifs de piété ou de travail ont besoin de repos. Rien ne mine plus le corps qu'une vie tout intérieure, et toujours attentive à mortifier les sens et à veiller sur les mouvements du cœur ; c'est une lime sourde qui mine la nature sans bruit et insensiblement. La récréation est le soulagement qui lui est accordé dans presque toutes les communautés, pour réparer la vigueur de l'âme et renouveler son attention sur elle-même. D'ailleurs, cette action, bien dirigée, peut servir elle-même, autant qu'aucune autre, à la sanctification, car elle fournit des occasions fréquentes de toutes les vertus, et on en sort rempli de Dieu et de ferveur, quand on a soin d'y appeler JÉSUS-CHRIST et de s'entretenir de lui avec simplicité de cœur.

Ces deux raisons, qui ont introduit l'usage des récréations

dans presque toutes les communautés, ne permirent pas au saint Instituteur, plein de tendresse et d'attention sur les besoins et sur la santé de ses enfants, de les défendre.

D'abord il les laissa dans une entière liberté de parler et de se récréer, sans les gêner par aucune règle ; et il n'en était pas non plus besoin, car les âmes ferventes trouvent dans leur intérieur les lois du Saint-Esprit ; en suivant sa conduite, toutes leurs paroles sont mesurées et leurs actions sanctifiées. Dans ces bienheureux commencements, les Frères étaient si recueillis, si attentifs sur eux-mêmes, si circonspects en toutes choses, qu'il n'était pas besoin de les brider par des règlements. Pleins de Dieu, ils parlaient de Dieu ; tout autre langage leur était étranger.

Mais, hélas! combien est grande la faiblesse humaine! La ferveur est toujours chez nous une étrangère, dont la lâcheté naturelle ne s'accommode pas, et qu'elle pousse dehors. Pendant quelques années, rien de plus édifiant que les récréations des Frères : Dieu en était l'objet, les choses spirituelles en étaient la matière, la pratique des vertus en était l'exercice. Elles ressemblaient aux conférences des Pères du Désert : chacun n'y venait que pour y apporter et en remporter de la ferveur. La modestie et le recueillement s'y trouvaient alliés avec une noble simplicité, avec une ouverture de cœur agréable, avec des manières honnêtes et civiles. Les clameurs, les légèretés, les rusticités, les torrents de la langue, les saillies d'humeur, les vivacités, les entretiens frivoles, et tous les autres défauts des conversations n'y étaient pas connus, mais enfin, ils s'y firent connaître : en parlant de Dieu, on parla d'autre chose ; après avoir commencé l'entretien sur les matières spirituelles, on le finissait par les affaires du monde. La licence, la dissipation, la confusion succédèrent, et attirèrent à leur suite les autres désordres qui se glissent si aisément dans les récréations. Les plus fervents s'en dégoûtèrent, et la récréation devint pour eux une espèce de supplice.

Le Bienheureux de la Salle vit le désordre dans l'origine et il ne put l'étouffer ; ni les pénitences journalières, ni les exhortations ne purent arrêter la contagion. Parce qu'on était en récréation, on se croyait tout permis. Plusieurs des plus fervents s'en retiraient sous prétexte d'avoir affaire ailleurs. Quelques-uns même des novices étaient tentés de quitter leur état, et le quittaient en effet. On perdait le respect mutuel qu'on se doit les uns aux autres ; on blessait celui qui est dû au Frère Directeur ; on en manquait même quelquefois pour le Bienheureux de la Salle, et quelques-uns abusaient de la bonté du saint homme. Parce qu'il se faisait tout à tous et paraissait parmi eux comme un simple Frère, quelques-uns, sans éducation, exerçaient sa patience par des grossièretés et des incivilités dont il ne paraissait pas s'apercevoir, et dont il ne laissait échapper aucune marque de mécontentement.

Toutefois, tous ces dérangements ne firent naître dans l'esprit du Bienheureux de la Sallé ni la pensée de supprimer les récréations, ni celle d'en retrancher les abus. Le saint Instituteur souffrait avec patience un mal qu'il ne pouvait ôter, et en attendait de Dieu le remède ; il n'en était ni troublé, ni étonné ; car il savait que les plus saintes communautés, dès leur institution, avaient souffert des désordres de la récréation. Je l'ai entendu dire lui-même que la Société de JÉSUS, si vertueuse et si sainte, et que ses plus grands ennemis son obligés de regarder comme très régulière, avait reçu dès ses commencements, le même échec, et qu'on fut obligé de le réparer par de nouveaux règlements.

Il n'y avait encore que quatorze ans que le Bienheureux de la Salle avait donné naissance à son Institut, et déjà les dérèglements des récréations commençaient à en altérer la ferveur ; mais Dieu ne permit pas que le mal allât plus loin. Il y apporta lui-même le remède sans qu'on pût presque s'en apercevoir. Ce fut vers l'an 1694, dans le temps qu'il n'y avait encore que cinq maisons établies, et pas plus de trente Frères, que le Bienheureux de la Salle, par un mouvement de ferveur extraordinaire, faisant à Vaugirard une retraite d'un mois, avec quatre des principaux Frères qui étaient avec lui dans le noviciat, fut inspiré de chercher un moyen de fermer, dans les récréations, la porte à la fausse liberté. Nous avons vu dans son lieu comment il s'y prit, et nous n'en répéterons rien ici.

Quelques années après, le saint homme mit en règle ce qu'il avait autorisé par la pratique, et en fit le chapitre sixième de ses règlements. Il le croyait si important, qu'il le faisait lire tous les dimanches pendant le dîner, afin que tous y prissent garde, et l'observassent fidèlement. Son espérance ne fut point frustrée : il eut la consolation de rappeler, dans les récréations des Frères, la ferveur primitive. La règle, qui leur apprenait à les sanctifier, en corrigea tous les abus, et la fidélité avec laquelle elle fut observée les empêcha d'y rentrer.

V. — L'assemblée de 1717 confirme cette règle importante.

Du reste, ce chapitre « de la manière de se comporter dans les récréations », si conforme aux maximes de l'Évangile et des Saints, était en usage chez les Frères depuis près de vingt-quatre ans, sans qu'il eût trouvé, pendant tout ce temps, aucun contradicteur. Ce ne fut que dans l'assemblée de 1717 que trois ou quatre Frères proposèrent aux autres de modifier une règle qui semblait mettre la nature si à l'étroit, dans l'action qui lui est accordée pour la mettre au large ; le saint Instituteur ayant abandonné, comme on l'a dit, à leur révision les Règles qui n'avaient point encore reçu l'approbation du Saint-Siège, en leur laissant un plein pouvoir d'y faire tels changements qu'ils voudraient, le chapitre des récréations devint l'objet principal de leur examen.

Après une longue discussion, dans deux séances, et après beaucoup de prières, pour finir l'affaire d'une voix unanime, on convint de consulter les Supérieurs de communauté qui avaient le plus de réputation et d'expérience ; et afin que les parties ne pussent point se plaindre de n'avoir point été entendues, on en députa deux de sentiment opposé, pour plaider eux-mêmes leur cause devant leurs juges. On demanda là-dessus au Bienheureux de la Salle un agrément que sa prudence ne pouvait pas refuser. Il abandonna très volontiers son ouvrage à la réformation d'autrui.

Le R. P. Baudin, alors Directeur du noviciat des Jésuites à Rouen, et depuis Provincial, homme d'une piété, d'une sagesse, d'une capacité peu commune, et d'une très grande expérience dans la conduite des âmes, fut un des principaux juges du différend. Lui et quelques autres supérieurs des plus célèbres communautés ne furent point de divers sentiments. Tous, après avoir ouï avec attention les raisons de part et d'autre, conclurent qu'il fallait continuer la manière dont on passait les récréations depuis vingt-quatre ans, avec tant de bénédictions, et qu'il fallait bien se donner de garde d'y rien changer.

Le jugement était clair et décisif ; mais il est bien rare que ceux qui ont perdu leur procès acquiescent à la sentence qui les condamne. Le Frère qui plaidait en faveur du changement de la règle, appela de la sentence à l'exemple, et prétendit faire voir de la contradiction entre ce que ces supérieurs décidaient et entre ce qui se faisait dans leurs communautés. Car enfin, dit-il, dans vos propres maisons, si bien réglées, rien de si gênant dans les récréations ; les jeux même, tels que sont ceux de boules, des quilles, du petit palet et autres, y sont permis. Dites *tolérés* et non *permis*, répliquèrent ces hommes d'expérience ; cela n'était point dans le commencement ; cela n'est point statué dans les règlements, mais ces coutumes se sont insensiblement introduites. On les souffre, parce qu'on ne peut les retrancher. Nous en voyons les suites fâcheuses, mais nous ne pouvons y apporter remède.

Le Frère demeura muet à cette réplique, et se rendit. Les deux autres de son sentiment suivirent son exemple, et il fut arrêté, sans contradiction d'aucune voix, que le chapitre des récréations demeurerait tel qu'il était ; et afin qu'à l'avenir on ne prétendît point cause d'ignorance de ce qui s'était passé, on statua que la manière de se récréer, autorisée par un usage de vingt-quatre ans, au grand profit de l'Institut, demeurerait inviolable à l'avenir, comme étant la plus convenable au corps et à l'âme, et la plus agréable aux fervents ou à ceux qui veulent le devenir.

Le Bienheureux de la Salle, qui unissait à tant de lumières une si grande expérience, en était si convaincu, qu'il a fait de la règle des récréations un des quatre soutiens fondamentaux de son Institut. Il est allé plus loin ; car dans la Règle du Frère Directeur de chaque maison, dont on va parler, il ordonne que ce Frère se trouve à la récréation par préférence à l'oraison, si c'est une nécessité qu'il s'absente d'un de ces exercices, et qu'il prenne un autre temps pour s'acquitter de ce premier devoir ; tant il était convaincu que le bien et le mal d'une communauté ont pour principe la manière de prendre les récréations.

Enfin, pour achever ce qu'il y a à dire sur ce sujet, tous les points de règle qui composent le chapitre des récréations sont les antidotes particuliers des défauts qui peuvent s'y glisser, et qui s'y étaient en effet glissés, malgré toute l'attention et les soins du vigilant Supérieur. Ç'a été pour détourner tous les désordres qui s'y étaient commis sous ses yeux, qu'il a détaillé la pratique des vertus contraires ; et, parce que la lumière du Saint-Esprit lui montrait que des règles si importantes pouvaient recevoir quelque atteinte par la demeure des étrangers avec les Frères, il a fermé la porte de leurs maisons d'école aux pensionnaires, ennemis du silence, trop libres dans les récréations, et qui apportent, partout où ils sont, la dissipation, la licence et l'irrégularité.

C'est à quoi doivent prendre garde les Directeurs. Qu'ils se souviennent que la régularité sera entamée chez eux, aussitôt que leur maison sera ouverte à des pensionnaires (1) ; qu'ils s'en rapportent à la lumière de leur Instituteur et à sa Règle, approuvée par le Saint-Siège, qui leur défend d'en admettre dans les maisons d'école, parce que le silence et la Règle de la récréation en recevraient un grand dommage, aussi bien que les autres exercices. Mais comment refuser un ami, un bienfaiteur, une personne d'autorité ? En leur montrant la Règle qui le défend ; c'est une excuse toujours bien reçue de ceux qui ont de la religion. Des refus que la Règle autorise n'offensent jamais ceux qui font usage de leur raison. La fermeté sur un point de Règle édifie ceux-là mêmes qui en demandent la transgression ; la violation qu'on en fait, scandalise souvent les amis qui l'inspirent.

Jamais les séculiers ne font plus d'état des personnes de Communauté, que quand elles sont régulières et exactes à leurs devoirs. Quand on est déterminé à opposer un refus à un ami, à un bienfaiteur, à une personne d'autorité qui demande ce que Dieu ne permet pas, on se trouve disposé à leur opposer le même refus, quand ils exigent ce que la Règle défend. Au lieu de dire : Comment rejeter la demande d'un ami, d'un bienfaiteur, d'une personne d'autorité il faut dire : Comment violer une Règle que l'Instituteur a regardée comme la sauvegarde du silence et des exercices ?

On voit, par tout ce qui vient d'être dit, que le Bienheureux de la Salle a mis tout en œuvre pour sanctifier la récréation, et écarter d'une action si dangereuse toutes les fautes qui ont coutume d'y introduire le désordre.

VI. — Importance que le Bienheureux de la Salle attachait au choix des Directeurs.

LA conduite que les Frères Directeurs doivent garder, n'a pas moins attiré l'attention du pieux Fondateur. On appelle Frère Directeur, dans l'Institut, celui qui est préposé, en chaque maison, pour veiller sur les Frères qui lui sont inférieurs, pour présider les exercices, avoir soin des affaires du dehors et du dedans, et rendre compte de tout au Frère Supérieur, dont il est comme le vicaire.

---

1. Il s'agit, surtout ici, des pensionnaires adultes. L'usage était fréquent alors de recevoir dans les communautés d'hommes, comme on le voit encore aujourd'hui dans bon nombre de communautés de femmes, des pensionnaires en chambre, vivant pieusement sans être membres de la famille religieuse. La Règle des Frères ne permet d'en recevoir, dans les maisons autres que les pensionnats proprement dits, qu'exceptionnellement et *avec la permission par écrit du Frère Supérieur de l'Institut*.

Il est aisé de concevoir que le bien ou le mal de l'Institut sont attachés à la bonne ou mauvaise conduite des Directeurs. Ils sont les chefs subalternes qui ont chacun une portion du troupeau à conduire. Ils sont les capitaines d'un peuple élu dont ils partagent le soin par familles. Ils sont les yeux et la langue de la tête, c'est-à-dire du Supérieur, qui doit gouverner le Corps. Le Bienheureux de la Salle, après une longue étude des causes de la décadence des monastères et des désordres des communautés les plus florissantes, a cru en pouvoir rendre coupables les supérieurs. Selon lui, ç'a été leur faute, si le démon a fait tant de ravage dans ces paradis terrestres; c'est par leur négligence que le relâchement, et ensuite les vices et les désordres y sont entrés. S'ils avaient été vigilants, fermes, réguliers, les jardins de délices de l'Époux sacré ne seraient pas tombés en friche; ils seraient aujourd'hui ce qu'ils étaient dans leur origine. La ferveur primitive en ferait encore, et l'honneur de l'Église, et la bonne odeur de JÉSUS-CHRIST.

Pénétré de cette vérité, le saint prêtre disait souvent que l'Institut était entre les mains des Frères Directeurs; que c'étaient eux qui travaillaient à le détruire ou à l'édifier; que sa régularité était attachée à la leur, et que la ferveur ne s'y maintiendrait que par leur fidélité à la Règle et à leurs devoirs. Persuadé, d'une autre part, que Dieu connaît ceux qui sont selon son cœur, et que sa main seule sait les former, il faisait des jeûnes et des prières continuelles pour obtenir du ciel des Frères Directeurs d'une vertu éprouvée, pleins de foi et du Saint-Esprit.

Pour être exaucé sur ce point, il avait établi dans sa Société, depuis l'année 1696, environ jusqu'à l'année 1710, la pratique du jeûne et de la communion journalière, c'est-à-dire, que tous les jours il y avait un ou plusieurs Frères, selon leur nombre dans chaque maison, qui jeûnaient et communiaient tour à tour en chaque semaine, pour demander à Dieu de dignes Frères Directeurs. Ensuite, sur la représentation des Frères anciens assemblés à Paris, ce jeûne fut fixé par le Bienheureux de la Salle au vendredi pour tous, et est devenu un jeûne de règle, en quelque manière, ou plutôt un jeûne consacré par la coutume, pour la même fin, aussi bien que la communion du jeudi ou du jour de congé. Le Bienheureux de la Salle, qui, en fait de pénitence, avait peine à se borner, ne s'en tint pas au jeûne d'un jour. Le sien fut continuel pendant quatre ans, sans exception des dimanches et des fêtes les plus solennelles, et il était si rigoureux, qu'il se contentait à la collation d'un morceau de pain sec et d'eau pure.

VII. — Règles spéciales composées par le Bienheureux de la Salle pour les Frères Directeurs.

VERS l'année 1700, le Bienheureux de la Salle composa une Règle pour les Frères Directeurs ; il l'envoya ensuite manuscrite dans toutes les maisons de l'Institut avec ordre au Frère Directeur de la faire lire dans le réfectoire, avant le dîner, le premier jeudi de chaque mois, et d'en faire lui-même sa lecture spirituelle les dimanches et les jeudis ; c'est ce qu'il a fait observer jusqu'à sa fuite en Provence, avec une fermeté inflexible, sans écouter les plaintes de quelques-uns qui trouvaient cette Règle gênante. Cependant, pour l'accommoder à la faiblesse humaine, et en rendre la pratique plus douce et plus aisée, il changea quelques termes qui embarrassaient trop les âmes timorées, et qui jetaient dans le scrupule ceux qui y avaient de la pente.

Malgré ces adoucissements, il se trouva encore quelques Frères Directeurs, qui eurent peine à se soumettre à des lois qui ne leur permettaient point d'autre usage de l'autorité, que celui qui est nécessaire pour veiller à l'observance de la parfaite régularité, en les obligeant d'en devenir eux-mêmes les exemples. L'amour-propre n'était pas chez eux peu offensé de ce que le premier rang dans chaque maison, leur donnait moins de liberté qu'aux autres ; de ce que leurs devoirs devaient chaque mois être publiés, et par conséquent leurs fautes ; de ce qu'ils devenaient comptables de tout au Supérieur, et, à proprement parler, les exécuteurs de ses volontés, sans aucune étendue de pouvoir. Les hommes humbles et obéissants, zélés pour leur perfection et pour celle des autres, furent ravis de ces règlements, qui leur ôtaient tout pouvoir de faire abus de leur autorité, et qui, en réglant toutes leurs démarches, les déchargeaient devant Dieu du compte terrible qu'ils auraient eu à rendre de leur conduite devant son tribunal, par l'obligation qu'on leur imposait de rendre ce compte exact au Supérieur, et de ne rien faire d'extraordinaire sans sa permission.

Le Bienheureux de la Salle, par sagesse, ferma les yeux sur la plaie que recevaient les importants règlements qui regardent le Directeur de chaque maison, et en attendit le remède, dans son temps, de l'ardeur de ses disciples pour la perfection de leur état. Il n'en parla pas même à son retour de Provence, ni dans l'assemblée dont nous nous entretenons, quoique l'occasion fût si belle de faire ces points de Règle dans le temps qu'il revoyait toutes les autres, et qu'il y mettait la dernière main, à la prière des Frères.

S'il est permis de donner ici des conjectures sur ce silence du saint homme, on croit que l'humilité, la prudence et l'abandon à la divine Providence lui ont fermé la bouche. L'humilité ne lui permit plus de faire aucun acte de Supérieur ou de législateur ; à son avis, il attirait la malédiction sur l'Institut ; et tout ce qu'il pouvait faire de mieux, pour son bien, était de prier et de ne plus se mêler de le gouverner.

Il savait que toute son industrie n'avait pu soutenir la Société, et qu'après l'avoir vue bien des fois sur le penchant de sa ruine, Dieu semblait la ressusciter et lui donner un nouvel être : ainsi, il laissa à la main qui commençait si bien à relever son ouvrage, le soin de lui donner sa perfection.

Enfin, il voulut que des Règles qui regardaient les Frères Directeurs fussent leur propre ouvrage, et qu'ils devinssent leurs propres législateurs. Il a laissé à leur ferveur de se choisir eux-mêmes ces Règles de perfection, afin qu'elles fussent plus méritoires, étant plus volontaires, et qu'ils s'y soumissent avec plus d'exactitude, après les avoir embrassées avec plus de liberté. La ferveur qu'il voyait renaître parmi ses disciples lui faisait espérer qu'elle les mènerait à ce point ; il ne s'est point trompé ; car ils ont déjà fait une partie de ce qu'il pouvait attendre, en l'assemblée de 1725, composée de trente-deux Frères anciens. Ces dignes enfants, honteux de voir ensevelis dans l'oubli des règlements si sages et si importants de leur saint père, se sentirent inspirés de leur faire rendre l'obéissance qu'ils méritent, en statuant qu'on les lirait deux fois tous les ans en public : l'une au commencement de l'année, pendant le dîner, l'autre dans le temps que le Frère Visiteur va faire la visite des maisons.

VIII. — Utilité de la lecture publique de ces Règles en communauté.

ON peut dire que c'est ici que se montrent les parfaits disciples du saint Instituteur, et les héritiers de son esprit et de ses vertus. Les humbles ne cherchent point à dérober leurs devoirs à la connaissance de leurs inférieurs, ni à cacher à leurs yeux des lois dont la publication révèle leurs manquements. Ils se font, au contraire, un vrai plaisir que leurs Frères sachent ce qu'ils doivent faire, afin de porter, dès cette vie, la confusion des fautes qu'ils font, d'être redressés par de sages avis ou retenus dans le devoir par la crainte salutaire de mal édifier les autres. Les Frères, instruits des devoirs de celui auquel ils sont soumis, sont merveilleusement édifiés de son zèle à les observer, et, par émulation, deviennent ardents à observer les leurs; plus ils le voyent régulier, plus ils le deviennent. Son obéissance à ses règles ne leur permet pas de se dispenser des leurs, et il est toujours bien venu à la recommander, quand, à la parole, il joint l'action.

De plus, des inférieurs instruits des devoirs de celui qui les gouverne sont tout à la fois des témoins, des censeurs et des juges de sa conduite. Celui-ci craint leurs yeux, leur langue et leur plume, et il se résout de faire, par amour de Dieu, ce qu'il serait obligé de faire par respect humain. Le Frère qui veille sur tous les autres, a autant de surveillants qu'il a de Frères sous sa dépendance, et ils lui rendent à peu près le même service qu'il leur rend lui-même. Je veux dire que leur présence l'avertit de ce qu'il a à faire, et que la lecture publique des règles qui lui sont prescrites, lui sert ou de témoignage d'approbation, ou d'une humble confession par laquelle, en s'accusant lui-même et révélant ses fautes, il répare, auprès de ses Frères, la mauvaise édification qu'il a pu leur donner, et en obtient de Dieu le pardon.

Concluons donc qu'il n'y a que l'esprit d'orgueil qui ne puisse souffrir la lecture des règlements dont il s'agit, ou qui en soit mortifié. Un Frère humble s'en fera toujours un plaisir, et cherchera la réparation de ses fautes dans la publication de ses devoirs. Le véritable obéissant, bien éloigné de vouloir commander sans vouloir obéir, est ravi de fonder ses commandements sur sa propre obéissance, et de prêcher, par son exemple, la soumission, l'esprit de dépendance et la fidélité à la Règle. Si les Frères Directeurs sont dans les maisons, comme les aînés de la famille, ne doivent-ils pas à leurs puînés l'exemple d'une fidélité entière à toutes les volontés de leur père? S'ils sont les pasteurs subalternes de l'Institut, ne doivent-ils pas autoriser leur conduite par une soumission entière à une conduite supérieure? S'ils sont les tuteurs et les gardiens de la régularité, ne doivent-ils pas se montrer amis des règles que le saint Instituteur leur a prescrites? Peuvent-ils s'en dispenser et porter le titre de zélateurs de la Règle commune?

Jamais celui-là n'aura grâce pour bien ordonner, qui n'a pas la vertu d'obéir ; jamais il ne convaincra ses inférieurs, qu'il aime des règlements qu'il néglige. S'il regarde comme humiliante la publication de ses devoirs, c'est la preuve qu'il y manque ; car, s'il y était fidèle, la lecture qu'il en ferait faire serait son éloge, et servirait de certificat de sa bonne conduite. S'il regarde comme un reproche tacite de ces fautes, la lecture fréquente des règlements qui mesurent toutes ses démarches, il fait voir qu'il n'est ni assez humble pour en faire l'aveu, ni assez obéissant pour aimer l'esprit de dépendance, ni assez pénitent pour vouloir se corriger, ni assez vertueux pour régler toutes ses volontés sur les lois qui lui sont imposées.

Pour moi, je ne croirai jamais que le saint Instituteur regarde, dans le ciel, comme un de ses fidèles disciples, le Frère Directeur qui met en oubli les sages règlements qu'il lui a laissés. Un tel fils déshonore son père, en ne voulant pas suivre toutes ses volontés; car, s'il les croit impraticables, il l'accuse d'indiscrétion et de dureté; s'il les regarde comme trop parfaites, il confesse sa lâcheté et son peu de ferveur; s'il convient qu'elles sont douces et sages, ou il doit se condamner à les observer, ou se déclarer un prévaricateur.

Enfin, tous les Frères anciens et principaux, tous les vrais disciples du saint Instituteur doivent concourir avec zèle à ne pas laisser imparfait son ouvrage, et à lui donner dans le ciel la joie de voir sur la terre tous ses règlements en honneur. Sans doute qu'à l'exemple des Frères de cette assemblée, les Directeurs des maisons se feront un plaisir et un devoir de mettre en pratique ce que le Bienheureux de la Salle vivant leur avait demandé, de lire, le plus souvent qu'il leur sera possible, leurs règlements particuliers, et d'en faire leur lecture spirituelle. Leur régularité, pour être parfaite, demande la fidélité sur ce dernier point. Leur exemple rendra agréable le statut qu'ils en feront. En effet, lequel des Frères Directeurs voudra se singulariser par un trait d'orgueil marqué, quand il saura que tous les autres promulguent, toutes les semaines, les lois qu'ils ont reçues de leur Moïse? C'est un honneur qu'ils doivent à sa Règle, ou c'est une tache qu'ils lui laissent, s'ils y manquent. La justice et la reconnaissance les engagent à donner à tous les autres Frères ce bon exemple, et au Bienheureux de la Salle ce plaisir dans le ciel.

IX. — Preuves et témoignages de l'inspiration du Saint-Esprit dans les Règles composées par le Bienheureux de la Salle.

AU reste, quel témoignage plus authentique de l'inspiration céleste, dans tous les règlements qu'a faits le Bienheureux de la Salle, que le soin qu'a pris la divine Providence de les justifier, de les rétablir et de les consacrer par l'approbation du

Saint-Siège (¹)? N'avons-nous pas vu ci-dessus que les rivaux du saint prêtre, plus ennemis des Règles et des pratiques de vertu dans lesquelles il élevait ses disciples, que de sa personne, les critiquaient, ou comme trop parfaites, ou comme trop dures, outrées et impraticables ? N'avons-nous pas vu que, sous ce prétexte, ils l'avaient calomnié à l'archevêché de Paris, et avaient fait mille efforts pour le déposer et dégoûter les Frères de sa conduite ? N'avons-nous pas vu qu'enfin maîtres de sa maison, après sa fuite de Paris, ils y avaient introduit leur esprit avec une nouvelle forme de gouvernement, et en avaient altéré les Règles ?

Après ce vain triomphe, qu'est-il arrivé ? Dieu a retiré la victoire des mains de ceux qui en abusaient, et le saint homme a vu, avant sa mort, les changements introduits dans ses maisons, cassés et anéantis ; l'ancienne discipline refleurir avec son premier éclat, la ferveur ressusciter, et les Règles reçues et confirmées par le corps des Frères: la suite nous fera voir qu'elles ont été finalement confirmées par le Saint-Siège.

Ne puis-je donc pas dire que le doigt de Dieu est ici, et que l'esprit divin s'est assez déclaré l'Auteur des règlements que le Bienheureux de la Salle a laissés à son Institut ? Si cela est, comme il n'en faut point douter, il ne faut point le croire inspiré à demi ; et s'il n'est pas permis à ses enfants de douter que l'Esprit de Dieu n'ait lui-même écrit, par la plume de leur Instituteur, les règlements qu'il leur a prescrits, ils doivent tous les suivre à la lettre, sans exception, sans modification et sans distinction. Les Directeurs doivent cet exemple. La fidélité qu'ils montrent pour les règlements particuliers qui leur sont donnés, ranimera le zèle et la ponctualité de tous les autres pour la Règle commune.

J'ai encore à faire remarquer ici des traits singuliers de la divine Providence sur les Règles de l'Institut. Sur la fin de l'année 1713, les Frères, inquiets de l'absence de leur chef, incertains du lieu où il était, et presque hors d'espérance de le revoir, prirent le parti de faire approuver leurs règlements par Son Éminence Mgr le Cardinal de Noailles. Ce dessein leur fut inspiré par M. l'abbé de Brou, qui, en l'absence du Bienheureux de la Salle, servait de père aux Frères et témoignait un grand zèle pour leurs intérêts.

---

1. Le 7 des Calendes de Février 1724 (26 janvier) le Souverain Pontife Benoît XIII donnait la Bulle *In apostolicæ dignitatis solio*, qui place l'Institut des Frères des Écoles chrétiennes au nombre des Congrégations religieuses proprement dites.

L'occasion qui fit naître cette pensée fut la bonté que le prélat témoigna aux Frères de Saint-Denis-en-France, lorsqu'il y alla administrer le sacrement de Confirmation, et l'estime singulière qu'il fit paraître pour le Bienheureux de la Salle. Après s'être informé de sa santé et du lieu où il était, il fit son éloge devant toute l'assemblée, ajoutant qu'il était un saint homme et un grand serviteur de Dieu, et chargea spécialement les Frères de lui faire ses compliments. M. de la Chétardie, curé de Saint-Sulpice, sensible à ces marques de bonté de Mgr l'Archevêque pour l'Institut, alla, accompagné de M. l'abbé de Brou, le remercier, et le supplier de mettre cette œuvre sous sa protection. M. l'abbé de Brou ayant ensuite mené le Frère Barthélemy et un autre Frère saluer Son Éminence, ils furent reçus favorablement. Le prélat ayant demandé et su lequel des deux était le Supérieur, l'interrogea avec beaucoup de douceur, lui demanda s'il avait beaucoup de novices, etc., et lui recommanda d'élever de bons maîtres d'école.

Ce fut cette heureuse disposition de Mgr l'Archevêque à l'égard de l'Institut, qui fit naître la pensée de lui porter les Règles à approuver. Ce projet étant formé, le Frère Barthélemy, par le conseil de M. l'abbé de Brou, assembla les Frères de Paris, de Versailles et de Saint-Denis, pour convenir des changements qu'il fallait faire aux règlements. Car depuis longtemps les rivaux du saint prêtre en avaient tant exagéré la difficulté, qu'ils furent crus de quelques-uns des Frères qui n'étaient pas les plus fervents. Les Règles mises en état, avec les notes à part, M. l'abbé de Brou alla supplier Mgr l'Archevêque d'en faire l'examen et de les approuver, à quoi le prélat consentit. Cet examen fut déféré à M. l'abbé Vivant, un des grands-vicaires de l'archevêché, et les Règles furent mises entre ses mains. Il les garda sept à huit mois, pendant lesquels survinrent à Paris les agitations au sujet de la Constitution *Unigenitus*, et le refus de l'accepter que fit Son Éminence.

Ce temps passé, M. Vivant renvoya à M. l'abbé de Brou les papiers dont il l'avait chargé, avec une lettre datée du 4 avril 1714, qui porte ces paroles : « Son Éminence ne juge pas à « propos que rien soit décidé ni signé en son nom, ni sur les « règlements, ni sur les changements qu'on voudrait faire aux « règlements. Il se repose sur votre sagesse du bon gouvernement « des écoles dont vous prenez soin, et compte bien que, sous une « si sage conduite, la piété et la paix y fleuriront. » On a tout sujet de croire que le prélat, qui regardait le Bienheureux de la

Salle comme un saint homme et un grand serviteur de Dieu, ne voulut point y toucher en son absence, par respect pour sa vertu et par égard pour sa personne ; car Mgr le Cardinal l'aimait, et ne voulait pas substituer en sa place un autre Supérieur, après la preuve qu'il avait eue, en 1702, de l'attachement que les Frères portaient à leur saint Instituteur, et l'invincible opposition qu'ils avaient formée à la réception de M. Bricot.

En tout ceci, la protection de la divine Providence est marquée sur le bienheureux de la Salle et sur ses Règles : 1° rien n'y est changé, et elles demeurent ce qu'elles sont ; 2° rien n'est changé à son égard, et on ne lui substitue point de Supérieur : le gouvernement des écoles est abandonné à M. l'abbé de Brou, par la lettre du grand-vicaire, mais non le gouvernement des Frères. Ainsi, le Bienheureux de la Salle en demeurait le légitime Supérieur, nulle autre autorité que celle de Mgr l'Archevêque ne pouvant le déplacer ; 3° par là, les changements faits aux Règles tombèrent et perdirent tout crédit, n'étant pas revêtus de l'approbation épiscopale; 4° par cela même, la nomination des Supérieurs locaux, qu'on avait introduite, demeurait vaine, puisque le Bienheureux de la Salle n'avait été dépossédé par aucun Supérieur ecclésiastique. Enfin, le refus de Mgr le cardinal de Noailles, de toucher aux règlements des Frères, a été un coup du ciel ; car on sait assez que son approbation n'eût pas accéléré celle du Saint-Siège, et qu'elle eût pu l'empêcher.

CHAPITRE XVI.

Éloge du Frère Barthélemy. Exemples héroïques de vertu que donne le Bienheureux de la Salle après sa démission à Saint-Yon. Il va par obéissance à Paris, pour mettre au profit de la société la restitution de 5,200 livres qui lui avait été faite sous le nom de legs testamentaire. Il loge dans le séminaire de Saint-Nicolas, où sa vertu brille. Témoignage qu'en rend un des supérieurs de cette sainte maison. — (1717-1718.)

I. — Résultat de l'assemblée de 1717. Prudence et zèle du nouveau Supérieur général ; sa conduite à l'égard du Bienheureux de la Salle.

LE fruit de l'assemblée dont on a parlé au chapitre précédent, fut le rétablissement de la discipline, de la première forme du gouvernement, des anciennes pratiques et de la ferveur primitive. Ce qui y avait été arrêté fut confirmé avec autant d'unanimité par les Frères de chaque maison, qu'il l'avait été par les Directeurs qui avaient composé cette assemblée. Chacun d'eux, à leur retour, après avoir signifié aux Frères ce qui avait été fait : l'élection du Frère Barthélemy et la ratification des Règles après une nouvelle révision, ne trouva que soumission dans les esprits et accord dans les volontés.

La peine de n'avoir plus le Bienheureux de la Salle comme Supérieur, fut un peu tempérée par le choix qu'on avait fait du Frère Barthélemy pour son successeur. Ce Frère était aimé, parce qu'il était d'une humeur douce, complaisante et facile, aussi bien que d'un caractère humble, sage et timide. Toujours prêt à se ranger au meilleur avis, il n'était jamais attaché au sien. En défiance de ses propres lumières, il était avide de recourir à la prudence d'autrui ; et, quand il consultait, il le faisait avec grande candeur et simplicité, et dans l'humble disposition de s'en rapporter à un autre jugement que le sien.

L'office de Directeur du Noviciat, qu'il avait géré longtemps avec bénédiction, lui avait acquis la confiance de tous les jeunes Frères qui avaient passé par ses mains. Celui de Supérieur, qu'il exerçait avec beaucoup de prudence depuis quelques années, en la présence comme en l'absence du Bienheureux de la Salle, lui avait aussi gagné le cœur des anciens. Ainsi, toutes choses continuèrent à aller leur train, et on ne s'aperçut pas dans l'Institut qu'on avait fait choix d'un nouveau chef. Tout ce qu'il y eut de nouveau parmi les Frères, fut l'émulation avec laquelle ils s'empressèrent de reconnaître le nouveau Supérieur, par des témoignages de respect et des marques réelles de soumission.

Le vertueux Frère Barthélemy ne fut pas longtemps en place, car il mourut le 7 juin 1720, un an environ après le Bienheureux de la Salle, et trois ans après son élection. Il y fut pourtant assez de temps pour y faire briller sa vertu devant ses Frères, et se faire un grand fonds de mérites devant Dieu ; car il gouverna dans des temps difficiles, et sa patience fut mise à l'épreuve en plusieurs rencontres fâcheuses. La Constitutiou *Unigenitus*, sur laquelle les esprits étaient alors si échauffés et partagés en France, lui attira plus d'une croix, non qu'il se mêlât de dogmatiser, car, à l'exemple du Bienheureux de la Salle, il ne rompait le silence sur ce sujet que quand il était obligé de déclarer sa foi ou de soutenir celle de ses inférieurs ; mais comme plusieurs de ceux-ci se trouvaient dans des diocèses où le P. Quesnel avait grand nombre de partisans, les coups qu'on portait sur les Frères retombaient sur lui. Des plumes habiles à écrire d'un style dur, aigre et amer, lui adressaient des lettres pleines d'invectives et de menaces ; et des bouches accoutumées à répandre le fiel et à déchirer le prochain, en recommandant la charité, l'ont honoré, comme bien d'autres, des épithètes les plus odieuses et des injures les plus piquantes.

Le zèle que le Frère Barthélemy montrait à maintenir ses Frères dans l'union au Saint-Siège et dans la soumission au clergé de France, était le seul motif de leur colère contre lui ; mais il s'en faisait honneur, et il se conduisait avec tant de sagesse dans ces sortes d'attaques, que si ses ennemis ne pouvaient pas l'aimer, ils ne pouvaient refuser le juste tribut de louanges que méritait sa conduite douce, humble et prudente. L'égalité de son humeur et la sérénité de son visage cachaient avec grand soin ses peines et ses infirmités à ceux-mêmes qui le fréquentaient, et il ne laissait point apercevoir qu'il fût sensible, ni aux outrages qu'il recevait souvent du dehors, ni aux importunités, aux duretés même qu'il recevait quelquefois de la part de quelques indiscrets.

Ce qui achève son éloge, c'est qu'il ne s'oublia jamais à l'égard de son vénérable prédécesseur. Il connut toujours la distance qu'il y avait entre un prêtre et un Frère laïc, entre le maître et le disciple, entre le père et l'enfant, entre le second Supérieur de la Société et son Instituteur. Disciple docile, il ne parla que parce que le maître voulut se taire et garder un profond silence.

Enfant soumis, il ne prit en frère aîné la conduite de la famille que quand le père lui en abandonna le soin ; simple Frère, il ne perdit jamais de vue l'éminence du caractère qui élevait le Bienheureux de la Salle au-dessus de lui, et il ne fit jamais devant lui aucun acte de supériorité qu'avec confusion, et forcé par l'humilité de celui qui n'était descendu de la première place que pour ne quitter jamais la dernière.

Malgré la ferme résolution où était le Bienheureux de la Salle de ne se mêler de rien, il ne put empêcher que le Frère Barthélemy ne s'adressât à lui dans toutes les rencontres où il avait besoin de ses lumières. Ce Frère Supérieur ne faisait rien sans le consulter, et il suivait ses avis avec toute l'exactitude d'un enfant. Si le Bienheureux de la Salle parlait au Frère Supérieur avec tout le respect et la déférence d'un inférieur, celui-ci se moulait sur le modèle qu'il voyait, et saisissait l'occasion de s'humilier à son tour devant celui qui lui en donnait l'exemple. Par cette modestie et cette conduite humble et prudente, le nouveau Supérieur se montrait digne fils du saint Instituteur, et s'attirait la vénération et la confiance de la part des Frères.

Ces exemples réciproques d'humilité, d'union, de bonne intelligence entre les deux chefs de l'Institut, eut de merveilleux effets. L'union se cimenta entre les membres du corps, l'émulation s'alluma dans les inférieurs, la famille nouvelle rentra dans son premier esprit et dans sa première ferveur. Voilà ce que doivent les Frères au sage gouvernement de leur second Supérieur, qui mourut plein de mérites, et qui fut regretté de tous ceux qui le connaissaient.

II. — Humble soumission du Bienheureux de la Salle à l'égard du Frère Barthélemy.

AUSSITOT que le Bienheureux de la Salle fut parvenu à l'état d'inférieur, qu'il avait tant et depuis si longtemps désiré, il ne pensa plus qu'à en remplir les devoirs et à en pratiquer les vertus ; il ne se réserva aucune marque de distinction, et ne voulut, pour récompense des services qu'il avait rendus aux Frères, que la soumission et la dépendance. Le seul privilège dont il était jaloux était d'être méprisé, oublié, et de mourir dans cet état d'abjection dans lequel il avait passé toute sa vie, depuis l'établissement des Écoles chrétiennes. On le voyait, comme le plus fervent des novices, ponctuel aux moindres observances et suivre, avec une scrupuleuse exactitude, tous les règlements.

Il ne se souvenait plus ni de ce qu'il avait été, ni de ce qu'il était encore, que pour en tirer de nouveaux sujets de confusion et d'humiliation. Les qualités de Supérieur et d'Instituteur, qui lui avaient été si onéreuses et si crucifiantes, étaient si bien effacées dans sa conduite et par sa conduite qu'il ne paraissait pas qu'il les eût jamais portées, et qu'il eût eu toute sa vie un autre emploi que celui d'obéir. Pour ce qui est de son caractère de prêtre, il ne le laissait apercevoir que quand il montait au saint autel et qu'il entrait dans le tribunal de la Pénitence ; car voilà les seules fonctions qu'il se réserva : dire la sainte messe aux Frères, les confesser, instruire et exhorter les pensionnaires. Dans tout le reste, il se comportait comme un prêtre dégradé, comme un ministre des autels qui a été condamné à faire pénitence le reste de ses jours dans un monastère.

Dans cet esprit, il refusait toutes les démonstrations de confiance que les Frères lui témoignaient et dont les enfants ne peuvent se dépouiller à l'égard d'un père sage et vertueux qui les a élevés. « Je ne suis rien ; allez au Frère Supérieur, » disait-il à ceux qui s'adressaient à lui pour demander quelques permissions. D'autres lui ayant écrit pour demander ses avis, il ne voulut pas même lire leurs lettres. S'il y acquiesça ensuite, ce ne fut que par obéissance, en regardant comme un ordre la prière que lui en fit le Frère Barthélemy. Les réponses qu'il fit à ceux qui l'avaient consulté furent propres à les corriger de leur prétendue faute, car il concluait les avis qu'il leur donnait par celui-ci : « Donnez-vous bien de garde de vous adresser à moi à l'avenir pour choses pareilles. Vous avez un Supérieur : c'est à lui que vous devez exposer vos difficultés. Pour moi, je ne veux plus me mêler de rien, que de penser à la mort et pleurer mes péchés. » C'est ainsi que le saint prêtre finissait sa vie dans l'abjection, dans l'obéissance et dans la dépendance.

Le Frère Barthélemy, qui était confus de voir si souvent à ses pieds le Bienheureux de la Salle pour demander les moindres permissions, voulut lui épargner la peine de cet assujettissement, et à lui-même la confusion de commander à un prêtre, à son confesseur et à son père, en lui donnant une permission générale de faire ce qu'il jugerait à propos ; mais c'est de quoi le parfait obéissant ne put s'accommoder. Ce qui lui dérobait le mérite de tant d'actes d'humilité lui déplut, et il n'en voulut point user.

Pour confirmer par la pratique les enseignements qu'il avait donnés sur ce sujet, il demandait, pour les moindres choses, de nouvelles permissions. Il ne présidait à aucun exercice de Communauté, pas même aux spirituels, tels que sont la prière et l'oraison, où le caractère sacerdotal donne la prééminence. Sa place dans ces saintes actions était celle du Publicain, la dernière, proche de la porte. Il n'osait pas même changer l'heure de dire la sainte messe sans une permission expresse. S'il allait prendre la récréation avec les Frères servants, c'était à condition que l'un d'entre eux présiderait. Ce président, devenu son supérieur, le voyait lui demander permission toutes les fois qu'il voulait parler. Si on voulait lui donner parmi eux quelque marque de distinction, aussitôt il se retirait, et il allait achever la récréation avec quelque petit pensionnaire.

Quelque instance qu'on lui fît de prendre la première place au réfectoire, on ne put vaincre sur ce point son humilité qui lui faisait ambitionner la dernière, et il la prit en effet en se mettant après les Frères servants. On eut même bien de la peine à gagner sur lui de donner la bénédiction de la table. S'il s'y rendit, ce ne fut qu'après qu'on lui eut représenté que son caractère ne souffrait pas qu'un Frère la donnât en sa présence. Quand quelque novice, envoyé pour balayer sa pauvre chambre, lui demandait s'il voulait bien le permettre, il répondait : « Je ne veux rien, mon cher Frère ; allez demander si on veut que je sorte. » Jamais il n'eût consenti qu'un autre lui eût rendu cet office d'humilité et de charité, si le Frère Supérieur ne l'eût ordonné.

Enfin, ce saint prêtre fut pour les Frères un modèle achevé de perfection. Chacune de ses actions était un exemple de vertu. Humble, soumis, obéissant, simple, il était parvenu à cet heureux état d'enfance spirituelle dont JÉSUS-CHRIST fait lui-même l'éloge. Rendu à lui-même et déchargé de tout soin, sa propre sanctification devint son unique emploi. Tout ce qui était au monde ne lui était rien. Il ne pouvait plus se désoccuper de Dieu, n'ayant plus rien qui l'en pût distraire. Sa perfection étant son unique ouvrage, il y travaillait sans relâche, sans laisser échapper, selon l'avis du Sage, la moindre occasion de l'augmenter.

Je ne dirai rien de trop quand j'assurerai que ces vénérables vieillards du fameux monastère dont parle saint Jean Climaque, qui obéissaient à leur Supérieur comme des enfants, auraient vu leur maître en humilité et en obéissance dans le Bienheureux de la Salle, et l'auraient pu prendre comme leur modèle en ce genre. Plus le saint prêtre s'étudiait à s'humilier et à se dégrader, plus Dieu prenait plaisir à l'éclairer. Le fait qui suit va faire voir que l'état d'abjection est un état de lumière et la véritable école où JÉSUS-CHRIST les communique.

III. — Projet d'établissement au Canada ; le Bienheureux de la Salle y met obstacle par une inspiration d'en haut. Ce qu'on pense en divers lieux de sa démission.

MONSIEUR Charon, homme d'un grand zèle et qui était un des fondateurs de l'hôpital du Canada, venu à Paris pour différentes affaires, fit tant d'instances pour avoir quatre Frères et les emmener avec lui en ce pays, qu'à la fin on se rendit à ses prières. Le Frère Barthélemy donna son consentement, le Bienheureux de la Salle son agrément, et, de concert avec l'Assistant, qu'on fit venir à Saint-Yon exprès, ils désignèrent les Frères qu'ils destinaient pour cette mission. Deux jours après, le Frère Assistant, prêt à s'en retourner, étant allé de grand matin prendre congé du serviteur de Dieu, il fut fort surpris de l'entendre dire : « Ah ! mon Dieu, qu'allez-vous faire ? vous allez entreprendre une chose qui vous jettera dans une infinité d'embarras, et qui aura des suites fâcheuses. »

Le Frère Barthélemy, qui entra sur ces entrefaites, repartit qu'il n'y avait pas moyen de reculer, que tout était conclu et arrêté. En effet, les frais de l'embarquement étaient déjà faits. Le saint homme répéta : « Qu'allez-vous faire ? » et ne dit rien de plus. Cette double remontrance fit impression sur les Frères : ils ne s'engagèrent pas plus avant ; et après avoir rompu le dessein concerté, ils ne furent pas longtemps sans voir qu'on voulait les tromper pieusement. Le bon M. Charon avoua que son dessein était de mettre les quatre Frères séparément avec les curés de campagne, pour y enseigner les enfants ; c'est-à-dire qu'il voulait les dérober à l'Institut, et les exposer à se perdre ou à se déranger.

Sûrement, ils eussent été perdus pour la société ; ils n'eussent plus eu ni d'union, ni de relation avec elle, et ils fussent sortis de son sein en cessant de vivre en communauté et d'en pratiquer les règles. En un mot, nous l'avons vu ci-dessus, le Bienheureux de la Salle n'a jamais voulu donner de ses disciples pour les écoles de campagne, parce qu'il aurait fallu les envoyer seuls et les abandonner à leur propre conduite. Ceux qui avaient été élus pour cette mission étaient quatre sujets distingués en mérite et en vertu, car il ne faut point d'autres ouvriers pour des Iroquois et des sauvages. Le Bienheureux de la Salle les compta perdus pour lui si on les envoyait. Ce fut sans doute par une lumière surnaturelle qu'il eut cette connaissance ; car, par quelle autre voie pouvait-il pénétrer dans l'avenir et fouiller dans le cœur de

M. Charon ? Celui-ci fut obligé de substituer aux Frères d'autres personnes, qu'il ne mena pas lui-même en Canada, car il mourut en y retournant. Il avait obtenu des lettres-patentes du roi pour six maîtres d'école ; mais sa mort les rendit inutiles, et ses desseins s'ensevelirent avec lui.

Cependant, le bruit de la démission du Bienheureux de la Salle s'étant répandu à Paris et de tous côtés, on en jugea diversement, et chacun en parla selon ses propres dispositions. L'estime et les louanges des hommes n'étaient pas son partage, et il était rare qu'il fît quelque action qui ne fût pas blâmée. Celle-ci le fut de tous ceux qui le connaissaient. Les uns disaient qu'il faisait injure à son caractère, en s'assujettissant à des personnes qui n'en avaient point : s'ils se fussent souvenus que saint Antoine, saint Hilarion, saint Pacôme, et tant d'autres abbés qui étaient à la tête d'un nombre infini de solitaires et de moines, parmi lesquels il y avait souvent des prêtres qui s'y rangeaient, comme les autres, à l'obéissance ; que saint François, qui n'était que diacre, comptait parmi ses disciples des prêtres et des docteurs d'un rare mérite, ils eussent laissé tomber cette accusation. Les autres le taxaient d'imprudence et le rendaient coupable de la ruine de son Institut, en le confiant à un simple Frère. Il y en eut qui l'accusèrent de paresse ou de pusillanimité, et qui attribuèrent à l'amour du repos, et à la fuite du travail, l'état de tranquillité qu'il avait préféré à une place remplie de soins et de difficultés.

Ses ennemis donnèrent un autre tour encore plus malin à son action. Selon eux, un orgueil subtil et raffiné en était le principe, et il cherchait, dans la dernière place, l'estime et les louanges des hommes, qu'il n'avait pu trouver dans la première. Le serviteur de Dieu, qui ne pensait qu'à se préparer au jugement de Dieu, se souciait fort peu de ceux des hommes. Dieu l'occupait tout entier, et tous les raisonnements qu'on faisait sur son compte lui paraissaient des songes, dont il riait, quand on le forçait d'en entendre le récit.

IV. — Voyage du Bienheureux de la Salle à Paris pour la restitution de M. Rogier. Le saint prêtre va loger au séminaire de Saint-Nicolas-du-Chardonnet.

LORSQUE le serviteur de Dieu, concentré dans le repos de la solitude, était le plus occupé du ciel, et du soin de mettre son âme dans l'état de pureté que demande l'entrée de ce sanctuaire, il reçut une lettre qui le mandait à Paris pour profiter d'un legs testamentaire fait en sa faveur. Ce n'était pas un don, mais une restitution, que lui faisait M. Rogier, qui avait eu autrefois avec lui un grand commerce de piété, et qui avait prêté son nom pour l'achat de la maison de Saint-Denis, dont il a été parlé.

Arrivé à Paris le 4 octobre 1717, pour obéir au Frère Barthélemy, qui l'en avait fort sollicité, afin de mettre au profit de la Société la restitution réelle, qui portait le nom de donation, le Bienheureux de la Salle prit son logement dans le célèbre séminaire de Saint-Nicolas, école sainte où l'on forme si bien les ministres des autels, et d'où sortent tant de saints prêtres. Il ne voulut pas descendre dans la maison des Frères, pour éviter les marques de soumission, de respect et de confiance que les enfants doivent à leur père, et qu'ils étaient bien préparés à lui rendre ; peut-être aussi pour ne point réveiller l'animosité de quelques rivaux, qui n'était pas éteinte, et ne point attirer sur ses Frères de nouvelles tempêtes.

Le Bienheureux de la Salle se comporta dans le séminaire de Saint-Nicolas-du-Chardonnet, comme partout ailleurs, en prêtre parfait. Cet astre alla briller dans un autre ciel que le sien, et répandre les rayons des vertus et l'esprit ecclésiastique dans un lieu qui en est la source. Laissons s'expliquer là dessus un des supérieurs de ce séminaire. Voici le témoignage qu'il rendit, après la mort du serviteur de Dieu, dans une lettre qu'il écrivit au Frère Barthélemy.

« Nous avons bien de la joie, mon très cher Frère, du dessein
« que vous avez formé de donner au public la vie de M. de la
« Salle, votre vénérable Instituteur. Le clergé sera édifié des
« grands exemples de vertu qu'il a donnés, et particulièrement de
« son zèle pour l'instruction de la jeunesse et l'établissement des
« Écoles chrétiennes. Nous avons eu l'honneur et l'avantage de
« posséder ce saint prêtre dans notre séminaire, depuis le 4 octo-
« bre 1717 jusqu'au 7 mars 1718. Ce temps a été court, comme
« vous voyez ; mais il n'en a pas fallu davantage pour reconnaître
« en lui les dons particuliers que Dieu y avait mis, et les grâces
« mêmes qu'il s'étudiait le plus de cacher aux hommes. Nous
« avons surtout remarqué en lui un zèle et une ferveur extraor-
« dinaires pour sa propre perfection, une humilité profonde et
« un grand amour pour la mortification et la pauvreté. Le zèle
« pour sa propre perfection a paru : 1° en ce que, non content
« de se trouver tous les jours, sans en manquer un seul, à tous
« les exercices de piété : à l'oraison du matin, aux conférences

« spirituelles, aux divins offices, etc., il m'a avoué qu'il donnait
« encore régulièrement chaque jour deux heures et demie ou trois
« heures à la méditation ; 2° dans l'assujettissement entier où il
« a voulu vivre au règlement du séminaire, car il se rendait tou-
« jours des premiers à tous les exercices, et il n'y avait pour lui
« aucun article qui ne fût important. Il n'aurait pas voulu, je ne
« dis pas sortir en ville, mais même parler à un externe, sans en
« demander la permission. En vain lui ai-je déclaré plusieurs fois
« qu'il avait chez nous toute permission, et que ce point de
« règlement n'y avait point été mis pour lui, il n'a pas été possi-
« ble de lui en faire accepter la dispense. Son humilité nous a
« paru également admirable, et elle était universelle. Il ne faisait
« rien sans conseil, et l'avis des autres lui paraissait toujours
« meilleur que le sien. Dans la conversation il écoutait toujours
« plus volontiers qu'il ne parlait ; on ne l'entendait jamais rien
« dire à son avantage.

« Plein d'horreur et de mépris pour la mondanité qu'affectent
« plusieurs ecclésiastiques dans leur extérieur et dans leurs habits,
« rien de plus simple que les siens, qui n'étaient que d'une serge
« la plus commune. Tout le reste de son extérieur y répondait,
« et c'est en partie ce qui m'a fait dire qu'il aimait la pauvreté.
« Cet amour pour cette vertu a encore plus éclaté dans la géné-
« rosité qu'il a eue de renoncer à tout et de se dépouiller de tout,
« pour entreprendre et soutenir l'établissement de sa communauté,
« et dans les précautions qu'il a prises pour inspirer et perpétuer,
« parmi les Frères qui la composent, cet esprit de simplicité, et
« le retranchement de tout ce qui n'est pas absolument nécessaire
« à la vie et à l'entretien.

« Sa mortification, enfin, nous confondait, en nous édifiant.
« Il ne voulut jamais accepter de chambre à feu, quand il entra
« au séminaire ; et au lieu de se chauffer avec les autres, au
« moins pendant le temps de la récréation, il aimait mieux
« s'entretenir dans les salles ou dans le jardin, avec quelques
« séminaristes, pour avoir occasion de leur inspirer quelque
« sainte maxime et le détachement des choses de la terre ; et
« comme sa modestie, son air recueilli, et l'onction de ses entre-
« tiens ne laissaient point douter qu'il n'en pratiquât encore
« beaucoup plus qu'il n'en inspirait, on ne saurait exprimer le
« fruit qu'il a fait dans ce séminaire.

« On a eu bien tort aussi de vouloir le faire passer pour un
« homme qui avait du penchant pour les doctrines nouvelles ;
« sage et prudent comme il était, il en parlait rarement, parce

« qu'il savait que ces discours servent de peu et nuisent souvent ;
« mais il était des plus soumis et des plus attachés aux décisions
« de l'Église, et je me souviens qu'il approuva extrêmement une
« communauté de ses Frères établis dans une grande ville de
« province, qui aima mieux encourir la disgrâce des premiers
« supérieurs du diocèse que de faire ce qu'on exigeait d'eux,
« parce que la démarche leur en paraissait contraire au respect
« que leur Instituteur leur avait toujours inspiré pour l'autorité
« du Saint-Siège et de l'Église de France.

« Voilà, mon cher Frère, le témoignage que je dois à feu
« M. de la Salle, que nous avons tous extrêmement regretté, et
« pour vous, et pour le public, et pour notre propre édification.
« Si Dieu exauce nos vœux, il continuera de vivre en sa commu-
« nauté par la fidélité qu'elle aura à ne se jamais départir de ses
« maximes et de ses exemples de zèle pour l'instruction des
« enfants, pour la simplicité, la pauvreté, l'édification, l'obéis-
« sance et la profonde vénération pour les évêques, etc... Je me
« recommande à vos prières, et suis, avec parfaite estime pour
« votre communauté et pour vous en particulier, mon chère
« Frère, etc. Au Séminaire de Saint-Nicolas, le 1er mars 1721. »

Cette lettre est un grand éloge qui ne sort pas de la bouche
ou de la plume de personnes simples, qui s'édifient aisément, et
qui, heureusement prévenues en faveur de la vertu, croient en
voir partout la perfection. Le vulgaire, sur de légères apparences,
fait assez souvent des saints, de gens qui n'en ont que l'extérieur ;
mais ceux qui s'entendent en vertu n'accordent pas ce nom si
aisément, parce qu'ils savent à quels titres il faut le mériter. Une
vertu commune qui a de l'éclat, fait grand bruit dans le monde,
parce que c'est une lumière qui luit dans les ténèbres, et qu'au
milieu des vices et des passions, le mérite solide se distingue par
sa singularité ; mais dans les lieux où la piété règne, où les exemples de vertu sont familiers, où l'on s'exerce à la perfection, la
vertu qui éclate est éminente. Il faut être bien parfait pour briller
parmi les parfaits et passer pour saint. C'est la remarque que le
lecteur doit faire sur la lettre que nous venons de reproduire.

Le Bienheureux de la Salle vivait si retiré et si solitaire dans
ce séminaire, que les personnes de sa connaissance ne pouvaient
presque le trouver. Il se dérobait universellement aux yeux et au
commerce de tout le monde, des Frères même, à qui il refusait
la consolation de le voir. Le seul Frère Directeur avait ce privilège ; encore ne pouvait-il en jouir que rarement. Si ceux des
Frères qui ne pouvaient perdre leur confiance en lui, voulaient

profiter de ses avis, il fallait qu'ils usassent d'adresse pour le surprendre; et quand ils le surprenaient, le premier conseil qu'il leur donnait était de s'adresser au Frère Supérieur et de s'accoutumer à se passer de lui, puisqu'il n'avait plus guère de temps à vivre. Cette leçon, si propre à les détacher de sa personne, ne les contentait pas. Ne pouvant se dépouiller de la qualité de ses enfants, ils le priaient de conserver à leur égard celle de père jusqu'à sa mort. Cependant, il vint à bout d'ouvrir tous leurs cœurs pour le Frère Barthélemy : et il eut la consolation de voir tous les Frères parfaitement soumis à celui qu'ils avaient eux-mêmes choisi pour Supérieur, de les voir exacts à lui découvrir leur intérieur avec candeur, à l'honorer d'une parfaite confiance et suivre ses avis avec fidélité.

Le Bienheureux de la Salle, appelé à Paris pour terminer l'affaire du testament dont il a été parlé, alla trouver le notaire, qui lui fit la lecture de l'article qui le regardait. Il y était qualifié de Supérieur des Frères des Écoles chrétiennes. Cette qualité, qu'il croyait ne plus lui appartenir, choqua son humilité, et lui parut blesser la vérité. Après avoir répondu qu'il n'était plus Supérieur des Frères, il ajouta qu'il ne pouvait s'approprier un titre dont il était dépouillé, et refusa de donner sa décharge en cette qualité. Le notaire lui remontra inutilement que ce terme, étant sans conséquence, ne méritait pas son attention, qu'il devait encore moins lui faire scrupule; qu'au reste, il était nécessaire, la décharge devant être conçue dans les termes portés par le testament. L'humble prêtre, aussi ami de la vérité que de l'abjection, s'en défendit toujours; et, ne pouvant se résoudre à prendre une qualité qu'il n'avait plus, il aima mieux renoncer au legs que de le recevoir aux dépens da la vérité et de l'humilité. Il se retira et laissa la somme prête à être comptée, entre les mains du notaire, qui persista à ne vouloir la délivrer que sous les termes conçus dans le testament.

Trois mois se passèrent ainsi en délais, sans qu'il fût possible de forcer l'humilité du saint homme. Enfin, le notaire, édifié d'une pareille résistance, fit réflexion qu'il pouvait consentir à la suppression du mot de Supérieur, sans en craindre aucunes suites, fort assuré que cet exemple ne serait pas contagieux, et que s'il avait vu un homme refuser de l'argent et un titre d'honneur, et refuser l'un à cause de l'autre, il n'en verrait pas un second. C'est ainsi que le Bienheureux de la Salle donna sa décharge, et accepta une véritable restitution sous l'apparence de donation.

V. — Craintes relatives à la paisible possession de la maison de Saint-Yon ; confiance du Bienheureux de la Salle à ce sujet.

Dans ce même temps (1718), la divine Providence, qui destinait aux Frères la maison de Saint-Yon, arrangea les événements de manière que celui qui parut les chasser de cette belle solitude, fut celui qui les en mit en possession. Mme la marquise de Louvois, à qui appartenait la maison de Saint-Yon, étant morte, ses héritiers firent sommation aux Frères de la vider au plus tôt et de la leur rendre. Ceux-ci, qui l'habitaient depuis quatorze ans, en furent affligés et surpris ; leur Instituteur ne le fut pas moins. Il était hors d'apparence de pouvoir retrouver un lieu si fort à la bienséance de la nouvelle Société, étant, comme il est, à la porte d'une des principales villes du royaume et de toutes celles que le commerce et les richesses rendent florissantes, la plus voisine de Paris, dont elle est l'entrepôt.

Cette maison, louée à un prix très avantageux, située dans un air vif et pur, et fort différent de celui de Rouen, en pleine campagne et avec de vastes jardins, favorise également la santé et la piété, et présente une agréable retraite. Le Bienheureux de la Salle en faisait ses délices, parce qu'il s'y voyait aussi solitaire qu'il désirait l'être, et que son noviciat ne pouvait se trouver dans un lieu plus convenable. Transféré de maison en maison, il l'avait fixé en celle-ci ; et son désir était qu'il n'en sortît point, à moins que la divine Providence ne le ramenât dans une pareille solitude près de Paris, qui, étant la capitale du royaume, est le centre des bonnes œuvres, et le lieu de la France où elles trouvent plus de faveur, plus de succès et plus de moyens de se répandre.

Dans l'étrange nécessité de quitter au plus tôt une maison si chérie et si nécessaire, le père et les enfants ne voyaient de ressource qu'en Dieu ; car il ne fallait point attendre de grâce de la part des héritiers. La faveur n'est pas écoutée quand il s'agit de partage. Le Bienheureux de la Salle exhorta donc les siens à s'abandonner à la divine Providence, et à espérer, contre toute espérance, de se voir tranquilles possesseurs d'un lieu qui semblait être fait pour eux. Il leur dit même qu'il fallait penser à l'acheter.

Cette proposition les surprit, car la grande pauvreté qui les avait trouvés dans leur origine, ne les avait point encore quittés. Sans fonds, sans argent, ils n'avaient cherché leur entretien que dans les greniers du Père céleste. Le Bienheureux de la Salle savait mieux qu'eux-mêmes que toutes les maisons de l'Institut n'étaient propres qu'à faire honneur aux soins de la divine Providence. C'était donc d'elle seule qu'il fallait attendre l'argent nécessaire pour l'achat de la maison de Saint-Yon. Pour le mériter, les prières ne furent point épargnées. Le grand désir d'avoir la maison anima la ferveur des prières, et elles furent efficaces. Le Bienheureux de la Salle trouva, dans les trésors du Père commun des hommes, les fonds suffisants pour faire cet achat. Les premiers furent tirés du legs dont on vient de parler ; les autres furent fournis par des mains libérales et zélées pour l'Institut ; et tout cela d'une manière qui fait sentir le doigt de Dieu ; car ce fut justement en ce temps que l'article du testament de M. Rogier qui regardait le Bienheureux de la Salle eut son exécution.

La servante qui devait jouir la première des 220 ou 250 livres de rente assises sur le bien de M. de Plancy étant morte, en avait laissé la propriété à notre saint prêtre. Ce n'était pourtant pas de l'argent comptant, et il en fallait pour acheter la maison de Saint-Yon ; mais Dieu lui en fit trouver en inspirant à M. de Plancy de rembourser en espèces la rente qu'il devait. La charité seule fut le principe de ce remboursement, et ce fut pour rendre service aux Frères que ce monsieur leur fit cette offre, ayant appris qu'ils avaient grand besoin d'argent. Ce service fut accepté avec beaucoup de joie, et servit à avancer le paiement de la maison de Saint-Yon, qui fut enfin achetée.

La divine Providence favorisa encore d'une autre manière très sensible cette acquisition ; car M. l'abbé de Louvois, exécuteur du testament de Madame sa mère, se trouvant tout disposé à faire plaisir au Bienheureux de la Salle, promit aux Frères, en sa considération, de leur donner la préférence, et de la mettre à un prix fort raisonnable, afin de leur en faciliter l'acquisition. Le nom du Bienheureux de la Salle, comme nous l'avons déjà remarqué, était en vénération dans toute la famille de feu Mgr le Tellier, archevêque de Reims. M. l'abbé de Louvois, instruit de ce qu'était et de ce qu'avait été l'Instituteur des Écoles chrétiennes, de ce qu'il avait fait et souffert, le regardait comme un saint, et fut ravi d'avoir l'occasion de pouvoir l'obliger.

Cependant, quelque grande que fût sa bonne volonté pour le serviteur de Dieu, peu s'en fallut que l'ennemi de tout bien ne réussît à en empêcher les effets par les intrigues de quelques personnes qui, pour leurs intérêts, voulaient faire mettre dans le contrat des clauses fort désavantageuses aux Frères. Deux fois déjà le projet du contrat avait été rompu et l'affaire avait échoué ; mais enfin, après deux mois d'incertitude, elle fut heureusement terminée, et la maison de Saint-Yon leur fut adjugée sous le nom de deux des principaux Frères. Le Bienheureux de la Salle ne voulut point paraître dans cette acquisition. Content d'en avoir le mérite devant Dieu, il ne voulut point en avoir l'honneur devant les hommes, et il eut soin de cacher son nom, tandis qu'il fournit l'argent qui servait à cet achat. Pour cet effet, il manda à Paris le Frère Barthélemy, Supérieur Général, et lui remit entre les mains le legs qui lui avait été fait, avec un acte par lequel il y renonçait en faveur de l'Institut.

Sa joie ne fut pas petite de voir enfin ses enfants en jouissance d'un lieu si avantageux au recueillement et à l'oraison, si propre au Noviciat, et si nécessaire à son Institut. Ce ne fut pourtant qu'après sa mort que les Frères en eurent la possession tranquille, à la faveur des lettres patentes du roi. Dans cet intervalle, ils furent souvent inquiétés, et reçurent plus d'un sujet d'alarmes, et du dedans et du dehors, sur cette acquisition. Des gens, avides du bien et poussés par la malice d'autrui, travaillaient sourdement à déposséder les Frères, et ne désespéraient pas de voir un jour revenir entre leurs mains un fonds qu'ils croyaient être sorti de celles de leurs ancêtres, et sur lequel la cupidité croyait avoir quelque droit.

D'ailleurs, un des Frères au nom desquels la maison avait été achetée étant mort, en avait laissé à l'autre le domaine apparent. Les lettres patentes ont mis fin à ces alarmes et à ces inquiétudes, en assurant l'acquisition de la maison de Saint-Yon.

VI. — Le Bienheureux de la Salle est rappelé à Rouen ; son départ du séminaire de Saint-Nicolas et ses adieux aux Frères de Paris.

La paix et la tranquillité que l'Instituteur des Frères goûtait dans le séminaire de Saint-Nicolas-du-Chardonnet l'y attachaient, et il n'était pas aisé de l'en retirer. Se regardant comme un novice dans la perfection, il croyait que le séminaire était pour lui, et qu'à l'âge de plus de soixante-cinq ans il devait entrer comme un jeune clerc dans l'exercice des vertus ecclésiastiques, dont il ne croyait pas encore avoir pris la première teinture. Ainsi, plus petit, plus soumis, plus docile qu'un jeune tonsuré qui vient avec ardeur puiser dans le séminaire, comme dans sa source, l'esprit ecclésiastique, et se former sous les plus grands maîtres dans la piété, il prétendait renouveler, dans le séminaire de Saint-Nicolas, les pratiques de ferveur qu'il avait apprises dans celui de Saint-Sulpice, dès l'âge de 16 à 17 ans, et finir, dans celui-là, la vie de dépendance et d'esprit intérieur qu'il avait commencée en celui-ci.

Toute son ambition étant de mourir, comme JÉSUS-CHRIST, dans la pratique de l'obéissance, de l'humilité et de la mortification, son cœur le tenait lié dans un lieu où il trouvait la facilité de s'y exercer. De pareils liens, que forme la vertu la plus pure, n'étaient pas aisés à rompre, et les Frères ne furent pas écoutés quand ils pressèrent le saint prêtre de revenir chez eux. Ils avaient à leur tête un Supérieur général élu d'entre eux, et qu'ils avaient choisi eux-mêmes. Il était sage, et sa conduite répondait à l'attente qu'on avait conçue de sa solide vertu. Ils avaient enfin la propriété d'une maison et d'un établissement stable, et propre à fixer le Noviciat. Ces deux choses faites, le saint Instituteur n'avait plus rien à faire dans la Société, et en y allant, à son avis, il y occuperait inutilement une place. C'est ce qu'il répondait à ceux de ses enfants qui le pressaient de se restituer à eux.

Le Frère Barthélemy, en tout le reste d'accord avec son bon père, n'était pas, sur cet article, de son sentiment. Croyant sa présence plus que jamais nécessaire à l'Institut, il souffrait avec douleur d'en être privé, et mettait tout en usage pour abréger le temps de son absence. Il craignait encore qu'étant déjà d'un âge un peu avancé, infirme et épuisé de forces, il ne mourût hors du sein de sa propre famille, et que d'autres mains que les siennes ne lui fermassent les yeux. D'ailleurs, lui et ses Frères, témoins, depuis tant d'années, des plus héroïques actions de vertu que leur Instituteur avait pratiquées pendant sa vie, ils souhaitaient l'être de celles qui devaient la terminer.

Ces raisons étaient bonnes, mais ce n'était pas celles qu'il fallait faire valoir auprès de l'humble prêtre pour l'engager à revenir ; aussi le Frère Barthélemy se donna bien de garde de les produire. Il se rabattait sur la convenance qu'il y avait que le père fût avec ses enfants, sur le désir que tous les Frères avaient de le voir encore parmi eux, et sur la bienséance de ne point abandonner la Société qu'il avait élevée.

Le saint Instituteur, pressé par ces discours, se retranchant dans son incapacité pour toutes choses, et se donnant pour un homme inutile, voulait persuader que l'Institut devait tenir pour un coup du ciel d'être débarrassé de lui. « Je dois être conduit, et non pas conduire, ajoutait-il ; il est temps que je commence l'ouvrage de ma propre sanctification, après avoir si longtemps travaillé à celle des autres. Puisque Dieu m'en donne une si belle occasion, c'est à moi d'en profiter. Si je la laissais échapper, ce serait une faute que j'aurais à me reprocher le reste de mes jours. Il y a assez de temps que je commande ; celui d'obéir est venu, et je dois vous apprendre, par mon exemple, à préférer l'état de dépendance à celui d'autorité. Heureusement sorti de tous soins étrangers à mon salut et dégagé de toutes les distractions qui interrompent le commerce avec Dieu, pourquoi irai-je troubler le doux repos dont je jouis, pour reprendre les sollicitudes ? Ainsi, toutes réflexions faites, je suis tenté de finir mes jours où je suis. »

Ce refus ne faisait que rendre plus vifs et plus empressés les désirs des Frères pour le retour de leur saint Instituteur ; mais voyant qu'ils ne pourraient pas le vaincre s'ils n'employaient l'autorité, ils eurent recours à Messieurs les Supérieurs du Séminaire, et les prièrent d'engager, par obéissance, à revenir dans sa propre maison celui qui ne voulait demeurer dans la leur que pour pratiquer cette vertu en toutes choses. Les Messieurs du Séminaire de Saint-Nicolas-du-Chardonnet ne purent pas se refuser à une prière qui, quoique fort contraire à leur inclination, était si raisonnable. Ravis d'avoir chez eux un si saint prêtre, ils auraient été disposés à en acquérir la possession ; et cependant on les engageait à l'éloigner. En l'obligeant de se rendre aux Frères, ils consentaient à le perdre ; c'était pour eux un vrai sacrifice, qu'ils firent avec générosité. Les paroles qu'ils adressèrent au saint prêtre, pour l'obliger à retourner chez les Frères, ne pouvaient être plus gracieuses, ni plus pressantes.

Ils lui dirent qu'étant l'exemple du séminaire, il était leur consolation et leur joie dans le Seigneur ; qu'ils regardaient comme une faveur du ciel son séjour chez eux, et que, pour le posséder, ils mettraient tout en usage, si l'intérêt de Dieu, joint à celui de son Institut, ne s'opposait pas au leur propre ; mais que, dans la concurrence de l'un avec l'autre, le premier devait l'emporter sur le second ; qu'il était de leur devoir de lui représenter qu'il se devait à sa propre famille, et qu'il serait honteux pour eux de dérober le père aux enfants qui avaient encore besoin de lui, et qu'en ce cas la justice et la charité, la bienséance et le devoir s'alliaient ensemble pour leur faire une obligation de le prier de se rendre ; qu'il ne pouvait pas plus longtemps se soustraire à son troupeau, sans exposer plusieurs de ceux qui le composaient à des écarts, peut-être aux murmures, et tous aux plaintes et aux larmes ; qu'il devait d'autant plus les croire sur ce sujet, que ce n'était qu'avec une extrême répugnance qu'ils lui présentaient cette requête de la part des Frères, et qu'ils se faisaient eux-mêmes leurs médiateurs auprès de lui contre leurs propres inclinations.

L'humble prêtre, sans être ébloui d'un compliment si honorable et si flatteur, que le cœur prononçait plus que la bouche, et qui aurait pu servir d'aliment à l'amour-propre de tout autre moins fondé dans le mépris de soi-même (car, enfin, ceux qui le donnaient étant gens de mérite éminent et d'une vertu distinguée, il était aisé de l'écouter avec complaisance), l'humble prêtre, dis-je, répondit qu'étant incapable de gouverner, sa présence serait inutile aux Frères, et son absence sans aucun préjudice pour eux ; que, ne sachant pas encore bien obéir, son avantage était de ne pas sortir d'un lieu où il ne faisait que de l'apprendre.

Cette réponse était digne de lui. On devait s'y attendre, et on n'en fut pas surpris ; mais il ne s'attendait pas, lui, qu'on allait en user contre ses prétentions, et il y fut surpris, car on lui répliqua que, puisqu'il prenait l'obéissance pour sa loi, il devait faire par obéissance ce qu'on désirait de lui. L'obéissance était, en effet, sa souveraine loi, et il se soumit sans réplique aussitôt qu'on la fit parler. Au moment même il disposa tout pour retourner à Saint-Yon.

Le sacrifice fut réciproque quand il prit congé de ses hôtes charitables ; la ressemblance de mœurs les avait unis, et la vertu faisait le nœud de leur amitié: plus elle était pure, plus elle était cordiale et étroite. Les messieurs du séminaire de Saint-Nicolas-du-Chardonnet regrettaient la perte d'un saint dans le départ de leur ami, et ils regrettaient encore plus la perte du profit spirituel que sa présence apportait à leurs nombreux élèves et à eux-mêmes. L'Instituteur des Écoles chrétiennes, de son côté, ne sortit qu'avec une peine extrême d'un lieu qu'il regardait comme une des sources de l'esprit ecclésiastique en France, qu'il avait choisi pour le lieu de son repos, où il ambitionnait de finir ses jours dans la soumission, la dépendance, l'humilité et l'oraison continuelle ; enfin, ce fut pour lui une sensible mortification de se séparer de ces vertueux prêtres, qu'il honorait comme les pères de tant de saints ministres des autels, dont le zèle, la piété et l'habileté dans l'administration des sacrements, dans l'instruction des peuples et les fonctions pastorales, font un honneur infini à ceux qui les ont formés.

Avant de partir pour Rouen, le Bienheureux de la Salle rendit aux Frères de la communauté de Paris la visite qu'ils attendaient de lui avec une sainte passion. Leur joie fut grande, mais elle fut courte, car il ne se montra à eux qu'en passant, et pendant quelques instants, à peu près comme JÉSUS-CHRIST se montrait à ses apôtres après sa résurrection, dans des moments rapides, qui laissaient dans leurs cœurs le regret de son absence mêlé avec la joie du doux moment de sa présence. Peut-être ces bons Frères, en s'abandonnant aux mouvements de leur tendresse, eussent-ils imité ceux de ces saintes femmes dont parle l'Évangile, qui, ravies de voir leur divin Maître ressuscité, et craignant de ne pas jouir à leur gré de sa présence, le voulurent arrêter, s'ils eussent su que c'était pour la dernière fois qu'ils voyaient le saint Instituteur. Sans doute que, dans le désespoir de le revoir sur la terre, ils se fussent jetés à son cou, eussent arrosé sa face de leurs larmes, et l'eussent obligé de mêler les siennes aux leurs en l'embrassant, ainsi que firent les disciples de saint Paul en lui disant adieu.

Au moins tous s'empressèrent-ils à lui demander sa bénédiction ; mais il ne s'empressa pas à la leur donner, et il l'eût constamment refusé si le Frère Barthélemy ne lui en eût donné l'ordre en lui en faisant la prière. Ce fut avec le même Frère Barthélemy qu'il partit pour Saint-Yon, le 7 mars 1718, treize mois avant sa mort.

CHAPITRE XVII.

Le Bienheureux de la Salle, retourné à Saint-Yon, ne pense plus qu'à se préparer à la mort ; plus il en approche, plus sa vertu brille ; il y donne de nouveaux exemples d'humilité, d'obéissance, de zèle et de charité. La persécution le poursuit jusqu'à la mort, et son honneur reçoit une dernière flétrissure par la révocation des pouvoirs qui lui avaient été accordés à l'archevêché. — (1718.)

I. — Renouvellement de ferveur produit à Saint-Yon par le retour du Bienheureux de la Salle.

LES Frères revirent à Saint-Yon leur Instituteur comme un ange du ciel ; ils le reçurent comme JÉSUS-CHRIST lui-même. Son retour fut pour eux un accroissement de joie et de grâce, et sa présence se fit sentir par les biens qu'elle y apporta. En effet, elle était nécessaire pour y rappeler la ferveur, l'ordre, la parfaite régularité, l'esprit de recueillement, de silence, d'oraison, de mortification et d'obéissance, qui avaient souffert du déchet. Le serviteur de Dieu avait, à la vérité, après son retour de Provence, rétabli en cette maison la paix, l'union et la tranquillité, qui y avaient été altérées ; mais il n'avait pas eu le temps d'y rétablir la première perfection, car sa longue absence avait causé à Saint-Yon même, les désordres qu'elle avait produits partout ailleurs.

Pour y faire revenir la première ferveur, il fallait un peu plus de temps. Le Bienheureux de la Salle, rappelé à Paris presque aussitôt après qu'il eut été envoyé à Saint-Yon, n'y avait pas fait un séjour assez long pour obliger cette mère des vertus d'y reprendre son premier empire ; car enfin on sait combien vite et aisément la ferveur se perd, et combien il faut de temps et combien on éprouve de difficultés pour la retrouver. On peut dire pourtant que son rétablissement à Saint-Yon était en bonne voie, quand le Bienheureux de la Salle en partit la dernière fois, et qu'elle y rentra avec lui quand il y revint. Son exemple, son zèle, ses instructions rallumèrent le feu divin, qu'il y avait laissé avant son espèce d'exil en Provence.

Les novices et les Frères de cette maison, se trouvant heureux de posséder leur maître dans la perfection, s'empressèrent à l'envi de mettre à profit le peu de temps qui leur restait à en jouir. Il semble que le Saint-Esprit leur faisait entendre ces paroles de

JÉSUS-CHRIST à ses apôtres : *Ambulate, dum lucem habetis* (Joan. XII, 35). Allez à grands pas dans le chemin du ciel, tandis que vous avez le guide qui y conduit ; empressez-vous de marcher avec ardeur sur ces traces, tandis qu'il est à votre tête ; profitez de la lumière que ses actions et ses paroles vous présentent, de peur que les ténèbres de la tiédeur, de l'infidélité, de la lâcheté ne vous surprennent : *ne tenebræ vos comprehendant (Ibid.).*

Le Bienheureux de la Salle était au milieu d'eux comme un flambeau qui répandait une plus vive lumière à mesure qu'il approchait de sa fin. Comme un autre Élie, *sa parole était ardente, il était tout feu et il brillait comme un astre du firmament* (Ecclés. XLVIII, 1). Uniquement occupé à se préparer à la mort, il ne vivait plus que comme un homme de l'autre monde. Il en parlait souvent, et quelque attention qu'il eût à retenir dans le silence les mouvements de son âme, il ne pouvait s'empêcher de laisser apercevoir qu'elle était bien ennuyée de son exil sur la terre, et qu'elle soupirait sans cesse vers le ciel. Il sentait, par le poids de ses années, par l'affaiblissement de ses forces, par l'augmentation de ses douleurs, que sa fin était proche, et que la divine Providence avait marqué son tombeau à Rouen, en l'envoyant mourir à Saint-Yon.

De plus, le saint homme se croyant inutile au monde, et voyant ses désirs accomplis, lâchait la bride à son inclination pour la mort ; et, puisqu'elle tardait encore, il suppliait Dieu, si c'était son bon plaisir, de la hâter et de la presser de venir. Selon sa pensée il y avait assez et trop longtemps qu'il vivait ; l'Esprit de Dieu lui disait qu'il était temps de retourner vers Celui qui l'avait envoyé. Son œuvre était achevée ; rien ne l'obligeait de rester sur la terre. Son désir était d'être délivré de la prison de son corps et de se réunir à JÉSUS-CHRIST. Son pèlerinage ici-bas lui paraissait long, et tous ses vœux se portaient vers la céleste patrie. Pour s'en rendre de jour en jour plus digne, il marquait tous les derniers moments de sa vie par quelque action de vertu. Comme s'il eût voulu laisser sur tous ses pas, à ses disciples, des traces de sa charité, de son zèle, de son humilité, de son obéissance, il allait en tous lieux en donner des exemples.

Il avait si bien oublié ce qu'il avait été, et ce qu'il était encore, qu'à le voir on l'eût pris pour ce qu'il prétentait être, le dernier de tous. Si la soutane et la couronne de prêtre n'eussent pas appris qu'il l'était, on n'eût pas pu le croire, et on l'eût regardé comme un Frère servant ; et c'est bien contre ses désirs que les Frères n'ont pas oublié, autant que lui-même, qu'il était d'une des premières familles de Reims, qu'il avait été chanoine de cette illustre métropole, et avait tout quitté : parents, patrie, canonicat et biens, pour suivre Jésus-Christ.

Il était encore moins possible de reconnaître, par aucun trait échappé à la nature, ou par aucun mouvement subit d'amour-propre, qu'il était le premier Supérieur et Instituteur de sa société, le père, le directeur et le pasteur des Frères. Il était si soumis, si humble et si obéissant, qu'il ne paraissait pas qu'il eût jamais commandé et qu'il se fût acquitté d'un autre exercice que de celui de l'obéissance. On le voyait parler au Frère Supérieur avec le respect d'un enfant envers son père, et avec la révérence qu'il eût portée aux pieds du Souverain Pontife. Il ne faut pas s'en étonner : c'est que l'humble prêtre ne voyait que Jésus-Christ dans le Frère Barthélemy, et qu'il était aussi peu attentif à ses qualités personnelles qu'il était distrait sur celles de ce bon Frère.

Je dis tout en un mot : Le Bienheureux de la Salle revenu à Saint-Yon n'eut point d'autre occupation que de s'abaisser et d'obéir; et plus il approchait de sa fin, plus on voyait croître en lui ce désir de s'humilier et de s'en aller en l'autre monde, sans y rien porter des restes du vieil Adam.

Les Frères qui étaient témoins oculaires de tant de vertu, en regardant ce redoublement de ferveur de leur père avec admiration, en demeuraient effrayés, parce qu'il leur semblait être le présage de sa fin prochaine. Ils crurent avec raison que cette lumière allait bientôt s'éteindre, puisqu'elle jetait un éclat si extraordinaire. On a vu, dans tout le cours de sa vie, avec quelle sainte passion il recherchait la retraite, pour entretenir commerce avec Dieu. Ainsi, il ne faut pas s'étonner si, sur la fin de ses jours, il était si appliqué à le rendre continuel.

II. — Le Bienheureux de la Salle écrit son Explication de la méthode d'oraison; il forme lui-même les novices à ce saint exercice. Il compose aussi un Recueil de différents traités.

L'Estime qu'il avait de l'oraison était si grande, que c'était sur le progrès qu'on y faisait qu'il jugeait de l'avancement dans la perfection. Celui qui ne s'y portait pas avec ferveur ne passait pas, en son esprit, pour un homme vraiment spirituel, quelque réputation de vertu qu'il pût avoir. « Rien, disait-il, de grand dans son âme; il est peu pourvu des grâces et des dons du ciel. Où l'esprit de Dieu ne règne pas en maître l'esprit naturel domine, l'amour-propre ne fait pas place à la charité. Or, ce n'est que par l'oraison que l'âme se vide d'elle-même et se remplit de Dieu. » Son amour pour ce saint exercice lui mit la plume en main pour en inspirer l'attrait, par la description de ses avantages et de ses excellences. Il tâcha, dans ce petit ouvrage, d'en aplanir les voies, en développant la manière de s'en bien acquitter, sous le titre d'*Explication de la Méthode d'oraison*.

Il entretenait tous les jours les novices sur un si noble sujet, pour leur donner le goût de cet aliment divin, qui présente une manne délicieuse à ceux qui ont eu le courage d'en dévorer avec persévérance le premier ennui et la première amertume. C'était après l'oraison qu'ils faisaient avant le dîner, et dont il leur demandait compte, qu'il entrait avec eux dans un détail instructif et intéressant. D'abord il leur ouvrait l'esprit sur les défauts qu'ils y avaient apportés, soit par négligence, soit par peu d'intelligence ; ensuite il les éclairait sur la manière dont ils auraient dû se comporter. Après quoi, il leur lisait quelques pages de son livre, et leur enseignait la manière d'employer utilement le temps de la méditation.

Mais comme il savait que l'esprit d'oraison n'est pas facile à acquérir, et que son succès dépend des préparations qu'on y apporte, il leur apprenait à faire oraison hors des temps marqués pour cet exercice, en s'accoutumant à converser avec Dieu pendant le cours de la journée, à se rendre sa présence familière, à veiller avec soin à la garde de leurs sens, et à s'appliquer à faire toutes leurs actions pour Dieu, en union avec celles de Jésus-Christ.

Pour leur faciliter l'entrée de cette vie spirituelle, il leur composa un *Recueil* de sentences choisies, de différentes instructions courtes et lumineuses, et d'oraisons jaculatoires de toutes sortes ([1]). Son dessein était de leur fournir un magasin d'armes spirituelles contre les suggestions malignes, et contre les pensées inutiles, qui, abusant l'âme, la remplissent de vanités, et souvent, excitant ses passions, la laissent vide de Dieu.

---

1. Ce précieux ouvrage, plusieurs fois réédité sous le titre de *Recueil de différents petits traités*, est considéré par les Frères comme leur manuel, et l'abrégé de ce qu'ont laissé de plus solide dans leurs écrits les auteurs ascétiques les plus célèbres.

III. — Zèle et charité du Bienheureux de la Salle pour les autres habitants de la maison de Saint-Yon.

AU reste, l'oraison continuelle du saint homme n'était pas oisive ou infructueuse dans la maison de Saint-Yon. Tous ceux qui y demeuraient se ressentaient des lumières et des grâces qu'il y puisait. Le zèle qu'elle inspire le rendait attentif à toutes les occasions de pratiquer la charité auprès des grands et des petits pensionnaires qui sont, en cette maison, sous la conduite des Frères. Les premiers recevaient de lui de fréquentes visites. Ils en avaient grand besoin ; car, renfermés pour leur mauvaise conduite, par l'autorité de leurs parents ou par ordre de la Cour, ils font une pénitence involontaire qui, trop souvent, ne sert ni à l'amendement de leur vie, ni à l'expiation de leurs péchés.

Ces jeunes gens, aveuglés par leurs passions et endurcis par leurs vices, ne se laissent pas aisément toucher ; souvent même la captivité les rend furieux et difficiles à aborder. Le désir d'une liberté dont ils ont abusé les occupant tout entiers, ferme leurs oreilles à tous les discours de piété qu'on veut leur faire ; ou s'ils les ouvrent et qu'ils se montrent dociles et susceptibles de bonnes impressions, ce n'est que par artifice et par dissimulation, dans le dessein de faire servir une feinte conversion à leur délivrance. Il est aisé de croire que ces libertins ne sont pas d'humeur d'entendre parler ni de Dieu, ni de pénitence, et que des hommes d'une vertu commune les laissent, après bien des remontrances et des exhortations, tels qu'ils les trouvent. A ces hommes de péché il faut des hommes d'une grâce éminente et supérieure. Il faut des saints, dont l'approche met en fuite les démons, et dont les paroles de feu amollissent les cœurs de bronze.

On ne fut pas longtemps sans s'apercevoir que le Bienheureux de la Salle les visitait. Une vraie et solide conversion en fut la marque et le fruit. Il gagna d'abord leur confiance, et ils lui abandonnèrent le soin de leur conscience. Entre les mains d'un médecin si charitable et si habile, les maux de l'âme les plus désespérés furent guéris ; les plaies les plus vieilles et les plus incurables furent fermées. Tout le monde fut surpris d'une si prompte guérison et les malades le furent eux-mêmes. Leur conversion procura leur délivrance ; mais les uns ne sortirent de Saint-Yon que pour entrer dans des cloîtres, et les autres, retournés dans le monde, firent connaître, par une vie réglée et édifiante, qu'ils avaient eu, dans leur prison, le bonheur de trouver un saint et, par lui, la grâce de la pénitence.

Les petits pensionnaires, qui sont mis à Saint-Yon pour y être élevés et formés de la main des Frères, ressentirent aussi les effets du zèle du Bienheureux de la Salle. Il les confessait tous avec une grande bonté, sans que leur nombre et leurs importunités parussent le lasser ou l'ennuyer. En se faisant tout à tous pour les gagner tous à JÉSUS-CHRIST, il se faisait enfant avec ces enfants, et se trouvait souvent à leurs récréations. Ils étaient de leur côté ravis de le voir, et le mettaient au milieu d'eux en l'environnant, pour joindre au plaisir de l'entendre et de le considérer celui de lui marquer leur affection ; car ils l'aimaient, et il avait leurs cœurs. Alors, le saint homme, après avoir saisi le moment de leur donner quelques instructions courtes et propres à leur âge, pour ne les point gêner dans leurs innocents divertissements, se retirait, à leur grand regret. Si quelqu'un d'eux se montrait peu docile, ou était tombé en quelque faute, il le prenait en particulier, et, mêlant les avis aux exhortations, les réprimandes aux caresses, il le laissait ordinairement changé ou touché.

Il confessait tous les Frères une ou deux fois la semaine, quoique leur nombre fût considérable ; et il le faisait avec une bonté si paternelle, qu'ils ne peuvent s'en ressouvenir sans être attendris. Les dimanches et les fêtes, il leur faisait des entretiens fervents, pour les animer à l'acquisition des vertus et les affermir dans la fidélité à leur vocation.

IV. — Peines que le Bienheureux de la Salle éprouve de la part de quelques-uns de ses disciples.

LE saint homme dans la solitude n'était pas à l'abri de la persécution. Il y trouvait des épines au dedans et au dehors. Après avoir vécu si longtemps sur la croix, il était juste qu'il y mourût, à l'exemple de JÉSUS-CHRIST. Dégradé, pour ainsi dire, et n'étant plus rien parmi les Frères, il recueillait selon ses désirs tous les profits de la dernière place qu'il avait choisie.

Quelques-uns, semblant le méconnaître, et oublier ce qu'il avait été et ce qu'il était encore à leur égard, ne le traitaient qu'avec mépris : ce qui doit paraître plus surprenant, et nous apprendre que Dieu garde une conduite particulière envers ses élus, en faisant tout servir à leur sanctification. Un de ses plus anciens disciples, homme qui n'était jamais sorti du rang des Frères servants, traitait le serviteur de Dieu avec hauteur et avec insolence, sans s'en apercevoir, car s'il s'en fût aperçu, il en aurait eu une extrême confusion. En effet, ce Frère était pénétré dans l'âme d'estime et de respect pour son père ; il le regardait comme un saint, et il lui était toujours demeuré inviolablement attaché dans les occasions les plus critiques dont il a été parlé ; et cependant, dans diverses rencontres, il le traitait avec arrogance, et donnait souvent un grand exercice à la vertu du serviteur de Dieu.

Le Bienheureux de la Salle ayant été une fois invité par un curé de Rouen, avec lequel il était en fréquentes relations, de chanter la grand'messe un jour de dimanche dans la paroisse de....., il ne put se dispenser de dîner chez lui, parce qu'il aurait eu trop loin à s'en retourner ; d'ailleurs il ne voulait pas blesser par un refus cet ami qu'il avait à ménager, parce qu'il avait déjà rendu de bons services à sa communauté, et qu'il pouvait lui en rendre d'autres. Cependant, à son retour, l'humble prêtre reçut une réprimande du Frère dont je parle, qui lui reprocha d'avoir violé la règle en dînant hors de la maison. Ce même Frère, dans une autre rencontre, lui dit qu'on le nourrissait dans la maison par charité, en qualité de pauvre prêtre, qui n'était plus bon à rien. Le serviteur de Dieu ne put s'empêcher de rire de ce compliment. Celui qui le fit l'avait accoutumé à en recevoir souvent de pareils, avec douceur et tranquillité.

Un autre Frère, aussi grossier que le premier, et beaucoup plus stupide, exerça d'une autre manière l'humilité du serviteur de Dieu. C'était un faux illuminé et un vrai fanatique, qui se croyait dans un haut degré d'oraison et fort favorisé de Dieu. Enivré de sa chimérique perfection, il rangeait le Bienheureux de la Salle au nombre des prêtres du commun, et ne le jugeait pas assez éclairé pour le conduire dans ses prétendues voix sublimes. Le saint prêtre fit inutilement ses efforts pour désabuser cette dupe de l'amour-propre le plus grossier. Possédé du démon d'orgueil, ce malheureux méprisait les avis d'un homme qu'il mettait fort au-dessous de lui en fait de spiritualité. Tout ce que le serviteur de Dieu put gagner sur lui, fut de consulter un autre prêtre et de lui découvrir son état. On fit venir un chanoine fort ami de l'Institut, qui eut la patience d'écouter une partie des orgueilleuses rêveries de cet idiot, fasciné par les prestiges de Satan, transformé en ange de lumière. Jamais homme, sans être fou, ne pouvait avoir une si petite provision de sens commun. Il était vraiment pauvre d'esprit, non de cette pauvreté spirituelle qui fait les vrais sages, en les faisant de vrais humbles, mais d'une disette réelle de lumières et de grâce. Il ne parlait que pour faire son éloge et donner de lui la haute idée qu'il en avait conçue lui-même.

Le chanoine, surpris d'abord que ce Frère cherchât des conseils étrangers, lui dit qu'il avait dans son père son Moïse, son saint Paul, et qu'il ne trouverait en aucun autre les lumières du Bienheureux de la Salle. Ce n'est pas ce que le Frère pensait. Il ne cherchait point non plus des avis d'autre que de lui-même. Ce n'était pas pour consulter, mais pour faire admirer son intérieur, que le fanatique le découvrait.

En vain le chanoine voulut lui ouvrir les yeux sur des illusions si grossières et sur un orgueil si sensible ; en vain voulut-il le détromper de ses erreurs et lui montrer les œuvres de Satan dans ses prétendues opérations mystiques, il fut mis par le Frère au rang des hommes qui n'entendent rien aux voies extraordinaires, et ses avis furent méprisés autant que l'avaient été ceux du serviteur de Dieu.

Enfin, l'ouvrage du démon s'accomplit. Le visionnaire, quelques jours après, quoique d'un âge assez avancé, sauta par-dessus les murs de la maison. Il alla se présenter à la Trappe, mais il en trouva la porte fermée. Fort embarrassé de sa personne, il fut reçu par charité dans une maison de religieuses, pour balayer l'église et aider le sacristain. Il mourut peu de temps après, et fut sans doute bien surpris à la mort, après s'être cru si riche et si orné de grâces, de se voir si nu, si pauvre et si misérable.

V. — Pénibles épreuves que reçoit le Bienheureux de la Salle du côté de ses Supérieurs ecclésiastiques.

LE Bienheureux de la Salle eut, au dehors, bien plus à souffrir de la part des supérieurs ecclésiastiques. Mgr d'Aubigné, alors archevêque de Rouen, le traita avec une rigueur qui a peu d'exemples, aussi bien que le grand vicaire qui était auprès de lui. Celui-ci, quoique d'un caractère doux et obligeant, se déclara l'adversaire du serviteur de Dieu, et lui rendit tous les mauvais services, dont sa place lui fournissait de fréquentes occasions. C'est ici qu'on peut reconnaître que Dieu se plaît à se servir de toutes sortes de mains pour travailler à la sanctification de ses élus particuliers, et que les justes eux-mêmes se persécutent entre eux quelquefois.

Parmi tant d'illustres évêques dont la vertu brillait, la France, j'ose le dire, n'en avait pas un plus pieux, plus régulier, plus zélé, plus laborieux, plus exemplaire que Mgr d'Aubigné ; et c'est cependant ce religieux prélat, encore aujourd'hui si regretté, dans le diocèse de Rouen, par les bons catholiques et les prêtres vertueux, qui a semé sur les pas du Bienheureux de la Salle de piquantes épines, et qui l'a traité comme aurait mérité de l'être le prêtre le plus indigne de son vaste diocèse.

Dans le temps qu'il était à Chartres grand vicaire de Mgr Godet des Marais, ce digne archevêque avait donné au Bienheureux de la Salle et aux Frères toutes sortes de témoignages d'estime et de bonté, mais il s'était si fort laissé prévenir contre eux, comme il a déjà été dit, par l'adversaire secret et accrédité du serviteur de Dieu, qu'il ne pouvait plus ni les voir, ni en entendre parler. Cependant, quand le saint prêtre venait à Rouen, il ne manquait pas d'aller présenter ses respects à Mgr d'Aubigné ; mais il en était toujours très mal reçu, et avec beaucoup de mépris.

Une fois, entre autres, le prélat, quoique très modéré, et qui savait toujours, dans les ecclésiastiques même les plus scandaleux, honorer l'état et le caractère, dans le temps même qu'il sévissait contre leurs personnes, ne garda nulle mesure dans les paroles dures qu'il lui adressa. L'humble prêtre, qui était déjà à genoux, n'eut pas plus tôt entendu les premières de ses paroles, qu'il se prosterna en terre pour recevoir les autres avec plus de respect et d'humilité. Lorsque Mgr l'Archevêque eut fini de parler, le Bienheureux de la Salle, sans ouvrir la bouche pour s'excuser et se justifier, se leva, et sortit après avoir fait une profonde révérence à celui qui venait de le traiter avec tant d'indignité. Dans cette rencontre, comme dans toutes les autres, le Bienheureux de la Salle ne laissa échapper aucune plainte, ni aucun signe de peine. Le Frère qui l'accompagnait, confus de ce qu'il avait entendu dire à son Supérieur, le vit sortir de l'archevêché aussi tranquille qu'il l'y avait vu entrer.

Le grand vicaire dont nous venons de parler, loin de radoucir le prélat et de parer les coups, ne travaillait qu'à l'exciter et à l'aigrir. Il s'était lui-même laissé prévenir contre le serviteur de Dieu par le feu curé de Saint-Sever, qui était estimé à l'archevêché, et qui, en effet, était un bon pasteur. Celui-ci ne cessait de murmurer contre les Frères et contre leur Supérieur, et faisait de tous côtés entendre ses plaintes de ce qu'ils n'observaient pas le concordat qui avait été fait entre eux et lui ; c'est de quoi il a été parlé ailleurs ([1]). Le concordat était devenu impossible dans

---

1. Livre IIe, chapitre XIIIe.

quelques-uns de ses articles, et il était déraisonnable d'en demander l'exécution. C'était cependant sur quoi ce pasteur, d'ailleurs bien intentionné, faisait un procès éternel au Bienheureux de la Salle, auprès des supérieurs ecclésiastiques.

En vain le saint prêtre voulut-il prouver que les contraventions au concordat portaient uniquement sur les articles que l'expérience avait montrés impraticables; en vain voulut-il faire toucher du doigt les inconvénients qui s'étaient déjà produits, et les désordres qui avaient suivi l'exécution de ces points, toutes les fois qu'on avait tenté de les observer, il ne fut jamais écouté. Le préjugé du grand vicaire alla si loin dans la dernière rencontre où cette matière avait été agitée, qu'il reprocha au Bienheureux de la Salle d'avoir menti, et vint l'en accuser devant Mgr d'Aubigné.

Un chanoine alors présent, touché de voir mettre sur le compte d'un homme qu'il honorait comme un saint, un mensonge honteux, ne put s'empêcher d'élever la voix pour l'en justifier, et dit au grand vicaire qu'assurément ou il n'avait pas bien entendu Monsieur de la Salle ou que celui-ci ne s'était pas bien expliqué; et qu'un homme aussi vertueux n'était pas capable de vouloir tromper par un mensonge ses supérieurs ecclésiastiques. Mais, quoi que pût dire ce chanoine, l'humble prêtre fut déclaré menteur, et condamné à en subir la peine par l'interdit des fonctions du ministère [1].

Le chanoine, effrayé de la sentence encore plus que de l'accusation, alla trouver au plus tôt le serviteur de Dieu, déjà malade de la maladie dont il mourut, et lui demanda l'éclaircissement du fait sur lequel il était taxé d'avoir menti, sans cependant l'informer de ce qui était arrivé, ni l'avertir de l'injurieux témoignage qu'on avait porté contre sa sincérité. Le pieux malade expliqua en peu de mots le fait avec sa simplicité ordinaire, sans soupçonner qu'on le rendait coupable de mensonge. Il s'était bien expliqué devant le grand vicaire; mais le grand vicaire avait mal compris, et l'avait soupçonné, accusé de duplicité, et condamné sans sujet. C'est ce que ce chanoine vint rapporter à l'archevêché, mais fort inutilement, Dieu le permettant ainsi pour que son serviteur mourût, comme JÉSUS-CHRIST, dans

---

1. L'interdit dont il est ici question ne peut s'entendre de la suspension absolue des fonctions ecclésiastiques, peine que les évêques n'infligent à un prêtre que pour des fautes notoirement scandaleuses. Comme l'indique, du reste, plusieurs passages de ce chapitre, il s'agit simplement de la *révocation* temporaire *des pouvoirs* particuliers, *accordés* précédemment au Bienheureux de la Salle, pour la commodité des exercices du culte dans la maison de Saint-Yon.

l'opprobre. Le grand vicaire ne voulant pas avouer qu'il s'était trompé soutint toujours que le Bienheureux de la Salle avait menti, et rejeta l'éclaircissement du fait, afin qu'il demeurât constant que l'Instituteur des Frères était menteur.

La condamnation fut donc confirmée, et le chanoine, avocat de l'innocence du serviteur de Dieu, fut prié de lui signifier verbalement la révocation des pouvoirs qui lui avaient été accordés. Le chanoine se tut, car il était inutile de parler ; mais il ne fut pas d'humeur de se charger d'une commission si odieuse, fondée sur une calomnie dictée par un faux préjugé. Il n'avait garde de se prêter à la passion d'un homme qui, modéré et bienfaisant par caractère, parut en cette rencontre oublier la douceur qui lui était naturelle. D'ailleurs, le peu de temps que le Bienheureux de la Salle avait à vivre, demandait qu'on usât de ménagement à son égard. Eût-il été coupable du mensonge dont on le chargeait, et d'autres fautes plus considérables, il paraissait étrange de le noircir par une interdiction de ses pouvoirs, sur la fin de sa vie. Il était convenable de la lui laisser finir en paix et avec honneur. A tout autre que lui, on n'aurait pas voulu faire cet affront, ni causer ce chagrin.

De plus, quelle consternation un tel interdit ne devait-il pas causer dans la maison de Saint-Yon, composée de près de quatre-vingts personnes que le Bienheureux de la Salle confessait presque toutes ! Quel scandale ! ou plutôt quel murmure contre l'autorité abusée, n'aurait pas suscité un tel interdit, s'il fût devenu public ! Pour ces raisons, le chanoine prit le parti de se taire, et d'abandonner tout à la divine Providence. Mais, comme il ne doutait pas qu'à son défaut on n'envoyât quelqu'un à Saint-Yon, signifier au saint prêtre cet interdit, afin de l'y préparer, le chanoine l'avertit qu'un gros orage, qu'il n'avait pu dissiper, se formait contre lui, à l'archevêché, et que bientôt le bruit pourrait éclater. Il ne dit rien de plus.

En effet, comme on vit bien que le chanoine ne s'était pas voulu charger de faire l'office d'un sergent, on en envoya un autre qui le fit, et qui annonça au saint prêtre la révocation de ses pouvoirs, deux ou trois jours avant sa mort. Cette flétrissure n'eut point d'éclat, parce que le saint prêtre la tint secrète, et que sa mort, qui la suivit de près, ne permit pas au temps de la déclarer. Le chanoine ami du Bienheureux de la Salle l'étant allé voir deux jours avant sa mort, apprit de sa bouche qu'enfin on était venu lui annoncer la révocation de ses fonctions. On m'avait prié, dit le chanoine, de vous l'apporter ; mais je ne m'étais pas pressé d'exécuter une commission si fâcheuse. « J'en avais eu le pressentiment, repartit le pieux moribond, sur ce que vous m'aviez fait l'honneur de me dire dans votre dernière visite. »

Il reçut cette ignominie, qui fut la dernière, sans rien perdre de sa paix et de sa tranquillité. Il en parla d'un air gai et content, sans paraître en avoir le moindre chagrin, ni le moindre ressentiment. Ce qui ne doit pas être oublié, c'est que quelques jours après, les Frères étant venus annoncer au grand vicaire dont nous venons de parler la mort de leur Instituteur, il s'écria : « C'est un saint ; le saint est mort ! » Il pouvait ajouter qu'il avait mis lui-même le dernier trait à sa sainteté. Mais comment un homme d'esprit pouvait-il déclarer saint celui qu'il avait accusé d'imposture, et contre lequel il venait de faire décerner un interdit ? Si cette contradiction de sentiments et de conduite paraît incompréhensible, c'est que Dieu permet que le cœur des justes mêmes se passionne contre ses favoris, sans pourtant permettre que ceux-ci perdent l'estime que mérite leur vertu.

CHAPITRE XVIII.

Maladie et décès du Bienheureux de la Salle. — (1791.)

I. — Pressentiments du Bienheureux au sujet de sa mort prochaine ; augmentation de ses douleurs physiques ; patience inaltérable avec laquelle il les supporte.

PLUS le Bienheureux de la Salle sentait sa fin approcher, plus il travaillait à mourir à tout et à s'effacer dans l'esprit de toutes les créatures, même de ses plus chers disciples. Mais, malgré toutes ses pieuses industries, il était toujours dans leurs cœurs ce qu'il y avait été et ce qu'il devait y être : leur Père, leur Supérieur et leur Instituteur ; et il ne pouvait arracher de leurs âmes ce fonds de confiance, de tendresse et de recours que la grâce inspire aux fidèles pour ceux qui les ont engendrés à JÉSUS-CHRIST. Il leur parlait sans cesse de la mort, et leur déclarait que la sienne n'était pas éloignée, qu'ils ne devaient plus le compter parmi les vivants, et que, par cette raison, ils devaient s'accoutumer à se passer de lui. Il répondait dans le même sens à ceux des Frères qui le consultaient par lettres. « Je vous prie pour l'amour de Dieu, mon cher Frère, « écrivit-il à un des plus anciens dont il n'avait pu rebuter la « confiance, qu'à l'avenir vous ne pensiez plus à vous adresser à « moi en aucune manière. Vous avez vos Supérieurs à qui vous « devez communiquer vos affaires spirituelles et temporelles. Je « ne veux plus dorénavant penser qu'à me préparer à la mort, « qui me doit bientôt séparer de toutes les créatures, etc. » On ne fut pas longtemps sans craindre la vérité de sa prédiction. Le rhumatisme que le saint prêtre avait contracté, il y avait déjà longtemps, par ses veilles et ses austérités, et par le sommeil pris sur le sol, après la plus grande partie des nuits passées en oraison, était un mal habituel qui avait résisté à tous les remèdes, même les plus forts. L'espèce de supplice employé plusieurs fois comme remède, avait, à la vérité, procuré du soulagement, mais il n'avait pas assuré la guérison. Les années en augmentaient les peines et en étendaient les incommodités généralement sur tous les membres ; de sorte qu'enfin son désir de souffrir dut être satisfait. Ces douleurs furent aigries par la continuation de ses austérités et de ses exercices ordinaires de piété ; car il n'en rabattait rien et il traitait son corps comme s'il eût été sans sentiment ; ce qui donna lieu de penser qu'il ne se portait pas si mal. On était tenté de croire qu'un homme qui ne se plaignait jamais, et qui ne permettait pas aux plus violentes douleurs de se manifester par aucun signe, ne souffrait pas beaucoup. En effet, toute son attention était de n'avoir que Dieu pour témoin de sa patience, de souffrir en silence, et de dérober aux Frères la connaissance de son mal. Il y réussit ; car un visage toujours calme et serein, gai et tranquille, sans le moindre nuage de chagrin et d'altération leur disait qu'il était sans peines, lorsqu'il en sentait de très vives. On l'eût toujours cru en assez bonne santé, si l'affaiblissement de ses forces, joint à la difficulté d'agir, n'eût appris le contraire. Un asthme dont il était travaillé depuis quelque temps fut un surcroît de mal que le jeûne augmenta. Ces maux compliqués ne l'empêchèrent pas de commencer le Carême de l'année 1719 avec son austérité ordinaire ; et quoiqu'il eût peine à respirer, tant l'oppression que lui causait l'asthme était violente, les Frères ne purent l'engager à y chercher quelque soulagement, ni à rompre le Carême. Il leur répondait « que la victime étant près d'être immolée, il fallait travailler à la purifier ». Le Frère Barthélemy, de retour d'un voyage, qu'il avait été obligé de faire à Paris. n'ayant pas plus gagné sur lui que les autres, ils eurent recours à son confesseur, et le prièrent d'interdire à l'humble prêtre une abstinence qui mettait sa vie en danger. Il se soumit, et fit céder l'esprit de pénitence à celui d'obéissance.

Peu de temps après, un violent mal de tête, causé par la chute d'une porte, joint à une vive douleur de côté, compliquèrent sa maladie. Le médecin qui fut appelé la jugea mortelle, et ne le dissimula point. Le vertueux malade l'apprit avec un air gai et content, comme une heureuse nouvelle qu'il attendait de jour en jour. Son désir était de quitter la terre et d'être réuni à JÉSUS-CHRIST. La vie qu'il menait ne lui laissait point d'autre intérêt que de mourir au plus tôt. En mourant, il n'avait rien à perdre, et il avait tout à gagner. Un homme depuis si longtemps attaché à la croix de JÉSUS-CHRIST et crucifié avec lui, ne pouvait regarder qu'avec joie son dernier soupir, qui devait mettre fin à son tourment et commencer son bonheur.

Cependant, le médecin, qui désespéra de la guérison du malade, essaya en vain de soulager ses douleurs par tous les remèdes imaginables. Le saint homme, quoiqu'il les crût très inutiles, ne les refusa point, parce qu'ils étaient très dégoûtants, et qu'ils lui fournissaient les occasions de faire à Dieu le sacrifice de ses répugnances. Tout ce qu'on put faire pour son soulagement, fut sans succès. Le mal allait son train, et augmentait considérablement. Alors il pria les Frères de ne se point mettre en dépense, et de s'épargner les frais des remèdes. Il ajouta que son heure approchait, et qu'il ne fallait plus avoir recours qu'au souverain Médecin, qui seul pouvait guérir et soulager son mal.

II. — Énergie avec laquelle le Bienheureux de la Salle surmonte ses douleurs pour satisfaire son zèle et sa piété ; rechute ; faveur singulière accordée par saint Joseph à l'occasion de sa fête.

LA cessation des remèdes et son abandon à Dieu remirent le saint prêtre en état de pouvoir encore monter au saint autel pour y offrir la sainte Victime; ou plutôt, sa ferveur, liée par le régime de vie qu'on lui faisait observer, se vit en liberté de célébrer les saints Mystères et de confesser, pendant près de quinze jours, malgré ses douleurs. C'est dans ces occasions que la vertu donne des forces ou fait retrouver celles qui sont cachées plutôt qu'éteintes dans le fond de la nature. Ces grandes âmes, qui n'écoutent jamais leurs corps, exigent de lui, jusqu'à la mort, des violences qui tiennent du prodige. Le Bienheureux de la Salle était dans une situation où tout autre aurait gardé le lit. Les apparences disaient qu'en vain il essaierait d'en sortir, et que l'impossibilité d'agir le replongerait dans la nécessité d'y demeurer. Il ne les écouta pas, et on fut étonné de le voir sur ses pieds agir, et forcer son corps de lui obéir, pour satisfaire sa dévotion. Mais tout ce qui est trop violent n'est pas de durée : si la vertu peut animer le courage et suppléer à la faiblesse de la nature par un redoublement de ferveur, elle ne peut, sans un miracle, réparer des forces épuisées et rendre la vigueur au corps usé et détruit. Sur la fin du Carême, le mal devint si intense, qu'il obligea le serviteur de Dieu de se remettre au lit. A mesure qu'il sentait son corps s'affaiblir, la joie croissait en son âme et se montrait sur son visage. J'espère, disait-il, que je serai bientôt délivré de l'Égypte, pour être introduit dans la véritable Terre promise. « La fête de saint Joseph approchait. Sa dévotion particulière envers ce grand saint, qu'il avait choisi pour patron et protecteur de l'Institut, lui inspirait un ardent désir de pouvoir célébrer la sainte messe, ce jour-là, en son honneur; mais il se contentait de le désirer, car il ne paraissait pas possible de pouvoir le faire, sans une espèce de miracle. Cependant, cette faveur que le serviteur de Dieu n'osait attendre, encore moins demander, lui fut accordée. La veille de la fête du saint sur les dix heures du soir, il sentit ses douleurs diminuer et ses forces revenir. Il en fut si surpris lui-même, qu'il s'imagina que c'était un songe, et n'en parla à personne. Le lendemain matin lui apprit que ce retour subit de santé n'était ni rêve, ni imagination, car il se trouva si fortifié, qu'il se vit en état de se lever et de célébrer les divins mystères. Sa joie fut grande de pouvoir contenter sa dévotion ; celle de ses enfants, qui le crurent guéri par un miracle du Tout-Puissant, fut encore plus vive. Tous ensemble bénirent, louèrent et remercièrent la bonté de Dieu et leur patron saint Joseph. Le saint homme profita de cette faveur, et monta à l'autel avec le recueillement et la ferveur que demandait la dernière messe de sa vie. L'air libre et dégagé avec lequel il la célébra confirma les Frères dans la pensée que Dieu lui avait rendu la santé, par l'intercession de saint Joseph. Ils s'empressèrent tous à lui demander des avis pour leur avancement spirituel, comme s'il eût été parfaitement guéri ; il les leur donna, pour la dernière fois, avec la facilité d'un homme vigoureux et robuste ; mais enfin, après avoir satisfait sa piété et celle des Frères, il rentra dans son premier état ; les forces lui manquèrent, et sa fin ne parut pas éloignée. Alors les Frères connurent, à leur grand regret, que la santé ne lui avait pas été rendue, mais seulement prêtée pour célébrer la sainte messe en l'honneur de saint Joseph, et satisfaire sa dévotion envers ce grand saint.

III. — Sentiments du Bienheureux de la Salle à la réception des derniers sacrements.

MONSIEUR le Curé de Saint-Sever, averti du danger où se trouvait l'Instituteur des Frères, vint le visiter, et, après lui avoir témoigné la part qu'il prenait à son mal, l'exhorta à la patience. Le pasteur, accoutumé à voir le trouble et l'inquiétude partout où il allait, chez ses malades, aux approches de la mort, fut fort surpris, et presque déconcerté de voir celui-ci tranquille et dans un état d'indifférence à tout événement. Comme s'il eût été choqué ou peu édifié de la sécurité dans laquelle le serviteur de Dieu paraissait être, il se crut en devoir de l'en faire sortir, en lui annonçant crûment les approches de la mort, et du jugement qui la suit. « Sachez, lui dit-il, que vous allez mourir, et qu'il vous faudra ensuite comparaître devant Dieu. — Je le sais, répondit le Bienheureux de la Salle, et je suis très soumis à ses ordres. Mon sort est entre ses mains ; sa volonté soit faite. » Le curé sentit par ce peu de paroles, d'où procédaient la confiance et la tranquillité du malade, et jugea bien que de longues remontrances n'étaient pas fort nécessaires à un homme tout occupé de Dieu, et qui semblait déjà entrer en jouissance de la paix des Bienheureux. Il fut même inspiré de terminer avec paix et charité le différend qu'il avait eu avec le saint homme, qui n'avait pas voulu acquiescer à tout ce qu'il exigeait des Frères établis sur sa paroisse : ce qui donna une vraie consolation au pieux malade. Depuis ce moment, son cœur s'abandonna au désir du souverain Bien, et fixa toutes ses pensées sur la céleste Jérusalem. Son union avec Dieu et ses aspirations vers lui étaient continuelles. Il demanda, avec un empressement qui surprit, le saint Viatique, qu'il appelait son *passe-port,* et on fit difficulté de le lui donner, parce qu'on ne le croyait pas encore si proche de sa fin ; cependant on promit de le lui apporter le lendemain. Ce délai favorisa le grand désir qu'il avait de s'y bien disposer. Toute la nuit fut employée à cette préparation. Dès que le jour commença à paraître il donna ordre qu'on disposât toutes choses pour recevoir son Seigneur avec décence. On le fit, pour le contenter, avec la magnificence que permettait la pauvreté de la maison de Saint-Yon. Rien ne pouvait lui faire plus de plaisir, parce qu'il aimait que tout ce qui regarde les divins mystères fût propre et riche.

Pendant qu'on préparait la maison avec diligence pour la venue de Jésus-Christ, le Bienheureux de la Salle était tout recueilli en lui-même pour lui préparer son cœur. Il oublia encore en ce moment qu'il était malade à l'extrémité, et chercha, dans sa ferveur, dans son respect profond et dans sa dévotion ardente envers le Saint-Sacrement, des forces suffisantes pour se lever. Honteux de recevoir dans son lit, le Prince des Éternités, il fit tant d'instances pour qu'on l'en retirât, et qu'on le revêtît du surplis et de l'étole, qu'on ne put le lui refuser. Ainsi attendit-il, assis dans une chaise, son Seigneur et son Dieu ; mais quand le son de la cloche annonça son approche, il ne fut plus maître de lui-même. Confus de paraître assis devant son Créateur et son Juge, un transport de ferveur le fit se prosterner devant lui pour l'adorer et s'anéantir en sa présence. Alors, le visage enflammé par l'excès de la joie et l'ardeur de sa charité, on le vit recevoir le saint Viatique de la manière dont on l'avait vu tant de fois célébrer la sainte messe, avec la dévotion d'un séraphin. Ce feu qui parut en ce temps sur son visage lui rendit un air de santé qui fit croire aux assistants qu'il se portait bien. Quelques-uns même ne purent s'empêcher de témoigner leur étonnement de ce qu'on communiait en Viatique un homme qui paraissait si bien portant.

Il était temps de lui accorder cette consolation, qui ne fut complète que quand on lui apporta le dernier sacrement, qu'il demanda avec instance : car il sentait ses forces considérablement diminuer, et la prison de son corps au moment prochain de sa ruine. L'Extrême-Onction lui fut donnée le lendemain, Jeudi-Saint, et il la reçut avec la plus grande présence d'esprit, répondant lui-même à toutes les prières. Quand elles furent achevées, il resta dans un profond silence l'espace de sept heures, occupé des grâces que Dieu venait de lui accorder.

IV. — Derniers avis et derniers moments du Bienheureux de la Salle.

LE saint prêtre ne rompit ce silence que pour complaire à ceux qui, environnant son lit, voulaient ou être témoins de sa fin bienheureuse, ou recevoir de lui quelques avis, ou entendre quelque mot d'édification. Il les satisfit tous, et découvrit même à plusieurs ce qui était de plus caché en leurs âmes, ce qui les étonna fort. Un séculier qui était présent, soit par curiosité, soit par piété, voulut faire la même épreuve, et le pria de lui déclarer ce qu'il pensait de lui. Il répondit: « Il ne tient qu'à vous de vous sauver, car Dieu vous comble de ses grâces, mais vous n'en profitez pas ; vous n'allez pas à lui comme vous devriez ; vous enfouissez les talents qui vous ont été donnés. » Rien n'était plus vrai ; cet homme l'avoua, et ajouta que le serviteur de Dieu avait vu dans son intérieur tout ce qui s'y passait.

Les Frères, attendris sur la perte qu'ils allaient faire, s'empressèrent de recueillir ses derniers sentiments. Voici le premier article du testament qu'il leur laissa. « Je recommande premièrement
« mon âme à Dieu, et ensuite tous les Frères de la Société des
« Écoles chrétiennes, auxquels il m'a uni, et leur recommande,
« sur toutes choses, d'avoir toujours une entière soumission à
« l'Église et surtout dans ces temps fâcheux ; et, pour en donner
« des marques, de ne se désunir en rien de Notre Saint-Père le
« Pape et de l'Église de Rome, se souvenant toujours que j'ai
« envoyé deux Frères à Rome pour demander à Dieu la grâce
« que leur Société y fût toujours entièrement soumise. Je leur
« recommande aussi d'avoir une grande dévotion envers Notre-
« Seigneur, d'aimer beaucoup la sainte communion et l'exercice
« de l'oraison, et d'avoir une dévotion particulière envers la très
« sainte Vierge et envers saint Joseph, patron et protecteur de la
« Société, et de s'acquitter de leur emploi avec zèle et avec désin-
« téressement, et d'avoir entre eux, une union intime et une

« obéissance aveugle envers leurs supérieurs, qui est le fondement
« et le soutien de toute perfection dans une communauté. »

Cependant, comme il avait beaucoup de peine à parler et que sa voix s'affaiblissait, on crut qu'il allait entrer en agonie. Alors tous ses enfants se jetèrent à genoux pour demander sa bénédiction ; le Frère Barthélemy, élevant la voix, le pria de la donner à tous les présents et de l'étendre à tous les Frères de l'Institut. Son humilité d'abord y apporta de la résistance ; mais enfin, cédant aux instances qui lui en furent faites, il leva les mains et les yeux au ciel, et dit : « Que le Seigneur vous bénisse tous. » Cette bénédiction fit couler bien des larmes des yeux de ses disciples, et fit dans leur cœur une nouvelle plaie très douloureuse. Le sentiment de la perte qu'ils allaient faire croissait en leur esprit à mesure qu'elle approchait ; et tous, comme de tendres enfants que la mort de leur Père allait rendre orphelins, ils ne trouvèrent de consolation à leur peine que dans leur piété, dans la soumission aux ordres de Dieu, et dans l'espérance que leur Instituteur, enlevé à leurs yeux, continuerait dans le ciel les services qu'il leur rendait sur la terre. Vers la fin du jour, il commença à perdre connaissance, ce que ses discours sans suite firent apercevoir. On dit les prières des Agonisants. Elles ne furent pas plus tôt finies que le pieux malade revint à lui. Il profita encore de ce dernier moment que Dieu lui donnait, pour inspirer en peu de mots, à ses disciples, l'horreur qu'il avait du monde : « Si vous
« voulez vous conserver, dit-il, et mourir dans votre état, n'ayez
« jamais de commerce avec les gens du monde ; car peu à peu
« vous prendrez goût à leurs manières d'agir, et vous entrerez si
« avant dans leurs conversations, que vous ne pourrez vous
« défendre, par politique, d'applaudir à leurs discours, quoique
« très pernicieux ; ce qui sera cause que vous tomberez dans l'in-
« fidélité, et, n'étant plus fidèles à observer vos règles, vous vous
« dégoûterez de votre état, et enfin vous l'abandonnerez. » Il ne put en dire davantage, parce qu'une sueur froide, qui le saisit, lui ôta l'usage de la parole. A ce moment il entra dans une rude agonie qui dura depuis minuit jusqu'à deux heures et demie du lendemain, qui était le Vendredi-Saint. Alors, un peu revenu à lui, on lui inspira la pensée d'implorer l'assistance de la très sainte Vierge, par cette prière de l'Église, qu'il avait coutume de lui adresser tous les jours à la fin de la journée : *Maria Mater gratiæ*, etc.

Le Frère Supérieur, qui ne le quittait point, lui demanda ensuite s'il n'acceptait pas avec joie les peines qu'il souffrait : « Oui, répondit-il, j'adore en toutes choses la conduite de Dieu à mon égard. » Ce furent là les dernières paroles qu'il prononça. A trois heures du matin il retomba dans l'agonie, qui dura jusqu'à quatre heures. Les agitations qu'elle lui causa n'empêchèrent pas d'apercevoir sur son visage un air tranquille et assuré. Enfin, sur les quatre heures, il fit un effort comme pour se lever et aller au-devant de quelqu'un ; il joignit les mains, leva les yeux au ciel, et expira. Il mourut le 7 avril 1719, jour du Vendredi-Saint, âgé de 68 ans.

V. — Tableau général des travaux et des vertus du Serviteur de Dieu.

TELLE fut la fin de l'Instituteur des Écoles chrétiennes, de ce saint prêtre que Dieu a suscité dans ces derniers temps, pour travailler à l'instruction et à l'éducation de la jeunesse la plus pauvre et la plus abandonnée. Si jamais œuvre ne fut plus nécessaire et plus utile à la République chrétienne, jamais œuvre n'a été plus longtemps, plus universellement et plus cruellement contredite et persécutée, pendant près de quarante ans que le serviteur de Dieu y a travaillé avec une constance sans exemple, il n'a presque pas eu un jour tranquille. Les fruits de son zèle, de ses peines et de son courage, ont été des croix toujours nouvelles. A peine pouvait-il ouvrir la bouche qu'il ne se vît contredit, blâmé, humilié, traité d'indiscret, d'entêté, d'homme singulier, vain et superbe. Humble, soumis, petit devant tout le monde, tout le monde se croyait en droit de le reprendre, de lui commander, de s'établir son juge et son supérieur. En butte à des ennemis que l'enfer lui suscitait partout, il ne tenait tête à aucun, et ne connaissait point d'autre défense que celle de s'humilier et de céder. Inflexible sur le seul point de la régularité, et de la conservation de l'esprit de pauvreté, de recueillement, de mortification et des autres vertus évangéliques qui font les saints, il se rendait docile comme un enfant sur tout le reste.

Intrépide dans les plus grands périls qui le regardaient, ou qui menaçaient sa Société d'une ruine prochaine, il montrait une confiance en Dieu inébranlable, un abandon généreux à tous les ordres de la Providence, et plus d'horreur de la moindre imperfection que des plus grands maux de la vie. Il a été libre, à qui l'a voulu, de le maltraiter, de l'humilier, de le calomnier, de le persécuter, en sa personne et en celle de ses enfants, sans qu'il ait jamais ouvert la bouche, pendant près de quarante ans, pour s'en plaindre. Il était si familiarisé avec les affronts, les mépris et les injures, qu'il était surpris et qu'il croyait être dans un autre monde, quand on le traitait avec honneur. Amis, ennemis, grands, petits, pauvres, riches, savants et ignorants, saints et pécheurs, prélats et supérieurs, ses propres disciples, tous ont pris les armes contre lui, tous lui ont fait une guerre cruelle, tous ont été entre les mains de Dieu des instruments de sa sanctification. Persécuté partout, il fuyait de ville en ville, selon le conseil de JÉSUS-CHRIST, il errait de province en province, sans rencontrer la paix dans aucun lieu, sans pouvoir en trouver un qui ne devînt son Calvaire, et où il ne fût crucifié. Quel est le jour, depuis qu'il a pensé à établir les Écoles chrétiennes, quel est le lieu qui n'ait été marqué pour lui du signe des élus, je veux dire de la croix, et qu'il n'ait sanctifié lui-même par quelques actes héroïques, ou d'humilité, ou de patience, ou de mortification, ou d'obéissance, ou de soumission à la volonté de Dieu, ou d'abandon à sa divine providence, ou de quelque autre vertu ? N'est-ce pas de lui qu'on peut dire avec vérité ce que le Docteur des Nations disait de lui-même et de tous les Apôtres ; « qu'on l'a regardé comme la balayure du monde : *omnium peripsema usque adhuc* ? (I Cor. IV, 13.)

Mais, au milieu de tant de croix qui se multipliaient autant que ses jours, au milieu de tant de contradictions, d'affronts, d'outrages et d'injustices, qui a jamais vu le saint Instituteur troublé, chagrin, déconcerté, embarrassé ? Qui a entendu sortir de sa bouche une parole d'aigreur, d'impatience, de ressentiment ? Qui a vu son visage marquer, par quelque altération, la révolution, le trouble de son cœur ? Tranquille, gai, recueilli, content, gracieux et modeste, c'est ainsi qu'on le voyait au milieu des orages. Il en sortait comme il sortait de l'oraison.

Combien de fois a-t-il vu dans sa maison des enfants se mutiner contre leur père, des disciples prendre parti contre leur maître, des membres se soulever contre leur chef ? Combien de fois s'est-il vu seul, ou presque seul, abandonné, trahi, persécuté au-dedans et au-dehors, et rencontrant partout des mains qui le frappaient ? Ne peut-on pas dire que Dieu prenait plaisir lui-même à armer tous les hommes contre lui, et à le frapper le premier ? car, quelque pures que fussent les intentions du saint homme, Dieu semblait les contrarier ; quelque saints que fussent ses projets, Dieu paraissait attentif à les renverser. Il ne pouvait presque rien faire qui réussît; et si le dessein de l'établissement des Écoles chrétiennes a enfin réussi, comment et en combien de temps a-t-il réussi ? Aux dépens de quarante années de travaux, de peines et d'alarmes continuelles, qu'il a terminées, comme il les avait commencées, dans l'ignominie.

Si la France a tant admiré l'abbé de Rancé, enfoncé dans son monastère de la Trappe, y ramenant à notre époque les austérités de la Thébaïde, n'a-t-elle pas de quoi se congratuler aussi d'avoir vu, presque au même temps, un jeune chanoine de Reims se dépouiller de son canonicat en faveur, non de son frère ou d'un parent, mais d'un étranger réputé grand homme de bien, distribuer le prix de son patrimoine aux pauvres, et se condamner à une vie d'abjection, de pauvreté et de souffrance ; venir ensuite, aux portes de Paris, lever l'étendard de la pénitence, et mener une vie aussi austère qu'à la Trappe, et beaucoup plus humiliée et plus pauvre ?

Que l'on compare la vie des Frères demeurant à Vaugirard, et dans la grande maison, avec celle des célèbres pénitents qui ont rendu si illustre le désert de la Trappe, et qu'on consulte l'amour-propre sur celui de ces deux états qui est le moins de son goût : je ne crois pas me tromper si j'avance que, dans une option nécessaire à faire de l'un ou de l'autre, l'amour-propre, forcé de choisir, préférerait la vie de la Trappe à celle de la Société naissante des Frères. En effet, si d'un côté les austérités de vie de ces deux états peuvent entrer en parallèle, de l'autre, il faut convenir que l'ignominie était autant attachée alors à l'habit des Frères que la gloire était attachée à la réforme du saint abbé de Rancé. On l'a vu : les exercices de pénitence, de mortification et d'humiliation régnaient avec tant d'empire dans l'Institut naissant, que les ennemis de l'Instituteur lui en firent un crime, et qu'ils en prirent occasion de le décrier auprès des puissances ecclésiastiques comme un homme d'une ferveur indiscrète, d'une sévérité outrée, comme le bourreau du corps humain. Bon gré, mal gré, ils l'obligèrent à relâcher de cette grande rigueur, et à retrancher un certain nombre de pratiques de mortification qu'ils regardaient comme insupportables à l'humanité. La contrainte qu'on employa alors pour amener le serviteur de Dieu à radoucir le joug de ses disciples, ne servit qu'à appesantir le sien ; car, comme s'il eût voulu dédommager Dieu des macérations qu'on interdisait à ses disciples, il les réservait toutes pour lui. Les cilices, les haires, les chaînes de fer, les disciplines cruelles, les veilles de la nuit, les couches dures, les aliments les plus répugnants, les jeûnes sévères et fréquents, les habits pauvres, les voyages à pied, l'abstinence presque entière de vin, et la privation continuelle du feu, ont été des genres de pénitence avec lesquels il n'a jamais pu se résoudre à faire divorce ; et on peut, en toute vérité, lui faire le reproche qu'on a toujours fait aux plus grands saints : qu'il a été le bourreau de son corps.

VI. — Traits généraux du caractère et de l'extérieur du Bienheureux de la Salle.

LA mortification intérieure achevait en lui la mortification entière du vieil homme, que l'extérieure ne peut qu'ébaucher. Il était si mort à lui-même, qu'il ne donnait aucun signe de répugnance ou d'inclination naturelle. Nul mouvement de passion subit et irréfléchi ne faisait connaître ses désirs ou ses craintes, son ressentiment ou sa vivacité.

Cette parfaite mortification le rendant maître de lui-même, établissait dans son fond une paix que les événements de la vie les plus fâcheux ne pouvaient troubler, et sa confiance en Dieu y ajoutait une joie que le monde entier ne peut ni donner, ni ôter. Lorsque tout lui manquait, lorsque tout se soulevait contre lui, c'était le temps où il paraissait le plus assuré. Il espérait contre toute espérance, et rarement espérait-il en vain.

Un zèle et une générosité apostoliques animaient toute sa conduite. Rien ne lui paraissait difficile lorsqu'il s'agissait des intérêts de Dieu. Quand une fois il était assuré de sa divine volonté, il n'abandonnait jamais une entreprise, quelques assauts qu'il eût à soutenir de la part du monde et de l'enfer. Il avait un talent particulier pour gagner les pécheurs les plus endurcis, et il n'entreprenait jamais leur conversion sans succès. Il avait le cœur tendre, généreux et sincère ; un abord affable, prévenant et poli. Son naturel était doux et ferme, vif et actif ; mais il ne précipitait rien, et ne savait point lâchement mollir. Il donnait bien du temps aux réflexions ; mais, après avoir pris son parti avec maturité, il s'y tenait aussi longtemps qu'il le croyait conforme aux volontés de Dieu.

Élevé dans les douceurs d'une famille aisée, et avec les soins de parents auxquels il était fort cher, sa complexion parut d'abord fort délicate ; mais son corps, formé au travail et aux austérités, se fortifia insensiblement avec l'âge ; en sorte que sa santé augmenta en lui avec la vertu ; et elle se serait constamment soutenue jusqu'aux années les plus avancées, s'il ne l'eût point altérée par un excès de pénitence. Sa taille était un peu au-dessus de la médiocre, bien prise et bien proportionnée. Il avait le front large, le nez régulier, des yeux grands et beaux, presque bleus, les traits du visage doux et agréables, la voix forte et distincte, l'extérieur gai, serein, modeste, dévot ; le teint un peu basané par ses grands voyages, et animé, pour l'ordinaire, par une légère coloration rouge et vermeille, des manières simples, gracieuses et honnêtes, sans affectation. Ses cheveux châtains et crépus dans sa jeunesse, devenus avec les années gris et blancs, le rendaient vénérable ; enfin la grâce assise, pour ainsi dire, sur son visage, le rendait aimable, et inspirait la piété. J'ose dire que nul homme de nos jours n'a porté plus que lui l'air d'un saint ; il le paraissait à qui le voyait, et inspirait le désir de le devenir. Le respect saisissait à son approche ; on se sentait confus, parce qu'on se sentait ou pécheur, ou tiède, ou infidèle, quand on se trouvait en sa présence.

Tel est le portrait du Bienheureux Jean-Baptiste de la Salle, prêtre, docteur, ancien chanoine de la métropole de Reims, et Instituteur des Frères des Écoles chrétiennes. Qui l'a connu avouera que ce portrait est fort imparfait.

VII. — Funérailles du Bienheureux de la Salle.

La nouvelle de sa mort s'étant répandue dans la ville de Rouen, chacun accourut pour voir encore une fois un homme qu'on avait assez regardé comme un saint, mais qu'on n'avait pas traité comme tel. Après tout, c'est la mort seule qui sait donner à la vraie vertu son éclat, et qui fait discerner les saints de ceux qui ne le sont pas ; la gloire de ceux-ci, aussi bien que leur fausse félicité, se termine où celle de ceux-là commence, je veux dire au tombeau. La mort qui met en oubli tous les partisans du monde, met en honneur les serviteurs de Dieu et rend leur mémoire éternelle ; la mort, qui fait fouler les premiers aux pieds, et qui les confond dans la poussière, retire les seconds du mépris, et met au grand jour leur vertu oubliée. Qui est le grand du monde, fût-il prince, fût-il roi, dont la mort ne rende l'aspect affreux et la présence insupportable ? Son cadavre fait peur, sa difformité épouvante, sa puanteur fait fuir. Le saint est-il mort ? il attire auprès de lui, on s'empresse à le voir, on veut avoir de ses reliques, la mort perd à son égard toutes ses horreurs.

C'est ce qu'on vit dans le Bienheureux de la Salle. Son visage parut aussi beau et aussi serein après son décès qu'il l'était pendant sa vie. On s'empressa de partager ses dépouilles. La difficulté fut de contenter ceux qui en demandaient ; car un crucifix, un Nouveau Testament, une Imitation de JÉSUS-CHRIST, un chapelet faisaient tous ses meubles et ses uniques richesses. Cet héritage, saisi par les plus adroits et les plus alertes, on se jeta sur ses pauvres habits, dont chacun prit à sa dévotion quelques lambeaux pour reliques. Les étrangers ne se firent point de scrupule de saisir, par un pieux larcin, ce qui tomba sous leurs mains. Quelques-uns même coupèrent de ses cheveux, les autres conservèrent comme un trésor ce qui avait été à son usage. Ceux de ses disciples qui ne purent avoir part à sa dépouille, en parurent aussi affligés que des enfants qui perdent l'héritage de leur père. Pour les consoler, on fit plusieurs copies du testament, qu'il avait fait peu de temps avant sa mort, qui furent distribuées à tous les Frères présents et absents. Le corps du saint prêtre, revêtu des vêtements sacerdotaux, fut exposé dans la chapelle de Saint-Yon, depuis le soir du Vendredi jusqu'au Samedi-Saint, afin de contenter la dévotion de ses disciples et du public. Il fut ensuite enterré sans pompe dans la chapelle de Sainte-Suzanne de l'église paroissiale de Saint-Sever, en présence d'un grand concours de monde qui assista à ses funérailles. Plusieurs religieux de différents Ordres et plusieurs ecclésiastiques se joignirent à ceux de la paroisse, pour honorer la mémoire du défunt. Il fut porté par six des Frères, et suivi de tous les autres, qui arrosaient de leurs larmes la terre par où ils passaient, et mêlaient leurs soupirs avec le chant des psaumes. Voici l'épitaphe qu'on a mise sur son tombeau.

D. O. M.

Hic
Expectat resurrectionem
Vitæ venerabilis
Joannes-Baptista DE LA SALLE
Rhemus Presbyter, Doctor Theologicus,
Ex canonicus ecclesiæ metropolitanæ Rhemensis,
Institutor Fratrum Scholæ Christianæ,
Natalibus clarus, virtutibus clarior.
Obiit feria sexta Parasceves
Die septima Aprilis anno MDCCXIX,
In ædibus Fratrum sancti Yonis hujusce Parochiæ
Annum agens LXVIII.

Det illi Dominus invenire requiem in illa Die.

Hoc pietatis et grati animi monumentum
Apposuit tam piissimo parochiano
Ludovicus du Jarrier-Bresnard, ecclesiæ rector.

« Ici attend la résurrection Jean-Baptiste de la Salle, de vénérable vie, prêtre, docteur en théologie, ancien chanoine de l'église métropolitaine de Reims, Instituteur des Frères des Écoles chrétiennes, illustre par sa naissance, plus illustre par ses vertus.

« Il est mort le sixième jour de la semaine sainte, le septième du mois d'avril, l'an 1719, dans la maison des Frères de Saint-Yon, de cette paroisse. Il était âgé de soixante-huit ans.

« Que Dieu lui donne de trouver le repos en ce jour !

« Ce monument de pieuse gratitude a été élevé à son très pieux paroissien, par Louis du Jarrier-Bresnard, curé de cette paroisse. »

La solennité pascale et son octave ayant empêché de faire le service du saint prêtre, il fut célébré le lundi de la *Quasimodo*, avec beaucoup de pompe, par les ecclésiastiques du petit séminaire de Saint-Patrice, qui est maintenant à Saint-Nicaise. Beaucoup de personnes de piété se sont empressées de rendre à sa mémoire les honneurs qu'il avait évités avec tant de soin pendant sa vie ; et Dieu a paru agréer leur dévotion par des témoignages sensibles de sa puissance, que nous n'osons pas appeler miraculeux avant le jugement de l'Église. C'est ainsi que Dieu récompense, dès cette vie, ceux qui lui ont été fidèles jusqu'à la mort. « *Vita si in probatione fuerit, coronabitur.* (Tobie, 3, 24.)

VIII. — Regrets unanimes qu'excite la mort du serviteur de Dieu.

TOUS ceux qui connaissaient le Bienheureux de la Salle le regrettèrent, et regardèrent sa mort comme une perte pour l'Église. L'idée qu'il avait laissée de sa vertu, partout où il avait passé ou fait quelque séjour, lui attira, après la nouvelle de son décès, des éloges par toute la France. Les gens de bien ne purent lui refuser des larmes, et ses disciples furent presque inconsolables. Les lettres continuelles que reçut à ce sujet le Frère Barthélemy ne lui permettant pas d'oublier sa perte, firent dans son cœur de nouvelles plaies. Sa douleur fut aussi longue que sa vie. Quand il se vit sans le Bienheureux de la Salle, il fut aussi consterné qu'un pupille qui, par la mort de ses parents, demeure à la merci de la Providence, sans bien, sans amis, sans défenseur. La vie lui devint à charge, et la terre à dégoût, depuis qu'il n'y voyait plus son cher Père en JÉSUS-CHRIST : c'est ainsi qu'il s'expliquait. Le soulagement qu'il chercha à sa douleur fut de recueillir et de faire recueillir toutes les actions du saint prêtre, tandis que le souvenir en était récent, et de tirer des mémoires de sa vie des mains de ceux qui en avaient été les témoins oculaires. Il ne fut pas non plus peu consolé du bon cœur des Frères, qui, dispersés, de tous côtés, firent dire, par précaution, et pour une plus grande sûreté, un grand nombre de messes pour le repos de l'âme du saint prêtre, quoiqu'ils la crussent en Paradis. Plusieurs curés en firent chanter de solennelles, par un pur motif de charité envers le pieux défunt.

Personne ne prit plus de part à la perte du Bienheureux de la Salle que Messieurs du séminaire de Saint-Nicolas-du-Chardonnet, qui avaient été si édifiés, l'année précédente, des exemples de son éminente vertu. La réponse qu'un d'eux fit sur ce sujet au Frère Barthélemy, mérite d'avoir ici sa place. La voici :

« Mon cher Frère, c'est avec bien de la douleur que j'ai reçu
« votre lettre touchant la mort de votre très honoré Père,
« M. de la Salle, que M. de la Vertu m'avait déjà apprise. J'ai
« fait part de cette triste nouvelle, et je l'ai recommandé aux
« prières de notre communauté, avec le détail que vous m'aviez
« marqué par l'honneur de votre lettre. Vous ne doutez point
« que chacun ne se soit uni à vous pour prier pour ce cher défunt,
« que chacun, et moi en particulier, regardons comme un saint
« qui prie pour nous dans le ciel. Je ne crois pas que votre com-
« munauté puisse jamais manquer, ayant un tel protecteur auprès
« du Seigneur. Vous savez mieux que personne la sainteté de sa
« vie, et les contradictions qu'il a essuyées pour votre établisse-
« ment, marque évidente que c'est l'ouvrage de Dieu, dont
« j'espère l'affermissement par ses prières et votre correspondance.

« Nous avons eu le bonheur d'être édifiés de sa présence pen-
« dant près de six mois qu'il nous a fait l'honneur de demeurer
« parmi nous, et je crois que Dieu l'y avait envoyé pour y
« prêcher notre jeunesse par son exemple, et nous retirer nous-
« mêmes de notre relâchement ; sa vie y était des plus humbles et
« des plus mortifiées ; il dormait peu et priait beaucoup. Notre
« excitateur m'a dit plusieurs fois qu'il le trouvait toujours levé
« en allant éveiller même pendant les froids de l'hiver, durant
« lequel il n'a été au chauffoir que quand je l'y conduisais de
« force, ce qui arrivait rarement, mes heures ne concourant pas
« avec les siennes. Il faisait régulièrement tous les jours au moins
« trois heures de méditation ; il s'était rendu plus régulier que
« le moindre de tous les séminaristes, obéissant avec une promp-
« titude édifiante au premier son de la cloche qui appelle aux
« exercices ; il était si soumis, qu'il fatiguait M. le Préfet à force

« de lui demander des permissions qu'on n'exige pas même des
« séminaristes : comme pour parler à ceux qui le venaient de-
« mander, pour les conduire à sa chambre, ainsi que vous l'avez
« expérimenté vous-mêmes plusieurs fois, et pour sortir les jours
« de congé, et même pour écrire des lettres, n'en ayant jamais
« écrit une sans une permission expresse. Il acceptait si volon-
« tiers les prières qu'on lui faisait, pendant les récréations, d'as-
« sister aux convois de charité, ou de faire des enterrements
« d'enfants, qu'il semblait que cela lui fût un sujet de grande
« satisfaction ; en un mot, la retraite, l'oraison, la charité,
« l'humilité, la mortification, la vie pauvre et dure étaient toutes
« ses délices.

« Pour moi et toute ma patrie, nous lui aurons des obligations
« éternelles. Il a eu la charité de m'élever, pour les écoles, au
« faubourg Saint-Marcel, quatre jeunes hommes qui sont sortis
« de chez lui si bien formés et si zélés, que s'ils avaient trouvé
« dans les ecclésiastiques du pays de quoi cultiver les bonnes
« dispositions où il les avait mis, ils auraient établi une com-
« munauté des plus utiles pour la province. Un d'entre eux s'est
« fait prêtre, et enseigne les humanités avec édification de la
« jeunesse, malgré les assauts qu'ils ont à essuyer souvent du
« côté des magistrats, et quelquefois même du côté des curés et
« des ecclésiastiques.

« J'espère que cette mort ne me séparera point de l'affection
« de votre communauté, que vous me ferez toujours l'honneur
« de me regarder comme un de vos amis ; je tâcherai, pour ma
« part, de vous donner toujours des marques d'une véritable ami-
« tié, dans l'espérance d'avoir aussi part à vos bonnes œuvres, et
« à vos prières devant le Seigneur, en l'amour duquel je suis très
« humblement, etc. »

Ce témoignage, rendu à la vertu du Bienheureux de la Salle,
n'est point ici de trop. Il portera sans doute son fruit dans les
séminaires. L'exemple d'un ancien chanoine, prêtre, docteur, d'un
Supérieur vénérable, d'un Instituteur célèbre, exact aux premiers
coups de cloche, fidèle à demander des permissions pour les
moindres choses, à pratiquer l'obéissance d'un enfant, à garder la
retraite et le recueillement, à s'exercer aux offices d'humilité, de
charité et de mortification, apprendra aux jeunes ecclésiastiques
que ces vertus sont de tous les âges, que le temps du séjour au
séminaire est celui d'en apprendre l'usage, et que le Bienheureux
de la Salle, dans un âge avancé, ne s'y exerçait avec tant de joie
et de facilité dans le séminaire de Saint-Nicolas, que parce que

jeune, il en avait formé l'habitude dans celui de Saint-Sulpice.

Le Frère Supérieur n'était pas le seul inconsolable de la perte du saint Instituteur ; plusieurs autres, comme lui, ne pouvaient ni empêcher leurs yeux de la pleurer, ni fermer la plaie qu'elle avait faite dans leur cœur. Le temps, qui est de tous les remèdes le plus efficace contre l'affliction, ne pouvait soulager la leur, et ils n'en espéraient la fin que dans celle de leur vie. Ainsi, le Frère Barthélemy, qui ne pouvait se consoler lui-même, était obligé de consoler les autres, et d'essuyer de leurs yeux des larmes qu'il ne pouvait défendre aux siens. Voici la manière touchante dont il le fait dans une lettre qu'il écrivit à un des Frères.

« Mon très cher Frère,

« La grâce et la paix de Notre-Seigneur soient avec nous.

« Ce n'a pas été sans grand sujet que vous avez versé des lar-
« mes, apprenant la mort de Monsieur notre très cher Père ; je
« ne crois pas qu'aucun de nos Frères ait pu empêcher ses yeux
« d'en verser, cela étant si naturel. Mais, après tout bien consi-
« déré, mon cher Frère, il faut avouer que telle a été la sainte
« volonté de Dieu, qui, nous l'ayant donné aussi longtemps qu'il
« lui a plu, nous l'a ôté pour le récompenser de ses travaux et de
« sa sainte vie, il faut nous soumettre, et nous conformer à son
« divin vouloir. Les saints Apôtres de Notre-Seigneur étaient
« aussi fort tristes d'être privés de la présence sensible de leur
« divin Maître, qui, pour les consoler, leur dit : *Il vous est utile*
« *que je m'en aille, car si je ne m'en vais, le Saint-Esprit ne vien-*
« *dra point vers vous.* Notre très cher Père n'est pas perdu. Il est,
« selon toutes les apparences, au nombre des saints dans le ciel ;
« il peut beaucoup auprès de Dieu, puisqu'il en a tant obtenu de
« grâces sur la terre, pour lui et pour tant d'âmes qu'il a aidées
« à se convertir et à se donner à Dieu. Nous admirons à présent
« ses grandes vertus : sa pureté angélique ; sa grande propreté
« dans les ornements de l'Église et les habits sacerdotaux, pour
« lesquels il n'épargnait rien ; sa grande libéralité envers les pau-
« vres, quoiqu'il fût lui-même nécessiteux, étant avec nos Frères ;
« son zèle pour le salut des âmes, qui lui fit prendre d'abord le
« dessein de permuter son canonicat avec une cure, pour avoir
« occasion d'exercer son zèle ; son humilité, sa patience, son
« obéissance, son grand abandon à la divine Providence, et bien
« d'autres héroïques vertus. Je le crois au rang des vierges, selon
« ce que j'ai appris de sa conduite, par rapport à la chasteté et
« virginité. Non, mon cher Frère, je ne veux pas prier le bon

« Dieu pour qu'il vous retire de ce monde : je le prierai de tout
« mon cœur qu'il vous y conserve encore autant qu'il lui plaira
« pour sa gloire, pour le salut des âmes et pour votre plus grand
« bien ; je vous défends de mourir, sinon à votre propre volonté
« et à votre propre esprit.

« Monsieur notre cher Père n'est pas mort sans permission ;
« je crois qu'il serait mort il y a longtemps, s'il en avait eu la
« permission. Ne vous attristez donc plus mal à propos ; car celui
« que vous pleurez comme mort est vivant et il est dans la paix,
« que personne ne lui pourra jamais ôter. Soyez en paix, conser-
« vez-vous dans l'union intime qu'il nous a recommandée et dans
« la pratique des autres vertus ; n'attristez point l'Esprit de Notre-
« Seigneur, qui est en vous, par votre tristesse démesurée au sujet
« de Monsieur notre cher Père. Je ne sais comme je suis : je suis
« triste et joyeux tout ensemble ; l'odeur que j'ai de sa sainte vie,
« jointe au souvenir de plusieurs choses extraordinaires arrivées
« au temps et au sujet de sa mort, me consolent. Soyez donc plus
« gai, car la tristesse qui ne vient pas du mouvement du Saint-
« Esprit, est dangereuse et a de fâcheuses suites ; etc. »

Il faut convenir que la douleur de ces bons Frères était bien juste. Quelle perte au monde pouvait leur être plus sensible que celle d'un père qui les avait tous engendrés en JÉSUS-CHRIST, nourris du lait de sa doctrine, animés par la force de ses exemples, soutenus par la vertu de ses prières, défendus par sa patience et par un invincible courage contre les persécutions du monde et de l'enfer, pendant près de quarante ans ! En le perdant, ils perdaient leur docteur dans la vie spirituelle, leur guide dans les voies de la perfection, leur législateur, leur Instituteur et leur modèle. En le perdant, ils perdaient un des plus grands serviteurs de Dieu que le dix-septième siècle ait vus en France, un homme apostolique, un homme consommé dans toutes les vertus, un homme selon le cœur de Dieu, et un vrai portrait de JÉSUS-CHRIST sur la terre. Toutefois, ils ne l'ont point perdu : il est à leur égard dans le ciel, ce qu'il leur était ici-bas. Il y a fait en leur faveur, peu de temps après sa mort, des espèces de prodiges, et il les continue tous les jours. Ne puis-je pas en effet, donner ce nom au changement subit qui s'est fait à leur égard en France, où, tout à coup, tout leur a été favorable, et où on leur a accordé tout ce qu'ils pouvaient désirer et demander, comme on va le voir ?

CHAPITRE XIX.

Succès inespérés de l'Institut des Frères après la mort du Bienheureux de la Salle. Les Frères obtiennent presque en même temps, du roi Louis XV, des lettres-patentes, et, de Benoît XIII, une bulle d'approbation de leurs Règles, et d'érection de leur société en ordre religieux. — (1719-1725.)

I. — Continuation de l'édification et de la ferveur des Frères, après la mort du Bienheureux de la Salle.

LES Frères, inconsolables de la mort de leur saint Instituteur, continuaient de la pleurer, sans que le temps, qui, en diminuant la tristesse du cœur, tarit les larmes, pût leur faire oublier la grandeur de leur perte, ou les porter à cesser d'en redouter les suites. Ils n'étaient pas les seuls à pleurer et à craindre : tous ceux qui avaient connu le vertueux prêtre, tous ceux qui avaient du zèle pour les Écoles chrétiennes, tous les amis des Frères, partageaient leur affliction et leurs alarmes ; les uns comme les autres, craignaient de voir l'Institut s'ensevelir dans le tombeau du Bienheureux de la Salle.

Ils auraient eu raison d'avoir une telle crainte, si cet Institut eût été l'ouvrage de l'homme ; mais la suite va prouver que le Saint-Esprit en était l'auteur, et que le Bienheureux de la Salle n'avait été que l'instrument dont Dieu s'était servi. En effet, nous allons voir l'Institut s'affermir, s'établir, et prendre, contre toute espérance, sa dernière forme et sa dernière perfection, après le décès de celui qui en était le père et le soutien. Une union parfaite entre les Frères, une subordination édifiante aux Directeurs des maisons, une soumission cordiale et sans réserve au Supérieur général, un amour sincère de l'état et de la vocation, un zèle ardent de chaque membre de la société pour sa perfection, enfin, la ferveur des premières années, une noble émulation pour la vertu, furent les heureuses dispositions que le ciel demandait, et qu'il inspira pour achever ce grand ouvrage. Les Frères s'efforçaient à l'envi de se remplir de l'esprit de leur patriarche, et chacun d'eux tâchait de le faire revivre en sa personne. Enlevé à leurs yeux, il leur était toujours présent à l'esprit. Ils méditaient les avis qu'il leur avait donnés en particulier, les instructions qu'ils avaient reçues de lui en public, les exemples héroïques de vertu dont ils avaient été témoins : et la crainte de n'en pas profiter, unie au désir de l'imiter, les faisait courir sur ses pas avec plus d'ardeur après sa mort que pendant sa vie.

Ce fut même un sujet d'admiration pour ceux qui connaissent à fond la Société, de la voir se maintenir dans l'état dans lequel l'Instituteur l'avait laissée, faire des progrès et se perfectionner sans aucun appui humain et sans aucune ressource que celle de la divine Providence. Ils s'étonnaient de voir dans le corps une si belle forme de gouvernement, dans les membres une si grande dépendance du chef, qui était un simple Frère, et en tous une si grande unanimité pour les mêmes desseins ; et dès lors parut parfaitement accomplie cette vérité que le Bienheureux de la Salle avait si constamment soutenue, et qui lui avait suscité tant de persécutions, savoir : que le bon gouvernement de la Société demandait qu'elle eût un de ses membres pour chef, et qu'un supérieur externe, quelque vertueux qu'il fût, ne pouvait qu'en faire la ruine, parce qu'il n'en aurait jamais ni l'esprit ni les maximes, et que, de profession, de génie et de manières différentes de celles des Frères, il perdrait la ressemblance nécessaire entre le chef et les membres, que le prince des pasteurs, JÉSUS-CHRIST, a voulu avoir lui-même tout entière avec les hommes, au péché près, pour s'en faire aimer, imiter, et les conduire avec plus de tendresse et de douceur : *tentatum per omnia pro similitudine absque peccato* (Héb. IV, 15) ; éprouvé en toutes choses, afin de nous être semblable, hormis le péché.

Tous les Frères ne faisaient qu'un corps et qu'une âme. Il n'y avait parmi eux aucune diversité de sentiments. Tous ne voulaient et ne pensaient que ce que le Frère Supérieur voulait et pensait, et le Frère Supérieur n'avait point lui-même d'autre pensée et d'autre volonté que celle des Frères, parce que tous, guidés par l'esprit de leur Instituteur, qu'ils semblaient avoir hérité de lui à sa mort, ils se trouvaient toujours réunis dans les vues du plus grand bien et dans le choix des moyens pour le procurer.

II. — Nouvelles craintes causées par la mort du Frère Barthélemy.

LE Bienheureux de la Salle paraissait encore vivant dans le Frère Barthélemy ; aussi ce Frère faisait-il les délices de ses inférieurs. Il s'était si bien rempli de l'esprit de son saint Père, qu'il parlait et agissait en tout comme lui. Formé longtemps à son école, avant que de devenir son humble Supérieur, il n'avait jamais perdu, depuis qu'il l'était, la disposition d'humble disciple à l'égard du Bienheureux de la Salle. L'humilité du Frère avait constamment forcé l'humilité de l'Instituteur de lui donner en tout ses avis, de lui faire part de ses lumières, et de conduire sous son nom la Société. Ainsi, le Frère Barthélemy, en gouvernant l'Institut pendant deux ans sous les yeux et par les avis du Bienheureux de la Salle, n'avait pas laissé apercevoir qu'il eût changé de Supérieur. Ce fut donc pour l'Institut une perte nouvelle, quand il perdit le Frère Barthélemy. Dieu le lui enleva quatorze mois après la mort du Bienheureux de la Salle [1]. Alors les larmes, qui étaient à peine essuyées, coulèrent avec une nouvelle abondance des yeux de tous les Frères. Ils pleurèrent une seconde fois la mort de leur père dans celle du fils, qui lui était si semblable, qui tenait sa place et le représentait si bien à leurs yeux. Tout parut donc encore une fois désespéré pour la Société. La consternation saisit tous les cœurs, et chaque membre, voyant que Dieu lui avait enlevé une seconde fois son chef, appréhenda pour le corps. Les moins timides et les moins humbles craignirent eux-mêmes que Dieu ne voulût les châtier en abandonnant un Institut dont ils croyaient ternir la sainteté par leurs infidélités et leur tiédeur ; les autres crurent en faire la malédiction, et obliger la justice divine de venger sur toute la communauté leurs fautes particulières. Ces sentiments d'humilité redoublèrent la ferveur parmi les Frères, et les disposèrent aux faveurs que le ciel leur gardait.

Dieu avait pour eux des sentiments de bonté et de miséricorde, et s'il leur enlevait ceux qui paraissaient les colonnes de l'Institut, c'était pour les convaincre qu'il saurait bien le soutenir sans eux, et qu'en ayant posé les fondements, il n'avait pas besoin de la main de l'homme pour l'achever. Ils le comprirent tous, depuis le premier Frère jusqu'au dernier novice, en se sentant ranimés et pleins d'un nouveau courage, d'une grande confiance en Dieu, d'un attrait particulier pour leur vocation, d'un désir extraordinaire d'y persévérer jusqu'à la mort, et de contribuer, par un redoublement de ferveur, à la perfection de l'ouvrage que le Bienheureux de la Salle avait si généreusement commencé et soutenu.

III. — Élection du Frère Timothée dans l'assemblée de 1720.

LES deux Assistants du Frère Barthélemy se voyant chargés de la conduite de la petite barque, agitée depuis si longtemps par tant de tempêtes, prirent en main le gouvernail avec grand

---

1. Le 8 juin 1720. L'auteur de la vie du Bienheureux de la Salle a écrit aussi un abrégé de celle du Frère Barthélemy.

courage, et la conduisirent en habiles pilotes dans ce nouveau danger. Leur soin fut de maintenir tout dans l'ordre, et de donner au défunt un successeur de même mérite. Sans perdre le temps, ils envoyèrent dans toutes les maisons de l'Institut une lettre-circulaire qui, en apprenant d'une manière touchante la mort de leur Supérieur, indiquait aux Frères Directeurs le temps de l'assemblée pour le choix d'un nouveau.

L'esprit d'union, de subordination et de dépendance, que le Bienheureux de la Salle et son successeur avaient laissé à leur mort parmi les Frères, les maintint tous dans l'ordre, sans que la tristesse qui paraissait les accabler pût altérer leur paix. Tous reçurent la lettre avec grand respect, et les Frères Directeurs de chaque maison, au nombre de dix-huit, se rendirent fidèlement aux ordres qui leur étaient marqués. Un chanoine ami de l'institut [1], qui avait la confiance du Frère Barthélemy, et à qui celui-ci avait voulu faire sa dernière confession lorsqu'il s'était vu en péril de mort, avait eu soin de s'informer de lui lequel des Frères il jugeait le plus propre à le remplacer. Le mourant lui avait désigné le Frère Timothée, alors Directeur de la maison d'Avignon, et il avait ajouté que c'était lui qui, au jugement du Bienheureux de la Salle, méritait d'être choisi, et que le saint homme l'aurait fait substituer en sa place, même dès son vivant, si ce Frère eût été un peu plus ancien dans l'Institut. Il n'était en effet, alors, que comme un néophyte dans la maison ; mais sa discrétion, son égalité d'humeur, son bon esprit, sa douceur et ses manières gracieuses et polies avaient attiré sur lui les yeux de l'Instituteur, et mérité son suffrage pour être un jour Supérieur.

C'est le témoignage que rendit de lui ce chanoine, sur la déposition du feu Frère Barthélemy, à quelques-uns des principaux Frères venus pour l'élection. Ils n'avaient pas besoin d'être prévenus sur ce sujet ; car, soit inspiration, soit disposition favorable pour le Frère Timothée, ils se trouvèrent presque unanimes dans son élection, et chacun d'eux fut ravi de donner son suffrage à celui que leur bon père avait lui-même marqué, et de trouver à cet égard leur propre jugement conforme au sien.

Cette élection, faite le jour de l'Assomption de la très sainte Vierge, 1720, ne trouva dans l'assemblée qu'un seul mécontent, qui fut l'élu. Le contentement de tous les autres fut aussi grand que la tristesse de celui-ci. Les Frères avaient la double joie de

---

1. Il est à croire que le chanoine ainsi désigné n'est autre que M. J.-B. Blain, auteur du présent ouvrage.

voir dans la première place celui que le Bienheureux de la Salle avait désigné, et de se voir eux-mêmes hors du danger d'y être élevés ; car chacun d'eux craignait pour soi cette charge, autant qu'il la désirait pour le Frère Timothée : ainsi, tandis que l'un fut consterné à la vue de son élévation, les autres furent consolés et rassurés, comme des gens qui se voient arrivés au port après avoir heureusement évité un écueil redoutable. Telle était la disposition que tous les Frères avaient héritée de leur Père, à l'égard de la première place : son exemple leur en avait imprimé une espèce d'horreur. Les Frères, témoins de tous les efforts qu'il avait faits pendant trente ans pour en descendre, des peines et des persécutions incroyables qu'il y avait essuyées, du repos et de la joie de son âme dans le dernier rang, de l'attrait continuel de son cœur pour la vie privée, cachée et abjecte, avaient si bien pris son esprit, qu'ils se sentaient un grand éloignement pour la supériorité. Ainsi, tous transportés de joie de l'avoir évitée, ils se surent bon gré de l'avoir fait tomber sur celui qui paraissait le plus capable de la porter, et que le ciel lui-même semblait avoir marqué par le concours de presque toutes les voix et du choix du Bienheureux de la Salle.

IV. — Sentiments d'humilité du nouveau Supérieur.

CETTE sainte joie ne fut troublée que par les larmes et les gémissements du Frère Timothée. D'abord regardant son élection comme une espèce de rêve, il ne pouvait se persuader qu'on eût mis à la tête des autres le Frère le plus jeune de l'assemblée, et qui avait le moins de mérite. Il voulait croire ou faire croire qu'on avait, par méprise, substitué son nom pour un autre, et qu'il était hors d'apparence que le choix fût tombé sur lui ; mais enfin, les scrutins recueillis faisant foi de son élection, et ses yeux lui apprenant que ses oreilles n'avaient pas mal entendu, de l'étonnement il passa à la désolation, et parut stupéfait comme un homme à qui on vient de lire l'arrêt qui le condamne au supplice. Ce fut une nécessité de le laisser pleurer sa prétendue infortune, et d'écouter les plaintes qu'il faisait aux Frères de leur mauvais choix, aussi bien que ses prières et ses instances pour le révoquer. Après ces premiers moments de douleur, où la raison paraît noyée dans les larmes, les Frères firent leur possible pour les essuyer et en arrêter le cours, en le consolant, et en lui promettant qu'ils allégeraient son joug par une parfaite soumission à ses ordres et une fidélité exacte à leurs devoirs ; mais de si édifiantes dispositions, loin de diminuer la tristesse du Frère Timothée, servaient elle-mêmes, à l'augmenter; car elles lui disaient que de tels inférieurs devaient être à la tête de l'Institut, et lui à leurs pieds ; que chacun d'eux avait le mérite qu'exige la première place, et qu'il était le seul qui en fût indigne; qu'il n'était capable que d'attirer la malédiction de Dieu sur la Société, d'en faire la honte, et de trouver dans son élection sa propre perte.

Les Frères, ravis de voir dans le nouveau Supérieur des sentiments si édifiants, espérèrent tout d'un homme qui pensait de lui-même ce qu'il en devait penser, ce que l'esprit de Dieu apprend à en penser, et ce que la vraie humilité rend sensible. Ils ne se sont pas trompés, car c'est sous son gouvernement et par sa sage conduite que les plus importants desseins pour le bien de l'Institut ont réussi, même au delà de toute espérance ainsi qu'on va le voir.

V. — Démarches entreprises pour l'acquisition définitive de la maison de Saint-Yon.

LE premier dessein qu'on tenta fut d'assurer l'acquisition de la maison de Saint-Yon ; il était aussi difficile qu'important. Les Frères couraient grand risque de perdre cette propriété, quoique achetée de leurs deniers et de ceux du Bienheureux de la Salle, et de la voir passer en des mains étrangères. En effet, cette acquisition n'avait été faite que sous le nom de deux Frères, dont le premier, qui était le Frère Barthélemy, venait de mourir, et le second, infirme et avancé en âge, en faisant appréhender aux Frères sa mort prochaine, les menaçait de se voir chassés, au premier jour, de leur demeure. Si la divine Providence, qui veillait au soutien de son œuvre, n'eût conservé ce Frère si nécessaire, la maison de Saint-Yon, retombant à celui qui en est le seigneur, eût fait rentrer les Frères dans la triste situation où ils s'étaient vus pendant un si long temps, et qui leur avait été si dommageable. Ils se fussent trouvés sur le pavé, toujours obligés d'errer de lieu en lieu, sans en avoir aucun où ils pussent demeurer en paix et fixer le noviciat. Ils se fussent vus sans pitié chassés d'une maison qui leur appartenait, et, plus que jamais, ils eussent été embarrassés pour se procurer un domicile convenable. Où en auraient-ils trouvé un semblable à celui de Saint-Yon, aussi vaste et aussi spacieux, aussi sain et en aussi bon air, aussi solitaire et aussi favorable au recueillement, à la porte d'une des plus riches et des plus considérables villes du royaume?

Il était donc pour eux d'une extrême conséquence de s'assurer cette acquisition. Mais cela était aussi difficile qu'important ; car il fallait obtenir des lettres-patentes, et les Frères, sans secours et sans appui humain, n'osaient presque former le projet d'en faire la demande. D'un côté, la difficulté de l'affaire les épouvantait ; de l'autre, la nécessité les excitait à la tenter et à en espérer de Dieu le succès.

VI. — Démarches faites, dès 1721, pour obtenir des Lettres-Patentes ; obstacles opposés à cette affaire.

C'EST à quoi le nouveau Supérieur, avec son Conseil, se résolut de travailler. Il dressa là-dessus un mémoire que M. de Pont-Carré, premier président du Parlement et grand protecteur de l'Institut, approuva, avec promesse de l'appuyer de tout son crédit. L'illustre et pieux magistrat, ami des œuvres de Dieu, fit en effet les premières avances ; car il écrivit à Mgr de Bezon, alors archevêque de Rouen, pour le prier de donner son consentement à la demande des Frères, et de leur accorder sa protection. Cela obtenu, les Frères, munis des recommandations du premier prélat et du premier magistrat de la province, prirent la liberté de présenter leur mémoire à M. le Chancelier ([1]), qui, avant toutes choses, voulant avoir le consentement de la ville, écrivit à M. l'Intendant de Rouen de communiquer cette affaire à M. le Maire et aux Échevins.

Elle eût été bientôt heureusement terminée, si d'autres plus grands obstacles ne l'eussent point arrêtée ensuite ; car la Maison de ville, à la prière de M. le premier Président, donna sans délai et sans répugnance son consentement en bonne forme. L'acte de la Maison de ville et les autres pièces nécessaires furent envoyés au chef de la justice, qui promit d'en parler à M. le Régent. L'affaire était en bon train, et le succès en paraissait prochain ; mais comme pour l'ordinaire, les œuvres de Dieu ne vont pas si vite, et qu'elles ne manquent guère de trouver bien des empêchements en chemin, celle-ci fut arrêtée, pour ainsi dire, à la porte du conseil du roi, par celui-là même dont on avait plus de besoin pour la faire réussir.

En effet, les Frères trouvèrent dans le secrétaire de M. le Chancelier, qui était premier président de Chambre du Trésor, un redoutable adversaire, qui savait les moyens de faire échouer leur requête, et qui, en effet, la fit échouer par un détour fort

---

1. D'Aguesseau.

spécieux et habilement imaginé. Le prétexte sur lequel il se fonda pour s'opposer fortement à la demande des lettres-patentes, fut qu'il n'était pas nécessaire d'en avoir pour des écoles. Il le soutint en habile homme en présence de M. le Chancelier et des deux Frères députés pour la poursuite de cette affaire. Sa raison imposait, et paraissait ne point souffrir de réplique. « Puisque les Écoles chrétiennes étaient autorisées et recommandées par des déclarations du roi, même assez récentes, qu'est-il besoin, disait-il, de lettres-patentes pour maintenir les Frères dans le droit de les faire? » Ils n'en avaient pas besoin, en effet, pour tenir les écoles gratuites, la seule permission des évêques diocésains suffit pour cet effet ; mais ils en avaient besoin pour assurer la possession de leur maison de Saint-Yon, pour affermir leur état, pour former un corps de communauté et devenir capables d'acquérir et de posséder dans le royaume. Cependant, M. d'Aguesseau ne parut point convaincu de la raison de son secrétaire ; car il répondit avec grande bonté « qu'il y penserait ». Il en parla même à M. le Régent, qui, prévenu, selon toutes les apparences, par le secrétaire qui s'était déclaré contre les Frères, rejeta leur requête.

VII. — Nouvelles tentatives pour obtenir les Lettres-Patentes ; retard apporté à cette affaire par les temporisations de M. le Régent.

CE dessein, échoué en 1721, fut de nouveau remis sur le bureau, avec un peu plus d'apparence de succès, lorsque M. d'Armenonville fut fait garde des sceaux, après la disgrâce de M. le Chancelier. Ce changement donnant une autre face aux affaires, les Frères mirent tout en œuvre pour en profiter. La conjoncture ne pouvait être plus favorable, car M. le nouveau garde des sceaux était connu par son grand zèle pour la bonne doctrine, et par un fonds de religion et de piété qui le rendait ami de toutes les bonnes œuvres.

Les Frères trouvèrent accès auprès de lui, à la recommandation de M. l'abbé de Saint-Aubin, supérieur général des séminaires de Saint-Sulpice. Il leur promit son assistance et sa protection. Le secrétaire de M. le Chancelier hors de place n'était plus en état de traverser leur dessein, mais il eut le secret d'en retarder les poursuites, par le refus constant qu'il fit de leur rendre les papiers qui lui étaient restés entre les mains, et dont il n'avait jamais voulu se dessaisir. Il fallut donc recommencer l'entreprise sur de nouveaux frais, solliciter pour une seconde fois la protection de Mgr de Bezons et de M. de Pont-Carré, et tirer un autre acte du consentement de la Maison de ville. Cela fait, des personnes d'une piété insigne et d'une grande considération sollicitèrent avec zèle ceux qui avaient l'honneur de composer le conseil du roi, qui, tous favorables à un Institut si utile au public et si nécessaire à la jeunesse pauvre, promirent leur protection et leur suffrage. M. le marquis de la Vrillière, entre les autres, se montra fort zélé sur ce sujet. Néanmoins, leur bonne volonté fut alors sans effet ; car M. le Régent, surpris de voir tous les MM. du conseil demander et solliciter eux-mêmes, d'une voix unanime, des lettres-patentes pour les Frères, fut d'abord un peu embarrassé. D'un côté, il avait peine à les refuser absolument ; de l'autre, il ne voulait point consentir à leur demande. L'expédient qu'il trouva pour ne rien refuser et ne rien accorder, fut de temporiser ; ainsi en disant « qu'il fallait encore attendre », il sut adroitement éluder la demande et faire manquer l'affaire.

Un an après ce refus, on fit une troisième tentative, que M. le Régent fit de nouveau échouer sans paraître rien refuser, car il avait vu encore une fois tout son conseil, et son premier ministre M. le cardinal Dubois à la tête, disposé à accorder aux Frères leur demande. De nouveaux amis, unis aux premiers, aussi distingués par leur piété que par leur naissance, avaient puissamment sollicité en leur faveur. D'ailleurs, la bonté de leur cause se faisait assez sentir, et on convenait que le prince devait sa protection à un Institut qui se consacrait à tenir les Écoles chrétiennes et gratuites, qui avaient été si fortement autorisées et recommandées par des édits publics. L'archevêché de Rouen était alors vacant par le décès de Mgr de Bezons. Ce fut ce prétexte spécieux que Son Altesse Royale mit en usage pour écarter la demande de tout son conseil. M. de la Vrillière, mortifié de ce nouveau détour si bien inventé, répondit que le défunt archevêque avait donné son consentement ; mais M. le Duc D'Orléans répliqua que celui de son successeur était encore nécessaire, et qu'il fallait l'attendre. Par malheur, le prélat n'était pas encore nommé, et il ne le fut pas si tôt. Ainsi, il fallut demeurer dans l'inaction pendant près de deux ans.

Cet échec nouveau ne rebuta point les Frères ; espérant contre toute espérance, ils redoublèrent leurs prières et firent leur possible pour mettre dans leurs intérêts la très sainte Vierge. Persuadés du succès de leurs affaires, si elle en prenait la défense, il firent vœu pour toujours de jeûner la veille de la fête de sa Conception immaculée, et de se consacrer à elle avec solennité ce jour-là, si elle leur obtenait les lettres-patentes.

VIII. — Reprise des négociations après la mort du Régent. Dispositions favorables du jeune roi Louis XV. Expédition des Lettres-Patentes en 1724 ; leur enregistrement en 1725.

SUR la fin de 1723, M. le Régent mourut. Il avait nommé à l'archevêché de Rouen Mgr de la Vergne de Tressan, évêque de Nantes. Le prélat, qui était du conseil de la Régence, et qui avait déjà beaucoup protégé les Frères depuis le commencement de leur entreprise, leur donna de nouvelles marques de bienveillance, et leur promit qu'aussitôt qu'il aurait pris possession de l'archevêché, il conduirait leur affaire à un heureux succès. Mais ce temps était éloigné, et cette gracieuse parole n'assurait pas la vie au Frère infirme et malade qui avait prêté son nom pour l'achat de la maison de Saint-Yon. En le perdant, on la perdait, et l'Institut devenait ce qu'il avait été, flottant et vacillant, et laissait incertain l'état de ses membres. Comme il était d'une conséquence infinie que les lettres-patentes prévinssent la mort du Frère en question, on l'envoya lui-même les solliciter. Il était tout propre à cela. Grand et de belle taille, avec un air vénérable et qui imposait, il portait l'extérieur d'un ancien patriarche ; mais malade alors, la pâleur et la maigreur lui donnaient celui d'un moine des déserts. Sa candeur et sa simplicité ne prévenaient pas moins en sa faveur. On fut donc d'avis de l'envoyer lui-même poursuivre cette affaire dans l'espoir que sa présence en accélérerait la conclusion.

Ce Frère partit pour Fontainebleau, où était la Cour, quelque languissant qu'il fût, et il fit tout ce qu'on pouvait attendre de lui. Son air pâle et défait, qui paraissait dire à tous ceux dont il implorait l'appui, que sa mort n'était pas éloignée, plaidait sa cause mieux que tous ses discours, et convainquait, par le témoignage des yeux, qu'il fallait au plus tôt assurer la maison de Saint-Yon à l'Institut, et assurer l'existence de l'Institut lui-même par des lettres-patentes, ou consentir à la perte de l'une et à la décadence de l'autre.

Mgr de la Vergne de Tressan, nommé à l'archevêché de Rouen, se vit pressé par tant de personnes du plus haut rang, et d'une égale piété, de présenter la requête des Frères au premier conseil, qu'il s'y résolut enfin, quoiqu'il n'eût pas encore pris possession. En cela, il ne faisait que suivre son naturel bienfaisant et enclin à obliger tout le monde. Il y fut encore plus engagé par l'état dans lequel il vit le Frère, dont la fin, prochaine en apparence, devait avoir de si fâcheuses suites pour un Institut établie à la porte de la capitale de son diocèse, et dont l'existence était si précieuse pour l'Église.

La requête, présentée et lue au conseil, reçut les suffrages de tous ceux qui le composaient, sans contradiction d'aucune voix. Le roi, alors majeur, surpris de cette unanimité, regarda Mgr le cardinal de Fleury, plein d'estime lui-même pour l'Institut des Écoles chrétiennes, et plus favorable que tout autre aux Frères. Le premier ministre fit entendre à Sa Majesté que cette bonne œuvre était digne de sa protection et de la grâce qu'on lui demandait, et aussitôt le prince, héritier de la piété de son père et du zèle de son aïeul pour la religion, accorda avec grande bonté des lettres-patentes pour la maison de Saint-Yon, et fit écrire sur le livre d'État qu'elles seraient expédiées lorsque Mgr de Tressan aurait pris possession de son archevêché. Ainsi, après quatre ans de poursuites et quatre tentatives différentes sans effet, la maison de Saint-Yon fut assurée aux Frères, et leur état, jusque-là vacillant et sans sûreté, fut fixé, par des lettres-patentes, le 28 septembre 1724, la veille de la Saint-Michel. Trois mois après, elles furent expédiées par les soins de M. l'archevêque, revenu à Paris après sa prise de possession de l'archevêché de Rouen, faite au commencement de l'année 1725.

Les Frères ne sont pas les seuls à qui Mgr de Tressan ait rendu un service si important et si nécessaire à une communauté. Son zèle pour les Écoles chrétiennes l'a engagé à demander la même grâce pour les Filles du Sacré-Cœur de JÉSUS, dites d'Ernemont, consacrées au soin des malades dans les campagnes, et à l'instruction gratuite de la jeunesse dans la ville et le diocèse de Rouen, et Louis XV la lui a accordée avec pareille bonté. L'établissement de la maison de Rouen pour servir de ressource et d'asile aux prêtres âgés et infirmes, a la même obligation au même prélat. S'il n'a pas procuré au séminaire de Saint-Nicaise la même faveur, qui lui avait été déjà accordée à la sollicitation de feu Mgr d'Aubigné, au moins a-t-il assuré cette maison, si nécessaire pour l'éducation des jeunes gens qui se destinent à l'état ecclésiastique, en la faisant entrer en jouissance des deux mille écus de pension à prendre sur le clergé du diocèse, qui lui avaient été accordés par Louis XIV, à la prière de Mgr d'Aubigné. Il a, de plus, augmenté la maison de ce séminaire, et il y fait bâtir actuellement (1733), afin de la mettre en état de loger un plus grand nombre de sujets. De sorte que Mgr de Tressan a, par son zèle et par ses soins, assuré l'état des quatre sortes d'établissements qui sont les plus nécessaires à l'Église et au public.

Les lettres-patentes des Frères furent enregistrées au Parlement de Rouen, le 2 de mars 1725, et à la Chambre des Comptes, quatre mois après ; mais ce ne fut pas sans de grandes traverses et oppositions et d'étonnantes intrigues : l'Institut, devenu Ordre religieux par des bulles du Saint-Siège, reçues dans le Conseil du roi, fut délivré de la dépendance dans laquelle on avait voulu l'assujettir par des clauses nouvelles, singulières, et contraires au droit commun, et aux privilèges de toutes les Communautés régulières.

IX. — Démarches pour obtenir l'approbation du Saint-Siège en faveur de l'Institut des Frères. Circonstances providentielles qui favorisent l'expédition de la Bulle d'approbation par le Souverain-Pontife Benoît XIII, en 1725.

IL nous reste maintenant à parler de l'approbation que le Saint-Siège a donnée à l'Institut des Frères. Lorsqu'on sollicitait, à la cour de France, des lettres-patentes, on travaillait, à celle de Rome, pour obtenir des bulles. Le même temps à peu près fut employé pour le succès de ces deux affaires, et elles furent heureusement terminées presque ensemble.

La divine Providence se servit, pour commencer cette dernière, d'un Frère de la Société que le Bienheureux de la Salle avait reçu, vers l'année 1707, dans sa communauté, et qui avait été auparavant au service de M. de Soubise, père de Mgr le cardinal de Rohan. Ce bon Frère aimait son état, avait du zèle, une belle prestance, de la facilité à parler, et était chéri et considéré dans l'illustre famille où il avait servi. C'est ce qui inspira au feu Frère Barthélemy, après la mort du Bienheureux de la Salle, le désir de mettre à profit pour sa communauté la bienveillance que témoignait la maison de Soubise à cet ancien domestique. Ils allèrent donc ensemble présenter leurs respects à Son Éminence, dans le dessein de s'attirer sa protection, sans savoir encore à quel usage elle pourrait servir. Mgr le cardinal de Rohan vit avec beaucoup de plaisir, sous l'habit de Frère, l'ancien serviteur de son père ; il le reçut avec grande bonté, et, en lui témoignant sa satisfaction sur le parti qu'il avait pris, lui fit offre de ses services. Le Frère, qui attendait ce mot obligeant, ne manqua pas de le saisir et de supplier Son Éminence de prendre sa communauté sous sa protection, et de rendre, dans l'occasion, à un Institut naissant et si fort persécuté, les services dont il avait besoin ; ce que Mgr le cardinal lui promit.

Après la mort du Frère Barthélemy, celui dont nous venons de parler s'étant offert à son successeur pour le conduire à Son Éminence et solliciter de nouveau sa protection, ils allèrent ensemble lui présenter leurs respects, et reçurent une longue et favorable audience, avec de nouvelles promesses de bienveillance et de protection. Alors le projet des bulles n'était pas encore éclos. L'idée n'en vint que six mois après, lorsque, en 1721, le bruit public apprit aux Frères que Mgr le cardinal de Rohan, nommé ambassadeur extraordinaire en cour de Rome, était sur son départ. Qui pouvait mieux servir les Frères, en cette capitale de la chrétienté, qu'un si puissant seigneur ? Il leur avait promis sa protection, et son cœur s'accordant avec ses lèvres, il était par caractère, par amour des bonnes œuvres, et par inclination particulière pour un ancien et fidèle domestique de son père, disposé à leur faire du bien. L'occasion était belle de chercher, sous son crédit et sous son autorité, les faveurs du Saint-Siège, et de solliciter l'approbation de l'Institut des Écoles chrétiennes. Toutes ces idées, un peu confuses d'abord, se présentèrent à l'esprit du Frère Supérieur, et, en se développant, lui laissèrent dans l'âme le désir de faire approuver à Rome la Société du Bienheureux de la Salle et les Règles qu'il avait rédigées. Ce dessein communiqué au Frère en question, il fut chargé, avec le compagnon qui lui fut donné par le Frère Supérieur, d'aller présenter à Mgr le cardinal un mémoire écrit en forme de placet, dans lequel il était supplié d'employer son crédit à Rome pour y faire approuver l'Institut et les Règles des Frères ; mais, ne pouvant avoir audience, parce que Son Éminence était sur son départ, ils s'adressèrent heureusement à M. l'abbé Vivant, qui était du voyage et de la compagnie de Mgr de Rohan.

L'affaire ne pouvait tomber en meilleures mains, ni trouver un homme plus propre à la faire réussir ; car M. l'abbé Vivant avait déjà fait plusieurs fois le voyage de Rome, y avait demeuré longtemps, et en connaissait les usages. D'ailleurs, obligeant et ami du bien, il se faisait un plaisir de prêter son secours aux bonnes œuvres ; et comme celle-ci était de son goût et d'une grande espérance pour le service de l'Église, il en prit à cœur les intérêts et promit de les soutenir avec soin : ce qu'il a fait avec un zèle et une habileté qui méritent une reconnaissance éternelle de la part des Frères.

Il semble que le Frère dont nous venons de parler ne vivait que pour rendre ce service à sa communauté, car peu de temps après qu'il eût présenté le placet dont on vient de parler, il mourut âgé de soixante ans, au mois d'août 1721, dans des sentiments extraordinaires de piété, après avoir vécu quinze ans dans la Société, en qualité de Frère servant.

L'arrivée de Mgr le cardinal de Rohan à Rome ne fut pas éloignée de son retour, car ayant trouvé Clément XI mort, il revint en France après l'élection d'Innocent XIII. Mais ce voyage ne fut pas sans effet pour les Frères; car M. l'abbé Vivant eut soin de mettre leurs règlements entre les mains de ses amis, de la part de Son Éminence, et de les prier d'en solliciter l'approbation. A son retour à Paris, il chargea un de ses amis, banquier en cour de Rome, de négocier cette affaire. Un seul obstacle parut s'y opposer, et il ne fut pas si tôt levé. M. l'abbé de Tencin, aujourd'hui (1733) archevêque d'Embrun, qui était alors chargé à Rome des affaires de France, donna ordre aux solliciteurs des bulles pour les Frères de suspendre leurs poursuites, jusqu'à ce que le roi leur eût accordé des lettres-patentes, ou qu'il eût reçu lui-même un bref de Sa Majesté en leur faveur. Ainsi, les bulles comme les patentes, qu'on sollicitait tout à la fois, demeurèrent en arrêt, et près de quatre années se passèrent sans pouvoir avancer. Mais enfin, le temps marqué par la divine Providence pour la consommation de cette affaire étant venu, les bulles suivirent de près les lettres-patentes, accordées de la manière et dans les circonstances exposées plus haut.

La mort du Pape Innocent XIII, arrivée peu de temps après son élection, rappela à Rome, pour le conclave, Mgr le Cardinal de Rohan, qui mena encore en sa compagnie M. l'abbé Vivant. Celui-ci, pendant le séjour qu'il y fit, disposa tout pour l'expédition des bulles, ainsi qu'il l'avait promis aux Frères avant son départ. De sorte que, revenu à Paris après l'élection de Benoît XIII, ayant trouvé les lettres-patentes accordées, il en donna avis à ses amis de Rome, et les pria de poursuivre avec chaleur, auprès du Saint-Siège, l'approbation des Règles et de l'Institut des Frères. Il fut servi avec zèle et succès, et les bulles furent expédiées sur la fin du mois de janvier 1725, après la cérémonie de l'ouverture de la Porte sainte pour le grand Jubilé.

X. — Complète réalisation des désirs du Bienheureux de la Salle pour la consolidation de son Œuvre.

JE ne dois pas omettre ici quelques circonstances qui montrent combien la divine Providence se plut à favoriser, après la mort du Bienheureux de la Salle, tous les pieux désirs de son serviteur, qu'elle semblait, pendant sa vie, avoir pris plaisir de traverser. Il avait toujours souhaité trois choses pour le bien et la perfection de son Institut : la première, qu'il devînt Ordre religieux ; la seconde, que sa Règle fût approuvée telle qu'elle était, sans addition, ni retranchement ; la troisième, qu'elle ne fût point réunie à une autre ancienne et déjà approuvée.

Ces souhaits furent accomplis à la lettre. Un an avant l'expédition des bulles, on avait mandé de Rome aux Frères que le Saint-Siège refuserait à leurs Règles son approbation, s'ils n'étaient disposés à faire les trois vœux de religion. Leur Règle ne parlait que de celui d'obéissance ; mais tous avaient dans leur cœur ce qu'ils savaient que leur père avait dans le sien, le pieux désir d'ajouter au vœu d'obéissance ceux de pauvreté et de chasteté. Plusieurs même les avaient faits en leur particulier. Ainsi ravis de l'ouverture que la divine Providence leur faisait, ils coururent au-devant du saint joug qu'on leur offrait, et présentèrent avec joie les mains aux agréables chaînes qu'on leur préparait. Cette sainte disposition mena les Frères au terme de leurs désirs. Leurs Règles furent approuvées telles que le Bienheureux de la Salle les avait laissées ; sans addition, sans restriction, sans changement, et sans adjonctions d'aucune autre ; ce dernier article était de conséquence, et le saint homme avait fort appréhendé qu'il ne fût rejeté. Il avait, en effet, eu bien raison de le craindre ; car on ne pouvait pas associer sa Règle à aucune autre, qui ne fût de nature différente, et qui, par conséquent, n'en eût changé la forme, au lieu de l'établir, et n'en eût enfin procuré la ruine.

Cette bulle d'approbation de l'Institut et des Règles des Frères des Écoles chrétiennes, présentée au Conseil du roi, y fut acceptée, nonobstant l'opposition de quelques seigneurs de la Cour ; et les lettres en furent expédiées et scellées, et ensuite enregistrées au parlement de Rouen, le douze mai 1725.

Ces favorables nouvelles parurent à tous les Frères de l'Institut, à qui on avait caché les négociations dont on vient de parler, comme une aventure céleste ; car elles avaient été conduites avec tant de secret, au dedans et au dehors de la maison, qu'à la réserve de quatre ou cinq des principaux membres de la Société, à qui le mystère était connu, et qui en étaient les agents, personne n'en avait eu le moindre soupçon. M. le premier Président de Pont-Carré, qui ignorait lui-même l'affaire des bulles, fut si étonné de l'entier succès qu'elle avait eu, qu'il dit, dans le mouvement de sa surprise, « que les Frères avaient fait beaucoup de chemin en peu de temps ».

On peut dire que la nacelle des Frères, pendant plus de quarante ans le jouet des vents et des tempêtes des persécutions de ce monde, si ennemi des œuvres de Dieu, et mille fois menacée de naufrage dans un voyage de si long cours, était enfin conduite jusqu'au port où ils voulaient arriver : *Deduxit eos in portum voluntatis suæ*. (Ps. 106, v. 30.) Quelle fut la surprise, quelle fut la joie de ces pauvres Frères jusqu'alors si maltraités dans le monde ! C'est ce qu'on peut mieux imaginer qu'exprimer. En apprenant l'amélioration de leur condition, et l'heureux changement de leur état devenu tout à coup plus parfait et plus assuré, ils étaient dans l'admiration comme des gens qui trouvent un trésor, ou leur liberté, ou une haute fortune au sortir du sommeil. Ils se virent ce qu'ils avaient désiré être sans espérer de le devenir jamais. Les grands avantages que la bulle du pape leur apportait, pour la perfection de l'Institut en général, et la leur en particulier, furent des motifs d'un renouvellement de ferveur parmi eux, et chacun ne pensa plus qu'à profiter de la grande grâce qui lui était présentée, et à se préparer à devenir un parfait religieux.

Enfin, la divine Providence, pour marquer, par une preuve sensible, que la bulle aussi bien que les lettres-patentes, était son ouvrage, en voulut faire seule les frais ; car devenue en cette occasion libérale plus que jamais envers des enfants de tout temps confiés à ses soins, et qu'elle avait toujours nourris et élevés dans l'abandon général où ils avaient été laissés de la part des créatures, elle leur procura, par des voies fort naturelles et ordinaires en apparence, tous les secours dont ils avaient besoin. Ces secours vinrent par un grand nombre de pensionnaires qu'elle envoya à la maison de Saint-Yon ; et, pour qu'on n'ignorât point que c'était elle qui agissait en cela, depuis comme avant cette époque, on n'a plus reçu tant de gens en état de faire le profit de la maison par de si grosses pensions.

XI. — Assemblée générale de 1725, pour la réception solennelle de la Bulle de Benoît XIII.

LE 6 août de la même année 1725, se fit l'ouverture de l'assemblée générale des principaux Frères, au nombre de trente-deux, tant Directeurs qu'anciens, convoquée pour recevoir la bulle de Benoît XIII, en présence du Très-Saint-Sacrement. Elle y fut reçue comme l'arche d'alliance l'avait été autrefois à Jérusalem, par David et les principaux d'Israël, avec des transports de joie, de reconnaissance, de louanges et de dévotion, qui parurent faire de cette journée, un jour de la bienheureuse éternité pour ces bons Frères. Les autres jours qui suivirent ce premier, jusqu'à l'Assomption de la très sainte Vierge, passés en retraite, en silence, dans une étroite union, dans un profond recueillement, et dans une ferveur nouvelle, servirent de préparation aux trois vœux de religion. La disposition particulière que voulut y apporter le Frère Supérieur fut de descendre de la première place; mais l'opposition que trouva son humilité, dans ce chapitre, de la part de tous les Frères, l'obligea de rester dans sa charge, malgré ses prières et ses instances.

Des discours pleins de grâce et d'onction, que vinrent faire, matin et soir, le R. P. Bodin, Directeur du noviciat des Jésuites de Rouen, homme d'un rare mérite et d'une vertu peu commune, le R. P. Malesco, de la même Société, et MM. les Directeurs du grand séminaire, sur la grâce particulière que le ciel faisait à l'Institut, sur l'excellence de son état et sur l'importance de s'y rendre fidèle, servirent à allumer le feu du Saint-Esprit dans la maison de Saint-Yon, pendant ces dix jours de retraite. Elle fut terminée par l'émission des trois vœux de religion, que chacun vint faire à son tour, le Très-Saint-Sacrement exposé, le jour de l'Assomption de la très sainte Vierge en présence de M. l'abbé Robinet, alors chanoine de la cathédrale et grand vicaire du diocèse de Rouen, comme représentant et tenant la place de notre Saint-Père le Pape, après qu'il eut célébré la sainte messe et qu'il eut fait une vive et touchante exhortation.

Dans ce chapitre général, après avoir arrêté de faire imprimer les Règles, afin de les soustraire à l'altération et aux changements que les temps et le relâchement pourraient y introduire, on fit plusieurs points de discipline pour maintenir en sa vigueur l'observance régulière.

XII. — Prospérité de la maison de Saint-Yon prédite par le Bienheureux de la Salle.

DEPUIS ce temps, les bénédictions du Seigneur se multiplient tous les jours sur la maison de Saint-Yon, selon la prédiction du Bienheureux de la Salle, qui dit la veille de sa mort, que « cette maison fleurirait ». Depuis son décès, elle est augmentée de plus de moitié. Tous les jours, au grand étonnement du public et des Frères eux-mêmes, on y voit élever des bâtiments dont la divine Providence seule pose les fondements. Un grand corps de logis, qui s'étend du couchant à l'orient et qui est enclavé dans l'ancien, estimé vingt-cinq mille livres, a commencé par une somme de deux mille livres, qui fut donnée par le père d'un enfant imbécile, pour le garder dans la maison le reste de ses jours. Dieu a si bien pourvu au reste, que les Frères eux-mêmes seraient bien embarrassés d'en rendre compte. L'entreprise du bâtiment de l'église, qui est déjà fort avancé (1733), n'a point non plus d'autres fonds ni d'autres ressources que les trésors du Père céleste. Voici l'occasion qui en inspira le dessein. On devait neuf années de trois cents livres de pension aux Frères d'une maison de la Société, dont le payement, presque désespéré, fit naître le dessein et occasionna le vœu de consacrer cette somme pour commencer une église à Saint-Yon. Le payement suivit de près le vœu, mais la somme ne suffisait pas pour jeter les fondements de l'église. Elle y fut pourtant employée, dans l'espérance que la main qui la commençait ne la laisserait pas imparfaite. Depuis ce temps l'édifice avance tous les jours, sans que les Frères aient pu compter sur personne, ou aient eu aucuns fonds pour en soutenir la dépense. Il est vrai qu'ils bâtissent à peu de frais et aux dépens de leurs aises ; car outre qu'ils ont eu pour rien les fondements de la belle maison de feu M. le président Carel, qui a été démolie presque à leur porte, ils trouvent dans leur terrain tout le sable nécessaire, et, dans la maison l'architecte et une partie des ouvriers, car les Frères travaillent eux-mêmes, tirent le sable, charrient les matériaux, taillent les pierres, servent de manœuvre, et mettent la main à tout. Ainsi ils économisent par leurs travaux plus de la moitié de la dépense. Le reste se trouve dans les fonds de la divine Providence, qui insensiblement avance leur ouvrage.

FIN.

ESPRIT ET VERTUS

du Bienheureux Jean-Baptiste de la Salle (¹).

C'EST sous ce titre que nous avons publié, en 1882, le Livre IVe et dernier du grand ouvrage de M. Blain. Le début de l'introduction, que nous reproduisons ici, fera comprendre l'importance de ce complément nécessaire de la biographie du Bienheureux fondateur de l'Institut des Frères des Écoles chrétiennes.

« Dans la biographie des hommes qui se sont illustrés sur la scène du monde, ce qui intéresse le plus ce sont les récits des faits qui les ont immortalisés, la révélation des moyens qu'ils ont employés pour s'élever à la gloire, l'exposé des circonstances qui favorisèrent leurs succès, ou des difficultés dont leur génie sut triompher.

« L'éclat de leurs actes publics préoccupe surtout l'historien : la vie privée n'est qu'au second plan, et on n'y touche qu'avec discrétion, en prenant garde de pénétrer trop avant dans cette intimité où les grands hommes perdent leur prestige.

« Il n'en est pas de même pour les saints : chez eux, au contraire, les vrais titres de gloire se trouvent dans le mobile secret de leurs actes, et plus on les voit de près, plus on les admire.

« Sans doute, il est juste et utile de redire les grandes choses opérées par eux, et de montrer leur influence bienfaisante sur la société ; mais, à ce point de vue historique, leur biographie est plus curieuse que pratique. Ce qui fait leur mérite devant Dieu, ce qui les rend dignes de notre vénération, ce ne sont pas les faits plus ou moins éclatants de leur vie, mais les vertus cachées qui les ont rendus capables de devenir les coopérateurs du Tout-Puissant, pour les œuvres auxquelles ils furent appelés.

« Pour tout homme de foi, la seule chose nécessaire, c'est de tendre à la sainteté : rien donc de plus intéressant que la considération des moyens par lesquels ces héros chrétiens y sont parvenus.

« C'est pour cela qu'après avoir raconté la vie d'un saint, les écrivains qui ont pour but principal l'édification des lecteurs, reviennent sur les faits, les paroles, les écrits qui mettent le mieux en lumière l'esprit et les vertus du serviteur de Dieu.

---

1. *Esprit et Vertus du Vénérable de la Salle*, volume in-12 de XXXIX-768 pages. — Prix : 3 fr. 50.

« Cette seconde partie de leur travail est évidemment la plus utile : c'est là que l'auteur nous fait pénétrer dans le secret des pensées, des sentiments, des saintes industries de ces âmes sublimes, proposées à notre imitation et non à notre admiration stérile.

« Celui qui médite avec recueillement et bonne volonté ces pages toutes spirituelles, pleines de doctrines et d'héroïques exemples, ne peut manquer d'en retirer un grand profit. A l'école des saints, on apprend à rougir de la tiédeur dans le service de Dieu, et à reconnaître que le sentier qui mène à la perfection, s'il est toujours étroit et rude, n'est cependant pas impraticable, et qu'il aboutit, dès cette vie, à de célestes délices. Pour peu qu'on écoute la voix intérieure de la grâce, une noble émulation allume dans l'âme de saintes ardeurs ; et comme l'auteur, entrant dans le détail des sentiments intimes de son héros, nous révèle par quels degrés il s'est élevé peu à peu à la perfection, nous découvrons avec bonheur, pour avancer dans la vertu, un chemin tout frayé. Soutenu par un guide aimable et sûr, nous nous sentons encourager à marcher sur ses traces avec confiance et générosité, surtout quand il se rencontre quelque analogie entre sa vocation et la nôtre. »

A. C.

LETTRES APOSTOLIQUES
pour la Béatification du Vénérable JEAN-BAPTISTE DE LA SALLE données par S. S. le Pape LÉON XIII.

LÉON XIII, PAPE
Pour perpétuelle mémoire.

QUELLE fonction éminente exercent, et quelle insigne couronne de gloire éternelle recevront, un jour, ces hommes qui portent la lumière de la doctrine du salut aux simples et aux ignorants, pour les introduire dans le chemin de la vie et de la vérité, les Écritures divines nous le font bien voir, en les exaltant par cet éloge : « Ceux qui enseignent à plusieurs la voie de la justice brilleront comme des étoiles dans toute l'éternité » (Daniel, XII, 3). Mais cette couronne paraît particulièrement assurée à ceux qui, sacrifiant les intérêts humains, consacrent tout leur soin et leurs efforts à initier, dès l'enfance, les âmes chrétiennes à la doctrine évangélique et à ces célestes préceptes qui conduisent directement à la vie.

Parmi ces fidèles ouvriers de JÉSUS-CHRIST, Jean-Baptiste de la Salle se fit remarquer, d'une manière admirable, au dix-septième siècle. Dieu, dans sa Providence, voulut le susciter à cette époque dans son Église, afin que, par lui, au moment même où les erreurs de Jansénius, largement répandues, se propageaient en France, l'intégrité de la foi et l'héritage de la sagesse chrétienne fussent maintenus dans le cœur de la jeunesse.

Il naquit à Reims, en France, l'an du Seigneur 1651, de Louis et Nicole Moët, qui faisaient consister l'honneur de leur maison bien plus dans la piété que dans la noblesse de leur race. Petit enfant, il fit concevoir de bonnes espérances et montra pour la vertu de merveilleuses dispositions naturelles, qui, loin de s'affaiblir jamais, s'affermirent chaque jour davantage, grâce surtout à ses parents, qui n'eussent pas facilement consenti à laisser la nature s'affranchir de la discipline. Aussi il n'y a rien d'étonnant si Jean-Baptiste appliqua de bonne heure son cœur aux pratiques de la piété, si dès ses plus tendres années il n'eut que du dégoût pour les bagatelles et les frivolités qui constituent, d'ordinaire, le plus grand plaisir de l'enfance, et s'il fit, au contraire, ses délices des vies et des histoires des saints. Né pour la sainteté, cet enfant sembla, dès lors, mettre tout son zèle à chercher quelque grand modèle qu'il pût se proposer d'imiter. Sa conduite, cependant, aidait au perfectionnement de ses qualités naturelles : obéissance à ses parents, telle qu'ils ne purent jamais lui adresser le moindre reproche ; éloignement des compagnies et des jeux dangereux; fréquentation assidue de l'église, où, non content d'assister au divin sacrifice, il aimait à servir le prêtre dans la célébration des saints mystères ; accomplissement, en un mot, de tous ses pieux devoirs avec une dévotion telle qu'il était un modèle pour tous.

Quand l'âge le lui permit, il commença à fréquenter les écoles, où il donna les preuves les plus frappantes des qualités de son cœur et de son esprit. Il ne s'appliqua pas moins, en effet, à acquérir les vertus qu'à étudier les lettres, et il y mit tant de zèle et d'intelligence, qu'il brilla, comme un modèle, aux yeux de ses condisciples, et dépassa de beaucoup l'attente de ses maîtres. Au sortir de l'enfance, se sentant poussé vers le sacerdoce comme par un instinct divin, il demanda, avec l'autorisation de ses parents, et obtint de l'archevêque de Reims, d'être admis au nombre des clercs. Comprenant dès lors parfaitement les obligations qu'entraîne cette vocation à l'héritage du Seigneur, il embrassa un genre de vie où chacun put voir comme l'annonce de la singulière perfection de vertu qu'il devait atteindre dans la suite. A quel point le fit estimer une vie si saintement réglée, on peut le conjecturer de ce fait, qu'un archidiacre, voulant se démettre du bénéfice dont il jouissait dans l'église métropolitaine avec le titre de chanoine, fit spontanément choix de Jean-Baptiste pour le résigner en sa faveur. Or, il ne se trompait pas sur ce jeune homme, car, dès que celui-ci fut admis au nombre des chanoines, il se montra si attentif à ses devoirs, qu'il devint l'ornement et le modèle de ses collègues.

Cependant, son cours de belles-lettres étant achevé, il se livra avec ardeur à l'étude de sciences plus austères. Il remporta, en effet, dans l'Académie de Reims, la palme de la philosophie avec les plus grands éloges pour son talent ; puis, dans son désir de s'adonner à la théologie, il partit pour Paris après en avoir obtenu l'autorisation, et là, dans le séminaire si florissant de Saint-Sulpice, comme dans une très noble école de vertu et de science, son mérite fit bientôt de lui l'émule des meilleurs. Il est facile, à coup sûr, de juger avec quelle ardeur un esprit si sérieux et si désireux d'apprendre s'appliqua à l'étude de la théologie et des Saintes Lettres, et avec quelle avidité il puisa la sagesse à ces divines sources. Aussi rentrat-il à Reims, sa patrie, enrichi d'un grand fonds de doctrine, et c'est là que, âgé environ de vingt-sept ans, la veille du jour de Pâques, il fut initié au sacerdoce.

Dès ce moment, considérant en lui-même qu'il ne s'appartenait plus, mais qu'il était devenu comme la propriété et la chose de Dieu, il résolut de se livrer tout entier, de se dévouer sans mesure à la gloire de Dieu et au salut du prochain. C'est pourquoi il n'est aucun travail que son amour pour Dieu lui permette de refuser, aucune fonction du saint ministère dont ce prêtre récemment ordonné ne s'acquitte avec autant de perfection que de zèle. On le voit déployer toute son activité pour développer le culte divin ; multiplier ses prédications au peuple sur les vérités de la foi catholique ; veiller sans cesse pour préserver de la contagion des jansénistes les autres chrétiens ; administrer assidûment le sacrement de pénitence, dont rien n'égale pour les hommes la vertu salutaire ; enfin visiter les malades, consoler les malheureux, aider chaque jour le prochain, selon les circonstances, par ses conseils et ses secours. Et parce qu'il était bien convaincu que le peuple a les yeux fixés sur les prêtres comme sur des miroirs, et que leurs mœurs ont plus d'efficacité sur sa conduite que leurs préceptes, il s'étudia à se montrer tel qu'autrefois saint Paul voulait que parût Tite : « En toutes choses, montre-toi un modèle de bonnes œuvres, dans la doctrine, dans l'intégrité, dans la sagesse. »

Mais la vertu dans laquelle Jean-Baptiste excella surtout, qui fut sa gloire singulière, et qui, parmi toutes les autres, jeta dans sa personne un merveilleux éclat, ce fut cette parfaite égalité d'âme qui s'unissait en lui à une constance et une fermeté presque incroyables. De là vient que, plus tard, dans l'accomplissement du ministère que Dieu lui avait assigné, il supporta avec calme et patience toutes les adversités, et ne se laissa jamais détourner par les grandes difficultés qu'il rencontra fréquemment.

Mais la divine Providence offrit bientôt à cet homme très pieux l'occasion de mettre la main à une œuvre qui devait procurer d'innombrables bienfaits à la république chrétienne et à la société civile, et consacrer pour la postérité la gloire de son nom. En effet, comme il était préposé à quelques écoles destinées à l'éducation des jeunes filles d'abord, puis des jeunes garçons pauvres, œuvre ébauchée plutôt qu'établie, son intelligence du salut des âmes vit bientôt et comprit parfaitement de quelle utilité ces écoles pourraient être pour le peuple, si elles étaient dirigées, selon des principes et des règlements bien déterminés, par des hommes voués au service de Dieu et uniquement appliqués à ce soin. Dans cette vue, ayant imploré le secours de Dieu, auteur de tout dessein parfait, il forma le projet et la résolution d'instituer une société de maîtres destinés à enseigner aux enfants, à ceux du peuple surtout, la religion, les bonnes mœurs et les premiers éléments des lettres.

Sans retard, il veut que sa propre maison devienne le premier berceau de l'œuvre, et que les maîtres y viennent faire le noviciat de cette piété et de cette discipline qu'ils devront ensuite, envoyés au loin, communiquer aux enfants.

Il choisit donc, pour les former à sa méthode d'enseignement, quelques jeunes gens de bonne espérance, nourris déjà de ses leçons, et, le 24 juin 1681, il ouvrit, sous les auspices et la bénédiction de Dieu, sa maison-mère.

L'ennemi du genre humain, comme s'il avait pressenti l'avenir, s'opposa vivement à ces projets et entreprises ; mais Jean-Baptiste ne se laissa ni ébranler ni détourner de sa résolution et de l'œuvre commencée. Bien au contraire, comme la réputation de la Congrégation naissante commençait à se répandre et lui amenait un grand nombre de jeunes gens désireux de se mettre sous la conduite du saint homme, il augmenta le nombre de ses disciples et établit dans une maison plus vaste le siège fixe de son Institut. La société civile n'attendit pas longtemps les fruits abondants et excellents de cette œuvre. En effet, un petit nombre d'années étaient à peine écoulées, que, déjà suffisamment initiés à la méthode d'instruire les enfants, ces jeunes gens ouvrirent non seulement à Reims, mais aussi dans d'autres villes de France, des écoles où ils appliquèrent les règles qui leur avaient été enseignées. Quant à lui, en homme sage, pour se donner tout entier à l'éducation chrétienne des enfants, il abandonna tout soin et toute préoccupation des choses humaines, et prenant pour lui-même cette sentence de l'Évangile : « Ne possédez ni or, ni argent, ni monnaie dans vos ceintures », il vendit tous ses biens, dispersa, donna aux pauvres tout ce qu'il avait retiré d'argent, et constitua la pauvreté alliée et compagne de sa personne et de sa Congrégation. Mais plus Jean-Baptiste s'était dépouillé des biens terrestres, plus les dons de la bonté divine lui vinrent en abondance. Délivré, en effet, de tout embarras, il conçut en son âme une charité plus ardente, il s'enflamma d'un zèle plus grand pour la pratique des vertus, et il ne dirigea pas seul ses efforts vers ce but, mais encore il stimula ses disciples par son exemple. Ensuite, comme il voulait que leur règle de vie ainsi que la méthode de direction des écoles fussent nettement déterminées et bien établies, il formula des lois exactement conformes aux préceptes de l'Évangile, lesquelles furent auparavant approuvées par l'autorité et le jugement d'hommes sages, et, dans la suite, largement confirmées par l'expérience et le succès. Mais, s'il voulait que les enfants fussent instruits avec le plus grand soin des éléments des lettres, il n'eut rien plus à cœur ni plus constamment présent à la pensée que de faire briller à ces tendres âmes, par le moyen de la doctrine chrétienne, la lumière de la vérité évangélique. L'on sait quels fruits abondants ont répondu aux soins, aux travaux si nombreux et si grands de cet homme infatigable.

Cependant, depuis longtemps déjà, avait pénétré dans son âme l'ardent désir de faire participer la France entière à ces bienfaits et à ces fruits ; et c'est pourquoi, non sans un dessein providentiel de Dieu, il se rendit à Paris avec deux de ses disciples. Il s'était à peine mis à l'œuvre, qu'une tempête de vexations se souleva contre lui, tellement soudaine, tellement furieuse, qu'on peut à peine y croire, et les Jansénistes s'emportèrent contre lui à des excès inimaginables d'outrage et de méchanceté.

Il arriva de plus qu'au début de cette institution toute dans l'intérêt de l'enfance, de graves difficultés vinrent de ceux mêmes de qui l'on devait le moins s'y attendre. Lui, cependant, bafoué, poursuivi par l'injustice, voué à la honte par la calomnie, traîné devant les tribunaux, condamné à l'amende, devenu le jouet de l'insolence et de la grossièreté des maîtres d'école, il endura tout, il dévora tout, avec un courage aussi calme qu'invincible.

Nul doute que les liens particulièrement intimes qui l'attachaient à l'Église romaine l'exposèrent souvent aux graves attaques et à la haine des méchants. Mais comprenant bien que comme la sève monte de la racine aux branches, c'est de la chaire de Pierre que découle pour toutes les institutions chrétiennes le principe de vie et de fécondité, il se recommanda, lui et sa Congrégation, à la protection des Pontifes romains. Nous en avons un éclatant témoignage dans la députation qu'il envoya à Notre prédécesseur Clément XI, pour rendre hommage à sa personne, exposer le dessein de son Institut, ouvrir une école dans Rome et soumettre ses règles à l'autorité du Souverain Pontife.

Cependant, pensant avoir suffisamment pourvu à la protection et à la conservation de son œuvre, il résolut de se démettre du gouvernement de sa Congrégation, ce qu'il avait essayé déjà plusieurs fois, suivant l'inspiration de sa profonde humilité. Et il s'y prit avec tant d'habileté, qu'il arriva au but de ses désirs, et que celui qui avait été le fondateur et supérieur de la Congrégation eut réellement à obéir aux ordres de ses disciples. Néanmoins, comme il lui restait encore une autorité considérable, il en fit usage de telle sorte qu'il ne lui en revint aucun avantage, tandis que toutes les difficultés, tous les travaux, les tracasseries et les tempêtes qui ne tardèrent pas à se soulever, retombèrent entièrement sur lui. Soutenu par sa confiance en Dieu et par le témoignage de sa conscience, tandis que l'ouragan sévissait au dehors, il conserva l'égalité de son âme, et, au moment où les épreuves de tout genre le pressaient plus vivement que jamais, il fut atteint de sa dernière maladie, et, au bout de quelques jours, il rendit paisiblement l'esprit.

Sa mort ne tarit pas la source des œuvres salutaires qu'il avait instituées ; cette source, au contraire, coule toujours, et ses eaux, distribuées comme par plusieurs ruisseaux à travers toutes les parties du monde, arrosent abondamment l'Église.

La réputation déjà grande de ses vertus s'accrut encore davantage après sa mort et se répandit au loin. C'est pourquoi, sous Notre prédécesseur d'heureuse mémoire, le Souverain Pontife Pie IX, toutes les formalités requises pour un jugement de cette sorte ayant été remplies, on commença, dans la Congrégation des cardinaux préposés aux rites sacrés, la discussion des vertus par lesquelles le Vénérable Jean-Baptiste de la Salle s'est illustré, et, avec l'assentiment de la même Congrégation, le même Pontife, Notre prédécesseur, déclara, le 1er novembre 1873, qu'elles avaient atteint le degré de l'héroïcité. Ensuite, on discuta la question des miracles qu'on rapportait avoir été opérés par Dieu, aux prières du Vénérable Jean-Baptiste de la Salle, et, toutes choses ayant été examinées dans un jugement très rigoureux, trois miracles furent admis comme véritables et dûment constatés ; c'est pourquoi, Nous-même, le 1er novembre 1887, Nous publiâmes un décret touchant la vérité desdits miracles, et nous accordâmes de poursuivre la procédure, sans qu'il fût nécessaire de faire des investigations sur un autre miracle. Il restait à demander aux cardinaux de ladite Congrégation, si leur avis était qu'on pouvait en toute sûreté procéder à décerner au Vénérable Jean-Baptiste de la Salle les honneurs des bienheureux ; et dans une assemblée générale tenue en Notre présence, le 15 novembre 1887, ils répondirent, avec un accord unanime, qu'on le pouvait en toute sûreté. Nous, cependant,

Nous différâmes de prononcer Notre jugement dans une affaire de si haute importance, afin de prendre le temps d'implorer par de ferventes prières l'assistance du Père des lumières. C'est après l'avoir fait que, le 27 novembre 1887, Nous prononçâmes, enfin, par un décret solennel, qu'on pouvait procéder en toute sûreté à la béatification solennelle du Vénérable Jean-Baptiste de la Salle. En conséquence, Nous mu par les prières de toute la Congrégation des Frères des Écoles Chrétiennes, en vertu de Notre autorité apostolique, et par l'effet des présentes lettres, Nous accordons le droit de donner désormais au même Vénérable Serviteur de Dieu Jean-Baptiste de la Salle le nom de Vénérable, d'exposer son corps et ce qui reste de lui ou ses reliques à la vénération publique des fidèles, sans toutefois les porter dans les supplications solennelles, et d'orner de rayons ses images.

En outre, toujours en vertu de Notre autorité apostolique, Nous permettons qu'en son honneur on dise chaque année l'Office et la Messe du commun des Confesseurs, avec les oraisons propres approuvées par Nous, selon les rubriques du Missel et du Bréviaire romains. Mais nous ne permettons cette récitation de l'Office et cette célébration de la Messe que dans les villes et diocèses de Rouen, de Reims et de Paris, ainsi que dans toutes les églises et oratoires des pieuses maisons de la Congrégation des Frères des Écoles Chrétiennes, pour tous les fidèles qui sont obligés de réciter les heures canoniques, et, en ce qui concerne les Messes, pour tous les prêtres tant séculiers, que réguliers, qui se rendront aux églises dans lesquelles on célébrera la fête.

Enfin, Nous accordons que la solennité de la béatification du Vénérable Jean-Baptiste de la Salle soit célébrée dans les églises susdites, avec l'Office et la Messe du rite doublemajeur, ce que Nous prescrivons de faire, au jour qui sera désigné par les Ordinaires respectifs, dans le cours de cette année, après que la même solennité aura été célébrée, vu les conditions des temps présents, dans la salle supérieure du portique de la basilique Vaticane. Nonobstant les constitutions et ordonnances apostoliques, ainsi que les décrets portés *de non cultu*, et toutes autres choses contraires. Et Nous voulons qu'aux exemplaires, même imprimés, des présentes Lettres, pourvu qu'ils soient signés de la main du secrétaire de la susdite Congrégation et munis du sceau du préfet, on ajoute dans les discussions même judiciaires absolument la même foi qu'à ces présentes Lettres, expression de Notre volonté, si elles étaient montrées.

Donné à Rome, près de Saint-Pierre, sous l'anneau du Pêcheur, le 14 février 1888, la dixième année de Notre-Pontificat.

L. ✠ S.

M. Cardinal LEDOCHOWSKI.

TABLE ANALYTIQUE DES MATIÈRES.

	Pages.
Approbations.....	I
Introduction...	III
Épître dédicatoire.	XXXVII
Dessein de cet ouvrage	XLIX

LIVRE PREMIER.

Où le Bienheureux de la Salle est représenté aux enfants et aux jeunes gens comme un modèle des vertus de leur âge; aux clercs, comme un miroir de l'esprit ecclésiastique; aux prêtres, comme une image de la sainteté sacerdotale.

CHAPITRE PREMIER.

Sa naissance, son enfance et son éducation. (1651-1662) ... 1

I. — Sa naissance ... 1
II. — Ses inclinations, son enfance ... 2
III. — Son attrait pour le service de Dieu.. ... 3
IV. — Sa modestie et son respect dans l'église. ... 4
V. — Son aversion pour les divertissements profanes. ... 4
VI. — Ses premières études ... 5

CHAPITRE II.

Entrée du Bienheureux de la Salle dans la cléricature, puis dans l'illustre corps des chanoines de l'église métropolitaine de Reims. (1662-1671)..... ... 7

I. Son attrait pour la cléricature ... 7
II. Il reçoit la tonsure ... 8
III. — Il est fait chanoine de Reims à l'âge de seize ans ... 9
IV. — Il s'applique avec ardeur à l'étude ... 10
V. — Il entre au Séminaire de Saint-Sulpice ... 11
VI. — Le Bienheureux de la Salle est l'exemple de la jeunesse au Séminaire de Saint-Sulpice... ... 12

CHAPITRE III.

La mort de ses parents, sa sortie du séminaire de Saint-Sulpice, ses embarras de famille, sa promotion aux ordres sacrés, son application à acquérir la perfection. (1671-1678) ... 15

I. — Mort de la mère du Bienheureux de la Salle ... 15
II. — La mort de son père l'oblige à sortir du Séminaire de Saint-Sulpice... 15
III. — Il se met sous la conduite de M. Roland, chanoine et théologal de la métropole de Reims ... 18
IV. — Il reçoit les ordres sacrés... 19

CHAPITRE IV.

Sa préparation à la prêtrise : la manière édifiante dont il célèbre la sainte messe. (1678). ... 21

I. — Ses hésitations ... 21

Bienh. J.-B. de la Salle. 4⁸

758   Table analytique des matières.

II. — Il reçoit la prêtrise   22
III. — Il célèbre sa première messe   23
IV. — La dévotion avec laquelle il célèbre attire le monde à sa messe... ...   23
V. — Ses ravissements fréquents lorsqu'il célébrait...   26

CHAPITRE V.

Son directeur lui inspire de permuter son canonicat avec une cure de la ville de Reims: le Bienheureux de la Salle lui obéit, sa vertu et sa soumission aveugle en cette occasion. (1678-1679)..   ...   27

I. — Dessein de M. Roland   27
II. — Difficultés de ce dessein   28
III. — Mgr l'Archevêque de Reims empêche la permutation.   29
IV. — Le Bienheureux de la Salle s'appplique à l'étude et à l'office canonial.   29
V. — M. Roland meurt et laisse son disciple chargé de son œuvre. ...   31
VI. — Difficultés que rencontre le Bienheureux de la Salle à achever l'établissement commencé par M. Roland   34
VII. — Il surmonte toutes les difficultés et il assure, en obtenant des Lettres Patentes, l'établissement des Écoles chrétiennes et gratuites pour les filles.   36

CHAPITRE VI.

L'ordre et la règle établis dans la maison du serviteur de Dieu, le monde commence à le censurer, et lui à mépriser les censures du monde, et à lever l'étendard de la perfection. (1679)   40

I. — L'ordre et la règle de sa maison...   40
II. — Le monde censure sa conduite   41
III. — Le R. P. Barré entreprend d'élever des espèces de séminaires pour la formation des maîtres et des maîtresses d'écoles gratuites   45

CHAPITRE VII.

Voie cachée par laquelle la divine Providence mène imperceptiblement le Bienheureux de la Salle à l'exécution de ses desseins au moyen d'un homme envoyé à Reims par madame de Maillefer pour y ouvrir des Écoles gratuites, abrégé de la vie admirable de cette dame depuis sa conversion.   47

I. — Mondanité de Madame de Maillefer...   48
II. — Sa mollesse   48
III. — Sa dureté pour les pauvres   49
IV. — Sa conversion   50
V. — Son amour pour l'abjection..   50

CHAPITRE VIII.

Ouverture à Reims des Écoles chrétiennes et gratuites pour les garçons. (1679-1681)   61

I. — Arrivée de M. Niel à Reims   61
II. — Le Bienheureux de la Salle le loge chez lui   63
III. — Mesure que prend le Bienheureux de la Salle pour l'ouverture des écoles gratuites en faveur des garçons.   64
IV. — Ouverture des écoles gratuites pour les garçons, sur la paroisse de Saint-Maurice, à Reims, en 1679   67
V. — Ouverture d'une autre école gratuite sur la paroisse de Saint-Jacques.   69
VI. — Le Bienheureux de la Salle prend le bonnet de Docteur en théologie, en 1681. — Accident fâcheux qui lui arrive...   70

CHAPITRE IX.

Malgré l'extrême répugnance que le Bienheureux de la Salle sent dans le fond de son âme pour vivre en commun avec les maîtres d'école dont il avait soin, l'amour du bien lui persuade de les rapprocher de lui, de les surveiller et ensuite de les introduire dans sa maison. (1681) ... 72

I. — Répugnance que ressent le Bienheureux de la Salle pour s'associer les Maîtres d'école, et la manière dont Dieu le dispose à le faire... 73
II. — Il commence à introduire de la règle parmi les Maîtres d'école... 75
III. — Il consulte le R. P. Barré, minime, dans le doute qu'il a s'il doit vivre avec les Maîtres d'école ... 77
IV. — Difficulté de ce dessein ... 77

CHAPITRE X.

Commencement de vie commune entre le Bienheureux de la Salle et les Maîtres d'école ; cris du monde ; murmures et révolte de sa famille contre ce nouveau genre de vie. (1681). 80

I. — Il se résout enfin à vivre avec eux, et il commence par les faire manger chez lui ... 80
II. — En 1681, le Bienheureux de la Salle loge enfin les Maîtres d'école dans sa maison. Murmures du monde et de sa famille à ce sujet... 82
III. — Les parents irrités font sortir de chez lui deux de ses frères. ... 84
IV. — Il engage les Maîtres d'école à aller tous à un même confesseur, et enfin ils le prennent lui-même pour confesseur ... 85
V. — Il fait maison neuve, et les premiers sujets qui se retirent d'eux-mêmes sont remplacés par de meilleurs ... 87

CHAPITRE XI.

Nouveaux établissements d'écoles chrétiennes et gratuites à Réthel, à Guise et à Laon. L'occasion qui fit naître au Bienheureux la pensée de quitter son canonicat, et de se dépouiller ensuite de son bien pour se livrer tout entier au soin de son œuvre. (1682-1683).. ... 89

I. — Établissement à Réthel en 1682 ; exemples de vertu que le Bienheureux de la Salle donne en cette occasion... 90
II. — Premières ferveurs extraordinaires par lesquelles Dieu prépare le Bienheureux de la Salle à ses desseins ... 93
III. — Établissement à Guise en 1682. ... 93
IV. — Établissement à Laon en 1683. Tentative subtile sur la défiance de l'avenir et sur l'incertitude de l'état, qui trouble les nouveaux sujets et les presse de sortir ... 94
V. — Le Bienheureux de la Salle les exhorte en vain à se confier en Dieu. Une réplique qu'ils lui font, lui fait prendre le dessein de tout quitter à l'exemple des apôtres... 96

CHAPITRE XII.

Le Bienheureux de la Salle délibère s'il quittera son canonicat : raisons qui l'engagent à cette généreuse résolution ; il la forme, mais il n'ose l'exécuter, jusqu'à ce qu'il suive la voie autorisée par son directeur. (1683) ... 101

I. — Le Bienheureux de la Salle consulte le P. Barré, minime, sur son dessein. 101
II. — Le minime pousse le dessein à une plus grande perfection et le conseille ... 103

III. — Motifs qui pressent le Bienheureux de la Salle de se défaire de son canonicat ... 104
IV. — Le Bienheureux de la Salle trouve de l'opposition à ce dessein de la part de son Directeur, qui, enfin, y consent... 108

CHAPITRE XIII.

Mesures que prend le Bienheureux de la Salle pour se défaire de son canonicat, après en avoir reçu l'agrément de son Directeur : opposition qu'il y rencontre, et qu'il surmonte. (1683) ... 111

I. — Discours du monde ... 111
II. — Le Bienheureux de la Salle laisse parler le monde et se tait... 113
III. — Il va à Paris pour prier Mgr l'archevêque de Reims de consentir à son dessein ... 116
IV. — Mgr l'archevêque de Reims fait son possible pour faire changer de dessein au Bienheureux de la Salle ; mais ne pouvant l'ébranler il consent à sa démission.. 117
V. — Surprise de Mgr le Tellier quand il vit la résignation faite par le Bienheureux de la Salle en faveur d'un pauvre prêtre, au détriment de son propre frère.. 121
VI. — Mgr le Tellier tâche d'engager le Bienheureux de la Salle à révoquer la résignation faite en faveur de M. Faubert, pour la faire tomber à M. de la Salle puîné ; inutilité de ses efforts 122
VII. — M. Faubert se démentit, dans la suite, de sa première ferveur, ce qui fut un grand sujet de peine pour le Bienheureux de la Salle... 123

CHAPITRE XIV.

Le Bienheureux de la Salle persévère dans la démission de son canonicat en faveur de M. Faubert, malgré les nouvelles sollicitations que ses parents, ses confrères et ses amis lui font pour l'en détourner. (1683) ... 126

I. — Murmures qu'excite, dans la ville de Reims, la résignation en faveur de M. Faubert. Tentative pour obliger le Bienheureux de la Salle à la révoquer. 126
II. — Mécontentement du Chapitre métropolitain de Reims contre la résignation faite à M. Faubert. Le Chapitre écrit à Mgr l'Archevêque pour arrêter la négociation.. 128
III. — Vains efforts de M. Callou, grand-vicaire et supérieur du Séminaire de Reims, pour engager le Bienheureux de la Salle à révoquer sa résignation. 129
IV. — M. Faubert prend possession du canonicat du Bienheureux de la Salle. 130
V. — Le Bienheureux de la Salle pense à aller à Paris. Raisons qui l'y engagent. 132
VI. — Son directeur l'en détourne. ... 134

CHAPITRE XV.

Le Bienheureux de la Salle vend et distribue aux pauvres son bien de patrimoine, avec le consentement de son Directeur. (1684) ... 138

I. — Raisons qui engagent le Bienheureux de la Salle à se dépouiller de tout. 138
II.— Il consulte son Directeur sur ce dessein, avec la disposition de souscrire à tout ce qui lui plaira.. 140
III.— Il balance sur l'usage qu'il doit faire du bien dont il veut se dépouiller. 142
IV. — Il consulte Dieu sur ce sujet. La famine de 1684 le détermine à donner tout son bien aux pauvres ... 143
V. Son directeur consent à son désir ... 146
VI. — L'ordre qu'il met dans la distribution de son bien aux pauvres, et les exemples de vertu qu'il donne en cette occasion ... 146

Table analytique des matières. 761

VII. — Il reçoit des reproches de ses propres disciples sur ses prodigalités ; il en prend occasion de leur inculquer de nouveau la confiance en la divine Providence 149

LIVRE DEUXIÈME.

Où le Bienheureux de la Salle est représenté comme l'Instituteur d'une Société nouvelle, très utile et très nécessaire à l'Église.

CHAPITRE PREMIER.

Dieu envoie au Bienheureux de la Salle de nouveaux sujets d'un vrai mérite. Les étranges violences qu'il se fait pour s'accoutumer à la nourriture de ses disciples. Jusqu'où il porte en tout le reste l'esprit de retraite, d'oraison et de pénitence. (1684-1685). 151

I. — Le Bienheureux de la Salle reçoit de nouveaux sujets qui quittent les collèges pour le suivre. 152
II. — Étranges violences que se fait le Bienheureux de la Salle pour s'accoutumer à la nourriture des Frères. 155
III. — Il remporte la victoire sur sa délicatesse par une longue diète 156
IV. — Il se livre sans ménagement à la pénitence et à l'oraison 158

CHAPITRE II.

Le Bienheureux de la Salle assemble ses principaux disciples: il fait une retraite de dix-huit jours avec eux. Dans cette retraite, il confère avec eux sur tout ce qu'il convient de régler : il prend et il suit leurs avis, sans vouloir rien décider par lui-même. (1684)... 163

I. — Il convoque une assemblée de ses douze principaux disciples, pour régler plusieurs points importants.. 164
II. — Comment se fit cette assemblée, et ce qu'on y traita.., ... 165
III. — Les Frères de l'Assemblée tenue en 1684 font le vœu d'obéissance... 170

CHAPITRE III.

Le Bienheureux de la Salle donne à ses disciples un habit qui les distingue: pourquoi et à quelle occasion. Il leur fait prendre le nom de Frères des écoles chrétiennes. Humiliations que le nouvel habillement procure à lui et aux siens. Il tient lui-même les écoles : persécutions qu'il souffre à ce sujet. (1684-1686) 173

I. — Le Bienheureux de la Salle fixe la forme de l'habillement des Frères, et à quelle occasion.. 173
II. — Nom de Frères des écoles chrétiennes que prennent les disciples du Bienheureux de la Salle 176
III. — Le Bienheureux de la Salle fait pendant plusieurs mois l'office de maître d'école. L'ignominie qu'il s'attire par cette action d'humilité... ... 180
IV. — Persécutions et outrages que les écoles chrétiennes attirent au Bienheureux de la Salle de la part des parents des écoliers... 184

CHAPITRE IV.

Ferveur des premiers Frères de l'Institut. (1684-1687)... 186

I. — La ferveur sans bornes et la dureté de vie des premiers Frères en firent mourir un grand nombre en peu d'années. 189

II. — Précieuse mort du Frère Jean-François. Caractère de sa vertu 190
III. — Sainte mort du Frère Bourlette. Éminence de sa vertu 192
IV. — Mort du Frère Maurice. Caractère de sa ferveur 196

CHAPITRE V.

Nouvelles ferveurs du Bienheureux de la Salle. Il conçoit le dessein de descendre de la place de supérieur et d'y faire monter un simple Frère. Il amène, avec un saint artifice, tous les Frères à ce but et les y fait consentir. Admirables exemples d'humilité et d'obéissance qu'il donne après sa déposition. Rétabli en sa place par messieurs les Grands Vicaires, il s'abandonne à son attrait pour la pénitence. (1686-1687) ... 200

I. — Nouvelles ferveurs du Bienheureux de la Salle ; son attrait pour l'oraison et pour la solitude. 200
II. — L'attrait de la solitude le mène en secret et à l'insu même des Frères dans le désert des Pères Carmes-Déchaussés, à quelques lieues de Reims.. 202
III. — Il est obligé de sortir de sa solitude pour aller à Laon, où un des Frères était mort et l'autre très malade. 203
IV. — Le Bienheureux de la Salle persuade aux Frères de lui substituer un autre supérieur pris parmi eux... 206
V. — Élection du Frère l'Heureux 208
VI. — Admirables exemples d'obéissance et d'humilité que donne le Bienheureux de la Salle 209
VII. — On connaît enfin dans la ville la déposition du Bienheureux de la Salle, et les grands vicaires viennent le rétablir dans la première place... 212
VIII. — Il fait une règle à ses disciples de ne parler d'aucune personne vivante, dans le dessein de leur fermer la bouche à son égard. 214
IX. — Exemples d'humilité, de mortification et de pénitence donnés par le Bienheureux de la Salle 215

CHAPITRE VI.

Le Bienheureux de la Salle ne perd point le dessein dont il venait de faire l'essai, qui était de revenir au dernier rang, et de rentrer dans la voie de la pure obéissance. Sa vertu sort enfin des ténèbres, et lui fait un grand nom. Plusieurs personnes briguent le bonheur d'être sous sa conduite; il en admet peu, et n'est pas longtemps sans s'en débarrasser. Il essuie de nouvelles persécutions, et la divine Providence lui fournit l'occasion d'établir une seconde communauté de maîtres d'école, pour la campagne, et une troisième de jeunes postulants. (1687)... 217

I. — Le Bienheureux de la Salle tente un nouveau moyen de se faire déposer du premier rang, en faisant étudier le Frère Henri l'Heureux, pour le faire ordonner prêtre et pour le faire ensuite Supérieur. 217
II. — La mort du Frère l'Heureux dérange les desseins du Bienheureux de la Salle.. 218
III. — Enfin on rend à Reims justice à la vertu du Bienheureux de la Salle. Nombre de personnes veulent se ranger sous sa conduite il en reçoit peu, et ensuite il s'en défait... 220
IV. — Nouvelle persécution qu'il essuie à Reims, à l'occasion de quelques corrections faites dans les écoles. 222
V. — Pénible voyage qu'entreprend le Bienheureux de la Salle pour aller voir un Frère malade.. 226
VI. — Le Frère se sent guéri dès que le Bienheureux de la Salle l'eut embrassé 227

Table analytique des matières.

VII. — Les Curés de campagne demandent des Frères au Bienheureux de la Salle, il refuse et pourquoi.. ... 228
VIII. — Le Bienheureux de la Salle élève un séminaire de maîtres d'école pour la campagne qui fleurit pendant qu'il est à Reims et qui se dissipe par son éloignement... ... 229
IX. — Le Bienheureux de la Salle élève un autre séminaire d'enfants propres à devenir Frères... ... 231
X. — Le Bienheureux de la Salle appelle à Paris ces enfants pour les élever sous ses yeux. Mais, malgré ses répugnances, on l'oblige de les envoyer à la paroisse Saint-Sulpice pour servir les messes, et la plupart se dissipent et perdent leur vertu. ... 233

CHAPITRE VII.

Le Bienheureux de la Salle apprend la mort de M. Niel et fait prier pour lui. Il quitte Reims pour aller à Paris. La Croix l'y suit et fait le fondement de son établissement. (1687-1689) 235

I. — Mort de M. Niel en 1687. Le Bienheureux de la Salle en est touché et célèbre pour le repos de son âme une messe solennelle où il fait assister les élèves des écoles chrétiennes ... 235
II. — Le Bienheureux de la Salle avait été encore plus sensible à la mort du R. P. Barré, minime. Éloge du P. Barré... ... 236
III. — Mgr le Tellier fait au Bienheureux de la Salle les offres les plus avantageuses pour le fixer dans son diocèse, et borner son zèle dans ses limites ; mais le saint prêtre ne se rend pas à ce désir... ... 239
IV. — M. de la Barmondière pense de nouveau à attirer le Bienheureux de la Salle et ses Frères sur sa paroisse ; cela réussit, et comment... ... 240
V. — Le Bienheureux de la Salle loge avec deux de ses Frères dans la maison de l'école Sulpicienne et en découvre les désordres : il se tait et ordonne aux Frères de se taire. (1689)... ... 243
VI. — M. de la Barmondière, témoin du désordre des écoliers, charge le Bienheureux de la Salle d'en prendre soin ... 245
VII. — Ordre et arrangement que le Bienheureux de la Salle met dans l'école. L'envie qu'en conçoit M. Compagnon et les tracasseries qu'il suscite au Bienheureux de la Salle ... 247

CHAPITRE VIII.

Le préposé aux écoles de Saint-Sulpice calomnie le Bienheureux de la Salle dans une assemblée de Dames de Charité. M. le Curé prévenu, est sur le point de le renvoyer à Reims avec ses Frères ; mais Dieu lui change le cœur au moment où le pieux Instituteur prend congé de lui ; enfin il lui rend justice. M. Baudrand succède à M. de la Barmondière dans la cure de Saint-Sulpice. Il établit une seconde école sur sa paroisse, qui attire un procès que le pieux Instituteur gagne contre les maîtres d'école. (1689)... 251

I. — L'envie invente des calomnies contre le Bienheureux de la Salle, dans le dessein d'obliger M. de la Barmondière de le renvoyer avec ses Frères. 251
II. — Le Bienheureux de la Salle ne se défend que par le silence, et enfin son innocence éclate à la confusion de son ennemi. ... 253
III. — Nouvelle persécution de la part de maîtres d'école dont il sort victorieux ... 256
IV. — Le Bienheureux de la Salle subit une autre persécution au sujet de l'habit des Frères. ... 260

CHAPITRE IX.

Le Bienheureux de la Salle tombe dans une maladie mortelle, dont il guérit ; il fait un voyage à Reims, et, à son retour, il trouve le Frère l'Heureux mort ; impressions que fait cette mort sur lui ; règlements qu'elle lui inspire pour sa communauté (1690). 266

I. — Il fait, à pied, un voyage de Paris à Reims où il tombe malade 267
II. — Il ne permet pas que sa grand'mère vienne le voir malade dans son lit. Il se lève et va dans le parloir recevoir sa visite 269
III. — Il retourne à Paris, et y retombe malade à la mort. Il guérit cependant, et consacre à Dieu sa santé avec une nouvelle ferveur... 270
IV. — Le Bienheureux de la Salle dans son voyage à Reims, apprend la maladie mortelle du Frère l'Heureux, il revient à Paris et ne le trouve plus car il était inhumé depuis deux jours. Ce fut alors que le Bienheureux de la Salle fit une loi aux Frères de ne point entrer dans le sanctuaire 273
V. — Caractères de la vertu du Frère l'Heureux 277

CHAPITRE X.

Moyens que le Bienheureux de la Salle prend pour ne point laisser tomber son Institut et pour le bien former. Il fait vœu avec deux Frères de ne jamais abandonner l'œuvre. Il conçoit le dessein d'établir un noviciat. Contradictions qu'il éprouve à ce sujet et qu'il lève par la prière et par la pénitence. Ferveur de cette maison d'épreuve. (1691) 279

I. — Vœu que le Bienheureux de la Salle inspire de faire à deux de ses principaux Frères pour le soutien de l'Institut 281
II. — Le Bienheureux de la Salle pense à élever un noviciat. Contradictions qu'il éprouve de la part de M. le Curé de Saint-Sulpice. 283
III. — Austérités de ce noviciat... 289
IV. — Étrange pauvreté de ce noviciat 292

CHAPITRE XI.

Suite du même sujet. Ferveur du noviciat de Vaugirard ... 295

I. — L'éclat de la vertu du Bienheureux de la Salle et des Frères, attire bien des gens à la maison. Peu y restent ; et cependant le nombre de ceux qui surent persévérer alla à trente-cinq... 297
II. — Entre ces trente-cinq, ceux qui restèrent, deux seuls étaient pauvres, les autres étaient riches et à leur aise 299
III. — Le Bienheureux de la Salle rassemble pendant les vacances des Écoles tous les Frères à Vaugirard, et ils y mènent la vie de novice. Leur ferveur (1691).... 300
IV. — Le Bienheureux de la Salle est visité par M. le comte du Charmel qui vivait près de Vaugirard dans la solitude et l'oraison 304
V. — Le Bienheureux de la Salle est saisi d'un rhumatisme qui le tient dans une espèce de perclusion de membres ; quel fut le remède qu'il y apporta. 306
VI. — De grands pécheurs viennent à M. de la Salle, pour chercher leur conversion à ses pieds 378

CHAPITRE XII.

La famine des années 1693 et 1694 rappelle le Bienheureux de la Salle et les siens de Vaugirard à Paris, pour pouvoir subsister. Il en éprouve avec eux les rigueurs, sans que la divine Providence les abandonne. Il retourne ensuite à Vaugirard pour continuer le noviciat. Il rédige ses règles et les écrit. (1693-1694) 311

I. — M. Baudrand refuse de payer les 500 livres de pension qu'il avait promises pour les deux Frères employés à l'école de la rue du Bac 313
II. — Le Bienheureux de la Salle éprouve la rigueur de la famine avec ses Frères, et la divine Providence leur procure du secours 314
III. — Le Bienheureux de la Salle éprouve encore de nouvelles peines de la part de M. Baudrand, au sujet de la maison... 318
IV. — Il retourne à Vaugirard continuer le noviciat. 319
V. — Il compose sa Règle : de quelle manière il le fait 320
VI. — Il s'applique à retrancher tous les défauts qui se glissent dans les récréations, par des règlements particuliers 322

CHAPITRE XIII.

Les vœux perpétuels s'introduisent chez les Frères : le Bienheureux de la Salle cherche, dans la cérémonie qui s'en fait, l'occasion de se démettre encore une fois de la supériorité, mais en vain. Il obtient de Mgr l'archevêque de Paris la permission d'ériger une chapelle dans la maison du noviciat. Opposition qu'il y trouve de la part du Curé de Vaugirard. (1694-1695)... 324

I. — Les Frères demandent à se lier par des vœux perpétuels. 324
II. — Le Bienheureux de la Salle explique aux douze Frères les conséquences des vœux perpétuels 326
III. — Il les fait le premier avec une grande dévotion 327
IV. — Il fait son possible dans cette assemblée pour faire élire un autre Supérieur... 328
V. — Les Frères consentent, pour lui faire plaisir, à une élection. Ils la font deux fois, et choisissent unanimement le Bienheureux de la Salle pour Supérieur... 330
VI. — Le Bienheureux de la Salle leur fait signer un acte, par lequel ils s'obligent d'élire, après sa mort, un Frère pour Supérieur 333
VII. — Mgr de Noailles accorde au Bienheureux de la Salle la permission d'ériger dans sa maison une chapelle. 335
VIII. — Bruit qu'excite M. le Curé de Vaugirard au sujet de l'érection de la chapelle.. 336
IX. — Peines que reçoit le Bienheureux de la Salle, dans la suite, des curés de Saint-Séver et de Saint-Nicolas de Rouen, au sujet du devoir de paroisse 339

CHAPITRE XIV.

Le nombre des disciples du Bienheureux de la Salle, fort augmenté, l'oblige de chercher une autre maison capable de les contenir. M. de la Chétardie, successeur de M. Baudrand dans la cure de Saint-Sulpice, appuie son dessein après avoir écouté ses raisons. Zèle qu'il fait paraître pour l'Institut. (1697-1698) 343

I. — Le nombre des sujets et des affaires se multipliant obligea le Bienheureux de la Salle de se décharger du soin du Noviciat sur un Frère vertueux mais indiscret et dur 344
II. — Caractère de ce Maître des Novices et du Frère directeur de la maison de Paris. 346
III. — La maison de Vaugirard étant trop petite, le Bienheureux de la Salle transfère son Noviciat dans une maison très vaste et commode, assez près du jardin des Carmes déchaussés 350
IV. — Le Bienheureux de la Salle n'ayant rien pour meubler cette grande maison, reçoit de Mme Voisin sept mille livres 351

V. — Établissement d'une troisième école sur la paroisse Saint-Sulpice, dans le quartier des Incurables. Cette école suscite un procès de la part des maîtres écrivains. ... 352

CHAPITRE XV.

Second essai d'établissement d'une école gratuite et d'un séminaire de maîtres d'école pour la campagne, sur la paroisse Saint-Hippolyte, à Paris. (1698-1699)... 357

I. — Établissement d'une école sur la paroisse Saint-Hippolyte ... 357
II. — Établissement d'un séminaire pour les maîtres d'école de la campagne. 358
III. — Ce séminaire trouve sa ruine dans l'avarice et la perfidie du Frère préposé à sa direction.. ... 360
IV. — Le Bienheureux de la Salle reçoit dans sa maison cinquante jeunes Irlandais pour leur donner une éducation chrétienne ... 362
V. — Talent qu'avait le Bienheureux de la Salle pour l'instruction et l'éducation de la jeunesse et la conversion des âmes endurcies ... 364
VI. — Mgr Godet des Marais, évêque de Chartres, renouvelle la prière qu'il avait faite plusieurs fois au Bienheureux de la Salle de lui donner de ses disciples. Concert des curés de Chartres en cette affaire. ... 365
VII. Mgr l'Évêque de Chartres arrête, par un pieux artifice, le Bienheureux de la Salle pour manger à sa table ... 370
VIII. — Mgr l'Évêque de Chartres veut obliger le Bienheureux de la Salle de rétablir, dans les écoles gratuites, l'usage ordinaire d'apprendre aux enfants à lire le latin avant le français ; mais il se rend aux raisons invincibles que lui donne le Bienheureux de la Salle, de la nécessité de commencer par le français. ... 373
IX. — Peines que les Frères ont souffertes à Chartres, après la mort de Mgr Godet des Marais. ... 375

CHAPITRE XVI.

Établissement à Calais en l'année 1700. ... 381

I. — Quelle fut l'occasion de l'établissement de Calais ... 382
II. — Progrès des écoles gratuites. Charité des magistrats et des habitants de Calais pour les Frères ... 386
III. — Éloge de M. Gense.... ... 389

CHAPITRE XVII.

Établissement des écoles dominicales dans la maison du noviciat de Paris. Deux Frères sont envoyés à Rome. Autres établissements à Troyes et à Avignon. (1700-1702) ... 393

I. — Établissement des écoles dominicales à Saint-Sulpice ... 393
II. — L'école dominicale tombe, après avoir eu de grands succès, par la fuite des deux Frères qui la conduisent ... 395
III. — Le Bienheureux de la Salle envoie à Rome deux de ses disciples, et pourquoi ... 396
IV. — Établissement des écoles gratuites à Troyes... ... 399
V. — Établissement des écoles gratuites à Avignon.. ... 401

CHAPITRE XVIII.

Origine et commencement de la furieuse persécution qui s'éleva contre le saint Instituteur, le chassa enfin de Paris, et désola son Institut jusqu'à la fin de ses jours (1702)... ... 407

Table analytique des matières.

— Il n'est pas rare, dans l'Église, de voir les serviteurs de Dieu se faire de la peine et se persécuter 407

II. — Le maître des novices et le directeur des Frères de Paris, par leur indiscrétion, attirent au Bienheureux de la Salle une persécution qui a duré tout le temps de sa vie. 408

III. — Deux novices se plaignent des mauvais traitements qu'on leur faisait subir 411

IV. — L'ennemi du Bienheureux de la Salle l'accuse à l'archevêché, et tente tous les moyens de le faire déposer. Ce qui arrive à ce sujet. 413

CHAPITRE XIX.

Le Bienheureux de la Salle est condamné sans avoir été écouté. On choisit un autre ecclésiastique pour le substituer en sa place. M. Pirot vient dans la maison du noviciat pour installer le nouveau supérieur, mais il y trouve une opposition invincible de la part des Frères. (1702) 418

I. — Mgr l'Archevêque déclare au Bienheureux de la Salle qu'il a substitué en sa place un autre Supérieur. Admirable humilité du saint homme... ... 419

II. — M. Pirot fait avertir le Bienheureux de la Salle du jour qu'il avait choisi pour installer le nouveau Supérieur. Admirable soumission du saint homme... 420

III. — M. Pirot fait en vain tous ses efforts pour déterminer les Frères à recevoir le nouveau Supérieur qu'il leur amenait 421

CHAPITRE XX.

Le tumulte s'apaise, le Bienheureux de la Salle reste en place, les Frères demeurent dans leur premier état, leur paix se fait à l'Archevêché. Le persécuteur n'ayant pas réussi par la voie d'accusation auprès des Supérieurs ecclésiastiques, en ménage une autre aussi dangereuse, qui est de jeter la zizanie parmi les Frères et de leur inspirer du dégoût pour leur Supérieur et pour son gouvernement. (1702-1703) 430

I. — Des intrigues de l'adversaire du serviteur de Dieu se découvrent et font du bruit à Paris 430

II. — Le Bienheureux de la Salle va se prosterner aux pieds de Mgr le Cardinal pour lui faire amende honorable de la résistance que les Frères avaient apportée à ses ordres. Nouvel affront qu'il en reçoit 435

III. — Les Frères tentent les moyens de radoucir l'esprit de l'ennemi du Bienheureux de la Salle 436

IV. — M. de la Chétardie, à la prière des Frères, tâche d'apaiser Mgr l'archevêque, et de gagner sur lui de laisser le nouvel Institut en possession de son supérieur et de ses pratiques. Il met, pour y réussir, M. l'abbé Madot en mouvement 438

V. — M. l'abbé Madot réussit enfin, et comment. 443

VI. — Le Bienheureux de la Salle, à son grand regret, est obligé de modérer les austérités de sa maison.. 445

CHAPITRE XXI.

Mesures et mécontentements que l'ennemi du Bienheureux de la Salle tâche de semer dans la communauté par son affidé. (1703) 449

I. — Discours malins que sème dans la communauté des Frères l'ecclésiastique qui venait les voir, pour les indisposer contre le Bienheureux de la Salle 449

II. — Mauvais effets de ces malins discours sur deux Frères 452

768   Table analytique des matières.

III. — Le maître des novices indiscret, qui avait attiré au Bienheureux de la Salle tant de croix, se dégoûte, va à la Trappe où l'on refuse de le recevoir. ... 452
IV. — Les deux Frères qui conduisent les écoles dominicales désertent ... 454
V. — Chute momentanée des écoles dominicales par le refus que font les Frères d'apprendre les sciences qu'on y enseignait. ... 456
VI. — Raisons que les Frères apportent à l'appui de leur refus ... 457
VII. — La chute momentanée des écoles dominicales attire au Bienheureux de la Salle une persécution de la part de M. le Curé de Saint-Sulpice ... 458

LIVRE TROISIÈME.

Où le Bienheureux de la Salle est représenté comme le grand Zélateur de l'instruction et de l'éducation chrétiennes de la jeunesse pauvre et abandonnée.

Diverses tribulations qui se suivent de tous côtés, et qui donnent lieu à divers établissements ... 461

CHAPITRE PREMIER.

Le Bienheureux de la Salle obligé de quitter la grande maison, va s'établir au faubourg Saint-Antoine en 1703. La persécution l'y suit et l'en chasse. (1703-1704.) ... 463

I. — Les Frères pressent le Bienheureux de la Salle de quitter la grande maison pour se dérober aux persécutions de son ennemi. Il a peine à y consentir... 463
II. — La grande maison est louée, et le Bienheureux de la Salle est mis sur le pavé, cependant il obtient du propriétaire la grâce d'y rester quelque temps 464
III. — Le Bienheureux de la Salle passe dans le faubourg Saint-Antoine ... 465
IV. — Charité des religieuses de la Croix pour le Bienheureux de la Salle et les Frères ... 466
V. — Terrible persécution de la part des maîtres écrivains, qui pillent la maison des Frères ... 468
VI. — Le Bienheureux de la Salle se laisse condamner une seconde fois sans se défendre ... 471

CHAPITRE II.

Les Frères sont appelés à Darnétal, près de Rouen, pour y tenir des écoles de charité, ensuite à Rouen. (1704-1705).. ... 475

I. — Le Bienheureux de la Salle obligé de revenir du faubourg Saint-Antoine à la maison du faubourg Saint-Germain. On lui demande des Frères pour Darnétal ... 475
II. — Désir qu'avait le Bienheureux de la Salle de voir les Écoles gratuites à Rouen. ... 477
III. — Établissement de l'École gratuite pour les garçons à Darnétal, en 1705 ... 477
IV. — Le Bienheureux est appelé à Rouen, par Mgr Colbert, archevêque de cette ville ... 480
V. — Opposition à ce dessein que rencontre Mgr Colbert. ... 481
VI. — Ce que fait Mgr l'Archevêque pour triompher des difficultés ... 482
VII. — Le Bienheureux de la Salle est envoyé à Rouen par Mgr Colbert. De quelle manière il fait ce voyage avec les Frères ... 484

CHAPITRE III.

M. de la Salle conduit les Frères à Rouen. Ils s'y établissent, mais avec bien des peines, et en se soumettant aux conditions les plus dures et les plus fâcheuses. (1705) ... 487

I. — Nouvelles oppositions que trouve le Bienheureux de la Salle et que Mgr Colbert tâche de lever avec adresse.	487
II. — Conditions dures et insupportables avec lesquelles les Frères sont admis dans le Bureau.. ... ..., ...	488
III. — Les Frères succombent sous le joug insupportable que Messieurs les Administrateurs leur avaient imposé.	489
IV. — Le Bienheureux de la Salle retire les Frères du Bureau, en 1707. ...	491
V. — On accorde au Bienheureux de la Salle de demeurer dans la ville ; mais à condition de tenir dans les écoles de Saint-Maclou, de Saint-Vivien, de Saint-Godard et de Saint-Éloi, dix Frères presque pour rien	492

CHAPITRE IV.

Le Bienheureux de la Salle transfère son noviciat à Saint-Yon, proche de Rouen. (1705). .,. 494

I. — Importance d'un bon Noviciat	494
II.— Le Bienheureux de la Salle écrit à Mgr Colbert pour avoir son agrément sur le projet de transférer de Paris à Rouen son Noviciat...	496
III. — Le Bienheureux de la Salle loue la maison de Saint-Yon et y entre avec ses Novices... ... ...,.	497
IV. — Le Bienheureux de la Salle rappelle à Saint-Yon tous les Frères pour réchauffer leur ferveur.	499
V. — La maison de Saint-Yon se remplit de pensionnaires et se fait une grande réputation par la bonne éducation de la jeunesse	500
VI. — Trois sortes de pensionnaires dans cette maison	501

CHAPITRE V.

Nouvelles persécutions suscitées à Paris contre le Bienheureux de la Salle et son Institut. (1705-1706). 504

I. — Nouvelles persécutions de la part des maîtres écrivains contre les écoles de Saint-Sulpice...	504
II. — Les écoles de la paroisse Saint-Sulpice demeurent fermées par la retraite des Frères.. ... ... ·...	508
III. — Sur la plainte des familles, M. de la Chétardie prend des mesures pour rétablir la paix dans les écoles, et empêcher les maîtres écrivains de la troubler ... ... ,...	508
IV. — Le Bienheureux de la Salle se cache, en faisant une retraite de quelques jours chez les Carmes déchaussés, pour se dérober à la vue de ses ennemis.	510
V. — Il reparaît et la persécution recommence...	512
VI. — Le Bienheureux de la Salle fait fermer les écoles de la paroisse Saint-Sulpice ; plaintes et murmures qui s'élèvent à ce sujet..	513
VII. — M. le Curé de Saint-Sulpice est obligé de rappeler les Frères ; mesures qu'il prend pour empêcher de nouvelles persécutions de la part des maîtres écrivains..	515

CHAPITRE VI

Divers établissements d'écoles chrétiennes faits à Dijon, à Marseille, à Alais, à Grenoble, à Mende, à Saint-Denis-en-France. (1705-1708). 519

I. — Établissement à Dijon en 1705	519
II. — Établissement d'une école à Marseille en 1706.	520
III. — Établissement d'autres écoles sur les quatre autres paroisses de la ville en 1720. ... ..., ...	522
IV. — Les Frères sont introduits dans l'hospice de Marseille...	522
V. — Bonté de la ville de Marseille pour les Frères qui y sont maintenus au nombre de seize...	523

VI. — Établissement à Alais en 1707. 524
VII. — Établissement à Grenoble 529
VIII. — Établissement à Mende... 532
IX. — Établissement à Saint-Denis-en-France en 1708 534

CHAPITRE VII.

Dieu laisse le Bienheureux de la Salle et ses disciples dans la nouvelle maison de Paris en proie à la pauvreté, sans cependant les abandonner, dans la pénible année 1709. Le fondateur rappelle de Saint-Yon à Paris les novices dont la nécessité était encore plus grande, afin d'y pourvoir. Nouvelles croix qui mettent sa patience à l'épreuve. (1709)... ... 536

I. — Extrêmes peines que le Bienheureux de la Salle souffre avec sa famille pendant l'hiver et la disette de 1709. 537
II. — Le Bienheureux de la Salle rappelle à Paris les novices de Saint-Yon, qui étaient en proie à la misère. 538
III. — Malgré la famine, le Bienheureux de la Salle reçoit tout ceux qui se présentent à lui dans le dessein de servir Dieu 540
IV. — Plusieurs membres de la communauté sont atteints du scorbut ... 543
V. — Éloge de la charité de M. Helvétius, ... 544
VI. — Perfidie d'un Frère qui conçoit le dessein de faire abandonner le Bienheureux de la Salle de tous les Frères 544
VII. — Le complot du traître est découvert. Douceur et charité du Bienheureux de la Salle à son égard. ... ..., ... 547

CHAPITRE VIII.

Établissements des écoles gratuites dans les villes de Versailles, de Boulogne, de Moulins, des Vans. (1710-1711). 549

I. — Établissements des écoles chrétiennes de Versailles, en 1710... ... 549
II. — Nouvelle peine que le Bienheureux de la Salle reçoit de cet établissement 550
III. — Dérangement du premier Frère qui conduisait l'école de Versailles : le Bienheureux de la Salle veut l'en retirer ; mais M. le curé s'y oppose ... 551
IV. — Le Frère relâché quitte son état, sans que M. Huchon puisse l'en empêcher 552
V. — Établissement de Boulogne... 553
VI. — Zèle de Mgr de Langle, évêque de Boulogne, pour les écoles chrétiennes... 554
VII. — Zèle de la ville de Boulogne pour les écoles gratuites et pour les Frères 554
VIII. — Établissement à Moulins. 556
IX. — Établissement de l'école des Vans... 557

CHAPITRE IX.

Voyage du Bienheureux de la Salle en Provence pour faire la visite des établissements de son Institut. Pendant son absence, on lui suscite une affaire fâcheuse au sujet d'une maison achetée à Saint-Denis pour y former des maîtres d'école pour la campagne. Il ne se défend point et il est condamné comme coupable d'avoir suborné un mineur (1711)... 559

I. — Origine de la grande persécution qui s'éleva, en 1711, contre le Bienheureux de la Salle 560
II. — Sollicitations du jeune abbé Clément pour engager le Bienheureux de la Salle dans ses projets de piété 561

III. — Achat par le jeune abbé Clément d'une maison dans la ville de Saint-Denis pour former des maîtres d'école pour la campagne. Le Bienheureux de la Salle en fournit le premier paiement 562
IV. — Ce que fait Mgr le Cardinal de Noailles pour favoriser le projet de l'abbé Clément 564
V. — Le père du jeune abbé Clément, de concert avec lui, intente un procès civil et criminel au Bienheureux de la Salle 565
VI. — Indignité du procédé de l'abbé Clément.. 566
VII. — Le Bienheureux de la Salle fait un mémoire justificatif, qu'il laisse entre les mains de gens capables de le défendre, et qui le laissent indéfendu 567
VIII. — Sentence affreuse portée contre le Serviteur de Dieu. 568
IX. — Patience héroïque du Bienheureux de la Salle en cette rencontre. ... 569
X. — Prévention à laquelle le saint homme se laisse aller contre les principaux Frères de Paris... 570

CHAPITRE X.

Le Bienheureux de la Salle fuit en Provence, où il trouve de nouvelles croix. Sur sa route, on lui fait honneur. Tout lui sourit à son entrée à Marseille ; les ecclésiastiques, partagés sur la doctrine, tâchent de le gagner. Il élève un noviciat, et il le voit tomber, parce qu'il ne veut pas se prêter aux opinions du temps. Il forme le dessein d'aller à Rome, et l'abandonne par esprit d'obéissance. Enfin il est obligé de se retirer. (1712) 572

I. — On fait partout d'honorables réceptions au Bienheureux de la Salle ; mais il fuit les lieux où l'on veut lui rendre beaucoup d'honneur.. ... 572
II. — Le Bienheureux de la Salle arrive à Marseille où il y avait grand partage de doctrine entre les ecclésiastiques. Ce que font les novateurs pour le gagner 575
III. — Tout réussit d'abord au Bienheureux de la Salle, et les progrès rapides le mettent en défiance contre l'avenir 576
IV. — Après avoir élevé heureusement un noviciat, le Bienheureux de la Salle s'applique à en bien former les sujets 578
V. — Artifice malicieux dont se servent les deux disciples qui tenaient l'école de Marseille, pour se soustraire à l'obéissance du Bienheureux de la Salle. 580
VI. — Les Jansénistes travaillent à ôter au Bienheureux de la Salle une école chrétienne, parce qu'un Père Jésuite en avait été le promoteur, et ils y réussissent.. 581
VII. — Manœuvre d'un ecclésiastique janséniste qui affectait de se montrer l'ami du Bienheureux de la Salle 582
VIII. — Les partisans de la nouvelle doctrine attirent le Bienheureux de la Salle dans leurs conférences, dont il est dégoûté par l'altercation qu'il y voit. 584
IX. — Les Jansénistes persécutent le Bienheureux de la Salle. 585
X. — Prétextes allégués par les disciples de Jansénius pour colorer leurs persécutions 586
XI. — On fait courir contre le Bienheureux de la Salle un libelle diffamatoire. Il y répond d'une manière pleine de douceur et de charité... 587
XII. — Funestes effets du libelle diffamatoire 588
XIII. — Le Bienheureux de la Salle conçoit le dessein d'aller à Rome ; il en est empêché par Mgr l'évêque de Marseille 589

CHAPITRE XI.

Le Bienheureux, après la destruction du noviciat de Marseille, voit son Institut ébranlé et proche de sa ruine dans ces contrées. Il attribue ce malheur à ses péchés. Il se retire dans une solitude pour laisser passer la tempête. Il va à Grenoble où il vit inconnu et retiré, et il visite la Grande-Chartreuse. Il est violemment attaqué d'une douleur de rhumatisme qu'il ne guérit que par un nouveau tourment. Il va visiter une solitaire en réputation de sainteté (1713-1714). 592

I. — Perplexités qui molestent le Bienheureux de la Salle en son état... ... 594
II. — Il se retire dans un ermitage pour se livrer à l'oraison et à la prière ... 595
III. — Le parti janséniste sème sur son compte de nouveaux bruits calomnieux 596
IV. — Le Bienheureux de la Salle se réfugie à Mende. Outrages qu'il y reçoit de la part d'indignes Frères. Le Directeur du noviciat de Provence vient rejoindre son Supérieur et participe à son ignominie 597
V. — Le Bienheureux de la Salle va à Grenoble et y mène une vie très cachée... 601
VI. — Le Bienheureux va visiter la Grande-Chartreuse 602
VII. — Le Bienheureux de la Salle fait l'école à Grenoble, et révèle ainsi sa présence. 604
VIII. — Le Bienheureux de la Salle demeure comme perclus par son rhumatisme, et il ne s'en guérit que par le remède dont il a été parlé, qui était un vrai supplice... 606
IX. — Le Bienheureux de la Salle va sur la montagne de l'Arménie, pour faire une retraite chez M. l'abbé de Saléon, et après, il visite la célèbre Sœur Louise. 607
X. — La solitaire donne au Bienheureux de la Salle de salutaires avis, et en reçoit d'importants de sa bouche.. 609
XI. — Le fruit que le Bienheureux de la Salle retira de ses entretiens avec la Sœur Louise. 611
XII. — Le Bienheureux de la Salle se déclare au sujet de la Constitution *Unigenitus* qui fut alors publiée à Grenoble... 612

CHAPITRE XII.

Ce qui se passa à Paris et dans le reste de la France par rapport aux Frères, pendant l'absence du Bienheureux de la Salle (1714). 614

I. — Inquiétude des Frères sur l'absence du Bienheureux de la Salle 614
II. — Inconvénients de cette longue absence 615
III. — Inaction des Frères et leur embarras sur ce qui était à faire. 616
IV. — La nécessité met en mouvement le Frère Barthélemy, et on s'accoutume à le regarder comme Supérieur. 618
V. — Faute que fit le Frère Barthélemy par trop de facilité 619
VI. — Artifices qu'emploie le rival du Bienheureux de la Salle pour tout changer dans l'Institut 620
VII. — Un ecclésiastique de vertu et de considération, se fait le Supérieur des Frères, sans aucune élection de leur part, à l'instigation de l'ennemi du Bienheureux de la Salle 621
VIII. — Piège que tend cet ecclésiastique, instruit par le rival du Bienheureux de la Salle, à la simplicité du Frère Barthélemy, pour introduire le nouveau gouvernement 623
IX. — Désordres qui devaient naître de ce nouveau système de gouvernement. 626
X. — On ouvre les yeux au Frère Barthélemy sur les désordres qui allaient suivre l'introduction de la nouvelle forme de gouvernement, et on lui fournit les moyens d'étouffer le mal dans sa naissance 627
XI. — Le Bienheureux de la Salle est enfin averti des désordres que fait l'homme ennemi dans sa Société ; sa résignation à la volonté de Dieu ... 629
XII. — Les Frères ne pouvant le résoudre à revenir lui en font un commandement, et il obéit 630

CHAPITRE XIII.

La manière dont le Bienheureux de la Salle paraît et est reçu à Paris. Les nouvelles peines qu'on lui fait. Il délivre un possédé (1714).. 634

I. — Le Bienheureux de la Salle, de retour à Paris, se présente comme un inférieur, et fait son possible pour obliger les Frères d'élire un autre Supérieur, mais inutilement 634
II. — L'ecclésiastique qui se disait Supérieur des Frères cherche querelle au Bienheureux de la Salle. Questions sur lesquelles il demande une réponse. 636
III. — Embarras dans lequel ces questions jettent le Bienheureux de la Salle. 637
IV. — Il se résout à ne point répondre à la principale question, et ce refus est cause qu'on laisse les Frères dans la disette 638
V. — Les Frères trouvent un expédient pour se tirer de cette affaire 640
VI. — Histoire du chevalier d'Armestat ; sa conversion et sa délivrance de la possession du démon, par le Bienheureux de la Salle 641

CHAPITRE XIV.

Le Bienheureux de la Salle renvoie le noviciat à Saint-Yon. Il veut y aller, mais on le lui défend, et il obéit ; on lui permet ensuite d'y aller, et il s'y applique avec zèle à l'éducation des novices. Il obtient enfin des Frères de lui choisir un successeur. Manière d'y procéder qu'il leur enseigne. Il retouche les règles et les met dans l'état où elles sont aujourd'hui. (1715-1717) 645

I. — Regrets du Bienheureux de la Salle à la mort de Louis XIV ; motifs qui engagent le pieux Instituteur à renvoyer les novices de Paris à Saint-Yon.. 645
II. — Attraits du Bienheureux de la Salle pour la direction des novices ; comment il la comprend et la pratique 647
III. — Confiance témoignée par le Bienheureux de la Salle au Frère Barthélemy.. 649
IV. — Le Bienheureux de la Salle pense plus que jamais à se faire donner un successeur ; motifs qui l'y engagent 650
V. — Mesures prises par le Bienheureux de la Salle pour faire agréer aux Frères sa démission de Supérieur et l'élection de l'un d'entre eux à ce titre. 652
VI. — Voyage du Frère Barthélemy pour visiter toutes les maisons de l'Institut 653
VII. — Les principaux Frères Directeurs sont convoqués à Saint-Yon en assemblée générale. Le Frère Barthélemy est élu Supérieur général... ... 655

CHAPITRE XV.

Quelques remarques sur la Règle des récréations et sur celle du Frère Directeur. (1717) ... ..., ... 659

I. — Principes d'après lesquels le Bienheureux a établi cette Règle 659
II. — Raison de l'établissement de cette règle dans l'Institut des Écoles chrétiennes... 660
III. — Réfutation de certaines objections contre cette Règle... 662
IV. — Raisons qui ont fait établir et adopter cette Règle.. 667
V. — L'assemblée de 1717 confirme cette Règle importante 670
VI. — Importance que le Bienheureux de la Salle attachait au choix des Directeurs ... ...,... 672
VII. — Règles spéciales composées par le Bienheureux de la Salle pour les Frères Directeurs. 674
VIII. — Utilité de la lecture publique de ces Règles en communauté... ... 675
IX. — Preuves et témoignages de l'inspiration du Saint-Esprit dans les Règles composées par le Bienheureux de la Salle 677

CHAPITRE XVI.

Éloge du Frère Barthélemy, exemples héroïques de vertu que donne le Bienheureux de la Salle après sa démission à Saint-Yon. Il va par obéissance à Paris, pour mettre au profit de la société la restitution de 5,200 livres qui lui avait été faite sous le nom de legs testamentaire. Il loge dans le séminaire de Saint-Nicolas, où sa vertu brille. Témoignage qu'en rend un des supérieurs de cette sainte maison.(1717-1718) 681

I. — Résultat de l'assemblée de 1717. Prudence et zèle du nouveau Supérieur général ; sa conduite à l'égard du Bienheureux de la Salle ... ..., 681
II. — Humble soumission du Bienheureux de la Salle à l'égard du Frère Barthélemy.. 683
III. — Projet d'établissement au Canada ; le Bienheureux de la Salle y met obstacle par une inspiration d'en haut. Ce qu'on pense en divers lieux de sa démission 686
IV. — Voyage du Bienheureux de la Salle à Paris pour la restitution de M. Rogier. Le saint prêtre va loger au séminaire de Saint-Nicolas-du-Chardonnet... ... ..., 687
V. — Craintes relatives à la paisible possession de la maison de Saint-Yon ; confiance du Bienheureux de la Salle à ce sujet 692
VI. — Le Bienheureux de la Salle est rappelé à Rouen ; son départ du séminaire de Saint-Nicolas et ses adieux aux Frères de Paris 694

CHAPITRE XVII.

Le Bienheureux de la Salle, retourné à Saint-Yon, ne pense plus qu'à se préparer à la mort ; plus il en approche, plus sa vertu brille ; il y donne de nouveaux exemples d'humilité, d'obéissance, de zèle et de charité, la persécution le poursuit jusqu'à la mort, et son honneur reçoit une dernière flétrissure par la révocation des pouvoirs qui lui avaient été conférés à l'archevêché. (1718) 699

I. — Renouvellement de ferveur produit à Saint-Yon par le retour du Bienheureux de la Salle 699
II. — Le Bienheureux de la Salle écrit son *Explication de la méthode d'oraison* ; il forme lui-même les novices à ce saint exercice. Il compose aussi un *Recueil* de différents traités. ... ..., ... 701
III. — Zèle et charité du Bienheureux de la Salle pour les autres habitants de la maison de Saint-Yon.. 703
IV. — Peines que le Bienheureux de la Salle éprouve de la part de quelques-uns de ses disciples 704
V. — Pénibles épreuves que reçoit le Bienheureux de la Salle du côté de ses Supérieurs ecclésiastiques... ..., ... 706

CHAPITRE XVIII.

Maladie et décès du Bienheureux de la Salle. (1791) 711

I. — Pressentiments du Bienheureux au sujet de sa mort prochaine ; augmentation de ses douleurs physiques : patience inaltérable avec laquelle il les supporte 711
II. — Énergie avec laquelle le Bienheureux de la Salle surmonte ses douleurs pour satisfaire son zèle et sa piété. Rechute, faveur singulière accordée par saint Joseph à l'occasion de sa fête... 713
III. — Sentiments du Bienheureux de la Salle à la réception des derniers sacrements 714

IV. — Derniers avis et derniers moments du Bienheureux de la Salle … …	716
V. — Tableau général des travaux et des vertus du Serviteur de Dieu … …	718
VI. — Traits généraux du caractère et de l'extérieur du Bienheureux de la Salle. … … … … … … … … … … … …	721
VII. — Funérailles du Bienheureux de la Salle. … … … … … …	722
VIII. — Regrets unanimes qu'excite la mort du Serviteur de Dieu. … …	724

CHAPITRE XIX.

Succès inespérés de l'Institut des Frères après la mort du Bienheureux de la Salle. Les Frères obtiennent presque en même temps, du roi Louis XV, des lettres-patentes, et, de Benoît XIII, une bulle d'approbation de leurs règles, et d'érection de leur société en Ordre religieux. (1719-1725). … 729

I. — Continuation de l'édification et de la ferveur des Frères, après la mort du Bienheureux de la Salle. … … … … … … …	729
II. — Nouvelles craintes causées par la mort du Frère Barthélemy… … …	730
III. — Élection du Frère Timothée, dans l'assemblée de 1720 … …	731
IV. — Sentiments d'humilité du nouveau Supérieur. … … … …	733
V. — Démarches entreprises pour l'acquisition définitive de la maison de Saint-Yon … … … … … … … … … … …	734
VI. — Démarches faites, dès 1721, pour obtenir des Lettres-Patentes; obstacles opposés à cette affaire.. … … … … … … … …	735
VII. — Nouvelles tentatives pour obtenir les Lettres-Patentes; retard apporté à cette affaire par les temporisations de M. le Régent… … … …	736
VIII. — Reprise des négociations après la mort du Régent. Dispositions favorables du jeune roi Louis XV. Expédition des Lettres-Patentes en 1724; leur enregistrement en 1725 … … … … … … … …	738
IX. — Démarches pour obtenir l'approbation du Saint-Siège en faveur de l'Institut des Frères. Circonstances providentielles qui favorisent l'expédition de la Bulle d'approbation par le Souverain-Pontife Benoît XIII, en 1725…	740
X. — Complète réalisation des désirs du Bienheureux de la Salle pour la consolidation de son Œuvre … … … …, … … … … …	743
XI. — Assemblée générale de 1725, pour la réception solennelle de la Bulle de Benoît XIII … … … … … … … … … …	745
XII. — Prospérité de la maison de Saint-Yon prédite par le Bienheureux de la Salle.. … … … … … … … … … … …	746
Esprit et Vertus du Bienheureux Jean-Baptiste de la Salle … … … …	747
LETTRES APOSTOLIQUES de S. S. Léon XIII pour la Béatification du Vénérable J.-B. de la Salle. … … … … … … … …	749
Table analytique des matières… … … … … … … … …	757

Imprimé par la Société Saint-Augustin, Bruges.

www.ingramcontent.com/pod-product-compliance
Lightning Source LLC
Chambersburg PA
CBHW071419300426
44114CB00013B/1308